2022 年国家图书馆青年学术论坛论文集

国家图书馆　编

国家图书馆出版社

图书在版编目（CIP）数据

2022 年国家图书馆青年学术论坛论文集 ／ 国家图书馆编 . — 北京 ： 国家图书馆出版社，2022.7
ISBN 978-7-5013-7441-0

Ⅰ.① 2… Ⅱ.①国… Ⅲ.①图书馆工作－学术会议－文集 Ⅳ.① G25-53

中国版本图书馆 CIP 数据核字（2022）第 102775 号

书　　名	**2022 年国家图书馆青年学术论坛论文集**
著　　者	国家图书馆　编
责任编辑	张晴池
封面设计	耕者设计工作室

出版发行	国家图书馆出版社（北京市西城区文津街 7 号　100034） （原书目文献出版社　北京图书馆出版社） 010-66114536　63802249　nlcpress@nlc.cn（邮购）
网　　址	http://www.nlcpress.com
排　　版	北京旅教文化传播有限公司
印　　装	河北鲁汇荣彩印刷有限公司
版次印次	2022 年 7 月第 1 版　2022 年 7 月第 1 次印刷

开　　本	787mm×1092mm　1/16
印　　张	45.5
字　　数	1022 千字
书　　号	ISBN 978-7-5013-7441-0
定　　价	270.00 元

2022 年国家图书馆青年学术论坛论文集

编委会

目　录

一等奖

二等奖

三等奖

优秀奖

"保持知识的生命力"

——基于国图馆藏的对英国国家图书馆出版实践的考察

陈秋慧（数字资源部）

英国国家图书馆（British Library，国内亦译作"大英图书馆"）馆藏量超过 1.5 亿件，其在馆藏建设、技术应用、国际合作等方面都有成功实践，是世界上最大的学术图书馆之一。本文重点考察十余年来英国国家图书馆在出版方面的具体实践，探寻其出版物与馆藏开发利用之间的内在逻辑，以期揭示我国图书馆界可借鉴的经验。

1 英国国家图书馆十余年出版概况

英国国家图书馆没有单独成立出版社，馆内的图书出版工作由其下属的商业服务部（Commercial Services）具体负责。中国国家图书馆（下文简称"我馆"）按照"中文求全外文求精"的原则建设馆藏，现馆藏中已有不少由英国国家图书馆出版的各类型图书。目前，在我馆 OPAC 首页"外文文献库"按照出版者项来检索关键词"British Library"，可检索到共计 495 条记录。按照时间排序，我馆收藏的英国国家图书馆出版物中，出版年在 2007 年到 2020 年间的共计 100 种，本文便以这 100 种出版物作为考察对象（在英国国家图书馆官网上的联机目录系统中检索该馆所出版图书，目前最新图书是 2020 年出版）。

经过对数据进行统计分析，我馆藏书中，英国国家图书馆 2007 年、2013 年、2015 年、2016 年、2020 年出版物藏量较低；2011 年藏量达到 20 种，为这一阶段中历年最高，其余年份均保持在 6—10 种。具体如图 1 所示。

这 100 种出版物中，由英国国家图书馆独立出版的出版物有 87 种，另有 13 种由该馆与英国国内外其他机构合作出版（见图 2），其中包括在艺术图书出版方面备受盛赞的泰晤士 & 赫德逊出版社（Thames & Hudson，2016 年合作出版 *The Brother Haggadah：a Medieval Sephardi Masterpiece in Facsimile*）、斯卡拉出版社（Scala Arts & Heritage Publishers，2008 年合作出版 *The British Library：a Treasure House of Knowledge*）；与该馆合作较多的国外机构则有加拿大的多伦多大学出版社（University of Toronto Press），在这 13 种出版物中仅与该社合作出版的就有 4 种。

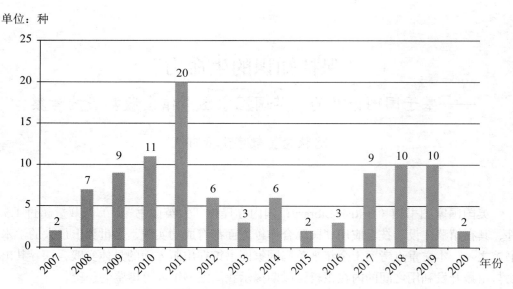

单位：种

图 1　我馆所藏英国国家图书馆出版物历年数量分布

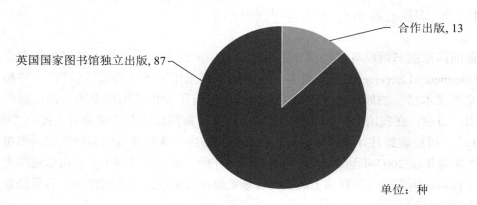

英国国家图书馆独立出版, 87

合作出版, 13

单位：种

图 2　我馆所藏英国国家图书馆出版物跨机构合作情况

图书馆从事出版，其图书体例中体现出的目录学思想精髓应属其"当行本色"。这批出版物中，正文之后附书目与索引的图书占比较大，具体数据如图 3 所示。

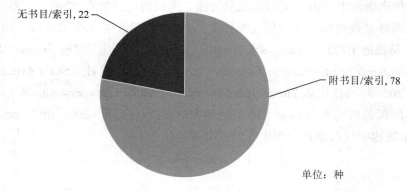

无书目/索引, 22

附书目/索引, 78

单位：种

图 3　我馆所藏英国国家图书馆出版物附书目 / 索引情况

我馆所藏的英国国家图书馆出版物中，大部头的图书并不多，从页码来看，400页以下的图书占据绝大多数，600—1100页篇幅范围内的图书仅有3种，都是工具书类书籍（如 *Dictionary of nineteenth-century journalism in Great Britain and Ireland*，2009），如图4所示。

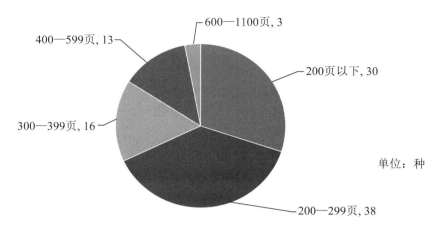

图4　我馆所藏英国国家图书馆出版物页数情况

经统计，这100种出版物中配有插图的约有89种，整体上体现了读者友好的特征。笔者结合我馆OPAC数据、亚马逊网站数据，分析这批出版物的主题，得到图5[①]。

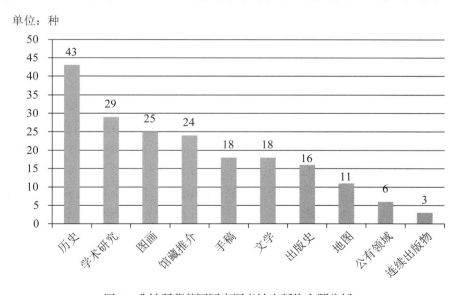

图5　我馆所藏英国国家图书馆出版物主题分析

---

① 需要说明的是，出于笔者的保守估测，与馆藏推介相关的出版物在表格中显示为24种，如对全部出版物加以细读，实际数据应高于这个水平。另外，图5中的3种连续出版物均同属《英语言手稿研究》（*English manuscript studies*）系列。

英国国家图书馆日常会举办各类型文化活动，其出版物中亦有不少与馆内举办的展览相关。在本文统计的 100 种出版物中，有 8 种书源于展览，具体情况如表 1 所示。

表 1 我馆所藏英国国家图书馆出版物对应展览情况

书名	出版时间	对应展览
追寻解放：为英国人的自由与权利而战	2008	2008 年 10 月—2009 年 3 月同名展览
亨利八世：人·君	2009	2009 年 4—9 月同名展览
不可思议的地图：权利·宣传·艺术	2010	2010 年 4—9 月同名展览
皇家手抄本：天才绘图	2011	2011 年 11 月—2012 年 3 月同名展览
寻踪乔治王时代：生活、风尚与现代英国的成型	2013	2013 年 11 月—2014 年 3 月同名展览
俄国革命：希望·悲剧·神话	2017	2017 年同名展览
盎格鲁撒克逊王国：艺术·文字·战争	2018	2018 年 10 月—2019 年 2 月同名展览
达·芬奇：变动不居的才思	2019	2019 年 6—9 月同名展览

另外，这批出版物中，按照责任方式来考察，"编"的图书 26 种，"著"的图书 64 种；按照图书是否属于重印再版统计，这批出版物中重印 19 世纪史料、20 世纪侦探小说等的图书约有 16 种[①]。

2 出版案例分析

2.1 拥抱"大 IP"：《哈利·波特魔法史之旅》

英国作家 J. K. 罗琳在 1997 年至 2007 年间创造了一个瑰奇的魔法世界，其"哈利·波特"系列小说的出版，一次次在全世界掀起阅读魔幻作品的热潮。哈利·波特这一角色及其相关作品堪称英国国宝级的"大 IP"，截至 2020 年 1 月，该系列图书已被译为 80 种语言，在全球范围售出 5 亿册[1]。

英国国家图书馆在"哈利·波特"系列作品面世二十周年之际，于 2017 年举办了主题为"哈利·波特：一段魔法史"的特展，展览围绕着霍格沃茨的魔法课程展开，展示了"哈利·波特"故事背后核心的神话和民间传说。同时，该馆编辑出版了《哈利·波特魔法史之旅》（*Harry Potter*：*A Journey Through a History of Magic*）一书[②]，在对"哈利·波特"魔法世界的描述中将馆藏推介巧妙地融合其中。例如，在"魔药学与炼金术"这个章节中，编者将小说中关于魔药课的相关文字与英国国家图书馆馆藏《健康花园》（*Hortus Sanitatis*，雅各布·梅德巴赫著，1491）中关于魔药师授课情形的图画并列；小说中邓布利多教授所发表的他关于魔法石的意见，则与英国国家图书馆馆藏的

---

① 此处重印再版的图书一般是在内容上不做变动，但图书版式会因应出版需求进行重新包装。

② 我馆馆藏中并无该书原版，因此上文表 1 中未列该书及对应展览。

炼金术手稿《里普利卷轴》（*The Ripler Scrolls*，乔治·里普利，16 世纪）呼应。在"草药学"的章节中，乔万尼·卡达莫斯托于 15 世纪绘制的草药插图、卡尔培波的《英格兰医生和草药大全》（*Culpeper's English Physician and Complete Herbal*，1789）、伊丽莎白·布莱克韦尔创作的《奇草图鉴》（*A Curious Herbal*，1739）、绘制了蛇根草（15 世纪）与半人马（12 世纪）等神奇生物的《草药志》……这些之前未被公众关注的文献都为人们理解"哈利·波特"中的魔法草药补充了大量具体细节。在"魔咒学"的章节中，展示了英国国家图书馆馆藏关于古人治病咒语的《医学全书》（*Liber Medicinalis*，13 世纪）、记录隐形实验准备工作的《名为〈知识之钥〉的所罗门王之书》（*The Book of King Solomon Called The Key of Knowledge*，17 世纪）等，让人感到"哈利·波特"的魔法世界有其根源，顺着历史的脉络追溯，都能找到对应的出处。在"天文学"的章节中，英国国家图书馆馆藏西塞罗著《星图》（*Aratea*）多次以插图形式出现；该馆所藏"乌拉尼亚之镜"中的星图卡片、馆藏《恺撒天文学》（*Astronomicum Caesarium*，1540）中"黄道十二宫"的插图也佐证了古人关于天象观察有深入认知的论断；来自中国的"敦煌星图"（约公元 700 年）更是作为"所有文明中最古老的保存完好的星图集"，将哈利·波特迷们的视野从小说拓展到无穷无尽人类智慧的源头[2]。

2.2 打造"爆款"："英国国家图书馆馆藏经典侦探小说"系列

以柯南·道尔、阿加莎·克里斯蒂为代表的侦探小说作家，他们的作品在英国文学中占有重要的地位。英国国家图书馆从 2014 年起开始推出"英国国家图书馆经典侦探小说"（*British Library Crime Classics*）系列丛书，目前已出版近 100 本。这些图书的作者包括弗里曼·威尔斯·克罗夫茨（1879—1957）、安德鲁·福雷斯特（1832—1909）、梅维斯·多里尔·海（1894—1979）、约翰·布德（1901—1957）、安东尼·韦恩（1882—1963）、克里斯托弗·圣约翰·斯普里格（1907—1937）、伊迪丝·卡罗琳·里韦特（1894—1958）、艾伦·梅尔维尔（1910—1983）等名家，阵容强大。作品如《动物园谜案》（*Antidote to Venom*）等，写作技巧高超，情节扣人心弦，对读者有很强的吸引力。

根据英国国家图书馆 2014—2015 年度报告，该年度出版品销售情况较好，其中"英国国家图书馆经典侦探小说"系列销量较多，该年度盈利较上年度增加 140 万英镑[3]。对照美国亚马逊网站，该系列图书销量一直不错，每本侦探小说商品页面的用户评分、读后评价等活动都较为活跃。2017 年起，中国青年出版社批量引进关于该馆所出版侦探小说的图书版权，开始出版"大英图书馆·侦探小说黄金时代经典作品集"，至今已累计出版二十多种①。根据笔者对该社编辑辛淑平的采访，这套书在国内读者当中颇受好评，一直很畅销，且已形成固定的读者群。

---

① 我馆英文原版馆藏仅 1 种，中文版馆藏则有 21 种。

2.3 "什锦"荟萃:《花园的欢沁》

英国国家图书馆一贯将文学名著作为优势馆藏,官网专门辟有"发现文学"(Discovering Literature)的页面。馆内藏有一千多年来各种珍贵版本的英国文学作品,其中的镇馆珍品包括《罗密欧与朱丽叶》的早期四开本版本、《简·爱》的唯一存世手稿、柯南·道尔的侦探小说、威廉·华兹华斯的诗歌草稿等。该馆不断尝试通过编纂主题丰富的文学作品选集来发掘文学宝藏,且其视野常常不仅仅局限于馆内藏品,而是将搜集范围扩大到世界各国的优秀文学作品。

如《花园的欢沁》(*Pleasures of the Garden*,2014)这本书[4],出版者从馆内藏品出发,收集选录了古往今来各国佳作。该书设置了四大主题:"至爱花园与花园中的挚爱""宏伟设计""实用园艺""身体与灵魂的慰藉"。书中既有名家所作的诗歌、散文、小说片段,也包括珍贵的日记、信件等精彩内容。文集以英国作家的作品为主体,如弗朗西斯·培根、威廉·柯柏、简·奥斯汀、夏洛蒂·勃朗特、艾尔弗雷德·丁尼生、威廉·巴特勒·叶芝、D.H. 劳伦斯等的作品,在历代英国著名作家的作品片段之外,还收录了公元前 1290 年古埃及第十九王朝的"花园故事"、公元前 1000 年左右的《所罗门之歌》、古希腊诗人荷马的《奥德赛》、14 世纪波斯极负盛名的诗人哈菲兹的诗文、世界上最早关于造园的书籍《作庭记》、印度史诗《薄伽梵往世书》等,我国古代诗人陶渊明的《归去来兮辞》、白居易的《东坡种花》也在书中占据一席之地。

3 他山之石的启发

3.1 重视读者需求

根据上文对我馆馆藏中英国国家图书馆出版物主题、图书篇幅的分析,英国国家图书馆一直以读者喜闻乐见的题材作为选题重点,很少出版大部头典籍,更多是以便于读者携带的小型图书作为工作方向,充分体现了"读者第一"的工作理念。2018 年,英国国家图书馆负责出版工作的馆员罗伯特·戴维斯(Robert Davis)在中国参加"2018成都国际书店论坛"时接受记者采访,他在发言中表达了英国国家图书馆对读者需求的重视:"无论是地图、中世纪手稿,还是一些礼品,其实都是读者的需求,我们希望将图书馆里美好的、有历史价值的藏品通过出版的方式给读者展现出来。事实上,例如我们出版的中世纪手稿本身从艺术上就极具美学价值,而我们选择出版地图,则是因为现在很多读者都喜欢这种古老的地图,他们可以从这些地图上看到时代和历史的变迁"[5]。相比之下,我国图书馆界在出版工作中则以影印典籍、出版大套系图书为重点,专业性较强,对普通读者来说,多少存在隔阂。我国图书馆界在出版实践中也可以开发"小而美"的路线,一是可以围绕图片类文献资源做选题,采取活泼、新颖的设计策略,凸显出版物的美学价值;二是将具有历史价值、学术价值的重点选题与读者需求进行匹配,在图书内容具备深度的基础上,增加出版物的可读性、趣味性,体现图书内容、形式的双重魅力。

3.2 内容为王

英国国家图书馆一贯注重出版资源的开发与利用，秉持内容为王的思路，其出版物与一般出版社的图书并置，亦相当具有竞争力。该馆近年来最为畅销的出版物非"英国国家图书馆经典侦探小说系列"莫属。此书系的出版人将馆藏中仍有阅读价值、市场价值的图书筛选出来，解决了版权问题（上文列举的侦探小说作家当中，有几位的卒年早于 20 世纪 50 年代，其作品已进入公有领域）之后，重新加以统一包装并出版，在年轻读者当中受到热捧。再比如上文论及的《花园的欢沁》一书，其在七十篇精选的文学作品之外，也将源于英国国家图书馆各类馆藏中的七十多幅精美插图贯穿书中，美文与美图相衬托，使得读者在阅读过程中拥有愉悦的感受。正因此，该馆的出版物能成为礼品，与文创并置，其收入在该馆的年度收入中占据较高比例。

3.3 使出版成为图书馆生态链的重要一环

英国国家图书馆重视优势馆藏的开发利用，将出版工作置于一个完整的循环之中，对于馆藏开发起到了一定的枢纽作用。从网站设计到馆内活动，再到图书出版与文创开发，都能体现该馆努力打造充满活力的图书馆生态链的用心。以上文论及的该馆展览与出版物的关联为例，我馆馆藏 2007—2020 年 100 种英国国家图书馆出版物当中，有 8 本出版时配合了同主题展览，这个比例是很高的。J. K. 罗琳的"哈利·波特"系列作品发表 20 周年之际，该馆组织名为"哈利·波特魔法史之旅"展览，展出馆藏中与魔法世界相关的藏品，且同步出版了同名图书，以崭新视角赋予一批年代久远、近乎无人问津的古旧资料以新的活力。

在 20 世纪 70 年代政府资助削减的困境下，英国国家图书馆自 1985 年以来定期发布中长期战略规划。以过去 15 年内的三份报告为例，我们可以寻找到该馆参与出版工作的内在逻辑。该馆于 2008 年发布《2008—2011 战略规划：传承世界知识》、2011 年发布《2011—2015 战略规划：促进世界知识增长》、2015 年发布《2015—2023 战略规划：保持知识的生命力》[6]。从这几份中长期战略规划的文件标题就能看到英国国家图书馆越来越开放、主动的工作思路，从知识的传承者到守护者，再到赋予知识以生命力的创作者，图书馆的角色定位不断变化，也在不断升级。

当今世界各国均被新冠肺炎疫情所困扰，我国图书馆界欲求得发展，来自外部与内部的挑战都很多，应该革新思路，从出版的角度来寻求机遇，带动图书馆各项工作的进步。当然，出版工作有其专业性，选题、策划、编辑、包装等都需要工作人员具备一定的专业素养，而这也正好可以作为我国图书馆界今后在人才培养方面的一个方向。

参考文献

［1］The Most Popular Harry Potter Book（According To Sales）［EB/OL］．［2022-03-22］．https：//screenrant.com/harry-potter-book-popular-best-sales/#：~：text=The%20Most%20Popular%20

Harry%20Potter%20Book%20%28According%20To，Deathly%20Hallows%20~%2065%20Million%20Copies.%20More%20items.

［2］大英图书馆.哈利·波特魔法史之旅［M］.北窗，冬翌，译.北京：人民文学出版社，2019.

［3］British Library Annual Report and Accounts 2014/15［EB/OL］.［2022-04-01］.http：//www.bl.uk/aboutus/annrep/2014to2015.

［4］哈德曼特.花园的欢沁：经典文学选集［M］.刘云雁，颜益鸣，译.南京：译林出版社，2021.

［5］"哈利波特"出版商将帮中国造"世界最畅销小说"［EB/OL］.［2022-04-01］.https：//m.sohu.com/a/255026212_499179/.

［6］魏蕊，初景利，王铮，等.大英图书馆三十年（1985—2015）战略规划解读［J］.国家图书馆学刊，2015（5）：16-24.

中国公共图书馆的思想萌芽和源流探析

——以周永年的儒藏说为例

王会娟（办公室）

关于我国近现代图书馆和古代图书馆之间关系，学界一直有不同观点。一种观点认为以藏书楼为代表的古代藏书机构与近代图书馆性质根本不同，前者秘惜珍藏、藏重于用，其历史已经寿终正寝、不复存在，后者注重开放、服务公众，是从西方传播到中国的新生事物①。另一种观点认为中国古代藏书实践同近代图书馆事业有一定的继承关系，从中国古代图书馆发展到近代图书馆具有内在转变的因素②。有人认为两者之间的关系可以分为发展说、重生说和继始说三类，三类关系各有不同侧重的角度，但都尝试"缝合"古代藏书楼和近代图书馆之间对立、割裂的历史关系[1]。

科林伍德说，一切的历史都是思想史。古代图书馆的"因"如何成长为近代图书馆的"果"，除了关注历史事实的层面以外，也要关注古代藏书家的一些重要藏书思想，分析其中是否包含着从私有到公有、从封闭到开放、从私用到共享的理念。人往往不能脱离时代进行思考，只能在有限的时空条件和思想共识中进行创新，而这些可贵的公共图书馆理念，往往存在于古代藏书家吉光片羽的思想火花之中。对这些思想的挖掘有助于摆脱"西方冲击—中国回应"的叙述模式，丰富中国图书馆研究的学科体系、理论体系、话语体系。本文以清代学者周永年的儒藏说为重点，探讨近代公共图书馆思想的萌芽和发展路径。

---

① 如吴晞认为中国古代图书馆"没有可能自行演变成为近代图书馆"，是因为"缺乏进化演变成为近代图书馆的基本机制，主要是缺少面向社会开放的因素，因此不可能成为新式图书馆产生的母体"。参见吴晞.从藏书楼到图书馆［M］.北京：书目文献出版社，1996：2.

② 有人认为古代藏书楼不是一味地秘藏不用，也包括开放公益的一面，像西方宫廷图书馆和教会图书馆也是长期不对公众开放，直到文艺复兴之后才有所改变。在"藏书楼"和"图书馆"两个名词的竞争中，"图书馆"只是因为更加洋气新潮而被人使用，五四运动之后的"新图书馆运动"才真正对藏书楼的性质和功能进行了改造，初步开启了近代图书馆事业。认为中国传统藏书原本具有开放因素的观点也相当普遍，程焕文是这一观点的代表。参见刘驰.中国藏书史近代转向的内在理路——以"书藏"为线索［J］.大学图书馆学报，2021（1）：116-126；吴稌年.从"藏书楼"到"图书馆"的术语演变［J］.河南科技学院学报，2014（1）：110-115；程焕文.藏而致用 流通开放——中国古代私人藏书的本质和主流［J］.图书学研究，1987（3）：66-73.

1 周永年儒藏说的主要内容和源流

周永年（1730—1791），清代山东历城人，曾任翰林院编修，参与编纂《四库全书》，留下了著作《儒藏说》和附属的《儒藏说条约三则》，以及《与李南涧札》《复俞潜山》《与孔从谷》《复韩青田师》等文，集中阐述了建立儒藏的目的、具体方法、功用和意义等，对参与人员、经费、选址、建筑建设、管理人员、书籍收藏分类、书目编制、文献导读等方面都有具体构想。

周永年的儒藏说是在前人思想基础上的开创性发展。明代邱濬提出国家藏书应该有副本，分藏在北京和南京两地，藏书的场所适合用石材建筑，确保藏书长久保存。"一书而有数本，藏贮而有异所，永无疏失之虞矣。"[2]明末清初陆世仪的观点比邱濬更进一步，认为把藏书之所设在民间更有利于长久保存，藏书之所不应该只有一处，"凡天下郡邑名山，皆当仿此为藏书之法。相择胜地，广置书籍，聘礼先代圣贤之后，优其廪饩，使典其事，相戒虽有斗争讼狱兵火盗贼之害，不得入其处，久之则天下自然习以成风，诗书日盛，道义日尊矣。"[3]明代末期，曹学佺首次提出了编辑"儒藏"的说法，他在《建阳斗峰寺清藏碑文》提到儒家的典籍历代都有集中编辑，只是因为"藏书家馆阁自馆阁，私塾自私塾，未尝流通，故其积之不久，或遇水火盗贼之灾，易姓播迁之事，率无有存者"[4]。曹学佺晚年在福建用了十多年的时间来编纂儒藏，可惜南明灭亡，曹学佺自杀殉国[5]。未竟的事业，在一百多年后经周永年的继承发展，成为中国图书馆史上重要的儒藏思想。

2 周永年儒藏说的突破

评价一种学说是否具有现代色彩，不在于其是否使用了诸多现代概念，而在于其思想方法、脉络、主张是否包含某些现代因子，有显著超出时代范畴的前瞻性思考。在这个意义上，周永年的思想显现出了一些可贵的"公共"和"现代"特质。

2.1 体系化收藏

周永年的儒藏说是古代中国人的"集编、分藏、功用"理想的集大成之说，已经具备了公共藏书理念的雏形。其中对于藏书、借书、编目、导读、联合目录编撰、管理方法和运营经费等方面都有论述。

（1）"盖天下之物，未有私之而可以常据，公之而不能久存者……愿与海内同人共肩斯任，务俾古人著述之可传者，自今日永无散失，以与天下万世共读之。"长久保存图书的最好方法是公藏，保存图书的目的在于让天下万世之人阅读。

（2）"于数百里内，择名胜地区，建义学，设义田，凡有志斯事者，或出其家藏，或捐金购买于中，以待四方能读之人，终胜于一家之藏。"儒藏建立不拘于一地，最好是全国各地都能起而相应，人人可以参与捐书捐款。这样藏书的价值和意义远胜家庭私藏。

（3）"目下宜先聚书籍，分局编辑，目录既定，易购之书则购之，或秘本不甚流传者，则先为活板印之。约略先成数十部，分而藏之，即未备，亦可俟后人之补。"建立儒藏的步骤是先要有书，对图书分门别类整理，编辑书目。这是儒藏建立的具体措施，也体现出图书管理的思想。

（4）"书籍收藏之宜，及每岁田租所入，须共推一方老成三五人，经理其事……须略立条规，如丛林故事……有余仍贮存之，以为置书增田之费。"儒藏要有专人来管理，而且管理人员由公共推选产生，数量为3—5人。对儒藏日常经费以及购置图书费用的来源，考虑通过儒藏义田来获得收入。

（5）"儒藏既立，可取自汉以来先儒所传读书之法编为一集，列于群书之前。经义治事，各示以不可紊之序，不可缺之功。凡欲读藏者，既以此编为师，斯涉海有航，无远弗届。"编辑历代读书方法，为读书人做指导，让他们能够更好地在书海航行，这可看作是今日图书馆读者导读或者阅读推广工作的先声。

2.2　化私藏为公藏

周永年认为界公共藏书"以待四方能读之人，终胜于一家之藏"，具有更高价值，主张将书籍资源作为社会公共的资源，希望愿意读书的人都有机会获得需要的书籍。

> 至于穷乡僻壤，寒门窭士，往往负超群之姿，抱好古之心，欲购书而无从，故虽矻矻穷年而限于闻见，所学迄不能自广。果使千里之内有儒藏数处，而异敏之士或裹粮而至，或假馆以读，数年之间，可以略窥古人之大全，其才之成也，岂不事半而功倍哉？

这种观念和之前的官府藏书或私人藏书的有限开放阅览有本质不同。一处儒藏相当于一个公益机构，不仅免费提供书籍，还要为贫寒子弟供给食宿，这都是以读者——读书人为主的重要体现。

2.3　全面收藏

虽名为儒藏，但周永年并不局限于儒家经典，同样重视各类经世致用专业书籍的收藏，希望通过儒藏的设立，改变虚浮空泛的学风，研习有用之学。

> 郑渔仲曰：辞章虽富，如朝霞晚照，徒耀人耳目，义理虽深，如空谷寻声，靡所底止，以其未尽见古人之书，故拘于习尚以自足耳。果取古人之书，条分眉列，天文、地理、水利、农田，任人所求而咸在，苟有千古自命之志，孰肯舍其实者取其虚者乎？故儒藏之成，可以变天下无用之学为有用之学。

在学而优则仕的封建社会，读书人的目标主要是考取功名，对于水利、农田等相关的实用书籍往往会不太重视。周永年特别提出儒藏要收实用之书，希望通过在各地建立儒藏，让天下原本重视"无用之学"的风气为之一变。这一思想明显有明清之际经世致用学说的痕迹，在当时的藏书思想中非常有突破性，超越时代的局限而与现代图书馆的理念具有一致性。

2.4 公益收藏

周永年关于乐善好施、乐助其成的公益思想，是对中国社会原本具有的家族、地域慈善传统的进一步扩大，成为更具有社会开放性的公益理念。

关于经费，周永年提出的主要解决办法是建立义田。《古文观止》中北宋钱公辅所作《义田记》是中国古代义田思想的经典名篇，讲述了范仲淹用自己的俸禄置办千亩义田作为宗族公产，周济亲族90多口人的故事。范仲淹亲自为义田制定"规矩"，对收入的分配作了具体安排。义田所得租米，分与全体宗族成员，"供给衣食及婚嫁丧葬之用"。选择家族中年长而且贤能的人主持这件事情，按时支出收入。除了义田，范仲淹还兴建义学，供族人子弟免费入学，影响颇大[6]。

周永年设想的对于儒藏义田的管理，由公推的"一方老成三五人经理其事"，这种做法很可能受到了范氏义田的管理方法的启发。但他不局限于亲族间的公益，而是扩大到"四方之士"，倡导各方一起参与儒藏建设。"一县之长官可劝一县共为之，一方之巨族可率一方共为之。"这进一步体现了儒藏的公共性和公益性质。

3 周永年对儒藏说的力行实践

3.1 创办借书园

周永年在还没有考中进士前，就开始在济南尝试创办借书园。好友桂馥为此捐献出藏书数万册。桂馥在《周永年先生传》里提到"约余买田筑借书园，祠汉经师伏生等，聚书其中，招致来学。苦力屈不就。顾余所得书悉属之矣。"[7]周永年考中进士后第二年，受山东莱芜知县的邀请，为在莱芜建立借书园而进行实地考察，只是不知后续结果如何。周永年在任翰林院编修参与编纂《四库全书》期间，利用便利条件借出宫中图书，雇佣10余名抄书人，日夜不停地抄录，直到宫中禁止图书外借后才停止。

关于周永年是否成功创办了借书园，学界尚有争议。有人根据桂馥记录中两人相约建立借书园，但是"苦力屈不就"的说法，认为借书园根本没有建立起来，或者很快失败了。但《清史稿》记载周永年"乃开借书园，聚古今书籍十万卷，供人阅读传抄，以广流传"[8]。有人认为在周永年和后人的努力下，借书园作为当时公开的藏书处所一直延续到同治年间，前后存在了100多年的历史[9]。当然，无论周永年创办借书园的实践是否成功，都不影响其儒藏说的历史价值。

3.2 编制《借书园书目》

周永年编写的《借书园书目》，目前有两种抄本存世，一种是李氏爱吾鼎斋抄本，另一种是刘喜海味经书屋抄本，皆藏于国家图书馆。李氏抄本开头是章学诚的《借书园藏书目·序》，刘氏抄本开头是其撰写的跋。《借书园书目》中著录图书2621部，大部分是常见实用书籍，而非一般古刻旧钞。其中收录有《山东盐法志》《淮阳盐书图注》

等关系民生的技艺类书籍，还有《泰西水法》《夷语音义》等西学相关的书籍。从著录方式看，《借书园书目》通常是将著者、书名、卷数连写为一条，但是对于卷册多、内容丰富的书籍就会详细列出子目。如《十七史详节》之下十七种正史及卷数各列一条著录；《黄氏日抄》不仅著录多条子目，还按照子目的内容归到不同大类中，其中《读易日抄》被归入"易类"，《读书日抄》则归"尚书类"[10]。借书园收藏图书以实用为主，其目录编制也是基于读者的使用需要。

3.3 编写《先正读书诀》

周永年提到，建立儒藏后还要编选历代贤人学者的读书治学方法，并认为这样的集子一定要放在群书之首，让读书人首先学会读书治学的正确方法。因此周永年辑选了《先正读书诀》，从40多种古代典籍中辑录出200多条治学语录，汇聚了历代经典的读书治学方法，其中涉及的内容主要有：学习与思索、学习与应用，以及学习方法上的勤与息、思与悟、博与精等诸多方面[11]。这本书在当时广为流传，对后代学者产生了积极的影响。

3.4 回应与影响

周永年的儒藏理想在当时就得到了积极回应，既得到桂馥的大力支持，也得到章学诚的高度评价。他的一位朋友刘音专门作《广儒藏说》，认为："今欲其聚而不散，令上下千古之书有所依归，则莫善于儒藏。""愿天下潜心于吾道者共相赞勚，毋生疑阻焉。"

清代嘉庆年间，大儒阮元在杭州建立灵隐寺书藏，在镇江建立焦山书藏。两个书藏虽然设立在寺院，却具有显著的公共图书馆特征，"以书公之天下后世"[12]，其利用寺院作为公共场所的特点，允许人们在寺中观看阅览，同时建立了比较完备的管理制度，经费由盐运司承担，收藏图书主要来自私人捐赠，体现出官私合办的明显特征。"灵隐寺书藏和焦山书藏，可以说是建儒藏的初步、小型成功实践。"[13]"虽仍偏重于保存，但已略具近代图书馆的性质，对于推动当时文化的传播和学术的发展，是起了积极作用的。"[14]

4 儒藏说的意义和评价

周永年的儒藏说是中国古代图书馆学思想中的高峰，是公藏公用学说的集大成者，有比较系统的理论，也有实践的构想。这一思想之所以没有能够在当时得到更广泛的实施，主要是由于时代的局限：一是当时的文献生产与传播技术落后，难以支撑大规模文献资源统建共享活动的实施和成功。二是大量普通民众的生活相对贫困，民间募集资金基础不够，且生活贫困导致文化需求不足。三是缺乏公藏公用的制度保障机制[15]。近年来，周永年的儒藏说在图书馆学界引起越来越多的关注，不少人认为其可以看作中国近代图书馆思想的萌芽[16]。特别是儒藏说中提出的"书是供使用的"思想，反映了我国古代图书馆事业近代化的趋势，为中国古代图书馆向近现代图书馆的转变提供思想上的可能性[17]。笔者认为其价值可以概括为几个方面。

4.1 延续了文以载道的传统

中国历来有重视保存文献的传统，究其深层原因，不是因为文献本身多么珍贵，而是对文献所承载的内容——圣贤之道的重视。中国传统儒藏看重文献保存，更加重视文献的流通传播，让更多好学之士有机会阅读文献，从而为国家和民族传承共同的精神价值。

4.2 提出了以阅读保存文献的理念

儒藏说从文献保存的角度出发，认为私人藏书楼不利于文献的长久保存，限制了文献价值的发挥，这种形式与满足整个国家的人才培养中对文献的需求之间存在冲突。周永年顺应现实需求，强调公藏公用，由"重藏"开始转变为"藏用并重、以用为主"，为传播推广知识提供基础，可以看作明清时期文化思潮在藏书思想中的一种反映。

4.3 体现了从家到国的公共认同

儒藏说所反映出的明清时期人们对于藏书的理念转变，背后体现的是一种公共理念、共同体意识的萌芽。特别是其明确提出了公共藏书对于国家人才的重要性，有利于以文化、文脉维系家国认同。这种思想在清末维新变法运动中得到广泛的宣传，成为改良社会的重要举措之一。

从周永年的儒藏说我们可以看到，中国古代已产生了公共藏书的构想，它与西方图书馆的创办思想不尽相同，彰显了植根于中国传统的原创性和先进性。中国近代图书馆的产生离不开西学的影响，但在开眼看世界之初，西方图书馆学说就能够得到重视，并在很短时间内得到实践，相继成立一批近代图书馆，这与中国社会原本蕴含的人文传统、公藏需求特别是已经萌芽的公共图书馆思想雏形有斩不断的联系，是内因与外因、客观与主观、传统与现代等因素综合作用的结果。我们应以理性客观的态度对待我国公共图书馆历史的发展脉络，重视历史中连续性的一面，避免陷入理论藩篱、概念窠臼和语言"牢笼"。

参考文献

[1] 陈银涛."藏书楼"与"图书馆"的三种关系 [J].晋图学刊，2017（5）：10-14.

[2] 陈子龙等选辑.明经世文编第一册：卷七六邱文莊公奏疏访求遗书疏 [M].北京：中华书局，1962：649-653.

[3] 陆世仪.思辨录辑要：卷五 [M].清刻本.

[4] 曹学佺.曹大理诗文集 [M].明刊本.

[5] 陈明利.著名藏书家曹学佺著述考略 [J].山东图书馆学刊，2010（1）：102-108.

[6] 王卫平.从普遍福利到周贫济困——范氏义庄社会保障功能的演变 [EB/OL].[2022-03-30].

http：//www.yyswdx.com/24431/25115/content_608327.html.

［7］钱仪吉等.清代碑传合集［M］.扬州：广陵书社，2016：626.

［8］赵尔巽等.清史稿［M］.上海：中华书局，2021：81.

［9］侯林，侯环.周永年成功创办藉书园新考［J］.济南职业学院学报，2020（3）：3-8.

［10］张雷，李艳秋.周永年事迹补记［J］.山东图书馆季刊，2005（2）：116-118.

［11］雷敏.周永年与《先正读书诀》［J］.西南民族学院学报（哲学社会科学版），2000（5）：173-
175.

［12］阮元.虞山张氏诒经堂记［G］//《清代诗文集汇编》编纂文员会.清代诗文集汇编：揅经室三集
卷二.上海：上海古籍出版社，2010：367.

［13］蒋永福.中国古代图书馆学研究［M］.北京：中国社会科学出版社，2021：430.

［14］陈东辉.杭州灵隐书藏述要［J］.中国典籍与文化，1994（2）：53-56.

［15］蒋永福.中国古代图书馆学研究［M］.北京：中国社会科学出版社，2021：339-340.

［16］田建良.周永年《儒藏说》及其对我国图书馆事业的贡献［J］.图书馆学刊，2005（5）：33-34.

［17］蒋冬清.周永年《儒藏说》及其图书馆学思想论［J］.四川图书馆学报，1998（2）：70-75.

公共图书馆抖音短视频传播推广现状研究

王　楠（信息技术部）

移动互联网和智能设备的飞速发展，成就了新的互联网社交生态。短视频作为其中一种新形态的媒体社交工具，以其信息可视化、阅读碎片化、情绪易传达的特点迅速占据人们生活，成为高效获取信息的重要来源。截至 2021 年 12 月，我国短视频用户规模已达 9.34 亿，占网民整体的 90.5%[1]。在短视频浪潮中，新技术不断带动着图书馆服务的发展和变革，公共图书馆服务从单纯的文献服务发展到数字信息服务，再转型发展到知识服务，未来还会向着智慧服务的方向努力[2]。因此，主动融入网络，有效利用抖音短视频"阵地"，唤醒沉睡的图书馆资源，是"互联网＋"时代公共图书馆转型发展的必然选择。本文依托抖音号传播力指数排行榜，研究公共图书馆抖音传播推广现状，以期为提升短视频推广水平提供参考借鉴。

1　研究方案设计

1.1　研究对象与方法

本文采用网络调查法，调研周期为 2021 年 10 月至 2022 年 2 月。借助目前权威度和公认度均较高的清博智能第三方数据平台，以其发布的抖音号传播力指数（DCI）为评价依据，筛选文化阅读类目下 DCI 月排名进入前 15 名（TOP15）的 22 家公共图书馆抖音号进行研究，阐述公共图书馆抖音号的整体传播效果。在此基础上，为提高调研对象的精准性，进一步缩小研究范围，统计各馆进入月 DCI 榜前 15 名的频次，最终以上榜 4 次及以上的公共图书馆抖音号为调研目标，检索并采集其在抖音平台相关数据，分析总结以供他馆借鉴。

1.2　研究结果分析

1.2.1　公共图书馆抖音号传播推广效果分析

抖音号传播力指数（DCI）V1.0 通过对抖音账号发布的短视频在数量、互动状况、覆盖用户程度，来综合体现政务抖音号在短视频平台的传播影响力，进而反映其整体热度和发展走势[3]。笔者在目标统计时间段内（2021 年 10 月—2022 年 2 月），选取清博指数抖音榜单数据制作表 1。

表 1 2021 年 10 月—2022 年 2 月抖音号传播力指数（DCI）前 15 名公共图书馆榜单

排名	2021 年 10 月		2021 年 11 月		2021 年 12 月		2022 年 1 月		2022 年 2 月	
	名称	DCI	名称	DCI	名称	DCI	名称	DCI	名称	DCI
1	广东省立中山图书馆	801.29	广东省立中山图书馆	907.67	广东省立中山图书馆	758.7	广东省中立山图书馆	791.69	广东省立中山图书馆	771.79
2	浙江图书馆	770.01	浙江图书馆	680.27	浙江图书馆	645.11	浙江图书馆	727.51	浙江图书馆	617.01
3	湖北省图书馆	482.96	四川省图书馆	634.35	湖北省图书馆	618.11	国家图书馆	577.69	吉林省图书馆	588.94
4	湖南图书馆	443.7	上海图书馆	491.46	太原市图书馆	607.79	朔州市图书馆	551.42	湖北省图书馆	569.8
5	陕西省图书馆	420.19	湖南图书馆	420.19	国家图书馆	492.38	陕西省图书馆	510.18	衡水市图书馆	441.12
6	上海图书馆	408.56	滁州图书馆	486.05	上海图书馆	487.54	湖北省图书馆	502.12	陕西省图书馆	430.8
7	滁州图书馆	384.48	湖北省图书馆	477.76	滁州图书馆	470.1	太原市图书馆	500.5	太原市图书馆	424.07
8	宁波图书馆	373.43	首都图书馆	464.33	安徽省图书馆	432.39	滁州图书馆	406.51	江西省图书馆	421.37
9	厦门市图书馆	325.02	太原市图书馆	458.05	西安图书馆	428.69	西安图书馆	383.77	国家图书馆	417.72
10	江西省图书馆	318.35	陕西省图书馆	415.72	湖南图书馆	414.03	上海图书馆	370.64	安徽省图书馆	417.03
11	安徽省图书馆	316.65	江西省图书馆	376.87	陕西省图书馆	406.64	江西省图书馆	357.22	长春市图书馆	380.32
12	西安图书馆	316.42	宁波图书馆	361.54	宁波图书馆	406.21	安徽省图书馆	352.81	首都图书馆	379.98
13	长春市图书馆	314.44	西安图书馆	355.31	首都图书馆	393.46	衡水市图书馆	352.45	滁州图书馆	354.77
14	国家图书馆	296.99	国家图书馆	334.37	江西省图书馆	367.02	宁波图书馆	332	上海图书馆	344.77
15	新疆图书馆	278.7	安徽省图书馆	328.26	贵州省图书馆	343.89	长春市图书馆	329.96	贵州省图书馆	343.17

通过表 1 可以看出，调查时间段内进入 DCI 月排名前 15 名的公共图书馆抖音号共有 22 家。连续 5 个月稳居排名前 15 的图书馆有 9 家，占总数的 40.9%，4 次进入排

名前 15 的图书馆有 3 家，占总数的 13.6%，进入 TOP15 仅 1 次的有 5 家，占总数的 22.7%。由此可见，近半数的公共图书馆抖音号传播水平相对稳定。此外，省级及以上公共图书馆进入 DCI 排名前 15 的总数高于地市级公共图书馆。

部分图书馆的 DCI 指数较高，广东省立中山图书馆、浙江图书馆抖音传播指数均超过 600。广东省立中山图书馆的 DCI 值最高曾达到 907.67，统计期间广东省立中山图书馆的 DCI 值均在 800 左右，遥遥领先，堪称公共图书馆抖音号传播推广的佼佼者。而多达 13 家公共图书馆的 DCI 值在 400—600 之间，新疆图书馆 DCI 值仅为 278.7，最低值和最高值相差近 600。虽都是 DCI 排行榜前 15 名，但其 DCI 值差距十分明显。公共图书馆抖音号传播实力整体欠佳，提升业界整体传播效果方面仍任重而道远。

1.2.2　上榜 4 次及以上的图书馆抖音号传播内容分析

（1）影响传播力指数的因素

为使调查时间段（2021 年 10 月至 2022 年 2 月）内的研究结果更具参考价值，增加上榜频次的考量因素，笔者以 4 次及以上进入 DCI 月排名前 15 名的 12 家公共图书馆抖音号为重点考查对象，按月均 DCI 值排序，考察其月均作品数、月均粉丝增量、月均点赞数、月均转发数、月均评论数，汇总为表 2。

表 2　上榜 4 次及以上的公共图书馆抖音账号运营情况

抖音号名称	上榜次数	月均DCI	月均作品数	月均粉丝增量	月均点赞数	月均转发数	月均评论数
广东省立中山图书馆	5	806.23	33	16600	145792	1662	2598
浙江图书馆	5	687.98	9	600	23467	436	802
湖北省图书馆	5	530.15	10	400	2931	93	159
太原市图书馆	4	497.60	8	380	813	123	129
陕西省图书馆	5	436.71	21	200	266	31	48
国家图书馆	5	423.83	7	8200	399	48	28
上海图书馆	5	420.59	40	200	952	37	13
滁州图书馆	5	420.38	9	82	341	26	75
西安图书馆	4	371.05	11	1863	172	17	18
安徽省图书馆	5	369.43	6	39	129	26	19
宁波图书馆	4	368.30	13	22	143	9	20
江西省图书馆	5	368.17	4	-4800	129	7	9

由表 2 数据可知，月均 DCI 排名前三位的分别是广东省立中山图书馆、浙江图书馆和湖北省图书馆。月均发布作品数排在前三的为上海图书馆、广东省立中山图书馆、陕西省图书馆。月均粉丝增量排名前三的是广东省立中山图书馆、国家图书馆及西安

图书馆。由此可知抖音短视频的发布数量与 DCI 未呈现相关性。如浙江图书馆月均发布作品数为 9 个，但抖音传播影响力较高，DCI 排名第二。与之相反的是上海图书馆，虽然月均发布作品数最高为 40 个，但是抖音号传播力指数排名不太理想。同样，粉丝增量与 DCI 指数不存在相关关系，即单凭粉丝数的增加并不会提高其传播力。在陈冬玲[4]的研究中，运用 SPSS 中的 Pearson 相关系数验证出 DCI 与作品数、点赞数、转发数、评论数、发布频率相关的系数 r 分别是 0.679、0.679、0.739、0.731、0.679，均在 p=0.01 水平下呈显著正相关，即图书馆抖音平台通过增加上述影响因素的值来提高自身传播力。因此公共图书馆抖音号只有多发布高质量作品，才能打动粉丝积极参与其中，有效提升点赞数、转发数、评论数。

（2）视频内容分类归纳

正所谓"内容为王"，提高短视频内容质量是公共图书馆抖音账号运营的核心部分。优质的作品内容能够促进账号的长足发展，使其收获更多浏览与关注，进而扩大自身影响力，促进传播效果。因此笔者将从各馆作品内容角度切入，进一步研究分析。

笔者登录抖音平台，采集上述 12 家公共图书馆上榜月所发布的共计 782 条短视频数据，通过逐条浏览进行分类统计，结果见表 3 和图 1。

表 3　12 家公共图书馆抖音短视频内容统计

抖音号名称	资源荐读	知识传播	馆情宣传	互动推广	时事热点	励志暖心	其他
广东省立中山图书馆	34	51	2	0	29	42	1
浙江图书馆	13	20	0	0	0	2	1
湖北省图书馆	1	4	24	14	4	0	0
太原市图书馆	3	1	11	7	3	0	0
陕西省图书馆	19	46	13	18	2	3	0
国家图书馆	1	22	4	5	1	0	0
上海图书馆	171	19	4	4	1	0	0
滁州图书馆	7	0	21	5	2	1	8
西安图书馆	9	4	6	5	15	0	1
安徽省图书馆	8	0	7	10	2	0	0
宁波图书馆	22	5	4	11	2	0	6
江西省图书馆	2	15	0	1	1	2	0
小计	290	187	96	80	62	50	17

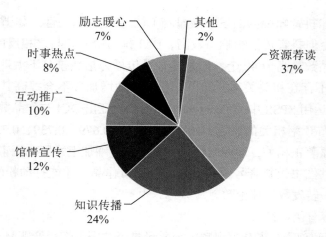

图1　12家公共图书馆抖音号各类主题作品所占比例

由此可见12家公共图书馆发布的抖音短视频内容较为丰富，大致可归纳为资源荐读、知识传播、馆情宣传、互动推广、时事热点、励志暖心、其他7类主题。其中能够涵盖6类主题的有5家，约占41.7%；涵盖5类主题的有6家，占50%；所有图书馆发布的短视频内容都能涵盖3个主题以上。排名第一的内容类型是资源荐读主题，占据37%的比例。相比微博、微信、移动端等图文形式的书目推荐，短视频由馆长、作家、学者、读者、"星书官"等真人出镜讲解，搭配场景、动画、音乐等元素，荐书更具直观性，传播效果更佳。排名第二的知识传播主题，占比为24%，通过视频特效加工，以短小精练、风趣幽默的表现形式普及知识点，深受读者喜爱。排名第三、第四的分别为馆情宣传主题（占比为12%），互动推广主题（占比为10%），可以看出公共图书馆借助抖音平台进行推广营销，不惜余力提升服务，打造形象，开展各类丰富多彩活动，增强与读者的互动。此外，时事热点和励志暖心主题在图书馆短视频中占有重要的一席，体现了图书馆作为公共文化机构的社会责任。

进一步举例说明，资源荐读主题主要对图书、电子资源进行推荐，借助抖音"具象"的传播特点推广阅读。如广东省立中山图书馆结合时事热点，推出"热点荐书"合集；上海图书馆推出"阅读日历"合集，坚持每日推荐一本图书。

知识传播主题主要涵盖知识点科普、名人采访、现象解读、非物质文化遗产介绍、课程教学等。如国家图书馆推出《国图讲坛——冬奥知识小课堂》、江西省图书馆推出《江西非物质文化遗产——莲花打锡》。

馆情宣传主题主要包含图书馆、图书馆学会日常工作动态、馆舍风景、馆员风貌、读者风采、文创产品、通知公告等。如湖北图书馆的《来鄂图，停车有变化，疫情期间做好安全防护哦》、滁州图书馆的《致敬滁图每一位可爱的劳动者》。

互动推广主题主要是对展览讲座、读书会、直播、体验、竞赛等活动的预告、介绍和总结回顾，以期通过举办活动吸引读者重新使用图书馆。具体如安徽省图书馆的《童心向党——少儿红色经典诵读展演》、上海图书馆的《开启打卡新姿势，虎虎过年——

《2022 虎年主题插画展》。

时事热点主题涵盖节日祝福、各类纪念日、社会热点新闻、疫情防控等内容。例如广东省立中山图书馆的《世界顶级！新疆棉花开了全国百余家媒体同步直播网友点赞刷屏》。

励志暖心主题重视积极向上的价值传递，致敬抗战英雄、各行业榜样人物、心灵慰藉、百态人生感悟。如广东省立中山图书馆的《平凡而伟大！致敬乡村邮递员！他们走过的路可绕地球数圈》。

其他相关主题包括地方美食介绍、创意舞蹈、小剧场及其他无法归于上述类型的短视频。如宁波图书馆的《#一字诗#手势舞#秋天　独钓，这首小诗，你会了吗？》、西安图书馆的《#陕西面食　给大家推荐一个特别的面食：杨凌蘸水面》。

（3）热门视频内容特征

转发数、点赞数、评论数是抖音号与读者之间的互动体现，更是衡量短视频受欢迎程度的重要指标。本文将转发数、点赞数、评论数之和超过 3000 的作品视为热门视频。经笔者统计，在上文研究的 782 个短视频作品中，热门视频有 68 个，仅占比 8.7%，且基本来自广东省立中山图书馆和浙江图书馆。热门视频中各内容类型占比见图 2。

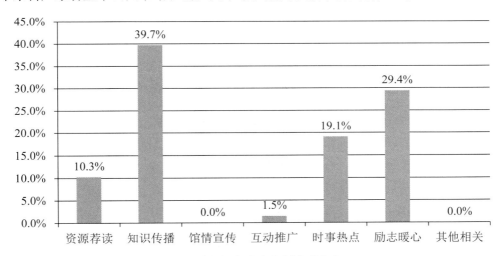

图 2　热门视频内容主题类型占比

由图 2 可见，知识传播、励志暖心、时事热点类作品更受欢迎，分别占 39.7%、29.4% 和 19.1%。如广东省立中山图书馆的《中国榫卯积木"起风了"　海外订单同比增长 500%# 工匠手艺 # 传统文化时光瓶 # 抖出知识点 # 萌知计划 @ 抖音青少年》点赞量高达 15.9 万，评论数 6170，转发数 6878，《再不去看就消失了毛乌素沙漠沙化土地治理率已超过 93.24%# 科普知识 # 萌知计划 # 知识先锋计划 @ 抖音青少年 # 防风固沙 # 广东美好推荐官》点赞量 9.6 万，评论数 1902，转发数 507，这两个视频结合热点传递知识，满足了受众需求，易被粉丝认可。浙江图书馆《致敬！他哽咽着说了这段话，我含泪听完！钱伟长校长在上海大学最后的毕业致辞》点赞量 10.5 万，评论数 1475，转发数 1317，老校长的殷殷嘱托，励志暖心，感人肺腑；《历史上竟有人因长得太美而死？》点赞量 16.9 万，由同济大学中文系教授诙谐幽默地讲述看杀卫玠的故事，引起关注与讨论。

热门视频之所以获得较多关注，其特点为：一是所选主题结合时事热点，引领社会风尚，受到读者普遍关注和认可，更易引发讨论，提升播放量，实现点赞、评论、转发数的增长；二是视频内容充实有内涵，积极向上，能够精准把握住用户心理，引发读者共鸣并参与其中；三是表现形式新颖幽默，制作精良，在时间长度设置、背景音乐选取、镜头画面剪辑等方面都经过精心设计。

2 公共图书馆抖音短视频传播推广中存在问题

2.1 缺乏整体规划，传播效果差异明显

从上文分析中可以看出，抖音短视频传播推广效果较好的两个图书馆是广东省立中山图书馆和浙江图书馆，各项指标数据均处在领先的位置，从中可以推断，这两个馆对抖音短视频传播推广服务做了合理规划，有效地扩大了粉丝群体和大众对其作品的关注度，提升了服务范围和水平。同时我们也应注意到，广东省立中山图书馆单个图书馆的数据甚至超过其余所有图书馆的总和，头部账号与中低端账号之间的传播效果差异明显，这说明大多数图书馆欠缺规划，运营管理上较随意。

2.2 缺少栏目特色，视频质量有待提高

目前大多数图书馆抖音账号作品内容杂、散，不成体系，没有实现在某一主题上的深度挖掘，呈现形式多为图片轮放＋背景音乐，缺少创意与新鲜感。内容组织方面，当出现某一类型的热门视频后，各馆争相模仿，同质化严重，缺少自己的栏目特色，使用户产生视觉疲劳，浏览后很难留有深刻印象[5]。

2.3 欠缺专业团队，用户黏性难以维系

由于图书馆工作人员大多数是图情、文学等相关学科毕业，缺少动画设计、摄影编辑等新媒体运营方面的专业人才，更缺少专门的岗位设置与团队支持，一般都由宣传推广人员兼任发布工作，因而很难有效维持抖音短视频平台的运营维护。这导致粉丝活跃度低，短视频内容质量与更新速度远低于粉丝期许[6]，用户黏性难以有效维系。

3 对公共图书馆抖音短视频传播推广的建议

3.1 科学推荐，规范抖音运营传播策略

因受服务职责、经费投入、人员配置等因素的限制，公共图书馆要想提升短视频服务质量，首先必须建立健全抖音运营体系制度，做好各阶段抖音短视频运营规划。在流程审批、主题策划、推送策略、更新频率、互动机制、人员配置、服务评价等方面进行

规范，确定相关运营人员的工作职责，确保各项工作有章可循，朝着常态化服务发展。例如图书馆应掌握抖音推荐算法的核心，重视完播率、点赞量、评论量和转发量[7]，有的放矢，科学推荐，从策划源头上少走弯路。另外，也要充分利用抖音平台提供的置顶、合集、抖音直播等功能，进一步贴合用户需求。重视回复用户评论与私信，提升用户体验。

3.2 精准定位，加强特色精品内容开发

内容质量是短视频服务赖以生存和发展的根本，优质的视频内容一方面可以向读者传递正确的价值观，使读者在欣赏过程中产生情感上的共鸣，另一方面也可以借助读者的转发分享产生裂变传播影响[6]。图书馆短视频的创作有其特殊性，即在吸引读者观看的同时将图书馆的理念巧妙融入其中，从而扩大图书馆的读者群。在实际内容建设中，相关工作人员应多聆听读者声音，通过问卷、后台留言、访谈等方式了解读者需求，再投入视频制作。

前期的精心策划是短视频内容生产的重要环节，图书馆在策划阶段要深度挖掘馆藏资源，紧密结合特色馆藏进行匠心创作，使得抖音号从形式到内容独具特色；另外可创建专题系列，这些系列既相互独立又紧密环扣，使得视频具有连续性、稳定性，培养一批长期活跃的铁杆粉丝。后期制作中要关注细节，如视频封面肩负第一印象的重任，建议专门设计，以吸引眼球，提高点击量；同时要集中智慧推敲视频标题；发布时添加相关的热门话题，利用热门话题自带流量提高曝光率。

3.3 吸粉引流，增加线上线下话题联动

在互联网流量的思维下，抖音平台的活跃度不仅体现在作品内容更新频率上，还体现在与外界的互动上。在深耕内容的同时，运营人员应重视做好线上线下立体化互动，保障粉丝的拉新、留存和促活。通过建立线上线下话题联动机制，制造热门话题，设计简单有趣的任务，让更多潜在用户主动参与到图书馆短视频互动中来，实现线上线下粉丝数转化，促进短视频内容吸引力的快速提升。如举办抖音短视频创意大赛，邀请读者到馆内创作视频，关注并转发数位好友即送图书馆文创产品等，让更多用户对图书馆产生兴趣，增强参与感。

3.4 重视培养，组建专业抖音运营团队

对图书馆而言，短视频业务的做大做强离不开专业运营团队的支持。即使拥有丰富的馆藏资源，如何摄取精华内容、巧妙构思素材、拍摄剪辑制作乃至文案撰写推广，各个环节并非一人能够完成，无一不体现"专业"二字。为此，配备专业的运营团队是图书馆需要充分考虑和重视的问题。一方面，可以鼓励有意愿的馆员通过自学或参加新媒体培训等方式，掌握抖音制作和运营的基本技能，并在实践中逐步提升素材收集、文案撰写、热点敏感度把握等能力素质；另一方面，可以积极寻找专业的短视频运营团队进行合作创作，提升品质；还可以在读者中招募有相关专业背景或工作经验的人员，以有

偿聘请等形式，请其出谋划策，协助制作[8]。

本研究还存在一定不足之处，如对抖音短视频主题内容分类时采用人工归类方法，不够客观存在一定误差。总体而言，公共图书馆抖音短视频领域的研究和实践才刚刚兴起，图书馆界应顺应趋势，有效利用新媒体，促进自身智慧化服务转型，在更广的范围内为读者提供更优质服务。

参考文献

[1] CNNIC 发布第 49 次《中国互联网络发展状况统计报告》[EB/OL].[2021-03-08].http://www.cnnic.net.cn/gywm/xwzx/rdxw/20172017_7086/202202/t20220225_71724.htm.

[2] 伍德嫦.公共图书馆抖音号运营实践与思考——以广东省立中山图书馆抖音官方账号为例 [J].河北科技图苑，2012（5）：67.

[3] 清博指数 [EB/OL].[2022-03-15].https://www.gsdata.cn/site/usage-16.

[4] 陈东玲.基于 DCI 指数的我国图书馆抖音平台传播策略研究 [J].图书馆研究与工作，2020（12）：37.

[5] 左昊明，李亚设，杜保国.省级及以上公共图书馆短视频微服务应用现状分析 [J].图书馆学研究，2021（20）：53.

[6] 祝坤.省级公共图书馆移动短视频服务现状及其应用策略 [J].大学图书情报学刊，2021（6）：95.

[7] 袁小娟.高校图书馆抖音短视频建设现状调查及优化策略 [J].大学图书情报学刊，2022（1）：70.

[8] 林金钦.我国省级公共图书馆抖音短视频服务现状调查与分析 [J].福建图书馆学刊，2021（2）：19.

兰德公司的中国研究对国家图书馆智库建设的启示

梁　婧（立法和决策服务部）

2015 年 1 月 20 日，中共中央办公厅、国务院办公厅印发了《关于加强中国特色新型智库建设的意见》，明确将打造"定位明晰、特色鲜明、规模适度、布局合理的中国特色新型智库体系"，并指出中国特色新型智库要"以服务党和政府科学民主依法决策为宗旨"[1]。此后，我国的智库建设进入了发展的快车道。2021 年 8 月，文化和旅游部为加快筹建行业智库体系，发布了《文化和旅游部办公厅关于公布首批文化和旅游行业智库建设试点单位的通知》[2]，国家图书馆等 19 个单位入选，其中国家图书馆的重点研究方向为决策咨询研究、海外中国问题研究和智慧图书馆研究。

国家图书馆作为全国总书库，拥有海量文献资源储备，同时在其长期担负为党政军服务的职责的过程中，也形成了深厚的业务积淀。2018 年，《中华人民共和国公共图书馆法》颁布，赋予国家图书馆"为国家立法和决策服务"的职能，与中国特色新型智库建设的宗旨相一致，使国家图书馆的智库建设有法可依，有章可循。近年来，国家图书馆一直持续推进智库建设，在立法服务、决策咨询和学术研究方面取得了不少成绩，但与具有较大影响力和国际知名度的高端智库标准相比，还有一定的差距。本文以对美国著名智库兰德公司发布的中国研究报告进行深入分析为基础，总结其在研究内容、研究方法和研究成果等方面的特点，从中挖掘出兰德公司智库建设的成功经验，以期为国家图书馆今后进一步强化国家智库职能、推进全面智库建设提供参考与借鉴。

1　兰德公司及其中国研究的发展

兰德公司（RAND）成立于 1948 年，最初以军事尖端科技和重大军事战略研究为主，被国际社会誉为"大脑集中营""超级军事学院"，此后兰德公司逐渐扩大研究领域，涉及军事、政治、经济、国际事务、科学技术、教育、能源等众多政府和公众广泛关注的内容，最终发展成为全球顶尖的以军事研究为主的综合性战略研究机构，也是美国最著名的决策咨询机构之一。2021 年 1 月，美国宾夕法尼亚大学公布了由"智库研究项目"（TTCSP）编写的《全球智库报告 2020》（*2020 Global Go To Think Tank Index Report*）。在这份报告中，兰德公司在全球顶级智库排行榜中排名第七，同时在全球顶级国防和国家安全领域智库中名列首位。

兰德公司的中国研究始于 20 世纪 50 年代，在当时主要以中国公开发表的报刊、文件和报告为一手资料，对中国共产党的决策程序、中国的军事发展潜力、工业技术能力等方面进行研究分析。随着美国政府对华政策的调整和中美两国关系的改善，到 20 世纪 60—70 年代，兰德公司的中国研究发展出现了第一次高潮，中国研究报告数量明显增加，中美建交、中苏关系、"文化大革命"等内容也成为这一时期兰德公司中国研究关注的新焦点。冷战后，特别是进入 21 世纪以来，由于中国的快速崛起和中美战略竞争的加剧，美国的国家战略重点和公众兴趣逐渐转移，兰德公司又一次加强了中国研究力度，并适时调整了中国研究方向，除了对于中国军事和国家安全的关注，还逐步扩展到对中国经济、教育、科技、社会和环境等问题的研究，发表了《中国空气污染治理政策选择的成本》《中国老人的健康和社会经济状况调查：来自中国健康与养老追踪调查试点证据》《大学校园内无烟校园政策的实施——以北京高校学生调查数据为例》等多篇相关的中国研究报告。

兰德公司的中国研究，不仅深刻影响着美国政府的对华政策，也在一定程度上反映了中国的国际形象及其所处的国际舆论环境，对国内决策者的政策制定有着重要的参考意义。

2 兰德公司中国研究的特点与成功经验

2.1 安全战略和对外关系是中国研究的鲜明主线

兰德公司作为综合性战略研究机构，一直根据国际形势的变化和美国亚太战略的转向，审时度势地调整中国研究的发展方向，既关注长期的基础性问题，也就当前的热点为政府决策机构出谋划策[3]。

另一方面，在兰德公司对中国各领域进行广泛研究的同时，仍然保持了鲜明的研究主线，即重点关注中国的安全战略和对外关系，这也成为兰德公司中国研究的突出优势。2021 年 10 月，兰德公司发布了报告集《中国研究精选 1999—2019》，按照中美战略竞争，中国大战略，美国对抗中国的战略和能力，中国与其他国家的接触和竞争，中国国内动态，在经济、工业以及军事方面，核、太空和网络问题六大类，整理了 128 份中国和亚太地区安全研究报告。兰德公司认为：美国不能指望像冷战时期那样简单地超过中国，而是需要更多地了解中国，发展有效的战略，建立强大的联盟，树立创新的作战理念，强化先进军事能力，以应对规模和复杂性日益增加的中美战略竞争形势。此外，兰德公司还在报告集中提出了一些亟待解决的关键问题，例如中国在军事上的进展有多快？其目标有多大？中美双方是否有可能在共同关心的领域保持某种程度的合作？美国的盟友和伙伴以及其他国家将如何应对中美战略竞争带来的挑战？在中美战略竞争中，美国将需要发展什么样的战略和能力？[4] 这些问题都将成为兰德公司中国研究未来的重点关注方向。

该报告集的推出，不仅是对近 20 年来兰德公司中国研究主线的成果总结，也是兰德公司突出研究优势、展示研究能力的拳头产品，对于兰德公司在世界范围内树立自身形象、宣传推广兰德产品起到了重要的推动作用。

2.2 跨学科研究是中国研究的必然趋势

兰德公司一直重视跨学科研究，曾被《全球智库报告2020》评为2017—2019年最佳跨学科卓越研究中心。对于中国问题，兰德公司同样秉持跨学科视角，充分发挥研究人员的多元性特点，使他们能够在各个项目组中发挥出不同的语言、专业、教育和文化背景优势，提升中国研究质量，以实现其通过研究和分析影响政策制定与决策的目标[5]。

2019年底，全球新冠肺炎疫情暴发，给社会带来的巨大影响成为当今世界面临的严重威胁之一，在此期间，兰德公司的众多研究人员发表了《从"非典"到2019新型冠状病毒：美中防疫事务合作》《新冠肺炎背景下的中国卫生体制改革和全球卫生战略》《新冠肺炎对中小企业影响的评估——中国的启示》等多项与中国新冠肺炎疫情发展相关的政策报告和研究评论，内容涉及经济、国家安全、国际事务、公共卫生等多个领域，以跨学科研究的大战略视角，解读新冠肺炎疫情在中国的发展及其对中国内外政策的影响。近年来，随着前沿科学技术及其应用的迅速发展，兰德公司的很多中国研究报告中都体现了"科技、军事、政治、经济、外交"的结合，例如2022年2月，兰德公司最新发布的研究报告《对美国和中国量子技术产业基础的评估》，就对中美两国的量子技术这一具有重大经济意义和国家安全影响力的变革型新能力进行了全面评估，并为决策者在未来量子技术发展、量子产业管控、中美量子技术国际流动等方面提出了切实可行的政策建议。

2.3 数据资源体系建设是中国研究的信息保障

翔实的数据信息是兰德公司中国研究的关键投入要素，也是兰德公司追求研究产品客观性和权威性的保证。在大量中国问题研究报告中，例如《中国老年人生活安排：来自中国健康与养老追踪调查数据》《兄弟姐妹的性别组成对教育的影响：来自中国的数据》《中国对大数据分析的看法》等，兰德公司依靠通过社会调研等多种途径搜集整理的数据信息，对中国相关问题进行了深入分析。这种基于事实注重数据的研究态度，使兰德公司的研究结论更能经得起实践检验，研究质量也因此得到保障。

兰德公司对于数据信息资源的灵活应用，不仅得益于其强大的专家团队和信息技术实力，也依赖长期的文献信息和数据资源建设。兰德图书馆藏书超百万册，同时针对其研究特点，藏有大量外交、国防等领域的国家机密文件和灰色文件，是一个国际性、专业性的文献资料中心[6]。同时，兰德公司拥有多样化的信息获取渠道，搭建了综合自建、共建和外购数据库在内的数据资源立体体系，供研究人员分析和利用，构成了兰德公司中国研究坚实的信息保障。

2.4 创新研究方法是中国研究的核心竞争力

兰德公司一直重视研究方法的开发和创新，并将其视为未来发展的持久动力。兰德公司下设6个方法研究中心，包括应用网络分析与系统科学中心、定性和混合方法中心、博弈方法中心、因果推断中心、不确定性决策中心和可扩展计算与分析中心，依靠每个中心特定的研究方法和研究工具，为决策过程提供支持[7]。

兰德公司的中国研究也大量运用了这些研究方法和模型，以提高研究成果的权威性和科学性。2015年，兰德公司发布了《中美军事记分卡：兵力、地理以及不断变化的力量平衡（1996—2017）》，运用了运筹分析理念、系统分析方法等，以1996年、2003年、2010年和2017年的中美军力为研究对象，对中美军事对抗中的强弱变化进行分析、对比和预测。2021年，兰德公司的研究报告《中国的军事干预：模式、动力和标志》中，综合采用了定量统计和定性分析的方法来检验中国的军事干预模式，并得出这种模式至少在未来五年内将会继续决定中国军事干预轨迹的结论。

随着科学技术的发展，兰德公司的研究方法创新还得到了人工智能等现代技术的支撑，同时也在不断探索利用大数据构建面向数据挖掘与知识发现的新型研究方法，以提高研究的精准性和说服力。

2.5 前瞻性预测是中国研究的突出亮点

兰德公司一直擅长进行具有前瞻性的战略研究，尽管其中有关中国最负盛名的预测的真实性仍然存疑（在20世纪50年代初，曾断言中国将出兵朝鲜），但毫无疑问，在兰德公司着手中国研究的70多年历史中，预测性项目仍然是最吸引决策者和公众关注的突出亮点。

2016年，兰德公司推出一篇深度报告《与中国开战：想不敢想之事》，预测和推演了中美军事冲突的可能形式及其对双方造成的损失和影响等，以提示美国决策者面对可能爆发的中美战争需要做好哪些准备，以及战争爆发后美国如何在战争目标和战争成本上取得平衡。2020年，兰德公司又发布了一篇题为《中国大战略——趋势、轨迹和长期竞争》的研究报告，预测了今后30年中国可能出现的4种情形，包括胜利的中国、崛起的中国、停滞的中国和崩溃的中国，以及由此可能导致的中美关系发展轨迹，并对美国陆军的应对提出了建议。

兰德公司在中国研究方面的预测性项目，通常都集中在社会关切度较高的热点方向，这些可量化和可验证的前瞻性预测，体现了兰德公司决策咨询研究的能力，促进了其研究产品在世界的广泛传播，为兰德公司在全球范围内带来了极大的声望和回报。

3 兰德公司的中国研究对国家图书馆智库建设的启示

兰德公司在中国研究方面取得的巨大成就，得益于它独特而科学的运行管理机制，包括矩阵式的管理架构，多元化的资金筹集制度，卓越的人才聘用、管理和培养模式等，目前国内对于兰德公司的研究也大多聚焦于这些内容。但是，由于历史和国情的差异，我国的智库建设，特别是国家图书馆的智库建设并不适合完全照搬兰德公司的机制框架和发展经验，但在兰德公司中国研究的成功做法中，还是有很多可以借鉴吸收的有益内容。

3.1 充分发挥国家图书馆智库建设优势，保持核心竞争力

兰德公司的中国研究主线鲜明、优势突出、质量过硬，为兰德公司赢得了广泛关注和良好口碑。国家图书馆在推进智库建设的过程中，也应该充分发挥自身优势，保持核心竞争力，才能在众多智库中树立自身品牌，扩大决策影响力和社会影响力。

首先，国家图书馆作为全国总书库，拥有丰富的文献信息储备，这既是图书情报机构开展智库服务的基础，也是最大的优势和亮点。围绕文献信息资源这一核心竞争力开展智库建设，是国家图书馆区别于其他智库机构，走出有自身特色发展之路的根本途径。其次，国家图书馆在长期的立法决策服务中，不仅积累了实践经验，也逐渐同党政军部门建立起稳定的合作机制，使需求对接、研究反馈等更加顺畅，为国家图书馆推广研究产品、发挥决策影响力疏通了渠道。第三，基于专题文献设立的海外中国问题研究资料中心和边疆文献研究中心，从机构设置和文献资源调配上给国家图书馆推进智库建设，特别是做好海外中国问题研究提供了有力支撑。最后，国家图书馆重视人才引进和培养，不仅吸纳了众多拥有不同专业背景、多语言译读能力，专业技术精湛、业务能力过硬的决策研究人员和专业技术人员，同时也积极拓宽思路，邀请相关领域有实践经验的专家和有突出成果的学者作为智库建设的智力支撑和坚强后盾，从而助力国家图书馆智库建设发展。

3.2 从多方面提升国家图书馆智库建设的研究能力

长期以来，我国的图书情报机构在智库建设中大多充当协助者的角色，研究能力尚不能满足智库建设需要，因此，从多方面提升研究能力，确保研究产品质量，是国家图书馆智库转型的主要任务。

3.2.1 把握智库建设研究方向

兰德公司擅长根据美国发展战略和公众兴趣的转移调整研究方向，同时也会兼顾国际政治、经济形势的变化，通过保持基础研究与应用研究的结合，解决智库的长远发展和现实生存之间的矛盾。国家图书馆此次入选首批文化和旅游行业智库建设试点单位，其重点研究方向为决策咨询研究、海外中国问题研究和智慧图书馆研究，其中决策咨询研究是国家图书馆长期以来担负的职责使命，海外中国问题研究体现了国家图书馆的馆藏特色和研究亮点，而智慧图书馆研究则是图书馆业内的前沿话题。国家图书馆不仅应对这三大重点研究方向加大投入力度，同时也需要审时度势，不断发现挖掘新的自主选题，使智库建设的研究具有开拓性和可持续性。

3.2.2 创新研究方法和研究工具

作为国际一流智库，兰德公司将研究方法和研究工具的创新视为提高智库竞争力的核心和未来发展的持久动力。而对于国家图书馆来说，缺乏系统的研究方法和研究工具，恰恰是进行智库建设的重要阻碍之一。因此，国家图书馆应特别注重研究方法的引入，在具体的研究过程中结合各种研究方法的优劣势进行综合应用，以满足大数据时代复杂的决策需求。同时要注重培养研究人员的创新思维，鼓励他们自主研发基于数据挖

掘和人工智能的新型研究方法，并从组织和管理上为他们提供保障。

3.2.3 完善科研成果评价体系

1997 年，兰德公司针对研究产品质量把控，公布了《高品质研究和分析的标准》，同时定期安排外部和内部人士对其研究产品进行整体评审，以实现其长期以来对研究产品高质量和客观性的追求[8]。对于国家图书馆来说，现行的决策咨询研究评价标准通常以用户反馈为主，容易出现主观性强的弊端，因此，完善研究成果评价体系，特别是采用横向评价、过程评价等科学评价方式，对于改进产品质量、提升科研能力，无疑能够起到监督和促进作用。

3.2.4 发挥研究人员重要作用

兰德公司的人才招聘和管理模式，特别是智库学者和政府官员之间的"旋转门"机制，在国家图书馆智库建设的过程中很难立刻复制。但是，兰德公司重视人才多样性、充分尊重并保护研究人员创新性思维等做法仍然值得效仿。国家图书馆应该建立良性的选拔和激励机制，招聘和培养出一支综合素质高、科研能力强、技术本领过硬、服务意识先进的研究人员队伍，同时，进一步完善咨询顾问的外聘机制，积极开展与学界、政界、传媒和企业等领域专家的互动，赋予科研人员较大自主性，并为他们提供适宜的工作环境，以便充分发挥研究人员的研究热情和科研能力，提高国家图书馆智库建设研究的专业性和权威性。

3.3 在大数据时代持续加强文献信息和数据资源建设

习近平总书记指出："要运用大数据提升国家治理现代化水平。要建立健全大数据辅助科学决策和社会治理的机制，推进政府管理和社会治理模式创新，实现政府决策科学化、社会治理精准化、公共服务高效化"[9]。这意味着，在大数据时代，数据信息资源在科学决策方面将会发挥越来越重要的作用[10]。图书馆历来被看作是数据和信息的集散地，在大数据时代，图书馆的信息采集和保存体系也被赋予了新的内涵。除了传统的书报刊资源收藏，图书馆还应该关注各领域的新型数据资源，从而构建起多元立体的知识资源体系，而对这些数据、信息和知识的精细加工、充分利用与深度挖掘，则为国家图书馆履行智库职能、推动智库建设提供了重要的信息保障。

3.3.1 加强特色专题数据库建设

特色专题数据库是文献信息和数据资源建设的重要内容。作为一种文献信息载体形式，特色专题数据库既植根于图书馆的资源建设属性，也承担着重要的服务职能。特色专题数据库以研究问题为导向，汇集的大量专深数据信息，不仅能够提高信息来源的专业性和针对性，也有助于深入挖掘数据资源能量。国家图书馆应根据自身重点研究领域，加大对多源异构数据进行优化整合的力度，进一步推进特色专题数据库建设，构建知识资源体系，为智库研究奠定坚实的基础。

3.3.2 完善信息资源共建共享机制

互联与共享是大数据时代的标签。国家图书馆作为图书馆业界的领头人，一直致力于建设信息资源共建共享机制，引导各级图书馆充分发挥自身信息资源优势，通过信息资源共建共享平台互通有无，最大限度地拓展数据信息使用范围，提高知识复用率。与此同时，为了保证信息来源的广泛性，国家图书馆也应注意打通智库、政府和社会之间的信息沟通与共享渠道，以提升智库研究的信息资源保障水平。

3.3.3 加快现代智能技术的推广和应用

随着云计算、人工智能等现代信息技术的快速发展，技术力量助推的重要作用在大数据时代已经越来越不容忽视。国家图书馆应在文献信息和数据资源建设过程中，特别是在数据体系建设的关键环节和核心领域里加大新兴智能技术的渗透和应用，为智库产品的产出提供技术支撑与保障。同时，要重视数据人才和信息人才的培养，以适应图书馆未来数据建设的需要。

作为兰德公司智库研究的缩影，中国研究是我们窥见兰德公司发挥运行机制优势的窗口，也是总结兰德公司智库研究经验的途径。在国家图书馆面临智库转型的重要阶段，兰德公司中国研究的成功做法，特别是其在研究方向、研究过程和研究产品方面的探索与经验都是我们的重要参考。国家图书馆将借鉴他山之石，进一步发挥智库建设优势，提高智库研究水平，加强数据信息系统建设，力争把国家图书馆真正建设成为带有中国特色、文化特长的，具有重大决策影响力、广泛国际影响力和深入社会影响力的国家高端智库。

参考文献

［1］中共中央办公厅、国务院办公厅印发《关于加强中国特色新型智库建设的意见》［EB/OL］.［2022-04-01］. http：//www.gov.cn/xinwen/2015-01/20/content_2807126.htm.

［2］文化和旅游部办公厅关于公布首批文化和旅游行业智库建设试点单位的通知［EB/OL］.［2022-04-01］. http：//zwgk.mct.gov.cn/zfxxgkml/kjjy/202108/t20210820_927274.html.

［3］陈晴，肖欢.浅析兰德公司的中国军情研究［J］.太平洋学报，2018（5）：16-28.

［4］Select RAND Research on China 1999-2019［EB/OL］.［2022-03-31］. https：//www.rand.org/pubs/corporate_pubs/CPA614-1.html.

［5］郭茂林，武金旺.兰德公司及其对华研究［J］.山西科技，2011（5）：3-5.

［6］黄晓斌，罗海媛.兰德公司的信息保障体系建设及启示［J］.情报理论与实践，2019（12）：24-29.

［7］黄晓斌，罗海媛.兰德公司的情报研究方法创新及其启示［J］.情报杂志，2019（5）：6-14，28.

［8］郑雯.美国兰德公司情报研究工作特点及启示［J］.情报理论与实践，2012（7）：125-128.

［9］习近平：实施国家大数据战略加快建设数字中国［EB/OL］.［2022-04-01］. http：//www.xinhuanet.com/politics/2017-12/09/c_1122084706.htm.

［10］夏婷.兰德公司运行机制研究及对我国科技智库建设的启示［J］.今日科苑，2021（2）：16-23.

民国时期报纸视野下的国立北平图书馆读者服务工作述评（1929—1937）

姚　昕（数字资源部）

1909 年至今，国家图书馆经历了 113 年的磨砺和发展，发生了巨大变化，矢志于图书馆事业的先驱们在馆事初创阶段的奋斗永远不该被遗忘，他们力克时艰取得的成就更令人瞩目。伴随着国家图书馆百余年发展的是馆址、馆名和机构沿革的改变。1909年 4 月，清政府学部获批准开办京师图书馆；1928 年 7 月 24 日，京师图书馆改名为国立北平图书馆；1929 年 8 月，原中华教育文化基金董事会创办的北海图书馆与教育部所属国立北平图书馆合组，名称仍为国立北平图书馆；1931 年 7 月 1 日，国立北平图书馆文津街新馆正式对外开放。1949 年新中国成立后，国立北平图书馆陆续更名为国立北京图书馆、北京图书馆，最终于 1999 年 9 月 9 日正式更名为国家图书馆。其中，1929 年 8 月至 1949 年 9 月间的"国立北平图书馆"时期是一个关键时期，在这一阶段图书馆实现了多项读者服务的从无到有、稳中求进，具有重要的研究意义。

民国时期报纸是图书馆馆藏民国文献资源的重要组成部分，是记录民国时期中国政治、经济、军事、外交、生活等多方面的重要文献，它记录着中国的特殊变革时期，时效性强、数量庞大，具有很高的史料价值和学术价值。借由数字化的民国时期报纸资源，我们可以一窥先辈们的奋斗历程，也从报纸版面一隅看到了国家图书馆留下的发展足迹，其中体现出的早期图书馆读者服务思想为我国近现代公共图书馆事业的发展奠定了基础。

1　数据来源

由于图书馆合组后，若干报纸在报道中使用"北平图书馆"简称，因此笔者采用"北平图书馆"为主题词，在"中国历史文献总库·近代报纸数据库"采用复合精确匹配检索方式，以 1929-08-01 至 1949-10-01 为日期限制，不限作者、版次、版名、卷期、栏目和报纸种类进行检索，共得到 876 条命中结果。结果涉及《华北日报》、《世界日报》、《益世报》（北平）、《京报》（北平）、《庸报》、《新晨报》等 20 种报纸，命中篇目多归属于"教育""教育界"等报纸版面，报纸归属地多为北京、天津等北方城市，直到抗日战争全面爆发后国立北平图书馆馆务逐渐南迁，南方才逐渐增多了相关新闻报道。图 1 为数据库所示民国时期报纸报道国立北平图书馆相关新闻数量随历史年份变化的趋势图。

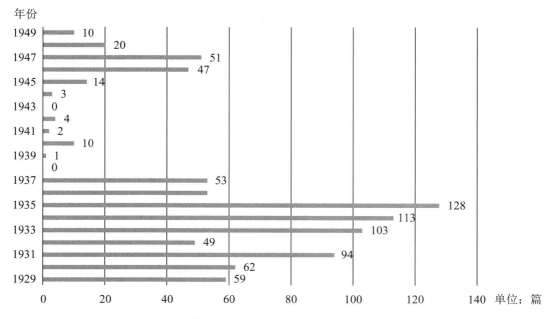

图 1　民国报纸报道国立北平图书馆相关新闻历年数量

从民国报纸发文数量图来看，关于国立北平图书馆的相关报道主要集中在 1929 年国立北平图书馆合组至 1937 年抗战全面爆发之间。抗战之后馆务南迁，新闻报道量也急剧下降，直到抗战胜利后才逐渐恢复活跃。所以，1929—1937 年是国立北平图书馆对外交流学习、对内稳步发展的黄金时段。在此阶段，北平图书馆打破了传统藏书楼重藏轻用的思想，读者服务方式多样化、服务能力不断提升。因此笔者以国立北平图书馆 1929—1937 年黄金期的读者服务工作为对象，在民国报纸相关报道的视角下，研究国立北平图书馆如何应对时局、调整服务模式、获得全面发展，并为近现代公共图书馆读者服务工作奠定基础。

2　国立北平图书馆的读者服务

1929 年 8 月，原中华教育文化基金董事会自办的北海图书馆与教育部所属的国立北平图书馆合组成立国立北平图书馆，由国立北平图书馆委员会负责该馆一切事宜，蔡元培、袁同礼分任馆长、副馆长，在正副馆长下设置有八部十六组。合组后的馆务建设有条不紊地进行，得到多家报纸媒体的持续报道关注：《益世报》（北平）在 1929 年 10 月 22 日的第 6 版中就大篇幅介绍了《北平图书馆组织大纲》①，从中可见国立北平图书馆的机构建置，如图 2 所示。1931 年 7 月 1 日对国立北平图书馆来说是崭新的一页，包括《华北日报》《庸报》《世界日报》等在内的多家报纸都报道了国立北平图书馆文津街新馆的开幕，如《世界日报》1931 年 6 月 12 日第 7 版报道："兹北平图书馆，新屋行将

---

① 北平图书馆组织大纲［N］.益世报（北平），1929-10-22（6）.

落成。为点缀门面起见，特函请市政府，请将该雕花望柱，及盘座，赠与该园图书馆，陈列门前。"[1]《华北日报》1931年7月2日报道了国立北平图书馆开馆盛况，并介绍了图书馆的建筑设计及馆藏布局[2]，见图3。图4为《华北日报》在新闻中呈现的国立北平图书馆大阅览室内景照片。自此，国立北平图书馆正式进入服务社会大众的黄金期。

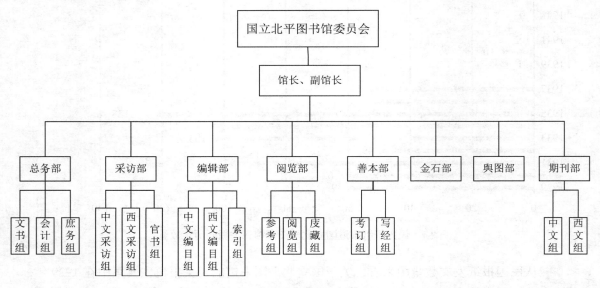

图2　北平图书馆的组织机构

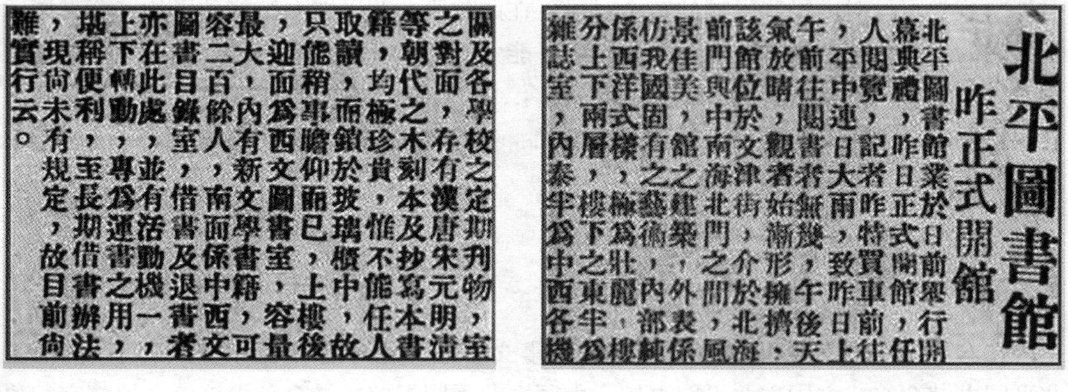

图3　《华北日报》1931年7月2日第6版相关报道

　①　冲天华表　旧在天安门前存放　今移交北平图书馆［N］.世界日报，1931-06-12（7）.
　②　北平图书馆昨正式开馆［N］.华北日报，1931-07-02（6）.

图 4　北平图书馆大阅览室内景照片 ①

2.1　阅览服务

民国时期，国立北平图书馆的馆藏资源非常丰富，图书馆通过搜访购入、征集受赠、呈缴、寄存等形式不断扩充着馆藏资源，尤其在古籍善本资源方面享誉四海。《华北日报》1929 年 6 月 12 日登载的《图书馆调查》一文，在形容国立北平图书馆馆藏时说"中西图书，浩如烟海"，明抄本、旧抄本、稿本、批校本、明刊本等应收尽收 ②。丰富的馆藏资源、完善的设备以及开放的态度吸引了越来越多的求知者，1934 年 2 月 5 日《华北日报》讲述了记者在寒假期间去国立北平图书馆查阅资料时所见的人满为患的场景 ③。据统计，仅 1935 年 10 月的时间内，国立北平图书馆的到馆阅览人数就高达三万余人。为尽量满足更多用户的阅览需求，图书馆一度延长了阅览室开放时间，并不断扩充阅览室数量，仅 1935 年就分别筹划增加了新闻阅览室、新书阅览室和远东问题研究室。国立北平图书馆开馆时间分夏日制和冬日制，分别为早 8 时至晚 9 时和早 9 时至晚 10 时，每天开馆 13 小时，偶尔由于战乱、街市戒严、电能短缺等原因缩短开放时间，但几乎无一天闭馆。

有趣的是，《华北日报》在 1931 年 9 月 13 日第 6 版报道了国立北平图书馆的食堂开幕新闻：为了阅览者就餐便利，馆内设中西餐食堂，定价极廉，凡欲购食者，需提前 3 小时预约，一日可两餐在馆进行，学者朋友们极为满意 ④。虽然这项服务现已不再提供，且出于保护书籍的出发点，图书馆大多禁止读者在馆内就餐，但早期提供的这项服务却也体现了国立北平图书馆"以用户为中心"的服务理念。

国立北平图书馆还是早期儿童阅读推广的先驱。1936 年 6 月 15 日，《益世报》（北

---

① 国立北平图书馆，明日举行落成典礼［N］.华北日报，1931-06-24（6）.

② 北平图书馆调查［N］.华北日报，1929-06-12（5）.

③ 北平图书馆　大阅览室"人满"［N］.华北日报，1934-02-05（7）.

④ 北平图书馆食堂开幕［N］.华北日报，1931-09-13（6）.

平）报道了一则新闻：由于北京市立第一图书馆近期儿童读物阅览者甚众，国立北平图书馆将近年所购得部分儿童读物寄存于北京市第一图书馆，这批图书整理完竣后，一部分存馆阅览，另一部分则送往各读书处，方便附近儿童阅览[①]。

2.2 外借与馆际互借服务

1929年合组后的国立北平图书馆开展了书籍外借服务，并制定了借书规章办法，并且不断扩充书籍外借范围。1931年6月29日《世界日报》第6版的《北平图书馆修改借书办法》对此进行了详细介绍。北平图书馆规定了可借阅范围：中文旧版书籍、西文参考杂志及贵重书籍不可借，西文图书和中文新版图书可借；各图书馆和学术团体借书，需出具单位正式公函，并由负责人签署盖章；以个人名义借书者，需要填写申请书并由两名以上于北平有固定住所的人进行担保，审查合格后，图书馆会发放有效期为6个月的借书证，读者须按规定借阅书籍，逾期归还或者损毁图书则须承担相应赔偿[②]。

对于善本书籍，国立北平图书馆又逐渐放宽其出借权限。《益世报》（北平）在1932年7月3日第6版刊登了《北平图书馆重订善本书籍出借办法》，从中可知国立北平图书馆酌情对馆员或研究学者开放善本借阅，但其中宋金元刊本及名抄精校之本与四库全书概不外借[③]。

与扩大外借服务紧密相关的就是馆际互借。国立北平图书馆与当时国内多所公共图书馆或大学图书馆都建立了良好的馆际互借关系。《世界日报》在1935年2月15日第9版"读书指导"栏目以问答的形式刊发了一篇对读者来信的回复：一名在校大学生不知如何在校外借书，报纸援引了国立北平图书馆借书规则第五条之规定——在校学生可通过学校担保领取北平图书馆借阅申请书，若馆内没有所需，也可通过申请借取到他馆图书[④]。虽然在当时互借的范围和图书资源有限，但它也开创了近代图书馆馆际互借的先河。

2.3 参考咨询服务

1929年，国立北平图书馆在阅览部下设参考组，负责咨询服务。参考职员多由专家型全科馆员担任，工作主要包括口头咨询，编制参考书目、索引和剪报等，其中编制书目是参考组的核心工作。大量专题目录的代编给读者阅读提供了便利，提高了用户利用图书馆馆藏资源的效率[⑤]。值得一提的是，《世界日报》在1930年2月8日刊发新闻《北平研究院与北平图书馆编印联合目录》，提到北平研究院为协助研究者求书便利，委托国立北平图书馆为各学校、学术机关所存西文书籍编印联合目录，由两机构合

---

① 市第一图书馆新增儿童读物［N］.益世报（北平），1936-06-15（8）.
② 北平图书馆修改借书办法［N］.世界日报，1931-06-29（6）.
③ 北平图书馆重订善本书籍出借办法［N］.益世报（北平），1932-07-03（6）.
④ 欲向北平图书馆借书，学生可由学校担保［N］.世界日报，1935-02-15（9）.
⑤ 蔡成普.民国时期北平图书馆参考工作机构及人员述评［J］.河北科技图苑，2016（1）：10-13.

资出版①。这项浩大的编目工程为学者专家带来了巨大的便利。

除了编制多种书目、索引，国立北平图书馆还开辟多个专门阅览室供专门学者使用参考。例如 1932 年 12 月 3 日，《京报》（北平）刊载报道《北平图书馆聘定专家研究专门问题》，陈列满蒙书籍、设立研究室，供给各学术团体参考资料②。1936 年 10 月 19 日，《益世报》（北平）在第 8 版报道了北平图书馆分别在北京和南京成立工程学参考图书馆，以便工程界寻觅材料及参考的消息③。代编专题书目、设置专门研究室以服务于学术团体，是北平图书馆对参考咨询服务的深化，是图书馆"知识服务"的开端，更为民国学术的持续发展奠定了基础④。

2.4 展览服务

展览服务是图书馆宣传、揭示馆藏文献的重要形式。基于丰富的馆藏资源，北平图书馆举办了形式多样的展览活动。就展览内容而言，主要包括图书善本展、书画图片展、模型文物展、工业科技展等④。为使更多读者了解、使用馆藏，北平图书馆于每年 10 月 10 日例行举办图书展览，旧藏元刊、宋本古籍都是其展览对象，对新购和寄存图书所办的主题展览往往备受瞩目。1929 年 12 月 4 日，包括《世界日报》在内的各大报纸先后报道了北平图书馆巨资购入的西夏文书和多种佛像文献展，各机关团体受函邀请来馆参观，轰动一时⑤。北平图书馆的另一特色展览活动为舆图展。1933 年 10 月 12 日，《北平晚报》第 3 版标题为《北平图书馆，舆图展览蔚然大观》的报道，记录了一次舆图展览的盛况：各省舆图、边疆海防舆图、历代疆域全图，"名人学者、观览甚众"⑥。除此之外，北平图书馆还举办过戏曲音乐展、美术展、殷墟甲骨展、圆明园文献公开展、航空技术展、德国印刷书籍展等。

北平图书馆还是社会公益活动的积极参与者，多次举办赈灾展览。1931 年秋，全国多地发生水涝灾害。《华北日报》1931 年 9 月 20 日第 6 版报道了国立北平图书馆举办的"水灾筹赈图书展览会"，竹简、古本图书、杂志、四库全书、唐人写经、各类舆图、满蒙藏文书籍等陈列展架，古色古香，目为之炫⑦。展览品之多，实为北平文艺界之盛况。展览所收门票收入悉数汇往灾区。1935 年 10 月 9 日，《华北日报》报道："国立北平图书馆，明日举行赈灾展览，内分航空、无线电、水利三部，票价二角，悉作赈款"⑧。北平图书馆的各类展览不仅宣传了馆藏资源，筹集了赈款，而且将图书馆与社会

———————————

① 北平研究院与北平图书馆编印联合目录［N］.世界日报，1930-02-08（5）.
② 北平图书馆聘定专家研究专门问题［N］.京报（北平），1932-12-03（7）.
③ 北平图书馆设工程学参考图书馆［N］.益世报（北平），1936-10-19（8）.
④ 蔡成普.民国时期北平图书馆参考工作探究［J］.农业图书情报学刊，2016（7）：61-65.
④ 史朝霞.民国时期的图书馆展览及启示［J］.大学图书情报学刊，2022（1）：127-131.
⑤ 北平图书馆定期陈列西夏文书［N］.世界日报，1929-12-04（5）.
⑥ 北平图书馆舆图展览蔚然大观［N］.北平晚报，1933-10-12（3）.
⑦ 北平图书馆赈灾展览会盛况［N］.华北日报，1931-09-20（6）.
⑧ 国立北平图书馆明日举行赈灾展览［N］.华北日报，1935-10-09（9）.

和民众紧密联系在一起，成为图书馆对外宣传的重要窗口①。

3 北平图书馆读者服务中体现的近现代公共图书馆思想

通过民国报纸关于北平图书馆读者服务工作的报道，我们可以一窥北平图书馆读者服务工作的发展历程。1929—1937 年是北平图书馆服务工作的黄金期，其全面开放的服务思想使其成为近现代公共图书馆用户服务工作的引领者。

3.1 由重藏轻用到藏用结合、以用户为中心的思想

北平图书馆的前身是京师图书馆，创办初期的京师图书馆只对部分学者专家开放，并且只能在馆阅览不能外借，这种有限的开放随着欧美公共图书馆思想的传播逐渐转变。1929 年 6 月 28 日至 7 月 31 日，《华北日报》第 5 版连载刊印了《北平图书馆指南》，从换券阅览、概不外借，到有条件申请借阅和实现馆际互借，国立北平图书馆逐渐精简了借书流程，放宽了读者权限②。1931 年国立北平图馆正式对外开放，馆方公布了普通借书规则——市民均得借用。社会大众获得平等借阅的权利，使图书馆走上藏用结合、以用户为中心的服务之路。考虑到阅览人数众多，北平图书馆在大阅览室基础上不断开设专门阅览室，满足不同专业方向需求；考虑到阅览者习惯之异，北平图书馆延长阅览时间由每天 8 小时至 13 小时，并设餐食；考虑到最大限度满足读者阅览需求，图书馆特设投函箱接收读者意见函，尽力购买读者所列之书，馆藏资源建设始终围绕用户需求③。

3.2 由传统单一的阅览服务到知识服务的思想

在满足读者的借阅需求之外，北平图书馆逐步开展了形式多样的学术服务：内容丰富的展览，全科参考咨询，编制专题书目、索引等，北平图书馆由传统阅览服务迅速走向近现代知识服务之路。1934 年 2 月 21 日《华北日报》报道北平图书馆为提倡专门学者研究专门问题，特设置专门阅览室④；同年，北平图书馆与中国工程师学会合作，成立工程参考室，方便工程界人士参考使用⑤；1935 年又设"远东问题"研究室⑥；1937 年 3 月 22 日，《京报》又报道了北平图书馆计划影印敦煌遗书以供我国史学界普遍研究的新闻⑦。除了馆设布局、扩充馆藏之外，北平图书馆围绕文献内容揭示编辑了大量书本

---

① 王致翔.国家图书馆早期（1929—1936）举办的文献展览［J］.国家图书馆学刊，2005（2）：78-82.

② 文章于每日报纸第五版连载，共 20 期，具体日期为 6 月 28 日至 30 日、7 月 5 日至 9 日、18 日至 25 日、28 至 31 日。

③ 李彭袁.国立京师图书馆有关规章制度中的公共图书馆思想研究［J］.图书情报工作，2012（11）：36-40.

④ 北平图书馆设专门阅览室［N］.华北日报，1934-02-21（6）.

⑤ 北平图书馆工程阅览室昨开幕［N］.华北日报，1934-02-09（7）.

⑥ 北平图书馆添辟研究室 业已正式开幕［N］.北平晚报，1935-12-24（3）.

⑦ 国立北平图书馆影印敦煌遗书［N］.京报（北平），1937-03-22（7）.

目录和卡片目录，如古籍善本目录、舆图目录、金石拓片目录等，不仅能为普通读者提供阅读指导，而且使专家学者能够迅速查找到某一特定范畴的资料。全科参考咨询馆员的设置也是北平图书馆提高学术服务水平的措施之一。全科参考咨询馆员很多是由相关领域专家担任，他们代编的专题目录涉及社科和自然科学领域多门学科，所提供的学术服务无疑是具有专业水准的。民国时期国立北平图书馆的学术服务对今天国家图书馆的知识服务依然具有借鉴意义。

3.3 文化传播和社会教育的思想

除了提供全面开放的借阅服务和不同学科的学术服务之外，国立北平图书馆还致力于全民阅读推广和对外交流学习。从成立之日起，国立北平图书馆就肩负了公共图书馆文化传播和社会教育的重要职能。1930 年 5 月 13 日《京报》（北平）报道了"北平图书馆刊行珍本经籍"的消息[①]；1931 年 10 月 28 日又报道了国立北平图书馆编印《读书月刊》的新闻："国立北平图书馆为谋图书馆事业之普及与通俗起见，自本月起，特编印读书月刊。创刊号已出版，内容包含中日问题之中国书目、新书广告摘录、该馆内容与消息等等"[②]。除编纂发行内容各异的定期或非定期出版物来宣传推广本馆资源和服务之外，国立北平图书馆还组织了中外各界人士的参观学习：1930 年 3 月 29 日《新晨报》报道"美公使参观北平图书馆"[③]；4 月 10 日《京报》（北平）报道"法比两公使，昨参观北平图书馆"[④]；同年 6 月 20 日《益世报》（北平）报道"东北大学参观团参观北平图书馆"[⑤]；1932 年 3 月 16 日《华北日报》报道"女青年会会员今日参观北平图书馆"[⑥]。再者，上文所提国立北平图书馆举办的内容形式多样的展览同样起着对外宣传和教育的作用。不管是图书馆服务"走出去"还是邀请各界人士"走进来"，国立北平图书馆始终肩负着中华优秀传统文化传承的重要使命[⑦]。

数字化的民国报纸资源使我们更加方便直观地触摸到国家图书馆早期发展历程。在民国报纸视野下，我们可以看到，国立北平图书馆的读者服务工作不仅成为当时我国图书馆界的典范，也为我国近现代图书馆事业的长远发展奠定了坚实的基础[⑧]。文章所述均为数字化的民国报纸资源中挖掘梳理出的国立北平图书馆读者服务情况，是在智慧图书馆的背景下对民国报纸资源的知识挖掘和知识重组，希望能吸引更多专家学者的思考和探讨。

---

① 北平图书馆刊行珍本经籍［N］.京报（北平），1930-05-13（7）.
② 北平图书馆读书月刊［N］.京报（北平），1931-10-28（7）.
③ 美公使参观北平图书馆［N］.新晨报，1930-03-29（7）.
④ 法比两公使昨参观北平图书馆［N］.京报（北平），1930-04-10（6）.
⑤ 东北大学参观团参观北平图书馆［N］.益世报（北平），1930-06-20（6）.
⑥ 女青年会会员今日参观北平图书馆［N］.华北日报，1932-03-16（6）.
⑦ 李东凌.民国文献视野下国立北平图书馆的编辑出版初探［J］.山东图书馆学刊，2016（6）：55-58.
⑧ 王青云，荣杰.国立北平图书馆时期机构沿革探析（1909—1949）［J］.国家图书馆学刊，2020（4）：100-112.

国家科研奖励政策对国家图书馆科研评价服务的影响研究

——基于文献计量的论文收引查证服务实证研究[*]

苗艳荣　鲁　玥（参考咨询部）

国家图书馆开展参考咨询服务为用户提供资料已有近百年历史，随着这些年的发展，参考咨询业务逐渐细分为事实检索、专题咨询、科技查新、论文收引查证等方面。基于文献计量的科研成果评价业务是在 20 世纪 90 年代在国家科技委员会大力支持科技创新、重视科研成果的大环境下发展起来的。目前，国家图书馆科技查新中心的科研成果评价业务通过大量的服务实例，积累了丰富的经验，并在外界获得了良好的口碑，甚至创造了品牌，作为客观的第三方，以严格的标准和高水平的服务质量得到很多单位的认可。

1　国家科研奖励政策发展历程

科研奖励政策的出台旨在促进国内科学技术事业的发展，鼓励科研人员不断创新。我国的科研奖励政策可以追溯到新中国成立之初。早在 1949 年 9 月，中国人民政治协商会议第一次全体会议通过的《共同纲领》第 43 条就明确规定，努力发展自然科学，奖励科学的发现和发明，这标志着科技奖励制度在新中国开始建立起来[1]。到了 1985年，国务院批准成立国家科学技术奖励工作办公室，负责奖项的贯彻执行、发奖等事宜，如陆续出台的中国科技界五大奖项国家科学技术奖、国家自然科学奖、国家技术发明奖、国家科学技术进步奖和中华人民共和国国际科学技术合作奖等。2000 年以后，在各项科研奖励政策的支持鼓励下，我国的科技事业蓬勃发展，科研成果硕果累累，出现井喷式增长。

直到近年，我国学界开始意识到，一味地奖励支持除了带来正向的刺激外，还带来一些不良的影响，如过分注重科研成果数量，对科研工作者的考核、定岗等完全行政化，基础科研项目不适合短线发展但无法长期跟踪，基础学科与应用学科的差异无法照顾等。国家陆续出台了相关政策，旨在逐步纠正这些不良影响。如 2011 年，国家科技部发布《国家中长期科技人才发展规划（2010—2020 年）》，指出改进科技人才评价

---

　　* 本文为国家图书馆科研项目《国家科研奖励政策对国家图书馆科研评价服务的影响研究》（项目编号：NLC-KY-2020-12）研究成果之一。本文研究结论也得到项目组同事基于用户问卷调查和同行调研结论的印证。感谢项目组同事谢桂莘、王硕、于璠的支持。

激励机制,健全科研机构、高等学校、国有企业等的科技人才激励机制,注重精神奖励[2]。2012年,中共中央、国务院印发了《关于深化科技体制改革加快国家创新体系建设的意见》,指出要深化科技评价和奖励制度改革[3]。2015年《中共中央、国务院关于深化体制机制改革加快实施创新驱动发展战略的若干意见》[4]中提到改革高等学校和科研院所科研评价制度,"评价重点从研究成果数量转向研究质量、原创价值和实际贡献"。2016年,中共中央办公厅、国务院办公厅印发《关于深化职称制度改革的意见》,指出突出评价专业技术人才的业绩水平和实际贡献,并指出"推行代表作制度,重点考察研究成果和创作作品质量"[5]。

2018年以来,国家更是连续出台10余项科研奖励政策对不恰当的科研奖励行为刹车叫停。2018年7月,中共中央办公厅、国务院办公厅印发了《关于深化项目评审、人才评价、机构评估改革的意见》,要求"树立正确评价导向""坚持分类评价""推行同行评价""引入国际评价";要求"克服唯论文、唯职称、唯学历、唯奖项倾向,推行代表作评价制度,注重标志性成果的质量、贡献、影响"[6]。2018年7月,国务院发布《国务院关于优化科研管理提升科研绩效若干措施的通知》,提出切实精简人才"帽子","主管部门、用人单位要逐步取消入选人才计划与薪酬待遇和职称评定等直接挂钩的做法"[7]。2018年11月,教育部办公厅发布《关于开展清理"唯论文、唯帽子、唯职称、唯学历、唯奖项"专项行动的通知》,要求各高校开展"五唯"清理,自查自纠[8]。2020年以来,国家继续出台多项更为细化的科研奖励政策,便于各部门参照执行。2月,教育部、科技部印发《关于规范高等学校SCI论文相关指标使用树立正确评价导向的若干意见》(以下简称《若干意见》),指出要求建立健全分类评价体系,扭转考核奖励功利化倾向;在绩效和聘期考核中,取消直接依据SCI论文相关指标对个人和院系的奖励[9]。同月,科技部印发《关于破除科技评价中"唯论文"不良导向的若干措施(试行)》(以下简称《若干措施》),指出要对国家科技奖励评审突出成果质量和贡献,并要求"对论文评价实行代表作制度","国内科技期刊论文原则上应不少于1/3"[10]。7月科技部、国家自然科学基金委发出通知《关于进一步压实国家科技计划(专项、基金等)任务承担单位科研作风学风科研诚信主体责任的通知》[11]指出科学、理性看待学术论文,注重论文质量和水平,不将论文发表数量、影响因子等与奖励奖金挂钩。12月,教育部印发《关于破除高校哲学社会科学研究评价中"唯论文"不良导向的若干意见》[12]的通知。

2 基于文献计量的科研评价服务实证研究

国家图书馆科技查新中心开展的科研评价业务从20世纪90年代开始,已有几十年的历史。用户委托国图查新中心出具文献检索报告的原因主要有资质、单位认可或指定、地理位置便利、知名度等。用户遍及全国各地,以北京及邻近省市为主,如北京、河北、山东、江西、河南、湖南、山西等,业务量占总量的90%左右。近几年,广东、辽宁、黑龙江、湖北、安徽等地委托量开始增多,并陆续见到香港和台湾的委托单,说明其与内地(大陆)的学术交流增多。

目前，国家图书馆开展的科学评价服务包括论文收引查证、科技查新、舆情分析与政策研判、基于文献计量的学科或区域评价等。其中，论文收引查证评价工作主要是对科研成果（主要关注专著、论文及其刊载期刊、专利）的检索、汇总和统计方面的定量评价，是基于国家图书馆自身特点开展的特色服务，是国家图书馆科学评价体系的重要组成部分。本文研究的国家科研奖励政策主要是对查证服务的委托用户产生直接影响，从而间接影响科学评价服务中的查证服务。故本文通过对查证业务的委托量、检索用途、机构属性、数据源选取等方面进行分析，探讨国家科研奖励政策对国家图书馆科学评价服务的影响。

2.1 "不唯 SCI"，检索数据源向多元化发展

2.1.1 SCI 委托量占总业务量比例下降，数据源多样化

国家图书馆科技查新中心进行的论文收录引用检索咨询中，用户要求检索的数据库很多，类型也很丰富。但是传统意义上的三大检索工具：SCI、EI、CPCI-S（ISTP）仍然是被要求检索次数最多的数据源，且呈逐年上升趋势。结合图 1 来看，期刊论文委托检索 SCI 和 EI 收录情况的业务量占比仍然最高。国内的两大中文数据库 CSCD 和 CNKI 是科技领域常选的数据库，每年的委托量明显上涨，但占比仍然很低。这种情况，一方面是因为三大检索工具历史悠久，科学严谨，数据规范，影响力大；另一方面也有部分科研人员盲目崇拜的因素，比如生物、数学、医学等学科，都有自己学科特有的具有影响力的索引文摘数据库，但是却没有得到相应科研人员的重视和应用。2020 年，在不"唯 SCI"的政策实施后，数据库种类越来越多，使用 SCI 作为数据源的占比在 2021 年开始下降。

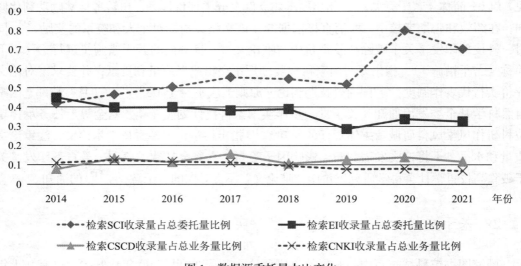

图 1　数据源委托量占比变化

与此同时，以前的委托中不常见的数据源开始显现，虽然占比不多，但呈现出百花齐放的态势。如 ESCI、MEDLINE、万方、CA、INSPEC、中国人文社会科学期刊（AMI）、台湾期刊论文索引系统、日本白帝社官网、Petroleum Abstracts 等在近几年委托增多。可见，"不唯 SCI"的政策的影响力之大。

2.1.2 "非 SCI" 高质量论文影响力大幅提升

《若干措施》《若干意见》等文件通知指出，鼓励三类高质量论文，即发表在具有国际影响力的国内科技期刊、业界公认的国际顶级或重要科技期刊的论文，以及在国内外顶级学术会议上进行报告的论文。ESI 高被引论文和热点论文作为业界公认的国际顶级论文，是研究人员追求的目标，这个检索来源受到用户的青睐也是意料之中。国家图书馆接受的用户委托中，2014 年委托仅 9 单，到 2021 年上升至 266 单。即便在新冠肺炎疫情对整体委托数量造成了影响的情况下，2020 年仍然比 2019 年增长了 316%，2021 年比 2020 年增长了 45%。除此之外，由北京大学图书馆主导，专家遴选研制的 "中文核心期刊要目总览" 的委托使用量增长明显，从 2014 年的 3 单逐渐增长，近两年达到了 50 单左右。2020 年后，由社科院推出的 "中国人文社科核心期刊"（AMI）的使用也开始增长，每年有几单委托量。《若干意见》等文件指出的鼓励三类高质量论文政策正在得到积极的落实。

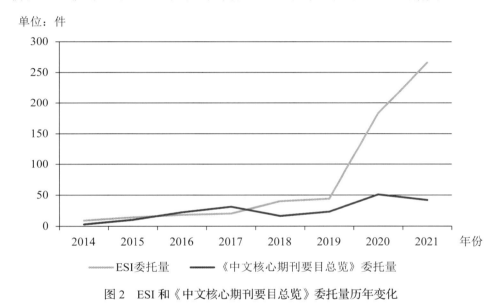

图 2　ESI 和《中文核心期刊要目总览》委托量历年变化

2.1.3 影响因子或分区委托量高速增长，注重多元化评价期刊质量

影响因子和分区是评价期刊质量的指标。目前，国内使用的该类数据库较多的是科睿唯安基于 SCI 和 SSCI 数据所研制的 JCR 数据库、中科院文献情报中心基于 CSCD 数据所研制的 CSCD-JCR 数据库，以及中国知网基于其收录的期刊数据所研制的 "中国学术期刊影响因子年报"。从国家图书馆接受委托的业务量来看，近年来该类指标的委托量直线上升，从几百件上升到几千件，委托量翻几番，如图 3 所示。从咨询馆员日常与用户沟通的主观感受来看，要求检索分区的用户越来越多。各学科之间的差异很大，单纯看影响因子不能说明问题。分区是在影响因子的基础上，对学科进行了归并，即在相同的学科大类中比较影响因子，从而避免单纯的影响因子的比较，期刊分区情况从一定程度上实现了同行之间的比较。但另一方面，也说明目前没有其他更好的期刊评价指标可以应用到实际工作中。

单位：件

图 3　影响因子和分区需求历年数量变化

注：由于数据统计时影响因子和分区未做单独记录，因此图中数据包含涉及影响因子或分区或两者皆有的委托数。

2.2　国内科技期刊影响力显著提升，国内数据源需求增多

《若干措施》中指出，对论文评价实行代表作制度，国内科技期刊论文原则上应不少于 1/3。政策迅速被评审机构和科研人员解读，国内科技期刊影响力显著提升。从国家图书馆受理的业务情况来看，国内科技期刊论文的检索通常集中于 CSCD（中国科学引文数据库）和 CNKI。其中，CSCD 数据库收录的科技期刊经过专家遴选，目前大约 1200 余种，是自然科学领域所谓的核心期刊数据库；CNKI 是综合类数据库，以收录范围最全最广著称，目前收录中文学术期刊 8560 余种。国内科技期刊数据库历年委托量见图 4。

单位：件

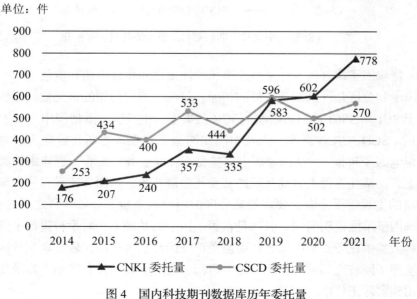

图 4　国内科技期刊数据库历年委托量

44

对比 2019 年之前的委托量,CSCD 数据库的委托量明显高于 CNKI。因为在此之前,国家杰出青年科学基金或国家优秀青年科学基金的评选都明确要求 CSCD 论文,这种评价制度也延伸到其他奖项的评价中,故选择 CSCD 数据库的委托单数更多。CNKI 的需求一直在缓慢增长,其原因可能是出于职称评审或科研统计的需要,但各项评奖不认可 CNKI。而在 2020 年政策转变之后,委托不再局限于 CSCD,CNKI 的委托量飞速上升。总体来看,中文数据源整体使用量上升,说明新的政策激发科研人员的主动性和积极性,重视中文产出。

2.3 "代表作制度"初见成效,大单委托量减少,带来业务结构转变

单位:件

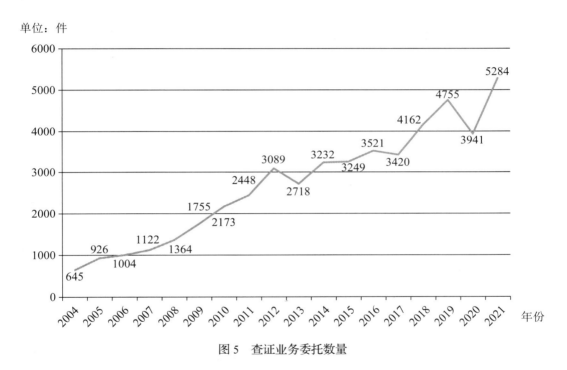

图 5 查证业务委托数量

如图 5 所示,近 20 年来,查证业务委托量整体呈上升趋势,从 2012 年起明显增多,基本年均维持在 3000 单以上的规模。除了 2020 年受新冠肺炎疫情影响,有效处理的委托单数有所下滑外,2013 年以来查证委托整体呈稳步增长趋势,其中 2018 年增长率高达 22%。

2018 年推行代表作评价制度以来,用户委托检索论文数量随着政策逐步落实而发生明显变化,最后呈现出与政策期望一致的趋势。分析 2018 年以来接受的委托中,为各种人才计划(如自然资源部科技人才计划、中组部青年拔尖人才计划、中国地质学会人才计划等)和各类报奖(如长江学者、国家优秀青年科学基金、国家杰出青年科学基金、中国青年科技奖等)而进行委托的用户提供的论文数量情况见图 6。

单位：件

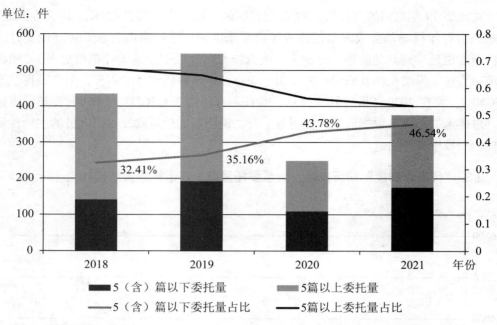

图6　检索用途为"某人才计划或报奖"的用户委托检索的论文数量分布及变化

2020年《若干措施》更提出，在自然科学奖评审中，对论文评价实行代表作制度，代表作数量原则上不超过5篇。进一步分析当年委托目的为"某人才计划或报奖"的总委托量发现，用于人才计划和评奖的咨询单中，论文数量小于5篇的占比逐渐增加，而其他篇数的委托单整体占比下降，越来越多的奖项组织机构在实行政策要求，代表作制度正在逐步得到落实。政策的落实需要时间响应，而我们作为用户委托的第三方机构，接收到的响应信息更加滞后，但数据仍然能反映出该项政策正在落实并且初有成效。

2.4 用于申报各类人才计划的委托量减少

国家图书馆科技查新中心从2012年起，在咨询委托单中增加"咨询目的"一项，但当时由于还没有线上委托系统，由馆员手工填写档案表。故本文选择2014年参考咨询管理系统（2020年更新系统为"机构知识库"）上线后，由用户在线填写的委托数据进行统计分析。其中，用于职称评审的委托大约占每年委托总数的50%左右，说明论文收录引用证明在各单位的职称评审中应用比较广泛。

2018年7月，由国务院发布的《国务院关于优化科研管理提升科研绩效若干措施的通知》[7]中提到要精简人才"帽子"，逐步取消入选人才计划与薪酬待遇和职称评定等直接挂钩。2020年7月，科技部、国家自然科学基金委发布《关于进一步压实国家科技计划（专项、基金等）任务承担单位科研作风学风科研诚信主体责任的通知》[11]，指出科学、理性看待学术论文，注重论文质量和水平，不将论文发表数量、影响因子等与奖励奖金挂钩。2018年以后，申报各类人才计划的委托量占总业务量比例开始下降，如图7所示，这与近几年科技奖励政策的转变和引导有直接关系。但总体来说，政策实施时间尚短，有待进一步观察。

图7 申报各类人才计划委托量占总业务量比例

2.5 挂名乱象得到有效遏制

前些年，用户对通讯作者或第一作者的统计需求开始涌现，与用户的交谈中发现通讯作者或第一作者的论文与其他作者在论文奖励和职称评定时权重差别很大，甚至出现只认可通讯作者或第一作者的情况。为此，有部分委托要求出具能够证明该用户是共同第一作者或共同通讯作者的报告材料。与此同时，学界出现部分共同通讯作者、共同第一作者的标注是为了论文奖励或职称评定而互相挂名的情况[13]。

考虑到上述原因，且由于该项数据制作过程烦琐耗时，国家图书馆科技查新中心于2018年年底开始在服务过程中向用户说明这项统计数据的缺陷，以引导用户减少统计该项数据的委托。图8统计了国家图书馆近年来受理的统计通讯作者或第一作者数据的委托量，从图中可以看出，该项委托在2017年和2018年出现高峰期，主要是由于当时的国家杰出青年基金、国家优秀青年基金等申报要求书中还明确要求填写通讯作者论文数等数据。2019年起，随着我们对用户需求的引导，该项委托受理量开始下降。

2022年1月，国家自然基金委员会发布《关于2022年度国家自然科学基金项目申请与结题等有关事项的通告》中指出，在填写论文等研究成果时，不再标注第一作者或通讯作者。参照该文件，国家杰出青年基金、国家优秀青年基金等重要基金的申报要求中不再要求统计通讯作者相关指标。可以预测，今年的委托量会有大幅下降。

单位：件

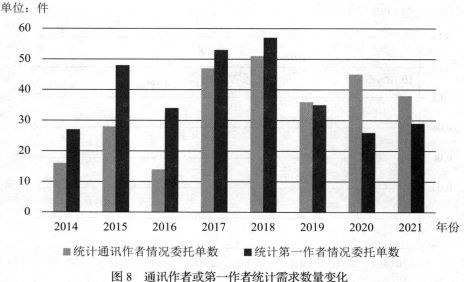

图 8　通讯作者或第一作者统计需求数量变化

3　科研奖励政策不断变化下的科研评价服务思考

国家图书馆科技查新中心查证业务量整体呈稳步增长趋势，说明中心品牌得到了外界的认可。通过对用户群体、检索用途、清单数量、检索数据源等的大数据分析，观察在科研奖励政策不断变化下对用户科研行为的影响，笔者发现这些变化特点符合政策的引导，从第三方的角度验证了政策正在得到逐步落实。基于上文分析所得，笔者分析科研评价服务未来可能发生的变化和应对措施如下：

（1）业务总量仍规模庞大，但业务结构转变。随着"代表作制度"的贯彻实施，用于人才计划和评奖的咨询单数整体呈下降趋势，且论文数量小于 5 篇的占比逐年增加。以往动辄几十篇甚至几百篇论文需要查证的委托单数量大幅减少，用于处理这部分委托的工作量也相应减少。"不唯 SCI"政策实施后，SCI 委托量下降，但与此同时业务总量并未减少反而增长，减少的 SCI 委托量分散到其他数据源。多样化的需求保证了业务总量的规模。

（2）提高员工服务能力，应对用户的多元化需求。随着政策的引导，用户的委托需求中选取的数据源和检索要求不再单一稳定，如以往大多检索收录或引用情况，而是呈现出数据源多样化、检索需求复杂化的特点。员工继续加强专业知识学习，多参加业界培训，拓展思路，面对复杂的咨询时能做到知其然且知其所以然，从而更好地服务用户。

（3）借助科技手段，实现内容评价。科研奖励政策强调要重质量、轻数量。一方面，业界认为应通过增加同行评议提高对论文质量的把控；另一方面，对论文的定量分析也可以帮助探索如何对论文内容实现深度挖掘，让评价指标更丰富、维度更全面地去反映一篇论文的质量到底如何。借助强大的信息技术和分析工具，充分发挥国家图书馆文献资源优势，探索为用户提供具有更高附加值的个性化科学评价服务和产品。

科研奖励政策的不断变化，给科研评价业务带来很大影响。尤其是 2020 年以来连续出台的多项政策，"不唯 SCI"、实行代表作制度、重视国内科技期刊论文、取消入选人才计划与薪酬待遇和职称评定等直接挂钩等，极大地影响了查证业务。然而，政策出台至今仅一年多的时间，未来业务结构将如何转变及走向何方，还需要持续深入观察政策长期实施后带来的影响。

参考文献

［1］让国家科技奖励回归荣誉本质［EB/OL］.［2017-04-22］. https：//www.sohu.com/a/135622638_119038.

［2］科技部《国家中长期科技人才发展规划（2010—2020 年）》［EB/OL］.［2011-07-26］. http：//www.most.gov.cn/xxgk/xinxifenlei/fdzdgknr/fgzc/gfxwj/gfxwj2011/201108/t20110816_89059.html.

［3］关于深化科技体制改革加快国家创新体系建设的意见［EB/OL］.［2012-09-23］. http：//www.gov.cn/jrzg/2012-09/23/content_2231413.htm.

［4］中共中央　国务院关于深化体制机制改革加快实施创新驱动发展战略的若干意见［EB/OL］.［2015-03-23］. http：//www.gov.cn/xinwen/2015-03/23/content_2837629.htm.

［5］中共中央办公厅　国务院办公厅印发《关于深化职称制度改革的意见》［EB/OL］.［2017-01-08］. http：//www.gov.cn/xinwen/2017-01/08/content_5157911.htm#1.

［6］中共中央办公厅　国务院办公厅印发《关于深化项目评审、人才评价、机构评估改革的意见》［EB/OL］.［2018-07-03］. http：//www.gov.cn/zhengce/2018-07/03/content_5303251.htm.

［7］国务院关于优化科研管理提升科研绩效若干措施的通知［EB/OL］.［2018-07-24］. http：//www.gov.cn/zhengce/content/2018-07/24/content_5308787.htm.

［8］教育部办公厅关于开展清理"唯论文、唯帽子、唯职称、唯学历、唯奖项"专项行动的通知［EB/OL］.［2018-11-08］. http：//www.moe.gov.cn/srcsite/A16/s7062/201811/t20181113_354444.html.

［9］教育部　科技部印发《关于规范高等学校 SCI 论文相关指标使用　树立正确评价导向的若干意见》［EB/OL］.［2020-02-18］. http：//www.gov.cn/zhengce/zhengceku/2020-03/03/content_5486229.htm.

［10］科技部印发《关于破除科技评价中"唯论文"不良导向的若干措施（试行）》［EB/OL］.［2020-02-23］. http：//www.most.gov.cn/xxgk/xinxifenlei/fdzdgknr/fgzc/gfxwj/gfxwj2020/202002/t20200223_151781.html.

［11］科技部　自然科学基金委《关于进一步压实国家科技计划（专项、基金等）任务承担单位科研作风学风科研诚信主体责任的通知》［EB/OL］.［2020-07-17］. http：//www.gov.cn/zhengce/zhengceku/2020-07/30/content_5531151.htm.

［12］教育部印发《关于破除高校哲学社会科学研究评价中"唯论文"不良导向的若干意见》［EB/OL］.［2020-12-07］. http：//www.gov.cn/zhengce/zhengceku/2020-12/15/content_5569588.htm.

［13］鄢子平，柳建乔. 从"通讯作者"现象谈科技论文署名的严肃性［J］. 中国科技期刊研究，2013（4）：723-725.

数字出版时代国家图书馆建设"中国博士后出站报告"数据库可行性分析

满鹏辉（出版部）

1 背景情况

1.1 图书馆开展数字出版的趋势

随着信息化、数字化技术的广泛应用，数字出版领域发展迅猛，有关产品增速惊人。学界对数字出版有多种定义，目前较为公认的概念是：数字出版是将信息资源以二进制语言数字化形成数字内容，利用计算机技术、数据存储技术、数字显示技术、网络通信技术、流媒体技术等数字技术对数字内容进行编辑加工，将形成的数字产品存储于磁盘、光盘、半导体等存储介质上，通过互联网传播数字内容产品，并以网上支付等方式完成交易的一种现代化的、新型的、立体化的出版和发行方式[1]。

数字出版对图书馆领域产生了直接影响，对图书馆的文献信息资源结构提出了新的要求。图书馆读者群体，特别是中青年读者群体不再满足于纸质文献信息，而有了包括图片信息资源、视频信息资源、音频数字资源等多种形式的文献信息资源需求，这促使各图书馆拓展思路，努力提供更多的服务方式。数字出版正是图书馆创新服务方式的重要途径之一。

1.2 国家图书馆建设"中国博士后出站报告"数据库的意义

博士后出站报告是博士后研究人员在站期间完成其研究工作后，向博士后培养单位所递交的研究报告，具有重要的学术价值和社会价值。博士后出站报告是博士后在站期间在合作导师的指导下努力钻研的成果结晶，通常是博士阶段研究工作的延续，因此它与博士学位论文一样，具有内容专深、学科广泛、选题具有强烈的理论价值或实践价值等特点。许多博士后出站报告在其相关研究领域具有特殊的重要性，而且有些还会涉及国民经济和社会发展的重大现实问题。因此，收集、利用好博士后出站报告意义重大。

据笔者调查，国内藏有博士后出站报告文献信息资源的单位，仅有全国博士后管委会办公室（以下简称"博管会办公室"）、国家图书馆和中国科学技术信息研究所3家。目前我国博士后出站报告总量约为14万余份，国家图书馆馆藏博士后出站报告共有8.6万余篇，均为各设站单位呈缴的纸质版文献，是国家图书馆特色馆藏之一。开发馆藏既是实现国家图书馆"传承文明、服务社会"这一根本宗旨的重要途径，也是增加自身创收能力、解决资金紧张问题的重要方法。博士后出站报告规模数量可观，每年都有稳定的新增文献，具有重要的学术研究与社会价值，国家图书馆加强博士后出站报告的征集力度、建设"中国博士后出站报告"数据库（以下简称"数据库"）势在必行，意义重大。

2　博士后出站报告数据库建设面临的主要问题

2.1　关于著作权征集

著作权征集是数据库建设首先需要解决的问题，是决定数据库建设顺利开展的关键所在。博士后出站报告涉及著作权人数量众多，预期征集费用较多，开展相关工作难度较大，如解决不好有关问题，建设主体可能会面临一定的法律风险。目前，国内外已有相对成熟的解决方案可供参考。

2.1.1　法律规定

依照《中华人民共和国著作权法》的规定，著作权包括发表权、署名权、修改权、保护作品完整权、复制权、发行权、出租权、展览权和信息网络传播权等人身权和财产权。建设博士后出站报告数据库，不影响著作权人的署名权等人身权，只涉及复制权、发行权和信息网络传播权等财产权。据调研，绝大部分博士后出站报告尚未出版，因此，建设数据库对著作权人的财产权影响较小，此情况较有利于数据库建设。

博士后出站报告著作权情况较为复杂。报告作为博士后在站期间的研究成果，理论上应属于职务作品，其著作权归各设有博士后流动站或工作站的设站单位（以下简称"设站单位"）所有。但实际情况是：博士后出站报告的著作权也包含博士后本人的智力投入，一般归设站单位和博士后本人共同所有，这与职务发明创造申请专利的情况比较类似。

《中华人民共和国专利法》第六条规定："执行本单位的任务或者主要是利用本单位的物质技术条件所完成的发明创造为职务发明创造。职务发明创造申请专利的权利属于该单位；申请被批准后，该单位为专利权人。"第十六条规定："被授予专利权的单位应当对职务发明创造的发明人或者设计人给予奖励；发明创造专利实施后，根据其推广应用的范围和取得的经济效益，对发明人或者设计人给予合理的报酬。"

上述法律条款可理解为：虽然职务发明创造申请专利的专利权人为单位，但单位也要对发明人给予一定的奖励和报酬。参照该法律条款对单位与发明人权责利益等问题的有关规定，笔者认为，在建设数据库时，解决博士后出站报告著作权问题的关键是：依法给予博士后出站报告著作权人合理补偿，以相应获取博士后出站报告的信息网络传播权等著作权许可。

2.1.2　学位论文著作权解决给予的启示

博士后不是学历教育，因此博士后出站报告也不属于学位论文。但是从文献类型来看，博士后出站报告的性质，更类似于学位论文。因此，解决博士后出站报告的著作权处理，可以借鉴学位论文的著作权解决办法。海内外各图书馆在处理学位论文著作权使用授权问题上做出了不同的尝试，他们的解决方案可以为博士后出站报告著作权处理工作带来一些启示。

国际上的学位论文开发机构多采取与大学合作的方式取得作者的授权。UMI PQDD（ProQust Digital Dissertations）是美国 UMI 公司（现已更名为 Bell & Howell）开发研制的博硕士论文数据库，是目前世界上最大的学位论文数据库之一，该数据库采取委托学位授予单位统一进行著作权处理的方法解决著作权问题。UMI 公司首先与大学建立合作关系，合作大学规定作者在提交学位论文时需签订授权协议，同意将学位论文提交给 UMI 出版。这种方式避免了学位论文收藏机构与单个作者签订协议耗费的成本[2]。

国内学位授予单位在著作权人申请学位时，要求其签署相关协议，帮助国内图书馆获取有关学位论文著作权。但是，这种授权也仅限于非商业性的"影印、缩印或扫描等"复制权，而不包括带有商业性的信息网络传播权。

中国台湾地区图书馆的"台湾博硕士论文知识加值系统"是其最大的学位论文数据库。台湾地区的图书馆通过与每位作者逐一签订书面授权书的方式，获得学位论文的信息网络传播权。另外，在上传学位论文电子文档的时候，系统会设置学校水印，用以表明论文的归属学校。用户通过网络下载论文全文时，也会有关于学位论文合理使用的警示。

中国知网（CNKI）等专业数据库为了获取学位论文的信息网络传播权等著作权，同各学位授予单位合作，制定了格式化的《学位论文出版授权书》，同样是通过著作权人在申请学位时，要求学位申请人向学位授予单位授权的方式获得所提交论文的"电子、网络及其他数字媒体形式公开出版权"。

2.2　关于建设主体

若国家图书馆开展建设数据库，建设主体的选择至关重要，而选择不同建设主体各有利弊。鉴于数据库建设目的是商业化运营，而国家图书馆作为国家重点公益性文化事业单位，如果参与商业运营，则不利于其公众形象展示。因此，笔者认为，应以国家图书馆出版社有限公司为主体建设数据库，其优点是：可通过市场化运作方式，快速获取大量博士后出站报告的信息网络传播权等著作权；同时，市场化运作下，数据库建设周期较短，可快速搭建数据库模型，提供文献资源服务。近年来，该社以既有优势出版领域为依托发展数字出版，陆续成功开发了"国家珍贵古籍资源数据库""民国图书数据库"等数据库，切实积累了相关实践经验；此外，在发行数据库的同时，还可广泛与设站单位接触，扩大市场占有机会，为该社的图书以及其他数据库提供更广阔的市场空间；最重要的是，该社可独立承担可能发生的法律风险。该方案也有缺点：国家图书馆出版社有限公司本身是企业性质，以营利为目的，这可能会导致博管会办公室和设站单位在授权出版时有所顾虑，需加强前期沟通。

3　关于国家图书馆建设"中国博士后出站报告数据库"的建议

笔者认为，为推动数据库快速建设，国家图书馆应先启动补藏工作，再开展国家图书馆馆藏博士后出站报告数字化工作，然后开始搭建数据库模型，边建设边服务，当数据库中博士后出站报告数量达到约 4 万份时，即可开始面向目标客户提供试用服务，并开展销售准备工作。

同时，通过建立联系协调机制、建设"中国博士后出站报告摘要数据库"（以下简称"摘要数据库"）、与博管会办公室签订战略合作协议和设立资源建设委员会等措施，与有关方面加强沟通，提前着手开展著作权征集工作，为著作权征集奠定基础，避免法律纠纷，稳步推进数据库建设。

3.1 组织机构

博士后出站报告的建设工作，涉及国家图书馆内外多个部门和单位。因此，需要建立联系协调机制，统筹推进有关工作开展。

3.1.1 馆内协调机构

由于数据库建设涉及馆内多个部门，为协调馆内相关工作，加快推进数据库建设，建议成立"中国博士后出站报告数据库"建设协调小组，负责统筹协调馆内各部门，具体指导数据库建设，与博管会办公室接洽协商数据库建设等事宜。

3.1.2 馆外协商机构

为加强与有关管理机构、各设站单位和建设单位的联系，保障数据库建设工作稳步推进，建议设立"中国博士后出站报告"资源建设委员会（以下简称"资源建设委员会"），由国家图书馆、博管会办公室、设站单位代表和各省、市、自治区人力资源和社会保障厅、国家图书馆出版社有限公司相关人员组成，负责协调数据库建设有关工作。为提高沟通效率，可在资源建设委员会基础上设立常务委员会。

3.2 数据来源

目前，国家图书馆缺藏博士后出站报告约 5 万份。笔者建议以国家图书馆博士后出站报告补藏工作为切入点，与博管会办公室加强沟通，一方面争取博管会办公室对严格执行博士后出站报告呈缴，提高国家图书馆博士后出站报告收缴率的支持，另一方面为建设博士后出站报告数据库奠定基础。

通过补藏，可以完善、补充博士后出站报告这一特色馆藏。提高国家图书馆博士后出站报告入藏率，全面补充、完善馆藏博士后出站报告，是深入推进国家图书馆国家文献信息资源总库建设的基本要求。此外，还可在补藏工作过程中提前跟数据库目标客户建立联系，为下一步著作权征集和数据库销售打下良好基础。

3.3 建设原则

由于数据库建设周期相对较长，笔者建议采取"边建设边服务"的原则，以馆藏博士后出站报告数字化为建设基础，以补藏所得博士后出站报告和新出站博士后报告为更新文献资源，定期更新完善数据库内容，在数据库中博士后出站报告数量达到 4 万份时，开始面向目标客户提供试用服务和销售准备工作。

此外，建议优先建设摘要数据库，通过免费向博士后管理单位及设站单位提供服务的方式，一方面可以抵扣部分博士后出站报告著作权的征集费用，另一方面可将摘要数据库作为全文数据库销售的前期宣传产品。

3.4 战略协作

建议本着互惠互利的原则，推动国家图书馆与博管会办公室签订战略合作协议，建立双方长期友好关系，争取博管会办公室支持，稳步推动数据库建设工作。该协议应以推动我国博士后出站报告的揭示、开发和利用，促进学术交流为宗旨，内容包括：共同成立中国博士后出站报告资源建设委员会；发挥国家图书馆文献信息资源优势，设立博士后文献查阅获取一体化绿色通道，在博管会办公室和国家图书馆官方网站设立博士后查阅资料绿色通道入口，为博士后群体在站研究提供文献资源保障；开展国家图书馆馆藏博士后出站报告数字化工作，采取以一换三的方式，与博管会办公室互换博士后出站报告电子版文献资源；提供馆内展览场所，集中宣传、展示我国博士后制度的发展历程及重大成果；将国家图书馆出版社有限公司纳入博士后文库出版单位；在数据库中设立"博士后科学基金资助项目报告"字库，为博士后科学基金的成果收集、揭示、利用提供平台；以博管会名义向各设站单位统一发文，推动国家图书馆博士后出站报告补藏工作；争取博管会向国家图书馆提供 2014 年以来博士后出站报告电子版作为数字馆藏（据了解，博管会办公室目前暂无 2014 年以前博士后出站报告电子版）。

3.5 著作权征集

数据库建设涉及的著作权人类型有两种：单位和个人。笔者认为，对个人著作权人，一是参照中国知网（CNKI）博士论文补偿标准，向每位个人著作权人发放 300 元现金，作为著作权补偿费用，二是个人著作权人可选择价值 1000 元的数据库全文下载代金券，作为著作权征集补偿；对单位著作权人，在前期补藏阶段，即可与其商谈，以免费提供博士后出站报告摘要数据库服务，作为著作权补偿，以减少现金补偿费用，降低数据库建设成本。

4 市场分析

4.1 目标客户

博士后出站报告具有很高的学术价值，体现了目前国内学术研究的顶尖水准。因此，数据库的目标客户应是国内具有较高研究水准的本科以上高等院校和部分没有设站单位的科研院所，还包括设有博士后科研工作站的企事业单位和部分省级公共图书馆等。通过查阅有关资料，笔者发现，数据库的目标客户数量可观，具体有如下对象：

设站单位。根据《2020 年中国博士后出站报告年报》，截至 2020 年，我国博士后科研流动站和工作站共有 7200 多个，覆盖理、工、农、医、哲学社会科学等 12 个学科门类 89 个一级学科，设有流动站或工作站的单位共有 4300 余个。其中工作站的设站单位一般只设一到两个站点，这类单位数量约为 3900 个，设有流动站的高等院校和多个工作站的企事业单位数量约为 400 个（综合性大学 100 所、有设站单位但不是综合性大学的高校 200 所、非高校设站单位 100 所）。

省级公共图书馆。如上海图书馆、首都图书馆、天津图书馆、南京图书馆、浙江图书馆、湖北图书馆、广东省立中山图书馆、四川省图书馆、山东省图书馆、辽宁省图书馆等高等教育资源比较发达的省级图书馆。

本科以上高等院校。根据教育部 2020 年度数据统计，我国现有普通本科院校 1270 所，其中综合性大学约 100 所[3]。

部分没有设站单位的科研院所。如各地社会科学院、党校等，数量约有 10 家。

4.2 客户分析

为了更准确地进行市场预测，笔者依据博士后出站报告涵盖的 12 个学科门类，将目标客户分为 3 类，分别是：单一型、复合型和全库型，并将不同的目标客户归入不同的类别中，以便于进行市场预测。结合不同类型目标客户的购买能力，笔者推测，数据库销售前景较为乐观。

单一型客户指有能力购买 2 个学科门类（含 2 个）的市场购买主体，预计为只设有一个工作站的企事业设站单位 3900 所、没有设站单位的高等院校 970 所和部分没有设站单位的科研院所约 10 家。

复合型客户指有能力购买 2—6 个学科门类的市场购买主体，预计为设有流动站的有设站单位但不是综合性大学的高校 200 所、非高校设站单位 100 所。

全库型客户市场购买主体预计为综合性大学 100 所和省级公共图书馆 10 家。

综上所述，博士后出站报告数据库具有文献内容科研水平高、规模适当、可持续发展等优质数字出版资源的特点；同时，该项目目标客户数量可观，投资少、见效快、发展前景良好；而且，该数据库建成以后，相对具有垄断性，且无类似竞争产品。建设"中国博士后出站报告"数据库，有利于国家图书馆深入推进国家文献信息资源总库和国家总书目建设，提高文献信息深度加工、整合揭示与战略保存能力，拓展馆藏文献信息资源服务方式，开发新的创收增长点。因此，只要解决好关键的著作权征集问题，确定合适的建设主体，同时采取稳妥的建设措施，国家图书馆建设数据库是可行的。

参考文献

[1]吕亚娟.数字出版时代图书馆发展策略研究[J].图书情报导刊，2016（5）：4.

[2]陈传夫，吴钢，唐琼.欧美高校学位论文开发利用版权政策调研及启示[J].学位与研究生教育，2008（12）：6.

[3]2020 年全国教育事业发展情况[EB/OL].[2022-03-22].http://www.moe.gov.cn/jyb_sjzl/s5990/202111/t20211115_579974.html.

从应用系统验收角度看国家图书馆信息化十年发展

蔡　颖（信息技术部）

国家图书馆自 20 世纪 70 年代开始着手图书馆自动化的研究，以 1985 年成立自动化发展部为起点，开始了信息化的发展历程，进入 90 年代后，国家图书馆在业务综合管理系统、网络、电子阅览等方面取得了长足进步[1]。2001 年，国家图书馆二期工程暨国家数字图书馆工程项目正式立项[2]，标志着国家图书馆由传统图书馆向数字图书馆的转型；2008 年，国家图书馆二期暨国家数字图书馆正式开馆，开启了信息技术与图书馆业务不断融合发展的道路[3]。国家图书馆业务与新技术的融合，主要通过各部处以项目制方式建设各类应用系统的模式来开展。2011 年开始，信息技术部牵头负责国家图书馆应用系统的验收工作，十年来随着国家图书馆信息化水平不断提升，国家图书馆各项业务借助各类应用系统的建设有效提升了管理水平和服务能力。

在图书馆智慧化转型的时代背景下，笔者从应用系统验收角度回顾国家图书馆近十年信息化发展概况，总结信息化发展基本特点与亮点，分析国家图书馆应用系统建设管理现存问题，并对未来发展进行展望。在图书馆智慧化转型的时代背景下，国家图书馆应主动迎接全国智慧图书馆体系建设的机遇与挑战，做好顶层设计、总体规划、合理布局，以信息技术驱动国家图书馆持续发展不断地迭代向前，持续提升服务水平，推动国家图书馆事业不断发展。

1　国家图书馆应用系统验收范围、主要工作和意义

1.1　应用系统验收范围

国家图书馆应用系统验收范围为国家图书馆各部处进行的应用系统新建、改造和升级的馆级项目，建设方式包括自主建设、合作建设、定制开发等。一般不包含单纯的数字资源建设类项目，也不包含数字图书馆工程、数字图书馆推广工程、公共数字文化工程等国家级公共文化工程项目。国家图书馆应用系统建设是项目制形式，对于系统平台进行的升级改造和优化是通过申请新项目来完成的，在实际的应用系统验收与管理工作中也是以项目为单位开展的，同一个应用系统的升级改造项目与原系统的建设开发项目在本文中分别进行统计，所以一个系统平台可能对应多个项目。

需要说明的是，一般应用系统的建设周期在一年之内，本年度上报建设的系统平台会在下一年度进行验收，所以通过系统验收的角度可以反映国家图书馆系统建设的整体情况。个别系统由于建设难度大或其他特殊原因延期，建设时间超过一年以上，导致系

统验收数量与上一年度上报建设项目数量不一致，这种个别现象不影响我们对十年间系统建设情况的整体判断。

1.2 应用系统验收主要工作

信息技术部是国家图书馆应用系统管理部门，负责应用系统验收工作，对申请验收的应用系统首先进行系统普查登记、漏洞扫描、信息系统安全等级保护定级等工作，充分保障应用系统运行的网络安全。同时由信息技术部、研究院和国有资产管理处组成验收小组，对验收文档进行严格审核，包括系统的建设需求、需求分析、系统设计、软件开发、安装部署、系统测试、运维管理等系统建设全过程中产生的文档等。验收文档是应用系统项目的重要成果，高质量的验收文档应具备精准性、清晰性、完整性和可追溯性，这样验收文档的审核工作可以避免因为文档质量差出现的使用不便、增加管理成本等问题。文档审核通过后验收小组召开验收会，在会上观看系统演示，核对系统完成情况，并从技术角度、业务角度、合同执行角度三个不同的层面对系统的整体建设情况进行综合评估。

1.3 应用系统验收的意义

系统验收是国家图书馆应用系统建设管理工作的重要一环，与系统需求申报、立项、实施、上线、停用等环节共同构成应用系统全过程管理闭环，是系统投入使用前的必要环节，需要技术人员从专业角度给予全面而客观的测评。通过实现应用系统验收的规范化管理，对实施建设的系统质量进行把关，判断系统是否达到需求书的各项要求和指标，排查网络安全隐患，进而保障系统顺利上线运行。系统验收可以进一步增强系统建设部处的责任意识，并且提升承建部处工作人员的技术能力。长期的系统验收工作还可以反馈国家图书馆信息化发展规划、布局是否合理，及时总结系统建设经验，为国家图书馆信息化建设的统筹规划提供重要参考依据，进一步提高信息化建设的决策和管理水平，促进国家图书馆信息化建设持续健康发展。

2 国家图书馆应用系统验收十年概况分析

2.1 总体情况

截至 2021 年底，十年以来国家图书馆信息技术部共计验收 136 个应用系统建设项目。图 1 所示为 2011—2021 年各年度验收项目数量，平均每年验收项目 12.4 个。各年度建设系统项目的数量比较平均，在 2013 年、2016 年、2019 年验收系统数量较多，但总体看来在国家图书馆的统筹规划下，系统建设数量上没有出现较大波动。

信息化项目共涉及全馆 12 个部处，如图 2 所示。信息技术部作为国家图书馆信息化发展规划、应用系统管理和技术支持部门承建了 66 个应用系统项目，占总项目数的48%。在其他各部处中立法决策服务部和数字资源部也承担了较多的应用系统建设项目，其中立法决策服务部承建 28 个项目，占总项目数的 21%；数字资源部承建项目 11

个，占总项目数的 8%。

单位：个

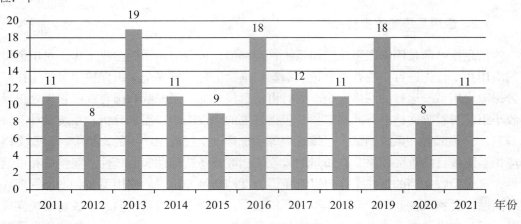

图 1　2011—2021 年各年度应用系统验收数量

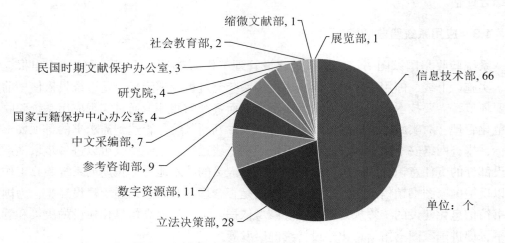

图 2　国家图书馆各部处应用系统验收数量

2.2　应用系统类型分析

从十年来建设的应用系统功能来看，可以大致分为业务管理系统、读者服务系统和行业服务系统三大类，各类型系统的分布占比如图 3 所示。

2.2.1　业务管理系统

业务管理系统主要是指国家图书馆为满足业务环节及管理需要，建设的各类用于内部业务管理的系统，如 ALEPH 系统中文文献书目数据校验程序开发项目、国家图书馆科研支撑平台、档案管理系统、国家图书馆会议管理系统等，共计 24 个。此类系统涉及部处较多，包括中文采编部、参考咨询部、缩微文献部、研究院等多个传统业务部门和职能部门，说明各部处对于内部业务的管理均有信息化的需求，并积极探索实践。

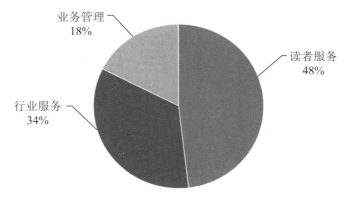

图 3　应用系统各类型占比

2.2.2　读者服务系统

读者服务系统主要指国家图书馆面向广大读者提供服务，为满足读者需求而建设的各类应用系统。经统计，该类项目共计 66 个，在所有系统类型中占比最高，达到 48%。根据系统提供的服务形式又可将读者服务系统具体细分为远程服务系统（如国图公开课系统平台）、到馆服务系统（如文津图书奖触屏版网站建设项目）、资源库服务系统（如日本战争罪行史料专题服务平台）、移动新媒体服务系统（如国家图书馆官方微信服务号项目）。读者服务系统在所有系统项目中的高占比体现出国家图书馆信息化发展注重读者服务，面对读者使用图书馆的新需求，国家图书馆借助信息技术的不断发展持续拓展服务方式及渠道，满足读者的不同使用场景，全方位提升服务效能。

2.2.3　行业服务系统

该系统主要提供给某个行业（尤其是图书馆行业）从业人员使用，或面向"党、政、军"等用户开发的应用系统，这类系统专业性较强，服务对象相对集中，此类项目在过去十年间共计验收 47 个。例如立法决策服务部积极探索通过网站形式为中央国家机关提供信息服务的模式，并将这种模式推广到其他机关，以此为桥梁提供国家图书馆的服务[4]。

2.3　应用系统名称的词频统计

词频分析（Word Frequency Analysis）是文本挖掘的重要手段之一，主要作用是对文本中关键词汇出现的次数进行统计分析，是文献计量学中经典的内容分析方法，其主要原理是以关键词出现频次的多少来确定热点及趋势变化。

项目的名称简明扼要地表述了应用系统的业务范围和主要功能。笔者整理了十年以来验收的 136 个应用系统项目的名称，对其进行词频分析。在整理的过程中，去除系统、平台、项目、国图等各项目均会频繁出现且不体现系统特征的固定词汇，形成词频分析的文本，分析结果生成词频云图，如图 4 所示。

图 4　应用系统名称词频云图

　　词频云图是对高频词汇的可视化直观表达，通过过滤大量的文本信息，对关键词进行渲染产生视觉冲击力，从而传达有价值的信息。图中比较醒目的词汇有服务、管理、升级、数字等，同时，表 1 列出了排名前 15 的高频词的具体频率。验收项目名称的词频分析从侧面反映了国家图书馆十年信息化发展情况。词频出现最高的是"服务"，不难看出国家图书馆作为重要的公共文化服务阵地，近年来以信息化技术为驱动，不断结合新技术拓展服务，持续推动国家图书馆从传统服务向智能化服务转型；"升级"出现 19 次，"优化"出现 9 次，"改造"出现 8 次，体现出国家图书馆应用系统的建设不是一蹴而就的，而是不断优化和完善的过程，已经建成的系统需要及时进行改造和升级来满足使用者不断增长的新需求，并适应信息技术日新月异的发展；"应用程序"出现 8 次，"手机"出现 6 次，反映了国家图书馆十年来陆续开展了多项移动服务，通过短信、彩信、手机 App、微信服务号等多种形式为读者提供移动端服务。

表 1　应用系统名称词频统计表

关键词	词频	频率（%）
服务	33	1.768
升级	19	1.018
数字	18	0.965
管理	17	0.911
资源	11	0.589
信息	9	0.482
优化	9	0.482
应用程序	8	0.429
文献	8	0.429

关键词	词频	频率（%）
推广	8	0.429
工程	8	0.429
改造	8	0.429
决策	7	0.375
文化	7	0.375
手机	6	0.322

3 国家图书馆十年信息化发展主要成果

3.1 基本实现图书馆业务信息化全覆盖

信息技术改变了图书馆的工作方式和业务模式，从传统图书馆到数字图书馆再到智慧图书馆的转型都离不开应用系统的建设。国家图书馆在近十年的信息化发展过程中，力求传统业务与信息化技术的融合和信息化服务创新应用，验收的应用系统涵盖国家图书馆采、编、阅、藏、参的全业务流程，基本实现了业务信息化全覆盖。在业务管理端通过信息化建设提高了工作效率，在公众服务端通过信息化建设提高了服务效能。

3.2 不断丰富服务渠道，提升服务能力

国家图书馆信息化发展以读者为中心，坚持"以人为本"的服务理念。读者服务的方式不仅通过线上网站来实现，也随着移动互联网的普及与发展，顺应读者更加时效性和碎片化的阅读需求，从 2011 年国家图书馆手机应用程序建设开始，几乎每年验收的系统都会涉及移动服务类系统项目。目前，国家图书馆通过国家数字图书馆客户端、手机门户、移动阅读平台、国家图书馆服务号等多种渠道向公众提供移动端服务。同时在馆区为读者提供人脸识别借还、自助办证等更加智能的到馆服务，进一步提升了馆舍的服务能力。通过线上网站、移动互联网以及馆区自助设备等多种服务方式和渠道，逐渐形成了线上线下互相支撑、无缝连接的综合服务体系，满足了读者在不同使用场景的需求。

3.3 弘扬中华传统文化，推进特色资源利用

国家图书馆秉承"传承文明、服务社会"的宗旨，围绕中华优秀传统文化、革命文化和社会主义先进文化建设了馆藏善本古籍、民国时期文献等独具特色的数字资源。再运用信息化手段对这些特色资源进行有效整合、揭示与利用，先后建了古籍基本知识库、中华古籍索引库、革命历史文献专题库等一系列资源服务网站，为弘扬中华传统文化、推进特色资源利用作出了贡献。

3.4 积极探索新技术与业务的融合应用

国家图书馆积极尝试运用新技术来帮助提升工作效率和服务能力，利用物联网、大数据、人工智能、云计算等新技术建设了相应的信息化系统。如数据管理与分析平台建设项目，该项目利用大数据技术从数据层面上揭示了国家图书馆资源利用情况和用户行为[5]。国家图书馆人工智能技术应用项目将人工智能技术应用于图书馆服务，实现了人脸识别借阅等功能。十年来，国家图书馆以信息技术为驱动，持续推动传统服务向智能化服务的快速转型，进一步提升整体工作效能，拓展业务范畴，不断提升自身影响力。

3.5 发挥业界引领作用、带动行业创新发展

在国家图书馆信息化发展的过程中，注重发展面向社会公众的信息化服务。面向图书馆业界，国家图书馆推出了全国省级公共图书馆决策咨询服务协作平台成员馆管理系统、推广工程运行管理平台分站、联合编目名称规范共享功能项目等应用平台；面向国家机关、军队、企业、科研单位还打造了中央社会主义学院图书馆、中国文化中心数字图书馆、中办数字图书馆等行业数字图书馆，有效发挥了国家图书馆在业界"领头羊"的作用，使国家图书馆的服务范围进一步扩大。

4 国家图书馆信息化现存问题

4.1 需进一步规范、健全信息化管理制度

目前，国家图书馆各应用系统建设项目按照《国家图书馆业务规范》第九章信息化工作中第十一条信息化项目管理来进行管理，但在管理上还存在一定疏漏。笔者根据国家图书馆系统普查登记的结果，与应用系统验收的项目进行比对，发现有些职能部门建设的内部办公系统并未经过验收；还存在普查登记中的系统名称与系统验收中的名称不一致的情况，可能造成系统管理上的混乱。另外，十年来所有的验收文档都在信息技术部暂存，这部分文档是应用系统建设的重要成果之一，对今后长远利用有重要的参考价值，应该对验收文档进行科学规范的统一保存。

4.2 "烟囱式"信息化架构的弊端

目前国家图书馆应用系统通过项目制方式建设，形成"烟囱式"的信息化架构。各异构系统之间相互独立、各自运维，从软件开发语言、数据库设计、系统架构到中间件的使用、运行管理机制都各不相同，有可能出现资源浪费和重复建设等问题。还可能造成各系统之间交互困难，形成一个个"数据孤岛"，只能通过接口调用、直接读取等方式进行数据交互，这种紧耦合的交互方式不仅效率低，而且系统间牵连紧密容易互相影响。

4.3 新一代信息技术应用效率有待提高

国家图书馆在信息化发展中对新技术进行了有益的尝试和应用，但是还需要提高跟

踪新技术的速度和效率。2012 年是"MOOC 元年"，国图公开课系统平台于 2016 年进行验收；2013 年被称为"大数据元年"，2016 年利用大数据技术建设的数据管理与分析平台建设项目完成；早在 2010 年左右欧美图书馆界就对关联数据有成熟的应用，而关联数据注册与服务平台项目在 2018 年建设完成。以上的项目示例可以窥视国家图书馆在新技术创新应用的速度上还可以进一步提高。

4.4 亟须加快业务与信息化的深度融合

国家图书馆业务与信息化融合程度不够，新业务和传统业务出现"两张皮"现象[3]。如果不考虑业务只从技术角度进行信息化工作，容易忽视系统的落地应用，或者疏忽业务流程的相应调整，尽管率先采用了先进的科学技术，但可能得到的结果并不理想。国家图书馆应主动从业务角度来规划信息化发展，利用信息技术解决传统业务方式中的问题，为事业发展取得竞争优势。在"技术就是业务、业务就是技术"的融合趋势下，不但要关注技术的创新，同样要重视如何通过技术简化业务流程、提升服务能力，提高工作效率。在业务需求和信息技术的双重驱动下，引导图书馆业界与科技融合发展，为公共数字文化的建设发展保驾护航。

5 对国家图书馆信息化发展的展望

我国图书馆事业已经进入由数字图书馆向智慧图书馆的转型期，国家图书馆提出的"1+3+N"全国智慧图书馆体系，其总体架构为一个云上智慧图书馆，搭载全网知识内容集成仓储、全国智慧图书馆管理系统和全域智慧化知识服务运营环境，并在各级图书馆建立线下智慧服务空间[6]。在全国智慧图书馆体系建设的浪潮中，以此为契机推动国家图书馆信息化进程和智慧图书馆创新发展。

5.1 加强顶层设计，提高管理水平

加强对应用系统建设项目顶层设计和总体规划的研究，避免因一个业务需求就重新开发一套系统的"烟囱式"建设模式。业务部门与技术部门之间加强协调沟通，在深入开展需求调研和技术储备的基础上做好项目统筹管理。着力解决国家图书馆内部信息化发展布局不合理、资源倾斜不均衡、数据共享不充分和重复建设等问题。尽快出台《国家图书馆应用系统管理办法》，通过管理办法和工作流程的规范化对信息化系统的规划、建设、验收、运行管理、停用等全流程进行科学管理，切实保障应用系统建设效率和建设水平。

5.2 新技术助力智慧图书馆服务能力提升

技术是智慧图书馆建设的助推剂，运用高新技术可以为图书馆服务增值。加强区块链、移动互联网技术、云计算、可视化交互技术、人工智能、5G 通信、物联网等智慧图书馆关键技术的研究。调研新技术在相关行业的应用现状和发展趋势，分析各项

技术在图书馆应用的可行性、应用场景和拓展模式，为智慧图书馆的建设实施提供技术支撑。深化新技术在图书馆中的融合应用，智慧图书馆核心系统落实"1+3+N"的设计理念，不仅涵盖采、编、阅、藏、参等核心业务功能，还要满足图书馆在全媒体、全流程、全域网管理和服务的要求。通过线上网站、智慧空间、移动互联网、可穿戴设备等多种服务方式，形成线上线下互相支撑紧密结合的立体服务体系，为读者提供多元化的智能知识服务，打造虚实结合的服务场景和全媒体服务渠道，进一步提升服务能力，推进全民阅读。

5.3　建设高质量专业人才队伍

智慧馆员是智慧图书馆服务体系的核心组成部分[7]。未来国家图书馆信息化的发展，需要打造一支具备专业素质的、技术过硬的、有创新精神的高质量人才队伍，以面对日新月异的技术挑战和读者多样化的服务需求。应高度重视人才培养，加强复合型人才的培养机制，丰富人才培养方式，为工作人员提供专业培训和再教育的机会。未来图书馆工作人员是具备扎实综合能力的复合型人才，不仅仅是业务专家，也是技术专家、数据专家和运营专家，可以为图书馆智慧化发展提供有力保障。

参考文献

［1］茹文．国家图书馆信息化建设发展进程回顾［C］//中国图书馆学会．中国图书馆学会年会论文集：2009年卷．北京：国家图书馆出版社，2009：263-267.

［2］申晓娟，齐欣．国家数字图书馆工程概述［J］．国家图书馆学刊，2008（3）：7-11.

［3］刘金哲．国家图书馆信息化十年回顾与展望［C］//国家图书馆．2019年国家图书馆青年学术论坛论文集．北京：国家图书馆出版社，2019：144-150.

［4］贺一航．信息技术助推下国家图书馆立法决策服务发展回顾与思考［C］//国家图书馆．2019年国家图书馆青年学术论坛论文集．北京：国家图书馆出版社，2019：28-36.

［5］张宁，李雪．国家图书馆数据管理与分析平台建设［J］．国家图书馆学刊，2016（6）：80-89.

［6］饶权．全国智慧图书馆体系：开启图书馆智慧化转型新篇章［J］．中国图书馆学报，2021（1）：4-14.

［7］田杰，周军兰．智慧图书馆模型与系统体系构建探析［J］．文献与数据学报，2020（2）：40-48.

出版社因素对样书交存工作的影响与对策

穆浴阳（办公室）　张建存（中文采编部）

出版物样本交存是国家图书馆最重要的文献采访方式，是保障国家总书库建设的重要手段。《公共图书馆法》明确了国家图书馆及省级公共图书馆对出版物样本的法定接收地位和出版单位作为交存主体的交存义务，交存工作的好坏取决于出版单位和图书馆双方，要想提高交存率需要从社、馆两方面改进[1-2]。对于图书，不同出版社之间的交存率差异悬殊，根据国家图书馆出版物交存管理组对 2015—2019 年交存率的统计，前 20% 出版社的平均交存率为 98.74%，后 20% 出版社的平均交存率为 60.77%，且交存好的出版社一般具有延续性，每年都比较好，交存差的出版社有些时好时坏，有些也具有延续性。所以从出版社角度分析影响交存率的原因，对改进图书馆交存管理工作有重要意义。本文探讨了出版社的出版规模、隶属关系、建章立制和盈利水平等因素对交存率的影响，并提出相应的改进建议。

1　出版社因素对交存工作的影响

1.1　出版规模因素

目前我国有 585 家出版社，近 5 年平均出版量约为 50 万种 / 年。各出版社之间的出版量差别也是比较大，大型出版社如人民邮电出版社平均每年的出版品种数在 21000 种以上，高等教育出版社每年出版品种数也维持在 16000 种以上，而全国有较多小型出版社每年出版量不足 40 种，可见我国出版社出版量规模之间差距之大。为更好地研究出版量对交存工作的影响，根据年出版量将出版社划为大中小三类：出版量大于 1000 种为大型出版社，出版量大于 200 种、小于等于 1000 种为中型出版社，出版量在 200 种及以下为小型出版社。按此标准，目前全国有大型出版社约 160 家，中型出版社约 300 家，小型出版社约 140 家。根据国家图书馆交存管理平台系统统计，出版社出版量平均数为 850 种，中位数约为 450 种，平均数大于中位数，说明出版量向头部集中。表 1 为近 5 年全国出版社出版量规模分析。由表 1 可知，大型出版社占总出版社数的约 27%，却贡献了约 66% 的出版量；中型出版社占全部出版社数的约 50% 之多，贡献了约 30% 的出版量；小型出版社占总出版社数的约 24%，仅贡献了不到 3% 的出版量，不到大型出版社的 1/20。图书出版行业"头部效应"明显。

表 1 2015—2019 年出版社出版量规模分析

年份	2015	2016	2017	2018	2019	平均
总量（种）	512028	535854	523198	510425	459439	508189
大型出版社占比	67.05%	68.32%	67.21%	66.70%	62.28%	66.31%
中型出版社占比	30.38%	29.14%	29.92%	30.99%	34.54%	30.99%
小型出版社占比	2.57%	2.54%	2.87%	2.31%	3.18%	2.70%

再看出版量对出版社交存率的影响。根据平台统计数据可知（见表 2），近 5 年平均交存率排序大型出版社＞中型出版社＞小型出版社，大型出版社的交存率比小型出版社交存 83.27% 高出 6 个百分点。再根据表 1 平均出版量和表 2 平均交存率，计算出各类出版社的交存量，可知大型出版社共交存 30 余万种，贡献了约 67% 的交存量；中型出版社共交存约 13.6 万种，贡献了约 30% 的交存量；小型出版社共交存约 1.1 万种，贡献了约 2.5% 的交存量，140 家出版社的交存量尚不及头部一家出版社的一半。

表 2 2015—2019 年大中小型出版社交存率

年份	2015	2016	2017	2018	2019	平均交存率
大型出版社	89.79%	89.36%	88.82%	90.86%	88.59%	89.48%
中型出版社	88.37%	88.61%	87.60%	87.12%	80.87%	86.51%
小型出版社	86.14%	86.28%	83.82%	83.02%	77.10%	83.27%

从上述统计结果来看，无论从绝对的交存量还是相对的交存率，大型出版社的表现都比小型出版社要好，可见交存工作存在规模效应。出版社图书交存好坏与出版社规模大小存在正相关联系，大型出版社并没有因为出版量、交存图书数量多、交存工作压力大等主客观因素而致使出版社交存率降低，相反越是大中型出版社的图书平均交存情况就越好。笔者试分析其原因：大中型出版社出版量有绝对优势，可以掌握更多的出版话语权，可以获得更多 ISBN 书号，出版更多图书来占据主流和主要出版市场，也能取得更好的经济效益，能够摊薄样书交存成本；出版规模越大的出版社制度越完善，精益化管理措施更完善，如使用 ERP 系统[3]；大型出版社具有更多人力和资源，分工更细致，可以更好地组织开展图书交存工作，交存工作延续性较好，进而促进其出版社图书交存率常年远高于小型出版社和平均交存率。根据上述分析，图书出版和交存工作存在"头部效应"。根据"二八原则"，改进交存工作单纯以交存率为主的考核机制，在精力和经费有限的前提下，针对出版社图书交存率高低进行有区别的催交工作，盯住关键少数的大型出版社，提高催交工作效能，这既节省人力和经费的作用，又能最大化地扩充馆藏资源量。

1.2 隶属关系因素

根据出版社的出版单位隶属关系和主管单位、主办单位级别，图书出版社可以分为中央出版社、地方出版社、大学出版社、军队出版社[①]。根据平台统计数据，各种不同隶属关系出版社近 5 年的平均交存率和平均出版量见表 3。由表 3 可知，平均交存率从高到低的顺序依次是：大学出版社＞中央出版社＞地方出版社＞军队出版社；平均出版量从高到低的顺序依次是：中央出版社＞大学出版社＞地方出版社＞军队出版社。

表 3　不同隶属关系出版社近 5 年平均交存率和平均出版量

隶属关系	平均交存率	平均出版量 / 种
中央出版社	86.95%	1059
地方出版社	85.97%	803
大学出版社	89.12%	850
军队出版社	70.28%	149
平均值	86.33%	864

笔者试分析上述现象的原因：中央出版社虽然平均出版量比较大，但平均交存率跟所有类型平均值相差不大，没有明显优势，这主要是由于中央出版社比较多，社的规模大小不一，大小社之间出版量悬殊，交存工作水平悬殊，隶属关系复杂，有些是部委直属单位，有些是部委下属三级单位，而交存工作的开展有时需要借助于主管、主办单位的行政力量，中央出版社隶属关系复杂，就很难借助到行政力量。地方出版社的平均出版量和平均交存率都接近平均值，这是由于地方出版社都隶属于当地新闻出版局，每次外出催交调研都会联系到当地新闻出版局，大部分出版局对交存工作比较重视，行政约束力较强。大学出版社交存情况最好，这跟大学出版社制度相对规范有关，出版图书也多属于大学教材和学术专著，责任者整体素质偏高，会较好地遵守出版社样书管理规定[4]。军队出版社平均出版量和平均交存率都最低，这与出版改制有关。2016 年 3 月 27 日，中央军委印发《关于军队和武警部队全面停止有偿服务活动的通知》，军队出版社更加专注做好"姓军为兵"服务，聚焦军事题材的出版[5]，自此平均出版量大幅下降，2019 年的平均出版量为 58 种，仅为 2015 年 328 种的 17.68%，下降幅度大于80%。伴随着出版量的下降，交存率也一路下滑。除此之外，军队出版社往往联系方式不畅，通常只留 ×× 号信箱，没有地址、电话，催交工作较难开展。

---

　　① 为避免多重属性出版社重复统计，中央垂直管理非在京单位下属的出版社列入地方出版社、教育部下属大学的出版社不列入中央出版社、地方大学的出版社不列入地方出版社、凡属于军队出版社的不列入其他类。

1.3　交存制度建设因素

针对出版社在交存制度建设方面的问题，国家图书馆通过多年外出催交工作调研得出，目前大多数出版单位或多或少都有出版物交存制度，比如总编室工作规划、资料室管理规定、图书交送管理办法、样书室管理规定、出版物库房管理规定等，但是也有部分出版机构没有制定本机构的相关出版物交存管理办法。出版社建立本机构图书等出版物交存制度，对于本机构出版物交存工作有极大促进作用，一定程度上能够保障本出版社交存率的提升与延续，但是也存其他的问题。

其一，部分出版单位没有建立起来出版物交存制度。以 2019 国家图书馆去华北某省催交出差调研数据显示，调研共收回有效调查问卷 20 份，其中图书出版社 5 份、报社 4 份、期刊社 8 份、电子音像社 3 份。受访者中，对国家图书馆相关交存政策十分清楚的有 3 人、比较清楚的 6 人、了解不多的 9 人、不了解的 2 人，超半数了解不多；受访者所在的出版单位有 20 家有专人负责样本交存工作，其中有 10 家建立规范的管理和考核制度、6 家未形成管理和考核制度、2 家无专人负责、2 家不大清楚，有半数没有规范的交存制度。该省出版单位出版物交存制度不乐观，从该省的整体交存率看出，该省平均交存率低于全国平均交存率，也印证了出版社管理制度对交存工作的影响。放之全国来看，出版单位建立本单位内出版物交存制度对于规范本单位出版物交存工作的延续和提升有重要作用，各出版社需要加大重视出版物交存工作，从出版物交存制度规章、图书交存管理人员编制、图书交存激励工作等方面进行提高。

其二，出版社制定的本单位交存制度也存在局限性。比如部分出版单位出版物交存送管理制度有待商榷，根据外出催交调研经验，有部分出版单位特别是古籍类出版社在制定本单位出版物管理规定时规定超过一定金额的出版物（特别是大码洋出版物），不给法定样本接收部门交送样本，造成部分有学术价值和年度畅销的出版物不能入藏国家图书馆等单位。这类出版社以大码洋图书出版量少且成本高等理由不履行法定交存义务，在国家图书馆外出催交工作组实地与其单位管理部门协商出版物补交、极少数出版物"交一买一"等工作后，后续交存效果也十分不理想。

其三，出版社制定交存制度，但是工作执行力较差。比如个别出版社有完整图书交存制度，但是图书交存率也不是很高。以中部某省为例，在外出调研时，座谈会上曾与该省出版集团及下属各社沟通，集团负责人表示之前发布过样书交存的规定，要求下属各社遵守，各社也表示会按照相关政策做好交存工作，但后续的实际交存效果并不理想。也表示诸如上述出版单位，即使建立完整出版物交存制度，但是由于执行不到位，不能很好地履行图书交存法定义务，致使本机构的图书交存率较低，影响国家图书馆资源建设工作。

1.4　盈利因素

出版社盈利水平会对样书交存工作产生影响，但盈利水平一般都是各出版社的商业机密，较难获取。考虑到出版社销售码洋一般与盈利水平正相关，因此，笔者选择码洋占有率与交存率之间关系来考察此因素。总体来看，中国图书出版业码洋市场格局较为分散，根据开卷信息数据，2018 年前 10 名出版单位码洋占有率合计 16.65%，其码洋占有率和交存率见表4。这 10 家出版社的图书平均交存率为 92.48%，高于大型出版社平均交存率 3 个百分点，也远高于全国平均交存水平，验证了出版社码洋盈利水平影响图书出版社交存率，码洋水平越高，盈利水平越高，图书交存情况越好。目前全国出版社除极少数出版社保留事业单位属性，绝大部分出版社都已经推向市场化运营，大型出版社凭借出版量优势能摊薄各项成本进而提高盈利水平，使出版社获得更多生存和盈利空间，这些都能摊薄样书交存成本，进而促进图书的法定交存制度的建设，对图书交存数量和种数能够足额交存。同时，大型出版社能提供较好的人员支持和交存工作延续，这也是大型出版社交存率相比小型出版社高出 6 个百分点的部分原因。

表4 2018 年中国图书市场出版社前十名码洋占有率

出版社	码洋占有率	交存率
北京联合出版有限公司	2.62%	95.31%
中信出版集团	2.47%	92.95%
世界图书出版公司	2.08%	87.57%
机械工业出版社	1.53%	98.23%
商务印书馆	1.45%	84.11%
人民文学出版社	1.38%	86.33%
人民日报出版社	1.36%	93.18%
外语教学与研究出版社	1.28%	94.57%
湖南文艺出版社	1.26%	95.74%
教育科学出版社	1.22%	96.82%

根据国家图书馆外出催交报告数据调研显示，出版社图书交送的经济压力的影响因素分布为：生产成本问题占 23.36%；邮寄成本问题占 40.15%；人工成本问题占 9.49%；库房成本问题占 10.22%；其他问题占 16.79%。大型出版社出版规模大、物流配送网络覆盖面更广，对于其交存图书生产成本、邮寄成本问题能很好应对解决并支持交存工作。而小型出版社迫于生产经济压力，往往对于图书法定交存工作力不从心，直接影响本社图书法定交存率，也极大影响了国家总书库文献资源建设。

1.5 样书负责人因素

样书负责人是样书交存工作流程中交存主体的具体负责人和操作员，他们根据相关的法律法规向图书馆交存样书。可以说，样书负责人的工作是样书交存工作流程中第一道环节，也是最重要的环节，他们的经验、认识等因素对交存率差异有着重要的影响。近些年，国家图书馆交存管理组每年选取若干省份开展外出催交工作，催交过程中会让样书负责人填写《出版物样本交存工作访谈问卷》，2015 至 2019 年间，共外出催交20 个省级行政区，收回图书出版社调查问卷 195 份。笔者将被调研的 20 个省级行政区的 5 年平均交存率从低到高排序，并选取中位数，低于中位数的省份归为交存差，高于中位数的省份归属于交存好，依此统计交存好与差的省份样书负责人对交存政策了解程度，见表 5。

表 5　调研省份样书负责人对交存政策了解情况统计

调研对象	不了解	了解不多	比较清楚	十分清楚
交存差的省份	0.92%	23.85%	63.30%	11.93%
交存好的省份	0.00%	23.94%	60.56%	15.49%
所有省份	0.56%	23.89%	62.22%	13.33%

从表 5 可知，大部分图书出版社样书负责人对向国家图书馆交送样本政策是了解的，其比例达到 75.55%，完全不了解的情况只有 0.56%，说明我们多年对出版社的宣传和对交送工作的深耕起到了一定的作用。但是，表示了解不多的样书负责人比例也有23.89%，可见我们还需要加强和样书负责人的沟通和交流，向他们宣传具体样书交送政策。从比例变化来看，样书负责人对政策的了解程度和交存好坏呈正相关，样书负责人比较清楚政策和交送好坏呈负相关。其实，在国家图书馆的交送政策中，有一些具体交送实施细则，例如国家图书馆对部分大码洋交送施行交一买一，重印书和再版新书也需要交送，单册定价过百和成套定价过千的样书只交送一份，送来样书要完整和完好。十分清楚国家图书馆交送政策的样书负责人，对这些细则也掌握得比较好，能执行好各类型情况的样书交送，不会出现不交和漏交行为。而比较了解政策但对细则掌握不全的样书负责人，对于大码洋书因成本过高会出现不交送的情况，且不知道要交送重印和再版图书，容易送来不具备收藏价值的品相差或不完整的样书，从而导致交存率降低。

表 6　调研省份样书负责人对交存制度态度情况统计

调研对象	行政命令	应尽义务	可做可不做	一种负担
交存差的省份	31.36%	66.10%	0.85%	1.69%
交存好的省份	19.48%	77.92%	1.30%	1.30%
所有省份	26.67%	70.77%	1.03%	1.54%

表 6 为样书负责人对交存制度态度情况，可以看出大部分样书负责人对样书交存的意义都比较认可，大部分样书负责人认为此项工作为应尽义务，为中华文化传承作贡献；其次认为此项工作为行政命令，必须执行；再次认为此项工作为一种负担，增加了出版单位的经济负担；少数认为此项工作为公益行为，不受法律法规约束，可做可不做。从表中比例变化来看，样书负责人对样书交存意义认可度高低和交存好坏呈正相关。认为样本交存制度是应尽义务，是为中华文化传承作贡献，在认识层面属于积极和

正面的思想，并且有主动承担的意愿，如此转化到具体的样本交存工作中，就能按质按量完成任务。行政命令的比例在交存差的省份中上升，在交存好的省份中下降，说明样书负责人认为样本交存制度是行政命令和交存好坏呈负相关。有该种认识的样书负责人，在认识层面是消极和负面的，没有主动承担的意愿。将这样的认识带到工作中，会被动地开展工作，例如图书馆催促才交存，样书长时间不梳理不交存，交存样书不完整、不完好。

2 图书馆交存工作的改进对策

2.1 加强头部出版社交存工作和小出版社采购力度

对一个出版社的交存管理，无论出版社规模的大小，交存管理维护成本相差不大。基于务实和催交效能最大化的角度，在人力和精力受限的情况下，应加强头部出版社的交存工作，优先确保大型出版社的交存率维持在高位，最大限度提升交存量。出版量小的出版社往往是一些从事特殊行业相关出版工作的社或者偏远地区的社，文献价值也比较高，因此国家图书馆也要重视其出版物的采访入藏。根据国家图书馆图书采访政策，交存和购买是最主要的采访方式，但书商以营利为目的，其供货源以利润率而不是图书质量、品种数量以及配套服务的水平为依据[6]，这可能造成小出版社的购买率也较低，所以对小型出版社和出版量小的地区应加强购买力度。要加强对中标书商的考核，建议设计专门考核目标督促书商加强对小社和偏远地区的采购力度，毕竟在同等难度下，采购比交存更容易实现。

2.2 借助出版社主管主办部门的行政监督力量

对不同隶属关系的出版社：大学出版社交存较好，要加强联系，继续保持交存较好的局面；中央出版社隶属关系复杂，有些是部委直属单位，有些是部委下属三级单位，在催交时很难借助到行政力量，但中央出版社大多在北京，可以发挥同城优势，对交存较差的社直接上门催交；对地方出版社，催交工作应充分借助出版主管部门或主办部门的行政力量，加强与地方出版局的联系，尤其是拜访交存率较低地区的出版管理单位、召开各地交存工作座谈会、调研各类出版单位等多种方式，提高出版单位的交存意识；对军队出版社，目前全国多家军队社有偿出版处于停滞状态，军队出版社出版量小，交存率较低，可尝试与其上级行政单位联系，获得行政监督力量支持，同时掌握各社最新联系方式。

2.3 总结和推广出版社好的交存管理制度

制度比较完备的出版社交存情况较好。根据《公共图书馆法》第五十一条，"出版单位未按照国家有关规定交存正式出版物的，由出版主管部门依照有关出版管理的法律、行政法规规定给予处罚"。尽管《公共图书馆法》出台后交存工作有法可依，但还缺少具体的实施细则，对于出版社的交存工作缺少具体、可操作的督查措施，以致一些出版单位对交存工作不够重视，相应制度建设迟缓[7]。笔者在此呼吁尽快出台相应的实施细则，细则需涵盖交存工作相关法律条款的解释，有关概念、工作的界定，以及样本交存范围、类型、方式和数量的规定等。同时，应引导出版社建立规范的交存制度。一方面，联系出版局将各出版单位样本交存情况纳入年审考核范围，通过行政压力督促出版单位建章立制；另一方面，要总结交存情况好的出版社的交存制度、经验，探索公开表彰、颁发奖项等方式，将好的制度、经验在全国推广。

2.4 推动交存激励政策的制定，降低交存成本

经济效益也会在一定程度上影响交存工作，可以通过经济激励提高交存率。参考国外的一些做法，例如英国规定出版物交存不能严重损害出版商经济利益、韩国所有样本交存实行缴一买一、日本对于非政府机构交存者给予经济补偿[8-9]，推动我国相关交存激励政策的制定，如减免税费、抵税、补偿邮费和交买合一等，尤其要关照大码洋和文献价值高的图书。同时，要加强馆社合作。出版单位面临转型压力，而图书馆在读者需求、用户体验等大数据，以及阅读推广能力、文献数量等方面具有优势，也可适当为出版单位提供建议，比如在文献利用上提供一些方向，这样二者合作互利双赢，会促进出版单位交存样本[10]。

2.5 加强与交存负责人的交流与沟通

所有的措施都需要人来落实，要想办法提高样书负责人对样书交存工作的认可程度。加强与出版社样书负责人的联系，除了宣传交存相关的法律法规，还应该重点介绍向图书馆交存的意义。交存不仅是应履行的法定义务，还是保存中华民族文化遗产的重要方式，对出版单位自身也是可以长期受益的行为。通过交流，提高其对交存工作的认可程度，切实提高交存意愿。这要求交存工作人员要有较好的语言表达能力和沟通能力，能主动加强与交存负责人的交流频率和深度。尤其是对交存负责人更换频繁的出版社，交流沟通更为重要，及时地点对点沟通，做好人员更替后的对接，才能保证交存工作不间断。

样书交存工作是国家图书馆的主要采访方式，关系到国家信息资源总库的建设。该项工作是由图书馆和出版社在相关法律法规下共同完成的，所以应从馆、社两方面来改进此项工作。本文从出版社角度分析了其各因素对交存工作的影响，并从图书馆角度提出相应的交存管理工作改进措施，以期为出版社提供更加全面、精细化的交存服务。唯有馆、社双方共同努力，才能做好交存工作。

参考文献

[1] 汪东波，张若冰.《公共图书馆法》与国家图书馆 [J].国家图书馆学刊，2017（6）：50-55.

[2] 张建存.《公共图书馆法》实施背景下的样本交存工作研究 [J].河南图书馆学刊，2020（3）：121-123.

［3］药蓉. ERP 系统对总编室信息化管理工作的促进作用［J］.科技与出版，2018（2）：115-118.

［4］骆萍. 大学出版社可持续发展路径探索［J］.科技与出版，2020（2）：38-42.

［5］朱德强，曹江涛. 新时代军医社专业出版探析［J］.科技与出版，2020（11）：77-80.

［6］郭建平. 供给侧改革背景下图书馆采购模式探析——以国家图书馆中文图书采购工作为例［J］.图书馆研究与工作，2018（2）：47-50.

［7］王桂杰. 国家图书馆国内出版物外出催缴工作的实践与思考［J］.图书馆理论与实践，2019（9）：16-20.

［8］郝嘉树. 国家图书馆外出催交工作模式、路径及建议［J］.图书馆，2020（4）：106-111.

［9］王天琪. 图书交存管理工作的现状与思考——以国家图书馆为例［J］.图书馆建设，2020（Z1）：54-57.

［10］刘志彬. 数字化时代的图书馆与出版社合作创新模式［J］.科技与出版，2016（8）：38-40.

基于编目员视角的 BIBFRAME 应用研究

丁　政　曾庆睿（外文采编部）

作为坐拥丰富馆藏的知识宝库，图书馆一直是广大用户获取信息的重要阵地。机读目录格式（Machine-Readable Cataloging，MARC）自诞生以来在业内得到广泛使用，为创建结构良好的元数据提供了格式标准，使图书馆实现了从手工编目到计算机编目的飞跃。然而，随着语义网（Semantic Web）概念的产生和互联网技术的不断革新，MARC 自身的局限性越来越凸显，以《资源描述与检索》（Resource Description and Access，RDA）为代表的国际最新编目规则的优势在 MARC 中也难以体现。为适应语义网的发展，应用关联数据（Linked Data）技术，旨在取代 MARC、面向互联网环境的新型数据格式"书目框架"（Bibliographic Framework，BIBFRAME）应运而生。BIBFRAME 的产生引发了国际编目界的广泛关注，在实践领域也不断取得新进展。可以预见，BIBFRAME 将成为未来文献著录的基础。我国外文文献编目有套录数据的传统，鉴于 BIBFRAME 的发展趋势，美国国会图书馆（Library of Congress，LC）等一些国外主要数据源都提出要将数据迁移到 BIBFRAME 格式，届时将不再生产 MARC 数据，所以我们必须直面 BIBFRAME 带来的变化和挑战。

近几年，智慧图书馆建设已成为国内图书馆界的热点。在智慧图书馆体系中，编目智能化是不可或缺的重要组成部分，是实现图书馆智慧化服务的基础，元数据工作应用关联数据技术是编目智能化的重要途径，BIBFRAME 在未来的广泛应用可谓大势所趋。因此，加紧对 BIBFRAME 的跟进研究，逐步摸索国家图书馆实施 BIBFRAME 的可行性方案具有重要的现实意义。BIBFRAME 编辑器是为应用 BIBFRAME 而生的编目软件，是未来编目员生产 BIBFRAME 元数据的工具，是 BIBFRAME 过渡到实践阶段的重要桥梁。本文以 BIBFRAME 的发展历程和研究进展为切入点，基于编目员的视角探讨 BIBFRAME 编辑器的特点和功能，以促进 BIBFRAME 模型在我国的普及和应用，助力智慧图书馆的建设。

1　BIBFRAME 的理论与实践

1.1　BIBFRAME 的发展脉络

BIBFRAME 是关联数据模型，其目标是为未来以关联数据技术为基础的书目描述提供基础，从而取代饱受诟病的 MARC。它的发展可以追溯到 2011 年。2011 年 5 月，LC 与大规模分散关联数据供应商 Zepheira 公司共同发起书目框架计划。随后，2012

年 11 月，LC 公布了模型草案《书目框架作为数据网络：关联数据模型和支持服务》（Bibliographic Framework as a Web of Data：Linked Data Model and Supporting Services），即 BIBFRAME 1.0。该草案指出，BIBFRAME "旨在转变现有观念，重新设计一个以网络为中心、随时随地相互关联的全新书目环境"[1]，模型的设计初衷是使图书馆海量的元数据相互协调、彼此连接，从而成为图书馆融入更广阔数据网络的切入点。2013 年，遵循该模型的 BIBFRAME 词表发布。2015 年，在美国国立医学图书馆、大英图书馆、德国国家图书馆、联机计算机图书馆中心（OCLC）等多家机构的共同参与下，LC 开始了对 BIBFRAME 的测试。测试分为两个阶段。第一阶段测试从 2015 年 9 月开始，为期半年，使用 BIBFRAME 1.0 词表和编辑器，主要包括三方面内容：实现 MARC 记录向 BIBFRAME 的转换、测试词表的适用性、测试编辑器功能。经过这一阶段对 BIBFRAME 的实践，参与测试的专家针对 BIBFRAME 1.0 的模型和词表暴露出的问题进行了修订，并于 2016 年发布了更新改进后的模型和词表，即 BIBFRAME 2.0。

鉴于 2.0 版本改动较大，新的测试仍有必要进行。第二阶段测试从 2017 年 6 月开始，主要针对 BIBFRAME 2.0 模型、词表和新编辑器。测试完成后，LC 已实现将 MARC 书目与规范记录转化为 BIBFRAME 的作品、实例和单件的目标。在此基础上，采用 RDA 术语而非 MARC 代码编目的理念也得到了进一步强化。

如今，LC 将 BIBFRAME 进一步推向实践。在 2021 年 1 月召开的美国图书馆协会冬季在线会议上，LC 计划将 2021 年作为 BIBFRAME 编目业务拓展年，并提出了 "BIBFRAME 100" 计划，该计划对于现有 BIBFRAME 框架进行了全方位改进[2]。在数据池支持方面，斯坦福大学于 2022 年 1 月召开的美国图书馆协会冬季在线会议上表示，该机构已在开源库服务平台 FOLIO 上开发基于 BIBFRAME 的集成图书馆系统[3]。从现有的发展势头看来，BIBFRAME 正在逐步成为编目工作可预见的未来。

1.2 BIBFRAME 2.0 核心内容的主要变化

作为关联数据模型，BIBFRAME 的根基建立于模型和词表上。在模型方面，BIBFRAME 采用了 "实体—关系" 分析法，与《书目记录的功能需求》（Functional Requirements for Bibliographic Records，FRBR）模型基本一致。词表方面，作为描述资源的关键，BIBFRAME 词表由一组定义的资源描述框架（Resource Description Framework，RDF）所属的类（Class）和属性（Property）组成。其中，"类" 包含核心类及其他类，"类" 还可向下划分出 "子类"；"属性" 则用于描述资源特征及资源间关系。随着关联数据理论研究的不断深入，BIBFRAME 2.0 横空出世。理清 2.0 版本的脉络，对于开展 BIBFRAME 应用研究具有深刻意义。相较 1.0 版本，BIBFRAME 2.0 的变化主要体现在三个方面：模型变化、核心类变化以及类和属性的变化。

相较于 BIBFRAME 1.0 的 "作品—实例" 双层模型，BIBFRAME 2.0 演进成为 "作品—实例—单件" 三层模型，更贴近 FRBR 第 1 组实体的四层模型："作品" 层对应 FRBR 中的作品和内容表达层，"实例" 层对应 FRBR 中的载体表现层，"单件" 层则对应 FRBR 中的单件层。此外，BIBFRAME 2.0 还引入了核心类相关概念 "事件"（Event）、

"主题"（Subject）和"行为者"（Agent），其中，"行为者"对标 1.0 版本中的"创作者"，其指代范围相较原版有了较大范围的延伸[4]。

BIBFRAME 2.0 以作品、实例与单件三个核心类取代了 BIBFRAME 1.0 的作品、实例、规范和注释四个核心类。其中，"规范"类的取消并不意味着 BIBFRAME 2.0 降低了规范控制的重要性，而是意在泛化该概念，通过采用统一资源标识符 / 国际资源标识符（URI/IRI），以标签或名称属性将各种语言环境下的"标目"统一成为唯一的标识，打破语种藩篱，进一步推动规范控制工作高效有序发展[5]；而"注释"类的取消更多与外部因素相关——在关联数据领域中，复用其他词表的类和属性以标识相同事物是公认的最佳做法。基于"Web 注释"模型已被确立为万维网联盟（World Wide Web Consortium，W3C）标准，LC 认为该模型已达成处理通用书目需求的目标[6]，由此 BIBFRAME 2.0 开始复用成熟的外部词表。BIBFRAME 2.0 中新增的"单件"核心类及其属性设置对于传统书目和馆藏管理有着颠覆性的意义。"单件"吸纳了 BIBFRAME 1.0 中"注释"类下图书馆书目系统中独特的子类馆藏资料（Held Material）以及其下级子类馆藏单件（Held Item），与 RDA 中的"单件"实体直接对应，通过 RDF 三元组模块化描述，改变了原有编目实践中书目记录与馆藏记录"泾渭分明"的状况，使馆藏信息的揭示更加精确、客观。

在 BIBFRAME 2.0 词表中，共含有"类"176 个，"属性"197 个。与 1.0 版本中的 53 个"类"、289 个"属性"相较，BIBFRAME 2.0 的术语总量有所增加。其中，两个版本中完全相同的类 / 属性仅占总数的三分之一，可知该部分变化相对较大。出于技术应用方面的考虑，2.0 版本将 1.0 版本中的很多"属性"（约 50 个）重新定义为"类"，或增加了"属性"对应的"类"（与原有"属性"对应的"类"合计约 60 个），所呈现的结果是"类"的数量大幅增加，"属性"数量大幅减少[7]。变化带来的优势主要体现在三个方面：一是提高了"类"在 BIBFRAME 以外环境的检索和复用；二是提高了检索效率；三是增强了表达识别性，降低了系统识别故障率。

BIBFRAME 2.0 的变化，显示着业界对关联数据的理论研究日趋成熟，为日后的实践应用打下了坚实的基础。

1.3 BIBFRAME 编辑器的研发和测试

在理论研究的基础之上，BIBFRAME 的实践应用也势在必行。其中，BIBFRAME 编辑器（BIBFRAME Editor）是应用领域的重中之重。该项目最早在 2013 年由 Zepheira 公司负责开发，随后由 LC 接手[8]，其基本原理是通过运用 BIBFRAME 词表和元素，达到信息组织和资源描述的目的[9]。从结构方面看，BIBFRAME 编辑器界面主要包括工作区、字段区、对话框区、数据框等模块；从功能方面看，BIBFRAME 编辑器可实现"查找""保存""发布""预览"等功能。目前该项目已在世界上最大的代码托管平台 GitHub 社区上发布。

BIBFRAME 编辑器自发布以来，经历了多个测试阶段[10]。在第一测试阶段中，由于 BIBFRAME 编辑器的性能尚不稳定，通过 BIBFRAME 编辑器创建的数据仅在

BIBFRAME 数据库（BIBFRAME Database，BFDB）中流动，处于"闭环"状态，与面向公众开放的 LC 主数据库互不影响。而在以"BIBFRAME 100"计划为主导的第二阶段，随着编辑器的性能日趋成熟，LC 计划在合适的时间点打破 BIBFRAME 编辑器与 LC 主数据库之间的"藩篱"。届时，LC 数据库与编辑器可直接交互，实现数据的创建、检索和编辑等操作，BIBFRAME 编辑器的应用意义将得到进一步增强。

2 BIBFRAME 编辑器的特点

2.1 完全面向关联数据环境

前文提到，MARC 格式的数据无法适应基于开放共享理念的互联网环境，只能在特定软件系统中运行，其编目成果也只能在局域网 OPAC 上展示和利用，用户无法通过搜索引擎来检索利用图书馆的馆藏资源。而作为关联数据模型的 BIBFRAME 将从根本上改变这一状况，使图书馆的馆藏资源为图书馆之外的大众所知并得到利用。

语义网（Semantic Web）和关联数据（Linked Data）是由万维网之父蒂姆·伯纳斯－李（Tim Berners-Lee）分别在 1998 年和 2006 年提出的概念。语义网的核心是通过为互联网上的文档添加能够被计算机理解的语义，从而使整个互联网成为一个通用的信息交换媒介，关联数据则是支撑这一核心的结构化数据，是语义网不可或缺的重要组成部分。

为了帮助机器理解信息，而不仅仅是识别信息，结构化的数据应具有简短、清晰、无歧义的特点。在 BIBFRAME 编辑器中充分体现了这一点，它取消了 MARC 中的字段、子字段、指示符等标识，直接以"实体、属性和关系"等元素为基础对信息进行描述，使计算机"理解"信息变为现实。此外，MARC 格式包含大量的代码，需要编目员长期记忆才能掌握，这导致 MARC 的应用一直限定在图书馆专业人士之中。而 BIBFRAME 编辑器的推出，打破了晦涩术语的禁锢，极大降低了编目门槛，为非图书馆专业人士参与数据建设提供了可能，这也是图书馆数据进入互联网空间的重要一环。

2.2 具备全新元数据构建逻辑

为了解 BIBFRAME 与 MARC 在元数据构建逻辑上的不同，首先需要明确书目著录中各元素在不同环境下的映射关系。作为应对数字环境发展而制定的国际编目规则，将 RDA 带入比较也是十分必要的。MARC、BIBFRAME 与 RDA 中各元素的映射关系见图 1。

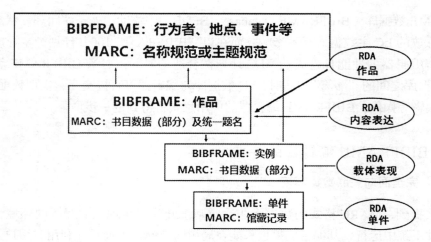

图 1　MARC、BIBFRAME 与 RDA 中各元素反映射关系

在 RDA 中，术语"作品"是指独特的知识或艺术创作；"内容表达"指作品的知识或艺术创作得以实现的方式；"载体表现"指作品的一个内容表达的物理体现；"单件"则是指载体表现的一个样例或实例[11]。MARC 环境下，"馆藏"对应的是 BIBFRAME 中的"单件"属性以及 RDA 中的"单件"概念；部分书目数据对应的是 BIBFRAME 中的"实例"属性以及 RDA 中的"载体表现"概念；另一部分书目数据以及"统一题名"对应的则是 BIBFRAME 中的"作品"属性，以及 RDA 中的"内容表达"和"作品"概念；名称和主题规范则与 BIBFRAME 中的"行为者""地点""事件"等属性对应。从编目理念的层面看，BIBFRAME 更贴近 RDA 标准，信息组织能力以及对资源的揭示程度更胜一筹。

《国际编目原则声明》（International Cataloguing Principles，ICP）中指出："一般而言，应为每一载体表现创建一条独立的书目著录。"[12]基于此，MARC 环境下的单个书目记录大多情况下针对载体表现层建立，关于作品层级的描述相当匮乏。这样的做法会导致读者在检索时，检索结果缺乏关联性，虽然 MARC 中的 240 字段"统一题名"的应用能在一定程度上缓解这个问题，但并没有从根本上改变现状。而在 BIBFRAME 环境中，"作品"作为最高层级，反映了编目资源的概念本质：著者、语言和主题，对"作品"的著录为所有书目实体而服务。"作品"可具有一个或多个单独的、物质的体现，例如特定的出版形式，这就是作品的实例，实例可以反映作品的出版者、出版地及出版日期等信息。总而言之，实例是"作品"的具体体现，"作品"与实例的著录，既相互独立，又彼此连接。与 BIBFRAME 概念模型一致的，在 BIBFRAME 编辑器中对资源进行编目，仍然遵循"作品—实例—单件"自上而下的顺序依次展开，并且每种常见文献类型都预设了工作流程。以"专著"文献类型为例，用户首先需要判断工作目标是建立一条新记录，还是编辑已经存在的记录。如果是新建记录，则需要首先在 BIBFRAME 编辑器中著录文献的作品层信息，随后著录文献的实例层信息，最后在 Voyager（LC 当前采用的自动化系统）中建立一条新的 MARC 记录，至此新建记录的操作宣告完成；若要编辑已经存在的记录，用户首先需要在 BIBFRAME 数据库中检索是否存在与文献相关的作品或实例，其后决定现存数据是否需要更新，若有必要，则通过 BIBFRAME 编辑器依次更新现存数据的作品层及实例层，最后再在 Voyager 中更新相关 MARC 记录，至此维护记录的操作全部完成。与传统 MARC 环境相比，BIBFRAME 环境下元数据构建的逻辑呈现出模块化、清晰化的特质。

由于目前 BIBFRAME 编辑器尚在试点阶段，上述工作流程日后或许还有改进的空间，但不可否认的是，编辑器具有多种 MARC 环境系统不可比拟的优势，后文将以元数据构建流程为抓手，从多个视角简析 BIBFRAME 编辑器的先进性。

2.3 元数据管理功能强大

2.3.1 便捷易用的检索功能

在整个 BIBFRAME 元数据工作流程中，检索是必不可少的步骤，通过检索，用户可以确定手头的实例是否已经编目且是否拥有与之相关联的作品，是否有与手头单件相关的作品、实例等，从而判断是否需要新建元数据。BIBFRAME 编辑器内嵌的检索系统功能强大，主要提供了两种检索途径：在 BIBFRAME 数据库内检索以及在 BIBFRAME 编辑器中检索。BIBFRAME 数据库是一个包含大量关联数据版本作品与实例的在线平台，该平台为用户提供了区分不同的 BIBFRAME 核心类的检索选项，用户可根据自身需求，勾选作品、实例或单件选项卡，以获取更为精确的检索结果；核心类选项卡下方则设置了更多个性化选项，用户可通过勾选格式、LC 分类法、语言、出版日期等选项卡进一步缩小检索范围。

除在 BIBFRAME 数据库内检索外，用户还可在 BIBFRAME 编辑器范围内进行检索，此种方式可视为前者的"快捷方式"。在 BIBFRAME 编辑器内检索目前仅限于与预先输入的著者/题名或题名完全匹配，暂不支持关键字检索。但无论使用哪种途径，目标都是判断数据是否唯一，为后续工作流程奠定基础。

2.3.2 高度适配 RDA 标准的著录功能

在进行过检索操作后，用户可进入文献的著录流程。BIBFRAME 编辑器中提供了"模板"与"克隆"功能。通过模板功能，用户可以自定义所需的著录元素，与手头在编资源类型不匹配的元素可在此流程进行删减；克隆功能则可选择数据库中现存的作品或实例，创建一个副本，并在此基础上进行微调，达到节约时间提升效率的目标。

若数据库中没有与待编资源匹配的作品或实例，则需要按照 BIBFRAME 模型依次创建作品层内容、实例层内容以及管理元数据。图 2 以实例层视图为例，展示 BIBFRAME 编辑器的著录界面。

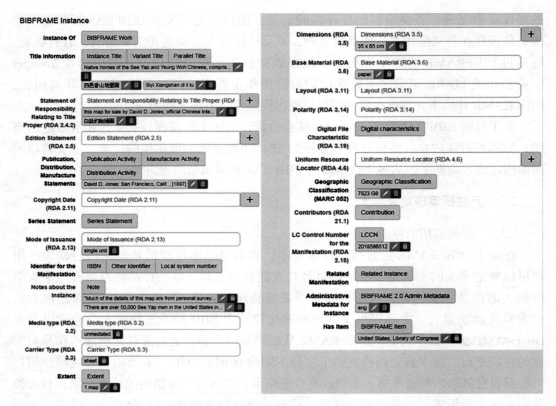

图 2 BIBFRAME 编辑器著录界面（实例层）

通过观察发现，BIBFRAME 编辑器的著录界面与 MARC 环境有着显著区别：不再使用字段式描述，而是以不同的元素代替。BIBFRAME 编辑器大量采用了 RDA 第二章和第三章中关于如何记录和描述载体表现特征的规则，此外对于部分 RDA 中未映射的概念，BIBFRAME 编辑器仍然沿用了原 MARC 字段，在革新的同时确保了数据的严密性。

在完成作品层、实例层和单件层内容的著录后，用户需要添加管理型元数据，以此来追踪 BIBFRAME 记录的创建和更新历史。以 LC 为例，编目员个人 ID 及编码级别是必备字段。对于不同的书目机构，管理型元数据可进行个性化定制以符合本地政策。管理型元数据的应用，充分体现了 BIBFRAME 模型强调数据关联性和可追溯性的理念。

2.3.3 多维度数据审阅机制

虽然随着 BIBFRAME 编辑器的不断完善，更多自动书目数据质量检测控件正在投入使用，但用户在将数据发布至 BIBFRAME 数据库前，进行全面手动检查依然很有必要。预览功能提供了两种视图可供用户对数据进行审阅，一种是资源描述框架视图，另一种则是基于关联数据的 JavaScript 对象简谱（JavaScript Object Notation for Linked Data，JSON-LD）视图。图 3 以资源描述框架视图的文本预览模式为例，展示编辑器的数据审阅功能。

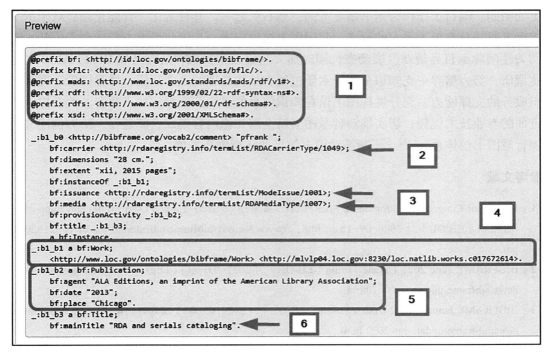

图 3　BIBFRAME 编辑器资源描述框架视图（文本预览模式）

选中的区域按编号顺序依次分别代表：

① RDF 命名空间声明

② RDA 载体类型

③ RDA 发行方式和 RDA 媒介类型

④ BIBFRAME 作品 URL

⑤ 出版行为

⑤ 正题名

上述六个元素均是 BIBFRAME 数据的核心内容，通过预览视图，用户可以便捷地对所编目数据进行全面检查。在完成上述审阅流程后，用户还需查验所编实例中是否包含美国国会图书馆控制号（Library of Congress Control Number，LCCN），是否已建立实例的管理型元数据等。在确保一个单件包含题名和 LCCN 的前提下，方可进行"发布"操作。发布完成后，该单件对应的 LCCN 将高亮显示为绿色，意味着该单件已具备唯一身份标识。

至此，在 BIBFRAME 编辑器中构建元数据的完整流程告一段落。与传统 MARC 环境相比，在 BIBFRAME 环境中构建的数据具有层级清晰、追溯便捷的显著优势，昭示着关联数据本地实践的巨大前景。

变革是永恒不变的主题，BIBFRAME 在经历了理论探索阶段后，已经大步走在实践的路上。随着 BIBFRAME 编辑器的不断完善，关联数据在文献编目中的应用前景将更加明朗。编目工作作为图书馆业务的"基石"之一，其智慧化、智能化趋势对于图书馆读者服务具有极为重大的意义。我国图书馆界应进一步强化思维方式转变和更新，密切关注国际编目界最新发展动态，同时加大基础设施投入，适时开展 BIBFRAME 本地化调研，努力培养一支知识全面、素质过硬、结构合理的人才队伍，增强知识管理与知识服务的支撑能力，充分发挥图书馆在知识信息的采集、汇聚、加工整合及关联揭示等方面的专业技术优势，切实推动智慧图书馆全网知识内容集成仓储建设，助力构建"全国智慧图书馆体系"[13]，不断推动图书馆事业转型创新发展。

参考文献

[1] Library of Congress. Bibliographic Framework asa Web of data：Linked Data Model and Supporting Services［EB/OL］.［2020-09-18］. http：//www.loc.gov/bibframe/pdf/marcld-report-11-21-2012. pdf.

[2] BIBFRAME June 2021 Update Forum［EB/OL］.［2022-03-09］. https：//www.loc.gov/bibframe/news/bibframe-update-an2021.html.

[3] BIBFRAME January 2022 Update Forum［EB/OL］.［2022-03-09］. https：//www.loc.gov/bibframe/news/bibframe-update-mw2022.html.

[4] 王景侠.书目框架（BIBFRAME）模型演进分析及启示［J］.数字图书馆论坛，2016（10）：67-72.

[5] 胡小菁.BIBFRAME 核心类演变分析［J］.中国图书馆学报，2016（3）：20-26.

[6] Overview of the BIBFRAME 2.0 Model［EB/OL］.［2022-03-09］. https：//www.loc.gov/bibframe/docs/bibframe2-model.html.

[7] 辛苗.BIBFRAME 2.0 词表变化分析［J］.图书馆杂志，2018（5）：45-51.

[8] 编目精灵.BIBFRAME+RDA 全新亮相：BIBFRAME 编辑器 2.0 发布［EB/OL］.［2019-07-16］. https：//catwizard.net/posts/20151107233956.html.

[9] Library of Congress. Library of Congress BIBFRAME Manual［EB/OL］.［2019-07-12］. https：//www.loc.gov/catworkshop/bibframe/BIBFRAME-PublicManual.pdf.

[10] The Library of Congress BIBFRAME Editor［EB/OL］.［2022-03-17］. https：//www.casalini.it/EBW2018/web_content/2018/presentations/Williamschen_1.pdf.

[11] RDA 发展联合指导委员会.资源描述与检索（RDA）［M］.北京：国家图书馆出版社，2014：18.

[12] 罗翀.RDA 全视角解读［M］.北京：国家图书馆出版社，2015：1-48.

[13] 饶权.全国智慧图书馆体系：开启图书馆智慧化转型新篇章［J］.中国图书馆学报，2021（1）：4-14.

新媒体知识付费栏目对公共图书馆阅读
推广工作的启示

——以喜马拉雅 FM "喜马讲书" 栏目为例

张　峰（国家图书馆典藏阅览部）

左　宓（喜马拉雅 FM）

随着互联网行业的不断深入发展，新媒体逐渐成为人们日常获取信息和知识的重要手段，知识付费栏目随之逐渐崛起。所谓知识付费，指的是互联网企业利用市场，融合大数据、人工智能等技术，通过互联网进行传播，以移动支付作为主要支付手段，对知识产品进行优化配置的经济现象[1]。传统互联网主要的盈利增长点是贩卖货物和广告，而在新兴的知识付费体系下，大众为获取知识，主动为新媒体平台上知识的筛选者和传播者付出报酬。贩卖知识产品成为新的流行趋势，从而改变了互联网行业盈利模式，成为互联网行业新的价值增长点。

2016 年被称为中国互联网行业知识付费的元年，得到、知乎等平台成为新媒体知识付费栏目的先行者。随后，主打音频的喜马拉雅 FM 也加入了制作付费栏目的行列。喜马拉雅 FM 创立于 2012 年，2017 年发展成为国内第一大音频制作平台[2]，2021 年，喜马拉雅 App 已经成为国内第一、全球第五的书籍类手机应用[3]。将图书进行有声化一直是喜马拉雅 FM 经营的重点内容。为帮助听众在海量的图书资源中挑选好书并读懂它们，2017 年 11 月，喜马拉雅 FM 官方自制图书精讲栏目 "天天听好书" 上线播出，2018 年 5 月，"天天听好书" 更名为 "喜马讲书"，并使用该名称播出至今。

本文之所以选择 "喜马讲书" 栏目作为考察对象，原因主要有两个：第一，笔者 2017 年以来作为 "喜马讲书" 栏目的 "讲书人"，对于该栏目的运作情况相对了解；第二，"喜马讲书" 栏目不同于新媒体平台上常见的有声书播讲节目，它的目的是对严肃类图书进行精讲、推介，与公共图书馆的图书阅读推广工作的内容相对类似，具有可比较性和可借鉴性。

1　"喜马讲书" 的运作模式与节目现状

1.1　基本运作模式

"喜马讲书" 是喜马拉雅 FM 的官方战略级自制栏目，喜马拉雅 FM 成立专门的制作团队 "喜马讲书项目组" 负责节目的制作和运营。栏目组选择各领域的专业人士，由他们作为"讲书人"对播讲图书的主要内容、基本构架、中心思想等进行梳理，撰写成文字稿。项目组对文字稿进行后期的编辑与加工，再交由专业的主播录制成音频。目前，栏目每周更新 5 期。栏目提供部分免费音频进行试听，听众可以在试听后购买喜马拉雅 FM 的 VIP 会员继续收听。

"喜马讲书"的音频时长通常在 25 分钟左右，以方便听众利用碎片化时间收听。听众可以利用开车、乘坐地铁、公交，以及工作间隙或睡前收听。同时，每条音频都配有文字版的精华笔记，方便听众更好地了解音频核心内容。另外，听众还可以利用评论区与讲书人和主播进行互动，讨论读书心得。

1.2　节目选书范围

从选书范围看，"喜马讲书"力求广泛，所选图书涵盖了文学、历史、哲学、经管、心理、传记、科普等多个领域的经典著作和畅销著作。比如，喜马讲书既讲解了《理想国》《人性论》《梦的解析》《第二性》《物种起源》等哲学、社会学、心理学、生物学领域的经典著作，也讲解过青年学者尤瓦尔·赫拉利的畅销著作《人类简史》《今日简史》《未来简史》三部曲等。

在特定的节日，节目也会制作专题讲书，播讲相关主题的图书。比如，在 2022 年虎年春节，栏目组就专门制作了《中国虎文化》《虎妈的女儿》《虎》《深海之下》等 4本与虎年主题有关的图书的讲解。

1.3　主要收听群体

据"喜马讲书"相关数据表明，节目的受众广泛，其中最主要受众为 80 后、90 后人群，其中忠实粉丝多为有充实自身知识、开阔自身视野、提高自身修养需求的学生、年轻白领等群体。在当今学科、行业壁垒林立的情况下，他们有迫切了解自身专业以外其他学科相关知识的需求，"喜马讲书"就提供了这样一个平台。由于节目统一了制作规格和讲解风格，听众只要具备高中及以上的学历水平，就可以听懂不同领域的图书内容。

1.4　基本运营数据

截至 2022 年 2 月底，"喜马讲书"栏目讲解图书共计 1550 部，订阅粉丝量达到380.8 万，总播放量超过 1.84 亿，平均每条图书讲解音频的播放量达到了 11.87 万次，成为喜马拉雅 FM 最为重要且稳定的知识付费栏目之一。这其中播放量最多的图书为2017 年制作播出的《断舍离》，4 年累计播放量超过了 602 万次。而在 2021 年制作的节目中，播放量最高的是巴金的经典著作《家》，播放量超过了 14.8 万次[4]。

2　"喜马讲书"栏目具备的优势及在阅读推广中的积极作用

"喜马讲书"不仅是喜马拉雅 FM 平台的头部自制栏目，在全网新媒体讲书栏目的收听率方面也处于前列。目前，全网类似的讲书节目还包括得到的"每天听本书""樊登读书会""十点读书"等。下文以"喜马讲书"栏目为例梳理这类栏目在阅读推广中所具有的优势和作用。

2.1 讲解相对精练，大幅度节约听众时间成本

把播讲时间控制在 25 分钟左右，以每分钟 250 字的播讲速度计算，平均用 7000 字的篇幅讲通、讲明白一本书，是"喜马讲书"栏目的时间规范要求。这为听众节约了大量时间成本。

不论是阅读大部头的纸本图书，还是在音频 App 上收听全本朗诵的有声书，都需要花费大量的时间。以法国作家马赛尔·普鲁斯特的小说《追忆似水年华》为例，2012 年译文出版社出版的该书中文译本共七卷，2700 页，300 余万字[5]。如果阅读纸本书或收听完整版的有声书，耗时巨大。以有声书为例，即便以每分钟 300 字的较快速度播讲，听众也需要超过 160 小时才能听完全本的《追忆似水年华》[6]。而"喜马讲书"于 2018 年 6 月 29 日，播出了《追忆似水年华》解读节目[7]，用 25 分钟解读了小说，大大节省了听众的时间成本。

控制讲每本书的音频时长，有利于读者在有限的空闲时间内了解更多图书的内容，让每天"读"一本书成为可能。

2.2 解读相对系统，避免过度碎片化阅读带来的认知误差

"忠实传递价值"是"喜马讲书"栏目的内容规范要求。与一些新媒体上的"一分钟读书""三分钟读书"栏目不同，25 分钟的讲解时间可以避免对图书讲解的过于碎片化和片面化，有利于把图书中一些重点知识内容梳理出来，避免听众在听书时只记住了一些名词，让听众知其然的同时，也知其所以然。

比如，只用几分钟时间讲解《牛顿传》一书，听众只能了解到牛顿的生卒年月、他最伟大的成就以及物理学运动三定律的名字。而"喜马讲书"栏目所解读的《牛顿传》[8]，不仅把牛顿的运动三定律讲透彻，还能让听众认识了牛顿的另一面，他鲜为人知的造币厂厂长、炼金术师和神学家身份，使听众更加深入地认识在生活中的鲜活的牛顿形象，从而系统了解《牛顿传》一书所传递的内容。这就避免了互联网阅读推广中的知识过度碎片化现象。

当然，即便节目使用 25 分钟讲完一本书，也不可能把书的内容讲得面面俱到，对于书中重要知识点和信息点的遴选就显得尤为重要。"喜马讲书"所签约的讲书人，多为各大学的教授、行业专家、资深书评人等，而在讲书稿的后期编辑方面，平均每篇稿件要经过 200 小时的打磨，可以最大限度保证图书中的主要知识点和信息点传递给听众。

2.3 语言相对通俗，方便听众了解专业领域知识

虽然"喜马讲书"的讲书人多为各领域的专业人士，也讲解了大量专业领域的图

书，但不讲行话，用大众能够听得懂的语言进行讲解，是节目对讲书文稿语言的基本要求。

以《追捕祝融星》一书为例[9]，这是一本有关于天文学史的科普著作，书的主要内容是、根据牛顿力学的推算，在水星轨道内侧还应该有一颗行星，天文学家把这颗假想的行星称为祝融星；而在爱因斯坦的广义相对论体系下，并不存在这样一颗祝融星，从而祝融星这颗假想中的行星被彻底"摧毁"了。要想让大部分听众听懂这本书的内容，"水星进动""时空弯曲"等天文学和物理学的名词概念就不能只停留在字义解释层面。在这本书的讲解中，讲书人通过使用大量形象的比喻对概念进行讲解，不仅有利于听众透彻理解图书的内容，还让听众增加了天文学和物理学知识的积累，引起他们对于天文学和物理学著作的兴趣，从而起到阅读推广的作用。

2.4 内容相对丰富，可随时重复收听讲书内容

经过四年多时间积累，"喜马讲书"栏目已经制作了超过 1500 本图书的音频节目，建立了内容相对丰富的讲书音频体系。作为线上音频节目，其一大优势就是可以随时随地收听与重复收听讲书内容。

与此同时，针对已有的讲书音频，为方便不同群体的收听需要，"喜马讲书"还拆分了不同的专辑，比如"生活科普必读""诺贝尔文学奖作品经典""世界史必读经典""心理学必读经典""科技铁粉必读""给青少年成长书单"等，满足不同类型听众的需求，从而提高了公众了解图书内容的效率。

3 "喜马讲书"等新媒体讲书栏目所存在的问题

尽管"喜马讲书"等新媒体讲书栏目在短时间内发展迅速，受到了听众的广泛认可，对于阅读推广与提高公众阅读兴趣发挥了积极作用，但作为互联网资本运作的产物，"喜马讲书"及一些类似的栏目又不可避免地存在各种问题。

3.1 不可避免通过贩卖焦虑等手段进行营销

新媒体知识付费的兴起，除了人们对于知识的渴求外，普遍的焦虑心理也是一大重要原因。在当下充满焦虑的年代，人们迫切需要一个把控"乱花渐欲迷人眼"的变动不居的生活和世界的"知识抓手"[10]。很多人都在焦虑自己成长不够快，比不过别人，为了克服这种焦虑，短时间内获取大量知识就成为克服这种焦虑的重要手段。

新媒体知识付费平台经常利用人们的这种焦虑心理进行营销，"喜马讲书"等讲书平台也不可避免地通过营销手段售卖产品。比如，在"喜马讲书"的宣传页面里，存在"飞速拓展认知边界""讲书给你第一等的智慧"等字眼，正是利用了人们的焦虑心理进行的过度宣传营销。同时，作为喜马拉雅 FM 平台整体营销的一部分，"喜马讲书"在参与"123 知识狂欢节""423 听书节""66 会员日"等平台营销活动进行产品销售的过程中，不可避免地使用"短时间内获取海量知识"等夸大宣传方式进行营销。

在这种情况下，听众购买喜马拉雅 VIP 会员及"喜马讲书"的付费节目，可能是因被平台的广告宣传所吸引，能否真正收听节目内容以获取图书解读的知识信息，就要打一个问号了。

3.2 始终面临生存压力，节目的存续性成疑

和其他新媒体知识付费节目一样，"喜马讲书"栏目也面临着激烈的市场竞争，生存问题是节目始终面对的重要问题之一。

根据回报时间和回报结果，有研究把知识付费产品分为三类：短期功利性知识、中期理念型知识与长期修养型知识[11]。作为严肃类的讲书节目，"喜马讲书"栏目所制作的图书音频产品多为各领域内较为严肃作品，为听众提供的多为中期理念性知识和长期修养型知识，不可避免受到短期功利性知识产品的冲击。

以喜马拉雅 FM 站内的图书相关资源为例，最受欢迎的图书是言情、玄幻、悬疑、都市等娱乐性作品，属于短期功利性知识，许多听众从娱乐性的角度愿意选择收听这些图书产品，以达到娱乐放松的目的，或者获得日常人际交往中的谈资。这些图书往往通过直接录制读书音频即可上线，并吸引大批听众。与之相比，"喜马讲书"产品打磨制作成本较高，在站内的图书类节目竞争中并不占优势。

与此同时，全网严肃性讲书栏目竞争也非常激烈，与"喜马讲书"形成激烈竞争的节目，包括前面提到的"每天听本书""樊登读书会""十点读书"等，使得栏目的粉丝数和播放量的增长空间都较为有限。为控制制作成本，"喜马讲书"栏目的节目播放频率曾多次进行调整，曾从最初的一周七播，调整为一周三播。目前栏目稳定在一周五播，但未来节目的进一步调整方向仍然存疑，能否长期持久地发挥对于公众的阅读推广作用也要打一个问号。

3.3 选书的范围与知识权威性存在局限

虽然"喜马讲书"的选书范围较为广泛，但也存在一定局限性。比如，出于版权等因素的考虑，节目所讲的图书超过八成均为国外作品，且出版年代较近的文学作品也未被纳入讲书书目的行列。同时，限于音频讲书的形式，一些图画类、插图类、百科全书类图书也被排除在讲书书目之外。这就与国内图书的出版状况以及读者的阅读需求存在一定程度的偏差。

另外，虽然节目的"讲书人"多为各领域的专业人士，但面对大量专业领域内的著作与有限的讲解时间，他们不可避免的会对这些图书进行个性化的解读。而"喜马讲书"项目组的编辑力量也较为有限，很难完全识别可能存在的片面化解读，甚至是错误的解读，这在一定程度上会丧失掉图书作品中的"客观知识"，听众对于图书内容能否正确理解产生影响。

3.4 缺乏与纸本图书的深度联系，难以为读者建立完整的知识体系

听众通过"喜马讲书"栏目听到的音频内容，是经过"讲书人"解读和重构的内

容。如果听众要想进一步了解图书的原貌，对图书涉及的问题进行进一步的思考，就需要对纸本原书进行阅读。出于版权原因，"喜马讲书"栏目所播讲的图书，只能落到某部著作上，而不是落到某出版机构某个版本的纸本书上，这就是在一定程度上割裂了节目与原著之间的联系。虽然节目通过与出版机构合作，在某些讲书节目中也加入了购买纸本图书的链接，但并未大量推广。

同时，单本图书推荐的形式，并不利于读者某一领域内较为完整的知识体系的构建。即便是"喜马讲书"制作的各领域的专题推荐，比如前面提到的"世界史必读经典""心理学必读经典"等，也仅是把某个领域内相关图书罗列在一起，缺乏对书中所涉及的内容进行统一梳理，能否为听众构建完整的知识体系也要打了一个问号。

4 新媒体讲书栏目对于公共图书馆阅读推广工作的借鉴意义

阅读推广是公共图书馆的根本任务之一。《公共图书馆宣言》将开展阅读活动列为与信息、读写能力、教育和文化相关的重要使命之一，是"公共图书馆服务的核心"。"图书馆努力促进全民阅读"也被明确写入《中国图书馆服务宣言》中。

公共图书馆的阅读推广活动分为线下活动和线上活动两类。在目前，虽然公共图书馆也在努力适应新媒体日益崛起的环境，大力开展线上阅读推广活动，但阅读推广活动不可避免地受到新媒体平台的挤压。相对于层出不穷的新媒体平台，尽管公共图书馆的阅读推广活动通常是免费开展的，但吸引力却变得越来越有限，所吸引的读者数量也不能和新媒体平台相比。这也不由地让我们思考：用户为什么不优先使用图书馆？

尽管目前以"喜马讲书"为代表的新媒体讲书栏目仍然存在一些问题，但它们却匹配人们快节奏的生活方式，从而吸引了海量的用户，且增长潜力巨大，对于公共图书馆的阅读推广工作也存在重要的借鉴意义。

4.1 借鉴新媒体讲书栏目的形式与语言进行阅读推广

"为人找书，为书找人"是公共图书馆的主要工作方式。"为人找书"指的是为主动使用公共图书馆的读者进行服务，"为书找人"则是升级性工作，书籍本身不会说话，就必须通过公共图书馆的合理宣传把它们推介出去，这正是公共图书馆阅读推广工作的主要工作任务。但能否把书推介出去，吸引更多的读者来阅读，推广的形式与语言就很重要。

几乎每个公共图书馆的主页及微信公众号上都有新书推荐栏目，这也是公共图书馆利用互联网进行图书推荐的主要方式之一。笔者浏览了国内主要公共图书馆主页与微信公众号上的图书推荐栏目，其主要内容大多是照搬原书上的内容介绍，语言上较为死板，缺乏对读者的吸引力。如果能撰写属于公共图书馆专属风格的推介内容，配以更为生动活泼的语言，或以音频的形式对图书进行较为具体的推荐，并配以一定程度的读者互动，不仅能提高图书的吸引力，也能为公共图书馆微信公众号涨粉，提高公共图书馆对于大众的吸引力。

而对相对专业的经典图书进行讲解，公共图书馆多采用线上或线下专家讲座的形式进行。虽然绝大部分讲座具有较强的专业性和权威性，但对听众往往有一定的门槛，通常只能吸引有一定知识背景的听众。如果能借鉴"喜马讲书"等新媒体讲书栏目的讲解形式和讲解语言，在保证讲解质量的前提下，适当降低收听门槛，就能吸引到更多人来阅读经典图书，真正做到为"全民阅读"服务。

4.2 加强与新媒体平台合作，共同做好全民阅读推广

如果把知识比作是水，那么公共图书馆就像海洋一样储存了海量知识，这是公共图书馆的优势所在。但对于全面阅读推广而言，它最大的缺点在于缺乏知识的合理出口，没有实现知识的流动，这却是新媒体平台所具有的优势。

在现阶段，如果每个公共图书馆要搭建归属自己完整的新媒体平台进行全民阅读推广，既耗时耗资巨大，也有重复建设的可能，性价比不高，因此与新媒体平台进行合作，借助成熟的新媒体平台运作经验进行全民阅读推广是比较务实的选择。公共图书馆与新媒体平台进行合作可以实现优势互补。公共图书馆海量的图书资源、专家智库可以持续不断地提供完整、准确的知识信息；新媒体平台则拥有海量成熟的用户，可以利用其技术和合理营销手段，实现知识的流动性，让知识真正活起来。

以国家图书馆与喜马拉雅 FM 的合作为例，2020 年 4 月 23 日全民阅读日期间，"文心依旧　天雨流芳——文津图书奖 15 周年特别活动"在喜马拉雅 FM 进行了全程直播[12]。但此后双方的合作项目并不多，因此合作潜力依然巨大。

4.3 鼓励图书馆员成为知识匠人，进行阅读推广

在新媒体环境下，进行阅读推广的主体不仅可以是公共图书馆等机构，还可以是具有一定知识体系的个人，公共图书馆应积极鼓励和引导图书馆员以个人的身份参与阅读推广活动。图书馆员应积极转变自身的身份，在深入学习图书馆学理论知识的同时，也投入到阅读推广的实践中去，完成由知识分子向知识匠人身份的转变。

所谓知识匠人，是具备一定的专业知识，又可以通过新媒体将这些专业知识传播给大众的人。知识匠人通俗而言就是"知识网红"，但他们不是去售卖产品，而是用新媒体的手段去推销知识。公共图书馆应承担整体阅读推广工作，负责对大众的全面知识普及，而知识匠人个体，则以好奇心、责任心去负责需要深入的那部分，对不同领域内的知识进行普及[13]。

图书馆员在完成本职工作的同时，可以通过微博、微信公众号或成为"喜马讲书"等平台"讲书人"等方式进行大众阅读推广，实现公共图书馆知识体系的挖掘与输出。公共图书馆也应给自己的图书馆员以相应的政策支持，帮助他们实现职业价值。

中国知识付费行业市场规模增长迅速，2020 年已达到 392 亿元，使用知识付费的人群达到了 4.18 亿[14]。随着互联网知识付费行业的崛起，公共图书馆阅读推广的主体地位越发受到挑战，这是图书馆人不得不面对现实。不得不承认的是，用户之所以没有优先选择图书馆，是因为知识付费产品与服务在某些方面效率更优。因此，我们不能固

步自封，要正视新媒体技术对于阅读推广所发挥的巨大作用，应本着真正为读者着想的理念，积极利用新媒体平台，为读者提供更加便捷的阅读服务。

当然，我们更不能妄自菲薄，忽视公共图书馆存在的价值和意义。一方面，公共图书馆作为免费的社会公共资源，是读者免费获取知识信息的重要渠道，可以最大程度上实现知识权利的公平性；另一方面，图书馆拥有丰富的馆藏，图书馆人应进一步发挥主观能动性，为读者提供更为全面、准确的知识信息，引导读者建立正确的"深阅读"习惯，成为知识权利的掌控人。

参考文献

［1］袁荣俭.知识付费［M］.北京：机械工业出版社，2019：2-3.

［2］艾媒网.2017年中国知识付费市场研究报告［EB/OL］.［2022-03-01］.https：//www.iimedia.cn/c400/59925.html.

［3］2021年全球书籍类应用收入排行：Piccoma吸金超10亿美元位居第一，喜马拉雅第五［EB/OL］.［2022-03-01］.https：//www.ithome.com/0/594/246.htm.

［4］喜马拉雅.喜马讲书［EB/OL］.［2022-03-01］.https：//www.ximalaya.com/album/11549955.

［5］普鲁斯特.追忆似水年华［M］.南京：译林出版社，2012.

［6］喜马拉雅.《追忆似水年华》有声书［EB/OL］.［2022-03-01］.https：//www.ximalaya.com/album/5242438.

［7］喜马讲书.追忆似水年华［EB/OL］.［2022-03-01］.https：//www.ximalaya.com/album/21861784.

［8］喜马讲书.牛顿传［EB/OL］.［2022-03-01］.https：//www.ximalaya.com/sound/345158471.

［9］喜马讲书.追捕祝融星［EB/OL］.［2022-03-01］.https：//www.ximalaya.com/sound/308801743.

［10］喻国明.知识付费何以成势？［J］.新闻记者，2021（7）：61-63.

［11］魏武挥.知识变现的可能性与知识经济［EB/OL］.［2022-03-01］.https：//www.36kr.com/p/1721107316737.

［12］光明网.国家图书馆举办"文心依旧　天雨流芳——文津图书奖15周年特别活动"［EB/OL］.［2022-03-01］.https：//m.gmw.cn/baijia/2020-07/30/34043986.html.

［13］方军.付费［M］.北京：机械工业出版社，2017：170.

［14］艾媒网.2020年中国知识付费行业发展专题研究报告［EB/OL］.［2022-03-01］.https：//www.iimedia.cn/c400/76060.html.

《时事新报》副刊《学灯》之"图书与圕学专号"整理与研究

何　隽（缩微文献部）

所谓副刊，一般指报纸上刊登文艺作品或文章的固定版面，每天或定期出版，多数有专名。依托于近代以来出版业以及新文化运动的蓬勃发展，副刊这种报刊形式得到了报业以及公众的普遍认可，其中在五四时期形成的《时事新报》学灯副刊即是其中的佼佼者。副刊自诞生之始，就具备先天而来的文艺属性，大量文史哲作品在当时通常会争先登载于副刊之上，以为先声，一些报纸也为此专门开辟了图书类专栏，《时事新报》副刊《学灯》的"图书与圕学专号"正是这一领域中的代表范例，兼具十分重要的文化意义与史料价值。

1　《时事新报》述略

《时事新报》原名为《时事报》，创刊于 1907 年 12 月 9 日。黄溯初、张东荪等人收购原《时事报》后，于 1911 年 5 月 18 日将原报更名为《时事新报》，以示区别，汪诒年担任该报经理，汪剑秋任主笔。《时事新报》为日报，在期号上接续原《时事报》。中华民国成立后，共和党接办该报。共和党与统一党、民主党合并为进步党后，《时事新报》成为进步党的舆论工具，与《申报》《新闻报》并列为上海三大报纸。在杨度等人串联发起筹安会，袁世凯加速复辟脚步之际，不少报馆迫于袁氏淫威，或随声附和，或三缄其口。万马齐喑之际，梁启超发表了荡气回肠的《异哉所谓国体问题者》一文，《时事新报》连载该文，揭露袁世凯妄为独夫的帝制阴谋，成为反袁复辟的一支利箭。北京政府时期，该报大力发展新闻采编业务，在本埠设置专任记者，并派遣人员前往国外进行新闻采访，聘请海外特约通讯员。报社主编认为"中国既不能外于国际之林而孤立，我之报纸，将先人一着，重视国际新闻，为特辟巨大篇幅，条分屡析以纪载之"[1]，由此极大地提高了新闻采编的质量水平。南京国民政府时期，《时事新报》转售给申报馆张竹平，由陈布雷担任主笔，后由潘公弼担任。抗战爆发后，该报坚持抗日救国立场，登载抗战新闻，引导抗战舆论，鼓舞民心士气，并对福建事变中的国民党反蒋左派和十九路军给予同情。1935 年，张竹平迫于政治压力，将《时事新报》售与孔祥熙，该报由此成为国民政府财政部机关报。这一时期的新报以公告财政为办报主旨，内容也偏向于经济评述。上海沦陷后，《时事新报》于 1937 年 11 月 27 日休刊，后报社迁往重庆，并于 1938 年 5 月 5 日复刊。抗战胜利后，《时事新报》于 1945 年 9 月 27 日回归上海复刊，1947年3月1日改名为《时事新报晚刊》。上海解放后，该报停刊。

《时事新报》的一大办报特色就是创办了一批具有重要社会影响力的专版副刊。新文化运动风起云涌之时，《时事新报》于1918年3月创办《学灯》副刊，形式上为周刊，内容上以传播新思想、新文化，介绍新知识以及学术研究的内容为主，撰稿人也多为当时的社会名流及大学教授，为中国学术性副刊的鼻祖，在当时的报界如同一股清流，受到青年群体的广泛欢迎，也对社会知识群体产生了极为深远的影响，对新文化、新思潮的传播起到了十分重要的作用，与北京晨报的《晨报副镌》、上海《民国日报》的《觉悟》副刊以及《京报》（1918年创刊）的《京报副刊》并称为五四运动时期四大副刊，而"图书与圕学专号"即为《学灯》副刊的其中一期。除《学灯》以外，新报另办有《青光》《文艺旬刊》《鉴赏周刊》等多种副刊。

2 《学灯》副刊研究情况综述

有关《学灯》副刊的研究，大多为综合性的，并以新文化运动时期这一历史区间为主，其中不少研究是在文献阐发的基础之上，进一步针对人物的观察。张黎敏认为《学灯》是一种独立的文化现象，以《学灯》副刊主编的变更进行划分，对张东荪、匡僧、俞颂华时期，郭虞裳、宗白华时期，李石岑时期和郑振铎、柯一岑时期等四个阶段进行梳理考察，从"文化—生态空间"的角度，通过分析副刊编者、作者、读者之间的关系揭示中国现代文学的生成机制[2-3]。对于学灯"人缘"这一话题，吴静认为，《学灯》之所以能成为推动新文化运动传播的主要力量，正是得益于通过研究系的社会基础，取得五四社团青年学生和艰难地区知识精英的广泛支持[4]。此外，吴静还认为《学灯》的出现是新文化运动深入发展的客观要求，一方面，新文化与思想的传播需要新的报刊媒介，另一方面研究系也试图通过文化途径对社会施加影响，作者认为，学灯在新文化运动的深化阶段，在引领思想潮流、推动文化传播方面具有几位关键的作用[5]，并认为《学灯》通过开创名牌栏目和注重自由表达的办刊理念，填补了由于《新青年》自身衰落所导致的新文化媒介虚空，成为五四运动之后凝聚各方思想交流的、全新的文化公共论坛[6]。关于其公共论坛的性质，《从"雅兴园地"到"公共论坛"：五四时期报纸副刊公共性探析——以〈学灯〉〈觉悟〉和〈晨报副刊〉为考察中心》一文一方面肯定了《学灯》在形式和内容上的变化更新，成就了其公共论坛的定位，但另一方面认为其所构建的公共空间并不完善，公共性与趣味性存在失衡，其公共性背后是"半公共性"和"伪公共性"[7]。朱寿桐以《学灯》的新文艺专栏为研究对象，对专栏中刊登的郭沫若等人的新诗进行了梳理，并肯定了《学灯》在新文艺建设和文学革命方面所作出的贡献[8]。以《学灯》副刊与《新青年》杂志之间的关系为切入点，对《学灯》副刊思想的流变进行了观察，梳理了《学灯》与《新青年》之间由一篇剧评引发的思想交锋，再由互有敌意变为求同存异，直至"沆瀣一气"思想融汇的变化过程，而其中无论是交锋还是共鸣阶段，实质上都是以不同的方式推动了新文化运动的发展[9]。

3 《学灯》副刊"图书与圕学专号"整理研究

"图书与圕学专号"为《学灯》副刊之一种,该专号创办于1934年6月6日。创刊号名称为"图书与图圕学专号",第二至第五期更名为"图书与圕学专号"。"圕"字意为图书馆,为后造字,是图书馆学家杜定友在1924年发明而来,"图书与圕学专号"指的是有关图书与图书馆领域的专刊。图书与圕学专号由武昌文华图书馆学专科学校上海同学会编辑,共五期。武昌文华图书馆学专科学校为中国第一所高等图书馆学专科学校,于1920年3月由美国人韦棣华女士创立,是中国现代图书馆学教育的开山鼻祖,也是武汉大学图书馆系的前身。

公共图书馆自20世纪初在中国建立以来,便担负有文化教育的重要职能,对于满足市民精神需求、提升民众知识水平乃至启迪民智起到了十分重要的作用。《时事新报》所在的上海,建有"亚洲第一图书馆"之美誉的东方图书馆、徐家汇藏书楼、上海图书馆、圣约翰大学图书馆、上海总商会图书馆等极具特色的公共图书馆,是外来新知识、新风潮的港湾,集新鲜风气于一时,而"图书与图圕学专号"也正是响应了民众对于图书及图书馆知识的渴求。

图书与圕学专号的创办目的在于"抱合作精神,期以群策群力而谋图事业上的种种的改进"。在创刊号中,编辑部呼吁图书馆界同仁"籍以各个人之心得,公告于业,俾社会能进一步了解圕事业之重要,更希望热心的诸公,时加指示,以冀此项事业,得以发展,而为全社会谋真实的幸福"[10]。

从版式上看,专号基本上为半版。创刊号为报纸的第三张第四版,上半版为专号,下半版为《青光》副刊,后四期则为第三张第三版,半版为专号,其他半版内容为广告。出版频次并不固定,创刊号为1934年6月6日,后四期分别为同年6月20日、7月8日、8月12日和10月28日。

在栏目上,专号设有名著提要介绍、团体消息、新书介绍等内容。专号在创刊号曾刊登启事一则,吁请书局、研究会社以及相关文化团体在编纂出版新书时,将新书书名、著译者、出版日期、册数、丛书项、定价以及内容概要寄交编辑部,以便专号推出"十日内之新刊"栏目,内容将根据图书馆分类法分类给予提要介绍。但该专号仅5期,有关书籍的介绍也仅有寥寥数篇,如李公朴所撰关于陈豹隐《经济学讲话》一书的介绍提要、林颂齐所撰关于洪亮《中国民俗文学史略》一书的介绍和董文渊所作的《千秋九分丛书略评》等。专号所载评论文章主要为介绍图书馆事业及读书等方面的内容,这是本刊与同类图书副刊在内容上的一个区别。

在有关图书馆事业及业务的介绍上,多有学界名人投稿发文。图书馆学名家杜定友在创刊号发表《圕员对于社会国家之贡献》一文,提出世界各国历史文化的保存,尤赖于图书。杜先生回顾了自周官外史以来中国的藏书传统,引用清代名儒金榜"不通艺文志者,不可以读天下书"一言,指出图书馆员的职责并不在于抱残守缺,而应着力于学术的阐扬,并以自己运用文献知识帮助政府破译外国侵华计划的经验为例,阐述图书馆员对国家社会的意义和贡献。文末,杜定友写道:"故吾人为社会服务,成功不必在我,但能间接直接，于国家社会，有所贡献，则我职尽矣。圕事业之所以能为吾人终身事业者，其理由亦复在此。"[11]这对于今日图书馆员而言，仍有极大的启迪意义。

关于图书馆的自身的定位，究竟是应偏向民众致力于通俗化，还是应坚持引领民众、启蒙民众的定位，在当时对于这一问题存在不同的观点，专号也对此进行了讨论。时任上海大夏大学图书馆馆长的图书馆学家马宗荣在专号第二期发表了《所望于民众图书馆者》一文。文章指出，自民国建立以来，中国图书馆事业确有发达气象，数量连年攀升，但从质量而言并不充实。马宗荣援引自己在德国考察的历程，提到德国的民众图书馆为了充分为城市、农村民众所利用，其搜集的图书主要以通俗化内容为主，规避了术语过多的学术书籍，虽然起到了一定的作用，但由于对于偏向通俗，因而并未收获预计的效果，此后德国变革原有理念，以教育学、心理学为基础开办图书馆，才使问题得到改善。据此，马宗荣提出，民众图书馆应对于民众起到教育功能，不能走通俗化的路线，应注重对民众在人格和民族精神的陶冶培养，图书馆的建设也应重质胜于重量；还应在此基础上结合图书馆业务，面向公众开展社会教育活动，而非仅提供通俗化的服务。

翁玄修在专号第三期发表《民众读物问题》一文，其内容与马宗荣的观点形成了鲜明对照。翁玄修以自身在图书馆服务的经历和观察，认为图书馆所提供的主要是艰深古奥、难以为公众所理解的读物，而且内容空泛，与民众生活并无关系，由此导致民众对图书馆兴趣锐减，那些希望借助图书馆启迪教育民众的愿望自然会落空。翁玄修认为，这一现象的出现并非是图书馆自身的问题，而是中国文化的话语权自古以来就为士大夫阶层所垄断，忽略了一般民众对文化知识的需求。要真正实现图书馆的教育职能，应由政府组织编纂选取普及科学知识、提倡民治精神、唤醒民族意识、宣传卫生知识、讲解工业常识等内容的书籍，以使图书馆真正能为民众服务。

过苏民在第五期发表《筹设圕的原则》，更倾向于图书馆主要应为民众提供服务的观点。文中指出，图书馆的社会教育作用，相比于学校更胜一筹之处在于其有教无类，还能够进一步指导读者阅览，提供咨询参考，起到振作国民精神、发扬国民智力、提升社会道德水平的作用。为了实现这一目标，在建设图书馆时首先须确立其普遍性，主要职能在于提供民众化的社会服务，尽力实现馆内无不读书的人、无不被人读的书；再者须注重实用性，在采编书籍之前，应考虑书籍是否适应民众的要求，是否能促进文化的进步。只有注重以上两点原则，才能让图书馆真正实现服务社会的作用。

在当时有一种观点认为，学校图书馆应对普通公众开放，让民众获得更多的知识资源。对此，淑彬在第四期发表了《图书馆在大学里的地位》一文，指出让民众进入学校图书馆有其合理的一面，但在现实环境中，学校图书馆通常经费紧张，人员短缺，图书藏量有限且管理上尤为不足，难以对公众开放。作者呼吁，学校应真正认识到图书馆的重要作用，在实际教学中合理运用图书馆，提高图书馆的使用效率。

专号还登载了关于图书馆建设的外国著作译文。第三、四期连载了 Frances Warner 和 Charles H. Brown 原著、吕绍虞翻译的《建筑大学图书馆的基本原则》，介绍国外在大学图书馆建造的理念，包括图书馆的使命与定位、教员学生使用图书馆的方便程度、留有未来扩充的空间、座位的设计要便于使用、区域的设计要便于管理等五大原则，这些理论对于当时中国大学图书馆的建设而言，是十分先进且必要的知识补充。

另外，还有一些探讨图书馆业务的学术文章。如图书馆学家舒纪维在第四期发表《图书登记问题的片面观》，探讨了图书登记的方式、中西文分簿登记、卷册的号码、合刻附刻的著录、单行本和丛书的登记、登记与编目的关系、登记顺序、新书登记之后的出借等业务问题；原东方经济图书馆副馆长林斯德在第四期发表论文《著者号码雷同之决定》，就编目业务进行了讨论，提出了编目业务中避免号码重号的办法；林颂齐在第五期发表《用目录的话》，提出目录对于图书馆业务开展的重要意义，分别介绍了卡片式和书本式两种目录形式，以个人经验比较二者的优劣长短，并认为从长远角度来看，当时并不受读者青睐的卡片目录是对文献最全面和科学的揭示方式；图书馆学家吕绍虞在第四、第五期连载发表《图书之选择与购订》一文，认为图书馆的采编应结合图书馆目前的经济情况、现在及未来图书馆的前瞻需要和购书经费三个方面进行考虑，在采编时应留意图书的广告、书评以及出版月报，对图书的著者和出版方进行调查研究，并根据图书馆自身的体量选择适合的书目，充分考虑图书馆的实际受众需求，这样才能使采编的图书能够物尽其用地为读者服务。

李太苍在专号曾发表过三篇有关图书文化的评论，观点尖锐，文辞锋利。其在第一期发表的《近代日本图书评论》一文，认为彼时的日本长于模仿，但无独创能力，其文化无法跳脱中国与印度思想的范畴。西学东渐以后，日本开始大量引入并模仿西洋文化，其图书也大多是对西方图书的翻译，这使西方文化与东方文化在日本得以汇集调和，然而西方思想难以从根本上冲击日本本土的皇道精神，反而激发了反映大和魂等民族主义内容的图书出版风潮。在今人看来，此篇评论在某种程度上洞察到了当时日本文化的发展特点。在第二期发表的《图书的语源及意义》一文中，李太苍从《易经》《汉书》等古籍中，梳理了"图书""书""籍"字的渊源和含义，又从英国、德国、荷兰、瑞典、法国、西班牙等国家的语言追溯图书、图书馆的语源和语义，由此探讨图书一词的意义和概念。在第五期发表的《图书与文化》中，李太苍认为，图书是文化保存与发展的基本条件，是文明社会的生活必需品，并强调了图书对于文化发展的重要意义。

此外，专号还刊有一些图书馆团体的内容栏目，如《中华图书馆协会募集基金启》，申报流通图书馆、上海市立图书馆以及武昌文华图书馆学专科学校的普及介绍，还报道了上海市立图书馆的活动和动态，介绍新开展的相关业务，以吸引读者。另外，专号还刊登有文化评论、图书评论以及申时电讯社十年纪念专刊等图书期刊广告等。

综上所述，"图书与圕学专号"虽然发刊期数有限，所刊关于图书类文章也不多，但从刊登文章的类别比重而言，无疑可称为图书馆学的一份专刊，其对图书馆的定位以及业务等的探讨，涉及全面，指导性强，部分文章对于今日图书馆学研究、图书馆事业发展，仍具有重要的启迪作用。该专号在图书馆类别的报纸副刊中，是极具代表性的样例。

参考文献

［1］项远村.时事新报每周国际汇编：第1集［G］.［出版地不详］：四社出版部，1933：1.

［2］张黎敏.从"人缘"结构重估《学灯》价值——媒介知识分子、社群与《时事新报·学灯》［J］.编辑学刊，2009（2）：75-78.

［3］张黎敏.《时事新报·学灯》：文化传播与文学生长［D］.上海：华东师范大学，2009.

［4］吴静.新文化运动在江南的传承:《学灯》社会关系网分析［J］.国际新闻界，2010（9）：120-126.

［5］吴静.《学灯》与五四新文化运动［D］.上海：复旦大学，2009.

［6］吴静.《学灯》对新文化运动公共论坛的构建［J］.编辑之友，2014（5）：110-112.

［7］余玉.从"雅兴园地"到"公共论坛"：五四时期报纸副刊公共性探析——以《学灯》《觉悟》和《晨报副刊》为考察中心［J］.编辑之友，2015（3）：104-108.

［8］朱寿桐.《学灯》与"新文艺"建设［J］.新文学史料，2005（3）：181-185.

［9］周月峰.从批评者到"同路人"：五四前《学灯》对《新青年》态度的转变［J］.社会科学研究，2015（6）：197-204.

［10］发刊语［N］.时事新报·学灯，1934-06-06（第三张第四版）.

［11］杜定友.圕员对于社会国家之贡献［N］.时事新报·学灯，1934-06-06（第三张第四版）.

民国文献的艺术元素在国家典籍博物馆中的应用

魏嘉明（展览部）

民国时期是中国社会由传统向现代转型的特殊历史时期。在这个时期，政治制度发生空前剧变，西方文化的艺术思潮不断涌入，人们的视觉艺术表现形式也在发生着变化，形成了新的艺术格局。随着社会经济的蓬勃发展，出版业与新闻业也在不断进步，民国刊物与书籍的出版发行达到空前的规模，与此同时，书籍装帧设计也越来越受到人们的重视，呈现出多样化的表现形式与独特的艺术风格，可以说民国时期是我国书籍设计的从传统到创新的重要转折点。在此时期，大量的时代名人、学者、各行各业的精英都参与到书籍装帧设计中来，他们将传统文化与西方文化交汇、融合、碰撞，使得这些书籍不仅承载了中国传统文化的精髓，同时也具有了一定的新式美学思想与设计创新精神。改革开放以来，国家图书馆在民国文献资料的搜集、整理与出版工作上均有很大的发展，取得了一定的成绩。国家图书馆藏有大量的民国时期文献，这些文献不仅有珍贵的历史价值，还蕴含着丰富的艺术美学观念与思想，彰显了独特的时代烙印，散发着传统艺术与西方艺术的融合之美。本文旨在分析民国时期书籍设计中蕴含的艺术元素及其在国家典籍博物馆中应用的成功案例。

1 民国文献中图形的提取及其在展览设计中的应用

从民国时期的书籍设计中，我们能发现许多时代特有的设计思想和理念，能更加深刻地感受到当时国人独特的审美观和艺术表现手段。设计者们通过图形、字体、色彩、排列方式等把传统文学与美学融汇起来，使得这一时期的书籍装帧独具时代特色。在完整的书籍设计中，封面是最醒目的，往往是吸引读者的第一要素，所以应凸显出设计当中的重点。设计师在封面的设计过程中巧妙地把握观众视觉所关注的中心，突出设计亮点，是书籍设计的基础，同时还要体现书籍的内涵，符合大众群体的视觉规律[1]。封面设计往往极具概括力，可以直接向读者传达书籍的内容与含义，读者看到封面脑海中就会产生一定的印象与联想。

展览与书籍同为向大众传递信息的手段，与书籍封面设计类似的，在整个展览设计中最重要的是宣传海报的视觉设计。海报中的主视觉图形会直接吸引观众的注意力，进而激发观众的观展兴趣。在民国文献封面设计中存在着多种形式的图形设计，其中包括手绘的、相片形式的甚至还有设计者通过抽象排列组合而成的视觉符号，这些视觉形象引人入胜，给人们以不同的视觉感受和丰富的想象空间，同时又不失典雅的书卷气息。

中华民族是喜用寓意的方式来体现审美意识的，虽然有时视觉图形的内容并没有直接表现出主题，但是这些视觉符号可以含蓄地呈现出设计者想要表达的意境和含义，观众通过对这些视觉形象在脑中进行联想、想象，从而与设计者产生共鸣，了解和接收到作者

图1　"拈花——鲁迅藏中外美术典籍展"展览海报

的意图和想法。2019年4月在国家典籍博物馆举办的"拈花——鲁迅藏中外美术典籍展"，是以向大众展示鲁迅先生生前收藏的大量中外美术类书刊为主题的专题展览，旨在带领观众走进鲁迅先生的艺术世界。展览的海报采用了对整个展览内容高度概括的最直接的艺术化呈现方式，其版面设计提取了民国时期刊物《虹儿画谱》中的美人头像这一图形元素。美人头戴珠宝饰品，装饰感极强，视觉效果强烈，可以激发人们的观展兴趣，其温润典雅的神韵与气质烘托出了整个展览的文艺感和时代感，同时又委婉含蓄地表达出此次展览展出的典籍之丰富与美好，是民国时期文献中图形元素提取在国家典籍博物馆展览设计中应用的经典案例之一。

2　民国文献中的色彩在展览设计中的应用

色彩是展览设计中表现主题个性与情感、传达设计者思想内涵的重要载体。虽然在展览中信息传达的重要内容是图文，但色彩却是能给观众视觉冲击力最大的元素之一，可以带给人们强烈的艺术体验。灵活得当地在展览中运用色彩，通常能起到瞬间抓住观众眼球的效果。民国时期依然处在一个长期受到中国传统文化观念影响的阶段，当时人们在色彩运用上是以主流传统色为主，大多为饱和度和纯度相对较低的黑色、红色、橙色、蓝色、黄色等。这些色彩符合大众审美习惯，同时也贴近中国人委婉含蓄的情致。受限于民国时期的印刷技术和经济成本的制约，当时各种书籍版面设计大多采用单色或者双色。1962年，陶元庆为鲁迅的翻译书籍《出了象牙之塔》设计封面。他采用了经典淡黄色作为封面底色，用土黄色勾画出栩栩如生的人物形象，色调给人以平静之感，同时使用了大面积留白，与绘画作出鲜明对比，给人无限遐想空间[2]。由此可见，通过简洁、合理的色彩运用往往可以精准地传递出设计者想表达的思想与内涵。

国家典籍博物馆于2019年3月举办的"启蒙与批判——清末民初新闻漫画展"，主要向公众展示了清末民初时期在《神州日报》《民立报》《民权画报》《时报》等二十余种报刊上刊登的新闻漫画，引领观众走进当时那个政治风云变幻、思想文化激荡、内忧外患迭起的时代。展厅中整套展板设计以橙色为主辅以深棕色，搭配新闻漫画，整

体装饰感极强，既简约明了又极具时代感，橙色能吸引观众注意力且充满生机，切合主题。

图 2 "启蒙与批判——清末民初新闻漫画展"展板设计

3　民国文献中的字体设计方法在展览设计中的应用

设计创作中还有一个重要的部分，那就是字体。在民国初期书籍封面中，中国传统字体，尤其是宋体、楷体、篆书、草书等书法字体得到了大胆的创新与运用，设计者们从"图案字"中汲取灵感，将笔画抽象、提炼，然后进行精妙的拼合与重组设计，既不破坏书法本有的筋骨特点，又能使设计出来的字体更贴合作者本身想要传达的含义，提升了书籍的艺术气息和韵味。有些设计者善于应用三角形、方形、圆形等几何图形拼接与组合，设计了许多形式各异的汉字，现今被广泛称为"美术字"。民国初期涌现出大量的书籍设计者，鲁迅就是其中的设计大家之一，他自幼学习书法，善于进行字体的设计与创新，往往不使用过多的装饰元素，单以字体设计为主体就可以创作出简约又精练的书籍封面。这类封面设计通常都抓人眼球并且清新脱俗。在新文化运动时期，大量的西方艺术思想与技法被引入国内，在那一时期的书籍设计中融入了很多西方的造型观念和字体设计方法，使书籍设计具有很强的装饰性和艺术美感。民国初期的艺术家们在

图3　"炫彩童年——中国百年童书展"展板设计

引进图案理论的同时，西方现代主义风格和欧洲构成主义风格被同期引入并被融入了美术字的设计。字体结构的解构与重构、字形的几何化和图案化，为当时的美术字设计注入了新鲜的血液，表现出美术字的现代主义意味[3]。美术字现在广泛应用于各种类型的设计当中如书籍装帧设计、海报制作、广告宣传、展览设计等，均有着很好的艺术效果。

2015年6月在国家典籍博物馆举办的"炫彩童年——中国百年童书展"的展板设计中，运用了大量的艺术字和美术字，其中灵感来就来源于民国时期的书籍封面设计。与童年息息相关的书籍、铅笔、尺子、彩笔等图形元素被融合于字体设计，替代传统的笔画，构成完整的字形，这种通过艺术解构和重组的字体具有一定的形式感、立体感和美感，既活泼又庄重，充分契合了孩童世界的艺术风格。该设计引起观众们的强烈反响，取得了良好的展览效果。

4　民国文献中的边框底纹在展览设计中的应用

边框和底纹是展览设计中不可或缺的艺术元素，它们使得整体设计板式具有稳定性和视觉的舒适性。民国时期，受到西方现代艺术思潮的影响，大量的装饰性曲线被设计者们运用到了书籍装帧中来。当时的书籍装帧设计大量使用了动物纹样和植物纹样，具有强烈的装饰效果，使版面看起来不乏味枯燥，增加了一定的艺术观感。民国时期的书籍装帧边框装饰形式也十分多样。几何形的边框、植物藤蔓形态的曲线均可以表现出不

同程度的秩序感与力量感，与内部图形和文字呼应，极大丰富了版面设计语言。

　　民国时期的书籍装帧设计中蕴含着丰富的边框和底纹，这些元素也可以运用在展览版式设计当中。在国家典籍博物馆举办的"炫彩童年——中国百年童书展"的展览设计中，每个章节、每个板块的展板均运用了民国时期书籍中的边框和花纹，根据展览内容的需要，选择不同样式和不同粗细的边框，加以不同的色彩。这些边框和底纹不仅起到了分割版面的作用，同时也起到了很好的装饰作用，增加了童真活泼的视觉体验，充分地表现出了"炫彩童年"这一展览主题，受到观展小朋友们的喜爱与好评。

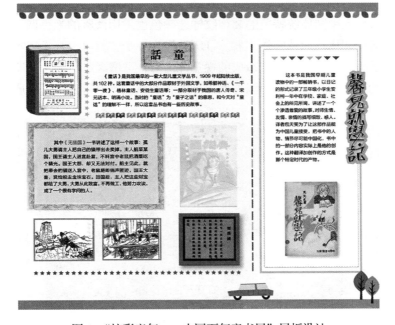

图4　"炫彩童年——中国百年童书展"展板设计

5　民国文献中的排版方式在展览设计中的应用

　　在民国时期的书籍装帧设计中，还有一个重要的方面，那就是版式设计。在一定的空间与版面中，设计者将不同的字体、符号、色彩、图案按照一定的视觉审美理念，运用合理的艺术化排列方式去打造出贴合书籍内容的设计方案，让观者在阅读书籍时不仅可以一瞬间接收到书籍所传达的大致主题内容信息，也可以拥有美的视觉享受。

　　民国时期书籍设计的排版方式有留白式、对称式等。留白是中国艺术作品创作中常用的一种艺术表现手法，艺术创作者们常常使用这种手段，为了整个作品的画面更加协调和精美而特意留下的特定空白，给人们留有一部分想象空间。民国时期，随着书籍装帧设计逐渐成熟，人们的阅读体验也越来越受到设计者们的重视，留白手法可以使设计中的文字、图片和空白处融为一体，使整个阅读的过程更加舒适，有效提升人们的阅读体验感。对称式排版主要分为左右对称、倾斜对称、上下对称等，民国时期的书籍装帧设计中最常用到的是左右对称这一排版方式，即将文字和图片以画面中轴线为准左右对称排布，这种方式适用于较为庄重的主题，可以使整体版面稳定和谐。灵活地运用对称排版方式可以使版面具有秩序感、严肃感、平和感与艺术性。

在国家典籍博物馆举办的"品书香赏年俗——2017年国家图书馆年俗文化展"以"品书香、赏年俗"为主题，通过历史典籍和现代名家描述春节的作品，来梳理春节的历史，让大家更加了解这个最为传统、隆重的中国节日。日历是给人们呈现时间节点最直接的方式。在展览设计中，设计者加入了传统日历这一特色版面，从民国文献的排版方式中汲取灵感，灵活地运用对称的排版方式，并适当留白，将时间点、内容介绍组合成为一页传统日历，同时加入中国传统特色的装饰纹样，颜色也采用淡雅的米色调，使得整张日历具有浓重的传统中国风。而从整体来看，日历又作为一个"留白"方式融入红火的背景设计中，既缓和了丰富的色彩给人们造成的视觉冲击力，又增添了一些平和安逸之感，使整个画面观感更为舒适协调，营造出温馨而热烈的新春氛围，取得了良好的展览展示效果。

图5 "品书香赏年俗——2017年国家图书馆年俗文化展"展板设计

国家典籍博物馆依托于国家图书馆，有海量的珍贵善本古籍可用，而这些善本书籍中不乏有丰富的艺术元素可供发掘，本文主要针对民国文献这一部分进行了分析与说明。在民国文献的版式艺术中，图形、色彩、字体、边框底纹、排列方式手法均可以运用到展馆的设计中。汲取文献中蕴含的设计理念与设计手段，可以把国家图书馆丰富的书籍资源充分利用起来，在这些艺术理念的基础上加以创新，应用到展览设计当中。无论是书籍装帧设计还是展览的版式设计，都需要借鉴和吸收优秀的设计方法，并加以创新才能不断进步。在民国时期的文献装帧设计中，我们可以感受到独特的时代感和民族文化精神，时至今日，民国时期的设计仍然有很强的生命力和艺术感染力。未来我们还可以进一步去挖掘和探讨其中的艺术元素，并将之不断应用到工作与生活中去。

参考文献

［1］李婕.对民国初期书籍装帧艺术的自觉与反省［D］.长春：东北师范大学，2018：14.

［2］李娜.民国初期书籍封面设计探究［D］.济南：山东艺术学院，2018：32.

［3］李娜.民国初期书籍封面设计探究［D］.济南：山东艺术学院，2018：31.

英国国家图书馆濒危档案项目解读与思考

杨士丽（外文采编部）

濒危档案是指由于文献载体变质或自然老化、文献存储环境恶劣、文献所属国家的忽视、战争、动乱以及自然灾害等原因，遭到损坏和有消亡风险的各种类型的历史档案，而且其所属国家缺乏保护能力或者保护能力有限[1]。在一些经济技术落后的国家或地区，存在大量珍贵的濒危档案。但是由于各种条件的限制，文献所属机构迟迟没有利用数字化手段把这些档案永久保存下来，甚至没有条件改善档案的存储环境。这些国家的濒危档案只有在国际援助下，才能尽早以数字档案的形式被永久地保存下来。

例如，2003年，在伊拉克战争的大背景下，伊拉克国家图书馆和档案馆遭到了烧毁和洗劫，成百上千的图书、手稿、报刊、地图和照片被毁坏。此前，黎巴嫩、克罗地亚、波黑和也门等国家的图书馆也遭受了战争带来的破坏[2]。这些事件让图书馆人感到震惊和深深的遗憾。这些档案的毁坏和消亡不仅是这些国家的损失，也是全人类文化遗产的损失。

为了保护濒危档案，阿卡狄亚基金于2004年启动了濒危档案项目（Endangered Archives Programme，EAP），并把项目交由英国国家图书馆管理。EAP项目对"濒危"的定义是"存在消亡或腐坏风险的，而且档案所属国家的保护能力缺乏或有限"，对"档案"的定义是"20世纪中期以前的文本、图片或音像资料，包括手稿、图书、文件、报刊、照片和录音制品等各类型档案资料"[3]。

1 濒危档案项目的缘起及意义

1.1 阿卡狄亚基金的成立

2002年，利斯贝特·劳辛（Lisbet Rausing）和彼得·鲍德温（Peter Baldwin）成立了阿卡狄亚基金。该基金以捍卫文化和自然的多样性为目标，以期通过保护濒危的文化遗产、保护濒危的自然生态系统和促进知识共享等手段，为人类创造一个丰富多彩的未来。基金管理机构位于伦敦，负责对申请项目进行筛选、调查、审核、监控和评估。资助对象包括慈善机构、学术机构以及非营利组织[4]。

自成立至今，阿卡迪亚基金资助了EAP项目、学校赠书项目、剑桥保护项目、自然保护项目等240个项目，总金额约88400万美元[5]。其中，EAP项目获得了第一阶段1696万美元（2004—2017年）和第二阶段1197万美元（2018—2021年）的资助[5]，共完成了来自90个国家的400多个子项目[3]。

1.2 项目在英国国家图书馆落户

EAP 项目由英国国家图书馆管理，阿卡狄亚基金资助，希望通过帮助世界范围内的机构和个人对濒危档案进行鉴别、数字化、永久保存和在线开放等手段，达到保护世界文化遗产、传承世界文明的目的。需要资助的机构可以向英国国家图书馆提出申请。申请通过后，机构将获得资金、技术、设备和人力等方面的支持。档案的数字备份由英国国家图书馆和资源原属机构各存储一份，并在双方网站免费开放，供全世界读者阅览。

目前，项目成果已有多达 1000 余万张图片和 3.5 万件视听资料，其时间通常可追溯到 20 世纪中叶以前[3]。截至 2021 年，EAP 项目共资助了小型项目 165 个，重点项目 268 个，大型项目 1 个[6]。在 EAP 网页公布的项目资源涵盖了 50 种语言，30 余种文献类型[6]。这些数字档案已成为用户探索南亚、东南亚、非洲和拉丁美洲地区历史档案的重要来源。

EAP 项目能够落户英国国家图书馆，是因为英国国家图书馆具备项目必需的数字技术、网络平台、专业人才和管理能力。它的国家图书馆背景以及各方面的条件，可以保证项目的专业性、规范性、高效性、国际性和可持续性。

1.3 项目意义

1.3.1 对于世界文化

EAP 项目的核心内容是通过改善档案存储环境、档案数字化和在线免费开放等手段，帮助弱势国际机构对濒危档案进行保护。这既是对世界文化遗产的保护，也是对世界文明的传承。它与联合国教科文组织的"世界记忆工程"的愿景和使命是一致的，即"世界的文献遗产是属于全人类的，应得到充分的保管、保护"，"通过最恰当的技术手段对世界的文献遗产进行保护，促进文献遗产的普及，以及在全球提高人们对文献遗产的重要性和保管必要性的认识"[7]。

1.3.2 对于资助对象

对于资助对象而言，他们不但可以通过 EAP 项目保护国家文化遗产、传播国家文化，而且还能提高业务水平。首先，EAP 项目不仅对档案进行数字化，而且尽可能地为档案创造一个安全的存储空间；其次，将数字档案在世界著名的英国国家图书馆的网站发布，有助于国家文化被世界用户了解和研究；再次，为了提高当地机构人员的数字化技术，英国国家图书馆会举办讲座和学术研讨会，并对当地机构人员进行专业培训。

1.3.3 对于英国国家图书馆

通过开展 EAP 项目，英国国家图书馆不仅入藏了海量的珍贵的数字档案，吸引了全世界的用户，而且拓展了国际合作关系，提升了文化形象和国际影响力。此外，开展 EAP 项目，有利于实现英国国家图书馆各个阶段的战略目标，例如"帮助用户访问全球知识"（2001—2005 年战略规划），"建成传承世界知识的全球研究中心"（2008—2011 战略规划），"建成全球领先的信息网络中心"（2020 愿景）和"抓住发展机遇，勇于承担责任，继续在全球图书馆体系中扮演独特而重要的角色"（2015—2023 战略规划）[8]。

2 濒危档案项目运行机制

EAP 项目由英国国家图书馆 EAP 工作组主管、阿卡狄亚基金国际咨询组监管，采用"子项目申请"的方式吸引需要资助的机构提交濒危档案保护方案，每年定期集中评选出 20—40 个子项目予以资助，并且利用法律协议保障子项目启动、实施和收尾等管理工作。

2.1 主管机构和监管机构

英国国家图书馆成立了 EAP 工作组对项目进行管理。工作组共七人，均来自英国国家图书馆，分别负责项目管理、资金管理、数字资源管理、编目与系统管理、元数据编目、项目助理以及人员培训等具体工作。

此外，作为项目投资方，阿卡狄亚基金组建了国际咨询组对项目进行监管，对 EAP 工作组起到了辅助和监督作用。在复审阶段，对子项目是否通过以及通过后的规模、预算和周期，咨询组的建议具有决定性的作用；子项目启动后，咨询组会参与审核项目预算与支出表。

2.2 子项目的开展流程

申请子项目的机构会经历前期的申请、评审和签约，以及子项目启动、实施和收尾等流程。

2.2.1 申请

申请机构需要策划档案保护方案，并以申请子项目的方式来获得 EAP 项目的资助。为帮助申请机构全面了解申请流程和注意事项，英国国家图书馆制作了《濒危档案项目申请手册》（Endangered Archives Programme Guidance for Applicants），详细介绍了项目的目标资源、资助金额、申请条件、申请步骤、评审标准、经费使用办法和资料的版权许可等内容[9]。通过熟悉手册，申请人可以初步判断档案资料是否符合项目要求，申请人及其团队是否具有申请资格。

2.2.2 评审

评审分为初审和复审两个阶段。初审阶段，申请机构递交申请表并对项目以及档案进行简要描述。约一半的申请能够进入复审。复审阶段，申请机构要提交项目的详细说明和整体实施方案，包括档案数字化、项目团队、项目规划和预算等，还要提交档案的版权使用证明。每年子项目的通过率在 30% 左右。

根据子项目的时间、预算以及规模，子项目分为小型、重点、大型和加急项目四类。小型项目时间不超过 12 个月，预算上限为 1.5 万英镑；重点项目时间为 12 至 24 个月，预算上限为 6 万英镑；大型项目时间同为 12—24 个月，预算上限为 15 万英镑，评审组每年最多批准两个大型项目；加急项目是指针对特殊情况设立的项目，没有具体的时间和预算要求[3]。

2.2.3 签署《濒危档案项目资助协议》

在子项目启动前，申请机构要和英国国家图书馆签署《濒危档案项目资助协议》（Endangered Archives Programme Grant Agreement）[10]。协议包括 29 项条款，对项目的方方面面做了具体的说明，包括项目的基本信息、财务管理、项目报告、档案数据、商业开发与利用、通则和违法行为等。此外，协议包括三个附件，分别是资金使用申请及项目整体方案、预算与支出表、汇款账户明细。

2.2.4 子项目的启动和实施

申请机构根据项目规划以及资助协议的要求推进项目，包括购买技术设备，组织项目团队，接受专业培训，对档案进行数字化，存储数据，并对档案加强保护措施。项目期间，申请机构按时向英国国家图书馆提交中期报告、年度报告和结项报告；记录每一笔费用的去向，保留收据和发票，复制记录并上交给英国国家图书馆，项目结束后保留支出记录至少 6 年。此外，如果遇到支出类型不在预算表内、团队成员的变化、媒体宣传、商业开发等一些《濒危档案项目资助协议》中提到的情况，申请机构要向英国国家图书馆提出申请，申请通过后方可执行。

2.2.5 子项目的收尾

子项目收尾阶段，档案原属机构存储原始数字备份，英国国家图书馆存储档案的第二数字备份。同时，所有项目成果均在档案原属机构和英国国家图书馆的网站发布。英国国家图书馆会在其官方网站举办在线展览，并利用微博和推特等社交网站对子项目进行宣传。

自 2020 年起，英国国家图书馆开始制作并公布 EAP 项目年度报告。据统计，2018—2019、2019—2020 和 2020—2021 年度 EAP 项目网站用户数量分别约 10 万、15 万和 23 万；三个年度的网页浏览量分别是 100 万、180 万和 150 万[11-12]。2020—2021 年度，网站用户数量最多的 10 个国家依次是美国、印度、英国、尼日利亚、印度尼西亚、马来西亚、亚美尼亚、埃塞俄比亚、巴西和秘鲁[12]。

3 濒危档案项目的特点

3.1 专业的咨询与监管团队

阿卡狄亚基金的国际咨询组共八位成员，两位来自英国国家图书馆，另外六位是档案学、文献学、图书馆和信息学、南亚史、拉丁美洲史和中东史等领域的国际专家。他们在俄罗斯历史、印度尼西亚伊斯兰手稿研究（特别是阿拉伯语和马来语）、16—19世纪印度莫卧儿王朝和早期英国研究、中国文化和艺术、非洲档案管理和美洲研究等方面获得了显著的研究成果[13]。在此学术背景下，国际咨询组有能力保证项目各个流程的合理性和专业性。

3.2 公平的评审机制

评审是把控项目质量的第一步。以专家为主体的集体决策能够提高判断的准确性，从而保证评审环节的公平性。因此，EAP 项目采用了以阿卡狄亚基金的国际咨询组和英国国家图书馆的 EAP 工作组为评审主体，并邀请机构外的业内专家参与复审的评审机制。EAP 工作组负责初审，国际咨询组、EAP 工作组和业内专家共同参与复审，这样能够弥补单一团体的专业短板和私人倾向，最大限度避免不公平现象的发生。

此外，为了让申请机构理解与认可评审结果，英国国家图书馆公开了文献、团队和项目规划三个方面的评审标准：一、文献的濒危程度和研究价值（稀有性、独特性和文化性），以及申请人是否获得了档案所有者的版权许可；二、团队成员是否具备项目管理经验与专业技能，是否了解档案的状况、研究价值和文化价值，是否熟练掌握档案的语言；三、项目规划的有效性、可行性，项目预算的合理性以及所在地区的建设规划[9]。

3.3 较为完善的版权解决方案

为了应对后期可能发生的侵权风险，英国国家图书馆建立了较为完善的版权解决方案，利用各种渠道向申请人明确提出档案的版权要求，尽可能在项目启动前期排除隐患。首先，申请手册和评审标准已明确说明，申请机构要获得将档案数字化以及在线开放的版权许可，并且了解档案在其所属国家的版权情况；其次，复审阶段，申请人要提供版权使用证明；最后，申请人必须签署的《濒危档案项目资助协议》也对档案的授权使用范围做了明确的要求。

3.4 明确的资助目标

从机构类型来说，EAP 项目的资助目标不局限于图书馆和档案机构，还包括其他类型的文化机构、文化协会、文化组织、博物馆、政府机构、研究学会、私人企业和宗教组织等。此外，研究者个人也可申请项目。

从被资助的区域来看，申请成功的子项目 90% 来自亚洲、非洲和拉丁美洲的发展中国家（见表 1）。在资金有限的情况下，英国国家图书馆把发展中国家列为重点扶持对象的原因主要是：与发达国家相比，发展中国家在资金、人力、技术、设备、空间等方面力量薄弱，受战乱、自然灾害、环境和气候的影响更大，因此有更加强烈的合作需求和合作意愿。例如，2004 年东南亚海啸，给印度尼西亚、印度、斯里兰卡、缅甸等国家造成了严重的损失。如果没有国际援助，这些国家在短期内没有能力对幸存的档案推行进一步的保护措施。

表 1　各国家和地区已完成项目的数量

国家或地区	分别完成项目的数量（个）
印度	75
印度尼西亚	19
秘鲁，俄罗斯	17
加纳，尼泊尔	13
保加利亚，马拉维	11
中国，埃塞俄比亚，马里，尼日利亚	10
斯里兰卡	9
阿根廷，巴西，老挝	8
蒙古	7
智利，肯尼亚，墨西哥	6
哥伦比亚，伊朗，塞拉利昂，乌克兰	5
不丹，喀麦隆，古巴，缅甸，巴基斯坦，苏丹，越南	4
格鲁吉亚，几内亚，以色列，利比里亚，摩尔多瓦，罗马尼亚，圣文森特和格林纳丁斯，塞内加尔，坦桑尼亚，泰国	3
亚美尼亚，阿塞拜疆，孟加拉国，巴巴多斯，博茨瓦纳，耶路撒冷，东帝汶，密克罗尼西亚，冈比亚，几内亚比绍，海地，黎巴嫩，莱索托，马达加斯加，尼加拉瓜，圣赫勒拿，圣基茨和尼维斯，南非，塔吉克斯坦，突尼斯，特克斯和凯科斯群岛，图瓦卢，乌干达，乌兹别克斯坦	2
阿尔及利亚，安圭拉，安提瓜，贝宁，玻利维亚，布基纳法索，布隆迪，乍得，科摩罗，埃及，格林纳达，危地马拉，匈牙利，意大利，象牙海岸，牙买加，哈萨克斯坦，利比亚，毛里求斯，蒙特塞拉特，菲律宾，刚果，塞尔维亚，塞尔维亚和黑山，所罗门群岛，特里斯坦达库尼亚，土耳其，西亚，赞比亚，桑给巴尔，津巴布韦	1

注：在英国国家图书馆濒危档案项目网站搜索页（http：//eap.bl.uk/search/）的左侧"Project country"栏目中，每个国家或地区名称后面的小括号中附上了完成项目的数量。笔者根据项目数量对这些国家和地区进行划分，将项目数量相同的国家或地区归纳为同一类，并按照项目数量降序排列，由此制作表 1。

4　启示与思考

英国国家图书馆 EAP 项目已经开展了 18 年，为保护人类文化遗产作出了重要的贡献。作为由公益基金支持的国际帮扶项目，它已经形成了成熟的、独特的运营模式。它的成功经验对其他图书馆争取社会公益基金的支持、开展类似的帮扶项目和合作项目具有一定的借鉴意义。

4.1 积极开展帮扶或合作项目

图书馆的类型不同，被赋予的职能也会有所不同，但是所有的图书馆都有"保护文献、传承文化"的使命。在外部环境和内部条件的限制下，一些图书馆、档案馆等文化机构无力承担起保护珍贵文献的责任。文化机构之间可以开展合作，互相扶持，在经济、人力、物力、技术、语言等方面实现优势互补，共同对有价值的档案进行数字化，建立双赢的合作机制。

有实力的图书馆可以开展国际化的帮扶项目，对弱势机构进行公益资助，打开国际格局，承担起保护世界文化遗产的责任。一方面，图书馆要在平时的工作中利用各种渠道积极拓展国际关系，积累合作资源和合作经验；另一方面，图书馆可以利用积累的合作资源推动国际帮扶项目、合作项目，从而提升图书馆自身的国际形象、提升国家的文化形象和国际影响力。例如，英国国家图书馆把"帮助困境中的图书馆应对战争或突发事件等风险；在全球范围内保护濒危资源，为全球数字图书馆的发展作出贡献"作为战略重点写入了 2015—2023 年发展规划[14]。

4.2 采用外部监督的项目管理模式

图书馆可以建立内部管理、外部监督的项目管理模式，保证资金使用的公开和透明，从而吸引社会慈善基金或其他公益性机构的资金支持，为项目提供充足、稳定和可持续的经济来源。

内部管理，是指图书馆内部成立项目组，专门负责项目的管理工作。一个优秀的项目组是一个项目的评估、策划、协议拟定、成本管理、质量管理以及风险管理的专业性的重要保障。项目组成员除了经验丰富的本机构工作人员外，还应包括一定比例的馆外专家。如有必要，项目组也可聘请海外专家。此外，各成员的职责要分明，分工要明确，彼此之间相互辅助、相互促进。

外部监督，是指由提供资金支持的机构成立专门的咨询组，对项目进行监督，特别是对预算与支出进行监督。咨询组成员应该由相关领域的专家以及精通法律、财务、计算机技术和项目管理等的各方面人才构成。外部监督机构不但能减轻项目管理机构的负担，也能有效避免某些财务问题和法律问题，从而加强社会基金对图书馆的信任。

4.3 拟定完善的项目合作协议

图书馆要拟定一份权责清晰、条款明确的合作协议，对项目的各环节、各要素以及可能存在的风险进行详细的说明。作为具有法律约束力的凭证性文书，合作协议是项目启动的前提，也为项目实施提供重要推动力，是项目能够按质、按量、按期完成的法律保障。一方面，协议甲方根据协议条款对项目进行各环节的管理，对乙方进行指导与约束；另一方面，关于财务、人员、设备、数据、宣传等各种事项，乙方要根据协议要求推动项目并进行汇报，接受甲方的管理和监督，同时乙方的合法权利也享受协议的保护。

项目启动前，要核实档案的版权许可范围，并在合作协议中说明许可或禁止行为，以避免可能发生的版权纠纷。合作协议中，档案的数字化、复制、存储、整合、揭示、使用、宣传以及商业开发等行为，不仅要遵守我国相关法律法规，例如《中华人民共和国著作权法》《信息网络传播权保护条例》和《电子出版物出版管理规定》等，也要符合对方国家的著作权法的要求。

参考文献

［1］SUPPLE B. Preserving the past：creating the Endangered Archives Programme［C/OL］.［2022-03-10］. https：//books.openbookpublishers.com/10.11647/obp.0052/Introduction2.xhtml#_idTextAnchor005.

［2］SULIMAN R. Renewal of the 14-year journey of the Endangered Archives Programme［J］.Alexandria，2018（2）：101-111.

［3］Endangered Archives Programme［EB/OL］.［2022-03-10］. http：//eap.bl.uk/about.

［4］Arcadia［EB/OL］.［2022-03-10］. https：//www.arcadiafund.org.uk.

［5］Arcadia-grants360Giving-29-October-2021［EB/OL］.［2022-01-14］. https：//www.arcadiafund.org.uk/grant-directory?sort-by=&sort-direction=ASC&programme=&focus-area=&year-awarded=&status=&organisation=British+Library.

［6］Explore the Archives［EB/OL］.［2022-03-10］. http：//eap.bl.uk/search.

［7］世界记忆工程20年回顾与展望［EB/OL］.［2022-03-10］. https：//www.saac.gov.cn/daj/lhgjk/201204/f355256af96d47838b46449bcff6fa4e.shtml.

［8］魏蕊，初景利，王铮，等.大英图书馆三十年（1985—2015）战略规划解读［J］.国家图书馆学刊，2015（5）：16-24.

［9］Endangered Archives Programme Guidance for Applicants［EB/OL］.［2022-03-10］. http：//eap.bl.uk/applicants.

［10］Endangered Archives Programme Grant Agreement［EB/OL］.［2022-03-10］. http：//eap.bl.uk/applicants.

［11］Annual Report 2019-2020［EB/OL］.［2022-03-10］. http：//eap.bl.uk/about-programme.

［12］Annual Report 2020-2021［EB/OL］.［2022-03-10］. http：//eap.bl.uk/about-programme.

［13］Who's Who［EB/OL］.［2022-03-10］. http：//eap.bl.uk/whos-who.

［14］Living Knowledge［EB/OL］.［2022-03-10］. https：//www.bl.uk/about-us/our-vision.

浅论图书馆智慧化转型时期联合国特藏文献的资源建设

刘　旭（外文采编部）

　　随着现代数字技术和网络技术的飞速发展，各大图书馆逐步实现了由过去单纯的"藏书阁"向智慧化方向转型。现代智慧图书馆，即"无墙图书馆"，是当今世界图书馆发展的最高形式，是基于现代信息技术、以读者为核心、全方位发展、全面互联的新型图书馆模式。中国图书馆智慧化仅仅是一个开端，它从根本上改变了图书馆的传统馆藏内容和服务模式，使图书馆在解决"藏"和"用"的矛盾上取得了质的突破。

　　在图书馆智慧化转型时代，"特色"是其存在的根本，随着网络和虚拟资源日益增多，图书馆要想真正发挥自身作用，就要树立品牌意识、挖掘特色资源、建设特色数据库、走有特色的发展道路[1]。联合国文献是图书馆特色专藏资源之一，泛指联合国及其隶属主要机构、专门机构及政府间组织出版的所有会议记录文件和图书资料。这些机构、组织组成了联合国系统，系统机构庞大，几乎涉及了所有的领域，因而会产生大量的联合国文献。联合国文献历来被认为是长期、稳定且具有较高参考价值的重要信息资料，曾为我国主要政府部门的重大决策的制定、对我国重点科研院所的学术研究以及公众对国外经济文化信息的获取等都发挥了巨大作用。中国国家图书馆一直十分重视联合国特藏文献的资源建设。

　　21 世纪以来，联合国文献的出版形式发生了巨大的变革。联合国十分关注以电子方式公开出版其相关资料。文件的在线开放获取以及众多公益性数据库的推出，标志着联合国文献出版已步入电子化时代。联合国各国际组织可提供的网络资源内容得到了极大的扩充，其中大部分是免费或者是非营利性资源。因此，随着图书馆在模式创新和技术升级的过程中不断向智能化改变，更好地为广大读者及学术界提供科学、有效的信息资源，满足读者的文献服务需要，拓展联合国特藏资源建设已经成为十分迫切的课题。

1　联合国特藏文献概况

1.1　馆藏数量

　　国家图书馆自 1947 年起开始收藏联合国文献，至今已有 70 余年历史。截至 2022 年 2 月，联合国文献馆藏总量达 97.2 万册（件）。其中外文图书 72638 种 78022 册，中文图书 3957 种 4129 册，外文期刊 318 种 63549 册，中文期刊 2 种 8 册，光盘 4130 种

10504 盘，缩微平片 255050 种 558348 件，文件 258434 份 [①]，在馆藏历史、种类、数量、阅览室规模等方面均是国内同类文献收藏机构中的佼佼者。

1.2 联合国各机构年度出版情况

联合国文献是一个庞大的领域，联合国各机构的官方出版物更是数不胜数。国家图书馆所收藏的一般都是各机构出版发行的销售类出版物，所以其所发布的大量免费网络型文献不属于国家图书馆采访范畴。国际组织与外国政府出版物组阅览室近五年（2017—2021 年）接收联合国各机构文献情况以及这期间馆藏来源（采访方式）分别详见图 1、图 2。

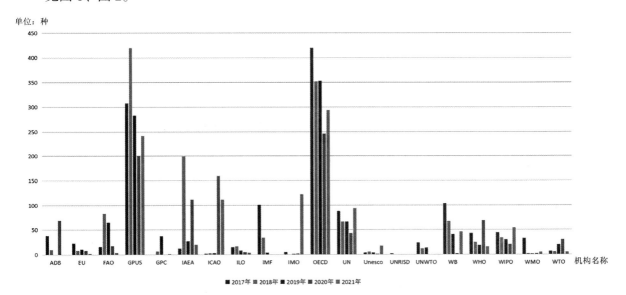

注：ADB（亚洲开发银行），EU（欧洲联盟），FAO（联合国粮农组织），GPUS（美国政府出版物），GPC（加拿大政府出版物），IAEA（国际原子能机构），ICAO（国际民用航空组织），ILO（国际劳工组织），IMF（国际货币基金组织），IMO（国际海事组织），OECD（经济合作与发展组织），UN（联合国），UNESCO（联合国教科文组织），UNRISD（联合国社会发展研究所），UNWTO（世界旅游组织），WB（世界银行），WHO（世界卫生组织），WIPO（世界知识产权组织），WMO（世界气象组织），WTO（世界贸易组织）

图 1　国家图书馆国际组织与外国政府出版物组近五年接收联合国文献情况

---

① 数据来源：2022 年 2 月国家图书馆国际组织与外国政府出版组阅览室业务工作统计表。

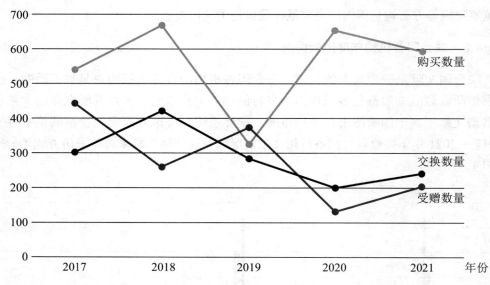

単位：种

图 2 　国家图书馆国际组织与外国政府出版物组近五年馆藏来源[①]

通过图 1 可知，由于业务范围和出版政策的不同，联合国在出版规模上存在较大差异。其中接收文献情况较好的机构有亚洲开发银行（ADB）、联合国粮农组织（FAO）、联合国总部（UN）、世界银行（WB）、世界卫生组织（WHO）和世界知识产权组织（WIPO）等。从图 2 可以看出，获取文献的主要渠道从最初的接受捐赠、交换和购买三种方式逐渐转变为以购买为主。年度到馆数量较多的文献大多都是通过购买获得，例如经济合作与发展组织（OECD）出版物以及美国政府出版物（GPUS）缩微平片。随着联合国文献的出版步入电子化时代，网络资源对实体资源冲击巨大，因此导致部分国际机构实体文献到馆量逐年递减。

1.3　网络资源

联合国文献网络资源涵盖了政治、经济、金融、贸易、法律、教育、卫生等各个领域，就其主要类别而言，大致分为以下四个方面：重要在线出版物、在线数据库、电子图书馆、国外政府站点。

（1）重要在线出版物

在联合国各机构的网络资源中保存了各类综合和专题在线出版物。大部分的出版物都可以在线免费阅读和下载。

（2）在线数据库

很多国际机构都建立了专门的数据库。拥有最多的数据库的是联合国及其附属的国际组织。例如联合国数据库（UN Data），该数据库向世界各地的使用者免费提供来自

---

① 　数据来源：国家图书馆国际组织与外国政府出版组 2017—2021 年联合国各机构资料到馆明细。

联合国的统计数据，目前容纳了 12 个联合国系统机构提供的数据[2]。

（3）电子图书馆

电子图书馆是国际组织网络资源中最具特色与使用价值的资源，其完整地保存了机构内的相关文件资料，大部分信息资源可免费查阅或下载。

（4）国外政府网点

主要包括美国政府和加拿大政府出版发行的网络资源、文献资料。

2 国内联合国特藏文献资源建设与开发情况及存在的问题

2.1 国内建设与开发现状

1946 年，联合国开创了托存图书馆体系，达格·哈马舍尔德图书馆将联合国文献和出版物通过托存图书馆系统分发给全球的读者。405 所联合国托存图书馆（United Nations Depository Library）已经在 146 个国家和地区设立。目前国内共有 21 家托存图书馆。但按图书馆类型划分，仅有国家图书馆、重庆图书馆、浙江图书馆、上海图书馆和香港市政图书馆 5 所是公共文化性质的图书馆，其余都是高校图书馆[3]。其中国家图书馆、上海图书馆、澳门大学图书馆等 10 家图书馆对联合国网络资源的使用率较高，其图书馆网站均专门设有"联合国文献"或"联合国资源"等专题栏目，并提供网络资源整合和导航，读者能够通过该专题栏目查阅联合国网络信息资源。有些托存图书馆虽然未设有相关专题项，但从馆网首页索引可以查找到联合国相关资料。但是目前绝大多数托存图书馆网站并没有对联合国网络资源进行揭示，无法充分发挥联合国网络资源的公开传播功能[4]。

此外，联合国从 2016 年开始一直在积极推行联合国在线图书馆平台（UN iLibrary）项目计划，这使得联合国文献托存馆的现实意义和利用价值已不如以往。UN iLibrary 为使用者提供了首个全方位的综合搜寻与探究联合国出版物内容、统计数据等信息的交流平台。这个平台为图书馆工作者、信息专家、学者、政策制定者和公众提供在线资讯，包括联合国各类知识产品、基金和项目等，并可一站式检索[5]。这一项目的开展将为联合国节省巨大的印刷、运送等成本费用，同时也给全世界的联合国文献托存馆带来了全新的挑战。

2.2 存在的问题

总体来看，国内对联合国文献资源的开发程度参差不齐，发展不均衡。即使是建设水平较高的网站，也存在着受众范围窄、使用率不高、资源揭示力度不够、共享渠道不通畅等问题。

2.2.1 受众范围窄，使用率不高

以国图为例，为开拓新的馆藏资源类型，国图已取得多个国际组织和地方政府数据库的使用权，有些可以免费使用。例如，世界银行在 2009 年批准了 WDI（世界发展指标）、GDF（全球发展财政）和 E-LIBRARY（电子图书馆）三个主要的数据库的使用权，

并将数据库免费开放给国图的用户。同年，国图也通过签署托存图书馆协定获得 IMF（国际货币基金组织）的在线图书馆使用权限[6]。然而，这些数据库的使用情况并不尽如人意。在国内对普通读者而言，联合国文献网络资源是一个相对陌生的领域，面向的读者大多是研究型读者。尽管部分读者对这类文献资料有较大需求，但由于不熟悉这些资源的具体内容、不了解相关检索方式，造成了利用率不高的情况。

2.2.2 特色馆藏揭示力度不够

关于对联合国网络资源的进一步揭示与开发，多数图书馆还停留在单纯的网站介绍与初级链接阶段，尚未对联合国各国际机构网络资源的特点、应用、数据价值、利用方式等内容做更深入的揭示[4]。包括国图在内的国际组织与外国政府网络资源整合服务平台，各国际机构的资源库仅按照机构类型零散地分布在二级页面，并没有形成特色集合以集中揭示信息，非常不利于读者查阅和使用。

2.2.3 版权保护问题

在特色资源的数字化发展过程中，利用互联网进行资源下载和利用，已成为当前获取图书馆文献资源的主要手段。然而，在图书馆获得这些信息之前，首先要考虑的就是版权保护等相关的法律问题，也就是采集和使用网络资源的合法性[7]。对于有版权限制的文献资料，如联合国条约数据库、联合国正式文件系统数据库等可以预先获得相关单位或相关作者的同意和授权，但是大规模的刻录、翻译或从中获利是不被允许的。然而，许多图书馆长期以来忽略了这部分文献资源建设，且由于怕麻烦、存在语言障碍等原因，国内托存图书馆与联合国各机构交流不顺畅、洽谈不积极。目前各图书馆对于联合国文献网络资源的开发还多局限于网站导航，并没有进行本地化长期保存处理和更深入的开发利用。

2.2.4 国内各托存图书馆共享渠道不通畅

近几年国际组织数据库的成本逐年上涨，每年都要续费更新数据库，这无疑是一笔庞大的经费。资金的限制必然会削弱其馆藏能力。目前国内各托存图书馆基本上都是独自建设，各自发展，很容易重复采购相同的数据库。由于数据库存在地域上的局限性，有些图书馆建立了自己的特色数据库，但无法进行共享，导致了资源的浪费。笔者认为应建立托存图书馆联盟，每年定期召开会议，探讨拓展联合国文献特色资源渠道，形成整体全面的规划体系，促进文献信息资源共享，为托存图书馆共建共享联盟的长期稳定发展打下基础。

3 运用智慧化技术拓展联合国文献特藏资源建设

3.1 构建开放获取专题资源知识库

近年来，以通过互联网免费获取全文各类信息资源为主要特点的开放获取运动在国内外迅速发展。联合国的很多文献资料都是对整个社会开放的，无须用户名和密码，可以说完全符合开放获取计划有关精神[8]。鉴于开放获取资源存在的异构性和不稳定性，笔者认为以实体馆藏资源建设为依托，以网络虚拟资源的整合、开发和利用为辅助，以开放获取资源为主要采集目标，将开放获取资源进行本地化保存，构建开放获取专题资源知识库将是一种行之有效的方法。

联系国家图书馆实际，可以通过国际组织与外国政府网络资源整合服务平台，对免费开放获取的联合国文献网络资源进行归类梳理，提供网站链接、介绍和使用指导。在平台主页开设开放获取专栏项目，建立开放获取专题资源知识库。为不同领域、不同类型的读者通过网络资源整合服务平台提供一站式检索。借助大数据技术，按照读者的个性特点和实际需求，积极为读者提供全方位、开放式、深层次的智慧服务，消除资源利用和获取障碍，尽最大努力真正实现以读者为核心的服务理念。

3.2 协作共建特色数据库

特色数据库的建立是一个需要大量人力、财力、物力的复杂项目，同时也受到网络资源、技术和资金的限制。单凭一馆之力，很难保证数据质量和规模发展。因此笔者建议，各托存图书馆在实现网络资源共享的前提下，应该联合建库，以减少重复信息，并确保建设的质量与规模。智能化管理特色数据库，转变数据库服务模式，使图书馆的数据库由传统模式向云计算和云架构转化。确保联合国网络资源的同步更新，并根据当地数据库的更新及时更新镜像库。在共同领域，其他托存图书馆所获得的资讯结果也会因联合国信息资源的变化而发生改变。

3.3 建立统一的大数据平台

托存图书馆共建共享联盟建立统一的大数据平台，整合各托存图书馆现有的联合国资源库，进行统一的管理和调配。大数据平台的网络资源采集要充分运用大数据挖掘技术，将各托存图书馆内现有的网络、硬件设备、数字资源重新整合挖掘。前期从各托存图书馆内集中抽取、索引和储存网络资源数据，并将其集中存储在大数据平台上。最终，为托存图书馆联盟构建一个以维护网络资源为原则，为读者提供大数据检索与研究服务的云端平台。该平台通过面向服务的架构，将各种联合国文献网络资源按需收集、以个性化定制服务方式提供给读者，有效地解决联合国资源建设中网络资源使用率低、信息孤岛、数据更新不及时等问题，从而更好地拓展联合国特色馆藏资源建设。

4 联合国特藏文献网络资源的永久保存问题

4.1 网络资源长期保存的目标和问题

如何确保原生数字资源的有效性和准确性，并保证其长期可利用，是当前网络资源实现本地化长期保存的重要课题。联合国网络资源具有普通网络资源共有的一些特征，如信息总量庞大繁杂、瞬息即变、时效性短等特点。这种特性造成了以下两方面的影响：一是原链接经常会失效，若不能及时进行更新与维护，就会出现打不开的情况，使读者不能永久访问此类资源。二是一些重要数据难以追溯，有些机构不再保留其陈旧、过时数据，导致一些文献数据永久丢失，但目前我国尚未开展此类资源的保存工作[7]。

4.2 国外网络资源的长期保存研究对我国的启示

国外图书馆、科研机构、高校图书馆、电子资源联盟等机构纷纷开展网络资源的长期保护研究与实践，在此基础上提出了一系列关于网络资源的长期保护计划，并取得了一些成效。例如澳大利亚保存和获取网络资源项目（Preserving and Accessing Networked Documentary Resources of Australia，PANDORA）、美国国家图书馆国家数字信息基础设施和保存计划项目（NDIIPP）、英国高校研究图书馆联盟数字存盘样书项目（CEDARS）、欧洲网络化欧洲存储图书馆项目（NEDLIB）等。在众多的研究成果中，澳大利亚国家图书馆的做法很值得研究和借鉴。

澳大利亚是最早实施网络资源长期保存计划的国家之一，其 PANDORA 项目目前已成规模。PANDORA 项目由澳大利亚国家图书馆于 1996 年发起，与其他 9 家澳大利亚图书馆及文化机构合作进行。该项目致力于澳大利亚的有关网页及出版物的采集和保存，目的是建立澳大利亚的电子资源保存系统，并提出相应的政策法规与战略，从而全面长期保存与利用网络文献资源[9]。项目采取选择性存取战略，优先收藏一些人为有重要意义的和有长期研究价值的在线出版物和网站。同时借助 PANDORA 存档（PANDORA Archive），整合政府资讯资源，为本地数据库提供一站式的检索及储存。

经过 20 年的发展，PANDORA 原生数字资源收藏总量已经比较可观，截至 2020 年 6 月 26 日的统计数字见表 1[10]。

表 1　PANDORA 截至 2020 年 6 月 26 日的数字资源收藏总量及月增长量

	本月	上月	月增长量
存档的题名种类	65035	64478	557
存档的实例数量	225411	220736	4675
文件数量	842450515	840875962	1574553
数据大小	53.93TB	51.91TB	2068GB

PANDORA 项目中的每位成员都编写了自身所在机构的资源采集指导书。以新南威尔士州立图书馆（State library of New South Wales）为例，它的参考资源收集准则是采集所有产生在新南威尔士州的重要资源。但该馆的主要目的并非搜集新南威尔士州的所有在线出版物和网站，而是选取其中有长期保存价值的资源。在政府出版物上，该馆仅保留新南威尔士州政府出版物的 PDF 版本。政府网站的资源中，该馆只将年度报告和其他刊物中没有的重要资源归档，并提供了有关功能、项目和研究领域的重要信息。就非政府资料而言，其归档要满足以下标准：由特殊利益集团产生的，涉及公共辩论及当前重大问题的资源；关于某一特定问题或重大事件的资源，例如新南威尔士州政府选举等。此外，根据协议约定，除了与新南威尔士州直接相关的文件，不得接受对其他机构归档的文件进行收集[11]。因此，按照 PANDORA 项目，新南威尔士州立图书馆首要优先收集、存储和揭示本州方面的网络资源，与其采访标准保持一致。

由此可见，国外对数字信息的长期保存技术的研究与应用都有了很大的发展。有些国家已经开始实施，并积累了丰富的实践经验。目前，我国在网络资源的长期保存政策上尚未取得实质性的进展，没有形成相应的政策、法规体系。而中国国家图书馆身为数字资源保存的"先行者"，其技术经验还不够丰富。因此我国应以国家图书馆为引领，制订相应的保存政策和策略，保障资源格式的有效性和资源内容的稳定性，促进网络资源保存长远发展。

以联合国特藏文献为例，笔者建议首先联系联合国各机构，确定下载的授权，选取一部分网络资源进行研究，逐步拓展。在实际操作中，对长期保存网络资源的政策、技术和标准进行总结。借助与联合国各机构的交流渠道，积极争取有版权限制但具备长期保存价值文献的相关授权，做好本地镜像处理。通过网络服务平台，利用大数据挖掘技术将实体资源与网络资源进行全方位的系统整合，推动图书馆内部云存储的相关建设，从而保证未来的用户能够一直使用这些资源。

国家图书馆联合国文献特藏资源建设工作至今已有 70 余年历史。国图作为国内联合国文献的最大收藏地，其文献信息资源建设代表着国家级水准，对中国的科学技术进步、经济社会发展具有重大的现实意义。随着图书馆逐步实现智慧化转型，我们需要顺应时代潮流，运用智能化技术，进一步扩大联合国文献情报研究的对象范围，并根据业务实践制订新的馆藏建设策略，重点拓展特色馆藏资源建设项目，同时确保读者可以永久地访问和使用本地的原生数字资源和网络资源，使联合国文献网络资源中的政治、经济等各方面资讯得以更加广泛的传递与使用，从而更好地行使智慧化转型时代背景下图书馆的特色专藏资源建设职责。

参考文献

［1］周红，陈娟.高校图书馆特色馆藏建设的现状与对策［J］.高校图书馆工作，2014（3）：49.

［2］联合国数据库［DB/OL］.［2022-03-12］.http：//data.un.org.

［3］钟静，熊忠华.图书馆的联合国文献收藏工作概览［J］.大学图书情报学刊，2011（1）：30-32.

［4］雷亮，张燕，李跃进.国际组织网络资源开发利用中的问题与对策［J］.知识、学习与管理，2011（3）：125.

［5］UN iLibrary［DB/OL］.［2022-03-16］.https：//www.un-ilibrary.org.

［6］国际组织与外国政府出版物网络资源整合服务平台［DB/OL］.［2022-03-12］.http：//www.nlc.cn/gjzzywgzfcbw/lhg_zyk/lhg_sjk/.

［7］乔洪奎.试论国际组织与外国政府出版物网络资源的长期保存策略［J］.农业图书情报学刊，2014（12）：150-151.

［8］张羽.联合国文献查询历程及可开放获取资源［J］.图书馆书刊，2013（1）：137-140.

［9］袁晓明.国内外数字资源长期保存项目研究现状［J］.情报探索，2013（7）：67-68.

［10］Statistics as at 26 June 2020［EB/OL］.［2022-03-19］.http：//pandora.nla.gov.au/statistics.html.

［11］朱硕峰.世界各国图书馆数字资源发展政策精要［M］.北京：国家图书馆出版社，2016：115-130.

从中国共产党早期报刊看马克思主义在中国的传播

王　迎（典藏阅览部）

1　中国共产党早期报刊创立的背景

毛泽东同志曾在《如何研究中共党史》一文中提出，"我们研究党史，只从一九二一年起还不能完全说明问题……从辛亥革命说起差不多，从五四运动说起可能更好"。

近代以后，由于西方列强的入侵和封建统治的腐败，中国逐渐论为半殖民地半封建社会，中华民族遭受了前所未有的苦难。许多献身于民族进步事业的爱国先驱，为了改变祖国的命运，前赴后继、不懈探索。然而，无论是反对外国侵略的战争、太平天国农民起义、还是"中体西用"的洋务运动、试图变法图强的戊戌维新运动，都由于没有找到科学的理论、正确的道路和可依靠的社会力量，一次又一次地失败了。1911 年 10 月爆发的辛亥革命，推翻了清王朝统治，结束了统治中国两千多年的君主专制制度。虽然辛亥革命没有完成实现民族独立、人民解放的历史任务，但传播了民主共和理念，极大推动了中华民族思想解放。一些先进知识分子从总结辛亥革命经验教训着手，廓清愚昧、启发理智，使广大人民从封建思想的束缚中解放出来。1915 年 9 月，陈独秀在上海创办《青年杂志》，后改名《新青年》，新文化运动由此开端。1917 年，十月革命一声炮响，给中国送来了马克思主义。在这一社会历史背景下，一大批中共早期报刊应运而生。

2　中国共产党早期报刊概况

2.1　中国共产党早期报刊诞生前马克思主义思想在国内的传播

在中国共产党早期报刊诞生之前，中国境内有些报刊上就已对马克思主义思想有所介绍。例如，1899 年 2 月《万国公报》从第 121 期开始连载英国社会学家本杰明·基德（Benjamin Kidd）的《社会进化论》，中译名为《大同学》，其中多处提及马克思，并在文中简要地阐述了马克思的一些观点。梁启超先生曾经在 1902 年 10 月 16 日的《新民丛报》第 18 号上谈道："今之德国，有最占势力之二大思想，一曰麦喀士之社会主义，二曰尼志埃之个人主义。"其中，这里所说的"麦喀士之社会主义"即今天众所周知的"马克思主义"。这也是中国人最早在报刊上提及马克思主义思想。辛亥革命爆发前，也有一些报纸和期刊上刊登过关于马克思主义学说的文章，例如在《中国日报》《社会公报》《夏声》《平民报》等上都先后发表过介绍马克思主义学说以及马克思生平的文章。但受当时时代及阶级观念等的局限，这些文章在对马克思主义思想的阐述上有许多错误的、甚至歪曲的理解，既无法真正广泛传播马克思主义思想，亦无法指导中国革命的实践。因此，为传播、学习马克思主义理论，中国进步知识分子积极组织进步团体，发行进步刊物。

2.2 中国共产党早期报刊的分布

中国共产党早期报刊的主要编辑发行中心在上海、北京、广州、长沙、武汉。如：创刊于上海的有《新青年》《劳动界》《共产党》《热血日报》《向导》《中国工人》《中国青年》《中国学生》《妇女声》等 16 种报刊，创办于北京的有《先驱》《劳动音》《工人周刊》《政治生活》等报刊，创刊于广州的有《劳动者》《青年周刊》《中国农民》《广东群报》《劳动与妇女》《珠江评论》《中国军人》《工人之路特号》《光明》《人民周刊》等14 种报刊，还有创刊于武汉的《少年共产国际》《武汉星期评论》《楚光日报》《工人导报》，创刊于长沙的《湖南全省第一次工农代表大会日刊》《新时代》《湖南民报》以及《湘江评论》等，这些都是中国共产党早期组织编辑发行的报刊。除上述报刊外，还有创办于江西的《红灯周报》、天津的《妇女日报》、厦门的《星火周报》以及开封的《中州评论》等刊物，这些都是当时宣传马克思主义思想的重要渠道。

3 中国共产党早期报刊中的代表性报刊以及其在传播马克思主义思想方面作出的贡献

3.1 中国共产党的理论刊物——《新青年》

1915 年 9 月 15 日，由陈独秀创办的《青年杂志》（《新青年》的前身）在上海创刊，它创刊宗旨是"与青年诸君商榷将来所以修身治国之道"，由此可以看出其定位并不在于政治，而主要关注点在于青年们的思想教育，致力于青年的思想启蒙和解放。

1916 年 9 月 1 日第二卷第一号的《青年杂志》正式更名为《新青年》。此时的陈独秀已经明确地指出提高普通民众的认知思想觉悟依然是当时社会最关键的事情，要想真正救亡图存，就必须要彻底开展一次反对孔教、理法和旧伦理、旧政治学制度的思想解放运动。1917 年俄国爆发了十月革命。受十月革命的影响中国先进知识分子的思想发生彻底转变，而《新青年》的革命色彩更加明显，逐渐成为宣传马克思主义思想的阵地。1919 年 5 月，《新青年》出版了一期马克思主义（研究）专号（第六卷第五号），刊发了多篇研究学习的马克思主义的文章，例如李大钊同志写的《我的马克思主义观（上）》一文，它在文中对马克思主义学说的核心内容，包括唯物主义史观、科学社会主义以及政治经济学等做出了系统详尽的阐述，并具体地描述了马克思主义在中国社会传播的情况。从不同的立场和角度对马克思主义思想及其相关理论进行了非常详细的介绍和评价，把对马克思的研究推向了一个崭新的高度。

截至 1919 年初，《新青年》在全国各地的不少新式学堂都设立代销点，很多学校的阅报室都订阅了《新青年》，国内的大中学生群体以及海外的留学生个人订阅《新青年》的非常之多。其时，群益书社翻印再出版《新青年》第一卷至第五卷的预约发售广告一登出，其预约券很快就被一抢而空。《新青年》作为学理性的马克思主义思想的宣传刊物，它可以说是马克思主义思想在中国早期传播的领军刊物，其主要面向社会上的先进知识分子和广大青年学生，向他们宣传马克思主义思想和理论，这对促进中国知识分子阶层思想观念的改变发挥了重要的指导作用。

3.2　中国共产党早期工人报刊——《劳动界》

随着中国共产党早期组织的建立，一批以工人为对象的刊物也应运而生。1920 年 8 月 15 日，上海共产主义小组创办了《劳动界》，它也是中国共产党历史上的第一份工人刊物。《劳动界》的创办就是要通过揭露资产阶级压榨劳工的丑恶罪行，从而激发了工人阶级的阶级觉悟和革命斗争意愿。

《劳动界》创刊后，李汉俊同志在《劳动界》的发刊词《为甚么要印这个报？》中写道："我们中国的工人比外国的工人还要苦。这是甚么道理呢？就因为外国工人略微晓得他们应该晓得的事情，我们中国工人不晓得他们应该晓得的事情。我们印这个报，就是要教我们中国工人晓得他们应该晓得的事情。"为了让当时的工人阶级和广大民众都看到社会当中的诸多不公平以及剥削，《劳动界》运用了非常通俗的语言来说明剩余价值形成的过程，例如季陶先生在他所写的文章《劳动者应该如何努力？》中曾谈道："一个工人一天的工作，实在应该得一块钱的，他们只给他三角钱，还有那七角钱他们便作为利钱，卷上腰包去。"简单明了且又形象地使广大劳工和群众认识到了资本家发财致富的秘密正是在于无偿占有他们辛辛苦苦用劳动赚来的剩余价值。

在传播马克思主义思想的过程当中，《劳动界》紧密围绕着"劳动"这一主题，直接面向广大劳工这一特定对象，用既简洁生动，又通俗准确的语言阐述了马克思主义思想。这份中国共产党早期刊物尽管只存在了五个多月，但它却为中国共产党探寻马克思主义思想与中国工人运动相结合的道路积累了宝贵的经验。

3.3　中国共产党早期青年报刊——《先驱》

1922 年 1 月 15 日，中国社会主义青年团的第一份机关期刊《先驱》半月刊在北京创办。它以"唤醒国民的自觉，打破因袭、奴性、偷惰和依赖的习惯而代以反抗的、创造的精神"为创刊目的，积极号召和鼓励全国的热血青年投入研究中国的实际问题中来，探索适合我们国内革命斗争的正确发展道路。

《先驱》半月刊创办之初，就与当时基尔特社会主义的拥护者进行过尖锐的思想斗争。《先驱》针对基尔特社会主义的资本主义改良理论加以驳斥，并指出中国之所以"贫困"主要原因就是帝国主义的侵略，中国要想彻底摆脱穷困和压迫，只有组织共产党，用共产主义的方法开拓实业。

《先驱》半月刊还刊登一些介绍当时的国际共产主义运动和有关俄国的文章，例如《第三国际对民族问题和殖民地问题所采的原则》《德国少年共产党在衣纳开的大会》《俄国的新经济政策》等，还出版发行了诸如"少年国际大会号"、"国际青年共产运动号"和"国际少年日纪念号"等多个专号。在"国际青年共产运动号"里面，详尽阐述了国际青年共产党的纲领，并且明确指出了国际青年共产党是第三国际的重要组成部分，其成立目的是反对军国主义的宣传以及反对各种资本主义性质的"爱国主义"活动，以此来扩大共产主义对青年们的影响，也为中国社会主义青年团第一届全国代表大会的举行做了充分的思想准备，使青年团员拓宽了眼界，振奋了他们革命精神，坚定了青年团员们对社会主义理想的信念，也为中国青年团组织开展工作提供了优秀的范本。

《先驱》半月刊的思想内涵非常丰富、逻辑严密、重点突出。《先驱》一直坚持传播马克思主义，而且在探索中国革命斗争实际问题的处理方式上也获得了重大理论成果，同时在青年团的建设与工作方面也获得了很大的发展，为中国共产党培育了众多杰出的革命后备力量，同时也对爱国主义青年运动的发展作出了相当大的贡献。

3.4 中国共产党早期农民报刊——《中国农民》《犁头周报》《湖北农民》

中国共产党成立后，以马克思主义思想为指导开展了广泛的农民运动。在国共合作期间，中国共产党投入极大的精力从事农民运动，促进了中国农民运动的迅猛发展，同时也创办了一批农民报刊。1926年1月，中国共产党与国民党左派联合创办的《中国农民》在广州公开出版发行。《中国农民》虽然是当时中国共产党和国民党左派联合创办的刊物，但是它却是在中国共产党的领导下以中国国民党中央执行委员会农民部的名义创办的指导农民运动的刊物。随着国民政府迁到武汉，《中国农民》也迁址武汉，同年12月停刊。1927年6月在复刊后出版了第二卷第一期"土地问题专号"。第二卷第2期的主要内容是关于全国农民协会成立的相关经过，并系统地记述了湖南农民运动的实际状况。

1926年1月，与《中国农民》同时出版的还有广东省农协会在广州出版的机关刊物《犁头周报》，它主要刊登一些有关农民运动的决议、宣言、计划、章程及文章等，并报道当时广东省农民运动的相关情况。同年2月，由湖北省农民协会创办的《湖北农民》在湖北武昌出版。《湖北农民》主要通过对湖北及全国重大事件的报道和评论来提高农民对中国当时政治形势的认识，并反映了当时湖北及全国的农民运动情况。它从最初5000册左右的发行量，逐步增长到最高时达到20000余册的发行量。这些农民报刊以马克思主义思想为指导，成为推进马克思主义思想与中国农民运动相结合的桥梁，在农民群众中深入宣传马克思主义思想。

4 中国共产党早期报刊传播马克思主义思想过程中遇到的困难

4.1 文章的通俗性和口语化不能满足大众实际需求

尽管中国共产党对办报刊时的通俗性以及口语化的问题早有明确的规定，要求通过通俗的、口语化的形式向广大人民群众表达和宣传马克思主义思想以及党的各项纲领和政策，但当时多数的报刊，例如《劳动界》《共产党》《向导》等，都还有文字深奥而没办法满足广大群众需求的实际问题，虽然《劳动界》在通俗性及其口语化方面作出了非常大的贡献，但是它也依然存在着有文字难懂的问题。《共产党》月刊尽管已在使用较为通俗的话语诠释发表的内容，但当文章内容一旦涉及关于马克思主义理论学说问题时，就不能保持彻底的通俗性与口语化。而《向导》一方面指出了将革命斗争思想通俗化的急迫性，指出要按照广大人民群众的实际需求出版较为通俗易懂的报刊，但另一方面却又认为"革命的理论是一回事，革命思想的通俗化又是一回事"。这充分说明了在当时兼顾革命斗争思想通俗性与严谨性、科学性的两难处境。

4.2 中国共产党早期报刊无法按期出版发行

中国共产党早期报刊大多数无法正常按期出版发行甚至常有被迫停办之情形，这为马克思主义思想在广大民众中持续性传播带来了一定的困扰。中国共产党早期报刊不能如期出版刊行有着许多方面的原因，其中最主要的原因是各方反动势力的多重压迫。例如，《先驱》半月刊从创刊起就遭到当时反动军阀政府的压迫和查封，同时由于它的出版给反动政府和帝国主义势力带来极大恐慌，在海外也遭到了查封。《中国学生》也因为国民党反革命的压迫在刊出"孙中山纪念特刊"后被迫停刊。《中国青年》也在"四一二"反革命政变之后遭到了严重的破坏。再有就是经费不足也是中共早期报刊被迫停刊的重要原因。例如《向导》起初主要依靠共产国际的经费来办刊，而中国共产党由于当时的党员少、党费有限而没有更多的经费可以投入《向导》的办刊上面。另外如《先驱》半月刊，其经费问题也是很严重的问题，在创办初期，仅前十六期的亏损就高达 700 元以上。缺少足够的经费作为出版发行的保障，中国共产党早期报刊的出版只能随机应变，导致原定的出版发行计划常常被打乱，许多报刊实际上成为不定期出版物，以致最后被迫停刊。这严重影响了中国共产党早期报刊传播马克思主义思想的持续性。

5 中国共产党早期报刊在传播马克思主义思想中的意义

5.1 中国共产党早期报刊是马克思主义思想传播的思想阵地

五四运动是马克思主义思想在中国传播的一个重要转折点，它一方面推动了中国先进分子的思想转变，同时也激发了工人阶级的爱国热情和政治意识，极大地促进了他们对马克思主义理论的理性认识和对中国革命前途命运的深入思考。中国早期共产党人李大钊、陈独秀等人为了探求救国救民的正确路线，开始研究马克思主义相关著作，他们创办了中国共产党早期报刊，将其作为宣传革命理论和马克思主义思想的文化阵地，发表了一些介绍马克思主义学说的文章，探讨如何解决社会问题的新方法，这些行为都为马克思主义思想在中国的传播奠定了思想基础。

5.2　中国共产党早期报刊是马克思主义思想传播的宣传阵地

20 世纪初在当时马克思主义论著稀缺的情况下，中国共产党早期报刊成为马克思主义思想的主要传播载体，中国共产党的早期领导人在极其艰苦和险恶的条件下，依然十分重视马克思主义理论的宣传工作。建党初期，《新青年》《向导》《共产党》等都是宣传党的路线、方针和政策的舆论阵地。中国共产党早期报刊按照当时中共中央的统一部署，依据客观实际，在重大理论和现实问题上相互声援，形成强大的宣传阵势，让群众深入了解党的政策，以获得大众的认同，推动马克思主义思想在中国的传播，同时也促进了中国革命的发展。

5.3　中国共产党早期报刊是马克思主义思想传播的斗争阵地

马克思主义思想作为先进的思想刚开始在中国传播时，要同各种思潮进行斗争。中国共产党早期报刊之间的互动争鸣对马克思主义思想在中国的传播起到了促进作用。马克思主义者与反马克思主义者以报刊为斗争阵地展开了三次激烈的思想论战。这些论战使得错误的思想受到了严厉批判，马克思主义思想科学理论最终得到了认同，为马克思主义思想在中国的广泛传播铲除了思想障碍。

参考文献

［1］李汉俊 . 为甚么要印这个报？［J］. 劳动界，1920（1）：发刊词 .

［2］王玉 .《新青年》"马克思主义专号"研究综述［J］. 党政论坛，2018（11）：58-60.

［3］发刊词［J］. 先驱，1922（1）：1.

［4］徐信华 . 中共早期报刊对马克思主义大众化的推进［J］. 党的文献，2012（2）：55-59.

［5］李伏清，王向清 . 论《共产党》月刊与马克思主义中国化［J］. 马克思主义研究，2013（10）：65-71.

科研范式变革环境下智慧图书馆知识服务研究

——以材料领域为例

张秀丽（参考咨询部）

2007 年，吉姆·格雷（Jim Gray）提出科学研究经历了经验范式、理论归纳范式、计算模拟范式三大阶段，正在形成第四范式，即数据密集型范式。第四科研范式强调充分利用大数据处理技术，对经验科学和计算机科学产生的数据进行分析，发现不同数据之间隐含的规律，发现符合科研需求的资源[1-2]。2012 年，微软研究院与中国科学院文献情报中心等机构联合出版了《第四范式：数据密集型的科学发现》[1]，指明了数据密集型环境下的科研发展之路。由此，第四科研范式引起了图书情报界的重视。在这一基础上，2015 年，黄如花提出图书馆应充分利用自身数据存储、采集、挖掘和分析的专业优势，将传统的被动参考咨询服务转变为主动高效的知识咨询服务[3]。

1 科研范式变革

传统科研范式强调求证、确定性和因果关系。大数据和人工智能技术可在未经还原和不破解机制与因果关系的前提下发现新的规律。这使得假设驱动的实验研究转变为数据驱动的研究。传统的科研范式开始逐渐被打破[4]。

1.1 AI 技术加速科研范式变革

第四科研范式最显著体现在人机有效融合等科研方面。如在材料学科中，AI 模型成为科学发现中的推理主力，实验装置也在向全自动化迈进[5-6]。美国材料基因组计划的核心内容就是建立高通量材料计算方法、高通量材料实验方法和材料数据库[7]。2016 年，机器学习和人工智能开始应用到材料基因工程领域[8]。2015 年，我国启动了"材料基因工程关键技术与支撑平台"的国家重点研发计划，构建材料高通量计算平台、高通量实验平台和数据库平台，以材料需求为导向设计材料结构[5]。

1.2 科研范式变革带动新学科发展

科研范式的变革带动了交叉科学的发展。2020 年，国家自然科学基金委员会正式成立交叉科学部，探索建立交叉科学研究范式[9]。

材料学领域采用组合材料科学、高通量计算等方法产生了大量结构和性能数据，需要科学的数据分析和挖掘方法来揭示隐藏的知识和规律，材料信息学应运而生。材料信息学的实质就是材料集成设计和材料数据库平台的搭建以及材料领域的大数据分析。其研究方向侧重数据产生、数据管理和知识发现。材料数据库是材料信息学研究中的一大重点，包括基础性能和信息数据库。基础性能数据库主要包括机械性能、晶体结构、热力学动力学数据和物理性能；信息数据库则利用先进的信息技术，从文献、互联网等各个渠道中提取和管理材料数据，包括生产工艺数据、性能数据和服役性能等[9]。

1.3 科研范式变革改变科学知识获取方式

以往科学研究发现是科学家在假设生成与验证的循环过程中产生的。在新的科研范式下，智能科学家将与人类科学家合作参与科研场景。智能科学家通过学习大量的论文、专利、报告、实验数据等半结构或非结构化数据，掌握现有知识；经过数据处理、知识表示和推理后，形成新的知识产品[5]。智能科学家理解和掌握知识的过程中最重要的基础是数据汇集、抽取及关联。这也正是图书情报机构开展相关服务的基础性优势。

2 科研范式变革环境下智慧图书馆知识服务发展趋势

科研范式变革带来的知识获取方式的改变，为图书情报机构开展知识服务带来了巨大的机遇和挑战。

智慧图书馆的特征包括知识资源的全网立体集成和知识服务生态链条的全域连通，其更强调主动和更加专业、精准的知识信息服务。"全国智慧图书馆体系"建设项目将支持"人工智能＋数据"驱动的分众化知识发现与知识服务[11]。知识服务是智慧图书馆的重要特征和核心价值体现，是"全国智慧图书馆体系"建设的重要内容和最终目标；全国智慧图书馆体系是知识服务得以践行的重要支撑。"全国智慧图书馆体系"项目的建设和实施，将进一步推进知识服务的智能化发展，加速科研范式的变革。

2.1 服务对象：智能科学家将成为新的服务对象

未来，智能科学家将成为研究机构中基础设施的重要组成部分。智能科学家将发展为新型服务对象，促使知识服务从过去强调知识组织和知识体系构建研究，转向深层次知识发现与推理研究，以支持智能科学家发现人类科学家难以发现的隐性知识[12]。

2.2 服务需求：文献和数据需求数量级增大，细粒度数据成刚需

人类科学家阅读能力和时间有限，其在某一阶段的文献需求数量通常在百、千篇以内，甚至更低；智能科学家，百万级的海量数据和文献是其掌握学科知识、开展科研工作的基础。新科研范式下，海量数据已经成为重要的科研基础设施，同时科技文献也仍是重要的科研基础设施[13]。

AI智能科学家学习和获取知识，主要通过精细的监督训练和相对粗放的无监督训练，训练集分别为结构化科研数据和科技文献。监督训练以结构化的数据为基础，

AlphaGo 模型针对任一化合物，可以在 5.4 秒内给出反应路径[5, 14]，其训练的基础是 Reaxys 化学反应库中的 1240 万个格式化的化学反应数据；无监督训练主要以科技文献为基础，进行自驱动学习。集文献阅读与有机合成为一体的机器人化学家[5, 15]，将科技文献转化为化学描述语言下的反应序列，再转化为可执行的机械手指令，进而自动合成化学反应，实现了化学机器人自主看文献并自主进行实验操作的功能[5]。

2.3 服务资源：数据集等新型资源快速发展

数据、软件、视频、编程代码正成为科技信息的重要组成部分[16]。我国的科学数据银行（Science Data Bank）关联了与科学论文密切相关的表格、图片、软件代码、材料结构、实验流程等科学数据，使数据具备可发现性、可重用性和可操作性[5]。

智能科学家学习掌握知识、开展科研活动的基础是有充足可靠的数据集。数据集型知识库建设主要有两个途径。一是由文献内容深加工形成，如 SciFinder、Springer Materials、Adis Insight、Reaxys、Knovel、Clinical Key 等数值型数据库，都是在文献深加工的基础上实现了化学反应、材料性质等知识内容的汇聚；二是统计、模拟和实验数据积累的数据集[16]。

材料领域数据库主要记录材料的结构、性能数据。如美国国家标准技术院建设的 Materials Data Facility[17-18] 收集的实验和模拟数据量已达到 45TB；Materials Project[19-20]、OQMD[21] 和 AFLOWLIB[22] 等通过第一性原理高通量计算收录了超过 280 万种化合物数据；MatWeb[23] 提供了包含金属、高分子、陶瓷和复合材料等超过 13.5 万种材料的数据库。OQMD、AFLOW 和 NOMAD[24] 等数据库均引入了机器学习算法，加速材料知识的挖掘。另外，还有一些专用的晶体结构、拓扑材料、相图数据库等。

我国的国家材料科学数据共享网，汇集了全国 30 余家科研单位的数据，整合了超过 60 万条各类材料科学数据[25, 28]。中国工程科技知识中心平台，为用户提供高分子材料数据集、药物数据集、地质资料数据集、环境监测数据集等多个领域的计算和实验数据集。

第四科研范式的兴起激励图书馆的数据资源不断拓展与融合。中国、美国、英国等国家图书馆已将社交媒体数据纳入图书馆数据资源范畴[3]。进入智慧图书馆发展阶段，图书馆资源建设将进一步实现对网络原生资源、科学数据、开放存取资源、个人创作资源等多源知识内容的统一加工揭示、自动语义关联和集成管理服务，形成覆盖全网的立体化知识资源体系[11]。

2.4 服务平台：知识服务平台开放化、关联化、智能化发展

科技和图书馆界正在合作将传统数据资源与大数据资源进行融合、关联，并以知识服务平台的方式向用户开放，为数据的挖掘利用提供支撑。知识服务平台正朝着开放化、关联化、智能化方向发展。

在科技界，由中国工程院负责建设的中国工程科技知识中心平台，是以跨领域专业

数据融合与深度知识挖掘为目标的公益性、开放式的资源集成和知识服务平台。其数据来源包括了数字图书馆、各类专业数据库、档案馆、展览馆、博物馆、出版机构、实时媒体、物联网数据、互联网数据等多种来源与渠道[29]。资源类型包括文献、数值、工具（事实）、行业报告等。中国工程科技知识中心平台通过共性知识技术对各种数据源进行数据抽取、数据打通和数据融合，实现了不同类型数据资源的初步打通；可提供语义检索、关联分析等基础知识服务，并集成了各专业分中心建设的文献结构化工具、分词工具、实体识别工具、自动报告生成工具、通用知识图谱工具等超过 100 个专业应用。

在图书馆界，Alma、Sierra、Kuali OLE、WMS、Intota、Open Skies 以及 FOLIO 等强调关联性和开放性的图书馆服务平台被广泛应用。这些采用"以用户为中心"的设计理念，基于下一代图书馆服务平台（LSP）的资源发现系统，可灵活实现各类资源的收割、获取，结合元数据统一检索和联邦检索，实现多系统、多平台资源的揭示和发现[30-31]。

2.5 服务生态：跨界融合、开放共享的理念广泛认同

新科研范式下图书馆要主动搭建高度开放、集成、共享的知识服务环境，完善多元参与、开放共享、互利共赢的社会化合作机制[32]。图书情报界正以更加积极和开放的心态营造知识服务新生态。为适应数据密集型科研范式，学术期刊要求数据开放共享：①要求标明数据出处，使读者能够访问；②要求将数据存储到特定的数据存储库[2]。中国工程科技知识中心平台由中国工程院牵头联合 25 家研究院、情报所、行业信息中心及协会、学会、企业等协建单位共同建设，采用联盟机制协同开展领域资源建设和专业知识服务[29]。

2.6 服务模式：以知识组织为核心的知识解决方案服务引领模式创新

数据密集型科研范式要求图书馆服务，从传统的资源查询、借阅服务，向深层次的数据挖掘、数据关联和数据应用发展[33-34]。

中国科学院知识服务平台，将知识组织、数据长期保存和数据服务等新型数据资源作为智慧化服务产品。知识组织服务包括知识图谱等技术服务和专题知识组织咨询服务，咨询服务涵盖机构知识组织现状调研、知识组织体系构建方法培训、知识组织解决方案和原型系统建设等内容；数据服务包括科技大数据检索发现 API 服务，科技大数据多元数据融合、科技情报统计分析与计算服务等[35]。

进入智慧图书馆发展阶段，图书馆提供的服务正进一步向知识生产、传播、消费等全生态链条延伸、拓展[11]。

3 科研范式变革环境下国家图书馆科技咨询服务发展对策

国家图书馆科技咨询服务的对象以自然科学领域的重点科研生产教育单位为主。科

研范式的变革和智慧图书馆建设的推进，对科技咨询服务提出了更高的要求，迫切需要将传统的文献服务转向智慧化的知识服务。

3.1 找准自身在新型科研生态中的定位，参与营造开放共享的知识服务生态

加强与数据资源商、技术工具提供商、图书馆界同行、服务用户、专业人才的联系，在信息组织、揭示、整合、发现、分析、应用，服务产品的设计与推广，服务规范与标准的制定等方面深入合作。特别是加强与专业领域图书情报服务机构以及图书馆内其他部门的合作。借助科研范式变革和智慧图书馆发展的契机，转型升级为包含但不限于多元的知识汇集、知识挖掘、知识加工、知识组织、知识呈现的知识内容解决方案提供者。

3.2 强化自身知识服务能力建设

持续跟踪国内外重要科技战略、重点项目、重点学科以及图书情报界的发展。在智慧图书馆建设中基础设施和技术升级的基础上，强化知识的汇集、组织、呈现和管理相关的技术能力，进一步扩大信息工具、知识工具的应用。练好基本功，保持在文献发现方面的优势，掌握数据集等新型资源的发现和利用方式。进一步增强馆员的综合知识服务能力，建设一支具有科技领域专业知识、数据和知识服务思维和技能的复合型馆员队伍。

3.3 引导用户挖掘潜在知识需求，优化服务产品和模式，促进知识共享与传播

新科研范式下，科研过程以源头设计为理念、以应用为导向、以大数据分析和人工智能推理为方法，其对文献信息、数据和知识的需求是细粒度的潜在深层需求。大部分专业领域的科研用户，对相关的知识服务资源、工具和应用比较陌生，亟需馆员的引导和辅助。馆员有责任挖掘其潜在的知识需求。通过创新知识服务模式，构建完整的知识服务体系，为用户提供更加开放、便捷、有用的知识服务产品。创新知识共享和传播的方式，将科技知识共享与传播常规化、制度化，促进科技知识共享与传播。

数据密集型科研范式推动图书馆从以文献为主体向知识发现为中心转型，智慧图书馆建设加速推进了这一进程。在新的环境下，图书馆咨询服务的对象、需求、依托的资源和平台、服务产品和模式以及赖以生存的服务生态环境都迎来了深刻的变化。图书馆人正在以更加开放、包容的姿态，以不断增长的创新动力，投入智慧图书馆知识服务的实践探索，汇聚、挖掘、组织馆藏资源，生产更有价值的知识产品，推动社会智慧的提升。

参考文献

[1] 第四范式：数据密集型的科学发现 [M].潘教峰，张晓林，译.北京：科学出版社，2012.
[2] 张培风，张连分.全球科研范式变革下的图书馆科学数据管理服务创新：基于数据管理生命周期

的视角［J］.图书馆理论与实践，2019（5）：39-48.

［3］黄如花，李白杨.数据密集型科研环境下的知识组织与导航模式研究［J］.图书馆学研究，2015
（11）：51-55.

［4］韩启德.学科交叉与现代科学范式转移：在全国首届前沿交叉学科论坛暨前沿交叉研究院联席会
上的讲话［J］.大学与学科，2021（1）：1-4.

［5］孙蒙鸽，黄雨馨，韩涛，等.科研智能化新趋势下知识服务的挑战与机遇［J/OL］.［2022-05-28］.
http：//kns.cnki.net/kcms/detail/61.1167.G3.20211208.1436.008.html.

［6］COLEY C W，THOMAS D A，LUMMISS J，et al. A robotic platform for flow synthesis of organic
compounds informed by AI planning［J］. Science，2019，365（6453）：557-567.

［7］林海，郑家新，林原，等.材料基因组技术在新能源材料领域应用进展［J］.储能科学与技术，
2017（5）：990-999.

［8］DE PABLO J J，JACKSON N E，WEBB M A，et al. New frontiers for the materials genome initiative［J］.
Npj computational materials，2019（1）：776-798.

［9］拥抱变革、谋划变革、适应变革——"科研范式变革"专题研讨会会议综述［J］.大学与学科，
2021（3）：123-129.

［10］王卓，王礞，雍歧龙，等.材料信息学及其在材料研究中的应用［J］.中国材料进展，2017（2）：
132-140.

［11］饶权.全国智慧图书馆体系：开启图书馆智慧化转型新篇章［J］.中国图书馆学报，2021（1）：
4-14.

［12］罗立群.构建高端交流平台应加强情报智慧服务能力建设［J］.数字图书馆论坛，2021（3）：
27-31.

［13］杜鹏，沈华，张凤.对科学研究的新认识［J］.中国科学院院刊，2021（12）：1413-1418.

［14］MARWIN H S，PREUSS M，WALLER M P，et al. Planning chemical syntheses with deep neural
networks and symbolic AI［J］. Nature，2018，555（7698）：604-610.

［15］MEHR S H，CRAVEN M，LEONOV A I，et al. A universal system for digitization and automatic
execution of the chemical synthesis literature［J］. Science，2020，370（6512）：101-108.

［16］陈煦，徐宏宇，杨荣斌.基于内容、平台、范式的科技信息高端交流平台思考［J］.数字图书馆
论坛，2021（10）：2-7.

［17］BLAISZIK B，CHARD K，PRUYNE J，et al. The materials data facility：data services to advance
materials science research［J］. Jom，2016，68（8）：2045-2052.

［18］BLAISZIK B，WARD L，SCHWARTING M，et al. A data ecosystem to support machine learning in
materials science［J］. MRS communications，2019，9（4）：1125-1133.

［19］GUNTER D，CHOLIA S，JAIN A，et al. Community accessible datastore of high-throughput
calculations：experiences from the materials project［M］. //2012 SC companion：high performance
computing，networking storage and analysis. Salt Lake：IEEE，2012：1244-1251.

［20］JAIN A，ONG S P，HAUTIER G，et al. The Materials Project：a materials genome approach to
accelerating materials innovation［J/OL］. Apl materials，2013，1（1）：011002-011002-11.
https：//doi.org/10.1063/1.4812323.

［21］SAAL J E，KIRKLIN S，AYKOL M，et al. Materials design and discovery with high-throughput

density functional theory：the Open Quantum Materials Database（OQMD）［J］. Jom，2013，65
（11）：1501-1509.

［22］CURTAROLO S，SETYAWAN W，WANG S，et al. AFLO-WLIB.ORG：A distributed materials properties repository from high-throughput abinitio calculations［J］.Computational materials science，2012，58：227-235.

［23］高志玉，刘国权.在线材料数据库进展与 NIMS/MatWeb 案例研究［J］.材料工程，2013（11）：89-96.

［24］DRAXL C，SCHEFFLER M. NOMAD：The FAIR concept for big data-driven materials science［J］. MRS bulletin，2018（9）：676-682.

［25］郭佳龙，王宗国，王彦棡，等.基于计算机技术的材料研发方法概述［J］.数据与计算发展前沿，2021（2）：120-132.

［26］李姿昕，张能，熊斌，等.材料科学数据库在材料研发中的应用与展望［J］.数据与计算发展前沿，2020（2）：78-90.

［27］杨丽，苏航，柴锋，等.材料数据库和数据挖掘技术的应用现状［J］.中国材料进展，2019（7）：672-681，650.

［28］郝梓凯.高性能晶体材料和有机框架材料检索数据库［D］.合肥：中国科学技术大学，2021.

［29］中国工程科技知识中心建设发展报告（2012—2016）［EB/OL］.［2022-03-30］.http：//www.ckcest.cn/home/res/201705012.pdf.

［30］李娟，张雪蕾，杨峰.基于实证分析的下一代图书馆服务平台选择策略：以 ALAM、Kuali OLE、OCLC WorldShare 和 Sierra 为例［J］.图书与情报，2017（3）：84-92.

［31］赵志耘.深刻理解和诠释"高端交流平台"的内涵与战略意义［J］.数字图书馆论坛，2021（3）：1-2.

［32］饶权.面向智能化时代的图书馆事业转型发展［N］.新华书目报，2020-12-25（22）.

［33］朱维乔.面向数据密集型科研范式的科学大数据服务平台构建研究［J］.图书馆学研究，2017（13）：22-25.

［34］江波.面向数据密集型科研范式的数字图书馆参考咨询服务研究［J］.农业图书情报学刊，2018（9）：161-164.

［35］中国科学院知识服台.数据资源［EB/OL］.［2022-03-30.］https：//www.las.ac.cn/front/dataCenter/dataResources.2021-05-27/2021-05-27.

基于知识服务的图片查询服务探析

——以国家图书馆为例

马新蕾（参考咨询部）

知识服务是以信息知识的搜寻、组织、分析、重组的知识和能力为基础，根据用户的问题和环境，融入用户解决问题的过程，从而有效支持知识应用和知识创新的服务[1]。当前，人类社会正在经历一场以人工智能、大数据、云计算、物联网、区块链、5G 等技术为引领的新一轮科技和产业革命，图书馆亟须向智慧化转型，为社会提供更便捷高效、更具智慧化的信息与知识服务[2]。图片查询服务作为图书馆知识服务的典型表现形式，它的服务内容、服务模式、服务手段和形式也在不断创新和发展中。

图片包括图、画和照片等。图指的是绘制出来的形象。画指的是用笔描摹的以线条色块构成的形象。照片指的是用感光纸印制成的人或物的图片。国家图书馆图片查询服务历史悠久，其中较具影响力的图片查询服务案例有：1961 年，查找明代凤冠的侧面图，为考古专家们复原定陵出土的凤冠残件提供了重要的史料依据；1976 年 9 月，为兴建毛泽东纪念堂提供相关书刊资料和图片；1985 年，为"印度医疗队在中国"图片展提供图片资料，该展览在印度展出后，受到印度政要和各界人士的热烈欢迎；1989年，为亚运会组委会提供有关国家城市环境、文明教育等方面的图片文献资料；2006年，受解放军某部委托，为其提供中国古代和近代军戎图片；等等。这些服务包含了图书馆参考咨询馆员大量的智力和体力劳动，具有极高的知识附加值。早期图片查询服务的特点是偶发、零碎、被动、面向文献信息的服务，而非大量、持续、主动、面向用户的服务。

近十年来，国家图书馆图片查询服务呈现爆发式增长的态势，拥有了稳定的用户群体，形成了品牌效应，产生了良好的社会价值和经济价值。对国家图书馆图书查询服务的梳理和反思有助于促进该服务的智慧化转型，也有助于图书馆在未来开展参考咨询服务时扬长避短，促进图片查询服务的发展。

1 图片查询服务的难点

大数据时代数字图片的资源量迅速增长，人们已由读文时代逐步进入读图时代。公众日益重视图片资源的价值，对图片资源的需求也在不断增加。然而，图片查询服务是一项比较难的知识咨询服务，具体原因如下。

1.1　海量的图片资源极易造成知识获取障碍

图片资源浩如烟海，仅就资源量而言，已堪称汗牛充栋。独立的图集、摄影集、画报、书画作品集中均有大量的图片资源，各类文献里面的图片资源更是如恒河沙数，不可胜计。面对海量的图片资源，如何从中挖掘出有价值的知识，为用户提供及时、精确的服务成为一项富有挑战性的任务。

1.2　分散的图片资源导致知识获取的碎片化

图片资源来源非常分散，庋藏于不同新闻出版机构、网络、图书馆、档案馆、博物馆、纪念馆、教学研究机构与私人手中。仅就老照片数据库而言，其数量庞大而又分散，而且彼此之间缺乏关联。常见的老照片数据库如：国家图书馆的"前尘旧影"数据库、上海图书馆的"图述百年——中国近代文献图库"、美国杜克大学图书馆收藏的西德尼·D.甘博（Sidney David Gamble）所摄有关中国的照片资料、大英图书馆发布在Flickr上的照片资源、东洋文库所藏关于中国的各类照片资料，等等。丰富而分散的图片资源，难以形成系统、有序和相互关联的知识体系。

1.3　图片描述的语义鸿沟成为图片查询的难题

图片元数据的描述包括底层视觉特征层和高层语义特征层的描述。底层视觉特征层包括图片的颜色、形状以及纹理等特征信息的描述。高层语义特征层包括对图片的自身属性、空间属性、场景属性、行为属性和情感属性等的描述。由于缺乏面向领域的有效的数字图片描述方法规范，图片底层特征与高层语义之间存在明显的"语义鸿沟"，导致图片内容信息的语义标注工作障碍颇多，基于语义的图片检索和图片内容的语义计算不能达到理想效果[3]。

2　近十年来国家图书馆图片查询服务工作

2.1　服务概况

根据对国家图书馆社科咨询组档案的不完全统计，近十年国家图书馆完成了将近70个图片查询项目，提供图片数量超过5000幅。这些图片查询项目题材广泛，涉及历史、政治、经济、人物等多个领域。项目领域分布详见图1所示。

这些项目的内容紧密贴近时事热点。例如：在2021年中国共产党成立100周年之际，国家图书馆参与了纪录片《山河岁月》《敢教日月换新天》以及文艺演出《伟大征程》的图片搜集工作；2021年也是中华教育改进社成立100周年，国家图书馆接受委托完成了中华教育改进社相关图片查询项目。许多项目内容也和当时国家的大政方针密不可分。例如，2013年我国提出"一带一路"合作倡议之后，相关专题的委托日益增多。

此外，图片查询项目用途各不相同，其中以展览为目的的图片查询项目数量占52%。用户群体中，公司委托项目高达36%。这些公司多以承接展览为主要业务，图片使用目的也主要是举办展览，相关情况详见图2、图3。

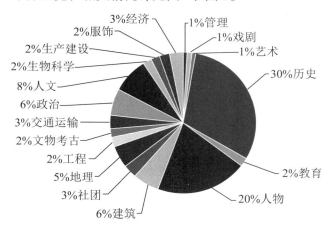

图1　图片查询项目涉及领域分布

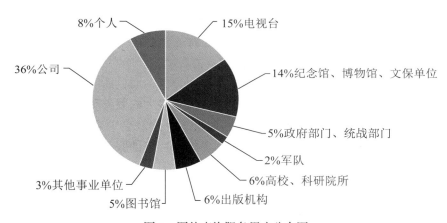

图2　图片查询服务用户分布图

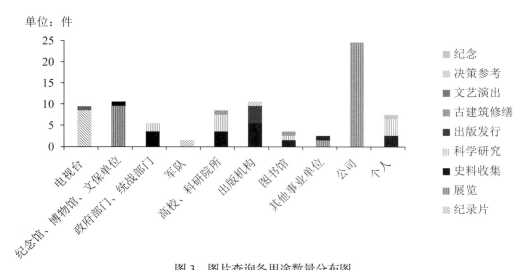

图3　图片查询各用途数量分布图

除为党政军、企事业单位和科研机构服务外，国家图书馆非常重视对个人用户提供高质量的知识服务。很多个人用户尤其是老年人检索能力差，一些地方用户信息资源获取不够便利，为这些用户提供泛在的知识服务显得尤为重要。

2.2 成效反馈

依托国家图书馆的资源优势和咨询馆员的专业素养，国家图书馆的图片查询服务成效显著，主要表现在以下三个方面：

2.2.1 品牌效应明显

国家图书馆图片查询服务的知识附加值很高，可模仿性差，竞争力很强，形成了品牌效应，其为大型纪录片、展览、纪念活动提供图片资源支撑的服务已经非常成熟。近十年，国家图书馆一共承接了9个大型纪录片和1个文艺演出的图片查询项目，内容涉及建党、建国、长征、抗日战争、抗美援朝等多个领域，这些纪录片均为中央部委牵头制作的精品力作，在电视台的黄金时段播出后社会反响热烈。国家图书馆为展览馆、纪念馆以及各类公司提供的图片支撑服务项目更是多达34个，除为常规展览开展服务外，更是参与了一些主题展览馆、纪念馆的创建全过程。

2.2.2 用户群体稳定

国家图书馆图片查询服务拥有广泛而稳定的用户群，而且能够持续吸引新的用户加入。许多电视台和业内知名公司每年都会委托开展一些大的服务项目，各类博物馆、纪念馆和文保单位也是我们服务的重要用户。此外，许多社会公众在找不到想要的图片时，也会转而寻求国家图书馆的支持。国家图书馆图片查询服务的用户满意度、忠诚度很高，用户常把寻求国家图书馆的帮助作为他们获取图片的重要途径。

2.2.3 社会效益高

图片是社会生活的瞬间记录，是历史的再现，是科学研究的依据，是古建筑维护与修缮的资料保障，是公众了解世界的一个窗口。图片查询服务为各类纪录片、展览、出版等提供了有效的资源服务，能为我国社会的精神文明建设提供信息资源，有助于提升图书馆的社会影响力。

3 国家图书馆图片查询服务的知识特性

3.1 坚持用户需求导向

在以帮助用户解决问题为根本的知识服务中，加强对用户需求的分析与研判已成为提供专业化知识服务的基础，而将用户需求转化为图书馆的服务目标则是增强用户黏性，提高知识服务能力和服务成效的重要体现。

3.1.1 提供个性化的知识服务

在泛在知识环境下，人们更希望获取到个性化、精准化、高价值的信息和知识。用户会对图片质量、图片拍摄时间、拍摄角度、图片内容和图片扫描像素等有严苛的要求。咨询馆员需要通过多种途径、多种资源协同检索的方式，将海量的资源与用户需求精准匹配，为用户提供适量的、可供筛选的图片资源，再根据用户选择的结果提供高清图片扫描件，以满足用户制作纪录片、展板、出版等需要[4]。

以纪录片为例，咨询馆员会与分集导演一对一精准对接，确认并挖掘用户需求，设计个性化的检索策略。纪录片拍摄的特殊流程、审片限制等不可控因素较多，用户需求会不断调整，咨询馆员都会尽量满足。此外，多数图片包含丰富的语义信息，增加了查询难度。如有用户想要寻找"1840—1917年间上海外滩带小天使雕像的鸟瞰图"，然而上海外滩的老照片很多，同时满足1840—1917年间拍摄、鸟瞰视角并且有小天使雕像（即欧战胜利纪念碑）三个条件的老照片则少之又少。最终，咨询馆员根据丰富的检索经验，利用馆藏目录查询系统和全文知识发现系统，找到了与之匹配的照片。

3.1.2 参与到用户解决问题的全过程

在图片查询服务中，咨询馆员应主动融入用户的信息需求环境之中，为用户提供嵌入式的知识服务，与用户建立融入信息获取全过程的合作伙伴关系，帮助用户解决面临的问题，以发挥信息专业人员、咨询决策支持专家、智库专家、知识服务专家的作用。这一过程可细分为项目洽谈阶段、项目策划阶段、项目实施阶段、产品呈现阶段和成果反馈五个阶段。

例如，在辛亥革命100周年之际，某单位拟举办"辛亥革命与台湾同胞"图片展，委托国家图书馆查找相关资料。在项目洽谈阶段，咨询馆员与用户密切沟通，分析用户需求。用户希望借此机会向世人展示海峡两岸同胞为着中华民族的振兴和统一而共同奋斗的历史，宣传两岸同胞命运与共的骨肉亲情。这一主题非常宏大，需要翔实的史料和图片支撑。用户手头已有的资料零散，对于展厅的陈列设计还没有成型的思路。

在项目策划阶段，咨询馆员深入研读辛亥革命的相关资料，和用户达成了两项共识：一是尽可能把相关人物资料找全；二是用辛亥革命的重大历史事件和时间节点来贯穿人物线索。

在项目实施阶段，咨询馆员全面收集相关资料，并对庞大的文献资料进行分类、整理、汇总、研判。随着文献整理工作的进行，史料逐渐立体丰满，咨询馆员对这段历史的脉络有了清晰的把握，对展览的策划陈列也有了明确的构思，通过与用户多次沟通，合作完成了策划大纲。

在产品呈现阶段，为用户提供了完整的、系统的史料汇编，挖掘出很多被用户忽视的细节，并提供了近200张图片资料，以及对陈列设计提出了建设性意见，得到了用户的高度认可。

在成果反馈阶段，一方面，此次图片展受到社会各界和媒体的广泛关注；另一方面，用户高度肯定了咨询馆员的专业化水平，特邀我们作为嘉宾参加座谈会并参观图片展，并且在相关纪念图册上不吝笔墨专程致谢国家图书馆。

在这个项目中，咨询馆员参与到收集图片、撰写方案、展览设计、现场布展的全过程，形成了"目标驱动→面向用户→面向解决方案"的服务模式。

3.1.3 挖掘用户的潜在需求

满足用户需求不能停留于用户的表面和现实需求满足上，不能将用户的需求简单化，而是应建立在对用户内在和隐性需求的挖掘和分析上[5]。国家图书馆咨询馆员在满足用户基本需求的基础上，根据不同用户主动推送图片查找服务、文献分析服务、专题数据库建设服务等，用户往往会被咨询馆员的专业性所说服，信任并采纳咨询馆员的建议。

例如，2022年初，国家图书馆接到某技术设备进出口公司的委托，查询公司成立以来各大新闻媒体的报道资料。咨询馆员经过与用户沟通和查阅资料了解到，该公司已有将近70年的历史，累计完成重大技术装备进出口项目、国际工程承包7500余项，为国家作出了突出贡献。为此，咨询馆员建议用户把媒体报道扩大到重点承办项目的报道上，并增加图片查询服务。该公司欣然采纳。

3.2 注重对知识的深度挖掘和整理

查找图片的过程就是对各种馆藏信息资源、开放获取资源以及优质的互联网资源进行深度知识挖掘和知识发现的过程，隐性知识是知识挖掘与发现的重要对象。著名历史学家傅斯年所说的"上穷碧落下黄泉，动手动脚找东西"就是对这一过程的生动诠释。

咨询馆员在查找北平图书馆旧址的建筑图片时，除了从北平图书馆角度出发查询外，也从当年的项目资助方（中华教育文化基金董事会）、承建单位、相关人物、建筑史、北京历史、老照片等多个角度深入挖掘，并且从当年的国立北平图书馆馆务报告和年报、中华教育文化基金董事会年报、民国报刊、回忆录、档案馆等途径整理出大量有关北平图书馆旧址的建筑史料。考虑到这一建筑的建筑设计师莫律兰（V. Leth-Møller）是丹麦人，以此为线索，咨询馆员在庆祝新中国和丹麦建交70周年展览的网络报道中还找到了两张珍贵的建筑设计图[6]。

3.3 重视知识的内在关联

事物之间存在多角度、多层次的知识关联，知识关联作为呈现知识特征和关系脉络结构的重要维度，在知识发现中举重若轻。对于缺乏明确发现路径的"弱信息"需求，可以通过快速发现和关联大量知识内容，梳理复杂问题领域的知识点及其结构、鉴别和确认问题，从而找到解决途径。

例如，新中国首任军委总后勤部部长杨立三逝世后，周恩来总理亲自为他执绋引棺送灵。为查找相关资料，咨询馆员翻遍了有关周总理和杨部长的资料，都没有找到相关照片，于是又仔细研读文献，发现当时为杨立三执绋引棺送灵的领导人不少，左边一列是以周恩来为首的党和国家领导人，右边一列是以彭德怀为首的将帅[7]，于是又以彭德怀作为线索来查找，果然就找到了这张珍贵的照片。

3.4 打破资源限制壁垒

在开展传统的咨询服务时，咨询馆员大多是从图书馆馆藏文献中查找信息。而在知识时代，咨询馆员需要打破馆藏局限，挣脱物理空间束缚，综合利用传统文献、各种类型的原生数字资源、虚拟馆藏以及互联网的优质资源进行全方位的图片查找。

例如，2014年9月中旬，在中央打算恢复国宾摩托护卫队之际，某部队委托国家图书馆查询国内外国宾摩托护卫队的装备、队形等资料。接到任务后，咨询馆员仅仅用了四个小时，通过网络、视频网站、文献资料、数据库等途径，检索并整理出20余份翔实的文字、图片和视频资料提供给相关部门使用。2014年10月21日，时任坦桑尼亚总统基奎特访华时，全新的国家摩托护卫队精彩亮相，这里也少不了国家图书馆咨询服务的贡献。

4 图片查询服务存在的问题和发展建议

国家图书馆图片查询服务存在一些问题，如：缺乏开放共享的知识平台，注重人力劳动轻视新技术的学习和应用，营销手段还停留在通过图书馆官网、微信公众号宣传的简单营销方式。因此，国家图书馆图片查询服务需要从以下四个方面提升知识服务能力。

4.1 促进图片查询服务向智慧化转型

图片查询服务向智慧化转型，需要资源建设的智慧化、服务手段的智慧化、呈现方式的智慧化等多方面的支撑。首先，图书馆资源建设要从单纯的数字化和简单的资源揭示走向深度的资源揭示和知识关联、知识图谱等知识化的处理方向。例如，大英图书馆努力将整个英国国家书目以关联数据方式组织和发布，而且大英图书馆的元数据战略路线图努力支持整个馆藏可计算和智能化[8]。其次，利用大数据技术进行用户行为数据的收集与分析工作，构建用户画像数据库，以便精准地判断用户所需的知识，满足用户个性化的需求。再次，要将基础性服务转移给智能化工具，利用图片自动化扫描与识别、图片语义标注、智能化图片搜索系统等技术来实现图片的智能存储和检索。最后，利用数据分析工具和可视化工具将图片服务产品以更好的方式呈现给用户。

4.2 加强产品营销，树立知识服务品牌

图书馆要提升在智慧社会建设中的地位，提高社会影响力，必须要加强自身的营销活动。要灵活利用实体场馆、网络平台、社交媒体、移动终端等多种渠道，通过发放宣教手册、组织在线讲座、典型案例分享、撰写公众号、制作小视频等多形式将品牌优势广而告之。要重点关注党和国家、社团和机构的重大纪念活动，主动向目标用户推送精准、优质的服务。建立科学的反馈评价机制，扩宽信息反馈渠道，制定定期反馈制度，和用户紧密互动，提升用户对图书馆专业知识服务能力的认可度和信赖度。

4.3 提升服务能力

图片查询服务质量与咨询馆员的知识储备和专业能力密切相关，相关背景知识和检索经验越丰富的馆员完成咨询服务的能力越强。咨询馆员需要丰富知识储备，加强自身专业化学习，熟悉馆藏和多元化的信息源分布。利用数据挖掘、人工智能、数据分析工

具和可视化工具等新兴技术和手段，更精准快捷地满足不同用户的需求，进而提升知识咨询服务能力。

4.4　建立资源共建共享的合作机制

建立资源共建共享的合作机制，把分散的信息资源"孤岛"连成一个有机体。充分发挥相关信息技术的优势，进一步提升图书馆的信息资源处理能力和供应能力，实现多源异构数据融合；改进数据库重建设、轻关联的现状，加强数据库之间关联，推动建立同一主题的统一数据库平台，实现统一的检索目录和检索入口；在加强图书馆之间的合作的同时，也要大力开展与博物馆、档案馆、新闻出版机构和社会组织的全方位合作，为用户提供更加全面、完善的图片查询知识服务。

参考文献

［1］张晓林.走向知识服务：寻找新世纪图书情报工作的生长点［J］.中国图书馆学报，2000（5）：30-35.

［2］饶权.全国智慧图书馆体系：开启图书馆智慧化转型新篇章［J］.中国图书馆学报，2021（1）：4-14.

［3］王晓光，徐雷，李纲.敦煌壁画数字图像语义描述方法研究［J］.中国图书馆学报，2014（1）：50-59.

［4］杨倩.国家图书馆社科咨询服务用户群组画像实证研究［J］.国家图书馆学刊，2021（6）：33-42.

［5］初景利.数字化网络化与图书馆服务的战略转型［J］.图书与情报，2017（1）：98-104.

［6］70 Years of diplomatic relations between Denmark and China［EB/OL］.［2022-03-20］.https：//www.beijing-postcards.com/blog/70-years-of-diplomatic-relations-between-denmark-and-china.

［7］窦孝鹏."红色管家人"：记新中国首任军委总后勤部部长杨立三［J］.炎黄春秋，2017（12）：53-57.

［8］张晓林.颠覆性变革与后图书馆时代：推动知识服务的供给侧结构性改革［J］.中国图书馆学报，2018（1）：4-16.

智慧图书馆时代 ISSN 服务创新研究

李仕超（中文采编部）

智慧图书馆是图书馆发展的新趋势，它可借助人工智能、大数据、物联网、云计算、移动通信等技术，来实现图书馆的智慧管理以及全方位智慧服务。ISSN（International Standard Serial Number），即国际标准连续出版物号，是一种简明的、唯一的识别代码，目的是为不同国家、不同语言、不同机构、不同载体的连续性资源（包括连续出版物和不断更新的集成性资源）进行信息控制、交换和检索[1]。智慧图书馆时代的到来，给 ISSN 服务带来了新的机遇和挑战，如何将新技术和新理念融入 ISSN 整个服务流程中，是未来 ISSN 服务创新的发展方向。

1 ISSN 服务

1.1 ISSN 网络及服务对象

ISSN 网络（The ISSN Network）是在联合国教科文组织（UNESCO）联合国国际科学技术情报系统（UNISIST）项目框架下建立的一个政府间组织，由 ISSN 国际中心和 90 多个成员国组成，在全球范围提供 ISSN 的分配、查询、数据交换等相关服务[2]。

ISSN 网络的服务对象非常广泛，不仅包括全世界的出版机构、数据库商、报纸杂志销售方、版权公司、大学图书馆及公共图书馆，也包括科研人员、专业学者等有查询使用 ISSN 需求的个人用户。可以说,ISSN 的服务对象涵盖了连续性资源从制作、发行、记录到保存、使用的各个环节，ISSN 网络为这些用户提供了关于连续性资源的精确数据和参考信息。

1.2 ISSN 服务现状

ISSN 的相关服务都由 ISSN 网络提供。ISSN 网络为连续性资源分配 ISSN 的同时，也为所有连续性资源进行编目，存储在 ISSN 数据库中，并通过 ISSN 门户网站进行发布。ISSN 数据库是全球最完整的连续出版物参考资源。目前，ISSN 网络已累计为全球 250 万余种连续性资源分配了 ISSN，同时在 ISSN 门户网站上传了相关的数据信息，并对这些数据进行实时更新，ISSN 数据库每年新增约 6 万个 ISSN 记录，并进行近 13 万次更新修改[3]。

为了提供更好的服务，在 ISSN 门户网站界面采用了 6 种联合国官方语言（阿拉伯文、中文、英文、法文、西班牙文、俄文），世界各地的用户不仅可以通过简单搜索、高级搜索及专家搜索这些不同选项来识别已出版或即将出版的连续性资源，还能通过分类搜索（如主题分类）对 ISSN 数据进行查找和选择。ISSN 数据不仅包括题名、ISSN 等信息，还能显示连续性资源的相关特征（例如出版物时间线、地理定位、题名历史及题名关系等）。此外，ISSN 门户网站还提供了多种格式的 ISSN 数据供用户下载和使用，包括 MARC21、UNIMARC、MARC XML、RDF/XML、RDF Turtle、JSON 等。

近年来，ISSN 网络积极寻求与全球学术与专业出版者协会（ALPSP）、美国国家信息标准组织（NISO）、开放存取期刊目录（DOAJ）等相关组织机构的合作[4]，来推动连续性资源相关元数据的交换，从而进一步提高数据质量和服务水平。

2　智慧图书馆时代 ISSN 服务的机遇与挑战

2.1　连续性资源的多元化发展

智慧图书馆时代，传统的出版行业正在经历着一场巨变，全球的出版机构正在加大数字化转型升级的力度，加快推进融合发展的进程。可以预见，在未来连续性资源的类型会更加多元化，这给 ISSN 网络服务拓展带来了新机遇，也让 ISSN 服务面临着新挑战。为适应出版行业的变化，ISSN 国际中心近年来一直不断修订相关服务手册 *ISSN Manual*，在 2007 年的一次修订中，扩大了 ISSN 的分配范围，涵盖了包括所有连续性资源，不仅包括在线期刊、光盘版期刊等传统的电子出版物，也包括了像网站、数据库、wiki 等长期性整合资源[5]。

尽管在 ISSN 的最新定义中已囊括各种连续性资源类型，但是 ISSN 组织依然需要针对新兴的连续性资源（文件存档及数据库等）采取更加积极的行动，例如针对多元化的连续性资源对 ISSN 相关标准进行不断完善和修订，通过 ISSN 网络的宣传和努力，提高连续性资源出版机构的相关意识，以确保新兴的连续性资源也可以顺利获取 ISSN。与此同时，如何处理需要储存的数字资源，也是 ISSN 网络需要思考的重要问题。

2.2　用户需求和用户角色发生转变

随着连续性资源的多元化发展，用户对 ISSN 的分配和管理规则提出了新的需求，用户的角色也逐渐从服务接受者转变为决策者，从资源使用者转变为创建者和提供者。以连续性资源的出版机构为例，一方面其积极寻求更加简洁、高效的 ISSN 分配机制；另一方面，也在逐步参与 ISSN 网络的数据交互和反馈，并帮助 ISSN 网络更全面地审查数据库中的数据。

按照 ISSN 网络的分配原则，连续性资源的 ISSN 应由其出版地所在国家的 ISSN 中心进行分配和管理，若连续性资源的出版地所在的国家或地区没有设立 ISSN 中心，则由 ISSN 国际中心进行分配管理[5]。随着连续性资源的多元化发展，跨国出版的现象越来越普遍，跨国出版的连续性资源也越来越多，出版机构需要根据出版地点向不同的 ISSN 国家中心申请 ISSN，对于出版物众多的大型出版机构而言，这个过程需要浪费大量人力成本和时间成本，用户亟需更加简化的分配流程和更高效的服务。此外，ISSN

网络仅依靠自身的力量去建设和维护连续性资源数据库越来越无法保证 ISSN 数据发布和更新的时效性，需要拓展与用户的交流合作，建立完善的数据共享、反馈机制，促进 ISSN 的数据共享和数据清理，让原本 ISSN 网络的用户也成了提供数据资源的合作伙伴。

2.3 信息技术推动行业变革

随着信息技术的发展，人工智能、大数据、物联网、云计算、移动通信等技术逐渐兴起，推动了整个图书馆行业智慧化的变革，图书馆行业开始利用资源描述框架（Resource Description Framework，RDF）和 FRBR、RDA 等开放本体，将书目数据转换为关联数据，以建立书目数据的关联共享，这也给 ISSN 网络带来了新的发展契机。

2012 年底，ISSN 国际中心联合法国国家图书馆成立了一个工作组，负责开发专门针对连续性资源的模型 PRESSoo（PRESS object-oriented），它是基于 FRBRoo（Functional Requirements for Bibliographic Records object-oriented）模型建立概念和模型，作为一种形式化的本体，它的目的是获取和表达关于连续性资源相关的书目信息[6]，并对连续性资源的复杂出版经历进行建模。此外，为了推动学术资源的开放获取，与 IFLA 等行业组织的行动保持一致。ISSN 国际中心开始尝试将关联开放数据应用到连续性资源，并创立了开放存取学术资源目录 ROAD（the Directory of Open Access scholarly Resources）项目，作为对教科文组织推出的全球开放式获取门户（GOAP）的补充[7]。虽然 ISSN 网络为了提高数据和服务一直在不断吸收新的技术和理念，但是想要真正实现 ISSN 数据的关联互通和开放共享，还需要做出更多努力。

3 ISSN 服务的发展趋势

3.1 完善数字资源的长期保存机制

ISSN 网络为了促进和发展数字资源的长期保存，开发了长期保存电子期刊及其他连续性资源相关项目 Keeper Registry，并将其列入了 2020—2024 年 ISSN 国际中心战略规划中。Keeper Registry 是由爱丁堡大学 EDINA 和 ISSN 国际中心联合开发和运营的一个面向全球学术界的在线服务，主要目的是为了对有缺失风险需要存档的数字资源进行长期保存[8]，并帮助用户了解数字资源的出版管理机构、管理方式及获取条件等，此外也可以向用户展示全球其他的数字资源保存机构，例如长期提供开放获取的数字书架的组织机构。

加入 Keepers Registry 的数字资源保存机构会定期向 ISSN 网络提供其保存资源的元数据，这些元数据随后被接入 ISSN 数据库，并构成 ISSN 网站（https：//keepers.issn.org）信息的来源，ISSN 网络也会通过该网站免费提供这些元数据。截至 2021 年 8 月，Keeper Registry 主要从以下合作保存机构收集数据：中国国家数字科技文献资源长期保存体系（National Digital Preservation Program，China）、英国考古数据服务（Archaeology

Data Service，UK）、法国国家图书馆（Bibliothèquenationale de France，France）、大英图书馆（British Library，UK）、美国国会图书馆（Library of Congress，USA）、瑞士国家图书馆（Swiss National Library，Swiss）、加拿大学术门户（Scholars Portal，Canada）、美国 HathiTrust 数字图书馆、美国"互联网档案馆"数字图书馆、PKP 开放获取期刊数字保存网络及 Portico 数字保存服务等[8]。相关的服务发展及长期可持续性规划工作已于 2020 年开展，未来 ISSN 网络将继续促进 Keeper Registry 的发展，增加保存资源的数量和类别，与相关组织和机构通力合作来保障数字资源的在未来的获取，逐步完善数字资源的长期保存机制。

3.2　创新服务模式

3.2.1　集中化的分配流程

为了适应用户需求和角色的转变，未来 ISSN 网络需要建设集中化的分配流程，从而缩短分配时间，提高服务效率。针对一些出版数量庞大且分散的跨国出版机构，可以制定合理的政策，建设集中化的分配管理流程，由出版机构批量向 ISSN 国际中心申请注册 ISSN，并提交相关的元数据，再由 ISSN 国际中心将注册信息和元数据按照出版地分至各个国家中心，经过各个国家中心确认后，可以实现为连续性资源自动分配 ISSN。集中化的分配管理流程能够让出版机构及 ISSN 网络双方受益，出版机构可以大幅度地节约了申请 ISSN 的时间和耗费的人力。ISSN 网络也能从连续性资源计划出版开始，就及时掌握出版信息。ISSN 数据库可在出版起始阶段迅速收录、更新 ISSN 数据，进一步提高 ISSN 服务的时效性。

2020 年，ISSN 国际中心开始开展相关的试验项目，合作对象为 Springer Nature 出版社所出版的连续性资源与其旗下品牌（如 Springer、Nature Portfolio、BMC、Palgrave Macmillan、Scientific American 等）[9]。Springer Nature 出版社即将拥有一个独立的联络点，来处理所有新 ISSN 号分配事宜，且可通过国际承认的唯一标准识别码在其内部出版过程中跟踪相关连续性资源。连续性资源的元数据将从 Springer Nature 出版社转移至 ISSN 国际中心，国际中心再将元数据分发至 ISSN 国家中心（例如 ISSN 德国中心、ISSN 新加坡中心、ISSN 英国中心、ISSN 美国中心等），并实现为计划出版的连续性资源自动分配国际标准连续出版物号 ISSN。目前，这项试验仍在推广中[9]，如果要进一步扩大范围，实现集中化的分配流程，还需要继续协调不同国家中心出版政策不同等相关问题。

3.2.2　个性化的服务内容

ISSN 网络一直努力为用户提供更加个性化的服务，例如在 ISSN 门户网站，可以根据用户需求，自动运行搜索、通知功能，并向用户发送邮件通知；在网络服务领域，ISSN 门户网站能够处理其他来源数据，并整合结果，确保向用户传递更全面的信息；根据用户的需求，通过 OAI-PMH 服务器（开放文献元数据收割协议），可以让用户指定的外部应用及数据库尽可能顺畅地获取 ISSN 门户网站的内容，外部应用也可通过 OAI-PMH 收割协议定期进行自动地收集近期提供的元数据（例如每日、每周或每月收集）[10]；通过 API（应用程序接口）可以帮助用户定期对数据库进行自动更新，或者自动获取本地 ISSN 相关的元数据[10]；通过定制 ISSN 专享服务，能够为用户处理本地数据并加以清洗，ISSN 国际中心专家还会帮助用户检查包含连续资源的数据库内容，对具体数据或丢失的 ISSN 予以增补或更正。随着智慧图书馆时代的到来，ISSN 网络需要借助新的信息技术，不断为用户提供更加专业和个性化的服务。

3.2.3 一体化的服务机制

为了进一步完善服务水平，ISSN 网络一直尝试探索一体化的服务机制，提升 ISSN 的分配管理效率。一体化的服务机制不仅要整合 ISSN 的分配、管理、检索与编目等多项功能，还需要围绕智慧服务、大数据应用及互联互通的理念，整合内部数据和外部资源。

2019 年，ISSN 网络计划进行新项目 ISSN+ 的开发，它是 ISSN 一体化的服务机制的应用，最终将取代目前的编目系统 VIRTUA、ISSN 门户网站等，实现分配、管理、检索与编目的一体化。在 ISSN 分配方面，ISSN+ 与国际中心现有出版商外联网进行集成，可以将一个或多个 ISSN 分配给与出版机构提交的分配请求相对应的资源，实现 ISSN 的自动分配。在管理方面，ISSN 网络不仅可以用 ISSN+ 替代 VIRTUA、ISSN 门户网站等，也能通过 ISSN+ 让整个 ISSN 网络与出版机构建立更加有效的沟通反馈机制，提高管理效率。在检索方面，ISSN+ 更加智慧化，与 ISSN 门户网站集成后，能够自动管理数据之间的链接和关联关系，并进行清晰展示。在编目方面，ISSN+ 的表现也比 VIRTUA 会更加突出，它可以在专家模式下，实现连续性资源在 MARC21、UNIMARC 等格式下的编目，也能在辅助模式下，针对那些不完全掌握 MARC 格式的人，实现用拉丁或非拉丁字母（西里尔语、希腊语）直接编目和自动音译。

目前，ISSN+ 还是完全从零开始构建的一体化工具，由各个 ISSN 国家中心志愿人员组成的 ISSN+ 用户小组正在积极测试，并有望在 2022 年推出试行版[11]。

3.3 促进 ISSN 数据的开放共享

3.3.1 关联数据

为了促进 ISSN 数据的利用和交换共享，ISSN 网络需要充分利用关联数据（Linked Data）对连续性资源数据进行识别及描述。关联数据是 W3C（国际互联网协会）推荐的用来发布和关联各种数据、信息的格式规范[12]。关联数据的出现增加了对标准的、永久性标识符的需求。ISSN 作为连续性资源的标识符可以把异构的元数据集关联起来，使这些元数据更易于访问，而不是存储在封闭的数据库中。利用关联数据来描述连续性资源，不仅可以充分展现其整个生命周期动态的关联关系，还可以向其用户提供更多关联和丰富的信息。ISSN 关联数据模型需要与其他的图书馆参考模型（如 IFLA Library Reference Model）保持一致，并且充分考虑到连续性的特殊性，例如动态性和基于时事的特性。

为了促进 ISSN 数据的使用、交换和再利用，ISSN 网络从 2017 年开始尝试建立 ISSN 关联数据模型，将 ISSN 注册数据库中的书目数据映射到关联数据，提供给不同数据库和应用程序的用户使用。ISSN 关联数据模型依托于最常见元数据广泛使用的简单本体，如 Schema.org、Dublin Core 等，以及用于详细书目记数据的更具体的本体，如 BIBFRAME、MARC21.info，并以多种 RDF 格式（RDF/XML、Turtle、JSON）进行发布[13]。未来，ISSN 网络会增加数据库中关联数据的数量，并扩大应用范围。

3.3.2　开放获取

为了能让用户能够概览全球所有由 ISSN 标识的连续性资源，2013 年，ISSN 国际中心开始将开放获取技术应用到连续性资源，并创立了开放存取学术资源目录 ROAD 项目。在联合国教科文组织交流和信息部门的资助下，ISSN 国际中心提供免费的 ISSN 注册数据集。该数据集包括在 OA（开放获取）环境下描述学术资源、且已获得 ISSN 网络分配的国际刊号的书目记录，例如期刊、会议记录等。ROAD 记录既可以 MARC XML 格式下载，也可以 RDF 三元组的形式表达。ROAD 为用户提供了一个可以查询、访问全世界的 OA 连续性资源的入口[7]，并且能够免费获取这些连续性资源出版的概况其摘要、索引等信息。

ROAD 对开放获取的内容和相关政策做出了明确规定，首先在可获取性方面，规定了所有资源内容必须能够开放获取，无须注册，所有内容（文章、论文、工作文件等）从初次出版到最近一期都必须是可获取的状态，相关资源必须拥有专门的 URL；其次在许可声明方面，规定了开放许可及开放获取政策须在网站上予以描述。此外，关于内容方面，规定涉及各领域知识的内容必须是学术性质，在申请 ISSN 或回溯录入开放学术资源库时，相关资源每一期出版物需包含至少 5 篇文章（原创文章、综述文章或论文）[7]。

面对智慧图书馆时代带来的机遇和挑战，ISSN 网络也要更加重视连续性资源的多元化发展、用户需求和角色的转变以及新技术带来的变革，重新思考 ISSN 的定位，在未来通过完善数字资源的长期保存机制、创新服务模式、促进 ISSN 数据的开放共享等途径，实现 ISSN 服务的创新发展，让 ISSN 能够在更加广泛的领域被识别和应用，也在智慧图书馆时代发挥更多作用。

参考文献

[1] ISSN（国际标准连续出版物号）［EB/OL］.［2022-03-10］. http：//www.nlc.cn/newissn.

[2] The-ISSN-Network［EB/OL］.［2021-03-15］. https：//www.issn.org/the-centre-and-the-network/our-organization/le-reseau-issn-en.

[3] The ISSN international portal［EB/OL］.［2022-03-18］. https：//www.issn.org/understanding-the-issn/the-issn-international-register.

[4] Ourpartners［EB/OL］.［2022-03-18］. https：//www.issn.org/the-centre-and-the-network/our-partners.

[5] ISSN manual：January 2015［EB/OL］.［2022-03-14］. http：//www.issn.org/wp-content/uploads/2013/09/ISSNManual_ENG2015_23-01-2015.pdf.

［6］BOEUF P L. Definition of PRESSoo：a conceptual model for bibliographic information pertaining to serials and other continuing resources（Version 1.3）［R/OL］.［2022-03-21］. http：//www.issn.org/understanding-the-issn/assignment-rules/pressoo/.

［7］ROAD，the directory of open access scholarly resources［EB/OL］.［2022-03-14］. https：//www.issn.org/services/online-services/road-the-directory-of-open-access-scholarly-resources.

［8］Working together to ensure the future of the digital scholarly Record［EB/OL］.［2022-03-21］. http：//issn-int.progilone.fr/sites/default/files/workingtogether-eng.pdf.

［9］ISSN international centreactivity report for 2020［EB/OL］.［2022-03-21］https：//www.issn.org/wp-content/uploads/2021/06/2020_Annual-report_Internet_PUBLIC_ENG_Final-3.pdf.

［10］A variety of services atyourfing ertips［EB/OL］.［2022-03-21］. https：//www.issn.org/wp-content/uploads/2021/11/ISSN-SERVICES-ENG.pdf.

［11］ISSN international centre activity report for 2019［EB/OL］.［2022-03-24］. https：//www.issn.org/wp-content/uploads/2020/06/ISSN_RAPPORT_ACTIVITE_2019_ENGL_final10June.pdf.

［12］刘炜.关联数据：概念、技术及应用展望［J］.大学图书馆学报，2011（2）：5-12.

［13］ISSN linked data application profile［EB/OL］.［2021-06-21］. https：//www.issn.org/understanding-the-issn/assignment-rules/issn-linked-data-application-profile/.

"文津图书奖"科普类图书评价体系研究

徐冰冰（参考咨询部）

1 研究背景

随着数字阅读、多媒体技术发展，传统传媒渠道与新媒体平台联动形成了立体化科普传媒矩阵。2020 年全国出版科普图书 9853.60 万册、建设科普网站 2732 个、科普类微博 3282 个、科普类微信公众号 8632 个[1]。科普图书是传播科学知识、科学思想和科学精神的传统阵地，新媒体为科普宣传提供了更多平台，但网络信息质量难以把关。经评选和审查后推广的科普图书既能满足读者多层次水平阅读需求，引领公众阅读，提高公众科学素养，又能激发科普创作。而且通过分析研究评选出的作品，我们还能进一步了解读者阅读习惯，为阅读推广、图书采选和馆藏建设提供参考[2-4]。

"文津图书奖"是国家图书馆主办并联合全国图书馆界共同参与的公益性图书奖项，致力于服务大众阅读，提高公众的人文素养和科学素养，在公共文化体系建设中发挥了图书馆的示范作用[5]。评选分社科类、科普类和少儿类，注重普及性和以读者为中心，由读者、专家评审、图书馆评审和媒体评审共同参与，经推荐、初评和终评等程序选出[6-7]。每届"文津图书奖"最终评选出获奖和推荐图书约 60 种。第十七届的参评图书已超过 2000 本，创历年新高。随着"文津图书奖"影响力的扩大，有必要在现有的评选方案和标准之上建立更完善有效的评价体系。

对于科普图书，科学性、思想性、可读性是和普及性是重要的评价指标[8]。但目前我国科普图书评选大多是推荐评审制，没有统一和细化的标准[9]。在科普图书的评价体系研究方面，陈珂珂等构建了包含科学性、创作水平、编校出版质量和社会影响 4 个一级指标并细分为 13 个二级指标的科普图书评价指标体系[10]。王新等提出科学性、创新性、可读性和广泛性 4 个相关指标并在具体项目进行测评应用[11]。具体到"文津图书奖"，目前的研究主要在阅读推广及品牌运作发展[12-13]，有涉及图书热门主题、优秀作者和出版社等方面的研究但并未就该奖项进行单独分析[4, 14]。

本研究首先分析"文津图书奖"科普类图书评选的重要考量因素，然后结合评选工作实际问题，初步构建覆盖初评和终评阶段的评价指标体系，并结合读者评价分析结果，提出建设智慧化阅读推广平台、获取和分析读者反馈完善事后评价机制的设想和建议。

2 "文津图书奖"科普类图书评选的考量因素

笔者统计了"文津图书奖"官方网站公布的前十六届科普类获奖图书和推荐图书。由于前六届还没有划分类别，因此人工筛选出其中的科普类图书[①]。最终确定科普类图书 261 种，其中获奖图书 60 种，推荐图书 201 种[②]。以下从科普图书界定、学科平衡、原创和翻译、出版机构和作者重复率四个方面，分析"文津图书奖"科普类图书评选的考量因素。

2.1 科普图书界定宽泛，题材多样，学科融合

对于科普图书，中国科学技术部对其的定义强调普及科学技术知识、倡导科学方法、传播科学思想、弘扬科学精神[15]，而中国科普研究所对其的定义则更为广泛，纳入了实用技术类图书、部分社科人文图书以及涉及日常生活的各类知识性图书[16]。社会的发展包括文化、科学、艺术等方方面面的共同发展，科学认知水平影响着人类的生活方式和社会风俗的形成。很多科普图书都会涉及人文、社会、艺术等学科的交叉融合，比如在心理学、自然科学史、科学家传记、文学作品中会涉及对科学内容的解读，自然摄影作品中也会涉及博物学知识等内容。

对于涉及交叉学科的图书是否划入科普图书容易出现分歧。"文津图书奖"所涉及的科普类图书包含了百科知识、科技发展史、人类史、科技名人传记等广泛的题材和类别的，并且不乏多学科、融合学科的作品。从"文津图书奖"科普类图书所涉中图法的类目来看，除生物科学、数理科学等自然科学类的学科外，有 58 种图书属于哲学、社会科学、经济、文化教育、艺术等类别（表 1）。

表 1 "文津图书奖"科普类图书的学科类别

序号	学科类别	获奖	推荐	合计	获奖图书学科占比（%）	合计学科占比（%）
1	Q 生物科学	8	51	59	13.33	22.61
2	N 自然科学总论	11	22	33	18.33	12.64
3	R 医药、卫生	7	24	31	11.67	11.88
4	O 数理科学和化学	8	18	26	13.33	9.96
5	P 天文学、地球科学	7	13	20	11.67	7.66
6	T 工业技术	3	14	17	5.00	6.51
7	G 文化、科学、教育、体育	4	13	17	6.67	6.51

---

① 排除适宜少年儿童阅读的作品。

② 文中统计的科普类图书数量和总数均指种数，同年获奖或推荐的丛书或系列作品视为同一种。

续表

序号	学科类别	获奖	推荐	合计	获奖图书学科占比（%）	合计学科占比（%）
8	K 历史、地理	3	12	15	5.00	5.75
9	Z 综合性图书	2	11	13	3.33	4.98
10	X 环境科学、安全科学	1	7	8	1.67	3.07
11	S 农业科学	2	5	7	3.33	2.68
12	F 经济	3	3	6	5.00	2.30
13	B 哲学、宗教	0	5	5	0.00	1.92
14	V 航空、航天	1	0	1	1.67	0.38
15	U 交通运输	0	1	1	0.00	0.38
16	C 社会科学总论	0	1	1	0.00	0.38
17	J 艺术	0	1	1	0.00	0.38
	合计	60	201	261	100	100

注：①图书编目数据来自国家图书馆联机公共目录。为尽量分入自然科学相关学科，部分编目信息有修订（丛书按大类标引）。

②获奖图书学科占比指该学科类别的获奖图书种数占获奖图书总数的百分比；合计学科占比指某学科类别图书种数占全部科普类图书总数的百分比。两项占比合计均为四舍五入所得。

2.2　注重学科均衡，尽量呈现多学科优秀作品

根据 2015 和 2016 年中国科普图书出版销售的相关统计，科普图书的分类主要集中在医药卫生、工业技术、生物科学、农业科学及文化科学教育等领域[17-18]。"文津图书奖"科普类图书也呈现类似特点，排前三位的学科类别中，生物科学类占比 22.61%，加上自然科学总论和医药卫生类图书，总共占 47.13%（表 1）。

但从获奖图书的学科比例来看，生物科学类图书占比则明显降低，自然科学总论类占比明显提高，数理科学和化学、天文学地球科学的图书占比有所提高。自然科学总论类科普图书包含了自然科学理论与方法、自然科学普及教育等综合内容，这类图书占比高，也说明"文津图书奖"评选充分考虑到学科的均衡，考虑到大众的阅读兴趣。

2.3　推选优秀翻译作品，更注重本土原创作品

前十六届"文津图书奖"科普类图书中有原创作品 107 种，翻译作品 154 种，译著比例高达 59%。60 种获奖图书中，译著有 26 种，译著比例为 43%。具体到各届，译著比例变动较大，最高是第一届 76%，最低是第八届 44%，仅有三届译著比例在 50%以下。获奖译著比例变动范围更大一些，有 12 届都低于科普类图书的译著比例，最

低是第十一和第十五届，均为 20%，最高的是第六届，获奖的两本科普图书均为译著（图 1）。

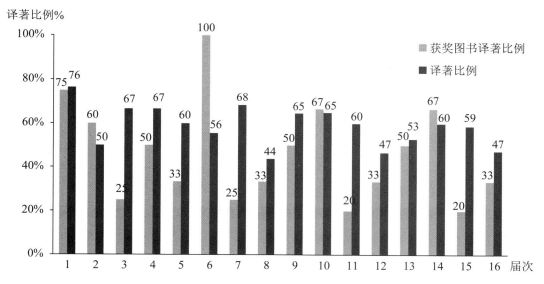

图 1　"文津图书奖"科普类图书的获奖译著比例与译著比例
注：获奖译著比例为获奖译著占当年科普类获奖图书的比例，译著比例为当年科普
类图书总数的比例。

第七届之前要求译著不超过三分之一，之后改为不超过一半，但译著总数等于或大于本土原创作品总数的情况也很常见[7, 19]。可见，虽然评选时明确了鼓励本土原创这一原则，限制最终入选的译著，但现实情况是参评的图书中大部分译著质量确实高于原创作品，面对这一状况，评委也会犯难。在评选中，尽管预设了一定的比例限制，但只有原创科普作品达到观点明确、内容准确、文本通俗有趣的参评要求，才能获得评委的认可。在评选中，没有特意为了达到比例要求而放松评选标准。从这一点上看，原创科普作品还有很大的努力空间。

2.4　"熟面孔"不少，但很少花落一家

"文津图书奖"坚持推出大众精品，评选出图书的出版机构和作者的重复率不高。261 种科普类图书共涉及 86 家出版机构，平均每家出版机构入选图书 3 种。实际上，仅有 26 家达到平均数及以上，有 47 家机构仅有 1 种图书入选。出版机构的入选届次也类似，3 届以上均有图书入选的出版机构有 24 家。有 7 家出版机构有 7 届以上入选。生活·读书·新知三联书店的入选届次最多，共 11 届，13 种图书。中信出版集团股份有限公司有 10 届入选，24 种图书，是入选图书品种数最多的出版机构。上海科技教育出版社有 8 届入选，15 种图书，其中 5 种获奖，是获奖图书最多的出版机构（表 2）。

表 2　多次入选的出版机构排名

排名	出版社	获奖数	推荐数	入选总数	入选届数
1	生活·读书·新知三联书店	3	10	13	11
2	中信出版集团股份有限公司	4	20	24	10
3	上海科技教育出版社	5	10	15	8
4	湖南科学技术出版社	4	10	14	7
5	人民邮电出版社	3	8	11	7
6	商务印书馆	2	9	11	7
7	北京联合出版公司	2	7	9	7

进一步分析各出版机构的获奖届次以及当年获奖图书数量，发现仅有上海科技教育出版社和电子工业出版社曾在一届评选中有两种图书获奖，其余出版机构每届均只有一种图书获奖（表3）。

表 3　出版机构的获奖届次分布及获奖图书种数（前15名）

出版机构	届次																总计
	1	2	3	4	5	6	7	8	9	10	11	12	13	14	15	16	
上海科技教育出版社		2	1				1								1		5
湖南科学技术出版社												1		1	1	1	4
中信出版集团股份有限公司									1	1			1		1		4
北京大学出版社					1	1									1		3
人民邮电出版社								1	1			1					3
生活·读书·新知三联书店	1	1		1													3
北京出版社		1													1		2
北京联合出版公司														1	1		2
电子工业出版社										2							2
接力出版社	1															1	2
清华大学出版社											1	1					2
商务印书馆								1				1					2
上海科学技术出版社	1														1		2
新星出版社								1					1				2
浙江人民出版社									1		1						2

按图书数量排名，有2种以上的作品入选的作者共有16位，霍金、刘华杰、王立铭、吴军均有4种图书入选。但同一作者两次获得"文津图书奖"是很少见的。目前

只有比尔·布莱森（Bill Bryson）的《万物简史》和《人体简史：你的身体30亿岁了》分别评选为第二和第十六届科普类获奖图书，科学松鼠会的《当彩色的声音尝起来是甜的》和《冷浪漫》分别评选为第五和第七届科普类获奖图书。

3 "文津图书奖"科普类图书评价体系研究

3.1 构建"文津图书奖"科普类图书评价指标体系

从以往入选的图书来看，"文津图书奖"科普类图书评选体现了严谨、包容、多样、均衡的特点。构建新的评价指标体系应建立在现有评价方法原则之上，保证评选标准统一和风格的延续。结合评选章程的规定、评选中对有关问题的处理原则和方法，本文归纳总结评选工作各阶段的重点难点，得到初步的评选指标体系（表4）。

表 4 "文津图书奖"科普类图书评选指标

阶段	一级指标	二级指标	标准说明
初评阶段	图书类型	虚构或非虚构	非小说、剧本
		文体或体裁	非手册、手账、工具书等
	出版编辑	出版时间	筛选符合评选年上一年度出版
		版次	非再版，或与前版有较大不同
		印刷装帧	印刷清晰、排版设计美观
	学科领域	同学科图书数量	统计该学科图书种数
		同主题图书数量	如介绍气候变化的图书
	适读水平	阅读对象年龄	面向非少年儿童读者
		阅读对象知识水平	内容不过于浅显或者过于难理解
终评阶段	科学性	知识性	以介绍科学知识和方法为主
		准确性	没有明显的知识错误
		系统性	介绍的知识有关联、成体系
	创作水平	原创性	内容有新意、无抄袭
		通俗性	用通俗的语言介绍专业性知识
		可读性	形式活泼新颖，语言有吸引力
	原创性	原创作品	国内作者的作品
		翻译作品	国外作品的翻译本
	重复性	出版机构重复	某出版机构进入终评的图书数量
		作者重复	某作者进入终评的图书数量
	价格水平	售价	

在初评阶段，难点是从几百本备选图书中挑出几十本好书。可重点把控评选"硬指标"，如图书类型、出版时间、版次，剔除不符合参评标准的图书；然后根据学科和主题、原创和翻译的"均衡性"，分门别类排好序，通过浏览试读，判断其适读水平。

在终评阶段，难点是内容把控和优中选优。精读图书把握其知识描述的准确性如何和创作水平，并考虑原创作品与翻译作品的比例，以及所涉学科等。对于科学性和创作水平这两项可以加入定量计算方法以辅助判断和排序，比如每个指标设置 5 个等级，设定相应的分值，在评选时综合专家排名与得分排名做出选择。

对于个别交叉学科的图书，还可能面临是否划分入科普类图书的再讨论。这里可以进一步分析比较创作主题、写作意图、介绍科学相关内容的目的和比例等因素，经讨论和判断在评审专家间达成一致。在此基础上，还可以进一步开展定量评价标准的研究，制订对具体指标的打分规则、评判标准等。

3.2 重视读者反馈，建立事后评价机制

科普图书评选，一方面需建立适合科普类图书评选的指标体系，提高评选图书质量，提升评选效率，另一方面也应重视事后评价，完善科普类图书评价体系。

3.2.1 "文津图书奖"科普类图书读者评价

评分多少反映图书被读者认可的程度，评分人数多少能反映出哪些图书是热点，哪些相对遇冷。在豆瓣读书逐本检索 261 种科普图书的评分（2022 年 3 月 30 日统计），去除评价人数不足没有得分的 19 种，分析其余 242 种（获奖图书 55 种，推荐图书 187 种）的分数和评分人数，发现"文津图书奖"科普类图书总体得分在 5.6—9.5 分之间（图 2）。有 87.60% 的图书得分都在 7.1—9 分之间。高分（9.1—10 分）的有 7.02%，较低分（7 分以下）的约占 5.37%。得分最高的是第五届推荐图书《眷恋昆虫：写给爱虫或怕虫的人》和第十二届推荐图书《演化》，两本书均得 9.5 分的评分。

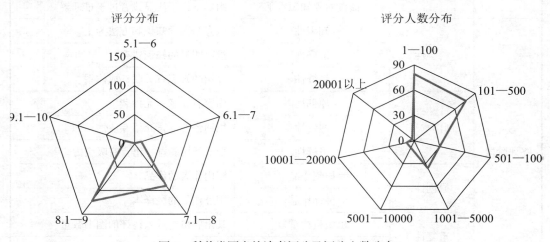

图 2　科普类图书的读者评分及评分人数分布

90% 的图书评分人数小于 5000 人。32.64% 的图书评分人数很少（100 人以下），

31.40% 的图书有 101—500 人评分，12.40% 的图书有 501—1000 人评分，14.88% 的图书有 1001—5000 人评分。评分人数很高的图书较少。获得 5001—10000 人和 10000—20000 人评分的图书均占 3.72%，仅有 1.24% 的图书获得 20000 人以上评分，共 3 本，分别是：第十届获奖图书《人类简史：从动物到上帝》，参与评分人数超过 17 万，第十一届推荐图书《最好的告别：关于衰老与死亡，你必须知道的常识》，参与评分的人数为 39242，第三届获奖图书《上帝掷骰子吗：量子物理史话》，参与评分的人数为 30222。

获奖图书的读者认可程度与关注度均高于推荐图书。获奖图书平均得 8.32 分，平均 5627 人打分，而推荐图书的平均得 8.08 分，平均 1234 人打分。获奖图书的高分得分率和高评分人数比例也都高于推荐图书。获奖图书得 8.1 以上的约占 69%，超过 1000 人评分的约 36%。而推荐图书得 8.1 分以上的约占 54%，超过 1000 人评分的仅约占 20%（图3、图4）。

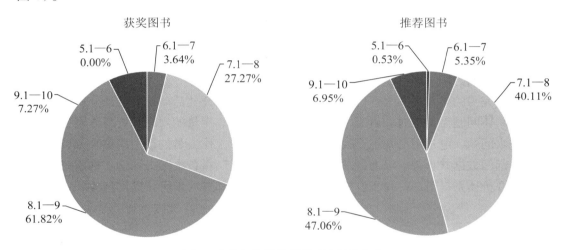

图 3　获奖与推荐科普图书的评分分布

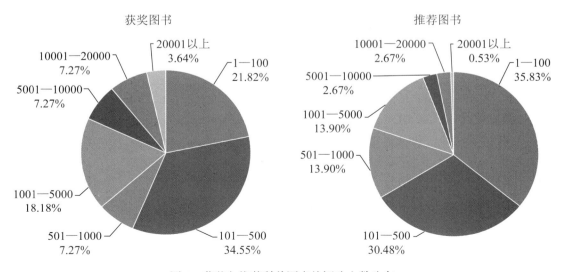

图 4　获奖与推荐科普图书的评分人数分布

3.2.2 建设互动型智慧化阅读推广平台，完善事后评价机制

虽然分析结果显示"文津图书奖"科普类图书的读者评价都不错，但仍有 19 本评价人数不足，其中 5 本是获奖图书。获奖图书"叫好不叫座"的现象在其他科普图书评奖中也存在[9]。"文津图书奖"面向全体读者，学科偏好、图书选题、作者和出版社知名度、写作手法、价格因素等都可能影响到读者是否愿意阅读以及如何评价一本书。分析读者评价反馈，对入选图书全面评估和评价体系优化都有积极意义。

"文津图书奖"公布后，主办方还举办有"文津读书沙龙""文津图书奖"专架展示等宣传活动，但目前还没有建立专门的平台收集和分析读者对图书的评价反馈，并纳入事后评价。这也是目前大多数科普图书评奖存在的问题[9]。智慧图书馆时代，阅读推广应重视与读者实时互动的建设[20]。"文津图书奖"网站目前仅有展示功能，未来希望能整合现有网络平台，如与"文津搜索"链接一键指引馆藏，与手机端、微信公众号互通，就将能为读者阅读提供更多便利。借助智慧化图书展示和互动平台，获取读者反馈，也是完善事后评价机制的途径。通过在线调查可以有效收集读者建议，通过分析图书点击量、借阅量、图书评分和评论，对阅读行为数据的动态监测还可以评估"文津图书奖"的影响力。

建立完善的科普类图书评价体系，对评奖作品以及评奖活动开展全面分析评估，还有很多具体问题需要探讨和研究，如评价指标的完善、定量的规则、智慧化服务平台搭建的技术问题、电子图书知识产权、用户信息安全、工作人员的数据采集和分析处理能力、跨部门数据共享等。以上针对优化"文津图书奖"科普类图书评选、构建完善的科普图书评价体系提出一些初步设想，希望为相关工作和进一步研究提供参考。

参考文献

［1］科技部发布 2020 年度全国科普统计数据［EB/OL］.［2021-12-16］. https：//www.sohu.com/a/503250284_120046935.

［2］赵春辉.基于出版视角的国内好书榜书目分析及启示［J］.图书馆理论与实践，2017（4）：39-43.

［3］赵发珍，刘青华.图书馆科普阅读书目推荐：现状、模式与策略［J］.图书馆学研究，2020（2）：93-101.

［4］姚音.基于图书奖评选的公共图书馆采访创新研究［J］.新世纪图书馆，2016（9）：36-40.

［5］文津图书奖简介［EB/OL］.［2022-03-27］. http：//wenjin.nlc.cn/wjtsj/jianjie.

［6］文津图书奖章程［EB/OL］.［2021-12-16］. http：//wenjin.nlc.cn/static/file/wj/wjzc.pdf.

［7］金龙.一本书的图书馆之旅［M］.北京：商务印书馆，2019.

［8］国家科技进步奖科技著作评审工作暂行规定［J］.中国科技奖励，1997（3）：10-12.

［9］李叶，马俊锋，高宏斌.我国科普图书评奖活动存在的问题及其对策［J］.出版发行研究，2019（2）：27-31.

［10］陈珂珂，王新.科普图书评价指标体系研究及应用［J］.科普研究，2015（5）：38-43.

［11］王新，王海芸，陶晓丽.科普图书类项目评价指标体系及应用研究［J］.科技传播，2015（13）：

96-98，178.

［12］刘颖．图书馆阅读推广品牌化运作研究：以国家图书馆"文津图书奖"为例［J］．兰台内外，
2020（11）：53-54.

［13］孙婠，孟化．从"国家图书馆文津图书奖"看图书馆推动大众阅读新方式［J］．图书馆理论与实
践，2014（4）：47-49.

［14］裴要坤．面向公共图书馆科普阅读推广的推荐书目调研分析［D］．保定：河北大学，2019.

［15］中华人民共和国科学技术部．中国科普统计：2020年版［M］．北京：科学技术文献出版社，
2020.

［16］马俊锋，高宏斌．数字时代科普图书的界定分类及统计研究概况［J］．科普研究，2017（5）：
43-49，57，108-109.

［17］高宏斌，马俊锋．中国科普图书出版与销售情况管窥——以2015年出版科普图书为例［J］．科
普研究，2018，（6）：66-75，111-112.

［18］高宏斌，马俊锋，曹金．科普图书出版与销售统计报告（2018）［M］．北京：科学出版社，2019.

［19］庄建，杨虚杰．摈弃小众读物强调公众视觉［J］．国家图书馆学刊，2006（2）：88-89.

［20］李亚青，马语谦．国内智慧图书馆阅读推广研究综述及展望［J］．辽宁工业大学学报（社会科学
版），2022（1）：46-49.

《中图法》第 5 版 A 大类第二表实践探讨

徐新邦（中文采编部）

《中国图书馆分类法》（Chinese Library Classification，CLC，简称《中图法》），是按照一定的思想观点，以科学分类为基础，结合图书资料的内容和特点，分门别类组成的分类表[1]。其前身可追溯到 1957 年 8 月发布的《中小型图书馆分类表草案》。1975 年 10 月科学技术文献出版社正式出版《中国图书馆分类法》第 1 版[2]。

1 《中图法》A 大类背景及发展历程

马克思主义、列宁主义、毛泽东思想是指导我们进行革命和建设事业的理论基础，《中图法》从第 1 版起就将其作为一个基本部类，列于首位[1]。此后于 1980 年和 1990 年分别修订了第 2、第 3 版。《中图法》（第 3 版）设置了五个基本部类，其中就包含：马克思主义、列宁主义、毛泽东思想（A 大类）。

1997 年的中国共产党十五大上正式将"邓小平理论"写入党章。与此相适应，1999 年 3 月出版的《中图法》（第 4 版）将 A 大类改为：马克思主义、列宁主义、毛泽东思想、邓小平理论。

2001 年党的十六大对江泽民"三个代表"重要思想作了科学定位[3]。2007 年党的十七大将科学发展观写入党章。在十八大报告中重申："科学发展观同马克思列宁主义、毛泽东思想、邓小平理论、'三个代表'重要思想一道，是党必须长期坚持的指导思想。"[4]

2010 年 9 月《中图法》（第 5 版）出版。2011 年 12 月《中图法》编委会在国际互联网上发布《中图法》（第五版）Web 试用版[5]。2017 年，党的十九大通过了关于《中国共产党章程（修正案）》的决议，习近平新时代中国特色社会主义思想写入党章[6]。

2018 年，为完善 A 大类"马克思主义、列宁主义、毛泽东思想、邓小平理论"理论体系和方便用户选择使用，《中图法》编委会提出以"马克思主义和马克思主义中国化理论"为类名设置 A 大类第二表的方案。2019 年，完成了"《中图法》A 大类第二表方案"（审定稿），《中图法》编委会对其进行了审定，并提出进一步完善的意见，形成了"《中图法》A 大类第二表方案"（征求意见稿）。

2 《中图法》(第5版)A大类第二表和第一表对比研究

2.1 A大类第一表的不足

《中图法》(第5版)A大类第一表于2010年出版,但没有将"三个代表"重要思想和"科学发展观"思想编入A大类。2017年,党的十九大将习近平新时代中国特色社会主义思想写入党章。与此同时,有关"'三个代表'重要思想""科学发展观""习近平新时代中国特色社会主义思想"内容的图书发行数量逐渐上升,但分类号数量严重不足,相关书目数据不能区分,不仅影响图书著录和排架工作,而且不利于读者检索,对工作造成极大的困扰。

在第一表编目体例上,A84是"毛泽东思想的学习和研究",A849是"邓小平理论的学习和研究",A85是"著作汇编的学习和研究",若将"'三个代表'重要思想""科学发展观""习近平新时代中国特色社会主义思想"全部收录其中,则"'三个代表'重要思想的学习和研究"只能入A849.9,"科学发展观的学习和研究"则应置于A849.99,"习近平新时代中国特色社会主义思想的学习和研究"收录在A849.999,导致出现同位类中相差层级远超两级的情况,显然这种情况在《中图法》列类上是不允许的。同理,在"A4毛泽东著作"和"A49邓小平著作"类号下,增添江泽民、胡锦涛、习近平著作相关类号,也存在同样的问题。因而A大类在类目设置上需要重新编排。

2.2 A大类第一表和第二表类目简表对比研究

分析《中图法》A大类第二表方案,可以看出:《中图法》(第5版)A大类第二表在类目设置上发生了很大的改变。选取A大类第一表和第二表类目简表制成表1。

表1 《中图法》(第5版)A大类"马克思主义"第一表和第二表类目简表对比表

类名	第一表	第二表
	A 马克思主义、列宁主义、毛泽东思想、邓小平理论	A 马克思主义和马克思主义中国化理论
类目简表	A1 马克思、恩格斯著作 A2 列宁著作 A3 斯大林著作 A4 毛泽东著作 A49 邓小平著作 A5 马克思、恩格斯、列宁、斯大林、毛泽东、邓小平著作汇编 A7 马克思、恩格斯、列宁、斯大林、毛泽东、邓小平生平与传记 A8 马克思主义、列宁主义、毛泽东思想、邓小平理论的学习与研究	AA 马克思主义 AB 列宁主义 AC 马克思主义中国化理论 AD 毛泽东思想 AE 邓小平理论 AF "三个代表"重要思想 AG 科学发展观 AH 习近平新时代中国特色社会主义思想

通过表1可以看出:《中图法》A大类第一表类名为"马克思主义、列宁主义、毛

泽东思想、邓小平理论"，《中图法》A 大类第二表类名改成"马克思主义和马克思主义中国化理论"。与目前广泛使用的《中图法》A 大类第一表相比，第二表删减了"斯大林著作"及相关类目，增补了"AC 马克思主义中国化理论""AF'三个代表'重要思想""AG 科学发展观""AH 习近平新时代中国特色社会主义思想"类目。马克思主义中国化总论入"AC 马克思主义中国化理论"，专论入"AD 毛泽东思想""AE 邓小平理论""AF'三个代表'重要思想""AG 科学发展观""AH 习近平新时代中国特色社会主义思想"各类。A 大类第二表发布后，并不意味着 A 大类第一表停止使用，用户可根据自身需要选择使用第一表或第二表。

2.3 A 大类第一表和第二表下位类目对比研究

《中图法》A 大类第二表相对于第一表，下位类的编排结构上也发生了重大变化，整理"马克思主义"相关类目，可制成表 2。

表 2 《中图法》（第 5 版）A 大类"马克思主义"第一表和第二表对比表

第一表	第二表
A1 马克思、恩格斯著作	AA 马克思主义
A11 选集、文集	AA1 马克思、恩格斯著作
A12 单行著作	AA11 选集、文集
A13 书信集、日记、函电、谈话	AA12 单行著作
A14 诗词	AA13 书信、日记、函电、谈话、讲话
A15 手迹	AA14 语录、诗词
A16 专题汇编	AA15 手迹
依 A56 分	AA16 专题汇编
1 论马克思主义、列宁主义	011 马克思主义、列宁主义
2 论共产主义运动、共产党、青年团	012 共产主义运动、共产党、青年团
3 论哲学	013 哲学、宗教
论宗教入此。	014 社会科学总论
4 论社会、政治、法律	015 政治、法律
5 论军事	论外交、国际关系和国际合作入此。
6 论经济	016 军事
7 论文化、教育、体育	017 经济
8 论语言、文字	018 文化、教育、体育
91 论文艺	021 语言、文字
92 论历史、地理	022 文学、艺术
93 论科学、技术	023 历史、地理
94 论医药、卫生	026 科学、技术
95 论农业技术	028 医药、卫生
96 论工业、交通	031 农业技术
A18 语录	035 工业、交通、信息技术
A71 马克思	048 生态环境

第一表	第二表

A711 传记
    A712 生平事迹、回忆录
    A713 年谱、年表
    A714 纪念文集
    A715 阐述、研究
    A716 肖像、照片、画传、像章
    A717 纪念地、故居、遗物
  A72 恩格斯
    仿 A71 分
  A81 马克思主义的学习与研究
    A811 马克思、恩格斯著作的学习与研究
    A813 书目、索引
	AA3 马克思、恩格斯传记
	    AA31 生平事迹、回忆录
	    AA33 年谱、年表
	    AA34 纪念文集
	    AA35 阐述、研究
	    AA36 肖像、照片、画传、像章
	    AA37 纪念地、故居、遗物
	  AA8 马克思主义的学习与研究
	    AA81 马克思、恩格斯著作的学习与研究
	    AA83 书目、索引

从表 2 可以看出，A 大类第一表二级类目"A1 马克思、恩格斯著作"，第二表中置于二级类目"AA 马克思主义"下方，变成三级类目"AA1 马克思、恩格斯著作"。"A81 马克思主义的学习与研究"仍为三级类目，第一表位于"A8 马克思主义、列宁主义、毛泽东思想、邓小平理论的学习与研究"下方，在第二表中，编入"AA 马克思主义"下方，改为"AA8 马克思主义的学习与研究"。而第一表"A71 马克思""A72恩格斯"发生重大变化，在第二表中，前面"A71 马克思""A72 恩格斯"合并为类号"AA3"，但类名"马克思、恩格斯传记"取自"A711 马克思传记"和"A721 恩格斯传记"。

通过第一表和第二表的对比，可以看出：第一表 A18 语录，放在了第二表的 AA14，和"诗词"合并在一起；第一表专题汇编"论社会、政治、法律"，第二表则分为"社会科学总论"和"政治、法律"，"工业、交通"在第二表中增加了"信息技术"，同时吸取了有关学者的建议，增加了"048 生态环境"[7]；第一表中"A71 马克思""A72 恩格斯"，有关传记、生平事迹、回忆录、年谱、纪念文集等分别放在不同的分类号，而第二表"AA3 马克思、恩格斯传记"把两人放在同一分类号，且下设"生平事迹、回忆录""年谱、年表""纪念文集""阐述、研究""肖像、照片、画传、像章""纪念地、故居、遗物"等类。

3 《中图法》（第 5 版）A 大类第二表图书改编

3.1 图书改编方式

图书改编是一项重要且困难的工作，必须遵循科学性、实用性、计划性三项原则。图书改编方式分为四种：①彻底改编分类目录和藏书；②新、旧分类排架与目录并存方法；③仅改分类目录，不改藏书；④改编分类目录以及部分藏书[8]。

国家图书馆从实际出发，综合考虑图书改编任务量、馆藏书量、人力成本、设施成本、全国联合编目中心成员馆的执行情况等因素，初步制订出合适的图书改编方案：采用新、旧分类排架与目录并存方法，新旧数据排架不变，暂且只对相关数据追加第二表类号。

3.2 A 大类第二表删减部分改编

采用 A 大类第二表，与第一表较大的不同，就是删减了"斯大林著作"以及相关著作汇编、生平与传记。

例 1：2001#\$a 斯大林 \$f 郑春兴主编

　　　600#0\$a 斯大林 \$c（Stalin，Joseph Vissarionovich\$f1879−1953）\$x 生平事迹

　　　690##\$a A742\$v5

例 2：2001#\$a 斯大林 \$d Joseph stalin\$f 戴隆斌著

　　　600#0\$a 斯大林 \$c（Stalin，Joseph Vissarionovich\$f1879−1953）\$x 传记

　　　690##\$a A741\$v5

从例 1 和例 2 可以看出，第一表斯大林传记和生平事迹分别置于分类号 A741、A742。启用第二表，A 大类中没有斯大林相关类号，则传记和生平事迹归入 K835.127=532，全集、文集应该放在 D751.209，其余的也是各归各类，对于旧数据，原来的分类号不变，依然在 A 大类。但如果要启用第二表，则相关数据则无 A 大类的类号，是追加到有关各类，还是依然保留 A 大类第一表的类号，有待探讨。这也是同时启用两表，所存在的问题之一。

3.3 A 大类第二表增添部分改编

A 大类第二表增补了"AC 马克思主义中国化理论""AF '三个代表'重要思想""AG 科学发展观""AH 习近平新时代中国特色社会主义思想"类目，这是图书改编工作的重点。

例 3：2001#\$a 革命青年满腔热血 \$e 青年江泽民与南京

　　　600#0\$a 江泽民 \$f（1926−）\$x 生平事迹

　　　690##\$a K827=76\$v5

使用第一表，有关江泽民、胡锦涛、习近平等领导人的传记、生平事迹均放在 K827=76，启用第二表，则江泽民、胡锦涛、习近平传记分别编入 AF3、AG3、AH3，生平事迹分别置于 AF31、AG31、AH31。

例 4：2001#\$a 胡锦涛文选 \$h 第一卷

　　　600#0\$a 胡锦涛 \$f（1942−）\$j 文集

　　　690##\$a D2−0\$v5

例 5：2001#\$a 习近平重要讲话单行本 \$e 2020 年合订本

　　　600#0\$a 习近平 \$f（1953−）\$x 演讲 \$j 学习参考资料

　　　690##\$a D2−0\$v5

例 4、例 5 中，胡锦涛文集、习近平演讲均放在分类号 D2-0，使用第二表，则《胡锦涛文选》应放在 AG11，而《习近平重要讲话单行本》应该置于 AH13。

有关上述三位领导人"生平事迹、回忆录""年谱、年表""纪念文集""阐述、研究""肖像、照片、画传、像章"等，均需入 A 大类。

例 6：2001#$a 论社会主义市场经济 $f 江泽民著

6060#$a 社会主义经济 $x 市场经济 $y 中国

690##$a F123.9$v5

在 D2-0 分类号下，专题著作集与个别著作，按其内容入有关各类，江泽民著《论社会主义市场经济》入 F123.9。启用第二表后，如例 6，需追加类号 AF160.17。

例 7：2001#$a 马克思主义中国化研究的历史进程 $f 倪愫襄主编

6060#$a 马克思主义 $x 发展 $x 研究 $y 中国

690##$aD61$v5

例 8：2001#$a 历史传统与当代探索 $e 马克思主义哲学中国化论集 $f 陈卫平著

6060#$a 马克思主义哲学 $x 发展 $y 中国 $j 文集

690##$aB27-53$v5

例 9：2001#$a 马克思主义经济学中国化历程研究 $f 贾后明著

6060#$a 马克思主义政治经济学 $x 发展 $x 研究 $y 中国

690##$a F0-0$v5

如例 7 所示，第一表并无"马克思主义中国化理论"类号，因此有关马克思主义中国化研究一般入"D61 中国革命和建设问题"。启用第二表"AC 马克思主义中国化理论"，与"D61 中国革命和建设问题"应该作何区分。根据注释，总论（一般指两人以上马克思中国化理论）编入"AC 马克思主义中国化理论"，专论入"AD 毛泽东思想""AE 邓小平理论""AF'三个代表'重要思想""AG 科学发展观""AH 习近平新时代中国特色社会主义思想"。假如是其他人有关马克思主义中国化理论研究的著作，不能放在 AD—AH 的有关类目，则应该入 D61。另外，用户选择使用 A 大类第一表，在 A 大类和 D 大类中并无"习近平新时代中国特色社会主义思想"类号，因此在"D 政治、法律大类"的"D610 中国革命和建设的理论体系"下增设"D610.4 习近平新时代中国特色社会主义思想"以供使用。

如例 8 和 9 所示，马克思主义在各个行业领域的中国化发展研究一般入各类，如哲学入 B27，经济学入 F0-0，启用第二表后，"AC 马克思主义中国化理论"能否仿 AA16 专题汇编，将其编入"AC 马克思主义中国化理论"，如哲学、经济学入 AC16 下位类 013、017，这都是类表须加以明确的。

3.4 A 大类第二表变化部分改编

由于类目设置发生变化，A 大类第一表中大部分类号在第二表的位置相应改变。启用 A 大类第二表，应编入新的类号，旧数据则追加第二表分类号。

例 10：2001#$a 毛泽东名言故事

6060#$a 毛泽东著作 $x 语录

690##$aA48$v5

例 11：2001#$a 人所具有的我都具有 $e 马克思恩格斯经典语录 $f 陈力丹编著

6060#$a 马恩著作 $x 语录

690##$aA18$v5

第一表中，毛泽东著作语录入 A48，而第二表，则入 AD14。同理，马恩著作语录，第一表中，入 A18，而第二表，则入 AA14。

例 12：2001#$a 走近马克思恩格斯 $f 王程主编

600#0$a 马克思 $c（Marx，Karl$f 1818-1883）$x 生平事迹

600#0$a 恩格斯 $c（Engels，Friedrich$f 1820-1895）$x 生平事迹

690##$a A712$v5

690##$a A722$v5

如例 12 所示，A 大类第一表中，马克思和恩格斯生平事迹分别编入 A712 和 A722，分属不同的类号，而在第二表中，马克思和恩格斯生平事迹置于 AA31，只需一个 690 字段 AA31。

例 13：2001#$a 卡尔·马克思 $e 一个 19 世纪的人 $f（美）乔纳森·斯珀伯著 $g 邓峰译

600#0$a 马克思 $c（Marx，Karl$f 1818-1883）$x 传记

690##$a A711$v5

例 14：2001#$a 恩格斯传 $f 陈林著

600#0$a 恩格斯 $c（Engels，Friedrich$f 1820-1895）$x 传记

690##$a A721$v5

A 大类第一表中，马克思和恩格斯传记分别编入 A711 和 A721，分属不同的类号，而在第二表中，马克思和恩格斯传记置于 "AA3 马克思、恩格斯传记"，下设类目包括 "生平事迹、回忆录" "纪念文集" 等。例 13、14 中，如果用第二表，则编入相同的 690 字段 AA3。

A 大类位列《中国图书馆分类法》22 个大类之首。此次 A 大类第二表的发布可谓与时俱进，不仅删除了 "斯大林著作" 及相关类目，还将 " '三个代表' 重要思想" "科学发展观" "习近平新时代中国特色社会主义思想" 编入 A 大类中，同时设置了 "马克思主义中国化理论"。但是第二表的启用并不意味着第一表的终结，用户可以根据自己的实际情况与需求，自行选择使用第一表或第二表。本文针对 A 大类第二表的相关问题进行了分析，总结了具体的改编方案，希望能对日后《中图法》（第 5 版）A 大类第二表的修订有所裨益。

参考文献

[1] 国家图书馆《中国图书馆分类法》编辑委员会 . 中国图书馆分类法 ［M］. 5 版 . 北京：国家图书

馆出版社，2010：1-4.

［2］中国图书馆分类法编委会．《中图法》历史及概况．［EB/OL］．［2021-12-20］．http：//clc.nlc.cn/ztfls.jsp.

［3］《党员干部学习十六大报告讲座》编写组．党员干部学习十六大报告讲座［M］．北京：学习出版社，2002：88.

［4］《十八大报告学习辅导百问》编写组．十八大报告学习辅导百问［M］．北京：学习出版社，2012：7.

［5］刘丽静．《中国图书馆分类法》（第5版）Web版功能解析［J］．图书馆建设，2012（9）：33-34，38.

［6］李忠杰．中国共产党党章的与时俱进［J］．当代世界与社会主义，2017（6）：15-21.

［7］周雨华．《中图法》（第5版）A大类存在的问题及修订建议［J］．图书馆建设，2014（12）：45-47.

［8］吴润珍．探讨使用《中图法》第五版后的图书改编问题［J］．图书馆工作与研究，2013（12）：73-76.

《数据安全法》视域下智慧图书馆数据研究

赵金柱（信息技术部）

2021年6月10日，十三届全国人大常委会第二十九次会议正式表决通过《中华人民共和国数据安全法》（以下称《数据安全法》），该法自2021年9月1日起正式施行。截至目前，全球已有100多个国家和地区制定数据安全保护法律，开展数据安全保护和开发利用已成为国际共识。2021年3月，《中华人民共和国国民经济和社会发展第十四个五年规划和2035年远景目标纲要》颁布，提出要积极发展智慧图书馆[1]。因此，本文将对《数据安全法》章名和条款进行归纳总结，结合智慧图书馆现状，以及数据安全与发展现状，针对智慧图书馆数据保护和发展，提出智慧图书馆数据治理体系和治理能力建设措施。

1. 对《数据安全法》的解读

1.1 制定目的和意义

《数据安全法》是我国首部关于数据安全管理的基础性法律，其制定目的是规范数据处理，保障数据安全，促进开发利用，保护个人、组织合法权益，维护国家主权、安全和发展利益[2]。其意义在于：

1.1.1 维护国家安全

随着数字经济发展壮大，数据已成为国家基础战略性资源。维护数据安全已成为维护国家安全的重要组成部分。维护数据安全应坚持国家总体安全观，聚焦风险隐患，提高保障能力。加强数据安全的统筹协调，以开发利用和产业发展促安全，以数据安全保障开发利用和产业发展。实施数据分类分级管理，制定重要数据目录，履行数据安全审查，安全风险评估、监测预警和应急处置等义务。通过一系列措施，来应对数据安全挑战，切实提升国家数据安全保障能力，维护国家主权、安全和发展利益。

1.1.2 维护人民群众合法权益

数字经济时代，各种创新产品为民众的生产生活带来实实在在的便利。在资本的驱动下，部分企业、机构为在短时间内占领市场，非法采集和滥用个人信息，忽视数据安全保护，侵害人民群众合法利益的事件层出不穷，社会反响强烈。为切实加强数据安全保护，打击数据领域违法犯罪，维护群众利益不受非法侵害，出台这样一部法律恰逢其时。

1.1.3 推动数字经济健康发展

数据是数字经济的生产要素,数据竞争已成为国际竞争的重要内容。国家坚持安全与发展并重,通过实施大数据战略,推进数据基础设施建设,鼓励和支持数据在各行业、各领域的创新应用,促进产业发展。推进政务数据开放利用,充分发挥数据作为基础战略资源作用,促进创新型数字经济快速发展,推动我国经济转型升级[3]。

1.2 法律章名和条款概括

《数据安全法》共分为七章:总则、数据安全与发展、数据安全制度、数据安全保护义务、政务数据安全与开放、法律责任、附则,共55条。各章名和条款内容如表1所示。

表1 《数据安全法》章名和条款内容

章名	条款内容
第一章 总则	目的、范围(第1、2条)
	分工:数据、数据活动、数据安全(第3条)
	分工:国家、地区、部门(第5、6条)
	治理与促进(第4、7、9、10条)
	原则、合作、申诉(第8、11、12条)
第二章 数据安全与发展	统筹安全和发展的关系(第13条)
	大数据战略、开发利用(第14、15、16条)
	标准体系、检测评估与认证(第17、18条)
	交易管理、人才培养(第19、20条)
第三章 数据安全制度	分级分类保护制度(第21条)
	数据安全机制、应急处置机制(第22、23条)
	审查制度、出口管制(第24、25条)
	数据投资、贸易反歧视措施(第26条)
第四章 数据安全保护义务	管理制度和技术措施(第27条)
	活动和技术遵循原则(第28条)
	风险监测、处置、风险评估及报送(第29、30条)
	出境安全管理(第31条)
	组织、个人、交易中介义务(第32、33条)
	行政许可、特殊调取、涉外请求(第34、35、36条)

续表

章名	条款内容
第五章 政务数据安全与开放	电子政务（第 37 条）
	依法依规收集、使用及保密（第 38 条）
	管理制度、委托批准、监督与履约（第 39、40 条）公开原则、开放目录和平台（第 41、42、43 条）
第六章 法律责任	主管部门监管约谈、整改权责（第 44 条）
	组织、个人、交易中介机构相应责任（第 45、47 条）
	涉外违法提供数据、拒不配合调取处罚、非法获取、获益及损害处罚（第 46、48、51、52 条）
	国家机关、国家工作人员履职不力处分（第 49、50 条）
第七章 附则	特殊活动适用条件、施行时间（第 53、54、55 条）

第一章从整体上对数据安全法目的、范围、概念、分工、原则等进行介绍。第二章为实现安全保障和发展，配套相关战略、体系等。第三章重点内容是分级分类保护、审查制度、相关机制、管控等内容。在分级分类保护制度中，重点提到国家核心数据、重要数据、重要数据目录关键名词。第四章明确组织、个人、中介等常见义务。第五章加强政务数据安全与开放。第六章执法强度。第七章补充相关内容。

1.3 国内外相关法案对比

相比我国《数据安全法》，美国《澄清海外合法使用数据法》（Clarifying Lawful Overseas Use of Data Act，简称"CLOUD 法案"）和欧盟《一般数据保护法案》（General Data Protection Regulation，简称"GDPR 法案"）有其特殊之处。

美国 CLOUD 法案确立了其对国家利益的绝对主动权。既实现对美国自身数据的管控，又要掌控其他国家的数据。法案规定，政府机构依据美国《电子通信隐私法案》（以下简称 ECPA）向受管辖的科技公司发出法律命令后，就能取得该公司拥有、保管或控制的数据，无论数据存储于美国国内还是国外。关于"数据主权之争"，也是美国数据安全法与我国的一大区别[4]。

欧盟 GDPR 法案是一部透明、全面、严格的跨境数据隐私保护法案。GDPR 不仅适用于位于欧盟境内的企业组织机构，也适用于位于欧盟以外的企业组织机构，无论机构所在地位于哪里，只要其向欧盟数据主体提供产品、服务或者监控相关行为，或处理和持有居住在欧盟境内的数据主体的个人数据，都将受到 GDPR 法案的监管。但 GDPR 主要监管对象是企业对数据的使用行为，对主管当局执行刑事处罚、基于国家安全目的、自然人在纯粹的个人或家庭范围内、法律规定范围之外活动不适用该法案[5]。

2. 智慧图书馆数据研究

2.1 智慧图书馆概况

智慧图书馆概念起源于欧美图书馆界，源于新技术在图书馆的应用。2003 年，芬兰奥卢大学图书馆的 Aittola 等人在其论文中提出智慧图书馆是"基于位置感知的移动图书馆服务"。2009 年，美国特兰西瓦尼亚大学的 Repanovici 等人在其报告中指出图书馆使用 RFID 来创建智慧图书馆。近十年来，国内对智慧图书馆的研究主题包括人工智能、个性化、互联网、信息技术、数字化、服务体系、服务平台等[6]。王世伟描述智慧图书馆主要特征及三大特点[7-8]，同时提出智慧图书馆的主形态、路线图和核心推动力。邵波等人以高校图书馆为例，对智慧图书馆建造开展实践[9]。

当前，智慧图书馆建设已纳入国家"十四五"规划纲要，提出在提供智慧便捷的公共服务方面，积极发展智慧图书馆。文化和旅游部提出将在"十四五"期间，统筹推进智慧图书馆，推动全国智慧图书馆体系建设。国家图书馆作为牵头单位，将组织实施全国智慧图书馆体系建设项目。这建设项目的实施将搭建支撑智慧图书馆运行的云基础设施，在其上搭载全网知识内容集成仓储，运行一套智慧图书馆管理系统，建立一个智慧化知识服务运营环境，以辐射全国各级图书馆及其基层服务网点普遍建立实体智慧服务空间，在全国层面统筹部署，推动建设"全国智慧图书馆体系"。

2.2 智慧图书馆数据分类

《数字安全法》第三条定义了数据、数据活动、数据安全的概念。依据其含义，本文对智慧图书馆数据进行梳理和分类，以下将从系统角度和数据角度进行区分：

从系统角度讲，全国智慧图书馆体系建设规划要搭建云基础设施、全网知识内容集成仓储、智慧图书馆管理系统、智慧化知识服务运营环境，实体智慧服务空间等[10]，包括线上图书馆和实体图书馆。数据包含电子资源数据、纸本资源数据、空间资源数据、专题服务资源数据、设备数据等。此外，智慧图书馆将利用现有数字图书馆建设成果，利用新技术实现智慧化转型[11]。因而数字图书馆已建成系统的数据也应属于智慧图书馆数据范畴，例如图书馆管理系统、自助办证充值系统、自助借还书系统、智能架位导航等系统。值得注意的是，这其中不仅仅包括自建系统产生的数据，也包括使用其他平台产生的数据，如学位论文数据库数据以及利用微博、微信、抖音等开展宣传活动从而产生的数据。

从数据角度讲，按功能不同，数据分为用户数据、业务数据、服务数据等。用户数据指涉及公民个人信息的数据，包括姓名、身份证件、手机号、工作单位、教育经历、健康情况等。业务数据是指跟业务开展相关的数据，即有书目馆藏数据、流通数据等传统图书馆业务数据，也有自建或购买的各类电子资源，如外购数据库、电子书等。另外，利用第三方平台发布的数据也可以归到业务数据，如在微博、微信、抖音等平台发布的信息。服务数据是指跟提供服务相关的数据，包括服务记录、系统日志、应用日志、安全日志等。

2.3 智慧图书馆数据安全与发展

《数据安全法》第二章包含数据安全和发展内容。该法要求应统筹做好数据的安全与发展，即一方面要做好数据安全保障，另一方面要大力开展数据开发利用。在《数据安全法》视域下，当前智慧图书馆无论数据安全保护还是开发利用，仍存在一些短板，具体表现如下。

2.3.1 法律配套

当前法律发布并生效后，数据安全保护相关工作暂时还无法开展，主要是法律相关配套还未解决。第十七条规定，国家推进数据开发利用技术和数据安全标准体系建设。目前相关标准还未出台，故实际工作中暂无参考标准。第五、二十一条中，提出了国家核心数据、重要数据概念，这些将由中央国家安全领导机构统筹协调相关部门制定，目前也没有相应成员。所以数据安全保障工作还在路上，相关配套仍在细化中。

2.3.2 合规

智慧图书馆数据活动中，图书馆会收集公民信息，涉及公民姓名、性别、职位、出生日期、出生地、邮箱、邮编、电话、头像等信息。根据该法第三条，数据收集属于数据处理范畴，受到数据安全法约束。其次第六、三十一、三十二、三十八条对收集活动进行规定，要严格履行。此外，在后续标准制定中，公民个人信息极大概率会被分到重要数据目录。根据第二十七、三十、三十一条，该法要求重要数据的处理者应当明确数据安全负责人和管理机构、定期开展风险评估，报送风险评估报告，履行出境安全管理等。以上仅是数据收集方面，在数据存储、使用、加工方面同样面临合规。智慧图书馆建设中会涉及使用大数据技术抓取、存储读者行为轨迹、阅读偏好等数据内容，并进行实时跟踪与预测分析。因此，未来智慧图书馆在建设和使用数据过程中，要做到合法合规，任重而道远。

2.3.3 数据确权

《数据安全法》虽然未直接描述数据确权相关内容，在法律条文上有所留白。但其第一、二、七、八、十二、二十一、五十一条内容，都提到个人、组织的合法权益。这其中，知识产权问题最为突出。无论数字图书馆建设，还是智慧图书馆建设，数据资源的获取、使用等诸多环节都存在版权争议隐患，相关争议也持续不断。虽然目前数据确权、数据流通和数据交易等环节都存在较多法律空白，但市场已经开始"趟着石头过河"，通过在先行先试中积累经验，为数据确权的解决提供自身方案。

2.3.4 治理能力和开放

到 2018 年底，数字图书馆建设的数字资源总量已超过 1960TB，互联网和新媒体资源超过 200TB[12]。在智慧图书馆时代，数据开发利用方面，特别是现有资源建设、整合和揭示能力还有待进一步提升。智慧图书馆将搭建云平台，开展大数据以及智慧平台建设，如何鼓励、支持创新，推出更多优质数据产品，对资源建设、整合和挖掘方面提出更多要求。同时公众也期待数据资源的开放范围和力度能进一步提升，数据资源获取的渠道更加多元、便捷。

2.3.5 社会伦理和公共服务

《数据安全法》第八条内容要求在开展数据处理活动时，应当尊重社会公德和伦理，遵守商业道德和职业道德等。许多学者也却关注过此类问题，如陆康等提出大数据技术视域下智慧图书馆伦理危机问题；张健提出数据安全法对智慧图书馆伦理规范的问题，包括用户隐私泄漏、数据鸿沟、数据异化的问题[13]。另外智慧图书馆算法歧视加剧了数据资源分配失衡，加深社会偏见，扩大数字鸿沟，导致社会伦理争议。

《数据安全法》第十五条支持开发利用数据提升公共服务智能化水平，充分考虑老、残群体需求，加强对弱势群体的倾斜保护，回应了数字化时代人文关怀的需求。虽然数字图书馆已完成残疾人图书馆、盲人数字图书馆、儿童图书馆建设并开展适老服务，但在数据产品方面，仍有很长路要走。智慧图书馆数据建设更要体现增强弱势群体服务能力，完成对现有数据服务升级改造，推出定制版老年人、残疾人数据服务产品。

3 智慧图书馆数据治理体系和治理能力建设

《数据安全法》第四条维护数据安全，应建立健全数据安全治理体系；第十三条数据安全与发展，应坚持以开发利用促进安全，以安全保障开发利用。本文针对智慧图书馆数据安全与发展格局，提出智慧图书馆数据治理体系和治理能力建设的举措。

3.1 智慧图书馆数据治理体系建设

3.1.1 体制机制与政策标准建设

《数据安全法》的第五、六、十、十一、十七、二十一条，确定中央、各地区、各部门、行业组织的分工。中央负责制定战略和政策，统筹协调事项和工作。各地区、各部门对职责范围内的数据负责。工业、金融、公安、国安承担各自职责范围内数据安全监管职责。网信负责统筹协调网络数据安全和监管。行业组织制定行为规范和团体标准，加强自律，同科研机构、企业、个人等一起形成社会共治。国家推进组织制定、修订开发利用技术和安全标准体系，参与国际规则和标准制定，并支持企业、社会团体、教育、科研机构、行业组织等参与制定。国家建立数据分类分级保护制度并制定重要数据目录，各地区、各部门确定职责内及相关行业、领域的重要数据具体目录。列入国家核心数据的，实行更加严格的管理制度。以上，各级图书馆可参照确定自身体制机制，根据自身实际情况制定自身管理办法。

3.1.2 合规建设

《数据安全法》的第二十七至三十二条，提出数据处理，应当合法、正当，明确目的、范围，应履行管理制度、技术保障、风险监测和评估等义务。为此，在智慧图书馆数据治理体系应强化合规建设。通过加强法律人才队伍，建立风险化解与协调机制，发布各类预警，解决数据风险难题。开展数据合规建设试点，累计实践经验。开展合规文化宣传培训，增强数据合规意识和能力。注意到，当前商业平台普遍做法是通过采取与用户签署数据免责协议的方式，来规避相关法律责任。

3.1.3　数据确权建设

数据确权复杂且困难,涉及数据收集、使用、加工、传输、提供、公开等全流程,而且高价值数据多被政府、行业龙头等掌控,涉及多方利益。尽管目前各省市出台数据相关的地方法规或草案近百部,但都未涉及数据确权核心问题。在当前情况下,《数据安全法》也未涉及数据确权条款。在整个数据确权领域发展还不明朗情况下,过早、过严、过窄的立法,不但会使法律的效力变小,更可能制约数据产业的发展。所以,"先行先试"成为数据确权领域的主基调,部分尝试已经出现在数据交易市场。

在数字图书馆建设过程中,为解决版权问题,应专门搭建专业的版权管理系统,应通过保护自有版权,有偿、无偿征集版权,谈判或招标购买版权,公益性活动获取版权以及充分利用著作权发的合理使用制度与法定许可制度等[14]开展工作。当前智慧图书馆典型做法是,依托区块链技术为各图书馆知识产权保护提供技术方案。各类数字资源将通过数据上链方式,对资源进行打包。在区块链支撑平台支持下,通过共享账本管理、共识机制管理、智能合约管理、接口和数据关联等环节,实现数字资产化封装,进而在数据流通过程中实现数据鉴别和侵权溯源。

3.1.4　数据治理能力和开放建设

《数据安全法》的第十四、十五、十六、四十二条中规定,国家实施大数据战略、制定数据开放目录及平台,推进数据基础设施建设,鼓励和支持创新应用,提升公共服务智能化水平。智慧图书馆可基于云技术的发展,搭建云平台,采用微服务架构体系,按照 Spring cloud 标准,实现服务注册、管理、路由、分配等动态调用,提升数据治理能力。在数据开放方面,智慧图书馆知识信息服务将实现知识生产、传播、消费全生态链条延伸,通过多渠道接入、多平台入驻、多样态产品输出的社会化合作机制,使各类数据服务能够在图书馆进行适配,用户可以更轻松获得相应服务。

3.1.5　社会伦理和公共服务建设

针对用户隐私泄漏、数据鸿沟、数据异化等伦理问题,在充分调研基础上,应通过政策、标准进行约束。《数据安全法》要求履行数据安全保护义务,对用户隐私、数据保护承担相应责任。行业组织应针对性制定行为规范,加强行业自律,强化行业伦理道德建设。针对算法滥用情况,现阶段各相关单位依据《互联网信息服务算法推荐管理规定》,加强监督和管理,保障用户合法权益。

同时,对社会伦理问题的过度关注会导致功能、流程复杂化,增加了特殊群体操作难度。为此,智慧图书馆公共服务建设也要充分考虑老、残等弱势群体需求,开发定制数据产品。例如在推出手机 App 时,应增加老年人的专属操作界面、老年人特色数据资源等。

3.2　智慧图书馆数据治理能力建设

《数据安全法》第四条要求维护数据安全,应当提高数据安全保障能力。下面从预防、建设和研究三方面阐述智慧图书馆应如何开展数据治理能力建设。

3.2.1 打造数据安全"三道防线"

第一道防线，防控预警。操作规范化管理，建立健全数据灾备体系。推动数据安全网关、数据加密、数据脱敏等技术落地，定期进行安全漏洞扫描及攻防演练。通过不定期、多层次安全排查，准确识别并及时处置数据风险隐患。第二道防线，内控和合规。落实检查评估、监测分析、汇总报告。定期对数据风险现状和风险点评估，不定期开展远程监测和风险排查，早发现早通报。定期对各部门开展例行化现场检查，系统地排查重点环节数据安全风险和问题。对数据管理及风险情况汇总，并定期向管理层报告。第三道防线，风险审计。对数据管理体系进行全面、独立、客观的审计和评价，发现问题，提出建议，督促整改，确保数据保护工作安全、稳定、高效开展。

3.2.2 数据安全建设"三同步"

数据安全"三同步"要做到数据安全同步规划、同步建设、同步验收。在规划过程中，将数据架构设计纳入整体架构设计中。项目管理中，将数据安全纳入需求评审、监督考评以及文档管理中。项目验收时，数据安全成果应纳入最终交付清单。

3.2.3 开展智慧图书馆高端智库数据技术研究

《数据安全法》第九条、十七条、十八条、二十条要求，国家支持科研机构等参与数据安全保护、开发利用技术和安全标准体系建设，特别是在风险评估、防范、处置及相关教育和培训工作。当前加强数据治理已经成为多数企事业单位数字化战略的共识。在智慧图书馆研究列入文旅部首批智库建设名单后，确立数据技术研究成为智慧图书馆研究分支也是水到渠成。建立数据技术研究不仅要从战略高度层面制定总体规划，更要从数据架构设计、数据治理标准、模型等方面入手，开展试点和应用。数据技术包括隐私计算、数据脱敏、加密技术、数据安全网关等，其中隐私计算是当下流行技术方案。隐私计算本身是个技术体系，包括多方安全计算、联邦机器学习、机密计算、差分隐私等多种技术发展方向。它可以使数据在分析处理计算过程中，保持透明，不被泄露，未经授权无法获取。未来智慧图书馆数据技术研究过程中，应针对数据活动中存在的痛点，加强与科研院所、企业交流合作，共同推进技术研究和落地。

参考文献

［1］中华人民共和国国民经济和社会发展第十四个五年规划和 2035 年远景目标纲要［EB/OL］.［2021-03-13］. http://www.gov.cn/xinwen/2021-03/13/content_5592681.htm.

［2］中华人民共和国数据安全法［EB/OL］.［2021-06-10］. http://www.npc.gov.cn/npc/c30834/202106/7c9af12f51334a73b56d7938f99a788a.shtml.

［3］数据安全法：护航数据安全 助力数字经济发展［EB/OL］.［2021-06-10］. http://www.npc.gov.cn/npc/c36748/202106/5bb18ae096d540d286df57c5639f035d.shtml.

［4］白云朴，马桂彪. 中美比较视野下《数据安全法（草案）》出台的现实意义［J］. 中国电信业，2020（8）：59-63.

［5］陆康，刘慧，任贝贝，等. 智慧图书馆用户数据隐私保护研究：基于《中华人民共和国网络安全法》和《一般数据保护条例》的文本启示［J］. 图书馆理论与实践，2020（3）：17-21.

［6］谭春辉，周一夫.近十年我国智慧图书馆研究态势［J］.图书馆论坛，2022（1）：69-79.

［7］王世伟.未来图书馆的新模式——智慧图书馆［J］.图书馆建设，2011（12）：1-5.

［8］王世伟.论智慧图书馆的三大特点［J］.中国图书馆学报，2012（6）：22-28.

［9］沈奎林，邵波.智慧图书馆的研究与实践：以南京大学图书馆为例［J］.新世纪图书馆，2015（7）：24-28.

［10］国家图书馆"十四五"发展规划［EB/OL］.［2021-09-30］.http：//www.nlc.cn/dsb_footer/gygt/xxgk/P020211009593349959836.pdf.

［11］饶权.全国智慧图书馆体系：开启图书馆智慧化转型新篇章［J］.中国图书馆学报，2021（1）：4-14.

［12］魏大威，谢强.国家数字图书馆的建设与展望［J］.国家图书馆学刊，2019（3）：7-12.

［13］张健.《数据安全法》视域下智慧图书馆伦理规范问题研究［J］.图书馆，2021（12）：47-51.

［14］李华伟.国家图书馆数字资源建设与服务中的版权管理［J］.数字图书馆论坛，2008（8）：43-48.

开放存取对中文引进数据库采购的替代性调研

蓝　羽（中文采编部）

在智慧图书馆的发展背景下，数字资源无疑是用户服务不可或缺的重要工具，其中尤以引进数据库（本文指"商业数据库"）利用率更为突出，用户依赖度较高。然而近年来，图书馆采购经费缩减与资源价格上涨的严峻矛盾使得引进数据库采购工作的开展难度不断加大，采访人员不仅在基于用户调研的基础上"节流"优化采购模式，同时也试图"开源"寻求开放存取资源予以补充服务。饶权在《全国智慧图书馆体系：开启图书馆智慧化转型新篇章》[1]一文中指出智慧图书馆特征之一是知识资源的全网立体集成："进入智慧图书馆发展阶段，图书馆资源建设将突破行业内集成共享的格局，进一步实现对互联网环境下网络原生资源、科学数据、开放存取资源、个人创作资源等多源知识内容的统一加工揭示、自动语义关联和集成管理服务。形成覆盖全网的立体化知识资源体系"。此外，国家图书馆"十四五"发展规划中也提到"有序推动政府公开信息、科学研究数据、开放存取资源等纳入馆藏体系。加强对各类入藏文献的统一管理与整合利用"[2]。可见，开放存取资源应当成为智慧图书馆资源建设的重要组成部分。但是，在实践工作中来看，开放存取资源对于现有引进数据库的替代度仍有待商榷。本文将以国家图书馆中文引进数据库的采购实践为例，选择某引进数据库"个刊"资源中的"哲学与人文科学、社会科学"类期刊〔下文简称"个刊（哲社类）"〕与可开放存取的"国家哲学社会科学学术期刊数据库（下文简称 NSSD）"作为比对案例调研，分析其对开放存取资源对引进数据库资源的可替代性，并对其在采购工作中的影响及利用提出几点思考。

1　国内外开放存取研究现状

随着信息技术的迅速发展，突破时间与空间限制的共享资源成为用户的迫切需求。"开放获取"或"开放存取"（Open Access，OA），即是在此环境下发展起来的新型学术交流理念和交流机制[3]，并已成为科技学术界高度关注的发展方向。信息资源建设是图书馆工作的重要环节，而数字资源的迅猛发展及其价格日益增长所带来的经费负担，也使得图书馆转而寻求具有替代性的开放存取资源服务，而这也间接推动了开放存取出版的发展。

175

1.1　国外研究背景

20 世纪 90 年代末，开放存取开始兴起。开放存取兴起的主要原因有以下两方面：即基于订阅的学术期刊传统出版模式带来了严重的学术交流障碍；网络的运用使学术期刊出版和传播的成本大大降低[4]。在这一背景下，2001 年 12 月，开放社会协会（Open Society Institute，OSI）联合若干机构发表"布达佩斯开放存取先导计划"（Budapest Open Access Initiative，BOAI）[5]，首次提出"开放存取"（open access）概念，旨在实现各学术领域研究文献通过互联网自由获取，即允许任何用户阅读、下载、拷贝、传递、打印、检索、超级链接该文献，并为之建立索引，用作软件的输入数据或其他任何合法用途。用户在使用该文献时不受经济、法律或技术的限制，而只需在存取时保持文献的完整性，对其复制和传递的唯一限制，或者说版权的唯一作用应是使作者有权控制其作品的完整性及作品被准确接受和引用。包括 Springer、哈佛大学、NASA、国家图书馆、中国科学院、武汉大学等国内外相关学术、机构陆续签署了该文件[6]。此后，《关于开放存取出版的百斯达原则》（Bethesda State on Open Access Publishing）、《关于社会科学和人文科学领域知识的开放存取柏林宣言》（Berlin Declaration on Open Access to Knowledge in the Sciences and Humanities）等文件的发布，都进一步推进了开放存取运动的发展[7]。

目前，开放获取期刊目录（Directory of Open Access Journals，DOAJ）、生物医学中心（Bio Med Center，BMC）、美国科学公共图书馆（Public Library of Science，PLoS）等已是开放存取领域发展较为成熟的项目或建设机构，很大程度上推动了全球学术信息交流共享。有研究预计，2017—2021 年间以开放存取出版模式出版的论文比例将达到全部学术期刊论文的 50%；到 2020—2025 年间，该比例将达到 90%[8]。

1.2　国内研究背景

在大力发展开放存取的国际大背景下，我国各界也积极参与其中，中国科学院、国家图书馆等机构通过签署相关国际文件、主办学术会议等方式交流开放存取实践经验与成果，进而推动科学界对开放存取的关注，争取国家政策的支持，业界对开放存取的理论和实践研究逐渐增多。国内学者的研究主要集中于对开放存取模式阐述，以及对图书馆建设策略的探讨，如乔冬梅[3]、李武[4]等较早开始研究开放存取，在他们的论文中介绍了开放存取的概念、早期发展及存在问题等；魏蕊[9]、王利军[10]则调研了国外图书馆参与开放存取出版服务的进展；黄如花[11]、麻思蓓[12]探讨了如何利用开放存取资源优化建设馆藏的策略，等等。近年来随着开放存取理论研究的深入与实践经验的累积，公众对开放存取的认知逐步增强，开放存取研究仍将保持热度。

2 国家图书馆中文引进数据库建设概况

2.1 经费概况

在信息网络技术推动下，各类型电子资源发展迅猛，但有研究显示，虽然各国的科研经费均有显著增长，但各国各类型图书馆的文献资源建设经费却在不断缩减，图书馆的绝对购买力因此而持续下降[13]。笔者作为数据库采访工作人员，也同样注意到这一严峻挑战。下面将分别调研国家图书馆和研究图书馆协会（ARL）的经费趋势，对比展示近年来图书馆经费趋势变化。

据 2011—2020 年《国家图书馆年鉴》[14] 显示，近十年来，国家图书馆总采购经费虽相对稳定，但呈波动下滑态势，中外文电子资源整体经费亦保持相似态势。然而具体至中文与外文各自经费趋势，则有较明显差异。其中，中文电子资源经费基本呈逐年下降，谷值较峰值减半，且预计在未来一段时间内仍将持续该态势。而外文经费尽管出现一定增幅，但从实践工作来看，由于外文资源采购价格涨幅较大，实际支出仍存在缺口。可见，经费不足已成为掣肘国家图书馆数字资源建设的重要因素。

表 1　2010—2019 年国家图书馆中外文电子出版物经费

经费单位：元

年鉴时间（经费年）	资源建设总经费	电子出版物总经费	中文电子出版物			外文电子出版物		
			经费	同比	总经费占比	经费	同比	总经费占比
2011（2010）	165058151.60	26249399.00	10040958.00	—	6.1%	16208441.00	—	9.8%
2012（2011）	164844759.31	24137797.00	10725419.00	6.8%	6.5%	13412378.00	−17.3%	8.1%
2013（2012）	165146202.65	41240977.00	12783325.00	19.2%	7.7%	28457652.00	112.2%	17.2%
2014（2013）	163692682.23	29177749.00	10500626.00	−17.9%	6.4%	18677123.00	−34.4%	11.4%
2015（2014）	159784920.16	25428774.00	10543638.00	0.4%	6.6%	14885136.00	−20.3%	9.3%
2016（2015）	167738400.00	29064000.00	10564000.00	0.2%	6.3%	18500000.00	24.3%	11.0%
2017（2016）	169448000.00	29480400.00	8200500.00	−22.4%	4.8%	21279900.00	15.0%	12.6%
2018（2017）	172689200.00	32710000.00	7510000.00	−8.4%	4.3%	25200000.00	18.4%	14.6%
2019（2018）	173417700.00	33460400.00	8198400.00	9.2%	4.7%	25262000.00	0.2%	14.6%
2020（2019）	160605800.00	30563300.00	6363300.00	−22.4%	4.0%	24200000.00	−4.2%	15.1%

此外，为对比国内外经费情况，笔者查询到 ARL 发布的经费趋势数据[15-17]，其历年经费支出显示，除个别年限外，连续性资源支出（即原电子资源支出）的平均涨幅普遍高于总支出的年平均涨幅；尽管各大学经费整体保持增长，但图书馆支出经费却在逐年减少，可以想见图书馆资源采购工作的巨大压力。

从上述趋势中可以看出，尽管图书馆对电子资源有长期需求，但日趋紧张的经费压力及资源成本的上涨，可能导致图书馆被迫为相同资源支付更多费用，甚至会导致难以推荐既有资源续订的情况发生。

2.2 资源现状

截至 2019 年底，国家图书馆共引进中文数据库 127 个[18]，主要包括全文型、索引/文摘型、数值/事实型、多媒体型、工具型、复合型等六大类。值得注意的是，尽管中文电子出版物经费自 2013 年起逐年递减，但中文引进数据库的数量仍有小幅增加，主要原因在于根据国家图书馆采选政策，中文电子资源主要以买断形式引进，以本地镜像模式提供服务，既保障了馆藏资源建设，又可尽量避免受经费影响导致资源减量。但是近年来由于经费减幅明显加大，资源续订缺口明显，在实践工作中，基于重点用户调研及用量评估后，已经出现资源停订减订的情况。

表 2   2012—2019 年中文引进数据库数量

单位：个

时间	总量	时间	总量
2012	121	2016	126
2013	124	2017	127
2014	127	2018	128
2015	126	2019	127

3   中文"个刊（哲社类）"可替代性调研案例

3.1   调研背景

"个刊"出版是某数据库近年提出的新型期刊销售模式，从其原有期刊数据库中，以"个刊定价、单独发行"为原则，抽取部分期刊，与期刊社共同协商定价，实行数纸统发模式，图书馆可根据需求选刊订购单一版本或双版本。笔者曾在"个刊"模式发展初期调研过刊种情况，其中被北大核心期刊、CA、CSSCI 等收录的重点刊数量占比达 83%[17]，可见"个刊"资源具有较高学术价值，也是采购工作中的重点需求资源。

国家哲学社会科学学术期刊数据库（NSSD）是由中国社会科学院承建的国家级、开放型、公益性哲学社会科学信息平台，收录 2 千余种社会科学类学术期刊，是目前国内较大的社会科学开放存取平台，已被多所高校、图书馆、科研院所等机构揭示利用[19]。

由前文经费情况可以看出，目前国家图书馆中文引进数据库建设经费形势十分严峻，使得资源建设面临重大考验。以学术期刊资源的订购为例，笔者选取"个刊（哲社类）"期刊，对其在 NSSD 的收录情况进行查询比对，观察各自建设情况，用以评估开放存取资源对引进资源的可替代性。

3.2 收录比对

为了解"个刊（哲社类）"在 NSSD 网站的收录情况，笔者于 2022 年 2 月进行逐一核查，由于网站会有不定期更新，本次核查仅记录实时结果，不考虑查询后出现更新的情况，重点针对被 NSSD 中收录的"个刊（哲社类）"查询更新情况，包括梳理 NSSD 较出刊周期的延迟情况，以及相较"个刊（哲社类）"原网站更新的延迟情况。另外，对全部"个刊（哲社类）"逐一查询是否有自有网站及开放情况。

3.2.1 概况

根据数据库网站公布的"个刊"目录，其中哲社类期刊共 159 种，包含 137 种核心期刊，占比高达 86.2%。使用刊名逐一查询后，共有 104 种收录于 NSSD，占比 65.4%，55 种未收录，占比 34.6%。从出刊频率来看，以双月刊、月刊为主，占比达 83.6%。笔者另通过互联网对 159 种刊逐一查询是否有自建网站可提供开放存取，共得到 21 种可提供自有网站全部或部分开放存取，其中 12 种同时提供 NSSD 开放，其余 9 种仅在自有网站提供开放阅览。

表 3 "个刊（哲社类）"收录情况

单位：种

出刊频率	数量	核心刊	哲社收录	"个刊"占比
半月刊	3	2	1	1.9%
月刊	44	40	24	27.7%
双月刊	89	75	66	56.0%
季刊	22	20	13	13.8%
半年刊	1	0	0	0.6%

3.2.2 NSSD 较出刊周期延迟开放情况

NSSD 收录的 104 种"个刊（哲社类）"中，较出刊周期延迟 1 期的有 21 种，延迟 2 期的有 25 种，延迟 3 期的有 14 种，延迟 4 期的有 19 种，延迟 5 期的有 9 种，延迟 6 期的有 5 种，延迟 7 期的有 2 种，延迟 8 期的有 2 种，延迟 9 期的有 4 种，延迟 12 期的有 1 种，延迟 41 期的有 1 种，另有 1 种由于通过其余途径均未查询到更新情况，疑似停 / 休刊。可以看出延迟 1—4 期的占比较大，累计 79 种，占比 76.0%，其中主要以双月刊为主，共 58 种，即延迟时间约 1—8 个月。

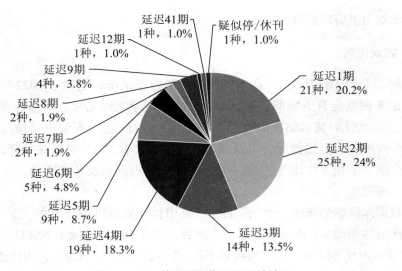

延迟41期
1种，1.0%

疑似停/休刊
1种，1.0%

延迟12期
1种，1.0%

延迟9期
4种，3.8%

延迟8期
2种，1.9%

延迟7期
2种，1.9%

延迟6期
5种，4.8%

延迟5期
9种，8.7%

延迟4期
19种，18.3%

延迟3期
14种，13.5%

延迟2期
25种，24%

延迟1期
21种，20.2%

图1　NSSD 较出版周期延迟开放情况

3.2.3　NSSD 较"个刊（哲社类）"网站延迟开放情况

NSSD 收录的 104 种"个刊（哲社类）"中，与"个刊（哲社类）"原网站相比，同步更新的有 21 种，延迟 1 期的有 17 种，延迟 2 期的有 30 种，延迟 3 期的有 13 种，延迟 4 期的有 11 种，延迟 5 期的有 2 种，延迟 6 期的有 3 种，延迟 7 期的有 1 种，延迟 8 期的有 3 种，延迟 9 期的有 1 种，延迟 10 期的有 1 种，延迟 40 期的有 1 种。能够同步更新的约占 1/5，滞后 1—4 期的也有较多种类，两部分累计达到 92 种，占比 88.5%，其中包括双月刊 61 种，月刊 18 种，延迟时间约 1—8 个月。

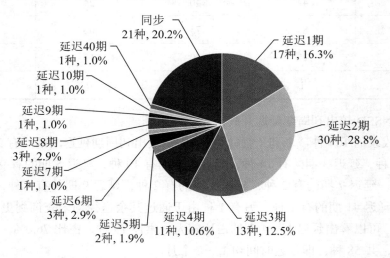

同步
21种，20.2%

延迟40期
1种，1.0%

延迟10期
1种，1.0%

延迟9期
1种，1.0%

延迟8期
3种，2.9%

延迟7期
1种，1.0%

延迟6期
3种，2.9%

延迟5期
2种，1.9%

延迟4期
11种，10.6%

延迟3期
13种，12.5%

延迟2期
30种，28.8%

延迟1期
17种，16.3%

图2　NSSD 较"个刊（哲社类）"网站延迟开放情况

3.2.4 自有网站延迟开放情况

在 21 种可通过自有网站提供开放存取的个刊（哲社类）中，实现实时开放的有 5 种，延迟 1 期的有 5 种，延迟 2 期的有 1 种，延迟 3 期的有 4 种，延迟 4 期的有 3 种，另有 3 种延迟超过 15 期，但其中有 2 种在 NSSD 提供开放存取，且时效性较好，因此自有网站可能未继续维护，另外一种未在 NSSD 开放，且延迟期数最多，同时过刊也仅提供部分开放，因此推测可能该刊已不再提供开放存取。

3.2.5 案例调研结论

从调研中可以看出，159 种"个刊（哲社类）"整体开放情况较好，超过 70% 可通过自有网站或 NSSD 平台开放存取。但从更新情况来看，则普遍未实现实时开放，且公益性平台较商业平台的更新率较慢，约半数滞后 1—2 期。因此，尽管 NSSD 已是目前建设较好的社科类资源平台，但在收录率与更新率方面仍难以替代引进资源。

4 对采购实践的几点思考

调研显示，业内对于开放存取资源的利用及其对于图书馆的影响已有不同角度探索，可以看出对于加强利用开放存取资源价值的呼声很高，但在中文引进数据库采购中仍面临一些实操问题。

4.1 利用 OA 资源削弱订购价格涨幅

数据库的定价模式决定了整库订购的价格较部分选订的平均单价更为优惠，甚至可能出现选订总价较整库订购价格倒挂的情况。尽管尝试利用开放存取资源缓解经费压力已得到广泛共识，但从上文案例中可以看出，由于收录内容差距，OA 资源仍难以全面取代引进资源。因此，相比于寻求 OA 资源取代引进资源，采访人员更需考虑如何平衡订购模式，利用 OA 资源对冲涨幅，以其作为同类资源价格谈判筹码。黄如花教授曾随机调查了 Elsevier 网站的生命科学期刊中刊名以字母 A 开头的 21 种期刊，发现其中有 15 种可通过 Open Science Directory 检索到，占比 71.4%，认为该数据可作为与 Elsevier 谈判的有利证据。图书馆可借鉴上述策略并关注出版商与数据库商的新动态继续与其他公司议价，以减轻资源采购的负担[11]。

4.2 推动国内电子资源订购经费向 APC 转化

曾有学者对文献订购经费转化为开放出版经费的模式开展调研，总结出三主要种模式：① SCOAP3 实现高能物理领域订购经费转化为开放出版经费，即通过集团形式向出版社支付"开放服务出版费"，直接将高能物理领域的高水平学术期刊或其中包含的高能物理论文转化为开放出版，作者不再支付 APC，出版社为原订购包含 SCOAP3 内容的所有机构扣减相应的订购费；②复合出版期刊按开放论文比例扣减订购费；③订购费用抵消 APC，即机构订购了某个出版社的期刊后，该机构作者在该出版社的期刊上发表开放出版论文不再支付 APC（全部或部分）[8]。但是目前国内主流中文引进数据库中并无此类定价模式，因此从国家图书馆角度来看，也可从国家级责任层面联合业界及社会力量，借鉴国外经验，推动改进中文引进数据库定价模式，优化经费利用。

4.3 开放存取资源揭示水平尚待挖掘

通过前述案例可以发现，尽管有部分资源可以提供开放存取，但其更新时效性、使用便捷度仍难以达到引进数据库的水平。此外，从用户使用习惯考虑，单一平台一站式检索已成定势，在尚未实现 OA 资源集成整合的情况下，频繁切换平台检索文献，反而给用户带来极大不便，降低用户体验。目前，尽管已出现多种类型开放存取资源，但图书馆对其的揭示水平参差不齐[20]，一定程度上影响了用户对资源的认知利用。曾有研究人员对高校图书馆开放存取资源揭示情况做出调研，总结得出数据库列表链接、资源导航链接、OA 期刊集成检索平台和 OPAC 整合是国内高校图书馆揭示开放存取资源最常使用的方式，其中链接模式是采用最多的揭示方式，只有个别经费及技术实力较好的图书馆能够采用集成整合等深层次揭示方式[21]。国家图书馆在"十四五"规划提出"构建开放知识服务平台，拓展智慧图书馆建设发展的广度和深度；优化统一检索与发现平台功能，提升知识资源发现能力"[2]，对于资源揭示提出了更高要求。国家图书馆现正在用的"文津搜索"系统即可作为深层揭示工具，可在尝试获取开放资源元数据的基础上，优化系统算法，打通不同资源来源间的壁垒，为用户提供更便捷的资源获取平台。

4.4 保持"收藏"与"存取"并重

曾有学者提出，为用户提供信息服务是图书馆的重要任务之一，而为满足服务所需的馆藏资源基础建设，在网络环境下，图书馆馆藏观念应当有所转变，从强调"拥有"向"存取"倾斜[11]，注重 OA 资源的采集利用，使其成为扩充数字馆藏的有效途径。毫无疑问，从服务角度来看，在不强调数据保存的情况下，使用 OA 资源可以有效节约经费并保障一定程度的稳定服务。尽管开放存取资源允许用户免费获取、传播某一文献，但图书馆作为机构用户，能否批量下载、保存、集成并提供服务仍涉及人力、经费、版权、技术、软硬件环境等多项因素；此外，由于国内开放存取资源发展不均衡，其内容质量与平台功能等方面参差不齐，无论从保存或服务角度看，开放存取资源仍有许多不足之处。目前引进数据库资源已较好地解决了上述问题，机构可通过镜像采购模式获取资源数据以长期保存并提供服务，较之开放存取数据的收集处理过程更为便捷高效。因此，对于在资源建设过程中有数据保存需求的图书馆而言，二者应当是相辅相成的。从国家图书馆角度来看，作为国家级图书馆，《中华人民共和国公共图书馆法》的制订赋予了其国家文献信息战略保存的职责，同时《国家图书馆的文献采选条例》中也有"中文求全"的要求。因此，具体到中文引进数据库层面，一方面要全面搜集各类来源的中文数字资源，另一方面也要尽量保障中文数字资源的数据本地保存。开放存取与引进资源可分别满足二者所需，难以相互完全替代。

4.5 加强开放存取资源收集及引导利用

由于目前中文开放存取电子资源市场仍较为有限，较为成型的数据库不多，学术依赖度较高的期刊仍多以单刊上网的形式提供阅览[22]，通常仅可逐期浏览，无法进行全文检索，用户使用较为不便，但其资源质量本身具有极高权威性，对于此类优质开放资源，图书馆对其完成收集揭示后，可以探寻通过更多宣传途径，扩大开放存取资源认知度，使用户逐渐了解并加以利用。国家图书馆在微博、网站推出的"每日一刊""每周一库"等栏目，都可作为开放存取资源的推广途径。图书馆员在日常工作中也可以通过跟踪调研，发现更多优质资源，为图书馆资源建设及用户服务扩大保障，降低对引进资源的依赖度，同时也可促进开放存取资源平台的发展。

通过本次调查，可以看出目前国内开放存取资源既有发展，也有不足，"个刊（哲社类）"在 NSSD 中的高收录率说明开放存取的概念正在得到进一步认可，而不同程度的延迟率也反映了出版机构在作品版权、经济效益等方面的顾虑。但是开放存取的发展为图书馆资源建设提供了新途径，同时也对资源采访工作提出了挑战。对开放存取资源的收集、揭示、保存等工作与传统采访流程的矛盾与互补有待长期磨合。

参考文献

［1］饶权.全国智慧图书馆体系：开启图书馆智慧化转型新篇章［J］.中国图书馆学报，2021（1）：4-14.

［2］国家图书馆"十四五"发展规划［EB/OL］.［2022-03-01］.http：//www.nlc.cn/dsb_footer/gygt/xxgk/202110/P020211009593349959836.pdf.

［3］乔冬梅.国外学术交流开放存取发展综述［J］.图书情报工作，2004（11）：74-78.

［4］李武，刘兹恒.一种全新的学术出版模式：开放存取出版模式探析［J］.中国图书馆学报，2004（6）：67-70.

［5］Budapest open access initiative［EB/OL］.［2022-03-01］.https：//www.budapestopenaccessinitiative.org/read/.

［6］宋启凡.布达佩斯先导计划对科技期刊开放获取的影响［J］.今传媒，2015（3）：114-115.

［7］李武.开放存取出版的两种主要实现途径［J］.大学图书馆学报，2005（4）：58-63.

［8］赵艳，张晓林，郑建程.图书馆文献订购经费向开放出版经费转化：目标、挑战与策略［J］.图书情报工作，2016（1）：5-11.

［9］魏蕊，初景利.学术图书开放获取与美国大学图书馆出版服务［J］.大学图书馆学报，2014（3）：17-22.

［10］王利君.英国大学图书馆开放获取出版服务研究［J］.新世纪图书馆，2020（4）：74-79.

［11］黄如花.利用开放存取资源提升馆藏质量［J］.中国图书馆学报，2008（5）：26-32.

［12］麻思蓓.开放获取对图书馆信息资源建设的影响［J］.图书馆，2015（1）：78-80，84.

［13］齐东峰.学术期刊出版模式与理念的转变及其对图书馆馆藏建设的影响［J］.四川图书馆学报，2021（1）：25-29.

［14］国家图书馆年鉴 2011 — 2020［EB/OL］.［2022-03-01］. http：//www.nlc.cn/dsb_footer/gygt/xxgk/.

［15］Yearly increases in average ongoing resources expenditures vs. total materials expenditures，1998-2018［EB/OL］.［2022-03-01］. https：//www.arl.org/wp-content/uploads/2019/09/ongoing-resource-expenditures.pdf.

［16］Library expenditures as a percent of university expenditures，1982-2017［EB/OL］.［2022-03-01］. https：//www.arl.org/wp-content/uploads/2020/03/ARL-Library-Expenditures.pdf.

［17］蓝羽 . 商业数据库续订采购实践中的"知己"与"知彼"［J］. 四川图书馆学报，2020（6）：38-41.

［18］国家图书馆 . 国家图书馆年鉴 2020［M］. 北京：国家图书馆出版社，2021：147.

［19］NSSD 数据库介绍［EB/OL］.［2022-03-01］. http：//www.nssd.cn/about.aspx?id=7.

［20］李克伟，乐丽娜，张耀坤 . 我国学术期刊进入了开放存取时代吗？——基于 CSCD 及 CSSCI 来源期刊的调查［J］. 图书馆研究，2019（6）：71-77.

［21］陈玲洪 . 高校图书馆开放存取资源揭示现状调查与实施策略研究［J］. 图书馆，2014（2）：63-65.

［22］陈雨杏，黄丽红 . 国内哲学社会科学核心期刊开放存取的现状调查：基于《中文社会科学引文索引（2014—2015 年）》的实证研究［J］. 图书馆研究，2016（4）：118-124.

民国初期书籍装帧设计述略

郭敏慧（典藏阅览部）

民国初期是一个新旧交替、承前启后的时期，这一时期无论是思想、文化还是艺术领域都空前活跃。作为传播信息的重要媒介，书籍成为这一时期各类思想文化运动的主要载体和"战斗"工具。因而书籍装帧艺术在这一时期也得到了长足的发展，开始从传统的书籍装帧形式向现代书籍的装帧形式转化。

1 民国初期书籍装帧的发展概述

1.1 民国初年到五四时期（1912—1919年）

受欧洲新艺术运动、装饰艺术运动、日本图案设计风等思潮的影响，从晚清开始至民国初年，不少书刊都呈现出新旧杂陈的面貌。如商务印书馆出版的林译外国小说，除了采用传统的线装书形式外，还用"洋装书"花边进行装饰。这一时期出版的小说受日本装帧设计风格影响，书籍封面趋于通俗化，如鸳鸯蝴蝶派的代表刊物《礼拜六》《小说时报》，把彩色风景和时装美女作为封面图案，以迎合近代都市市民阶层的审美取向。又如《新青年》早期封面（图1）则借鉴了欧洲19世纪的装饰方法，其书名用红色美术大字从右向左横向排列，视觉上醒目突出，要目的外边围以西式的边饰。这一时期的书籍装帧设计已经摆脱传统书籍的线装形式，开始采用排印的平装书形式，不过在设计层面多是对西式风格的粗糙模仿。

图1 陈独秀主编《新青年》封面

1.2 五四时期到抗日战争前（1919—1937年）

随着新文化运动进入蓬勃发展时期，这一时期的书籍装帧设计呈现出人才辈出、百花争妍的繁荣景象。这一时期的书刊装帧抛弃了以往封面多用传统绘画或月份牌式的方式，展现出现代杂志装帧设计的样貌[1]。

五四运动前，宣传新文化的刊物并不算多，仅《新青年》《新潮》等寥寥几种，五四运动爆发后的一年里，新成立的文学社团和刊物数量之多，涉及领域之广泛，可谓壮观。各个社团都会通过出版自己的刊物来宣传自己的主张。负责撰写和设计刊物的人很多都接受过系统的中国传统文化，诸如书法、绘画等训练，又有留学经历。据统计，民国初期被派去日本留学或考察过的中国著名美术家超过 300 人[2]。五四运动后，他们把欧美、日本等地的现代艺术设计思想一并带回，且主动投入到政治改革和社会改革中，这场席卷全国的新思潮运动直接促进了书籍装帧设计事业的繁荣。在中西方文化碰撞、交融的背景下，这些"业余"书籍设计者们既坚守着传统文化内涵和本民族特色的设计元素和审美原则，又大胆借鉴外来文化，继承和创新成为这一时期书籍装帧设计最主要的特征。

2　民国初期书籍装帧的演变

书籍装帧包括对开本、封面、版式、插图等一系列的设计。中国的书籍自诞生以来，其装帧形式随着书写载体和生产方式的演变和发展，先后经历了简牍、卷轴、册页三个时期。民国时期书籍装帧由单一向多元、由传统向现代开始转变，象征着近代书籍装帧设计的萌芽，这是书籍装帧史上尤为重要的一个时代。本文将从开本设置、文字排版、装订方式、封面设计几个方面探讨民国初期的书籍装帧特点。

2.1　开本设置与文字排版

书籍的开本指的是书刊幅面的规格大小。从开本设置来看，随着新式印刷术传入中国，为了高效地印刷和出版，书籍由以往的大小不一统一成了 32 开，此后 32 开便成了这一时期书籍开本的主要流行尺寸。统一开本，为书籍装帧艺术的发展提供了一定程度的便利条件。

内部版式，通俗地讲就是书的一页。传统书籍的内部版式各部分都有特定名称，其中界行是指字行间的分界线，古籍都是沿着界行自上而下，从右往左书写和排版的，千年未变。随着西方科技类书籍的引进，带西洋标点的横排书籍的出现开始打破了传统的竖排版式，还推动了我国第一套新式标点符号的诞生。这一时期采用横排版式的书籍并不算多，但这一排版方式却影响了后来的书写和阅读习惯，并一直沿用至今。

2.2　印刷技术与装订形式

木版刻印是中国传统版画的一种表现方式。石印则于 19 世纪 30 年代传入中国，流行了半个多世纪后被铅活字印刷所取代。实际上，木刻、石印、铅印这三种印刷技术在当时并非独立使用，而是并存、互补的关系。当时大部分书刊出版时都是文字部分以铅印为主，图版部分为木刻、石印或铜板雕刻[3]。

民国之前，多数书籍沿用线装书的装订方式。19 世纪中叶后，随着国外印刷技术的传入，书籍的装订形式也发生了变化，出现了平装和精装的图书装订方式。平装书适用于篇幅小、印量大的书籍，一般采用纸质封面。精装书的装订方式与平装书区别不大，只是用的材料较好，对于工艺方面的要求也更高，封面用硬纸板印制。平装和精装同属于洋装，随着生产技术的提高，可以双面印刷的新闻纸被大量应用于书籍的印制生产，因此，这两种装订形式在这一时期被广泛使用[4]。

2.3 书籍插图盛极一时

早期插图是在小说等书籍中插入图片来辅助文字进行表达，这种传统在中国源远流长。到了民国时期，插画盛极一时，大量插图作品涌现出来，而且应用领域进一步扩大，不再限于传统的小说、佛经等，发展到了杂志、期刊等诸多领域。随着西方艺术的传入，书籍插图在表现风格方面也逐渐显现出中西融合的面貌。这一时期既有唯美主义、象征主义等西式风格的插图，也有中式漫画风格的插图。由于这一时期书籍插图艺术的相关研究涉及的面很广，此处只做简要介绍。

2.4 文人墨客参与封面设计

中国古籍的封面通常比较简约、古朴，往往色彩淡雅，左上角贴有题签。直到五四之前，许多书籍仍延续这一传统。五四之后，书籍封面上开始出现了各式各样的绘画形式，有的直接照搬西方名画或雕塑作品，有的将西洋图案、几何元素进行重组，更有本土文化元素如水墨画等的融入。这一时期，书籍封面开始从题签的形式向现代封面设计转变，封面也承担起视觉宣传的任务[5]。

这一时期的书籍封面创作群体十分值得关注。当时在鲁迅的倡导与影响下，涌现出一批装帧大家，这些人多是文学家、艺术家。知识分子主动参与书籍封面设计，是民国初期书籍装帧设计的一大特色。

鲁迅作为新文化运动的旗手，在文化艺术方面有很深的造诣和丰富的实践经验，当时有很多书籍，如《呐喊》《引玉集》《桃色的云》《唐宋传奇集》等的封面设计和题字都是他亲自操刀的。尤其是鲁迅自费选印的《凯绥·珂勒惠支版画选集》，除了选画，他还亲自编排、设计封面、撰写序目、安排印刷及装订，这部版画集是鲁迅生前亲自编选的最后一本版画集，陪伴鲁迅走完了人生的最后一程。

陶元庆与鲁迅交好，鲁迅常向他索求封面设计作品。陶元庆的封面作品注意反映书籍内容，且构图新鲜，色彩明快，线条活泼流畅，具有强烈的装饰性和独特的艺术风格[6]，用鲁迅的评价可概括为：新的形，新的色，具有民族性。钱君匋享有"钱封面"的美誉，其装帧风格深受陶元庆影响，一生创作颇丰，享年92岁高寿的他自述设计封面数量大约有一千数百种[7]。陈之佛是我国最早的图案艺术家之一，他设计了不少图案和纹样，在当时的书籍装帧界产生了强烈的影响。

围绕在鲁迅周围的这批装帧艺术家们的文化修养、人生经历等各不相同，却都在用自己擅长的方式诠释着自己眼中的书卷之美，他们的作品也各具风采。

3 民国初期书籍装帧中中国传统元素的运用

无论是产品包装、服装设计，还是书籍装帧，传统文化经常成为设计师灵感的来源。在西学东渐的背景下，民国初期的书籍装帧艺术在不断吸收外来设计文化同时，也开始出现复古趋势，特别大量采用传统元素，让作品更具典雅的东方韵味。中国传统元素在民国初期书籍装帧中的运用体现在如下几个方面。

图 2 《野草》封面

3.1 大胆创新字体设计

利用书法字体设计封面，充分发挥中国书法的装饰功能，是我国独有的设计特色之一。草书、隶书、魏碑等传统书法都在这一时期的封面中得以很好地体现。鲁迅在封面设计中对书法字体的运用可谓炉火纯青，游刃有余。《野草》（图 2）一书的书名即是他亲自题写，"野"字右半部是行草体，"草"字头部是篆书体，两个字体既沉稳又活泼，趣味十足。

鲁迅十分熟悉汉字的字体，并能熟练地创造美术字，他设计的不少封面就是以自己设计的美术字为装饰的。张光宇也吸收、运用中国书法的特点，创造了一些新写法的美术字，有一种横粗直细的美术字体就是他创造的。

3.2 传统图案纹样的多样化使用

传统图案纹样的使用在这一时期的封面设计中也有体现。中国的图案纹样出现时间较早，其历史可以追溯到原始社会时期的彩陶图案，是具有独特民族艺术风格的一系列图案，诸如云雷纹、祥云纹、八宝纹、寿字纹等，庄重且雅致。以钱君匋的封面设计为例，他的封面十分热衷用二方连续纹样。由他设计的《在黑暗中》封面就运用了二方连续纹样，有力烘托出一种在黑暗中前进的氛围。《唐宋传奇集》是鲁迅历时十五年，从数百篇唐宋小说中精选出的唐宋小说集。这部小说集的封面是陶元庆按照鲁迅的设想，选用汉画像做封面图样（图 3）。再如鲁迅翻译的童话剧《桃色的云》（图 4），该书封面上的橘红色云纹是从古代石刻中描摹得来。可以说，从民族传统文化中汲取力量，是这一时期书籍装帧设计迈向现代化的最优路径。

图 3 《唐宋传奇集》封面　　　　　　　　图 4《桃色的云》封面

3.3　水墨、漫画等绘画形式的引入

3.3.1　以传统水墨画为表现手法

　　尽管自五四运动后，书籍封面设计上出现了各类西式绘画形式，但也有不少人扬长避短，用中国画写意的笔法进行封面设计。例如现代散文名家孙福熙，他既是一名作家，也是一位画家。他在赴法留学期间完成的、他的第一本书《山野掇拾》（图 5）的封面就是自己创作的，画面由各种绿色叠成，层次分明，并用灰色的边框勾勒，完全就是中国水墨画的笔法。他还为未名社画了不少封面画，大都是以水墨、水彩为主的，如《小约翰》（图 6）封面构图，封面图中左为高山，上题书名、著译者，右为一小孩儿，天上挂着云和月，画面极富童话感，但表现手法用的是水墨画技法，整体形象显得十分自然且富有意境。

图 5　《山野掇拾》封面　　　　　　　　图 6　初版《小约翰》封面

189

3.3.2　以漫画为表现手法

谈到民国书籍中的漫画表现手法，不能不提丰子恺的漫画插图。把漫画风格运用到书籍装帧中，丰子恺实属首创。他的漫画既受日本画家竹久梦二的影响，又具有自己独特的冲淡天真的特点。

1924年，丰子恺应邀为朱自清等人编辑的杂志《我们的七月》（图7）设计封面画，并在此刊发表了第一幅漫画作品《人散后，一钩新月天如水》（图8）。作品的画面中在茶楼一隅，友人已离去，茶具零星分布着，不远处悬着一弯新月，隐隐的离愁和淡雅的意境都淋漓尽致地展现在了狭小的画面上。在这幅画边上，直接标明了"漫画"二字。第二年，他又应邀为著名作家郑振铎主编的《文学周刊》杂志作插图。郑振铎为丰子恺的漫画作品取名为"子恺漫画"，并发表在《文学周报》上，"子恺漫画"自此风行全国，丰子恺也开始了为期六十余年的漫画创作。在西洋画大行其道的时候，丰子恺坚守并创新了中国传统的水墨笔法，发扬简约、写意的审美风格，创作出的漫画作品别具一格，生趣盎然。

图7　《我们的七月》封面　　　　　图8　漫画作品《人散后，一钩新月天如水》

据《民国时期总书目》统计，民国时期中国出版的书刊数量达12万余种，其中不乏设计雷同的作品，有的甚至显得粗糙、简陋。不过不得不承认，在这一时期，涌现出一大批将中国民间美术、汉字书法等传统元素和西方色彩设计、抽象艺术等巧妙融合的经典之作。这一时期可以称得上是中国书籍装帧史上的黄金时代。

4　对当代书籍装帧设计的影响和启示

进入读图时代后，书籍封面设计很大程度依赖于计算机，在为书籍装帧设计创造更多可能性的同时，也对该行业产生了不小的冲击。一部分设计师及出版社设计时一味迎合主流市场的需求，创造出一些形式大于内容的作品，忽视了书籍的审美功能、艺术内涵以及民族特有的艺术表现手法，使得当代书籍装帧设计平添了一丝浮躁之气。民国初期的书籍装帧虽然技术有限，但由于知识分子的参与，不少优秀的装帧作品都蕴含着深厚的文化内涵。从这个角度来看，近年来学术界和出版界掀起的民国范式、民国风的热潮也就不足为怪了。历经百年的作品在今天之所以依旧具备魅力，正是因为设计者们虽身处时代洪流，却还在不断地探索和实践。

综上，中国的书籍装帧设计经过漫长的发展历程，内容和表现形式也日益多元化地呈现在读者面前。然而无论如何演变，书籍装帧在设计时都应坚持"护帙有道"的原则，即保存书籍完好，将阅读功能和审美要求辩证地统一起来，绝不只是单纯的装饰华美。更重要的是，作为一种精神文化载体，书籍装帧设计在向"外"看的同时，也要学会向"后"看，懂得从民族传统文化中汲取营养。回望过去，正是由于西方思想艺术理念与民族文化传统巧妙地融合，才形成了民国初期这一特定环境下独特的书籍装帧艺术面貌，这对当代的书籍装帧设计很有借鉴意义。

参考文献

［1］陈瑞林.中国现代艺术设计简史［M］.上海：上海人民美术出版社，2014：75.

［2］聂世忠.书籍装帧的"民国范式"探析［J］.湖北美术学院学报，2016（3）：80-84.

［3］刘懿.清末民初蒙学的书籍装帧设计研究［J］.艺术与设计（理论版），2015（8）：63-65.

［4］谈佳洁.文人墨客与民国书籍装帧设计研究［D］.上海：上海交通大学，2014.

［5］林庶.晚晴民初书籍装帧形制变革的辨析［J］.新美术，2021（2）：242-251.

［6］邱陵.书籍装帧艺术简史［M］.哈尔滨：黑龙江人民出版社，1984.

［7］陈子善.钱君匋艺术随笔［M］.上海：上海文艺出版社，2015.

图书馆线上阅读推广活动的呈现与传达策略

——以国家图书馆讲座和公开课为例

黄　静（社会教育部）

1　概述

阅读推广既是公共图书馆服务的核心要素，也是促进全民阅读、营造学习型社会的有效举措，近年来备受图书馆业界和学界关注，成为热门的实践和研究领域。2020年以来，受新冠肺炎疫情影响，公共图书馆线下活动普遍陷入停滞或小规模有序开放状态，使依赖于图书馆固定场所、文献资源和参与人群所建立的传统阅读推广模式无法继续推进。危者，机也。图书馆阅读推广馆员积极适应防疫形势，将目光投向线上平台，借助网络媒体和信息传播技术开展了大量线上阅读推广活动，渐成公共图书馆服务新常态。与此同时，如何适应新环境、利用互联网传播特点创新服务模式，进一步做好线上阅读推广活动的呈现与传达，也成为业内亟待探究的课题。

按照笔者的理解，阅读推广的本质是一种知识整合服务。公共图书馆等机构通过策划文化活动，制作主题阅读产品，有计划地、有组织地向服务人群呈现和传达某一领域的文化知识和观点理念，激发受众阅读兴趣的行为，便可称之为阅读推广。呈现与传达在阅读推广中扮演着至关重要的角色，关乎阅读推广效果的好坏，这一点在线上活动中尤为突出。本文以国家图书馆2020年以来开展的部分线上讲座和公开课为例，浅议其中的呈现与传达策略。

2　图书馆线上阅读推广活动的呈现策略

不同于传统意义上的借阅服务，读者需主动走进阅览室，自行查阅书架上某类图书里的知识。阅读推广的含义在于图书馆作为一种媒介主体，主动承担公共文化传播职能，积极向潜在读者群体呈现知识整合产品和服务。按照拉斯韦尔"5W"传播模式理论[1]，图书馆在阅读推广活动中既是传播主体（who），也是传播内容（what）的生产者，同时它自身也是一种传播媒介（in which channel），并可根据读者群体（to whom）的互动反馈，评估阅读推广活动的实际效果（with what effect），形成传播链条上的"闭环"。其中，阅读推广的传播内容，即为本文所述的"呈现"，即经过阅读推广馆员加工整合的聚合性知识产品及其完整包装方式。

2.1 呈现的内容

图书馆线上阅读推广活动呈现的内容和形式多种多样，就形式而言，它既可以是一份主题书单、一次讲座沙龙，也可以是一场包含多主体参与、多场景切换的大型直播活动等。无论何种形式，呈现的内容无疑是最重要的，包括创意与构思、选题与策划等。

2.1.1 创意与构思

创意与构思是阅读推广活动的灵魂，也是能否吸引潜在读者关注和参与的关键所在。与线下活动不同的是，线上阅读推广通常没有明确的读者群体，活动效果只能在举办后对参与度、互动量、评价等反馈数据分析得出，阅读推广馆员需有整体思维，创意不仅要帮助选题，还应根据媒体运营特点对工作路径提出总体构思，并对效果进行预判。印度图书馆学家阮冈纳赞说"图书馆是一个生长着的有机体"[2]，对线上阅读推广而言更是如此。

线上阅读推广创意选取的宗旨是促进阅读和知识传播。阅读推广馆员可针对公众兴趣点、读者阅读偏好、重大时事、热点话题、特别人物、时令节日、同行做法等方面做充分调研和通盘考量，选取具有一定话题度、吸引力和传播力的活动主题，确定呈现形式、发布渠道、宣传方案、包装风格、互动机制等，以保障活动顺利推进并取得预期效果。以国图讲坛的"冰雪聪明 冬奥知识小课堂"系列活动为例，该活动以 2022 年北京冬奥会这一重大时事为创意，从冬奥文化、比赛项目、运动明星三个方面选取 20 个具有讨论度的热点话题，于春节和冬奥会期间（时令节日）通过国家图书馆官方微信、微博、抖音号等渠道，陆续推出 20 期由微讲座和图文相结合的活动内容（呈现形式）。宣传分为前、中、后期，前期通过预告文案、冬奥会吉祥物在图书馆内的"花絮"照片、自制《一起向未来》主题曲 MV（公众兴趣点）等为活动预热；推广期则紧跟冬奥会开幕式、赛况、运动员新闻等热点，撰写热情洋溢的宣传文案，并配以风趣幽默的流行表情包（读者阅读偏好）；后期通过"留言点赞送文创礼品"等方式吸引读者互动反馈并积极响应，如应读者要求推出了#如何拥有一只冰墩墩#微博抽奖活动，社会反响热烈，转发评论数过万，跃升为图书馆冬奥主题线上阅读推广活动的"网红爆款"。综上可见，该活动的成功与充分利用新媒体运营手段、将创意贯穿于各环节密不可分。

2.1.2 选题与策划

无论线上还是线下，图书馆阅读推广活动的根本目的在于向公众传播科学文化知识，激发阅读兴趣，培养读者使用图书馆文献资源和空间场所的习惯，回归非功利性、非实用性阅读。进入移动互联网时代后，阅读碎片化、表层化、娱乐化趋势日益凸显，图书馆线上阅读推广若要变成一股"清流"从令人眼花缭乱的资讯中脱颖而出，让读者看到且爱看，就必须依托宏富馆藏、海量文献，以及长期运营积累而来的品牌形象、社会公信力和潜在用户群体等天然优势，深耕选题与内容策划，通过持续输出，树立品牌风格与形象。一般而言，图书馆线上阅读推广的选题策划可从以下四个方面着手：

（1）围绕馆藏资源、典籍文献等，对历史文化知识进行整合推广。这是业内最常见的阅读推广呈现内容，通过挖掘馆藏典籍文献和专家学者资源等，聚焦经典文化和阅读，做针对性、系统性、整合性的知识选题策划。如为纪念王安石诞辰 1000 周年，国图公开课依托《中华传统文化百部经典·王安石集》等文献资源，推出"千年回望王安石"特别活动，并和江西抚州王安石纪念馆进行联动两地同步直播，引发强烈社会反响。

（2）围绕优秀图书举办读书分享活动，建立读者与作者交流互动机制。如国家图书馆品牌项目"文津读书沙龙"，围绕第十五届文津图书奖获奖图书，于 2020 年陆续推出 10 场"馆员访谈录"活动，以图书馆员对话获奖图书作译者的形式，分享图书内外的故事，并在图书馆界组织巡讲，推广优质阅读。

（3）围绕科技前沿动态举办科普活动，传播科学思想和健康生活理念。图书馆是科学普及前沿阵地，肩负传播科学知识、提升公众科学素养的使命。相比于线下，线上阅读推广更有利于开展科普展示活动。以国图讲坛为例，近年来结合"科技活动周""世界航天日""世界气象日"等举办了多场线上阅读推广活动，如"科技的力量"系列活动、"未来一百年，我们能在火星上种菜吗？""冬奥会比赛为何要'看天吃饭'？"等，以生动有趣的方式普及科学知识。

（4）围绕非物质文化遗产等优秀传统文化，开展宣传展示活动。根据法国社会学家莫里斯·哈布瓦赫的观点，集体记忆是指社会成员的共同记忆，这种记忆为社会成员共同生活提供基础的文化框架，使塑造文化身份认同成为可能[3]。以非物质文化遗产为代表的优秀传统文化，是中华民族集体记忆和文化身份认同的活态载体，而保存人类文化遗产正是图书馆的职能之一。近年来图书馆界兴起了"非遗热"，持续推动优秀传统文化走入公众视野。例如 2020 年新冠肺炎疫情肆虐时，国图讲坛品牌项目"非遗讲座月"适时推出"百草园里识百草"专题活动，图书馆员在植物学专家的带领下实地探访药用植物园，宣传中草药知识的同时嵌入传统文化和健康生活理念，滋养民族心灵培育文化自信，"趣味性与科学性并存，折射文化和科学之光"[4]。该活动因积极向上、活泼有趣的风格在社交媒体上被网友多次"催更"，文化和旅游部、自然资源部等官方媒体予以转发，累计阅读量超 400 万。

2.2 呈现的方式

如果将阅读推广内容比作一道由知识食材烹调的大菜，那么呈现方式就是盛菜的餐盘、餐桌，甚至是餐厅的氛围音乐和服务员的精神面貌。合适的呈现方式，不仅能帮助内容表达，为内容添彩，自身也是呈现的一部分。具体来说，线上阅读推广的呈现方式主要包括载体形式、视觉设计和文案包装等。

2.2.1 载体形式

载体形式包括文字、图片、音频、视频、展品等。阅读推广馆员可根据活动主体内容的特点选取适当的载体形式。比如，主体内容若是一份主题阅读书单，可选择由推荐语、书影、书评等图文信息综合呈现；若是一场逻辑性强且风格严肃的主题讲座，可选择由中视频，并配以导读性文字组合呈现；若是一场话题性强、风格轻松的对谈沙龙，则可加工为系列短视频连续呈现。例如有关"陀思妥耶夫斯基的思想小说"的主题讲座，因其内容连贯且思想性强，适宜用长视频呈现；而诸如"十问十答：宋人生活的世俗与风雅"这类风格活泼的讲座，则适宜用短视频连续呈现。

2.2.2　视觉设计

随着公众艺术审美的提高，线上阅读推广活动也应充分重视视觉方面的设计。良好的视觉设计不仅要准确表达活动主旨和气质，同时要兼具艺术美感以增强公众吸引力和参与度。视觉设计涵盖活动海报、视频画面、舞台美术、文字排版、品牌露出等各方面，确保标识、字体、插图等元素的整体协调和统一。设计风格应符合图书馆的主体身份定位，追求格调高雅、风格简约、主题突出；在条件允许的情况下，每一场线上推广活动都应配备专属视觉设计方案。例如，国图讲坛2020年"非遗讲座月"共含6个专题活动，在维持视觉风格整体统一的前提下，各专题活动皆配备了专属视觉设计方案，令人耳目一新。

2.2.3　文案包装

文案撰写是阅读推广馆员的从业必修课，几乎所有线上阅读推广都离不开文案包装。文案既能体现活动内容和定位，也能体现阅读推广馆员的学识和品位。以微信公众号推文写作举例，文案结构一般包含标题、摘要、正文、结语等。标题应精炼准确地表达活动主旨，根据活动气质进行风格化编写，但不宜为吸引眼球过分夸大沦为"标题党"。如前文提到的"陀思妥耶夫斯基的思想小说"主题讲座，配备的文案标题是"陀思妥耶夫斯基的思想麦粒是否有一颗曾落在你心里"，用"思想麦粒"这一与陀思妥耶夫斯基生平关联密切的隐喻，将读者与陀思妥耶夫斯基联系起来，引发思考和阅读的兴趣。正文部分应对活动的主角——主题讲座起到辅助和补充作用，故应围绕陀思妥耶夫斯基生平、著述、评价、主讲人信息等方面写作。结语部分设置馆藏数字资源二维码，提供深入阅读的路径。可见，一篇优秀的阅读推广文案不仅要对活动进行精准描述，还要开展与读者的对话、启发思考，"使不爱阅读的人爱上阅读，使不会阅读的人学会阅读，使阅读有困难的人跨越阅读的障碍"[5]。

3　图书馆线上阅读推广活动的传达策略

根据加拿大学者马歇尔·麦克卢汉的"热媒介与冷媒介"理论[6]，图书馆阅读推广活动应被定性为"冷媒介"，即需要读者主动参与传播进程，对接收的信息予以理解和加工，促成传播范围的扩大。例如，通过微信公众号发布的阅读推广活动，第一批读者即为公众号订阅用户，若其中一部分读者在阅读后认为活动有价值，主动采取了评论、转发、点赞等行为，便促成了该活动的持续传播；另有部分读者忽略了此信息或认为该信息无价值，那么这部分传播进程即告中止。因此传播的持续推进，依赖于信息本身的传播力、潜在读者群的规模、读者持续传播的动机。线上阅读推广活动内容从生产者传播到读者、并由读者传播到更大读者群的过程，即为本文所述的"传达"。传达的策略主要针对提高阅读推广内容的传播力、扩大黏性读者群体、激发读者传播动机等。

3.1　以传播导向开展活动策划，提高整体传播力

如前文所述，阅读推广活动是一个有机整体，阅读推广馆员需有整体思维，在创意构思、选题策划时期即带入传播思维，选取接地气、易于传播的话题和角度进行内容生产和呈现，制订相应的传播方案，提高活动内容的传播力。

3.2　充分利用媒介平台，开展外部合作，扩大传达面

随着新媒体技术的发展，公共图书馆自有媒介数量不断扩充，除官方网站、App 外，大部分图书馆都已开通微博、微信、抖音、快手等视频平台的官方账号。阅读推广馆员需充分了解这些平台的特点，精准投放适宜平台传播的呈现内容和形态。此外还需开展外部合作，如与平台官方、其他机构、大 V 开展互动联建，与社会媒体尤其是强势媒体开展合作，借力借势增加"粉丝数"和用户黏性，扩大活动的传达面和影响力。

3.3　建立阅读推广长效机制，固定输出频率，形成持久传达力

由于阅读推广具有活动化、碎片化[5]特征，做好阅读推广工作绝不靠一朝一夕的发力，而应当作长期事业持续投入。如有些图书馆在"世界读书日"前后大规模开展阅读推广活动，在其他时段却少有举办，此类做法不利于产生持久的阅读推广效果。图书馆应克服各类困难，建立长效机制，做好中长期规划，固定输出频率，增强用户预期并形成订阅习惯，保障线上阅读推广工作常态化平稳提升。

3.4　统一活动标识，树立阅读服务品牌，形成品牌效应

"服务品牌是一个图书馆最具识别度的形象文化呈现"[7]，能够体现阅读推广活动的创意策划、核心价值、服务内容等，承载着影响力、美誉度等无形资产，具有"天然的信任，从而减少沟通和推广的成本和时间"[8]。线上阅读推广活动应注重阅读品牌的树立，同时也应避免阅读品牌、专题的越来越多所造成的公众记忆难度大的问题，及时对品牌进行整理和归类，统一活动标识，聚合品牌影响力。

3.5　设置互动反馈机制，增强读者传播动机

阅读推广活动的最终目的是服务读者。作为传播链条上的重要一环，互动反馈机制不仅可以促进活动在读者群中的持续传播，对于了解读者需求、进一步提升阅读推广质量也极其关键。线上阅读推广活动应常设互动反馈机制，鼓励读者评论转发等积极传播行为，通过设立抽奖、评论、转发等机制增强读者传播动机。此外，面对读者反馈尤其是负面评价，应及时予以回应，改善读者的体验，增强读者的参与感。

3.6　不惧情感、态度、人文关怀的流露，共鸣是最好的传播动力

图书馆作为公共文化教育机构，肩负着引导社会舆论、树立社会主义核心价值观的使命。而阅读推广活动作为一种主动服务，在操作层面往往是由具体的阅读推广馆员发

起和实施的，必然会在一定程度上反映其本人的学识、涵养、旨趣与态度。针对公共话题或社会舆论，图书馆可发挥专业优势、适时推出相关的阅读推广主题，表达坚定的立场、态度、温情和人文关怀，传递正确的价值观。如面对热议的女性生存话题，国图讲坛于 2022 年国际妇女节当天推出"女人，也可以纵横四海"专题活动，通过重读丁玲名作《"三八节"有感》，呼吁全社会从原点出发冷静思考当前问题的由来，引发读者强烈共鸣和自发传播。

图书馆线上阅读推广作为一种新兴不久的服务业态，在取得一定成绩的同时，也要正视当前与书店、出版机构、网红知识博主等同类型推广主体之间的差距，如呈现方式稍显单调，新媒体运营能力、内容表达力和输出频率稍弱，尚未形成具有广泛影响力、"出圈"的阅读品牌等。未来图书馆界还需不断向其他同行学习先进工作经验，克服普遍存在的人、财、物力上的不足，着力培养一批具有高知识储备、内容呈现和媒介传达能力的阅读推广馆员，通过完善自身、建立更有效的工作机制，提升线上阅读推广活动的呈现与传达品质，实现智慧型图书馆建设目标。

参考文献

［1］李苓，李春霞．大众传播学统论［M］．成都：四川大学出版社，2019：25-26.

［2］阮冈纳赞．图书馆学五定律［M］．夏云，王先林，郑挺，译．北京：书目文献出版社，1988：2.

［3］刘宏宇．呈现的真相和表达的策略：博物馆历史展览中的符号传播和媒介应用［M］．北京：人民日报出版社，2016：6.

［4］看国图如何教人"识百草"［N］．中国旅游报，2020-07-03（3）.

［5］范并思．阅读推广与图书馆学：基础理论问题分析［J］．中国图书馆学报，2014（5）：4-13.

［6］李苓，李春霞．大众传播学统论［M］．成都：四川大学出版社，2019：176-177.

［7］王世伟．论公共图书馆服务品牌［J］．中国图书馆学报，2018（6）：4-24.

［8］杨云云．《知识就是力量》节目对图书馆阅读推广的启示［J］．图书馆建设，2019（4）：141-145.

图书馆面向文化创意产业的知识产权信息服务

运 梅（参考咨询部）

"文化创意产业"（Cultural and Creative Industries）是以创意、创造力为核心的新兴产业[1]。近年来，随着新技术、新业态的发展，国家在推动文化创意产业发展过程中不断强化知识产权的保护，为产业发展营造创新环境。2016年，原文化部、国家发展改革委等部门印发《关于推动文化文物单位文化创意产品开发的若干意见》[2]提出，要"促进文化文物单位、文化创意设计企业提升品牌培育意识以及知识产权创造、运用、保护和管理能力。"《文化部"十三五"时期文化产业发展规划》[3]和《"十四五"文化产业发展规划》[4]中均提出，要加大文化产业相关知识产权保护力度。文化创意产业作为文化产业中最具活力的组成部分，其最重要的特点就是创新。国家在推动知识产权建设的同时也强调保护创新，促进文化创意产业发展。2008年，国务院印发《国家知识产权战略纲要》[5]，强调"加强文化、教育等政策与知识产权政策的协调衔接，鼓励群众性发明创造和文化创新。"2021年6月1日起实施的《中华人民共和国著作权法》强化了对创作群体的保护，并扩大保护范围，涵盖了具有创意的网络游戏、短视频等新类型作品的法律保护，以适应技术创新、文化产业发展的需要。

上述文件的出台，表明国家在经济发展的新阶段重视并鼓励文化创意产业发展中的知识产权保护工作。因此推动文化创意产业发展必须将知识产权保护作为重点内容，以优化产业发展的环境和国家创新能力的提升。

1 我国文化创意产业发展中面临的知识产权问题及信息需求

1.1 我国文化创意产业知识产权保护面临的问题

知识产权保护与文化创意产业发展有着密切关系。文化创意产业的健康、可持续发展也离不开知识产权保护的运用，加强知识产权保护能够提高文化创意企业的自主创新能力和知识产权创造水平。

近年来，我国文化产业蓬勃发展，文化新业态和创意产业呈现较大规模增长。据国家统计局最新调查数据显示，2021年全国6.5万家规模以上文化及相关产业企业实现营业收入119064亿元；创意设计服务两年平均增长13.8%，内容创作生产两年平均增长9.7%[6]。尽管文化创意产业目前在我国蓬勃发展，我国文化创意产业还处于发展初期，大多数文化创意企业规模较小，在知识产权保护方面还存在很多问题，主要包括以下几方面：

第一，由于知识产权保护意识淡薄，文化创意企业近年来面临的侵权纠纷越来越多。商标申请、品牌注册和著作权保护登记不及时造成文化创意成果被抄袭或剽窃；不尊重他人知识产权、不正当使用他人创意成果、非法在互联网传播他人作品等现象层出不穷[7]。

第二，文化创意企业员工缺乏知识产权法律知识的培训，创意成果和资源缺乏管理规范，使企业知识产权价值转化能力不足，在利益受损或纠纷发生后也不能及时维权，对企业造成巨大损失。

第三，知识产权中介服务质量与水平不能满足文化创意产业需要。知识产权中介服务机构应为文化创意企业提供法律服务，以辅助文化创意企业在知识产权创作和运用过程中的权益得到有效保护。然而，由于我国知识产权中介服务行业发展时间不长，存在着知识产权利用的基础不扎实、中介服务人员素质参差不齐、服务质量和水平不高等诸多问题，不能有力支持文化创意企业的知识产权保护。另外，知识产权中介机构不是专门的信息服务机构，不能满足文化创意企业对知识产权信息的及时性、新颖性等需要。可以说，文化创意企业仅仅依靠中介机构为其提供知识产权服务是远远不够的。

1.2 文化创意产业对知识产权信息服务的需求

综上所述，我国文化创意产业在发展中面临的诸多知识产权问题只有得以解决，才能够促使行业发展壮大。企业除自身不断提高知识产权保护意识、优化企业知识产权管理制度外，还期待利用外部资源来获取更加专业的知识产权服务，尤其是知识产权信息服务。

首先，文化创意产业期待通过专业培训提高企业和员工的知识产权保护意识。如上所述，由于文化创意企业的知识产权意识薄弱造成的企业被侵权的情况阻碍了企业发展，所以整个产业都需要不断深入学习知识产权相关知识，以提高知识产权保护意识。然而知识产权专业知识的普及和培训仅依靠企业自身是无法实现的，还需要专门的知识产权信息服务机构对其进行专业化的培训，才能保证知识培训到位、保护意识增强和知识产权保护能力的提高。

其次，文化创意企业亟需通过有效的知识产权信息服务以创建知识产权保护环境。知识产权贯穿于文化创意产业链的创作、管理、运用、转化、保护等各环节，在每一个环节中，企业都需要获取相应的知识产权信息来支撑各个环节的运作，因此依靠第三方机构为文化创意产业提供知识产权信息服务符合市场的需要。知识产权信息服务机构通过与文化创意企业合作，能将企业带入一个良好的知识产权环境中，这样更有利于产业的健康发展。

最后，文化创意产业期待更加细化、专业的知识产权信息服务以提高产业创新能力。目前社会中有各类知识产权中介机构利用各自专长为文化创意企业提供多元化服务。除了传统的知识产权代理等服务外，文化创意产业还需要专业的知识产权信息服务以提高产业创新能力。文化创意企业期望获取丰富的知识产权相关信息资源，期望掌握最新的政策、行业、对手信息，希望查询和分析专利、商标、著作权等信息，为企业在产生文化创意、保护创意成果、避免知识产权纠纷等方面进行事前准备和事后处置。这些信息的提供都需要专业的知识产权信息服务机构，如图书馆、科研院所、情报机构等来进行。

2 图书馆支持文化创意产业知识产权信息服务的可行性

2.1 国家鼓励图书馆的知识产权信息服务能力建设

习近平总书记对知识产权工作作出重要指示时强调，"要形成便民利民的知识产权公共服务体系，及时传播知识产权信息"[8]。近年来，国家对公共图书馆在提升知识产权信息服务方面提出了更明确的要求。2019年9月，国家知识产权局印发《关于新形势下加快建设知识产权信息公共服务体系的若干意见》[9]提出，"积极引导高校、科研院所、图书情报机构、行业组织等服务网点单位，优化服务模式，开发适合中小企业需求的知识产权信息服务产品"。2020年11月，国家知识产权局办公室印发《知识产权信息公共服务工作指引》[10]，对提供知识产权信息公共服务的社会化信息服务机构如何开展工作提出了更具体更详细的指导。文件指出，"公共图书馆类服务网点应当发挥场地资源齐备、受众广泛等优势，结合参考咨询等职能工作，开展知识产权信息咨询服务，通过举办展览、讲座、论坛、沙龙、公开课、阅读推广等活动，增强公众知识产权意识，推动知识产权基础知识传播。"2021年12月，国家知识产权局印发《知识产权人才"十四五"规划》[11]，提出"加大知识产权信息服务人才培养力度，提高人才知识产权信息管理、信息采集加工、信息检索与情报分析、信息传播利用等能力，不断壮大高校、科研机构、图书情报机构、行业组织等网点单位的知识产权信息服务人才力量"。这些文件，有针对性地从服务模式、资源、人才等方面为图书馆开展知识产权信息服务指明了实践方向。

2021年5月，文化和旅游部将"强化文化和旅游领域知识产权保护，健全知识产权信息咨询服务和交易平台，提高知识产权管理能力和运用水平"列入《"十四五"文化和旅游发展规划》[12]中，显示出对文化和旅游领域知识产权保护工作的重视和计划推进知识产权信息咨询服务工作的决心。在国家政策支持的大背景下，图书馆作为公共文化服务机构，应发挥自身优势，为文化和旅游领域的知识产权保护工作贡献力量。

2.2 图书馆可利用自身优势支持文化创意产业的发展

作为依托知识产权的新兴产业，文化创意产业发展需要专业的知识产权信息服务。近年来，图书馆已经成为重要的知识产权信息公共服务机构，无论是高校图书馆还是公共图书馆，在专利信息检索、科技查新等领域都为企业提供了知识产权信息服务，支撑企业发展的信息需求。

图书馆有着丰富的馆藏资源，无论是纸质出版物，还是电子出版物和网络数据库，这些丰富的馆藏资源都是开展知识产权信息服务必不可少的基础条件。以国家图书馆为例，除了庞大的纸质资源，还有大量国内外知识产权相关的专业数据库，如国家知识产权公共服务网、中外专利数据库、国家标准全文数据库、中国专利全文数据库、中国行业标准全文数据库等，不但能为读者所用，更能为图书馆自身开展知识产权信息服务所用。在多年针对文化产业领域的参考咨询服务过程中，国家图书馆还积累了大量参考价值较高的信息资源并形成了数据库，为满足文化创意产业的信息服务需求创造了条件。此外，国家图书馆还有着专业的参考咨询馆员，以及丰富的参考咨询服务经验，这些在知识产权信息服务中都是不可或缺的。

然而，目前我国公共图书馆针对文化创意产业的服务实践并不是很多，在服务经验和成果上相较于国外图书馆有一定差距。在文化创意产业发达的英国，英国国家图书馆商业和知识产权服务中心为文创产业提供多样化的知识产权信息服务，使文创产业成为推动英国经济发展的主要动力。其成功经验表明，图书馆能够充分发挥自身信息资源和服务优势，支持文化创意产业发展。

2021年，国家图书馆成立知识产权信息服务中心，不仅反映出国家图书馆参考咨询工作向知识服务等更深层次服务延伸的业务发展趋势，也是落实国务院相关文件对公共图书馆在知识产权信息服务领域开展工作要求的具体行动。笔者认为，国家图书馆作为重要文化单位和文化创意产业中的一分子，及国家指定的知识产权公共服务的信息服务机构，应响应国家号召，发挥其身份优势、数据资源优势和信息服务优势，发挥其在国家建设知识产权信息服务中心中的作用，面向中小企业特别是文化创意产业开展全方位的知识产权信息服务，助力行业健康发展。

3 国家图书馆面向文化创意产业的知识产权信息服务展望

3.1 开展知识产权培训，提升文化创意企业知识产权保护意识和技能

因知识产权保护意识薄弱，文化创意企业承担了很多风险和损失，文化创意企业应强化对知识产权的认识和保护意识。图书馆等公共文化服务机构可为文化创意企业提供知识产权相关内容的培训服务，助力文化创意产业提高保护意识。国家图书馆可利用其资源优势、人才优势、场地优势等，开展知识产权信息服务工作。一方面，通过举办展览、讲座、推广等活动面向企业普及知识产权相关知识，增强知识产权意识；另一方面，可通过为文化创意企业提供有针对性的培训服务，支持企业提高知识产权信息获取和利用的技能。

3.2 建设文化创意产业知识产权信息服务平台

图书馆最大的优势是信息资源优势，拥有大量购买和自建的国内外数据库、信息检索工具等。在知识产权信息服务过程中，国家图书馆可将知识产权相关信息资源进行整合，建立知识产权信息服务平台，为文化创意产业提供知识产权信息的浏览、检索、分析等服务。一方面，建立知识产权综合信息服务平台，涵盖知识产权基本知识、知识产权实时资讯、知识产权政策信息、知识问答等模块，具备信息检索、聚类、导航、分析等功能，使综合信息服务平台既能为参考咨询馆员所用，也能为企业所用。另一方面，

面向文化创意产业建立知识产权专题信息服务平台，在综合信息服务平台的基础上，增加文化创意产业行业资讯、创意产品等内容。

3.3 提供文化创意产业知识产权信息咨询、检索、分析等专业化增值服务

仅利用公益培训和知识产权信息服务平台只能满足文化创意产业用户的基础知识需求，国家图书馆还应该充分发挥咨询馆员的作用，为用户提供知识产权信息咨询、检索、分析等专业化和深层次的增值服务。在利用知识产权信息服务平台和信息分析工具的基础上，针对文化创意产业开展文献传递、信息预警、信息分析、产业发展咨询等服务。国家图书馆还可研究为企业制定舆情分析报告、负面预警、市场竞争情报、创业指南、商业计划等分析报告、信息参考资料等产品。另外，还可培养一批文化产业领域的知识产权信息服务专家，根据每家企业不同情况为文化创意产业提供一对一的有针对性的专家咨询服务。总之，国家图书馆应通过专业化的增值服务为知识产权的保护和运用提供信息服务支撑，助力文化创意产业创新发展。

3.4 进行文化创意产业知识产权问题研究

国家图书馆具有一批专业的咨询馆员，在面向文化创意产业用户进行知识产权信息服务过程中积累了丰富的工作经验。长远来看，他们既是知识产权领域的专家也是文化产业领域的专家。可以说，图书馆有能力依赖其专业队伍对知识产权问题进行研究。通过研究，一方面能够更好地掌握用户对知识产权方面的信息需求，以根据用户需求提供更有针对性的服务；另一方面，能够总结文化创意产业相关问题，帮助用户发现潜在问题，规避风险，指引发展方向。作为国家指定的知识产权公共信息服务机构，图书馆既有服务能力，又有科研能力。只有研究用户所需，才能更好地服务用户。

开展知识产权信息服务工作，离不开专业的图书馆知识产权信息服务工作团队和馆外专家的支持，因此图书馆应培养一批业务素质较强、经验较丰富的专职咨询馆员和专家从事此项工作，使其成为图书馆为文化创意产业提供知识产权信息服务的核心优势。另外，图书馆应发挥桥梁作用，更多地与馆外专家、企业家进行合作，积累好专家资源人脉以更好地为文化创意企业提供知识产权信息服务。

国家图书馆作为公共文化服务机构，在知识产权信息服务方面应大有可为。国家图书馆应充分利用自身信息资源和参考咨询经验等优势，面向文化创意产业等创新创业主体和社会公众开展线上和线下知识产权信息服务；应尽快整合资源，做好知识产权信息服务能力建设，发挥知识产权信息服务中心助力文化创意产业创新发展的作用。

参考文献

［1］刘元华.我国文化创意产业法律保护案例分析［M］.北京：知识产权出版社，2018：1-2.

［2］国务院办公厅转发文化部等部门关于推动文化文物单位文化创意产品开发若干意见的通知［EB/OL］.［2022-03-16］. http：//www.gov.cn/zhengce/content/2016-05/16/content_5073722.htm.

［3］文化部关于印发《文化部"十三五"时期文化产业发展规划》的通知［EB/OL］.［2022-03-20］. http：//zwgk.mct.gov.cn/zfxxgkml/ghjh/202012/t20201204_906372.html.

［4］文化和旅游部关于印发《"十四五"文化产业发展规划》的通知［EB/OL］.［2022-03-20］. http：//zwgk.mct.gov.cn/zfxxgkml/cyfz/202106/t20210607_925033.html.

［5］国务院关于印发国家知识产权战略纲要的通知［EB/OL］.［2022-03-20］.http：//www.gov.cn/ zhengce/content/2008-06/11/content_5559.htm.

［6］2021年全国规模以上文化及相关产业企业营业收入增长16.0%，两年平均增长8.9%［EB/OL］. ［2022-03-20］. http：//www.stats.gov.cn/tjsj/zxfb/202201/t20220130_182716.2.html.

［7］苏志甫.文化创意产业亟待打造知识产权立体保护网［N］.中国知识产权报，2015-12-11（10）.

［8］习近平.全面加强知识产权保护工作 激发创新活力推动构建新发展格局［EB/OL］.［2022-03-20］. http：//www.gov.cn/xinwen/2021-01/31/content_5583920.htm.

［9］关于新形势下加快建设知识产权信息公共服务体系的若干意见［EB/OL］.［2022-03-20］. http：//www.gov.cn/zhengce/zhengceku/2019-11/25/content_5455154.htm.

［10］国家知识产权局办公室关于印发《知识产权信息公共服务工作指引》的通知［EB/OL］.［2022-03-20］. https：//www.cnipa.gov.cn/art/2020/11/6/art_75_154666.html.

［11］国家知识产权局关于印发《知识产权人才"十四五"规划》的通知［EB/OL］.［2022-03-20］. http：//www.gov.cn/zhengce/zhengceku/2022-01/09/content_5667253.htm.

［12］文化和旅游部关于印发《"十四五"文化和旅游发展规划》的通知［EB/OL］.［2022-03-20］. http：//zwgk.mct.gov.cn/zfxxgkml/ghjh/202106/t20210602_924956.html.

图书馆精准知识服务探析

——以国家图书馆"舞蹈+"学术资讯服务项目为例

温　晶（参考咨询部）

1　概述

1.1　知识服务

知识服务是指从各种显性和隐性的知识资源中，按照人们的需要，有针对性地提炼知识和信息内容，搭建知识网络，为用户提出的问题提供知识内容或解决方案的信息服务过程。这种服务其特点在于，它是一种以知识资源为基础，以用户需求为中心，提供知识内容和解决方案的服务。

20世纪90年代以来，在经济发展方式和信息爆炸的社会背景下，知识服务成为学界和社会关注的重点，对知识信息进行挖掘整合，以满足用户个性化的信息服务需求，知识服务的产业化发展成为可能。

1997年，美国图书馆协会将知识服务引入图书情报领域，提出知识服务即针对用户的需求，整合各种隐性和显性的知识，帮助用户解决问题的过程。图书馆本身拥有大量的信息资源及具有专业素养的馆员，能够通过对信息资源的整合与挖掘产生知识产品，提供知识服务[1]。

随着知识经济、智力经济和信息服务业的蓬勃发展，随着互联网技术、大数据、人工智能技术、物联网技术在图书馆服务中的深入应用，逐步形成了以传统文献服务为基础、现代信息服务为导向、精准知识服务为创新模式的多元服务体系。

1.2　精准知识服务

精准知识服务，或称精细化知识服务，是传统泛式知识服务的一种衍生模式和创新模式。

精准知识服务是在传统泛式知识服务的基础上提出的延伸性概念。精准知识服务强调了对象的特定性、服务的专一性和知识提供的专业性，是面向特定用户的个性化知识需求而产生的创新型知识服务模式。该服务模式倡导"以用户需求为出发点和导向、以广泛的信息资源为基础、产出更有深度和广度的专业知识产品"的服务理念[2]。精准知识服务是更为个性化的、更加专业化的知识服务模式。

精准知识服务不仅要注重知识资源和咨询馆员技能等能力保障，而且充分发挥咨询馆员服务智慧，深度挖掘用户信息利用行为的数据价值，精确分析用户需求，从而精准提供知识信息服务。

2 精准知识服务的特征

2.1 精准化

精准化就是要求全面满足用户的显性需求，同时也要挖掘用户潜在的隐性需求。在特定用户需求方面，精准化就是要变被动接待式服务为主动调研式服务，在深入沟通、思考洞察的基础上，主动了解用户的需求，主动构造用户需求的应用场景，从而产生出满足需求和应用场景的前沿精准的知识内容。精准化就是要做到对知识需求的"精准识别"，以及对服务过程的"精准施策"，从而才能达到知识产品的"精准高效"。

在大众用户需求方面，精准化就是充分利用大数据的数据价值，通过对用户特征和行为信息的后台数据分析，精准绘制用户需求画像，采用大数据挖掘、人工智能等方法对用户进行精准化的知识服务内容定制，实现对不同需求用户的精准化服务[3]。

2.2 精细化

精细化就是要对用户的知识需求进行具体化和明确化，对用户的知识目标进行细化、分解和落实。一方面，精细化是给用户提供系统完善、全面深度、分类分层的知识体系，既要有宏观层面，也要有微观层面；另一方面，图书馆的精细化知识服务依托各种技术平台如 App、小程序、微信公众号等方式去实现，以多种精细化的方式去展现。

2.3 动态化

精准知识服务是从用户需求和目标出发的，同时也是动态变化的。一方面，用户的知识需求在不同阶段是动态发展的，不同用户在相同阶段的需求是不一致的，不同用户在不同阶段的需求更是不一致的，同一用户在不同阶段需求也是存在差异的。另一方面，用户对知识的需求在时间上也存在递进性。比如用户对于知识的需求随着时间的不断深入，其要求也是从粗放到精细、从浅显到深入、从宏观到微观的。所以，知识的检索、获取、整合和交流要和用户不同的需求阶段进行合理高效的匹配。

2.4 个性化

随着社会的不断进步，社会化分工更加精细，人类知识的深度和广度也在迅猛地增长，不同用户对信息和知识的需求越来越呈现多样化、个性化、专业化和综合化。在海量信息环境下，图书馆的精准知识服务必须针对不同用户的具体问题和具体场景，提供具体的个性化服务。

2.5 交互式

精准知识服务是以用户需求为核心和出发点的，建立顺畅的交互机制，主动了解用户的显性需求。精准知识服务需要与客户共同构想应用场景，主动挖掘客户的隐性需求；要与客户要保持一个开放的平台、沟通的平台、互动的平台。精准知识服务就是要变被动接待服务为主动调研式服务，对特定用户进行走访调研，了解相关产业和行业动态，切实把握用户的需求，从用户的角度挖掘需求，使得知识服务由"被动服务"向"主动服务"转型。

2.6 智能化

随着互联网技术、大数据、人工智能技术、物联网技术在图书馆服务中的深入应用，图书馆知识服务的数字化转型和智能化转型有了更大的可能。在信息服务软件和智能终端设备的支持下，信息资源的检索、知识资源的整合、知识系统的构建、知识内容的展现都将产生革命性的变化。

融入人工智能的图书馆精准知识服务将得到重塑，图书馆为用户提供知识服务的方式更为多样化，用户将获得更为丰富的知识服务体验。第一，提供服务的主体将更加丰富。第二，图书馆将基于图像和语音识别提供知识服务。第三，知识服务的自动化程度将进一步加深。

3 图书馆精准知识服务展示——国家图书馆"舞蹈+"学术资讯服务项目

图书馆的精准知识服务是以特定知识需求用户为对象，切实服务用户的知识需求，提升知识服务的利用效果。首先，针对用户的显性需求，洞悉用户的隐性需求，调研用户所需的信息知识资源和信息知识技能，识别用户的知识需求。其次，在服务过程中，深入介入用户的不同需求周期，根据用户在不同时期不同的需求进行动态的调整，做到知识服务的由浅入深，有的放矢。最后，在服务形式上，基于用户不同的需求场景，提供丰富的多样化的内容展示方式。

3.1 服务产品

"舞蹈+"学术资讯服务项目依托国家图书馆宏富资源，以国家图书馆编制的"舞蹈研究资料"定题服务内容为基础信息，通过咨询馆员的专业检索，对中英文学术资源精细筛选、整理，将最新的学术信息、学术动态等进行定期或不定期发布与推介，满足学术研究的需求。

3.2 服务过程

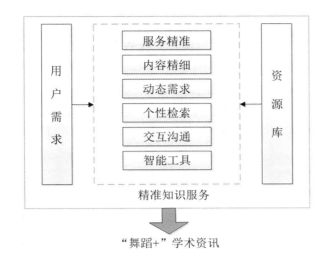

图1 精准知识服务在"舞蹈+"学术资讯服务项目的应用

"舞蹈+"学术资讯服务项目从团队组建到专业检索再到服务提供，成功印证了这是一项用户精准、需求精准、服务精准、产品精准的精准知识服务。本服务项目的对象用户是多位从事舞蹈研究工作的高校老师，用户需求是编写研究生系列课程教材、在网站或官微上推送学术前沿文章、准备学术沙龙素材。

3.3 服务特点

3.3.1 服务精准

（1）主题词合并和分解

主题词作为重要的检索标识，具有简明、唯一、有层次和可组配的特点。它可以多角度、多层次地反映咨询的主题内容特征，进而提供多种检索途径。"舞蹈研究资料"的每一个检索主题都不能直接拿来就用，要在分析后进行主题词的合并和分解，才能尽可能全面地收集资料。

以"艺术学理论"主题为例，最终检索式为：

TKA='艺术学' OR TKA='艺术史' OR（TKA='艺术' AND TKA='理论'+'概念'+'美学'+'哲学'+'符号'+'批评'+'媒介'+'非物质文化遗产'）OR SU='艺术学' OR SU='艺术史' OR（SU='艺术' AND SU='理论'+'概念'+'美学'+'哲学'+'符号'+'批评'+'媒介'+'非物质文化遗产'）

（2）主题词扩展

主题词在确定选择的过程中要紧密联系咨询内容，依据咨询内容适当集中或扩展上位概念或下位概念，要避免遗漏相关的检索概念。比如，用户想了解关于"身心学"的前沿资料，不能只用"身心学"进行检索，还必须加上"身心合一"以及"费登奎斯"，等等。

（3）重点信息源的关注

信息源一般包括图书、期刊、报纸、论文等不同类型文献。在分析和明确咨询需求的基础上，有针对性地选择恰当的信息源，尤其是重点信息源，才能做到有的放矢，全面准确获取有价值的资料。

"舞蹈研究资料"注重对重点信息源的关注，如报纸重点关注《中国文化报》《中国艺术报》《文汇报》的相关内容，期刊重点关注《北京舞蹈学院学报》《舞蹈》的相关内容，"舞蹈科学"版块博硕论文重点关注上海体育学院、首都体育学院、沈阳体育学院等高校的研究成果。

3.3.2　内容精细

"舞蹈研究资料"内容涉及文化艺术政策、舞蹈艺术教育标准和研究、中外舞蹈史、艺术管理及演出产业、舞蹈作品评论、舞蹈理论与美学、艺术学理论、舞蹈科学、国外前沿文章等九大版块，全面提供用户关注的舞蹈相关领域内容，满足其学术研究的需求。

以"文化产业政策"版块为例，包含政策发布、政策解读、产业数据统计、专家观点等相关内容。

此外由于外文数据库更新时滞问题，为了给用户提供最新的资料用于研究，我们还会利用国图纸质期刊进行资源的补充。

3.3.3　动态需求

（1）版块的增减

随着用户研究方向的变化，内容版块会有调整，如之前设计了"舞蹈与科技"版块，最后由于需求变化而并未提供。

（2）期刊范围的变化

以"艺术学理论"版块为例，2021 年第 1 期、第 2 期提供的是全部相关文章，而第 3 期、第 4 期则按照用户需求仅提供核心期刊相关文章。

（3）主题词的调整

以"舞蹈科学"版块为例，在 2021 年第 1 期主题词"舞蹈生理""舞蹈解剖""舞蹈心理""舞蹈训练""舞蹈医学""舞蹈治疗"的基础上，2021 年第 2 期加入"舞蹈健康""舞蹈康复""舞蹈损伤"等主题词，2021 年第 3 期加入"舞蹈与身心训练""舞蹈与脑科学""舞蹈与行为认知""舞蹈与艺术疗愈""舞蹈与医疗"等主题词，2021 年第 4 期加入"拉班舞谱""拉班动作分析"等主题词。

3.3.4　个性检索

在检索国外前沿资料时，为了全面了解国外学者对舞蹈领域的最新研究，我们考虑项目特点，没有进行内容的检索，而是通过期刊来源进行限制，给用户提供所能提供的舞蹈领域全部期刊，努力做到疏而不漏。

舞蹈资料汇编涉及多版块内容，由多名老师共同参与完成，为了避免重复下载，统一各个数据库的下载格式，使用了 NE 等工具对文献题录进行进一步的加工处理，满足用户在公众号上进行推广的需求。

3.3.5 交互沟通

项目组注重和用户的沟通，建立微信群，就共性问题进行沟通。同时，项目组成员一一添加用户方项目组成员，就各版块内容需求进行详细沟通，满足用户的个性化需求。

以"舞蹈艺术教育标准和研究"版块为例，对于"幼儿教育""中职舞蹈教育"等相关内容，用户每期关注点不同，则需按用户需求提供；"形体舞蹈""瑜伽舞蹈"等相关内容，经用户反馈是不需要的内容，在之后的检索结果中就不再提供。

咨询馆员与用户之间进行良性沟通，用户给咨询馆员进行专业知识介绍、专业图书推荐；咨询馆员对用户进行文献计量学相关理论培训，并指导用户进行实际操作加强交互沟通，服务质量会得到最大的保障。

3.3.6 智能工具

除用户的显性需求外，深挖用户的隐形需求，根据用户的工作特性，主动提供了舞蹈学近十年来的文献计量学分析报告。选择2010—2020年时间范围内的舞蹈学科中文核心期刊，得到文献题录数据6125条。用VOSviewer 1.6.16、PajekXXL作为分析工具，将题录信息导入文献计量学软件中进行聚类分析和可视化展示，得到关键词聚类图等知识图谱，用户特别感兴趣。

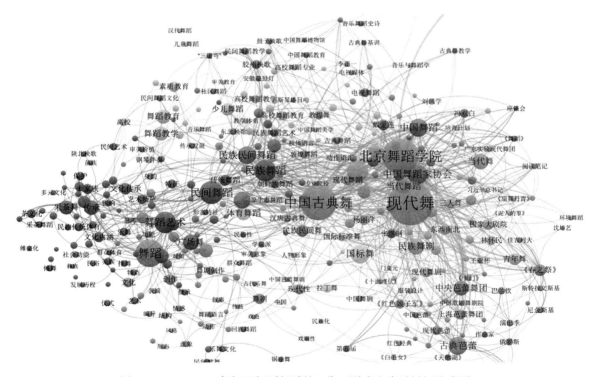

图2　2010—2020年知网舞蹈领域核心期刊学术文章关键词聚类图

4 图书馆精准知识服务展望

4.1 注重馆员培养，提高知识服务能力

馆员能力是图书馆软实力中最重要的一部分，决定了精准知识服务的水平，图书馆应重视知识服务人员素养培训，咨询馆员不仅需要具备良好的专业知识结构、精通知识检索方法，同时还要能够熟练应用现代信息技术。对于图书馆咨询馆员来说，因为现在很多咨询都是跨学科、综合性的咨询，所以需要咨询馆员加强自我学习，主动更新知识，同时还需要培养自己良好的沟通能力，更好地分析用户需求，挖掘用户需求，为用户提供专业化、个性化、学科化、知识化的知识服务。

4.2 拥抱人工智能，引领知识服务未来

随着大数据的积累和人工智能技术的不断进步，人工智能的发展和应用将会呈现无限的可能性。目前在图书馆知识服务的过程中，人工智能在语音识别、自助查询、图书定位等方面已得到了一定的应用。展望未来，未来社会将是人工智能的时代，人工智能在图书馆精准知识服务方面还会有更令人期待的利用。比如，在智能检索、信息资源采集方面，人工智能的获取能力和准确度将更高，可以为用户提供更加全面精准和高效便捷的知识信息服务。在知识信息的系统化处理、知识产品的再加工方面，由于人工智能的引入，工作效率会有极大的提升，知识服务将产生革命性的变化。在知识产品的输出阶段，具备人工智能的终端设备将呈现更加智能化、多样化的体验，使得用户对知识信息的获取更为便捷准确。

4.3 获取用户支持，探索领域本体构建

近年来网络信息资源迅速增加，传统的知识组织方式与工具在信息自动化处理与维护方面出现了越来越多的不足，已无法满足信息急剧增加的现状，更加无法实现智能化的知识组织。伴随着网络技术的发展，语义网成为当下研究的重点，而本体则是语义网的支撑技术[4]。本体是一种规范化的概念表示框架，用于对知识的概念及概念间关系进行描述，形式化地表述知识[5]。领域本体是通过定义类、实例、属性、关系、公理等元素，刻画出某一领域中的类和实例及其之间的层次关系，对领域知识进行归纳和抽象[6]。领域本体能够更为合理而有效地进行知识的表示。

以"舞蹈＋学术资讯"服务项目为例，从舞蹈学研究的角度虽已有对舞蹈本体的探讨，但是缺乏从图书情报学专业组织角度，对于舞蹈领域的概念、专业词汇及其之间关系进行探讨，构建具有专业性和代表性的舞蹈领域知识本体。借助本体、语义网、人工智能等技术的实践，构建舞蹈领域知识本体，可以形成舞蹈本体特征、舞蹈相关学科、舞蹈衍生学科等知识体系的知识有序化，逐步实现舞蹈资源之间的高度关联化，使舞蹈研究者不再处于一种封闭的状态。舞蹈学内部的各个要素可以在这个动态开放系统中互相关联，打破单一的知识体系和一元的价值判断标准，最终把握舞蹈学知识构成的多样性、复杂性和完整性，逐步从宏观层次的舞蹈文献向微观层次的领域知识转换，提供更

细粒度的知识服务，提高舞蹈学科的研究前沿追踪与热点服务能力。领域本体的构建，需整合用户的专业知识资源，提高用户的贡献度，共同构建领域本体。

4.4 拓展服务形式，推进专题数据库建设

在迅猛发展的信息技术和网络技术的有力支撑下，在不断提升的用户需求和文献资料自身建设要求的推动下，文献资料的开发力度不断加大，利用模式不断优化。其中，专题数据库在深层次开发文献资料、推进文献资料数字化建设、凸显文献资料特色和资源优势等方面具有无可比拟的优势[7]。专题数据库是面向特定领域、特定主题、特定行业等特定对象的知识型数据总汇。建设专题数据库的最终目的是深层次开发文献资料，满足用户的利用需求。由于专题数据库更注重层次化、关联化的"标识性"知识体系，因此，建设具有特色的、高质量的专题数据库有助于提高精准知识服务水平和服务效能[8]。

以"舞蹈＋学术资讯"服务项目为例，本项目下一步拟进一步拓展服务形式，协助用户进行舞蹈专题数据库建设。该数据库拟由领域专家、图情专家和技术专家共同建立，数据库建设资金为项目经费，具体内容包括舞蹈视频收集、舞蹈图书期刊数字化、研究资料数据化，等等。在数据库建设过程中，将注重集成用户智慧，提高用户在数据库建设项目中的参与度，让用户参与知识增值过程。

图书馆可以发挥自身优势，挖掘资源、人才潜力，创新服务内容，开展传统服务与创新服务相结合的"大服务"。图书馆精准知识服务的专业化、多元化和智能化，必将在图书馆服务中发挥越来越大的作用，逐步形成以传统服务为基础、现代信息服务为导向、精准知识服务为创新模式的多元服务体系。

参考文献

［１］徐锋.基于人工智能的公共图书馆知识服务探析［J］.新世纪图书馆，2021（3）：27-31.

［２］康英.双创环境下高校图书馆精准知识服务的影响因素及作用路径研究［J］.情报科学，2019（9）：54-61.

［３］陈盼，钟瑛.实体书店精细化知识服务创新研究［J］.中国出版，2021（8）：39-42.

［４］岳丽欣，刘文云.国内外领域本体构建方法的比较研究［J］.情报理论与实践，2016（8）：119-125.

［５］ISOTANI S，BITTENCOURT I I，BARBOSA E F，et al．Ontology driven software engineering：a review of challenge sand opportunities［J］.IEEE Latin America transactions，2015（3）：863-869.

［６］张云秋，冷伏海.领域本体整合的问题及对策研究［J］.中国图书馆学报，2007（3）：52-55.

［７］孙瑾，郭彦军.档案专题数据库建设热的冷思考：构建基于质量控制理论的档案专题数据库建设流程［J］.档案学通讯，2012（5）：67-70.

［８］李阳，孙建军.人文社科专题数据库建设规范化管理的若干问题［J］.现代情报，2019（12）：4-10.

基于知识创造理论的智慧图书馆知识服务转型研究

高　馨（数字资源部）

2021 年 3 月，第十三届全国人大四次会议表决通过了《国民经济和社会发展第十四个五年规划和 2035 年远景目标纲要》，纲要中正式提出要积极发展智慧图书馆[1]，我国的智慧图书馆建设事业进入全面实施、加快推进的崭新阶段。智慧图书馆建设包含资源、空间、设施、服务等方方面面的智慧化转型，服务转型是其中的核心内容。图书馆是社会的知识中心，知识服务是图书馆服务工作的重中之重。充分运用智慧化技术和手段构建新型知识服务业态，提供高质量、专业化的知识服务，理应成为智慧图书馆实践探索的重要组成部分。

目前我国公共图书馆提供的知识服务内容还比较传统和单一，主要集中在文献服务和信息服务，侧重于知识的传递、整合与共享。然而在知识社会中，知识已经成为最基本的经济资源，知识创新成为引领经济发展的关键动力。这就要求图书馆的知识服务不能仅局限于信息内容的检索、筛选、重组和传播，更应当为知识生产、知识创造和知识应用服务[2]。因此，智慧图书馆的知识服务转型即是"通过现代科技所蕴含的'技术智慧'大力推动"知识创新创造[3]，实现知识价值增值。

任何探索和实践都需要科学的理论依据，建立以知识创新创造为核心的智慧图书馆新型知识服务也不例外。本文以野中郁次郎的知识创造理论为基础，分析、总结推动知识创造的关键因素，以此指引智慧图书馆知识服务的转型方向，并提出具体建设策略。

1　知识创造的关键因素

知识创造理论由日本著名学者野中郁次郎提出。其核心内容是创造知识的 SECI 模型①及其螺旋上升的动态过程。图书馆界对知识创造理论的研究也大多聚焦于此，并探讨其在图书馆服务中的应用。笔者认为，除此之外还应聚焦推动知识创造的关键因素，以便为智慧图书馆知识服务转型提供指引。

1.1　知识创造以个人隐性知识为起点

知识创造理论将人类知识划分为隐性知识和显性知识两类。隐性知识是指我们内心

---

①　知识创造理论认为知识创造的过程就是知识转化的过程。知识转化有四种基本模式——潜移默化（socialization）、外部明示（externalization）、汇总组合（combination）和内部升华（internalization），即 SECI 模型。

知道但是无法将其转换成语言的经验性、身体性知识，例如难以用语言表达的某种想法、直觉、灵感或技巧；显性知识则是指能够通过正式语言或者媒介表述、传播和共享的知识[4]。

在两种类型的知识中，隐性知识构成了我们拥有的一切知识的基础和源泉。隐性知识在数量上远胜于显性知识。与隐性知识相比，显性知识仅仅相当于露出水面的冰山一角。也正是因为生活中存在着大量的隐性知识，显性知识的形成才成为可能。更重要的是，知识创造的过程就是在不断积累和丰富隐性知识的同时将其显性化，然后对显性知识进行组合重构，并结合实践再次形成新的隐性知识的过程，也就是基于 SECI 模型的动态螺旋上升过程[5]。

正是基于隐性知识的决定性作用，个人成为知识创造的主体。因为隐性知识储存在人们的头脑和内心深处，任何机构和组织本身都不能创造知识，而是要把个人的隐性知识挖掘出来，提炼、固化并转换为所有人都能利用的知识。因此，野中郁次郎的知识创造理论强调"人是最重要的资产，知识创造要以人为本"。

1.2 知识创造以互动和关联为方法

知识创造理论强调，虽然个人隐性知识是创造新知识的基础，但知识创造并非由个别人孤立完成，而是必须与他人、他物及环境产生互动和关联。

首先，知识创造依赖观察和体验。野中郁次郎认为，人能够以身体感觉为基础，与我们生存的世界相互渗透、相互作用。凭借与生俱来的共情能力，我们能借助观察和体验理解意图、产生共鸣，借此获得丰富的、难以用语言描述的知识。因此，现场观察和体验是获取隐性知识的重要方法[6]。

其次，知识创造是一种集体行为，需要与他人充分对话和交流。对话意味着借助语言表达意志。存在于个人头脑中的想法、直觉、灵感等隐性知识很可能是模糊的、零散的。只有用语言表达出来才能转化成明确的设想和概念，并通过与他人的交流不断进行修正，实现个人隐性知识的显性化。此外，借助对话与交流可以汇聚不同个体的显性知识并进行分析、组合和系统化，孕育出新的显性知识，推动知识的创新和发展。

最后，知识创造的价值在于实践。隐性知识经过切身观察体验、充分对话、系统整理后汇聚成整个组织共享的显性知识，个人必须将其消化、吸收并转化成为己所用的隐性知识付诸实践，与世界产生新的关联，才能最终实现知识增值。

1.3 知识创造以"场"为基础

既然知识创造以互动和关联为方法，依赖观察、体验、对话、交流和实践，就需要为这些活动提供一个共享的背景环境。知识创造理论由此引入"场"的概念。"场"是为人们进行知识创造提供的动态语境或者意义空间[7]。它能够产生互动和关联，将融入其中的每个个体的隐性知识汇聚起来并实现外显、组合及内化。

场是知识创造的基础，推动知识创造的关键就是要尽可能多地建立场。场可以从不同维度划分为不同的类型。根据其不同形态可以划分为物理场、虚拟场和精神场。物理场包括各类物理空间及其设施设备；虚拟场指借助网络和信息技术打造的虚拟交流平台，如电子邮件、线上会议、网站、社交媒体等；精神场指经验、理念、信仰等精神文化的共识[8]。不同类型的场之间并非排他地存在，而是可以相互共存并进行组合。

1.4 知识创造以"引导者"为动力

知识创造需要在场中进行，这就需要由特定角色来建造场、活跃场并连接场，发挥引导和推动作用。这一特定角色必须具备一定的能力，野中郁次郎将其称为"场的领导力"。"场的领导力"主要包括能动地创造场，提供畅所欲言的平台；引导个体之间进行充分对话和交流，促进人与物、环境之间深度互动，推动个人隐性知识的转化与升级；通过提供设备、资源、培训等将个体培养成知识生产者。

"场的领导力"还包括连接场的能力，即发挥场之间的桥梁作用。因为场由多种类型和层次构成，场之外存在其他场。知识创造不能仅聚焦于个别场，而是要打破不同场之间的界限和壁垒，将场连接并融合起来。连接场的关键是找到边界对象。边界对象指的是存在于不同的场之间的边界位置的物体、语言、符号等，它能够连接不同的场，也能够形成新的场[9]。场的引导者需要同时参与不同的场，具备多元视角，擅于发现或创造边界对象，有意识地推进边界融合，以便连接多个场，推动知识进一步增值。

2 基于知识创造理论的智慧图书馆知识服务转型方向

根据上述创造知识的关键因素，智慧图书馆开展以知识创新创造为核心的知识服务需要从以下几方面进行转型。

2.1 服务宗旨：从以书为中心到以人为中心

图书馆历来被称为知识的宝库、文化记忆的中心。实际上都是对显性知识的存储和分享。图书馆传统的知识服务始终围绕"藏"和"阅"来开展。"藏"即不断丰富图书、期刊等显性知识馆藏，在数字图书馆阶段则发展为通过自建、外购等方式复制纸本资源，并通过各种数据库加以整合揭示。"阅"即借助各类技术和手段实现对海量显性知识的流通和分享，为用户提供便捷的查询和借阅服务。由此可见，图书馆传统的知识服务还局限在显性知识的范畴，服务内容均围绕显性知识进行，服务能力也仅通过馆藏量、书刊借阅量等指标体现。这些内容在知识创造螺旋中仅属于第三阶段即显性知识的组合化，并未触及知识创造的根源。

实际上，知识创造的起点是隐性知识，而隐性知识隐藏在个人的头脑中和内心深处，知识创造就是将个人隐性知识挖掘出来的过程。图书馆知识服务的核心需要从书转向人，也就是以用户为中心。这不仅仅意味着满足用户的信息、知识需求精准推送相应资源，更要辅助用户激活自身的隐性知识。在智慧图书馆环境中开展以知识创新创造为核心的知识服务就意味着广泛应用大数据、云计算、人工智能等智慧技术和知识资源全面提升用户的信息素养和知识运用能力，激发"用户智慧"，推动知识转化、实现知识增值[10]。

2.2 服务方式：从提供静态空间到创造促进关联与互动的场域

以供给显性知识为重心的图书馆传统知识服务通常以静态方式进行。因为显性知识学习一般是用户的个体行为，大多以一种孤独的、静默的方式进行，与他人、他物进行交流、互动的机会较少，需要环境氛围保持安静，用户之间的交流甚至是不被允许的。与之相适应，传统图书馆提供的是适合个体阅读和学习的静态空间[11]，如阅览室、自习室等。近年来新兴起的图书馆网红打卡地突出的大多也只是空间环境的美化。

知识创造的关键在于关联和互动，需要用户开展充分的观察、体验、对话、交流和实践。图书馆开展知识服务的方式不仅仅是提供安静学习的空间场地，而是要为用户创造知识建立场域，即促进关联与互动的平台。具体到智慧图书馆的知识服务，就是利用智慧技术为用户创造尽可能多地与其他用户、专家学者、馆员等进行分享、协作的机会；与机器交互，体验、感受设施设备和背景环境的机会；与海量知识资源深度交流的机会。

开展形式多样的知识服务活动是图书馆创造知识场域的有效手段。根据《文化和旅游部文化和旅游发展统计公报》显示，2017—2019年我国公共图书馆举办活动数量的增长速度将近26%，参加活动的读者数量的增长速度也超过33%（图1）[12-14]。由此可见，越来越多的用户进入图书馆并不仅仅是为了学习显性知识，而是通过参加各类知识服务活动激发灵感。同时，越来越多的图书馆正在将服务重心拓展至展览、体验、交流、研讨等新型服务活动上，以便尽可能多地为用户提供知识创新创造的场域。

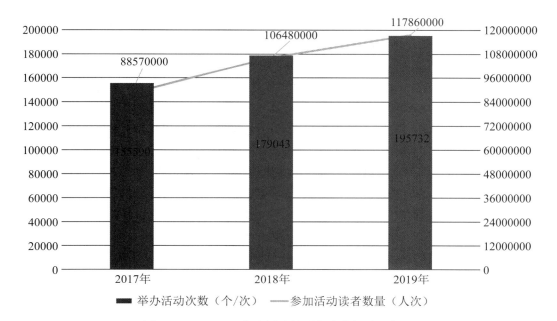

图1　2017—2019年我国公共图书馆举办活动情况

2.3 馆员角色：从文献信息管理员到知识创造引导者

在图书馆传统的知识服务中，图书馆员的工作内容主要是提供文献借阅、查询引导、参考咨询等服务，依旧围绕显性知识开展。馆员主要充当图书、文献和信息管理员的角色。由知识创造理论可知，这一角色并不能对知识创造产生决定性影响。特别是智慧图书馆建设背景下，图书馆的文献管理与流通、咨询引导、场馆安防等基础性服务将被各种各样的智能化设备和工具替代。这能够极大地解放人力、提高效率，但同时图书馆员的传统业务领域也被取代。图书馆员在智慧图书馆中应当扮演怎样的角色，发挥哪些无可替代的作用成为需要明确的问题。

基于知识创造理论的"引导者"角色和"场的领导力"观点，笔者认为智慧图书馆中图书馆员应当扮演知识创造的引导者，发挥场的领导力，激发用户智慧。这种引导者角色主要包括：①知识场域的创造者，例如能动的策划并开展各类知识服务活动；②互动与关联的促动者，例如将用户之间的对话、交流从漫无目的、散乱无序引导至明确的知识创造流程中；③不同知识场的连接者，通过亲身参与不同场中的互动与关联，寻找或创造边界对象，促进不同场域中的知识流动，汇总知识要点并推动价值提升；④用户知识创造辅助者，例如借助自身专业特长为用户知识创造提供专业的文献、信息、数据、知识咨询服务；⑤用户信息素养培训师，例如教授用户使用专业的知识挖掘、数据分析等工具。

3 智慧图书馆知识服务重点建设内容

3.1 完善支持群组化协作学习的服务机制

知识创造需要在特定场中由多元主体共同参与，并通过对话、交流来实现[15]。群组化协作学习正好满足这一需求。群组化协作学习是指将具有相同兴趣爱好、不同专业背景的用户聚集在一起，借助对话、交流、实操等方式分享见解、思维和技巧，通过合作激发出意想不到的创意、产生新的知识和智慧。近年来图书馆服务实践中涌现出的信息共享空间、共同学习空间、创客空间、研讨空间等都是为用户开展群组化协作学习专门设置的，但大多仅限于提供场所，尚未形成完善的支持群组化协作学习的服务机制。在智慧图书馆知识服务中，一方面要充分利用智慧化建设成果提升群组成员进行协作学习的效率和价值，例如提供可实现多方数据交互的电子白板，配备视频会议系统，利用智能记录设备保存群组成员的创意瞬间[16]，提供开源硬件、视觉绘图工具等推动创意转化落地[17]。另一方面，在空间和设备服务的基础上，策划、开展不同学科、主题的协作研讨和知识创造活动，由图书馆员设定议题，多元化招募参与者，担任活动主持人，提供知识咨询、数据处理、设备操作等辅助性服务，以便吸引更多用户走进图书馆开展集体知识交流与创新创造。

3.2 为用户提供知识体验服务

除了对话与交流，知识创造还依赖于观察、体验和实践。观察、体验可以有效获取隐性知识；实践则推动显性知识的消化、吸收并再次转化为用户可实际掌握的隐性知识，完成知识创新活动。因此，智慧图书馆中的知识服务需要从传统的提供"看、读、听"的服务向提供体验式、互动式的"知行合一"服务转型[18]，借助感性化、交互式、沉浸式场景体验激发用户的身体间性和共情能力，进而获取、创造知识。例如，可以借助 VR/AR/MR 技术将珍贵资源打造成全息实景，让公众亲身体验书法绘画、历史典故、先进科技之美；通过配置头盔、数据手套及其他穿戴或嵌入式设备[19]，让公众借助视觉、听觉、肢体动作等"切身"参与实践活动；借助手写识别、电子墨水屏、OCR 识别等技术开发互动游戏，增加体验、实操的趣味性。

除了擅于运用各类智慧化技术和设备，智慧图书馆的知识体验服务更需要充分发挥图书馆作为知识中心、文化殿堂的优势。例如，图书馆可以基于特色馆藏围绕某一主题策划知识体验活动，重点进行资源建设、知识挖掘、内容转化、设备与环境配置、专业馆员引导等工作，还可以同时策划相关主题的专家讲座、用户群组化协作学习与研讨等活动。又如，图书馆作为本区域的精神文化象征，可以通过开展知识体验服务建立知识创造的精神场，让用户借助观察、体验和实践感受本地区的历史底蕴、文化特点及社区精神，进而达到交流感情、凝聚人心的高层次目标[20]。

3.3 通过 O2O 模式实现线上线下智慧互联

O2O（Online to Offline）即线上线下融合，是"互联网+"时代各行各业发展的新模式。经过长期的数字图书馆建设与积累，图书馆已经形成线上、线下两种服务平台。从知识服务及知识创造的角度分析，二者各具特色、各有优劣。线上平台具有泛在化、覆盖广、方便服务获取等优势，但体验性不强，用户之间的交流互动缺乏引导、协作和实际产出；线下服务则具有便于用户面对面交流协作、体验感强、空间氛围良好等特点，但需要用户进入图书馆空间才能获得各类服务和体验，便利性不足。由于新冠肺炎疫情的影响，2020 年我国公共图书馆的总流通人次、举办活动数量、参加活动人次分别比上一年下降了 39.9%、23.0% 和 21.3%[21]，这也促使图书馆界对如何开展线下服务，如何利用好线下、线上两个平台进行思考和探索。

笔者认为，智慧图书馆的知识服务应当通过 O2O 模式推动虚实结合、优势互补，借助智慧技术创造图书馆物理、虚拟两类知识场，并实现线上线下服务平台的智慧互联。例如，可以将线上、线下知识资源进行一体化展示，并开展同一主题的展览、体验、讲座、研讨等活动；还可以策划线上线下联动的知识服务活动，将线上答题与线下探险、解谜相结合，增加活动的趣味性和体验感；此外，还可以针对同一主题开展线上线下联动的群组化协作学习活动，线上平台主要用于实现广泛、便捷的交流和分享，线下平台则重点开展有组织的深度研讨及动手实操。

3.4 提高图书馆馆员的智慧化知识服务能力

智慧图书馆的知识服务能力在很大程度上取决于图书馆馆员能否胜任其"引导者"角色。馆员虽然不是直接生产知识的主体，却承担着创造知识场域、促进互动与关联、连接不同的场、辅助用户知识咨询、提升用户信息素养等重要任务。与传统的文献信息服务相比，这些服务内容更具专业化和深度，需要馆员具备更高层次的综合能力，既包括知识挖掘与关联转化能力、数字人文服务能力、数据分析能力，又包括知识服务活动策划能力、沟通交流能力、分析转化能力及控场能力等。图书馆要有组织、有侧重地开展相关培训和实践，提高馆员的智慧化知识服务水平，组建一支支持智慧化知识服务的专业团队，以便更好地服务于用户知识创新创造。

参考文献

［1］中华人民共和国国民经济和社会发展第十四个五年规划和 2035 年远景目标纲要［EB/OL］.［2022-03-24］. http：//www.gov.cn/xinwen/2021-03/13/content_5592681.htm.

［2］梁光德.智慧服务：知识经济时代图书馆服务新理念［J］.图书馆学研究，2011（11）：88-92.

［3］饶权.现代图书馆越来越"智慧"［N］.人民日报，2020-11-13（20）.

［4］野中郁次郎.创造知识的方法论［M］.北京：人民邮电出版社，2019：17-30.

［5］野中郁次郎.创造知识的方法论［M］.北京：人民邮电出版社，2019：49-59.

［6］野中郁次郎，绀野登.知识创造管理［M］.北京：人民邮电出版社，2020：52-56.

［7］野中郁次郎，绀野登.知识创造管理［M］.北京：人民邮电出版社，2020：18-22.

［8］王会丽.图书馆知识场的概念及类型探析［J］.图书馆学研究，2014（20）：2-5.

［9］野中郁次郎，绀野登.知识创造管理［M］.北京：人民邮电出版社，2020：28-38.

［10］肖花.新时代智慧图书馆知识服务融合模式研究［J］.新世纪图书馆，2019（3）：48-51.

［11］［20］吴建中.再议图书馆发展的十个热门话题［J］.中国图书馆学报，2017（4）：4-17.

［12］中华人民共和国文化和旅游部 2017 年文化发展统计公报［EB/OL］.［2022-03-23］. http：//zwgk.mct.gov.cn/zfxxgkml/tjxx/202012/t20201204_906475.html.

［13］中华人民共和国文化和旅游部 2018 年文化和旅游发展统计公报［EB/OL］.［2022-03-23］. http：//zwgk.mct.gov.cn/zfxxgkml/tjxx/202012/t20201204_906482.html.

［14］中华人民共和国文化和旅游部 2019 年文化和旅游发展统计公报［EB/OL］.［2022-03-23］. https://www.mct.gov.cn/whzx/ggtz/202006/t20200620_872735.htm.

［15］孙佳，严定友.知识创造：社交媒体时代出版社知识服务的范式转向［J］.中国出版，2020（5）：11-14.

［16］曹静仁.高校图书馆学习共享空间对比研究［J］.数字图书馆论坛，2020（11）：50-55.

［17］江新.美国高校图书馆技术增强型学习空间建设实践与思考［J］.图书馆建设，2020（4）：155-160，170.

［18］张晓桦.创客时代图书馆空间再造与服务融合路径研究［J］.图书馆建设，2015（11）：47-51.

［19］王文韬，谢阳群，李力.虚拟现实技术在图书馆中的应用前景分析［J］.图书馆，2016（5）：10-14，20.

［21］中华人民共和国文化和旅游部 2020 年文化和旅游发展统计公报［EB/OL］.［2022-03-23］. http：//zwgk.mct.gov.cn/zfxxgkml/tjxx/202107/t20210705_926206.html.

智慧图书馆背景下民国时期报纸数字资源整合与揭示的思考

——以国家图书馆为例

曹鑫新（数字资源部）

随着 5G、区块链、云计算等技术的不断涌现与更新，社会正变得越来越智能化。与此同时图书馆也面临着从数字图书馆到智慧图书馆转型的新发展。智慧图书馆的概念是在 2003 年由芬兰的 Markus Aittola 提出的，这一概念已经由最初的通过链接无线互联网帮助用户查找资料的图书馆服务，发展到当前广义的图书馆 4.0。这种新型业务形态的特征包括图书馆员 4.0、开放资源、大数据、增强现实、云服务、最新显示、创客空间和智能图书馆、情景感知技术[1]。智慧图书馆是数字化图书馆的延伸，它的基本的特征体现在：公共性、智慧性、资源丰富、便捷快速、服务协同性[2]。智慧图书馆依托现代技术为读者提供高效的、专业性的、个性化支持，在其实现智慧化转型的过程中，涉及图书馆的智慧化建设、智慧化管理、智慧化人才培养与智慧化服务。其中智慧化建设既包含空间、设施等硬件建设，也包含馆员队伍、文献资源等软件建设。

文献资源建设是图书馆智慧化建设的一个重要方面。在图书馆面临向智慧图书馆转型机遇的同时，文献资源也同样面临着相应的挑战。王世伟在《图书馆智慧体是对图书馆有机体的全面超越》一文中提出，图书馆智慧体的文献是智能化与活化的文献，在服务内容上通过文献的优化实现创新，使读者能够更加便捷地阅读获取[3]。如何更好地整合与揭示文献，成为智慧图书馆时代需要考虑的问题。数字化文献资源的建设与服务在一定程度上体现了文献资源智慧化建设的进程，本文以民国时期报纸的数字化为研究对象，探讨在智慧图书馆背景下如何开展民国时期报纸的数字化工作。

1 民国时期报纸数字化研究现状

一直以来，国内很多图书馆，如国家图书馆、上海图书馆、重庆图书馆等，都开展了对民国时期报纸数字化的探索与实践。许多从事这一工作的专家与学者也对民国时期报纸数字化工作进行了总结。笔者分别以"民国""红色文献""数字化"为关键词对中国知网期刊数据库中近十年来民国时期文献数字化相关研究成果进行检索，并对其中涉及民国时期报纸数字化内容的 21 篇文献进行梳理，得到表 1。

表 1 民国时期报纸数字化研究主题分类

序号	主题内容	论文数量（篇）	比例
1	民国时期报纸数字化加工标准及规则	2	9.52%
2	民国时期报纸数字化加工流程及建议	3	14.29%
3	民国时期报纸数据库建设现状研究	9	42.86%
4	民国时期报纸质检问题研究	2	9.52%
5	特色主题民国时期报纸数字化（地区、红色、报种、高校等）	3	14.29%
6	民国时期报纸数字化新闻	1	4.76%
7	民国时期报纸数字化服务模式研究	1	4.76%

通过对这些文献的梳理发现，目前对于民国时期报纸的研究主要围绕以下主题开展，如：民国时期报纸数字化加工标准及规则、民国时期报纸数字化加工流程及建议、民国时期报纸数据库建设现状研究与以地区、红色、报种等为特色主题的民国时期报纸数字化、民国时期报纸数字化新闻、民国时期报纸数字化服务模式研究。其中，又以数据库建设现状研究的成果较多，主要从：数据库的建设时间、资源范围、平台功能、数据库类型（全文数据库、专题数据库）等进行分析，提出对于民国时期报纸数据库建设的有关思考[4]。从文献研究主题分类中可以看出，目前对于数字化加工成品如何进行深度的知识组织与挖掘以及如何提高使用效率提供服务方面研究提及较少。

当前的民国时期报纸数字化通过 OCR 可以实现全文的检索、浏览、下载。以中国历史文献总库·近代报纸数据库为例，截至 2020 年底已加工资源为包括红色报纸及重要报纸在内的 400 余种，主要是对篇目标题进行数字化 OCR，目前该数据库可以实现对于全文浏览、基于标题的普通和复合检索与下载、篇目热区显示、篇目定位、区域与拼音导航等功能[5]。尽管现阶段读者可以通过检索实现对于文章的浏览与下载，但是针对全文展示及文字识别篇目标题，检索结果很大程度上受读者输入检索关键词的限制，影响结果的完备性。且在内容呈现上停留在报纸篇目内容的信息呈现，知识是散点化的，虽然一些导航功能的出现是对于民国时期报纸数字化的进一步探索，但是应该有更好的方式，可以提升成品价值。本文从项目实践者角度，依据成品数据验收经验，对于民国时期报纸数字化成品的整合与揭示方面提出相应的思考建议。希望能够对于打通民国时期报纸数字化工作的"最后一公里"产生些许影响，为后续项目的深度挖掘与探索提供一定的思考角度。

2 民国时期报纸数字化实践中的主要问题

随着民国时期报纸数字化建设的逐步推进，项目本身也在不断地完善与深化，民国时期报纸数字化最初实现的是 PDF 全文浏览，随后通过 OCR 实现对报纸篇目标题及作者姓名的识别，目前一些图书馆正在进行全文 OCR 的探索与实践，当前的加工内容多是报纸图像与相应的报纸标题、篇目内容的文字识别，是对报纸具体内容的呈现，在这一过程中存在内容"散点式"加工、检索方式主观性强、加工成果单一等问题。

2.1 内容"散点式"加工

在加工报纸的筛选上，可依据题名、出版地、出版者、出版时间、原件信息、主题、社会影响力、现今研究价值等进行初步筛选。在加工报纸的顺序上具有随机性，虽然民国时期报纸的数字化工作终究将覆盖到所有馆藏资源[6]，但是就当前按照报纸种类及报纸清晰度逐步加工，加工中没有明确的依据地名和特定关键词等主题形成系列内容的情况而言，随机的报纸加工顺序，会造成数字化成品间彼此无关联。已完成加工的民国时期报纸数字资源的内容是以某一种报纸为单位的"散点式"加工，报纸缺少内在关联性挖掘，没有为特色数据库的开发打下基础，且在揭示方式上，依然停留在报纸内容的展示阶段。

2.2 检索方式主观性强

在数字化成品的揭示上，当前可以针对报纸名称或地区、出版日期进行报种展示，读者可以依据输入检索词进行简单检索或二次检索。以"中国历史文献总库·近代报纸数据库"为例，读者可通过输入相关检索词查找某一内容，或依据报纸名称的拼音、所在区域导航以及发行时间进行检索。但这种检索与利用受输入检索词与作者的认知水平的限制，不同检索词的搜索对于结果的呈现影响较大，且对于与检索词的关联词的掌握程度也在很大程度上影响了检索范围，这种情况会导致由于读者个体的认知差异而使得已经加工好的数字化资源因为检索词的选取不当或者不完全而没有得到充分利用。

2.3 加工成果单一

正因为已完成的报纸的"散点式"加工，所加工的内容不管是某一种报纸或是报纸中的某一篇目变成了"信息的孤岛"，尽管读者可以浏览文章内容、检索相关篇目或者下载感兴趣的内容，检索的结果还只是停留在信息层面而不是知识，在数字化成品揭示中缺少相关问题与知识的深度挖掘，各种信息还是无数个散在的点而不是一张由某个关键词连接起来的"知识网"，这种固定的"加工、导入、检索"的应用模式，是对于数字化成品的单一化使用，缺少对于完成数字化加工的成品数据的多元化产出。

3 民国时期报纸数字化整合与揭示方式的建议

针对当前民国时期报纸数字化中存在的内容"散点式"加工、检索方式主观性强、加工成果单一的问题，在原有检索方式不变的前提下，笔者从揭示方式方面提出以下建议，期望通过对于现有报纸资源的关联性整合与深度揭示，能够达到数字化加工工作的最大产出，使得成果多元化。

3.1 资源内容整合

民国时期报纸因其特殊的历史意义，在内容上具有相当的研究价值，就目前加工的报纸分析，可将其进行相关关键词、内容、行业的关联。

3.1.1 与相关关键词相关联

数字化的最终目的是为读者所用，在一些常见的关键词上可以提前进行预判，如对于民国时期的其一特殊时间节点、历史事件、相关人物、特殊称谓、地区信息进行整理，形成围绕某个关键词的关系网络，为读者提供可利用检索词的联想，使读者在浏览相关篇目前，对于该知识已经形成初步认识，并可根据给出的关系网络开展后续检索。将成品进行相关关键词的关联，主要目的是为读者开展对于该主题下报纸篇目信息较为详尽的阅读活动提供可能，也能够在其浏览已给出知识网的同时启发读者进行进一步思考与信息加工。

3.1.2 与内容分类相关联

民国时期报纸本身对于篇目内容是有版面与栏目的区分的，针对不同读者群体可能感兴趣的版块，可以将报纸内容依据当前报纸中已经出现的栏目大致分类，如：经济、民生、法律、广告、政治、生活、儿童文学等。这个维度的信息整合可帮助读者完成某一种领域下的篇目集合。针对内容板块的关联主要为指定读者群体提供便利，读者可以在该板块下了解该内容相关信息，也可以在相关栏目名称点击后进入该版块进行二次搜索，了解自己想要检索的信息。

3.1.3 与相关行业相关联

在提倡文旅融合的今天，图书馆业务如何与旅游相结合，如何更好地开发相关文创产品，也成为图书馆人需要关注的问题。在已有的地域分类上，我们能否探索出将地域与旅游资源相结合的方式，将该地报纸、新闻篇目与地区进行融合，让民国时期报纸动起来，让数字化的民国时期报纸变成一个地区的区史、县志记载，形成当地的史料库，作为旅游资源的开发的可靠史料依据，将该地区报纸题名或有意义的篇目做成相关的文创产品，增加数字化成品的附加价值。

此外，将民国时期报纸进行主题整理，与出版业相关联，形成针对某一主题的汇编，使民国报纸完成从纸质信息到数字化信息再到纸质知识的螺旋上升。

3.2 资源范围整合

如果资源内容的整合是针对已加工过报纸内容信息进行的挖掘，那么针对资源范围的整合则是与其他特色专题主题库与商购数据库的内容进行整合，具体可分为如下两种。

3.2.1 与其他数据库多库融合

将报纸现有资源库与其他数据库联合，将知识点串联起来，将现有民国时期报纸数据库中相关知识点联想到可能感兴趣的内容以及该领域相关知识的推荐。如同一种报纸的融合，在民国时期报纸的加工过程中，出现过由于各种原因报纸更名的情况，在加工时会添加"题名备注"选项，将民国时期报纸与当代报纸相结合，对于一些从民国时期就开始出版的报纸从时间上进行梳理，形成报纸的发展史，即一个可以了解一种报纸发展历程的数据库，在库中可查询到该报纸的"前世今生"。

多库融合也可以弥补当前图书馆自建资源共建共享不充分的不足，针对同一时期或同种报纸可以与其他图书馆的数据库进行融合，在减少重复投入的同时使得读者检索结果尽量详尽。读者无须登录多个平台搜索相关信息，只是通过平台统一入口，即可获得相关信息。这种变跨库检索的操作为本库搜索，使得读者能够一站式获得想要搜索的相关内容，同时也因为不同数据库的相互补充使得想要搜索的内容变得更加立体丰盈。

3.2.2 动态收集加工意向

随着加工工作的开展、已加工报纸的平台发布，读者可以利用现有平台搜索相关内容，通过技术手段捕捉用户平台搜索行为，将未搜索到的相关内容的关键词进行收集，根据搜索的关键词词频了解用户需求，用读者使用情况反推资源建设内容，通过用户平台行为分析，判断资源的加工方向，形成精准的、符合用户需要的加工报纸种类或者是相关资源库建设加工动向建议，促进民国时期报纸数字化加工的智慧化。

3.3 资源类型整合

当前报纸平台的相关信息的呈现还停留在文字与图像相结合的阶段，在进行资源类型的整合时，依据一定的主题或者关键词将资源分类建设，将不同类型的资源进行整合，如针对某一历史事件，将报纸文字记录与音视频资源、介绍该历史事件的网页与纸质资料相结合，形成针对某一主题的特色资源库。未来，如何针对现有报纸篇目，将现有资源与已完成建设的音视频资源、网页资源、图书、期刊等其他项目的不同资源类型相关联，为读者多维度了解更多民国相关信息提供可能也是我们需要思考的问题。

3.4 智能支持服务

对于平台用户行为的捕捉，不仅能够获得动态的加工意向，同时还能够通过关注用户平台行为，对用户阅读和资源搜索行为进行收集，依据用户阅读习惯及搜索内容对用户进行"打标签"，将用户读者身份进行划分，从而形成对于不同学术群体、普通读者群体以及机构用户的不同内容及数据库的精准推送，向读者提供个性化定制与推送服务，便利读者利用平台更方便快捷地获取所需知识。同时，本着"以人为本，服务所有读者"的原则，建立报纸数字化的无障碍服务，可为残障人士提供同样便捷获取信息的渠道。将键盘操作与人机交互作为数据库的可选项，使得不同类型的读者都能便捷、高效地使用民国时期报纸数字化成品。

民国时期报纸数据库是随着加工的开展而不断进行更新完善的，因此很难避免不同时间针对同一关键词搜索结果条目数并不相同的问题，在数据库中增加上架日期的属性，将读者往期浏览内容智能的进行筛选并进行标记，由读者自行决定是否将已浏览过的信息再次进行记录或比较，通过后台提醒与自主选择，能帮助读者在检索中提升效率。

在自媒体迅速崛起的今天，民国时期报纸数字化的信息应该能够被更多的读者所使用，在保护版权的前提下开放订阅与分享功能，让更多的读者能够更便捷地通过链接访问数据库，随时随地不受局域网的限制开启检索与学习。

智慧图书馆的背景下，图书馆转型成一个开放的平台，在这个平台中能够产生信息交流与增值[7]。基于此，图书馆业务也必须逐步向智慧化推进。在这一过程中，通过自建资源的关联性挖掘、多家图书馆的共建共享、不同专题资源库的多库融合、智慧化的定制与推送服务，民国时期报纸数字化资源将更多地为读者所熟知与利用。智慧化的内涵便是"以人为本"，以技术为辅助，使所有类型的读者都能够在如海的信息中快速地筛选全面有效的信息，在信息检索中以最少的时间获得最大收益。在这种背景下如何在日常工作中以最小的成本实现最大的数字化成品输出将是未来一段时间每个数字图书馆人需要持续思考的问题。

参考文献

［1］初景利，段美珍. 智慧图书馆与智慧服务［J］. 图书馆建设，2018（4）：85-90，95.

［2］陈莉，缪玉堂. 智慧图书馆及其服务模式的构建［J］. 兰台内外，2021（2）：70-72.

［3］王世伟. 图书馆智慧体是对图书馆有机体的全面超越［J］. 图书馆建设，2022（3）：4-9.

［4］任静，林卫东，李洪梅. 公共图书馆民国报刊数字化建设现状研究［J］. 山东图书馆学刊，2021（3）：88-92.

［5］李强. "中国历史文献总库·近代报纸数据库"第四辑即将上线［J］. 抗日战争研究，2020（2）：146-146.

［6］张玮. 智能时代民国时期报纸数字化方向探析——以中国共产党发展史为主题［C］// 国家图书馆. 2021年国家图书馆青年学术论坛论文集. 北京：国家图书馆出版社，2021：412-417.

［7］吴建中. 从数字图书馆到智慧图书馆：机遇、挑战和创新［J］. 图书馆杂志，2021（12）：4-11.

漫谈智慧图书馆数据变革的发展方向及应用场景

纵观图书馆服务的历次变革，每次都伴随着文献形式的变革，而文献发展至今大抵可以分为四个阶段。

第一阶段：原始载体文献——甲骨、石板、竹简、绢帛等较为原始的文献载体，阅读活动由此产生，但属于比较小众、高阶层的活动。

第二阶段：通用载体文献——随着印刷术和造纸术的兴起和成熟，推动了纸质阅读的发展，后期又出现了缩微胶卷、磁带、光盘等形式，阅读开始越发的普及，但这一阶段都属于线下阅读，阅读交流存在明显的滞后。

第三阶段：数字化文献——互联网环境 + 文献数字化实现了线上阅读，阅读高度普及、易获取的同时也开始变得碎片化、冗余化。随着 5G 网络、云存储、移动互联网、电纸书、数字加密、电子签章等技术和硬件的完善，加上数字版权保护、数字版本缴存、数字存储安全等问题的突破，文献全面数字化必将成为现实，而这也推动着文献向第四阶段的转型。

第四阶段：数据化文献——人工智能、数据关联、知识图谱等技术的完善，推动着一个数据化时代的来临。这是一次全新的变革，传统知识组织体系和文献内容被碎化并重组关联，文献及知识单元的数据实现可视化、网络化，且数据间的语义关系可以被机器所理解，从而推理发现显性知识背后的隐性知识，大幅度提高人们的阅读和学习效率。不同来源的数据被组织融合，构建了一个多层级、多来源、多颗粒度的可更新扩展的知识服务网络，这将决定图书馆在 "数据至上" 的未来能否成功实现智慧化转型。

本文将从四方面阐述图书馆数据升级的着力点。文献知识网络将对目前传统的知识组织系统（Knowledge Organization System，KOS）和编目数据进行重构，使文献检索方式获得全面升级，大大提高检索的关联度、精确度，这是图书馆智慧化服务的基础；文献内容的深度挖掘并构建知识图谱从而可视化的呈现知识结构，这将使知识的获取和发现产生质的飞跃，同时丰富智慧阅读的实现场景；利用读者阅读数据，打造线上阅读社区，利用成熟社交网络助力阅读推广；构建知识服务平台，有效整合资源，完善用户画像，并提升图书馆社会影响力。

1　本体语言的选择

传统的知识组织系统（KOS）如叙词表、专业分类表、通用分类表、标题表等，凝结了数代人的智慧和心血，将各领域的知识进行有序组织，是图情领域的宝贵财富。但是随着网络时代的迅速发展，建立在人的理解基础上的传统 KOS 开始显得力不从心，构建机器可理解的语义关系网络成为新的方向。本体描述可以使传统 KOS 成为未来语义网的重要资源，使类目的语义关系更加明晰，便于机器自动理解和处理[1]，实现人机顺畅交互，机器可以在理解语义的基础上深度学习并推理发现。

因此如何选择合适的本体语言，将传统 KOS 以 RDF 语法进行形式化描述，使之具备机器可理解能力成为时下的研究热点。本文在文献调研的过程中发现，网络本体语言（Web Ontology Language，OWL）语法对于资源的类和属性描述的具体、全面、自由，而简单知识组织系统（Simple Knowledge Organization System，SKOS）语言则为本体构建提供标准数据模型，其简单、通用、易扩展，且二者都是基于 RDF 语言，可以进行相互间转换、叠加和混合使用，实现 KOS 间的协同和重用，是目前使用最为广泛的知识组织语言[2-5]。本文的讨论是基于以 SKOS 为基本框架语言，OWL 为补充细化语言的描述方案，采用 SKOS 建立主题/分类资源，利用 OWL 不断加强规则推理以扩展 SKOS 词表的逐步过渡方式，对现有的各类型 KOS 进行本体转换并组织关联，最终形成语义环境下机器可处理的知识组织网络[5]。

2 打造文献知识网络，助力智能检索

将主题词表、分类词表、书目数据、文献内容标引及引文网络关联起来，打造适用于图书馆系统的文献知识网络，实现智能检索和推荐功能，使图书馆得以更好地组织和揭示文献资源。

文献知识网络的分类主题层（基础层）：以 SKOS 语言为描述模型，以《中国图书馆分类法》[1-2]《学科分类与代码》[6-7]及《中国分类主题词表》[8-9]为基础建立对应的轻量本体，并根据主题语言与分类语言的对应关系、学科分类与分类语言的映射关系实现本体间组合，形成一个分类法、主题词与学科分类彼此关联的知识组织体系。

文献知识网络的文献层（中间层）：总结归纳 BIBFRAME 与 CNMARC 的映射关系，定义书目数据的类和类间关系，规范描述以构建书目数据描述框架，在此基础上对文献书目数据进行形式化描述，并通过实体间属性的传导形成关联数据，实现馆藏书目数据资源的语义化表达、关联关系的发现和更新。通过 690 字段（《中图法》分类号），完成书目数据与分类主题层的关联[10-12]。

文献知识网络的知识元层（顶层）：以《汉语主题词表》、各学科领域的专业叙词表为基础，参照并复用学科领域现有的知识本体，形式化表述叙词表中的概念、概念间关系、实例、属性及其属性值，通过本体间相同概念的关联组合，以构建覆盖全学科的知识本体[3, 13-14]。对于复杂的语义关系，可以在 SKOS 词表中添加 OWL 标签，或是利用 OWL 语言描述 SKOS 模型，实现 SKOS 词表的扩展，以表达更丰富的内容[4]。对文献进行内容挖掘，析出引文数据，构建中文图书的引文网络，尝试与现有的期刊论文引文数据库对接，并将内容标签化（如文献内容主题、内容风格等，这些都是编目数

据体现不出来的信息），与文献知识网络即时关联，并持续地向这个知识组织中添加及更新领域知识和文献信息。

在上述文献知识网络的加持下，读者可以体验完全有别于传统检索方式的智能检索和推荐服务。例如基于主题词检索，可以得到主题词下的相关文献，以及主题词的语义关系图（包括等级关系、等同关系、相关关系等）和相关知识点，对检索策略的调整起到直观的指导作用。主题词所处的学科领域也可以将领域专家和优势机构等聚类显示，对文献进行多角度的筛选。检索指定书目，可视化呈现书目信息及关联书目数据网络，直观地获知与该文献有文献级关系的书目信息，该文献关联的主题、学科领域及相关的文献资源。书目＋期刊的引文网络则可以轻松获取引用和被引用文献，了解该研究的来龙去脉。

搭建更广泛的统一检索平台，将馆藏文献资源、数据库电子资源、开放获取学术资源、互联网公开资源等不同来源数据进行同步平行展示（参照华为在其平板产品上的平行视图理念），既整合统一又相互独立。图书馆馆藏 OPAC 是一个窗口，而国内数据库资源检索结果是另一个窗口，不同窗口可以平行展示易于比较，也可以点击选择其一作为主窗口展示。当选择数据库资源检索结果时，自动获取 IP，如果该 IP 所属机构已购买对应数据库资源的话，则可以直接通过 IP 访问进行阅览和下载等操作。

3 古籍文献内容挖掘及智能设备加持，打造智慧阅读体验

古籍数字化工作自从 20 世纪 70 年代就已尝试开展，主要体现在古籍载体形式的转换和古籍数字资源库的建设[15]。但目前对于古籍文献的数字化多集中于目录的编制、书目或内容的检索以及线上阅读，载体变化只是改变了一种存储形式，并没有过多地去揭示内容。马费成曾提出，知识的组织和描述必须从载体层次的文献单元推进至认知层次的知识单元，因此建立知识单元的链接以促进知识发现和推理是非常必要且有现实意义的[16]。

3.1 中华古籍知识图谱的构建

知识图谱较之本体，更侧重实体的关系表示，描述真实世界中的各种概念或实体以及它们之间的关系，可形象地理解为语义网络图，最有效地表达知识间显性关联并推理隐性关联，从而达到知识服务的目的[17]。国家图书馆可以在古籍、善本、碑帖、拓片等特色馆藏文献全面数字化的基础上进行数据化，力争做到文博系统数据共享联合，构建中华古籍知识图谱，并可视化呈现给用户。

中华古籍知识图谱的构建思路大体如下：

（1）古籍知识框架描述机制的确立。针对古籍文献中的年代、人物、地名、事件典故、制度、领域等方面，定义知识描述的概念及属性，以及自定义语义关系的注释，形成规范的描述模型[15]。

（2）中华历史知识本体。借助现有的索引工具，如年表、人物传记资料索引、家

谱、职官年表、历史地图、类书、地方志等，在规范描述模型的约束下，建立覆盖中华历史的本体知识元模型[18]。需注意的是古籍文献中存在大量同一概念不同表述的现象，如同一人物的不同称谓、同一地区在各朝代的不同叫法等，应制定对齐标准，并将同一概念的不同词汇进行融合，从而实现不同文献相关内容的关联组织。

（3）古籍著录信息本体化。古籍著录信息的本体概念表，用以描述古籍著录信息的概念及属性[19]。

上述内容构成了古籍知识图谱的概念层。

（4）古籍文献的文本挖掘和知识抽取。这是古籍知识图谱的实体层，目的是通过知识单元的有序化组织和网络化关联，实现知识挖掘、知识发现、知识关联、知识推理。利用文本识别、图像识别、自然语言处理、深度学习等人工智能技术，着力探索文言文语义理解、古汉字识别，对文献结构层次展开分析和划分，分解成知识单元，主要是描述本体知识元的语句，作为该知识图谱的实体（Entity）。

（5）知识关联（实体关联）。结合本体建立与实体间的关联，按照一定逻辑规则表达语义关系（词汇间和句子间关系）以形成大规模语义网络，从知识元到知识单元，再到知识序列进而形成知识体系，实现知识的有序化、层次化。古人对于文献整理有很多沿用至今的理念，如"互著"和"别裁"（类似于"参见"）[15]，可以在一定程度上帮助揭示不同文献和知识间的关联性，助力知识图谱的建立。

（6）文献关联。知识与来源文献的著录信息进行关联，同时文献间也可以通过编目数据的形式化表达以构建关联，符合图情领域的使用场景，方便用户查找知识来源[18]。

3.2　结合智慧设备与技术，开启全新阅读方式

依托 5G 网络，凭借 VR、AR、MR 等技术，可将视觉阅读升级为沉浸式阅读，将内容呈现从二维升级到三维，全面提升读者的代入感，大大提高阅读效率。如故宫博物院的端门数字馆，通过高精度文物数据引领观众走进故宫内的"数字建筑"，触摸"数字文物"[20]；再如美国斯坦福大学图书馆通过 Second Life（SL）虚拟空间可以让读者浏览不对外开放的馆藏古籍原稿[21]。借鉴上述的成功经验，图书馆可以将经典古籍数字化，利用 3R 技术，让读者全方位、高还原度地去接触古籍原貌，实现原汁原味的沉浸式阅读体验。同时，图书馆应深度整合馆藏资源，让读者在阅读的同时还可即时获取其他知识产品服务，帮助读者更好理解古籍中的内容，克服阅读古籍的困难，从而爱上古籍[22]。古籍修复全过程的数字化，可以让读者身临其境地了解古籍修复、保存的过程，从而更加珍惜古籍，重视古籍中蕴涵的国学经典文化；通过 AR 增强现实技术，将博物馆的数字化文物嵌入到阅读中，在阅读的同时可以将相关内容立体、"真实"地展现出来，达到现实和虚拟的融合。而以上这些都可以和中华古籍知识图谱做关联，引导读者在阅读的同时体验科技带来的改变，同时得到更多的信息留存。

在这种全新的阅读环境下，读者可以放开思路去畅想未来的阅读场景，带上智能穿戴设备，将自己置于一个虚拟增强现实的空间中，语音交互、智能检索可以帮助读者快速找到目标文献，高度数据结构化的文献将融合文字、图片、语音、视频、增强现实立

体显示等要素，还可以个性化选择喜欢的声音及形象进行有声阅读，当看到 / 听到某一知识点时，可以点击其自带的或关联的知识产品从而获取沉浸的阅读体验。例如，阅读地理类文献时，当看到某一名胜古迹时，就可以点开该古迹的 VR 版本，完全置身于该场景内；阅读历史类文献，当看到某一历史事件时，可以通过相关的 VR 产品实现时空的"穿越"，从历史的阅读者变成历史的旁观者；阅读美食类文献，除了立体展示外，还可以调用嗅觉系统增强体验的真实感。相信这样的阅读体验将对文献类型、读者以及图书馆未来发展都起到颠覆性的革新。

4 盘活读者阅读数据，打造阅读社区

阅读推广是图书馆核心业务之一，最能彰显图书馆社会意义。"全民阅读"自 2014 年至今已连续九年写入政府工作报告[23]。然而根据《互联网趋势 2019》显示，2010—2018 年间，大众线下阅读时间减少近一半。第十七次全民阅读调查结果则显示，2019 年国内全民数字阅读率高达 79.3%，人均电子书接触量近 15 本[24]。很显然如何利用线上阅读这个阵地，做好线上阅读推广，以线上促线下，形成良性发展，是图书馆服务应该重点思考的方向。

当前随着社交网络的出现，用户间的数据互动已经成为新媒体传播的重要特征之一。充分利用新媒体平台的交互功能，将阅读数据与用户信息整合起来，营造阅读社区，强调读者交互，打造新环境下的阅读推广模式，可以大大激发读者阅读兴趣[25]。例如，微信读书以阅读的社交化体验为出发点，引导用户深度阅读，还可与同读者交流碰撞，通过智能推荐算法根据用户兴趣推荐好书，同时可以查看朋友想法以及"朋友在看"，打造熟人阅读社区形态[26]，可取得极佳效果。

图书馆阅读推广也应以打造阅读社群为核心，为读者间创造一个交流互动的阅读环境。例如，参照微信运动的步数排行，推出阅读排名，对读者的阅读时长、阅读页数进行实时排名；"朋友在看"功能，读者可以点击好友获知其正在阅读的图书，一定程度上起到阅读推荐的作用；"话题"模块，参照微博话题形式，加强用户读书交流的欲望，提供优质多样的内容供用户阅读。

参照支付宝"蚂蚁种树"等形式的活动，通过阅读积攒能量值，以能量值兑换相应礼品。和商业化知识生产商、线上阅读平台等合作，通过阅读能量值获得如购书券、免费阅读权益、免费课程等奖励，可以同时激发读者阅读兴趣、优化阅读推广形式、宣传知识生产商产品，三方获益。

在线上阅读的过程中，可以随时对数字化文献的某一本、某一章节甚至某一句话进行评论和心得分享，而这些内容也将被其他阅读者以文献弹幕的形式即时获取，达到读者之间的思想碰撞与交流。这一点可以实现陌生人阅读社交，因为共同的爱好、观点而吸引，将会带来更强的化学反应[26]。

鼓励读者在朋友圈、微博、小红书、抖音等新媒体渠道去分享自己阅读的图书、参与的话题活动以及阅读心得，并邀请好友一同阅读，邀请成功还有一定形式奖励，从而

进一步激发读者分享的动力，实现人人参与阅读推广。打造"阅读＋社交"模式，每一个读者都是阅读推广人，这将是阅读推广的最理想形态。

5　构建知识服务平台，实现多维数据交互融合

艾媒咨询发布的《2020年中国知识付费行业运行发展及用户行为分析报告》显示，我国知识付费行业用户规模从2015年的0.5亿人快速增长到2019年的3.6亿人，市场需求旺盛[27]。但目前知识付费／免费平台种类繁多且各自独立（如中国大学MOOC、爱课堂、万门大学、知乎、得到、喜马拉雅、樊登读书、荔枝微课、唯库等），存在如App、微信小程序、公众号等各种展示形式，内容上也是各有特色，这使得用户很难集中获取自己想要的全部资源，使用成本和门槛都会加大。

公共图书馆应充分发挥其社会教育属性和公信力，在智能统一检索平台的基础上，与社会上各类型的知识付费／免费平台合作，搭建知识产品统一管理平台，该知识服务平台将从以下方面发挥其重要作用。

（1）产品整合。用户可以在一个平台上检索、购买、使用不同来源的知识产品和文献。

（2）多维关联。在基于多平台数据共享的基础上，通过对知识产品的主题标引与前述的文献知识网络做关联，实现知识产品和文献、主题词、学科领域间的关联，形成更庞大的知识网络。在阅读的过程中，可按照学科、主题词精准匹配，自动关联相关知识产品（反之亦然），形成文献和知识产品的相互推荐。

（3）用户画像。可多渠道、多维度、完整地获取用户数据，生成翔实、准确、立体的用户画像，优化智能推荐。多平台交互数据能有效避免"茧房效应"，从而精准的为用户推荐文献和知识产品。

（4）个性化推荐。通过用户自测形成个人信息库，通过记录用户行为生成行为数据库，二者组成用户特征库[28]，同时对知识产品进行规范标引，形成产品特征库。基于用户和知识产品特征，计算匹配程度为用户推荐最适合的文献及知识产品。利用用户的学习日志数据[29]，根据其行为数据的改变即时做出相应调整从而跟用户学习程度相匹配[28]，实现"千人千面"的个性化、定制化推荐。利用领域知识本体，根据知识点属性及关系，按照知识点的重要度、难易程度、拓扑层级等对知识点进行序化，生成合理的知识点发展路径，从而指导个性化推荐，辅助学习者自适应学习[29]。

（5）知识众创。对于个体的知识生产者还可以给予用户资源、发布平台、云端存储等多方面的支持，使更多的个体可以加入知识生产、传播分享、产生收益的链条中来，从而丰富知识产品的内容和形式。

（6）指导方向。多平台的数据融合后，可以全盘分析知识产品的类别、领域分布、热度以及潜在的需求，引导知识生产商有方向、系统化的去生产一些知识产品，结合现有内容，补足领域知识框架中缺乏的部分，使得其产品更加完整。

（7）合作共赢。图书馆的线下阵地、读者流量及社会公信力，是知识付费平台（尤

其是成立初期的平台）所不具备或者难以形成的，可以借助图书馆的线下流量去做好调研和宣传，设计更优质的产品内容，而图书馆也可以依托知识服务平台更好的拓展自身的知识服务，提高社会影响力。

6 难点和思考

6.1 构思不清

智慧图书馆转型是未来图书馆的重点发展方向和目标，学界不同专家也对智慧图书馆有着不同角度的解读，形成一种百家争鸣的态势。但也说明目前对智慧图书馆建设并没有一个业界广泛认可和接受的共识，缺乏统一的指导方针，这也对接下来图书馆智慧化转型造成了一定困难和局限。结合业内专家对于智慧图书馆的设想，笔者认为智慧图书馆应以智慧数据为基础核心，以智慧馆员为服务保障，为用户提供多样化、个性化的知识服务，结合智能设备探索智慧多元化阅读体验，通过泛在化服务理念突破单一物理空间的局限，并且拥有一体化的涵盖文献采选、编目、检索、借还、内容挖掘的智能管理系统。

6.2 人才短缺

馆员队伍有待加强和提升，吸引多领域的专业人才补充队伍建设。对于年轻骨干，给予充分机会，完善上升通道和激励机制，激发员工积极性。完善培训机制，让员工学习了解语义网的理论和标准、本体的设计和编制、如何与领域专家、系统设计人员合作研制语义网应用项目、如何利用语义网技术为图书馆的现有资源和服务增值等问题，从而更好地参与到图书馆智慧化建设的进程中。

6.3 数据基础薄弱

从体量上看图书馆的数据资源是非常庞大的，但是目前基本以书目数据库及数字化资源库为主，二者或是对文献著录信息的描述，或是对文献载体的转换，还未能揭示到文献内容层级，且数据格式不能适应语义网络环境的要求，机器难以理解且无法进行知识的自动推理和发现，这些都将制约图书馆知识服务的转型发展。

6.4 工程量大

本体构造的前期，大量的标引和确定工作是需要人工完成的，而工作效率成为制约本体构建和完善的最大瓶颈。公共图书馆、高校图书馆、专业图书馆相互间应开展合作，推出标准规范的本体语言模型、核心词表以及转换方法，通过标准化的操作尽量保持数据结构的一致性，分层级、分阶段、分领域转换，确保各阶段的知识组织系统可融合、可更新、可扩展。邀请各学科领域的专家进行指导和审核，并将成果共享，最终形成基于汉语主题词表、结合各学科领域专业叙词表转换而成的全学科领域超级本体。

6.5 协同编辑

网络时代 KOS 的构建需要向广大用户敞开门来，鼓励用户积极参与[30]。一方面可及时融入社会大众的智力资源和使用信息，另一方面还可提高该文献知识网络的社会影响力，所以用户参与对增强 KOS 的实用性和促进其可持续性发展有着重要意义。例如，AGROVOC 在使用过程中能广泛收集用户建议，并允许网上修订，实现及时更新；维基百科仅仅 4 年时间就积累了 109 种语言和 97 万条目的建设，主要归功于用户的参与和规范的模板，充分调动全民参与积极性。这些成功案例都具有很好的借鉴意义。

人工智能等技术的快速发展，以及智能设备的完善与普及，必将推动文献及知识产品在形式上的革新，虽然图书馆并不是文献的出版方，无法左右文献载体及展现形式的发展，但是如何将海量资源有序组织起来，做好书目数据及内容数据的揭示，让读者可以高效、便捷、精准地定位并获取到所需资源，激发社会大众的阅读兴趣，回归到"为书找人，为人找书"的基础职能上，帮助读者"读好书"，营造"好读书"的社会氛围，达到"读书好"的社会教育价值，这是图书馆可以把握且必须不断升级改善的课题。本文所讨论的四种层级上的数据升级可以大幅度优化图书馆服务质量，并且这些数据还可以相互结合，产生更广泛的应用，大大推进智慧图书馆的转型建设。

参考文献

［1］白华 . 基于 SKOS 方法的分类法本体描述研究［J］. 图书情报工作，2012（1）：120-124.

［2］杨雪莉 .《中国图书馆分类法》的 SKOS 化描述研究［J］. 图书馆论坛，2015（10）：43-48.

［3］唐静 . 叙词表转换为 Ontology 的研究［J］. 情报理论与实践，2004（6）：642-645.

［4］JUPP S，BECHHOFER S，STEVENS R D. SKOS with OWL：Don't be Full-ish!［EB/OL］.
　　［2022-03-22］. https：//www.researchgate.net/publication/z21218473_SKOS_with_OWL_Don't_
　　be_Full_ish.

［5］刘磊，郭诗云，何琳 . 简单知识组织系统（SKOS）模型及其应用研究进展［J］. 图书情报工作，
　　2015（4）：137-145.

［6］井辉辉 .《学科分类与代码》与《中国图书馆分类法》类目映射研究［D］. 北京：中国人民大学，
　　2016.

［7］詹萌 . 学科（专业）分类与文献分类之间的映射关系研究［J］. 情报理论与实践，2013（10）：
　　40-43.

［8］刘华梅 .《中国分类主题词表》主题词 SKOS 化描述及自动转换研究［J］. 图书馆建设，2014（8）：
　　29-32.

［9］喻菲 . 简单知识组织系统 SKOS 及《中国分类主题词表》网络化研究［EB/OL］.［2022-03-22］.
　　https：//www.docin.com/touch_new/preview_new.do?id=601048210.

［10］王新 . 关联书目数据的关联关系发现与维护［D］. 北京：中国人民大学，2016.

［11］王景侠 . 书目格式的关联数据化发展及其启示：从 MARC 到 BIBFRAME［J］. 图书馆杂志，
　　2016（9）：50-56.

［12］周小萍 .CNMARC 与 BIBFRAME 的映射及转换研究［J］.图书馆杂志，2018（8）：21-29.

［13］肖京文 .从《汉语主题词表》获取本体概念的研究［J］.科技情报开发与经济，2012（17）：21-23.

［14］鲜国建，赵瑞雪，朱亮，等 .农业科学叙词表的 SKOS 转化及其应用研究［J］.现代图书情报技术，2012（10）：16-20.

［15］程佳羽，史睿 .古籍数字资源的知识库建设解析［J］.数字图书馆论坛，2006（12）：1-4.

［16］马费成 .数字环境下实现知识的组织和提供［J］.郑州大学学报（哲学社会科学版），2005（1）：5-7.

［17］张德政，谢永红，李曼，等 .基于本体的中医知识图谱构建［J］.情报工程，2017（1）：35-42.

［18］毕崇武，王忠义，宋红文 .基于知识元的数字图书馆多粒度集成知识服务研究［J］.图书情报工作，2017（4）：115-122.

［19］罗晨光，山川，王珊 .基于本体的古籍知识库建设初探［J］.现代图书情报技术，2007（4）：8-11.

［20］故宫博物院 "端门数字馆"数字创意与古典建筑的完美融合［EB/OL］.［2022-03-22］.https：// mp.weixin.qq.com/s/RxyZ06xthSwVYExyx-95mg.

［21］薛涵，朱娜娜 .基于虚拟现实技术的图书馆服务创新研究［J］.图书馆建设，2015（6）：66-68.

［22］张宁，龙乐思，李俊炀 .虚拟现实技术视域下阅读中华古籍的优势与方法探索［J］.图书馆，2019（6）：88-93.

［23］全民阅读第九次写入政府工作报告［EB/OL］.［2022-03-15］.https：//mp.weixin.qq.com/s/l9-fpTT-znBJ3EypqpPjMw.

［24］季家慧 .5G 加速推进数字阅读迈向智慧化［J］.科技与出版，2020（8）：63-67.

［25］杨红岩 .从知识传播到知识服务："阅读 +"时代公共图书馆智慧阅读服务建设路径［J］.出版广角，2020（4）：64-66.

［26］微信读书：阅读社交的开创者［EB/OL］.［2022-03-28］.https：//zhuanlan.zhihu.com/p/134580783.

［27］从知乎、得到和喜马拉雅看知识付费的今天和明天［EB/OL］.［2022-03-10］.https：// baijiahao.baidu.com/s?id=1683980965987964845&wfr=spider&for=pc.

［28］张小雪，张立国 .在线学习资源个性化推荐服务模型的构建［J］.中国医学教育技术，2017（2）：172-176.

［29］高嘉骐，刘千慧，黄文彬 .基于知识图谱的学习路径自动生成研究［J］.现代教育技术，2021（7）：88-96.

［30］何琳，侯汉清 .《中国图书馆分类法》在网络环境中的适应性改造研究［J］.图书情报工作，2010（19）：6-9.

元宇宙概念观照下的智慧图书馆初探

房　明　田家豪（缩微文献部）

科技改善了人类的生存环境，提高了人们的生活水平。当今世界，科学技术发展日新月异，人工智能、数字化、区块链、物联网等很多新技术不断涌现，当这些技术日趋完善，元宇宙的概念重新回到人类视野，给各行各业带来新的机遇与挑战。当元宇宙作用于图书馆，会给图书馆带来怎样的革新和变化？元宇宙＋图书馆会不会成为建设智慧图书馆的一条新思路或是一种新方案？本文将从元宇宙的源头说起，探讨在元宇宙概念观照之下智慧图书馆发展的新可能。

1　元宇宙的概念

1.1　元宇宙概念的起源

1981 年，美国数学家和计算机专家弗诺·文奇教授出版了一本小说《真名实姓》。在小说中，他创造性地构思了一个人类意识可以通过脑机接口进入并获得感官体验的虚拟世界[1]，这是关于"元宇宙"大众比较认可的思想源头。1992 年，美国科幻作家尼尔·斯蒂芬森在其科幻小说《雪崩》中正式提出了"元宇宙"[2]这一名词。这本小说描绘了一个庞大的虚拟现实世界，在这里，人们用数字化身来控制自我意识，并相互竞争以提高自己的地位。

1.2　元宇宙的定义

元宇宙的定义至今仍无定论，专家学者们试图从多个角度阐述描绘其内涵，还未总结出一个具体凝练的定义。

清华大学新闻学院沈阳教授这样定义元宇宙："元宇宙是整合多种新技术而产生的新型虚实相融的互联网应用和社会形态，它基于扩展现实技术提供沉浸式体验，以及数字孪生技术生成现实世界的镜像，通过区块链技术搭建经济体系，将虚拟世界与现实世界在经济系统、社交系统、身份系统上密切融合，并且允许每个用户进行内容生产和编辑。"[3]

在北京大学陈刚教授、董浩宇博士的阐述中，"元宇宙是利用科技手段进行链接与创造的，与现实世界映射与交互的虚拟世界，具备新型社会体系的数字生活空间"[4]。

准确地说，元宇宙不是一个新的概念，是在扩展现实（XR）、区块链[5]、云计算、数字孪生等新技术发展到一定阶段，对已存在的经典概念的具化，这些新兴的信息技术为其实现提供了可能性。

目前，元宇宙的概念在文旅市场已初现身影，虽然只是一些新兴的尝试，仍具有启发意义。例如，陕西西安将元宇宙应用于旅游业，打造了一个基于唐代历史文化背景的新项目《大唐·开元》[6]，使游客能沉浸式体验唐朝的风物民情；又如，计划于2022年底落地深圳光明小镇的冒险小王子元宇宙主题乐园，园区内各游乐设备结合 AR、VR和全息投影技术，增强互动性和体验感，让孩子们可在身临其境的真实体验中玩乐、学习和成长。

2 智慧图书馆的概念

2.1 背景

人工智能、大数据、云计算、物联网、区块链、5G 等技术引领了新一轮科技和产业革命[7]，这些技术广泛应用于医疗、金融、交通、制造、教育、文化等领域，建设智慧城市、智慧社会、智慧国家乃至智慧地球的理念应运而生。被信息技术高速发展所改变的也包括人们的阅读方式：数字化使无纸张阅读成为可能，数字资源的应用、传播更加便捷；人工智能[8]、物联网技术[9]为人类提供更智能、更高质量的服务；VR 技术使虚拟现实成为可能，让人们可以追求更丰富多彩的沉浸式体验。将这些先进技术应用于图书馆，必能带来一场图书馆行业的变革与升级。

2.2 智慧图书馆的特征

近年来，智慧图书馆的概念在图书情报行业引起了广泛讨论，专家学者众说纷纭，尝试从框架、标准、服务[10]等多角度解读何为"智慧图书馆"。以下，笔者将试着阐述智慧图书馆"智慧何在"的两个发展方向。

2.2.1 建筑智慧化

首先，集成多种前沿科技的智慧图书馆，将会成为一座智慧建筑。从入馆处的安检登记到智慧书架，从自助借还书系统到图书馆的空调系统、安防系统，从存放珍贵典籍的库房到阅览室，都将运转着智能设备，不着痕迹地为读者提供全方位便捷服务。在阅览室，有智能机器人巡检书架，为读者提供服务；在库房，温湿度、光照强度可以自适应调节以使珍贵文献始终处于最佳保存环境；办公区，基于大数据和云计算技术的智能计算机高速运转，为科学研究、政策制定提供更全面科学快捷的文献支持；馆内全域超高速网络无死角覆盖，使各种资源在馆内随时随地触手可及。在这座基于"以人为本"理念而建成的图书馆内，读者不会感到机器的冰冷，只会惊讶于一切随手可得的便捷贴心服务。

2.2.2 服务智慧化

用科技为读者提供更高质量的服务，这是智慧图书馆的建设核心。首先，智慧图书馆可以为读者提供更方便快捷、更丰富多样的阅读体验。目前，图书馆里的书籍只是根据图书分类法分门别类地排列在书架上，成千上万，浩如烟海，读者查找起来并不方便，图书管理员将读者取阅之后的书籍归放原位、整理书架也要耗费大量的工作精力。智慧图书馆可以实现书籍的快速定位，提供智能机器人为读者找书等服务。其次，馆内的阅读方式也不仅限于文字，还可通过 VR、AR 技术实现语音影像的多重呈现，对读者更具吸引力。更重要的是，数字化资源的获取将变得公开透明又便捷，利用新一代信息技术查找、阅读大量文献资料，对信息进行分析、比较、提炼，高效又准确，可以大大节省人力。综上所述，读者用户接触、使用图书馆馆藏文献信息资源的方式将更加多样、灵活、快捷。

3 元宇宙+图书馆的未来场景设想

3.1 多层次阅读体验

假设一位读者打开了国家图书馆元宇宙的大门，想阅览古代书法，会有两条通道展现在他面前，一条以书体为线索，读者可以选择篆、隶、楷、行、草等书体以开启阅读旅程；另一条以书法家为线索，罗列了书圣王羲之，"颜筋柳骨"，"楷书四大家"，黄庭坚、苏轼、米芾等选项。读者走进"书圣王羲之"的大门，即有一幅《兰亭集序》在他面前缓缓铺展开来，同时读者将置身于茂林修竹、流觞曲水的情景之中。在这幅大作旁有一按钮，"身临其境，研习书法"。当读者点下去，一扇新世界的大门轻轻开启，缓缓走出一位古人，束发纶巾，翩然仙姿，这是根据古文献合成的 AI 人像"王羲之"，他会亲口为读者讲述这一手书法的技法诀窍及练习之法。笔墨纸砚已备好，读者可以在这个世界里挥毫泼墨，体会书法艺术的精妙之处。

练习完书法，读者可能又想去看一看古诗词，会有智能机器人为他打开古诗词的大门。从《诗经》到《唐诗宋词》，不仅有文字，还有对创作背景故事声情并茂的演绎；在读者眼前还会出现诗词中提到的动植物、长河落日等自然景观，自动链接所有和诗词内容相关的文献，供读者选择是否需要更进一步阅读，使他身临其境地感受诗词创作的背景及文字所传达出的情意。读者可以来到遍布萋萋芳草的长亭外，在古道边举一杯浊酒，看古人抱拳道一声"莫愁前路无知己，天下谁人不识君"，也可以在熹微的月光里与李白相识，看他手举一壶酒，步影零乱地舞剑，叹一句"举杯邀明月，对影成三人"。

3.2 差异化阅读服务

面向不同的读者群体，智慧图书馆会推送不同内容、不同体裁的资源。根据少儿读者的年龄段和识字量，智慧图书馆将会为他们自动匹配推荐书籍，在展示绘本的时候，除了文字，还能提供生动的动画演绎。此外，还会自动屏蔽不适宜青少年儿童阅读的内容，为少儿读者提供交流分享的空间。

如果盲人读者走进元宇宙的图书馆，会有专属智能机器人全程陪伴，读者只需说出书名或者主题，即可获得原书的语音播报，还可下载想要的书籍资源至随身携带的设备，离开图书馆也可反复听读。面对聋哑人士，元宇宙的图书馆在展示文字与画面之外，还会提供逼真的 4D 触觉感受，让读者感受到扑鼻的花香和斑斓色彩。

3.3 便捷性文献服务

智慧图书馆将收藏有全世界最全最前沿的科技文献，内涵宏富，如一座藏经阁。只要读者说出某一个主题，已有的研究成果将会自动罗列在读者眼前，亮出重点，以供读者选择深入阅读某一条目。在这座图书馆里，全世界的科研人士将平等地享受最新的科研成果，最大限度激发思考，刺激创新。除了呈现文献，还可以比较分析内容、建立某种模型，穷举多种可能性，对受教育水平不同的读者，也能展示难易程度不同的诠释内容，或提纲挈领，或深入浅出。

除了科研服务，智慧图书馆在为国家政策制定、行业标准研制等领域提供文献服务和决策支撑的过程中，所提供的经过大数据分析的文献也会更具参考价值。彼时，元宇宙＋图书馆更像是一位全能的智者，不仅拥有广博的学识，更会吸收分析各领域知识，助力打造知识共创空间。

最重要的，智慧图书馆还提供用户反馈功能，收集读者的观点想法。读者可以发表对某一科学问题的看法并提供思路分析或实验数据，也可以发表对某一社会问题的见解或是解决方案。通过智能分析与筛选，智慧图书馆会留下其中有价值的新颖观点，再现百家争鸣，百花齐放。

3.4 主题文化馆

假设读者已经看过好几本春秋战国主题的图书，但脑海中的人物故事都是碎片化的，他希望能将这些要素串联成完整的有机整体，更全面地了解那段历史，诸如王侯将相的权谋争斗、治国方略、普通百姓的衣食住行、生活起居，等等。走进元宇宙的文化主题馆，浩瀚的知识会被有序重组，并且突出展现重点，读者可以充分利用图书资源，获得关于那个年代的完整编年史，以及更具象化的细节，引发他们更有深度的思考。依托一些智能设施，智慧图书馆还可以还原一些历史场景，让读者亲临孔子讲学的现场或是领略苏秦张仪纵横捭阖的风采。

中华文化源远流长，琴棋书画，诗词歌赋，都可以成为文化场馆的主题。比如陆羽的《茶经》，在茶文化主题的场馆内，读者可以领略备茶品饮之道，学习备茶的技艺、规范和品饮方法，将书中提到的茶之具、茶之器拿在手中，亲历一遍煮茶的流程，享受品茶的惬意，最终明了饮茶陶冶情操、修身养性的功用，从而领悟一番人生哲理。这样的主题文化馆能让读者近距离地亲近中华文化，有利于中华文化的传承。

3.5 个人图书馆

在元宇宙下的智慧图书馆中，每个人都可以拥有自己的专属书房，而不必因为现实居住空间太小，或是收藏价格太过高昂、保存条件严格，而与自己心爱的典籍失之交臂。当书籍不再以纸张这一单一形式存在，个人图书馆的存在就有了更多可能。在读者的虚拟书房中，各类数字化的书籍资源都可以分门别类地摆放，赵城金藏或是甲骨文将不再只是珍贵的藏品，而会以某种镜像形式出现在读者的书架上，读者无须担心每一次翻开书页会对古籍造成损伤，只要是读者渴求的知识或是想要阅读的书籍，都将出现在他们的虚拟图书馆中。届时，虚拟图书馆还会根据每个人的阅读习惯定期为读者推荐书单，其设计完全个性化，符合个人的阅读喜好，实现个性化"为书找人，为人找书"。

4 实现元宇宙+图书馆需要的现实支撑

本文设想的智慧化阅读场景虽然美好，但要真正实现，任重道远。实现元宇宙+图书馆的建设需要技术的支撑，也需要制定施行配套的规范标准、法律法规。

4.1 信息技术的发展

"元宇宙"涵盖了高速通信、云计算、大数据、人工智能、物联网、AR、VR等多项软硬件技术环节。只有当这些技术进一步完善和成熟，才能将元宇宙+图书馆的设想付诸实践，或者说我们需要尝试将这些技术应用于智慧图书馆的建设，不断探索、改进，摸索出一条切实可行的发展道路。数字化技术可以将现实世界投射到虚拟空间里做一对一的映射，在"元宇宙"的世界里，一切都能够计算、能够仿真、能够模拟，通过人工智能的推理和大数据的运算，能够得出一些现实世界发现不了的规律，再反作用于现实世界。

4.2 相关规范、法律法规的制定与施行

元宇宙是一个虚拟的世界，因其开放性和自由性，也会产生诸多隐患，如何保障这个世界安全有序地运转是一个亟待解决的重要问题，诸如知识产权的保护、数据安全[11]的维护，都需要健全的法律体系保障，这些都是建立元宇宙+图书馆必须考虑的问题。而当下，更需要思考的是如何有力有序地推进"元宇宙"健康发展，遵循在发展中规范、在规范中发展的总体基调，避免因为个别投机炒作、避实就虚行为造成的负面影响。

科技应用于文化艺术，始终应该坚持以人为本，科技只是获取、展现文化艺术的手段，而文化艺术本身才是最为重要的核心。当"元宇宙"科技应用于图书馆的智慧化建设，必将为浩瀚书海带来万顷波涛，掀起一场滋养大众精神世界的文化风潮。

参考文献

[1] 张志君.关于"元宇宙"的几个问题[J].教育传媒研究，2022（2）：17-23.

[2] 白龙，骆正林.沉浸式网络、数字分身与映射空间：元宇宙的媒介哲学解读[J].阅江学刊，2022：1-12.

[3] 中国大数据产业观察.2020年—2021年元宇宙发展研究报告[EB/OL].[2022-03-25].http：//www.cbdio.com/BigData/2021-09/22/content_6166594.htm.

[4] 北京大学学者发布元宇宙特征与属性START图谱[EB/OL].[2022-03-25].https：//it.gmw.

cn/2021-11/19/content_35323118.htm.

［5］汤尚.基于区块链的终身阅读服务体系构建研究［J］.图书馆工作与研究，2022（2）：51-57.

［6］程晓刚，王彬，袁铭，等.与两会代表委员一起漫游"元宇宙"［N］.中国文化报，2022-03-14（2）.

［7］饶权.全国智慧图书馆体系：开启图书馆智慧化转型新篇章［J］.中国图书馆学报，2021（1）：4-14.

［8］颜湘原.人工智能时代智慧图书馆的概念、要素与发展路径［J］.图书馆学刊，2019（3）：5-8.

［9］严栋.基于物联网的智慧图书馆［J］.图书馆学刊，2010（7）：8-10.

［10］王娇.5G 时代智慧图书馆服务创新研究［J］.图书馆学刊，2022（1）：59-62.

［11］江山.智慧图书馆要素研究及建设思考［J］.图书馆工作与研究，2022（2）：58-63.

民国时期报刊视角下的马克思主义在中国早期传播

李　茵（典藏阅览部）

马克思主义在中国的早期传播是马克思主义传入中国并为中国人广泛认同和接受的重要阶段。早在清末民初，一些来华的外国传教士、中国资产阶级知识分子和中国无政府主义者就对马克思、恩格斯及其理论做过零星的介绍。十月革命后，以李大钊为代表的先进知识分子开始在中国传播马克思主义。五四运动后，马克思主义在中国迅速而广泛地传播，为中国共产党的创建准备了思想条件。马克思主义在中国的早期传播很大程度上借助于当时的大众传媒——报刊，报刊的宣介报道为马克思主义在中国广泛传播发挥了重要助推作用，这些珍贵的报刊史料也是我们了解研究马克思主义在中国早期传播以及中国共产党历史的重要资料。

1　研究现状

目前，学术界对马克思主义在中国的早期传播研究颇多。

在论著方面，多选取一定的时间节点，以选编的形式展现马克思主义传播的重要内容，如《五四运动前马克思主义在中国的介绍与传播》[1]选编了 1899—1920 年间马克思主义在中国的传播资料，部分资料以文本形式全文刊载，部分资料以目录形式在附录呈现；《马克思主义在中国早期传播史料长编（1917—1927）》[2]，选录了 1917—1927年马克思主义在中国传播的各类有价值的史料，包括新闻报道、档案资料、著述文本、广告、书信等；2019—2021 年出版的《马藏》[3]（第一部、第二部、第三部）收录了1871—1905 年间出版的与马克思主义、社会主义相关的著作、译著类文献以及报刊、公开出版的笔记日记等资料。

在论文方面，目前已有的研究大多集中于一种或几种报刊与马克思主义早期传播的探讨，如《新青年》[4-5]、《东方杂志》[6]、四大副刊[7-8]、《益世报》、《申报》、《妇女日报》、长沙《大公报》等报刊，但未见从民国时期报刊角度对马克思主义早期传播的全面梳理与阐释。

综上，笔者力图在前人研究的基础上，按报刊种类和性质对马克思主义在中国的早期传播情况进行系统梳理与研究。

2 进步报刊对马克思主义的传播

2.1 四大副刊

2.1.1 《晨报》副刊

《晨报》原名《晨钟报》，是以梁启超为首的进步党的机关报，1916年创刊伊始，将第7版设为副刊，刊载文艺作品。1918年12月改组，后于1919年2月7日，在李大钊指导下，改良第7版副刊，使之成为传播马克思主义的园地。1921年孙伏园成为《晨报》第7版主编，将副刊扩展为独立的小报，即《晨报副镌》。1925年10月，徐志摩接任主编后改名为《晨报副刊》。

从1918年至1925年，《晨报》副刊多次以专栏形式连载马克思主义重要著作以及介绍马克思主义的文章，成为介绍马克思主义的重要阵地。《晨报》副刊"名人小史"栏目上刊载《近世社会主义鼻祖马克思之奋斗生涯》，该文是陈博贤阅读马克思传记后以笔名"渊泉"发表的介绍类文章。文章介绍了马克思撰写《资本论》的历史，以及出版《资本论》第1卷的曲折经历[9]。《新青年》进行了全文转载[10]，《学灯》也全文转载该篇文章[11]。1919年5月5日至11月11日，《晨报》副刊增辟了"马克思研究"专栏，分三期连载《马克思的唯物史观》，该文为日本马克思主义研究先驱河上肇所著，文中摘译了《共产党宣言》第一章和《〈政治经济学批判〉序言》[12]。专栏还连载了马克思的重要著作《雇佣劳动与资本》，当时翻译为《劳动与资本》。该专栏也连载了柯祖基的《马氏资本论释义》，即考茨基的《马克思的经济学说》。俄国十月革命后，《晨报》副刊还连载了多篇介绍俄国情况的文章，如布施胜治的《劳农俄国之一瞥》、Ransome的《一九一九年旅俄六周见闻记》、澹庐的《旅俄之感想与见闻》等。

2.1.2 《民国日报》副刊《觉悟》

《民国日报》创办于1916年1月，是国民党在上海创办的重要报纸。1919年6月16日推出《觉悟》副刊，由邵力子主编，陈望道助编，成为传播马克思主义的重要阵地。1925年五卅运动后，邵力子遭上海租界当局通缉被迫南下广州，《觉悟》被国民党西山会议派控制，转而进行反动宣传。

《觉悟》也多次连载马克思主义重要著作及相关介绍文章。1919年7—8月，转载了《晨报》的《马氏唯物史观概要》《马氏唯物史观的批评》。1921年5月15—20日刊载了施存统节译的《见于〈共产党宣言〉中底唯物史观》。1922年9月7日—11月5日连载了考茨基的《伦理学与唯物史观》。《觉悟》还刊载了多篇关于妇女问题的文章。《觉悟》在1919年6月16日创刊号上刊载了《女子解放问题》一文，又在后面几期陆续连载了《社会主义的妇人观》。此外还刊载有《劳动节联想到的妇女问题》[13]、《俄国婚姻律全文》等。《觉悟》也连载了多篇关于劳动问题的文章，包括周佛海翻译的久留弘之的《劳工运动》，施存统翻译的北泽新次郎的《劳动问题》，杨杏佛的演讲稿《劳动问题》，邵力子《中国的劳动问题》等。

2.1.3 《时事新报》副刊《学灯》

《时事新报》前身为《时事报》与《舆论日报》合并而成的《舆论时事报》，1911年5月18日更名为《时事新报》。辛亥革命后，成为研究系在上海的机关报。研究系又名宪法研究会，是以梁启超、汤华龙等人为首的政治团体。由于研究系在政治上的失败，《时事新报》因此开始加入新文化运动的阵营。1918年3月4日，张东荪创办《时事新报》副刊《学灯》。《学灯》创刊之初是一个教育性质的副刊，1918年11月以后，开始由教育副刊向综合副刊转变。1919年4月以后，俞颂华担任《学灯》主编，开始倾向于社会主义，刊载马克思主义的文章开始增多。1925年11月，《学灯》再次回归教育性质。

《学灯》自1919年始，陆续刊载马克思主义学说的重要文章，包括河上肇所著的《社会主义之进化》[14]、《马克司社会主义之理论的体系》[15]、《马克斯剩余价值论》[16]，室伏高信所著的《社会主义批评》，费觉天所著的《马克思底阶级斗争主义》等。

2.1.4 《京报副刊》

《京报》创刊于1918年10月5日，由进步报人邵飘萍创办。《京报副刊》创刊于1924年12月25日，孙伏园担任主编。在孙伏园的主持下，《京报副刊》汇集了大量进步知识分子，成为《京报》数十种副刊中影响最大的一个。1926年4月，邵飘萍被奉系军阀张作霖逮捕杀害，《京报副刊》随《京报》的封闭而停刊。

《京报副刊》刊载多篇关于苏俄问题的文章，如《赤俄印象记》、《苏俄仇友问题》[17]、《苏俄的现状》[18]、《苏俄工业的进步》[19]。

除了《京报副刊》，京报的另一个副刊《青年之友》于1921年2月至9月连载了百余篇关于马克思主义的文章。

2.2 《国民》

《国民》杂志创刊于1919年1月1日，由许德珩主编，邓中夏、高君宇参与编辑，李大钊、邵飘萍担任顾问。1921年5月停刊。它是当时全国性的学生爱国组织"学生救国会"的机关刊物。五四运动后，在李大钊的帮助下，《国民》杂志开始介绍马克思主义，成为五四时期宣传新思潮的重要刊物。1919年《国民》杂志刊载了由李泽彰所译的《马克思和恩格斯共产党宣言》（第一章）[20]，这是《共产党宣言》介绍到中国来的早期译本之一。

2.3 《建设》

《建设》杂志是孙中山委派胡汉民、戴季陶、汪精卫、廖仲恺、朱执信五人合办的，属于国民党人主办的理论刊物。《建设》杂志除大力宣传三民主义外，还向民众介绍马克思主义或用马克思主义某些原理研究中国实际问题。

《建设》杂志刊载有胡汉民的《唯物史观批评之批评》[21]一文，该文整理了《神圣家族》《哲学的贫困》《共产党宣言》《雇佣劳动与资本》《路易·波拿巴的雾月十八日》

《〈政治经济学批判〉序言》《资本论》等马克思经典著作中有关唯物史观的论述，将其从日文翻译成中文。

2.4 《解放与改造》（《改造》）

《解放与改造》杂志于 1919 年 9 月创刊于上海，以北平新学会名义出版，是研究系的政论刊物。主编为张东荪、俞颂华。该刊致力于社会的解放与改造，造就"第三种文明"。1920 年 9 月第三卷起改名为《改造》，由梁启超主编。主要撰稿人为梁启超、张东荪、张君劢等。

梁启超、张东荪以讲学社名义邀请英国哲学家、基尔特社会主义者罗素来华讲学，后将讲学内容《罗素之向自由之路摘要》[22]刊载于《改造》杂志上。刊物还发表大量宣传西方各种社会主义思潮的文章，反对马克思主义的社会革命论，反对俄国十月革命，强调中国的当务之急是发展资本主义。这类言论受到《新青年》《共产党》等刊物的批评，引起了关于社会主义问题的论战。该刊物保存有大量相关资料。

题名	报刊	时间	卷期	著者
社会主义之批判	解放与改造	1919 年 9 月	第 1 卷 2 号	颂华
我们为什么要讲社会主义	解放与改造	1919 年 12 月	第 1 卷 7 号	东荪
中国之前途　德国乎？俄国乎？	解放与改造	1920 年 7 月	第 2 卷 14 号	君劢、东荪
现在与将来	改造	1920 年	第 3 卷 4 号	东荪
复张东荪书论社会主义运动	改造	1921 年	第 3 卷 6 号	梁启超
对于社会主义争论问题提出两大关键	改造	1921 年	第 3 卷 6 号	费觉天

3　红色报刊对马克思主义的传播

3.1 《新青年》

《新青年》原名《青年杂志》，1915 年 9 月 15 日由陈独秀创办于上海，1916 年 9 月 1 日第二卷第一号起更名为《新青年》，由李大钊担任新青年的主要编辑和撰稿人员。新青年刊载了数百篇关于马克思主义的文章，成为五四时期传播马克思主义最有影响的刊物。

1918 年 10 月，李大钊在《新青年》第五卷第五号发表《庶民的胜利》《BOLSHEVISM 的胜利》。1919 年 5 月，《新青年》第六卷第五号被设为"马克思主义研究专号"，李大钊在其中发表了《我的马克思主义观》，较系统详细地介绍了马克思主义唯物史观、政治经济学和科学社会主义。1920 年 5 月，《新青年》第七卷第六号为"劳动节专刊"，刊载了李大钊撰写的《五一 MayDay 运动史》，专刊还集中介绍了各地工人劳动和罢工状况，包括陈独秀的《上海厚生纱厂湖南女工问题》，以及香港罢工情况，北京、南京、山西、上海、无锡等各地劳动状况。1920 年 9 月开始，《新青年》设俄罗斯研究专题，分35节介绍包括俄国革命、俄国经济、农业制度、妇女解放等在内的俄罗斯问题研究。

3.2 《每周评论》

《每周评论》创刊于1918年12月22日，由李大钊和陈独秀在北京创办，其主旨为配合《新青年》宣传。

1919年4月6日，《每周评论》于"名著介绍"栏刊载《共产党的宣言》[23]部分译文，即《共产党宣言》纲领性部分，为中国人民的革命道路指明了方向。1919年7—8月，《每周评论》登载胡适与李大钊的问题与主义之争[24-26]。

3.3 《共产党》

《共产党》月刊是由上海共产主义小组于1920年11月创办的。当时，《新青年》虽是宣传马克思主义的阵地，但其作为社会科学杂志的学术性早已定型，为承担马克思主义的舆论宣传工作，《共产党》月刊诞生，李达任主编，因经费困难不能按时出版，至1921年中国共产党成立时，共出版6期。《共产党》月刊是中国共产党的第一个党刊，最高发行量5000份，是各地共产主义小组的必读材料之一。

《共产党》月刊着重宣传共产党的基本知识，如《共产党同他的组织》[27]、《共产主义是什么意思》[28]、《共产党的出发点》[29]、《我们为什么主张共产主义？》[30]。该刊物还着重宣传马克思列宁主义的建党学说，以及俄国的建党经验。

3.4 《向导》

《向导》周报创办于1922年9月13日，是中国共产党创办的第一个公开发行的中央机关报。周报以宣传中国共产党的路线、方针、政策和评论国内外时政为主要内容，着重时政评论。其主要撰稿人是以陈独秀和蔡和森为代表的中共早期领导人。周报刊载陈独秀撰写的多篇探索中国革命运动的文章，如《资产阶级的革命与革命的资产阶级》《中国革命运动与国际之关系》《列宁与中国》《十月革命与中国民族解放运动》等。

3.5 《湘江评论》

《湘江评论》于1919年7月14日创刊于长沙，是湖南省学联刊物，毛泽东担任主编和主要撰稿人。《湘江评论》以宣传最新思潮为宗旨。毛泽东为创刊号撰写创刊宣言及长短文二十余篇，对帝国主义和封建势力进行揭露和抨击。

《湘江评论》刊载毛泽东撰写的《民众的大联合》[31]，对民众大联合的必要性、可能性和大联合的方法以及民众大联合必定成功的道理，展开深刻阐述，引起强烈反响。

4. 综合类报刊对马克思主义的传播

4.1 《东方杂志》

《东方杂志》由商务印书馆创办于 1904 年 3 月，属大型综合性杂志，至 1948 年 12 月停刊，共出四十四卷。杜亚泉、胡愈之等出任过杂志主编，梁启超、蔡元培、严复、鲁迅、陈独秀等著名思想家、作家在该刊发表过文章。杂志每月辑录中外重大政治、经济、文化事件和要闻，对当时的时政以及各方面重大事件都逐一报道并详加评论，内容十分广泛。

《东方杂志》刊载有对马克思主义学说的翻译和评论文章，如《社会主义底意义及其类别》[32]、《英哲尔士论家庭的起原》[33]、《近代社会主义及其批评》[34] 等。

4.2 《益世报》

《益世报》，1915 年 10 月 10 日创刊于天津，是罗马天主教教会在华出版的中文日报，亦是天津最有名的报纸之一，影响力广泛。1920 年 11 月，赴欧洲勤工俭学的周恩来以记者身份考察欧洲的工人和学生运动，他应天津《益世报》的邀请，为《益世报》撰写海外通信。周恩来从英国、法国寄回了大量通讯报道，连续在《益世报》上发表了 56 篇通讯，这批稿件后来被统称为《旅欧通信》。

这其中有反映世界范围各项重大斗争发展趋向的文章，如《欧战后之欧洲危机》[35]、《欧战后赔偿问题之近讯》[36]、《英法最近之意见龃龉》、《复辟声中之德意志》等文章；有反映英国工人运动的文章，如《英国矿工罢工风潮之始末》、《英国矿工罢工风潮续志》、《英国矿工罢工风潮之影响》、《煤矿罢工中之谈判》、《英国矿工总投票之结果》等；有反映留法学生政治斗争的文章，如《留法勤工俭学生之大波澜》、《勤工俭学生在法最后之命运》。

4.3 《大公报》(长沙)

长沙版《大公报》创刊于 1915 年 9 月，是民国时期湖南地区著名的民营大报。该报关注底层社会民生，开展了大量湖南自治运动时期的社会调查。1919 年 11 月由于毛泽东担任馆外撰述员，并由此开始为该报撰稿。毛泽东在大公报发表文章《湖南自治运动应该发起了》[37]、《"湘人治湘"与"湘人自治"》[38]。

4.4 《申报》

《申报》原名《申江新报》，1872 年 4 月在上海创刊，1949 年 5 月停刊，是近代中国发行时间最久、具有广泛社会影响的报纸。《申报》对马克思学说和俄国革命的关注度相对较低，报道比较消极，如《过激主义之于中日》[39]、《过激主义不容于法国》[40]、《内务部查禁俄广义派传布物》[41] 等。

从清末民初，马克思、恩格斯及其理论在报刊上的零星介绍，到十月革命、五四运动后，马克思主义与中国革命实践相结合，并如星星之火一般在全国传播蔓延，报刊成为马克思主义传入中国并进一步扩大影响的主体力量。

先进知识分子自发、自觉传播马克思主义，研究马克思主义的团体相继出现，各地共产主义小组纷纷建立，马克思主义与中国工人运动结合起来，中国共产党宣告成立，马克思主义在中国进入系统化和组织化的传播阶段，并实现了早期马克思主义中国化。不断中国化、大众化的马克思主义又通过报刊的传播扩大了覆盖面和舆论场。系统梳理和研究马克思主义在中国早期传播的报刊资料，有助于完整揭示马克思主义在中国早期传播的广度和深度，对于当下马克思主义研究、中国特色社会主义研究也有着重要的意义。

参考文献

[1] 高军，等.五四运动前马克思主义在中国的介绍与传播［M］.长沙：湖南人民出版社，1986.

[2] 吕延勤.马克思主义在中国早期传播史料长编：1917—1927［M］.武汉：长江出版社，2016.

[3] 北京大学《马藏》编纂与研究中心.马藏［M］.北京：科学出版社，2019-2021.

[4] 朱锐.《新青年》与马克思主义在中国的早期传播［D］.济南：山东财经大学马克思主义学院，2013.

[5] 周凯.马克思主义在中国早期传播的主要特点——以《新青年》月刊为主的文本分析［J］.中共党史研究，2013（4）：112-121.

[6] 岳远尊.《东方杂志》传播马克思主义的特点及影响［J］.党的文献，2011（3）：42-46.

[7] 耿春亮.《晨报副刊》与马克思主义在中国的传播（1918—1926）［D］.北京：清华大学马克思主义学院，2015.

[8] 常正威.马克思主义在中国早期传播——基于"四大副刊"的研究［D］.上海：东华大学马克思主义学院，2020.

[9] 渊泉.近世社会主义鼻祖马克思之奋斗生涯［N］.晨报，1919-04-01（7），1919-04-02（7），1919-04-03（7）.

[10] 渊泉.马克思奋斗的生涯［J］.新青年，1919，6（5）：505-509.

[11] 渊泉.近世社会主义鼻祖马克思之奋斗生涯［N］.时事新报·学灯，1919-05-06（第三张第四版），1919-05-07（第三张第四版）.

[12] 河上肇.马克思的唯物史观［N］.晨报，1919-05-05（5），1919-05-06（7），1919-05-07（7）.

[13] 沈雁冰.劳动节联想到的妇女问题［N］.民国日报·觉悟，1921-05-01（1-2）.

[14] 河上肇.社会主义之进化［N］.时事新报·学灯，1919-06-11（第三张第三版），1919-06-12（第三张第三版），1919-06-13（第三张第三版），1919-06-14（第三张第三版），1919-06-16（第三张第三版）.

[15] 河上肇.马克司社会主义之理论的体系［N］.时事新报·学灯，1919-08-05（第三张第三版），1919-08-06（第三张第三版），1919-08-07（第三张第三版），1919-08-08（第三张第三版），1919-08-11（第三张第三版）.

[16] 河上肇.马克斯剩余价值论［N］.时事新报·学灯，1920-06-27（第四张第一版），1920-06-29（第四张第一版），1920-07-02（第四张第一版），1920-07-03（第四张第一版），1920-07-05（第四张第一版），1920-07-06（第四张第一版）.

［17］蒋晓海.苏俄仇友问题［N］.京报副刊，1925-10-18（6-7）.

［18］陈启修.苏俄的现状［N］.京报副刊，1925-10-19（1-5）.

［19］养和.苏俄工业的进步［N］.京报副刊，1925-12-13（6）.

［20］马克思，恩格斯.马克思和恩格斯共产党宣言［J］.国民，1919，2（1）：45-52.

［21］胡汉民.唯物史观批评之批评［J］.建设，1919，1（5）：945-989.

［22］傅铜，程振基.罗素之向自由之路摘要［J］.改造，1920，3（2）：20-33.

［23］共产党的宣言［N］.每周评论，1919-04-06（2）.

［24］胡适.多研究些问题、少谈些"主义"！［N］.每周评论，1919-07-20（1）.

［25］知非.问题与主义［N］.每周评论，1919-08-03（1-3）.

［26］李大钊.再论问题与主义［N］.每周评论，1919-08-17（1-2）.

［27］李穆.共产党同他的组织［J］.共产党，1920（1）：15-25.

［28］共产主义是什么意思［J］.共产党，1920（2）：9-11.

［29］霍格松.共产党的出发点［J］.共产党，1921（3）：16-19.

［30］无懈.我们为什么主张共产主义？［J］.共产党，1921（4）：16-19.

［31］泽东.民众的大联合［N］.湘江评论，1919-07-21（1），1919-07-28（1），1919-08-04（1）.

［32］高畠素之.社会主义底意义及其类别［J］.东方杂志，1921，18（11）：44-53.

［33］恽代英.英哲尔士论家庭的起原［J］.东方杂志，1920，17（19）：50-55.

［34］潘公展.近代社会主义及其批评［J］.东方杂志，1921，18（4）：41-53，18（5）：45-55，18（6）：41-51，18（7）：41-54.

［35］周恩来.伦敦通信：欧战后之欧洲危机［N］.益世报，1921-03-22（6），1921-03-23（6）.

［36］恩来.西欧通信：欧战后赔偿问题之近讯［N］.益世报，1921-06-20（6），1921-06-21（6）.

［37］毛泽东.湖南自治运动应该发起了［N］.大公报（长沙），1920-09-26（2）.

［38］泽东."湘人治湘"与"湘人自治"［N］.大公报（长沙），1920-09-30（2）.

［39］过激主义之于中日［N］.申报，1919-07-24（7）.

［40］过激主义不容于法国［N］.申报，1920-02-26（7）.

［41］内务部查禁俄广义派传布物［N］.申报，1920-03-05（6）.

试论国家图书馆构建青少年经典阅读共同体的新路径

段萌婕（典藏阅览部）

1 经典阅读危机

1.1 青少年远离经典

2009 年，上海大学举办了"通识教育的现状与未来"国际学术研讨会，香港中文大学通识教育研究中心名誉研究员甘阳教授指出："国内大学生的阅读能力低得惊人"[1]。甘阳基于中美两国顶尖大学毕业生的学术能力对比，指出国内高校多数学生很少钻研经典原著。青少年在校时期远离经典，带来的不仅是阅读能力不足，而且相应的思考能力、交流表达能力与写作能力与也十分欠缺，这直接导致了青少年人文素养欠缺，综合素质低下。读书时期不能积淀起足够的人文底蕴和核心素养，大学生走出校园步入社会，将很难做到继续学习与创造创新。

随着新媒体时代的到来，网络阅读、新媒体阅读不断挤占侵蚀传统阅读的空间。阅读呈现碎片化趋势，青少年阅读不断数字化、快餐化、功利化。经典因语言上的难度和思想上的深度，面临着青少年难以读下去的尴尬窘境。更为严重的是，青少年不仅经典读得少，即使读也用二手资料取代了原典阅读。

青少年是个性形成与能力培养的关键时期，经典阅读在其中起着至关重要的作用。意大利作家卡尔维诺在《为什么读经典》一文认为："青少年的阅读，可能（也许同时）具有形成性格的实际作用，原因是它赋予我们未来的经验一种形式和形状，为这些经验提供模式，提供处理这些经验的手段，比较的措辞，把这些经验加以归类的方法，价值的衡量标准，美的范式；这一切都继续在我们身上起作用，哪怕我们已差不多忘记或完全忘记我们年轻时所读的那本书……这种作品有一种特殊的效力，就是它本身可能会被忘记，却把种子留在我们身上。"[2] 青少年正是身心蓬勃发展时期，对知识、对自身以及外部世界充满强烈的探索欲，是阅读经典、与经典建立长久亲密关系的开端时期。因此，青少年应是经典阅读推广工作的重点人群。

1.2 经典阅读推广不力

基于经典阅读对个人成长与民族振兴的重要性，各类图书馆为提升公众阅读经典的兴趣，一直致力于经典阅读推广工作。通过研究近十年来相关研究文献，可以发现我们的图书馆经典阅读推广依然存在不少问题。

目前，经典阅读推广的理论研究不足，专业化深度不够。我国图书馆阅读推广历史较短，英美德等发达国家的图书馆已经积累了上百年的阅读推广经验，理论探索也更加深入、丰富。国内学者对英美高校的阅读推广活动还多停留在介绍阶段。如寇爽、杜坤等学者介绍了美国高校的"新生共同阅读计划"[3]，吴彩凤等学者介绍了美国部分城市的"一城一书"活动[4]。国外图书馆的阅读推广理论我们则鲜有引进。

"经典阅读研究""经典阅读推广"主要研究者为各类学校的教师，多为实践活动报告，对经典阅读推广理论研究和探索不足。各级公共图书馆、政府相关机构、民间机构等主体的发文数量远弱于高校图书馆。经典阅读推广由学校来实施，主体较为单一，社会参与度较低。这说明目前公众还是认为经典阅读主要是学校的事，是一种与生活无关的课堂事务。这导致大多数青少年难以养成终身阅读经典习惯。

各类图书馆的经典阅读推广实践活动形式雷同，重表面文章，轻实际效果，"雷声大雨点小"，只在某些固定的时间点做一些宣传，缺少持续阅读、深度阅读的活动。多数经典阅读推广活动并未能针对经典阅读的特质出发，与其他阅读推广活动大同小异，也不重视后续效果的考量，难以进行检测评估。这些都使得经典阅读推广工作的成效大打折扣。这说明经典阅读推广工作现阶段只是重在呼吁，还未能深入实践，实现经典的精细、专业化深读推广。

2 阅读共同体理论

2.1 经典共读

2.1.1 回归文本，共读经典

究竟应该如何读经典，如何开展经典阅读推广工作才能让人们爱上经典，养成终身阅读经典的习惯呢？其实道路很明确，那就是回归原典，细致共读。经典是"一本永远不会耗尽它要向读者说的一切东西的书"[5]。阅读经典的正确方式就是回归原典，对经典的阅读推广也应该努力做到"引导人们读原典，一字一句、一章一节、一篇一篇，老老实实地读"[6]。尽管我们身处注意力被更多新鲜事物吸引、时间资源更为稀缺的互联网时代，读者仍需要静下心来进行持续性阅读，才能够使经典的丰富意蕴涌现出来。

经典本就是在历史长河中，被公众共同认可的著作。阅读这样的经典最好的方式就是共同阅读。无论是中国的儒家经典《论语》，还是柏拉图的《对话录》等西方经典，都是圣贤与其门下弟子们就世界与人生的诸多问题展开充分讨论的结果。柏拉图在其《对话录》中，将苏格拉底比为"助产婆"，与他人展开抽丝剥茧的对话，探索真理。在反复诘难与归纳中，苏格拉底引导学生深入思索，获得结论。这启发了一种共读经典的方式，即不仅一群人阅读同一本书，还需要有导师或者专家等学识更为丰富的引领人，带领大家一同细读、对话、思索。学生/读者在共读结构中不只是被动的接受者，而是带着自身以往的知识体系与情感经验去主动体味、探索、挖掘。

朱原谅、陈幼华曾以实验研究、问卷调查的方式研究了经典阅读推广常见的四种方式：书目推荐、阅读交流、阅读项目和阅读共同体。通过对比它们的阅读效果，研

究者指出:"由阅读推广人、导读专家和读者组成的以共同体模式进行的阅读推广活动,效果最好,体现出强大的凝聚力。阅读共同体模式是大学经典阅读推广活动的最佳模式。"[7]经典是人类知识文明的巅峰形式,阅读经典在专业人士带领下,学习者可以更深入探索经典的内涵。

2.1.2 共读经典孕育共同体

"师生共读"的经典阅读方式不是应试教育的满堂灌,更符合通识教育的要求,充分培育学生的人文素养,这也是大学通识教育的核心。美国高校新生共同阅读委员会曾组织过"新生共同阅读计划",教授、研究生助教引领学生分组讨论,对经典进行细致的文本共读。学生在阅读前做好充分准备,共读是积极发问、交流和讨论。"通过新生共读一本书,分享研究经验,可以促进学生、教师及其他人员之间建立起联系,实现思想的碰撞,培养新生的共同体意识"[3]。

共读经典促进了平等学习、实践共同体的形成。一代又一代的青少年在民族文化经典的共读中,不仅可以开启古今对话,也与同时代的青少年有了更深入的文化认同。我国经济的高速发展虽然带来了义务教育、高等教育的快速扩张,但城乡差距实际上极大地加剧了不同地区教育水平不平衡的。共读经典正是解决社会与教育变革冲击带来不良影响的路径之一。共读经典不是简单地开出经典必读书目让大家都来读,而是将经典阅读融入接受者自身学识结构与日常行为生活中。经典阅读是大学通识教育的核心,彼此目标一致。大学通识教育不仅"帮助年轻人成为一个个体的人,拥有独特的、个性化的生活",还要"使他们能适应公共生活","与他人共享文化传统"[8]。面对当代社会和教育的变革冲击,共读经典与通识教育一样,都在差异中寻找统一性,使大家能够更好地共同生活。

2.2 经典共读与共同体的构建

1881年,德国社会学家斐迪南·滕尼斯在《共同体与社会》中最早提出了共同体概念。早期共同体是人们基于血缘、地缘、伦理情感等纽带建立起来的地域共同体。随着全球化进程的日益深化,人与人之间、群体与群体之间的联系与交往已逐渐突破地域限制。英国学者吉登斯在基于此发展出了"脱域的共同体"概念,开始了共同体概念的跨学科旅行。共同体的意义不断得到深入的阐发,催生了诸如学习共同体、实践共同体、知识共同体等概念。

2.2.1 经典共读与学习共同体

首先我们来说说经典共读与学习共同体。经典共读也是一个探索如何共同学习的过程。当代学习科学的最新发展,也为我们共读经典提供了一些新思路,这也有助于推动经典细读的深入展开。传统的学习理论对人类如何学习的认知是基于 S-R 行为主义模式,即学习是反应的强化。传统学习主要是指个体在学校通过老师传授将知识内化于自身大脑之中。这样的学习偏重于记忆的显性知识,对日常实践产生的隐性知识缺少关注,导致理论学习与具体的环境场所、知识与能力等割裂开来,缺失了实践维度。

因此,当下的学习理论研究开始关注真实场景、情境下人们的学习过程,并逐渐意识到学习者是在具体的情境中认知、学习并建构自己的知识。20世纪的最后10年，更多研究者认为"学习是知识的社会协商"[9]。学习科学将学习置入社会与文化情境之中，更加关注学习过程中人与人、群体与群体的社会性互动。以情境认知为基础的学习理论逐渐兴盛，学习共同体、知识共同体的建构成为学习的重要路径。共读经典孕育学习共同体，这与建立学习共同体的时代需求不谋而合。

2.2.2　作为实践共同体的阅读共同体

从学习共同体发展为实践共同体则是近几年的事，但实践共同体很快就成为最为有影响力的概念之一。美国学者莱芙和温格在《情境学习：合法地边缘性参与》《实践共同体：学习、意义和身份》等书中一步步将其完善成一个可操作的实践活动，被学界认为是实践共同体理论的标杆。"实践共同体是一个论坛，学习、意义和身份在这里得到协商。我们通过实践才能以一种有意义的方式来体验世界，因为实践赋予我们所做的结构和意义"[10]。围绕意义、实践、共同体和身份这四个核心要素，实践共同体构建了新型的社会性学习框架。在这一新型学习模式中，社会结构与情景经验得以整合，参与者互相合作追求共同事业，在与世界互动中产生新的社会关系。同时，实践与身份的融合，在实践学中获得身份认同。

作为实践共同体的学习共同体具有三个维度的特征：相互卷入、合作事业和共享智库。相互卷入是参与者"参与行动，相互协商意义"[11]。合作事业是将共同体参与者维系在一起的事业，是"一个集体协商过程的结果，反映了相互卷入的充分复杂性；并在参与者追求它的过程中得到界定，是对他们所处情境协商的回应"[12]。共享智库是指参与者"对事业的合作追求为意义协商创造了资源"[13]。这些智库"组合了物化和参与两个方面，它包括成员创造有关世界的有意义陈述的话语，以及表达他们成员资格形式和他们作为成员身份的风格"[14]。实践共同体与外部环境紧密相连，并且其内部成员进进出出，构建出代际关系。成员进入不同的实践共同体，创建出丰富的联结，从而产生"实践集群"效应。

作为实践共同体的学习共同体还能帮助内部成员确立自我身份，探索我是谁，不是谁，可能成为谁。"我们积累抽象的技能和知识本身并不是目的，而是服务于一种身份，学习在那种身份形成中能够成为有意义的来源以及个人、社会能量的来源"[15]。在实践共同体中，参与者获取的信息能建构成自身知识的一部分，形成与此相匹配的身份认同。

2.2.3　作为实践共同体的阅读共同体的推广路径

研究者为了更好地推广实践共同体，提出："为了使信息更广泛地可以被获得，所谓的信息社会的技术发展，真正要做的就是要创造更广泛的、更复杂的、更多样化的意义经济和共同体"[16]。将经典共读发展成一种实践共同体，就必须使其在社会现实层面具有更强的包容性和可操作性。

经典阅读共同体的建立不应只依赖于学校教育，公共图书馆以及其他相关社会力量也应当积极参与其中。经典本就是长时段内，在社会各种力量广泛参与与协商中建构成的。经典共读超越学校的课堂教育，在具体的情境和实践共同体中的对话、协商中获得理解，这本就是其应有之义。

将经典阅读构建成具有实践性的阅读共同体，共同体成员们一起阅读、相互探讨学习，并与社会互动，这不仅能促进参与者素质的提升，对丰富经典内涵也具有重大的意义。共同学习不仅能使参与者有共同的事业追求，共享智库，也让参与实践的成员可以更密切合作，提升将知识运用于实践的能力。因此，社会应促进形式多样的阅读共同体产生。不同社会力量主导的阅读共同体虽具有一定的边界性，但可以互相沟通联结，更好地实现全民阅读，提升公众文化素养。

阅读共同体内的成员流动，代际关系的形成，都能让成员获得更丰富的知识和实践经验。有经验、有学识的上一代成员可以对下一代成员起到引领、带动作用。新生代成员可以在互动下，更好地认识自己、探索世界，在经典阅读中成长为完整的人，过有价值的生活。阅读共同体间的成员交流，更能带入异质经验，使文化认同更加丰富饱满，而不至于单质化，陷入僵化。

推动经典共读演变成为实践共同体，不能只是理论上的纸上谈兵，还得落实到具体社会实践层面。本文以国家图书馆（简称"国图"）为例，分析国图构建共同体的条件与优势，探究建构以青少年为中心的实践共同体的可行性和路径。

3 青少年经典阅读共同体路径探索

3.1 经典阅读研讨班：阅读共同体核心模式

2015 年，吴建中在中国图书馆学会年会报告《从未来看现在——图书馆发展的下一个十年》中指出，2025 年的图书馆应当是知识中心、学习中心和交流中心（各类社群互动对话的空间）[17]。网络化时代，公共图书馆的藏书价值已经被极大地削弱，图书馆参与青少年经典共读的建构，必须提供更优质的阅读体检，充分发挥图书馆作为场所的价值。国图构建经典阅读共同体，应当利用自身优势，积极搭建体验性平台，创造情境，来促进读者互动对话、共同学习，推动经典共读走向实践共同体。

3.1.1 多功能"经典书房"

目前国内部分公共图书馆建立有经典阅览室，比如国图的中文图书阅览区就设有经典文献专区，但仅将纸质经典文献聚集起来，这是远远不够的。图书馆应创建真正有助于共读经典、研习经典的空间。国图可以将分散在总馆南北区不同阅览室的中外文纸质经典文献（尤其是同一经典的不同版本）聚合到同一空间内，让读者可以直观清晰一览中西方经典文本，打造专属于经典的阅读空间。

建立"经典书房"的要点在于，如何最大化地利用国图自身的优势，将相关活动协同起来，共同作战，让共同体落到实处，成为实践共同体。以国图为例，目前公共图书馆的阅览室、经典阅读讲座等活动缺少系统性和相关性，活动与活动之间、活动与场景之间被切割开来，成为碎片活动，不能有效联动。国图已有的文津讲座、文津诵读活动、国图公开课等含有经典阅读的推广活动缺少联动性，只有系统规划并整合起来，才能建立真正的实践共同体，促进青少年积极、深入参与到经典共读这一合作性事业中。

因此，经典阅读书房不只是集中经典，建立一个传统的阅览空间，而是要开辟一个由专业导读人引领共读的研讨空间，将其打造成集文本细读、对话讨论、分享交友等多功能为一体的实践共同体空间。

3.1.2 经典阅读研讨班

一旦作为实践共同体的学习共同体空间得以建立，就可以在此空间内创建经典阅读研讨班。公共图书馆也就可以整合社会力量，既满足社会读经典的需求，又可以将经典共读导向社会实践，构建一个双向互动领域。国图位于北京市海淀区的中高校集群区域内，具有得天独厚的地缘优势。国图完全可以利用自身的区位和站位优势完成强强联手，整合资源，实现共享，发挥出集群优势。

当然，国图要达成这样的意图，首先需要整合自身的内部资源，搭建起实践共同体得以展开的空间，将优秀的经典领读导师引进来，吸引有阅读需求的青少年和社会人士加入实践共同体。例如高中毕业生在高考结束步入大学前，面临着一个较为自由但又无所适从的阅读空窗期，国图可以此为契机创办经典阅读研讨班，为他们步入大学进行专业阅读奠定良好开端。在经典阅读研讨班上，导读者充分激发起参与者的主观能动性，促使其将自身已有的学识体系与鲜活的人生体验带入到经典共读中，发挥经典的最大价值。在充分的对话与探讨中，青少年读者积极思考与发问，专业导读者以较为丰富的知识积累与智慧积淀予以真诚回应。在互动模式中，真正实现教学相长：专业导读者在实践共同体中深入研究经典和参与者的互动关系；青少年则在共同体中改善自身知识结构，提升自己的综合素养。

正如温格所述，积极"参与"与"物化"是促进共同体成员在实践性学习中成长的重要方式。国图应摒弃学校经典教育应试测评的传统模式，开展更多样化、更有效的"物化"形式，积极促进青少年读者群在共同体中多思考、勤表达、勇实践。国图还可以将研讨班上的课堂对话实录集结起来，汇聚成国图经典阅读智库，为后续的发展提供参考，也为更多喜爱经典阅读的读者提供思路。

青少年在成员多样化的共同体中，不仅可以提升经典阅读的能力，还可以在班内发展出良好的社交能力和实践能力，积极构建自己的身份认同。成员之间代际交流、老成员重回到共同体分享体验，都不断加深成员对经典的理解，汲取更多的成长能量。

经典对人的滋养是潜移默化的，这样的经典阅读研讨班可以长期办下去，将个体的成长连接到集体的发展中去，推动成员的成长和社会的发展。

3.2 跨媒体阅读经典：更广泛的阅读共同体

技术进步导致了传统深阅读危机，但同时也为开辟新的深阅读路径提供了技术支持。随着移动互联网技术的不断发展、不同媒体的高度融合，我们已经步入了数字阅读和全媒体阅读的时代。据李桂华调查研究显示，我国青少年群体阅读行为越来越受到互联网的影响，已经呈现"复合阅读"的特征[18]。超过半数的被调查者在整个阅读过程中存在大量的线上线下行为。在青少年读者群中，传统阅读与数字阅读并不是截然对立的，两者相互促进。青少年线上线下充分交互的新型阅读方式已经在实践中拓宽了"阅读"的范围，为创建更为广泛的阅读共同体奠定了基础。国图可以借助图书馆O2O模式与智慧图书馆阅读空间建设，进一步拓宽小型经典阅读研讨班的表现形式与影响范围，打破本土共同体的地域局限和信息壁垒，扩大经典阅读推广活动所能惠及的群体。

3.2.1 图书馆O2O模式与经典共读

随着互联网不断发展，电子商务模式里的O2O形式开始波及其他行业。O2O（Online To Offline）模式就是"将互联网与传统行业尤其是传统服务业相融合，突破线上线下的界限"[19]。国图经过长期的技术开发与实践积累，不断拓展线上线下服务渠道，已经全面形成了读者和图书馆资源互联体系。从线上渠道来说，国图形成国家图书馆官网、国家图书馆App、微信、微博、电话、电子邮箱、短信等网络服务平台。从线下渠道来说，国图有白石桥总馆、文津街古籍分馆、自助图书借还机等机构与设备，并与首都其他公共图书馆组成首都图书馆联盟。国图已经形成了较为成熟的O2O服务模式，完全可以打造多渠道的经典阅读服务平台。

国图还可以借鉴国内优秀的MOOC平台，运用Beacon技术设计改造"国图公开课"，增加"在线学习与交流"板块，让不能到场参与学习的实时参与到课程学习、课后讨论中。新技术加持下的"国图公开课"将真正成为具有较强活跃度的在线虚拟经典学习社区，不仅有利于读者在阅读中及时分享知识与思想，还有助于找到志同道合的学伴。总之，充分运用已有的线上线下渠道，国图可以实现资源、服务、信息三方面的跨媒体深度融合。

3.2.2 智慧阅读经典

在开展5G时代新阅读与智慧图书馆建设方面，国图也一直走在行业前列。国图的新阅读空间位于总馆北区二层，包括"沉浸式"阅读体验区和国图书房两个部分。"沉浸式"阅读体验区"借助第五代通信技术、全景视频、VR等先进技术实现新阅读，打造了'全景展厅'和'阅读树'两个沉浸式展项"[20]。目前国图联合华为技术有限公司等社会力量成功研发出馆藏《永乐大典》VR产品。读者可以通过超高清LED屏幕等VR终端设备观看4K/8K全景视频等不同类型的VR资源，多维度"阅读"《永乐大典》。以VR、AR为代表的智能技术实现了经典阅读的虚实交互体验。打造经典拟真场景，有助于提升青少年深加工信息的能力，从而做到穿越时空阻碍走进经典世界。未来国图可以依托本馆所藏中外经典资源，与互联网科技公司和智慧阅读企业协同合作，打造出更多经典智慧阅读产品。这无疑能更多地吸引到热衷于新技术的青少年群体，激发其阅读经典的活力。

青少年综合素质的提升有赖于经典阅读。经典阅读是公共图书馆进行阅读推广的重点。有效推进经典阅读推广工作，就必须把握经典正确的阅读方式和重点读者群体的特征、需求。构建作为实践共同体的经典阅读共同体，不仅是推广经典阅读的有效路径，也是建构青少年身份认同的有效路径。国家图书馆作为行业领头羊，可以依托独特的地缘优势联合中高校创办经典阅读研讨班；以全体系的线上线下渠道打造多元的经典阅读服务情境；联合企业跨界合作，以智能技术支撑跨媒介"阅读"经典。先进的经典阅读理念加丰富多元的实践形式将有助于促进公共图书馆经典阅读推广工作的高效开展。

参考文献

［1］李政.国内大学生阅读能力低得惊人［N］.新闻晚报，2009-04-27（4）.

［2］卡尔维诺.为什么读经典［M］.黄灿然，李桂蜜，译.南京：译林出版社，2015：3.

［3］寇爽，杜坤.面向大学新生阅读推广策略研究——基于美国"新生共同阅读计划"的分析［J］.图书馆工作与研究，2019（1）：100-105.

［4］吴彩凤.美国"一城一书"阅读活动的推广实践及思考［J］.图书馆学研究，2013（3）：95-97，91.

［5］卡尔维诺.为什么读经典［M］.黄灿然，李桂蜜，译.南京：译林出版社，2015：4.

［6］钱理群.如何对待从孔子到鲁迅的传统——在李零《丧家狗——我读〈论语〉》出版座谈会上的讲话［J］.鲁迅研究月刊，2007（9）：4-11.

［7］朱原谅，陈幼华.大学经典阅读推广模式效果的实验对比研究［J］.图书情报工作，2019（18）：40-46.

［8］哈佛委员会.哈佛通识教育红皮书［M］.李曼丽，译.北京：北京大学出版社，2010：2.

［9］高文.学习科学的关键词［M］.上海：华东师范大学出版社，2009：14.

［10］温格.实践共同体：学习、意义和身份［M］.李茂荣，欧阳忠明，任鑫，等，译.南昌：江西人民出版社，2018：8-9.

［11］温格.实践共同体：学习、意义和身份［M］.李茂荣，欧阳忠明，任鑫，等，译.南昌：江西人民出版社，2018：68.

［12］温格.实践共同体：学习、意义和身份［M］.李茂荣，欧阳忠明，任鑫，等，译.南昌：江西人民出版社，2018：72-73.

［13］温格.实践共同体：学习、意义和身份［M］.李茂荣，欧阳忠明，任鑫，等，译.南昌：江西人民出版社，2018：77.

［14］温格.实践共同体：学习、意义和身份［M］.李茂荣，欧阳忠明，任鑫，等，译.南昌：江西人民出版社，2018：78.

［15］温格.实践共同体：学习、意义和身份［M］.李茂荣，欧阳忠明，任鑫，等，译.南昌：江西人民出版社，2018：202.

［16］温格.实践共同体：学习、意义和身份［M］.李茂荣，欧阳忠明，任鑫，等，译.南昌：江西人民出版社，2018：208.

［17］吴建中.从未来看现在——图书馆发展的下一个十年［J］.图书馆建设，2016（1）：4-9.

［18］李桂华，刘静.转向：全媒体时代青少年复合阅读图景［J］.中国图书馆学报，2019（2）：72-87.

［19］王琳.O2O模式发展研究与对策建议［J］.市场周刊（理论研究），2016（10）：36-37，65.

［20］国家图书馆通讯.国家图书馆举行新阅读空间开放暨党员志愿服务总队成立活动［EB/OL］.［2021-04-08］.https://mp.weixin.qq.com/s/fR3NvFSxt7RzjYslV706RQ.

突发公共事件背景下公共图书馆面向政府部门开展信息服务的启示

——以新冠肺炎疫情为例

邢靳海漪（参考咨询部）

1　前言

从 2020 年在全球爆发的新型冠状病毒肺炎疫情，作为近几年突发公共事件的代表，对风险社会下政府部门的治理能力提出了新的要求。然而，在突发公共事件中，政府部门的信息需求难以得到有效满足。一方面，任何体制在信息传递上都有不可避免的滞后性；另一方面，政府部门在吉登斯所言的"信任社会"[1]中大多承担的"专家系统"的角色。但是正是这种权威身份，导致政府部门在信息发布中保持着谨慎。随着新媒体平台的广泛崛起，突发公共事件中各类假消息（甚至谣言）快速泛滥，导致政府部门公信力下降，甚至陷入"塔西佗陷阱"。新冠肺炎疫情期间国际卫生组织甚至专门创造了"信息疫情"（infodemic）[2]的概念来描述这一现象，足见其广泛的破坏性。

由此可见，政府部门在突发公共事件中的信息需求是亟待满足的。在这其中，公共图书馆大有可为。从合法性上，《中华人民共和国公共图书馆法》规定，公共图书馆应当根据自身条件，为国家机关制定法律、法规、政策和开展有关问题研究，提供文献信息和相关咨询服务。从合理性上，突发公共事件的应急决策的基础来源于知识的积累，这种知识包括过去对各类突发事件的处理的经验、教训的了解和掌握，也包括具备各类分析算法、解决方案模型等知识[3]。公共图书馆作为专门收集、整理、保存、传播文献的机构，丰富的馆藏文献为其在突发公共事件中提供翔实可靠的信息提供了可能。

2　美、日国家图书馆突发公共事件下面向政府部门开展信息服务的实践

2.1　美国国会图书馆

2.1.1　提供信息服务的机构

美国国会图书馆在其内设机构中，国会研究服务局（Congressional Research Service）是专门为美国国会提供立法支持和信息支撑服务的研究机构，其使命是提供保

密的、权威的、客观的、无党派的研究和分析，为国会提供强有力的信息保障服务。为国会提供政策决策上的支持、为国会提供立法支持、为国会提供议案评估和重点问题跟踪、为行政部门和国会提供人才支持是其信息保障服务的主要内容[4]。

2.1.2 提供的服务内容与服务形式

本文主要介绍国会研究服务局在2020—2021年新冠肺炎疫情暴发期间所做的服务。根据其官网专题资源页显示，疫情期间，国会研究服务局共出版了与新冠肺炎疫情相关的主题26个，包括外交事务、经济与金融等。这些报告主要分为三类：综述、洞见和聚焦。综述是对一个问题的长期跟踪和全面分析，不定期提供，并会进行更新；洞见篇幅较短，多基于综述所列的事实和结论，针对一个方面展开；聚焦以介绍性文章为主，篇幅较短，并较少进行分析。

2.2 日本国立国会图书馆

2.2.1 提供信息服务的机构

日本国立国会图书馆是成立于1948年的日本唯一国立图书馆。其面对决策机构的服务职能主要包括：一是在调查研究、信息提供方面协助国会的各种工作；承担立法调查服务，对涉及政治、经济、社会等课题进行调查；运行国会会议录数据库、帝国议会会议录数据库以及日本法令索引数据库。这些多由下设的调查和立法审查局进行服务。二是为了协助行政司法各部门顺利地开展业务活动。三是运行"中央馆·支部图书馆综合系统"。

2.2.2 提供的服务内容与服务形式

日本国会图书馆以国会作为首要服务对象，长期以来形成了大量成熟的出版物，支撑国会决策，例如：《调查和信息：问题简介》《参考》《国外立法》《调查数据》，这些均有标准国际刊号，公开进行出版。以2020—2021年新冠肺炎疫情期间的出版物为例，截止到2021年3月2日，共有3种常规出版物刊载了有关新冠肺炎疫情的内容。《调查和信息：问题简介》共出版了17个专题。《参考》出版了一个专题和三次特别专刊。《国外立法》在月刊上开辟"新型冠状病毒感染对策"的专栏，共介绍了多个国家和地区应对新冠肺炎疫情的政策措施，共计42篇。

2.3 美、日国家级图书馆信息服务总结

2.3.1 服务形式丰富多样

美国国会图书馆在服务开展上形成了"定期报告＋短期快评＋政策反馈"的体系，既能长期跟踪形成"宏大叙事"，也能针对热点事件进行"短平快"式的评论，整体服务形式丰富且立体。日本国立国会图书馆则依托其发展十分成熟的四种刊物开展服务。其中不仅如同美国国会图书馆一样"长短结合"，还定期跟踪国外立法的进程，并进行评价。同时，日本国立国会图书馆也进行各类社会统计调查，其获取的真实调研数据，也为决策提供了鲜活实例和有益参考。

2.3.2 人才队伍实力雄厚

美国国会图书馆各类报告主要出自国会研究服务局下设的各个事业部的研究员和分析师。目前，服务局共有 5 个研究部门，400 多名政策分析师、律师和信息专业人员，涉及法律、经济等多个专业。除此之外，国会图书馆的图书馆员、美国政府的工作人员、相关企业律师等也经常为报告行文提供必要的帮助。日本国立国会图书馆调查和立法审查局则坐拥 190 余名研究人员。而为了针对某些特殊领域的议题，调查和立法审查局还会聘请了馆外学术专家作为访问调查员和兼职调查员，以便扩大和加强其"立法大脑"和"立法者信息中心"的作用。

2.3.3 注重对既有知识和服务的归档和更新

研究需要不断修正，以适应新的发展变化，进而提升其价值。因此，美国国会图书馆会不定期更新自己产出的报告，并标注好更新时间，这不仅能够展现研究的历时性价值，也能体现其对研究结果思辨的态度。日本国立国会图书馆则更加注重原始数据的积累。其与震灾文献收藏机构合作，共同运营了东日本大地震存档系统，该系统可以实现对有关震灾的藏书、声音动画、照片、网络资源的整合检索。其目的在于将东日本大地震的多种记录与教训传给后代，以便能在灾区的恢复重建以及防灾减灾方面让后代们以史为鉴。

3 我国公共图书馆突发公共事件下面向政府部门开展信息工作的现状及问题

3.1 现状

通过梳理新冠肺炎疫情时期我国公共图书馆面向政府部门服务的内容，笔者发现可分为以下几种服务类型：一是编辑应急专题信息集。这类服务以应急专题信息要闻简报、应急专题资料汇辑形式出现。如国家图书馆编制的《新冠肺炎疫情对文化产业和旅游产业的影响》，汇集了大量专家及媒体声音，为政府部门有效扶持受创严重的文化和旅游产业提供参考。二是专题史梳理。这类专题资料汇编聚焦于梳理历史上的突发公共事件及其解决方案，以挖掘可借鉴的应急管理经验。如湖南图书馆编制的《疫后决策参考》专题资料也涵盖了全球历次疫情抗疫经验启示，为打赢疫情防控阻击战提供帮助[5]。三是追踪国外研究进展。这类专题资料汇编聚焦于海外研究成果和海外疫情防控的措施与经验，并对外文信息进行编译。如国家图书馆编制的《国外政府援助旅游业应对重大疫情的措施相关资料》。四是舆情日报和专报。此类报告更强调时效性，及时跟进最新的疫情发展信息和动态。如桂林图书馆坚持每日监控疫情相关舆情信息，将舆情的整体态势、重要新闻、防控决策等内容进行归类，及时报送给桂林市党委政府机构，为其相关决策工作提供信息支持[6]。

3.2 问题

3.2.1 服务形式被动、服务内容单一

新冠肺炎疫情期间，公共图书馆面向政府部门开展的信息服务相对比较被动。一方面，服务开展多以政府部门委托的形式开展，鲜有主动推进的服务；另一方面，公共图书馆的在信息服务上响应速度也比较缓慢，落后于公共图书馆提供的其他服务形式。在疫情初期多以实施闭馆为主要防疫措施，能够开展信息服务的馆几乎没有。按照突发事件应对理论，初期应该是控制事件影响的黄金时段。但这一时段公共图书馆鲜有作为。

除了服务形式被动外，公共图书馆在面向政府部门的服务内容也呈现单一的特点。虽然在文献的组织形式上有信息集、国外研究进展梳理等，但是内容上多以二次解析为主，三次文献产品较少，也鲜见输出观点型的产品和服务。

3.2.2 服务能力受到资源和人才的限制

宏富的馆藏资源既是公共图书馆提供信息服务的根基也是优势。但是面对医疗卫生领域的突发公共事件，公共图书馆在馆藏的专业性、完整性和连续性上都难以追赶专业的医学图书馆[7]。不仅是医学领域，自然灾害领域的专藏文献，也是我国公共图书馆在馆藏配比中较为欠缺的部分。

构建一支多领域的专业人才队伍是公共图书馆人才建设的目标。在"互联网+"大环境下，加剧了突发公共事件的不确定性，也提升了对事件应对的专业性要求。在各种无用消息，甚至是虚假信息中，图书馆不仅需要准确获取有利用价值的突发事件相关情报，还要基于应急管理理论和实务对已获取的情报信息进行分析和整理，这是目前公共图书馆员所普遍欠缺的能力。

3.2.3 互补性合作较少

由于受到专业性和学科视野的限制，图书馆的在突发公共事件中的专业性和影响力可能存在不足。此次疫情期间，图书馆界内部、图书馆界及出版界、图书馆界与媒体均有不同程度的合作[8]，也取得了一定的效果。但是面对疫情，与公共卫生组织、保健机构以及部分医学科研机构的合作，更能提高公共图书馆信息服务的深度和质量。但是在此次疫情期间，鲜见这样的合作。公共图书馆与专业社会组织在公共突发安全事件中的沟通与协调的渠道和机制仍有待探索。

4 突发公共事件背景下公共图书馆面向政府部门开展信息服务的启示

4.1 多方位组织资源建设

文献资源是公共图书馆进行信息服务的基础，也是优势。面对类似新冠肺炎疫情这样的医学领域公共卫生事件，医学领域的专业文献更凸显了其价值。为此，应从以下几个层面发力：一是重视医学、防疫、灾害等方面文献的采访工作，充实纸本文献和数字化文献，并通过建立馆藏目录数据库，为文献进行二次、三次解析，进而为后续的信息

服务提供便利。二是做好突发事件发生发展过程的文献采集整理工作，为日后处理类似事件留存重要参考。既有的专题知识库是预防阶段的重要工作，突发事件的信息服务并非一项即时性工作，必须维持其线性的特点。三是加强与相关领域专业图书馆、文献数据库供应商之间的合作。在这方面，美国公共图书馆的做法值得借鉴。美国公共图书馆较为注重健康类文献资源的建设。除了纸本、电子书、视频资料等，美国多数公共图书馆还主动引进了 EBSCO 健康数据库、Gale 医学专题数据、Medline 数据库等[9]。

4.2 打造主动化、立体化服务模式

公共图书馆如何在突发公共事件初期灵敏地捕捉到政府部门的需求点，主动为他们"排忧解难"，是其价值的重要体现。此外，"信息疫情"下，如何提升为政府部门提供信息的信度和效度，也是公共图书馆亟须解决的问题。因此，要从如下几个方面发力：一是建立公共图书馆应急服务机制，并将为政府部门开展的信息服务常态化。二是主动分类梳理国际、国内曾发生过的不同突发公共事件，如"非典"、日本福岛核电站核泄漏等，从基本情况、成因、发展过程与应对策略等层面建立对应专题知识库。三是拓宽文献收集的视野，特别是加强对自媒体平台信息的检索和甄别能力。四是打造互补性的信息服务产品体系，构建"定题跟踪 + 初期舆情报送 + 中后期深度分析"服务模式，实现在突发公共事件的不同阶段为政府部门提供不同深度和广度的服务产品，使得信息服务贯穿突发公共事件发展的始终。

4.3 建立具有应急服务能力的人才队伍

鉴于公共图书馆大部分馆员不具备公共管理、医疗卫生、灾害防治等突发公共事件发生时涉及的专业知识，因此，培养一支专业化的信息服务团队，成为重要议题。第一，应面对全体咨询馆员，培养应急信息服务的意识，将应急管理能力、应急信息服务能力作为日常培训的重要环节，实现图书馆员的"疫情防控常态化"。在数字图书馆的背景下，要强化图书馆员利用现代信息技术对突发事件的信息的获取、整合、分析和研判的能力。第二，要搭建好公共图书馆与馆外专业人才沟通桥梁。有条件的公共图书馆可以效仿日本国立国会图书馆的做法，在日常与医学专业、灾害防治专业、公共管理专业等校外专家学者之间建立联系，将其纳入图书馆信息服务的"智囊团"当中。这样一来，一旦突发公共事件来袭，公共图书馆就可以汇集大量有价值的文献，附以业内专家观点，实现有观点输出的信息，提升自身的服务内涵和服务价值。

4.4 加强互补性合作，实现跨界合力

在信息服务层面，公共图书馆与医学界、历史学界、管理学界的跨界合作，能够实现专业性与广泛性的统一，易形成"1+1>2"的局面。因此，公共图书馆应积极探索与应急管理部门、医学界、自然灾害防治部门、历史学界等的跨界合作，在突发公共事件的事中控制、事后恢复生产生活对策等维度进行深入研究。在这方面，国内外的部分经验值得借鉴和参考。例如甘肃省图书馆就与兰州大学第一医院签署疫情防控战略合

作框架协议，借助兰大一院的实践经验和专业对甘肃省图书馆在防控指导等方面进行优化[10]。又如美国国家医学图书馆医学史部与弗吉尼亚理工大学历史系开展了有关历史上流行病的合作研究[11]。

参考文献

［1］孙凤兰，邢冬梅.现代性中信任问题论衡——基于吉登斯信任理论的思考［J］.北方论丛，2016（5）：156-159.

［2］易艳刚.社交媒体时代的"信息疫情"［J］.青年记者，2020（6）：96.

［3］苏新宁.应急响应情报体系：理论、技术与实践［M］.北京：科学出版社，2019：14-15.

［4］王雪莲.美国国会图书馆智库研究及启示——以国会研究服务局为例［J］.图书馆学研究，2019（19）：97-101.

［5］湖南省图书馆.湖南图书馆推出《疫后决策参考》专题信息产品［EB/OL］.［2021-11-25］.http：//www.library.hn.cn/ztbk/sxky/sxky_xtxd/202003/t20200323_792351.htm.

［6］梁亮.桂林图书馆信息服务助力战"疫"［N］.桂林晚报，2020-02-04（03）.

［7］朱蓓.突发公共卫生事件中图书馆应急服务的探讨［J］.图书情报导刊，2020（6）：1-6.

［8］王丽艳.公共图书馆突发公共事件应急信息服务研究——以31所省级公共图书馆新冠肺炎疫情应急信息服务为例［J］.图书馆理论与实践，2020（6）：33-38.

［9］任闽华.美国公共图书馆健康信息服务的调查分析及启示［J］.图书馆，2021（6）：51-59.

［10］兰州大学新闻网.兰大一院与甘肃省图书馆签署疫情防控合作框架协议［EB/OL］.［2021-11-25］.http：//news.lzu.edu.cn/c/202008/71774.html.

［11］张立频.近百年北美图书馆应对重大突发公共卫生事件典型案例研究［J］.图书情报工作，2020（15）：221-230.

面向老年读者开展真人图书馆服务的可行性研究

谢春花（离退休干部处）

1 引言

真人图书馆（human library）是一种阅读理念，是将传播信息和知识的载体由书籍转变为真人，读者通过"借"一位"活生生的人"从而获取更多的知识。真人图书馆的理念源于丹麦，2000 年丹麦哥本哈根的 5 位学者通过其创立的"停止暴力组织"向社会公众出借了 75 名真人图书，意在反暴力，消除偏见，在读者之间建立和谐互信的关系。此后，真人图书馆的理念在瑞典、匈牙利、葡萄牙等欧洲国家流行开来，并逐渐渗透到美国、日本、加拿大、巴西、墨西哥、泰国等其他国家。在我国，2008 年上海交通大学图书馆首次引入真人图书馆理念，并于 2009 年举办了第一期真人图书馆活动，拉开了我国"真人图书馆"服务的序幕。真人图书馆作为传统图书馆的有效补充，已经为包含老年群体在内的读者提供了更具有创新性、互动性、更注重增强内心交流的阅读新模式。

目前，中国已经成为世界上老年人口最多的国家，人口老龄化也是我国社会发展过程中不可忽视的问题。截至 2020 年底，我国 65 岁及以上人群有 19064 万人，占全国人口比重的 13.5%，与上一年度相比，上浮 0.9 个百分点[1]。随着智慧时代的到来，公共图书馆有责任利用新兴理念和传统服务相结合，积极应对人口老龄化带来的问题与挑战，不断完善公共文化服务，保障老年读者基本文化权益。因此笔者通过分析我国 31 家省级公共图书馆开展"真人图书馆"活动的现状，结合老年读者服务提出了一些建议，以期为公共图书馆利用"真人图书"提升老年读者服务质量提供参考。

2 真人图书馆在我国公共图书馆中的发展

2009 年 3 月，上海交通大学图书馆举办了"薪火相传　鲜悦真人图书馆"的首期活动，为用户提供留学、科研、工作和学习 4 个主题的"真人图书"[2]。自此之后，我国高校图书馆、民间图书馆、公共图书馆、社会组织也相继开展真人图书馆服务。为较为系统全面地了解真人图书馆在我国公共图书馆的发展现状，笔者以我国 31 家省级公共图书馆（不包含港澳台地区）为研究对象，通过文献查阅、网络查询、电话咨询等方式对其真人图书馆建设情况进行分析总结。

2.1 真人图书馆首次举办时间

笔者通过浏览与检索我国31家省级公共图书馆官方微信公众号及网站发现，目前有15家省级公共图书馆开展了"真人图书馆"活动，分别是：重庆图书馆、黑龙江省图书馆、湖南图书馆、陕西省图书馆、海南省图书馆、山东省图书馆、贵州省图书馆、安徽省图书馆、广东省立中山图书馆、湖北省图书馆、辽宁省图书馆、福建省图书馆、吉林省图书馆、上海图书馆、江西省图书馆。2012年4月22日，重庆图书馆在第17个"世界读书日"来临之际，特别推出重图真人图书馆活动，开创了我国公共图书馆开展真人图书馆服务的先河。我国省级公共图书馆首次举办真人图书馆活动时间详见表1。

表1 省级公共图书馆首次举办真人图书馆活动时间（按时间先后排序）

序号	省级公共图书馆	首次举办时间
1	重庆图书馆	2012年4月22日
2	黑龙江省图书馆	2013年4月23日
3	湖南图书馆	2013年5月12日
4	陕西省图书馆	2013年6月16日
5	海南省图书馆	2013年12月7日
6	山东省图书馆	2013年12月15日
7	贵州省图书馆	2015年1月25日
8	安徽省图书馆	2015年8月1日
9	广东省立中山图书馆	2015年8月15日
10	湖北省图书馆	2017年6月11日
11	辽宁省图书馆	2017年9月23日
12	福建省图书馆	2017年9月23日
13	吉林省图书馆	2018年1月13日
14	上海图书馆	2019年8月31日
15	江西省图书馆	2020年11月7日

2.2 真人图书馆组织主体

我国省级公共图书馆开展真人图书馆活动的主办方，主要包含以下四类：（1）省级公共图书馆独立开展。目前，我国大部分省级公共图书馆在举办真人活动时主要是以省级公共图书馆为活动主体，独立组织开展真人图书馆活动，如重庆图书馆、江西省图书馆、吉林省图书馆、黑龙江省图书馆、安徽省图书馆等。（2）省级图书馆与真人图书品牌联合开展。山东省图书馆与 I Think 真人图书馆合作开展真人图书活动。I Think 真人图书馆成立于 2011 年，是山东省第一家真人图书馆。（3）跨界合作。一种是建立初期就与其他组织合作开展活动。如海南省图书馆与天涯社区＞海南在线联合举办真人图书馆活动；湖北省图书馆首期真人图书活动是与武汉大学图书馆、武汉大学阅微书社联合举办"行走半夏碧云天"真人图书活动，全部 6 本真人图书均由武汉大学图书馆提供。同时，随着真人图书馆活动的不断成熟，很多省级公共图书馆不断拓展真人图书馆服务模式，开始与高校、电台、领事馆等不同领域机构开展跨界合作。如重庆图书馆与美国驻成都领事馆共同主办"美领馆专场"真人图书馆；辽宁省图书馆文溯书房·真人图书馆联合 FM103.4 生活广播《收藏天地》节目举办多期真人图书活动；黑龙江省图书馆与哈尔滨中央书店携手打造真人图书活动等。（4）场地支持。有些省级图书馆既不是活动主办方，也不是承办方，仅仅是提供场地支持。如 2014 年在上海图书馆举办的上海市中等职业学校"真人图书馆"活动，是由上海市教委职教处主办，上海中学生报社、《当代学生》杂志社承办。

2.3　真人图书馆组织形式

真人图书馆自传入我国起就受"本土化"因素的影响，无论是从参与人数还是活动时长上来看，我国真人图书馆的组织形式更靠拢于小型沙龙、交流会或者讲座模式。（1）参与人数。在国外，真人图书馆一般以一对一或者一对几的形式开展，读者人数大多控制在 2—3 人的范围[3]，在引入我国后，也有少数公共图书馆保证参与人数的原汁原味，如重庆图书馆多期真人图书馆活动均限制为 5 人；广东省立中山图书馆限制每本真人图书最多可接受 8 位读者同时借阅。除此之外，大多数省级公共图书馆参与真人图书馆活动的人数一般以十为单位，如海南省图书馆首期真人图书馆活动，限制报名人数为 20 人；吉林省图书馆少儿真人图书馆活动参与人数为 40—80 人不等；贵州省图书馆多期真人图书活动限制 50 人以内参加；山东省图书馆真人图书馆走进山东师范大学活动参与人数高至 260 余人。（2）活动时长。我国真人图书活动设定时长一般为 1 小时，然而在实际活动开展过程中，因读者阅读热情高涨而增加阅读时间的情况时有发生，如黑龙江省图书馆"借阅"真人图书时长为 1 个小时，但大部分真人图书借阅时长均超过 1 个小时，有些与读者互动频繁的"热门图书"往往严重超时[4]。

此外，受新冠肺炎疫情影响，多家省级公共图书馆将真人图书馆活动从线下搬到线上，如：2020 年湖北省图书馆主办的"在家阅读·书香战'疫'"真人图书馆在线直播，吸引了三百多名读者线上阅读；2022 年吉林省图书馆在微信公众号上开展青青草大讲堂之少儿真人图书馆第 40 期：云端上的公交车；等等。

2.4　活动主题

目前，我国省级公共图书馆开展真人图书活动的主题包罗万象，主要分为以下几类：（1）健康养生。此类主题主要包含心理健康、饮食健康、身体健康等方面，如重庆图书馆"健康厨房"、黑龙江省图书馆"做一个懂心理学的健康家长"。（2）人生阅历。

此类主题主要是一些有影响力、号召力的人士分享自己的生活，包含留学经历、抗战故事、育儿经等，如广东省立中山图书馆"老兵口述抗战回忆录"、上海图书馆"Tony 说日本"。（3）文化交流。此类主题涉及文学素养、诗词鉴赏、极限运动、相声交流等，如江西省图书馆"旷野与文学"、福建省图书馆"清新福建，多彩闽茶"。（4）职业规划。此类主题的活动主要是分享职场经验，如陕西省图书馆"三位作者媒体人的转型路"。（5）环境保护。此类主题多涉及绿色环保、新能源等方面，如安徽省图书馆"践行绿色环保"。

除此之外，也有省级公共图书馆将所有真人图书馆活动做成品牌系列活动，如：贵州省图书馆，贵州作为我国苗族人口数量最多的省市，贵州省图书馆真人图书馆活动主要围绕苗族特色开展，如苗绣、蜡画、苗族银匠等民族特色；吉林省图书馆将真人图书馆以少年儿童为主题，打造"青青草大讲堂之少儿真人图书馆"品牌，围绕青少年身体健康、心理成长、阅读技巧、学习方法等内容开展真人图书馆活动。

3 公共图书馆面向老年读者开展真人图书馆活动的可行性

3.1 公共图书馆的优势

公共图书馆作为我国社会主义公共文化服务体系的重要组成部分，是传承文明、服务社会的重要窗口，承担着保障人民文化权益，丰富人民精神文化生活的重要职能，因此公共图书馆不断创新读者服务模式，积极开展真人图书馆活动，是顺应时代发展趋势的要求，也是其职责所在。此外，公共图书馆开展真人图书馆服务有着得天独厚的优势：在人才建设方面，公共图书馆有着较高素质的人才阶梯队伍，涵盖不同领域专业技术人才。截至 2020 年底，我国公共图书馆从业人员中具有高级职称人员 7053 人，占从业人员总数的 12.2%，具有中级职称人员 18868 人，占从业人员总数的 32.5%[5]；在资源建设方面，公共图书馆有丰富的馆藏资源，为营造良好的阅读氛围打下夯实基础；在受众群体方面，公共图书馆的书香氛围和良好的阅读环境吸引着越来越多的人走进图书馆。2019 年我国公共图书馆图书流通人次达 90135 万人次，2020 年受新冠肺炎疫情影响，我国公共图书馆图书流通人次大幅下滑，流通人次为 54145.81 万人次，较 2019 年减少了 35989.19 万人次，同比减少 39.93%[5]。在经费保障方面，《公共图书馆法》要求设立公共图书馆要有必要的办馆资金和稳定的运行经费来源，这为公共图书馆开展各项读者服务工作打下夯实基础。与此同时，我国公共图书馆还有着固定的服务场所、配套的硬件设施和科学规范的管理制度等硬性优势。因此，公共图书馆有能力利用其自身品牌优势、人才优势和资源优势，牢牢把握优化服务内容、推广全民阅读等重要着力点，围绕老年读者密切关注的话题积极开展真人图书馆活动。

3.2 老年读者对交流互动的渴望

老年人在离退休后无论是在身体上还是心理上都面临着巨大的落差，他们离退休前可能事业有成，忙忙碌碌，离退休后生活节奏变慢，社交圈局促有限，户外运动减少，子女又有自己的事业与家庭，缺乏言语间的互动交流导致老年人孤独感油然而生，现在在临床上甚至出现了"离退休综合征"这一专业名词。因此和志同道合的朋友、经验丰富的学者或者新鲜事物的领路人进行面对面的沟通交流成为很多老年读者的迫切需要。真人图书馆的核心命题并不单单在"以人为书"的思维换位，更在于发挥图书馆作为对话和交流场所的功能[6]。与传统读书方式不同，真人图书馆跳出传统阅读模式的禁锢，更注重于双方思想上和心灵上的交流。公共图书馆可以有针对性地为老年读者选择具有心理导读作用、丰富其精神文化生活的真人图书，让老年读者在感受语言的魅力的同时，让沟通成为消除孤独感的一剂良药，从而促进老年读者健康心理发展。

3.3 老年读者对发挥余热的渴望

老年人积极参与社会服务与建设，有助于培养其积极乐观的心态。目前我国退休年龄普遍为男性 60 岁，女性 50 岁或 55 岁，在物质生活富足和医疗服务水平发达的今天，50 岁到 60 岁并不是传统意义上的老。他们有着丰富的政治优势、经验优势、威望优势和情感优势，不少人在退休后仍想发挥其专业所长，奉献社会。作为公共文化服务单位，公共图书馆要增强开发老年资源的意识，为老年读者发挥余热提供机会。公共图书馆可以根据其业务需要和老年人自愿原则，为老年人搭建施展才能的平台，鼓励和倡导老年读者实现从聆听者到分享者、从接收者到传播者的身份转变，让老年人的精神财富转变为真人图书馆优质资源，从而不断推动真人图书馆事业发展，同时为"老有所为"作出贡献。

4 公共图书馆面向老年读者开展真人图书馆服务的策略

目前，我国省级公共图书馆开展真人图书馆活动取得了一定的成绩与效果，也为各级各类公共图书馆面向老年读者开展真人图书馆服务提供了有益参考。

4.1 注重真人图书筛选

一场活动的成功举办离不开前期的精心筹备。真人图书馆在面对面交流过程中是以开放的态度与读者分享其经历、经验或知识[7]。读者在阅读真人图书的同时，也在审视检查真人图书的质量，因此公共图书馆有责任做好前期真人图书的甄选、审查工作。为了更好地满足老年群体精神文化需求，公共图书馆在举办真人图书馆活动之前，可以对老年读者需求进行问卷调研，详细了解其感兴趣的主题以及成为真人图书的意愿等，以用户需求为导向保障真人图书馆质量。完成需求调研后，公共图书馆可以通过名人邀请、自我推荐、他人推荐等方式征集真人图书。随后通过甄选、面试、培训等步骤选定符合老年群体年龄特点、兴趣爱好、人生阅历的真人图书。

4.2 加强活动宣传推广

真人图书选好后，在正式活动开始之前，公共图书馆还要对真人图书活动进行宣传推广。目前我国社会公众对真人图书馆的了解还不是很确切，尤其对老年人来说，他们对图书馆的印象可能还停留在传统的借还服务上。因此，为了保障真人图书馆活动的有序开展，公共图书馆前期的宣传工作一定要保障到位：在馆外可以通过广播、电视、微信公众号、官方网站等线上方式扩大宣传推广面，在馆内可以通过大字海报、宣传页等线下方式将活动通知亲自送到老年读者手中，通过内外结合，传统服务方式与智能手段相结合的方式，切实将宣传服务工作做实、做细、做好。此外，有条件的图书馆还可以像吉林省图书馆、贵州省图书馆一样将真人图书馆做成品牌活动，一个好的服务品牌的建立，可以保障老年读者参与真人图书馆活动的积极性与主动性，从而确保真人图书馆活动的有序开展。

4.3 合理利用真人图书

吴建中[8]认为第三代图书馆强调以人为本，根据人的需要将各种载体的信息和知识资源集聚在可获得的空间内，突出图书馆作为第三空间的功能，促进人与人之间的交流与分享。在"以人为本"的今天，公共图书馆在开展真人图书馆服务的过程中要有效利用真人图书为老年读者提供高质量、高水准的服务：（1）参与人数。受老年读者听力、视力、反应灵敏度等客观条件的影响，真人图书馆活动的参与人数建议以个位数为宜，从而保障老年读者在有限的时间里有更多的交流互动机会；（2）活动时长。随着年龄的增长，人的专注力会不断分散，因此，真人图书馆活动时长建议以30—45分钟为宜。对于较为热门的真人图书，可以分批分次开展活动，一是保障老年读者的阅读热情，二是保障真人图书，尤其是老年真人图书在被阅读的过程中始终有饱满的热情和积极的状态。（3）真人图书编目：为有效利用真人图书，公共图书馆应当将所有真人图书像其他文献资源一样进行编目及简介，为反复提取、阅读真人图书提供便利。

4.4 重视活动反馈评估

一本好的真人图书是经得起读者检验的。为了保障真人图书馆活动质量以及长久发展，建立一个长久有效的评估机制是必不可少的，这种评估机制不仅仅包含读者对真人图书的反馈和评价，还应包含真人图书的自评、图书馆对真人图书的评价以及真人图书对读者的评价。只有来源于图书馆、读者、真人图书三方面的自评与互评，才可能不断完善真人图书馆活动。评估内容包含但不限于读者对真人图书是否满意、读者及真人图书对图书馆硬件设施的评估、读者意见与建议等。

4.5 促进业内交流

目前，我国各级各类公共图书馆都在积极探索真人图书馆服务模式，也在实践的过程中积累了一定的经验和能力。因此，无论是全国性图书馆行业组织还是地方性图书馆行业组织，都应该为真人图书馆事业发展搭建业内交流的平台，通过经验分享、案例交流，以达到互相补充、启发和借鉴的目的。同时要对开展真人图书馆服务过程中的疑点和难点发力，通过集众人之长，纳百家之言，更新服务理念及模式，从而真正实现真人图书馆事业的长效发展。

4.6 积极探索"图书馆+"跨界融合

融合发展不是谁取代谁，谁吃掉谁，而是功能融合，聚焦核心任务，发挥各自优势，形成服务合力[9]。公共图书馆在开展真人图书馆活动的过程中可以通过跨学科、跨行业、跨领域的融合模式实现资源优势互补，以此来不断扩大其服务范围，提升其服务质量：一是加强与博物馆、展览馆、美术馆等兄弟单位合作，不断丰富真人图书内容；二是加强与高校、政府机关、企业的合作，将真人图书馆推向社会，逐渐加大影响力；三是加强与养老院、老年大学、社区等养老服务机构的合作，探索更加适老化的发展路径。总之，广泛摸索合作途径，从而真正实现合作共赢。

真人图书馆打破传统图书馆服务定义，将图书不再局限于目录之中，更强调的是真人图书与读者之间的互联互通，它让真人图书、读者、图书馆三者之间的关系更加紧密，适老化程度明显增强。公共图书馆面向老年读者开展真人图书馆活动是时代发展赋予的责任与使命，是实现老有所为、老有所乐、维护社会稳定发展的创新之举。

参考文献

［1］国家统计局.中国统计年鉴2021［M/OL］.北京：中国统计出版社，2021［2022-03-05］. http://www.stats.gov.cn/tjsj/ndsj/2021/indexch.htm.

［2］钟宝军.我国真人图书馆服务现状及对策［J］.图书馆学刊，2017（2）：78-80，102.

［3］潘欣.我国真人图书馆活动本土化实践的理性思考［J］.新世纪图书馆，2016（1）：69-73.

［4］郭涵.真人图书服务实践活动分析［J］.图书馆建设，2015（8）：27-29，32.

［5］2020年中国公共图书馆规模、从业人数及图书借阅情况分析［EB/OL］.［2022-03-12］.https：// www.chyxx.com/industry/202107/962842.htm.

［6］刘方方，肖鹏.基于FOAF的ILS真人图书馆管理模块设计［J］.图书馆论坛，2012（5）：37-41，20.

［7］陈晋.聆听与分享：真人图书馆在中国的实践及思考［J］.现代情报，2014（6）：128-131.

［8］吴建中.从"书的图书馆"到"人的图书馆"——赫尔辛基中央图书馆给予我们的启示［J］.国家图书馆学刊，2019（5）：93-97.

［9］李国新."十四五"时期公共图书馆高质量发展思考［J］.图书馆论坛，2021（1）：12-17.

基于 LibQUAL+™ 绩效评估的智慧图书馆服务发展建议

杨　倩（参考咨询部）

1　研究背景

智慧图书馆作为一种智能技术驱动的新型图书馆模式[1]，是以人机耦合方式致力于实现深层次、便捷服务的高级图书馆形态[2]，它结合人的智慧和物的智能，融合了智能技术和智慧投入，实现从管理到服务的一系列技术革新[3]，旨在为用户提供不受空间限制、可被感知的[4]深层智慧服务[5]。从图书馆知识服务的本质上看，智慧图书馆是一种图书馆需要长期坚守的发展理念[6]。吴建中高屋建瓴地指引了图书馆的未来发展方向，他以"人""资源""空间"三个方面诠释了图书馆的知识服务体系。LibQUAL+™图书馆服务质量评估方法从用户的体验角度出发，为智慧图书馆的服务质量评估提供支持。LibQUAL+™最新版从服务情感、信息控制、图书馆环境三个层面展开评估，分别对应于图书馆的"人""资源""空间"三要素。本研究在 LibQUAL+™服务指标评价体系的基础上，选取了 15 个指标作为本研究的 LibQUAL+™服务指标评价体系核心指标集，分别于 2013、2015 年各进行一次问卷调查，通过清洗、整理和比较分析两次问卷调查数据，总结梳理图书馆服务变化重点，从读者的感知角度对智慧图书馆服务发展提供建设性意见。

2　LibQUAL+™ 服务绩效评估调研

1999 年 12 月，美国研究图书馆协会（ARL）发起了"新型评测计划"，以 SERVAQUAL 的评价方法和机理为基础提出了 LibQUAL+™，旨在研究一种用于衡量图书馆质量和服务效果的方法。LibQUAL+™不断扩大其国际化进程，开发了英语、德语、法语等 17 种语言版本，参与用户数量高达 100 万人以上，遍布 19 个国家、1176 个机构。从 2000 年开始，ARL 利用 LibQUAL+™测评指标对 12 所大学图书馆进行服务质量测试，取得了比较理想的结果。此后，LibQUAL+™不断地调整测评指标，并获得美国国家卫生基金会（NSF）资助对 LibQUAL+™的方法进行改造[7]，经过多次改版和简化，LibQUAL+™形成具有三个层面和 22 个陈述项的体系内容。

2.1 调查实施

本研究于 2013 年 10 月、2015 年 11 月在国家图书馆（以下简称"国图"）馆舍内发放纸质调查问卷 200 份。问卷调查在 LibQUAL +™ 最新版服务情感、信息控制、图书馆环境的三个基础层面上，从评价指标所指向的服务质量评价性能着手，合并、删除部分指标，选取了 15 个核心评价指标。在两次问卷调查时，分别根据调查情况适度添加了 3—5 个测量指标。为了保证样本采集的随机性，在问卷发放过程中，要求发放人员尽可能平均发放，保证不同阅览室和各服务点的读者均有覆盖。研究选取 SPSS 统计软件分析问卷数据，使用描述性统计、列联分析和相关性分析功能，对图书馆服务的质量各个层面进行定性描述和定量分析。

本研究采用的调查问卷法属于随机抽样统计法的一种，所需问卷样本从国图全体读者的总体中随机抽取。为了对收集的读者样本与总体的吻合程度进行验证，本研究抽取人口统计学指标中的年龄指标，以 2015 年在国图办理读者卡的读者的总体年龄分布作为总体参照，与两次问卷调查的样本年龄分布情况进行比对，两次读者问卷调查得到的读者年龄分布情况类似。之所以采取 2015 年一年在国图办理读者卡的读者作为总体的代表，是因为国图读者的总体数量较大，难以对所有年度的读者总体情况进行统计，选取某一年的读者办卡数据虽有一定误差，但是在读者人口统计学层次上也具有一定的代表性。

2.2 调查问卷的信度与效度检验

研究运用 Cronbach's Alpha 信度系数法[8]分析量表的信度，通过 SPSS 运算可知，两次调查问卷使用的所有量表的 Cronbach's Alpha 值均大于 0.7，说明量表具备较高的信度。

通过因子分析验证量表的结构效度：先进行 KMO 和 Bartlet 检验[9]，结果表明第一次调查问卷的 KMO 检测值为 0.912，第二次的 KMO 检测值为 0.942，两次均大于 0.6，统计学认为 KMO 统计量大于 0.6 时说明变量间相关性较强；两次调查问卷的 Bartlet 球形检验值小于 0.01，因此问卷具有结构效度，能够继续进行因子分析。

3 LibQUAL +™ 调研数据分析结果

3.1 总体服务的满意度

两次问卷调查中，读者总体上对于图书馆满意度评分的实际感受值均超过了 7，在 9 级量表中，7 属于较高的评分值，问卷调查数据分析表明，总体而言读者对于图书馆的各项服务质量较为满意：第二次调查得到的实际感受值和理想期望值较第一次下降，读者对图书馆服务的实际感受和理想期待之间的落差略有增大。

表 1　两次问卷调查总体满意度对比表

总体满意度	实际感受值	理想期望值	差值
第一次问卷调查	7.72	8.61	0.89
第二次问卷调查	7.25	8.31	1.06

3.2　服务满意度的层面分析

按照 LibQUAL + ™ 的三个层面即服务情感、信息控制、空间性对问卷的问题进行归纳处理，对属于每个层面的所有问题求均值，计算理想与实际差值得到图 1，可以继续从三个层面的服务满意度进行纵向对比，寻找两次调查结果差异的具体原因。由图 1 可得，第二次问卷调查的各层面服务差均有增加，其中信息控制层面的理想实际差值更加明显，图书馆环境理想实际差值两次调查基本一致，服务情感层面理想和实际的差值略有增加。

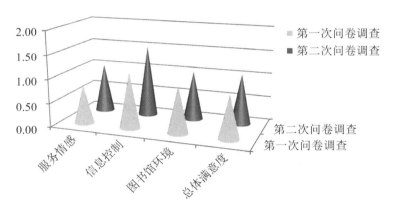

图 1　两次调查三层面理想实际差值对比图

服务情感层面，"馆员乐于随时帮助您"的指标在第一次问卷调查时，差值不是很明显，但是在第二次问卷调查时的差距非常大，处于第二次问卷调查中服务情感层面差值最大一项，说明随时帮助的指标在两次问卷调查期间服务满意度下降明显。信息控制层面，远程访问指标在第二次问卷调查中的理想实际差相对第一次问卷调查减少了，这说明两次问卷调查期间，国图的电子资源远程访问服务能力显著提高，读者此方面的需求得到了较好的满足。图书馆环境层面，"国图环境便于读者安静学习思考"和"国图是一个学习和研究的平台"两个指标在第二次调查中的理想实际差值都比第一次问卷调查的理想实际差值更小，这说明两次问卷调查期间，读者对于国图提供环境的安静性和学习研究氛围更加满意，尤其在此期间南区维修改造完成，物理环境有所改善，读者对环境的满意程度显著增加。

从两次调查的理想实际差情况分别看，第一次问卷调查各服务评价指标的理想实际差中，远程访问资源的差值最大，说明第一次调查时读者最需要国图集中精力解决的困难在于远程获取电子资源问题；第二次问卷调查各服务评价指标的理想实际差中，网络服务指标和指示标识清晰度指标差值最大，说明第二次问卷调查结果表明，此阶段用户最需要国图提升的服务内容是网络服务水平提高，并且增加国图各馆舍的指示和标识牌的清晰度。此外，两次问卷调查期间，读者对国图提供服务的理想实际感受差值变化较大的是馆员随时帮助、纸质资源的满意度、及时获取最新资讯，这说明国图需要重视这几方面服务质量的稳定性。

3.2.1 服务情感

服务情感测量了图书馆服务的人际纬度，包括同理心、回应性、准确性、可靠性。两次调查中，读者对服务情感层面的评价略有不同：两次问卷调研中，读者对于馆员乐于随时帮助指标的理想期待值均为最高，馆员可以正确理解问题的实际感受值分别为第二高和最高，专业知识技能的理想实际差值变化最小。这说明读者对图书馆随时随地的信息服务抱有较高期待，读者对馆员的专业服务能力和人性化关怀的需求较高。

表 2　两次问卷调查服务情感对比表

层面	指标问题内容	第一次问卷调查			第二次问卷调查		
		实际感受值	理想期望值	理想实际差	实际感受值	理想期望值	理想实际差
服务情感	馆员可以正确理解您的问题	7.81	8.43	0.62	7.19	8.21	1.02
	馆员具有专业的知识技能	7.47	8.36	0.89	7.18	8.10	0.92
	馆员对您礼貌热情	7.53	8.48	0.95	7.13	8.25	1.12
	馆员乐于随时帮助您	7.85	8.50	0.65	7.16	8.29	1.13

3.2.2 信息控制

信息控制是用户对图书馆资源建设和资源保障职能，以及图书馆自动化、网络化和数字化建设的印象。在两次问卷调查中，读者对于"远程获取电子资源"和"馆藏电子资源满足需求"两个指标的理想实际差值有所减少，说明图书馆的电子资源和远程访问服务能力显著提高，读者此方面的需求得到较好的满足；读者对图书馆纸质资源的实际感受和理想期待值保持一定高度，读者对于传统载体资源的需求并未随着时间的流逝而降低；网络和网站服务及其最新资讯提供服务还有待提升。这说明虽然随着信息化程度的增加，读者获取各类信息资源更加容易，但是对图书馆资源设施的需求仍然存在。

表 3　两次问卷调查信息控制对比表

层面	指标问题内容	第一次问卷调查			第二次问卷调查		
		实际感受值	理想期望值	理想实际差	实际感受值	理想期望值	理想实际差
信息控制	馆藏电子资源能够满足您的需求	7.01	8.45	1.44	6.72	8.12	1.40
	您可以远程获取图书馆的电子资源	5.80	8.15	2.35	6.28	7.89	1.61
	图书馆网站等设施易于您获取信息	7.31	8.40	1.09	6.68	8.16	1.48
	馆藏纸质资源能够满足您的需求	7.74	8.47	0.73	6.77	8.15	1.38
	您能及时获取最新资源服务资讯	7.73	8.45	0.72	6.66	8.00	1.34
	图书馆的网络服务可以满足您的需要	7.14	8.47	1.33	6.17	8.04	1.87

3.2.3　空间性

图书馆的空间性测评包括实际使用的场所、精神的象征和避难所，是用户对馆舍条件、阅览座位、功能布局、自然与人文环境等办馆软硬条件的印象。两次问卷调查显示读者对于图书馆学习氛围方面的理想实际差降低，读者对于图书馆提供环境的安静性和学习研究氛围更加满意；两次调查中读者在图书馆的环境舒适整洁方面实际感受值都为最高。这说明随着时代的发展，读者对图书馆物理环境的需求仍然是最旺盛的，图书馆作为一个终身学习平台的社会作用并未减低。

表 4　两次问卷调查空间性对比表

层面	指标问题内容	第一次问卷调查			第二次问卷调查		
		实际感受值	理想期望值	理想实际差	实际感受值	理想期望值	理想实际差
图书馆环境	图书馆环境便于读者安静学习思考	7.60	8.51	0.91	7.69	8.46	0.77
	图书馆环境舒适整洁，具有文化氛围	7.92	8.53	0.61	7.80	8.50	0.70
	图书馆的指示牌和标识设置明确美观	7.24	8.38	1.14	6.39	8.17	1.78
	图书馆是一个学习和研究的平台	7.35	8.52	1.17	7.69	8.53	0.84

在 LibQUAL + ™ 服务质量评价体系的核心评价指标值中，远程访问资源指标的相关服务在两次调查期间得到良好提高。第二次问卷调查结果表明，网络服务指标和指示标识清晰度指标差值最大，说明此阶段用户最需要图书馆提升的服务内容是网络服务水平提高，并且增加图书馆各馆舍的指示和标识牌的清晰度。两次问卷调查期间，读者对图书馆提供服务的理想实际感受差值变化较大的是馆员随时帮助、纸质资源的满意度、及时获取最新资讯，这说明图书馆需要重视这几方面服务质量的稳定性。

4 智慧图书馆服务发展建议

随着互联网信息技术和信息服务业的迅速发展，数字期刊、图书、数据库和网络学术门户越来越丰富，读者不仅可以通过搜索引擎、网站、社交媒体等途径找到基本答案，还可以在各种学术网站、社交媒体、开放获取网站上得到便捷的信息服务，图书馆的信息供应地位受到严峻挑战，传统服务形式难以满足用户复杂深度的需求，读者对图书馆的认同度下降。传统图书馆边缘化的现象加剧了图书馆的危机感，促进了新时代下图书馆的转型与超越，随着时代环境的变化，图书馆的发展重心经历了从"资源"到"人"到"空间"的转变，为了更好地满足"人"多元化、碎片化的信息需求，"资源"和"空间"要素需要向智慧化、泛在化和多样化的方向不断发展。

4.1 融合馆员智慧，发展智慧服务

从调查数据分析来看，虽然随着自动化服务程度的增加和读者信息素养能力的提升，读者的大量信息需求可以自助解决，但是图书馆馆员对读者的个性化关注、专业性支持和人性化关怀依然非常重要。

图书馆的服务不仅应当从书本位转向人本位，服务重心从一般服务转向知识服务，还应当贯彻以读者需求作为智慧服务的第一驱动力的宗旨，倡导图书馆员深入了解读者信息需求，努力挖掘读者行为规律和特征，回归读者信息任务场景，还原用户真实的潜在需求，利用人工智能、大数据技术提高读者数据分析与解读能力，建立读者画像、读者场景、读者基本特征等数据库，形成针对读者需求的图书馆智慧服务布局，将馆员的人文关怀和专业素养融入智慧服务中，提高服务产品的用户体验，在增强服务产品的智能化、自动化程度的同时，想读者之所想，急读者之所急，为读者提供创新、贴心和精准的智慧信息服务。

4.2 多种资源协同发展，提高知识揭示能力

读者对于图书馆数字资源的需求与日俱增，读者远程访问图书馆资源的呼声不断增大，这促使图书馆从实体图书馆向数字图书馆、虚拟图书馆和智慧图书馆不断转化，图书馆的资源类型日趋多样化，远程资源服务类型更加丰富多彩。然而调查显示，读者对于传统载体资源的需求依然旺盛。智慧图书馆的建设应该注重纸质资源和数字资源协同发展，形成资源互相融合、互为补充的良性局面。图书馆应当在顺应时代需求、大

274

力发展人工智能技术的同时，推进古籍、善本、甲骨拓片、民国文献等传统文献的数字化，应用智能扫描、文本识别和数字人文等新兴技术助力典籍传承。此外，智慧图书馆时代应细化数字资源的特征，建立具有揭示力度的知识体系，从知识学术性、知识颗粒度、信息实效性、资源权威性等多角度重新划分信息资源，盘活各类异构多元的信息资源。最后，在智慧图书馆体系建设框架下，建设图书馆资源的通用与领域知识本体，搭建跨数据库平台的一站式知识发现系统，实现资源的语义标引，促进信息资源的互联互通。

4.3 融合虚拟现实，促进知识交流

图书馆是实体资源与数字资源高度融合的混合型空间，不仅可以为社会提供信息交流、文化活动和学习研究的场所，更是思想碰撞、文化交流与创新互动的空间。智慧图书馆应充分利用各类自动化智能技术，不断开发图书馆空间的价值，拓展图书馆空间的使用方式，发展图书馆作为文化交流中心、阅读空间、终身教育场所的原有功能，开展创客空间、展览空间、休息娱乐空间等创新功能，提供更加丰富多样的空间使用策略，挖掘图书馆阅览室、展厅、会议室等物理空间的潜力，拓展图书馆数据库、网站等虚拟空间的边界，增加图书馆物理与虚拟空间的融合度，提高图书馆空间的智能性、多样性和使用价值。

随着网络信息化的逐渐推进，读者对于虚拟数字图书馆的需求愈加增加，读者对图书馆的远程服务和数字资源方面提出更高要求；与此同时，读者依旧需要图书馆员的专业技能与人文关怀，对图书馆的纸质资源与物理空间仍保持较高需求，图书馆需要注重纸质资源和物理馆舍的服务提升。长远看来，复合型智慧图书馆是图书馆的发展方向，即在大力发展智慧图书馆数字资源服务的同时，应提高实体图书馆的基础服务能力，增设以物联网为基础的智慧图书馆设施，对实体图书馆信息资源进行测量、捕获、传递、分析和挖掘，实现虚拟图书馆和实体图书馆空间的高度融合，最大限度地满足读者需求，全面提升智慧图书馆信息服务的质量与效能。

参考文献

［1］曹树金，刘慧云.以读者为中心的智慧图书馆研究［J］.图书情报工作，2019（1）：23-29.

［2］段美珍，初景利，张冬荣，等.智慧图书馆的内涵特点及其认知模型研究［J］.图书情报工作，2021（12）：57-64.

［3］程秀峰，周玮珽，张小龙.面向图书馆智慧服务的情境感知技术研究综述［J］.农业图书情报学报，2020（5）：4-12.

［4］郑怿昕，包平.智慧图书馆理论与实践进展研究［J］.图书馆工作与研究，2015（7）：36-39.

［5］石婷婷，徐建华.国内智慧图书馆研究与实践进展［J］.图书馆学研究，2021（14）：2-11.

［6］夏立新，白阳，张心怡.融合与重构：智慧图书馆发展新形态［J］.中国图书馆学报，2018（1）：35-49.

［7］曹树金，陈忆金，杨涛.基于用户需求的图书馆用户满意实证研究［J］.中国图书馆学报，2013
　　（5）：60-75.

［8］马鹏，张伟华，张晓梅.LibQUAL+™与差距模型在公共图书馆服务质量评估中的应用扩展［J］.
　　图书馆建设，2012（10）：65-69.

［9］刘丽斌，李娜.图书馆转型的要素诠释——读《转型与超越：无所不在的图书馆》［J］.山东图书
　　馆学刊，2015（4）：100-103.

智能问答服务在公共图书馆中的应用研究

张　帆（参考咨询部）

1　引言

读者咨询与信息服务历来被视为图书馆的基本服务，服务内容涵盖协助读者检索书目和文献、解答读者咨询、指导读者阅读、进行文献传递等[1]。在现代化技术手段还不普及的时代，读者咨询与信息服务主要由图书馆设立的"参考室""参考部"等部门承担[2]，服务方式也以口头、电话、书面为主。伴随着技术浪潮的冲击与社会经济的发展，图书馆逐步步入现代化进程。20 世纪 80 年代，美国三一大学图书馆副馆长 B. J. 福特提出"咨询台"式的服务方式应根据新技术的发展与读者寻找和使用信息方式的变化而被重新考量[3]。以美国高校图书馆为代表，图书馆领域掀起了数字化、虚拟化、网络化的读者咨询服务的风潮，开创这一先河的图书馆是美国马里兰大学图书馆，其推出的"电子参考咨询服务"系统将读者咨询的渠道拓展到 FAQ、E-mail 以及网页等[4]。中国方面，2020 年，以新一轮科技创新和产业革命为契机，"全国智慧图书馆体系"建设拉开帷幕，为图书馆智慧服务空间的设计与规划描绘出新的蓝图，并提出在全国各个级别图书馆建设智能问答、智能客服等智慧系统，形成智能化高、交互性强的读者服务体验空间[5]。将智能技术及智能设备融入读者咨询服务中，已经成为智慧图书馆发展背景下读者咨询服务转型的新生长点。

2　智能问答技术的发展及其在图书馆领域的应用

2.1　智能问答技术的发展

智能问答技术可以追溯到计算机诞生初期，第一个智能问答解决方案"Baseball"创建于 20 世纪 60 年代，用于回答存储在列表结构数据库中有关棒球比赛的问题[6]。大多数早期的问答系统都是基于特定领域设计的，系统支持处理的数据量较小，仅接受特定形式和特定领域的自然语言提问，不需要强大的自然语言理解技术。

20 世纪 70 年代，埃德加·弗兰克·科德奠定了关系型数据库的理论基础，随后涌现出一批基于关系型数据库的问答系统，即自然语言接口（Natural Language Interface of DataBase，NLIDB）。20 世纪 90 年代，改变了世界互联与沟通方式的万维网诞生。此时，NLIDB 已经不再是学术研究中的热点[7]。与此同时，自动问答成为文本检索会议（Text

REtrieval Conference，TREC）的热门主题，基于信息检索的自动问答技术取得了巨大进展，这个时期的问答系统往往将信息检索技术（IR）与自然语言处理技术（NLP）结合使用，如 IBM 统计问答系统[8]等，基于信息检索与自然语言处理从大规模网页或文本中检索答案的技术流派逐渐成为主流。

21 世纪，语义网概念兴起，对语义数据的研究为问答系统的发展注入了新活力。Web2.0 的发展带动了高质量"用户生产内容"数据的激增，DBpedia 和 Freebase 等结构化语义知识库以（半）自动化的知识抽取方式构建了起来。由于统计机器学习方法和经验主义方法在 20 世纪 90 年代初的兴起[9]，自然语言处理中的各种任务都不仅仅停留在浅层语义分析，问答系统从基于关键词检索与匹配的技术层面，发展到以知识自动化为核心的技术层面，如基于语义分析的知识工程[10]、大规模开放领域的深度语义理解[11]等。

2.2 智能问答技术在图书馆领域的应用

国外图书馆对问答机器人的研究与应用最早开始于以德国汉堡大学为代表的一些欧洲图书馆[12]。随后其他国家的图书馆也开始引入问答机器人，美国俄亥俄州公共图书馆基于问答机器人公司 Pandorabots 的产品定制开发了自己的问答机器人 Emma，并于 2009 年开始提供在线问答服务，最初的 Emma 仅能回答 12 个常见问题，随后在 2010 年 Emma 引入了人工智能组件，能够回答的问题扩展到了 10000 个[13]。加拿大几所公共图书馆提出引入问答机器人对传统图书馆与用户交互的方式进行补充，问答机器人可以协助读者进行简单的参考咨询服务和流通服务、引导馆区位置、查询图书馆网站或其他网站的地址、查找在线公共访问目录记录、更新材料和申请馆际互借等[14]。

国内情报机构和高校图书馆对问答系统开展理论研究和应用研究较早，例如：中国科学院文献情报中心针对专利计量分析的科技情报服务场景，设计开发了任务型智能问答系统，采用一种基于语义槽填充的技术手段，对用户关于专利计量方面的问题进行自动解答[15]。高校图书馆中，清华大学图书馆对智能问答技术的应用较早，2011 年设计研发的聊天机器人"小图"[16]在上线后引发了社会关注与热议，并推动了高校图书馆开展问答机器人研究与应用的一波浪潮，小图主要采用了基于人工智能标记语言 AIML（源于 ALICE 聊天机器人）与搜索引擎技术相结合的技术手段。其他基于 AIML 开发智能问答系统的还包括武汉大学图书馆，其研发的问答系统在基于 AIML 的基础上，引入知识图谱的理念对语料数据进行知识加工[17]。基于信息检索方式搭建的问答系统包括：南京大学图书馆基于 FAQ 语料以及关键词匹配技术，在微信端实现对咨询问题的快速自动回复[18]；哈尔滨工业大学图书馆基于支持向量机对问题进行分类后，采用信息检索技术进行答案抽取，这种方式对分类体系内的提问回复率较好，回复分类体系外的新问题时有局限性[19]；东南大学图书馆基于 BotPlatform 设计了智能问答机器人，对用户的提问会进行两次匹配，尽可能提升回复效果，但回复效果受中文分词效果影响显著[20]；西安交通大学图书馆基于关键词匹配与规则映射的方式实现了基于微信的自助 FAQ[21]等。为了进一步提升基于信息检索方式的自动问答系统效果，改善问答系统的语义理解程度，东南大学图书馆提出基于 Word2vec 词向量技术提升分词语义效果[22]。总体而言，国内图情机构更加倾向选择基于信息检索的技术路线构建智能问答系统，而目前市场流行的智能问答系统或智能助手平台，如微软小冰、苹果 Siri、阿里小蜜等均采用了基于知识图谱的技术路线（KBQA）。相比之下，基于 KBQA 的智能问答系统更擅长逻辑推理和精准回答，但领域局限性较强，提升系统的可扩展性则需要大量语料数据支撑或人工处理成本[23]。

3 公共图书馆开展智能问答服务的情况

3.1 公共图书馆智能问答系统应用现状

笔者以全国 47 家副省级以上公共图书馆为研究对象进行了实证研究，调研日期为2022 年 3 月。47 家公共图书馆中，目前仅上海图书馆、广西壮族自治区图书馆、海南省图书馆等 9 家公共图书馆开展了智能问答虚拟服务的探索，四川省图书馆基于人工智能技术开发了智能导读机器人系统，但暂未投入应用。腾讯财报显示，截至 2021 年三季度末，微信月活跃账户数达 12.626 亿[24]，以微信为代表的移动端服务窗口已经成为公共图书馆读者咨询服务不可忽视的重要阵地，开展智能问答服务的 9 家公共图书馆中，有 6 家都支持基于微信端的图书馆智能问答。就形象设计而言，广西图书馆、杭州图书馆、浙江图书馆以及四川省图书馆四家公共图书馆选择以本馆 LOGO 作为问答机器人头像；上海图书馆和大连图书馆设计了类机器人馆员的形象作为问答机器人头像；海南省图书馆、成都图书馆、西安图书馆三家选择了技术公司默认的问答机器人头像。就技术支持而言，海南省图书馆、成都图书馆、西安图书馆三家图书馆的咨询机器人及知识库底层平台均由广州图创计算机软件开发有限公司提供技术支持。从应用效果来看，上述三家公共图书馆的智能咨询是基于关键词对标准问题的匹配，如果关键词无法匹配到标准问题，则咨询机器人无法回答，需要转入人工咨询服务。上海图书馆的智能问答机器人"图小二"由云问科技提供技术支持，用户提问关键词无法完全匹配标准问题的时候，也会提供可能匹配用户问题的解答，应用效果较好。广西壮族自治区图书馆的智能问答机器人"小图"由 V5KF（深圳市智客网络科技有限公司 V5 智能客服）提供技术支持，用户向"小图"提问时，"小图"会先反馈匹配的问题列表，用户从列表中勾选符合自己需求的问答。深圳图书馆智能机器人"小图丁"由多客宝 IM 咨询机器人提供技术支持，2014 年起在闭馆时间提供服务[25]，对可以直接匹配读者提问的问题能直接反馈答案，对无法匹配的问题，"小图丁"会给读者提供关键词建议。杭州图书馆智能咨询机器人"文澜小微"由蚂蚁金服提供技术支持，2017 年开始投入使用[26]，对于用户输入的提问，"小微"每次会返回三个相关问题，读者可以根据自己的需求进行点击和查看，经过测试后发现会出现返回的三个问题均不是提问意图的情况，"小微"还会在对话框中间提供部分咨询关键词，读者可以直接点击，查看该关键词的相关问题。2020 年起，大连图书馆开始在微信公众号开放智能问答客服"小智"的测试，"小智"不仅可以回答图书馆业务相关的咨询，还可以完成一部分知识问答。

表 1　公共图书馆开展智能咨询服务情况

序号	图书馆名称	机器人名字	访问路径	技术支持	成果形式	机器人形象
1	上海图书馆	图小二	官网：首页→在线咨询 微信：发现→咨询＆反馈	云问科技	虚拟服务	
2	广西壮族自治区图书馆	小图	官网：首页→读者服务→在线咨询	V5KF（深圳市智客网络科技有限公司 V5 智能客服）	虚拟服务	
3	海南省图书馆	—	官网：首页→在线咨询 微信：读者服务→微服务大厅→在线咨询	广州图创计算机软件开发有限公司	虚拟服务	
4	深圳图书馆	小图丁	官网：首页→问图书馆员→实时咨询	泰伦特（大连）科技有限公司 - 多客宝 IM 咨询机器人	虚拟服务	—
5	杭州图书馆	小微	官网：首页→左侧问号（咨询投诉） 微信：服务→微服务大厅→机器人咨询	蚂蚁金服	虚拟服务	
6	大连图书馆	小智	微信：读者服务→智能客服	/	虚拟服务	
7	成都图书馆	图图	官网：首页→右侧图标"图书馆在线咨询" 微信：微服务大厅→在线咨询	广州图创计算机软件开发有限公司	虚拟服务	
8	西安图书馆	—	官网：首页→参考咨询→在线咨询 微信：微服务大厅→参考咨询（跳转到官网）→在线咨询	广州图创计算机软件开发有限公司	虚拟服务	
9	浙江图书馆	—	官网：首页→欢迎咨询→机器人咨询	/	虚拟服务	
10	四川省图书馆	导读宝宝	App 程序	四川省图书馆与电子科技大学联合设计	研究论文[27]	

3.2 公共图书馆开展智能问答服务的必要性

3.2.1 契合"十四五"公共文化服务体系建设的要求

图书馆作为实现公共文化服务均等化目标的重要阵地，其基础设施、资源以及服务均需顺应智慧化社会发展的潮流。为推动公共文化服务数字化、网络化、智能化发展，"全国智慧图书馆体系建设项目"已被写入《"十四五"公共文化服务体系建设规划》的主要任务。"全国智慧图书馆体系建设项目"为公共图书馆传统服务转型提供了良好的契机，同时读者对图书馆智慧化转型的期待也与日俱增，迫使公共图书馆加快转型步伐。智能问答系统是图书馆基于降低人工运营成本、提高咨询服务效能的智慧化产品，通过智能问答赋能当前的咨询馆员，完善智慧图书馆咨询服务体系，推动图书馆向智慧化转型。

3.2.2 被动低效的咨询服务模式亟待变革

传统公共图书馆中依赖馆员参与、被动式的读者咨询仍是主流的服务形式。首先，读者咨询问题存在大量的简单性、重复性冗余，占据了馆员解决复杂咨询、满足更深层次参考咨询需求的精力与时间，这类咨询问题完全可以由不会感到疲劳、作答水平一致、学习能力强的智能问答系统解决。其次，用户对咨询结果的满意度与馆员自身的咨询专业度、沟通能力、对图书馆的熟悉度、个人专业背景等因素相关，因此公共图书馆通过开展培训、人才引进、构建人才梯队等多种方式优化咨询服务团队能力[28]。数字图书馆时代，图书馆员的能力素质已经经历过一波爆发式的增长[29]，通过提升馆员能力素养以大幅提升读者咨询服务效果的成效受到局限，借助智能技术的力量重塑图书馆咨询服务模式的智慧时代已经到来。

3.2.3 读者对个性化咨询答复的需求日益提升

为了进一步扩展读者咨询服务的渠道，虚拟参考咨询系统在公共图书馆中的应用已较为普及，但各类虚拟参考咨询服务系统的应用效果与读者预期还有一定距离。当前虚拟参考咨询系统还存在自助咨询知识库更新维护不及时、无法提供24/7全天候即时咨询、用户交互效果差、技术支持不充分等诸多问题。此外，用户的教育背景、专业水平、学习能力、兴趣点等各不相同，对同样问题的咨询结果需求可能大相径庭，不考虑读者角色背景的差异性而直接提供咨询结果，则无法满足读者个性化的咨询需求。当读者与图书馆之间进行交互时，图书馆可以获取读者产生的个性化服务数据和传感数据。在不同图书馆场景获取的读者数据都可以对读者咨询这一特定场景产生影响，通过深度学习等新一代模式分析方法，智能问答系统能够快速了解与学习读者的特定偏好，并提供全天候无间断的咨询服务，其效率远高于咨询馆员通过多轮问答了解和挖掘读者需求的传统咨询模式。

4　公共图书馆开展智能问答服务的建议

4.1　明确业务场景与目标

随着智能问答服务的理念与技术不断发展，商业公司与图情机构对智能问答服务的重视不断提升，推动问答系统的研究方向也逐渐细化。根据不同的业务场景，智能问答系统可以分为闲聊类、任务类和问答类；根据不同服务形式，可以分为实体机器人和虚拟服务；根据不同领域范畴，可以分为垂直领域和通用领域等。公共图书馆引入智能问答系统时，应对核心需求和业务场景进行合理和完善的调研、评估和规划设计。而不是为了尽快上线提供智能问答服务，就快速复用现有的闲聊机器人模块（实体机器人与虚拟服务均包括在内），再进行简单的个性化开发，例如粗糙地增加图书馆服务功能（查询、借阅、方位引导等）。尽管智能问答系统在银行、通讯、金融领域的流行和成熟应用，使得图书馆用户可以更加快速地接受图书馆引入这种咨询服务形式，提升图书馆的吸引力和社会影响力。另一方面，快速引入的问答机器人无法与图书馆各类业务系统通畅对接与交互，如果没有追踪和获取用户对机器人服务体验和感受的渠道，那么机器人的服务效果无法量化评估，机器人也很难与咨询馆员形成良好互补。因此，在最初进行业务场景规划时，图书馆应明确引入智能问答服务的核心需求，是通过加强与用户的交互性为图书馆增加社会影响力，还是切实提升咨询馆员的服务效率和图书馆的利用效率，甚至是实现基于数据驱动辅助图书馆进行决策。不同的应用目标与业务场景决定着后续整个技术路线的选择、基本语料的建设、服务流程的规范等一系列问题。

4.2　注重数据生态维护

图书馆在不同时代具有不同的读者咨询服务方式，这一特点决定了图书馆所积累的语料类型各异、来源纷杂，包括非结构化的读者指南或图书馆须知文档、咨询流程规范与咨询解答文档等，还包括在数字化时代引入的各类咨询工具和系统记录的结构化咨询数据，甚至还包括语音解答记录、邮件往来记录等。从不同渠道来源的不同类别数据可以构建不同类型的咨询知识库，如 FAQ 问答对格式、知识图谱格式、人工智能标记语言 AIML 格式等，建立智能问答咨询知识库的过程就是对图书馆丰富语料进行规范化和有序化的过程。咨询知识库作为问答系统建设的底层数据支撑，其建设与维护并非一劳永逸式的，而是伴随着图书馆服务政策的改变、图书馆应用系统的升级等多种因素进行动态更新迭代。此外，图书馆借助智能问答系统积累的真实读者咨询数据，可以为智慧图书馆精准服务、读者画像构建、业务升级与改进提供参考。

4.3　警惕技术伦理困境

新兴智能技术作为图书馆实现智慧化转型的工具，向来都是利弊并存。一方面新兴技术确实是提升图书馆现代化、智能化程度的必要手段，另一方面智能技术的引入可能会加剧社会不平等和歧视现象，这又与公共图书馆促进社会基本公共文化服务均等化的目标相违背。近年来，由智能技术应用带来的不平等与歧视现象加剧的情况比比皆是：

2018 年亚马逊开发的 AI 招聘工具被曝光存在性别歧视行为，尤其是歧视女性的现象，并最终导致亚马逊放弃该招聘系统[30]；2020 年 COMPAS 软件被发现存在种族歧视的倾向，该系统是运用算法依据累犯和犯罪职业等特征设计的犯罪嫌疑人风险预测评估系统，在其预测过程中存在对黑人的歧视情况，进一步加剧了不公平现象[31]。技术变革已经发生并深刻影响着图书馆发展，潜移默化中影响着读者使用图书馆的习惯。当前也有越来越多的研究者重视在智慧图书馆建设过程中引入新兴技术的伦理风险，将其视为应当在系统部署前就应考虑的问题[32-33]。在构建智能问答系统的过程中，算法是否会对读者产生具有偏向性的引导、对读者个人数据的应用与保存是否妥善、服务过程中是否存在歧视风险、是否会危害个人隐私安全等诸多技术伦理风险，都应该在系统开发建设之前就引起足够的重视并进行严谨的探讨，而不是盲目地只看到技术的红利，而忽略了跨越技术伦理的边界所带来的后果。

进入 21 世纪后，中国经济和科技迅速发展，推动我国公共图书馆事业蓬勃发展，由欧美图书馆界引领世界公共图书馆发展的趋势逐步弱化，反之中国公共图书馆的发展在理论、制度、服务、技术创新的推动下呈现出方兴未艾、欣欣向荣的趋势[34]。2020年，公共图书馆开启了向智慧化转型的新时代。聊天机器人与智能问答技术已成熟应用于多个行业与领域，将智能技术引入公共图书馆读者咨询服务中，有助于公共图书馆形成馆员与智能技术相结合的新型服务模式，快速、精准地为读者提供个性化咨询引导和智慧化知识服务。

参考文献

［1］蔡冰，熊剑锐，韩继章，等 . 公共图书馆基本服务研究［J］. 中国图书馆学报，2010（6）：75-81.

［2］肖鹏 . 民国时期参考咨询研究总述［J］. 国家图书馆学刊，2014（4）：98-106.

［3］FORD B J. Reference beyond（and without）the reference desk［J］. College & research libraries，1986，47（5）：491-494.

［4］肖时占 . 网络环境下数字参考咨询服务的现状及问题研究［J］. 图书馆，2004（3）：57-60.

［5］饶权 . 全国智慧图书馆体系：开启图书馆智慧化转型新篇章［J］. 中国图书馆学报，2021（1）：4-14.

［6］GREEN B F，WOLF A K，CHOMSKY C，et al. Baseball：an automatic question-answerer［DB/OL］.［2022-03-20］. https：//dl.acm.org/doi/10.1145/1460690.1460714#sec-ref.

［7］ANDROUTSOPOULOS I，RITCHIE G D，THANISCH P. Natural language interfaces to databases-an introduction［J］. Natural language engineering，1995，1（1）：29-81.

［8］ITTYCHERIAH A，FRANZ M，ZHU W J，et al. IBM's statistical question answering system［J］. Experimental techniques，2001：1-8.

［9］姚从军，罗丹 . AI 时代自然语言处理的逻辑进路及超越［J］. 湘潭大学学报（哲学社会科学版），2020（5）：127-132.

［10］BOUMA G，FAHMI I，MUR J. Relation extraction for open and closed domain question answering［DB/OL］.［2022-03-20］. https：//link.springer.com/chapter/10.1007/978-3-642-17525-1_8.

［11］BERANT J，CHOU A，FROSTIG R，et al. Semantic parsing on freebase from question-answer pairs［DB/OL］.［2022-03-20］. http：//citeseerx.ist.psu.edu/viewdoc/summary?doi=10.1.1.408.319.

［12］樊慧丽，邵波. 国内外图书馆机器人的研究应用现状与思考［J］. 图书馆杂志，2017（6）：88-94.

［13］IGLESIAS E.Robots in academic libraries：advancements in library automation［M］. Hershey：Information Science Reference，2013：101-114.

［14］TALLEY N B. Imagining the use of intelligent agents and artificial intelligence in academic law libraries［J］. Law library journal，2016，108（3）：383-401.

［15］吕璐成，韩涛，王燕鹏. 专利计量情报问答系统研究与实践［J］. 情报工程，2019（5）：46-56.

［16］姚飞，张成昱，陈武. 清华智能聊天机器人"小图"的移动应用［J］. 现代图书情报技术，2014（Z1）：120-126.

［17］陆伟，戚越，胡潇戈，等. 图书馆自动问答系统的设计与实现［J］. 情报工程，2019（2）：5-16.

［18］沈奎林，邵波，赵华. 利用微信构建图书馆智能问答系统［J］. 图书馆学研究，2015（8）：75-80.

［19］李雪婷，李莘. 图书馆微信平台自动问答机器人语言体系研究［J］. 现代情报，2016（10）：99-101，122.

［20］罗涛，朱莹. 图书馆 MSN 咨询机器人的研究与实现［J］. 图书情报工作，2012（19）：105-108.

［21］李丹. 图书馆微信平台建设实践与思考［J］. 现代图书情报技术，2016（4）：104-110.

［22］张乐. 词向量语义扩展技术在图书馆智能咨询系统的应用与实现［J］. 图书情报工作，2020（18）：126-136.

［23］曹益铭. 基于文化领域知识图谱的智能问答系统研究与实现［D］. 北京：北京邮电大学，2021.

［24］腾讯控股：微信及 WeChat 合并月活跃账户数达 12.626 亿［EB/OL］.［2022-03-22］. https：//new.qq.com/omn/20211110/20211110A08FB800.html.

［25］王艳. IM 咨询机器人在公共图书馆的实现与应用——以深圳图书馆为例［J］. 数字图书馆论坛，2015（5）：42-46.

［26］陈锋平. 人工智能咨询机器人在公共图书馆的应用与探索——以杭州图书馆为例［J］. 图书馆研究与工作，2018（11）：73-76.

［27］陈君有. "人工智能＋导读咨询"的虚拟智能服务机器人系统构建——以四川省图书馆为例［J］. 四川图书馆学报，2020（4）：58-62.

［28］龙宇. 西部公共图书馆智慧化信息咨询服务转型对策研究——以广西桂林图书馆为例［J］. 河北科技图苑，2018（5）：67-70，85.

［29］李菲，柯平，郝广碧. 现代信息技术与图书馆员素质提升的内在逻辑［J］. 图书与情报，2018（4）：97-104.

［30］亚马逊 AI 招聘工具被曝歧视女性 官方宣布解散团队［EB/OL］.［2022-03-17］. https：//smart.huanqiu.com/article/9CaKrnKdwzf.

［31］美国纽约算法监管遇挫启示录［EB/OL］.［2022-03-17］. https：//ishare.ifeng.com/c/s/7tEFwag3iBF?ivk_sa=1024320u.

［32］麻思蓓，许燕 . 人工智能在图书馆应用的理性思考［J］. 图书馆，2020（4）：44-51.

［33］曾子明，孙守强 . 智慧图书馆人工智能风险分析与防控［J］. 图书馆学研究，2020（17）：28-34.

［34］程焕文，彭嗣禹，高雅，等 . 改变 21 世纪中国公共图书馆进程的十大创新［J］. 图书馆杂志，2018（11）：26-34.

智慧化背景下的数据资源建设探析

张　茜（中文采编部）

用户对资源需求的无限性和资源获取的便捷性要求不断提高，传统图书馆模式已很难满足其日益多样的需求，这使得图书馆运转方式正在发生深刻变革。大数据、云计算、物联网等高新技术的出现促进图书馆服务朝着智能化的方向发展，如同一把钥匙帮我们开启了智慧图书馆的大门，真正让阮冈纳赞提出的"每个读者有其书，每本书有其读者，节省读者时间，图书馆是一个生长着的有机体"四条定律落地实现。

"加强现代信息基础设施建设，推进大数据和物联网发展，建设智慧城市"被明确列入我国《国民经济和社会发展第十三个五年规划纲要》。智慧社会与科技强国、网络强国、数字中国等战略被一并写入中共十九大报告[1]。十九届五中全会更是对信息社会发展前景和发展趋势进行了前瞻性部署，强调要把科技自立自强作为国家发展的战略支撑，并对建设数字中国、加快数字化发展等作出重要指示[2]。习近平总书记在给国家图书馆老专家的回信中也专门提出要"创新服务方式"[3]。公共图书馆有必要转变观念，积极融入智慧化战略体系以适应国家宏观战略布局。这是公共图书馆落实国家文化战略，实现自身文化使命和社会责任的首要之务[4]。推动图书馆智慧服务的进程需要系统整合数据、技术、人员等资源，充分挖掘数据价值，着力推进数据与具体业务融合。运用大数据技术与人工智能技术对用户的需求进行跟踪、搜集和分析，把资源与用户连接起来，为用户提供个性化、精准化、高质量的数据服务。这对于图书馆的数据能力将是不小的挑战，本文将探讨智慧化背景下的图书馆数据资源建设问题。

1　数据资源是智慧图书馆建设的关键

图书馆经历了从传统图书馆、数字化图书馆到智慧图书馆的跨越，图书馆服务也紧随其步伐由文献服务、信息服务逐渐发展为智慧服务[5]。智慧图书馆是以数字图书馆为基础，通过智能的新兴信息技术进化出的具有服务场所的泛在化、服务空间的虚拟化、服务手段的智能化、服务内容的知识化等特点的图书馆。其中知识服务是指图书馆通过分析、判断用户的学习特点，对已有资源信息进行检索、分析、处理、重组等一系列活动，是以满足用户个性需求为目的而提供的服务。因此智慧图书馆的建设不能完全只依赖于设备和技术力量，数据资源作为一切服务的核心，将决定所能提供的智慧化服务的广度和深度。笔者认为智慧化的实现必须是依托在海量的数据资源库的基础上，为实现这个目标，须在知识服务理念下重新审视、挖掘和利用数据资源。要逐渐从文献资料、数字资源向更深层次、有序的知识产品转变。目前国内的许多图书馆已经着手开始对智慧化数据进行研究与应用,上海图书馆开展了"家谱知识服务平台"等知识数据服务,这是通过万维网技术构建以关联数据为主、由各类文献汇聚而成的基础知识库[6]。可以说是初步实现了在提取显性知识的前提下,对文献中蕴含的知识元进行析取、组织、关联等,进一步深度挖掘出隐性知识,并不断加工,达到知识增值和信息资源再创造的最终目的[7]。

2 智慧图书馆背景下数据建设面临的新变化

智慧图书馆是面向全媒体资源,通过资源与服务的整合而开展的线上智慧图书馆。通过智慧管理与智能技术将信息释放出来,让信息产生增值效益,而不能仅仅是成为数字图书馆的翻版[8]。因而数据资源建设也亟待转型发展。

2.1 数据资源形式转变

目前,大部分图书馆对数字资源的管理还停留在粗放且模糊的分布式数据库层面。各数据库数据相对分散,无法统一管理,用户只能辗转于各个数据库进行检索,且用户使用文献的行为数据图书馆也无法自行统计。因此数据难免会出现缺漏或重复建设,更不能实现针对用户的主动精细化信息服务。相较于此,智慧图书馆不但会将通过信息技术将现有数字资源进行深度语义挖掘,同时还可以通过抓取技术实现个性化资源智慧推送服务。智慧化数据资源具有灵活可计算性、能实现自主分析、融合进化的特质。

智慧数据来源广泛,除了依靠自身现有的数据,其他的关联主体也会主动或者被动地为其提供大量数据,如通过抓取技术对环境数据、用户数据等进行元数据收割。智慧图书馆的大数据仓储是由非交互性数据、交互数据、深度交互数据等汇集构成的,其数据分类如图 1 所示。

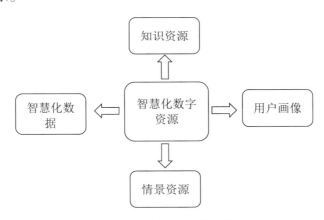

图 1 智慧图书馆数据分类

知识资源,其主要来源有三。一是图书馆继承于数字图书馆自有存储的数字化资源，包括书目数据、馆藏数据、规范数据等；二是图书馆采购的商业数据库；三是通过联合出版机构、互联网平台运营商、数字技术服务提供商等机构来获取的数据资源。

用户画像包含用户的基本信息，如专业背景、个性特征、知识结构、兴趣爱好等，以及用户在图书馆网络系统、社交网络、移动端阅读器、馆舍内监控设备和传感器等信息来源产生的数字足迹。可用于统计生成用户的个体或群体画像，便于分析不同类型用户在不同场景下的具体需求。

情景数据在线上虚拟馆舍和线下实体馆舍这两种情境下产生。如实体馆舍书目借还数据、读者入馆数据等图书馆运行数据；虚拟馆舍的空间数据，线上资源浏览、使用及下载数据。

智慧化数据主要是借助数据挖掘工具、数据分析工具、可视化工具等，对知识资源数据、用户画像、情境数据等进行关联和计算，挖掘出的横向联系与隐性知识，衍生出有价值的数据，供用户选择与使用。智慧化数据是驱动智慧服务的根本[9]。

2.2 数据资源业务流程及管理模式转变

进入智慧图书馆发展阶段，图书馆全流程的业务内容、运行管理模式将面临进一步的智慧化重组。数据资源建设不只拘泥于传统信息数据的检索以及数据库建设的工作层面上，而会以新的视角深入数据资源开发利用领域，使其与智慧化的知识生产和服务流程相匹配，将更加看重对数据的分析，更强调对资源的描述和充分利用。

智慧图书馆在数据资源管理模式上将有所突破。一是在数字图书馆的基础上将现有的文献资源从粗放的文献单元转化为更深层次的精准知识单元。二是依靠数据技术对馆内数据采集、资源检索、信息传递等业务信息进行分析，实时掌控馆内的更新数据。在此基础上整合分散、异构化的资源，实现持续增长资源的多维度、精细化的动态分析。以此推进资源的智慧化利用，合理优化服务流程，并为制定智慧服务决策及未来规划提供有力的数据支持。因而在数据管理上需优化移动智能终端，强化数据清洗，异构数据转换与规范控制，着重管理资源存储机制。

2.3 数据资源服务模式转变

传统的图书馆服务模式受制于有限的人力和技术，相对被动，与读者和用户之间沟通内容简单，其服务内容基本都是模式化的。而智慧环境下图书馆更加注重用户在馆舍空间中的深层使用体验是否顺畅、所获取信息是否满意等。用户相对于馆员来说具有更多的自主权，衡量智慧服务是否合格的标准之一就是否能在用户还未提出服务请求前就能推送相关信息。其服务模式重在精细化，将以人为本作为其核心，通过各类感知技术、智能化设备提取行为数据对读者完成画像，进一步理解用户需求，提供满足用户需求的智慧服务。特别是利用数据挖掘技术在海量的信息资源中提取与用户数据的内在特征数据有关联性的文献资源，实现资源与空间双重维度的智能化服务供给。

智慧数据服务的内容将会十分多样：对于科研机构、高校图书馆可以提供适用于教学科研流程的资源服务；对于公共图书馆可以提供智能化图书采编、智慧化分级书目推荐等服务；对于单个用户可通过手机等移动端获得个性化阅读推广、VR 及 AR 感知体验服务。

3 推进数据资源建设的新策略

3.1 培养新型智慧馆员的数据素养

数据资源的多维融合和结构重组是实现图书馆智慧服务产品创新和价值放大的精髓所在，这需要多方面的配合以实现，而人员是调度各方面资源和技术的核心所在。智慧图书馆员应该是介于学科专家和普通馆员两者之间的存在[10]，是以为用户提供智慧化服务为目标，培育用户应用和创造知识的能力为最终目的。在智能技术不断发展的学习型社会，除了基本的情报意识，智慧图书馆员还需具有一定的数据挖掘、碎片信息整合传递能力，同时还要对数据保持敏感性，时刻带着批判性思维去收集处理数据。要能够有效地处理分析所获取的信息，并利用所得结果对用户提供数据服务。从馆员层面来看，就是要求智慧馆员不断优化、创新服务意识，不固守成规，能够实时优化服务手段，确保提供高质量高效率的用户服务。从图书馆层面看，需设立灵活的人才激励考核措施，建立复合型智慧图书馆员的人才培养模式。优化现有的人员结构和配置方式，注重除图情领域外其他学科的专业化人才的引进，大力吸收来自其他行业的技术人才。随着信息技术的快速更新迭代，人们关于获取信息的方式仍然在想象中不断拓展，智慧图书馆的实现必须依靠一支不断优化的高素质服务团队。

3.2 推动数据与具体业务的融合，实现数据赋能

智慧化数据建设是一个循序渐进不断实践的过程。要从业务实际出发，加强数据的功能化建设，解决好资源层面和业务层面的共通问题，才能更好地利用数据资源。智慧图书馆的业务服务模型一般分为物理设备层、数据资源层、技术处理层、信息管理层、服务应用层[11]，数据资源的使用与建设贯穿于每个层面。物理设备层主要是由图书馆智库知识服务体系的软、硬件设施组成，是实现数字资源处理及存储的底层支撑。数据资源层存储了全部的数据资源，支撑图书馆内各部门的运行，在向外输出的同时也不断接收着由技术处理层通过数据感知、聚和、关联分析而产生的数据反哺。所有的数据都将通过信息管理层的整理后流通向顶层的服务应用层，最后形成适合用户使用行为习惯的应用接口与服务产品。数据资源如同血液一般在整个业务体系中流通循环，因此必须将数据能力以去中心化的方式渗透到各个业务环节，最大限度地激发数据的潜力，实现数据赋能。

3.3 构建数据资源整合平台

智慧图书馆的发展建设需要由传统图书馆数字化、信息化的运营模式，向智能化、数据化方向进行转换。图书馆运行需要借助大量的信息技术并依托大量的软硬件设施作为保障。然而智慧图书馆的数据无论是数量或是类型都具有多变性，单纯依靠技术支撑

只会让智慧化发展止步于科技的壁垒。资源建设更需要馆员的智慧参与其中，因此建设资源而消耗大量的人力和高成本是毋庸置疑的。这就要求各馆、各机构不能只是一味地闭门造车，应着力推进资源的共建共享核心理念，统一规范及规划机制。要搭建一个以资源为依托，不断集聚"颗粒度知识"、迭代更新"流动性知识"的数字资产整合平台[12]。通过统一的数据资源平台可以打通图书馆内部、第三方机构、线上线下等多源异构数据的壁垒，实现实时的公共图书馆全域数据采集，控制数据质量。建立该平台，首先需要建立一套完整的可进行数据清洗、归类的数据标准化体系。要将所获取的多源数据进行关联、融合、比对等操作，从而实现异构数据的汇聚和统一管理，得到最大化的数据资产价值[13]。2020年4月国家图书馆读者云门户平台上线，该平台可为全国公共图书馆提供软件即服务（Software-As-A-Service，SAAS）级别的资源云发布和云揭示服务。其中包含多种类型资源，支持地方图书馆自主建设资源子门户。自建成至今平台访问量不断上升，其成功的运营经验打开了智慧化资源服务模式的新格局。

智慧化的创新型服务离不开数据资源的智慧化转型。图书馆应抓住这个机遇，努力整合现有资源并将其与新的网络技术手段相融合，进一步实现数据的有序流通与知识赋能。要依势而动，利用现有的优势对原有的工作模式进行分析、探讨，对自身的运营模式进行持续不断的改革优化，完成智能化、智慧化升级改造。本文仅对数据资源建设过程中需要转变的几个方面进行了探讨并提出了几点建议。大量的实践工作还有待于图书馆自身以及全社会多方面的努力与支持，共同实现数据资源的建设与发展。

参考文献

［1］饶权.创新中谋发展　变局中开新局　开启图书馆智慧化转型新篇章［EB/OL］.［2020-10-15］. http://library.gensee.com/webcast/site/vod/play-6bc4e736fa844147822a94e746a2-8322.

［2］徐向东，王方园.公共图书馆智慧服务体系建设研究［J］.图书馆学刊，2021（1）：23-27.

［3］新华社.习近平给国家图书馆老专家回信［EB/OL］.［2019-09-09］.http://www.gov.cn/xinwen/2019-09/09/content_5428592.htm.

［4］饶权.全国智慧图书馆体系：开启图书馆智慧化转型新篇章［J］.中国图书馆学报，2021（1）：4-14.

［5］陈远，许亮.面向用户泛在智慧服务的智慧图书馆构建［J］.图书馆杂志，2015（8）：4-9.

［6］杜文娟.大数据环境下高校图书馆智慧服务研究［J］.内蒙古科技与经济，2021（19）：156-157，159.

［7］刘莹.数据赋能视角下高校图书馆智慧教学服务模式研究［J］.图书馆界，2022（1）：51-54.

［8］吴建中.从数字图书馆到智慧图书馆：机遇、挑战和创新［J］.图书馆杂志，2021（12）：4-11.

［9］王春迎，苏超萍，宋宁远.多源数据驱动下的图书馆智慧服务研究［J］.图书馆学研究，2021（22）：49-55.

［10］李静，杨敏.大数据背景下智慧图书馆系统框架设计与数据管理［J］.大学图书情报学刊，2019（5）：108-111.

［11］岳敏敏，董同强.数据赋能的高校图书馆智库知识服务模型研究［J］.图书馆学研究，2021（18）：74-80.

［12］王飞，陈娜，瞿冬霞，等.用户需求驱动的智慧图书馆服务体系研究［J］.新世纪图书馆，2021（5）：67-72.

［13］童忠勇.公共图书馆数字资源智慧化服务模式探索——以国家图书馆读者云门户网站为例［J］.图书馆理论与实践，2022（1）：80-83，98.

智慧文旅背景下数字藏品在国家典籍博物馆的应用研究

余木子（展览部）

数字藏品，指利用区块链技术，基于特定的作品、艺术品生成的唯一数字凭证。因此，在保护其数字版权的基础上，数字藏品可以实现真实可信的数字化发行、购买、收藏和使用[1]，包括但不限于数字画作、图片、音乐、视频、3D 模型等各种形式。数字藏品的概念源自国外的 NFT（非同质化代币），但与国外的 NFT 无序发展相比，国内的数字藏品可控性更强，形成了具有中国特色的、主动中心化监管的元宇宙生态，比如，不得用于炒作、场外交易和任何商业用途。

2021 年是元宇宙元年，图书馆学和相关领域也开始关注元宇宙时代的服务转型和技术应用问题[2]，而数字藏品作为元宇宙的基础要素之一，逐渐成为文博领域的新兴热点和打造智慧文旅的重要手段。尤其是"十四五"规划中提出的"推动景区、博物馆等发展线上数字化体验产品，建设景区检测设施和大数据平台，发展沉浸式体验、虚拟展厅、高清直播等新兴文旅服务"[3]，鼓励文博机构充分利用科技手段打造智慧文旅，更是为数字藏品在文博领域的未来发展给予了的政策指引。

在此背景下，阿里巴巴、腾讯等互联网巨头逐渐将数字藏品发行平台的内容重点向文博领域倾斜。越来越多的文博机构围绕数字藏品开展有益探索，以期借助数字藏品创新文物的保存和流通方式，助力传统文化的展示与传播，延展公共教育和社会服务的边界，更好发挥文博机构兴文化、展形象、育新人的使命担当。数字藏品正在成为智慧文旅背景下推动文博机构资源整合与利用、文化创新与服务升级的重要抓手和引擎。

1 文博机构数字藏品发展现状

文博机构开发的数字藏品，是将实物藏品进行二次创作，打造数字化 3D 模型，同时经由区块链技术进行确权，放到发行平台上让用户购买、收藏与分享，实现藏品的唯一权属、永久存证与随时鉴赏。

据了解，目前已有包括国家博物馆、北京故宫博物院、首都博物馆、河南博物院、敦煌美术院、荣宝斋在内的近 50 家文博机构涉足数字藏品的发行，具体如图 1 所示。其中，国家和省级博物馆 17 家，省级以下博物馆 25 家，文化企业 4 家，高等院校 1 家。

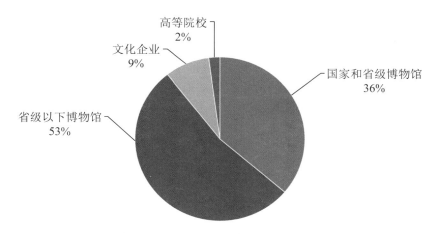

图 1 博物馆等文化机构开展数字藏品情况分布统计

注：数据截至 2022 年 2 月底。

与文博机构合作发行数字藏品的网络平台主要有阿里巴巴鲸探、腾讯幻核、唯一艺术等，具体如表 1 所示。其中，阿里巴巴鲸探平台于 2021 年 10 月 21 日推出了重点针对文博领域的"宝藏计划"，目前已为国家博物馆、首都博物馆、甘肃省博物馆等 24 家文博机构提供过数字藏品服务，同时还推出了"展馆"功能，用户可在线建设个人展馆并生成唯一编号，用于数字藏品的收藏与展示，进一步丰富数字收藏的体验感；唯一艺术平台于 2022 年春节期间联合中国文物报社和 16 家博物馆共同推出了"虎虎生福联展"系列数字藏品，并采用线上与线下展览联动的方式展出，取得了广泛的社会反响。

表 1 博物馆等文化机构与平台合作开展数字藏品情况部分统计

发行平台	文化机构数量	代表性数字藏品
鲸探	24 家	粉彩杏林春燕纹瓶（中国国家博物馆）、碧玉天鸡尊（首都博物馆）、人首蛇身玉饰（河南博物院）、兔尊（山西博物院）、铜奔马（甘肃省博物馆）
幻核	6 家	故宫美妆鹤禧觉色数字折扇（北京故宫博物院）、新年纳福数字如意（沈阳故宫博物院）、魏晋数字壁画砖（甘肃省博物馆）、齐白石作品数字特展（荣宝斋）
唯一艺术	18 家	敦煌舞乐图（敦煌美术院）、虎虎生福联展系列数字藏品（中国文物报社携宁波博物院、芜湖市博物馆等 16 家博物馆联合推出）

注：数据截至 2022 年 2 月底。

文博机构发行数字藏品激发了全民收藏的热潮，在社会上营造出了弘扬传统文化的新气象，不少博物馆的数字藏品出现了供不应求的局面。如河南博物院发售的 1 万份"妇好鸮尊"数字藏品上线秒空；西安城墙景区发售的 999 份"天之四灵——白虎·安定永康"数字藏品在 1 分钟内售罄；湖北省博物馆发售的 1 万份"越王勾践剑"数字藏品吸引了约 60 万人在线抢购[4]……数字藏品以科技手段为传统文化赋能的方式促进了文物收藏的亲民化，加深了社会公众对博物馆的关注和对传统文化的理解。中央财经大学文化经济研究院院长、龙马学者特聘教授魏鹏举在 2021 年第八届中国文化经济发展论坛上表示："以数字藏品为代表的数字文创新形态，不仅使文化遗产在新的数字时代'活起来'，也能让它们在新世代年轻人中'火起来'，成为促进文化高质量发展的新动能"[5]。

2　数字藏品赋予典籍文物的特殊属性

从属性来讲，数字藏品具有数字化、唯一性、真实性、亲民化等特征。从典籍文物来说，数字藏品赋予典籍文物的特殊属性主要体现在以下四点：

2.1　数字藏品的数字化特性让典籍收藏与展示突破了时空限制

首先，典籍文物多以纸张为载体，易腐脆弱，保存条件苛刻，不适宜长久展出和频繁翻阅，数字藏品则可以避免实物典籍因保存和使用不当造成的损坏。其次，典籍展示大多以双页对开的形式呈现，每次展览可呈现出的内容十分有限，与器物类文物相比，典籍的观赏性弱，数字藏品则可以通过技术手段尽可能多地呈现典籍内容。再者，典籍文物浩如烟海，仅国家图书馆便藏有约 300 万册 / 件典籍文献，而展览因受到展厅面积和展期限制等原因，很难在短期内将珍贵典籍尽数呈现给观众。数字藏品作为典籍展示的辅助手段，可以盘活典籍资源，让典籍发挥更大价值，惠及更多公众。

2.2　数字藏品的唯一性加深了社会公众对典籍珍贵性的认知

相比器物、书画等流传更广的文物类型，典籍更为小众化，其作为珍贵文物的属性尚未被社会公众广泛认识。由于每一个数字藏品都对应特定区块链上的唯一序列号，且均限量发售，因而公众买到的典籍类数字藏品会因其具备专属性和稀缺性被赋予更多收藏价值，这对于整体提升社会公众对典籍文物的重视程度大有裨益。

2.3　数字藏品的真实性确保了典籍文化内容传播的可靠性

数字藏品在区块链上的每一次交易都会被记录，整个过程公开透明，不可篡改，也不可拆分，这就有效避免了文物造假和虚假传播的可能。同时数字藏品能为公众真实还原典籍文物的外貌特征和基本信息，透过数字藏品这一媒介让公众了解到典籍文物的前世今生，保障传播和获取内容的真实性与可靠性，有利于典籍文化的正向输出。

2.4　数字藏品的亲民化特性促进了典籍文化的传承

亲民化体现在价格亲民、存储方式亲民、消费形式亲民三个方面。首先，数字藏品的定价大多在 200 元以内，20 元上下的数字藏品十分常见，具体如表 2 所示。相比价格高昂的复仿品来讲，典籍类数字藏品因其平价易购而更好被社会公众接受。其次，数字藏品因不涉及实体典籍，所以无须单独寻找存放空间，方便公众随时观赏并感受典籍文化的魅力。再者，数字藏品因其消费形式前卫，赋予了典籍更多时尚化、年轻化、趣味化的元素，有利于改变典籍在公众心中小众专业、晦涩难懂的固有认知，激发社会公众传承典籍文化的兴趣和主动性。

表 2 平台发行文博机构数字藏品价格情况部分统计

发行平台	数字藏品	藏品归属	发行定价（元）
鲸探	四虎铜镈	湖南省博物馆	19.90
	亚长牛尊	殷墟博物馆	19.90
	人首蛇身玉饰	河南博物院	19.90
	圆明园虎首铜像	保利文化集团	29.90
	铜奔马	甘肃省博物馆	29.90
幻核	摩崖五福石刻	靖江王府	68.00
	齐白石画作	荣宝斋	118.00
	新年纳福如意	沈阳故宫博物院	118.00

3 国家典籍博物馆应用数字藏品的重要意义

3.1 顺应时代发展趋势

随着"智慧文旅"概念的提出，"互联网 + 文化"的发展模式已成为大趋势。国家典籍博物馆作为文化和旅游部直属的公共文化机构，更需抓住科技进步的脉动，探索智慧化升级的道路，发挥数字藏品在图书馆资源利用、服务供给等方面的积极作用，为传统文化的推陈出新、与时俱进发挥更大作用。

此外，新冠肺炎疫情的暴发进一步加快了我国社会的数字化服务与推广进程。在文博领域，文博机构尝试将线下活动转到线上，社会公众逐渐接受并习惯使用数字服务。随着疫情常态化，各大文博机构虽已逐渐放开线下活动，但始终严格控制着到馆人数。面对后疫情时代，国家典籍博物馆如何在有效防范疫情的同时，更好地履行公共文化机构的职能，在维持现有文化服务供给的基础上，进一步增加文化服务输出，依托数字技术的数字藏品无疑为解决这一难题提供了选择。

3.2 促进资源整合、保护与利用

国家图书馆馆藏宏富、门类齐全，古籍特藏约 300 万册 / 件，覆盖甲骨、金石拓片、敦煌遗书、善本古籍等多个门类，另有民国出版物、现代出版物等各类文献约 3400 万册。这些典籍承载着中华文明、凝聚着民族智慧，是中华五千年文明轨迹的缩影。作为国家图书馆职能的新拓展，保护馆藏知识产权、加速 IP 创造性转化、推动典籍文化创

新性发展是国家典籍博物馆要回应的时代课题。近几年，人工智能、区块链、云计算、AR/VR 等科技迅猛发展，数字内容的制作成本大幅降低，推动了社会消费转型升级，为文化创新奠定了技术基础。基于此，以数字藏品为代表的数字技术也将为国家典籍博物馆资源的整合、保护与利用提供有益帮助。

3.3　充分发挥社会效益

"传承文明、服务社会"是国家图书馆的立馆之旨，也是国家典籍博物馆自开馆以来所秉承的原则。不断创新服务方式，促进传统文化传播，更好满足社会公众的精神文化需求是新时代国家典籍博物馆作为公共文化机构的职责所在。然而，博物馆社会效益的体现不能简单地用藏品数量、展览场次、活动频次来衡量，而应更多地考虑文化的传播范围和受众数量，即有多少公众真正接收到博物馆的传播内容并从中受益。数字藏品因其具备数字化、唯一性、真实性、亲民化等特殊属性，为典籍文物的展示与传播提供了新的路径和方式，这对于国家典籍博物馆提升文化输出效率、更好地履行社会职责、培育民族文化自信具有重要意义。

首先，数字藏品能提高公众对典籍的接受度，促进典籍文化的传播和普及。在藏品数字化技术的推动下，典籍文物的展示范围不断扩大，公众与典籍间的距离不断缩小，两者逐步建立起良性的交流互动，从而吸引更多公众走进博物馆，感受典籍文化的独特魅力。其次，数字藏品能促进正确价值观的输出，启发全民典籍文物保护和知识产权保护意识。数字藏品的唯一序列号赋予了每件典籍文物独一无二的身份认证，交易的公开和透明让每一件典籍文物都有迹可循，这对于促进公众正确认识典籍价值，强化典籍文物版权保护意识，维护国家典籍博物馆品牌形象，助力博物馆事业健康持续发展都具有重要意义。

4　国家典籍博物馆应用数字藏品的路径研究

4.1　应用依据

近几年，数字技术逐渐成为推动文化高质量发展的重要引擎，以数字为手段、以文化为内容的融合发展模式方兴未艾，国家各项政策相继出台，为促进数字经济和文化产业融合发展指明方向。《北京市促进数字经济创新发展行动纲要（2020—2022）》《北京市"十四五"时期推进国际文物艺术品交易中心建设规划（2021—2025）》《上海市电子信息产业发展"十四五"规划》等政府文件中均明确提到了"区块链""云端文物艺术品交易""文化＋数字""元宇宙"等概念，这些鲜明的政策导向为国家典籍博物馆开展数字藏品业务提供了充分的应用依据。

4.2　应用模式

目前文博机构与互联网平台发行数字藏品的合作模式主要有三种。第一种是博物馆具备创作者和发行方双重身份；第二种是博物馆作为创作者主体，委托第三方企业作为发行方；第三种是博物馆馆属企业作为创作者主体，委托第三方企业作为发行方。具体如表 3 所示。

表 3　博物馆与鲸探平台数字藏品部分合作模式统计

数字藏品	创作者	发行方
龙虎纹四环铜鼓座	安徽博物院	安徽博物院
人首蛇身玉饰·春秋	河南博物院社会服务部	河南博物院社会服务部
铜奔马	甘肃省博物馆	苏州和云观博数字科技有限公司
唐·十二辰·鼠首俑	西安博物院	西安花生粒文化科技有限公司
花形悬猿铜钩	河北博物院	北京谜漫知画文化传播有限公司
粉彩杏林春燕纹瓶	国博衍艺	上海旭衍文化发展有限公司
碧玉天鸡尊	北京首博文化发展有限公司	上海跨杰网络科技有限公司

第一种模式对博物馆自身的人才、技术、资金等方面要求颇高，需要各方面相互配合实现数字藏品发行的良性运转，包括设计创作、商务洽谈、成本计算、发行宣传等多个环节，优势是博物馆可以实现自收自支，整个过程完全处于自控范围之内。第二和第三种模式无论创作者主体是博物馆自身还是馆属企业，代表的依然都是博物馆，区别仅在于社会效益和经济效益哪个属性更为凸显。在这两种模式下，博物馆只需承担数字藏品发行环节中的藏品挑选、素材提供和部分设计工作，其余环节均由第三方企业负责，包括二次创作、成本预支、渠道布局、平台运营、营销宣传等。因此博物馆需要与第三方企业进行高效沟通，以便其能准确提炼文物内涵、揭示文物价值，同时双方按照约定比例分配发行收益，其优势是第三方企业掌握行业动态、深谙国家政策法规、了解市场需求，可以帮助博物馆更好规避风险，提高发行效率。

通过以上分析，鉴于国家典籍博物馆现状，笔者建议采用第二种发行模式，由国家典籍博物馆作为创作者主体，委托第三方企业具体负责数字藏品的发行、流转和场景应用。这种发行模式可以有效弥补国家典籍博物馆前期在人员、技术、资金等方面的不足，为初步涉足数字藏品领域提供指引和保障，确保在资源欠缺的情况下顺利推进数字藏品开发工作，在"不掉队"的同时留出时间积累经验、壮大力量。除此之外，以国家典籍博物馆自身名义为主体，也能更好体现其作为公共文化机构的社会效益属性，最大限度发挥社会效益价值。

4.3　应用流程

为推进实现数字藏品在国家典籍博物馆的应用，笔者结合实际工作特征和数字藏品开发流程，构建"国家典籍博物馆数字藏品开发网络架构"，包括授权、选品、创作、发行、宣传五个环节，具体流程如图 2 所示。

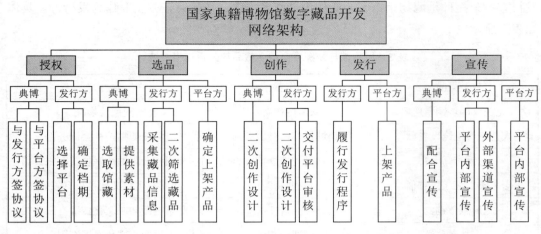

图 2 国家典籍博物馆数字藏品开发网络架构

授权环节中，国家典籍博物馆（典博）需与第三方发行企业、互联网平台分别签署协议，由发行方选择平台、确定档期。选品环节中，国家典籍博物馆选取部分馆藏作为创作蓝本，并提供相关图文素材，发行方配合对藏品进行筛选和数据采集，最终由平台方确定上架产品。创作环节中，国家典籍博物馆与发行方共同对藏品进行二次创作，创作完成后由发行方交付平台进行审核。正式发行环节中，由发行方履行具体程序，确保数字藏品按期发行，平台方提供区块链、数字凭证等技术支持，完成产品上架。后期宣传环节中，发行方和平台方主导营销策划，国家典籍博物馆配合宣传，共同促成数字藏品的发售。

4.4　应用拓展

与实体典籍文物相似，典籍的数字藏品也会存在观赏性和趣味性不足的问题，为在众多数字藏品中脱颖而出，需充分挖掘典籍的独特优势，扬长避短，开发出具有国家典籍博物馆特色的数字藏品。

4.4.1　强化品牌意识

形成品牌效应、开发满足市场需求的数字藏品是国家典籍博物馆未来的工作方向之一。任何文化创作都要坚持"内容为王"，充分认识到创意、故事、信息以及各种文化艺术的知识产权是构成文化产业的核心，赋予产品和服务更高的附加值[6]，这对于提升国家典籍博物馆品牌识别度和品牌影响力同样具有重要作用。

4.4.2　创新数字玩法

据了解，数字藏品的受众大多集中在 95 后，时尚、前卫、好玩是他们选择数字藏品的主要原因。因此，国家典籍博物馆在数字藏品开发过程中，要不断加强市场调研，发掘年轻人喜好，让馆藏特色与受众需求点擦出火花，开发出符合年轻人审美的数字藏品。同时可以采用年轻人更易接受的流行玩法，比如集盲盒、联名销售等方式，让数字藏品的呈现形式更接地气，让年轻人体验到玩转虚拟物品的乐趣。

4.4.3　建立情感连接

典籍类数字藏品观赏性不足的问题可以通过增加互动来解决，如举办数字藏品线上线下联动展览等活动，展示数字藏品典籍实物的递藏史、修复史，让数字藏品的所有者与历代藏家、文物工作者隔空产生共鸣，营造人和物的对话环境，加强数字藏品与受众的情感连接，激发受众的认同感、责任感，从而为受众带来更丰富的体验。

数字藏品是智慧文旅背景下博物馆文化创新的新生事物，是让博物馆的文物、大地上的遗产、古籍里的文字活起来的重要手段，其对于培育民族文化自信、推动文化高质量发展的意义不容小觑。然而，关于其在博物馆应用的实践和研究刚刚起步，国家相应监管措施也在逐步落地。国家版权交易中心联盟等单位联合发布的《数字文创行业自律公约》首次规范了数字文创的发展，但准许二次交易、促进商业转化等政策尚未放开，这在一定程度上或将削弱数字藏品的价值，束缚其在文博领域的发展空间。因此，国家典籍博物馆如何在有限的范围内，把握时代机遇，依托政策红利，着力发展数字藏品，使其切实成为长效推动博物馆发展的强劲动能，是我们未来仍要思考和努力的方向。

参考文献

［1］北京日报客户端.区块链技术激活传统文化，国内博物馆试水数字藏品［EB/OL］.［2022-02-27］.https：//baijiahao.baidu.com/s?id=1719815479689739624&wfr=spider&for=pc.

［2］杨新涯，钱国富，唱婷婷，等.元宇宙是图书馆的未来吗［J］.图书馆论坛，2021（12）：35-44.

［3］新华社.中华人民共和国国民经济和社会发展第十四个五年规划和2035年远景目标纲要［EB/OL］.［2022-02-27］.http：//www.gov.cn/xinwen/2021-03/13/content_5592681.htm.

［4］中国经济智库.新华社访朱克力：数字藏品兴起的原因是什么［EB/OL］.［2022-02-27］.https：//new.qq.com/omn/20220206/20220206A04IFJ00.html.

［5］南方网.央财报告：区块链等数字技术是解决文物"三好"问题的最优方案［EB/OL］.［2022-03-05］.https：//finance.southcn.com/node_748b28905c/3d6d56c412.shtml.

［6］陈少峰，张立波.文化产业商业模式［M］.北京：北京大学出版社，2011：105.

缪荃孙续修清史《文苑传》之江苏文士群像考论

肖慧琛（数字资源部）

中国近代图书馆鼻祖、国家图书馆前身京师图书馆监督缪荃孙任清代国史馆总纂期间续修《文苑传》。台北故宫博物院所藏《续文苑底稿》系缪荃孙于光绪初中期所修《文苑传》的工作稿本，后来成为光绪末年国史馆总纂陈伯陶所修《文苑传》、民国清史馆时期缪荃孙所修《文学传》《清史稿·文苑传》等历次清代《文苑传》的底本，系清代从国家层面的纪录视角对从顺治至光绪前期共九朝文坛正统的确定[1]。该稿本在文献学层面具有重要价值，不仅折射晚清国家文教治理策略，而且反映出近代文学派别变迁以及缪荃孙等纂修官的文学思想。此前学术界较少关注，近年来戚学民教授团队展开了深入研究[2-4]。

《续文苑底稿》收录清十七省正附传人物共219人，其中江苏（及江南）籍贯64人，约占全体人数30%，为各省之最。其背后原因在于江苏素来为人文渊薮①、缪荃孙的交游圈、国史纂修运行机制，其间晚清"清流"代表、江苏学政黄体芳发挥重要作用。缪黄二人在续修清国史《文苑传》江苏及江南籍贯入传人物传记的配合成果尚未有专门研究。

1 汉学与清流：缪荃孙与黄体芳的交游圈

缪荃孙学宗汉学，光绪初年起与清流人士交往密切；他学养深厚，作为江苏省常州府江阴县人，熟悉乡邦文献。黄体芳在续修《文苑传》的江苏及江南人物传记的文献准备与人物履历纂修过程中作用巨大。二人交际圈层重叠、政治抱负贴近，在学术与文学上皆认同常州派，进而促成江苏及江南文苑人士的系统性建构。

1.1 缪荃孙与续修《文苑传》

光绪八年（1882），缪荃孙由座师潘祖荫引入国史馆，任国史馆总纂期间完成续修《文苑传》。

清政府在乾嘉至道光间三次修纂《文苑传》，国史馆总裁潘祖荫于光绪七年（1881）奏办续修《儒林》《文苑》等传，并向各省发文要求汇送资料至国史馆。缪荃孙于光绪

---

① 江苏及江南籍贯入传人数排名第一的首要原因是江苏为人文渊薮，兼之经济、历史、社会、地理、交通等诸多因素汇集，使得地域文化呈现出极高水平，关于清代江南或江苏的研究已非常充分，此处不再赘述。

八年十二月充国史馆协修，任分纂；因人事变动，潘祖荫曾嘱谭宗浚办《儒林》《文苑》两传。光绪九年三月，缪荃孙担任国史《儒林》《文苑》等五传纂修，分司编纂，期间潘氏丁忧离馆。光绪十年秋，经国史馆前总裁、大学士宝鋆奏请，缪荃孙充国史馆总纂，与总纂谭宗浚合修《儒林》《文苑》《孝友》《隐逸》四传，先由谭宗浚专办《文苑传》并纂《拟续修儒林文苑条例》；光绪十一年二月，谭宗浚脱稿后简放云南，此后缪荃孙独自负责纂修，光绪十四年四月前完稿，向国史馆奏付《文苑传》七十四篇，"分并去取，略具苦心"[5]。由于缪荃孙学宗汉学，与学宗宋学的徐桐就纪大奎入《儒林传》一事意见相左，后事事龃龉，徐桐不办进呈御览。缪荃孙将《文苑传》"初稿留箧中，本欲刊入私集，'与天下读书人共证之'，费重而止"[6]。光绪末年，国史馆组织再修《文苑传》，总纂陈伯陶以缪荃孙工作稿本《续文苑底稿》为底本；民国清史馆时期，缪荃孙再任总纂，以己稿为底本，相继形成《文学传》和《文苑传》；后马其昶等人又以之前版本为底本，纂成今人所见《清史稿·文苑传》。

1.2　缪荃孙与黄体芳

光绪国史列传纂修运行机制首先由国史馆向各省发文以获取人物资料及著述。在地方上，以各省学政为中心，令州府县学官搜访资料并撰写人物履历事实册，汇送至学政，由学政统一整理后，由各省运送至国史馆。学政由皇帝统一派出，掌一省文教，地位特殊，不同于其他地方官。因此，学政汇送至国史馆的资料是国史列传的基础素材。

江苏（及江南）籍贯人数在《续文苑底稿》排名第一的重要因素在于缪荃孙与黄体芳。二人交往数十年，师友亲戚互相交集，以张之洞为纽带；黄体芳积极响应国史馆征书需求，大力搜访汇编江苏人物事实册及著述，经二人努力呈现出具有显著地域学术传统特征的江苏及江南文苑人物系统图景。

1.2.1　黄体芳其人

黄体芳（1832—1899），浙江省温州府瑞安县人，光绪初年以"翰林四谏"名震朝野，被时人视为"清流"代表人物之一，终身致力于弘扬旨在经世的永嘉学派，强调汉宋融合。他是同治二年（1863）进士，与张之洞同年，先后任顺天乡试同考官、福建学政、贵州乡试副主考、山东学政、咸安宫官学总裁等职。光绪五年（1879），朝臣"议承大统"，就光绪皇帝应为咸丰嗣子还是同治嗣子一事产生争论，徐桐、翁同龢、潘祖荫、宝廷、黄体芳、张之洞、李端棻上折，明确维护两宫太后垂帘听政的合法性，清流人士之势亦随之张扬。次年黄体芳简放江苏学政，太后特谕："尔虽在外，有见必言。"[7]可见对他的信任，因此他到任后留意访查士习民风，上折具报。光绪七年，他在任上擢内阁学士兼礼部侍郎衔，八年续任江苏学政。期间，他仿效阮元建南菁书院传播朴学，积极响应国史馆征书要求汇送江苏省人物及文献。光绪十一年八月，黄体芳升任兵部左侍郎，然而十二月上折弹劾李鸿章不宜会同办理海军差使，引起慈禧震怒，导致在光绪十二年由正二品连降二级为正三品，任通政使司通政^①。

黄体芳与国史馆纂修官关系匪浅。他与国史馆先后两任总裁潘祖荫、徐桐关系良好。潘祖荫被"清流"人士视作文坛领袖；徐桐、潘祖荫与黄体芳一同上折维护两宫太后之治，奏折由黄体芳草拟，徐桐作为保守派对于时常抨击洋务派腐败的"清流"人士存在一定程度的认可。黄体芳与负责续修《儒林》《文苑》的纂修官们关系更加密切。光绪七年，潘祖荫起初委派"清流"代表张佩纶、陈宝琛二人任《儒林》《文苑》等传总纂，但在光绪八年，张佩纶署都察院左副都御史，陈宝琛任江西学政。黄体芳、陈宝琛、张佩纶已占同光时期声名响震天下的"翰林四谏"之三，互相交游密切，时常往来书信。对于继任续修国史列传的谭宗浚、缪荃孙，黄体芳早已相识。同光时期，潘祖荫主盟、张之洞实际组织京城陶然亭龙树寺雅集活动，黄、谭、缪皆参与其中。谭宗浚于光绪八年典试江南任江南乡试副考官，彼时黄体芳在江苏学政任上；谭于十一年二月离开国史馆，此前黄体芳分别于九年正月、十一月汇送资料至国史馆，谭亦当了解情况。

1.2.2 缪荃孙与黄体芳、黄绍箕父子

缪荃孙"追慕……'清流'风韵"^[8]，在雅集、交游、工作、学术活动中与黄体芳、黄绍箕父子往来，关系良好。在纂修国史的工作中，缪荃孙与黄体芳配合良好。

（1）雅集与交游

缪荃孙及师友亲朋与黄体芳父子保持数十年交谊，且与张之洞密切关联。

消寒雅集是京城仕宦常有的聚会活动，旨在宴饮赋诗、沟通交游。某年十一月，黄体芳致信缪荃孙，邀请他至家中小酌，强调如同往年京城消寒惯例，无闲杂宾客^[9]。饮酒并非在外，且冬季消寒聚会已有多次，可见二人关系较佳，或有私密话语相商。

光绪十二年冬，被降职为通政使的黄体芳受缪荃孙之师李文田招饮，与友朋观慈禧太后绘菊花萱草图。十三年春夏之交，黄体芳父子、缪荃孙、缪荃孙堂弟缪祐孙共赴崇效寺雅集；六月，黄体芳在什刹海酒楼设宴，缪荃孙亦赴宴^[10]。缪荃孙至十四年完成续修《文苑传》。如此密切的交游往来，二人或许就国史纂修进行过不少讨论。二十年正月，黄体芳赴缪荃孙消寒第五宴。

缪荃孙非常认可黄体芳在江苏学政任上培植士子的贡献，但惋惜家乡江阴文风不佳，士子重八股时文、不重朴学，纵然黄体芳所建"南菁书院开已两年，院长张啸山、黄元同（黄以周），皆海内夙学，邑人视之疑信参半"^[11]，"习俗不化"^[12]。约光绪十一年（1885），缪荃孙向表兄金武祥表示，当年江阴在榜士子仅有二人，黄体芳离任前主持岁试，江阴竟在三等。这是勉强合格的水平，缪荃孙深为惋惜。缪荃孙在光绪十四年离京

① 尤育号、张升、王维江等人对于黄体芳的生平已有较为深入的研究。详见：尤育号.黄体芳研究［D］.上海：华东师范大学，2007；尤育号.从黄体芳论同光清流［J］.历史教学问题，2007（4）：70-74，23；尤育号.黄体芳社会交游考察［J］.温州大学学报（社会科学版），2009（3）：72-77；尤育号.学政与晚清教育、学风的变迁——以黄体芳为例［J］.浙江学刊，2010（5）：53-57；张升.从《江南征书文牍》看清朝国史馆征书［J］.史学史研究，2008（3）：98-104；王维江."清流"研究［M］.上海：上海书店出版社，2009；谢作拳，韩当权.张之洞致黄体芳父子手札六通考释［J］.收藏家，2014（6）：49-58.

后赴南菁书院讲学，专授辞章，与黄体芳在任时亲点院长黄以周共刊《南菁讲舍文集》。

黄氏父子与缪荃孙的关系延续数十年，与张之洞至关重要。缪荃孙为张之洞幕僚、弟子，同治年间为时任四川学政的张之洞撰《书目答问》，风靡士林，二人终生往来密切。

黄体芳与张之洞为同年、挚友、姻亲，同治十一年令黄绍箕从张之洞受业，光绪十年黄绍箕续娶张之洞兄长张之渊的次女，黄、张曾往来信札商讨成婚事宜。黄绍箕始终为张之洞智囊，替张氏撰写赫赫有名的《劝学篇》，所著《中国教育史》对我国近代教育史事业具有划时代的意义。光绪二十五年黄体芳去世，张之洞挽联：

> 惟公乃心君国，至老不忘，进则谠言于朝，退则正谊于家，流落江湖吟屈赋；
> 如我不合时宜，知己独厚，公事道义相规，私事忧乐相恤，沧浪天海碎牙琴。[13]

张之洞将二人喻为伯牙子期，于公事道义互相规劝，于私作为姻亲互相体恤、共同忧乐。当时张之洞已贵为封疆大吏、洋务派首领之一，挽联提及二人"不合时宜"实际饱含深意。于私而言，宦海沉浮，他与黄体芳以"清流"之名鹊起于朝野，之后扶摇直上，眼见黄体芳因直言连升数级，又因谏言降级，有同气相连、惺惺相惜之感。于公而论，光绪二十年甲午战争失败并于次年签订《马关条约》，标志着李鸿章为首的北洋海军失败，洋务派领袖曾国藩、左宗棠早已过世，张之洞作为洋务派领袖被给予厚望，一度支持维新人士，然而却在戊戌政变前通过刊发强调"中体西用"的《劝学篇》与维新党切割关系，政变后营救钟爱弟子、"戊戌六君子"之一杨锐失败。在内忧外患、政治环境复杂的大变局时期，面对国家前途与个人及亲友命运交杂、如履薄冰的困境，谁能真正"符合时宜"、力挽狂澜将国家引领至正确方向呢？

（2）工作与学术

回溯至光绪前中期，太平天国战乱结束，清政府元气恢复，朝中似乎一片欣欣向荣，因此组织大型续修国史的工程，旨在以"文教"化民成俗、彰显国家昌盛，这是当时清政府治理国家的重要策略之一。光绪七年至十三年，缪荃孙、黄体芳、黄绍箕皆处于仕途上升期，兢兢业业工作以施展抱负，在续修国史、翰林院的工作中有所交集。

光绪七年，祖籍江苏苏州吴县的国史馆总裁潘祖荫以国史馆名义向各省发文要求汇送传记资料。黄体芳时任江苏学政，立即响应，向下级学官发文传达，并开展工作，分别于光绪九年正月、十一月、十一年十月，共三次向国史馆报送240人[14]、646部著述与各府州县志书、事实册等180本[15]。缪荃孙作为《儒林》《文苑》等传总纂，自当掌握汇送情况。

在向国史馆汇送资料时，黄体芳重视缪荃孙的业师丁晏及其学脉，汇送的丁晏家传及著述多达二十种，远远超过同批报送的其余57人；丁晏之师潘德舆位列首批汇送人物。

在指导下级搜访资料时，黄体芳助力缪荃孙指定的协助者缪朝荃。缪朝荃系缪荃孙同宗兼好友，不仅辑录《国史备采录》作为搜访清单，同时在太仓搜集书籍，还应缪荃孙要求草拟骈文大家彭兆荪传记。光绪十一年九月，黄体芳向太仓州学官发文，要求采录《国史备采录》所列书籍，因事已三年未获太仓州答复，要求迅速办理，以咨报国史馆[16]。缪朝荃采辑图书有：毛岳生《休复居集》、姚椿《通艺阁》《晚学斋》、郭麐《灵芬馆集》、沈钦韩《幼学堂集》、王芑孙《渊雅堂集》、董祐诚《董方立（遗书）》等[17]。上述人物及著述皆载于《续文苑底稿》。缪朝荃致信缪荃孙提醒须采录王昶《春融堂全集》、刘嗣绾《尚䌹堂诗文集》[18]，《续文苑底稿·顾陈垿传》引用《春融堂全集》，《尚䌹堂诗文集》由黄体芳汇送至国史馆。

黄体芳在江苏时，缪荃孙与黄绍箕为翰林院同僚，缪氏致信黄绍箕交流工作与学术。首先提示黄绍箕："须乘老伯（黄体芳）在苏省任内交付书局刊成（陈立所著《公羊义疏》）。"[19]该书后来由黄体芳继任王先谦刻入南菁书院《皇清经解续编》。其次，提到张之洞在馆时负责纂写张师《韩中丞超列传》，因出京移交给张佩纶，又再转黄绍箕，希望了解该传进展情况。最后，指出顾槐三《后汉艺文志》与《公羊疏》的缺点，并询问黄的评价。

由于缪荃孙与黄体芳父子社交圈层叠交错，在工作与学术上能进行有效交流，配合良好。黄体芳怀抱兴盛文教、阐扬幽隐、树立典范的政治抱负，大力响应国史文献搜访辑采，工作成效显著，为《文苑传》江苏及江南文苑人物谱系构建奠定充足文献基础。

2 《续文苑底稿》所载黄体芳汇送文献

《续文苑底稿》列入生活在明末清初至清光绪八年江苏及江南籍64人，包括正传26人、附传38人；重点书写常州派人物谱系，还有虞山诗派、娄东诗派、桐城派代表以及精通经学、史学、舆地、金石等领域的人物，特色是根柢经史、旨在经世。

黄体芳私人文集《江南征书文牍》记载江苏省汇送约50位入传人物的资料或著述，包括正传23人、附传27人；14人未见于《江南征书文牍》，但黄体芳《醉乡琐志》载有上海籍谏臣曹锡宝传记，其余或许记录于州府县呈报的各类资料中。

2.1 《续文苑底稿》江苏及江南入传人物概况

黄体芳所载人物约八成最终列入《续文苑底稿》，较为客观地反映出清代江苏文苑人物图景，如下：

苏州府

    吴县：沈钦韩、冯桂芬、陈景云、陈黄中、吴慈鹤、（钮琇[①]）

    常熟：冯班、黄仪、王峻、（吴乂）

    长洲：何焯、顾嗣立、王芑孙

    昭文：邵齐焘、吴卓信、孙原湘

    吴江：张海珊、郭麐、（吴兆骞）

    震泽：张士元、张履

---

① 此处及以下文括号内的13人未载于《黄体芳集》，或许记载于《国史备采录》《宝应循吏孝友录》《苏州孝友录》，常州府报送《常郡文献备采录》《常州循吏录》《武进阳湖潜德录》等资料。

元和：陈鹤

常州府

武进：黄景仁、李兆洛、陆继辂、陆耀遹、杨椿、赵怀玉、（管世铭）

阳湖：赵翼、恽敬、董祐诚、刘嗣绾、方履篯、谢应芝、（周仪暐）

无锡：杨芳灿、杨揆、顾贞观

宜兴：吴德旋

荆溪：周济

江阴：（承培元）

太仓州：（顾湄）

嘉定：瞿中溶、（黄与坚）

镇洋：彭兆荪、（顾陈垿、陆增祥）

宝山：毛岳生

江宁府

上元：管同、梅曾亮

江宁：严长明

淮安府

山阳：潘德舆、鲁一同

清河：吴昆田

松江府

娄县：姚椿

上海：曹锡宝

金山：沈大成

扬州府

江都：陈逢衡、程晋芳、（宗元鼎）

泰州：（邓汉仪）

泰兴：陈潮

江南颍州：（刘体仁）

各府之中，以苏州、常州、太仓的人数为最。据关于清代有籍贯可考的著名文学家统计数据，苏州为全国第一，江苏省第二名为常州[20]；与《江南征书文牍》《续文苑底稿》所反映出的排名相同。因此，《续文苑底稿》所呈现的苏、常二府人数排名符合客观事实。根据被列入《续文苑底稿》的江苏及江南籍贯人物情况，在各县之中，武进、阳湖、吴县的人数为前三名，其中，武进、阳湖的人数约占常州府的三分之二。

2.2 常州派

缪荃孙在《续文苑底稿》以国史形式书写常州派代表人物，与桐城派相抗①，强调

---

① 常州派被后世称作阳湖派。详见曹虹. 阳湖文派研究［M］. 北京：中华书局，1996.

与桐城派是互相抗衡的关系，有力支撑了学界关于阳湖派与桐城派相竞的观点，而非学界提出的另一种观点——阳湖派出自桐城派；还明确了常州派谱系：第一代为恽敬、张惠言，第二代为陆继辂、董士锡、董祐诚。

背后原因之一是武进、阳湖两县"素称人文渊薮，乾隆、嘉庆之际，魁儒杰士，相继朋兴。若庄述祖、庄有可、孙星衍、洪亮吉，著述之富几与钱氏相埒。武进则臧庸、张惠言《拜经》《茗柯》诸刻，宏编巨籍，并久已彪炳艺林。又庄逢原、庄绶甲、洪饴孙、洪齮孙、张成孙，俱家学相承，赵翼、赵怀玉、黄景仁、刘嗣绾、恽敬、陆继辂、董士锡，亦文章名世。至于恽日初、杨椿……或彰美于前，或传盛于后"[21]。庄氏之学为常州经文学派发端，孙星衍、洪亮吉、臧庸、张惠言为汉学名家。

原因之二是缪荃孙与黄体芳非常认可武进、阳湖的人物。缪荃孙受业于阳湖籍骈文家汤成彦，同治八年为其校刻《听云仙馆俪体文集》；黄体芳整理汇刻阳湖派代表李兆洛《养一斋集》，令黄绍箕受业于阳湖籍国史馆纂修陆尔熙。武进、阳湖原为武进县，道光十九年李兆洛、周仪暐主纂合辑两县方志为《武进阳湖县合志》，为方志佳作，光绪五年重修《光绪武进阳湖县志》，《续文苑底稿》数次引用该方志。

对比《江南征书文牍》人物履历事实册及著述，与《续文苑底稿》所载陆继辂、陆耀遹、董祐诚的著述存在高度吻合。

2.2.1　陆继辂和陆耀遹

《续文苑底稿·陆继辂传》载："恽敬、张惠言，天下推为常州派，与桐城相抗。（陆）继辂及董士锡所作文亦拔戟自成一队。"[22]将恽敬、张惠言作为常州派第一代代表人物，将陆继辂、张惠言的外甥兼女婿董士锡作为常州派的第二代代表，陆、董二人为亲戚。陆继辂祖父与赵怀玉、孙星衍、洪亮吉相交，因此继辂幼年起受到熏陶，后与丁履恒、庄曾诒、张琦、恽敬、洪饴孙等相交。陆继辂文彩四照，诗歌风格清新、温润。

《陆继辂、陆耀遹传》有两个版本，可见缪荃孙着力之重，他仔细阅读过陆继辂所著《合肥学舍札记》，提到该书记载阮元任国史馆总纂时撰《儒林传·张惠言传》[23]。黄体芳汇送陆继辂的"（李兆洛撰贵溪知县陆君）墓志铭。《崇百药斋诗文集》二十卷《续集》四卷《三集》十二卷。《合肥学舍札记》十二卷，共六本。附陆耀遹事实册，《双白燕堂文集》二卷《外集》八卷，四本"[24]。《札阳湖学》粘单录有陆耀遹《续金石萃编》等。二陆传记所载著述皆与黄体芳汇送一致，仅部分著作卷数不同。

2.2.2　算学家董祐诚

董祐诚，字方立，作为常州派第二代及算学家代表被书写于《续文苑底稿》，稿纸近七页，全传近1500字，篇幅较为罕见，其余正传人物传文数百字。董祐诚著作等身，精通算学、历数、舆地、名物、骈文，《董祐诚传》记载他与张惠言之子张成孙"共治算学，尽通诸家法"[25]，强调他通晓并继承张家诸种家学（如易学、骈文等），暗示他实则属于常州派第二代代表。他三十岁出头去世，诸多亲友哀婉其早逝，张惠言之弟张琦在《董方立遗书·序》说明他算学成就极其突出，董祐诚遗著由其兄、开封知府董基诚整理而成；董祐诚在骈文与作词上承袭常州派。

黄体芳汇送他的全部著述："事实册。《董方立遗书》，首附家传，《割圜连比例术图解》三卷，《椭圜求周术》一卷，《斜弧三边求角补术》一卷，《堆垛求积术》一卷，《三统术衍补》一卷，《水经注图说》残稿四卷，文《甲集》二卷、《乙集》二卷，《兰石词》一卷。"[26]

黄体芳报送的《家传》应当是董祐诚表兄李兆洛所撰《董方立传》。《董祐诚传》引用了黄体芳所报送除事实册以外的全部著作，依次详细介绍算学著作的著述经过及内容要点，各书卷数与黄体芳所报一致。光绪初期，清政府及士林非常重视算学、历法等与实务发展息息相关的经世之学，《续文苑底稿》纳入不少算学家。

黄体芳汇送的事实册及著述，缪荃孙在《续文苑底稿》采用甚多，尤以常州派谱系为亮点。

2.3 谏臣风采

《续文苑底稿》专为弹劾和珅的钱沣（云南籍）、曹锡宝、谢振定（湖南籍）、管世铭立传，与其他诗、文、学等脉络派系传主风格事迹截然不同。谏臣不入《循吏传》，反入《文苑传》，明显可知亲近清流的缪荃孙有借国史为"谏臣"正名、立传彰昭之意。作为曾经的"翰林四谏"之一，黄体芳在文集《醉乡琐志》记载曹锡宝传记，与黄氏本人先后弹劾尚书贺寿慈、出使俄国大臣完颜崇厚、慈禧宠臣李鸿章等人不无异曲同工之处。对比文本，《续文苑底稿·曹锡宝传》在黄体芳所记基础上扩展，说明曹锡宝入传原因是奉旨崇祀乡贤祠，详述他任御史弹劾和珅家人刘全逾制、后获嘉庆追赠官职之事，简单提及他手抄经、史、古诗文、《华严经》，早年作诗长于五言古诗，有陶渊明、谢灵运、韦应物、孟浩然的山水田园诗的真意，中年以后爱好小学，反复校勘《尔雅注疏》，强调曹锡宝学问根于经学，作诗有魏晋唐诗之"真"，亦如其人。《续文苑底稿》所记四位谏臣确有文采与学问，与缪荃孙所处时代之清流存在诸多共通。

续修国史是同光中兴时代以文教治国的一项重要策略。为巩固清政府自太平天国运动后对江苏等中心地带的治理，缪荃孙、黄体芳共同努力，使得《续文苑底稿》较为完整客观地呈现出清代江苏及江南文苑人物图景，关于常州派谱系的书写是从前学界较少关注的领域，值得今后深入研究。与"清流"人士密切交往的缪荃孙独树一帜将谏臣列入《文苑传》，有政治及私人考量。他们希望广播旨在经世的朴学，积极创建文教政绩，显示出彼时朝野一股力量试图秉承旧学开创新纪，令人敬佩，然而从历史看来，不过是晚清回光返照的一丝照影。

参考文献

［1］肖慧琛.光绪国史续修文苑传纂修考略［J］.厦门大学学报（哲学社会科学版），2019（1）：149-160.

［2］戚学民，唐铭鸿.论《续文苑底稿》对桐城派史的续写［J］.安徽史学，2022（1）：125-133.

［3］戚学民.论清史《续文苑底稿》对常州文派的书写［J］.文学评论，2021（2）：51-60.

［4］蒋亦晗.缪荃孙纂修两稿清国史《文苑传》的对比研究［D］.北京：清华大学，2019.

［5］缪荃孙.艺风老人年谱［G］//张廷银，朱玉麒.缪荃孙全集·杂著.南京：凤凰出版社，2014：177.

［6］缪荃孙.艺风老人日记（一）·戊子日记［G］//张廷银，朱玉麒.缪荃孙全集·日记一.南京：凤凰出版社，2014：12.

［7］黄体芳.大臣贤劳宜令择人自辅折［G］//俞天舒.黄体芳集.北京：中华书局，2018：35.

［8］王维江."清流"研究［M］.上海：上海书店出版社，2009：242.

［9］钱伯城，郭群一.艺风堂友朋书札［M］.上海：上海人民出版社，2018：5.

［10］俞天舒，潘德宝.黄体芳先生年谱［G］//俞天舒.黄体芳集.北京：中华书局，2018：726.

［11］缪荃孙.艺风堂书札·致金武祥·五［G］//张廷银，朱玉麒.缪荃孙全集·诗文·二.南京：凤凰出版社，2014：260.

［12］缪荃孙.艺风堂文集·卷五·江阴先哲遗书序［G］//张廷银，朱玉麒.缪荃孙全集·诗文·一.南京：凤凰出版社，2014：155.

［13］俞天舒.黄体芳集［M］.北京：中华书局，2018：746.

［14］黄体芳.江南征书文牍［G］//俞天舒.黄体芳集.北京：中华书局，2018：91-212.

［15］张升.从《江南征书文牍》看清朝国史馆征书［J］.史学史研究，2008（3）：98-104.

［16］黄体芳.江南征书文牍·札太仓州［G］//俞天舒.黄体芳集.北京：中华书局，2018：190.

［17］钱伯城，郭群一.艺风堂友朋书札［M］.上海：上海人民出版社，2018：954.

［18］钱伯城，郭群一.艺风堂友朋书札［M］.上海：上海人民出版社，2018：956.

［19］缪荃孙.艺风堂书札·致黄绍箕［G］//张廷银，朱玉麒.缪荃孙全集·诗文·二.南京：凤凰出版社，2014：347.

［20］梅新林.中国文学地理形态与演变［M］.上海：上海人民出版社，2014：117-130.

［21］黄体芳.江南征书文牍·札阳湖学（光绪九年五月）［G］//俞天舒.黄体芳集.北京：中华书局，2018：109.

［22］缪荃孙，谭宗浚.续文苑底稿（第三卷）·陆继辂传［EB/OL］.［2022-04-07］.https：//rbk-doc.npm.edu.tw/npmtpc/npmtpall?ID=384&SECU=822374082&ACTION=UI，4662960CD2E089866A180C13C0B96770980D53C08126609BCE73890B8ECEB65A.

［23］缪荃孙.艺风堂文漫存·乙丁稿·国史儒林文苑两传始末［G］//张廷银，朱玉麒.缪荃孙全集·诗文·一.南京：凤凰出版社，2014：661.

［24］黄体芳.江南征书文牍·咨国史馆［G］//俞天舒.黄体芳集.北京：中华书局，2018：207.

［25］缪荃孙，谭宗浚.续文苑底稿（第四卷）·董祐诚传［EB/OL］.［2022-04-07］.https：//rbk-doc.npm.edu.tw/npmtpc/npmtpall?ID=384&SECU=822374082&ACTION=UI，A660960CD2C891866A180C13C0B96764190D53C08126609BCE73890B8ECEB65A.

［26］黄体芳.江南征书文牍·咨国史馆［G］//俞天舒，潘德宝，温州市图书馆.黄体芳集.北京：中华书局，2018：98.

《马拉喀什条约》与图书馆无障碍阅读服务

王伟铭（典藏阅览部）

1 《马拉喀什条约》概述

《马拉喀什条约》（全名为《关于为盲人、视力障碍者或其他印刷品阅读障碍者获得已出版作品提供便利的马拉喀什条约》）是世界知识产权组织（WIPO）管理的版权方面的国际条约之一。2013 年 6 月 27 日，世界知识产权组织成员国在摩洛哥南部的马拉喀什签署该条约，并于 2016 年 9 月 30 日生效。条约具有鲜明的人道主义和社会发展维度，主要目标是为视力障碍者和其他印刷品阅读障碍者获得和使用作品提供便利。条约中将盲人、视力障碍者和其他印刷品阅读障碍者定义为"受益人"；让受益人能够与无视力障碍者一样切实可行、舒适地使用作品的版本则称为"无障碍格式版"；而得到政府授权或承认，以非营利方式向受益人提供教育、指导培训、适应性阅读或信息渠道的实体则被称为"被授权实体"。

在条约签署的初期，我国的《著作权法》与条约有很多冲突的条款，因此当年中国并没有作为成员国加入该条约。2020 年 11 月 11 日，十三届全国人大常委会第二十三次会议表决通过了关于修改《著作权法》的决定，修改后的法案增加了适用于条约要求的条款，基本完成了批准条约的国内法规准备。2021 年 10 月 23 日，十三届全国人大常委会第三十一次会议上表决通过了关于批准加入《马拉喀什条约》的决定。2022 年 2 月 5 日，我国向世界知识产权组织递交《马拉喀什条约》批准书，按条约规定，该条约将于 2022 年 5 月 5 日对我国正式实施。

2 国内外图书馆无障碍阅读服务比较

2.1 我国图书馆无障碍阅读服务现状

以国内重点开展无障碍阅读服务的南京图书馆、广州图书馆、山东省图书馆、重庆图书馆为例，服务特点和馆藏资源见表 1。

表 1　国内图书馆无障碍阅读服务特点和馆藏资源

	服务特点	馆藏资源
南京图书馆	注重残疾人读者阅读区域的安全部署,采用专为残疾人读者使用的特制设备设施;阅览室采用大开间,并贯通式铺设盲道	视障室馆藏文献有磁带 20000 多盘,光盘碟片 2000 多张,盲文书籍大字文书籍共 2000 余册[1]
广州图书馆	开设视障人士服务区,实践多感官阅读体验和非视觉感官阅读推广服务模式	盲文书刊、音像资料 7000 余册[2]
山东省图书馆	实施"盲人数字阅读推广工程",运用智能听书机结合数字图书馆服务网络,开展视障文化服务	采购 15000 台盲人智能听书机分配至各级图书馆和残联机构[3]
重庆图书馆	申报帮扶视障读者服务项目,全国首创自制盲文绘本,填补低龄盲童课外读物的空白	盲文书籍 12000 多册,盲文视听光盘及无障碍电影光盘 1000 多张,盲文磁带 4000 多盒[4]

2.2　国外图书馆无障碍阅读服务现状

以信息行业领先的日本、俄罗斯、美国三个国家的图书馆为例,其无障碍阅读服务特点和馆藏资源见表 2。

表 2　国外图书馆无障碍阅读服务特点和馆藏资源

	服务特点	馆藏资源
日本国立国会图书馆	开发无障碍阅读辅助系统,利用辅助阅读适配器、文本语音阅读器、读屏软件提供专业的无障碍阅读服务	无障碍阅读资料包括语音、多媒体、盲文数据等共计 30217 件[5]
俄罗斯国立盲人图书馆	根据盲人读者需求制作一定数量的盲文书刊、大字本、有声读物和儿童触摸书	馆藏资源 1514710 册(件),其中特殊格式印刷文献 376574 册(份),有声书 758707(种),可触摸教学辅助图谱 4622 件,盲文乐谱 16417 页[6]
美国国会图书馆	盲人和残障人士书籍或杂志下载服务(NLS)网络已覆盖 55 个区域图书馆、30 个分区图书馆和 15 个咨询和外展中心,服务于所有区域	NLS 联盟目录中有超过 26.9 万本图书记录,其中超过 7.1 万本是盲文书籍、盲文音乐乐谱,19.8 万本是有声读物[7]

2.3　我国图书馆无障碍阅读服务成效

2.3.1　重视物理空间与设施建设

国内图书馆重视硬件设施的建设,达到硬件资源的无障碍化,充分保护残疾人读者的人身安全。在阅览室空间上,一般采用借阅一体化的开间布局,阅览室全区域铺设盲道,与图书馆门外盲道连接,馆区达到无阻碍通行,最大程度上方便残疾人读者安全利用阅览室活动空间。

2.3.2 感知外界事物的补偿

针对特殊群体的阅读与学习需求，图书馆工作人员通过研究和实践，利用口述电影、触摸模型、品尝美食、品鉴茶香等方式，充分调动读者的整体感觉系统，结合听觉、触觉、味觉和嗅觉，进行对外界事物的感知，激发大脑的想象力，提升读者阅读兴趣，增强阅读体验效果。

2.3.3 专业的志愿团队服务

图书馆作为特殊群体与社会活动的沟通平台，长期与专业的志愿团队合作，采用为残疾人读者开展一对一的辅助服务等方式，志愿者通过朗读书籍、手语讲故事等专业技能为到馆读者服务。为行动不便的读者上门讲解和培训知识技能，将图书馆的专业志愿服务延伸至社区或街道。

2.3.4 流动图书馆服务

由于身体条件的限制，残疾人读者的文化需求往往得不到满足。为了让出行不便的读者也可以便捷地借阅图书，很多图书馆都开展了流动图书馆服务，包括：送书上门、提供盲文图书借阅、提供视听资料和有声读物、提供图书馆员朗读服务、邮寄借还图书、开展专题讲座培训、组织社区活动等服务方式。在流动服务的同时，完成全民阅读的宣传与推广。

2.4 我国图书馆无障碍阅读服务存在的问题

2.4.1 文献资源方面

中国残疾人联合会统计数据显示，目前全国视障人群约 1750 万，而盲人图书馆盲文图书的馆藏量仅为 30948 种，有声读物馆藏为 13000 种，电子书仅为 4000 余种[8]。通过国内外图书馆服务现状（表 1，表 2）的对比可得出，面对特殊群体，我国的图书馆物理环境已经达到无障碍的需求，而信息环境仍存在"障碍"。这个"障碍"包括：文献资源不够充足且资源内容单一；除出版的盲文图书之外，有声图书、大字本图书、电子文本、无障碍影视、其他文学作品的无障碍版本改编，都需要获得著作权人的授权；满足盲人和视障人士阅读的书籍、有声电影和读物等资源不仅数量匮乏，而且在资源出版的时间上存在时间差，跟不上影视和时代发展的脚步。总之，由于我国版权方面的客观局限，特殊群体很难同步接收到最新或畅销的书籍和影片有声资源。

而先批准加入与实施《马拉喀什条约》的日本（2019 年 1 月 1 日），俄罗斯（2018 年 5 月 8 日），美国（2019 年 5 月 8 日）等国家，按照条约规定，各国图书馆针对"受益人"的需求，最大限度地扩充馆藏资源。同时各个国家出台相关法律，以保障条约的顺利实施。

2.4.2 法律援助方面

为促进无障碍阅读服务的发展和《马拉喀什条约》的顺利实施，日本众院全体会议通过了《无障碍阅读法》，并实施 2020—2025 年《无障碍阅读法案基本规划》。该规划明确了各方责任，为各图书馆推进无障碍阅读服务政策的落实提供了制度保障[9]。

规划的核心内容包括：（1）运用新技术制作电子出版物，优化视力障碍者网络服务系统，鼓励图书馆与互联网服务提供商及软件开发商合作；（2）保障无障碍阅读版本的质量和数量，要求制作者提高制作标准，改善跨境无障碍阅读出版物的交换环境；（3）结合视力障碍者阅读障碍的程度进行精细化阅读服务。

俄罗斯《残疾人社会保护法》规定，图书馆要为残疾人士定期提供科学、教学、信息和艺术文献的无障碍版本[10]。俄联邦政府第1449号决议《关于残疾人信息的无障碍利用》要求：盲人图书馆工作人员应研制盲用设备和推广相应软件，保证视障人士无障碍使用图书馆资源。《俄联邦民法典》第1274条规定：未经作者或其他专有权所有人的同意，允许图书馆以专门供盲人和低视力读者使用的特殊格式制作合法出版物的副本[6]。

《美国图书馆协会政策手册》的第二部分《立场和公共政策声明》中规定，图书馆有义务转换馆藏资源的格式，保障残疾人平等获取信息的权利，并建议图书馆将与残疾人服务相关的资料和信息纳入其馆藏资源[11]。《美国残疾人法案》强制性统一电子和信息技术的标准，加速信息无障碍环境建设和完善[12]。《美国图书馆服务与技术法》强调了图书馆在社区中的职能，要求图书馆通过技术手段提升信息的利用效率，通过特殊方式扩大信息服务的范围[13]。

我国自2018年1月1日开始施行《中华人民共和国图书馆法》，该法案第四章第三十三条规定：公共图书馆应当按照平等、开放、共享的要求向社会公众提供服务。第三十四条规定：政府设立的公共图书馆应当考虑老年人、残疾人等群体的特点，积极创造条件，提供适合其需要的文献信息、无障碍设施设备和服务等[14]。为了解决现有规定无法涵盖数字环境下无障碍阅读方式的问题，同时为了扫清批准《马拉喀什条约》的法律障碍，2020年《著作权法》将"已发表的作品改编成盲文出版"这一表述改为："以阅读障碍者能够感知的无障碍方式向其提供已经发表的作品"。这一规定可进一步帮助到智力障碍者以及听力障碍者等其他阅读障碍者[5]。修改后的《著作权法》对阅读障碍者获得和利用相关资源的规定作了重大调整，满足了图书馆开展无障碍服务的法律条件[15]。

通过对比国外图书馆立法经验可以得出，逐步修订完善法律制度与法律体系，才能保障我国图书馆事业持续稳定发展。而面向特殊群体，更需要通过颁布和实施各项法律和规范，为无障碍阅读权利提供法律法规支持，进而强化图书馆无障碍阅读服务体系，为图书馆推进无障碍阅读服务的落实提供法律保障。

3 《马拉喀什条约》对我国图书馆的影响

3.1 促进馆藏特殊资源的扩充

我国为残疾群体服务所提供的馆藏资料主要为盲文图书和视听资料，而国际图书馆界为残疾人提供的馆藏资料类型包括大字体读物、DAISY（数字无障碍信息系统）格式的CD/DVD、盲文资料、带字幕或手语的录像带等。相比之下，我国图书馆残疾人利用的特殊资源建设范围狭窄，针对视力残疾人的大字本馆藏、针对智力残疾人和精神残疾人的专门馆藏资料和服务都比较缺乏[16]。

《马拉喀什条约》规定，因视觉障碍及肢体残疾等无法手持书籍的人及其帮助者可以在未经著作权人许可的情况下，将出版物改编成盲文、有声图书等。条约旨在解决盲人、视障者和印刷品阅读障碍者"书荒"的问题，国内图书馆需针对残疾人读者个体文献需求，提供特殊馆藏资源服务，资源涵盖盲文书、有声书、大字本、电子文本、无障碍影视、可触摸教学辅助图谱等资料类型，或有关医学保健类、心理学、法务维权、生活指南等的大字版和有声读物。在从根本上解决"书荒"问题的同时，丰富视障人士及阅读障碍者精神文化生活，提高身心教育程度，进而提升文化知识水平，增强特殊群体的文化自信，帮助特殊群体融入社会主流文化生活，推动文化事业整体发展。

3.2 提升无障碍阅读服务品质

条约的实施可有效推进视觉障碍者等特殊群体阅读环境的完善，为"受益人"提供文化服务的手段和种类都会更加丰富。过去图书馆、盲人协会等机构受制于规定限制，很难向盲人提供除盲文图书之外的文化产品，但条约落地实施后，机构将有机会发挥自身能力，通过制作有声书、开展"讲电影"活动、播放无障碍影片等方式为视觉障碍人士提供更多文化资源服务。在实现视觉障碍者容易利用的有声图书、附带音频的电子书等资源普及的同时，提供电子书籍以外的盲文图书、大字书等实体资源的服务。实现视觉障碍者容易利用的电子书籍及实体书籍数量与质量的提升，以及相关阅读器、视频助视器、数字语音提示器等设备数量的扩充和免费使用。

3.3 无障碍格式版的跨境交换

条约规定，条约加盟国享有任何已实施该条约国家提供的无障碍格式文本，使创作和跨境交换无障碍格式文本更加便利。缔约方应规定，如果无障碍格式版系根据限制或例外或者依法制作的，该无障碍格式版可以由一个被授权实体向另一缔约方的受益人或被授权实体发行或提供。这一规定为开展跨境交换合作提供便利，缔约各方应鼓励自愿共享信息，帮助被授权实体互相确认，以努力促进无障碍格式版的跨境交换，世界知识产权组织国际局应为此建立信息联络点。通过世界知识产权组织的官方网站可以看到，截至2022年3月，包括美国、英国、日本、德国、法国、俄罗斯等在内的85个国家加入或批准实施《马拉喀什条约》。目前已有635000部无障碍格式作品可通过无障碍图书联合会（ABC）服务盲人或低视力读者使用。

3.4 特殊群体的隐私保护

条约规定，缔约各方在实施本条约规定的限制与例外时，应努力在平等的基础上保护受益人的隐私。在互联网信息爆发的大数据时代，各种电子设备时刻在获取着大众的个人隐私，个人信息存在被收集和利用的风险。依照条约规定，结合当今图书馆网络信息化的服务背景，应尽快发展我国个人信息保护法律，提升图书馆界对特殊群体读者的隐私保护意识，及时更新图书馆软件的网络安防技术，保障特殊群体在享受无障碍阅读服务的同时，自己的隐私权利也得到尊重。

图书馆事业发展水平是衡量一个国家经济和文化发展水平的重要指标，而面对特殊群体的资源体系建设直接影响图书馆的事业发展，同时反映出国家对特殊群体的关怀和重视程度。为促进《马拉喀什条约》的落地与实施，国内图书馆应增设无障碍阅读室，针对特殊群体扩充馆藏资源，丰富其信息获取形式，进一步贯彻和落实条约精神，在无障碍阅读服务领域不断创新。

参考文献

［1］杨光.公共图书馆残疾人读者阅读服务原则探析——以南京图书馆视障馆为例［J］.江苏科技信息，2021（26）：10-15.

［2］卢致尤.多感官阅读体验在视障人士阅读推广中的实践与思考——以广州图书馆为例［J］.图书馆界，2021（4）：73-76，94.

［3］朱莉.山东省"盲人数字阅读推广工程"实践探索［J］.山东图书馆学刊，2021（1）：67-74.

［4］叶静.公共图书馆视觉残障读者服务现状调查及对策分析——以重庆图书馆为例［J］.内蒙古科技与经济，2020（10）：141-142，145.

［5］鲁甜.我国视力障碍者获取作品之著作权限制研究——以日本经验为视角［J］.国家图书馆学刊，2021（3）：23-33.

［6］包国红.俄罗斯国立盲人图书馆的服务创新［J］.山东图书馆学刊，2021（6）：79-84.

［7］梁文静，王丙炎.美国公共图书馆的盲人服务研究及启示［J］.图书馆学研究，2019（5）：94-101.

［8］鲁甜.数字环境下我国无障碍格式版跨境交换的构建［J］.图书馆论坛，2022（2）：1-12.

［9］陆珊珊.日本《无障碍阅读法》分析及启示［J］.图书馆工作与研究，2021（S1）：71-75.

［10］通拉嘎.俄罗斯图书馆法律体系概览［J］.图书情报工作，2019（14）：141-148.

［11］ALA Policy Manual［EB/OL］.［2022-04-09］.https://www.ala.org/aboutala/governance/policymanual.P17.

［12］Americans with Disabilities Act［EB/OL］.［2022-04-09］.https://www.ada.gov/regs2010/titleIII_2010/titleIII_2010_regulations.htm#a303.

［13］孙琪.国外公共图书馆立法的比较研究与经验借鉴［J］.江苏科技信息，2021（10）：71-73.

［14］柯平.《公共图书馆法》专家解读［M］.北京：国家图书馆出版社，2018：153.

［15］郭芯宁.从修改后的《中华人民共和国著作权法》谈我国图书馆针对阅读障碍者开展服务的法律规则［J］.河南图书馆学刊，2021（2）：109-111.

［16］王素芳.从物理环境无障碍到信息服务无障碍：我国公共图书馆为残疾群体服务现状调研及问题、对策分析［J］.图书馆建设，2010（11）：19-27，31.

《西游记》经典化过程中的建构与接受

张志超（立法和决策服务部）

经典作品中内蕴着价值。这种价值，是作者和读者共同创造的。显然，作者有意或无意间置于作品中的价值需要广泛的读者的共鸣，才能给作品经典的地位，这便是经典化。那么，在经典化的过程中，主动的建构和读者的接受，哪方起到的作用更大呢？这个问题似乎应当是因作品而异的，所以不妨先从某一部经典入手分析。

在中国传统文化中，《西游记》是极重要的一部经典。本书家喻户晓的程度，似乎可以通过以下事实略窥一二：一个中国人，看到了一只猴子，并舞弄一根树枝，脑子里多半会蹦出孙悟空的名字。这本书从故事的生成至今，依然在被反复挖掘，极具分析的价值。

1 佛教与神魔——早期西游故事的源起与传播

1.1 宗教化的源头

西游故事，是以唐代高僧玄奘去印度学佛法，归国翻译佛经，传播佛教的事迹为蓝本的。在玄奘自身口述的《大唐西域记》和其弟子所撰的《大唐大慈恩寺三藏法师传》中，探险经历规规矩矩，和《西游记》里面的上天入地迥异。

今日所见的西游故事，最早源于一本叫《大唐三藏取经诗话》（简称《取经诗话》）的书。据王国维考证，该书刊刻的年代是南宋，成书的年代则众说纷纭。书中许多细节，和唐五代源于寺庙的"变文"非常相似。《取经诗话》虽不是变文，但和变文联系紧密，很可能脱胎于变文，也保留了佛教宣传的性质。

在《取经诗话》和玄奘真实的经历之间，存有一大片空白，西游故事就种源于此。《大唐大慈恩寺三藏法师传》描述玄奘归国，长安"数十里间，都人仕子、内外官僚列道两旁，瞻仰而立，人物阗噎"。可见当时，玄奘取经是一件轰动的大事。僧侣们很可能以此为根基，凭借《大唐西域记》和《大唐大慈恩寺三藏法师传》加以演绎，穿插些神异故事把老百姓吸引过来，渐渐形成西游故事的雏形。虽然这个推断不是一定站得住脚，但由果倒因，西游故事的创造得力于宗教的信仰与热情，是非常明显的。

在西游故事最初的一二百年时间里，它获得了很大的成功。在传播手段落后的时期，宗教奠定了西游故事最初认同的基础。可以说，作为宣传品存在的西游故事，最初的精神就是宗教，故事只能算衍生品。但这个借以宣扬佛法的故事，因为其自身的魅力，迅速绽放出不一样的光彩。

1.2 世俗化的宗教故事

在最早的西游故事和《取经诗话》之间，很可能有佛教徒之外的人参与了加工，比如说话人（类似今天的说书人）等。例证如下：

其一，佛教常识的匮乏。比如《取经诗话》第三节，作者明显搞混了大梵天王和毗沙门天王。还有些更让人骇异的错谬。如第十七节，有"法师三度受经，封为'三藏法师'"，简直荒谬绝伦。其二，道教和民间传说的运用。如第十一节入王母池，西王母的概念来自中国本土，而其中取蟠桃的故事又明显化自东方朔。其三，故事人物行为的世俗化。如第四节，讲唐僧进了香山寺，看见空荡大殿中模样凶猛的金刚法相，"遍体汗流、汗毛卓竖"，这个样子，像极了初次进入寺庙的普通人。

发展到《取经诗话》，虽然还是宗教的主题，但故事已经很丰富，其中尤为吸引人的部分，还是"西游"，就是从西域到天竺的旅程。百姓们对于远方的世界，总是有强烈的期待和光怪陆离的想象。这从许多民间的传说可以看出，如穆天子西游、徐福东渡等。《取经诗话》本身就采用了古代神话中西王母和蟠桃的传说。而玄奘真实、丰富的旅行经历为想象拓展了极大的空间：第五节的"狮子"，第六节"火类坳……野火连天，大生烟焰，行去不得"，第十节的"女人之国"，第十四节的"无猛风，更无炎日，雪寒不到，不夜长春"，都是殊方绝域的别样景色。并且这种景象一步步递进，越近鸡足山（佛祖居于此，后来为灵山）越呈现一片喜乐安详，百姓们也就借助这故事完成了一场横跨万里的精神奇旅。

神魔故事如同给百姓呈上的一场鱼龙曼衍之戏，极对大家的口味。宋代的西游故事，依旧和宗教密不可分，总体上依旧是宣扬宗教的基调，只是传播的人，对佛教的细节并不十分在意，但也没有影响故事的流行。所以在《取经诗话》中，一方面仍然保存西游故事经典的核心精神，另一方面，已经从宗教慢慢过渡到一种世俗娱乐的性质。

娱乐化的进程在宋代可能已经很丰富，但除了《取经诗话》，别无文献可征，元明两代的故事则一下子大大增多。相比于《取经诗话》，又多出现了黑熊精、黄风怪、蜘蛛精、红孩儿、牛魔王、地勇（涌）夫人等流传到今天的角色。体裁上则出现了平话、杂剧和绘画本等不同的类型。元代的讲唱西游故事是十分繁荣的。

约刊于元末明初的杨景贤著《西游记杂剧》，是现今最完整的元代西游杂剧。其语言延续了杂剧一贯的特色，不只是世俗，某些地方还有些低俗，充斥了些色情、暴力的描绘和语言，以创造戏剧效果。以今天的眼光看，迎合大众的口味有一点商业化的意思，语言不典雅；从元代开始，这种野蛮肆意的生长持续了上百年，但娱乐化的框架依然呼唤一颗更深邃的内核。

2 道教与世情——《西游记》的形成与建构

明代中期的某个壬辰年（1532年或1592年），金陵世德堂刊刻了一版《西游记》。这版是如此成功，以至于之后的西游故事基本都承袭了它的框架和情节。虽然有其他情节的西游故事还间或流行，但清代中叶以后也基本不见了。

《西游记》的作者通常被认为是吴承恩，其文人化的叙事给传统的西游故事注入了新的价值，也使这个传续多年的故事有了更完善的表达。

2.1 佛道之变

《西游记》是一个佛教故事，至少其框架如此，也无法改变，毕竟玄奘是个和尚，取的经也是佛经。但奇怪的是，作品的道教氛围很浓厚。首先，它在题目和正文中使用了非常多的道教术语。其次，文中引用了许多道教诗。最后，作品还有直接借人物之口讲道教理论的。全真教的影响，尤其是内丹理论，实实在在地渗入了《西游记》文本之中。

吴承恩 [①] 为何做这样的安排？仅就文学的角度讲，道教理论给了故事一个更完整深邃的内核，方便将故事撑起来。世德堂本的陈元之序言中的一段话，对道教元素的引入有个比较好的解释："彼以为浊世不可以庄语也，故委蛇以浮世。委蛇不可以为教也，故微言以中道理。道之言不可以入俗也，故浪谑笑虐以恣肆。笑谑不可以见世也，故流连比以明意。"因为道之言不可以入俗（道家的理不容易理解），所以用了幽默平易的方式来讲故事。聊备一说。从传播的角度讲，道教元素让《西游记》的内容更多元，也更具适应性。再深一步说，《西游记》中佛道共存的景象说明吴承恩并不是很在意宗教的排他性。就普通人的欣赏水平而言，将不同宗教仙佛杂糅在一起的手段，更受青睐，那是质朴的农耕民族对彼岸世界的单纯想象，可以寄托、可以崇奉，但骨子里还系在宗族、土地上。

2.2 神魔版的大明

世德堂本《西游记》另一个特色，或者说最重要的特色，是它的政治性，扎扎实实地把明代社会映射到小说里，也取得了无与伦比的效果。

天庭就是明代的朝廷，这个无疑义。纪晓岚还记了风趣的故事：清代人盛行将《西游记》看作长春真人丘处机所作，据说有人请了邱真人的灵上身，自述作了《西游记》，客人问："其中祭赛国之锦衣卫，朱紫国之司礼监，灭法国之东城兵马司，唐太宗之大学士，翰林院中书科，皆同明制，何也？" [②]（这些制度都是明朝的，你宋元间的丘处机怎么知道？）上身的灵哑口无言。

《西游记》处处用了明代当时的制度，但更有趣的，是在制度下，神魔皆有"人情"。玉皇大帝高高在上，凡事就一句"依卿所奏"；太白金星"万事不管，处处当家"；龙王一团和气，见了悟空索要，"不好推辞"；阎王看猴子打杀人，连忙请出生死簿销账；托塔李天王"父子不仁，故纵女氏成精害众"；佛祖要看舅舅的面子；老君会被猴子戏弄；神兽谛听偏会做人情……其他如奸盗、怙势、偏狭、贪腐，神佛就如人间

---

① 作者的身份并不影响文中的论述，此处姑且认为是吴承恩。

② 文中原文，除特意注明外，均引自世德堂本《西游记》，下同。

官吏豪族一般顺手。

且不提《西游记》对明代社会生活研究的价值，只看它的情节，其传奇性和幽默感恰能合读者的脾胃。以民众的视角看社会，这是吴承恩作为文人难能可贵的一点，也是《西游记》成功的一点——因为它好理解。比如第九十八回，师徒四人发现自己取了空白经文的情节，就是一种民间传奇的思路，比如《杨家将》里面潘仁美设计陷害杨家人，在军营中就随便找个借口把人杀了，简直匪夷所思，偏偏符合百姓的"集体想象"，也就更容易被接受。

2.3 反抗与斗争

从小人物的视角看大人物，也容易滤去畏惧的光环，小人物也就有些"混不吝"的色彩，好像是那颗"蒸不烂、煮不熟、捶不扁、炒不爆、响当当一粒铜豌豆"[①]。

第三十五回，孙悟空知道平顶山的妖怪是观音的安排，于是心里想着"这菩萨也老大意懒……语言不的，该他一世无夫！"这话说菩萨找不到丈夫，真是大胆得很了。对道家也不客气，第三十九回，太上老君看到孙悟空来了，吩咐小童，"各要仔细，偷丹的贼又来也。"然后斥责孙悟空，说"把我灵丹偷吃无数……炭也不知费了多少"，和佛祖心疼真经"卖贱"了的样子分毫不差。至于玉帝的欺软怕硬，外强中干更是比比皆是。见了孙悟空跋扈，便想息事宁人，凤仙郡斋天不小心撞到供桌，罚其三年不雨，导致"草籽不生绝五谷……十门九户俱啼哭。三停饿死二停人"。可为一叹。这种对于大人物戏谑乃至嘲讽的精神，发展到极点，便是那句"皇帝轮流做，明年到我家"。

蕴藏在作品中的反抗精神，和上面勾勒大明社会全景图时的庶民精神是一脉相承的，也许受到了当时百姓的欢迎，但读书人并非都喜欢这种腔调。清代的《西游证道书》（当日十分流行的《西游记》版本）就把对仙佛不敬的地方删改了非常多。"皇帝轮流做，明年到我家"也变成了"交椅轮流坐，明年是我尊"，一点气概也没有了。虽然《西游证道书》有许多文字上的优点，但那种世德堂本发自底层视角的活泼泼的感觉，全都不见了。

3 自由与爱情——现当代《西游记》故事的传播与接受

《西游记》在今日的地位，是之前数百年间无法媲美的，这有时代变化的原因，也有其蕴藏的精神的原因。如果说，吴承恩以前的西游故事，是一个边接受边建构的过程，是读者和作者共同创作的一个叙事空间；吴承恩的《西游记》就是在前人智慧的基础上，由一位杰出文人完成的独立建构，充分体现了时代精神和个体思想，然后被世人充分地接受；那么，新时代的《西游记》，则是在广泛传播（远超以往）的基础上，因为国家的提倡完成了最终的经典化，又在接受过程中，以反复深挖、重新塑造等方式，使经典引起新时代的人民的共鸣。

---

① 关汉卿《一枝花·不伏老》。

3.1　自由的猴子

"四大名著"是国家有意的建构，包括主流文艺媒介的传播，教材的选段，考试的内容等。具体到《西游记》，早期宣传，因为要契合建设新社会的浪潮，注重其革命性，其主旨即"皇帝轮流做，明年到我家"；改革开放后，革命叙事有所淡化，对这部作品的建构，趋于平衡。可是，这只大胆泼辣的猴子，身上所具有的自由精神，竟好似拥有永恒的魅力，依然时时唤起时代的共鸣。

早期对自由精神的诠释，莫过于 1961 年上海美术电影制片厂的动画电影《大闹天宫》。这段情节，一般被公认为西游的最佳，不仅情节热闹，人物众多，经典场面多，其精神内核也十分吸引人。这部片子的主旨，如导演万籁鸣所说，"反映了压迫者与被压迫者的尖锐的冲突与斗争"。电影取得的成功是震撼性的，本片在 2017 年重映时，其票房依然达到 4000 万；在国外某网站上传的《大闹天宫》下，可以看到如下评论："当我看这个电影的时候，还是个小女孩。那时候英国 4 频道开播，它开始播的那些节目中有一个就是这个电影。我后来再也没有看过它，我曾经怀疑了很长的时间，它是否只是我曾经做过的某个好到难以相信的奇异瑰丽的梦境。现在再看到它，它就像我曾经记忆的那样华丽壮观。"

后来的网络小说《悟空传》延续了这种精神，其最著名的台词："我要这天，再遮不住我眼，要这地，再埋不了我心，要这众生，都明白我意，要那诸佛，都烟消云散！"便是这种精神的当代表达，很受青年人的喜爱。当然这句台词是唐僧说的，但其精神是一贯的，在书里也是对悟空灵魂的指引。《悟空传》成功之后，很多作品都刻意去刻画孙悟空这种反抗的形象，并且获取了相当的赞同与共鸣。

孙悟空的斗争精神，不同于"王侯将相，宁有种乎"的严肃，也不同于"时日曷丧，予及汝偕亡"的怨毒，而是一种质朴的审视——不为强权所慑的大胆与泼辣，还带着点幽默感。这是吴承恩有意识的塑造。虽然孙悟空的原型众说纷纭，但就之前的西游故事，或者猴子传说来看，脱不出一个妖王，七情六欲原本要浓于一般人。明初的《陈巡检梅岭失妻记》里面的齐天大圣，分明是一只淫猴；《西游记平话》里的孙悟空，也是个不忌荤腥美色的妖怪。到了《西游记》这里，孙悟空变成一个石猴，把不讨喜的恶性都去尽了，饮食也不过水果而已，俨然一颗"修道种子"，逍遥度日。这个人物的魅力，就不可抑止了。后来他上天庭，反天庭，偷蟠桃，闹天宫，反抗中透着戏谑，戏谑里又意味无穷，是一种感受不到什么恶意的挑战。这个猴子，从此变成了第一流的人物。

3.2　商业和爱情

1926 年，上海天一公司出品了第一部西游影片《孙行者大战金钱豹》。同年，上海《申报》开始为一部叫《盘丝洞》的影片打广告，持续半年之久。至 1927 年春节，该片上映。《申报》1927 年 2 月 5 日报道："（《盘丝洞》）元旦（春节）起在六马路中央大戏院开映，日夜四次，每次均告满座。初二日虽天雨，而看客拥挤，一如元旦之盛。昨日为最后一天，故添座尤形忙碌。"这片子很快打破了上海很多影院的票房纪录，并不断加映。直到两年后的 1929 年，上海还是有影院在播放《盘丝洞》。

西游记电影的成功得益于民间西游戏传统的延续，其卖点也和传统西游杂剧如出一辙。报纸的报道都集中于艳情和奇幻。《盘丝洞》在《西游记》原版剧情中是蜘蛛精要吃掉唐僧，但这部电影中则变成了要和唐僧成亲。妖精，尤其是女妖精，这种不被人间礼法束缚的微妙存在，抓住了观众的心。从商业的角度看，《盘丝洞》取得了无与伦比的成功，同时也证明西游故事在娱乐性上依旧有着不分时代的号召力。

1988 年央视版的《西游记》是一部里程碑似的作品，笔者根据百度的数据（不完善）整理了 1988 年至 2017 年以《西游记》为主题的电影、电视剧，其中电影如《大话西游》《西游·降魔篇》等，共 69 部；电视剧如《春光灿烂猪八戒》《西游记后传》等，共 21 部[①]。

这些影视作品中其实颇为缺少经典的作品，大部分是用来消费的急就章。但其不俗的数量已经证明了《西游记》IP 的高热度，尤其是近年来更是愈演愈烈。商业化的《西游记》，通常都在老的剧情里加入新元素，有些甚至就是凭空造一些剧情出来。值得注意的是爱情元素的引入。以上的影视剧，纯为儿童的动画不提，其他几乎各个有爱情的元素，大部分还是核心内容。1995 年的《大话西游》可以说是开了风气之先。其实前文所提及的《盘丝洞》，也是一种爱情的表达。但《盘丝洞》更多承接了传统西游故事里面"性"的部分，称之为"艳情"更合适。《大话西游》以前，虽然也有爱情的尝试，但是从未如此成功过。这部电影上映时并不风行，但后期靠着录像带逐渐升温，到了家喻户晓的程度。其实，以西游故事的本质而论，"性"比"爱"合适，妖怪们显然是不顾"礼义廉耻"的，开放的"性"要比含蓄的"爱"更符合宗教的主题。吴承恩在《西游记》里也把女妖怪设置成"性"的诱惑，并无爱的因素。"爱"更多和"礼"统合起来，比如那个守贞的朱紫国王后。

为何爱情受到这样的青睐，以至于要强行加入本无此元素的《西游记》里？这是出于市场的作用，人们喜欢爱情，并且《西游记》也是一个娱乐的好背景。在 2000 年前后，在《西游记》里面加入爱情还是新鲜的主意，很能引起观众的兴趣。比如《大话西游》，再比如让徐峥家喻户晓的《春光灿烂猪八戒》。当这个模式渐渐被观众接受，影视剧公司便乐此不疲。

从已有的资料看，百姓们对于西游故事，一贯是看作公路戏、旅行戏和神魔戏的，就是图个热闹。这故事承载的精神和意义，不是能传达给每一个读者的，但在不同的时代也能广泛地传播，这构成了《西游记》经典化的两条线。一条在下面，构成了它的群众基础，以其娱乐性让西游故事深入人心；另一条在上面，构筑起精神内核，反复修补锤炼，至吴承恩始完备，到了今天更加发扬光大。这两条线，构成了《西游记》独特的

---

① 这份数据是不完善的，但文中重点论证存在某种趋势，而非全部的特征，所以证明"存在"是足够了的。

经典化道路，既保证了它传承久远，始终受人喜欢，也保证了它总是能富有教益。

　　《西游记》所代表的时代精神，由宗教到世俗，由社会再到抗争，它的塑造其实更多来自人们接受的过程，所以《西游记》的经典化虽然是文人突出的建构，其定型却来自社会和历史的主体——人民。

参考文献

［1］吴承恩.西游记［M］.北京：人民文学出版社，2010.

［2］曹炳建.《西游记》版本源流考［M］.北京：人民出版社，2012.

［3］程毅中.宋元话本［M］.北京：中华书局，1980.

［4］李时人，蔡镜浩.大唐三藏取经诗话校注［M］.北京：中华书局，1997.

［5］陈均.《西游记杂剧》评注本［M］.贵阳：贵州教育出版社，2018.

［6］陈洪，陈宏.论《西游记》与全真教之缘［J］.文学遗产，2003（6）：110-120.

［7］王银宝.《西游记》政治意蕴探微［J］.安徽文学（下半月），2015（2）：73-74.

［8］朱式平.试论《西游记》的思想政治倾向［J］.山东师院学报（社会科学版），1978（6）：53-61，45.

［9］卢斌，等.全球电影产业发展报告：2019［M］.北京：社会科学文献出版社，2019.

OCR 技术在智慧图书馆建设中的应用

黄星宇（典藏阅览部）

1 OCR 技术介绍

光学字符识别技术（Optical Character Recognition，OCR），是指采用光学的方式（如拍照、扫描等），将纸质或电子载体中的文字转换为图像文件，再通过字符识别技术将图像中的文字转换成文本格式，从而达到提取图像中的文字信息，方便计算机（电脑、手机等）进行处理这一目的。通俗地讲，OCR 技术即图像文字识别技术，能够将纸质或电子载体中的文字、数字信息迅速转换为计算机可识别的文本信息[1]。

1.1 OCR 技术的分类和流程

按照识别对象的不同，OCR 技术可分为印刷体识别和手写体识别。这里的印刷体是指通过计算机生成字体再印制出来的文本载体，如印刷出版的图书、文件；手写体是指计算机生成字体之外的人类手写字体，如书法、个人签名。

按照承载文字的背景的不同，OCR 技术可分为扫描文本识别和场景文本识别。扫描文本是指文字排列规律、文本背景简单、具备一定清晰度的文本，如出版物、正式公文。场景文本是指自然环境中出现的文字排列无序、文本背景复杂、字体模糊的文本，大到街边商铺标语、小到表情包中的文字，都属于场景文本的范畴[2]。

按照核心识别算法的不同，OCR 技术可以分为模板匹配 OCR 和深度学习 OCR。模板匹配 OCR 是指提前设定好文本的特征，即模板，来判断待识别文本与模板的匹配度，给出识别结果。深度学习 OCR 是指建立特定场景下的数据集，用算法训练 OCR 识别数据集中的文本，从而达到识别相似场景里文本的效果。

1.2 OCR 技术发展史

1929 年，德国科学家 Tausheck 率先提出 OCR 这一概念。美国科学家 Handel 也随之提出了用科学技术识别文字的设想。OCR 技术发展至今大致经历了四个阶段。

表 1　OCR 技术发展史

时间	发展阶段	相关公司 / 人物	成果简介
1929—1950 年	概念萌芽	Tausheck、Handel 等学者	OCR 概念的提出和构想
1950—1980 年	技术起步	IBM、日本东芝等公司	以英文、阿拉伯数字为主的印刷体识别技术出现，技术水平受制于计算机运力和数据采集水平
1980—1990 年	理论发展	LeCun、Alex Krizhevsky 等学者	大量研究文献问世，LeNet-5 和 AlexNet 网络的出现推动了 OCR 技术的发展
1990 年至今	技术应用	Yann LeCun，M. I. Jordan 等学者	CNN、RNN、Attention 等技术的结合进一步拓展了 OCR 的应用范围

注：LeNet-5、AlexNet 均为 CNN（Convolutional Neural Networks，卷积神经网络）中的经典网络。RNN（Recurrent Neural Network），循环神经网络；Attention 即注意力机制。它们与 CNN 都是深度学习（deep learning）的代表算法。

1.3　OCR 汉字识别技术发展史

1966 年，Casey 和 Nagy 采用字符模板匹配法，成功识别出一千个印刷体汉字，这是世界上最早的印刷体汉字识别研究。此后，日本学者开展了一系列印刷体汉字的识别探索。1983 年，日本东芝公司发布 OCRV595，用来识别印刷体日文汉字。

我国在 OCR 技术方面的研究起步较晚，20 世纪 70 年代末才开始进行汉字识别技术的研究。"863" 计划提出后，我国汉字识别技术的研究取得了实质性的突破。清华大学、中科院、北京邮电大学分别开发并推出了中文 OCR 产品，OCR 领域也涌现了丁晓晴、高良才等优秀研究学者。由于 OCR 技术的实用性很强，百度、腾讯、华为等公司也开发了各自的 OCR 产品。如今，我国的 OCR 汉字识别技术在印刷体汉字识别上已经达到国际先进水平，识别率和准确率高达 90% 以上[3]。

而在手写体汉字识别上面，目前的 OCR 尚未达到和印刷体汉字同等的识别水平，对藏文、满文等少数民族文字的识别研究进展也较为缓慢。图书馆馆藏资源丰富，其中不乏名人手稿及少数民族语言撰写的文献，对这类文献的识别和整理无论是在保存修复、学术研究还是读者借阅方面都非常重要，故 OCR 技术在图书馆中的应用具有相当大的想象空间。

2　OCR 技术在智慧图书馆中的应用场景构想

2.1　智慧图书馆的定义

"智慧图书馆" 并不是图书馆学中的原生概念，而是在千禧年后随着互联网技术兴起而产生的新名词。尽管 2003 年就有学者提出了智慧图书馆这一概念，但受限于技术水平，智慧图书馆在当时并没有引起大多数人的关注。2008 年，IBM 公司提出构建 "智慧星球"的设想。此后，在"智慧星球"的基础上，国外学者延伸出了"智慧城市"以及"智慧交通""智慧图书馆"等更加具体的概念，因此在国外，更多地把"智慧图书馆"看作"智慧星球"和"智慧城市"的组成部分[4]。

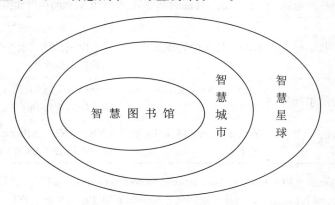

图1　智慧图书馆与智慧星球、智慧城市的包含关系

国内学者对"智慧图书馆"的研究始于2010年，经过十多年的探讨，对"智慧图书馆"的定义从最初的纯技术角度发展到后来的强调以人为本、人与物互联互通，我国学者对智慧图书馆的认知愈发深刻。

综合看来，笔者更认同智慧图书馆的"人文型定义"，即建设智慧图书馆只有让使用者感受到图书馆的方便和智能，智慧图书馆才称得上智慧[5]。所以智慧图书馆的建设要从人的角度出发。

之所以说OCR的应用能够推动图书馆的智慧化转型，是因为OCR技术从诞生起就是为人服务的。OCR在智慧图书馆中的应用场景可以有很多，如古籍文献数字化、图书分类编目以及读者文献检索等。

2.2　OCR在古籍文献数字化中的应用

古籍文献数字化，顾名思义，是指将实体的古籍文献上传到网络中，转化为虚拟的数字资源。国家图书馆很早便开始了数字化进程，经过数年的建设，官方网站已初具规模，相当一部分文献已经能够在网站上阅读，给读者提供了便利。OCR能够进一步深化古籍文献的数字化进程，主要体现在：

2.2.1　古籍文献"电子书化"

以图书为例，当前国家图书馆网站提供的电子资源多为实体书的扫描件，实体书的版面、文字排列顺序以及字体受制于电子屏幕的尺寸，往往并不符合读者的网络阅读习惯。OCR的应用能很好地解决这个问题，具体流程为将古籍文献中的文字进行识别，转换为电子文本，之后便可以对这些文本进行重新排布，使其更符合读者的网络阅读习惯，即将实体书转成电子书。

2.2.2　古籍文献语义分析

在古籍文献"电子书化"的基础上，OCR 还可以更加"智慧"——将文字识别与词典相匹配，在识别文字的同时，匹配并给出该文字在词典中的含义，这样，读者在阅读过程中一旦遇到不懂的地方，不用切换网页查询，直接就能得到答案，更加方便的同时，所得答案的内容也会更为科学严谨。

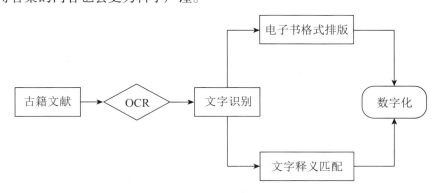

图 2　OCR 在古籍文献数字化中的作用流程

2.3　OCR 在文献采选和编目中的应用

每个进入图书馆的文献资源，无论是出版物、论文期刊还是音像制品，都需要经过编目归类，才能进入到流通管理系统中供读者借阅。文献采选和编目是图书馆的基础业务之一，文献与读者见面前要经过文献交存、数据加工、数据规范等多道工序，所需时间短则几天，长至数月。

OCR 技术在文献采编中的应用具体表现为通过识别出版物的唯一识别符，如 ISBN、ISSN、ISRC 等，将文献的基础信息（如 ISBN 中的出版地、出版社、出版物）自动录入计算机，同时匹配分类条目，给出初步的编目判断。采编人员只需校对信息，修正错误，即可完成文献采编。

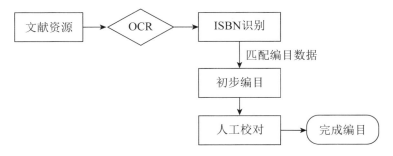

图 3　OCR 在文献资源采编中的作用流程（以 ISBN 识别为例）

2.4　OCR 在文献检索中的应用

以国家图书馆馆藏目录检索为例，国家图书馆共有 19 种基础检索方式以及多字段检索、多库检索、组合检索等高级检索供读者查询馆藏。但笔者在一线为读者提供借阅咨询的时候，会遇到读者拿着书本的封面图片来找书的情况，由于部分书籍会有很多出版社出版，而检索结果并不提供封面信息，容易导致读者借出来的书不是自己想看的那个版本，给读者带来不好的体验。在这种场景下，现有的检索方式并不能很好解决。

OCR 技术的应用给文献检索提供了一条新思路，例如，可在国图的用户端（网页、App、微信公1众号）设置扫描入口，读者在日常生活中遇到想看的书籍，可以拿手机拍下照片进行识别，或者直接对书籍进行扫描，即可查询该书籍的馆藏状态。

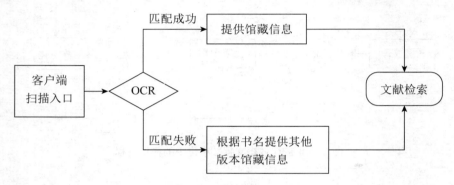

图 4　OCR 在文献检索中的作用流程

2.5　OCR 在国家文献战略储备库中的应用

2018 年，国家文献战略储备库在河北省承德县开工，建成后的战略储备库主要负责珍贵文献的长期保存。据《国家图书馆年鉴 2020》显示，目前承德战略储备库已经累计迁入近 1300 万册文献。异地建储备库会产生一个问题，如果读者有借阅这些文献的需求，该如何满足？笔者认为 OCR 可将储备库中的文献以数字化的形式呈现，为承德储备库和全国各地的读者架设远程链接的桥梁，从而满足读者的特殊借阅需求。

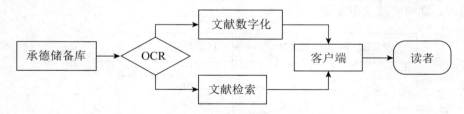

图 5　OCR 在承德战略储备库中的作用流程

3　OCR 技术在智慧图书馆建设中的意义和价值

从上一节可以看出，OCR 在图书馆的很多业务中都能发挥作用，是智慧图书馆的一种直观体现，在智慧图书馆建设中具有重要意义和价值。

3.1 OCR 技术帮助提高文献保护水平，推动古籍文献研究进程

对于流传几百年甚至上千年的古籍文献来说，如何在修复保存的基础上发挥其应有的社会教育价值，让更多人感受文化的魅力是图书馆一直致力于探究的话题。长久以来，古籍的保存和展出很难两全，一方面古籍保存对环境要求很高，温度、湿度、空气质量等指标需要保持固定数值，在运输和展示的过程中稍有不慎，便会造成损伤。另一方面，展出过程中也会面临人为损坏的风险，即使是专业的研究人员和修复师，也很难保证在接触古籍的过程中不会出现任何问题。

OCR 技术可以提高古籍文献的数字化程度，让尘封在库房中的文字变成灵动的电子符号，让读者更"近距离"地看到它们，既保护了文献，又展示了文献，可谓一举两得。此外，数字化后的古籍让更多的学者参与研究成为可能，学者可以随时在网上调出想要研究的古籍，不受人数和时空的限制，这无疑会加快古籍文献研究的速度，拓展古籍文献的研究深度。

3.2 OCR 技术可以提高采编效率，加速图书馆智慧化转型

以国家图书馆为例，每年进入图书馆的文献高达百万册，对每本文献都进行采选和编目是一项庞大的工程，文献从进采编到上架会有长短不一的时间差，使得本应承担起引领社会阅读风向标角色的图书馆，在读者试图寻找各个领域最新成果的时候陷入被动，这是图书馆智慧化转型路上的一个难题。

OCR 可以简化采编流程，提高采编效率，在缓解采编人员工作压力的同时，也能确保到馆资源快速上架。这个设想如能实现，将进一步提升图书馆的社会地位，让图书馆发挥出更大的价值。

3.3 OCR 技术能够创新图书馆服务模式，提升读者用户体验

与传统文献检索方式相比，OCR 技术可以简化检索流程，降低检索难度，节约读者时间，大大提升读者在国家图书馆客户端的使用体验。

新冠肺炎疫情出现后，国家图书馆一度闭馆 100 多天，无法提供借阅服务，各项工作也被迫暂停。随着疫情防控的常态化，虽然恢复了开馆，但预约入馆制度仍然将很多读者拦在图书馆外。OCR 技术可以帮助不能到馆的读者在家也能享受在图书馆同样的阅读服务。

总的来说，OCR 能从多个渠道创新图书馆的服务模式，这些模式都是从解决读者需求的角度出发，因此必将惠及广大读者——古籍文献数字化可以让读者足不出户却能博览群书；文献采编效率的提升可以让读者更快获知最新的知识；图片识别文献检索功能的应用给读者提供了新的检索渠道……这些都能让读者感受到更多方便，提升用户满意度。

4 OCR 技术在智慧图书馆应用中存在的困难及解决方案

虽然 OCR 技术给智慧图书馆带来了很多可能性，但是也应看到 OCR 技术在智慧图书馆的应用从设想到落地仍然存在困难和挑战。

4.1 研发周期长、成本高

虽然 OCR 在印刷体汉字的识别上已经成熟，但在智慧图书馆应用的过程中依然会面临研发周期长和成本的问题。一方面，OCR 技术在手写体汉字、少数民族文字识别上不够"智能"，需要时间来精进算法，提高识别水平。另一方面，任何技术的最初落地都会呈现出不同程度的"傻瓜结果"，无法应对多变场景，OCR 在应用初期会给图书馆工作人员和读者带来一定程度的不便，对 OCR 的技术应用会出现"排斥"。此外，图书馆的馆藏数量庞大，对这些数据的识别和信息化处理必将是一个长期且高成本的过程。

针对前期研发的周期和成本问题，笔者认为可以将 OCR 技术的落地分阶段实行，由小到大、由浅至深，先小范围测试，再大面积推广，在应用的过程中随时发现问题，解决问题，最终实现 OCR 与智慧图书馆的适配。

4.2 版权问题

随着国内版权市场的完善，版权问题成为横在图书馆和读者之间的一道"拦路虎"。公益性质的图书馆和商业出版社之间往往会因为版权问题产生法律纠纷，这点在 OCR 的应用中同样会产生。因此，在文献数字化的过程中，如果遇到版权模糊的文献，可以推迟其数字化进程，优先选择没有版权纠纷的古籍开展数字化，尽最大可能地避免出现版权问题。

智慧图书馆的建设任重而道远，OCR 技术将会是我们建设道路上的一把利器。智慧图书馆是一个美好期望，也是一个奋斗目标，虽然离真正的实现还有很长一段路要走，虽然实现的过程可能会存在各种各样的阻碍，但是为了适应时代的发展，为了满足读者多元化的需求，为了更好地传承图书馆文化和精神，我们仍然要积极探索、勇往直前，为智慧图书馆的最终实现打下坚实的基础。

参考文献

［1］李阳娟 . 汉字识别技术的研究进展分析［J］. 科技和产业，2022（4）：180.

［2］任凤丽 . 基于深度学习的汉字识别方法研究［D］. 上海：东华大学，2021：3.

［3］仁青东主 . 基于深度学习的藏文古籍木刻本文字识别研究［D］. 拉萨：西藏大学，2021：4.

［4］贾司渤 . 智慧图书馆的理论分析与实践探讨［D］. 长春：东北师范大学，2020：1-2.

［5］江山 . 智慧图书馆要素研究及建设思考［J］. 图书馆工作与研究，2022（2）：58-63.

元宇宙赋能的智慧图书馆形态及体系构想

——以融生图书馆为核心

刁婧宇（信息技术部）

2022 年 1 月 12 日，国务院在印发的"十四五"数字经济发展规划中指出，"十四五"时期数字经济发展要以数字技术与实体经济深度融合为主线，赋能传统产业转型升级[1]。在非接触式文化蓬勃发展的当下，元宇宙作为新鲜热词突然出现在了人们的视野里。这一概念提出后，迅速引起了科技、金融和文化等多领域的持续关注。微软、脸书（Facebook）、华为、字节跳动等科技巨头相继向元宇宙进军，"首届世界元宇宙大会"也于 2022 年 7 月在北京举办。随着元宇宙时代的来临，互联网也逐渐走向下一阶段，一个由新兴技术引领的虚实融合共生的网络世界[2]。

继中国数字图书馆工程、数字图书馆推广工程后，新一轮全国规模的图书馆数字化建设项目于"十四五"期间正式启动。在元宇宙这一新兴概念的引导下，如何把握智慧图书馆数字化发展机遇，进一步拓展数字文化发展空间，推动我国图书馆智能化服务健康可持续发展，将成为新形势下图书馆学及相关领域的关注重点。当前，公共服务模式不断向数字化衍变，加之全球新冠肺炎疫情的影响，公众的生活、学习、娱乐由线下转为线上的势头更加迅猛。未来智慧图书馆的发展将会走向何方，图书馆界也在不断探索，元宇宙的出现也为其下阶段的发展提供了新的思路。

可以想象，在元宇宙概念支撑下，一个突破空间局限的数字化智慧图书馆空间不断完善，本文将其称为融生图书馆。在此概念下的融生图书馆中，图书馆、用户、出版社等角色形成元宇宙情境下的融生图书馆社会体系，角色多元、权责清晰[3]。用户能够以固定合法的数字身份随时进入该空间，仿佛置身现实场景，自由而不受现实空间局限地享受图书馆智慧化服务，并在虚拟场景中进行沉浸式的学习和交流，萌发和创造出新的文化产物。这将有效突破图书馆的空间局限性，并为融生图书馆智慧化发展持续注入新的动能。

1 元宇宙与融生图书馆

1.1 元宇宙简述

元宇宙的概念产生自 1992 年国外科幻作品《雪崩》。该书中提出了"Metaverse"（元宇宙）和"Avatar"（化身）的概念，并描述了一个虚拟化的世界，人们在这个虚拟世界中拥有自己的数字身份，能够在虚拟世界中感知和交互，这个虚拟世界即被称之为

"元宇宙"。元宇宙在本质上并非是新的技术应用，而是数字孪生、XR、区块链等多种核心技术集合而成的综合产物。

1.2 融生图书馆概念

关于元宇宙概念下的智慧图书馆的定义尚无定论，本文研究的内容、定义与命名皆为笔者结合前人观点进行的研究界定。融生图书馆是运用 XR、数字孪生、人工智能、区块链、非同质化代币（NFT）等一系列核心科技手段进行链接与创造的，与现实图书馆相映射与交互的新型全真虚拟产物，一个具备虚拟社会、文化、经济体系的数字化图书馆空间[4]。

融生图书馆基于数字孪生技术生成现实图书馆完整要素（场馆、设施、资源、馆员、读者等）的虚拟镜像；基于区块链技术搭建经济、文化、社会体系；基于软件及多种人机交互设备将其与现实图书馆的交互系统、身份验证等系统密切关联；基于扩展现实技术及立体式多维感知刺激，拓展现实图书馆，提供完全沉浸式交互体验[5]。全息虚拟所带来的沉浸式体验只是其基本特性，用户活动产生的社会、文化、经济价值才是其核心意义。

如何命名元宇宙赋能的智慧图书馆，笔者也经过了不断的思考与否定。如称为未来图书馆，则无法体现其自身特性且过于宏观；如称为社会图书馆，则无法体现其与现实图书馆的本质区别；如称为沉浸式图书馆，则无法体现其与现实图书馆的交互关联；如称为孪生图书馆，则无法体现其全真体验感。融生图书馆，源自元宇宙概念下全真虚拟图书馆构建过程的后期形态。其构建初期是生成基于数字孪生及仿真技术的现实图书馆镜像，即为孪生阶段[6]；其构建中期，在元宇宙概念催化下，虚拟现实技术不断升级，数字孪生图书馆形成的虚拟空间逐渐真实，并与现实图书馆产生更多交集，逐渐发展为共生阶段；而随着元宇宙的综合技术体系逐渐成熟，所形成的虚拟图书馆逐渐将现实融入自身，并创造出超现实的仿造物，其范畴也逐渐大于现实图书馆，更多在现实中未出现的场景、文化和社会活动也在该虚拟空间中繁荣发展，现实与虚拟实现融合共生，最终进入融生阶段[7]，此时所形成的全真虚拟图书馆，即被称为融生图书馆。

1.3 融生图书馆研究意义

目前，传统图书馆已成功向数字图书馆转型，进而向智慧图书馆发展。人工智能、大数据、AR/VR、5G 等新技术应用为图书馆智慧化现阶段发展奠定了一定基础[8]。随着元宇宙相关技术成本的降低，受众范围的持续扩大，元宇宙这一新兴概念很有可能在未来的五到十年迎来爆发期。元宇宙概念下的融生图书馆研究，能够积极应对信息化时代变化，持续推进图书馆服务业态高质量、智能化发展，为图书馆智慧服务提供新的思路和动力。

融生图书馆能够提供的沉浸式服务，为用户营造了全面、真实、稳定的立体式服务体验。用户能够在融生图书馆中保持真实图书馆的感知刺激，获得如同现场到馆的智慧服务体验[9]。在文化及信息的产生方面，融生图书馆能够在内容生产方面进行信息资源的多模态聚合与重构；庞大的数字资源能够催生出用户大量的原创产品，给予用户充分的表达、交流，在满足用户自我表达与自我价值实现的同时，极大程度上增强了用户对融生图书馆发展建设的参与感。

相较于现实图书馆，融生图书馆能够构建出更为丰富的学习、社交、文娱的虚拟场景，形成一个去中心化的、多维立体的、虚实沉浸的、层次多元的文化社交网络，实现用户在线交流及文化社交活动由扁平化向立体化的变革。这种新型文化社交形式，将涵盖海量的信息资源，并爆炸式地产生更为多元而新鲜的文化产物。其形成的新的资源服务中心、科技服务中心、文化交流中心、地域特性中心，不仅不会破坏现实图书馆的重要价值，还会成为现实图书馆的补充和升华。这种多元、融合、自由、开放的新型文化场景，将会极大丰富社会文化形态，扩大服务范畴，促进文化多元繁荣，进一步推动智慧图书馆建设，推动公共文化生产、传播及服务，进而提升我国在公共文化服务领域的话语权及影响力。

2 融生图书馆体系构建及发展衍化

2.1 融生图书馆架构层级

融生图书馆将在元宇宙概念发展较为成熟时期得到实践。这一时期，元宇宙已经从虚拟化的社交与娱乐应用发展为仿真全真化的社会生活。成熟的元宇宙相关技术融入图书馆的各层级，逐渐形成融生图书馆完整的架构体系。本文集合当下元宇宙体系的基本构造、核心产出、特征特性等方面，设计了融生图书馆的体系架构，并将其自底向上划分为网络层、数据层、处理层、监管层、支撑层及交互层六个层面。

（1）网络层。网络层是融生图书馆体系架构的最底层，也是整个体系的基础保障。网络层负责提供持久、实时、可靠的连接，极高的带宽及分布式的数据传输。运用5G、6G、全光网络技术为融生图书馆提供通信网络支撑，实现了海量数据资源的实时传输；利用软件定义网络（SDN）、网络功能虚拟化（NFV）等虚拟化技术创新网络架构；通过物联网[10]技术架起现实图书馆与融生图书馆之间的桥梁，将现实图书馆的人、场景、事物实现高效转换与通信，实现信息在物理世界与虚拟世界的实时迅捷流转。

（2）数据层。数据层是融生图书馆体系架构的数据支撑，是数据生产与数据存储的一层。数据产生方面，利用摄像机、传感器等设备收集现实图书馆的建筑物光、温度、空间形态等基本数据；利用终端设备、位置设备及人工智能算法训练收集用户信息及行为；利用数字孪生构建对应现实图书馆的虚拟空间并模拟现实行为，动态还原现实外部环境，历史状态及实时状态；利用人工智能物联网（AioT）将产生及收集到的庞大数据存储在云端和边缘云，利用数据中心对数据有效储存及管理。

（3）处理层。处理层主要负责对数据层收集和产生的数据进行分析、加工及处理，是融生图书馆一切行为活动的"燃料"。无论是数字孪生、物理计算、数据协同，还是人工智能、行为捕捉等功能，都离不开核心算力的支持。元宇宙技术下的融生图书馆发展的前提，就是持续高效的计算处理。利用具有动态分配算力的云计算中心为数据层的数据处理提供算力支持[11]；利用边缘计算将大型任务分散、分解为易于处理的子任务快速处理，为用户提供更为顺畅、迅捷的服务保障；利用神经网络、数据挖掘、深度学习等大数据分析技术发现数据之间的潜在关联，进而前瞻感知和预测未来变化。

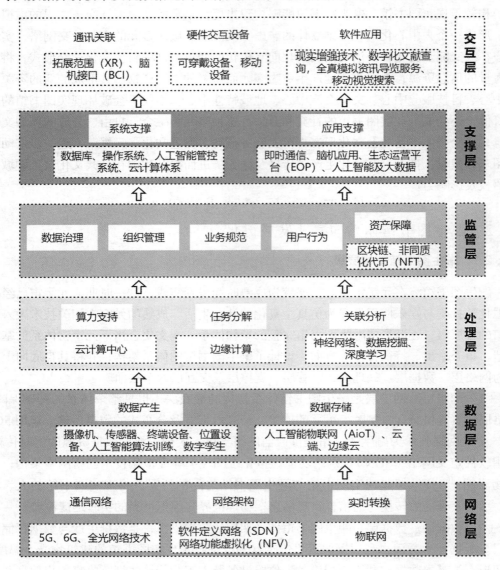

图 1 融生图书馆体系架构

（4）监管层。监管层是融生图书馆监督管理的规则层面，负责为数据、组织、业务、用户行为、确权等方面提供公正有效的保障，最终形成完整完善的监管体系。数据治理，将海量数据形成创新化、有效化的管理体系，为体系运转提供持续资源；组织管理，制定合理、合法的规则规范，进而推进融生图书馆组织建设的秩序化发展；业务规范，明确图书馆服务及工作职责，制定合理的业务流程，明确职能职权；用户行为，有效保证用户合法合规权利的有效行使，监督非法行为活动，营造和谐繁荣的平台秩序；资产保障，利用区块链及非同质化代币（NFT）的可溯源、不可篡改、去中心化等特性，保障虚拟资产安全[12]，进而更为有效地维护用户及图书馆的产权及利益。

（5）支撑层。支撑层构建了融生图书馆的软件体系。多协同的系统软件由数据库、操作系统、人工智能管控系统、云计算体系等构成，负责控制融生图书馆各种硬件设备，配合应用软件开发、运行及维护，能够有效提供应用环境支撑；特定功能性的应用软件形成融生图书馆软件服务及运行体系，是虚拟与现实连接的关键，包括即时通信、脑机应用、生态运营平台（EOP）、人工智能及大数据等。这些应用软件面向用户提供丰富的资源检索、文化传播、培训学习及社交娱乐等公共服务。在支撑层，由于用户的高度参与，大量的信息、内容得以生产，高效而沉浸式的应用场景极大地提升了文化交流和内容生产的效率和质量，能够有效推动元宇宙概念下的图书馆体系构建。

（6）交互层。交互层是用户"参观"和"体验"融生图书馆的入口。交互层包括足够强大的硬件支持和软件保障。XR、脑机接口（BCI）实现人脑与外部的通信关联，可穿戴设备、移动设备等先进设施配合产生无空间限制的沉浸式体验。面向用户定制配合元宇宙体系的新一代软件应用，包括现实增强技术、数字化文献查询、全真模拟资讯导览服务、移动视觉搜索等软件体系，全方位营造融生图书馆元宇宙软件体系，配合硬件设备，真正实现多维立体式公共文化服务，极大地提升用户的沉浸感、代入感，为用户提供真实、完美的元宇宙畅游体验。

2.2 融生图书馆发展衍化

本文所定义的融生图书馆结合元宇宙自身发展过程，将经历三个阶段，在持续的衍化中最终产生。分别是：初期形成虚实共存的孪生阶段；中期相互促进的中期发展阶段，即共生阶段；不断衍化发展最终产生虚实融合共生，虚拟空间亦如现实图书馆一样完备的融生阶段。

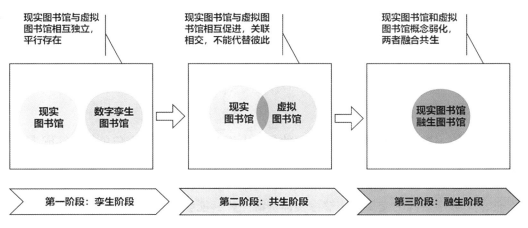

图 2　融生图书馆发展衍化过程

2.2.1　孪生阶段

孪生阶段发生于元宇宙体系下的图书馆建设初期。在这一阶段，以数字孪生及仿真技术为主体的技术体系将构建出现实图书馆的虚拟镜像[13]。公众在这一情景下的主体需求和文化产生都保持原有特征。现实图书馆的各项功能和服务也都未被虚拟图书馆影响，并在公共文化服务中占据绝对主要地位。此时现实图书馆与虚拟图书馆相互独立，平行存在。

2.2.2　共生阶段

随着元宇宙概念不断催化，技术体系不断升级，数字孪生图书馆形成的虚拟空间逐渐真实，并与现实图书馆产生更多交集。元宇宙体系下的图书馆建设开始进入迅猛发展期，并逐渐由孪生发展为共生。在这一时期，大规模的仿真化虚拟产物爆发式产生，它们与其现实摹本各有自身特征，并在现实和虚拟环境中各自体现价值。元宇宙技术体系不仅将虚拟空间变得真实而生动，还将形成与现实大不相同的文化产生过程和社交行为。此时的现实图书馆与虚拟图书馆相互促进，在各自领域不断发展的同时，用对方之长补己之短，关联相交却又各有对方不能代替的重要地位。

2.2.3　融生阶段

当元宇宙技术体系发展走向成熟，基于相关技术所形成的虚拟图书馆有了更强有力的服务能力，这一阶段的元宇宙虚拟图书馆能够创造出超现实的仿造物，形成自身特有的公共文化服务价值，其范畴也逐渐大于现实图书馆，更多在现实中未出现的场景、文化和社会活动也在该虚拟空间中繁荣发展，现实与虚拟实现融合共生，最终进入融生阶段。处于此阶段的全真化的虚拟图书馆，才能称之为融生图书馆，这也是元宇宙赋能的智慧图书馆发展的后期形态。融生图书馆突破了现实空间的局限，能够提供更加丰富的场景和资源服务。此时现实图书馆和虚拟图书馆概念已被弱化，两者糅合共建，产生巨大的社会和文化价值。

3　融生图书馆的影响

基于融生图书馆多元化、去中心化、持久化的特点与数字资产、数字创造及数字市场等新公共文化及经济业态的完善，融生图书馆也将带来更为深远的影响。

3.1　用户多角色

在融生图书馆发展成熟时期，用户的角色也逐渐多样化。每个角色都能够成为文化和资源的生产者、消费者和所有者。在融生图书馆中，图书馆将作为初始阶段文化提供的主体。在逐步扩大的情况下，出版社也将融入其中。融生图书馆所应用的区块链技术，使单个数字资源的交易也能够像实体资源一样，能够复制性地反复购买。图书馆购买单一的数字资源就如购买实体书一样，买入几份数字资源的复制品就只能被同时借阅给用户几份，当有用户返还，该资源复本才能够被其他用户借阅。这种单次借阅、单一阅读的形式，能够有效保障出版社的利益，减少其因公共机构单次购买数字资源，免费为公众提供，所带来的同产品再次交易受影响的情况。出版社自身利益得到保障后，能够更有信心，更加积极地同图书馆开展合作，进而调动更多过去未被引入的优质资源。与此同时，用户可以以个人名义发布原创作品，购买出版社提供的付费资源，获取图书馆提供的全部免费公共资源，并在其中尽情交流自身感悟。真正实现角色的多元丰富，实现创造力和影响力的双丰收。

3.2 NFT 文明产物繁荣

NFT 是建立在区块链技术上的数字资产证明，它具有独一无二、不可更改、可溯源等特性，能够为数字资源的流通及交易提供技术保障。在融生图书馆中，数字藏品与数字资源都能够像实物一样确权，NFT 能够为其提供所有权凭证；在交易及转让过程中实现所有权的转移；基于区块链技术特性，采用保留时序特征的存储方式，实现可溯源、防篡改、全程监控的透明交易形式[14]。

在融生图书馆中，数字藏品的真伪与权属也更为明晰，一定程度上为图书馆提供新的创收方向。与此同时，大量的数字藏品能够在 NFT 技术支撑下不断繁荣，更多的人在无须到现实场馆就能立体式欣赏数字藏品，将距离缩短为零，足不出户也能领略世界文化风貌。

3.3 文化体系建设

元宇宙赋能的融生图书馆将使文化系统超越固有传统模式成为可能。全国各级图书馆体系在数字化发展过程中建立了数量庞大的数据库，库与库之间可能存在重复、缺乏系统联系等问题，进而成为一个个数据的"孤岛"。在缺少关联和沟通的前提下，数据库构建时出现了大量重复建设的情况，大量的资源浪费由此产生。融生图书馆的产生，将图书馆体系融合重构，通过网络互联，形成各级图书馆、出版社、用户的多元有机体，在统一的规范下，数据被充分启用，将全国的文化资源有机关联，充分利用。

在元宇宙概念下的融生图书馆建设，将使智慧图书馆建设有效突破狭义的行业建设观念。不断争取与文化馆、美术馆、展览馆、博物馆、档案馆等机构开展合作，打造多元化文化知识大库，实现全国性质的文化资源整合。这种变革所产生的互联网文化繁荣，将成为重构文化体系组织与服务形式的主动力。

元宇宙概念为"十四五"时期智慧图书馆新一轮的发展提供了新的思路。不论新阶段智慧图书馆如何发展，我们都应明确，智慧图书馆发展建设的最终目标不再是单纯的数字化转型，而是结合文化资源、智能技术与智慧管理形成的互联互通、开放共享、融合创新的公共文化服务体系[15]。智慧图书馆将成为公众获取、创造和分享知识和文化的重要基础支撑，融生图书馆的发展将成为智慧图书馆引领的公共文化服务体系的先头兵，以其自身变革推动整个体系的创新发展。

参考文献

［1］国务院.国务院关于印发"十四五"数字经济发展规划的通知［EB/OL］.［2022-03-11］.
　　http：//www.gov.cn/zhengce/content/2022-01/12/content_5667817.htm.

［2］李默.元宇宙视域下的智慧图书馆服务模式与技术框架研究［J/OL］.情报理论与实践,2022（3）：
　　89-93.

［3］赵国栋,易欢欢,徐远重.元宇宙［M］.北京：中译出版社,2021：63-72.

［4］Metaverse［EB/OL］.［2022-03-17］.http：//en.jinzhao.wiki/wiki/Metaverse.

［5］陈定权,尚洁,汪庆怡,等.在虚与实之间想象元宇宙中图书馆的模样［J］.图书馆论坛,2022
　　（1）：62-68.

［6］王儒西,向安玲.2020—2021年元宇宙发展研究报告［R］.北京：清华大学新媒体研究中心,
　　2021.

［7］吴江,曹喆,陈佩,等.元宇宙视域下的用户信息行为：框架与展望［J］.信息资源管理学报,
　　2022（1）：4-20.

［8］魏大威.数字图书馆的科学规划与发展探析——国家数字图书馆的探索与实践［J］.图书馆理论
　　与实践,2013（4）：1-10.

［9］李洪晨,马捷.沉浸理论视角下元宇宙图书馆"人、场、物"重构研究［J］.情报科学,2022（1）：
　　10-15.

［10］孙其博,刘杰,黎羴,等.物联网：概念、架构与关键技术研究综述［J］.北京邮电大学学报,
　　2010（3）：1-9.

［11］MATSUBARA M,OGUCHI M.Evaluation of metaverse server in a widely-distributed environment
　　［C］// OTM confederated international conferences. Heidelberg：Springer,2010：307-316.

［12］陈苗,肖鹏.元宇宙时代图书馆、档案馆与博物馆（LAM）的技术采纳及其负责任创新：以
　　NFT为中心的思考［J］.图书馆建设,2022（1）：121-126.

［13］任萍萍."云数智"融合视域下孪生图书馆应用情境模型与生态体系构建［J］.情报理论与实践,
　　2021（12）：41-47.

［14］袁勇,王飞跃.区块链技术发展现状与展望［J］.自动化学报,2016（4）：481-494.

［15］熊远明.携手推动全国图书馆事业智慧化转型与高质量发展［J］.大学图书馆学报,2022（1）：
　　9-10.

公共图书馆传统借阅工作的细节服务策略

富　洁（典藏阅览部）

随着数字时代的到来，越来越多的信息数据被创造、存储、复制和传播。人们对信息资源的需求越来越旺盛，获取信息的渠道也越来越丰富。公共图书馆一方面充分利用互联网和新媒体平台开展了丰富多彩的线上服务，吸引了众多读者尤其是年轻读者的关注。另一方面，许多传统的工作内容及工作方式继续发挥着作用，承担传递信息的重要任务。公共图书馆是公益性质的、不设门槛的，优良的服务理念和服务传统是我们的工作保障。即使网络高度发达，数字技术也不能满足所有阅读需求，人们还是喜欢到图书馆来看书，文献借阅仍是读者利用文献的主要方式。到馆读者可以免费阅览图书、期刊、报纸等纸本文献，还可以观看视听资料、缩微胶片等特种文献。读者可以在规定时间内借出一定量图书。在数字和网络化迅速发展的社会环境和行业环境下，图书馆的传统服务要想稳固并吸引潜在读者，充分发挥馆藏文献的作用，还须在细节服务方面有所作为，夯实基础业务，提升服务质量，构建科学完善的服务体系。

1　借阅工作中细节服务的内涵

细节服务的概念来源于经济领域，是指以用户为中心，最大限度地利用企业现有的自身资源和外部环境，对服务进行周密计划、执行、监督和控制，并不断创新的一种服务方式和服务过程[1]。这一服务理念与图书馆的服务目标有着相似之处。图书馆为了满足读者需求，通过完善细微的环节或情节，让读者满意。细节服务可以体现图书馆的服务水平和服务质量。

传统借阅工作的细节服务主要是围绕馆藏文献和到馆读者展开的，包括环境细节、流程细节、沟通细节、管理细节等内容。借阅工作的细节服务没有从本质上改变原有的服务方式，而是基本利用现有条件，优化服务流程、提高服务效率、改善读者体验。

2　借阅工作中细节服务的原则

借阅服务的细节服务应当遵循基本的工作原则，与我国的基本国情、图书馆事业的发展和社会公众的文献需求相适应。

2.1 以人为本的服务原则

坚持以人为本原则是要尊重读者，关心读者，保障读者权益，满足读者需求。这一原则并不是新鲜话题，却常常在工作细节上被忽略。细节服务应体现在每一次接待读者时的关注、尊重和爱护。

习近平总书记曾讲，"人民不是抽象的符号，而是一个一个具体的人的集合，每个人都有血有肉、有情感、有爱恨、有梦想，都有内心的冲突和忧伤"，"要用心用情了解各种各样的人物"[2]。图书馆的工作人员每日面对形形色色的读者，需要解决各种各样的问题。与读者沟通时，要讲究语言精练，突出重点，适当停顿，留给读者反应时间。确实超出服务能力时，切忌态度冷漠，要照顾对方的感受。其中，最考验服务能力的是高龄、残障、情绪障碍等读者的服务工作。对于这类读者群体，就需要投入更多的精力和热忱，用心倾听他们的诉求，在充分理解他们意愿的基础上，为他们排忧解难。

2.2 平等服务原则

公共图书馆面向社会公众开放，读者的身份背景各异，怀着各自的文献需求来到图书馆。在服务实践中，应当坚持无差别的平等原则。具体来说，平等服务原则包括以下内容：①同等情况下同等对待[3]，要结合读者的主观需要与图书馆的客观条件处理问题。如读者之间发生争执时，除非一方有过分举动，工作人员不应为了息事宁人，急于站队表态，而应引导读者互商互让、和谐相处。"来往的人群和偶然的相视不会影响阅读，反而有一种人与人之间的联结，读者的阅读痕迹有时候也会带来联动，置身阅览室的环境，可以放大对阅读的书籍的真正的兴趣，巩固对阅读行为本身的热爱"[4]。②无论是面对面的人工服务，还是无接触式的服务都要体现平等原则，给予所有读者平等待遇。如读者会在不知情、无意识、不熟练的情况下，进行了误操作。工作人员要动态关注读者在自助终端或移动服务平台的操作行为，解决读者实际使用中的问题。为了充分发挥软硬件设施的功能，一线部门要重视与信息部门的交流合作，提出意见建议，实现技术与服务相互促进、共同提高。③重视保障弱势群体的平等权利[3]。平等服务原则不能被硬性解读。对于弱势群体，工作人员要主动服务，拉近距离，将服务适当向弱势群体倾斜。一些老年人非常喜欢来图书馆读书看报，将这一爱好视作退休生活的一部分。节假日期间，图书馆在服务时间、服务地点会有临时调整。相关公告一般会以官方网站、微信服务号、室内张贴等形式发布。高龄人群相对记忆力、理解力减退，会出现健忘、混淆等情况，甚至没有注意到公告内容。临近节假日对于老年读者，不仅要及时告知，还要协助其记录下变化部分及恢复时间。

2.3 个性化服务原则

读者由于身份背景、知识构成不同，文献需求也不同，利用图书馆的能力更是千差万别。面向所有人的普遍服务无法满足不同类型读者的文献需求。工作人员通过直接观察读者的年龄、行为习惯，在沟通交流中了解读者的兴趣喜好、专业背景，推测读者可能需要的信息，为读者提供细化精准的个性化服务。青年学生在简单的指导和辅助下，就能驾轻就熟地利用图书馆资源。知识渊博的学者则需要工作人员具备较高的专业素养和检索能力。有的读者性格比较"高冷"，宁可自己费时费力，也不愿求助别人。个性化的细节服务有助于解决文献资源的丰富性和个体需求的特殊性之间的矛盾，提高馆藏文献利用率。

2.4　与时俱进的服务原则

新媒体技术的普遍应用，极大提升了传统借阅服务的信息化水平。读者通过微信服务号、小程序、App 等线上途径，可以咨询服务信息、检索预约文献、查看还书期限等。较之以往，读者的文献需求更加快速高效地传递到各服务区域。线下的文献借阅服务流程及内容也要随之进行调节。国图总馆南区综合阅览室一直为读者提供保留图书的服务。读者需要连续阅览某书时，在无其他读者预约的条件下，可以将书暂存至次日早上。保留图书的服务可以免去读者再次预约同一图书的步骤，节省读者时间。而在新冠肺炎疫情防控常态化的要求下，读者需要提前预约入馆。工作人员办理图书保留时，须提醒读者是否已经预约好次日入馆名额，是否确定能在约定时间内取书。借阅服务要根据读者的实际使用情况，不断完善细节，主动迎合服务技术手段的变化发展。

2.5　读者满意原则

图书馆开展各项服务的目的就是满足读者需求，让读者满意。读者的满意度是衡量图书馆服务质量的主要标准之一。图书馆的环境、设施、文献、服务都会影响读者的评价。传统的借阅工作中，工作人员常以面对面问答、操作的方式服务读者。工作人员的业务能力、知识水平和服务态度对满意度产生直接的影响。工作人员应当珍视与读者交流的每一次机会，充分认识到每一次交流都会影响读者对图书馆服务的认知。如留意读者要求被拒后的失望、遗憾及不满等负面情绪，提出替代建议，解决读者问题，争取读者的理解与认可。反之，如果工作人员做出公事公办、不予理会的样子，任由读者负气而去，读者也许不会当场用语言发泄情绪，但可能会通过微博、短视频等自媒体发表自己的服务体验，从而影响图书馆的整体形象。可以说，细节服务就是为了最大限度提高读者的满意度，令读者拥有更多的获得感。

3　借阅工作中细节服务的策略

借阅工作应坚持读者第一、平等服务、与时俱进的工作原则，分别从环境、流程、沟通、管理等多方面入手，开展细节服务。

3.1　完善内部服务功能，营造美好的阅读空间

图书馆的环境氛围直接影响读者的阅读体验。整洁优雅的借阅环境使人心情愉悦，

安心阅读，激发读者的求知欲望。除宏伟的建筑、先进的设施外，图书馆还应在细节布置上营造出优美舒适的阅读环境，体现以人为本的服务原则。

为营造美好的阅读空间，应站在读者角度，深入考虑读者的使用感受，规划环境、美化细节。①当下新冠肺炎疫情呈多点散发态势，不排除局部扩散风险。阅览室内人员相对密集，应保持环境卫生和空气清新。春秋时节气温适宜，应保持室内空气流通。冬夏两季空调开放，也要注意定时开窗通风。②各类声响会破坏安静的学习氛围，打断读者的思路。工作人员之间交谈时，要低声细语、长话短说。对个别读者接打电话、手机外放等行为，工作人员要负起责任，敢于管理，有效劝阻。③阅览室醒目位置摆放温馨提示牌，指引、告知读者一些重要且容易弄错的问题，如"本室图书不可外借"等。虽然很多内容在图书馆网站等处均可查到，但提示牌的作用在于适时适地地告知读者如何利用好图书馆。④阅览室内常备放大镜、针线、口罩、创可贴等小物品，满足读者所需。

图书馆可以在有条件的地方设置专题书架或特色书架。专题书架是把不同类别下相同主题的图书集中起来进行展示，供用户集中查阅，节省用户找书时间，营造氛围[5]。闭架阅览的文献从书库到达读者手中，通常需要一定的传送时间。读者可在等候取书的时间里，翻阅专架上的推荐读物，缓解焦虑感。专题书架还可以起到导读推广的作用，对往来参观的读者进行文化熏陶。选取文献要主题鲜明，具有正确的思想导向，涵盖时政、经济、医疗、文教等多领域，贴合社会热点和公众关切。国图南区综合阅览室曾成功地举办过时光书桌、红色文献、百部经典等多期专题书架，每期持续数月。专架以整体景观的形式呈现，配有盆栽、笔墨、图画、灯光等装饰布景，吸引了众多读者驻足观看，一度成为馆内的网红打卡地。

3.2 细节服务贯穿于借阅工作的全部流程

借阅工作是图书馆最基本的服务内容，早已形成一套常规的服务流程。读者需求在服务流程的不同环节，具有不同的特点。细节服务要落实在流程中的局部环节中，力求每一环节都方便合理，都为读者着想。

细节服务要求工作人员清楚地了解到各项环节的工作重点、难点，进行有针对性的服务。工作人员在图书借出、归还时，会简单地翻查污损情况，同时提醒读者仔细检查。实际上，少有读者会花费时间全面检查借阅书籍的每一页。工作人员可以寻求读者的支持配合，但从人性化、公平性的角度看，不能将此类提醒作为自身免责的理由。工作人员应当承担检查污损文献的责任，不将缺页残页、涂画严重、有涂画却没有加盖污损章的文献借给读者。有鉴于此，阅览室内一方面须加强巡视，将撕割、标记等不良行为消除在萌芽中。另一方面，增强对馆藏文献作用、价值的宣传力度，号召读者自觉遵守规定、爱护图书。

细节服务需要规范细致的操作，避免服务流程中的细微疏漏。阅览室的借还书处一般设有两个电脑显示屏，分别面向工作人员和读者，双方能够同时看到读者的个人身份和借阅事实。双屏显示为读者核对借还信息提供了很大便利。当读者完成借还手续、转身离开后，工作人员应立即消除屏显信息，确保个人信息不被他人获取。如没能及时消除信息，可能会间接公开了具有个人性质的信息，导致读者隐私泄露。可见，一"键"小事上，也不能有丝毫疏忽大意。

3.3 遵循借阅工作制度，尊重读者需求差异

借阅工作制度规定了各项服务的内容和要求、读者的权利和义务等，是服务工作有序进行的前提和保障。借阅制度来源于服务工作，是实践中积累的成功经验的概括和总结。借阅制度又可以指导服务工作，是开展服务工作的依据和准绳。实践中不难发现，严密的规章制度不可能涵盖所有细节，无法预料部分读者的非常规要求。便利读者是制定借阅工作制度的初衷之一。处理制度未明确的事项，应当本着读者满意的原则，从读者要求中找出可以协调的部分，提出替代方法。而细节服务不是简单地让步服务，不能以破坏图书馆规章制度为代价、无限满足某一部分读者。便利读者是对所有读者提供长远的便利服务，不是部分读者妨害了其他读者利益得来的一时便利[6]。在制度面前不松动不死板，考验的是工作人员的判断及应变能力。

3.4 用细节服务化解工作人员与读者的矛盾

按照事物发展的时间顺序，可以把工作人员与读者的矛盾细分为事前、事中和事后三个阶段。针对矛盾发展的不同阶段，要采取相应的应对策略。

信任读者，理解读者，防止诱发矛盾。读者普遍渴望和谐、自由、开放的阅读氛围。如果一味地用规定去限制读者、忽视了读者的自律能力，就会引起读者反感，激发矛盾。工作人员经常会进行室内巡视，通过走动观察来保证设备的正常运转、制止不文明行为、解答读者疑问等。入春以来，部分读者会有意无意地摘掉口罩。如巡视人员脚步急促地走到该读者座位旁，突然出言提醒，不但将其置于众多陌生目光注视下的尴尬境地，还会惊扰到周围其他读者，引起新的矛盾。细心的工作人员会放缓脚步来到读者面前，轻触桌面引起注意，甚至不用言语，双手在面部比画一个方形的动作，读者立刻心领意会。相较前者，后者的处理方式更人性化，效果更好。细节服务要讲究工作方式、策略和技巧，追求最佳效果。有的问题只需在细节上稍加注意，就能避免矛盾的发生。

工作人员与读者发生矛盾后，要在短时间内处理。根据经验，双方矛盾的焦点主要集中在阅览环境、借阅制度、文献利用、工作失误上，其中多与服务的细节有关。①关于阅览室内部环境的，如空调、照明、电源等出现问题，应及时联系相关部门修理，保证尽快恢复正常。②涉及部门之间衔接的业务且难以当场解决的，要跟踪问题，回复读者。③"老旧图书不能复印""基藏本不能外借"等文献利用政策，也经常引发读者投诉。尽管工作人员已做解释，仍有读者不肯接受。此时不能以自身对服务目标和规章制度的看法、态度去要求读者，强迫读者完全认同，要宽容看待读者与自身存在一定程度的分歧，用真诚的态度感化读者。④对于在服务过程中的失误，即使问题的责任不在本部门或本岗位，也不能推诿搪塞，要主动道歉、弥补读者损失。补救工作可能一次不成

功[7]，要逐步缓解读者的不满，直至取得读者谅解。

科学理性地认识、处理与读者的矛盾。工作人员与读者的矛盾是图书馆长期存在的问题，直接反映出服务中存在的短板与缺陷，提示工作人员不断完善服务细节。因此，要重视读者矛盾，反思读者投诉根源，实施最佳服务策略。对于读者长期反映的诉求，进行收集整理归纳、组织分析研究、总结经验教训，为之后的工作提供参考。

3.5 细节服务要坚持不断创新

对借阅工作而言，创新不等于否定传统，更多的是继承、优化和升华基础工作。

借阅工作的细节服务不能靠主观臆造，要以读者需求为导向，从实际出发，提供丰富、方便、快捷、细致的服务。总馆北区于2021年4月实现了中文书借阅合并。除工具书和专题展示图书外，其余中文图书均可外借。调整之后，外借图书的种类和数量得到了有效扩充，切实解决了读者借书难的问题。借阅一体化服务是在结合读者需求和数据分析的基础上，优化服务流程、提升服务细节的重要举措。

创新存在于每一个服务细节中，要积极设想与尝试，在平凡岗位上实现职业价值。工作人员要树立创新意识，力求把平凡、琐碎的事情做实、做细、做好，在与读者的互动中创造出不平凡。北区数字资源服务组长期肩负"关爱夕阳"老年课堂的服务项目，解决老年读者在智能设备使用过程中遇到的困难。除了面授使用方法，他们还特意建立了微信群，下班后继续解答读者疑问。真诚细致的服务赢得了老年读者的交口称赞[8]。可以看出，基层员工在细节服务的创新上，有很多事情可以做，且足以能够提升图书馆的社会形象和地位。

综上所述，图书馆可以通过提升传统服务的服务质量，以期广泛吸引读者、扩大社会影响。海不择细流，故能成其大。山不拒细壤，方能就其高。传统借阅工作的每一环节、每一细节都影响着读者满意度。因此，在工作中就必然要注重细节，从小事做起，优化环境、完善制度、关注读者、创新服务。英国藏书家约翰·伯顿说过："伟大的图书馆不是靠建筑来成就的，它是多年生长而成就的"[4]。图书馆构建完善的细节服务体系是一个循序渐进的过程，需要不断探索、实践、总结和创新。

参考文献

[1]蒙德成.论图书馆细节服务的实施策略[J].图书馆工作与研究，2011（10）：63-65.

[2]习近平.在中国文联十大、中国作协九大开幕式上的讲话[EB/OL].[2022-03-13].http://www.xinhuanet.com//politics/2016-11/30/c_1120025319_2.htm.

[3]李琪，吴风华，孙永芝.新形势下图书馆读者需求与服务艺术透视[M].上海：上海交通大学出版社，2018：8.

[4]林熙.是谁烧了亲爱的图书馆[N].北京青年报，2021-09-10（B5）.

[5]任平.高校图书馆人文社科学科服务的思考和实践——以清华大学图书馆哲学学科服务为例[J].图书馆情报工作，2018（24）：28-35.

［6］谷春燕，李萧，阿曼古丽·艾则孜.图书馆读者服务与管理［M］.银川：宁夏人民出版社，2021：83.

［7］江涛，穆颖丽，等.现代图书馆服务理论与实践［M］.郑州：河南人民出版社，2014：522.

［8］白玉静."全国三八红旗集体"国家图书馆典藏阅览部：深耕服务品质，铸就文化津梁［EB/OL］.［2022-03-08］.https：//mp.weixin.qq.com/s/em-c3Ray3U6POPVz3Lsd3Q.

文献计量学在科学评价中的应用现状及对策建议

宋　娜（参考咨询部）

1　引言

2017 年 3 月 21 日，国家图书馆科学评价中心正式成立，它利用丰富的馆藏文献，联合馆外顶级的科研机构、数据资源商和工具商，成为国家图书馆专职从事科学评价业务研究与服务的机构。几年来，科学评价中心已经为高校、企业、科研单位等提供了一系列科研评价服务，在产品设计和业务能力方面都积累了大量经验。

文献计量学是科学评价的重要理论和方法来源，它是以文献为研究对象，采用数学和统计学等计量方法，研究文献情报的分布结构、数量关系、变化规律和定量管理，并进一步探讨科学技术的某些结构、特征和规律的一门学科[1]。科学评价是对被评价对象进行质和量的评价，而文献计量学则完成科学评价量化分析的部分[2]。

文献计量学的研究最早可以追溯到 1917 年，文献学家科尔（Cole）和伊尔斯（Eales）就用文献计量学的方法统计分析了 1550—1860 年发表的解剖学文献[3]。1969年美国目录学家普里查德（Pritchard）提出"Bibliometrics"这一术语，成为文献计量学诞生的标志性事件。他认为文献计量学是"将数学和统计学方法运用于图书及其他交流介质研究"的一门学科[2]。

国内的研究最早出现在 1964 年，张琪玉、王恩光在《综合科技动态情报工作》上发表了介绍美国编辑出版的《科学引文索引》的文章，但文献计量学在我国的真正兴起和传播是从 20 世纪 70 年代后期才开始的[4]。

自从文献计量学提出以来，它经历了不同的发展阶段。有学者将其划分为三个阶段，分别是萌芽时期（1917—1933 年）、奠定时期（1934—1960 年）和发展时期（1960 年以来）。萌芽时期出现了零星的有关文献统计的分析研究；奠定时期布拉德福德（Bradford）和齐普夫（Zipf）分别提出了"布拉德福定律"与"齐普夫定律"，奠定了文献计量学的学术地位；在发展时期，计算机技术的进步强烈推动着文献计量学的发展，《科学引文索引》和"Bibliometrics"都是在这一时期建立和提出的[5]。

进入 21 世纪以来，随着计算机知识的不断发展与应用，文献统计和分析工具应运而生并发展壮大，文献计量学的理论和应用研究都得到前所未有的发展，它已然成为图书情报领域的一种重要研究手段和方法，并在其他学科上得到广泛应用。目前通过文献计量学进行统计分析的文献非常丰富，已然呈现爆发之势，但是大部分文献仅限于现状分析，未进行深层次的探讨和建议。

本文就是通过文献计量学手段统计和分析国内近 20 年以来应用文献计量学方法的文献，来研究文献计量学目前的使用现状，找出可能存在的问题和瓶颈，并给出合理的对策和建议。

2 数据来源与研究方法

2.1 数据来源与清洗

本文数据来源于中国知网期刊全文数据库，根据本文的研究主题，在题名、摘要和关键词（TKA）字段中检索出标有"文献计量""文献计量学""文献计量法""文献计量分析""文献计量学分析""计量学分析"的文献，时间限定为 2002—2021 年，检索日期为 2022 年 2 月 23 日。以上检索结果再删除选题指南、征稿启事、投稿须知、会议通知、编辑部声明、公告等不相关文献后最终得到 37938 篇期刊论文。

2.2 研究方法

本文借助了科睿唯安的文献清理和分析工具 Derwent Data Analyzer 对以上文献进行统计分析，该工具可以实现数据导入、数据清洗、数据整理和分析、数据和图表导出等功能。其中的数据清洗是它的一大特色功能，比如对作者所属机构进行规范和合并、应用叙词表清洗中图分类号、合并关键词等。借助该工具，可以高效地完成数据整理和统计工作。

本文利用文献计量学方法，从发文年代分布、学科分布、刊载期刊影响因子变化趋势及不同层级期刊发文统计三个维度统计分析了近 20 年有关文献计量学的应用现状，以期找到它的发展规律和瓶颈。

3 研究结果

3.1 发文年代分布

通过统计近 20 年的发文情况发现，关于文献计量学的研究呈现逐年上升趋势，2002 年仅有 337 篇，2021 年则达到 5500 篇，是 2002 年的 16 倍。尤其是近 5 年，文献数量上升趋势十分明显。可见，文献计量学的应用受到了学者的广泛关注，借助该方法的学术研究越来越多。可以预见，未来几年文献数量依旧会居高不下，而文献量大增的原因可能是该方法的应用范围越来越广，也可能是文献分析工具如 CiteSpace、VOSviewer 的出现使得文献计量学的使用越来越便捷。

单位：篇

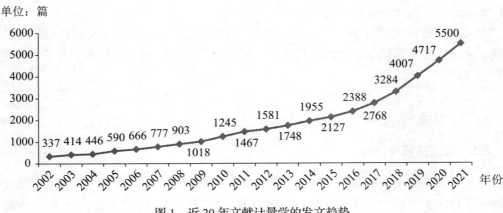

图1　近20年文献计量学的发文趋势

3.2　学科分布

中国知网提供了每篇文献的中图分类号，中图分类号是根据《中国图书馆分类法》对文献进行分类，而获得的分类代号[6]。它在一定程度上代表了文献所属的学科门类。但中图分类号的标注级别并不统一，比如有的文献标注级别较粗略，而有的文献标注级别则更细致。另外，中图分类法的分类方法和常见的学科分类方法也不一致，直接以22个字母大类区分学科并不合理，因此直接使用中图分类号划分它们的学科属性不能满足本研究的需要。

本文借助之前研究的学科分类方法，将中图分类号和《中华人民共和国国家标准学科分类与代码》（简称《学科分类与代码》）进行了相互匹配，可以将不同层级的中图分类号精确地对应到相应的国家标准学科分类体系下。该学科体系于2009年进行了修订，目前共划分为62个一级学科，以该学科标准衡量论文的所属学科更加便捷，也更加合理。

根据本文的数据统计，37938篇期刊文献共分布在60个一级学科当中，几乎覆盖了所有学科门类，可见文献计量学方法在各学科上的应用都非常广泛。表1显示了文献数量较多的学科分布情况。从表中可以看出，图书馆、情报与文献学领域对于文献计量学的使用是最多的，占到总文献的52%，其发文数量处于绝对优势。考虑到文献计量学是该学科的一种专门方法[7]，这个结果并不意外。除此之外，经济学、教育学、医学（包括临床医学、中医学与中药学、基础医学、预防医学与公共卫生学）的文献数量也非常多，可见在这些学科中文献计量学受到了高度重视。

表1　文献计量学应用较多的学科领域

序号	学科名称	文献数量（篇）
1	图书馆、情报与文献学	19762
2	经济学	5162
3	教育学	4285

序号	学科名称	文献数量（篇）
4	临床医学	3103
5	中医学与中药学	1807
6	基础医学	1691
7	计算机科学技术	1622
8	政治学	1205
9	体育科学	1144
10	预防医学与公共卫生学	1123
11	农学	840
12	环境科学技术及资源科学技术	713
13	语言学	703
14	土木建筑工程	625
15	新闻学与传播学	594
16	地球科学	570
17	交通运输工程	380
18	药学	361
19	社会学	331
20	生物学	330

文献计量学研究可以分为理论研究和应用研究两个方面，在图书馆、情报与文献学领域发表的文献既可能包括了理论研究，也可能包括了应用研究，但在其他学科领域发表的文献主要归类于应用研究。基于此，我们可以通过这两种学科类型的划分大体判断出应用型文献的发文情况。如图 2 所示，图书馆、情报与文献学和其他学科都呈现出逐年增长的趋势。由于文献的学科界定是根据中图分类号划分的，一篇文献可以标记多个中图分类号，比如应用文献计量学的"其他学科"文献也会标记文献计量学的中图分类号，因此这类文献就会同时隶属于"其他学科"和图书馆、情报与文献学，这也是图书馆、情报与文献学发文数量远超其他学科的原因之一。而属于"其他学科"的文献其研究对象一定是该学科领域的，因此图中"其他学科"的增长趋势更加准确地表明了它们应用文献计量学的发文情况，从图中可以看出，"其他学科"的文献增长速度更快，变化趋势与所有学科的更接近。因此可以判断出应用型文献的爆发是文献计量学文献快速增长的主要原因。

从关键词的词频统计上看，"研究热点""统计分析""态势分析""研究现状""发展趋势""引文分析""Web of Science""CNKI""CiteSpace""VOSviewer"等高频词汇都是与文献计量学的应用相关的，这也侧面印证了基于文献计量学进行统计分析的文献占据了较大的比重。

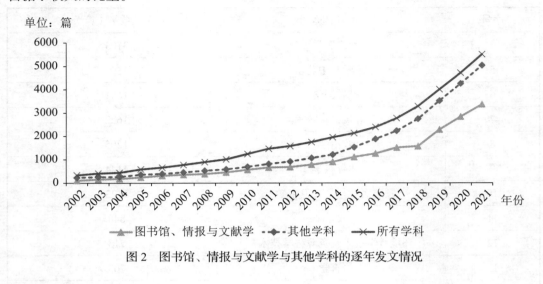

图 2　图书馆、情报与文献学与其他学科的逐年发文情况

3.3　刊载期刊影响因子变化趋势及不同层级期刊发文统计

本文统计了所有文献的刊载期刊以及这些期刊在中国知网 2020 年版中的复合影响因子情况，以此了解近 20 年来这些文献的影响因子变化趋势。

首先将文献按照发文年份切分，统计每一年每种期刊的发文数量和它的影响因子（没有影响因子的期刊未统计在内），再计算出每年的影响因子均值，最后即可呈现出近 20 年的影响因子均值变化趋势，如图 3 所示。

数据表明，近 20 年文献的刊载期刊影响因子均值呈现下降趋势，从 2002 年的 1.684 降低到了 2021 年的 0.965。这个趋势与发文数量变化趋势几乎完全相反，由此可以判断，随着文献计量学文献的爆发，能发表在高质量期刊上的文章越来越少，如果没有创新性、有价值的研究成果，大部分论文只能投向影响因子较低的期刊。

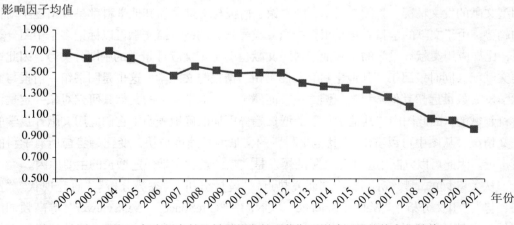

图 3　近 20 年应用文献计量学的文献刊载期刊影响因子均值变化趋势

为了进一步验证上述推论，本文将期刊的影响因子 IF 划分为三个区间，分别是 0＜IF＜1、1≤IF＜2、IF≥2，再统计出各个区间每年的发文数量，如图4所示。期刊影响因子越高，表明期刊质量越高，影响因子大于等于2的期刊大都是高质量的核心期刊或重要期刊，而影响因子小于1的期刊则属于影响力较低的普通期刊。图4显示，高质量期刊在前10年发文数量逐年上升，但是近10年发文数量变化不大，可见文献计量学在前10年受到了高质量期刊的重视，但是近10年来对此类文献的刊载数量有所控制。反观影响因子小于1的普通期刊，近20年的发文数量迅猛增长，近5年更是增速明显。这表明文献计量学文献越来越多地发表在普通期刊上。

单位：篇

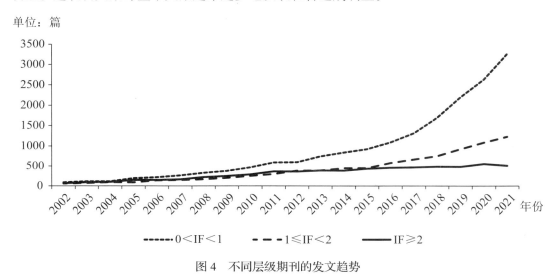

图4　不同层级期刊的发文趋势

4　结论及建议

根据本文的统计与分析，可以得出以下结论：

文献计量学方法受到越来越多学者的关注和使用，近20年来相关文献数量逐年上升，并呈指数型增长规律。

通过对这些文献的学科分布分析发现，图书馆、情报和文献学依旧是研究文献计量学的最主要学科，文献数量占到一半以上。但是应用文献计量学的学科非常广泛，按照国家标准学科分类统计，62个一级学科中60个学科都使用文献计量学做过相关研究，而且在经济学、教育学、医学等诸多领域的应用非常普遍。

通过图书馆、情报与文献学和其他学科的发文对比进一步发现，有关文献计量学的研究大都是利用该方法的应用型研究，而文献数量爆发的原因正是应用型文献的大规模增长，关键词的高频词汇统计也印证了这一点。

从期刊影响因子的变化趋势上看，复合影响因子均值逐年下降，与文献发表数量呈负相关关系。不同等级期刊的发文趋势则表明文献计量学文献已经不再受到高质量期刊的青睐，大多数文献只能发表在普通期刊上。

综合以上结论，我们可以得出文献计量学研究的整体画像：有关文献计量学文献大都是利用该方法进行应用型研究，比如用来研究发展现状和进行科学评价，进行理论和方法研究的文献占比很少；这类研究已经不再局限于图书馆、情报与文献学领域，而是扩展到各个学科；文献数量已经呈现爆发之势，但是文献影响力却在不断降低，大部分文献仅限于趋势分析并没有得出创新性或有价值的结论。

鉴于目前应用文献计量学研究的文献出现的问题，本文提出了相对应的方法和建议。

文献计量学发展到现在，理论和工具都已十分成熟。针对某一评价对象，首先也是最重要的应该是挖掘它的个性化需求，找到分析评价的目的和意义，这也是目前大多数文献计量分析最应该重视和解决的问题。

分析评价的维度要基于研究的需求和目的制定，而不是局限于常规化的统计分析，在必要的情况下可以创建新的评价指标或体系，进行多维度多层次的分析，以满足学术评价的需要。

内容分析在文献计量学中越来越重要，目前很多文献计量工具都可以实现引文分析、聚类分析等功能。但是这类分析本身存在着一定的局限性，比如引文分析的引用动机较为复杂，负面引用的存在极大影响了结论的正确性[8]。但内容分析的重要性是不言而喻的，因此针对某些特性需求，进行文献的人工或智能标引是解决这一问题的重要方法。

计量分析的目的是获得关键性的结论，单一指标或单一维度的分析很难达到这个效果，因此通常需要不同维度的综合分析和深度挖掘。在这个过程中，研究人员对这一领域的知识积累和敏感程度也对发现创新性结论起着关键性作用。

文献是学术成果的重要部分，但是很多科研产出或知识的贡献并不局限于文献上。因此在文献计量学的基础上逐步发展出了科学计量学、信息计量学、网络计量学、知识计量学和替代计量学。这些计量学的本质区别是计量对象的不同，从文献逐步细化到知识单元，研究对象的范围更广、分析粒度也更抽象细致[3]。因此对于某一主题的研究或评价，应充分地扩展数据来源，结合文献信息以外的网络信息、商业数据、政府报告等各类资源进行综合分析。

参考文献

[1] 邱均平. 文献计量学 [M]. 北京：科学技术文献出版社，1988：5-6.

[2] 文庭孝，邱均平. 科学评价中的计量学理论及其关系研究 [J]. 情报理论与实践，2006（6）：650-656.

[3] 赵蓉英，张心源，张扬，等. 我国"五计学"演化过程及其进展研究 [J]. 图书情报工作，2018（13）：127-138.

[4] 邱均平，段宇锋，陈敬全，等. 我国文献计量学发展的回顾与展望 [J]. 科学学研究，2003（2）：143-148.

［5］宋艳辉，邱均平.从"三计学"到"五计学"的演化发展［J］.图书馆论坛，2019（4）：1-7.

［6］张晓丽.科技论文中图分类号标引现状分析及规范化建议［J］.科技与出版，2012（9）：120-121.

［7］周子番，邱均平，魏开洋.从文献计量学到"五计学"：计量学方法的演化与发展［J］.情报杂志，2021（10）：171-178.

［8］邱均平，余厚强.替代计量学的提出过程与研究进展［J］.图书情报工作，2013（19）：5-12.

刍议少儿图书馆亲子阅读推广及优化策略

亲子阅读指的是家长和孩子共同开展的阅读活动。人们使用图书等媒介，通过亲子共同阅读的方式，开展亲子阅读活动，让孩子和家长通过各种形式的阅读过程，实现共同成长与提升。亲子阅读的优势很多，不仅能够帮助孩子提升阅读和语言能力，养成良好的阅读习惯，也有利于增进孩子和家长的情感沟通。近年来，亲子阅读已经成为少儿图书馆最常见的阅读形式，在实践当中也取得了理想的效果。但是在部分地区，该项活动的推广仍有不足，还需要进行策略优化。

1 少儿图书馆亲子阅读活动推广的意义及优势

1.1 亲子阅读活动推广的重要意义

少儿图书馆亲子阅读活动的推广，具有重要的意义和价值。在少儿成长过程中，家长的陪伴是对孩子最好的教育，孩子的成长也容易受到周围环境的影响。为使孩子得到较好的成长与发展，一方面要注重家长的陪伴，另一方面也要为孩子营造良好的阅览环境。亲子阅读活动能够很好地满足这两方面的需求，在少儿图书馆的良好环境下，在充满知识的氛围中，由家长陪同、引导、帮助孩子共同阅读，让孩子能够从书籍中汲取知识、开阔眼界、拓展思路。亲子阅读活动的推广，能够为孩子和家长共同活动提供新的选择[1]。亲子阅读活动，既能让家长和孩子实现更好的情感沟通，有利于改善亲子关系，也能让家长对儿童的内心活动加以了解，引导孩子正确阅读，养成良好的阅读习惯。

1.2 少儿图书馆在亲子阅读活动推广中的优势

少儿图书馆是重要的公共文化机构，在亲子阅读推广活动中，具有十分明显的优势：第一，少儿图书馆能够提供更加理想的阅览环境。与其他类型的图书馆相比，少儿图书馆是专门针对少年儿童建立，其阅读环境和阅读空间都相对适合少儿。少儿图书馆中的阅读条件是学校、家庭都不具备的，利用适合少儿的风格、色彩构图、尺寸设计等，在亲子阅读活动中能够提供更为适合的环境，使少儿阅读兴趣得到提升，进而提高阅读效率及阅读质量。良好的环境可以促使少年儿童更好地参与阅读，有利于提高阅读能力，形成良好的阅读习惯。第二，少儿图书馆中的少儿读物馆藏非常丰富，与其他公共图书馆相比，少儿图书馆中配备了适合不同年龄段儿童阅读的丰富资源。根据孩子的兴趣爱好，分别划分了艺术类、语言类、教育类、文化类等多种类型的图书，馆藏的图书资源数量、种类都远超家庭和学校，为亲子阅读提供了丰富的选择。第三，少儿图书馆，还能够针对亲子阅读开展各种类型的活动，寓教于乐，满足儿童对知识的需求，使孩子的阅读兴趣得到激发。第四，少儿图书馆还具有公益性的特点，与社会中其他常见的早教机构相比，少儿图书馆能够发挥更好的社会教育职能，为孩子和家长提供免费的阅读及服务体验，对提升亲子阅读有良好的作用。让儿童在阅读过程中，体会文化的意义和价值。其公益性的特质，能够使孩子得到更好的待遇，为亲子阅读活动的开展奠定良好的基础。

2 少儿图书馆亲子阅读活动推广的基本现状及措施

2.1 现状

亲子阅读活动是少儿图书馆采取的一种比较普遍的阅读形式，在少儿接触阅读、形成正确阅读习惯的过程中，能够发挥很大的作用，但一些少儿图书馆的亲子阅读活动的开展现状并不理想。例如，亲子阅读活动推广活动单一、推广面狭窄等，都导致亲子阅读活动的推广效果不尽如人意。有些少儿图书馆能够意识到亲子阅读推广的重要性，但是由于受到人力、物力、财力的限制，活动推广频次不足，无法发挥理想的效果[2]。另外，虽然很多少儿图书馆组织开展了丰富多样的亲子阅读活动，但由于推广力度不足，影响范围有限，因而参与的人数相对较少，没有形成规模效应，导致亲子阅读活动的推广效果不佳。

2.2 当前公共图书馆少儿亲子阅读方面的措施

2.2.1 优化阅读环境

在亲子阅读活动中，良好的阅读环境是非常必要的，少儿图书馆应注重优化阅读环境和阅读空间，为亲子阅读活动的开展提供良好的基础。根据亲子阅读活动的特点，硬件要求，包括但不限于无线网络、多媒体设备、图书检索系统、符合孩子和家长身高比例的桌椅、宽敞明亮的阅览室等。少儿图书馆可以通过阅读竞赛、亲子游戏、名家讲坛、故事讲读等多种形式，吸引孩子和家长，使亲子阅读趣味性得到提升，激发孩子和家长的阅读兴趣。在人文环境的营造中，可通过多种阅读推广活动的开展，提高少儿的参与热情，为亲子阅读活动的开展提供环境基础。

2.2.2 建立交流平台

少儿图书馆要做好充分准备进行亲子阅读活动推广，要针对不同年龄段的儿童，提供相适应的读物，分别制订不同的亲子阅读方案，指导家长正确陪伴孩子阅读。少儿图书馆要建立阅读交流平台，组织阅读交流活动，通过对交流平台的建立引导儿童阅读后，与其他儿童或家长进行交流，共同分享阅读中的体会与心得，能够促使亲子阅读活动推广成效的提高。少儿图书馆还要利用形式丰富的娱乐活动，借助良好的交流平台，有效吸引儿童和家长参与，在阅读推广的基础上，使阅读成果进一步深化，将阅读提升到思考和交流的境界。有条件的少儿图书馆可以建立阅读体验终端，并设置电子留言区，记录亲子阅读的体会心得，与其他家庭共同分享。

2.2.3　组织家长交流互动

家长在少儿图书馆亲子阅读推广活动中发挥着重要的作用，少儿图书馆要定期组织家长交流活动，开展先进阅读理念的宣传分享，帮助家长了解和掌握最适合少儿的阅读方法。一方面，帮助家长进行沟通交流，相互分享和汲取经验，从而对不同爱好、不同性格的儿童开展更有针对性的阅读引导方式，为亲子阅读做好充分的准备。另一方面，在亲子阅读过程中，与家长交流，探讨当前阅读的内容与儿童实际情况是否符合，应如何做出合理调整，取得怎样的阅读成果等。从而进行适当的调整和安排日后的推广活动，进而提升亲子阅读活动的推广成效。国家图书馆少儿馆专门组织了家长志愿者讲读团队，通过对家长志愿者"线上阅读沙龙"与"线下培训"两个板块的培训，提升家长的讲读能力、对绘本和童书的理解。

2.2.4　制订共读计划

少儿图书馆应针对亲子阅读活动，制订合理的亲子共读计划。根据儿童语言水平和知识掌握程度的不同，提供分级阅读读物。少儿图书馆还可以在不同的传统节日中，安排特定的亲子互动活动，帮助儿童了解传统文化，提高阅读兴趣。少儿图书馆可以专门为少儿建立交流平台，让不同的孩子相互沟通交流，分享自己的阅读收获和心得。儿童在参与各类丰富活动的过程中，可以向其他小读者分享自己的看法与体会，也可推荐自己喜欢的读物，从而使亲子阅读活动能够持续开展。

2.2.5　推广数字阅读

在信息技术和网络技术的广泛应用下，数字阅读是亲子阅读活动中一种新的探索模式。少儿图书馆应当积极推广数字阅读，将合适的馆藏资源进行数字化，使数字阅读的模式逐渐得到认可和推广。少儿图书馆通过设置专门的数字资源阅览区，让儿童和家长通过网络资源检索、观看视频、操作电子触摸屏等新媒体方式进行阅读。这种模式可以有效融合视听影音等多种元素，使亲子阅读活动的趣味性得到增强，提高阅读效率，丰富阅读形式，提升儿童的阅读兴趣，使其更加积极地参与。

3　少儿图书馆亲子阅读活动推广的优化策略

3.1　营造和谐的亲子阅读环境

传统少儿图书馆的阅读活动相对比较单调，而开展亲子阅读活动能使其更加活跃和丰富，让孩子在家长的引导和帮助下，对感兴趣的内容进行更有效的阅读，从而使孩子的阅读能力和阅读水平得到提升。而对于孩子来说，要想吸引其积极阅读，就要注重对阅读兴趣的培养。除了学校、家庭的正确引导之外，对良好阅读环境的营造也必不可少。所以，少儿图书馆在亲子阅读活动推广中，应当注重营造和谐的亲子阅读环境，让孩子可以在轻松、愉快的环境氛围中，以更高的兴趣与家长共同完成阅读活动。在环境营造过程中，需要体现出以人为本的原则，真正为孩子考虑，如确保环境适宜、光线充足等。为摆脱图书馆过于刻板严肃的印象，少儿图书馆可以在阅读区根据读物内容设置简单的立体模型，吸引孩子的兴趣，为孩子营造丰富多彩的世界，让孩子愿意主动阅读。可以参考深圳少儿图书馆的成功经验，该馆馆舍分为六层，按功能区分为梧桐树下、少儿展览区、阅读实践区、报刊阅览区、网络学习区等 14 个区域，其中包括专门为视障群体设置的视障阅览区，该馆布局充分体现出以少儿服务为根本的目标。

3.2　充分尊重少儿的阅读需求

少儿图书馆在亲子阅读活动推广中，要顺应图书馆和家长引导阅读的发展趋势，需要体现出对少儿阅读需求、阅读倾向的充分尊重。一方面，少儿图书馆应当以少儿需求为最终目的，提供相应的阅读形式及阅读材料。少儿图书馆在亲子阅读活动推广中，要做好社会调研工作，明确当前少儿的主要阅读需求及喜好，进而选择更为合适的阅读活动方式。例如国家图书馆少儿馆专为不同年龄段儿童制定的《原创 100——中国原创图画书核心书目》《绘本 100——2014 年全国少年儿童绘本阅读年指导书目》等书目。同时，少儿图书馆及家长，也要对少儿的阅读选择充分尊重，正确引导，不要一味地将课业学习作为目标，而是要积极培养少儿自主阅读爱好，使孩子在阅读中逐渐完善心智、发展成熟，建立良好的阅读习惯与阅读观念。

3.3　积极采取多方合作模式

少儿是人成长发育的重要阶段，人生观、价值观等都是在这一阶段逐渐建立和形成。这一阶段中，少儿的阅读内容及阅读情况，将会对以后的学习和发展产生深远影响。因此，少儿图书馆在亲子阅读活动推广的过程中，可对活动形式进行创新，采用多方合作的推广形式，丰富亲子阅读活动的内容。以深圳为例，深圳妇联与深圳市阅读联合会等单位开展合作，借助民间公益基金会的力量推出了阅芽计划。该计划通过向父母（至少一人）拥有深圳户口或居住证的宝宝（未满六周岁）发放免费阅读包的形式，来提升学龄前儿童的阅读水平，进而推广亲子共读理念。少儿图书馆也可以和少儿话剧团等机构建立合作，选择少儿读物中有故事性的内容，通过话剧表演的形式进行展现，将书中的内容表演出来。通过生动形象的表演，让少儿对阅读的内容产生更为浓厚的兴趣，进而愿意在家长的陪伴下积极阅读，同时提高亲子阅读的灵活性、趣味性。

3.4　提升馆藏文献数量和质量

少儿图书馆应当注重对藏书的充实和丰富，定期整合归纳图书种类及数量，保证馆藏结构的合理性。少儿图书馆应当提供更大的藏书量，充实各种不同类型的书籍和读物，并进行分级阅读指导，让儿童根据自己的兴趣进行更多选择。以国家图书馆少儿馆为例，室内藏书达 9 万多册，并设有名著库、动物小说、红色经典等专架。少儿图书馆也要与时俱进，为孩子和家长共同阅读提供更多合适的素材。在亲子阅读活动中，让家长和孩子可以选择各种类型的少儿图书，以及电子资料、报纸、杂志等多种类型阅读材料，满足多样化的阅读需求[3]。要选择真正适合少儿年龄段的阅读材料，让孩子在家长的陪伴引导下，欣赏文学作品、了解民俗故事，丰富和提升阅读知识量。少儿图书馆要考虑到儿童的喜好与兴趣，合理归纳整理图书及电子资料，定期增加和更新馆藏，提升对孩子的吸引力，以确保亲子阅读活动能得到更大的推广。

3.5 运用新媒体等多种媒介提升阅读推广影响力

在少儿图书馆亲子阅读活动的推广中，应当积极运用新媒体等途径，通过多种方式加大宣传力度。使亲子阅读推广的效果得到提高，吸引更多的孩子和家长积极参与。第一，运用新媒体平台与传统阅读推广相结合的方式，扩大推广消息的传播和扩散途径。如在微博、微信、抖音、哔哩哔哩等新媒体平台，选择优质阅读推广人开展长期稳定的宣传推广活动。借助新媒体途径，建立科学的宣传体系，不断提升亲子阅读活动的影响力，以促进亲子阅读活动的有效推广和开展。第二，少儿图书馆要对网络信息资源充分利用，归纳整理阅读材料，让孩子和家长能够通过网络平台找到自己想要的图书信息，进而满足亲子阅读活动的需求。第三，少儿图书馆还可以建立微信公众号，在家长群体中推广，定期推送优质新书。如国家图书馆少儿馆微信公众号中的童书新阅荟—好书推荐板块，馆员们通过对到馆新书进行核查筛选，遴选出优秀图书，并撰写推荐书目导赏，以吸引孩子和家长到少儿图书馆参加亲子阅读活动。

亲子阅读是一项对孩子和家长都有益的阅读形式，能够增加亲子之间的情感沟通和互动交流，改善亲子关系，同时还能帮助儿童养成良好的阅读习惯，提高儿童的语言能力和阅读理解能力，提升孩子对阅读的兴趣，并通过阅读收获知识和成长。少儿图书馆作为开展该项活动的重要主体，要肩负起儿童教育启蒙参与者和实施者的重任，通过多种途径和措施，加强对亲子阅读活动的推广力度，不断扩大活动的影响力，同时让更多孩子和家长参与其中，共同促进孩子的良好发展。

参考文献

［1］许荣鑫.亲子阅读：公共图书馆阅读推广新模式——以晋江市图书馆为例［J］.中文信息，2019（27）：185-186.
［2］王婷.公共图书馆少儿阅读推广优化策略研究——以重庆图书馆"童心视界"为例［J］.内蒙古科技与经济，2020（3）：123-125.
［3］关利革，关英慧，孙玲玲.学龄前儿童亲子阅读现状与图书馆服务策略研究——以河北省承德市为例［J］.内蒙古科技与经济，2018（1）：154-155.

国内图书馆智慧咨询服务研究热点及问题探析

——基于 CiteSpace 知识图谱的可视化分析

肇　诚（参考咨询部）

自 2001 年开始，美国图书馆协会（ALA）就开始关注智慧图书馆的发展，并将相关研究文献刊登在《智慧图书馆通讯》上。芬兰学者 Markus Aittola 认为智慧图书馆是基于"位置感知"的，不受时间与空间限制的图书馆。2009 年 IBM 提出"智慧地球"概念，国内学者开始关注智慧图书馆领域的研究，2010 年，学者严栋认为智慧图书馆是物联网、云计算、人工智能与图书馆相结合的产物。此后国内针对智慧图书馆的研究逐步升温，并逐渐深入图书馆各个领域中，作为图书馆核心服务的信息咨询服务，在智慧图书馆建设背景下如何向智慧咨询服务迈进，成为图书馆从业者的关切问题。为全面了解图书馆智慧咨询领域的研究现状，笔者采用 CiteSpace 分析软件对国内图书馆智慧咨询领域内相关研究文献进行可视化分析，找出图书馆智慧咨询研究的不足与盲点，为未来研究提供参考。

1　研究方法与数据来源

1.1　研究方法

本研究运用 CiteSpace 软件对中国学术期刊网络出版总库（CNKI）中图书馆智慧咨询服务的相关研究文献进行可视化分析，绘制主题演进脉络的时间线视图和时空聚类图、关键词和主题词共现及聚类图谱，揭示目前国内图书馆智慧咨询领域研究的发展脉络、研究热点与前沿，探析研究的不足与盲点，为以后的发展提供借鉴。

1.2　数据来源

本文的数据源自 CNKI，检索策略为主题词 = "图书馆"and"智慧"and"咨询"，将匹配模式设置为"精确"，检索日期自 2009 年 1 月 1 日至 2021 年 12 月 31 日，共获得 130 篇文献，通过筛选将高度重复、非学术性、低相关度的文章去除，最终获得 107 篇相关文献。结合文献计量学，对 107 篇文献的发表年度、期刊来源、作者发文、关键词及主题分布绘制知识图谱。

2 数据结果分析

2.1 发文年度分析

图1为2009年至2021年图书馆智慧咨询服务研究相关文献的分布情况。2009年刘敏、邓益成发表的《论爱问知识人及其对图书馆虚拟参考咨询服务的启示》分析了智慧型互动式知识问答平台对现代图书馆虚拟参考咨询服务的启示；2010年至2017年之间相关研究发文较少，此阶段的研究集中在智慧图书馆建设背景下信息咨询服务向智慧咨询服务模式的转变和构建；2018年至2021年，图书馆智慧咨询服务相关发文量激增，年发文量达20篇左右，研究热度持续增长，随着研究的深入，此阶段的研究主题集中在人工智能技术在智慧咨询服务中的应用以及大数据、5G网络环境下的智慧咨询服务构建。

单位：篇

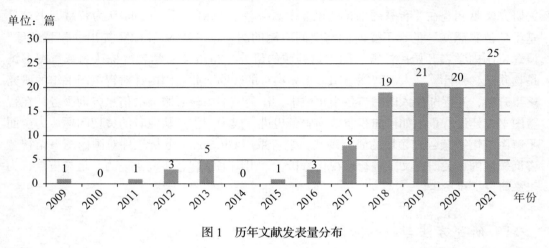

图1　历年文献发表量分布

2.2 期刊来源分析

与图书馆智慧咨询相关的107篇文章发表于55种期刊中，其中图书情报类期刊占比60.7%，信息科技类期刊占比18.7%，这表明在图书情报领域中，对图书馆智慧咨询的研究成果较多。上述期刊中刊载相关文献数量前7的期刊共刊载43篇相关文章，其中《图书馆学研究》《图书馆工作与研究》《图书馆》《图书情报工作》4个核心期刊刊文28篇，占总量的65.1%。

表1　发文量前7的期刊

序号	期刊名称	载文量
1	图书馆学研究	12
2	图书馆工作与研究	10
3	图书馆学刊	7
4	河南图书馆学刊	4

序号	期刊名称	载文量
5	内蒙古科技与经济	4
6	图书馆	3
7	图书情报工作	3

2.3 作者分布

借助 CiteSpace 软件对 107 条数据选择节点类型（Node Types）为作者（Auther）的可视化图谱分析，得到图 2。作者共现知识网络图谱中，节点数 N 为 140，由图中可看出节点数最大的学者有王颖纯、刘燕权、邵波、初景利等作者；作者连线数 E 为 80，部分作者间的连线较多，分别形成了王颖纯、刘燕权，洪霞、邵波、黄小涛，邓梅霜、明均仁等作者合作网络，但作者合作网络结构较少，单独节点数量明显居多数。

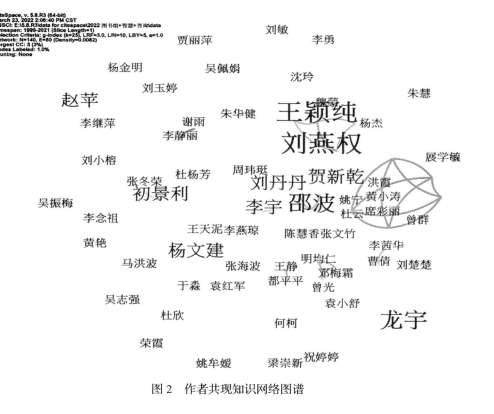

图 2　作者共现知识网络图谱

借助 Citespace 软件导出高被引作者数据，截取前 10 位高被引作者信息，得到表 2。其中作者王颖纯、刘燕权、龙宇、邵波发表的文章被引用较多。结合图 2 与表 2，可以明显看出，学者之间的学术交流较少，缺少合作，处于单核心的发展模式，亟待加强合作。

表2 前10位高被引作者信息

序号	作者	被引次数	初始发表年份
1	王颖纯	4	2017
2	刘燕权	4	2017
3	龙宇	3	2018
4	邵波	3	2017
5	刘丹丹	2	2021
6	杨文建	2	2020
7	赵苹	2	2019
8	初景利	2	2019
9	贺新乾	2	2017
10	李宇	2	2021

2.4 研究机构分布

在 CiteSpace 软件中对研究机构进行分析，得到图3。图中显示出的机构名称表明该机构在所有样本数据中出现的频率较高，"E"代表连线，连线表现了机构之间的联系，连线越粗联系越紧密。根据图中左上角的描述中的 "N=98，E=0" 可以看出各个机构间的合作不够紧凑，缺少联系。

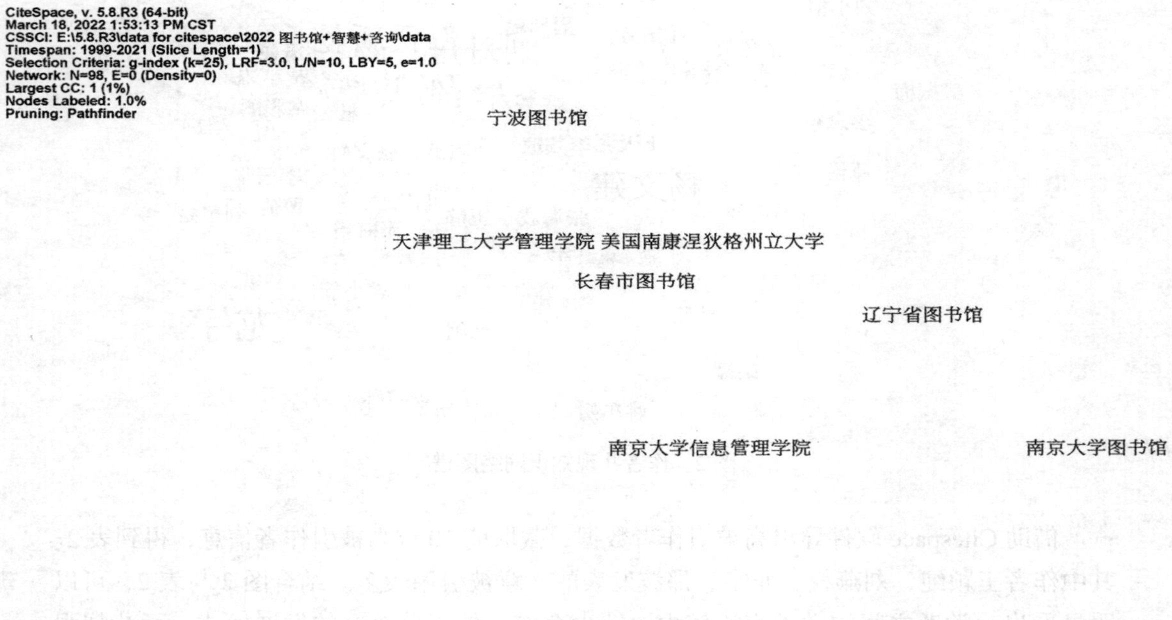

CiteSpace, v. 5.8.R3 (64-bit)
March 18, 2022 1:53:13 PM CST
CSSCI: E:\5.8.R3\data for citespace\2022 图书馆+智慧+咨询\data
Timespan: 1999-2021 (Slice Length=1)
Selection Criteria: g-index (k=25), LRF=3.0, L/N=10, LBY=5, e=1.0
Network: N=98, E=0 (Density=0)
Largest CC: 1 (1%)
Nodes Labeled: 1.0%
Pruning: Pathfinder

宁波图书馆

天津理工大学管理学院 美国南康涅狄格州立大学

长春市图书馆

辽宁省图书馆

南京大学信息管理学院   南京大学图书馆

图3 机构共现知识图谱

通过 CiteSpace 软件导出研究机构信息表，见表 3。发文机构共有 96 家，17.7% 的发文机构为公共图书馆，82.3% 的发文机构为各类院校，表明来自院校机构的学者对图书馆智慧研究较为积极；但是在前 8 所发表文章数量较多的机构中，公共图书馆占 62.5%，剩余 37.5% 为院校图书馆，表明部分公共图书馆的学者对图书馆智慧咨询的研究较为重视，其中，国家图书馆刊文位居第一位，共 4 篇。

表 3 研究机构信息

序号	机构名称	发文数	起始年份
1	国家图书馆	4	2019
2	长春市图书馆	3	2013
3	广西桂林图书馆	3	2018
4	宁波图书馆	2	2020
5	东北大学图书馆	2	2021
6	天津理工大学管理学院	2	2017
7	辽宁省图书馆	2	2018
8	南京大学信息管理学院	2	2017

3 图书馆智慧咨询研究主题分析

3.1 图书馆智慧咨询主题脉络分析

CiteSpace 软件的时空聚类图能够呈现特定研究主题的发展脉络，通过它我们可以了解该研究领域的历史进程、发展轨迹和预测未来发展方向。利用 CiteSpace 软件绘制图书馆智慧咨询领域时间线视图和时空聚类视图，得到图 4 和图 5。结合图 4 和图 5 可以看出，我国学界对图书馆智慧咨询领域的研究经历了摸索发展、稳步发展、快速发展三个阶段：

3.1.1 摸索发展阶段（2009—2013 年）

2009 年至 2013 年为摸索发展阶段，研究起步阶段的主题主要围绕物联网、云计算、图书馆智慧咨询服务模式、第三方软件在咨询平台的应用、咨询馆员角色的转化等方面。2009 年学者邓益成通过对新浪爱问知识人平台的研究，得出新型智能知识问答平台对图书馆参考咨询机制、合作咨询模式、开放获取等方面的启示。研究初期，图书馆业界主要在摸索智慧咨询模式的构建、新的信息技术在图书馆信息服务中的应用可能性等方面。

3.1.2 稳步发展阶段（2013—2017 年）

2013 至 2017 年针对图书馆智慧咨询领域的研究处于稳步发展阶段，研究焦点集中在智慧服务、信息服务、大数据、服务创新等方面。从研究内容看，该阶段主要有三个特点，一方面对图书馆智慧咨询服务模式的研究持续深入，涉及智慧检索服务的特点与现状、传统虚拟参考咨询服务向智慧虚拟参考咨询服务转变、传统咨询馆员向智慧型馆员转变等方面；另一方面，"互联网＋"思维开始深入影响智慧图书馆的方方面面，学者袁红军提出从服务理念、智慧服务、跨界服务三方面着手，实现"互联网+"思维对图书馆信息服务的革新；第三方面，在咨询服务中图书馆机器人的应用成为研究关注热点，自 1983 年开始，国内对图书馆机器人的研究，大致经历了理论探讨阶段，技术应用实践阶段，智能化快速发展阶段，各图书馆在用户咨询业务中先后在图书馆门户网页、移动官网、官方微博、微信等平台引入机器人问答系统，向智慧化咨询方向迈出重要一步，从研究发文看，业内学者也普遍重视图书馆机器人在咨询领域的应用。

3.1.3　快速发展阶段（2017 年至今）

2017 年以后进入快速发展阶段，发文量明显增多，相关研究成果集中发表。研究热点集中在人工智能、智能咨询、信息咨询、知识服务、服务模式、深度学习等方面。2016 年，国家发改委、科技部等联合发布了《"互联网+"人工智能三年行动实施方案》。次年，"人工智能"一词被写入政府工作报告中，人工智能的受重视程度已上升到国家战略层面。在此背景下，作为信息服务的重要机构，图书馆采取积极的态度拥抱人工智能技术带来的机遇，其中以智能机器人为代表的先进技术在图书馆信息服务领域开始普及，具有代表性的智能机器人在图书馆信息咨询领域的应用有清华大学图书馆在开源软件（A.L.I.C.E）基础上研发的智能机器人"小图"，上海市图书馆推出的智能咨询机器人"图小二"等。其中，高校图书馆和公共图书馆对在信息咨询服务中应用智能咨询技术的积极性普遍较高，纷纷依据自身需求开展智能咨询机器人的应用研究，设计方案，开展实践。此阶段的研究偏向于智能技术的应用，从图 5 图书馆智慧咨询领域演进路径聚类视图中可看出，机器学习、智能技术、机器人、技术应用等热点关键词反映了人工智能这一聚类标签下的研究焦点。

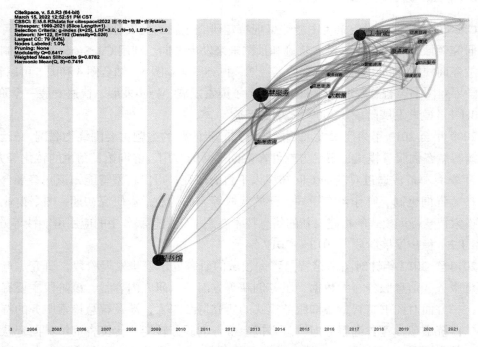

图 4　图书馆智慧咨询领域演进路径时间线视图

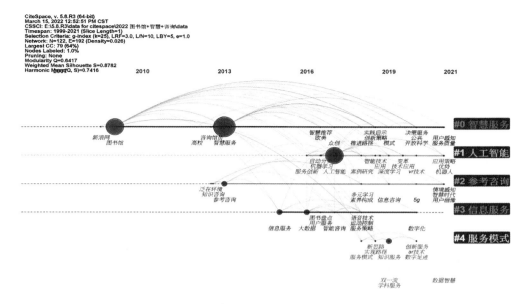

图 5　图书馆智慧咨询领域演进路径聚类视图

3.2　关键词共现分析

在 CiteSpace 软件中，进行关键词共现分析，得到图 6 关键词共现图。节点的大小代表关键词的出现频次，节点越大所对应的关键词就越重要。此外，中介中心性表示单个节点在多大程度上是其他节点的"中介"，此类节点在聚类网络中起到"桥梁"作用。对图中关键词进行整理，得到"图书馆""智慧服务""人工智能""参考咨询""信息服务""智能咨询""大数据""服务模式""信息咨询""知识服务"等高频关键词，这代表了图书馆智慧咨询研究发展至今的焦点。

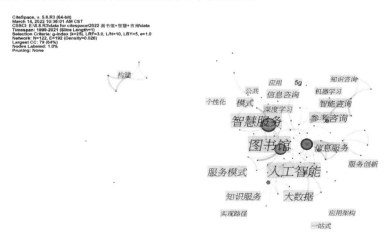

图 6　关键词共现图

3.3 关键词聚类分析

聚类之间的结构特征可以通过关键词聚类图体现，关键词聚类图能突出显示聚类关键节点及重要连接。对共现关键词进行聚类分析，生成关键词聚类图，见图7。在图书馆智慧咨询这一主题下产生了5个主要聚类，Modularity Q值为0.64，大于临界值0.3，表明聚类效果好；Mean Silhouette值0.87，聚类平均轮廓值大于0.7，意味聚类令人信服，聚类主题结构显著。从图7可以看出，5个聚类标签分别为智慧服务、人工智能、参考咨询、信息服务、服务模式，是图书馆智慧咨询领域研究的热点。

为了清晰地反映研究主题，采用LSI算法对图7关键词聚类图进行分析，得出表4关键词聚类标识。从表中可以看出，在聚类"智慧服务"下发文量最多，达30篇，其次是聚类"人工智能"下发文18篇；5个聚类标签下的发文起始年份集中在2017至2019年间，结合图4图书馆智慧咨询领域演进路径时间线视图，表明图书馆智慧咨询领域的研究自2017年开始进入到快速发展阶段，集中发表了大量研究成果。

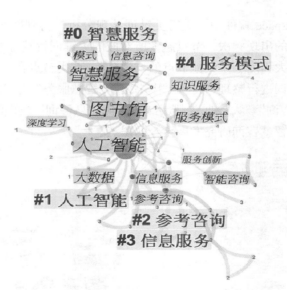

图 7　关键词聚类图

表 4　关键词聚类标识

聚类编号	文献量	silhouette 值	文献起始年份	聚类内代表关键词
0# 智慧服务	30	0.966	2018	智慧服务；读者工作；高校图书馆；创新策略；"互联网 +"

聚类编号	文献量	silhouette 值	文献起始年份	聚类内代表关键词
1# 人工智能	18	0.886	2019	人工智能；应用策略；智慧图书馆；深度学习；tensorflow
2# 参考咨询	10	0.976	2017	参考咨询；第五代移动通信；信息咨询；公共图书馆；泛在环境
3# 信息服务	10	0.937	2017	信息服务；服务策略；高校图书馆；智能咨询；用户服务
4# 服务模式	9	0.842	2019	服务模式；知识服务；实现路径；创新服务；数字足迹

4 探析研究存在的问题

图书馆咨询服务始终是连接图书馆与用户的重要纽带，从早期的咨询台、咨询室面对面咨询方式，再到开通信件咨询、电话咨询等远程咨询方式，随着计算机技术、互联网技术的发展，网络咨询、电子邮件咨询、呼叫中心等咨询方式被引入图书馆咨询服务，虽然咨询形式多种多样，但咨询的本质始终未曾改变，即为用户提供信息、辅助用户利用图书馆资源。伴随着智慧图书馆建设的兴起，构建智慧咨询，提高信息咨询服务质量，成为图书馆人共同的任务。国内学者从多角度、多维度进行了探索。从本文的研究来看，针对图书馆智慧咨询领域的研究倾向于理论探索、智慧咨询服务模式构建、应用技术可行性研究以及发展历程等方面，这些研究成果具有重要参考价值。

图书馆智慧咨询领域的研究处于一个不断深入、发展的过程中，笔者结合本文的研究，认为当下图书馆智慧咨询领域的研究有以下几点不足。

4.1 研究力量构成单一、分散

从本文研究看，虽然相关成果较为丰富，但也存着研究力量分散与研究停滞的问题。结合本文对图书馆智慧咨询领域主题下发文作者和机构来源情况的统计分析看，从事该领域研究的力量主要以图书馆业界学者为主，且彼此间缺少合作，处于分散状态；部分研究主题处于停滞，例如对智慧咨询服务模式的研究，自智慧图书馆研究开始便有学者进行了论述，后续学者的研究并未体现出特别新颖的观点，只是在前人基础上做了一定的添加润饰而已。

4.2 研究角度单一

大数据、5G 通信技术、人工智能、人脸识别等一系列先进技术对图书馆智慧咨询服务的建设产生了巨大影响，搭建图书馆智慧咨询服务体系仅靠图书情报学专业背景的图书馆员是远远不够的，需要更多具有计算机、信息通信、工程机械等跨学科人才的共同努力。从本文研究看，相关领域的研究没有体现出跨学科、开放性研究的特点，仍然还是在图书馆学领域下的理论探讨与对技术应用成果的总结。

4.3 研究主题存在盲点

图书馆参考咨询业务的三要素，即图书馆员、读者、信息，对这三要素及其之间关系的研究始终是参考咨询业务的关注点。结合本文的研究发现，图书馆智慧咨询领域主题下，针对图书馆员与读者之间的信息交流模式，信息沟通的具体形式等方面的研究较为关注。忽视了对智慧咨询服务下图书馆员的定位、学科背景、业务素质和能力等方面的研究；欠缺了针对用户行为方面、读者智慧咨询服务体验方面的研究；缺少对图书馆智慧咨询方面的评价研究。

本文研究借助 CiteSpace 软件分析获得了图书馆智慧咨询领域研究的高被引作者、重点刊文机构、研究的发展脉络及研究热点等重要信息。经研究发现，在研究者和研究机构方面，图书馆智慧咨询领域的研究呈现单核散状模式，缺少合作交流；在对研究的发展脉络及研究的热点分析发现，存在着研究角度单一、缺少跨学科、开放性的研究，研究视角具有局限性，存在研究盲点。咨询服务始终是联系图书馆与用户之间的重要纽带，在任何时期都是图书馆的核心工作，如何做好智慧咨询服务让读者更好地获取信息，便捷利用图书馆资源是图书馆咨询工作的核心。本文的研究希望在研究分析图书馆智慧咨询领域既有研究成果的基础上，找出研究不足与盲点，以为未来研究提供参考。

参考文献

[1] ALA TechSource. Smart library newsletter ［EB /OL］. ［2012-01-03］. http：/ /www. alatechsource. org /sln /index.

[2] AITTOLA M，RYHNEN T，OJALA T. SmartLibrary—location-aware mobile library service ［C］// CHITTARO L. Human-computer interaction with mobile devices and services.Berlin：Springer，2003：411-416.

[3] 严栋. 基于物联网的智慧图书馆 ［J］. 图书馆学刊，2010（7）：8-10.

[4] 关于印发《"互联网＋"人工智能三年行动实施方案》的通知 ［EB/OL］. ［2020-03-29］. http：// www.sohu.com/m/a76886238_131990.html.

国外公共图书馆视障儿童阅读服务研究与启示

——以科普里夫尼察图书馆为例

孙齐圣（展览部）

视障指的是视觉功能受到损害，无法达到正常视力的情况。视障分为全盲和低视力，对日常生活都造成了严重影响[1]。在视障群体中，视障儿童的需求一直是社会关注的重点。视障儿童享有获取信息、接受教育、人际交往的权利，而公共图书馆有责任为这一群体提供特殊服务，保证他们获得平等的阅读机会。在世界各国的公共图书馆中，克罗地亚的科普里夫尼察图书馆在提升视障儿童阅读服务方面提供了优秀范例。科普里夫尼察图书馆是克罗地亚的一家公共图书馆，推出了许多全民阅读的创新项目。作为当地的文化和信息中心，该馆坚持"向所有人开放"的理念，关注视觉障碍儿童，为他们提供实用的阅读辅助工具和丰富的社会教育活动，也为其他公共图书馆完善视障儿童阅读服务提供了宝贵经验。

1　视障儿童阅读辅助工具

由于身体的限制，视障儿童需要借助特殊工具来满足自己对知识和信息的需求。科普里夫尼察图书馆通过购买或制作特殊工具，应用最新的信息技术和软件，让这些儿童平等地享受图书馆的资源与服务。

1.1　触觉工具

科普里夫尼察图书馆拥有多种可触摸工具，帮助视障儿童阅读，其中使用最广泛的便是盲文系统。盲文出版物大多利用翻译软件，将电子文本自动翻译成盲文，再利用盲文压花机将文字压印在纸上，之后根据需要进行标记和装订；盲文电子文本则可以通过扫描纸质出版物或利用翻译程序直接转换成电子文本来实现[2]。

除了文字内容以外，图片也是书籍的重要内容，是阅读过程的一部分。它能够帮助儿童理解文字内容，在绘本等儿童读物中出现的频率很高。为了更好地服务视障儿童，科普里夫尼察图书馆采用可膨胀纸、热成型、浮凸图形、拼贴图像等多种技术和方法，调整图像细节，将视觉图像转换为视障儿童可读的触觉图像。

在制作触觉图像的方法中，可膨胀纸的成本相对较低。一张可膨胀纸包括普通纸层和膨胀层。在红外线加热后，膨胀层会上升，其中深色部分会比浅色部分吸收更多的热量，膨胀成可触摸的图片[3]。科普里夫尼察图书馆根据这一原理，利用手工和计算机软件，在可膨胀纸上制作出了许多可触摸图形，供视障儿童使用。对于绘本中的图片，科普里夫尼察图书馆主要使用拼贴法，利用纺织品、木材、砂纸和皮革等材料，帮助孩子区分图像中的不同元素[4]。拼贴图像可以固定在纸板上，还可以添加盲文和大字体的说明。拼贴图像简单易制作，家长在图书馆学习后也可以在家帮助孩子制作自己的可触摸图像。此外，科普里夫尼察图书馆还利用盲文打印机制作浮凸图形，这些图形由点组成，构图精确，适合阅读水平和需求较高的儿童使用。

1.2 听觉工具

听书是视障儿童的重要阅读方式。科普里夫尼察图书馆提供丰富的视障儿童阅读资源，包括符合不同年龄儿童阅读水平的有声读物以及听书机、头戴耳机等设备。该图书馆还提供部分报纸文章的录音，帮助视障儿童了解新闻资讯。

为了给视障儿童提供更优质的资源与服务，搭建无障碍阅读平台，该馆按照欧盟和欧洲盲人联盟的标准，将向 DAISY 格式的有声读物进行过渡作为工作重点。DAISY（数字无障碍信息系统）是面向视障人士的数字有声读物标准。DAISY 格式的多媒体文件分为三类，纯音频、纯文字和文字与声音同步播放。读者在收听书籍内容的同时，能够在计算机屏幕或盲文应用程序上阅读书面文字。在阅读 DAISY 格式的有声书时，读者还可以根据标题、副标题、特定句子或章节进行搜索，迅速准确地找到感兴趣的内容，也可以随意跳动到文本的任意位置，甚至在书中添加标签、划重点和做笔记[5]。DAISY 大大提高了视障儿童的阅读体验，帮助他们获得和视力正常的人相似的阅读机会。

1.3 计算机辅助工具

如今，计算机已经成为处理信息的重要工具，视障儿童同样有权利使用计算机，获取互联网上的信息资源。科普里夫尼察图书馆提供了屏幕阅读器、屏幕放大镜以及计算机语音识别软件等，帮助视障儿童和正常人一样，访问互联网信息。

屏幕阅读器是一种计算机应用程序，能够识别屏幕上显示的内容，将文本转换成语音或者利用盲文输出设备输出文本内容。对于大部分视障儿童来说，这是访问互联网最主要的方式。屏幕放大镜也是一种计算机应用软件，主要针对视力低下的儿童。它类似于计算机页面上的可移动放大镜，随着光标的移动，能够放大周围区域的文字和图像[6]。同时，科普里夫尼察图书馆为视障儿童配备了盲文键盘，每一个按键都有对应的盲文标识，帮助使用者输入信息进行搜索。

科普里夫尼察图书馆的盲人专用计算机中还安装了其他软件，为视力受损的儿童提供服务。比如利用语音识别软件 Dragon Naturally Speaking，读者可以通过语音操作电脑中的 Microsoft Word 和 Outlook 等程序，创建文档、报告、电子邮件等[7]。

1.4 大字体工具

对于低视力儿童来说，阅读大字体文本是获取信息的重要途径。科普里夫尼察图书馆和欧洲其他图书馆合作，与版权持有人签订协议，获得了对许多图书放大复印的权利。对于需求量较少的普通材料，一般采用普通的影印机进行放大打印；如果想要复制大量文本，最常用的方法则是使用电子文件，调整文件的颜色、对比度、字体、字号、排版等，按照需求进行打印。字体大小、文本颜色、排版方式等可以根据儿童的视力状况以及阅读喜好及时调整。一般来说，字体多为 Arial 或 Verdana，字号为 14 或 16 磅[8]。如果读者想要阅读更大字号的材料，图书馆会提供其他阅读辅助工具。除了内部制作的大字体印刷材料以外，科普里夫尼察图书馆还开通了馆际互借服务，儿童读者可以申请借入其他图书馆的大字体书籍。

2 视障儿童阅读活动与项目

科普里夫尼察图书馆推出了许多社会教育活动和项目，鼓励视障儿童平等参与阅读。活动形式丰富多样，包括工作坊、讲座、读书会、圆桌讨论等。

2.1 按照年龄段进行分组，根据年龄特征设计活动

科普里夫尼察图书馆的活动招募对象一般有明确的年龄要求，如学龄前儿童（4—7岁）、小学低年级儿童（7—9岁）、小学高年级儿童（10—12岁）、初中生（13—15岁）等。在儿童阅读障碍研究专家的支持下，图书馆根据各个年龄层次的儿童认知、行为习惯及心理特征设计了有针对性的活动，帮助视障儿童获取信息，习得技能，从而更好地融入社会。

学龄前视障儿童对事物的感知比较笼统，通过触摸物体，他们一般会注意到表面和个别特征。他们的注意力水平有限，保持注意力的时间较为短暂，新奇有趣的材料更容易吸引他们。针对这些特征，科普里夫尼察图书馆设计了以"触觉玩具和图画书"为主题的工作坊，每期招收十名有视觉障碍的儿童，图书馆工作人员以游戏的方式教给他们使用触觉书籍和玩具所需的技能，包括翻阅、触摸、识别不同的纹理和形状、给物体命名等[9]。在专业人士的耐心指导下，参与工作坊的儿童提高了玩触觉绘本和触觉玩具的兴趣，为日后获取更加复杂的信息打下了基础。

到了学龄期，视障儿童需要逐渐适应学校生活。在这个过程中，他们的知识储备持续增加，对外界和自我的感知变得更加敏锐，记忆能力、表达能力、思维能力不断增强。图书馆的活动设计也要符合这一时期儿童的生理及心理特点，对他们的日常学习起到促进作用。基于这一理念，科普里夫尼察图书推出了"用不同的方式阅读"的主题活动，列出适合学龄期视障儿童阅读的"推荐书单"，提供低难度、高吸引力的特殊材料，如有趣的盲文故事书、触觉图片、部分书籍的摘要和删减版本等。参与活动的儿童能够获取这些资源，掌握在特殊媒介上进行阅读的具体方法。工作人员也会为参与者提供及时的帮助，同时观察他们阅读的兴趣点及对阅读媒介的掌握情况，在阅读任务完成后，还会鼓励他们给大家讲述自己阅读的内容。

科普里夫尼察图书馆还积极探索发掘视障儿童的兴趣，帮助他们培养自己的特长，

其中一个代表性的例子便是"视觉艺术工作坊"。该图书馆邀请盲人教育中心的艺术老师，展示盲人如何在绘画中发挥想象力与创造力并获得成功。活动使用的材料主要为箔纸，参与者需要通过挤压箔纸或在箔纸表面画图，让箔纸呈现出不同的形状和轮廓。在老师的指导下，许多孩子做出了属于自己的艺术品，如树叶、房屋等[10]。活动结束后，图书馆将这些作品在图书馆橱窗处进行了集中展示，吸引社会对视障儿童的关注。

2.2 鼓励共同参与，提供视障儿童与同龄儿童的合作项目

对于视障儿童来说，家长和老师的帮助固然重要，同龄人的陪伴和友谊也是必不可少的。良好的同伴关系不仅能够提升儿童的人际交往能力，也能完善他们的自我认知，促进他们的心理健康。对于视障儿童来说，同伴关系的建立不仅仅意味着与同样具有视觉障碍的孩子建立友谊，也需要他们与视力正常的孩子进行接触、交流，掌握与其他群体进行交往的技能，避免自我封闭，更好地融入社会。

在项目设计中，科普里夫尼察图书馆非常重视不同儿童群体的共同参与。在"一起制作地图"的活动中，该图书馆招募了 5 名视障儿童以及 5 名来自当地幼儿园的视力正常的儿童。首先，工作人员向大家展示如何使用易于获取的环保材料制作适合视障儿童的地图。然后，要求视力正常的孩子们蒙住眼睛，在拐杖的帮助下走路，这样他们就可以体会到盲人的感觉，更好地理解和帮助有视觉障碍的同龄小朋友。在正式的地图制作环节，采取一对一的形式，视障儿童在视力正常儿童的说明与帮助之下，选择不同形状的材料，确定材料的摆放位置，最终制作出属于自己的地图[11]。在一起玩耍的过程中，视力正常的儿童学习了许多关于视障人士的知识，对他们的需求变得更加敏感；而视障儿童也在同龄儿童的陪伴之下，成功完成了手工制作活动，在培养触觉能力、获得成就感的同时，提高了交流能力，这对于他们未来融入社会也颇有益处。

为了提高视障儿童的沟通技巧，科普里夫尼察图书馆还定期举办阅读分享活动。活动邀请年龄相近的视障儿童和视力正常的儿童，通过成对或者小组交流的形式，请他们分享并讨论自己近期阅读的书籍，表达自己的感受和情绪。为了让视力正常的孩子了解视力障碍的感受，图书馆还提供了特殊眼镜，模拟不同程度的视力障碍带来的阅读问题。通过这种方式，活动参与者了解了同伴们对故事、对世界的理解与认识，在自我表达和相互交流的过程中，孩子们也建立了良好的互助关系。

2.3 强调亲子关系，重视亲子活动和家长培训

亲子阅读是培养孩子的阅读兴趣与阅读习惯，增强孩子的语言能力，加深亲子之间的情感纽带的重要方法。由于视障儿童的读书方式受到限制，父母在陪伴引导孩子阅读上，存在着一定困难。为了满足视障儿童家庭的特殊需要，科普里夫尼察图书馆设计了"明盲对照阅读活动"，参与者包括视障儿童与父母、图书馆工作人员，以及教育和健康专家。活动强调，除了通过游戏等方式帮助视障儿童了解周围的物体，学习它们的特性以外，家长必须有意识地利用触摸绘本和盲文书籍来提高孩子的阅读和写作能力。工作人员事先通过问卷调查的方式了解参与者的兴趣领域，并且准备相关的书籍。在活动

中，家长选择适合孩子年龄和阅读水平的触摸图书和明盲对照图书，有意识地引导孩子浏览书中的文字和图画，在孩子遇到问题的时候，根据明文版本给予解答。教育和健康专家全程指导阅读活动，提供科学的亲子阅读建议，并与家长就视障儿童成长过程中遇到的心理问题进行交流[12]。家长可以将活动中推荐的书籍和阅读方法应用到日后的亲子共读中，为孩子提高自主阅读能力打下基础。此外，活动还鼓励视障儿童和家长共同朗读同一本书，并录制音频，留作纪念。

为了普及特殊图书资源的使用方法，科普里夫尼察图书馆还多次邀请克罗地亚盲人协会和本馆的专家，举办《特殊资源、设备及其使用方法》的专题讲座。讲座面向所有视障儿童和家长开放，介绍科普里夫尼察图书馆的特殊馆藏资源。该馆目前大约有2200 册盲文书籍和 2300 册有声读物，并且正在努力增加符合 DAISY 格式标准的有声读物[13]。讲座还让家长和孩子一起学习如何使用图书馆提供的触摸阅读器、屏幕阅读器和语音合成器，以及如何获取馆内免费提供的网络阅读材料。家长在了解视障儿童的阅读资源、技术和设备之后，能够帮助孩子更加充分、有效地利用这些资源。

3　科普里夫尼察图书馆视障儿童阅读服务的启示

3.1　丰富无障碍阅读资源与活动

公共图书馆要重视针对视障儿童的特殊服务，将普通的阅读资源转换为无障碍阅读资源，如特殊视觉读物、触觉读物、有声读物等，还要积极引入先进的无障碍阅读设备，如盲文翻译器、盲文打印机、特殊阅读器、听书机等。同时，根据视障儿童的年龄特征和阅读水平，设计策划阅读活动，让视障儿童在专业人士的指导以及父母和同龄人的陪伴下，获得平等的阅读机会，并在与他人的接触中，提高沟通技能，逐渐融入社会。

3.2　提高图书馆员专业化服务水平

公共图书馆应该加强图书馆员的专业培训，帮助他们了解视障儿童可用的馆藏资源，学习阅读辅助设备的使用方法，并与当地的盲人学校、残障儿童协会等机构进行合作，根据儿童的特殊需求，策划相应的阅读活动。图书馆员还应该重视自身学习与实践，通过问卷调查、走访参观等形式，与视障儿童进行面对面交流，了解当地视障儿童的数量、心理特点、教育情况、阅读需求等。同时，加强业内交流，积极了解其他图书馆使用的先进技术与设备，以及开展的视障儿童阅读活动的内容与效果。在学习与交流的过程中，图书馆员自身也将得到进步与提高，从而为视障儿童提供更加专业和人性化的阅读服务，为搭建无障碍阅读平台贡献自己的力量。

参考文献

[1] 龚文进. 学习障碍视觉空间障碍研究概述 [J]. 中国特殊教育，2006（5）：67-69.
[2] 王素芳. 国外公共图书馆弱势群体服务研究述评 [J]. 中国图书馆学报，2010（3）：77-80.

［3］Koprivnica Library［EB/OL］.［2022-03-16］. http：//www.koprivnica.hr/gradskauprava/glasnik/ broj_7_2004.pdf?ID=27.

［4］Glasnik grada koprivnice［EB/OL］.［2022-03-16］. https：//koprivnica.hr/wp-content/ uploads/2019/12/broj-8-20122019.pdf.

［5］齐向华.基于 DAISY 的数字有声读物资源建设与传递［J］.中国图书馆学报，2009（3）：108-110.

［6］RAYINI J. Library and information services to the visually impaired persons［J/OL］. Library philosophy and practice，2017（6）：10［2022-03-18］. http：//digitalcommons.unl.edu/libphilprac.

［7］Koprivnica Library［EB/OL］.［2022-03-18］. http：//www.poslovniforum.hr/zakoni/zdr2003-2006. asp.

［8］SABOLOVIĆ-KRAJINA D. Cooperation between a public library and the Croatian library for the blind ［EB/OL］.［2022-03-22］. https：//www.naplesisterlibraries.org/tag/public-library-fran-galovic-koprivnica/.

［9］VUGRINEC L. Fran Galovi Public Library Koprivnica "Youth for Youth" programme in the context of the need for a new library building［J］. Vjesnik bibliotekara hrvatske，2017，60（1）：275-288.

［10］PANELLA N M. Library services to people with special needs section-glossary of terms and definitions ［EB/OL］.［2022-03-22］. http：//www.ifla.org/files/assets/hq/publications/professional-report/117.

［11］SABOLOVIĆ-KRAJINA D，VUGRINEC L，PETRIĆ D. Library service for the blind and visually impaired persons in the public library "Fran Galovi" in Koprivnica：from project to implementation［J］. Vjesnik bibliotekara hrvatske，2010，53（2）：76-92.

［12］Koprivnica Library［EB/OL］.［2022-03-23］. http：//www.koprivnica.hr/gradskauprava/glasnik/ broj_7_2004.pdf?ID=27.

［13］Koprivnica Library［EB/OL］.［2022-03-25］. https：//koprivnica.hr/poduzetnistvo/investirajte-u-koprivnici/.

国家图书馆破层"出圈"路径探索

吴蓓蓓（外文采编部）

近年来，"出圈"一词频频出现在大众视野，该词意为某个明星、某个事件不仅在自己固定圈层传播，而是被更多圈外人所知晓，简而言之就是知名度高了、火了。文化旅游领域也有诸如故宫文创商品、《唐宫夜宴》舞蹈等"出圈"案例，但纵观图书馆领域，虽然也有滨海图书馆爆红等案例，却显得后劲不足，存在舆论效应转化成实际收益较少等问题。我国各级图书馆为履行职能做出了很多努力，其中不乏好的创意，在一定程度上提升了图书馆知名度，但笔者认为还有很大的上升空间。本文旨在探索国家图书馆（以下简称国图）破层"出圈"路径，寻求提升国图知名度的方法，将图书馆带入大众视野，提升全民阅读热情，拓展文旅发展新业态，并希望可以将成功经验用以指导各级图书馆。

1 国家图书馆形象运营现状

提起国图，大众第一时间会想到的就是两个字：书多。国家总书库的形象可谓根深蒂固，大众对于国图的其他属性了解较少。国图近年来依托馆藏资源，开展了形式多样的线上线下活动，将多面性展现在读者面前，使读者享受到更加多样且有针对性的图书馆服务。打造"国图公开课""文津经典诵读""关爱夕阳"老年课堂等阅读品牌，使图书馆知识空间属性更加鲜明。调整服务空间，优化文献布局，实现中文开架图书"借阅合一"服务，为读者节约时间成本。部署沉浸式阅读体验空间，全景 VR《永乐大典》展示入围全国文化和旅游装备技术提升优秀案例，借助全新科技手段，图书馆在固定物理空间范围内得到了拓展，带给读者更新鲜的体验。国图为《典籍里的中国》《朗读者》等节目提供支持，随着节目的火热开播，阅读正在成为一种时尚，全民阅读蔚然成风。由京港地铁和国图共同创意发起的大型公益项目"M 地铁·图书馆"，开放部分国图优质资源，让乘客在日常出行中多一个阅读的平台和场所，并不定期组织线上线下活动，为读者提供了多样化的阅读体验。《山海经》、《永乐大典》、甲骨文等元素融入文创产品中，让传统文化走进日常生活。国图官方微博注册用户达 79.4 万人[1]，发起"每日经典诵读""馆藏品鉴""国图日历"等微博话题，累计阅读量 32 亿人次，讨论总量 276

---

[1] 数据统计截至 2022 年 3 月 14 日。

万次 [①]，有力推动了全民阅读，形成良好的社会效应。除上述提到的内容外，国图为履行职能做出了多种努力，在国际国内都提升了形象，但笔者认为仍存在馆藏资源挖掘不深入、组织活动受众面较窄、文创产品缺乏商业性运作、与其他主体跨界联动不充分、信息传播范围较小等问题。国图可在此前基础之上继续运作，让既有成果不断发酵，产生更大更广的影响力，同时探索服务升级道路，扩大社会影响力并转化成实际收益。

2　国家图书馆破层"出圈"路径

2.1　深入挖掘馆藏资源，提升文献建设水平

馆藏文献资源是图书馆的根基，图书馆想要获得社会影响力，首先需要从馆藏资源着手，拓宽用户了解馆藏信息渠道，解决用户利用馆藏资源时遇到的问题，提高馆藏资源利用率和珍稀馆藏曝光度。国图有着庞大的文献存量，掌握活化馆藏方法也就相当于开启了破层"出圈"大门。国图可以加强重点古籍系统性保护整理出版，并深入调研馆藏文献价值，形成评级标准，优先选取价值较高的馆藏进行出版，以此推广馆藏资源，推动专业人士将其转化为科研成果，赋予馆藏新的生命力。此外，还可以结合当下热点，从馆藏资源中选取专题内容进行整合，方便感兴趣的读者系统性地借阅。在此之前，围绕建党百年主题，国图特设学习专区，设立红色文献展示专架，受到了部分读者的好评。我们可以借鉴此次经验，拓宽思路，把握党政国大事及社会热点，组织馆藏，形成小专题，吸引读者到馆或网上阅读相关馆藏。还可以邀请专家学者、知名博主就专题进行探讨，结合多平台宣传，带动讨论热度，引发大众思考。

图书馆员与馆藏接触最密切，对馆藏状况最了解，因此韩国国立中央图书馆推出馆员荐书栏目，在官网设立小专题，每两个月由馆员选取各类图书 8 本，撰写读后感，为读者提供一定的阅读指引，感兴趣的读者可以直接点击馆藏详情按键进入借阅页面。国图可参照并升级此做法，韩国国立中央图书馆选取的多为新书，我们可以将范围扩大，发掘馆藏资源中的宝藏，将其推入大众视野。韩国国立中央图书馆本馆大厅设有一块电子触控屏，读者可以输入自己的年龄、职业、感兴趣领域等个人信息，系统会根据大数据推算，向读者推荐其可能感兴趣的馆藏资源，国图也可以沿着这个思路去挖掘馆藏，提取书目数据中的关键词、附注等内容，结合算法，为读者量身打造个性化书单。除了深入挖掘现有馆藏资源外，我们应该提升文献建设水平，将经费价值最大化，保证馆藏资源符合时代特点、构成体系完善、满足未来战略性需求。现在所做的馆藏建设，正是今后馆藏开发利用的基础，因此在构建馆藏资源时就应考虑到读者喜爱度、需求性等问题，这样才能使图书馆事业朝着更高水平发展。

---

① 数据来源于国家图书馆通讯公众号文章：国家图书馆微博运营团队荣获 2021 中国正能量 "五个一百" 网络精品奖。（2022 年 1 月 29 日）

2.2 培养专业人才队伍，孵化国图明星馆员

沉稳内敛、少言寡语似乎成了图书馆员的代名词，长期程式化的工作和封闭的环境使得图书馆员不愿与外界交流，不善于展现自我。人才是任何事业发展中最活跃、最主要的因素，只有充分利用人才，才能保证事业的成功。近年，有越来越多的明星图书馆员走进大众视野。随着《典籍里的中国》节目热播，大家才知道原来 2500 多年前，学成后的老子入守藏室为吏，按现在的说法，"守藏室"就是国家图书馆，老子可以被称作是"图书管理员"。图书馆可以借用热度，将普通馆员的工作实况展现出来。此前，国图典籍阅览部工作人员顾晓军出现在《但是还有书籍（第二季）》纪录片中，引发网友热议，被称为图书馆里的扫地僧，这也可以看作是图书馆员的一次"出圈"经历。2021 年被评为全国杰出专业技术人才的田周玲，使大家看到了国图员工任劳任怨、深耕专业领域的风采。其实，国图汇集着编目专家、古籍修复巧匠、图书情报学大家等人才，只是多年来一直沉浸在自己的圈层，没有展现在大众面前。向外界更多地展示他们的面貌不仅可以让公众了解图书馆员的工作内容，也可以提升图书馆形象，同时还能激发其他员工的工作热情。国图应注意人才的培养，为员工指明职业发展路径，让每一位员工成为自己工作岗位上的专家，强大的人才队伍必将成为国图事业发展的坚实后盾。

2.3 运用互联网思维，构建"融媒体"平台

国图官方微博账号于 2013 年 5 月正式开通，国图公众号以及微信视频号也在稳步运营，面向读者提供图书馆资讯、书刊介绍、经典诵读等内容，结合热点带动话题，受到社会广泛认可。官方微博屡次斩获"创新应用与传播优秀微博""微博十年特别贡献·创新"等奖项。在新媒体时代，依靠单一渠道发声已经无法满足信息发布者对于资讯传播力度的要求，国图可以组建更强大的运营团队，将官方微博运营的优秀经验利用到其他媒体平台上，形成全媒体融合发展的融媒体宣传。首先应该注意的就是运营监管问题，如果仅仅只是建立了新媒体矩阵，在各大平台开通了账户，却缺乏高效的运营、有力的监管，没有优质内容的持续输出，就无法达到预期效果。国图可以组织馆内运营团队外出学习、引入专业运营人才、邀请馆外人士到馆授课，提升运营团队的素质，从题材选择、内容制作、信息传播的整体链条中开启互联网思维，利用好国图的丰富资源，产出满足大众需求的优质内容。在优质内容基础上，注重传播及内容发酵，引导用户人群去讨论、转发、分享。我们可以参考文旅中国客户端运营经验，该客户端为大量文旅达人开设文旅号，不仅培养出了一批"网红"，更为客户端增加了活跃度和粉丝留存度。国图可以邀请知名作家、读书达人在融媒体平台发布图书推荐等内容，提升官方账号知名度和用户黏性。还应细化运营团队分工，掌握不同媒体平台的玩法。比如，短视频平台所要求的内容是"碎片化""幽默化""口语化"的，在选取题材及制定制作方案时就应考虑是否符合自媒体时代受众口味。

2.4　加强文创产品创新，打造国图文化符号

国图近年来十分重视文创工作，不仅注重文创产品的开发，也积极参与文博会、文创产品联展等活动，提升国图文创的品牌影响力。2021年国图文创产品入选全国百佳名单，同年11月，中国古籍保护协会典籍文创工作委员会成立，旨在搭建社会力量广泛参与中华典籍保护、传承、创新的新平台，推动中华优秀传统文化创造性转化、创新性发展，推动典籍的活化利用。国图文创业已具有一定的用户基础及知名度，加上专业工作委员会的成立，目前正是产品优化升级的大好时机。故宫文创产品多次引发热潮，不仅盘活了大量的文化资源，并且满足了人民日益增长的美好生活需要，既传递了文物的知识和教育功效，也取得了良好的经济效益。故宫文创的成功使我们清楚地认识到，中国文化IP具有广阔的市场和许多待发掘的处女地。国图可以借鉴故宫成功经验，推动文创产品创新。首先，找到清晰的定位，找准目标人群。文创产品购买的主力军是年轻人，他们喜欢追求潮流、崇尚个性，在开发文创产品前，应进行充分调研，找到消费者购买诉求与产品文化性的平衡点。点开淘宝国家图书馆旗舰店，筛选销量较高的产品可发现，具有实用性的生活学习用品更受消费者喜爱。国图文创产品如果只注重历史性、知识性、艺术性，可能会因为缺少趣味性、实用性而丧失吸引力。其次，要打造民众认知度高的精品内容IP。丰富的馆藏为国图IP提供充足内容素材，虽然每一本书都可能延伸出巨大的商业价值，但全部开发是不现实的，应选取其中最具有民族文化自豪感和民众认知度高的内容进行精心设计。国图可以效仿故宫，打造属于自己的文化符号。故宫IP布局是以建立角色IP为主线进行推动的，推出了一系列雍正、御猫形象的文创产品。国图也可以将典籍中的人物或者物品进行包装，让其更具备记忆点和商业性，用当代人喜闻乐见的方式进行营销，拉进文化符号与人们的距离，真正做到把典籍文化带回家。也可以效仿"冰墩墩"等，打造国图吉祥物，如果受到大众喜爱，那将会带来巨大的商业价值。在着力打造国图自身IP的同时，我们也可以与知名IP联名，如英国国家图书馆就与"哈利·波特"系列进行联名生产文创产品，不仅提升了图书馆知名度，也大大提升了文创销售额。再次，要健全文化创意产业链条，以创意为龙头、以内容为核心，驱动产品的制造，创新产品的营销，并通过后续衍生产品的开发，形成上下联动、左右衔接、一次投入、多次产出的链条。

2.5　拓展文旅融合新业态，推动文化传承创新

2021年，北京国图创新文化服务有限公司与天津金融城开发有限公司联合打造的大型综合文化创意空间"国图津湾·文创空间"正式开业。该空间集图书馆、特色书店、城市书房、文创产品、研学培训、展览展示、健康餐饮于一体，依托国图资源，致力于创新阅读方式，打造时尚、创意、多元的文旅融合创意空间。这是国图在文旅融合之路上进行的初步探索，在国家文旅融合顶层设计日益完善的大背景下，国图应抓住机遇，积极扩展职能，主动融入国家发展战略，这对提高其社会地位和行业影响力至关重要。国图可以实践空间再造，开发多功能体验空间，完善空间布局，吸引游客到馆打

卡。当然，如果想要做到真正意义上的吸引游客，仅靠外观设计上的创新是远远不够的，应注重文化价值与旅游发展有机结合，精心布置展览，设立专题书架，举办特色活动。随着人文休闲旅游的兴起，人们越来越重视文化场景体验，国图可以打造集多种体验于一体的文化空间，满足人们文化与旅游需求，还可以积极组织研学游，将历史文化融合到旅游活动中，更好地发挥社会教育职能。以上是将游客吸引到图书馆来的一些做法，国图还可延伸服务触角，拓宽服务领域，将文化资源下移至景区，也可以利用旅游场所对图书馆文创产品进行推广。

2.6 丰富跨界合作形式，增强虚实空间交互

在"互联网+"的环境下，读者对于公共文化服务的需求变得越来越多元化，对于图书馆的工作提出了新的要求，不能仅局限于提供文献借阅服务，还要注重馆际资源共建共享以及与其他行业之间的跨界合作。国图可以与其他非营利性质单位合作，如为博物馆、美术馆提供专题文献资料供其策展使用，在医院、街道等城市公共空间设立图书角，在政府单位设立分馆，为区域内学校举办课外读书活动等，延伸图书馆服务场所，拓展服务范围。还可以与盈利性质的单位进行跨界合作，比如与快递公司合作，制定更优化的借阅投递服务流程，为用户提供更加便利的阅读体验；与出版商、书店合作，打通上下游渠道，有利于及时把握市场动态，分析用户需求；与企业合作，借助先进的科技打造风格多元的虚拟读书空间，带给读者多样化的阅读体验。从目前的经验来看，图书馆寻求跨界合作时仍然面临很多问题，如合作中的话语权较弱、针对版权所产生的分歧较多、自身价值不能完全被潜在合作方所理解等。因此，国图应在对自身资源进行全面整合、了解自身优势的基础上寻求合作，在维持合作关系中积极引入科学合理的协调和监管体系，加大沟通协商力度。

"出圈"并不意味着出格，不代表哗众取宠，将自己的专业发挥到极致自然会打破圈层，引起连锁反应。国图需要充分履行职能，将各项工作推向新的高度，做好行业带头者，才能扩大社会影响力，并将其转化成实际收益，用以支持图书馆事业的发展。本文为国图破层"出圈"描绘的愿景能否真正实现的最关键的因素是人，国图员工必须拥有良好的工作态度，及时获取相关的情报和知识，熟练运用大数据智能工具提高自身素养，不断更新自己的知识储备，转变思维模式，积极向外界学习优秀经验，明确时代赋予国图的使命，加大优质文化产品和服务供给力度，为人民提供更多更好的精神食粮。

参考文献

［1］赵容慧.我国图书馆跨界合作研究综述［J］.图书馆工作与研究，2021（3）：122-128.

［2］盖东海.融媒体平台在文旅产业的发展路径探析——以中传云平台为例［J］.中国传媒科技，2022（2）：79-81.

［3］王茹.超级IP的开发策略研究——故宫IP的升级之路［J］.文化产业，2022（1）：124-127.

图书馆智慧化转型时代背景下的读者服务统计工作

——国家图书馆读者服务统计工作实践与思考

梁田丽［研究院（业务管理处）］

图书馆统计是图书馆管理的一种重要方法，对提升图书馆的服务质量、促进图书馆的发展具有极其重要的作用[1]。2010年，国际图联发布的《图书馆统计宣言》对图书馆统计的价值和意义做了深刻的揭示：图书馆统计有助于记录图书馆的发展进程，支持图书馆的高效管理和科学决策，促进图书馆的创新发展，增进图书馆行业之间、图书馆与社会之间的交流和理解，彰显图书馆的社会价值[2]。读者服务数据的统计对于分析读者行为、制定服务政策、优化图书馆资源建设具有重要参考价值。

1 国家图书馆读者服务统计概况

1.1 读者服务统计数据的来源

国家图书馆承担为中央和国家机关、重点科研教育生产单位、图书馆业界、社会公众服务的职能。国家图书馆读者服务统计数据来源于全馆直接面向各类型用户服务的部门。每月业务部门通过人工统计或者系统数据导出的方式制作业务统计报表，并通过纸质报表、电子报表或者邮件形式提交业务统计主管部门，业务统计主管部门根据各部门提交的数据制作和审核业务统计月报，并在一定范围内发布。

表1 读者服务数据的来源

报表	统计指标	提交方式
阅览室业务工作统计表	室藏文献量、流通册次、读者人次	纸质、电子报表
讲座、展览、培训、参观、演出工作统计表（线下、线上）	线下：期数、人次 线上：期数、参与人次、浏览量	纸质、电子报表、OA邮件报数
复制工作统计表	各项复制业务的读者人次、流通册次	纸质、电子报表
读者证卡统计表	新办卡、补卡、加减功能的读者人次/人数	纸质、电子报表
文献查询统计表	综合咨询接待读者人次	纸质、电子报表
文献提供组业务统计表	文献传递、馆际互借、国际互借服务件次	纸质、电子报表

报表	统计指标	提交方式
业务咨询工作统计表	为党和国家领导 / 中央国家机关 / 重点科研教育生产单位 / 一般读者提供的一般性咨询 / 代检索课题 / 编制二、三次文献服务件次	纸质、电子报表
新媒体服务情况统计表	新媒体关注量、发文数、阅读量等	纸质、电子报表
手机门户网站月度统计表	点击数	纸质、电子报表
国家图书馆网站访问量	访问量	纸质、电子报表
新增用户月度统计报表	注册用户数	纸质、电子报表

1.2　读者服务统计数据的类型

目前，国家图书馆读者服务统计数据可以通过以下几个统计维度进行划分。（1）按照服务对象的不同可以划分为为中央和国家机关、重点科研教育生产单位、图书馆业界、社会公众服务的数据。（2）按照服务内容可以划分为阅览服务、社会教育服务、读者咨询等服务数据。（3）按照服务方式的不同可以划分为线下、线上服务数据。

按照服务对象进行划分：面向党政军服务和重点科研教育生产单位的服务数据主要通过业务咨询工作统计表等统计；面向业界的服务主要通过讲座、展览、培训、参观、演出工作统计表，文献提供工作统计表等进行统计；面向社会公众的服务数据主要通过阅览室业务工作统计表，讲座、展览、培训、参观、演出工作统计表，文献查询统计表，证卡业务统计表，复制工作统计表，业务咨询工作统计表等统计。

按照服务内容进行划分：阅览服务主要通过阅览室业务工作统计表统计，社会教育服务主要通过讲座、展览、培训、参观、演出工作统计表统计，读者咨询服务主要通过业务咨询工作统计表、文献查询统计表统计，办理读者卡、补卡、自助办证数据通过证卡业务统计表统计，复印、打印、扫描、缩微还原等复制服务数据通过复制工作统计表统计，文献提供、馆际互借、国际互借服务通过文献提供工作统计表统计。

按照服务方式的不同进行划分：线下阅览、社会教育活动、咨询等服务主要通过阅览室业务工作统计表，讲座、展览、培训、参观、演出工作统计表，文献查询统计表，业务咨询工作统计表等统计；线上服务数据主要通过线上讲座、展览、培训、演出统计表，新媒体服务情况统计表，手机门户网站统计报表，国家图书馆网站访问量统计报表等统计。

2　国家图书馆读者服务统计存在的问题

2.1　对统计工作的重视程度有待加强

按照《国家图书馆业务统计规范》，各部门指定专人负责统计工作，对各类报表的填报要责任明确，手续严格，各级报表均需逐级领导审定签字，但业务统计主管部门在制作月报的过程中，仍然经常发现业务部门报表中的问题。另外，《国家图书馆业务统计规范》中明确规定业务部门统计报表应于次月 3 日（节假日顺延）前报业务统计主管部门，实际上，业务统计主管部门很少能按时收齐所有报表，这影响了月报的制作进度和发布时效。

2.2 统计信息化程度较低

目前，国家图书馆业务数据的统计主要依赖人工填报。各部门通过人工记数或者系统导出数据的方式收集业务原始数据，填报统计报表，业务统计主管部门将各部门提交的报表数据手工录入业务统计月报模板中（Excel 表格），生成月报总表。在业务部门收集数据和业务统计主管部门制作统计月报的过程中，由于数据量比较大、过分依赖人工填报、缺乏纠错手段和工具、部分数据计算方式复杂等问题，比较容易出现数据错误。统计数据的制作具有连续性、数据的发布具有时效性，一旦出现错误，不易订正且影响很大。业务统计主管部门在制作业务统计月报时，为了尽量避免出错，也需要多人、多次反复审核，统计工作占据较多的时间和精力。

2.3 部分统计指标的估算方式有待适时核准

目前，对于大部分阅览室接待读者人次、文献流通册次，都能通过门禁系统、Aleph 系统等获得客观的数据。但是，受服务空间和格局的客观限制，部分阅览室没有独立入口，例如总馆北区的工具书区位于中厅，没有单独的门禁，对该阅览室的读者人次只能通过人工估算的方式进行统计。另外，开架阅览室的流通册次大多采用"读者人次 × 系数"的方式进行估算，各阅览室采用的都是多年传承下来的文献流通系数。这些系数符合当时的流通情况，随着社会环境的发展变化和读者服务政策的调整，其是否能全面、客观、准确反映当前用户服务实际情况有待调研。国图应适时通过调研进行核准，力求更加准确地反映读者服务的真实情况。

2.4 线上数据统计不够全面

受新冠疫情防控常态化的影响，图书馆大力开展线上服务，通过加强数字资源建设，进一步开放远程访问权限，积极宣传和辅导使用线上资源等措施，降低疫情对读者利用图书馆资源的影响和冲击。线上服务已成为图书馆服务的重要组成部分，而线上服务的数据统计则相对滞后。自 2019 年来，国图已陆续将线上讲座、培训、展览、演出活动数据、新媒体服务数据等纳入统计。但是，由于线上服务涉及多个系统和端口，部分系统开发在前，月报表线上服务统计指标的制定在后，导致部分线上服务数据与月报统计维度有出入，暂时未能纳入线上服务统计。

2.5 缺少对数据的深度分析，发布方式较为传统

目前，读者服务统计数据仅通过 Excel 报表将数据罗列展示，该项工作停留在被动

应对各种报数的阶段，缺少对数据主动、深入地分析和研究。国图的数据分析技术比较落后，对于大数据分析软件系统、云计算技术等工具引入不够积极，造成图书馆信息统计分析工具和技术手段落后，信息化统计技术整体水平不高[3]。

目前，国图读者服务数据主要通过《国家图书馆年鉴》发布，数据的发布途径和发布方式较为传统和单一，公开程度整体偏低。通过文字叙述或者表格罗列的方式发布数据，较难引发读者的阅读兴趣和共鸣。国内多家公共图书馆、高校图书馆早已借鉴账单形式，应用大数据分析技术，发布反映读者行为的群体性阅读报告，有些图书馆还发布个性化的读者阅读账单。报告和账单多采用图文编辑、多媒体编辑、视频编辑等形式，在最适合其编辑、发布、传播的新媒体平台——微博、微信等渠道发布。发布内容除包括到馆情况、借阅情况、馆藏情况等基本内容外，还发挥大数据分析的优势，发布借阅排行榜、达人榜、人群特征、阅读偏好、检索热词等趣味性较强的数据。个人阅读账单通过抽取个体读者的阅读行为数据，反映读者年度阅读足迹，其中不乏与其他读者对比、授予个性化称号等趣味内容，帮助读者全面回顾自己一年来的阅读记录和习惯，受到读者欢迎。

3 对策与思考

3.1 将统计工作纳入智慧图书馆系统

人工记数和填报数据需要花费大量的时间，容易出现错误，而且缺乏有效的数据分析工具。目前业务统计报表的一部分数据只能依赖人工记录、汇总，比如综合咨询台和各阅览室的咨询量，读者活动场次、人次等。另一部分业务数据可以从业务系统中获取，但涉及系统较多，各系统较为独立，没有开放端口供其他平台获取数据，要实现对这些业务系统数据的自动采集，需要进行系统进一步开发。

鉴于以上情况，建议将统计工作纳入智慧图书馆建设，实现数据采集和数据分析的自动化和智慧化。发展智慧图书馆是"十四五"时期推动国家图书馆和全国公共图书馆事业高质量转型创新的重要抓手，已被纳入《国民经济和社会发展第十四个五年规划和2035年远景目标纲要》。智慧图书馆系统的数据采集是基于大容量消息和事件的数据导入解决方案。不仅采集图书的信息，读者身份信息、读者账户数据、多种设备信息、图书馆空间和环境信息，甚至第三方数据库的数据等各种异构数据都是采集的对象。系统面向不同格式的结构化、非结构化数据，提供多种数据源管理和格式转换以及原始数据的临时存储服务；其核心能力包括数据通道管理、数据源管理、数据格式转换[4]。

智慧图书馆系统将各种数据进行统计分类、关联整合。能够更加全面、灵活地对数据进行提取和分析，既能生成群体性数据报告，也能实现对单个读者做个性化分析。

3.2 适时评估统计数据合理性

为保证数据的客观性、准确性和科学性，建议业务部门能够从系统获取的数据，尽量通过技术手段实现系统获取。对于确实不能通过技术手段获取的数据，应根据阅览室藏书内容、流通政策、读者类型等方面的变化，适时进行调研，并根据调研结果确定是否要进行系统调整，以确保读者服务统计工作的客观性和准确性[5]。

3.3 完善线上服务统计

线上服务统计可以通过系统本身的统计功能进行统计，数据较为客观、准确。建议根据业务统计月报中确定的线上服务的统计指标和统计维度，结合系统平台自身的情况，进行开发或升级，确保服务数据的完整收集，以及在月报表中实现各项系统服务数据的合并统计。

3.4 定期发布阅读报告等产品

调查报告、年度报告是另一种数据开放形式。数据与文字、图表相结合能更直观地展示图书馆行业发展现状，有助于决策者宏观把握事业发展趋势[6]。通过微信、微博、抖音等社交软件定期发布数据丰富、形式直观的服务报告，提升服务数据的可视化水平，无论对读者还是图书馆，都具有积极的影响力和较高的参考价值。针对国图目前数据发布渠道比较单一，发布形式比较传统的情况，建议尽快对现有数据进行提取分析，制作包含图表、视频、动画等多种生动展示方式的综合性服务报告，也可针对某一项服务，推出较为深入的数据报告，并通过网站、官方微信、微博、抖音号等多渠道进行发布，加大对国图服务影响力的宣传。

3.5 加强统计人员专业知识的培训

读者服务统计工作涉及多个业务部门和科组，各部门和科组必须提高对统计工作的重视程度，建立多层审核机制，统计人员及审核人员应对统计数据负责，确保数据填报的准确性和真实性，并严格执行将统计工作纳入业务工作监督考核办法和任务书的规定，对未能按时提交数据和数据错误率高的部门进行处罚，并定期组织统计工作会议，交流相关经验，探讨相关问题。

此外，数据统计分析工作不仅要求统计人员认真负责，它是一项专业性比较强的工作。统计人员对于统计指标的制定、理解和调整，统计结果的分析和利用等能力的掌握，对于客观、准确、科学地反应业务开展情况具有重要作用。建议定期举办统计相关知识和统计标准的培训，并结合实际开展统计工具实操培训，增加全馆对统计工作的重视程度，提升统计人员的专业性。

读者服务统计数据是读者服务情况的真实反映，是规划、管理、评价和决策的重要依据。随着大数据分析技术的成熟和对智慧图书馆建设的探索和规划，结合目前国图服务数据统计、分析和发布情况，建议将统计工作纳入智慧图书馆系统，实现业务数据采集、数据分析和数据发布的智慧化，提升读者服务数据分析能力和数据可视化水平，并定期生成可视化水平较高的读者服务报告和个性账单，增加图书馆用户黏度，不断提升读者服务水平。

参考文献

［1］程焕文 . 图书馆统计的功用［J］. 图书馆论坛，2020（12）：2-3.

［2］图书馆统计工作共识［J］. 图书馆论坛，2020（12）：1.

［3］虞俊杰 . 图书馆业务统计数据管理对策研究［J］. 图书馆工作与研究，2019（5）：89-95，128.

［4］王茜，张黎 . 基于云平台的智慧图书馆系统的设计与实现［J］. 图书馆，2019（2）：46-50.

［5］李继红 . 网络环境下开架阅览室统计工作的再认识——国家图书馆开架阅览室文献流通系数调研报告［G］// 詹福瑞 . 文津论丛——国家图书馆第九次科学讨论会获奖论文选集 . 北京：北京图书馆出版社，2008：158-163.

［6］高美云 . 图书馆统计数据行业管理策略研究［J］. 图书馆，2021（11）：17-22.

面向智慧图书馆知识资源建设的图文版古籍细粒度标引思考

——以《山海经》专题文献资源为例

刘小鲁（数字资源部）

图文版古籍的魅力，在于其个性鲜明，兼具文化价值与历史意义，它巧妙地体现了古人的神思遐想，"文不足以图补之，图不足以文叙之"，为了解中国优秀历史文化提供了一个独特的视角，也是艺术家眼中极具创作价值的灵感源泉。古人著书立说，点缀插图则更显简明生动：宋聂崇义《新定三礼图集注》、明胡正言《十竹斋画谱》、明文俶《金石昆虫草木状》等经典图文版古籍，图与文相得益彰，艺术效果令人叹为观止。它们不仅是文字的图解，补文之所不及，也为中国其后志怪之作的层出不穷提供了千姿百态的灵感触媒[1]，展现了中华民族原始的文化自信。如何利用信息技术手段和内容揭示手段，更好地激活图文版古籍的内容元素，提取具有检索意义的插图并利用释图文字等相关指示标引搭建别具特色的古籍"图库"，是智慧图书馆知识资源建设工作实现文化传承与创新发展双重目标的重要手段。

随着古籍资源建设量快速发展，针对文献内容的深度挖掘是实现从数字图书馆时代的量变上升至智慧图书馆时代的质变的过程，而资源的揭示离不开精准有效的标引。标引是指对文献知识的标记和指引，通过对文献的分析，选用确切的检索标识（如题名、著者、出版时间、分类号等）指引读者方便、快捷地找到所需要的信息；标引是反映文献内容的过程，也是知识化加工中的必不可少的重要环节。现有古籍数字资源主要呈现图像版和全文版两种形态。由于数字化技术和经费投入所限，古籍资源库多以图像版进行在线发布，它将古籍文献以图像格式扫描存储，支持基于书目数据的基本检索和高级检索，读者可通过篇目标引信息检索浏览相应卷册内容，由国家图书馆主持建设的"中华古籍资源库"即采取了这种建设服务方案。古籍文献门类繁多，对于图文并茂的古籍，传统标引方法导致知识内容表达有所欠缺，难以满足智慧图书馆背景下知识资源的加工处理需求。智慧图书馆作为特色资源中心，要突破传统的资源利用方式，通过内容挖掘、数据分析等方式进行资源的深度开发与利用，实现各类专题资源的集成管理，建设独具特色的标准[2]。标引作为一套完整的知识定位系统，不仅需要精准有效，还应把握内容揭示的粒度层级，特别是对专题文献，考虑版本之间的差异制定全面适用的标引方案，不但有利于帮助读者探究同种文献在不同刊刻时期的传承与衍化关系，而且能够引导读者充分发现相同知识的不同表达范式。

1 古籍数字资源标引实践分析

1.1 国家图书馆普通古籍数字资源标引

根据《国家图书馆文献采选条例》，具备历史文物性、学术资料性、艺术代表性以及流传较少的古籍称之古籍善本，除此之外的古籍统称为普通古籍。因此，普通古籍类型广泛，包括写绘本、稿本、抄本、印本等多种版本，涵盖普通图书、丛书、志书、家谱等广泛内容。古籍图像标引数据是指向古籍图像或图像集合中所涉及的各种内容（如篇目、人物等）的标引数据，具有索引的基本功能[3]。因此，标引工作既要做到准确、客观、实用，又要充分考虑到文献差异而采用一致的标引原则。在实践中，普通古籍数字资源以古籍卷目为标引粒度，要求链接正确、文字准确、重点揭示卷目名称及其所在位置，卷目名称（chapter_name）遵照古籍原文客观著录，卷目的位置信息由层级标识（serial_num）、册号（volumn_num）、页码（page_num）、发布序号（internal_id）共同确定，如表 1 所示。

表 1   国家图书馆普通古籍卷目信息表标引样例

book_id	serial_num	volumn_num	chapter_name	page_num	internal_id	page_prop
3120180056	0000		目录		1	1
3120180056	0001	0001	康熙幾暇格物编上之上	2	2	0
3120180056	0002	0001	康熙幾暇格物编上之中	12	3	0
3120180056	0003	0001	康熙幾暇格物编上之下	22	4	0
3120180056	0004	0002	康熙幾暇格物编下之上	3	5	0
3120180056	0005	0002	康熙幾暇格物编下之中	11	6	0
3120180056	0006	0002	康熙幾暇格物编下之下	20	7	0

注：依据《古籍数据库加工规则》，chapter_name 的第一行"目录"采用简体，其他内容取自古籍，采用繁体字。

普通古籍标引仅深入到卷目层级，依据原文客观揭示卷目信息，广泛适用于各种形态古籍的基本目录揭示，这种标引方法具备较好的实用性和可操作性，但由于标引深度不够，仅通过卷目无法全面揭示古籍知识内容，更无法反映特种古籍的特殊性，如：不能解决图文版古籍的插图内容。

1.2 国家图书馆海外捐赠汉籍数字资源标引

海外捐赠汉籍数字资源是由日本永青文库向国家图书馆捐赠的一批珍贵汉籍，共

36 种 4175 册，其中 5 种为丛书类古籍，因此，该批古籍数字资源增加了丛书子目信息的标引，标引字段包括：子目篇名（booklet_name）、卷目名称（chapter_name）、层级标识（serial_num）、册号（volumn_num）、页码（page_num），如表 2 所示。

表 2　国家图书馆海外捐赠汉籍卷目信息表标引样例

book_id	serial_num	volumn_num	booklet_name	chapter_name	page_num	page_prop
HWRB201815003	0000			目录		1
HWRB201815003	0001	0001	易音	皇淸經解卷五	20	0
HWRB201815003	0002	0001	易音	皇淸經解卷六	26	0
HWRB201815004	0008	0002	詩本音	皇淸經解卷十五	59	0
HWRB201815004	0009	0002	詩本音	皇淸經解卷十六	73	0
HWRB201815005	0001	0001	日知錄	皇淸經解卷十八	4	0
HWRB201815005	0002	0001	日知錄	皇淸經解卷十九	31	0

海外捐赠汉籍数字资源的标引考虑了丛书的特殊情况，虽然仍以卷目为标引粒度，但增加了子目篇名的揭示，在一定程度上减少了普通古籍单一标引的局限性。

1.3 《山海经》专题古籍数字资源标引

《山海经》是一部家喻户晓的古代经典著作，与以文字为主的普通古籍不同，多个版本的《山海经》都包含了大量插图及释图文字，风格独特，知识丰富，为了解上古先民的神思遐想提供了一个崭新的视角。东晋诗人陶渊明在《读〈山海经〉十三首》中写道："泛览周王传，流观山海图。"从大众耳熟能详的"精卫填海""夸父追日"等神话故事，到航天领域"祝融"探火、"羲和"逐日的重大突破，这些灵感和创作都与《山海经》有着密切关系，它唤起我们失落的想象力，见证了中华民族原始的文化自信。国家图书馆利用馆藏三个版本《山海经》古籍珍贵高清图绘和部分书影出版了《云游山海》日历，受到社会各界的广泛好评。

《山海经》专题古籍数字资源是搜集整理国家图书馆馆藏各个版本《山海经》古籍所开展的数字化项目，共 92 种 13766 拍。其中，现存最早的《山海经》刻本——宋淳熙七年（1180）池阳郡斋本尤为珍贵，而明胡文焕刻格致丛书本《新刻山海经图》二卷、明蒋应镐绘图本《山海经》十八卷和清汪绂释《山海经存》九卷首一卷在内容和创作艺术上独具特色，可视为现存山海经图的代表作。该批资源呈现以下两个特点：（1）虽然是不同时期刊刻的不同版本古籍，但全部内容主体均为《山海经》，文献卷目结构和卷目名称具有高度同一性，这也意味着标引词的使用需要保持一定的一致性。（2）其中 16 种（17%）为图文版古籍，插图页较多，具有重要的标引意义，如图 1、图 2、图 3 所示。在实践中，该项目主要沿用了普通古籍数字资源的标引规则，即完成卷目名称（chapter_name）、层级标识（serial_num）、册号（volumn_num）、页码（page_num）、发布序号（internal_id）的标引，但未对插图内容进行标引，未制定一致性的卷目提取要求，导致出现重要知识内容揭示不足、相同知识内容揭示与链接困难等问题，无法展示资源的特殊性，使得文献中出现的大量插图形成数据孤岛，一定程度上制约了图文版古籍的内在价值体现。

图 1　明胡文焕刻格致丛书本《新刻山海经图》二卷北山经节选

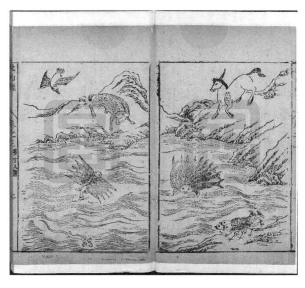

图 2　明刻蒋应镐绘图本《山海经》十八卷北山经节选

图 3　清汪绂释《山海经存》九卷首一卷海外东经节选

2　图文版古籍专题文献细粒度标引方案思考

2.1　明确将插图知识内容作为标引对象

古籍插图包含了丰富的知识信息，以《山海经》为例，明清以来多个带图《山海经》刻本传世，明代胡文焕采用了图说并举的方式，图像独立成卷，右图左说，无背景图；明代蒋应镐则将神兽与山水图结合一起绘制，整幅图像和文字交叉编排，独具特色；清代汪双池则采用了无背景的一图一神或一图多神的编排方式，神兽图较为精细，线条流畅，生动传神，凸显其个人风格特色；清代吴任臣则将神兽图按灵祇、异域、兽族、羽禽、鳞介分五类，一图一神，插入经文之中。国家图书馆《山海经》专题古籍数字资源项目所建 92 种《山海经》，其插图具有多种编排和呈现方式（见表 3）。针对同种专题文献，插图方式及释图文字排版的不同对资源的揭示效果大相径庭。

表 3　国家图书馆藏《山海经》专题古籍数字资源插图形式分类概况

题名	著者	出版时间	特点
《新刻山海经图》二卷	（明）胡文焕	明胡文焕刻格致丛书本	共 133 幅图，置神、兽图与其名称于右，释图文字在左，无山海图
《山海经》十八卷	（晋）郭璞注（明）蒋应镐绘	明刻本	共 73 幅图，均为整幅图像，图绘内含神、兽、山海图全像，无神兽名称及释图文字
《山海经存》九卷首一卷	（清）汪绂释	清光绪二十三年汇印汪双池先生丛书本	共 135 幅图，一图多神或一图一神。神、兽等均有其名称著录，无释图文字，无山海图

题名	著者	出版时间	特点
《山海经广注》 十八卷图五卷	（晋）郭璞注 （清）吴任臣释	清康熙刻本	共 142 幅图，按灵祇、异域、兽族、羽禽、鳞介分五类，一图一神，神兽名称及释图文字排列在右（无界行），无山海图
《山海经》 四集十八卷杂述 一卷图五卷	（晋）郭璞传 （清）吴任臣编	清刻本	共 142 幅图，按灵祇、异域、兽族、羽禽、鳞介分五类，一图一神，神兽名称及释图文字排列在右侧界行内，无山海图

由于目前对于图文版古籍插图的标引尚无成熟的标引方案可供参考，故针对插图内容的标引一般只在首张插图出现的对应页码卷目信息表 chapter_name 中著录"图"，后面出现的关联插图则省略对其内容的标引。在建设智慧图书馆时代，应根据文献资源的特点细化标引方案，对古籍插图所蕴含的知识信息进行补充标引，例如《山海经》图像中起到标记、指示等作用的神兽名称以及与标引对象有关联的其他图像等，应成为图文类古籍标引的重点。补充插图文字的标引将对同种文献在不同刊刻版本的同一图像、同名图像等建立相关关联，便于后期研究版本之间的差异与衍化过程，为用户研究相关资料提供便利，有利于更广阔的研究领域和读者利用。

2.2　全面准确提取图文标引信息

释图文字是指对古籍数字资源中的插图起到描述、阐释等作用的文字。在《山海经》中，许多文字都是对其插图内容的细致讲解，如《海外西经》中对于我们熟知的神话传说"刑天舞干戚"的阐释："刑天与帝至此争神，帝断其首，葬之常羊之山。乃以乳为目，以脐为口，操干戚以舞。"释图文字中不仅提到了人物名字如刑天、黄帝，同时也对地名常羊之山和刑天外形及手中所拿的干（盾牌）与戚（大斧）做了描绘；又如《海外南经》中对毕方鸟的描述："毕方鸟在其东，青水西，其为鸟人面一脚。"形象地描绘了毕方鸟的模样和栖息地。遇到插图无图名，只有释图文字时，标引内容若只用"图"或"图释"，甚至是忽略标引，其特色化内容的揭示效果将变得模糊单一。因此，建议全面准确提取图文标引信息，细化释图文字的标引。插图无图名的图可视内容情况进行相应取舍。若前后篇目有适合作为图名的释图文字，可提取片段进行标引，上述示例可提取"刑天""毕方鸟"进行插图内容标引；若插图既无图名也无释图文字，则不需标引，依据古籍内容的实际情况作出动态调整。

2.3　插图版式细粒度标引

在中国古代书籍中，插图绝不仅仅是文字的衬托，图像本身就是叙述，同时具有独立的审美价值，可以说，中国古代图书发展的历史是"图"与"文"不断融合的历程[4]。调研发现，古籍类插图版式随着时代的发展不断演变，从最早写本时期的单一图中插文、前图后文、多面连式、版心插入等版式逐渐发展为多面合页连式、上图下文、单面插图、右图左说等多种版式，历史悠久，特色鲜明。明清时期更是出现了以建安派、金陵派、新安派、徽派等为主的各种流派，插图艺术效果璀璨夺目，异彩纷呈。建安派插图多采用上图下文的插图版式，如著名的宋刊《列女传》；金陵派中以刊刻画谱闻名的《芥子园画谱》《十竹斋画谱》则大多采用单面独幅的编排版式；宋聂崇义撰《新定三礼图集注》则是单面插图的典型代表；明胡文焕《山海经》的插图版式采用了合页连式，右图左说，十分经典。综上所述，不同时期古籍的插图版式变化体现了截然不同的艺术效果，具有较高的欣赏价值。因此，插图版式标引的细颗粒度提取将有利于该类型古籍内容信息的表达，推动作品本身的传播和利用。

2.4 补充古籍文献采访方式、递藏情况等记录信息的标引

国家图书馆古籍文献来源方式多种多样，包括历代传承文献，也包含通过征集受赠、访求购买、竞拍等方式采选入藏的文献，标引著录古籍采访方式，便于直观了解不同古籍资源的来源渠道。此外，图文版古籍的插图色彩历经了黑白到彩色的演变过程，因此可将插图色彩情况进行著录，方便后期归纳总结和提取利用；针对纸张情况、修复信息、成图方式、版刻手法等均可依据实际情况进行细颗粒度著录，细化元数据内容。随着"中华古籍保护计划"的实施，文献传递与合作是近年古籍工作的热点之一，建议将实体文献以及数字资源的递藏情况进行相应的补充著录，为后续读者调阅相关资料提供便利。

2.5 保持标引规则的一致性

以《山海经》专题古籍数字资源为例，本项目92种文献中，内容主体均为《山海经》，在文献内容和结构上高度一致，这就需要保持标引规则的一致性。在实践中，部分图书标引将具体篇名如"南山經""西山經""北山經"等录入，部分图书则省略了具体篇名的标引，建议标引方式保持一致。表4为卷目信息表标引正误对比情况。

表 4 《山海经》专题古籍数字资源卷目信息表标引正误对比情况一览表

正确标引示例（部分提取）：						
book_id	internal_id	serial_num	volumn_num	chapter_name	page_num	page_prop
GJSH20210009	2	0001	0001	山海經第一南山經	10	0
GJSH20210009	3	0002	0001	山海經第二西山經	18	0
GJSH20210009	4	0003	0001	山海經第三北山經	37	0
错误标引示例：						
GJSH20210009	2	0001	0001	山海經第一	10	0
GJSH20210009	3	0002	0001	山海經第二	18	0
GJSH20210009	4	0003	0001	山海經第三	37	0

中国古籍素有"图文互融"的传统，插图融入文字使得古籍图书实现审美和实用功能的完美结合，有利于知识内容更有力的传达[4]。在新阅读方式和新传播媒介不断涌现的信息技术背景下，古籍插图在数字化利用和传播推广方面都具有很大的创新空间和价值意义[5]。随着智慧图书馆时代对于图像研究的不断深入，针对古籍类专题资源以及特殊资源制订细粒度的标引方案，有利于将数字化典藏转化为内容产业，更深层次利用馆藏资源并拉动知识经济发展。标引的最终目的并不单是实现内容信息的有效定位，而是应作为图像知识内容研究的一种手段来看待。制订并实施细粒度的图文版古籍标引方案将对古籍插图在数字化领域中的传承与创新提供新的思路和有益参考。

参考文献

[1] 杨义.《山海经》的神话思维 [J]. 海南师院学报，1993（1）：1-7.

[2] 卢小宾，宋姬芳，蒋玲，等. 智慧图书馆建设标准探析 [J]. 中国图书馆学报，2021（1）：15-33.

[3] 肖禹. 古籍索引数据应用研究 [J]. 新世纪图书馆，2017（5）：45-48.

[4] 喻颖. 古籍插图"图文互融"的审美和出版价值 [J]. 现代出版，2016（3）：58-60.

[5] 申宁宁，熊俊敏. 明刊本《牡丹亭》中插图的数字化传播路径研究 [J]. 传媒论坛，2021（18）：42-43.

基于 PEST-SWOT 模型的公共图书馆古籍保护宣传推广营销策略分析

陈怡爽（国家古籍保护中心办公室）

公共图书馆古籍保护宣传推广，是指公共图书馆通过传播媒介去传播有关古籍保护相关资源、服务、活动等信息，让公众加深对古籍保护工作的了解和认识、使用古籍资源的一种社会行为。"中华古籍保护计划"实施以来，古籍保护宣传推广工作成效显著。截至 2021 年 12 月，国家古籍保护中心累计举办大型专题展览及各类特展超过 40 场，各种巡展超过 800 场，讲座超过 600 场次，相关活动提高了公众对古籍保护重要性的认识，促进了古籍资源的活化和利用，吸纳了更多人才和社会力量加入古籍保护事业，推动了中华优秀传统文化的传承与发展。因此，宣传古籍保护成果、弘扬古籍所蕴含的思想内核具有深远意义，是古籍保护事业的重要组成部分。

近年来，环境分析法以及营销战略已广泛应用于非营利组织，在图书馆界也逐渐成为新兴研究领域。环境分析法是战略管理学中重要分析方法之一，通过对组织内部环境（SWOT）以及外部环境（PEST）分析我们可以全面客观地了解组织所处的环境以及自身情况，有利于组织明确发展方向和目标。内部环境（SWOT）即组织内部的优势（strengths）、劣势（weaknesses）、机遇（opportunities）、挑战（threats）；外部环境（PEST）包括：政治环境（politics）、经济环境（economy）、社会环境（society）、技术环境（technology）。营销策略，是通过市场调研，了解公众需求，结合自有优势，完善服务来满足需求的方法。以上分析方法可以应用于古籍保护宣传推广工作中，宣传推广工作可将宣传推广中所涵盖的资源、活动、服务等作为公共产品，引入营销的理念，通过内外部环境分析，明确宣传营销的任务和目标，更有针对性地制定营销策略实现宣传推广目标。

1 外部环境分析：PEST 分析

1.1 政治环境（politics）

政治环境是指影响古籍保护宣传推广工作的政策和法律等。党的十八大以来，我国古籍保护宣传推广工作利好频出，党和国家推出了一系列政策法规，有效保障了古籍保护宣传推广工作扎实有效地推进。古籍保护宣传推广工作政策法规梳理如表 1 所示。

表 1　古籍保护宣传工作相关政策法规汇总表

颁布主体	颁布时间	名称	相关内容
中国共产党第十八届中央委员会第五次全体会议	2015 年 10 月	《中共中央关于制定国民经济和社会发展第十三个五年规划的建议》	坚定文化自信，增强文化自觉，加快文化改革发展，加强社会主义精神文明建设，建设社会主义文化强国
中国共产党十九届五中全会	2021 年 3 月	《中华人民共和国国民经济和社会发展第十四个五年规划和 2035 年远景目标纲要》	坚持马克思主义在意识形态领域的指导地位，坚定文化自信，坚持以社会主义核心价值观引领文化建设，围绕举旗帜、聚民心、育新人、兴文化、展形象的使命任务，促进满足人民文化需求和增强人民精神力量相统一，推进社会主义文化强国建设
第十二届全国人民代表大会常务委员会第三十次会议	2017 年 11 月	《中华人民共和国公共图书馆法》	通过巡回展览、公益性讲座、善本再造、创意产品开发等方式，加强古籍宣传，传承发展中华优秀传统文化
中共中央办公厅、国务院办公厅	2017 年 1 月	《关于实施中华优秀传统文化传承发展工程的意见》	加大宣传教育力度。运用报纸、书刊、电台、电视台、互联网等各类载体，融通多媒体资源，统筹宣传、文化、文物等各方力量，创新表达方式，大力彰显中华文化魅力
文化部	2017 年 8 月	《"十三五"时期全国古籍保护工作规划》	组织开展古籍宣传推广活动。建立中华优秀古籍的宣传推广机制，运用数字化、信息化、网络化等现代技术手段，采用线上线下相结合的方式，加强对中华优秀古籍多媒体、多渠道、多终端传播

1.2　经济环境（economy）

经济环境主要是指宏观经济环境，包括国民收入、国民生产总值及其反映的经济发展水平和发展速度。当前，我国经济已由高速增长阶段转向高质量发展阶段。2022 年政府工作报告中提到，2021 年国内生产总值达到 114 万亿元，增长 8.1%。全国财政收入突破 20 万亿元，增长 10.7%。2022 年经济增长目标为国内生产总值增长 5.5% 左右。但全球新冠肺炎疫情仍在持续以及局部地区战争增加了不确定性，世界经济复苏动力不足，外部环境更趋复杂严峻和不确定。我国发展面临的风险挑战明显增多，但国内经济长期向好的基本面不会改变。经济环境对于古籍保护宣传推广工作的影响主要体现在财政支持的力度，良好的经济环境可以为古籍保护宣传推广工作提供稳定可持续的资金支持。

1.3 社会环境（society）

社会环境包括居民受教育程度、宗教信仰、风俗习惯、审美观点、价值观念等。2021 年我国第七次全国人口普查数据显示，近 10 年来我国人口受教育水平明显提高，人口素质不断提升。15 岁及以上人口的平均受教育年限从 2010 年的 9.08 年提高至 9.91 年，16—59 岁劳动年龄人口平均受教育年限从 2010 年的 9.67 年提高至 10.75 年。文盲率从 2010 年的 4.08% 下降为 2.67%。随着我国人民受教育水平的提高，审美水平的提升，人民群众对于文化服务的需求日益强烈，古籍保护工作也逐渐成为社会关注的热点之一，通过宣传推动古籍资源活化与创新，进一步挖掘和发挥古籍资源的学术价值和社会价值，满足当前人民群众对于古籍保护成果的需求，对古籍保护宣传推广提出了新的要求。

1.4 技术环境（technology）

技术环境涉及国家和地区的技术水平、技术政策、新产品开发能力以及技术发展的动态等。数字技术正以新理念、新业态、新模式全面融入人类经济、政治、文化、社会、生态文明建设各领域和全过程，给人类生产生活带来广泛而深刻的影响。伴随数字技术的革新，传统媒体、新媒体传播能力升级，传播方式创新，广大读者可以通过微信公众号、微博、微视频、客户端等多种渠道获得最新的信息。《中华人民共和国国民经济和社会发展第十四个五年规划和 2035 年远景目标纲要》中提到，"推动数字化服务普惠应用""推进线上线下公共服务共同发展、深度融合""积极发展智慧图书馆"。因此，在未来古籍保护宣传工作中，数字技术会进一步应用，创新古籍保宣传内容和形式将成为今后古籍保护工作的关注点。

2 内部环境分析：SWOT 分析

2.1 优势（strengths）

一是丰富的馆藏资源。以国家图书馆为例，馆藏总量位居世界国家图书馆第七位，其中中文文献收藏世界第一，外文文献收藏为国内首位。在古籍文献收藏方面，藏品继承了南宋以来历代皇家藏书及明清以来众多名家私藏，最早的馆藏可远溯到 3000 多年前的殷墟甲骨。《国家图书馆 2020 年馆情数据汇总表》显示，截至 2020 年底，国家图书馆馆藏善本古籍 34.46 万册（件），普通古籍 163.22 万册（件），此外，还包括以甲骨、敦煌遗书、西域文献、碑帖拓本、古地图、少数民族文字古籍、名家手稿等各类特藏文献约 99.54 万册（件）。

二是形成全国古籍保护工作体系，稳定的财政支持。2007 年 4 月，国务院批复建立了全国古籍保护工作部际联席会议，同年 5 月，中央机构编制委员会办公室批准国家图书馆加挂"国家古籍保护中心"牌子，国家古籍保护中心正式成立，8 月，全国古籍保护工作专家委员会成立。其后，各省、自治区、直辖市陆续成立古籍保护领导小组、厅际联席会议制度、省级古籍保护中心和专家委员会，形成了覆盖全国的古籍保护工作体系，便于在全国范围内推动古籍保护宣传推广工作。同时，"中华古籍保护计划"启动以来，国家每年都拨付专项经费，为"中华古籍保护计划"的开展提供了有力保障。

三是前期宣传推广工作成果丰硕，为今后工作的开展打下坚实基础。"中华古籍保护计划"开展以来，截至 2021 年 12 月，国家古籍保护中心举办大型专题展览及各类特展超过 40 场，各种巡展超过 800 场，讲座超过 600 场次，依托古籍资源和古籍保护工作，国家古籍保护中心在宣传内容、宣传形式上不断学习和探索，积累了一定宣传推广工作经验，逐渐形成了自有宣传特色。

2.2　劣势（weaknesses）

一是对于目标市场细分有所欠缺。就目前古籍保护宣传来看，更多的关注者来自业内人士及高校，以国家古籍保护中心公众号为例，大多宣传内容是侧重于业内工作者，比如推送的内容多为古籍保护学术成果、业内动态等。古籍保护工作需要引起更多社会公众的关注，扩大受众范围还有进一步提升的空间。二是缺少专业营销人才。这一问题在各级古籍保护中心较为普遍，一方面，古籍保护中心负责宣传的工作人员往往身兼数职，宣传只是工作的一部分，还有繁多的行政事务需要处理，所以投入宣传工作的时间和精力受到一定限制；另一方面，从业人员大多为文学语言类专业，对宣传营销方面的理论和实践都有所欠缺。三是宣传创新能力有待提升。随着当前数字技术的进步，宣传方式不断创新，古籍保护工作者同外界交流相对较少，对于新技术以及新的宣传方式的运用了解较少，宣传内容主要是依托传统媒体、公众号推送相关活动宣传稿。

2.3　机遇（opportunities）

一是古籍保护相关政策。十八大以来，习近平总书记多次强调讲好中国故事、传播好中国声音，为古籍保护宣传推广工作的开展提供了机遇；2022 年政府工作报告中首次提出"加强文物古籍保护利用"反映了国家对古籍保护工作的重视。二是人民群众对古籍保护工作的关注以及社会力量的加入。随着古籍保护宣传推广工作的推进，古籍保护工作吸引了更多人民群众的关注以及社会力量的加入，为古籍保护宣传工作的开展注入新的活力。2021 年 6 月，国家古籍保护中心与中国文物保护基金会、字节跳动建立战略合作关系，签署《古籍保护与利用公益项目合作备忘录》，利用"字节跳动古籍保护专项基金"，通过开展古籍修复、人才培养及其宣传活化工作，大力开展多种形式、多个途径的宣传工作，制作《穿越时空的古籍》纪录片（9 集），发起"寻找古籍守护人"话题（播放 16 亿次），极大提高了大众对古籍保护和优秀典籍文化的关注度。

2.4　挑战（threats）

古籍保护所面临的主要挑战在于财政投入资金有限。长久以来，宣传推广工作的开展离不开资财政金的持续稳定的支持。然而，自 2019 年开始，"中华古籍保护计划"专项经费投入金额呈现出逐年递减的趋势，与此同时，宣传推广经费投入也相应逐年下调，有限的经费限制了宣传推广活动开展的数量、规模以及新技术的投入和应用，势必对宣传推广工作的开展产生一定影响。如何在有限的经费的背景下，持续有效地推动古籍保护宣传推广工作，满足新时代人民群众的文化需求依旧是古籍保护工作面临一大问题。

3 营销策略建议

3.1 完善公众沟通和细分目标市场

公众需求是宣传推广工作的基础，细分目标市场是指在对公众需求调查的基础上，将受众群体进行划分，并对划分后的群体的需求特点进行调查研究。通常市场细分有四种表现形式：一是结合地理因素进行细分。地理因素主要涵盖了地理位置、城镇大小、人口密度等。各级古籍保护中心可以因地制宜，根据所在省份的特点，深入了解当地人民的需求，进行策划设计宣传推广活动。以2020年8月至10月期间国家古籍保护中心牵头的晒书活动为例，河南省图书馆的晒书活动以"弘扬黄河文化·石刻与传拓"为主题，选择少林寺碑林作为主场地，各基层单位积极响应支持，将古籍保护与黄河文化、地方文化有效结合。二是结合人口统计因素进行细分。人口统计因素主要包括年龄、性别、职业、收入、民族、宗教、教育等。活动策划者可以通过调研了解不同人群的需求情况，策划符合人群需求的宣传活动。如古籍专业人员，更侧重于版本价值和历史价值；普通大众，侧重于普及性的古籍本身价值、所涵盖的知识、古籍背后的故事。因此，宣传推广内容可以体现典籍里的中国精神或故事、地域文化、珍贵版本的流传史，以及最基本的古籍保护知识等。三是结合主观心理因素进行细分。心理因素包含社会阶层、生活方式、个性特点等。可以通过公众反馈，了解对古籍保护活动的建议以及公众对于古籍保护宣传推广方式和内容的偏好。如2019年国家古籍保护中心发起了"古籍修复进校园活动"，面向在校学生群体，涵盖了小学，中学和大学在校学生，策划了雕版刷印和碑刻传拓等互动环节，贴合了学生个性特点，活动形式生动，获得了良好的社会反馈。四是结合公众的行为因素进行细分。行为因素是指一段时间内公众对于宣传推广活动的点击量、阅读量、转发量、公众号关注人次等数据信息。可以通过数据分析，了解公众对古籍保护工作的关注度以及活动的喜好。如2021年11月至12月期间，国家古籍保护中心公众号在推送古籍库房管理在线培训班以及古籍数字化在线培训班消息后，公众号关注量增加近一万人次，反映了公众对于相关服务的需求。

完善公众沟通，通过多渠道调研获取数据信息，各级古籍保护中心可以更全面地了解公众的需求并对人群进行分类，结合自身馆藏优势，精准发力，采用不同营销策略，让宣传推广活动获得更多关注度、更高满意度。从市场营销的角度来说，根据细分市场的独特性和各级古籍保护中心的特点，有三种目标市场策略可供选择。一是无差异市场策略，即面向公众提供一种古籍保护宣传推广活动，这种情况适用于人力物力财力有限的单位，主要是面向大众进行统一的推广宣传，如举办古籍保护讲座、展览等。二是集中策略，是指针对一个或少数几个有利的细分市场开展宣传推广活动。如面向古籍保护业内人士进行宣传推广，可以获得稳定的关注度。三是差异化策略，指的是根据每个细分市场的特点，制订不同的宣传方案。这种情况适用于发达地区的古籍保护单位，资源充足，可以尽可能地满足公众需求。

3.2 营销组合战略（7Ps）

在确定了营销目标、选定了目标市场并进行市场定位、识别出自身的优势之后，可以通过设定最佳的营销组合来实现营销目标。营销组合是指单位根据用户需求和自身营销目标来确定可控营销因素的最佳组合。7Ps 理论是由布姆斯和比特纳结合无形服务产品的特征在原 4Ps 理论［即产品（product）、价格（price）、渠道（place）、促销（promotion）、策略（strategy）］的基础上增加了人员（participant）、有形展示（physical evidence）和过程管理（process management）。将该理论应用到古籍保护宣传推广工作，人员（participant）即古籍保护工作人员，其服务水平和专业水平直接影响着公众的满意度，所以在宣传推广过程中应发挥工作人员的能动性和提升业务水平，增加对于古籍保护宣传推广工作业务培训；产品（product）是古籍保护宣传推广的内容即古籍资源、活动、服务等；价格（price）指宣传推广活动的成本，既可以是小投入，也可以是大投入，投入产出比未必正相关，古籍收藏单位应充分发挥经费作用，向公众提供更多优质服务；渠道（place）即古籍保护宣传推广工作的宣传场所，实践中体现为通过媒体、政府等传播部门对古籍保护宣传推广相关事件或者活动进行宣传；促销（promotion）即营销方式，古籍保护中心通过官方网站、微博、微信公众号等方式开展宣传推广活动，以引起公众对宣传目标的关注；过程管理（process management）是指宣传活动的实施步骤，包括内容策划、质量控制等；有形展示（physical evidence）即古籍保护宣传推广活动的特色及优点的展示。古籍保护宣传推广工作提供的是一种无形的服务，适用于 7Ps 理论，在了解市场需求的基础上，预算管理的前提下，策划活动方案时可以考虑上述元素的组合，以取得良好的社会效益。如"十三五"期间国家古籍保护中心联合北京大学、中国科学院自然科学史研究所合办的国图名家系列讲座，主讲人均为相关领域重要学者或资深带头人，通过融合新媒体和传统媒体联合宣传，线上线下同步开展讲座活动，扩大了活动覆盖面，场场座无虚席，赢得了广泛好评。

3.3 内部营销策略

内部营销是指组织把员工看作内部服务对象，设法对员工的需求予以满足，并向员工宣传组织政策与组织本身，使其能够以营销意识参与服务。这种营销策略需要工作人员对于古籍保护宣传推广活动有高度认同感，并有意愿将古籍保护活动向外界推广。这就要求古籍保护推广活动不仅仅依靠相关部门的少数宣传员进行推广，而是需要各部门相互交流促进，共同推动古籍保护宣传推广活动的发展。若要实现各部门协同发展，共同推进古籍保护宣传推广，则需要提高全馆员工乃至全国古籍保护工作者的满意度、认可度并建设组织文化。如 2019 年 9 月，国家图书馆举办的"中华传统文化典籍保护传承大展"，展示了全国的珍贵藏品、古籍保护计划实施以来的成果，从展览策划、藏品汇集等多个环节中充分体现了国家图书馆内多部门以及全国 20 多个省 40 余家公藏单位的协同合作，同时展览信息在国家图书馆、国家古籍保护中心、国家典籍博物馆微信公众号发布相关宣传推广信息，充分体现了组织内部对于古籍保护宣传推广工作的认可，获得了广泛的社会关注以及良好反馈。

本文通过内外部环境分析法（PEST 和 SWOT 模型），对公共图书馆古籍保护宣传推广工作进行了相关分析，并提出了对应的营销策略。希望今后的宣传推广工作可以全面了解民众的需求，做好市场调研，选择合适的营销策略，推出更多形式丰富，满足民众多元文化需求的宣传推广活动，从而更好地促进中华优秀传统文化创造性转化和创新性发展。

参考文献

［1］戴维 . 战略管理：建立持续竞争优势［M］. 北京：中国人民大学出版社，2021：168-171.

［2］中共中央关于制定国民经济和社会发展第十三个五年规划的建议［EB/OL］.［2022-03-02］. http：//cpc.people.com.cn/n/2015/1103/c399243-27772351.html.

［3］中共中央办公厅 国务院办公厅印发《关于实施中华优秀传统文化传承发展工程的意见》［EB/OL］.［2022-03-02］. http：//www.gov.cn/gongbao/content/2017/content_5171322.htm.

［4］文化部关于印发《"十三五"时期全国古籍保护工作规划》的通知［EB/OL］.［2022-03-02］. https：//www.mct.gov.cn/whzx/bnsj/ggwhs/201712/t20171204_829828.htm.

［5］中华人民共和国公共图书馆法［EB/OL］.［2022-03-02］. http：//www.gov.cn/xinwen/2017-11/05/content_5237326.htm.

［6］中华人民共和国国民经济和社会发展第十四个五年规划和 2035 年远景目标纲要［EB/OL］.［2022-03-02］. http：//www.gov.cn/xinwen/2021-03/13/content_5592681.htm.

［7］决胜全面建成小康社会 夺取新时代中国特色社会主义伟大胜利——在中国共产党第十九次全国代表大会上的报告［EB/OL］.［2022-03-02］. http：//www.gov.cn/zhuanti/2017-10/27/content_5234876.htm.

［8］政府工作报告［EB/OL］.［2022-03-02］. https：//baijiahao.baidu.com/s?id=1727097832486941265&wfr=spider&for=pc.

［9］十年来我国人口受教育水平明显提高［EB/OL］.［2022-03-02］. https：//hudong.moe.gov.cn/jyb_xwfb/s5147/202105/t20210512_530993.html.

［10］国新办举行第七次全国人口普查主要数据结果发布会图文实录［EB/OL］.［2022-03-02］. http：//www.scio.gov.cn/xwfbh/xwbfbh/wqfbh/44687/45470/wz45472/Document/1703620/1703620.htm.

［11］习近平向 2021 年世界互联网大会乌镇峰会致贺信［EB/OL］.［2022-03-02］. http：//www.xinhuanet.com//politics/leaders/2021-09/26/c_1127903074.htm.

［12］国家图书馆 . 国家图书馆年鉴 2020［M］. 北京：国家图书馆出版社，2021：297.

［13］国务院关于同意建立全国古籍保护工作部际联席会议制度的批复［EB/OL］.［2022-03-03］. http：//www.gov.cn/zhengce/content/2008-03/28/content_5844.htm.

［14］国家古籍保护中心概况［EB/OL］.［2022-03-03］. http：//www.nlc.cn/pcab/gywm/gjgjbhzx/.

［15］文化部通知成立全国古籍保护专家委员会（名单）［EB/OL］.［2022-03-03］. http：//www.gov.cn/gzdt/2007-08/07/content_708904.htm.

［16］赵文友，林世田."中华古籍保护计划"成果——以"中华古籍资源库"建设为中心的古籍数字化工作［J］. 新世纪图书馆，2018（3）：4.

［17］中国文物保护基金会与国家图书馆合作在京签约 字节跳动古籍保护专项基金启动［EB/OL］.［2022-03-03］. https：//baijiahao.baidu.com/s?id=1702802707072517146&wfr=spider&for=pc.

［18］张娟. 图书馆营销研究［M］. 北京：中国商务出版社，2018：68-88.

［19］陈怡爽，安平，赵洪雅."十三五"时期古籍保护的宣传实践与特色［J］. 古籍保护研究，2021（8）：19-21.

［20］吴健安，钟育赣. 市场营销学［M］.7版. 北京：清华大学出版社，2022：197-203.

［21］"传习经典　融古慧今 中华传统晒书活动（河南·2020）"在嵩山少林寺碑廊启幕.［EB/OL］.［2022-03-03］. https：//ishare.ifeng.com/c/s/v002T7--P5r9--dUD0uudDl7WHvk-1337R3zsveA4c81-_7s.

［22］中华古籍保护计划古籍修复技艺进校园系列报道［EB/OL］.［2022-03-03］. https：//topics.gmw.cn/node_118295.htm.

［23］张浩如. 图书馆营销研究［M］. 北京：国家图书馆出版社，2017：61-63.

［24］"中华传统文化典籍保护传承大展"在国家图书馆开展［EB/OL］.［2022-03-03］. http：//www.gov.cn/xinwen/2019-09/09/content_5428628.htm.

智慧化转型背景下图书馆信息化工作的思考

刘金哲（信息技术部）

图书馆作为信息文献的搜集和传播者，其发展历史一直与现代技术和信息化紧密联系。随着图书馆的形态从传统图书馆、复合型图书馆到数字图书馆的发展，图书馆信息化也走过了从无到有、从有到多，从多到散的过程，与此同时图书馆的业务、服务、管理等也逐步由信息化、网络化、数字化并逐步开始探索智慧化的发展道路。

1 信息技术架构的变迁和图书馆的信息化历程

自 20 世纪 90 年代以来，随着信息技术、互联网等的发展，图书馆一直紧跟时代变化，在不同的阶段尝试采用不同的技术发展路线，并与图书馆自身的资源、业务和服务结合来进行变革与探索创新，信息化工作经历了系统引进、系统建设、应用整合等时期，并开始向着数据治理分析、业务流程再造、大数据和人工智能等更高级的阶段迈进。

1.1 引进国外系统推动图书馆信息化工作的起步

20 世纪 90 年代信息技术架构处于单体架构时期，信息系统的计算功能和数据都包括在一台独立的机器里，各个主机之间的数据、功能基本不会共享和相互调用。这个时期国内图书馆的信息化工作以引进国外的系统为主，包括基于字符的大型机应用程序系统，每个系统的应用是以编目、检索单一业务为基础。比如国家图书馆于 1983 年引进了日立公司的 M-150H 型计算机系统，1987 年从美国引进了在 PDP11/73 计算机上运行的中芯国际系统用于 30 万册中文图书开架外借库的流通管理，1989 年引进 ACOS 630 大型计算机系统用于中日文和西俄文的处理，1991 年引进法国激光核电磁辐射负责软硬件总成的光盘存储检索系统用于善本等珍贵文献资料的全文存储。这个阶段图书馆初步完成了部分业务的自动化转型，成为图书馆信息化发展的起步与初始阶段。

1.2 子业务系统建设使图书馆信息化工作初具规模

20 世纪末到 21 世纪初，互联网初步发展，信息技术架构进入了垂直化发展时期，这个阶段的业务系统都有自己独立的数据存储和数据库，互不联系。这个阶段图书馆的信息化工作子系统建设为主，一般其基本架构为一台服务器加文件服务器或者光盘服务器及光盘塔，包含 WindowsNT 组成的局域网、dBaseII 或者 Foxbase2.0 数据库等，另外配置若干台工作站。上述方式构成单个子系统承载单独的业务工作环节。比如国家图书在这个阶段共建成 10 多个子网实现采选、编目、检索、典藏流通和馆藏数字资源服务等自动化，自动化和网络化工作初具规模。这个阶段的信息化工作具备独立性，通过多个小型计算机系统完成不同类型文献或者统一文献类型的不同处理工序，各流程之间没有联系，数据不能共用，相互之间不统一、不共享。

1.3　集成系统的应用促进图书馆业务流程的自动化管理

20 世纪 90 年代末，随着互联网的发展，规模较大的信息系统会被拆分成 Client/Server 两层或者三层的体系结构，开始出现第二代以本地馆藏管理为宗旨、以书目控制为核心、以管理印刷型书刊为主体、以系统内共享数据为目标的图书馆管理集成系统。比如国家图书馆 2001 年 9 月选定的 Aleph500 作为计算机综合管理系统，集成了图书馆业务的主要的功能和应用，包括采访、编目、连续出版物、流通、馆际互借、册件管理、联机检索、系统管理等，使原来分散的各个子系统整合在了一起，业务流程得到了优化，业务管理自动化上了一个台阶，推动国家图书馆进入业务整体流程自动化管理的时代。

1.4　SOA 架构促使数字图书馆建设与服务全面发展

21 世纪初信息化架构开始流行面向服务的 SOA 形式，即将重复的业务功能抽取为组件来向系统提供服务，各系统与服务之间采用 Web Service、RPC 等方式进行通信，通过建设 ESB 企业服务总线，规划和处理各功能模块间的接口和相互协作关系，支持各异构系统的方便集成，形成服务共享的一体化信息系统体系。这个时期，数字图书馆建设开始全面铺开，2001 年国家图书馆立项建设国家数字图书馆工程，显著体现了SOA 的架构模式，系统之间通过应用层的方式来进行信息、数据、功能共享和交互，达到应用系统功能整合的目的。一方面通过核心业务系统 Aleph500 提供的 Webservice接口，建设了多个性化、自动化、便捷化的服务如自助办证、自助借还、移动数字图书馆等；另一方面在数字资源生命周期全过程管理的理念下，建立了数字资源采集、组织、长期保存、发布与服务、搜索等核心业务系统，不同系统和服务之间通过统一的用户管理和认证系统，实现不同角色、用户的统一管理和多套系统间的单点登录，用户只需要登录一次就能够访问各个系统的功能和页面，获取相应的数字资源与服务。

1.5　微服务架构催生下一代图书馆服务平台

2014 年起信息技术领域出现了一种新的架构风格，并在 2018 年起被业界广泛接受，它强调"业务需求彻底的组件化及服务化"，原单个业务系统会被拆分为多个可以独立开发、设计、部署运行的小应用，并通过服务化完成交互和集成，能够快捷地应对信息化建设中的基础扩容、业务开放、服务整合等需求，成为信息技术架构的主流发展方向。网易、美团、京东等互联网公司都实现了平台的微服务化。图书馆行业也纷纷开始微服务架构的实践和尝试。比如 EBSCO 推出的开源图书馆管理系统 FOLIO 便采用开放、灵活、可扩展的微服务架构风格，支持模块组合应用，支持按需求动态激活等，CALIS、上海图书馆等开始基于 FOLIO 的微服务框架来定制开发下一代图书馆服务平台。图创公司基于中台思想和 Spring Cloud 框架的微服务架构，并针对图书馆需求特点提供了应用开发、部署、配置、监控、运维管理等平台既服务的能力。微服务架构催生出的新一代图书馆服务平台，将打破不同层级、机构与应用平台间的信息壁垒，推动图书馆行业协作和资源、技术、服务的深度融合。

2 当前图书馆信息技术架构的不适应性

此前相当一段时期，随着技术进步以及信息化应用环境的显著拓展，图书馆内部信息化需求极其旺盛，传统业务部门、资源建设部门、服务部门等都在根据各自的业务环节如采选、整合、服务的需求来开发业务系统，使得图书馆单系统、单需求或者说单流程的信息系统建设快速推进，分散建立的垂直应用也越来越多，一些大型高校图书馆或者公共图书馆应用系统数量多达几十甚至上百个，这些系统在平台、标准、互操作接口、技术架构都存在差异，影响信息化建设和管理的整体效率，甚至影响图书馆的智慧化转型以及未来的可持续发展。

（1）图书馆各业务流程衔接不畅甚至出现脱轨，比如常规实体文献的管理依赖集成管理系统，而数字文献的采集、揭示、组织和利用仍然需要数字图书馆多个系统来承担，各个系统操作无法交互导致其承载的业务流程无法有效衔接。

（2）各个系统都拥有自己硬件设施、数据存储和数据库，形成一个个的孤岛，导致信息化设备数量庞大，系统内部数据无法共享和交换，甚至数据之间很难保持一致，影响数据的有效流转和利用。

（3）随着业务范围拓展，系统之间逐渐通过输入导出、接口调用和数据库读取等方式进行数据交互，导致系统对外依赖强、数据更新延迟、难以快速响应等问题，作为整个信息化中枢的中心系统比如集成管理系统等，很容易成为整个信息化体系的瓶颈，导致业务灵活性、可扩展性都有很大的局限。

（4）各系统入口不一、界面分散，用户获取资源和服务需要在不同的系统之间穿梭，影响用户体验和服务效率等。

3 图书馆智慧化转型带来新的信息化挑战

随着"互联网＋"战略的深入实施和移动化、大数据、云计算等技术的推动，深度学习，人工智能为标志的新一代信息技术成熟并逐渐产业化，"智慧"成为全人类社会发展的共同追求和愿景，十九大报告提出了智慧社会的概念，各个领域和行业机构，包括图书馆都开始进行智慧化转型的探索和实践。智慧化转型或者发展目标的提出，必然会对行业或者领域的信息化工作提出新的要求，同时也推动其信息技术架构朝着更优的方向发展。

3.1 智慧化转型推动信息技术架构的优化演变

智慧化是在信息化、数据化的基础上，借助物联网、大数据、人工智能等新技术，充分吸收智能楼宇、智能硬件设备、智能家居、数字生活等诸多领域的实践成果，形成基于海量信息和智能过滤处理的全新业务、服务和管理模式，构建面向未来的全新发展形态。不同行业领域的智慧化转型或者发展，必然会要求或者推动其底层信息技术架构朝着更优的松耦合、高扩展性的方向演变。比如，互联网以及其他信息化较为深入的行业纷纷在转型的同时掀起了信息技术架构迭代、数据智能应用的热潮。阿里巴巴集团2015年起率先构建了符合互联网大数据时代的，具有创新性、灵活性的"大中台、小前台"的机制，将集合整个集团的运营数据能力、产品技术能力，将公共的、通用的业务功能和数据整合到共享服务中心，并在此基础上快速孵化出聚划算、1688、菜鸟物流等小前台应用。银行、高校等信息化较为深入的行业，已经开始探索智慧发展道路，并基于智慧化发展目标探索新的"大平台＋微应用"建设模式。重庆大学智慧校园建设项目，基于"大平台微应用"模式，搭建全校整体的、统一架构的信息化服务运行和支撑平台，完成100多个微应用的上线运行，统一建设面向师生、校友、部门、社会人士等的服务，为学校人才培养、学科发展、科学研究提供有效支撑。

3.2 智慧图书馆战略对图书馆信息化提出了新的要求

图书馆作为社会公共服务体系重要的一部分，在智慧社会的热潮下，也在酝酿一场新的变革，重新规划以智慧数据和智慧管理为基础、各种智慧服务为目标的智慧图书馆发展战略。上海图书馆立项了东馆信息化配套设施和全市智慧图书馆服务平台项目。宁波图书馆联合阿里云、中国移动宁波分公司、袋鼠云打造一体化智慧服务平台，收集馆内全业务的经营、管理及服务对象等数据信息，打通所有业务的信息数据孤岛。国家图书馆提出在"十四五"期间全面开启"1+3+N"模式的全国智慧图书馆体系建设，联合全国各级公共图书馆，吸纳社会力量共同参与，搭建支撑智慧图书馆运行的云基础设施，构建全网知识内容集成仓储，打造智慧图书馆管理系统，建立实体智慧服务空间，并建立智慧化知识服务运营环境，辐射全国各级图书馆及其基层服务网点。

图书馆的智慧化应该是多维度、全方位的，包括实体和数字资源从采集、整理、储存到分析各个环节的智能化，以及流通、咨询及个性化推荐等服务的智慧化，甚至包括与物理设备、空间以及与智慧社会其他设施的互联互通等。智慧图书馆建设目标的提出，对图书馆未来信息技术的创新和应用、信息技术架构的规划、信息化建设管理的技术能力和思维方式都提出了更高的要求。

一是整体性，要求支持跨部门、跨业务的数据共享，实现图书馆内部运作与对外服务一体化，实现线上线下服务底层支撑的深度融合。

二是灵活性，能够支持图书馆共享核心业务之外的第三代图书馆新功能、其他个性化业务和智慧服务的扩展。

三是开放性，要求组建标准的数据接口和开放的用户接口，以利于系统扩展升级及与外界的信息沟通，与不同机构进行资源共享和资源调度，以便融入公共图书馆之间的基础协作体系以及智慧社会的各项服务当中。

4 智慧图书馆信息化工作的思考

面对新时期下智慧化发展目标以及图书馆业务和服务需求的不断变化，图书馆要透彻地了解当今技术所提供的各种可能性，做好智慧化转型的顶层信息化工作规划，可以借鉴互联网和其他深度信息化转型企业的思路，树立信息技术架构转型的大局观，强化信息技术在业务流程重组中的导向作用，对现有应用系统建设和集成现状进行深度调整和优化，解决目前数据存储分散、统一组织利用困难等发展瓶颈，并在此基础上进行数据、技术和业务等各个层面建设和转型的具体实践，更好地协同信息化建设与图书馆业务之间的关系，为智慧化转型提供最大的创新动力和信息化动能。

4.1 通过云技术构建智能化的基础运行环境

结合未来"十四五"整体发展蓝图，参考业界主流的技术路线，通过云技术构建高性能、智能化的基础运行环境，基于虚拟化技术集中管理计算、存储、网络等基础设施，构建云资源池和配套的资源分级制度，实现基础资源的服务化和共享，能够简单、快捷、自动化地部署新的应用和服务，以及为不同类型、不同级别的业务应用配置合理的资源，从而为未来智慧图书馆各应用系统及服务平台提供智能化的基础运行环境。其次，以云计算技术为基础搭建图书馆一体化服务平台，向不同的图书馆提供专业的平台化服务，以支持各图书馆实现基础的业务流程管理、资源管理和服务，同时允许各图书馆在云端建立各自独立、特色化的应用和服务，不仅有利于提高图书馆的信息化工作运行效率，最大限度地节约开发和运行管理成本，同时可以让各级图书馆把更多精力放在个性化服务的建设和体验上，不仅有利于实现图书馆领域信息资源的全域管理和发现，提升图书馆行业的整体融合度和一体化程度，也便于各图书馆实现社会化、本地化和移动化应用，为全国智慧图书馆体系建设奠定良好的平台基础和信息环境。

4.2 借鉴中台理念构建多元化的智慧数据生态链

为满足智慧图书馆多样化的数据服务需求，图书馆需要对内部系统中的海量数据进行统一梳理，形成数据资产目录并统一标准和口径，并基于现有的系统数据库，以数据共享为支撑，整合分散在各系统中的数据，构建稳健开放的数据中台和配套的数据治理体系，打造全方位数据整合能力的多元化数据架构，贯通不同渠道、不同业务系统之间的数据，实现数据的规范化、一致性、准确性和完整性，实现数据的安全管理、全面融合、挖掘分析和共享应用。同时将可复用数据和公共计算逻辑下沉，逐步构建起由源系统数据处理、采集交换、数据传输加工计算、数据应用等环节的数据生态链，能够快速满足新业务场景对数据的需求，为智慧图书馆创新应用提供全生命周期的数据支持服务。比如在管理层面改善人工数据与信息的统计方式，提供实时、智能化、多维度的运营数据查询和统计分析。在资源层面对多源知识内容的开放采集聚合、统一加工，建议立体化的数据仓储；加强知识关联、语义处理、大数据等技术的应用，对资源进行精准化、知识化揭示和组织，建立基于内容的多元化知识网络，实现由获得文献线索和文献内容的服务进化到获取知识的服务。服务层面，可以利用大数据技术采集用户在资源和服务获取等方面的数据，进行精准感知及评估分析，来为图书馆服务政策的调整和更新、图书馆线上服务产品的迭代、图书馆系统功能完善和用户体验优化等提供方向性的指导。

4.3 采用微服务架构重构核心业务体系

智慧图书馆建设要对当前的图书馆应用系统建设和集成现状进行全面智能化改造，落实"一平台、多场景、微应用"的核心理念，采用开放的微服务架构构建图书馆共享核心业务平台，包括统一的资源管理平台、共享的业务支撑平台、身份认证管理平台、应用管理平台、自助服务支撑平台等，在此基础上梳理共享核心业务点以及各重要业务系统重复交叉的功能点，逐步开发微服务试点应用的小型系统，提供更灵活、更个性化、更快速响应的服务，保障核心业务稳定的情况下，循序渐进开展信息系统的迭代。

微服务架构在图书馆真正落地并不是一蹴而就的事，图书馆传统业务系统以及数字图书馆系统的体量已经很大，系统之间的解耦以及微服务模块之间的联调是一项非常复杂的工作，不仅涉及基础支撑系统的迁移，还涉及多个分散系统所承载业务的梳理和重组，以及后期信息化运营模式的调整。在实际实施过程中，一是基于现有系统功能整合应用，建立解决目前应用系统多、功能分散、重复、界限不清晰等问题。二是对业务系统进行充分的组件化和服务化，将业务的共性部分抽取出来形成通用的业务服务模块，不仅涵盖采访、编目、流通、资源管理、用户管理、共享知识库等核心业务功能，也包括联合目录、馆际互借、数字仓储等跨平台的整合服务，支持配置各业务系统或者模块通过应用程序接口便捷地集成进来，也更方便第三方开发商的接入，不仅满足图书馆在全媒体资源管理、全流程业务管理和全域网资源发现等方面的基本要求，同时支持图书馆新功能、智慧服务以及其他个性化业务的扩展。

4.4 深度融合技术与业务赋能全场景智慧

近些年图书馆与人工智能的相结合已成为大势所趋，国内外许多图书馆在智能化服务方面都进行了有效的尝试与实践。比如结合 RFID 和现代物流自动化传送技术，实现图书的高密度储存、智能盘点、自动分拣、物流传递；利用人脸识别等技术构建智能安全管理系统，实现扫码识别、刷脸进馆、借书；融合语音识别、语音合成、文字识别和多轮对话技术，通过机器人、自助终端形式，提供智能聊天、智能推荐服务；以及基于全景视频、VR 等技术打造沉浸式阅读体验等。

随着 5G、云计算、人工智能、区块链等新技术应用的成熟，用户对图书馆服务的体验要求也在不断地提升。图书馆需要在不断了解公众需求的同时，积极引入新技术、新思维并落实到更多业务和服务场景中。比如把智能化技术与信息资源管理、读者服务等方面更加紧密地融合，驱使图书馆在当前"以用户为中心"的文献借阅、资源获取等文献服务、信息服务的基础上，进一步提供基于建立基于内容的立体化、多元化的知识生成与发现服务，推动智慧空间设施及其管理应用系统与用户智能终端的互联互通，通过自助感应设备识别到读者的身份信息，为到馆用户提供无感随行的智慧化支持。基于大数据对用户行为进行精准感知及评估分析，指导图书馆服务政策的调整和更新，优化图书馆系统功能和用户体验，为图书馆线上服务产品的迭代提供方向性的指导。

4.5 建立全方位多层次的信息化人才体系

智慧图书馆建设目标下的信息技术架构转型，在信息化规划、设计、开发、运维及管理上需要有不同的思维和技术能力，这对现有图书馆信息化团队的思想观念和工作模式造成了巨大的冲击。智慧图书馆的信息化建设是一项复杂的系统工程，需要建、管、用、保等多个层面的人才支撑。一是信息化管理型人才队伍建设，需要一批能够筹划、组织、协调、实施和指导信息化建设的管理型人才，带领信息化团队从思想理念、战略规划、运营体制等方面做出根本性的变革和提升，特别是数据分析型的管理人员，他们要能够不断挖掘数据的价值以辅助决策和战略规划等，以服务于即将到来的数据时代。二是需要专家型人才队伍建设，借助高科技企业、设备厂家的技术优势，委托培养出一支技术过硬的专家队伍，包括云计算、大数据以及信息化系统架构、互联网思维、全局思维、架构设计、系统分析等高端领域人才建设，以适应智慧图书馆环境下信息化架构转型的需求。三是培养研发性人才，提升智慧图书馆微应用开发设计的灵活性，能够根据具体业务需求有针对性进行软件研发或者二次开发工作，从而更好地把信息技术与图书馆具体业务、智慧化服务场景等深度结合。四是抓好复合型人才队伍建设，培养一批既懂图书馆业务又懂现代信息技术的高配合度智慧馆员队伍，既能为用户提供个性化、专业化、集约化知识服务，又能深化和挖掘图书馆的智慧服务能力。

物联网、大数据和云计算还将继续改变图书馆的业务模式，人工智能将重塑数字图书馆服务体系，信息系统将成为第三代图书馆的重要基础设施，而信息技术架构支撑则会成为推动复合型图书馆向智慧图书馆转型过程的"核动力"，信息技术架构和适宜的应用模式是图书馆可持续发展的重要基础。我们应该把握好信息技术与应用之间的特点、规律，顺应信息技术架构的发展趋势并随之调整其在图书馆的应用模式，才能有力、有效地推进图书馆信息化发展和智慧化转型，更好地强化图书馆的自身职能、引领业务发展，有效推动图书馆的智慧化转型，甚至更好地融入公共图书馆行业、公共文化服务以及智慧社会。

参考文献

［1］企业信息化建设架构模式［EB/OL］.［2015-06-10］. http://www.cnitpm.com/pm/27474.html.

［2］孙培欣.北京图书馆的自动化［J］.情报学报，1991（5）：334-337.

［3］顾犇.国家图书馆外文图书馆采编工作自动化的历史与展望［J］.国家图书馆学刊，2002（2）：

20-25.

［4］孙承鉴，刘刚．北京图书馆自动化、网络化建设的现状与展望［J］.北京图书馆馆刊，1998（3/4）：3-10.

［5］汪东波．国家图书馆集成管理系统选型［J］.国家图书馆学刊，2002（3）：2-5.

［6］毛雅君．Aleph500系统给我们带来了什么［J］.国家图书馆学刊，2004（3）：9-11.

［7］徐向东，胡建平，张学高．从技术架构演变看医院信息化发展历程［J］.中国卫生信息管理杂志，2019（4）：389-394.

［8］宁波市图书馆与袋鼠云达成战略合作 携手共建智慧图书馆［EB/OL］.［2018-07-18］. https：// www.sohu.com/a/254540098_313349.

智慧时代下的智慧馆员能力建设

王　鑫（办公室）

智慧，是一种分析、判断、创造、思考的能力，这一词语多用于描述生命体。而随着人工智能、大数据、云计算等科技发展，"智慧地球""智慧家园""智慧社区"概念兴起，"智慧"更多地体现了技术应用给人们生活带来的变革：在科技的加持下，通过更智能的手段，以更智慧的方法，改变人们交互的方式，以更加精细、动态的方式工作和生活，更为精准、有效地进行数据分析和科学预判，提高实时信息处理能力及感应与响应速度，增强服务弹性和连续性，促进社会各项事业的全面和谐发展。

近几年来，关于智慧图书馆的研究呈持续上升趋势，是众多学者研究、关注的焦点。在智慧概念传播与初探阶段，研究焦点较为集中在智慧图书馆建设、智慧服务、云计算、人工智能等方面。随着研究的日益深入，"智慧"理念逐渐从宏观概念，具化为图书馆技术，应用在图书馆服务中。作为技术研发、应用人员，服务提供者，"智慧馆员"这一关键词应运而生，逐渐出现在研究视野中。

智慧图书馆作为生长着的有机体，技术发展是促进其进化的外因、硬件，图书馆员则是可以将理念具化为实践的最深内因、软件，能够让公众切实、深刻体会到智慧服务本身，只有智慧馆员才能创造出真正的智慧图书馆。可以预见，拥有了"智慧"的图书馆，能够更为深刻地理解资源、读者、需求等关系，具有思考、分析、解决问题的能力，将进一步提升服务质量与效率。智慧时代，智慧图书馆的发展必然有赖于智慧馆员专业素养的不断提升，培养智慧馆员，是建设智慧图书馆时应同步思考的问题。

1　智慧时代下图书馆员面临的困境

智慧时代，公众获取知识、信息的途径、方式都发生了巨大改变，图书馆提供服务的形式也在发生着变化。智慧馆员概念出现以前，关于图书馆员较为专业的概念有学科馆员、咨询馆员等。从字面上便可以看出，在传统图书馆模式下，馆员的专业能力更多体现在学科、咨询等业务领域，其具备在某一学科领域的专业性，满足读者的咨询需求，是一种专且深的职业能力，一种被动式服务方式。但随着技术的发展，传统图书馆员的工作内容和职责已经非常模糊，有一定边缘化的危机。智慧图书馆的发展无疑给图书馆员带来了新的发展方向和生机，让故步自封的图书馆员有了新的职业发展目标，增添了职业活力与信念。智慧时代下，馆员需要具有复合型能力和主动服务的意识，智慧时代也对馆员提出更多、更新、更严的职业素养要求，要求他们挖掘用户更深层次需求，转变职业发展定位。在智慧图书馆发展下，图书馆员面临着以下困境。

1.1 对知识的掌握

技术是图书馆发展的原动力，是智慧馆员从事智慧服务的手段。在智慧图书馆服务中，智慧馆员所掌握的知识不能像传统馆员一样，局限在专而深学科知识上，他们应在系统性掌握图书情报专业知识的基础上，融合多学科、多领域，学习并掌握现代信息技术知识，尤其是引导图书馆转型发展的智能技术，以期形成宽阔的学科视野，拥有捕捉前沿科学的洞察力，进一步为用户提供智慧化服务。掌握云计算、大数据的应用，有助于深度挖掘、预判用户需求，精准且深入地提供个性化服务。掌握物联网技术，有利于科学化管理海量图书，打造智慧借阅服务。掌握 5G 技术，有助于提升用户交互体验、馆员智慧管理、文献智慧流通。

目前，很多图书馆员已经意识到技术应用在未来图书馆服务中的重要性、提升自我的必要性，但由于缺少系统性、专业性的培训，以及技术应用、实践的场景，他们对于科技知识只是泛泛理解，短期内很难达到熟练掌握并应用的程度，应用能力的提升并不能满足技术的快速发展。

1.2 对技术的应用

初景利认为，智慧馆员不仅要有相应的知识，同时要具有掌握相应技术的能力。而智慧图书馆需要什么样的技术并非清晰明确，而且也是动态变化的，任何有助于为用户提供智慧服务、辅助馆员提供知识服务的技术，都是智慧图书馆所需要的。从这一观点可以看出，目前相关技术并不是智慧图书馆特定的、专用的，而是从现有技术中选择可供使用的内容作为建设智慧图书馆的支撑。因此，智慧图书馆的技术应用需要两类人才：

一是研发或转化适用于智慧图书馆的技术的专业型人才。哪种科技适合图书馆发展、能够满足图书馆和用户的切实需求，相关技术设备的核心性能是什么、重点应用领域方向的确定等问题，都需要专业人才通过专业能力进行解决。这就需要引进相关人才，吸引专业人员流动到图书馆领域，结合图书馆事业发展趋势、特征，将通用技术为图书馆所用。二是可以使用科学技术的应用型人才。技术只有在人的应用下才能发挥应有的功能，而解决这一问题则需要具备图情专业知识复合型人才。通过引进人才和人才培养的相辅相成，图书馆才能拥有智慧图书馆需要的技术和可以使用技术的人才。

1.3 智慧馆员队伍建设

目前，能以智慧化、智能化视角认识图书馆工作，熟练应用智能技术的图书馆员寥寥无几，传统图书馆员的"过剩"与智慧馆员的"紧缺"成为短期内必然出现的矛盾。传统图书馆员主要从事文献借阅、参考咨询等工作内容，对技术了解不全面，应用不熟练，同时缺少专业培训和具体实践，无法立即、有效地成长为智慧馆员，而图书馆领域深谙智能技术的人才更是凤毛麟角。专业人才匮乏，现有人才队伍急需专业化培训，意味着打造智慧馆员团队必然是现阶段亟待解决又在短时间内难以解决的问题。

1.4 技术带来的现实冲击

图书馆员伴随着图书馆服务发展，历经提供传统文献借还服务的图书管理员、提供参考咨询服务的咨询馆员、推送知识服务的学科馆员的职业转变，现阶段，伴随智慧图书馆的建设和人工智能技术的冲击，以"智慧馆员"为关键词的第四次转变正在进行着。每一次工业化进程，在带来先进技术改变生活的同时，对于传统工作领域的人员所带来的冲击是不可避免的。智能技术减少了重复性、机械性劳动，同时在数据收集、分析等方面又有着人力所无法匹及的优势，智慧图书馆的发展也将给图书馆员带来这一问题，迫使图书馆员在向智慧馆员转化的同时，思考如何更好地发挥人的因素，与智能技术一同发展、并肩作战，让智能技术作为辅助，帮助馆员进一步转变升级、在工作中立于不败之地。

2 智慧馆员核心能力

智慧馆员是智慧图书馆得以实现的根本，智慧图书馆的建设、发展、创新对智慧馆员的职业素养、业务能力、思想意识都提出了更高的要求。唐琳娜认为，智慧馆员不仅仅需要具备图情基础和专业学科知识，还需要具备深厚的学养和敏锐的眼光，掌握前沿学科发展动向，并且自身拥有较强的学术钻研能力，既能为用户提供个性化、智能化、集约化的知识服务，还能刺激用户的知识需求，培育用户信息素养能力。笔者认为，智慧馆员是一种较为先进的馆员形态，具有不断学习和创新的能力，强烈的服务意识、危机管理意识，能综合运用人工智能、大数据等技术，为读者提供个性化、智慧化的增值知识服务。

智慧图书馆的智慧服务水平，取决于智慧馆员的职业素养。智慧馆员应具有领悟和贯彻以智慧发现和知识导航为主要内容的多元服务理念，复合有先进的科学素养和图情专业知识。服务的组织者和提供者，还需要独立获取信息的能力、丰富的咨询技巧与经验、跨学科的研究能力、广阔的国际化视野，以及知识与数据应用处理能力。

2.1 数据处理能力

基于深度知识服务的智慧馆员，应该具备更强的信息素养，通过知识洞察力和精准判断力，在海量信息中快速、准确地定位目标信息，并迅速理解、整合、评估、建立信息体系，以全资源智慧型服务模式，充分发挥智慧图书馆优势。

智慧馆员是图书馆管理者，同时也是能够提炼资源，为用户提供精准服务的工作人员。朱明松认为，数据素养是智慧馆员核心能力之一，数据素养是指具备数据意识和数据敏感性，并对数据具有批判性思维，在不同的岗位和服务场景下能够有效且恰当地获取、分析、处理、利用和提供数据服务。提升数据处理能力有助于增强知识资源的辨别能力，帮助馆员能够准确选择信息来源、有效检索数据信息、正确判断信息价值、合理

410

使用信息资源，完成对信息资源的深度加工，去伪存真，弃糟粕、取精华。

2.2 终身学习能力

智慧馆员作为智慧图书馆内在核心发展动力，要树立终身学习理念，形成优质学习习惯，不断探索、自我更新、学以致用、优化知识，以适应图书馆事业发展需要。通过持续不断的学习，智慧馆员可以提升对知识的提炼转化能力、对资源的智慧分析能力、对信息的敏锐感知能力、对数据的智能评估能力、对科研的合作探索能力、对职业的高效管理能力，提高预判能力和研究深度，学会借助先进的学习工具，参透智慧服务的理念，完成从服务型馆员向研究型馆员、智慧馆员的转变，实现智慧服务的理念在实际工作中的完美体现。

2.3 深度服务能力

"为书找人，为人找书"是传统图书馆员深入本能的职责。在智慧图书馆背景下，图书馆员应该审时度势，践行智慧馆员的思维理念，以积极主动提供信息服务为职责，以用户目标为驱动，充分利用对资源结构和规律的深度理解，将"为信息找人、为人找信息"作为职业发展内核。

"为信息找人"，即将特定信息资源，以专业的、科学的、严谨的态度整合、挖掘，提供给潜在的特定用户群，将隐形的需求，通过主动服务、精准推送的方式具化、外化，实现隐形需求可显性化，潜在需求确定化。

"为人找信息"，就要是以信息源为对象对知识信息进行查找，通过专业判断，不断缩小信息的目标范围，压缩所找信息或信息源的可能性空间，进而提高信息查找的精准性和针对性。

2.4 智慧沟通能力

智慧图书馆以用户需求为驱动，这就需要智慧馆员具备与用户沟通、能够运用智能技术与用户进行智慧互动的能力，并通过创新学科服务模式帮助用户实现知识的智慧发现和智慧升级。对于用户的需求把握是智慧图书馆建设的关键点，对用户需求的把握越精确、越精准，智慧图书馆的建设就越有针对性和确定性以及现实价值。加强与用户的交流，积极引导用户深度沟通，进而了解、挖掘、预判用户需求，不仅能增强对用户需求的理解能力，更能够精准挖掘用户真实需求，提供精准服务方案。

2.5 创新服务能力

创新服务能力是智慧馆员必备的一种技能，通过专业的学科知识、职业素养、智能技术，以用户需求为场景，提供个性化智能服务。深厚的专业知识和多元的综合知识是基础，良好的工作习惯是保障，脚踏实地、精益求精的研究精神是关键。智慧馆员只有不断优化知识能力、完善学科体系、提炼工作经验，才能产生新理念、创造新思路、开拓新领域，进一步提升创新服务能力；通过不断学习思考，提升观察力、洞察力和敏锐度，才能开展深层次智慧服务；更要具有排除万难将自己的想法付诸实施的毅力和信念，将创新理念转化为创新服务。

3 智慧馆员实现路径

3.1 深入用户需求全流程

智慧馆员应从被动提供参考咨询服务转为主动介入用户需求全流程中，通过帮助用户梳理需求、调整需求、确定需求，进一步捕捉咨询重点和难点，直观了解用户潜在真实需求，并通过信息分析，将自己的知识、能力与图书馆现代信息技术相结合，为用户从庞杂的信息源中分析、整理、凝练、提取并推送有价值的、与需求最相关的知识信息。

3.2 建立智慧培训体系

智慧图书馆人才队伍建设不是一蹴而就的，除了引进高质量人才外，现有人才队伍可随着图书馆发展一同提升。应高度重视智慧馆员对信息技术新理念及其运用能力的相关培训，可通过参加高质量学术论坛，了解图书馆的前沿技术，进一步拓展馆员的知识领域和视野。加强馆内业务交流和在岗培训，逐步建立馆员培训长效机制，通过智慧图书馆应用能力培训，提高智慧馆员对智能技术设备的熟练应用能力，提升图书馆智慧服务。同时，为了避免培训的盲目性和无效性，培训内容应与智慧图书馆发展方向匹配，以提升图书馆员智慧化转变为导向，合理设计培训内容和方案，在准确分析培训需求的前提下，提供有重点、有针对性、有目的的培训。

3.3 结构化人才岗位

智慧图书馆建设是一项长期的、复杂的、渐进式的、不断摸索前行的工程。以现有人员团队配置为基础，可进行有目的性的重新调配。具有一定技术优势、意识优势，同时愿意参加到智慧图书馆建设的馆员，可以优先成为智慧馆员培养目标。图书馆安排其进入相关业务领域工作的同时，要加强专业培训，以期在短时间内实现智慧化转变，科学建立人才跟踪培养方案、合理设立"轮岗"制度，协助馆员在实践中逐步找准自身定位和发展方向。

智慧图书馆的不断完善与发展，促进着图书馆服务形态的进一步转变。图书馆员作为智慧图书馆建设的核心力量，要不断提升自身素养，在接受外界培训的同时，自发学习，调整心态，积极应对挑战带来的机遇与风险，充分发挥特长，勇于参与、谋划智慧图书馆建设，积极思考，尝试现有工作的智慧化改变，创新服务新模式，为读者提供更加精准、个性化的智慧服务。

参考文献

［1］肖喆光.基于信息生态理论的智慧图书馆员培养体系研究［J］.图书馆，2021（11）：38-43.

［2］初景利，张国瑞.面向智慧图书馆的馆员能力建设［J/OL］.图书馆理论与实践.［2022-03-16］.
https：//doi.org/10.14064/j.cnki.issn1005-8214.20220315.001.

［3］唐琳娜，林岚.基于智慧图书馆的学科馆员服务路径探究［J］.图书情报导刊，2020（12）：19-
23.

［4］蔡迎春.赋能与重塑：智慧服务下馆员培训体系再思考［J］.国家图书馆学刊，2021（3）：34-
41.

［5］朱明松、豆洪青.专业馆员新型职业能力：数据素养与服务［J］.资源信息与工程，2021（6）：
150-153.

［6］王晨俊.图书馆智慧服务发展中智慧馆员的培养探索［J］.晋图学刊，2017（6）：1-3.

［7］刘乾凝.智慧图书馆视角下馆员智慧人格构建的动力机制研究［J］.图书情报工作，2017（1）：
22-25.

［8］樊晓璐，冀宪武，何燕.AI时代图书馆员发展研究［J］.内蒙古科技与经济，2021（7）：148-
149.

［9］王秋霞.新时代智慧图书馆员职业胜任力提升路径探索［J］.河南图书馆学刊，2021（7）：105-
107.

［10］石庆功，赵倩.强化内生力量：中美智慧图书馆馆员研究述评［J］.图书馆理论与实践，2021
（5）：123-128，136.

新时代竞争情报服务研究评述及实践探析

周 洁（参考咨询部）

信息作为第四大生产力要素，已经成为各国的竞争武器，可见竞争情报的地位日益凸显，相关实践工作多种多样，众多企业通过搜集与分析竞争情报来维持甚至提高自身的竞争地位，由此我们不难得知竞争情报实证研究的重要性。社会生活中发生的变化，要求我们把"竞争情报"的概念引入图书馆的科研和管理体制。在实际业务开展中，图书馆的竞争情报服务依托海量的实体资源和丰富的数字资源，成为图书馆参考咨询业务的重要组成部分，是为政府各级决策部门、企事业单位的重大决策提供文献信息支撑和保障的综合性服务。经过多年的实践探索，目前我国许多图书馆都已经依托自身的资源开展竞争情报业务，建立舆情监测服务以及自身的决策咨询服务平台。本文一方面对近五年来竞争情报领域专家学者关于竞争情报服务研究进行综合述评，另一方面以国家图书馆企业信息服务中心为例阐述公共图书馆竞争情报服务实际业务开展情况，为公共图书馆开展竞争情报业务提供参考。

1 竞争情报学术研究现状

竞争情报（Competitive Intelligence，CI）是指关于竞争环境、竞争对手和竞争策略的信息和研究。其过程包括对竞争信息的收集和分析，其产品包括由此形成的情报和谋略。竞争情报工作就是建立一个情报系统，用以评估竞争对手和自身价值，以提高竞争的效率和效益。大数据为竞争情报的真实性、精准性以及实时性提供了技术基础和广阔的应用时代背景。笔者在中国知网中文数据库中以"竞争情报"为检索词在主题字段中进行检索，将 2017 年 1 月 1 日到 2021 年 12 月 31 日划定为时间范围进行检索，期刊范围选择"核心期刊"，经人工筛选去除少数与主题无关的文章，最后筛选出符合条件的文献共计 314 篇。

1.1 文献时间分布

年度发文量是某一学科领域在不同年份的发文总量，能够反映不同时间段内该学科领域的研究产出和科学生产率，从而在一定程度上反映该学科领域的研究状况和规律。如图 1 所示，2017—2021 年期间竞争情报方向的文献在核心期刊上发表的数量呈现了逐年下降的趋势，平均下降速度 15.25%，近五年来年度的文献发布量均低于 100 篇，这也从某种程度上反映出核心期刊在不断提高刊文质量，发表的难度在逐年增加。同时可以看出近年来新兴技术的出现扩充了竞争情报研究的体系结构。随着我国大数据产业蓬勃发展,在融合应用不断深化,以及"十四五"规划开局之年的新的发展形势下,竞争情报结合科技研究应用的方向有希望形成理论与实践研究并行的新局面。

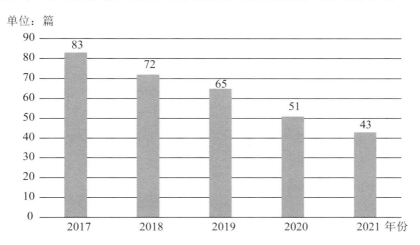

图 1　2017—2021 年国内核心期刊竞争情报相关文献发文量

1.2　文献期刊分布

通过对中国知网收录的有关竞争情报的期刊文献进行计量分析,本文将刊登文献 5 篇以上的期刊纳入统计工具进行分析,得到如图 2 所示的文献期刊分布情况。

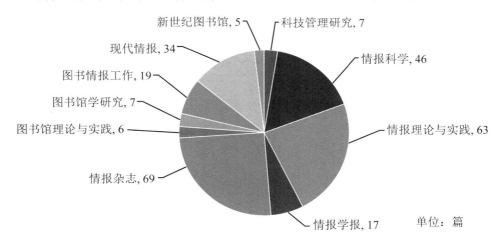

图 2　2017—2021 年国内核心期刊竞争情报相关文献期刊分布情况

由图 2 可以看出,《情报杂志》是刊发竞争情报研究相关文献最多的期刊,高达 69 篇。其次是《情报理论与实践》刊发 63 篇、《情报科学》刊发 46 篇。另外,图书馆情报类期刊也占有一定比例的载文量,如《图书情报工作》《图书馆学研究》《图书馆理论与实践》等,但整体竞争情报相关文章刊发量占比不大。

1.3 高产作者分析

笔者在纳入本次统计分析的 314 篇文献中，对独立作者和第一作者进行统计，作者 228 名，平均每人约 1.4 篇。发文量在 5 篇以上的作者有 8 名，分别为陈峰（17 篇）、石进（7 篇）、郑荣（6 篇）、赵英荣（6 篇）、王晓慧（5 篇）、李明（5 篇）、孙琳（5 篇）、龚花萍（5 篇）。中国科学技术信息研究所陈峰主要研究领域在于产业竞争情报、科技情报等方面，南京大学石进、吉林大学郑荣侧重于竞争情报系统论研究，尤其是近年来发表的文章基本上是基于云计算、区块链等新技术在竞争情报系统建立中的应用。竞争情报研究机构拥有的研究人员越多，其研究成果往往也越丰富，而研究成果往往反映了竞争情报研究机构的学术影响力和整体研究实力。在上述核心作者的分析中，也不难发现高产的作者大多来源于高校或者研究所。

1.4 高被引论文频次分析

衡量文献质量和学术影响力的一个重要指标是单篇文献的被引频次。文献被引频次越高，则其质量和学术影响力也就越高，高被引文献不仅是学者们研究该领域的重要参照物，也是图情领域研究的重要知识来源。本次研究的 314 篇文献总共被引频次为 2223 次，均篇被引频次为 7.08 次。可见，竞争情报相关研究文献被引频次普遍较低。其中，被引频次 30 以上的仅有 8 篇，被引论文最高的为包昌火等学者 2018 年发表在《情报杂志》上的《论中国情报学学科体系的构建》，被引频次 50。高被引论文排名前 10 位的论文均分布在 2017—2019 年。进一步分析可知，包昌火、王知津等 9 位学者的论文在竞争情报研究领域影响力较大，对该学科发展起到了一定的引领作用。

表 1　竞争情报高被引论文及其被引频次前十位表

序号	论文题目	第一作者	期刊名称	发表时间	被引频次
1	论中国情报学学科体系的构建	包昌火	情报杂志	2018/9/21	50
2	中国情报学论纲	包昌火	情报杂志	2018/1/18	44
3	大数据时代情报学和情报工作的"变"与"不变"	王知津	情报理论与实践	2019/7/29	43
4	基于在线评论文本挖掘的商业竞争情报分析模型构建及应用	张振华	情报科学	2019/2/1	43
5	基于区块链可信大数据人工智能的金融安全情报分析	丁晓蔚	情报学报	2019/12/24	43
6	基于专利情报的石墨烯产业技术竞争态势研究	杨曦	情报杂志	2017/12/18	39
7	我国情报学高被引论文分析	黄晓斌	情报科学	2018/1/5	37

序号	论文题目	第一作者	期刊名称	发表时间	被引频次
8	大数据环境下情报分析方法与情报分析软件探讨	李超	现代情报	2017/7/15	27
9	大数据背景下企业竞争情报工作众包模式研究	张安淇	情报理论与实践	2017/1/17	25
10	智能情报分析系统的架构设计与关键技术研究	化柏林	图书与情报	2017/12/25	25

1.5 研究主题分析

通过 VOSviewer 对本次研究选取的 314 篇文献进行关键词聚类分析，我们可以分析得出近五年来国内竞争情报研究领域的研究主题主要围绕竞争情报系统、产业竞争情报、企业竞争情报、情报学教育展开。

1.5.1 产业竞争情报

产业竞争情报是将产业竞争情报的方法研究与实践应用相结合的新领域。北京市科学技术情报研究所燕娜等人依照技术创新系统理论建立分析框架，探索技术创新系统（TIS）在产业竞争情报中的可用性。陈峰、刘光宇等人分别从半导体、生物医药等细分市场的角度，分析了产业竞争情报用户需求、存在问题、产业竞争情报服务产品供给现状。王晓慧、位志广以内容分析法为手段从产业竞争情报系统框架搭建的角度进行研究。郑荣等人提出了多源数据驱动的产业竞争情报智慧服务实现路径，重点探讨了竞争情报智慧检索、个性化推荐、专项定制以及智慧预测四种服务方式。

1.5.2 企业竞争情报

吉林大学管理学院谷莹等人利用在线产品评论的竞争情报需求挖掘框架，采用深度学习技术和情感分析方法，为企业改进产品设计和制定竞争策略提供参考。杨絮飞分析了在大数据环境下旅游企业采集、储存、分析处理情报系统建立。郑荣等人基于 ACP 理论提出构建包括人工企业竞争情报系统、实际企业竞争情报系统、计算实验与平行执行 3 个核心模块的企业竞争情报智能系统的建议。

1.5.3 情报学教育

情报学教育是情报学的立足之本。梁继文等人从多个层面探索情报学教育改革路径，并提出了注重研究—教学—就业等环节间的相关性的观点。苏新宁从新时代情报学教育的使命入手，探讨了未来情报学教育的定位，提出了培养"耳目、尖兵、参谋"式人才等七大使命。刘浏等人梳理归纳了大数据时代情报学教育新的发展浪潮，为深入了解情报学教育的发展脉络提供了较为翔实的参考。陈峰对 1995 年以来中国竞争情报领域研究生教育培养情况进行了系统总结，为新时期中国竞争情报研究生教育培养工作怎样继往开来提供参考。

1.5.4　竞争情报结合新技术研究

结合新兴技术对竞争情报系统的结构改进的研究已成为发展趋势。石进等人结合工业互联网中新兴技术，对竞争情报采集、竞争情报分析、竞争情报服务 3 个子系统的结构进行设计。曹如中等人基于理论视角展开对区块链在竞争情报管理中的应用研究，并构建了初步的分析框架。

2　图书馆竞争情报服务实践研究——以国家图书馆为例

随着外部环境及用户需求的不断变化，开展竞争情报服务是保持和提升图书馆核心竞争力的重要举措，是知识服务和信息服务的延伸，也是图书馆服务业务的创新增长点，更是谋求可持续发展的有效途径。国家图书馆企业信息服务中心（以下简称"中心"）是国家图书馆专职的信息服务部门。中心是面向社会公众与社会组织开展信息咨询服务的部门。2012 年，根据馆内机构规划，中心对内更名为"竞争情报组"。经过多年的发展，国家图书馆竞争情报服务的深度不断增强，已经由最初的文献提供、剪报搜集发展到服务用户涵盖政府机构、事业单位、企业单位，业务范围涉及媒体监测、舆情分析、信息参考、数据统计等多层次立体式的服务模式。

表 2　国家图书馆企业信息服务中心竞争情报业务范围及类型

业务范围	具体业务类型
媒体监测服务	实时、回溯、专题媒体监测报告；新闻剪报汇编、媒体传播效果评估、广告投放效果评估
舆情分析服务	定期舆情监测与突发舆情事件分析、热点舆情事件分析、舆情态势分析
信息参考	决策参考、竞争情报及分析

目前，国家图书馆竞争情报业务开展的实践特点可总结归纳为以下三点：

2.1　重视信息搜索与采集方法

随着互联网技术的不断发展，中心开展了对平面媒体、网络媒体、广电媒体等各类信息源的信息监测和采集服务。伴随着媒介不断融合发展，用户的需求不仅仅局限于对于广电、平面报纸杂志期刊等传统媒体的监测，对于贴吧、微博、微信、抖音、小红书、大众点评等新兴媒体的舆情监测需求也逐渐强烈。因此，基于多元化的信息源监测需求变化，中心在项目信息源的监测中分门别类地建立不同指标维度的监测表，以每周或者每月为检索时间维度，以期建立定向信源库，避免馆员检索的重复性，以及解决报纸、网站、客户端一体化媒体报道来源难分辨的问题，进而提升科组成员的工作效率。以热点舆情项目为例，中心长期关注文化和旅游领域热点舆情，通过大数据平台监测、信息数据库检索、人工浏览等方式，结合不同用户的需求特点，选择某一时间周期内的最具典型性和思考性的事件、现象或话题作为该周期的热点舆情选题。

表 3　媒体信息源监测类型

广电媒体	平面媒体	网络媒体
优讯	报纸	中国搜索
舆情通－视频	慧科	媒体官网
媒体官网视频	报刊官网	社交媒体：新浪微博、微信、百度贴吧、大众点评、抖音、西瓜视频等

2.2　个性化服务产品定制

竞争情报业务的核心是以用户的需求为中心开展项目。面对用户的多样化需求，中心提供了个性化定制信息服务，能够跟踪、采集各类信息，并完成信息的整合、分类和分析等。中心一直以来承接了文化和旅游部相关部处的项目，为政府用户提供政策解读、专家观点、热点分析等具有辅助决策价值参考，受到用户的一致好评。中心自2019年起协助文化和旅游部市场管理司开展年度全国旅行社统计调查及报告编写项目，业务内容涵盖全国旅行社数据统计以及行业报告编写。这是中心首次承接数据统计类项目，针对这一个性化服务，中心针对用户需求挑选了财务、旅游、统计等相关背景的馆员加入项目小组。行业报告撰写方面主要采取文献研究方法，基于专著、期刊论文、政府网站、新闻媒体等信息源，重点收集近一年来国家和地方发布的文化和旅游相关政策法规，国家统计局、各政府网站发布的相关统计数据，行业相关领域专家学者、研究机构的相关研究报告，对知名国有旅行社、民营旅行社、外资旅行社的旅行社业务发展动态等进行跟踪。《〈旅游统计调查制度〉修订研究课题》主要采用定性研究方法，结合文献调研、比较研究、案例分析，总结归纳旅行社和旅游统计的发展历程、发展现状，并引入访谈法，针对业内专家以及资深从业人员访谈了解旅行社统计工作实际情况，指出存在的主要问题。

2.3　利用平台工具开展竞争情报业务

随着大数据技术与文本挖掘不断发展，中心重视在业务开展中对于研究工具的运用，进而增强咨询馆员在大数据搜集加工、知识图谱逻辑推理、数据分析等方面能力，提升信息服务水平。参考咨询服务的流程一般包括用户需求的确定、咨询馆员进行检索以及组织文献信息的二三次文献加工三个环节。借助思维导图可以快速有效地在项目初期对于用户的需求快速建立较清晰的框架以及在文献编撰中，不断理清文章的层次、结构，同时对于在文献检索中遇到的干扰项的整理、删除能够起到事半功倍的效果。馆员在项目总结汇报中也常常用到思维导图展现项目开展的流程及内容框架。表4罗列了目前中心馆员工作中运用到的各类工具软件。

表 4　工具类型及常用软件概览

工具类型	常用软件
基本图表工具	Excel、WPS、PPT、PS
地图绘制工具	百度图说
词云类	WordArt
计量类工具	CiteSpace、VOSviewer 等
数据可视化	Tableau
思维导图	XMind、MindMaster

　　在梳理竞争情报学术研究时笔者发现，加强调查理论方法及其应用研究对于新形势下中国情报学和情报工作创新发展有重要推动作用。图书馆在开展竞争情报业务时要充分利用自身的资源优势、品牌优势、人员优势，完善信息检索与采集方法，搭建竞争情报业务系统，积极与业内机构联合，建立长期的协作关系。咨询馆员作为业务开展的重要环节，需强化自身专业能力，加强对外文文献检索分析能力，尤其是政府决策咨询服务一直是公共图书馆服务拓展其服务深度的重要方向，馆员在日常积累中应根据相关领域热点、焦点问题积极主动跟踪国家重大战略领域，以便及时掌握大量准确的、全面的决策信息。

参考文献

［1］申学文 . 我国竞争情报实证研究文献综述［J］. 竞争情报，2021（5）：19-28.

［2］孙笑笑 . 图书馆决策咨询服务开发实践与探析［J］. 图书馆界，2017（1）：45-48.

［3］周九常，贾丹馨 . 基于 CNKI 和 Emerald 数据库的竞争情报研究述评［J］. 河南图书馆学刊，2022（1）：76-81.

［4］张宁宁，郭华，毛雪娣 . 国内竞争情报研究的结构特征与热点透视——基于 CNKI 的文献计量及可视化分析［J］. 图书情报导刊，2021（2）：61-69.

［5］李少惠，韩慧 . 我国图书馆与情报学领域研究的发展轨迹与热点关切（2011—2020）［J］. 图书馆学研究，2020（18）：2-13.

［6］燕娜，杨萍，周雷，等 . 基于技术创新系统（TIS）的产业竞争情报分析框架研究——以稀土产业为例［J］. 情报杂志，2021（7）：36-44.

［7］陈峰，杨宇田 . 应对美国对华技术出口限制的产业竞争情报需求与服务研究——以半导体产业为例［J］. 情报杂志，2019（9）：36-41，19.

［8］位志广，陈思，朱庆华 . 基于内容分析法的产业竞争情报服务模式构建［J］. 情报理论与实践，2020（5）：24-30.

［9］郑荣，杨竞雄，张薇，等 . 多源数据驱动的产业竞争情报智慧服务研究［J］. 情报学报，2020（12）：1295-1304.

［10］谷莹，李贺，李叶叶，等 . 基于在线评论的企业竞争情报需求挖掘研究［J］. 现代情报，2021

（1）：24-31.

［11］郑荣，王晓宇，张艺源.基于 ACP 理论的企业竞争情报智能系统构建研究［J］.情报理论与实践，2021（12）：148-157.

［12］梁继文，杨建林.关于中国情报学教育长效发展的思考［J］.情报理论与实践，2021（12）：1-9.

［13］陈峰.中国竞争情报领域研究生教育培养进展述评——基于 1995—2018 年间学位论文统计分析［J］.情报杂志，2020（2）：72-77.

［14］石进，张天娇.基于工业互联网的竞争情报系统研究［J］.现代情报，2020（2）：18-25.

［15］曹如中，李梦，郭华，等.基于区块链的竞争情报分布式管理模式研究［J］.情报理论与实践，2020（1）：143-149.

［16］王晴.基于 CSSCI 的竞争情报学近 20 年核心作者与主题识别［J］.图书馆研究与工作，2019（5）：48-54.

将红色文化融入儿童阅读推广

——以国图少儿馆红色主题阅读月活动为例

章　静（典藏阅览部）

红色文化是中华先进文化重要的组成部分，是中国共产党领导中国人民在长期的革命和建设中积淀的文化，既包括革命遗址、纪念地及革命遗物等物质文化，又包括革命理论、纲领、路线、方针、政策等制度文化，以及革命和建设过程中形成的知识、信仰、精神、制度和规范等观念文化[1]。公共图书馆是延续人类文明、传扬先进文化的重要场所，建设红色馆藏、把红色文化融入阅读推广是公共图书馆的重要工作内容。在少年儿童图书馆中，面向青少年提供有针对性的红色文献服务和形式丰富的主题阅读推广活动也应成为一项十分重要的工作。

1　少年儿童图书馆为什么要将红色文化融入儿童阅读推广

"儿童政治启蒙是必要的，它让年轻一代突破对于个人幸福的关注，将目光投向更伟大的事物——人类共同体的公共之善"[2]。儿童时期是理想信念和价值观培养的关键时期，也是初步了解政治理念、培养政治情感的重要时期。少年儿童图书馆以助力未成年人健康快乐成长为己任，应该履行好工作职责，帮助少年儿童自主学习红色文化，引导他们养成良好的政治素质、道德品质、法治意识和行为习惯，增进少年儿童的组织认同、国家认同、民族认同。

1.1　将红色文化融入儿童阅读顺应了新时代发展的需要

1.1.1　将红色文化融入儿童阅读是少年儿童图书馆做好社会主义公共文化服务的题中之义

《中华人民共和国公共图书馆法》自 2018 年 1 月 1 日起施行，其中第一章第三条规定：公共图书馆是社会主义公共文化服务体系的重要组成部分，应当将推动、引导、服务全民阅读作为重要任务。公共图书馆应当坚持社会主义先进文化前进方向，坚持以人民为中心，坚持以社会主义核心价值观为引领，传承发展中华优秀传统文化，继承革命文化，发展社会主义先进文化。

1.1.2　将红色文化融入儿童阅读是响应党和政府关于党史学习号召的行动体现

习近平总书记在党史学习教育动员大会上明确指出，抓好青少年学习教育，让红色基因、革命薪火代代传承。学习党史，是一场唤醒红色基因、坚定理想信念的精神磨砺。青少年作为祖国的先锋力量，更应该努力学习党史知识，汲取党史中的智慧光芒和精神力量，继承和发扬伟大建党精神，为实现中华民族伟大复兴而不懈奋斗。

1.1.3 将红色文化融入儿童阅读是信息化时代背景下守护青少年身心健康的有效措施

当今世界，由于互联网高速发展以及电脑手机等数码产品的高度普及，少年儿童不可避免地过早接触到了庞杂混乱的社会信息与思想观念，这对于社会阅历尚浅、思辨能力较弱的他们来说是有不良影响的。在这样的时代背景下，少年儿童图书馆应当具备高度的社会责任感，积极守护未成年人的精神家园，用正能量、讲科学、有趣味的红色文化主题图书，营造风清气正的阅读氛围，帮助少年儿童提高抵御不良思想的能力，引导他们树立正确的世界观、价值观、历史观和人生观。

1.2 将红色文化融入儿童阅读满足了少年儿童读者的阅读需求

图书馆在少年儿童的成长过程中具有不可替代的重要作用，少年儿童图书馆的根本宗旨就是为未成年人服务。对孩子们来说，图书馆是一个自由探索的乐园。少年儿童图书馆的工作人员与小读者之间是平等的关系，同时也在儿童阅读过程中起到协助作用。少儿馆鼓励未成年人依照自己的兴趣自由选取读物，同时也重视儿童阅读过程中的文化引导工作。图书馆应该成为少年儿童在学校、家庭、社会教育之外进行自我教育的有效补充，因此图书馆要努力实现与学校、家庭、社会教育的配合与延展。

1.2.1 与少年儿童读者的学校教育相衔接

少年儿童在学校的思想政治课程、语文及历史教科书、学校组织的各类主题教育活动中已经接受了比较充分的红色教育，这些教育内容可能会激发出孩子们的好奇心与探索欲。作为少年儿童可以进行自主探索、自由阅读的公共空间，少年儿童图书馆理应尽力满足少年儿童读者的多种阅读需求。鉴于此，少年儿童图书馆的红色馆藏建设和阅读推广活动也应与少年儿童读者的学校教育相适应并具备一定的延展性。

1.2.2 与少年儿童读者的社会教育相衔接

身处社会主义建设发展进程中，少年儿童通过身边成年人的讲述、互联网资讯以及各类影视剧作品，已经接触到了形形色色的关于红色文化的熏陶。有的少年儿童可能还处于懵懂的状态，不能很好地理解红色文化，需要通过阅读特定主题的书籍将这些故事与观念加以整理和吸收，形成系统化的知识。图书馆为少年儿童形成正确的、系统的、内在化的历史观提供了保障，并鼓励他们积极探索、独立思考并且表达自己的观点。

1.3 将红色文化融入儿童阅读是出版趋势的客观反映与有效呈现

图书出版是党和政府意识形态工作中的重要组成部分，出版红色主题图书是出版界围绕中心、服务大局的体现。近年来，面向少年儿童群体推出的红色主题图书无论是从出版数量还是质量上都有显著提高，相关的宣传、销售工作也得到更多出版机构及销售渠道的重视。中国少年儿童新闻出版总社的《伟大也要有人懂：少年读马克思》《伟大也要有人懂：小目标大目标中国共产党的历史》，青岛出版社的《写给青少年的党史》

等童书依靠文学性的语言和内涵丰富的故事，在红色主题的话语表达上体现出了创新性，入选了中宣部办公厅主题出版重点出版物选题目录，并取得了很好的社会效益。

红色主题图书在童书市场上也表现抢眼，深受读者喜爱。《2020 中国图书零售市场报告》显示，畅销书榜单第一名为中国青年出版社出版的《红岩》，该版本从 2009 年即进入开卷实体店渠道虚构畅销书榜单中，共上榜 84 次[3]。由此可见，优秀的红色主题图书不仅具有良好的市场表现力，也具有持久的生命力。

图书馆的文献资源建设有赖于出版行业的供给，同时也是出版趋势的风向标与晴雨表。图书馆通过设立专架、主题推荐、举办阅读推广活动，可以提高红色主题图书在读者面前的曝光量，也是图书馆界对主题出版工作的响应与支持。

2 国图少儿馆开展红色主题阅读月活动情况介绍

2021 年是中国共产党建党 100 周年，全社会广泛开展了一系列纪念活动与教育活动，对于少年儿童图书馆来说也是一个宝贵的开展爱国主义教育的契机。国图少儿馆提前制订了工作计划，统筹资源、稳步推进，通过设置主题专架、开展阅读推广活动，将红色文化融入儿童阅读推广，推进未成年人思想道德教育工作。

2.1 设置主题专架，引导阅读行为

国图少儿馆一向重视未成年人的思想道德教育，优秀的红色主题图书一直是国图少儿馆馆藏的重要组成部分。根据学者对红色专藏的定义——图书馆系统收藏的与红色相关的文献资源的集合，即图书馆对中国共产党领导下的我国人民在革命时期和社会主义建设时期创造的可以满足人们精神与物质需求的纸质资源与数字资源（音视频资源等）的系统收藏[4]，国图少儿馆决定采用主题专架的形式搭建起具有本馆特色的红色专藏。国图少儿馆于 2019 年 7 月设置红色文献专架，又于 2021 年 5 月设置了"红船初心，百年辉煌"党史学习专题图书展示架。两个红色主题专架均摆放于国图少儿馆二层的青少年阅读区的显眼位置。国图少儿馆分上下两层，按照文献的适读年龄作为区分标准。阅览室一层空间主要为学龄前儿童提供绘本、拼音类图书等；二层空间为 6—15 岁的青少年提供阅览服务。根据儿童认知发展的阶段性理论，我们选择在二层空间设置红色主题专架，同时在一楼靠近入口处的显眼位置通过电子告示牌和海报展架对二楼的专架进行宣传引导。

党史学习专题图书展示架设立的主要目的是庆祝中国共产党建党 100 周年，这个专架在原有红色文献专架的基础上进一步提炼主题，聚焦那些讲述党的历史知识、光荣传统和优良作风、英雄模范事迹的文献，培养青少年热爱党、热爱社会主义的感情。

红色主题专架的顺利创建得益于国图少儿馆建馆以来对红色文献馆藏建设工作的重视以及少儿馆员尤其是其中的党员同志在自身政治素养上的修炼。为做好主题专架建设，馆员还学习了《关于在思政课中加强以党史教育为重点的"四史"教育的通知》《习近平：在庆祝中国共产党成立 100 周年大会上的讲话》等文件，确保专架文献主题

明确、内容丰富、质量优秀。在学习材料的指导下，馆员制定了《党史学习专题图书展示架书目编制说明》，并对专架概况、编制原则、书目数据来源、书目数据结构进行详细的研究与说明，用于指导专架建设工作。

编制书目时，馆员在国图少儿馆历年《全国少年儿童图书馆基本藏书目录》和馆藏红色文献专架的基础上，参考教育部基础教育教材发展中心中小学阅读指导目录、全国中小学图书馆（室）推荐书目，广泛搜寻出版社出版信息，结合国内外各大主要奖项及网络阅读排行榜，紧贴党史主题，同时充分考虑少年儿童的阅读习惯、阅读水平进行遴选。在图书选题上以革命历史题材、时政通俗读物、新时代故事这三方面为主，囊括了党史资料、党员故事、报告文学、人物传记、革命回忆录、领导人著述、理论等，注重图书内容教育性、文学性相结合。两个主题专架展示主题图书共计 300 余种，其中包括"建军 90 周年献礼丛书"系列儿童文学，"童心向党·百年辉煌"系列绘本、"最响亮的歌"绘本丛书，《红岩》《将军胡同》《青春之歌》等经典的红色小说，《共产党宣言（少儿彩绘版）》《资本论（少儿彩绘版）》等社科著作，《习近平讲故事（少年版）》等领导人著述，《革命先辈斗争故事》《庆祝新中国成立 70 周年电影连环画》等连环画套装，采用丰富多样的文学形式和文本内容，推介适合少年儿童的党史文献，力求生动呈现出中国共产党百年风雨沧桑、波澜壮阔的伟大征程。

此外，国图少儿馆不仅精心挑选了适合孩子阅读的党史学习书籍，也为陪同入馆的家长配置了《习近平谈治国理政》《创业史》《红岩》《红旗谱》等书籍，让党史学习融入家庭教育，让孩子在温暖的代际交流间感受时代的变迁与信仰的传承。

2.2 策划主题活动，促进阅读推广

以专架书目为基础，国图少儿馆策划了"弘扬光荣传统、赓续红色血脉"红色主题阅读月系列活动，该系列活动包括：基于少儿馆党史学习专题图书展示架中的图书《我心永向党——家书里的百年信仰》开展的"学党史、强信念、跟党走"全国青少年红色家书朗读活动、与专题资源库推广相结合的"踏寻革命之路，传颂红色经典"喜迎中国共产党成立 100 周年连环画阅读打卡活动和基于国图少儿馆主题活动室内的"数字展厅"开展的"闪闪红星耀童心"数字展览等三个阅读推广活动。受新冠肺炎疫情影响，前两个活动均采用线上的形式举办。

2.2.1 "学党史、强信念、跟党走"全国青少年红色家书朗读活动

老一辈革命家家书、革命烈士家书以及普通党员的家书汇集了共产主义信仰的精华，是进行理想信念教育最生动、最有说服力的教材。国图少儿馆开展红色家书朗读活动，邀请少年儿童通过朗读红色家书重温党的光辉历史，厚植爱党、爱国、爱社会主义的情感，让红色基因、革命薪火代代传承。

2.2.2 "踏寻革命之路，传颂红色经典"喜迎中国共产党成立 100 周年连环画阅读打卡活动

连环画书籍作为文学与绘画两个艺术门类的完美结合，通过描绘中国形象、讲述中国故事，充分展现了中国精神、中华气魄，是众多图书中独树一帜的存在，深受广大读

者的喜爱。刘继卣的《鸡毛信》、李子纯的《红色娘子军》、罗盘的《董存瑞》、丁世弼的《首战平型关》等连环画史实生动、画面逼真，完整地再现了中国共产党领导下的新民主主义革命、社会主义革命、改革开放三大历史时期的重要事件、重要人物、重要革命故事，成为几代人尤其是青少年红色故事、党史教育的最好读本。

本次活动设计专题活动页面，选取 12 个中国红色革命城市作为阅读打卡地，每一个打卡地推荐 2 本与这个地方相关的革命人物或革命故事连环画给读者，读者阅读后进行答题。读者完成每日阅读和答题后，即视为革命圣地打卡成功，连续 12 天完成阅读打卡挑战可领取精美奖品一份。这样的活动能够引导读者通过阅读图文并茂、老少咸宜的连环画，轻松愉快地学党史、受教育。

2.2.3 "闪闪红星耀童心"数字展览

本次活动在国图少儿馆主题活动室内的"数字展厅"举行，到馆小读者通过全景沉浸体验和互动知识交流，充分了解少先队、共青团、共产党的概念与历史，开启一场红色教育数字体验之旅。

3 全国各地少年儿童图书馆开展红色阅读活动情况一览

笔者对部分省市的少年儿童图书馆进行网络调研，发现在 2021 年 3 月至 8 月期间，全国各地的少儿图书馆普遍开展了与红色文化相关的专题文献服务或阅读推广活动，体现出全国图书馆界高度的爱国爱党精神和服务意识。

首都图书馆和北京市图书馆协会联合相关单位推出国内首个百年党史主题童书特展——"童书经典中的党史——庆祝中国共产党成立 100 周年主题童书展"，展览依托首都图书馆百年文献收藏，梳理出百年来出版的党史故事童书千余种，还利用瀑布流屏、VR 等现代化科学技术打造了一个立体生动的青少年党史教育大课堂，取得了非常好的社会反响。另外，首都图书馆还通过嘉宾讲座、皮影戏、红领巾故事会等形式向到馆小读者传承红色精神。

广州少年儿童图书馆围绕"童心向党"主题组织开展红色活动，通过编撰专题书目、设置专题书架推广党史学习文献资源，还开展了一系列丰富多彩的阅读活动，比如邀请红色地标讲解员到馆讲故事、少儿红色微型剧展示、伟人诗词书法鉴赏、故事会，以及党史知识展览、讲座等活动。活动维度丰富、参与面较广，展现出广州少年儿童图书馆对于将红色文化融入儿童阅读推广的高度重视，也体现出广州少年儿童图书馆在开展跨界合作、调动社会资源方面的卓越能力。

上海少年儿童图书馆举办了"踏寻革命之路，传颂红色经典"喜迎中国共产党成立 100 周年连环画阅读打卡活动，推广该馆官网的"红色故事绘"数据库。还在建党节当天举办城市行走活动，带领小读者参观中国共产党第一次全国代表大会会址、中国共产党发起组成立地（《新青年》编辑部）旧址、中国社会主义青年团中央机关旧址等红色景点。还使用音频与图片相结合的方式，在官方微信公众号上推荐《抗战记忆》《雪冷血热》《北平硝烟》等红色图书。

深圳少年儿童图书馆主办首届"艺术童年 乐舞飞扬"童心向党百年献礼少儿才艺展演、《童心向党逐梦百年》线上活动以及"童心向党光明绽放"2021年深圳亲子共读经典公益大讲堂九周年庆主题活动。大连市少年儿童图书馆开展"阅见南山阅读活动"之"建党百年红色传承"系列活动，并且在微信公众号进行"建党百年 红歌赏析"音乐鉴赏文章的系列推送。云南省图书馆联合云南省各州（市）、县（区）图书馆举办了"童声诵党"庆祝建党100周年云南省少儿朗诵大赛，将世界读书日与庆祝建党100周年这两个主题结合在一起，把世界读书日在全社会掀起的良好阅读氛围和全国人民喜气洋洋迎接建党100周年的高涨情绪结合在了一起，取得了良好成果。

4 少年儿童馆在推广红色阅读方面的经验与不足

纵观上述活动，可以看出各地少年儿童图书馆在策划举办红色主题阅读推广活动方面具备高度的自觉与重视，产生了一些很好的经验，也暴露出一些不足之处。

4.1 少年儿童馆在推广红色阅读方面的经验

部分少年儿童图书馆在策划举办红色主题阅读推广活动的时候兼顾了活动内容的教育意义和趣味性，并积极使用数字科技增强活动的互动性，将孤立、静止的阅读行为变成形式多样、丰富多彩的活动，吸引小读者主动参与、乐在其中。

部分少年儿童图书馆在策划举办红色主题阅读推广活动时有效结合了自身的特色馆藏，同时也积极融入了具有当地特色的红色文化，培养少年儿童爱国、爱党、爱家乡的情怀。

受疫情影响，有较大比例的阅读推广活动通过线上形式进行，有效利用了网络的交互性和参与性，说明各地少年儿童图书馆在运用传媒新技术方面有了长足的进步，呼应了智慧图书馆未来的发展方向。

有的图书馆寻求与社会力量合作开展阅读推广活动，善于调动多方资源，拓展了图书馆阅读推广的活动边界。

4.2 少年儿童馆在推广红色阅读方面的不足

在纷繁热闹的红色主题阅读推广活动中，也暴露出来部分不足之处。部分图书馆的红色主题活动缺乏创新性、活动流于形式化。其次，在活动的前期宣传发动与后期新闻报道方面用力不够，宣传半径较小，且未能产生具有全国性影响力的品牌活动。此外，全国各地图书馆之间缺乏合作与联动，未能形成全国一盘棋的态势。最后，部分图书馆的红色主题阅读推广活动仅仅是昙花一现，在完成庆祝建党100周年的任务之后便销声匿迹，没有融入图书馆日常的文献服务之中，在一定程度上影响了少年儿童在图书馆获得思想道德教育的效果。

图书馆是社会主义公共文化服务体系的重要组成部分，保存红色文献和传承红色文化是公共图书馆的责任所系，对未成年人进行思想道德教育也是少年儿童图书馆的重要职责。少年儿童是国家与民族的未来，少年强则国强，守护少年儿童的思想信念根基就是筑牢我们国家发展的基石。新时代的少年儿童图书馆应该把红色文化融入日常的儿童阅读推广工作中，并且把它当作一项长期性、常态化并随时进行动态调整的工作来做，提高服务意识和创新意识，强化少年儿童图书馆的场所价值，履行历史使命和社会责任，为建设社会主义文化强国贡献力量。

参考文献

［1］裴恒涛.中国共产党百年红色文化符号建构的历史记忆及价值意蕴［J］.红色文化学刊，2022（1）：5-14，109.

［2］程红艳.儿童政治启蒙的真义探寻［J］.少年儿童研究，2021（10）：5-7.

［3］开卷发布 2020 中国图书零售市场报告：零售首次出现负增长 《红岩》最畅销［EB/OL］.［2022-03-24］.https://new.qq.com/rain/a/20210109a029qp00.

［4］徐建华，杨丽娟，伍巧.图书馆红色文献与红色专藏［J］.图书馆论坛，2021（7）：40-45.

智慧图书馆视域下知识图谱构建工具分析研究

刘娉婷（数字资源部）

2008 年 IBM 公司首次提出了"智慧地球"的概念，"智慧"一词开始进入大众的视野中，智慧医疗、智慧城市、智慧交通等概念应运而生。随着科技的进步和发展，图书馆开始由数字图书馆转型为智慧图书馆，智慧图书馆建设是未来图书馆建设的重点。

文化和旅游部在 2021 年 6 月印发的《"十四五"公共文化服务体系建设规划》提出，以全国智慧图书馆体系建设为核心，建立智慧化知识服务运营环境，打造面向未来的图书馆智慧服务体系和自有知识产权的智慧图书馆管理系统，助力全国公共图书馆智慧化升级和服务效能提升[1]。国家图书馆在 2021 年 9 月发布的"十四五"发展规划中也指出，构建智慧图书馆管理系统，构建开放知识服务平台，拓展智慧图书馆建设发展的广度和深度，推动建设"全国智慧图书馆体系"[2]。智慧图书馆已经从理论探索阶段迈向了推广建设阶段。

智慧图书馆是智慧化的综合体，包括智能技术、智慧馆员、图书馆业务与管理系统三方面，是智能技术和智慧馆员作用于图书馆业务与管理系统所形成的智慧系统，在这三个方面中，智能技术是实现智慧服务的途径和手段[3]。知识图谱就是智能技术的其中一个方面，可以对数字资源进行深层次的开发和利用，将零散的数据进行关联组织，存储和展示丰富的关系信息，为读者提供智慧服务。本文从智慧图书馆资源建设需求出发，对构建知识图谱的相关工具进行了多方面调研，对各个工具进行可行性分析，同时对智慧图书馆背景下知识图谱的构建和开发提出了对策和建议。

1 知识图谱

1.1 知识图谱概念

知识图谱（Knowledge Graph，KG）将零散的知识组织起来，通过图的结构直观地展示知识以及知识间的关系，通常采用三元组的方式描述。知识图谱包括模式层和数据层，其中模式层是核心。模式层存储经过归纳总结的知识，例如概念、规则和约束信息，一般利用本体来表示，是对数据层的规范和约束。模式层的三元组有两种形式："实体—关系—实体"和"实体—属性—属性值"，其中属性可以理解为是实体和属性值两者的"拥有"关系，进而转换为"实体—关系—实体"，由此可以看出，模式层就是"实体—关系—实体"三元组的集合。数据层用于存储真实的数据，是将真实数据填充到模式层的"实体—关系—实体"三元组中。举例来说，"机构，坐落于，地点"这个三元组属于模式层，"国家图书馆，坐落于，北京"这个三元组属于数据层。

1.2 知识图谱构建方法

知识图谱的构建方法分为自底向上和自顶向下两种。

自底向上的构建方法如图1所示，分为数据采集、信息抽取、知识融合和知识加工四部分。首先从结构化数据、半结构化数据和非结构化数据中进行数据采集，然后从数据中抽取出实体、实体的属性和实体间关系，经共指消解和实体消歧之后将知识进行整合，最后进行本体构建、质量评估和知识推理以形成知识图谱。自底向上的构建方法适用于开放领域的知识图谱构建，是先构建数据层再归纳提取出模式层的方法，一般需要的数据量比较大，该方法的优点是更新快、知识比较全面，缺点是知识准确率不高、噪音较大。

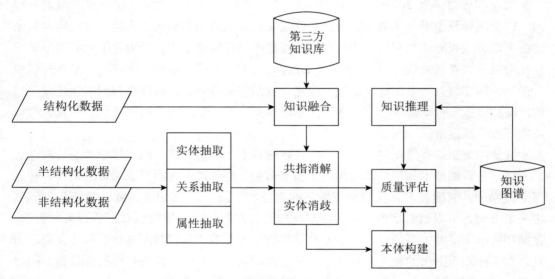

图1 自底向上构建方法

自顶向下的构建方法如图2所示，分为数据采集、本体构建和实体学习三部分。首先从结构化数据、半结构化数据和非结构化数据中进行数据采集，然后由领域专家进行术语提取、本体概念学习、本体关系学习和规则定义，最后进行共指消解、实体消歧和实体填充。自顶向下的构建方法适用于特定领域的知识图谱构建，是先构建模式层再填充数据层的方法，一般数据规模较小，该方法的优点是知识准确率比较高，缺点是对领域专家的依赖性较高、更新难度大。在实践应用中，单独使用一种构建方法效果并不理想，将两种方法相互结合能达到最优效果。

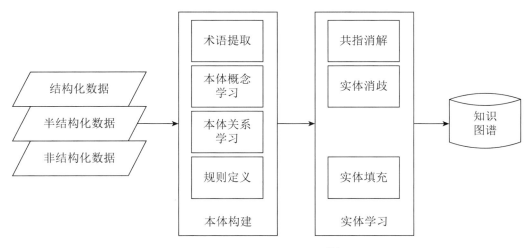

图2　自顶向下构建方法[4]

1.3　知识图谱关键技术

大量实践证明，知识图谱构建过程中的关键技术主要包括本体构建、实体抽取和关系抽取三个方面。

1.3.1　本体构建

本体原是哲学领域的概念，随后被应用于图书情报、人工智能等领域，多用于信息抽取、知识组织和概念表示等方面。本体具有五大特征：概念化、形式化、可共享、明确和描述领域知识[5]。本体构建是指针对特定领域内的概念以及概念间的关系进行形式化规范说明，对领域专家的经验和智慧依赖较高。常用的本体构建方法有Methontology 法、七步法、骨架法、IDEF-5 法、Kactus 法和 TOVE 法等[6]。

1.3.2　实体抽取

命名实体（Named Entity，NE）的概念在自然语言处理的多个方面都有所应用。命名实体是自然语言的基本组成部分，对于表示和理解文本信息至关重要。实体抽取分为两个步骤：命名实体识别和分类，命名实体识别是指从文本中发现表示命名实体的字符串，分类是指对发现的字符串进行标注以确定其实体类别，实体类别主要有人名、地名、组织机构名、时间表达式和数值表达式等，可以根据任务需求确定实体类别及其子类别。实体抽取作为信息抽取的一个子任务，是机器理解自然语言的基础，也为信息检索、机器翻译、文本摘要、智能问答等提供基础信息，具有很高的研究价值。

1.3.3　关系抽取

关系抽取，准确地说是实体关系抽取，目标在于识别出实体和实体间的关系，生成"实体—关系—实体"三元组，也是信息抽取的一个子任务。关系抽取是在实体抽取的基础上，识别和确定实体间存在的关系，并使用规范表达表示关系，一般包括自然语言处理和实体抽取、模式匹配或分类、共指消解、新关系处理和规范化输出五个模块。以"国家图书馆坐落于北京"这句话为例，通过关系抽取得到"国家图书馆，坐落于，北京"三元组。根据确定关系类型的先后可以将关系抽取分为两类：先确定关系类型后识别实体对和先识别实体对后确定关系类型，这两种类型的关系抽取方法相差很大，前者主要有基于监督学习的方法和基于半监督学习的方法，后者主要有基于无监督学习的方法。关系抽取实现了用机器自动阅读、理解和提取文本信息，在本体建设、智能问答、机器翻译、个性化推荐等多个研究领域都有应用。

2 知识图谱构建工具分析

2.1 知识图谱云构建平台 KGCloud

KGCloud 是一个知识图谱在线构建平台，具有六大核心功能：①众包标注；②知识融合；③本体构建及导入；④云端知识图谱构建；⑤高性能知识存储及检索引擎；⑥非结构化文本数据知识标注工具[7]。该平台基于云服务，以项目的方式进行知识图谱的构建、管理和应用，提供了详细的中文用户手册，方便用户快速学习和使用该平台。KGCloud 平台知识图谱构建步骤依次为资源导入、概念和属性创建、资源标注、图谱展示和知识融合，是一种自顶向下的知识图谱构建方法。KGCloud 平台的优势在于提供众包标注功能，为多人协作标注资源提供了便利，使得海量资源标注成为可能，但它不具备数据的导出功能，将数据的利用限制在该平台上，无法对数据进行深入的开发和利用。

2.2 本体构建工具 Protégé

Protégé 由斯坦福大学医学院生物信息研究中心开发的一个免费的、开源的本体开发工具，用于构建领域模型和基于知识的本体应用程序[8]。用户可以使用 Protégé 来创建类、类的属性和类与类之间的关系，也可以进行实例的填充，不需要了解具体的本体描述语言就可以进行创建，并且该工具支持多种格式，包括 RDF、OWL、XML 等。支持中文是 Protégé 与其他本体构建工具相比最大的优势。

Protégé 分为在线版和桌面版。在线版是一个面向网络的本体开发环境，可以进行本体的创建、上传、修改和共享，高度可配置的用户界面为初学者和专家都创造了完美的环境，提供共享、注释和讨论、电子邮件通知的功能以便进行协作查看和编辑。其桌面版为绿色免安装版本，需要 Java 环境，目前最新版本是 5.5.0 版本。桌面版支持通过可定制的用户界面在单个工作区中创建和编辑一个或多个本体，可视化工具允许对本体关系进行交互式导航，重构操作包括本体合并、重命名多个实例等。桌面版通过使用插件可以实现中文关系的显示。

2.3 实体抽取工具

本文重点调研了三种实体抽取工具，分别是 NLPIR 大数据语义智能分析平台[9]、LTP 语言技术平台[10]、FastNLP 和 FastHan[11]，具体情况见表 1。这三种工具持续有更新，都提供了帮助文档，其中 NLPIR 提供了客户端版本，使用比较便利，但共享版客户端使用有限制，而正式版需要收费。三种工具都提供了开发包，实体抽取需要通过开发包来实现，开发包的使用要求用户有一定的计算机编程基础，对于图书馆专业人员来说难度较大。

表 1　实体抽取工具概况

名称	开发机构	最后更新时间	是否收费	有无客户端	有无帮助文档
NLPIR	NLPIR 大数据搜索与挖掘实验室	2021 年 10 月	正式版收费，共享版有使用限制	有	有
LTP	哈尔滨工业大学	2021 年 7 月	对指定机构研究使用免费，用于商业目的或非指定机构使用收费	无	有
FastNLP 和 FastHan	复旦大学	2021 年 4 月	免费	无	有

2.4　关系抽取工具

本文着重调研了七种关系抽取工具，分别是 DeepKE[12]、OpenNRE[13]、DeepDive[14]、Stanford CoreNLP[15]、Jiagu[16]、Reverb[17] 和 OLLIE[18]，具体情况见表2。这些工具的功能并不是单一的，Stanford CoreNLP 和 Jiagu 不仅可以用于关系抽取，还可以用于实体抽取。这些工具都提供了帮助文档，DeepKE、OpenNRE 和 Stanford CoreNLP 持续有更新。Stanford CoreNLP 支持多种自然语言，包括英语、中文、德语等，DeepDive 本身是不支持中文的，通过修改开源工具包我们可以使它处理中文，只有 Reverb 和 OLLIE 这两个工具不支持中文。同样，这些工具都提供了开源工具包，通过开源工具包用户可以进行关系抽取工作，使用工具包需要有一定的计算机编程基础，对于缺乏计算机基础的图书馆专业人员来说难度较大。

表 2　关系抽取工具概况

名称	开发机构	最后更新时间	是否支持中文	有无帮助文档
DeepKE	浙江大学	2022 年 1 月	是	有
OpenNRE	清华大学	2021 年 5 月	是	有
DeepDive	斯坦福大学	2016 年 2 月	是	有
Stanford CoreNLP	斯坦福大学	2022 年 1 月	是	有
Jiagu	思知	2020 年 6 月	是	有
Reverb	华盛顿大学	2013 年 5 月	否	有
OLLIE	华盛顿大学	2018 年 1 月	否	有

3 思考展望与对策建议

3.1 存在的问题

通过对知识图谱构建工具的实践应用分析，笔者发现图书馆在构建知识图谱的过程中面临三个主要问题。

3.1.1 数字资源准备不足

目前图书馆开展知识资源建设所依托的数字资源仍以图像数据为主，文本数据比例较低，而无论利用上述哪种工具构建知识图谱，其主要的基础资源都是文本数据。并且，从数据加工深度来看，仅仅提供文本数据也难以支撑知识图谱的构建，还需要对文本数据进行详细、准确的标注工作，这也是现有数字资源所缺乏的属性，对构建知识图谱造成了较大制约。

3.1.2 专业人才储备不足

前文分析的知识图谱构建工具的应用大部分都需要进行或多或少的本地开发和基本配置工作，而知识图谱构建过程则需要兼具学科人文知识和信息技术能力的复合型专业人才来完成，目前图书馆大部分工作人员难以满足这种人才需求，知识图谱构建工作停留在前期的理论调研和需求分析阶段，具体的建设过程较难自主推进实施，阻碍了图书馆知识图谱建设工作的顺利开展，也影响了图书馆自主创新的知识产权能力培养。

3.1.3 专项资金提供不足

智慧图书馆发展的前期阶段，相比于基础设施建设，对于资源建设的投入较少，特别是知识资源数据建设和积累、知识图谱构建工具的引进与开发、专业人才引入和培养，都需要长期稳定的资金投入，专项资金提供不足也是知识图谱构建面临的一个重要现实问题。

3.2 对策建议

针对知识图谱构建工具发展与应用现状，以及智慧图书馆相关业务发展实践，文本认为，未来图书馆需要在以下方面进行投入和加强。

3.2.1 创新发展图书馆的传统优势

图书馆拥有丰富的数字资源，这是图书馆的传统优势。图书馆由数字图书馆向智慧图书馆转型之际，资源建设的重点也相应地转变为知识资源建设。文本数据是知识资源建设的基础，对已有数字资源进行文本化建设应该是当前图书馆资源建设的重点。有了文本数据后，还需要对其进行详细、准确的标注工作，可以采用公众协作的众包模式进行大规模的资源标注，提前确定众包项目的方案和需求，做好对标注数据的质量控制工作，比如可以与高校院系合作，让与需求相关的专业学生参与到众包标注工作当中，既可以保证工作质量，也为学生提供了学习和锻炼的机会。

3.2.2 整合知识图谱构建工具，搭建全流程工作平台

搭建知识图谱全流程平台，将知识图谱构建过程中应用到的各种技术工具整合到该平台中，包括数据导入导出、资源标注、信息抽取、本体构建、知识融合和知识加工

等，提供可视化操作界面，方便图书馆工作人员使用和操作。使用该平台不需要知道各个技术的具体实现原理，只需要确定项目的具体需求和知识图谱构建流程，准备好平台适用的数字资源，就可以方便快捷地进行知识图谱的构建工作。

3.2.3 加大力度开展专题知识图谱建设

为了向读者提供智慧化服务，图书馆应该加大力度开展专题知识图谱建设。图书馆大都拥有特色馆藏，对本馆特色馆藏资源加以开发利用，打造特色主题项目，提升本馆的学术地位；也可以针对传统文化资源、红色文献资源、地方文献资源等建设专题知识图谱，拓展资源建设的广度和深度，传承和推广优秀历史文化。同时可以与国际知名学术机构开展学术交流和合作，借鉴国外的成功经验，提升本馆的技术水平和管理经验。

3.2.4 建立知识资源建设人才培养机制

人才是智慧图书馆的重要组成部分，智慧图书馆的建设和发展离不开人才。知识图谱构建是一项跨学科的工作，不仅需要人文学科领域的专业人员，也需要信息技术领域的专业人员。图书馆可以通过外聘领域专家的方式解决专业技术方面的难点，也可以招收人文学科领域、信息技术领域等方面的专业人才，打造专业人才队伍，还可以通过对馆员开展专业化培训培养一批有责任心、有较高的职业素养和专业技术能力的复合型人才。科技高速发展的今天，各种技术和应用的更新迭代是快速的，人才培养也需要注重知识与能力的持续提升，紧跟科技的步伐。

3.2.5 采用灵活机制寻求资金保障

资源建设是智慧图书馆建设的重要方面，充足的资金支持是资源建设的重要保障。图书馆作为公共文化事业机构，政府财政资金支持是主要的资金来源。图书馆应该积极地向政府争取资金支持，并将资金进行合理分配，专款专用，有序地推进资源建设的顺利进行。仅依靠政府财政是不够的，要采用灵活机制拓展资金来源，引入社会力量筹措资金，以税收优惠政策吸引企业、公司和个人进行资助，鼓励和引导基金会、社会团体等组织机构提供资金支持。

智慧图书馆旨在为读者提供智慧化服务，在提供个性化服务以满足读者个人需求的同时，也要提供与读者生活、工作和学习相关的资源，以此来促进社会文化发展。知识图谱是提供智慧化服务的一个重要技术手段，可以将零散的知识组织起来，通过图的结构直观地展示知识以及知识间的关系，以知识图谱为基础可以进一步实现知识推理、智能问答等深入的开发和研究。

参考文献

［1］文化和旅游部关于印发《"十四五"公共文化服务体系建设规划》的通知［EB/OL］.［2022-03-17］. http：//www.gov.cn/zhengce/zhengceku/2021-06/23/content_5620456.htm.

［2］国家图书馆"十四五"发展规划［EB/OL］.［2022-03-17］. http：//www.nlc.cn/dsb_footer/gygt/xxgk/202110/P020211009593349959836.pdf.

［3］初景利，段美珍.智慧图书馆与智慧服务［J］.图书馆建设，2018（4）：85-90，95.

［4］刘巍，陈霄，陈静，等.知识图谱技术研究［J］.指挥控制与仿真，2021（6）：6-13.

［5］王向前，张宝隆，李慧宗.本体研究综述［J］.情报杂志，2016（6）：163-170.

［6］张文秀，朱庆华.领域本体的构建方法研究［J］.图书与情报，2011（1）：16-19，40.

［7］清图科技——知识图谱构建与应用［EB/OL］.［2022-03-15］.http：//shujuhai.cn/cloud.html.

［8］protégé［EB/OL］.［2022-03-16］.https：//protege.stanford.edu/.

［9］NLPIR 大数据语义智能分析平台［EB/OL］.［2022-03-18］.http：//www.nlpir.org/wordpress/ 2021/04/12/%E5%A4%A7%E6%95%B0%E6%8D%AE%E8%AF%AD%E4%B9%89%E6%99% BA%E8%83%BD%E5%88%86%E6%9E%90%E5%B9%B3%E5%8F%B0/.

［10］语言技术平台（Language Technology Plantform | LTP）［EB/OL］.［2022-03-18］.http：//ltp.ai/ index.html.

［11］fastNLP 中文文档［EB/OL］.［2022-03-18］.https：//fastnlp.readthedocs.io/zh/latest/.

［12］DeepKE［EB/OL］.［2022-03-18］.http：//deepke.openkg.cn/CN/index.html.

［13］OpenNRE：可一键运行的开源关系抽取工具包［EB/OL］.［2022-03-18］.http：//nlp.csai.tsinghua. edu.cn/project/opennre/.

［14］DeepDive［EB/OL］.［2022-03-18］.http：//deepdive.stanford.edu/.

［15］Overview-CoreNLP［EB/OL］.［2022-03-18］.https：//stanfordnlp.github.io/CoreNLP/.

［16］ownthink/Jiagu［EB/OL］.［2022-03-18］.https：//github.com/ownthink/Jiagu.

［17］ReVerb-Open Information Extraction Software［EB/OL］.［2022-03-18］.http：//reverb.cs. washington.edu/.

［18］Ollie-Open Information Extraction Software［EB/OL］.［2022-03-18］.http：//knowitall.github.io/ ollie/.

中国近代抗战题材类画报研究
——以国家图书馆藏抗战题材类画报为例

李　雪（典藏阅览部）

1　抗战题材类画报产生的原因

1.1　反帝爱国的时代需要

1932 年"一·二八事变"后，国内形势十分紧张，中华儿女切身感受到中华民族已到了生死存亡的关键时刻。进步美术家们纷纷将艺术主张由"为艺术而艺术"转向"为抗战而艺术"[1]；摄影家们也将镜头由自然风光、人像、静物等转向了抗战主题[2]。1937 年"七七事变"爆发，特别是"八一三事变"后，国内抗战情绪空前高涨，人民渴望了解战争实况，国家需要唤醒每一个国人的民族意识、爱国热情，因此不能满足抗战需要的画报逐渐淡出大众的视野，取而代之的是通俗易懂、贴近大众、以宣传抗战为主题的抗战题材画报。可以说，抗战题材画报的产生是抗日战争时期反帝爱国的时代需要。

1.2　活跃的抗战宣传队伍

抗日战争期间，无论在摄影还是美术方面国内的抗战宣传队伍都十分活跃。

1.2.1　摄影方面

中国共产党十分重视抗战摄影工作。抗战初期，尽管照相器材短缺、印刷制版困难，但在根据地领导们的支持下，根据地内不仅成立了摄影机构，还开展了新闻摄影培训，制定了新闻摄影工作制度和条例。1939 年 2 月，晋察冀军区政治部成立新闻摄影科；同年 7 月，晋察冀军区开设摄影训练班；1940 年 6 月，冀中军区开办第一期摄影训练班；1941 年初，晋察冀军区颁布《新闻摄影暂行工作条例》。在中国共产党的领导下，根据地的摄影队伍日渐壮大，逐渐发展成为强大的抗战摄影群体。据不完全统计，在 1937 年至 1948 年间，中国共产党所属摄影组织和机构共计发表了 5 万张抗战摄影图片[3]。

与此同时，国统区的抗战摄影活动也十分活跃。上海作为抗战初期新闻出版业中心，聚集了大量爱国摄影家。以夏晓霞、赵定明、何汉章等为代表的一批摄影记者拍摄了大量反映前线战况、民众生活和日军暴行的照片。淞沪战争爆发前，顾延鹏、俞创硕、沈逸千组成战时摄影服务团，由上海出发深入华北和大西北，冒着枪林弹雨拍摄了大量珍贵的战争图片[4]。随着战局发展，1937 年底，武汉成为抗日救亡的宣传中心，武汉新闻摄影社、全民通讯社、国民党中央通讯社摄影部等摄影机构拍摄了大量反映前线战况和武汉地区抗战活动的照片。1938年10月25日武汉沦陷，国民党政治中心转移至重庆。武汉新闻摄影社等原设立在武汉的摄影机构也相继迁至重庆。尽管面临交通困难、物资短缺等重重挑战，重庆地区的摄影工作者们仍坚持开展抗战宣传[5]，拍摄了不少珍贵的抗战图片。

1.2.2 美术方面

随着中日战事的不断发展，特别是1937年全面抗战的爆发，越来越多的美术家意识到自身承担的历史使命和责任，纷纷投入到抗日救亡的队伍中。美术家们在国内掀起了一场声势浩大的抗日美术运动。其中，因漫画和版画具有通俗易懂、易于传播等特点，漫画家和版画家逐渐成为抗战美术运动中最为活跃的两个群体。

1937年卢沟桥事变后，鲁少飞、叶浅予和王敦庆等在上海成立"上海漫画界救亡协会"，并组建救亡漫画宣传队，奔赴全国各地进行抗日宣传活动[6]。1937年9月，上海漫画界救亡协会创办《救亡漫画》，号召全国漫画家投身抗日宣传。1938年1月，指导漫画家和漫画社团的全国性漫画组织——全国漫画作家协会战时工作委员会在武汉成立。1938年6月，由张乐平、廖冰兄和叶冈等组成的救亡漫画宣传队武汉分队成立。与此同时，国内进步版画家也行动起来，参加抗战宣传。1934年6月，李桦在广州创办广州西安现代创作版画研究会，并出版《现代版画》，宣传抗日救亡。1938年4月16日，以推动抗日宣传为宗旨的武汉木刻人联谊会成立。随着抗战木刻队伍的不断壮大，同年6月12日，第一个全国性质的木刻组织——中华全国木刻界抗敌协会在武汉成立。

随着中日战争的不断发展，原先单枪匹马的摄影家和美术家们，团结在一起，创作了大量的抗战宣传作品，发展成极具战斗力的抗战宣传团体。为给他们提供发表作品和交流经验的平台，用摄影图片迅速反映战争实况，用美术作品最大限度地激发民众的爱国热情，编辑和出版抗战题材画报便成为客观形势下的迫切需求。

2 中国近代抗战题材类画报整理与研究现状

民国文献的整理、研究和利用已逐渐引起学术界和出版界的关注，特别是在"民国时期文献保护计划"的支持下，部分民国文献的整理与研究已取得了一定成果，如国家图书馆出版社出版的《民国文献类编》《民国时期禁烟禁毒资料汇编》《远东国际军事法庭庭审记录》等。但目前对抗战题材类画报的整理与研究仍较为零散，缺乏整体性，且在深度和广度上有待加强。具体表现在以下几个方面：

2.1 尚无专题索引目录

目前，还没有以抗战题材类画报为专题的索引目录，部分画报的基本出版信息被收录于近代报刊等相关专著中，如《大抗战画报》《抗建通俗画刊》的基本出版信息可见于许志浩主编的《中国美术期刊过眼录（1911—1949）》的索引中，《阵中画刊》《工合画刊》《大众画刊》的基本出版信息可见于丁守和等编著的《抗战时期期刊介绍》的总目索引中。

2.2 内容层面深层次的整理出版亟待加强

目前，抗战题材类画报的整理出版以简单地对整册画报进行影印的形式为主。如沈建中编著的《抗战漫画》，石志民主编的《晋察冀画报文献全集》，杨孝述、卢于道编著的《〈科学画报〉创刊号限量珍藏版》，晋察冀文艺研究会等编著的《晋察冀画报》影印集等出版物都是对画报直接进行原件影印。鲜有以画报内容作为资源进行专题整理的出版物。大量具有史料价值、学术价值和艺术价值的图文资源埋没在抗战题材类画报中，有待多角度深层次的挖掘和利用。

2.3 个案研究居多，整体性研究欠缺

对抗战题材类画报的研究多为围绕单种画报展开，且集中于知名画报。如田武编著的《〈晋察冀画报〉：一个奇迹的诞生——中国红色战地摄影纪实》对《晋察冀画报》的办刊历程进行了研究。已有一些对民国时期画报进行研究的专著出版。其中较有代表性的研究著作包括：吴果中编著的《左图右史与画中有话——中国近现代画报研究（1874—1949）》、彭永祥编著的《中国画报画刊（1872—1949）》和周利成编著的《中国老画报》等。

3 中国近代抗战题材类画报馆藏情况分析

笔者从国家图书馆藏民国时期出版画报中共整理出抗战题材画报81种。其中，以图画为主的美术类画报44种，占全部抗战题材画报的55.3%，以摄影照片为主的摄影类画报37种，占全部抗战题材画报的44.7%，详见表1。其中，《铁风画刊》、《胜利画刊》、《战画》、《战地画刊》、《胜利版画》、《画阵》、《画萃》、《胜利画报》（张文元编）、《血战画报》、《锦州战事画刊》、《青年漫画》、《东方画刊》、《抗战漫画》、《抗战画报句刊》、《战时后方画刊》、《战事画报》、《新民画报》、《航空画报》、《新生画报》、《战时木刻画报》、《抗敌漫画》、《建国画报》、《战声画报》、《辛报战情画刊》、《战时画报》、《中华图画杂志》、《胜利画报》（丁懋德等编）、《大美画报》和《抗日战事画刊》等29种画报可在国家图书馆查阅缩微文献；《胜利画刊》、《战画》、《战地画刊》、《胜利版画》、《画萃》、《胜利画报》、《血战画报》、《锦州战事画刊》、《战事画报》、《抗战画报句刊》、《新民画报》、《新生画报》、《抗敌漫画》、《辛报战情画刊》和《胜利画报》（张文元编）等15种画报可在国家图书馆网站的民国中文期刊数字资源库中查阅电子全文。

表 1　国家图书馆藏民国时期抗战题材画报目录

类别	题名
美术类画报	《工合画刊》、《一月漫画》、《铁风画刊》、《漫画与木刻》、《中国漫画》、《精忠画刊》、《抗建通俗画刊》、《西安各界兵役宣传周画刊》、《现实版画》、《木刻集》、《战画》、《战地画刊》、《胜利版画》、《兵役宣传画刊》、《青年漫画》、《青年画报》、《五月漫画》、《抗倭画刊》、《抗敌画刊》、《抗敌画报》(全国漫画作家协会西北分会编)、《抗战漫画》、《抗卫军画刊》、《抗战画报旬刊》、《战时后方画刊》、《大众画刊》、《阵中画报》、《新民画报》、《先锋画报》、《社教画刊》、《战时木刻画报》、《中国画刊》、《时代画报》、《抗敌漫画》、《建国画报》、《抗建画刊》、《党军画报》、《抗战画刊》、《十日画刊》、《抗建画报》、《抗战画刊另辑》、《画阵》、《画萃》、《胜利画报》(张文元编)
摄影类画报	《万有战报》、《铁血画报》、《上海战事画刊》、《胜利画刊》、《血战画报》、《锦州战事画刊》、《东方画刊》、《抗敌画报》(抗敌画报社编)、《抗战画报》(抗敌画报社)、《战事画报》、《循环画报》、《航空画报》、《新生画报》、《星光画报》、《中国画报》、《战声画报》、《辛报战情画刊》、《抗战八年画刊》、《大抗战画报》、《战时画报》、《战情画报》、《总动员画报》、《大时代图画杂志》、《远东新闻摄影》、《中华图画杂志》、《远东画报》、《今日中国》、《图画时报》、《晋察冀画报》、《大路》、《画报战时生活》、《抗日战事画刊》、《科学画报战时特刊》、《大美画报》、《中美图画壁报》、《胜利画报》(丁懋德等编)

3.1　出版时间

国家图书馆藏出版时间最早的抗战题材画报是 1932 年由上海良友图书印刷公司发行的《上海战事画刊》。由表 2 可知，国家图书馆藏抗战题材画报的出版时间主要集中在 1937 年至 1940 年间，其中 1939 年出版抗战题材画报馆藏最多，共 24 种 139 期。

表 2　国家图书馆藏民国时期抗战题材画报出版时间分布（1931—1945）

出版年	期刊种类	期刊期数	出版年	期刊种类	期刊期数
1931	0	0	1939	24	139
1932	1	3	1940	21	105
1933	0	0	1941	9	33
1934	1	1	1942	3	7
1935	1	5	1943	8	18
1936	1	1	1944	5	43
1937	19	89	1945	4	16
1938	18	128			

3.2 出版频率

国家图书馆藏民国时期抗战题材画报的出版频率统计详见表3。除22种画报出版频率不详和不定期外，其余59种画报主要为中出版频率刊物（即月刊、半月刊和周刊），共计53种。高出版频率（即每年出版52期以上的期刊）刊物仅有6种。国家图书馆藏出版频率最高的抗战题材画报是1937年9月由新中华图书公司在上海创办的《战时画刊》，每四日出版一期。值得一提的是，抗战时期画报的出版常因人力紧张、纸张匮乏、制版和印刷困难等原因出现脱期现象。《抗建通俗画刊》在第八期《编者的话》中曾对脱期原因进行说明，"脱期并不完全是因为到时候'编'不出来，而是由于各种原因凑成的，例如到时候'印'不出来也是原因之一"。《工合画刊》在第四期《编后记》中也曾提到"因为印刷和纸张的困难，本期到现在才和读者见面"。

表3　国家图书馆藏民国时期抗战题材画报出版频率统计

出版频率	数量	百分比（%）	出版频区
出版频率不详	19	23.46	—
不定期	3	3.70	—
月刊	29	35.80	中频区
半月刊	14	17.28	中频区
旬刊	5	6.17	中频区
周刊	5	6.17	中频区
五日刊	5	6.17	高频区
四日刊	1	1.23	高频区

3.3 出版地

馆藏民国时期抗战题材画报出版地分布情况如表4所示。由表4可以看出，馆藏民国时期抗战题材画报出版地分布具有较强的地域特征。期刊数量前三位的省市是上海、四川、福建，共出版抗战题材画报49种占到期刊出版总数的60.5%。其中仅上海一地出版的抗战题材画报数量就占到馆藏总数的37.0%之多。

表4　国家图书馆藏民国时期抗战题材画报出版地分布

出版地	期刊数量	出版地	期刊数量	出版地	期刊数量
上海	30	湖北	4	河北	1
四川	12	浙江	4	湖南	1
福建	7	香港	4	广西	1
陕西	5	贵州	3	云南	1
出版地不详	5	广东	2	新加坡	1

3.4 期刊种类

3.4.1 创刊号

创刊号是期刊和报纸正式出版发行的第一期，具有极高的史料价值、文物价值和学术价值。国家图书馆藏有 47 种民国时期抗战题材画报的创刊号，占馆藏民国时期抗战题材画报的 58.0%，详见表 5。

表 5 国家图书馆藏民国时期抗战题材画报创刊号统计

序号	刊名	序号	刊名
1	东方画刊	25	铁风画刊
2	万有战报	26	漫画与木刻
3	上海战事画刊	27	抗建通俗画刊
4	胜利画刊	28	现实版画
5	血战画报	29	一月漫画
6	抗敌画报	30	胜利版画
7	抗战画报	31	画阵
8	循环画报	32	画萃
9	新生画报	33	胜利画报（丁懋德等编）
10	辛报战情画刊	34	兵役宣传画刊
11	大抗战画报	35	青年漫画
12	战情画报	36	抗敌画刊（贵州全省各界抗敌后援会编）
13	总动员画报	37	抗战画报旬刊
14	远东新闻摄影	38	大众画刊
15	战时画报	39	新民画报
16	胜利画报（张文元编）	40	航空画报
17	大美画报	41	战时木刻画报
18	抗日战事画刊	42	中国画刊
19	画报战时生活	43	抗敌漫画（福建省抗敌后援会编）
20	大路	44	抗建画刊
21	科学画报战时特刊	45	抗建画报
22	晋察冀画报	46	抗战画刊另辑
23	十日画刊	47	画阵
24	工合画刊		

3.4.2 终刊号

终刊号即刊物因编辑或出版等原因终止连续出版发行前所刊行的最后一期刊物。国家图书馆藏有终刊号共计45种，占馆藏民国时期抗战题材画报的55.6%，详见表6。其中，值得一提的是《锦州战事画刊》、《抗日战事画刊》、《抗战八年画刊》、《胜利画报》（丁懋德等编）、《胜利画报》（张文元编）、《十日画刊》、《战情画报》、《战时木刻画报》这8种刊物，仅出版一期便因各种原因终刊，其创刊号即为停刊号。这也从另一个侧面折射出抗战时期画报出版所面临的巨大困难。

表6 国家图书馆藏民国时期抗战题材画报终刊号统计

序号	刊名	序号	刊名
1	工合画刊	24	抗战漫画
2	一月漫画	25	抗敌画刊（福建省抗敌后援会龙溪县分会宣工团编）
3	万有战报	26	胜利画报（张文元编）
4	铁血画报	27	新民画报
5	上海战事画刊	28	中国画报
6	胜利画刊	29	战时木刻画报
7	漫画与木刻	30	中国画刊
8	中国漫画	31	建国画报
9	抗建通俗画刊	32	战声画报
10	现实版画	33	抗建画刊
11	战地画刊	34	抗战八年画刊
12	胜利版画	35	战时画报
13	画阵	36	战情画报
14	抗战画报旬刊	37	总动员画报
15	胜利画报（丁懋德等编）	38	党军画报
16	锦州战事画刊	39	抗战画刊
17	五月漫画	40	远东画报
18	抗倭画刊	41	血战画报
19	抗日战事画刊	42	中美图画壁报
20	东方画刊	43	大美画报
21	抗敌画刊（贵州全省各界抗敌后援会编）	44	科学画报战时特刊
22	抗敌画报（全国漫画作家协会西北分会编）	45	十日画刊
23	抗敌画报（抗敌画报社编）		

3.4.3 复刊号

复刊号即已经休刊或停刊的定期刊物重新发行时出版的第一期刊物。国家图书馆藏有 1939 年 4 月出版的《抗敌画报》、1940 年 5 月 15 日出版的《大路》及 1943 年 11 月 15 日出版的《党军画报》的复刊号。

3.4.4 期刊专号

期刊专号是指期刊针对某一特定内容而编辑出版的一期刊物。抗战题材画报中的期刊专号较为集中地向读者介绍了抗战时期的重大历史事件、社会现象和节日等内容，是学者开展抗日战争研究的珍贵史料。国家图书馆共藏有 25 种抗战题材画报的 42 期专号，内容涉及"七七事变"、台儿庄战役、抗战木刻展、兵役宣传、军民合作及铲除汉奸等。具体见表 7。

表 7　国家图书馆藏民国时期抗战题材画报专号统计

题名	专号	发行时间
图画时报	热河战刊（第 908—909 号）	1933 年 3 月 9—12 日
	热战遗刊（第 911—912 号）	1933 年 3 月 19—23 日
胜利画刊	华北特辑	1937 年 11 月 7 日
漫画与木刻	七七专号	1939 年 6 月 16 日
	八一三专号	1939 年 7 月 31 日
中国漫画	狂想专号	1943 年 12 月 30 日
画阵	籀园抗战木刻漫画展专号	1940 年 11 月 15 日
画萃	墨索里尼专辑	1941 年 4 月
兵役宣传画刊	常备队专号	1938 年 10 月 20 日
青年画报	青年问题专号	1938 年 12 月 15 日
抗倭画刊	倡食糙米运动专号	出版时间不详
	服兵役专号	出版时间不详
抗敌画报	抗战一周年特刊	1938 年 8 月 1 日
	八一三特刊	1938 年 8 月 15 日
	沦陷七周年东北纪念特刊	1938 年 9 月 1 日
	双十节特刊	1938 年 10 月 10 日
抗战漫画	全美术界动员特辑	1938 年 4 月 16 日
抗卫军画刊	讨汪特辑	1939 年 11 月 15 日
抗敌画刊	晋北与八路军特辑	1937 年 11 月 5 日
抗战画报旬刊	中国国民党国民革命军第四战区特别党部成立专号	1939 年 6 月 1 日

题名	专号	发行时间
战时后方画刊	迎接中华民族复兴节特刊	1940 年 12 月 15 日
	新年特刊	1941 年 1 月 1 日
	儿童节特刊	1941 年 3 月 31 日
	纪念"五月的革命"特刊	1940 年 4 月 30 日
战事画报	台儿庄专号	1938 年 5 月
阵中画报	锄奸专号	1939 年 9 月 10 日
	军民合作专号	1939 年 9 月 17 日
新民画报	儿童节纪念特辑	1939 年 4 月 4 日
社教画刊	艺术与科学专刊	1944 年 3 月 29 日
新生画报	第五路军专号	1938 年 5 月 1 日
中国画刊	艺术专号	1940 年 3 月 15 日
星光画报	中国空军专号	1940 年 3 月
战时画报	晋战专号	1937 年 10 月 30 日
	绥远专号	1937 年 11 月 11 日
中华图画杂志	中日战事专号第一辑	1937 年 9 月
	中日战事专号第二辑	1937 年 10 月
	中日战事专号第四辑	1937 年 12 月
抗敌漫画	儿童节专号	1938 年 4 月 4 日
	抗战建国周年纪念特辑	1938 年 7 月 10 日
	九一八特辑	1938 年 9 月 10 日
	征募前方将士寒衣专号	1938 年 10 月 10 日
	第二期抗战宣传周漫画特刊	1939 年 3 月 15 日

4 中国近代抗战题材类画报的主要内容

国家图书馆藏民国时期抗战题材画报内容广泛，刊登了大量题材宽泛的抗战摄影和美术作品，涉及军事、政治、社会、文化、科学技术、经济等抗战生活的方方面面。具体如下：

4.1　军事题材

主要包括宣传战时军事政策、揭露日军在华暴行、宣传兵役、报道战争时事等内容的摄影和美术作品。如《万有战报》刊载的照片《前线战况图》,《上海战事画刊》刊载的照片《学校、工厂、住宅、医院大遭焚毁》,《抗建通俗画刊》刊载的木刻《四月三日我英勇空军轰炸岳阳敌军器材,敌损失极重》,《大众画刊》刊载的漫画《八一三事变的始末》和《抗倭画刊》刊载的漫画《要保卫莆田必须服兵役》等。

4.2　政治题材

主要为宣传抗战政策、讽刺汪伪政府、号召铲除汉奸、嘲讽日军等内容的摄影和美术作品。如《胜利画刊》刊载的照片《汉奸的下场》,《东方画刊》刊载的照片《三民主义青年团》,《精忠画刊》刊载的木刻《三民主义浅说》,《战时后方画刊》刊载的漫画《纪念"五九"要粉碎甚于二十一条的汪逆卖国条约》,《画萃》刊载的漫画《这就是汉奸》和《画阵》刊载的漫画《日本人民所有的财力都给军阀吸完了》等。

4.3　社会题材

主要为反映战时社会生活景象的摄影和美术作品。如《大抗战画报》刊载的照片《流离失所之大场难民》,《东方画刊》刊载的照片《昆明的新建设》,《抗战画刊》刊载的漫画《最近河北乡村的动态》和《茶肆工人朗诵捷报》等。

4.4　文化题材

主要为反映战时文化生活的摄影和美术作品。如《大美画报》刊载的照片《抗战电影在重庆》,《远东摄影新闻》刊载的照片《广东抗战漫画展览》,《抗建通俗画刊》刊载的《抗建十七诗画》,《歌与画》刊载的歌谣《我是一个小小兵》的配图和《东方画刊》刊载的平剧《忠贤会》的配图等。

4.5　科学技术题材

主要为宣传防空、防毒和工农业生产等抗战所需各类科学技术知识的摄影和美术作品。如《中国画报》刊载的照片《苏联空军怎么跳伞》,《星光画报》刊载的照片《重轰炸机》,《航空画报》刊载的漫画《中国航空公司最新式的运输飞机》,《抗倭画刊》刊载的漫画《怎样煮糙米饭》和《漫画与木刻》刊载的漫画《桂林市民疏散宣传画》等。

4.6　经济题材

主要为宣传工合运动、献金运动、节约储蓄等内容的摄影和美术作品。如《东方画刊》刊载的照片《现金运动在香港》,《中国画报》刊载照片《唐人街华侨献金游行》,《工合画刊》刊载的木刻《建设经济国防》和《战地画刊》刊载的漫画《小三子献金救国》等。

参考文献

［1］黄宗贤.抗日战争美术图史［M］.长沙：湖南美术出版社，2005：2-3.

［2］胡志川，马云增.中国摄影史（1840—1937）［M］.北京：中国摄影出社，1987：216.

［3］吕丹.抗战时期中国共产党党媒的新闻摄影研究［J］.今传媒，2017（7）：119-121.

［4］周佳荣.抗日战争时期的商务印书馆：以香港分馆为中心［J］.编辑学刊，1995（5）：22-33.

［5］蒋齐生.中国摄影史（1937—1949）［M］.北京：中国摄影出版社，1998：116.

［6］刘椿.抗日战争中的漫画宣传运动［J］.学术研究，2006（4）：112-116.

中国图书馆事业的"青年故事"与"青年责任"
——中国图书馆学会第八届青年学术论坛综述

周华琼（中国图书馆学会秘书处）

由中国图书馆学会主办的中国图书馆学会第八届青年学术论坛于 2021 年 5 月 18 日至 21 日在广州成功举办，来自图书馆界和相关业界的专家学者，全国各级各类图书馆青年代表以及新闻媒体代表 280 余人参加论坛。从 2002 年至今，中国图书馆学会青年学术论坛共举办了八届，历届论坛都围绕图书馆事业的时代背景探索发展方向和关键问题。本届论坛召开的时代背景是，"十四五"时期社会主义现代化开启新征程，以大数据、人工智能为代表的新技术更新换代速度加快，我国图书馆事业发展面临新环境、新变化和新趋势。论坛主题是"探索与引领：中国图书馆事业的'青年故事'与'青年责任'"。

本次论坛会期 3 天，设置了嘉宾致辞、主旨报告、青年代表专题发言和专家点评、主题演讲、交流发言、征集海报展示等环节。各位专家和青年代表围绕会议主题及共同关心的话题进行了深入交流和讨论。论坛的报告和发言涵盖内容丰富，包括与国家战略相结合的国家图书馆发展以及各级各类图书馆实践论述，图书馆的智慧化转型探析，各类型图书馆的阅读服务和阅读推广问题探讨，图书馆的资源建设思考与实践，图书馆的科研服务研究，等等。这些内容基本上反映了目前我国图书馆事业发展进程中业界的关注点和研究的着力点，并且显现了未来图书馆较为明晰的发展路径。基于此，笔者将从宏观和微观的角度对本次论坛中的主要内容和观点进行综述。

1 宏观：图书馆事业发展研究

图书馆事业发展的整体性应从两个维度进行考察：一是纵向维度，即图书馆事业在历史发展脉络中将如何前进；二是横向维度，即当下环境中图书馆在与其他行业进行交叉和融合过程中如何实现自身的转型和升级。本次论坛中，学者对图书馆事业发展的宏观研究主要围绕以下几个方面进行思考和论述。

1.1 纵向：历史发展脉络中的图书馆事业

"十四五"时期开启了我国迈入建设社会主义现代化的新阶段，也是"两个一百年"奋斗目标的历史交汇期。世界正经历百年未有之大变局，新一轮科技革命和产业变革深入发展，我国的图书馆事业也将迎来新的机遇和挑战。《中华人民共和国国民经济和社会发展第十四个五年规划和 2035 年远景目标纲要》（以下简称"十四五"规划）中提出应繁荣发展文化事业，提升公共文化服务水平。图书馆事业的发展是公共文化服务体系建设中的重要一环，对提高国家文化软实力意义重大。《文化和旅游部 国家发展改革委 财政部关于推动公共文化服务高质量发展的意见》指出在新的形势下更好推动公共文化服务实现高质量发展的主要任务，明确提出图书馆应在深入推进公共文化服务标准化建设、完善基层公共文化服务网络、创新拓展城乡公共文化空间、促进公共文化服务提质增效、加快推进公共文化服务数字化、进一步强化社会参与等领域有所作为。

程焕文教授在论坛主旨报告中指出，中国的图书馆人特别是青年学者有自己的时代责任，应致力于繁荣和发展图书馆事业的学术开拓和致力于实现和保障民众公共文化权益的事业开拓，应以国家需求、现实问题和未来发展为导向。

贯彻新发展理念、转变完善服务方式、推动高质量发展是业界普遍认同的"十四五"乃至更长时期我国图书馆事业发展的主题。浙江省开展公共图书馆服务大提升行动，完善覆盖全省、高度一体的公共图书馆服务网络和资源体系，搭建文献通借通还平台、全省公共图书馆文化活动联合服务平台、数字展厅平台、数字阅读平台等，不断优化以人为本的便民服务设施，同时将乡镇基层文化站点、高校和科研院所等其他类型图书馆纳入公共图书馆服务体系。浙江省以"图书馆 +"模式，通过社会合作打造一批以主题图书馆、城市书房等为代表的新型公共文化空间。通过对这一项目背景、做法的介绍，以及成效、经验和启示的分析，为"十四五"时期我国公共图书馆解决发展中存在的不充分、不均衡、效能不高等短板问题，推动更高质量的可持续发展提供了一个可参考借鉴的省域样本。

图书馆文化扶贫也是近年来业界较为关心的话题。文化扶贫是党和政府对我国扶贫建设的长期战略目标。图书馆作为文化建设的重要阵地，在文化扶贫工作中意义重大。图书馆的精准扶贫、创新拓展城乡公共文化空间、推进城乡图书馆服务体系一体化建设是较受关注的领域。重庆市少年儿童图书馆"少年儿童爱心图书接力服务"项目，多年来面向贫困地区的城乡儿童，通过爱心图书接力和开展配套活动的形式，实现扶贫资源的集中、流动和共享。该案例阐述了图书馆在文化扶贫工作中发挥的作用和经验，对公共图书馆开展文化扶贫活动提供了实践思路。广东流动图书馆项目以广东流动图书馆项目的建设和发展为例，阐述了该项目将源源不断的"活水"从省流引向粤东西北欠发达地区，从"输血"到"造血"，从扶贫到扶志、扶智，深刻地改变和影响了基层图书馆生态。"十四五"期间，将思考如何依托基层馆，强化规划，推进治理现代化、传统文化传承、乡村文化建设、文旅融合发展和区域协同发展。

文旅融合本身作为一种创新理念、思路和方法，对图书馆行业发展具有很深的指导意义。文旅融合的时代背景下，图书馆促进文化旅游融合发展成为研究热点，其中包括发展及创新策略、融合模式、研学旅游、样本等问题。上海图书馆（上海科学技术情报研究所）以"红色旅游路线——马克思主义在上海"系列活动为案例，这是关于研学旅游的一个可供参考的样本。该活动创建"文献党课"品牌，并设计经典阅读行走路线，将阅读推广与旅游路线相结合，以文献为原点，辐射大众服务、专业服务以及政府决策服务。研学旅游是一种阅读推广方式的创新，图书馆在此领域大有可为。

新时代中国图书馆事业国际化发展。对于中国图书馆事业"走出去"，业界从图书馆国际交流、国际联盟合作、讲好图书馆事业发展的"中国故事"等角度发出越来越多的声音。如国家图书馆国际交流处以丝绸之路国际图书馆联盟建设为例，阐述了国家图书馆以丝绸之路国际图书馆联盟建设为抓手，通过机制创新、人才培养、品牌项目建设等内容支撑，逐步提高国图各业务领域的国际化水平。并建议在联盟机制下，搭建务实高效的全国图书馆国际交流事务协作平台，形成发展合力，实现"一带一路"倡议下图书馆国际化建设宽领域、深层次、高质量发展。

1.2 横向：图书馆的创新、转型和升级

图书馆事业的发展不是孤立存在的，也应纳入整个国家和社会发展的广阔视野中。近年来，以大数据、云计算、人工智能为代表的新技术正越来越多地应用在各个行业领域，图书馆界也不例外。人工智能的发展，将颠覆式地提高图书馆行业的服务和管理水平，真正实现智慧化转型。这个过程，除了替代传统图书馆一些简单重复性的业务，还有通过内容语义分析、筛选文献资源、数据挖掘整合，提供高层次信息、知识服务的变革。

孙坦教授站在国际前沿的研究视角，指出人工智能和大数据技术飞速发展的当下，图书馆青年学者应充分把握契机，大力开发图书馆智能知识服务技术、系统和云边端一体化的智能装备，为更有效地帮助人类传播、发现、学习和利用知识，促进技术创新图书馆在新技术时代的服务创新奠定强大基础。

在图书馆与新型智能技术融合方面，国家图书馆在智慧化转型背景下多源异构资源的知识聚合研究与实践中，从智慧化转型时代的新型智能技术生态变迁和图书馆的转型发展这一背景出发，探索多源异构资源的知识聚合变革路径，以国图公开课多媒体视频资源、微博公众号社交媒体数据、传统文化典籍全景沉浸式智慧服务产品为例，梳理图书馆与新型智能技术融合进程中的实践探索。如"图书馆记录下的微博十年"，以新浪微博热点话题、热词和话题用户为轴线嵌入国家图书馆馆藏图书、公开课、期刊、图片等数字资源，全面展示热点事件的发展动态。以"国图公开课"的语义本体构建为中心，遴选出的国图公开课平台上已发布的 1000 场课程，利用资源描述框架（RDF）对元数据的"题名、课程简介、学科分类、主题词、课程评价、相关推荐、主讲人"元数据进行标引和语义化描述，形成关联数据集，关联数据加工平台要实现对在库关联数据的管理，可以实现类、属性和实例的检索。

在数据挖掘、趋势分析方面，中国科学院文献情报中心韩涛指出，数据是情报研究的基础，也是情报研究与服务升级的重要驱动力。多源数据带来多维证据，促进科技态势综合研判的系统性。大数据方法融于科技趋势研判活动可以显著提高研判的准确性，逐渐成为大规模科技研判活动的必然选择。在此背景下开展数据驱动型科技情报研究与服务，系统研究科技论文专利数据、社会经济数据、网络开源数据的结构、特征和应用场景，开展大数据模式、趋势和相关性的分析，提升科技情报分析科学性。

在图书馆服务智慧化转型方面，深圳市盐田区图书馆以深圳市盐田区图书馆智慧服务平台项目建设为例，将公共文化服务融入读者生活、以文促旅，建设了垂直一体、馆企合作、文旅融合的多元总分馆服务体系，创建了智慧型海洋特色图书馆、灯塔图书馆等一批深受读者喜爱的知名服务品牌，力求打造全民阅读推广服务体系下的创新型、智慧型典范。陆续建设了智慧墙、智能书架、传感系统、智慧座席等项目；完善了智能书架的语音识读、手写输入等功能，丰富图书信息的可视化展示；在数据整合、挖掘基础上，定期发布图书馆服务大数据，向读者推送个性化、定制化的小数据等。

在图书馆的数字人文实践方面，中山大学图书馆在新文科背景下高校图书馆数字人文建设中，通过对中山大学图书馆数字人文与新文科建设发展规划的梳理，包括学科服务、规划理念、平台实践、科研管理以及数据化中心建设等，探讨和思考未来高校图书馆在数字人文建设方面的实践导向。数字人文是人文学科与计算科学的交叉融合领域，其跨界合作思维延伸了图书馆的服务范围和方式，将推动数据资源整合与共享，为智慧图书馆的建设提供资源和技术保障。

2　微观：图书馆服务实践研究

在整体性的宏观政策指导下，诸位青年学者也立足自身业务工作实际，从具体服务实践层面对图书馆事业发展提出了自己的"解题思路"。

为用户服务，是图书馆的出发点和归宿，是图书馆的核心价值和根本任务。狭义的、传统意义的图书馆用户服务，指为读者提供借阅、参考咨询服务，而广义的、现代意义的用户服务，除了上述服务之外，更有知识服务、信息服务、学术服务、智库服务等。新形势、新环境下图书馆服务的转型已成为业界普遍关注的问题，本次论坛的数位青年学者也从自身的业务领域出发对图书馆各类服务发表了自己的见解。

2.1　国家图书馆领域

政府和国家决策机构是国家图书馆服务用户之一。以国家图书馆中国学文献服务为例，在国家图书馆智库建设的服务与发展过程中，逐渐探索出从收集、整理资源到信息产出，进而提供决策参考产品的服务路径，不仅成为国家图书馆推进智库建设的有益尝试，而且为新时代下图书馆界如何积累特色资源，扩展专题领域，培育用户群体，提升馆员能力提供了经验借鉴。

2.2　公共图书馆领域

东莞图书馆莫启仪以 2020 年"读者留言东莞图书馆"的故事为出发点，从读者故事中探索图书馆如何开展用户关系管理（CRM），即通过读者细分、读者互动、区分读者身份的生命周期以及服务定制，做好图书馆读者服务工作。江西省图书馆从大型场景式读书、文化情感节目《一本好书》中探讨场景式阅读的效果及构成要素，将阅读内容融入舞台、表演、文化等空间中，通过表演、解说等途径，将阅读内容传递给读者。相比枯燥的纯文字阅读，场景化阅式能够激发更丰富的阅读体验。

2.3　高校图书馆领域

清华大学图书馆张书华对清华大学图书馆数据融合应用服务进行了较深入的研究。例如，系统梳理读者在图书馆的行为数据，并与读者身份、院系等数据进一步叠加，利用可视化技术，研发了"图书馆数据看板"，对进出馆数据、借阅数据、研讨间数据、论文数据进行分析，以多种视图形式动态监测读者行为，以期为管理决策提供数据的支撑，充分释放数据在图书馆管理与服务工作中的价值。北京大学图书馆张元俊以北大图书馆创新数字教参服务为例，阐述了图书馆建立起文献"资源"与"课程"以及"教师"与"学生"之间的信息链接，加强对于教参资料电子版权的管控，以计算赋能助力教学过程。通过教参资源建设深化与用户的协同共生，挖掘用户的教参资源建设潜力，培养用户深度参与课程教参资源建设的良好习惯。通过引导用户上传自有资源上传和对教学参考资源进行荐购，进一步扩充图书馆教学参考资源。武汉大学信息管理学院面向提升科研规范素养的高校图书馆服务研究中，系统地收集、梳理和分析了国内外 200 余份政府、高校、科研机构颁布的科研规范政策、条例和规章制度，构建了基于科研生命周期的科研规范要素模型，为我国图书馆开展科研规范制度建设、教育、咨询和评估等方面服务提供理论指引。

2.4　专业图书馆领域

中国科学院上海生命科学信息中心以新冠专题文献服务为例，展示了专业图书馆在突发公共事件下的应急服务工作。中国科学院上海生命科学信息中心图书馆学科服务团队在突如其来的新冠肺炎疫情面前快速响应用户需求，明确了以保障资源远程访问为基础，全文传递服务为补充，新冠肺炎专题文献知识服务为抓手的应急服务内容体系；建立了较为立体的专业图书馆在突发公共事件下应急服务工作新模式。案例相关经验或可为重塑专业图书馆服务工作体系，应对未来挑战提供参考。

总之，图书馆用户服务越来越呈现一种以用户需求为导向的服务实践态势。用户需求导向是学者们比较关注的研究议题。它是指一切以用户需要为出发点，为用户创造价值的一种服务策略。不论是公共图书馆、高校图书馆还是专业图书馆，对用户需求、用户体验、用户感受等的关注越来越多。

3　展望

从论坛青年学者的发言出发，延伸至近些年来对图书馆事业发展和图书馆学科的研究，可以看出业界和学界对图书馆未来发展的趋势和展望保持着很高的关注度。从论文主题和关键词来看，高频关键词有信息服务、阅读推广、网络环境、大数据、知识图谱、智慧图书馆、知识服务等。从专家预判的未来发展方向和热点问题来看，与上述趋势有一定重合，但也有一些不同角度的探讨。如吴建中在综合考量环境变化和转型发展的基础上，提出图书馆与社会发展、识字与素养、空间再造、人工智能、数字人文等当代图书馆发展的十个话题。叶继元提出包括如何对待图书馆事业发展的机遇与挑战、如何完善图书馆法律体系、如何应对新技术的应用、如何加强图书馆服务能力等影响图书馆工作和图书馆学教育与研究的八大问题。肖鹏、陈慧彤、何亚丽、方润菁从基础理论视角，梳理"实践主导—学术主导"的框架下"十四五"时期图书馆领域需要着重关注的热点议题，如面向高质量发展的图书馆标准化与均等化、基层公共文化服务体系建设、图书馆特殊人群服务、图书馆馆员专业能力提升等。结合图书馆领域专家、业界关注热点及本次论坛青年学者的发言，笔者主要从图书馆事业和图书馆学的发展提出几点展望。

3.1 紧跟国家重大发展战略，推动图书馆事业高质量发展

"十四五"规划锚定 2035 年远景目标，"社会文明程度得到新提高……公共文化服务体系和文化产业体系更加健全，人民精神文化生活日益丰富，中华文化影响力进一步提升，中华民族凝聚力进一步增强"。在国家新的文化发展战略目标指导下，将进一步推进城乡公共文化服务体系一体建设，创新实施文化惠民工程，广泛开展群众性文化活动，推动公共文化数字化建设。加强国家重大文化设施和文化项目建设，传承弘扬中华优秀传统文化，加强文物古籍保护、研究、利用等。在此基础上，图书馆行业将会进一步加强和优化基础服务，提升服务效能，推动信息资源共建共享，紧跟国家发展战略，推动图书馆事业高质量发展。"十四五"规划的远景目标为图书馆事业发展提供了高站位的顶层设计，对实现图书馆事业高质量发展提出了新的要求。《"十四五"公共文化服务体系建设规划》中提出，"十四五"时期我国公共图书馆事业发展的目标方向为"建设以人为中心的图书馆"：一是要求推动图书馆功能向"以人为中心"转型，"建设开放、智慧、包容、共享的现代图书馆，将公共图书馆建设成为滋养民族心灵、培育文化自信的重要场所"。二是要求广泛开展全民阅读活动。三是要求加强古籍整理保护和传承利用。该规划的出台，高度契合了"十四五"规划对于文化事业的发展要求，明晰了十四五期间我国图书馆事业的发展方向。在国家重大发展战略的指引下，图书馆事业必将开启高质量发展新征途。

3.2 人工智能、大数据等的技术进步将推动图书馆服务、管理、工作流程更加"智慧"

近几年来不论是专家学者还是基层的图书馆员，对人工智能、数据挖掘在图书馆的应用进行了不同角度的探索和关注。清华大学图书馆"小图"实现人机对话、江西图书馆机器人间"吵架"的视频广为传播等事例说明，图书馆已经借助技术进步开始实现馆区读者参考咨询服务水平的提升。目前来说，图书馆向智慧化转型依然处于初级和探索阶段，智能地感知用户需求，之后利用精准的计算和算法、数据挖掘和关联对原始信息、知识资源进行深度加工，为用户提供个性化的服务，依然有很长的路要走。图书馆人要思考如何根据读者的借阅、检索记录，找出读者的借阅规律和个性化信息需求，以

个性化的方式为读者推荐图书或相关信息和知识等。未来智慧图书馆的建设，还将涉及智慧图书馆智能管理体系的建设，对图书馆的文献资源、服务流程和管理模式进行智能化整合等。同时我们也应看到目前人工智能应用到图书馆可能导致的问题和风险，如人工智能替代了部分图书馆员的工作，并需要组建更专业、配合度更高、更有智慧化发展意识的人才队伍和管理者，学科馆员的培养、团队的组建仍需要一定时间，以及生物识别系统、数据信息开发利用不当导致的隐私、法律、伦理问题等。总体而言，新技术的发展为图书馆行业的发展提供了前所未有的发展机遇，人工智能在图书馆的应用在技术进步的推动下必将一步步走向"智慧"。

3.3 图书馆学应面向新文科建设，植根于自身的专业特点，结合社会和时代发展趋势，明确自身定位，促进学科发展

从国家战略层面来说，推动图书馆发展进而完善公共文化服务体系是行业发展的应有之义；从图书馆学科角度来看，图书馆学是一门应用性很强的学科，在实践发展过程中，与计算机科学、情报学、档案学、文献学等学科将交叉、融合产生新的研究和实践方向。2021 年 3 月，教育部发布《教育部办公厅关于推荐新文科研究与改革实践项目的通知》（教高厅函〔2021〕10 号），决定开展新文科研究与改革实践项目立项工作。在新文科建设背景之下，图书馆学科的发展将从聚焦于图书馆本身的事业发展，扩展到与图书馆信息职业使命履行相关的科学问题上。在此过程中，图书馆学将何去何从也成为业界很多专家学者以及从业者关心的话题。2019 年闫慧、韩蕾倩、吴萌、韩艳芳的文章《图书馆学、情报学与档案学 2029 年发展前景研究》引发热议，其对图情档学科进行了调研和前景预测，认为图书馆学的发展前景悲观。吴建中馆长就此在《关于图书情报与档案管理学科未来的对话》一文中对图书馆学未来的发展做了很好的阐述。他指出，图书馆学也在超越和转型，图书馆学教育出现危机只是暂时的现象。图书馆学教育与图书馆岗位的供需双方应加强合作与对接，与时俱进，以包容、创新、合作的心态面对未来学科融合的大趋势。新的时代浪潮已经到来，图书馆人应秉持学科自信和优势，以开放的心态包容接纳其他学科的同时，找准自身定位，把握图书馆学科的核心价值。

本次论坛是图书馆界青年学者的一次较大规模的理论和实践研讨。从纵向和横向两个维度对图书馆事业的整体发展进行考察，围绕"十四五"时期我国图书馆事业发展的主题展开，将图书馆事业置于整个国家和社会、时代发展的广阔视野，探讨以人工智能为代表的新技术下智慧图书馆的建设和创新转型。论坛聚焦热点，百花齐放，青年学者在讲述"青年故事"中彰显了强烈的青年责任和青年担当，很好地体现了论坛主题。

踵事增华，踔厉奋发。行而不辍，未来可期。图书馆事业的发展，离不开前辈们的指引和教导，也离不开青年一代的传承与发扬。青年学者应积极响应前辈们的关爱和希冀，既要仰望星空，又要脚踏实地；既要传承人文精神，又要探索技术创新，为新时代中国图书馆界注入新的活力。

参考文献

［1］吴建中 . 再议图书馆发展的十个热门话题［J］. 中国图书馆学报，2017（4）：4-17.

［2］叶继元 . 论我国图书馆事业发展的八大问题［J］. 中国图书馆学报，2018（5）：20-33.

［3］肖鹏，陈慧彤，何亚丽，等 . 我国"十四五"时期图书馆学研究的热点问题［J］. 数字图书馆论坛，2020（4）：2-9.

［4］麻思蓓，许燕 . 人工智能在图书馆应用的理性思考［J］. 图书馆，2020（4）：44-51.

［5］樊振佳 . "新文科"语境下我国图书馆学学科建设：话语、逻辑与路径［J］. 情报资料工作，2021（1）：28-36.

［6］闫慧，韩蕾倩，吴萌，等 . 图书馆学、情报学与档案学 2029 年发展前景研究［J］. 图书与情报，2019（6）：2-17.

［7］吴建中，徐亚男 . 关于图书情报与档案管理学科未来的对话［J］. 情报资料工作，2020（3）：5-8.

［8］国家图书馆 . "图书馆·与时代同行"国际学术研讨会论文集［C］. 北京：国家图书馆出版社，2020.

［9］上海图书馆 . 图书馆，让社会更智慧更包容：第九届上海国际图书馆论坛论文集［C］. 上海：上海科学技术文献出版社，2018.

［10］程娟 . 图书馆核心竞争力研究［M］. 北京：国家图书馆出版社，2016.

［11］吴建中，范并思，陈传夫，等 . 面向未来的图书馆与社会［J］. 中国图书馆学报，2021（2）：4-28.

［12］牛力，高晨翔，张宇锋，等 . 发现、重构与故事化：数字人文视角下档案研究的路径与方法［J］. 中国图书馆学报，2021（1）：88-107.

［13］冯敏 . 浅析新媒体在高校图书馆阅读推广中的应用［J］. 出版广角，2020（24）：71-73.

［14］姜培锋 . 高校图书馆新媒体阅读推广服务实践探讨［J］. 新闻研究导刊，2020（24）：239-240.

［15］樊振佳，翟羽佳，阎嘉琪 . 守正拓新　开放融合——2019 年图书情报与档案管理青年学者论坛会议综述［J］. 图书与情报，2019（6）：125-140，145.

［16］贾西兰，李书宁，吴英梅 . "互联网＋图书馆"思维下的下一代图书馆服务平台［J］. 图书与情报，2016（1）：44-48.

［17］高霏霏，徐跃权 . 论图书馆学研究的微观与宏观的概念体系的拓展［J］. 图书馆学研究，2015（11）：2-8，89.

［18］王春华，李维，文庭孝 . 我国图书情报领域大数据研究热点分析［J］. 图书情报知识，2015（4）：82-89.

国家图书馆数字资源使用情况和用户满意度调查

姜　蕴（典藏阅览部）

数字资源，亦称电子资源，指将计算机技术、通信技术及多媒体技术相互融合而形成的以数字形式发布、存取、利用的信息资源总和，包含数字期刊、数字图书、搜索引擎、网页信息等[1]。如今，数字资源逐渐成为图书馆文献资源建设的重要方面，同时读者对数字资源的需求与利用也大幅增长，开展图书馆数字资源使用情况和满意度调查和分析，对促进图书馆馆藏资源建设、进一步满足读者需要具有重要意义。本次研究主要目的是统计分析国家图书馆用户数字资源使用行为特征、满意度评价和感知差异等有关情况，提出图书馆数字资源建设的合理化建议，充分发挥图书馆数字文化服务主阵地作用。

1　问卷设计与实施

本次调查以使用过国家图书馆数字资源的读者为对象，以国家图书馆数字资源开展信息服务及利用情况为调查内容，根据用户利用数字资源的实际情况，将问卷设计为个人资料、数字资源使用基本情况、数字资源使用满意度评价、用户意见建议四个部分。其中，第一部分是关于图书馆用户的人口统计变量，包括年龄、性别、学历背景、学科背景、职业背景 6 个方面；第二部分是用户使用数字资源的基本情况，包含读者对数字资源了解程度、访问渠道、使用目的、使用时长与频率、使用数字资源类型等；第三部分采用李克特五点量表法测评用户使用图书馆数字资源满意度，从平台、资源、服务三个维度设计量表题项，让用户对各题项进行满意度评价打分；最后一部分为开放性问题，用户可以提出自己对图书馆数字资源使用的意见和建议。本次调查通过官网和官方微信订阅号，借助问卷星平台发布电子问卷，共回收问卷348份，其中有效问卷315份，有效回答率为90.5%。数据分析软件为 PASW Statistics 18，主要采用描述性统计和差异性分析进行数据分析。

2　用户背景信息统计

研究显示，本次调查图书馆数字资源使用主要群体为理工科背景的高学历青壮年男性。从年龄上看，参与调查的对象以青壮年为主，19—45 岁的读者占 74.6%。从性别上看，男性读者比女性读者多，占比分别为 61.9% 和 38.1%。从学历上看，绝大部分（94%）为受过高等教育的群体，整体学历水平较高，本科和硕士学历占比最高，分别为 40.3% 和 28.6%。从学科背景上看，参与调查者学科背景涵盖各学科，其中理工学（34%）和文 / 史 / 哲（24%）背景占比最多。从职业背景上看，读者职业呈现多元化，在校学生（20.6%）、科研人员（18.1%）、公职人员（18.7%）、企业员工（22.2%）因职业背景对数字资源需求比较大（详见表 1）。

表 1　用户背景信息统计

类别	选项	频数	百分比
性别	男	195	61.9%
	女	120	38.1%
年龄	16—18 岁	8	2.5%
	19—30 岁	101	32.1%
	31—45 岁	134	42.5%
	46—60 岁	47	14.9%
	61 岁及以上	25	7.9%
学科背景	理工学	107	34.0%
	医学	19	6.0%
	文 / 史 / 哲	76	24.0%
	法学 / 教育学	38	12.1%
	管理学	33	10.5%
	经济学	17	5.4%
	艺术学	11	3.5%
	农学 / 军事学	14	4.5%
学历背景	高中及以下	19	6.0%
	专科	37	11.7%
	本科	127	40.3%
	硕士	90	28.6%
	博士及以上	42	13.3%
职业背景	在校学生	65	20.6%
	科研人员	57	18.1%
	企业员工	70	22.2%
	自由职业	25	7.9%
	离退休	26	8.3%
	公职人员	59	18.7%
	其他	13	4.1%

3 用户数字资源使用总体情况

3.1 用户对图书馆数字资源了解程度、使用频率和时长

多数用户对图书馆数字资源了解程度一般，使用频率不高，时长较短。调查显示，过半读者表示对数字资源了解程度一般，非常了解和了解较少的用户比例相近，约占五分之一。从数字资源使用频率和时长看，多为偶尔使用（每周1—4次），且63%读者单次使用图书馆数字资源时长在2小时以内。原因可能在于图书馆数字资源"大""全"有余，"专""精"不足，虽有特色珍稀资源，但因技术、版权等原因阅读、下载限制较多，所以多数读者倾向于在别处找不到自己所需资源时再转来国图寻找，因此使用次数并不频繁。读者使用数字资源用时较短的原因可能在于多数读者使用目的为自学充电，资源阅读的目的性不强且检索能力有限，对于这部分读者来说可能很难进入到深入且系统的阅读状态。对于有明确科研或写论文需求的读者，其查阅文献的目的性较强，检索能力相对较强，所以使用数字资源的效率较高，用时较短（详见表2）。

表2 用户对数字资源了解程度及使用频率、时长

类别	选项	频数	百分比
了解程度	非常了解	62	19.7%
	一般	166	52.7%
	了解较少	65	20.6%
	基本不了解	22	7%
频率	频繁（每天都用）	33	10.5%
	经常（每周1—6次）	92	29.2%
	偶尔（每月1—4次）	133	42.2%
	很少（每年1—4次）	57	18.1%
时长	2小时内	199	63.2%
	2—4小时	87	27.6%
	4—8小时	23	7.3%
	8—12小时	6	1.9%

3.2 数字资源使用目的、平台、类型

调查显示，大多数用户使用数字资源的目的是出于自学或科研需要，会同时采用PC端和移动端进行访问，查找类型以电子图书和期刊为主。从资源使用目的看，60%的读者是为了自学，选择科研项目需要和撰写论文需要的读者差不多，均在40%左右，另外还有较少部分的人选择了休闲娱乐、教学/辅导、完成作业等其他目的（详见

图1）。从使用平台来看，超半数的读者选择通过馆外远程"读者门户"访问，其次是通过微信公众号和服务号、"国家数字图书馆"App等移动端设备进行访问，选择数字共享空间到馆访问的读者占四分之一，少部分读者选择通过数字推广工程平台或其他图书馆等机构进行资源浏览与使用（详见图2）。从读者对数字资源的使用类型看，超过8成的读者会使用电子图书资源，其次分别是全文期刊（55%）、学位、会议论文（35%），工具书、年鉴类（30%），电子报纸（29%）（详见图3）。由此可见，空间距离不再成为读者使用图书馆资源的障碍，科技的进步使得资源电子化成为主要趋势，用户"足不出户"就能阅读丰富的数字资源，浏览和使用数字资源的平台和方式也日益多样化，移动阅读设备由于其便利性也逐渐成为读者的"新宠"。

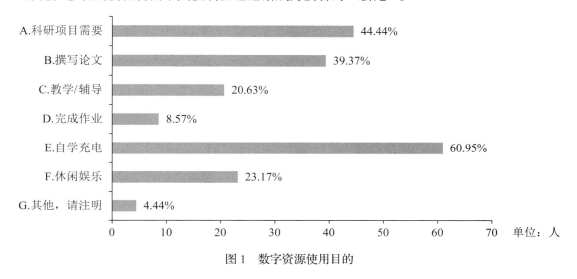

图1　数字资源使用目的

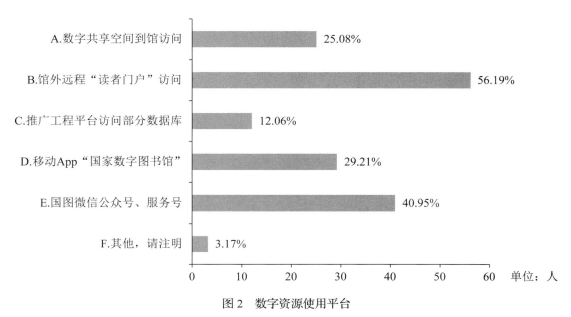

图2　数字资源使用平台

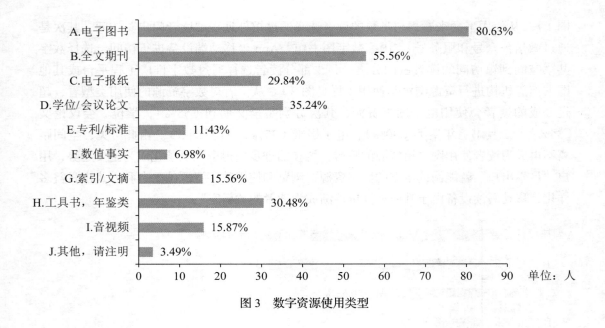

图 3　数字资源使用类型

3.3　数字资源使用困难及解决途径

用户在数字资源使用过程中出现困难难以避免，一般靠自己摸索解决。调查显示，有些文献不能下载或没有全文的问题比较突出，原因可能在于资源版权限制或读者基础操作不熟练。另外不知道国图有哪些资源、找不到自己需要资源、不知如何检索或下载的问题也比较多，反映了国家图书馆在数字资源推广方面还有不足，检索界面的清晰明了和读者检索技能培训方面还有待加强。其他的问题用户提出较多的还有远程访问资源下载限制严格、登录或资源显示页面不稳定、网络加载缓慢等问题（详见图 4）。关于读者遇到问题的解决途径，超过 8 成读者选择自己摸索（详见图 5），原因可能在于使用数字资源的用户多是在馆外远程访问，难以与工作人员面对面交流，网上交流互动难度较大，求助无果后选择转向其他途径寻找资料。

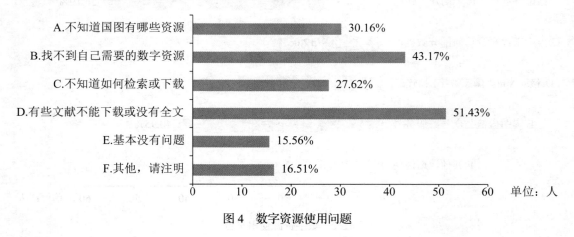

图 4　数字资源使用问题

460

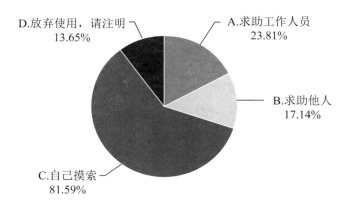

图 5 数字资源使用问题解决途径

4 用户数字资源使用满意度评价

数字资源使用满意度评价部分为量表题，采用李克特 5 级量表，5 分表示"非常满意"，4 分表示"满意"，3 分表示"一般"，2 分表示"不满意"，1 分表示"非常不满意"，分值越高，代表用户对图书馆数字资源满意度程度越高。

4.1 信度检验

信度指量表的可靠性或稳定性，常用的检验方法为 Lee J. Cronbach 提出的 α 系数。一般来说，总量表的信度值最好高于 0.8，若达到 0.7，也可接受。本部分量表信度分析结果如表 3 所示：

表 3 图书馆数字资源满意度信度分析

编码	题项	维度	项数	项删除后 α 系数	标准化后 α 系数	总体 α 系数
Q-1	检索操作简单	平台	4	0.903	0.910	0.947
Q-2	平台响应速度快			0.870		
Q-3	系统运行稳定			0.895		
Q-4	平台易用性好			0.866		
Q-5	资源内容丰富	资源	4	0.850	0.893	
Q-6	有特色珍稀资源			0.867		
Q-7	补藏更新及时			0.853		
Q-8	数字资源质量好			0.870		
Q-9	可以免费获取	服务	3	0.871	0.885	
Q-10	支持馆外远程访问			0.840		
Q-11	提供常见问题解答和资源分类介绍			0.836		

根据以上信度分析结果可以看出，总体和各维度标准化后的 α 系数检验结果均高于 0.8，说明本量表中各测评量都具备非常好的内部一致性信度。平台维度满意度方面的标准化信度系数为 0.910，维度内各题目项目删除后的信度系数分别为 0.903、0.870、0.895、0.866，均都小于总体的 0.910，因此平台维度的题目不需要进行调整；资源维度满意度方面的标准化信度系数为 0.893，维度内各题目项目删除后的信度系数分别为 0.850、0.867、0.853、0.870，都小于总体的 0.893，因此资源维度的题目不需要进行调整；服务维度满意度方面的标准化信度系数为 0.885，维度内各题目项目删除后的信度系数分别为 0.871、0.840、0.836，都小于总体的 0.885，因此服务维度的题目不需要进行调整。

4.2 效度检验

效度分析的目的在于判断研究题项是否可以有效地测量研究人员需要测量的变量，本次调查主要进行结构效度检验，直接对每个变量进行探索性因子分析，并通过 KMO 值进行判断，分析结果见表 4。

表 4　KMO 和 Bartlett 的检验

取样足够度的 Kaiser-Meyer-Olkin 度量		0.918
Bartlett 的球形度检验	近似卡方	2828.989
	df	55
	Sig.	0.000

根据以上探索性因子分析的结果可以看出，KMO 检验系数结果为 0.918，KMO 检验系数取值范围在 0—1 之间，越接近 1 说明问卷效度越好。根据球形检验的显著性也可以看出，本次检验的显著性无限接近于 0，拒绝原假设（原假设可简单理解为变量之间不存在相关性），所以问卷具有良好的效度。

4.3 描述性统计分析

本次调查从有效样本量、极值、均值、标准差等方面对实证调研问卷中的满意度量表题项进行描述性统计分析，分析结果见表 5。

表 5　满意度量表的描述性统计结果

题项	样本	极小值	极大值	均值	标准差
Q-1	315	1	5	3.65	1.284
Q-2	315	1	5	3.41	1.341
Q-3	315	1	5	3.50	1.300
Q-4	315	1	5	3.57	1.323
Q-5	315	1	5	4.09	0.998

题项	样本	极小值	极大值	均值	标准差
Q-6	315	1	5	4.11	1.002
Q-7	315	1	5	3.74	1.121
Q-8	315	1	5	3.97	1.127
Q-9	315	1	5	3.82	1.251
Q-10	315	1	5	3.73	1.292
Q-11	315	1	5	3.72	1.198

由表 5 可知，题项中均值最大的为 Q-6（4.11），均值最小的为 Q-2（3.41），说明图书馆数字资源使用满意度评价中，用户最满意的是"有特色珍稀资源"，相对最不满意的是"平台响应速度"。从标准差来看，Q-5 的标准差是 0.998 最小，Q-2 标准差 1.341 最大，表示"资源内容丰富"和"平台响应度"分别是用户评价差异最小和最大的两个项目。总体量表数据中，满意度评分中位数为 4（占比 50%），满意及非常满意评价（打分 4 分或 5 分）人数的百分比范围为 61.76%，可知用户对图书馆数字资源各题项的整体满意度处于偏上水平。分维度看，平台、资源、服务三个维度的均值分别是 3.53、3.98、3.76，中位数分别为 3.75、4、4，由此可见，用户对图书馆数字资源本身资源质量评价最高，服务满意度次之，对使用平台评价最低，体现出维护图书馆平台系统流畅运行和保证资源数据使用稳定的重要性。

4.4 不同用户群体满意度差异化分析

由上节分析内容可知，不同用户群体对图书馆数字资源使用满意度评价存在共性，如对于"资源"维度和"服务"维度满意度评分都高于"平台"维度满意度。除却共性之外，若想了解不同群组用户之间数字资源使用满意度是否存在差异还需进行差异分析。差异分析一般用来对比不同样本特征的人群对研究变量是否有差异看法，就统计学而言，各个组别平均数间组别差异必须经过检验才能确定差异是否达到显著，若 Sig. 小于 0.05，则说明不同组别平均数差异显著，反之，说明差异不显著。本文采用 t 检验和方差分析，研究不同用户群体在图书馆数字资源使用不同维度方面满意度的差异化看法，具体分析结果见表 6。

表 6 不同用户群体数字资源使用满意度差异化分析结果

	平台维度	资源维度	服务维度
性别	差异不显著	差异不显著	差异不显著
年龄	差异不显著	差异不显著	差异不显著

续表

	平台维度	资源维度	服务维度
学历	"专科"和"本科"群组满意度显著高于"高中及以下"和"博士及以上"群组	差异不显著	"专科"和"本科"群组满意度显著高于"高中及以下"群组
学科	差异不显著	差异不显著	差异不显著
职业	差异不显著	差异不显著	差异不显著
了解程度	差异不显著	"非常了解""一般""了解较少"群组满意度显著高于"基本不了解"群组	差异不显著
时长	差异不显著	差异不显著	差异不显著
频率	差异不显著	"频繁使用"和"偶尔使用"群组满意度显著高于"很少使用"群组	差异不显著

由表 6 可知，在学历、资源了解程度和使用频率不同的用户间，有不同维度存在显著差异，例如："高中及以下"的低学历用户和"博士及以上"的高学历用户在"平台"和"服务"维度方面的满意度显著低于以"专科"和"本科"组成的中等学历用户，数字资源了解程度最少和使用频率最低的用户满意度显著低于其他用户群体。因此，在建设和推广图书馆数字资源使用过程中，应多关注不同学历、资源了解程度和使用频率用户群体的个性化服务需求，以便提升图书馆数字资源服务的整体水平。

5 国家图书馆数字资源服务提升建议

5.1 资源内容更专业

数字资源内容的质量是影响用户使用最重要的因素，也是影响用户评价图书馆数字资源最重要的指标。国家图书馆数字资源具有数量庞大、来源广泛、类型复杂的特点，对庞杂繁复的资源进行筛选，努力把最优质的资源提供给用户，保证资源的专业性和独特性，是图书馆数字资源建设的永恒追求。随着信息时代的来临，读者获取资源的渠道和方式也日益多样化，图书馆不再是获取知识的唯一途径，由于读者受教育水平的提高，对于一般途径容易获取的资源，读者更加看中数字资源的"质"，希望能有一些更加专业的资源可供获取。所以，在数字资源建设的过程中，图书馆可以适当增加一些专业数字资源的数量，尤其是涉及专业学科的资料文献库，同时加大对图书馆馆藏特色资源数字化建设的力度，不断提高数字资源的服务效能，吸引更多用户更好地利用图书馆数字资源。

5.2 资源获取更便捷

"感知易用性"作为 Davis 等人提出的技术接受模型 TAM 中影响"支持意向"最重要的因素之一（另一因素为感知有用性），直接影响用户对信息系统的接受和采纳行为[2]。如果把图书馆数字资源内容和质量能否满足需求归纳为"感知有用性"，那用户能否方便快捷地获取自己想要的资源则是"感知易用性"的表现。调查显示，用户在资源使用平台方面遇到的问题最多且评分最低，证明用户的"感知易用性"体验不佳。

根据反馈，用户对图书馆数字资源使用平台不满意的原因主要在于馆外访问限制过多、网站界面设计烦琐、系统运行不稳定等。由于馆外远程访问限制，远程登录时不能下载或没有全文，读者需亲自到图书馆才能得到最完整的资源访问权限，建议图书馆适当开放馆外数字资源下载或阅读权限，科学制定免费下载和阅读量，使得读者"足不出户"就能享受到数字资源的便利。界面设计是用户评价过程的另一指标，好的界面设计应遵循简单易懂和一致性等原则，使得用户能够通过页面的布局或语义预知下一步操作，在最短时间内、通过最简单的步骤、经过最少的页面达到自己最想要实现的目的，建议优化网站资源导航和资源列表，使得数字资源检索和查找更加方便。系统是否能够运行稳定、响应迅捷、方便使用，是读者使用数字资源的基础保障，当前数字资源呈现出数据量大、数据类型复杂、服务器平台种类多、读者需求复杂等新特点，怎样加强技术更新，保障系统持续稳定运行成为当下国家图书馆数字资源建设急需解决的新课题。

5.3 资源服务更多样

"传承文明，服务社会"是国家图书馆的初心使命，图书馆不仅是知识资源的承载者和储存者，也应当是知识资源的传播者和推广者。由上文研究可知，对图书馆数字资源了解程度最少的用户群体满意度明显偏低，因此，国家图书馆应依托资源优势，加强对使用数字资源用户的宣传教育，加强对数字资源的服务推广，对用户尤其是首次使用图书馆数字资源的用户进行宣传推广，提高数字资源服务效能。另外，面对不同用户群体的差异化需求，为不同类型用户群体提供个性化服务，也是打破数字资源使用壁垒、加强服务、提升读者满意度的有效途径。

参考文献

［1］张静.图书馆用户数字资源利用行为实证研究［J］.广东工业大学学报（社会科学版），2012（4）：74-78.

［2］DAVIS F D，BAGOZZI R P，WARSHAW P R. User acceptance of computer technology：a comparison of two theoretical models［J］. Management science，1989，35（8）：982-1003.

创新扩散视角下公共图书馆短视频阅读推广与融合发展研究

——基于抖音短视频的调查分析

杜亚丽（社会教育部）

1 研究背景

当前，全民阅读的地位日益重要。中国图书馆学会2021年9月发布的《中国图书馆学会"十四五"发展规划纲要（2021—2025年）》不仅将"推进全民阅读促进与专业指导中心建设"作为中国图书馆学会五大中心建设之一，68次提到"阅读"，19次提到"全民阅读"，把全民阅读放在突出位置，而且还专门提出"推动公共文化数字化建设"，并4次提到"图书馆智慧化转型"，突出了以数字化推进图书馆转型尤其是智慧化转型的重要意义。政府工作报告已经连续九次提到全民阅读，此外，2022年政府工作报告也首次提出"公共文化数字化"，通过数字赋能，进一步体现线上线下融合的公共文化服务的高质量发展[1]。

作为近年来与图书馆学科融合发展的一门学科，传播学对于图书馆的实践产生了日益深入的影响。创新扩散理论作为传播学的重要理论，研究的是"一个新事物如何跨域地理、时空甚至文化的界限在一定范围内得到传播和受众的接纳"[2]。该理论下创新扩散共有四个发展阶段：认知、说服、决定、实施阶段。短视频之于图书馆阅读推广，正是一次按下"倍速播放键"的创新与扩散。因此，我们需要从多角度审视公共图书馆利用短视频进行阅读推广的影响因素、存在问题以及发展路径。

2 公共图书馆利用短视频进行阅读推广的影响因素

图书馆不仅提供阅读环境，还通过开展丰富的推广活动来满足读者多样化需求，同时提升全民数字素养与职业技能[3]。在融媒体时代，大众阅读环境和信息环境已发生重大改变，传统图书馆的文献资源保障功能已不足以满足图书馆在互联网环境与其他信息平台的竞争，这使得阅读推广活动的传播和营销日渐重要。从创新扩散理论出发，公共图书馆利用短视频进行阅读推广具备五个影响因素，如表1所示。

表 1 创新与扩散五因素含义

因素名称	含义
相对优势	指创新对它所替代的或超越的原有方法（事物）的优点
相容性	指创新与现有的各种价值观、潜在接收者以往经验以及预期采用者的需求相一致程度
复杂性	指创新在多大程度上被采纳者认为是难以理解以及难以使用和操作的，创新被感知的复杂性与它的采纳率成负相关
可试验性	指在一定的条件下是否可以通过试用来测试创新的效果，创新的可试验性与创新的采纳率成正相关
可观察性	指在多大程度上创新的结果是显而易见的，创新的可观察性与创新的采纳率也成正相关

2.1 相对优势：用户基础大、知识显性化

短视频有着与传统媒介不同的独特魅力，它的快速发展，为我国带来了全方位的影响。根据中国互联网络信息中心（CNNIC）第 49 次《中国互联网络发展状况统计报告》，截至 2021 年 12 月，我国手机网民达 10.29 亿人，短视频的用户使用率达 90.5%[4]。作为国内最大的短视频平台，2021 年抖音日活跃用户数已突破 6 亿。此外，抖音于 2021 年接连上线"萌知计划""学浪计划"等针对知识类内容的扶持活动，让知识类短视频迎来井喷，赛道涨粉效率高居首位。短视频生产门槛低，场景适应性强，在视觉性上也更直观，相比文字阅读，其需要用户付出的时间代价较低。同时，它的表达方式可以将深奥知识通俗化，将隐形知识显性化，所以备受青睐。

2.2 相容性：内容为王、渠道制胜

产品内容和形式的相容性越强，创新产品和采纳者所共同发挥的优势也就会越明显。短视频既能满足人们消遣娱乐的需求，也能在潜移默化中满足自我塑造和表达、社会交往、学习新知识和技能的需求。抖音就是在碎片化时代迎合人们心理需求的产物。大力推动全民阅读，需要从人们的日常生活着手，短视频契合了人们生活化的认知方式，利用它进行阅读推广符合人们的使用习惯，而图书馆本身具备丰富的特色馆藏资源，可以提供优质内容，因此通过短视频进行阅读推广具备推广内容和方式上的相容性。

2.3 复杂性：复合媒体、考验素养

创新产品越具备复杂性，被人们采用的难度就会越大。媒体技术的发展改变了我们对传统阅读的理解，"阅读不再只与印刷媒体发生关系，而是与文本、图片和视音频等复合媒体打交道的行为"[5]。短视频作为当下媒介手段的创新产品，对其的采纳使用需

具有相应的媒介素养，因此具备复杂性。但是在平台的使用中，平台也会从用户的角度出发不断升级功能，使得其操作的复杂程度得到缓解。

2.4 可试验性：创作便捷、分享简易

创新的可试验性越强，被人们接受的程度也就会越高。在新冠肺炎疫情之下，很多线下阅读活动难以开展，因此，短视频和直播就成为了新的传播风口。短视频虽然在拍摄后期剪辑等制作方面有一定要求，但是生产所需要的硬件、技术成本都比较低，便捷化和人性化的软件也方便了制作、传播和分享。比如抖音通过推出"剪映"视频剪辑工具，服务短视频创作者和抖音内容生态，其模板功能大幅降低了创作门槛。此外，抖音还可以通过合集等更高效的产品功能帮助创作者梳理作品，从而对作品进行体系化、专题化处理，方便用户观看。

2.5 可观察性：公共普及、前景广阔

从使用者角度而言，反馈越好，媒体的可观察性越强，创新越易被接受。短视频从最初以自我表达为主要诉求的民间文化阶段，发展到多频道网络（MCN）机构商业运作，当前已走向公共性传播普及阶段。根据抖音发布的《2021抖音数据报告》显示，2021年博物馆相关视频播放380亿次，相当于全国博物馆2020年接待观众总人数的70倍[6]，其中中国国家博物馆官方抖音号的粉丝达到92.9万人。除此之外，92%的高校已入驻抖音，利用短视频平台组织参与线上活动。

3 公共图书馆短视频阅读推广与融合发展状况

3.1 基本运营情况

笔者通过调研，选取截至2022年3月20日粉丝数前10名的公共图书馆抖音账号数据进行分析，得到结果见表2。

表2 粉丝数排名前十位的抖音公共图书馆账号情况（截至2022年3月20日）

图书馆	粉丝数	地域分布	作品数	专题数（集）	点赞数	评论数	分享数	首次发布作品时间	直播次数	粉丝群人数
江西省图书馆	42.3万	东部	133	113	895.5万	32.0万	38.5万	2020/7/20	55	127
浙江图书馆	27.9万	东部	167	73	334.3万	11.4万	7.8万	2019/12/13	0	0
广东省立中山图书馆	21.3万	东部	548	76	231.7万	3.6万	2.7万	2019/7/26	15	108
国家图书馆	9.1万	东部	135	46	6.3万	1542	9343	2019/4/16	13	0
临沂市图书馆	8.9万	东部	600	6	126.9万	1.5万	2.1万	2018/6/12	12	0

图书馆	粉丝数	地域分布	作品数	专题数（集）	点赞数	评论数	分享数	首次发布作品时间	直播次数	粉丝群人数
上海图书馆	3.5 万	东部	780	0	8.7 万	631	2517	2019/4/22	18	0
重庆图书馆	2.2 万	西部	274	29	14.8 万	2.6 万	6425	2019/4/16	0	110
湖北省图书馆	1.7 万	中部	341	0	6.9 万	5289	1636	2019/4/22	6	19
陕西省图书馆	1.5 万	西部	587	276	32.9 万	2406	3.6 万	2019/4/22	26	60
六安市图书馆	1.3 万	中部	177	0	20.7 万	1.9 万	9524	2020/5/19	23	0

通过在抖音以及第三方飞瓜数据、抖查查数据平台以"图书馆"为关键词进行搜索，有 3712 个账号，其中包含了 6 号图书馆、记忆图书馆等多个非图书馆机构账号，其中进行了蓝 V 认证的有 220 条数据，在这当中有 103 家包含省、市、县区的图书馆开通了蓝 V 认证。从表 2 来看，目前开通账号的公共图书馆里面，江西省图书馆发布的作品数在 10 家图书馆中最少，仅有 133 个，但是以 42.3w 的粉丝数和 895.5w 的获赞数占据榜首，浙江图书馆和广东省立中山图书馆紧随其后，国家图书馆排名第四。

从首次发布视频时间来看，其中 7 家都是在 2019 年开通账号，2 家 2020 年，1 家 2018 年。从图书馆地域来看，东部的图书馆发展走在前列，其中前 6 名都是东部图书馆，西部只有重庆市图书馆和陕西省图书馆，中部只有湖北省图书馆和六安市图书馆。

表 3 粉丝量排名前五位的抖音公共图书馆账号作品情况（截至 2022 年 3 月 20 日）

图书馆	专题名	数量（集）	播放量	平均播放量
江西省图书馆	最美基层文化人	6	3.4 万	0.57 万
	江西省非物质文化遗产	14	7.6 万	0.54 万
	江西历史文化名镇名村	8	6.0 万	0.75 万
	人文江右山水鄱阳短视频创意秀	49	26.0 万	0.53 万
	爱荐书的春春	4	9.6 万	2.40 万
	旺宝与图图的日常	32	2.7 亿	843.75 万
浙江图书馆	大咖有话说	41	3441.4 万	83.94 万
	有话说大咖	5	642.0 万	128.4 万
	嘿！看书不	27	51.0 万	1.89 万

续表

图书馆	专题名	数量（集）	播放量	平均播放量
广东省立中山图书馆	主播带你涨知识	75	197.3万	2.63万
	热点荐读	201	2166.9万	10.78万
	主播带你读经典	74	704.5万	9.52万
	告诉你不一样的省图	88	71.1万	0.80万
	一问一答	17	79.7万	4.69万
	挑战星期五	35	45.8万	1.31万
	看看我们推荐的好书	24	6.7万	0.28万
国家图书馆	冬奥知识小课堂	20	26.1万	1.31万
	阅览室的视听科技	5	4.2万	0.84万
	百草园里识百草	8	11.4万	1.42万
	国图公开课 读书推荐	5	7.1万	1.42万
	中华传统文化百部经典	5	19.6万	3.92万
临沂市图书馆	悦读	2	0.51万	0.26万
	文化通讯	2	0.54万	0.27万
	趣生活	2	0.44万	0.22万

通过表 3 可以看出，在粉丝数前 10 名的图书馆中，前 5 名的图书馆粉丝数级别相对较高，其中临沂市图书馆粉丝数最低，为 8.9 万。从对作品合集的使用来看，这 5 家图书馆都对自身的内容进行了定位，有针对性的专题。因此本文章选取前 5 家图书馆的视频作重点分析。

作品数和专辑视频集数的差距小，可以在一定程度上证明该账号的视频内容分类定位精准、专题性强。比如浙江图书馆的"大咖有话说"合集就是对资源的重新整合，内容为大咖们在各个场合的经典发言，配上时下流行的配乐，并在剪辑上注重用户习惯和兴趣点。该视频合集共更新 41 集，播放量达到了 3441.4 万，平均播放量约 83.90 万。与此对应的"有话说大咖"专辑则是以风趣幽默的语言介绍大咖们不为人所知的一面，来吸引读者的兴趣，该专辑中只有 5 集，但是平均播放量达到 128.4 万。反之，作品数多而没有专辑集数的，一方面是本身内容定位较为单一，比如上海图书馆发布的视频基本大部分都属于以 # 阅读日历为话题标签，每日分享寄语，获赞数基本是个位数；另一方面则是内容过于繁杂，范围较广，缺乏定位，甚至有的图书馆以时事热点内容为主要视频制作方向。

除了发布短视频以外，各公共图书馆还开设了直播，比如江西省图书馆已开展 55 次，广东省立中山图书馆开展 15 次，国家图书馆开展 13 次直播活动。作为中部的地方图书馆，安徽省六安市图书馆，粉丝数 1.3 万，作品数量 177 条，直播次数达到 23 次，可以说其吸粉的途径主要依靠的是直播渠道。还有些图书馆比较重视社群传播，开通了抖音号粉丝群，其中江西省图书馆的粉丝群人数最多，有 127 人，其次是重庆图书馆，有 111 人。综合各项数据来看，江西省图书馆在抖音阅读推广中运营相对较好。

3.2 阅读推广现状分析

3.2.1 内容关联度低，活动形式传统

通过分析可得，公共图书馆利用短视频进行阅读推广的活动形式较为传统和单一，比如大部分仍然是专家讲座、读书会、图书推荐等，针对短视频的活动还较少。且与图书馆相关的"馆藏介绍""阅读推广"等内容所占比例较低，大部分图书馆仅仅把抖音号当作信息发布渠道或是活跃账号的通道，并不注重原创内容制作，比如上海图书馆，虽然发布的视频数量最多（780 条），但内容整体单调，原创性和关联度低。

从整体水平来看，大部分图书馆发布的视频内容垂直度低，定位模糊，视频几乎汇聚了所有类型，缺乏自我定位和精准营销。

3.2.2 粉丝黏度低，运营欠缺规范

2018 年被称为抖音元年，各图书馆也是从 2018 年开始尝试运营的，但是初期进行的运营活动还较少，大部分公共图书馆仍处于探索阶段。与其他账号动辄千万的粉丝基础而言，图书馆的粉丝基础较弱，在发布视频上或更新不及时、频率低，或时间不固定、较随意，这些都不利于账号活跃度的保持，使得粉丝黏度较低，用户流失率较大。比如甘肃省图书馆自 2021 年 3 月 24 日开通抖音号以来，共发布 30 个作品，其中最新的视频是 2021 年 12 月 10 日发布的，截至 2022 年 3 月已有 4 个月没有更新，类似情况在图书馆账号中较为常见，也从侧面反映出其运营缺乏规范。

3.2.3 内容质量低，传播效果不佳

从发布内容看，高点击的作品往往质量较高。江西省图书馆"旺宝与图图"视频专辑获得了 2.7 亿播放量，涨粉无数，以机器人的幽默对话形成其特色风格；广东省立中山图书馆发布了 548 个短视频，内容涉及线上展览、阅读荐读、业务宣传、知识科普、时事新闻等方面，大多数为普及优秀传统文化的原创知识类短视频，视频点赞数共计231.7 万；浙江图书馆的视频语言风趣幽默，符合年轻网民的习惯，视频封面也多以搞笑的表情包为主，吸引用户观看，视频点赞数达到 334.3 万。但是大部分公共图书馆发布的短视频内容质量较一般，导致人气不高，比如湖北省图书馆发布了 341 个作品，但是总点赞数只有 6.9w，远不及其余类型的短视频数据，整体传播效果不佳。

4 公共图书馆短视频阅读推广与融合发展路径

4.1 认知阶段

认知阶段是创新扩散过程中的第一步，该阶段我们需要从认知层面了解某项创新，并对该创新的功能有所认识，主要包含了接收者变量和社会体系变量。简而言之，既需

要考虑到用户本身，也需要从图书馆系统更好地做起；既重视发展，同时也注意用户服务，通过各种"强刺激"使用户头脑中形成对图书馆的记忆。

4.1.1　转变旧思维，开拓新服务

传统服务模式下，图书馆主要以面对面服务为主，通过借阅、文献查阅等功能实现图书馆的服务价值。在全媒体时代，角色定位、服务手段、制度规范和人才培养等方面都给图书馆发展带来了不少挑战。数字化的信息资源不断催生个性化、互动共享的服务，如何更有效地为读者服务成为当今图书馆面临的重要课题。

利用短视频进行阅读推广，我们需要转变以往思维，不断开拓新的服务，从而更好地适应变化。比如新冠肺炎疫情期间，广东省立中山图书馆围绕中华优秀传统文化开展短视频创作，融入"创新"和"转化"意识，积极尝试利用新媒介探索全民阅读推广新模式，将备受年轻用户喜欢的流行元素与传统文化内容有机结合，通过馆员口语化传播，让传统文化更易懂、更有趣、更贴近读者，为广大读者提供了丰富的线上公共文化服务。

4.1.2　拥抱新技术，培养新技能

商业平台短视频的创意内容，大部分都能以较灵活、生动有趣且更符合"网感"的表达方式进行传递，给人以亲近感，进而影响人们的态度和行为。公共图书馆需要积极拥抱新技术，在阅读推广中更好发挥主观能动性，不断提高馆员信息素养、数字素养、媒介素养等，尝试熟练新媒介平台的使用操作，学习新技能，克服媒介使用的复杂性。

4.2　说服阶段

说服阶段是创新与扩散的第二阶段，该阶段需要个体对创新形成赞成或者反对的态度，既需要个体心理的认同，也需要群体行为认同。

4.2.1　主动求变，充分盘活馆藏资源

短视频能促使图书馆盘活存量资源并激发创作新资源。国外图书馆对馆藏特色资源的推广十分重视，常用推广方式有开展特色馆藏资源展览、印刷特色资源出版物、建立特色资源博客等，如斯坦福大学图书馆建立了虚拟档案供读者查阅，芝加哥大学图书馆为特色馆藏资源开通博客[7]。图书馆需要将新理念应用于服务管理的整体架构之中，充分挖掘和盘活馆藏阅读资源，使得读者可以更好地依托图书馆享受多元化和个性化的服务体验，凸显自身资源优势。

4.2.2　有机协作，充分调动社会资源

公共图书馆在做大做强自身内容的同时，也可以借鉴其他图书馆或者组织机构，打通资源推广渠道，建立资源开放服务模式，结合社会资源，完善平台结构，并拓展范围，引发联动效应。比如，加强与新老媒体的互动，构建立体化阅读推广传播体系，同时深化图书馆与用户的互动，扩大媒体"传声筒"，加强大众传播的作用；在读者个性的基础上找寻共性，力求形成广泛的读者群体，发挥社群传播和人际传播的优势；加强融合思维，借助其他组织优势，积极寻求合作，发挥组织传播的作用，有效降低用户阅读成本。

4.3　决定阶段

决定阶段是创新扩散的第三个阶段。有了认知阶段的思维转变和说服阶段的心理、行为认同，下一步就需要从决策上进行体制机制的优化。

4.3.1　优化体制机制，注重顶层设计

借助于短视频平台，图书馆可以更好地集合各部门的工作内容，也更容易全方位展示立体真实的图书馆服务全貌，将图书馆打造成"网红"阅读空间，吸引更多的读者走进图书馆。

但是公共图书馆中各部门开展工作较为独立，条块分割，而业务信息一般需要一定的周期汇总，这使得抖音的宣传内容只能围绕个别部门的业务展开，难以实现全覆盖与推广，各个部门工作中产生的故事也难以在用户中产生共鸣。因此，需要从整体体制机制上着手，注重顶层设计，加大各部门之间的联系与互动，充分调动积极性，及时挖掘工作素材，增强在短视频平台阅读推广内容的关联度。

4.3.2　注重资源建设管理，重视活动营销创新

图书馆在保障基础文献资源、加强优质阅读内容的供给之外，亟须创新推广方法[8]。近年来，针对图书馆的阅读推广活动多局限于线下传统图书推荐及周边讲座分享等活动，品牌整合营销不足，推广方式较为单一，缺乏有效的推广手段，容易让特色馆藏资源推广"闭门造车"，无法满足新时代读者的阅读需求。因此，公共图书馆需要提高营销能力，具备互联网运营和营销思维，做好整合营销传播，从"等读者来"向"邀请读者来"转变。同时，公共图书馆也应该重视活动营销，提升相关工作人员捕捉热点话题、搜集素材、策划和剪辑视频的能力。

4.4　实施阶段

实施阶段是创新扩散的最后一个阶段。从"认识移植"到"决策行动"，公共图书馆的融媒体运营是个动态的过程，需要在最后更加注重与用户的互动，不断增加用户黏度。

4.4.1　注重内容定位，发挥用户生产内容创作

从长远来看，公共图书馆的发展仍然要以内容为王，在宏观上深耕内容定位，加强原创内容建设，比如各地图书馆可以更好地立足地区和实际，找准发展定位，主动推出新颖互动的推广服务项目，加强特色精品内容的开发。

微观上，注重短视频内容创作，打造清晰直观且具备垂直度和辨识度的内容，确保用户和短视频内容的关联度。如浙江图书馆的视频垂直度高，有统一规整的视频序列。短视频运营逻辑从封面、标题、话题、字幕、背景音乐、音效、动画、拍摄到内容画面结构的使用，都需要精心打造，注重规范。除此之外，还需要注重版权，确保无知识产权纠纷。

此外，今天的传播更多的是基于人际关系网络的传播，内容的价值不仅在于内容本身，还在于其作为社交资本的价值[9]。因此，图书馆可以增加社交场域属性，搭建与

读者的沟通平台，为读者提供更多可以表达的空间，激发读者兴趣，加强用户生产内容（User Generated Content，UGC）传播图景，比如可以发起用户读书分享活动，进行短视频征集等。

4.4.2 重视宣传反馈，形成持续性传播效果

公共图书馆长期以来的阅读推广活动缺乏体系设计，更多围绕节假日开展，很难形成连续性。比如每年围绕"4·23世界读书日"期间的活动较多，而长期体系化的宣传活动则较少，因此公共图书馆需要变被动推广为主动推广，有效提高阅读参与的长效机制，基于用户的认知特点，精准把握用户画像，把握心理需求、维护用户关系、重视服务反馈与追踪，提升传播效果。

从传播的角度而言，内容热度需要时效性，但也需兼顾长效传播机制。一方面图书馆需要准确地把握平台传播机制，紧密结合平台特性，注重议程设置，利用平台的分享与互动机制，紧密结合当下的热点事件策划推出阅读活动，形成联动效应；另一方面需要通过加强线上和线下的联动，促进全民阅读氛围养成。比如国家图书馆在2020年世界读书日活动期间，联合全国百家图书馆发起"#全民dou阅读"话题活动，图书馆通过短视频+话题的方式与读者分享馆藏珍品、经典好书，探寻图书馆背后的故事。该话题累计播放19.9亿次，成为抖音阅读类最热话题，持续传播阅读力量，取得了良好的社会反响[10]。2020年由上海市编辑学会、上海市新闻出版局联合举办的"短视频荐书大赛"活动在抖音平台进行，将线下阅读推广活动拓展和延伸到线上，激发从业人员开展阅读推广的积极主动性，探索阅读推广融合发展。

图书馆不仅是文献资源的"储存站"，更是新的信息资源的"开发站"。在"十四五"发展时期，公共图书馆要朝着更加信息化、数字化、智慧化方向建设发展。短视频碎片化的特征，使得泛知识类的内容需求会进一步得到释放。作为知识原始资源的"重镇要地"，公共图书馆要进一步探索利用短视频等新平台进行阅读推广的路径，做好内容升级，优化阅读推广服务项目，促进融合发展，提升内容的触达率，将图书馆发展短视频阅读推广与融合发展推上新的高度。

参考文献

［1］吴建中.政府工作报告关于全民阅读和公共文化数字化部分的解读［EB/OL］.［2022-03-27］.
　　https：//mp.weixin.qq.com/s/I0rr1VjspBkt-Rp3xBM_Kw.

［2］欧小波.基于创新扩散理论的高校图书馆移动阅读推广研究［J］.新世纪图书馆，2015（7）：14-18.

［3］霍瑞娟.图书馆助推全民数字素养与技能提升［J］.图书馆论坛，2022（3）：4-6.

［4］第49次《中国互联网络发展状况统计报告》［EB/OL］.［2022-03-23］.http：//www.cnnic.net.cn/hlwfzyj/hlwxzbg/hlwtjbg/202202/t20220225_71727.htm.

［5］李武，黄扬，杨飞.感知需求对大学生采纳和使用社会化阅读App的影响研究——以移动新闻客户端为例［J］.出版科学，2017（2）：21-28.

［6］抖音．2021 抖音数据报告［EB/OL］.［2022-03-25］.https：//www.163.com/dy/article/H0QSQFE
　　805319928.html.

［7］杨敏．全媒体时代公共图书馆特色资源推广对策研究［J］.图书馆，2017（9）：103-107.

［8］蔡红，曾志辉，赖晓静．习近平阅读观对图书馆阅读推广的理论思考与实践启发［J］.图书馆，
　　2021（4）：82-88.

［9］彭兰．短视频：视频生产力的"转基因"与再培育［J］.新闻界，2019（1）：34-43.

［10］国家图书馆通讯．喜讯！"国家图书馆"抖音号荣获"2020 年政务抖音号优秀创作者"［EB/
　　OL］.［2022-03-30］.https：//mp.weixin.qq.com/s/vwY4f7JWyxF4OQaF5PL0LQ.

近十年国家图书馆知识产权信息服务分析

——基于北大法宝 1173 份裁判文书的分析

刘　岭（参考咨询部）

知识产权作为科技创新成果的载体和集中体现，日益成为一个国家参与全球竞争的核心战略资源，也成为衡量一个国家综合竞争力的重要指标。作为国家知识产权战略体系重要组成部分的知识产权信息服务，是国家知识产权战略实施的重要推动力和基本支撑力[1]，近年来愈加受到国家重视。2019 年 8 月，国家知识产权局印发《关于新形势下加快建设知识产权信息公共服务体系的若干意见》[2]，明确了国家知识产权信息公共服务体系的总体目标、统筹规划等。此后，国家相继出台了一系列推动和加强知识产权公共服务体系的政策要求和指导措施。

知识产权信息服务，是指围绕知识产权信息资源开发、信息传递与交流、信息加工与发布、信息提供与利用、信息用户获取与信息保障等环节开展的专门化的信息服务，是一种基于知识产权信息收集、组织加工与检索的面向用户的信息提供行为[3]。

国家图书馆知识产权信息服务已经进行了多年的探索和实践，知识产权信息服务能力不断提高。2021 年 10 月 26 日，国家知识产权局办公室《关于公布 2021 年度国家知识产权信息公共服务网点名单的通知》（国知办函服字〔2021〕962 号）经审核公示，确定 88 家知识产权公共服务机构备案为国家知识产权信息公共服务网点，国家图书馆为其中之一。国家图书馆积极响应国家知识产权战略要求，全力组建知识产权信息服务中心。

本文梳理国家图书馆知识产权信息服务成果在知识产权诉讼领域的应用情况，归纳并总结分析，以期发现服务优势、挖掘服务潜力，全面提升服务能力，为国家图书馆知识产权信息服务体系建设提供参考。

1　数据获取

北大法宝司法案例库（www.pkulaw.com/case）是国内较为成熟的司法案例检索系统，认知度较高。该检索系统收录了我国各级人民法院审理的各类案例与裁判文书（未包括港澳台地区），对案例进行精细整理分类。本文采用北大法宝司法案例库作为数据来源。

检索信息源：北大法宝司法案例库（www.pkulaw.com/case）；

检索时间：2021 年 3 月 10—20 日；

检索方式：高级检索；

检索式:（全文＝国家图书馆）不包含（题名＝国家国书馆）；

发布日期：2012 年 1 月 1 日—2021 年 12 月 31 日；

案由：知识产权与竞争纠纷；

检索结果：3465 篇裁判文书。

对 3465 篇裁判文书进行人工判读，共获得 1173 篇国家图书馆为案件关系人提供知识产权信息服务的裁判文书。以下数据统计和内容挖掘均基于此 1173 篇裁判文书。

2　数据统计

2.1　审结年份分布及趋势图

通过绘制 1173 篇裁判文书数量审结年份分布及趋势图（图 1），可了解国家图书馆知识产权信息服务在知识产权诉讼案件中的应用历程。如图所示，2012 年，有 20 次知识产权诉讼案件应用了国家图书馆提供的知识产权信息服务，2021 年达到 127 次，平均为每年 117 次。2018 年首次超过了平均数量，2019 年 295 次，是这期间数量最多的年份，2020 年 291 次，与前一年基本持平。在 2012—2021 年十年间呈现阶段性波动、总体大幅增长的态势。其中 2016—2019 年呈现快速高发增长趋势。考虑到数据库收录具有普遍滞后性，可认为由于 2021 年的司法判决书截至本文检索时间收录不全，本文认为 2021 年略有降低的情况不影响整体上升趋势。

单位：件

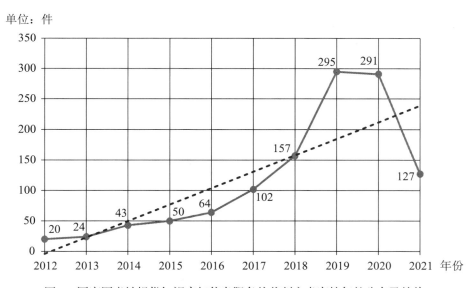

图 1　国家图书馆提供知识产权信息服务的裁判文书审结年份分布及趋势

2.2　审理法院地区分布图

上述 1173 篇司法裁判文书所涉案件涉及我国 25 个省、自治区、直辖市的各级人民法院。其中北京市数量最多，广东省、浙江省、上海市数量也位居前列，如图 2 所示。

单位：件

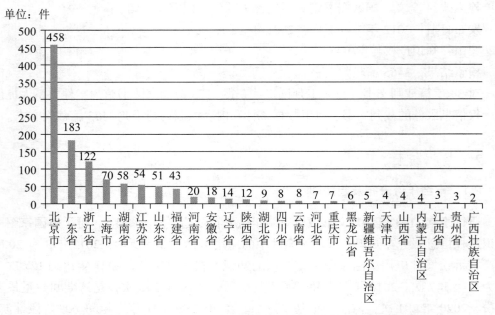

图 2　国家图书馆提供知识产权信息服务的裁判文书审理法院地区分布

2.3　法院级别

上述 1173 篇司法裁判文书所涉案件由各级人民法院审理，涉及最高人民法院、高级人民法院、中级人民法院、基层人民法院、专门人民法院等各级别法院。其中包括 3个知识产权法院，2 个互联网法院，1 个铁路法院。

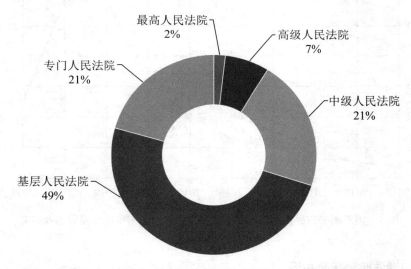

图 3　国家图书馆提供知识产权信息服务的裁判文书法院级别分布比例

3 内容挖掘

国家图书馆知识产权信息服务在知识产权诉讼中的应用据考证最早不晚于 2003 年。2004 年《山东红日阿康化工股份有限公司诉国家知识产权局专利复审委员会无效宣告请求审查决定纠纷案（FBM-CLI-C-9999）》裁判文书显示：山东红日阿康化工股份有限公司于 2003 年 2 月 28 日向国家知识产权局专利复审委员提交了对比文件 2 和文件 3 的复印件，其上均盖有国家图书馆科技咨询专用章。

3.1 服务类型

上述 1173 篇裁判文书涉及知识产权合同纠纷、知识产权权属纠纷、知识产权侵权纠纷、不正当竞争等多种案由，参照知识产权的法治概念（最主要的三种知识产权是著作权、专利权和商标权），对国家图书馆提供的知识产权信息服务进行类型划分：商标信息服务、著作权信息服务、专利信息服务、其他信息服务。以上四种服务类型在 1173 篇裁判文书中的占比情况见图 4。

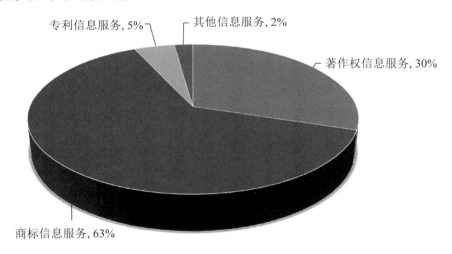

图 4 国家图书馆知识产权信息服务类型占比

3.2 服务用途

根据内容分析方法，提取 1173 篇裁判文书中国家图书馆知识产权信息服务用途的表述，根据语义将其归纳为：证明商标持续使用、证明商标品牌在先使用、证明商标品牌知名度、证明作品发表时间、证明作品知名度、证明专利在先使用、证明专利创新性，如图 5 所示。

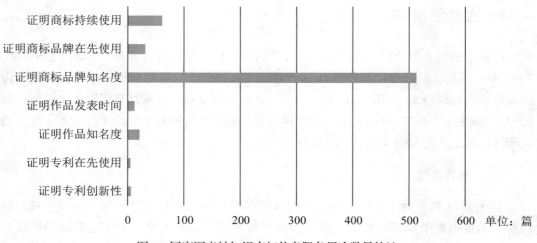

图 5　国家图书馆知识产权信息服务用途数量统计

3.3　典型案例

3.3.1　华润

经人工判读发现，裁判文书中有许多知名企业在进行知识产权诉讼时使用国家图书馆知识产权信息服务，并且持续多年多次委托。以华润集团及其关联公司对"华润"字号及商标开展的多次知识产权诉讼为例。经统计，2016—2021 年六年间，共计有 33 篇裁判文书中记载华润集团及其关联公司提交出自国家图书馆的以"华润"或"万象城"为关键词的检索报告，作为其知名度和影响力的佐证。

3.3.2　樟树港辣椒

《湘阴县樟树镇辣椒产业协会、周口好温商贸有限公司民事一审民事判决书（FBM-CLI-C-403797894）》显示：原告湘阴县樟树镇辣椒产业协会诉被告周口好温商贸有限公司侵害"樟树港辣椒"商标权纠纷一案，湖南省岳阳市中级人民法院对原告提交的证据经审查认定："本院对原告提交的证据经审查认定如下：1、2、5、6 号证据为公证文书或国家图书馆检索结果，其真实性可予确认，本院予以采信。"

4　服务特点

4.1　服务开展时间早

上文提及国家图书馆 2003 年已为用户提供专利信息的馆藏证明服务。尽管当时还没有《国家知识产权战略纲要》（2008）[4]、《关于加快培育和发展知识产权服务业的指导意见》（2012）[5]等知识产权公共文化服务体系建设的政策文件，国家图书馆已经具备了知识产权信息服务意识，显示了国家图书馆对于知识产权保护的积极态度。在知识产权信息服务方面的探索实践，充分发挥了国家图书馆在公共图书馆界的引领和示范作用。根据北大法宝司法案例数据库的检索，上海图书馆、浙江图书馆、广东省立中山图书馆、南京图书馆等公共图书馆的知识产权信息服务在 2004 年之后相继应用在知识产权诉讼案件中。

4.2 积极响应政策号召

图 1 可以了解到国家图书馆在 2012—2021 年十年间知识产权信息服务在司法诉讼领域的应用在时间上呈现阶段性波动、总体大幅增长的态势，尤其在 2016—2019 年间呈现快速增长态势。自 2016 年以来，国家及部委层面相继出台了一系列推动和加强知识产权事业发展的政策，《关于新形势下加快知识产权强国建设的若干意见》（2015）[6]、《"十三五"国家知识产权保护和运用规划》（2016）[7]、《关于强化知识产权保护的意见》（2019）[8]、《关于新形势下加快建设知识产权信息公共服务体系的若干意见》（2019）[9] 等。国家图书馆积极响应国家知识产权公共服务体系建设政策号召，努力开展知识产权信息服务。作为公共服务体系中核心力量的国家图书馆展现了高度的责任感和使命感。

4.3 影响力广泛

如图 2 所示，1173 篇裁判文书的审理法院地区分布涉及 25 个省、自治区、直辖市。国家图书馆的知识产权信息服务的服务范围突破了地理限制，在全国范围内均有一定影响力。如图 3 所示，在法院级别上涉及基层人民法院、中级人民法院、高级人民法院、最高人民法院以及专门法院，其中专门法院包括 3 个知识产权法院，2 个互联网法院，1 个铁路法院，表明国家图书馆的知识产权信息服务在司法诉讼领域也产生了广泛的影响力。

4.4 公信力强、权威性高、用户黏性高

裁判文书中关于服务用途的表述，均以"证明"为目的。证明在先权利、证明知名度高。并且裁判文书中有如下表述："国家图书馆出具的编号为 ×××× 的检索报告"、"有国家图书馆盖章的馆藏证明"等，反映了国家图书馆的"专题检索证明"和"馆藏文献复制证明"这两种知识产权信息服务形式得到了广泛认可，在知识产权诉讼领域具有很强的公信力。

在"樟树港辣椒"一案中，国家图书馆出具的关于商标"樟树港辣椒"的专题检索证明，在案件中被作为"樟树港辣椒系湘阴县樟树镇的特产，因历史悠久、特定生产方式和独特的口感而闻名"的佐证，被法院采信。国家图书馆拥有经验丰富的咨询服务队伍、丰富的馆藏中外文文献资源，在文献信息检索和挖掘方面具有极高的权威。

裁判文书显示，许多国内外知名商标、品牌、老字号等均不止一次使用国家图书馆的知识产权信息服务。例如华润集团及其关联公司于 2016—2021 年六年间，使用国家图书馆的知识产权信息服务达 33 次。反映了其服务质量和服务效果得到了用户认可，体现了很高的用户黏性。

4.5 商标信息服务优势

图 4 显示，商标信息服务在国家图书馆提供的知识产权信息服务类型中所占比重最大，高达 63%。图 5 显示，"证明商标品牌知名度"的服务用途最多，数量远超其他服务用途，而数量排在第二、第三的"证明商标持续使用""证明商标品牌在先使用"均属于商标信息服务。裁判文书内容显示，国内外许多公司、企业曾委托国家图书馆进行过关于商标、品牌、企业名称、老字号、地理标志等的检索和资料收集，使用过国家图书馆商标品牌的知识产权信息服务。这反映了国家图书馆在商标类型上的知识产权信息服务优势。

5 发展对策和建议

5.1 编制服务发展长期规划，制定服务顶层设计政策

根据现有服务应用效果，结合本馆资源特点，厘清自身服务优势、潜力方向，制订服务发展长期规划，制定服务顶层设计政策。制定国家图书馆知识产权信息服务条例、优化和修正新的工作流程、扬长避短，加强优势方面（例如商标信息服务）的服务内容，挖掘潜力方面（专利信息服务、地理标志信息服务）的服务内容。突出重点服务对象，开展用户研究，厘清用户重点需求，按需设计服务形式，设计满足共性需求的常规服务产品（法律法规咨询、事实查询、资料汇编、定题跟踪等）。

5.2 抓好品牌培育，提高宣传力度

裁判文书中在提及国家图书馆的知识产权信息服务时有多种表达方式，关于机构名称有："中国国家图书馆""国家图书馆科技查新中心""国家图书馆社科咨询组""国家图书馆社科咨询室"；关于服务名称有："检索报告""报告""复制证明""复印证明""馆藏证明"等，在机构名称和服务名称的统一和规范方面有待加强。

图 2 显示，多个省份或自治区十年间累计数量不足 10 件，这反映了国家图书馆知识产权信息服务的应用情况在很多地区没有与用户建立更多的联系，在很多地区未能有效建立知识产权信息服务影响力。

可以从品牌培育和提高宣传力度两方面开展工作。例如设计有国家图书馆特色的知识产权信息服务的品牌名称及标识；通过培训、回访、座谈、信息素养教育等开展宣传，提高知名度；充分利于网站、微信、微博等媒介服务平台进行宣传推广。

5.3 提高服务能力，加强资源建设，创新服务形式

设置有利于知识产权信息服务工作推进的组织机构，做好知识产权信息服务顶层设计和统一部署，形成机构与机构、个人与机构的有效协同机制，推动知识产权信息服务工作的有序开展和持续发展，在管理层面实现服务能力提高；从知识产权法学、知识产权运营、知识产权服务、知识产权管理等多学科角度配置和培养具有较高专业水平和实

务技能的高层次人才，建设层次丰富、学科全面的专业人才队伍，在人员服务能力上实现提升。

在资源建设方面，建立知识产权信息和馆藏资源的密切联系，尤其是古籍、地方志等特色资源的开发建设，有助于提高知识产权信息服务内容深度，可以在诸多溯源检索或证明"在先使用"方面发挥重要作用。购买专利或商标专门数据库、法律法规数据库、经济数据库等，拓展知识产权信息服务广度，有助于知识产权信息服务实现分析、评价、决策等功能。

改变用户把知识产权信息服务简单等同于文献提供和文献检索的刻板印象，利用丰富的馆藏资源和人才优势，在充分的用户需求研究基础上，创新服务形式。在知识产权素养教育、知识产权信息人才培养、知识产权信息和文化普及传播等多领域，在知识产权信息检索、收集、加工、分析等层次，开展服务形式创新。例如开展以用户涵养为目的的知识产权信息素养教育（具体形式包括手册、媒体推广、讲座、培训等），设计满足共性需求的法律法规咨询、事实查询、资料汇编的常规服务产品以及满足个性需求的定题跟踪、服务报告等。

5.4 完善评价机制，制定服务标准、规范

目前我国与知识产权信息相关的标准及规范有：《知识产权文献与信息分类及代码》《专利文献数据规范》《专利文献信息服务指南》《数字作品版权登记信息元数据规范》等。江苏、广东、北京、上海等地也制定了知识产权信息服务地方标准，《专利代理机构服务规范》（2018）成为我国首个规范知识产权服务业的国家标准。但总体来说，我国知识产权服务标准化工作推进比较缓慢，国家层面的知识产权信息服务标准体系构建不够细化，一些地方践行知识产权信息服务标准较为零散，现有标准总量偏少，特别是缺少信息检索服务、信息分析服务、咨询培训服务、服务质量评价、技术服务流程等重要标准，不利于知识产权信息服务可持续发展[1]。

国家图书馆应积极开展知识产权信息服务评价机制研究。在服务能力考核（人员素质、主动服务意识）、服务资源评价（信息资源量、信息更新频次、信息准确度）、服务效果反馈（响应时间、完成时间、服务质量）、服务管理履责（服务职责履行、服务质量检验、服务档案管理）等方面制定标准、规范。

5.5 积极履行职责，发挥示范和引领作用

国家图书馆于2021年10月26日正式成为国家知识产权信息公共服务网点。国家图书馆应根据《知识产权强国建设纲要（2021—2035年）》、《国家知识产权局公共服务事项清单》（2021）等政策文件要求，积极开展相关服务，履行知识产权培训、知识产权信息咨询等职责，主动向知识产权保护链条各环节用户提供个性化信息服务，积极对接需求，连接知识产权信息供给侧和需求侧的通道。

作为公共图书馆进入我国知识产权信息公共服务体系的先行者之一，国家图书馆应充分发挥其在公共图书馆界的引领和示范作用，主动联合其他公共图书馆，深化合作交

流，促进资源共享，构建知识产权信息服务联盟，促使公共图书馆界形成知识产权信息服务的优势差异和整体互补的局面。

参考文献

［1］吴高，韦楠华.高校知识产权信息服务现状、困境及体系构建［J］.图书馆，2021（12）：1-9.

［2］国家知识产权局印发《关于新形势下加快建设知识产权信息公共服务体系的若干意见》的通知［EB/OL］.［2022-03-31］.http：//www.gov.cn/zhengce/zhengceku/2019-11/25/content_5455154.htm.

［3］马海群.网络时代知识产权信息服务的创新与发展［J］.情报学报，2003（3）：354-360.

［4］国务院关于印发国家知识产权战略纲要的通知［EB/OL］.［2022-03-31］.http：//www.gov.cn/zhengce/content/2008-06/11/content_5559.htm.

［5］关于印发《关于加快培育和发展知识产权服务业的指导意见》的通知［EB/OL］.［2022-03-31］.https：//www.cnipa.gov.cn/art/2013/2/17/art_424_45051.html.

［6］国务院印发《关于新形势下加快知识产权强国建设的若干意见》［EB/OL］.［2022-03-31］.http：//www.gov.cn/xinwen/2015-12/22/content_5026552.htm

［7］国务院印发《"十三五"国家知识产权保护和运用规划》［EB/OL］.［2022-03-31］.http：//www.gov.cn/xinwen/2017-01/13/content_5159586.htm.

［8］中共中央办公厅 国务院办公厅印发《关于强化知识产权保护的意见》［EB/OL］.［2022-03-31］.http：//www.gov.cn/zhengce/2019-11/24/content_5455070.htm.

［9］国家知识产权局印发《关于新形势下加快建设知识产权信息公共服务体系的若干意见》的通知［EB/OL］.［2022-03-31］.https：//www.cnipa.gov.cn/art/2019/8/30/art_562_146051.html.

国立北平图书馆 1929—1949 年间展览述论

于　瑞（古籍馆）

本文的资料来源主要有关于国立北平图书馆（以下简称"平馆"）时期的档案、期刊、著作、论文和报纸。档案方面，以新中国成立前《国立北平图书馆馆务报告》为主。期刊方面，以平馆及图书馆协会创办的期刊为主，如《国立北平图书馆馆刊》《中华图书馆协会会报》等。著作方面，以国家图书馆馆史为主，如《北京图书馆馆史资料汇编》《中国国家图书馆馆史资料长编》等。论文方面，目前仅见王致翔《国家图书馆早期（1929—1936）举办的文献展览》一文[1]，较为系统地阐述了早期文献类展览，对本文具有一定的指导意义。报纸方面，以搜集相关近代报纸资料进行查漏补缺。据笔者统计，国立北平图书馆时期先后举办了各种不同类型的展览 38 个（详见附表），基本涵盖了民国时期平馆主要的展览活动。兹按时间顺序选取重点展览述略如下，以资观鉴。

1　平馆时期展览概述

1909 年 9 月 9 日，清政府批准筹建京师图书馆（今国家图书馆）。1928 年 7 月，京师图书馆更名为国立北平图书馆，馆舍为中海居仁堂，归属南京国民政府大学院领导。次年 8 月，南京国民政府教育部为促进学术发展文化，将国立北平图书馆与中华教育文化基金董事会下属的北海图书馆合并。合并后，馆名仍为国立北平图书馆，中海居仁堂为一馆，北海庆霄楼为二馆[2]。同年 11 月 28 日，教育部指令第 3066 号，核准《国立北平图书馆组织大纲》14 条，其中第九条规定由善本部职掌有关善本图书的"考订编目、影印流传、调查访求、写经之考订编目、陈列展览、善本书库及陈列室之保管、善本图书及写经之装潢修补等事项"[3]，"陈列展览"一条赫然写入大纲。在此基础上，亦在前人的不懈努力和苦心经营下，展览事业初奠而发。

1.1　居仁堂图书展览会

1929 年 10 月 10 日至 13 日，平馆在居仁堂举行图书展览会，将旧藏及新购入的善本古籍展出。展品分唐及唐以前写本、宋刻本、宋抄本、金刻本、元刻本、明刻本、明抄本、清刻本、清抄本、稿本、批校本、满蒙藏回文、方志、词曲小说、清乾隆间禁书、古器物拓本、舆图等 17 部，共展出 813 种珍稀典籍[4]。开幕之日，参观者达 2500 余人，名宿毕集，极称一时之盛[5]。有《国立北平图书馆图书展览会陈列目录》，目录按图书版本形式及时间分类排印。自此次图书展览会后，馆方决定，之后每年 10 月 10 日，都要定期举办展览。

1.2 西夏文书及佛像展览会

1929 年 11 月，平馆以"此项经文从未见于著录，最为稀世之珍，亟应集中一处，以供学者之研究"，特请中华教育文化基金董事会拨款 9500 元购入一批宁夏灵武县出土的西夏文佛经，计百余册。这批西夏文佛经入藏后，随即举办展览会，轰动一时。展览于当年 12 月 7 日在中南海居仁堂的一间展厅开幕，陈列的展品包括新入藏的西夏文佛经及旧藏佛像多种，又选列各项善本书籍及多种唐人写经一并展出，并邀请学术界、政界要人及大小各报新闻记者观展，与会者约 200 余人[6]。

1.3 双十节图书展览会

1930 年 10 月 10 日至 12 日，平馆举办图书展览会，展出 1928 年至 1930 年采访新购所得善本书籍，包括清代禁书、元刻河西字经卷、明刻词曲小说及其他明版珍本（内有天一阁藏书多种）、四库未收书，以及雷氏家藏圆明园、三海、普陀峪陵工等处建筑模型若干件，计 605 种[7]。开展期间，中外人士与会者有近 4000 人之多[8]。

1.4 筹赈水灾图书展览会

1931 年，江淮、武汉等南方多省发生严重洪涝灾害。原定于双十节举办的展览会因水灾奇重提前举行，改为 9 月 19 日至 20 日，于文津街馆舍开筹赈水灾图书展览会。此次展览发售入门券，每券两角，开展两日，得券资 500 余元，加以零星捐款共计千余元，悉充赈款。展品方面除陈列本馆旧藏及新购珍本外，并乘营造学社、西北科学考察团、东方文化会图书筹备处、清华大学图书馆、文禄堂书店，以及"平、津藏书家傅沅叔、朱翼庵、周叔弢、邢赞庭、朱遏先、郑西谛、孙伯桓诸先生之赞助"[9]，将单位与个人藏书加入展览，共计 957 种[10]。有《国立北平图书馆水灾筹赈图书展览会目录》，目录先按参加展出者排列，然后按经史子集四部分类。

1.5 舆图版画展览会

20 世纪 30 年代，平馆舆图的收藏已粗具规模，主要包括清内阁大库舆地图和陆续征购入藏的珍本舆图。为展示古舆图在中国地图史上的地位及学术研究之价值，特于 1933 年 10 月 10 日至 12 日，将旧藏新购历代各种地图，如宋至清代各朝旧式地图、明清两代边防河道工程驿铺道里等图，以及各地、私人出版地图 700 余幅，还有馆藏版画、佛道经部一并展览，共计 818 种[11]，参观者 3000 余人。

1.6 现代德国印刷展览会

1933 年 11 月 20 日，在时任平馆馆长袁同礼先生的倡导下，现代德国印刷展览开幕，由袁同礼致开幕词，并由德国驻华公使陶德曼致辞[12]。此外，出席开幕的还有陶孟和、任鸿隽、梁思成等人及新闻媒体从业者共 200 余人。展品计六类：（1）印刷术，包括字体学、刊物样本等；（2）插图，包括一般插图、自然科学插图、医师插图、艺术插图、工程学插图及儿童读物插图；（3）珍贵版与私家刻版，包括日历、纪念刊、文学书等项；（4）影印本；（5）宗教书籍，包括《圣经》原本与译本，祈祷书、神学书籍等；（6）关于中国的书籍。此外，还有为盲人所准备的盲文书籍及乐谱等[13]。这批德国印刷品在平馆展览一个月后，又先后运往南京、上海、杭州等地巡回展览，影响盛极一时。

1.7　戏曲音乐展览会

1934 年 2 月 18 日，平馆举办的戏曲音乐展览会开幕，展期 3 日，展品主要来自平馆、孔德学校图书馆、燕京大学图书馆、国剧陈列馆、古物陈列所、故宫博物院、历史博物馆的部分戏曲馆藏书目，以及马隅卿、梅兰芳、齐如山、傅惜华、王孝慈、赵斐云、刘半农、郑颖孙、杜颖陶、胡适、方问溪、鲍仲严等私人所藏部分戏曲书目，计一千数百种[14]，颇多罕见秘籍。此次展览"就学术之立场，为有系统之陈列"[15]，将公私珍藏戏曲文献集中展出，于学界影响较大。

1.8　闽县何氏赠品展览会

1931 年至 1932 年，闽县藏家何遂先生将其游陕所得金石瓦当、甲骨、铜鼓、汉唐铜镜等多种金石器物、碑帖书画数千件寄存平馆。1934 年 2 月，何遂函告平馆，为尊慈孙太夫人古稀晋寿，愿将先前寄存的藏品赠予平馆，并嘱受赠人开展览会 3 日，公布其事。为此，同年 5 月 1 日至 3 日（2 日为何母古稀寿诞），为尊重捐赠者所嘱，亦为感何先生"孝思不匮，嘉惠士林之至意"，特举办闽县何氏赠品展览会[15]。据《闽县何氏赠品展览会目录》所载，展出藏品包括玉器 5 件、甲骨 125 片、铜镜 130 面、铜器 26 件、古币 75 件、汉唐瓦当 660 方、唐裴休书《心经》石刻 1 方、汉奠基石螭头 1 个，共计 1000 余件[16]。

1.9　世界图书馆展览会

1934 年 10 月 10 日至 16 日，日内瓦中国国际图书馆在上海世界社大礼堂举办世界图书馆展览会，旨在沟通中西文化，吸取世界各国图书馆之经验，鼓励和发展中国图书馆事业。参加展出的有德国、英国、奥地利、美国、法国、意大利、波兰、罗马尼亚等 16 国公共和大学图书馆 42 家，及中国的国立北平图书馆、南京国立中央图书馆、浙江省立图书馆等公共图书馆和大学图书馆 24 家。展出内容为各国各类型图书馆的概况、规章等，展品分为照片、图样表册、出版物、图书馆建筑模型等数千件，是中国近代规模最大的图书馆专题展览，为国内图书馆界之创举。该展于沪展出后，收效甚好，后应华北各界人士邀请，定于 11 月 1 日至 7 日，移至平馆展览一周，展览会场为平馆的"梁启超纪念室"，与会参观者众多，有"来观者约万人之谱云"一说[17]。

1.10　希勒名著展览会

1934 年 11 月 11 日至 23 日，中德文化协会筹办的德国大文豪希勒一百五十周年诞辰纪念展在平馆开幕，有中德文化协会总干事卫德明、德国驻华公使陶德曼、德文翻译家杨丙辰博士，德侨及各大学教授共 50 余人出席。展品共计 5000 余件，分六部分：（1）关于希勒生活；（2）希勒各种相片；（3）希勒各种著作；（4）关于希勒著作之书籍；（5）剧院中的希勒；（6）希勒之文学[18]。

1.11　现代美国印刷展览

1935 年 4 月，美国经济考察团访华，引起国人关注。当时，欧美印刷术进步迅速，一日千里，平馆"为提倡美术印刷引起一般人士之注意"，举办现代美国印刷展览。展览于 1935 年 5 月 11 日至 6 月 10 日招待美国经济考察团茶会之期举行，展出平馆征集、购买的美国美术印刷品数百种，参观人士踊跃[19]。

1.12　欧美博物馆设备及建筑展览

当时，欧美各国博物馆进步神速，而我国博物馆事业尚在萌芽期。为发展我国博物馆事业，平馆陆续向各国征集关于博物馆设备、建筑图书、模型、照片等 2000 余种，并于 1935 年 5 月 18 日至 25 日在北海团城承光殿举行展览。展品计分六类：（1）天然历史博物馆；（2）专门博物馆；（3）艺术及历史博物馆；（4）名人故里；（5）建筑及陈列方法；（6）博物馆出版品。展览开幕当日为中国博物馆协会成立之期，会员均莅临参观。展览 7 日，参观者达 3 万人[19]。

1.13　筹赈水灾展览会

1935 年秋，全国各地发生水灾，灾情奇重。平馆于双十节日期间举办筹赈水灾展览会 3 日，陈列宋元明清水利书籍 250 余种、现代水利书籍及水利期刊 200 余种、河道水利图近百种[20]，并灾区照片一应展出。展览门券收入连同职员捐薪，悉数汇交天津大公报馆代送灾区[21]。

1.14　现代英国印刷展览

平馆曾于 1933 年、1935 年分别举办德美二国印刷展览各一，为进一步让国内人士对近代印刷之精美有正确的认识，促进并发展我国印刷技术，特定于 1935 年 12 月 5 日至 25 日举办现代英国印刷展览，以寓介西洋美术文化。展览由英国驻华大使贾德干爵士举行开幕典礼，陈列英国精美印刷品 200 余件。展期四周，参观者达数千人。此次展览结束后移至南京，并委托中英文化协会在宁举行同样之展览[21]。

1.15　科学仪器照片展览

1936 年 8 月，中国科学社及其他学术团体在北平举行联合年会。年会期间，平馆举行科学仪器照片展览，自8月19日至9月19日，展期一月，展览内容为馆藏各种科学仪器照片[22]。展品为各科学仪器公司赞助选送的仪器，共计60余件，分作六类："（一）关于气压者有克攸（Kew）式及福廷（Fortin）式气压计；（二）关于电学者有电阻箱及电位计等；（三）关于光学者有各种显微镜、分光镜、光机、透镜、棱镜及望远镜等；（四）各种烧瓶；（五）各种仪式拓片及说明书；（六）各种珍贵天秤。"[23]此次展览后因参观者极多而延期闭幕。

1.16 巴黎和会文件展览，十八、十九世纪法国汉学著作展览及法比美术印刷展览

1946年底，袁同礼先生自欧洲、北美搜集访求图书资料后回国。回国后不久，他就策划举办展览，将这批新入藏图书资料展出。1947年4月19日至20日，在国际问题研究室举办第二次世界大战时巴黎和会文件展，在法国译著陈列室举行法国汉学著作展览，在杂志阅览室举行法比美术印刷展览。巴黎和会文件展览展品300余件，内有和会议事条，秘书处通告，1946年7月巴黎外长会议及对罗匈保意芬五国和约，会议期间各国宣传品、条约草案、意见书及大会摄影7帧，搜罗宏富，为我国之创举。法国汉学著作展多选自明末至今的代表作多种。法比美术印刷展览展出法国及比利时名人书札影印本、世界最小的书等[24]。

1.17 抗战史料展

平馆一直十分重视文献的搜集和整理工作。早在抗日战争最严峻的1939年，平馆设在重庆的办事处就与西南联合大学合组"中日战事史料征辑会"，搜集、整理、保存关于抗日战争的文献。1948年5月16日，平馆在北海静心斋展览抗战资料1.5万余件，内容分抗战资料、敌伪资料、战时期刊及剪报、战时日报、敌伪期刊、敌伪日报等，皆为稀见资料。

1.18 国防科学文献展览

为提倡科学研究，平馆于1948年10月9日至10日举办国防科学文献展。展品内容包括军事学、航空学、无线电、雷达、原子能、化学战争、战时医药、科学期刊等资料500余种[25]，均系二战后欧美出版之文献，颇为宝贵。

1.19 五四资料展

为纪念五四运动三十周年，平馆特于1949年5月4日在新文化书籍阅览室举行五四资料展览，展出五四运动以来的书报杂志，并毛主席全部著作的各种版本，计300余种[26]。

2 平馆时期展览特点

国立北平图书馆时期的展览大多以举办图书展览会的形式进行宣传、推介馆藏，展

览主题往往能够反映时代特征，紧随社会形势的变化。根据展览主题的不同，可以将这一时期的展览分为馆藏特色文献展、节日庆祝展、社会公益展、中外文化交流展、人物纪念展、捐赠展、抗战等专题展。此外，在举办的 38 个展览中，有 11 个印制了展览目录，从不同层面揭示了原展，甚至不局限于纸上复原，更有补充、阐释及延伸，是展览陈列资料的价值呈现。这些展览在弘扬传统文化、传播文化知识、促进各地区文化交流及国际合作等方面发挥了巨大作用，更好地履行了图书馆职能，对今天的图书馆展览仍然具有借鉴意义。

2.1　注重展示新入藏品

早期举办的展览将新入藏品以展览形式公之于众，如居仁堂图书展览会展出新购入者 200 余种、西夏文书及佛像展览会展出新购入西夏文佛经等百余册、巴黎和会文件展览展出袁同礼先生自欧美新搜集访求的图书资料等，启智弘文，藏用并重，有利于传播和弘扬中华优秀传统文化。

2.2　文献价值高、数量多

1929 年双十节举办的展览会，展出了旧藏及新购入的唐及唐以前写本、宋刊本、宋抄本、金刊本、元刊本、明刊本、明抄本、清刊本、清抄本、稿本、批校本、拓本等善本古籍 800 余种，皆楮墨精良、刻印俱佳。舆图版画展览会展出馆藏珍本舆图、馆藏版画及佛道经部多种，还将郑振铎所藏宋元明单刊佛道经展出，展品总计达 818 种，皆罕见之品。上述展览从馆藏善本文献中选择存世早、版本精及对中国文化具有重要影响的古籍、舆图、版画等多种，展品的文献价值高、数量多、年代跨度长，蔚为壮观。

2.3　广泛借助社会力量

为了使展品更加丰富，主题更加多样，平馆采取多方合作的方式，不拘泥于本馆藏品，而是广泛借助社会力量，筹办精品展览。如在戏曲音乐展览会开展前广泛向公、私藏家征集展品，并将征集到的来自孔德学校图书馆、燕京大学图书馆的部分戏曲馆藏书目，以及马隅卿、梅兰芳、齐如山、傅惜华、刘半农等私人所藏部分戏曲书目集中展出，引起公众及学界的共同关注。科学仪器照片展览得到科学仪器公司之赞助，使展品方面有所突破，不再局限于纸质文献。各种科学仪器的展出，大大增添了展览的丰富性与可观性，一时观众云集——该展览因参观者极多而延期闭幕，从中可略窥当时盛况。图书馆作为中华民族经典文化沟通与交流的重要场所，理应面向社会搭建起文化桥梁，为文化交流与研究提供重要的平台，通过这种方式也能更好地达到展览展示之目的，进一步拓宽优秀传统文化的传播途径。

2.4　积极推动学术研究

"学术乃天下之公器"是国家图书馆一向秉承之传统。1929 年 12 月，平馆将新购入的西夏文佛经展出，轰动一时。1932 年，平馆适时出版《国立北平图书馆馆刊·西夏文专号》，邀请王静如、罗福苌、向达、周一良、罗福成、严可均、聂历山等知名学者撰写研究论文，还收录有周叔迦先生编辑的《馆藏西夏文经典目录》，介绍本馆收藏的宁夏出土西夏文文献的全貌，成为后世学人治西夏学的必读资料。1932年至1933年，国立中央研究院历史语言研究所先后出版《西夏研究》三辑，每辑扉页都有"谨致谢于"之语，致谢的内容为"国立北平图书馆，本刊所用材料多由其所藏"。平馆重金收购西夏文书、举办专题展览、重点出版"西夏文专号"研究刊物，推动了我国西夏学的研究，彰显了平馆发掘重视文献资料价值及关注新兴学科的远见卓识，影响深远、嘉惠学界。

2.5 热心社会公益事业

1931年举办的筹赈水灾展览，将本应于10月举行的展览提前至9月举行，并发售入门券，最后将所得券资及零星捐款，悉充赈款。1935年，平馆再次为助赈灾区举办筹赈水灾展览。这样的赈灾义展彰显了图书馆的社会责任和担当，得到众多公、私藏家的倾力襄助。作为公益性文化事业机构，平馆一直履行着"传承文明、服务社会"之宗旨，为受灾地区举办赈灾展览的义举一方面展示了传统文明，一方面又充分发挥了服务社会之职能。此等高义善举，足以垂鉴后世。

2.6 促进国际文化交流与合作

图书馆作为文化服务机构，是文化交流的重要场所。如1933年举办的现代德国印刷展览，得到中德学会，德国普鲁士邦立图书馆、国立书籍博物院及书业协会的大力支持。德国书业协会将征集的最新出版德文书籍多种，运来中国，言曰"该会于接得此次展览消息后，立即将代表德国印刷技术之全部书籍送来"[27]。此次展览不仅促进了中德间的文化交流与合作，也扩充了平馆的德文馆藏，深化了两国间的文化合作，蜚声中外。

2.7 紧随时事推出专题展览

抗日战争时期，平馆一路曲折前行，与祖国同呼吸共命运，设立"中日战事史料征辑会"，负责搜集、整理、保存关于抗日战争的文献，这一举措使珍贵史料得以有系统地保存。抗日战争胜利后，又于1948年在北海静心斋展览抗战资料1.5万余件，为国内仅有的一份资料，十分难得。该展于抗战胜利后不久展出，以展览的形式告于时人，一方面满足了社会需求，一方面服务于国家战略大局，彰显了图书馆的使命感和责任感。

从1909年9月9日京师图书馆的建立到2022年，国家图书馆已走过113年的风雨历程。回顾平馆时期的展览，先后经由老一辈图书馆同志继往开来、耕耘不辍的发轫性贡献，迎来展览事业的蓬勃发展，赓续传承至今。驻足当下，正逢文化事业繁荣发展的新时代，尤其是2014年国家典籍博物馆的开放，为国家图书馆发挥社会教育职能开辟了新平台。近年来，国家图书馆更是结合社会公众文化需求，举办了一系列精品展览，是让"书写在古籍里的文字活起来"的有效实践。展望未来，国家图书馆人将继续秉承"传承文明、服务社会"的宗旨，继承和弘扬中华优秀传统文化的初心使命，发挥图书馆"滋养民族心灵、培育文化自信"的价值与作用，推动国家图书馆展览事业更上层楼！

附表　国立北平图书馆举办的展览（1929—1949）

展览名称	展览时间	展览地点	展览目录	简要说明
居仁堂图书展览会	1929 年 10 月 10 日至 13 日	中南海居仁堂	《国立北平图书馆图书展览会陈列目录》	
西夏文书及佛像展览会	1929 年 12 月 7 日	中南海居仁堂		
双十节图书展览会	1930 年 10 月 10 日至 12 日	中南海居仁堂	《国立北平图书馆展览会目录》	
圆明园遗物文献展览会	1931 年 3 月 21 日	中山公园		与中国营造学社合作
筹赈水灾图书展览会	1931 年 9 月 19 日至 20 日	文津街馆舍	《国立北平图书馆水灾筹赈图书展览会目录》	
圆明园图画展览	1932 年 9 月	午门历史博物馆		参展
舆图版画展览会	1933 年 10 月 10 日至 12 日	文津街馆舍	《国立北平图书馆舆图版画展览会目录》	
现代德国印刷展览会	1933 年 11 月 20 日	文津街馆舍	《现代德国印刷展览目录》	
戏曲音乐展览会	1934 年 2 月 18 日至 20 日	文津街馆舍	《国立北平图书馆戏曲音乐展览会目录》	
闽县何氏赠品展览会	1934 年 5 月 1 日至 3 日	文津街馆舍	《闽县何氏赠品展览会目录》	
世界图书馆展览会	1934 年 10 月 10 日至 16 日；11 月 1 日至 7 日	上海世界社大礼堂；国立北平图书馆梁启超纪念室	《世界图书馆展览会目录》	
希勒名著展览会	1934 年 11 月 11 日至 23 日	文津街馆舍		

展览名称	展览时间	展览地点	展览目录	简要说明
中国现代工业资料展览会	1935 年 4 月	文津街馆舍		
图书展览会	1935 年 4 月 16 日至 22 日	文津街馆舍		读书运动宣传周
古文物展览会	1935 年 5 月	文津街馆舍		
现代美国印刷展览	1935 年 5 月 11 日至 6 月 10 日	文津街馆舍	《现代美国印刷展览目录》	
欧美博物馆设备及建筑展览	1935 年 5 月 18 日至 25 日	北海团城承光殿		
筹赈水灾展览会	1935 年 10 月 10 日至 12 日	文津街馆舍	《国立北平图书馆筹赈水灾展览会水利图书目录》	
伦敦中国艺术国际展览	1935 年 11 月	英国伦敦		选送宋元明珍品古籍 50 余种参展
现代英国印刷展览	1935 年 12 月 5 日至 25 日	文津街馆舍	《现代英国印刷展览目录》	
镇江图书馆展览	1936 年 2 月	镇江图书馆		"以馆藏关于江苏及南京之历史地图"及美国印刷品 200 余种参展
中国建筑展览会	1936 年 4 月 12 日至 19 日	上海博物馆		"以样子雷旧制圆明园、万春园、长春园等处之工程图样"参展
图书馆用品展览会	1936 年 7 月 20 日至 24 日	青岛		
科学仪器照片展览	1936 年 8 月 19 日至 9 月 19 日	文津街馆舍		
映片展览会	1936 年 11 月 8 日			
中国戏剧摄影展览会	1936 年 12 月 19 日	文津街馆舍		

续表

展览名称	展览时间	展览地点	展览目录	简要说明
德国画家魏歌曼绘画展	1936 年 12 月 20 日至 27 日	文津街馆舍		
铁路工程展览	1937 年 5 月	上海博物馆		
珍贵宫殿模型展	1937 年 6 月 1 日	午门历史博物馆		
巴黎和会文件展览；十八、十九世纪法国汉学著作展览及法比美术印刷展览	1947 年 4 月 19 日至 20 日	文津街馆舍		
基本教育资料展	1947 年 9 月 20 日至 21 日	文津街馆舍		
俄国名画图片展览	1947 年 10 月 25 日	文津街馆舍		
英国十八世纪末诗人布拉克展	1948 年 3 月 8 日至 15 日	文津街馆舍		
抗战史料展	1948 年 5 月 16 日	北海静心斋		
美国美术印刷品展	1948 年 6 月 26 日至 27 日	文津街馆舍		
国防科学文献展览	1948 年 10 月 9 日至 10 日	文津街馆舍		
联合国文献展览	1948 年 10 月 24 日	文津街馆舍		
五四资料展	1949 年 5 月 4 日	文津街馆舍		

参考文献

[1] 王致翔. 国家图书馆早期（1929—1936）举办的文献展览 [J]. 国家图书馆学刊, 2005（2）: 78-82.

[2] 李致忠. 中国国家图书馆馆史资料长编（1909—2008）[M]. 北京: 国家图书馆出版社, 2009: 74-95.

[3] 国立北平图书馆. 国立北平图书馆馆务报告（民国十八年七月至十九年六月）[M]. 北平: 国立北平图书馆, 1930: 3.

[4] 国立北平图书馆. 国立北平图书馆图书展览会陈列目录 [M]. 北平: 国立北平图书馆, 1929.

[5] 图书展览会 [J]. 国立北平图书馆月刊, 1929（4）: 573.

[6] 西夏文书及佛像展览会 [J]. 国立北平图书馆月刊, 1929（6）: 853.

[7] 国立北平图书馆. 国立北平图书馆展览会目录 [M]. 北平: 国立北平图书馆, 1930.

[8] 双十节图书展览会 [J]. 国立北平图书馆馆刊, 1930（5）: 133.

［9］国立北平图书馆.国立北平图书馆馆务报告（民国二十年七月至二十一年六月）［M］.北平：国立北平图书馆，1932：8.

［10］国立北平图书馆.国立北平图书馆水灾筹赈图书展览会目录［M］.北平：国立北平图书馆，1931.

［11］国立北平图书馆.国立北平图书馆舆图版画展览会目录［M］.北平：国立北平图书馆，1933.

［12］现代德国印刷展览会［J］.中华图书馆协会会报，1933（3）：20-22.

［13］德国现代印刷在平展览 北平图书馆与中德文化协会合办［N］.南宁民国日报，1933-12-03（2）.

［14］国立北平图书馆.国立北平图书馆戏曲音乐展览会目录［M］.北平：国立北平图书馆，1934.

［15］国立北平图书馆.国立北平图书馆馆务报告（民国二十二年七月至二十三年六月）［M］.北平：国立北平图书馆，1934.

［16］国立北平图书馆.闽县何氏赠品展览会目录［M］.北平：国立北平图书馆，1934.

［17］世界图书馆展览会［J］.中华图书馆协会会报，1934（6）：14.

［18］中德文化协会纪念希勒诞辰 今在北平图书馆举行展览［N］.华北日报，1934-11-11（9）.

［19］国立北平图书馆.国立北平图书馆馆务报告（民国二十三年七月至二十四年六月）［M］.北平：国立北平图书馆，1935：28.

［20］国立北平图书馆.国立北平图书馆筹赈水灾展览会水利图书目录［M］.北平：国立北平图书馆，1935.

［21］国立北平图书馆.国立北平图书馆馆务报告（民国二十四年七月至二十五年六月）［M］.北平：国立北平图书馆，1936：23.

［22］国立北平图书馆.国立北平图书馆馆务报告（民国二十五年七月至二十六年六月）［M］.北平：国立北平图书馆，1937：25.

［23］北平图书馆科学仪器展览下月十五闭幕［N］.华北日报，1936-08-26（9）.

［24］北平图书馆展览会已于昨日起公开展览［N］.华北日报，1947-04-20（5）.

［25］北平图书馆举办国防文献展览［N］.华北日报，1948-10-06（5）.

［26］国立北平图书馆明日展览五四资料［N］.人民晚报，1949-05-03（1）.

［27］现代德国印刷展览会［J］.中华图书馆协会会报，1933（3）：20-22.

国家图书馆中文连续出版物馆藏资源建设智慧化转型思考

孟丽娟（中文采编部）

连续出版物指一种具有接续关系的、以独立的卷期或部分以定期或不定期的方式发行的连续性资源，通常带有编号，但无明确的终止日期。连续出版物包括：期刊、报纸、年鉴、连续性名录、集中著录的专著丛编、系列会议录等[1]。连续出版物的馆藏建设，不仅要尽力保障馆藏的连续性，还要通过书目数据体现其存续期间的各种发展变化。采编人员需要对连续出版物的整个生命周期保持持续关注，在不间断的数据维护中，最大限度地客观著录其发展历史。本文主要选取连续出版物中占比较大，代表性较强的期刊和报纸进行分析。

1 国家图书馆中文连续出版物馆藏资源建设现状分析

1.1 印刷型中文连续出版物馆藏资源建设

截至 2019 年底，国家图书馆共入藏印刷型中文期刊 53491 种，其中现刊（仍在出版的期刊）10279 种，过刊（已停止出版的期刊）43212 种；印刷型中文报纸 9620 种，其中现报（仍在出版的报纸）1336 种，过报（已停止出版的报纸）8284 种[2]。

1.1.1 建设原则

国家图书馆馆藏资源建设的总原则是"中文求全，外文求精；国内出版物求全，国外出版物求精；多品种，少复本"[3]。其中的"国内出版物求全"主要依靠执行国家交存相关法律法规和专项经费采购来实现。因此印刷型中文期刊的采选范围是：国内正式出版的期刊①全面入藏，国内非正式出版的内部期刊②选择性入藏。而印刷型中文报纸受客观因素影响，目前的采选范围是：国内正式出版的地市级（含）以上城市报纸全面入藏（电视报、校报和教辅类报纸除外），其他正式出版的报纸选择性入藏。

1.1.2 采访方式

国家图书馆印刷型中文连续出版物采访方式主要有三种：接受交存、购买和接受捐赠。

接受交存是确保国家图书馆中文连续出版物馆藏完整的重要渠道之一。根据相关法

---

① 目前国家图书馆以报刊有 CN 号，且在国家新闻出版署有登记为判断标准。
② 目前国家图书馆以报刊没有 CN 号，但有内部准印证号为判断标准。

律法规，所有正式出版的期刊 / 报纸均需向国家图书馆交存三份 / 一份样本。对于部分无采购渠道的报刊，我们称之为纯交存报刊，其馆藏只能依靠接受交存予以保障。每年国家图书馆纯交存期刊约占入藏总量的 5%，纯交存报纸约占入藏总量的 35%。

购买主要包括邮局订购、书商代订、报社直订等方式。对于期刊来说，主要通过招投标进行书商代订，每年采用此方式入藏的中文期刊约占入藏总量的 90%。对于报纸来说，主要通过邮局订购方式进行采购，每年采用此方式入藏的中文报纸约占入藏总量的 55%；另外，通过书商代订和报社直订方式入藏的中文报纸约占入藏总量的 10%。

接受国内外团体及个人捐赠是丰富国家图书馆中文连续出版物馆藏的重要方式之一。对于报纸来说，接受捐赠的主要是缺藏过报及现报；对于期刊来说，接受捐赠的除了缺藏过刊及现刊，还有选择性入藏的内部期刊[①]（约占入藏总量的 5%）。

1.1.3 揭示与管理

国家图书馆藏印刷型中文连续出版物目前均通过书目数据和馆藏数据在 ALEPH 系统中进行揭示。书目数据采用符合《GB/T 33286—2016 中国机读书目格式》标准的 MARC 格式，依据《中国文献编目规则》（第二版）和《GB/T 3792.3—2009 连续性资源著录规则国家标准》编制，分类标引取自《中国图书馆分类法（第五版）》[②]。工作人员在 ALEPH 系统中对到馆的期刊实体进行逐期登记，并按要求加工分流；工作人员在专用卡片上对到馆的报纸实体进行逐期登记，并按要求加工分流。

1.1.4 保存与服务

国家图书馆印刷型中文连续出版物分为正式馆藏和临时馆藏两个级别。其中，正式馆藏指为履行建设国家总书库职责而特藏的永久保存的馆藏文献，称为"保存本"，通常是入藏国内出版物的第一复本；临时馆藏指为提供阅览、满足外借需求而设定的藏本，称为"借阅本"。目前，国家图书馆中文报刊当年出版的保存本均由采编部门暂存，一年后进行整年文献的下架装订，装订完成验收后送至典藏部门永久保存；中文报刊"借阅本"的第一复本由采编部门加工后送至阅览部门提供服务，其他复本暂存于采编部门做服务备用。

1.2 中文连续出版物数字馆藏资源建设

截至 2019 年底，国家图书馆共入藏中文电子期刊 27393 种，包括外购数据库中的 22000 种以及自建馆藏民国期刊 5393 种；中文电子报纸 1987 种，包括外购数据库中的 1325 种，接收交存的 144 种，网络采集的 315 种以及自建馆藏民国报纸 203 种[2]。

1.2.1 采访方式

国家图书馆中文连续出版物数字资源采访方式主要有四种：购买、接受交存、网络采集以及馆藏文献数字化加工。

---

① 这部分期刊既不属于交存范围，又没有采购渠道，只能通过接受捐赠获取。

② 印刷型中文报纸因内容繁杂，书目数据中不做分类标引。

外购数据库是国家图书馆中文连续出版物数字资源馆藏建设最重要的采访渠道。目前馆藏中文期刊全文数据库 12 个，内容涉及 1833 年至今出版的 22000 种期刊，占馆藏中文电子期刊总量的 80%。其中既有专题数据库，也有综合性期刊数据库；中文报纸全文数据库 8 个，内容涉及 1862 年至今出版的 1352 种报纸，占馆藏中文电子报纸总量的 68%。其中既有综合性报纸数据库，也有单一品种报纸数据库[2]。

通过馆藏文献数字化加工自建数字资源是国家图书馆中文连续出版物数字资源馆藏建设的另一种重要渠道。出于对印刷型民国文献的保护，目前主要对馆藏民国报刊缩微胶片进行数字化转化。现已完成民国期刊缩微胶片 5393 种 545 万页，民国报纸缩微胶片 203 种 80 万页的数字化加工[2]。

除此之外，国家图书馆还积极推进中文电子报纸的交存和网络采集工作。

1.2.2　信息组织

国家图书馆目前主要通过整合元数据仓储的方式对中文连续出版物数字资源进行组织和揭示，包括外购数据库、自建资源以及征集资源。制定相关数据库的映射规则，同时对所辖资源进行意识形态筛查，并按要求处理。

1.2.3　保存与发布

国家图书馆中文连续出版物数字馆藏中的自建资源主要以光盘形式进行保存，并定期进行备份和修复；对网络资源进行长期保存，并通过灾备中心磁带库完成数据备份，定期开展检查，恢复问题数据；对外购数据库采取本地镜像的方式进行保存。

截至 2019 年底，国家图书馆电子期刊发布率为 99.6%，电子报纸发布率为 75.6%。其中数字化自建资源基本实现互联网发布，外购数据库均已在馆域网发布，网络采集资源部分实现局域网发布。接收交存的 144 种电子报纸，因与外购资源内容重复，未做发布[2]。

2　中文连续出版物出版现状分析

2.1　印刷型报刊出版量增减趋势不同

随着互联网的发展和新媒体的普及，近年来印刷型中文报刊的出版受到了一定的影响。但其中期刊每年的出版量仍保持微弱的增长态势（如图 1），到 2020 年达到 10,192 种，比上年增长 0.2%。近年期刊出版增长的品种主要集中在文化教育类、科学技术类及哲学社会科学类，减少的品种主要集中在文学艺术类和综合类[4]。

报纸每年的出版量持续缓慢下降，近年有加速趋势。各级各类报纸的品种数都有不同程度的减少。2020 年全国共出版报纸 1810 种，比上年减少 2.2%（如图 2 所示）[4]。

单位：种

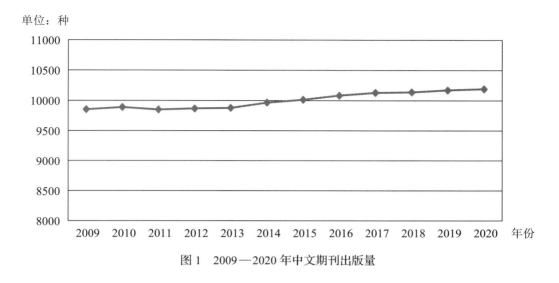

图 1　2009—2020 年中文期刊出版量

单位：种

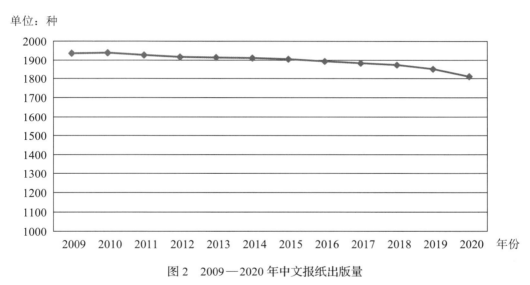

图 2　2009—2020 年中文报纸出版量

2.2　媒体融合深入发展

作为这个时代最大的变量，互联网为媒体行业带来了颠覆性变革，推动舆论生态、媒体格局、传播方式持续深刻变化。回顾近几年印刷型报刊出版业的发展，一方面是传统纸媒的停刊、休刊，另一方面是新兴媒体的野蛮生长。当前以全程媒体、全息媒体、全员媒体、全效媒体为主要特征的"四全"媒体深入发展，媒体融合发展进入深水区。现象级融媒体产品不断涌现，主流媒体的传播力、影响力不断提升。中央、省、市、县等各级媒体充分利用 5G 技术，推动时空传播立体化、应用场景多样化、地方资源整合化、应用方式特色化，积极探索媒体融合新模式。

据《中国新媒体研究报告 2020》显示，媒体移动端用户最活跃端口排名第一的为微信公众号，占比 48.17%，然后是自建 App（占比 26.74%）和短视频平台（占比 13.48%）；而用户数量最大端口排名前三的分别为自建 App（占比 38.35%）、微信公众号（占比 37.85%）和短视频平台（占比 10.25%）。由此可见，目前影响力最大的新媒体端口当属微信公众号。

3 国家图书馆藏中文连续出版物资源建设面临的挑战

3.1 未真正实现全面入藏

按照国家图书馆馆藏资源建设的总原则，中文连续出版物应全面入藏。但受客观条件限制，印刷型中文报刊和电子报刊均有未入藏的情况存在。具体如下：依据《国家图书馆文献采选条例》，国家图书馆于 2005 年（含）以后不再入藏专利、商标公告类期刊；因馆藏及服务政策未定，暂未入藏盲文期刊；部分军内发行的期刊，自 2013 年起不再向国家图书馆交存样刊，因没有采访渠道导致无法入藏；因难以保证连续性或内容资料性不强，地市级以下城市出版报纸、校报、电视报以及教辅类报纸，历史上一直未入藏。

外购数据库作为现报现刊数字资源最重要的采访方式，因受制于数据库厂商数据封装及销售模式，而无法实现电子报刊的全面入藏。

近年来，媒体融合发展已经进入全面发力、构建体系的新阶段。尤其是报刊出版单位，涌现出了一大批颇具影响力的网站、客户端、微信公众号、微博、视频号等，但目前国家图书馆还未把这些新媒体资源纳入馆藏体系。

3.2 采访工作存在痛点

目前，国家图书馆中文连续出版物采访工作最大的痛点是没有中文报刊的出版全目录，只能由采访人员在日常工作中，通过获取供货商目录、联络各省出版局、关注报刊出版信息、接收样本交存等方式拼凑出采访目录，进而与新闻出版总署发布的报刊出版量进行比对。

3.2.1 报刊交存方面

根据《公共图书馆法》规定，报刊出版单位应当按照国家有关规定向国家图书馆交存正式出版报刊。这里的"国家有关规定"仅针对印刷型报刊，且不够详细，其中对报纸的交存形式，以及报刊交存时限并没有明确的规定，给采访人员的实际催交工作带来困难。

3.2.2 报刊采购方面

国家图书馆印刷型中文期刊主要通过招投标的形式进行书商代订，但非邮发 [①] 期刊（约占期刊发行总量的 30%）由于出版不规范，代理难度大，可选择的代理商较少，缺

---

① 非邮发即不通过邮局进行发行。

乏足够的竞争，因此到货率和实效性较邮发^①期刊稍差。另外，由于印刷型中文期刊，尤其是社科类期刊，版本变更频繁，出版随意，非常容易造成漏采。

国家图书馆印刷型中文报纸中的邮发报纸（约占报纸发行总量的60%）主要通过邮局购买，由于渠道单一，缺乏竞争，导致报纸缺期严重，时效性差；非邮发报纸（约占报纸发行总量的40%）的购买主要是通过书商代订和报社直订。这两种方式均增加了采访人员与书商及报社的沟通成本。

3.3 资源揭示存在难点

国家图书馆印刷型中文报刊的资源揭示主要分为书目数据新建和维护两部分。

报刊书目数据的新建需要依据第一期或所见最早一期客观著录。这一环节的难点主要在于报刊出版的不规范性。根据连续性资源相关著录标准，印刷型中文报刊的主要信息源为"题名页"。但当前出版的印刷型报刊，大部分都没有题名页，这就需要编目人员依据标准中规定的顺序，选取"代题名页"作为著录信息源。此时，对于同一种报刊，若代题名页的选取不同，就可能造成数据重复。

作为具有连续性特点的出版物，中文报刊在出版过程中受到多种因素的影响，经常出现动态信息（如题名、标准编号、出版地、出版者、卷期编号、出版周期、载体形态等）变化。报刊的变化情况需要及时著录在书目数据的相应字段中，同时在附注项的对应字段进行说明，否则可能直接影响报刊的加工管理和读者服务。这一环节的难点主要在于，数万种报刊信息的频繁变化与采编人员有限的精力之间存在巨大的矛盾。再加上部分报刊出版不规范，采编人员需要花费大量时间和精力进行多方咨询和求证，再加以分析鉴别，才能完成某种报刊某项信息变化的书目数据维护。若发现不及时，还有可能需要进行回溯性维护及加工。

3.4 资源整合不充分

目前，国家图书馆的中文连续出版物按载体类型不同分属不同部门管理：印刷型中文连续出版物的采编加工由中文采编部负责，典藏阅览由典藏阅览部负责。在中文连续出版物数字资源中，外购数据库由中文采编部负责，网络采集和数字化加工由数字资源部负责，阅览服务由典藏阅览部负责，长期保存由信息技术部负责。不同载体类型的中文连续出版物馆藏资源在各部门内均得到了良好的建设和揭示，但跨载体类型的资源揭示和知识服务并没有彻底打通，形成了很多"信息孤岛"，信息资源的利用效率也有待提高。当前国家图书馆入藏的印刷型中文现刊中，71%的品种在外购数据库中已有电子版。其中，学报类和科技类期刊的纸电重合率更是达到了97.7%和86.5%。但目前两种资源并未实现关联。

---

① 邮发即通过邮局进行发行。

3.5 共建共享程度不足

目前，全国图书馆联合编目中心成员馆已突破 3000 家，覆盖国家级、省级、副省级、地市级、区县及以下级别图书馆和图书室，少年儿童图书馆，高校及科研院所图书馆以及其他图书馆和机构。全国图书馆联合编目中心在成员馆和数据用户中间已实现书目数据的共建共享，目前正在探索进一步开展馆藏数据的共建共享。但当前的资源共享还停留在资源服务共享阶段，未能达到资源建设共享的程度。

4 国家图书馆中文连续出版物馆藏资源建设智慧化转型思考与展望

4.1 "中文求全"突破载体形态壁垒

国家图书馆馆藏资源不再受制于载体形态，实现内容上的"中文求全"，打造纸电协同、多元立体的国家文献信息战略保障体系。对于中文报刊来说，可以将印刷型报刊的第一复本作为正式馆藏，履行建设国家总书库的职责；以印刷型报刊、外购报刊数据库、自建报刊数字资源、报刊新媒体端口等整合后的多元立体化馆藏资源为读者提供全方位服务，不再局限于同一载体形态内的"求全"。同时，国家图书馆加强国家重大战略关切内容的馆藏资源保障，在海外中国学、边疆海疆、"一带一路"、法律文献等重点领域，融汇多来源、多类型、多载体的馆藏资源[5]。同时在内容上实现"中文求全"的框架下，推动公共图书馆法交存相关法规细则出台，以保障国家图书馆"中文求全"的实现。

4.2 "共建共享"贯通地域空间限制

依托已有合作网络，国家图书馆联合全国各级各类图书馆，吸纳出版单位、供应商等，逐渐向智慧图书馆体系靠拢，实现多元立体的馆藏资源共建共享[5]，包括中文连续出版物采访信息、书目数据、馆藏数据、文献存藏以及知识服务等各个方面：打造智慧图书馆体系"集成采访系统"，最大限度共建共享各馆馆藏资源采访信息，弥补目前中文报刊出版目录缺失的不足；在全国图书馆联合编目系统基础上，启动各成员馆中文连续出版物相关数据的联机上传，实现其书目数据及馆藏数据的共建共享；依托全国公共图书馆总分馆建设，各馆馆藏资源建设突出当地特色，兼顾读者需求，在全国智慧图书馆体系中整合资源，打造知识服务生态[5]；建设"文献借阅云平台"，支持有条件的图书馆通过该平台开放共享本馆馆藏资源，提升馆藏资源的利用率和公众阅读需求的满足率。

4.3 "深度揭示"打造资源集成仓储

加强国家图书馆藏中文连续出版物编目加工工作，完善编目加工标准，提升书目数据质量，细化数据标引粒度；推进印刷型中文报刊智能化加工与书目数据新编，提高报刊加工效率；依托现有国家图书馆交存管理平台功能，邀请各报刊出版单位，以提交审核的方式参与报刊书目数据维护互动，提高报刊书目数据维护的时效性及准确率；应用云计算、人工智能等技术，实现跨载体类型报刊资源的内容聚合，提高各类型文献的利用率及阅读需求满足率。

4.4 "充分调研"健全馆藏评价体系

多方调研，建立适用于国家图书馆的中文连续出版物馆藏资源评价体系，用以支持采访、保存、入藏及服务政策。在充分调研的基础上，对报刊出版、交存、借阅、内容、纸电替代、文章引用、服务需求等情况进行数据记录及分析。在分析数据支持下，可根据购置经费及服务情况，动态调整订购目录；可针对特殊人群或关注度高的主题，提供推荐资源目录；可预测发展趋势，优化馆藏结构及入藏服务政策；等等。

4.5 "提升能力"坚守意识形态阵地

在中文连续出版物馆藏资源建设中严格落实意识形态工作责任制。增进与馆外各审读相关部门及企业的沟通学习，加强馆内各业务环节意识形态工作的沟通。在智慧图书馆体系的工作界面中，实现同一内容不同载体间意识形态审读问题的关联响应，并对业务负责人进行相关信息自动推送和提醒。

国家图书馆提出的"全国智慧图书馆体系"，是一种面向未来的新发展理念。它一方面要求图书馆应用智慧化技术手段进一步提高管理水平和服务效率，为用户获取知识信息提供更加便捷高效的支持；另一方面突出强调图书馆应当立足人的智慧活动需求，主动提供更加专业、精准的知识信息服务[6]。本文从国家图书馆中文连续出版物馆藏资源建设实际出发，基于当前的技术手段，对未来的智慧化转型进行畅想与展望，希望能对智慧图书馆体系中的中文连续出版物馆藏资源建设发展方向管窥一二。

参考文献

［1］申晓娟. GB/T 3792.3—2009《文献著录 第 3 部分：连续性资源》应用指南［M］. 北京：国家图书馆出版社，2011.

［2］国家图书馆. 国家图书馆年鉴 2020［M］. 北京：国家图书馆出版社，2021.

［3］毛雅君. 国家图书馆文献信息资源建设的回顾与思考［J］. 国家图书馆学刊，2019（5）：13-19.

［4］国家新闻出版署. 2020 年全国新闻出版业基本情况［EB/OL］.［2022-04-01］. http：//www.cnfaxie.org/webfile/upload/2021/12-17/07-56-280973-924401286.pdf.

［5］国家图书馆. 国家图书馆"十四五"发展规划［EB/OL］.［2022-04-01］. http：//www.nlc.cn/dsb_footer/gygt/xxgk/202110/P020211009593349959836.pdf.

［6］饶权. 全国智慧图书馆体系：开启图书馆智慧化转型新篇章［J］. 中国图书馆学报，2021（1）：4-14.

图书馆应用真空包装技术保存纸质文献的可行性研究

——以报纸为考察对象

周川富（典藏阅览部）

伴随互联网和计算机技术的进步，有大量报纸在出版纸质版本的同时发行电子版。由于电子版报纸可以较好地保留原报信息，能够提供打印、下载、查询等功能，并且使用方便快捷，越来越受到读者的欢迎。与此同时，各大图书馆对旧报纸的数字化与缩微化加工也在进行中。因此，图书馆利用其他载体形式（如网络、数字化、缩微胶片）替代报纸原件（特别是一些脆弱的老报纸）为读者服务就成为可能。如此一来，图书馆报纸原件的重要使命将由藏用并重转变为以藏为主，以用为辅。

由于生产报纸的材料较为脆弱，加之暴露在常规大气环境中的报纸文献会受到诸如氧气、灰尘、水蒸气、霉菌、害虫和有害气体的侵害，报纸老化损毁速度较快，如何更好地保存报纸原件正成为图书馆普遍面临的重要问题。

真空包装技术可以隔绝常规大气环境，为文献创造一个相对恒定的保存条件，延长保存寿命；同时还能避免传统装订技术对报纸文献造成的二次损害（如中缝缺失，形态改变等）。本文对应用真空包装技术保存报纸文献的可行性问题进行初步探讨。

1 真空包装技术概述

真空包装也称减压包装，是将被包装物品放入阻隔性包装袋内，然后抽出包装袋内的气体并密封，从而使包装袋内部达到预定真空度的包装方法。真空包装技术已经被广泛应用于食品、药品、化工产品、电子元器件等的包装，包装设备、材料、工艺都已成熟。

用于真空包装的设备主要是真空包装机，按工艺可分为外抽式真空包装机和内抽式真空包装机。外抽式真空包装机利用喷嘴直接抽出包装袋内的空气，达到预定真空度后再进行密封。外抽式真空包装机抽气速度快，可加工大尺寸物品。内抽式真空包装机通过排出腔室内空气，然后将置于腔室内的包装袋密封，从而达到真空包装的目的。内抽式真空包装机可以实现较高的真空度，用于真空包装袋的材料主要是各种阻隔性薄膜。

将纸质文献真空包装后，包装袋内处于高度减压状态，空气稀少相当于低氧效果，从而达到抗氧化、防潮、防霉、防虫害发生的目的，如采用抗紫外线包装材料，还能延缓纸张光老化进程，延长文献寿命。

国外已有图书馆将此项技术应用于文献的典藏中，包装完后文献如下图所示[1]。

在国内，早在 1990 年，国家图书馆研究人员李景仁就指出，采用塑料袋密封保存文献可以有效防潮，此方法特别适用于对古籍善本的防潮保护[2]。邱月娥建议，对一些特别珍贵的档案原件采用真空保存[3]。但国内图书馆在文献的长期保存中并未规模化使用此项技术，相关研究资料较少。

图 1　在澳大利亚采用真空包装的
纸质文献

2　图书馆现有报纸文献保存措施的弊端

目前，国内图书馆报纸的长期保存主要采取先将报纸装订成合订本结集成册，然后放入库房存放的形式。

将报纸装订成册可以方便查找使用，对报纸文献也有一定的保护作用，是目前应用最广泛的报纸保存形式。但在长期使用过程中，也暴露出此种技术的诸多弊端。

（1）报纸原态改变较大。采用传统的报纸装订方法，报纸中缝内容难以再现，装订册的"报口"部分被人为切割，改变了版面尺寸，也损坏了原报形态。

（2）合订本报纸不利于拆装进行数字化和缩微化。由于图书馆藏的老报纸往往采取合订本装订的形式，在进行数字化与缩微的过程中，为完整获取报纸信息，往往需要将合订本报纸拆装订，这种做法对文献形态和纸张损害较大，在数字化和缩微完成后，由于老报纸已较为脆弱，难以承受再次装订的损害，恢复原态困难，往往以散页形式存放于库房中，不利于文献保护。如何对经数字化与缩微加工完成后的老报纸进行保存是一个现实的问题。

（3）装订成本较高，周期过长，容易积压。传统装订的外包厂家很少，近年来价格逐年上升，每册精装本报纸装订费需要四五十元。装订周期在 6 个月左右，这个周期内读者无法利用报纸，影响读者服务工作的开展。受到加强环保整治的影响，市场上满足图书馆需求的装订厂家逐渐较少，容易造成装订积压。

（4）报纸在送装订厂装订期间存在管理风险。承包单位在馆外办公，虽有合同规定，但装订期间业主方无法实施监管，存在安全隐患、非法复制等管理风险。

（5）常规库房大气保存环境会对报纸产生不利影响。将报纸放入标准化库房中，理论上可以避免高温、潮湿、霉菌、光照、害虫的危害，但实际上真正能够完全达到标准的报纸库房是很少的，从全国图书馆来看，即使是古籍书库，大多数也条件简陋[4]；即使达到标准规定的要求，但只要报纸暴露于空气中就仍然会受到氧气、二氧化硫、二氧化氮等气体以及灰尘的影响，存在氧化、酸化、积尘的等问题，不利于长期保存。

3 真空包装技术保存报纸文献的优点

采用真空包装技术来保存报纸不需要改变报纸原态,直接封装保存,这就做到了报纸的原生态保护,最大限度地保留了报纸各个方面的原始信息,便于将来的利用与研究。由于没有进行装订,在需要扫描和缩微时也不需要拆装。不论是读者使用,还是数字化或缩微化,都将对文献的损坏降到了最低,避免对文献造成二次损害。报纸还可在馆内进行封装,减少了外包装订的管理风险。报纸真空包装速度快,无装订中断服务的周期,不影响读者服务工作。加工一份报纸从整理报纸开始到包装完成需要 5 分钟,其中从抽气到密封完成只需要 1 分钟。

同时,真空包装后报纸完全与大气环境隔绝,文献处于密闭真空环境中,害虫不能生长繁殖,也接触不到灰尘,就不存在积尘和长虫的问题;包装袋内的保存条件恒定,不需要严苛的库房保存环境,节省库房改造和运行费用;文献与外界完全隔绝,还可避免跑水事故。

真空包装技术和报纸装订技术特点对比如表 1 所示。

表 1 真空包装技术和报纸装订技术对比

比较项目	真空包装技术	报纸装订技术
报纸原态原貌保护	良好	中缝消失,有裁切
延缓文献氧化	良好	否
二次损害	否	有
设备和耗材	便宜	较贵
管理风险	低	高
加工速度	较快	慢
积尘问题	解决	未解决
虫害问题	解决	未解决
霉菌滋生问题	解决	未解决
对库房环境和运行管理的要求	较低	高
不同品质的报纸的相互污染问题	解决	未解决
应用经验的问题	国内应用少	丰富
对业务流程影响问题	有一定影响	无影响
读者文献信息需求的问题	较好	缺中缝,信息残缺

4 可行性研究

笔者对国内外类似技术应用情况、真空包装机设备、包装材料、投资成本等方面进行了调研，并实地考察了北京的部分真空包装机生产厂家。

4.1 国内外应用情况调研

据了解，澳大利亚国家馆已经采用了此项技术来保存报纸文献，笔者对该馆技术应用情况进行了邮件调研。据该馆工作人员介绍，其采用聚烯烃薄膜保存印刷版报纸已有20多年的历史，采取这项措施无须针对堪培拉的低湿度气候采取任何保存措施。该馆工作人员将合适数量的报纸捆扎成包，在包里放上一个用于识别书号、名称和卷期的标签。如果读者要使用存在包里的报纸卷期，那么他们只需找到包裹，打开包装，拿出请求的卷期，然后重新包装，放回架子。由于该馆的许多印刷版报纸都采用其他格式进行了保存，因而印刷版报纸的使用率降低了，重新进行真空包装的工作量也就降低了，是一个很有成本效益的保护报纸的措施。

在国内，有少量图书馆采用类似于真空包装技术的脱氧封存技术来保护珍贵文献，但尚无采用真空包装技术保存文献的规模化实践。部分商业银行和医院已经规模化应用真空包装技术来保存银行票据和医院档案等。

4.2 真空包装报纸加速老化对比试验

为了验证真空包装技术保存报纸文献的有效性，笔者对真空包装完成的报刊样品进行热老化（纸张干热加速老化）对比试验。试验报纸样品选用2011年2月份出版的《解放军报》；真空包装机选用北京某包装机公司的VS-800型；真空包装袋选用北京某纸质文物保护技术公司提供的高阻隔封藏袋。将报纸样品平均分为两份，各50页，一份进行真空包装，封藏袋内真空度控制在 −0.07Mp 以下，另一份不包装，然后都放入纸张加速热老化箱进行连续72小时热老化试验。在适宜温湿度环境下静置24小时后，分别采用GB/T 2679.5—1995标准进行测试，结果真空包装报纸的耐折度平均值为28次，未包装报纸的耐折度平均值为13次。

从试验结果中可看出，真空包装处理后的纸张耐折度性能比未真空包装性能高115%，这表明对报纸文献进行真空包装处理比让报纸文献直接暴露在常规大气环境中更有利于保护文献。同时也未发现报纸有粘连、浸润的现象。

另外，笔者还使用外抽式真空包装机，将2011年的部分报纸进行了真空包装处理的实验。处理后，文献呈平整硬块结构，机械强度好，可叠压存放，满足库房现有存放条件，无须改造现有库房设施；达到了隔氧、防水、防尘、防虫害的预期目标；如加底托及标签，外观可更美观，使用更方便。（如图2所示）。

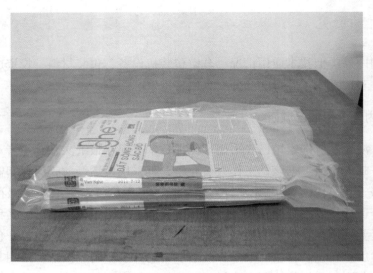

图 2　采用真空包装技术保存的报纸文献

4.3　真空包装机

目前，市场上的真空包装机设备已经非常成熟，真空包装技术已经广泛应用于食品、药品、化工产品、电子元器件等的封装上。

从工艺上来分，真空包装机主要分为内抽和外抽两种，内抽机有真空室，外抽机无真空室。

在操作上，真空包装机的抽真空时间、热合时间、冷却时间都可以根据需要自行调节。操作非常简单、方便，整个封装过程只需几十秒。

价格上，国产内抽式小型普通真空包装机一般报价在一万五千元到两万元之间。韩、日、德进口同等规格的真空包装机价格为国产的 3 — 5 倍。

4.4　真空包装袋

真空包装袋是由各种具有阻隔特性的薄膜材料封合而成的。由于图书馆的报纸文献需要长期保存，这就对封藏袋的材料提出了较高的要求，封藏袋材料需要具有良好的氧气、二氧化硫、氮氧化物阻隔特性；良好的水蒸气阻隔特性；耐候性好；化学性质稳定，对文献没有损害；较好的机械强度；可以反复使用；适宜加工等。可供选择的薄膜主要有无机氧化物镀覆薄膜、铝塑复合薄膜、聚乙烯醇涂布薄膜、高阻隔尼龙薄膜等。图书馆可根据实际需要和经济承受能力选择适合自身需求的真空封藏袋产品。

5　结论

采用真空包装技术处理文献是一种非常规大气环境下的文献保存技术，这项技术较好地解决了传统文献保存过程中纸质文献暴露在空气中受到氧气、水汽、细菌、灰尘、害虫和有害气体等危害的问题，为文献的长期保存创造了良好的条件。该技术较为适用于呆滞或有其他保存格式、机械强度好、油墨充分固化、保存条件较为恶劣的文献。

5.1 适用于呆滞或有其他保存格式的文献

如果真空封存的报纸在提供服务时进行频繁的拆装，报纸的受力不平衡，容易降低纸张的物理强度，对文献的保护也许是弊大于利。同时，由于打开封装后需要借助专业设备才能还原，会相应增加工作量。因此，密封真空包装保存技术更适合应用于图书馆呆滞文献（或其他保存格式）的保存与保护。这一点在对澳大利亚图书馆的调研中也得到印证。

5.2 适用于纸张机械强度好的文献

由于采用密封真空包装保存后，包装袋内的文献会受到一定扭曲大气压力（压力大小与抽真空度有关），因此此项技术更适用于纸张机械强度较好的报纸文献。对于一些老化严重、已失去机械强度的破碎掉渣的珍贵文献，这个力有可能导致文献结构受到破坏，故不建议采用。

5.3 适用于油墨充分固化的文献

如果文献表面的油墨固化不充分，在不适宜温度和长时间作用力的情况下，就可能发生纸张间油墨浸润，文献污损和与包装袋粘连的现象。因此，此项技术更适用于油墨充分固化的文献。

5.4 适用于保存环境恶劣的文献

目前，有相当部分图书馆书库和档案库房是非标准库房，不能达到国家标准，有些库房条件甚至可以用恶劣来形容，在没有找到更有的解决方案前，真空包装不失为一种较好的应急解决方案。

5.5 在有长期保存需要的情况下建议放入脱氧剂

真空包装保存的报纸文献在长期保存的过程中，空气中的氧气会极其缓慢地渗透进入包装袋内，导致包装袋内氧气含量逐渐上升。因此，在需要长期保存的情况下，除了选择阻隔性较强的包装材料，建议放入除氧剂，从而保证包装袋内部低氧环境恒定，实现延长报纸文献保存寿命的目的。

综上所述，图书馆采用真空包装技术保存报纸文献，可以避免传统装订措施对报纸造成二次损害的问题，防止纸质文献暴露在空气中受到氧气、水蒸气、霉菌、灰尘、害虫和有害气体等的侵害，为纸质文献的长期保存创造良好条件。在库房环境恶劣、文献保护需求较为急迫、预算经费紧张、文献原件质量较好、有替代品且利用率低下的前提下，图书馆可以应用真空包装技术保存报纸文献。

参考文献

［1］SHENTON H. The use of vacuum packing in Australia［EB/OL］.［2022-03-31］. http：//www.vam.ac.uk/content/journals/conservation-journal/issue-09/the-use-of-vacuum-packing-in-australia/.

［2］李景仁 . 对藏书密封防潮的探讨［J］. 图书馆学刊，1990（2）：61-63.

［3］邱玉娥 . 从纤维素的氧化、水解谈纸张的老化和预防［J］. 山东档案，1997（3）：34.

［4］刘家真，程万高 . 中国古籍保护的问题分析与战略研究［J］. 中国图书馆学报，2008（4）：8-13.

浅析图书馆馆员智慧化

孟燕燕（典藏阅览部）

随着现代信息技术不断应用于图书馆，"智慧图书馆"一词自 2003 年起逐渐进入公众视野，并持续在业界和学界引起了广泛的关注。尤其在 2015 年政府提出"互联网 +"行动计划、VR（虚拟现实）等新一代信息技术兴起的影响后[1]，关于智慧图书馆研究的文章大幅增加。2019 年更甚，"智慧图书馆建设和服务"一度成为图情界的十大热点之一[2]。在智慧图书馆呼声不断、移动设备和无线技术、大数据、物联网以及人工智能在图书馆中不断应用的当下，图书馆馆员又该何去何从呢？

1 馆员要素论

自实体图书馆时代起，对图书馆员的需求便提上了日程。尤其是民国以来，我国开始建立图书馆学专业教育机构培养图书馆学专业学者，通过本科、专科、专业课程、函授教育、暑期学校、讲习会等形式，共培养了图书馆学专业学者 2000 余人[3]，其中不乏优秀的学者，如朱家治、刘国钧、钱存训、王柏年等，他们在图书馆领域担任要职，并对图书馆理论建设提出了独到的见解。早在 1921 年，图书馆要素说就不断被提出；1922 年，朱家治就在《师范教育与图书馆》中提出"四要素说"；1929 年陶述先提出图书馆"三要素说"；1932 年，杜定友提出图书馆"三要素说"；1934 年，刘国钧在《图书馆要旨》中提出了"四要素说"，其中"馆员"这一要素始终占有一席之地，由此可知馆员在图书馆建设与服务中的不可或缺性[4]。

20 世纪 80 年代以来，随着科技的进步，我们逐渐进入信息时代，互联网及计算机在图书馆中的应用不断加强，众多馆员从大量重复性的机械劳动中解放了出来。然而，馆员在图书馆建设与发展过程中的作用非但没有减退反而对其提出了更高的要求，即加大了对图书馆多层次、多类型、多规格人才培养的需求，主要表现在高校大规模学科及专业的整合，相近专业和系组建成为学院，图书馆学专业逐渐消失。在不同层次图书馆学教育制度方面：本科教育呈现稳中有升的态势；硕士研究生成图书馆学专业教育体系的重要组成部分，并逐渐占据主导地位；而博士生教育的稳健发展标志着图书馆学专业教育走向成熟[5]。这一系列的变化充分说明了在新的环境下，图书馆对馆员的要求逐渐走向了高层次、应用型、复合型人才，图书馆由传统图书馆迈向了复合图书馆。近年来，移动设备和无线技术、大数据、物联网以及人工智能在图书馆中不断应用，复合图书馆也呈现出了不断生长的态势，即由实体图书馆不断向数字图书馆、移动图书馆以及智能图书馆迈进，如今智慧图书馆的提出让图书馆进入到一个更高的发展阶段，业界学者、研究者对如何构建智慧图书馆纷纷献言献策，智慧图书馆要素说也不断涌现，代表观点有"三要素论""四要素论""五要素论""六要素论"等，详见表1。

表 1　实体图书馆与智慧图书馆要素对比

图书馆形态	代表人物	要素						
		馆员	资源	服务	建筑与设备	技术	管理	用户
实体图书馆	陶述先	√	√					√
	杜定友	√	√	√				
	刘国钧	√	√	√	√			
智慧图书馆	初景利	√	√		√			
	李校红	√	√	√		√	√	
	张坤	√	√	√		√		√
	柯平	√	√	√	√		√	

从表1中我们不难看出，图书馆要素无论如何演变，馆员永远是最基本的要素之一，且随着要素论的演变，新的要素不断增加进来，这些新要素又作用于"馆员"这一要素，使其在智慧图书馆的建设与发展过程中发挥着越来越重要的作用。对此，初景利认为，"人的智慧在智慧图书馆建设和发展中发挥主导和关键作用"[6]；李校红认为，智慧馆员是智慧图书馆的关键要素之一[7]；张坤认为，"智慧馆员是智慧图书馆的创造者，属于主体要素"[8]；柯平认为，人是关联资源、服务、设施和管理这四个要素的核心要素[2]。可见，技术在改变馆员工作的同时，也让馆员的工作变得更加重要了。

2　馆员智慧化及其内容

自 2011 年开始，关于智慧图书馆的研究逐渐增多，经过 10 年的发展，如今的智慧图书馆已经是热点话题之一。得益于科技的不断推进及应用，关于智慧图书馆研究的主题也不断变化更新。从最初的研究智慧图书馆本身，如概念、要素、特征及发展走向等，逐渐扩大、细化研究视野，比如培养智慧馆员、移动图书馆服务，再到现在 5G 网络、"双一流"建设等高频语词的突现，学界对智慧图书馆模型、评价指标体系的构建到达了实质性的阶段。可以看出，智慧图书馆在经过 10 年的发展后已经从理论构建向实践验证过渡，这标志着对智慧图书馆的研究逐渐走向成熟[9]。

2.1　馆员智慧化概念

谭春辉、周一夫在《近十年我国智慧图书馆研究态势》一文中，对近十年智慧图书馆领域的核心研究人员通过学术影响力评价（Academic Influence Evaluation）软件对发文量、篇均被引频次、h 指数、p 指数进行了统计分析，结果表明曾子明、邵波、王世伟、刘炜及张磊、张兴旺以及陈臣等 7 位作者皆为核心研究人员，且他们均来自其文所界定的核心研究机构。其中，有以下 5 位核心研究人员对智慧图书馆的概念进行了界定：曾子明认为，智慧图书馆是以大数据、云计算、物联网、移动互联网等信息技术为基础，以"读者至上，科学发展"为服务理念，通过人和物的互联感知、数据的充分挖掘和利用，深层理解读者特征和需求，不断提升读者阅读体验的一种智慧型知识服务[10]；邵波认为，智慧图书馆是一个全面的感知系统，由图书馆网络组成，这个网络包含馆内的文献资源、建筑设备以及用户，在现代智能技术和智能设备的推动下自动感知数据并对其进行分析处理，为用户构建一个更舒适、更主动、更开放的智慧环境[11]；王世伟认为，智慧图书馆是以数字化、网络化、智能化的以信息技术为基础，以互联、高效、便利为主要特征，以绿色发展和数字惠民为本质追求，是现代图书馆科学发展的理念和实践[12]；刘炜和张磊认为，智慧图书馆是指能够提供"智慧型"服务的图书馆，所谓智慧型服务一是能够提供大量的"无人"或"自助"服务，就像目前兴起的无人超市，二是能够通过对用户需求的自动感知而提供精准的、高质量的服务[13]。从以上对智慧图书馆概念的界定来看，智慧图书馆即为"馆员"应用"技术"为"读者"提供更好的服务，更加强调"人"应用"技"的能力，更加注重读者的阅读体验，更加强调以人为本、注重可持续发展，对馆员这一赋能的过程即为馆员智慧化。

2.2　馆员智慧化概念

传统图书馆中的馆员是注重专业化服务的学科馆员，而智慧图书馆对馆员的要求则更倾向于复合型人才，我们要实现馆员智慧化就需要与时俱进，不断完善并更新一切知识，包括基础知识，如学科知识、技术知识、信息知识[14]以及其他扩展知识，如社交技巧、创新能力、学术研究能力等。其中，学科知识是智慧图书馆员应具备的最基本的知识，是为读者提供服务的起点及终点。具体来讲，智慧馆员应该系统掌握图书情报的基本理论和基本技能，能够在信息咨询、馆藏资源方面提供高质量的服务。技术知识是智慧图书馆为读者服务的新手段，是实现馆员智慧化的必要知识，新技术的应用能让智慧图书馆生态系统更加数据化、网络化、感知化、泛在化、移动化，主动了解和深度挖掘用户需求，为读者提供高质量服务。图书馆员丰富的信息知识能让信息归零为整，赋有价值，实现读者对知识在深度和广度上的需求。扩展知识是对馆员智慧化提出的更高要求。馆员要善于利用多种交流软件及途径，开展多维度的交流对话，这样一来，馆员不仅能从中获得有效信息，促进新知识的产生，更能为读者带来良好服务体验。创新能力是保持馆员自身知识形态进化和升级的来源，馆员要充分发挥自身潜力，不断突破自我，探索服务的新思路、新方法[14]。馆员在具体工作中要踏足实际，关注相关学术前沿动态，善于将理论指导实践、实践检验理论的思路带到工作和研究中去，不断提升自我原始创新能力。

总之，馆员智慧化就要与时俱进，不断学习更新知识，将基础知识和扩展知识融会贯通，形成一个完善的课程体系，才能最终达到实现馆员智慧化的目标。

3　馆员智慧化的途径及示例

3.1　途径

3.1.1　优化人员配置，复合＋学科型馆员齐头并进

对现有馆员进行重新配置，划分对象主要包括复合型馆员和学科型馆员两种类型。对于综合能力较强的馆员，即复合型馆员，他们不论是在研究能力、技术能力还是在业务能力以及服务能力方面都有相对较高的造诣，可将其安排在相对智慧的岗位上；而在某一方面能力较为出众的馆员，即为学科型馆员，可安排在专业性较强的岗位上，学科型馆员通常有研究型馆员、技术型馆员、业务型馆员、服务型馆员等[8]。在进行馆员重新配置时，要注意均匀划分每一单位在各个专业馆员上的配比，组建成一批在专业结构以及合作能力方面较强的服务型团队，实行复合型馆员和学科型馆员齐头并进的建设方案。

智慧图书馆追求的理想馆员即复合型馆员，而这类型的馆员数量相对较少，解决问题过程中往往要通过各种学科型馆员合力才能完成，所以，我们在馆员智慧化的过程中要注重馆员的专业化培养。研究型馆员要注重其学术方面的深造，为其提供学习和交流的机会和平台；技术型馆员则应开设相关培训课程，在工作中担任相应岗位，形成理论和实践的互补；业务型馆员要注重岗位职责意识，通过交流互换有效信息；服务型馆员则要加强其在职业道德、职业素养方面的培养。形成以学科型馆员发展复合型馆员，以强带强的模式，在人员配比上实现均衡、同步发展，以更好地促进馆员智慧化进程。

此外，我们还应该注重复合型人才的引进。在馆员招聘和选拔方面，应更加注重专业的多样性、复合型，通过人才引进的方式，改变人员结构，为馆员智慧化注入新鲜的血液，进一步加快馆员智慧化的进程。

3.1.2　建立完善的馆员智慧化课程体系

培训是加强馆员再教育的重要活动之一。馆员在智慧化过程中，培训也是一种必不可少的方式，尤其要注意在培训的深度和广度方面的拓展，注重体系和规模的建立，切忌"东一榔头西一棒子"。在培训课程的设置方面，要根据馆员智慧化的内容，将基础知识和扩展知识纳入课程体系。课程资源可以整合已有的数据库和在线平台的内容，也可以根据实际情况，依据馆员在岗位和技能方面的需求进行课程的设定。在课程规划上，要抓重点、分层次，在确定了培训目标之后，要明确哪些课程可以有效促进馆员智慧化诉求，并充分考虑馆员在时间方面的限制性，灵活应用线上、线下学习方式，由浅及深、由易到难地阶梯式推进。在授课过程中应倡导馆员畅所欲言，展开交流与讨论，注重解决瓶颈问题，保证馆员学习和培训的有效性、激励性。

此外，还应密切关注业界前沿动态，探测未来图书馆的发展方向及对馆员能力之要求，对比馆员现有能力找出差距和不足进行补充，保证学习内容和形式的多样性和前沿性，以智慧化手段和智慧化内容逐步实现馆员智慧化目标。

3.1.3　注重沟通及团队协作

馆员智慧化道路上除了要注重建立培训体系，馆员之间的交流合作也必不可少。尤其是在智慧图书馆视角下，图书馆的工作由"物"逐渐转向了"人与人""人与技"的

复合型工作，所以，加强馆员交流也是馆员智慧化的内容之一。馆员之间的交流，可以突破部门的限制，馆与馆之间的限制，甚至图书馆领域与其他领域之间的限制，通过采用分组讨论和交流，实地参观和调研，专题研讨和分享的方式，相互交流学习，借鉴经验并汲取教训，共同成长和进步。

智慧图书馆是一种更加强调读者体验、以读者为中心的智慧型服务，与读者的交流沟通必不可少。在沟通过程中，馆员要学会情绪管理和聆听，精准把握读者需求，注重区分"数字移民"、"数字难民"和"数字原住民"等不同群体的诉求[8]，根据不同群体的诉求提供不同的服务，注重服务形式的多样性和灵活性，充分展现以人为本的服务理念。

3.1.4 建立有效的反馈评估体系及激励措施

有效的评价体系是对馆员智慧化课程体系的有效补充和完善，是在预期目标和馆员智慧化诉求中收集数据、找出不足、吸取经验和教训，不断完善馆员智慧化课程体系并给予指导、监督的重要依据[15]。值得注意的是，反馈评估体系是一个不断变化、改进的持续性工作，要根据课程体系的推进进行更新，这样才能保证课程体系的活力和有效性。可以通过客观数据及主观感受两种方式相结合的方式对智慧化课程体系进行评估。

有效的激励措施有助于提高馆员工作的自觉性、主动性和创造性，有助于增强团队凝聚力和促进团队各层次的协调统一，有助于最终目标的实现。馆员在智慧化的过程中，相应的激励措施也是不可少的。在激励过程中要遵循物质奖励和精神奖励相结合、时机和力度相宜、内在激励和外在激励相结合以及公平公正的奖励原则，以更好地促进馆员的成长，为图书馆的发展积极贡献力量。

3.2 示例

国家图书馆作为行业领头人，在智慧图书馆升级转型方面也走在了前端。随着"全国智慧图书馆体系"以及《国家图书馆"十四五"发展规划》"智慧转型"的提出，国家图书馆的智慧转型也悄然展开。本文以典藏阅览部为例，列举该部在馆员智慧化方面的相关举措以供借鉴参考。

3.2.1 优化人员结构

以科组为单位，依据编制、学历情况合理配置各科组的人员数量。岗位设置上分别有研究岗、业务岗和活动策划岗，并根据馆员在职业道路上的不同需求提供相应的学习和展示平台，如：研究岗位的馆员要关注相关学术前沿动态，对于学习和研究成果进行及时汇报；应为业务岗的馆员适时提供外出学习的机会，推送我馆线上、线下学习资源；等等。

3.2.2 注重培训体系的建立

首先，主要表现在更加注重培训的系统性和连续性，每一主题培训注重从多角度开展，或聘请馆内外专家或是从事相关岗位的馆员，培训内容以部门馆员的诉求出发，更加具体化，更具实用性和灵活性。新冠肺炎疫情期间，部门本着闭馆不停学原则开展了多次线上培训和学习，将培训落实到位，把馆员智慧化提上日程。

其次是注重建立反馈机制，主要表现为馆员在年中及年终填写培训履历表，对培训类型、培训形式及培训学时等进行详细统计；对于需要考核的项目，在馆员完成培训考核后颁发结业证书；等等。

3.2.3　建立相应的奖励机制

主要表现为通过评优、服务标兵的评选，对年度业务工作表现良好的馆员给予相应的称号和奖励，奖励其他在岗位上有突出贡献的馆员，奖励按期完成科研项目的馆员，等等，极大地提高了馆员在工作中的积极性和主动性，有效激励并促进了馆员智慧化进程。

智慧图书馆虽然已经从理论构建迈向了实践操作，但其终归没有模式统一的发展路径，尤其是在5G技术加速普及的过程中，智慧图书馆的发展也迈上了新阶段，由此说明智慧图书馆的发展是紧随时代潮流[20]不断向前发展的。因此，在智慧图书馆的发展道路上，我们要摒弃"馆员消失论"，认清馆员的重要性，注重发挥馆员的主观能动性，注重馆员素养的构建和全面提升，为建设智慧图书馆做好人才储备。

参考文献

［1］张坤，王文韬，李晶.我国智慧图书馆研究现状和热点［J］.图书馆论坛，2018（2）：111-118.

［2］柯平.关于智慧图书馆基本理论的思考［J］.国家图书馆学刊，2021（4）：3-13.

［3］韦庆媛.民国时期本土培养的图书馆学者群体的构成与分析［J］.图书情报知识，2018（1）：44-57.

［4］平保兴.关于三个图书馆学术史问题的商榷［J］.大学图书馆学报，2013（6）：109-111，96.

［5］李秋实，肖希明.改革开放以来我国图书馆学教育制度的变革与前瞻［J］.图书情报知识，2018（6）：75-85.

［6］初景利，段美珍.从智能图书馆到智慧图书馆［J］.国家图书馆学刊，2019（1）：3-9.

［7］李校红.公共图书馆智慧服务研究：关键要素、实现路径及实践模式［J］.情报资料工作，2019（2）：95-99.

［8］张坤，查先进.我国智慧图书馆的发展沿革及构建策略研究［J］.国家图书馆学刊，2021（2）：80-89.

［9］谭春辉，周一夫.近十年我国智慧图书馆研究态势［J］.图书馆论坛，2022（1）：69-79.

［10］曾子明，宋扬扬.基于SoLoMo的智慧图书馆移动视觉搜索服务研究［J］.图书馆，2017（7）：92-98.

［11］徐潇洁，邵波.基于数据驱动的智慧图书馆服务框架研究［J］.图书馆学研究，2018（22）：37-43.

［12］王世伟.论智慧图书馆的三大特点［J］.中国图书馆学报，2012（6）：22-28.

［13］刘炜，陈晨，张磊.5G与智慧图书馆建设［J］.中国图书馆学报，2019（5）：42-50.

［14］肖喆光.基于信息生态理论的智慧图书馆员培养体系研究［J］.图书馆，2021（11）：38-43.

［15］蔡迎春.赋能与重塑：智慧服务下馆员培训体系再思考［J］.国家图书馆学刊，2021（3）：34-41.

基于 CiteSpace 可视化分析的智能问答系统趋势探微

——以国家图书馆为例

刘婷婷（参考咨询部）

随着互联网数据的繁杂，搜索引擎已经难以满足领域内专业人士的定制化需求。随着人工智能技术的飞速发展，智能问答系统应运而生。智能问答系统是指通过人工智能、知识图谱等技术建立一问一答的形式，精确定位用户所提问的知识，通过与用户进行交互，为用户提供个性化的信息服务问答系统[1]。

图书馆智能问答技术已成为图书馆进入以智能化为核心的 4.0 时代的典型标志。为了给用户提供准确并且专业的信息服务，图书馆必须引入先进的信息技术手段以及信息技术设备，结合图书馆的信息特征以及信息储存量，为用户构建一体化的智能咨询平台，将一般咨询和深度咨询进行分层指引。用户可以根据自身对知识的需求以及图书馆的服务，在智能问答平台中进行知识的获取，使信息获取更加便捷。目前，国内已经有多家图书馆使用了智能问答平台或者智能机器人。智能问答机器人既是智慧图书馆的技术基础，又是智慧图书馆实现互通互联的关键环节。智能机器人在智慧图书馆建设中的应用，可以全面提升图书馆的服务质量与深度。

1 传统虚拟咨询系统的局限与问题

在 20 世纪 90 年代，随着互联网技术的发展，很多图书馆在构建信息服务系统的过程中，打造了虚拟咨询平台，解答读者问题，并构建知识库。国家图书馆虚拟咨询台在 2006 年上线，实时咨询时间是工作日 9：00—11：00，14：00—16：00。表单咨询服务时间是 7×24 小时开放，咨询员收到表单后应在两个工作日内进行回复。然而，不论在服务时间、时长以及服务系统的可扩展性方面都受到限制，咨询馆员无法做到 7×24 小时实时回复。笔者将 2013—2020 年的虚拟咨询表单数据导出，共计 11092 单申请。整理后发现，读者咨询中有大量重复性、答案明确的问题都需要人工一一作答。其中关于数字资源及无线网的使用权限和方法的问题居多（如图 1 所示）。

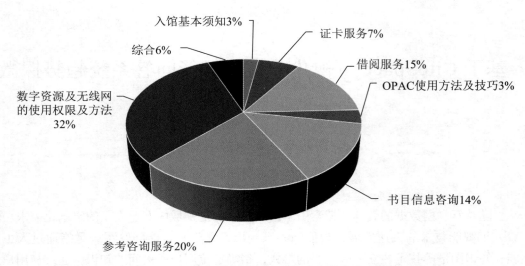

图 1 2013—2020 年国家图书馆虚拟咨询表单咨询分类统计

由于传统的虚拟咨询系统受到当时环境和技术条件的限制，目前系统性能方面已经存在很多问题，2021 年虚拟咨询表单已不能正常使用，极大影响了读者的服务体验。笔者在对近 5 年的虚拟参考咨询的统计结果中发现，虚拟参考咨询的实时咨询和表单咨询的咨询量均呈现下降趋势（如表 1 所示）。

表 1 2017—2021 年国家图书馆虚拟参考咨询数据

单位：人次

年份	2017	2018	2019	2020	2021
实时咨询量	1137	1198	948	58	0
表单咨询量	2055	1815	1740	764	956

十年前的远程咨询以电话、网上咨询台为主，而在当今人工智能的环境下，建立以"智能问答"为核心，以"人机交互"模式的新型读者咨询服务系统则是大势所趋。智能问答系统既可以解决咨询员全时在线服务的问题，同时也使咨询员减少回答大量重复的咨询问题。

2 国家图书馆智能问答系统功能模块设计与实现

2.1 系统架构示意图

国家图书馆智能问答系统架构见图 2。

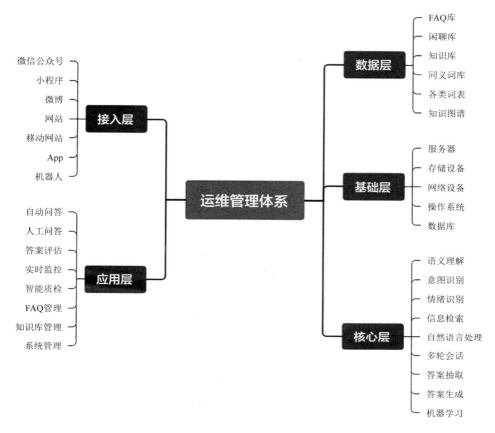

图 2　国家图书馆智能问答系统架构图

2.2　用户端功能模块设计

用户端主要分为直接咨询模式和登录账号模式。直接咨询模式是在网页中直接嵌入相应的咨询问答服务模块，使得用户通过互联网直接与网络机器人进行咨询问答。登录账号模式是当人机作答模式不能满足的情况下，用户寻求人工服务，首先登录账号，提供各系统的入口实现用户统一身份认证。登录账号模式可以进一步分为在线咨询服务和表单咨询服务。用户端接口目前可以实现网站登录及移动端登录。用户端咨询窗口可以识别用户输入的文字信息，也可以识别用户输入的语音信息。

2.3　管理端功能模块设计

2.3.1　在线问答

在线问答即接入人工问答系统。在线时间为工作日时间段，非 7×24 小时服务。咨询馆员的状态可设置为在线或离线。每位咨询员会被管理员设置最大咨询量，以保证咨询质量。系统会根据咨询排队状况，智能分配任务给咨询馆员。若在线咨询馆员均已达到最大咨询量，系统会提示用户等待并转为机器人作答。

用户问题转入人工后，管理端在线问答会有弹窗提示，咨询员选择接受咨询。系统支持自动欢迎语弹出功能。咨询员对用户问题进行实时在线应答。在线问答过程中，支持语料库智能搜索及选择和使用功能。在线咨询窗口设计时，针对多个读者咨询时，字体要标为高亮并显示未读咨询消息数。读者咨询结束以后点击关闭，对话框显示"读者已离开咨询室"。咨询员关闭对话框后，页面直接跳转进入"咨询分类"标引。选择咨询分类下方两个按钮"保存"和"推荐为公共语料库"。咨询员有权限推荐咨询进入公共语料库，在审核员端进行审核。

2.3.2　工作区模块

工作区分为两级目录，一级目录为"全部任务"和"我的任务"。二级目录里为"邮件咨询"和"表单咨询"。咨询馆员进入工作区内，分类可见邮件咨询和表单咨询问题。收到的用户表单咨询和邮件咨询，均可以根据用户的基本信息、咨询时间及处理状态进行查询（如表2所示）。

表2　工作区模块设计表

勾选框	编号	咨询时间	咨询用户	咨询邮箱	咨询标题	咨询内容	咨询种类	处理状态	回复时间	认领状态

勾选框可批量认领咨询任务。以"年月日＋顺序排列的四位数字"进行编号。每年重新开始。编号可以点击进入此申请单查看申请详情。咨询时间为用户咨询邮件和表单的发送时间，即系统接收时间。咨询用户为用户登录名。咨询种类分为"表单咨询"和"邮件咨询"，系统根据用户入口自动显示。处理状态根据咨询员处理情况分为"未处理""已转发并回复""已结束"。认领状态为每位咨询员可以认领申请单。被咨询员认领的申请单，其他咨询员不能认领，变为灰度。工作区模块可以按照咨询时间、咨询种类、处理状态、回复时间、认领状态排序。

用户问题咨询结束后，系统支持咨询员对问题进行分类标引。咨询员要根据用户咨询问题标引分类及保存。对于适合典型语料库的问题，咨询员可以推荐问题至典型语料库，待审核员审核问题及规范答案后保存至典型语料库。

2.3.3　数据管理

（1）语料库管理

系统支持语料库的建设和管理。典型语料库的数据来源来自外部问答数据的导入、自动问答、人工问答、表单问答及邮件问答等多个渠道。目前，国家图书馆智能问答系统已嵌入近4000条典型语料库，在全馆测试阶段收集的咨询问题，已由专业咨询馆员补充完善答案并分类标引。系统能实现一个问题的多种提问方式、规范性问题、标准答案三者之间的映射。

除典型语料库外，语料库管理还支持个人语料库建设。咨询员可以根据自己日常咨询解答习惯自行录入和管理，用于记录咨询员日常咨询工作中的个性化问题。个性语料库与典型语料库相互独立。

语料库中对应放置常用语、常用链接，方便咨询过程中，咨询员的使用。

（2）各类基础词表

系统可以构建和导入各类基础词表作为问答过程的支撑。词表包括敏感词表、近义词表、领导人词表、书名规范词表、人名词表、地名词表。基本词表已由承建方录入，后续会持续更新，同时也支持咨询员后续进行录入和编辑。

2.3.4　系统管理

（1）用户管理

智能问答系统分为用户账户和工作人员账户。

用户账户包括直接咨询用户和登录账号用户。系统将记录用户的特征和来访行为，建立用户画像。

工作人员账户分为咨询员、审核员、系统管理员。

咨询员的主要工作内容是在线与用户交互解决用户问题，回答用户表单和邮件的咨询问题。根据咨询问题分类标引，推荐典型语料库。

审核员在咨询员的工作内容之外，还负责对典型语料库及各类词表数据进行审核和发布。

系统管理员可以增加、修改、删除系统用户，并分配角色和权限；负责对系统整体的监控、设置、管理和分配；查看总体的监控情况、报表和咨询员的工作情况；配置后台的各类参数等工作。

（2）日志管理

系统有完善的日志管理，系统中的各项操作都需要日志记录。日志可以实时掌握系统运行状况，提升系统的预警能力和故障解决效率。同时，对于用户行为进行详细的日志记录，对用户行为数据进行统计及分析，可以进一步了解用户的访问习惯及需求，为系统的功能优化与服务提升提供数据支持。

（3）统计分析

系统可以实现对用户基本信息、咨询分类、咨询问答、答案评估等工作环节产生的数据进行统计，支持各咨询方式的查询统计功能，并可导出 EXCEL 电子表格，生成柱状图、排列图、折线图等统计分析图表。同时，系统可以按照业务类型生成报表，如实时咨询报表、表单咨询报表、邮件咨询报表等。系统可以提供多种维度的分析图表，针对已有数据进行多方向整合和分析：能够分析某一时间段的咨询量，找到咨询时段的高峰和低谷；能够分析用户行为画像，帮助咨询员更快完善典型语料库。所有统计结果均可以生成标准文件打印输出。

以上为智能问答系统已实现的功能模块。一期上线的智能问答系统可为用户提供实时咨询、表单咨询及邮件咨询服务，实现了 7×24 在线咨询服务模式。随着人工智能的发展和深化，智能问答系统的呈现方式也要逐渐多样化，设计实体机器人、智能音箱等接入模式，可以多维度地为用户提供服务。为了更加深入地了解图书馆人工智能研究情况，笔者对有关"图书馆人工智能"文献进行了梳理与分析，以期发现当前图书馆人工智能研究的热点和趋势，从而进一步优化智能问答系统的功能。

3 文献统计与分析

笔者使用中国知网全文数据库和 CiteSpace 软件对相关文献进行文献计量和可视化分析，总结当前图书馆界在运用人工智能服务上的研究焦点，呈现关键词词频及知识图谱，获取图书馆人工智能研究领域的热点和趋势。

在中国知网全文数据库中，以主题 = "人工智能"并含"图书馆"，检索到 1306 条检索结果的中文文献。笔者以 1306 条文献作为样本进行分析。

3.1 年度分析

从数据库检索结果来看，最早一篇以"人工智能和图书馆"为主题的文章是 1986 年发表的《人工智能与图书馆》。文章阐述了人工智能系统的概念，并提出系统应由数据库事实、知识库和推理机三部分组成，这个系统将会为图书馆提供"交互"的，"非常主动"的服务，换言之就是能在读者意识到自己需求内容之前就提供相应的情报[2]。根据文章发表量来看，图书馆人工智能技术研究从 2016 年起开始上涨，2021 年已达到 267 篇。图书馆人工智能热度总体呈现上升趋势（如图 3 所示）。

单位：篇

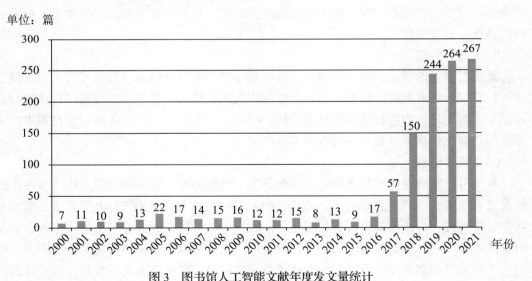

图 3　图书馆人工智能文献年度发文量统计

3.2 关键词分析

通过 CiteSpace 进行关键词共现分析和关键词聚类分析，获取图书馆人工智能研究热点及发展趋势。

3.2.1 关键词共现分析

关键词共现分析就是对数据集中作者提供的关键词分析[3]。位于关键词共现图谱最中央，表明该节点与其他节点之间的联系最多，在关系网络中的地位和作用更加突出[4]。由图4所示的关键词共现图谱可知，"图书馆""人工智能""大数据""智慧服务""知识工程""机器人"等节点是当前图书馆人工智能的研究热点。这代表了图书馆人工智能研究发展的焦点。

图4　1306篇图书馆人工智能文献关键词共现图谱

3.2.2　关键词聚类分析

对关键词进行聚类分析，可以得到图5所示关键词聚类图谱，共计独立关键词568个，共现关系1393个，密度为0.0087。图谱中聚类标签序号越小，说明聚类中的关键词越多。

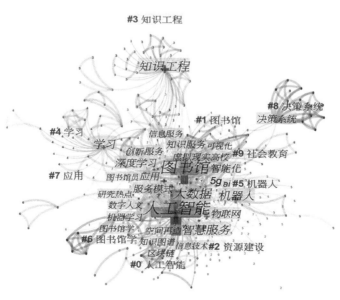

图5　1306篇图书馆人工智能文献关键词聚类图谱

根据关键词聚类结果分类汇总各类目关键词信息（如表3所示）发现：聚类标识#0 人工智能，侧重于研究人工智能的技术应用及决策系统；聚类标识#1 图书馆，集中探讨了智能服务平台、机器人的自动化应用；聚类标识#2 资源建设，侧重于对各图书馆人工智能环境下服务模式进行探讨；聚类标识#3 知识工程，则侧重于探讨人工智能技术的应用；聚类标识#4 学习，探讨人工智能环境下教育科研图书馆学科服务的服务模式；聚类标识#5 机器人，聚焦于图书馆智能咨询机器人服务；聚类标识#6 图书馆学，探讨智能咨询机器人的服务，包括数据仓库、自然语言处理、深度学习、机器学习等技术。

表3 图书馆人工智能领域关键词聚类表

聚类标识	发文量（篇）	起始年份	聚类分析关键词
#0 人工智能	68	2008	人工智能；技术应用；图书采购；大专院校；决策系统；知识工程
#1 图书馆	55	2006	人工智能；数字人文；语音识别；徽州文书；发展前景；智慧图书馆；图书馆服务平台；手机短信；机器学习；工具
#2 资源建设	53	2016	空间再造；服务模式；智能时代；资源建设；实践路径；人工智能；智慧服务；高职院校图书馆；实践路径
#3 知识工程	52	2009	图书馆员；信息社会；城市图书馆；人机协同；人工智能时代；人工智能技术；数字图书馆；知识管理；互联网信息；网络信息资源
#4 学习	44	2015	人工智能；教育信息化精准扶贫；教育信息化2.0；国际比较；智能教育；智慧图书馆；学科服务；高校图书馆；数据驱动；学习支持服务模型
#5 机器人	44	2001	知识工程；读书活动；社会文化；图书馆电子网络；图书馆事业网络；乡镇图书馆；独立建制；共建图书馆；图书馆模式；中小学图书馆
#6 图书馆学	40	2005	人工智能；深度学习；CSSCI；数据仓库；分类语言；图书馆学；应用探索；人工智能系统；量化分析
#7 应用	35	2015	智慧图书馆；图书馆服务；精准服务；关键技术；社区图书馆；人工智能；智慧校园；网络技术；知识工程；乡镇图书馆
#8 决策系统	35	2014	人工智能；阅读推广；咨询解答；无人图书馆；机器视觉；智慧图书馆；图书盘点；射频识别；物理地址
#9 社会教育	16	1993	科研成果转化；民主集中制；生物实验；海洋生物；有偿服务；图书馆学刊；激励职能；目标责任制；领导职能；需求层次

通过聚类关键词聚类结果显示，图书馆研究人工智能成果主要有智能服务平台、机器人的自动化应用、数据挖掘量化分析等。

4 智慧图书馆智能问答系统的建设路径趋势

随着国内外不少图书馆引进图书馆智能化机器人技术，多种类型的图书馆智能化机器人及其技术正在迅速进入图书馆领域，这无疑会给图书馆带来新的变革。根据CiteSpace分析发现，"人工智能""5G""机器人""数据仓库""分类语言""智慧服务"等是当前图书馆人工智能服务的关键词，笔者据此对智能问答系统应用方向提出未来展望。

国家图书馆智能问答系统上线后，现阶段是被动接受读者的咨询，满足咨询服务功能。随着咨询量越多，咨询问题积累到一定量后，要加强语料库的建设，提高人机作答的关联度；跟进咨询用户的行为学分析，挖掘用户的潜在需求服务。同时，系统要建设图书馆领域的知识图谱，把大量领域知识整理汇聚为知识库。

4.1 搭建知识图谱，增强智能问答系统诠释力

知识图谱是在自然语言分词、实体识别、规则抽取等自然语言技术的基础上发展起来的，智能问答系统通过海量开放知识的数据关联、知识表示等策略实现文本知识挖掘、知识图谱编制，从而自动搭建领域知识引擎，拓展图书馆传统信息咨询的边界，为用户提供准确、便捷、深度的智慧服务创造条件[5]。

未来，智能问答系统要提供构建工具以建设图书馆领域的知识图谱。通过知识提取技术，把大量的领域知识整理汇聚为知识库。与典型案例库有所不同，基于知识图谱的咨询问答可以对问题进行语义理解并解析知识的逻辑与关系，还能利用知识库进行查询、组合、推理，进而计算得出答案。智能问答系统借助知识图谱可以增进知识诠释力，建立丰富、多层、规范的知识库系统，当用户咨询知识图谱中涵盖的问题时，系统可以及时、准确地给出答案。

4.2 融合用户画像技术，为用户提供个性化服务

一期智能问答系统从技术层面上解决了多种咨询模式整合为一个咨询系统的问题。在一期系统上线后，智能问答系统要借力大数据环境，有目的地聚集系统中用户数据，根据用户行为预测用户需求，并通过大数据分析、确定并满足用户的个性化需求。构建用户画像的动态模型，结合用户群组特征和行为特点，设计基于认知计算的人机交互规则，深入挖掘系统内用户的真实需求，实现以用户为中心的个性化精准服务，大力提升用户服务的满意度，赋能智慧图书馆的创意知识服务。

4.3 优化技术路线，持续推进智能问答系统技术创新

智能问答系统现阶段可以满足读者通过移动端和PC端接入咨询。未来智能问答系

统要以用户的实际体验感为落脚点，开发以适应现代人工智能技术为应用方向的实体机器人、智能音箱等接入手段。通过给机器人赋予名字和形象，设计如天猫精灵、小度一样的智能音箱等，将云计算、知识服务、大数据等概念融入图书馆信息工具建设中，为智慧图书馆构建开放共享、多元融合的新一代系统平台提供技术保障，促进图书馆信息工具向个性化、智能化方向不断发展，为用户提供全方位的满足感和体验感[6]。

智能问答系统的应用和服务延伸，在极大程度上改进了图书馆的基础业务服务，实现了智能化，解决了咨询员繁重的重复劳动，提升了咨询服务的质量和效果。未来在智慧图书馆的大环境下，要不断提高智能问答系统的智能程度和服务能力，同时善于利用信息技术融合用户画像、数据分析等功能，深入挖掘用户的潜在需求，从被动服务变为主动研究用户的行为学服务，形成以用户需求为导向的数据感知功能，建立知识化的智慧图书馆服务体系，为用户提供高质量、多层次的智慧图书馆服务。

参考文献

［1］鞠晓峰，都军，覃军，等．人工智能在智能问答系统中的应用［J］．智能建筑与智慧城市，2021（3）：36-37.

［2］简明．人工智能与图书馆［J］．情报知识，1986（3）：29-30.

［3］李杰，陈超美．CiteSpace：科技文本挖掘及可视化［M］．北京：首都经济贸易大学出版社，2016：199-204.

［4］吴昊，张天．图书馆空间服务研究进展及趋势探究——基于 CiteSpace 的可视化分析［J］．中国中医药图书情报杂志，2022（1）：27-33.

［5］吕璐成，韩涛．AI 在图情：人工智能赋能图情服务——2019 年图书馆前沿技术论坛（IT4L）会议综述［J］．农业图书情报学报，2020（5）：13-18.

［6］杨倩．智能机器人技术在图书馆中的应用历程与展望［J］．大学图书馆学报，2021（6）：30-37.

基于老年人心理特征的公共图书馆适老化服务探析

刘会媛（典藏阅览部）

人口老龄化是人类社会发展到一定阶段的必然产物。2000 年我国 65 岁及以上老年人口达 8838 万人，占总人口的 7.0%，标志着我国进入老龄化社会。预计到 2025 年，我国 60 岁及以上老年人口数将达到 3 亿，占总人口的五分之一；到 2033 年将突破 4 亿，占总人口的四分之一左右；而到 2050 年前后将达到 4.87 亿，约占总人口的三分之一，老年人口数量和占总人口比例双双达到峰值[1]。以上数据说明我国已经进入并将长期处于老龄化社会。老年人曾经为我国经济建设和社会发展作出过巨大贡献，是宝贵的资源和财富，老年人口数量及其占比的增长，反映出老年人"量"的状况。同时，随着经济、文化、科技、社会的发展，我们还应该从"质"的方面提高老年人的生活质量，因此需要我们重视和加强老年学，包括老年心理学的研究。但目前，我国应对人口老龄化的各种措施还相对滞后，面对老龄化的浪潮，时间紧迫，任务繁重。公共图书馆作为公益性的文化服务机构，在社会文化宣传和提高国民知识水平中发挥着重要作用，关注老年人的文化需求，引导老年群体精神健康发展，缓解社会养老压力是公共图书馆义不容辞的责任和义务。

1 公共图书馆关注老年心理的依据

1.1 公共图书馆关注老年心理的政策依据

1996 年，《中华人民共和国老年人权益保障法》中指出："老年人有从国家和社会获得物质帮助的权利，有享受社会服务和社会优待的权利，有参与社会发展和共享发展成果的权利……老年人有继续受教育的权利……国家和社会采取措施，开展适合老年人的群众性文化、体育、娱乐活动，丰富老年人的精神文化生活。"[2] 2015 年，《国务院办公厅关于推进基层综合性文化服务中心建设的指导意见》提出，要完善公共图书馆服务体系，建立基层服务点为老年提供有针对性的文化服务[3]。2016 年，《中华人民共和国公共文化服务保障法》要求各级人民政府应当根据老年的特点与需求，提供相应的公共文化服务[4]。2017 年，《"十三五"国家老龄事业发展和养老体系建设规划》规定："推动公共文化服务设施向老年人免费或优惠开放，为老年人开展文化活动提供便利……加强数字图书馆建设，拓展面向老年人的数字资源服务。"[5] 2017 年《中华人民共和国公共图书馆法》规定："政府设立的公共图书馆应当考虑老年人、残疾人等群体的特点，积极创造条件，提供适合其需要的文献信息、无障碍设施设备和服务等。"[6]

1.2　公共图书馆关注老年心理的理论依据

积极老龄化是在健康老龄化的基础上提出的。2002年第二届世界老龄大会上，世界卫生组织正式提出积极老龄化理论框架。《积极老龄化——政策框架》一书指出："积极老龄化是人到老年时，为了提高生活质量，使健康、参与和保障的机会尽可能发挥最大效益的过程。它容许人们按照自己的需要、愿望和能力参与社会，并在需要帮助时，能获得充分的保护、安全和照料。"[7]积极老龄化的核心是老有所为，提倡老年人力所能及地参加社会发展。在人口老龄化、老年文化素质普遍提高的背景下，公共图书馆应贯彻老龄化理念，为其创造参与学习和活动的机会或条件，帮助老年人实现老有所为。

老年心理学是研究老年期个体和群体在增龄化过程中的心理特征及其变化规律的心理学分支学科[8]。研究老年心理学对老年人本身和社会都有重要意义，在实现健康老龄化、老年工作科学化等方面发挥着重要作用。我国正处于经济高速发展时期，老龄人口比例增加，也正在给社会带来一些新的问题和挑战，如何为日益增加的老年人提供更好的服务，满足老年人的心理需求，让老年人拥有一个更幸福、更有意义的晚年生活，成为热点问题。随着人口老龄化问题的日益突显，老年心理学得到国内外的重视，取得了一定的发展和研究成果。但经整理发现，老年心理学在公共图书馆服务中的应用并不广泛。

2　老年人的主要心理特征及其产生的障碍

老年人的心理变化是从感知觉开始的，同时表现在记忆、语言、思维、情绪情感和性格等方面。老年人经历了幼儿期、儿童期、青春期、成年期，经过贯穿一生的实践活动，加之生理、社会、家庭、经济等因素的影响，老年人的心理特征呈现出一定的规律。

2.1　老年人的感知觉特征

2.1.1　视觉

视敏度是分辨细小物体在体积和形状上的微小差别的能力，也就是我们常说的视力。自20岁开始，人的视敏度开始呈轻微下降趋势，50岁后多数人出现"老花眼"，60岁后视敏度下降明显。在视觉适应方面，随着年龄的增长，老年人视觉适应所需时间日以延长，适应困难逐渐增大。在颜色视觉方面，1957年，吉尔伯特（Gilbert）研究发现，颜色辨别能力从29岁起以每10年一个周期减弱，相对于红黄的鉴别能力，蓝绿的鉴别能力下降得更为明显。在深度视觉方面，50岁以后深度知觉明显下降，相比较青年人，老年人在物体大小、空间关系、运动速度判断等方面更容易出错[9]。对于老年人来说，视觉是他们获得信息的一种重要方式，视觉的变化给老年人带来看书看报、辨认标志等方面的困难，此外还增加了他们的出行安全风险。老年人辨认同一物体时需要比年轻人更好的光线条件，但是当物体自身会发光、炫目时，老年人反而会出现辨认困难的状况。

2.1.2 听觉

近一半的 65 岁老人听觉明显衰退，并且男性老年人听力障碍较女性出现得早，听力损失情况也比较严重。老年的听力变化主要表现在老年人对高频声音的感受性下降明显，低频声音的感受性变化则不明显，对高音调的识别能力下降明显，对低音调识别能力好于高音调，故老人喜欢安静，喜听慢话。在抗干扰方面，老年人的抗干扰能力较弱，在噪声环境下，老年人的听觉阈限值较安静环境平均提高 5—20 分贝，并且噪声能够影响老年人听觉的清晰度和准确度[10]。故老年人需要安静的环境来有效地理解对方的语言。

2.1.3 肤觉

相对于青年人，老年人的肤觉感受性退化明显，对于刺激皮肤的感受性降低，定位的准确性减弱。随着年龄的增长，老年人温度感觉也变得迟钝，甚至有些皮肤区域的温度感觉几乎消失，高龄老人不能敏锐地感知高温的热灼和低温的寒冷，因此容易受寒或受到意外伤害。此外，在高龄老人中，肌肉、关节状态的深部感觉退化会产生许多功能性障碍，如步履蹒跚、步态不稳；如果视觉和深部感觉功能都不好，老年人走路不但摇摆不稳，还会常常摔倒，甚至导致骨折[11]。

2.2 老年人的记忆特征

2.2.1 语义记忆

在各种记忆中，语义记忆是老年人保存较为完整的记忆。语义记忆的年龄差异很小，老年人与青年人之间的语义启动无明显差异，部分研究甚至发现，老年人的语义启动效应高于青年人，而导致这种情况的主要原因是教育因素，受教育程度越高，语义受增龄的影响越不明显。研究表明，年龄对语义记忆的影响主要表现在高龄老人身上，70岁以上老人的语义记忆有所减退[12]。

2.2.2 情景记忆

相对于语义记忆，情景记忆在老年阶段则衰退明显，尤其是回忆最近发生事件的能力。情景记忆是对增龄最敏感的记忆，受年龄的影响程度远高于其他记忆类型。从精密性、经历的活动、个人历史等方面看，老年人的情景记忆有着显著的衰退。最经常发生在老年人身上的就是"转身"现象，对刚发生的事情或刚听到的信息，老年人能够不假思索地复述出来，但转身即忘。也就是说，老年人情景记忆的细节缺失问题突出。

2.2.3 其他记忆特点

老年人的近事记忆减退，但当近事记忆减退严重时也会慢慢影响到远事记忆，严重情况下还会出现遗忘症或记忆丧失。所以许多老年人对新近发生的事情经常记不住，而面对那些很久以前的事情还能清楚记得。此外，老年人的机械记忆弱，理解记忆强。理解记忆是老年人的所长之处，与青年人不相上下。

2.3 老年人的语言和思维特征

2.3.1 老年人独特的"唠叨"

唠叨是指人们对某一现象或某一事物以一种或多种类似的语言反复地、间断地、较长时间地叙述表达。唠叨是老年人语言能力衰退的表现。老年人由于生理原因，开始显得精力不够充沛，很多事情不能直接参与或不能将事情做得较为理想，只好通过说话表达内心的想法和情绪，并且越是觉得"委屈""不顺"的老年人，越容易唠叨。

2.3.2 语言困难

60 岁后，人的语言能力开始逐渐下降，75 岁以后急剧下降。经过对比性的科学研究，很多学者认为老年人语言衰退主要表现在语言表达能力上，而不是语言内在能力。对于老年人来说，语言功能障碍通常意味着思维功能障碍，主要变现为：心里明白，表达不出来；错用词语；突然不知自己在说什么；语词提取困难、答非所问等。

2.3.3 思维能力下降明显

老年人的思维能力除了受认知功能的影响，社会和生活经验也会在很大程度上发挥作用，因此呈现出的衰老相对较晚，也较为缓慢。但事实上，很多老人退休后不再去想那么多问题，变得不愿思考，这就使自己的思维能力快速下降。老年人思维能力衰退主要表现为思维活动变得缓慢、思维概括能力下降、定势思维模式、跳跃思维、逻辑障碍等几个方面，同时记忆力也相应衰退。

2.4 老年人的情绪情感特征

2.4.1 情绪体验时间深刻而持久

老年人情绪体验深刻而持久，这主要是由于老年人中枢神经系统有过度活动的倾向和较高的唤醒水平。研究表明，老年人的消极情绪并不随年龄的增长而降低，往往表现得比较持久[13]。虽然老年人的经验比较多，对于熟悉事物的适应水平较高，但是老年人碰到激动的事件，仍然能像年轻人一样爆发出强烈的情绪，而且一旦被激发，就需要较长的时间才能恢复平静。

2.4.2 消极情绪逐渐增多

个人的生活经历对情绪的产生有很重要的影响，老年人拥有丰富的人生体验，面对生活中发生的事件时，老年人惯用多个角度去审视问题并加入自己的人生体会，因而会产生各种复杂的情绪体验。老年人由于生理等方面能力的下降，容易受到疾病的困扰且持续时间长，或者由于工作环境、职务、角色的变化而生的不适及无用感，或者因子女陪伴较少、丧偶等产生的孤独、寂寞，这些都使得老年人容易产生一些消极情绪。

2.4.3 情绪表达方式较为含蓄

老年人对于自己的情绪表现和情感流露更倾向于压制。老年人在日常生活中常常会掩饰自己的真实情感，不喜形于色。随着年龄的增长，老年人在性格方面往往有一个由外向内移动的倾向。老年人遇到事情，往往会考虑到事情的方方面面，这在一定程度上缓冲了老年人活动的倾向性和表达方式，逐渐使其形成了内向的性格，情绪表达日趋含蓄。

2.5 老年人的性格特征

2.5.1 不易接受新的观点

老年人都有一段漫长的社会经历，在不同的阶段积累了很多积极的或消极的经验，在各种生产活动中，总结了一些成功或失败的教训，从而形成了一整套生活方式、思想方式和行为方式。老年人的认知模式一旦固化，认知结果将趋于保守和刻板，容易对与自己观念差异较大的行为等产生消极看法。

2.5.2 怀旧

怀旧就是缅怀过去，旧物、故人、逝去的岁月、过去的成就等都可引发怀旧情绪。随着岁月的流逝，由于生理机能、社会角色、人际关系的变化，老年人不再像曾经那样精力旺盛，独处的时间也不断增加，容易产生失落感。为取得内心平衡，老年人经常沉醉在往日的辉煌和美好之中，心理学家将这种现象称为"回归心理"。过度怀旧，轻者会引起心理疲劳，增加寂寞、孤独的情绪，重者会导致神经系统机能紊乱，如焦虑、忧郁、自卑等，以致丧失生活的勇气和信心，此外还会造成身体机能下降，增加各种身心疾病。

2.5.3 依赖倾向

老年人的依赖心理主要包括三种：经济依赖、生理依赖和社交依赖。大多数老年人退休后不再工作，而身体功能的衰退和健康情况的减弱，使老年人不能够进行很多活动，而依赖于散步、走亲拜友等活动。这种情况使得老年人减低了对社会的认识，减低了其个人的力量，并限制了老年人的社会活动，从而使其变得缺乏安全感，依赖性强。

3 公共图书馆适老化改造建议

3.1 完善公共图书馆老年读者服务相关的法规政策

良好的政策环境是公共图书馆有序发展的重要保障，是图书馆实现公平性和合理性的重要依据。法律法规是政策环境的首要体现，是老年人利益的根本保障。目前，我国尚未出台老年读者服务的相关法律法规，图书馆关于老年读者的服务规定较少，主要是宏观概括或读者证卡、借阅册数等优惠。因此，国家层面需要制定详细的法律体系，以便从宏观层面保障图书馆的建设及老年人的权益。此外，各公共图书馆应根据实际情况制定和完善老年读者服务的规章制度，从微观层面进一步促进老年人权益的实现。

3.2 加强基础设施建设，优化服务布局

公共图书馆应遵照老年读者的心理和生理特点，结合现代化的科技，对软硬件等基础设施进行升级。如开设老年阅览室或老年阅读区，并将其设置在低楼层；清晰指引设置，避免老年读者因找不到位置而产生不满情绪；为老年人提供老花镜、放大镜、助听

器、纸笔、热水壶等辅助工具;简化公共图书馆自助设备的界面,扩大字体,选择适合老年读者视力的颜色;为老年人提供有声指引设备及有声读物资源;优化公共图书馆网站栏目层级布局,提供字体、图标、文本语音等切换功能,在网页上提供无障碍辅助工具条;设置老年读者专栏,增强老年用户获取信息资料的便捷性。

3.3 提升馆员素质,推行人性化服务

馆员应坚持"以人为本,服务至上"的服务理念。馆员要改进服务态度,增强老年心理知识学习,尊重老年读者心理和行为特点,提供耐心、细致、及时的服务;馆员要提高自身处理突发事件的能力,面对老年读者突发的健康问题,能及时、镇定地处理;馆员要改变单一的服务模式,根据不同的老年读者提供差异化服务,以更好地提高服务的个性化;老年人也会有一些影响阅览室的行为,如因耳背而大声说话、公放语音等,馆员应基于老年人的心理特点友好劝阻,不能粗暴阻止。总之,馆员应注重老年读者服务的细节,将人文关怀的信念贯穿始终。

3.4 增加适老化馆藏资源,优化资源配置

公共图书馆可定期利用大数据平台及问卷调查等,对老年读者的阅读范围进行分析,增购老年读者喜爱的文献资料,扩大适老文献储备。利用适老文献设置老年读者阅览室或老年读者借阅区,科学合理地增加适老文献种类和复本。除纸质文献外,公共图书馆应根据老年读者需求及心理特点,结合自身馆藏特色,配置或制作适合老年读者的电子阅览设备、有声读物、视听资源等,在扩充适老化电子资源储备量的同时,提高老年读者利用电子资源的积极性。

3.5 改变单一的服务模式,多种服务模式并行

我国的公共图书馆已经从省级、区县级扩展到社区级,但并没有较好地发挥联动作用,未能实现资源有效共享,社区图书馆的利用率并不高,造成资源相对浪费。此外,我国城镇化规模不断扩大,但公共图书馆的数量并未有相应的增加,一些老城区没有条件配置社区图书馆。因此可将公共图书馆的模式扩展至总分馆模式、社区分馆模式、流动图书馆模式,以此扩大公共图书馆的覆盖范围,并形成一个联合的老年阅读资源库,使一个区域内的图书馆资源实现最大限度的运转,以便更好地方便老年人使用图书馆资源。

3.6 扩展公共图书馆功能,实现老年服务的多元化

我国的公共图书馆,特别是中小型公共图书馆的功能较为单一,主要局限在提供简单的借阅、上网服务,各个图书馆在硬件和资源方面较为相似,未能充分发挥其功能。公共图书馆的老年读者服务不应仅局限于借阅服务,而应该将其功能扩展至文化教育、信息展示、休闲娱乐等方面。文化教育是公共图书馆最基本的功能,公共图书馆应创造条件为老年人提供学习服务和继续教育;公共图书馆还可以根据老年读者的特点、爱好

等，开展讲座、展览、亲子、书法、座谈等活动，引导老年人走向社会，扩大交际圈，增强自信。

3.7 增设老年读者服务部门，实现老年服务管理的专门化

一项工作的顺利开展和推进，要有相应的组织协调、人员调配和后勤保障。基于老年读者数量的不断增多，公共图书馆应设立专门的老年读者服务部门，主要负责老年读者服务相关细则及评估机制制定，开展老年读者调研、老年读者活动策划、老年读者服务培训、老年读者活动效果评估等。通过成立老年读者服务部门进行统筹管理，及时发现问题，改进不足，创新服务，进而全面提高公共图书馆服务老年读者的能力，确保老年读者服务工作能够长久有效地开展。

3.8 创新服务方式，开展特色服务

我国公共图书馆在老年读者服务方面探索已久，也开展了一系列的活动，但较多地集中在讲座、手机培训、展览等方面，缺乏创新，各图书馆活动较为雷同，缺乏特色。各公共图书馆应根据自身特点、读者特点、所在地经济状况等，开展具有本馆特色或本地区特色的老年读者服务。例如在位置偏远地区设置流动书车、图书馆 ATM 机等设施，将老年读者服务功能延伸到馆外；依据本地特色，开展老年摄影、征文比赛等，传播本地文化，促进地区经济发展，充分发挥老年人对经济建设的带动作用。

伴随着老龄化社会进程，如何更好地关爱老年人，是一个涉及政治、经济、文化、社会等方面的综合问题。老年人视觉、听觉、记忆、思维等功能的衰减会使他们出现强烈的挫败感，可能导致他们产生焦虑、抑郁、愤怒、无用感等消极情绪。由于老年期中枢神经系统内发生生理变化及调整能力降低，负面情绪一旦被激发，需要较长时间来恢复。作为公共文化服务机构之一，公共图书馆坚守着传承文明、服务社会的理念，作为实现终身教育的重要场所，公共图书馆是促进文化养老的中坚力量。公共图书馆适老化的建设工作任重道远，目前建设水平还较低。公共图书馆有必要将老年心理研究列为重要的工作内容，分析老年读者的心理和行为特征，调研老年读者的需求，以此促进公共图书馆适老化的软硬件改造和服务提升，从而丰富老年读者的晚年生活，增加老年读者的文化自信，进而推进我国积极老龄化的进程。

参考文献

［1］中华人民共和国中央人民政府.到2050年老年人将占我国总人口约三分之一［EB/OL］.［2022-03-10］.http：//www.gov.cn/xinwen/2018-07/19/content_5307839.htm.

［2］中华人民共和国中央人民政府.中华人民共和国老年人权益保障法［EB/OL］.［2022-03-10］.http：//www.gov.cn/guoqing/2021-10-29/content_5647622.htm.

［3］中华人民共和国中央人民政府.国务院办公厅关于推进基层综合性文化服务中心建设的指导意见［EB/OL］.［2022-03-10］.http：//www.gov.cn/zhengce/content/2015-10/20/content_10250.htm.

［4］中华人民共和国中央人民政府.中华人民共和国公共文化服务保障法［EB/OL］.［2022-03-10］.

http：//www.gov.cn/xinwen/2016-12/26/content_5152772.htm.

［5］中华人民共和国中央人民政府 .“十三五”国家老龄事业发展和养老体系建设规划［EB/OL］. ［2022-03-10］. http：//www.gov.cn/zhengce/content/2017-03/06/content_5173930.htm.

［6］中华人民共和国中央人民政府 .中华人民共和国公共图书馆法［EB/OL］.［2022-03-10］. http：//www.gov.cn/xinwen/2017-11/05/content_5237326.htm.

［7］积极老龄化——政策框架［C］//陕西省老年学学会 .陕西省提高老年人生活质量对策研讨会论文集 .西安：陕西省老年学学会，2002：4.

［8］张伟新，王港，刘颂 .老年心理学概论［M］.南京：南京大学出版社，2015：4.

［9］许淑莲 .老年心理学［M］.北京：科学出版社，1987：50-60.

［10］李澈 .老年生物学［M］.北京：中国人口出版社，1995：130.

［11］张鹏 .面向老年人的非接触式交互界面设计研究［D］.哈尔滨：哈尔滨工业大学，2012.

［12］岑国桢 .老年心理学［M］.北京：人民教育出版社，2016：73.

［13］辜筠芳 .老年心理学导读［M］.杭州：浙江工商大学出版社，2018：160-163.

"互联网+"时代的文献资源揭示、整合与共享创新

杨云鹏（数字资源部）

"互联网+"是以互联网为基础，运用移动互联网、云计算、大数据、物联网等信息通信技术对传统生产方式进行的改造，本质上是将传统行业数据化和网络化。通俗讲，"互联网+"就是"互联网+传统行业"，但并不是简单的相加，而是两者的跨界融合，通过互联网平台使传统行业焕发新的生命，创造新的行业模式。2015年3月，在十二届全国人大三次会议上[1]，李克强总理提出"互联网+"的概念，并指出"指定'互联网+'行动计划"，推动移动互联网、云计算、大数据、物联网等与现代制造业结合，正式将"互联网+"纳入国家顶层设计，提升至国家战略层面。

随着科技发展和互联网的普及，图书馆的文献资源呈爆炸式增长态势。面对多样的、海量的、结构化和非结构化的数字文献资源，传统文献组织和数据库组织已经不能满足读者的使用需求，因此，互联网环境下文献资源组织创新研究成为当前图书馆发展的重点。文献资源是图书馆的根本，图书馆经过长期积累，藏有大量的文献资源，如何在庞大的资源库中发现有用资源的问题亟须解决。"互联网+"将给图书馆行业带来颠覆性的改革，运用互联网技术准确地揭示图书文献资源，进而将文献资源整合共享，为读者提供精准服务。

"互联网+"时代图书馆需要搭建一个共享平台，让更多的读者参与进来，读者能够通过平台参与文献资源的揭示、整合和共享工作。图书馆馆员依靠自身专业特长，建立各个领域专业的服务平台，充分揭示馆内图书文献资源，将馆内文献资源整合发布在平台上面供读者学习使用，体现出"互联网+"环境下共享的特征。

1 "互联网+"时代文献资源揭示

"互联网+"时代下图书馆无论是纸质资源还是电子资源都呈现出爆炸式增长，如何将这些资源进行整合分析，使其得到深度揭示并服务于读者已经成为重要的问题。图书馆文献资源的揭示目前主要分为纸质资源揭示和电子资源数据揭示，并没有形成一个纸质资源和电子资源都能揭示的书目框架。元数据[2]是数据的数据，是文献资源最小的表示单位，被用来描述数据的特征和属性。"互联网+"时代需要通过网络来揭示文献资源，因此需要把传统的元数据转换为计算机语言，通过机器语言来描述数据资源，达到对文献的揭示。

1.1 互联网下图书馆元数据标准的研究

元数据经过长期的发展，目前主要有以下几类：传统的以记录为目的的元数据

MARC；实现网络信息发现、检索和查询功能，简单实用、符合网络发展需求的元数据 DC[3]；以 AACR2 为基础，以 ICP 为原则并基于 FRBR 和 FRAD 为各种不同文献资源提供著录和检索的元数据 RDA；以关联数据为基础，为融入网络而设计，用于编目和检索的元数据 BIBFRAME[4]。MARC 元数据从纸质文献开始被广泛用于图书馆编目工作中，但是随着互联网技术服务的发展，MARC 因其单一性与自身的封闭性而不能满足互联网用户对数据描述和检索的需求，因此需要一个新的适合互联网的元数据。DC 是继 MARC 之后产生的元数据，DC 元数据能够被互联网搜索引擎提取馆藏数目信息，更具开放性和扩展性，但是 DC 和 MARC 不能兼容，这导致了 DC 的发展受到限制。RDA 作为一个全新独立的元数据，被用来完全取代 MARC 格式，RDA 能够描述和组织任何类型的资源，覆盖范围很广，能处理各种语言的文献、网络注册元素集和取值词表并用于关联网络环境。BIBFRAME 是在 RDA 的基础上建立的新型书目框架模型，它的目标是一方面充分整合现有书目资源，满足图书馆的编目需求；另一方面创建新的书目环境，让图书馆融合到互联网信息社会。

"互联网 +"时代图书馆应更加开放，增加与外界的交流，让文献资源以共享的形式融入互联网，不再局限于图书馆自身封闭的系统中，充分发挥文献资源的价值，提高文献利用率。RDA 和 BIBFRAME 元数据更符合"互联网 +"的宗旨，能够融入互联网共享图书馆内各种类型的资源。RDA 和 BIBFRAME 都具有扩展性，通过深度揭示文献资源，让读者全面了解文献资源信息，从而提高搜索的准确性、节省读者筛选时间及减少文献资源借阅压力。"互联网 +"时代下图书馆应抓住机遇，积极进行元数据研究，建立 RDA 或 BIBFRAME 书目框架对文献资源进行整合揭示。

"互联网 +"是一种共享文化，共享方式需要图书馆在统一框架下共同做一件事情，采用统一标准来揭示文献资源。目前，元数据在国内外没有一个统一的标准，这阻碍了图书馆文献资源揭示的发展，同时也减少了图书馆文献资源之间的交流共享。因此，"互联网 +"时代下将形成统一的图书馆元数据模型，或是多个能互相转换、互相沟通的元数据模型，充分利用互联网的优势，减少文献资源重复揭示，提高文献资源揭示质量。

1.2 "互联网 +"时代下文献资源的新发展

"互联网 +"时代下，图书馆可以借助云服务器全面实现多方编目共同揭示文献资源的目的。目前，图书馆文献资源编目工作以人工为主，导致对文献的揭示深度不够，通过搜索不能够准确筛选出所需文献。"互联网 +"时代下图书馆文献资源的揭示应在原有信息的基础上依靠互联网技术增加更多的互联网信息来丰富文献资源的揭示工作。例如，文献揭示中应增加封面图片、目录、书评、读者评论，甚至可以提供和文献相关的视频等更丰富的互联网资源，让读者在查找文献的过程中通过这些揭示筛选出自己所需的文献。文献资源的揭示应采取开放的形式，增加更多信息来丰富文献的内容，让更多的互联网技术参与到文献资源揭示中来。

人工智能是发展的趋势，计算机通过学习逐步替代人工操作。随着计算机语言识别、图形识别和自然语言处理等能力的提高，图书馆文献资源揭示中大量重复的工作将被机器代替。人工智能能够通过互联网信息建立关于读者的大数据，提取和分析每个读者的数据信息，为读者提供智能化的文献揭示，并通过计算分析为每个读者提供不同的文献资源。读者检索的文献排序也是经过对读者大数据分析得出的，每个读者都将得到个性化智能化的文献揭示服务。

"互联网+"时代文献资源的揭示主要包括两个方面：一方面是建立完善的元数据模型充分地揭示文献资源，另一方面是通过大数据分析读者行为，准确地为读者提供文献资源。总之，图书馆文献资源揭示的目的是更好地为读者服务，让读者快速准确地找到自己所需要的文献。

2 "互联网+"时代文献资源整合

"互联网+"时代图书馆面对着多介质、多结构、多类型的资源，读者通过网络访问越来越多，检索准确性需求逐渐增加，文献资源的整合势在必行[5]。文献资源的整合是在文献资源揭示之后的进一步的工作，是建立在资源揭示的基础之上的。图书馆文献资源整合的目的是提高资源的可获得性，能够让读者方便快捷地使用图书馆资源。"互联网+"时代图书馆资源的整合更具复杂性，现今图书馆每天获取大量纸质和电子资源，特别是电子资源成指数增长，通过人工整合已经不可能，因此图书馆需借助大数据技术对图书馆资源进行整合。"互联网+"时代下，大数据资源整合从流程看主要是信息资源的整合和文献的关联性整合。

2.1 各种类型信息资源的整合

图书馆文献信息资源本身种类繁多，包括图书、期刊、报纸、论文、古籍、影视、缩微、不同种类数据库、数字镜像等有序的资源和互联网上共享资源等无序资源。大数据作为"互联网+"时代新的数据资源使用方法，通过对各种数据进行封装，为读者提供检索分析服务[6]。大数据系统能提供一体化数据仓库构建：实现大数据存储、管理和检索，实现结构化数据、半结构化数据、非结构化数据的统一管理和检索[7]。大数据对信息资源的整合分两步：第一步将馆内信息、外网数据库和互联网信息进行统一整合，为所有数据建立统一的目录和标识，实现资源的统一访问和调用；第二步分析数据信息，保存有价值信息，去除重复信息，为各种元数据和其资源之间建立联系，实现资源的整合。

2.2 文献的关联性整合

文献资源之间建立关联关系，实现各种文献的整合。图书馆资源关联技术有引文分析法、共现分析法、社会网络分析法、语义和本体关联分析法、关联数据分析法五种方法[8]。这五种方法可分为两大类：一类是从文献资源之间的关系出发，通过分析计算来挖掘文献资源的关联关系，包括引文分析法、共现分析法和社会网络分析方法。另一类是根据文献资源自身特点建立关联关系，从知识和信息的角度出发，深度挖掘资源特征，实现共享、连接，克服自身的局限性，包括基于语义和本体资源整合和基于关联数据的资源整合方法。"互联网+"时代资源的整合是多视角的，将会基于多种技术来整合文献资源，实现多种技术之间的互补和融合。"互联网+"时代下图书馆建立文献资源关联关系，应借助云平台技术，让更多的人参与进来，实现基于云计算的文献资源关系网络平台，打破文献资源关联的地域局限性。未来，随着智能计算机的发展将会产生新的关联方式，计算机将通过代码实现文献资源的数据分析和交互挖掘，自动完成文献资源的整合。

3 "互联网+"时代文献资源共享创新

共享经济在"互联网+"时代得到快速发展，产生了许多产品，如优步（Uber）、爱彼迎（Airbnb）、滴滴等品牌的共享单车、共享汽车等。共享经济的核心在于共享"（share）"，其字面意思指的是个体间直接交换商品或物品、服务的系统[9]。共享需要具备五个要素，分别是：资源、使用权、连接、信息和流动性。共享的关键在于如何最优分配，既要合理调配资源，又要在一定程度上控制风险。图书馆具有大量的闲置图书和文献资源，在"互联网+"时代可以借助互联网平台让更多的人接触和使用，实现图书馆资源的共享。

3.1 "互联网+"时代文献资源共享服务

Uber 和滴滴的出现解决了人们闲置汽车和出行打车难的问题，Airbnb 解决了人们闲置房屋和更高要求的住宿问题，共享单车的出现解决了人们最后一公里出行问题，这些共享产品都得到了快速的发展并被人们喜爱。图书馆本身其实是一个传统的共享模式，通过自身购买大量资源对大众进行分享，但是读者会受到地域、借阅数量和借阅时间的限制，不能够让资源得到充分的利用。"互联网+"时代图书馆各种文献资源可以经过数字化，将不需要版权的文章、图书、视频等资源通过 VR 的形式进行分享，达到和真人到馆一样的效果，对于需要版权的资源，可以经过协商以收取一定费用的途径来实现资源的分享。图书馆管理员还可以根据自身的专业特长为有特殊需要的人群提供有偿服务，帮助搜集其所需要的资源和信息。

3.2 "互联网+"时代文献资源共享平台

在资源得到有效揭示和整合的基础上图书馆需要建立自己的共享平台，为读者提供更便捷的服务。平台除了数字资源，也提供实体图书的共享，可以开放个人平台将私人图书收藏纳入进来，将个人的文献和图书资源分享出来。亚马逊和京东已经在运营线上图书平台，读者可以通过购买实体图书或者电子资源来获得自己需要的信息。图书馆可以借鉴这两个平台的经验，推出自己的应用平台，将自身丰富的资源分享给读者。图书馆将其珍藏的古籍、电子资源、甲骨文等做成电子版资源，通过平台免费分享给读者，一些具有版权费用的资源可以通过购买授权的形式让读者阅读。实体书共享可以参照共享单车平台模式引入地图定位，使读者通过搜索附近可以借阅的图书获取到书单，借书者之间也可以互相借阅，让图书得到充分的利用，图书平台将会纳入信用积分制度，防止信用低的人破坏共享平台规则。

"互联网+"时代缩短了人与人之间的距离，同时也缩短了人获取物品的时间，让共享图书和文献资源变为可能。共享平台为原本陌生的个体之间提供了一条纽带，为人与人之间提供感情的交流，从而实现用户数量的几何级增长。共享图书的发展需要人与人之间的信任，信任建立起来之后也会促进共享图书的发展，形成良性循环。共享图书首先是图书馆与图书馆之间共享，其次是读者和图书馆之间共享，最后是读者之间互相共享，最终建立完整的共享平台。

"互联网+"是图书馆文献资源揭示、整合和共享创新发展的新机遇，是新时期图书馆建设的重要内容。"互联网+"时代信息快速发展，大量文献资源汇集到图书馆。为了快速传播这些资源，需要建立一个集文献揭示、整合和共享于一身的共享平台。"互联网+"时代是共享经济的时代，图书馆将更加开放，文献、图书、视频、音视频等所有资源，将被统一揭示整合发布到共享平台上，读者可以通过平台快速获取所需要的信息。同时，互联网技术也参与到图书馆文献资源揭示、整合和发布当中去，提高了图书馆的服务效率。读者将自己的藏书发布到平台供大家阅读，读者之间通过平台互相交流传递资源，实现互联共享满足读者的阅读需求。图书馆运用平台获取读者信息，通过大数据计算和人工智能分析预测读者行为，从而为每个读者提供个性化精准服务，帮助读者解决学习、生活和工作中遇到的问题，更好、更全面地为读者服务。

参考文献

［1］贾西兰，李书宁，吴英梅."互联网+图书馆"思维下的下一代图书馆服务平台［J］.图书与情报，2016（1）：44-48.

［2］孙广芝.元数据：网络资源共享的基础［J］.情报科学，2001（7）：763-764，779.

［3］梁红.都柏林核心元数据在数字图书馆资源组织中的应用与思考［J］.现代情报，2004（2）：171-174.

［4］宋丹辉.新型书目框架BIBFRAME发展及演化研究——兼论对MARC及RDA的改进［J］.现代情报，2017（1）：51-56.

［5］张久珍.论图书馆信息资源整合机制的建立［J］.图书馆杂志，2005（1）：10-14.

［6］康瑛石，郑子军.大数据整合机制与信息共享服务实现［J］.电信科学，2014（12）：97-102.

［7］王慧锋，房一泉，陈晓宁.建设智能云数据服务平台让高校大数据"说话"：提升学校核心竞争力［J］.华东师范大学学报（自然科学版），2015（S1）：111-118.

［8］陈兰杰，侯鹏娟.数字文献资源关联关系揭示方法研究［J］.图书馆，2015（2）：41-45.

［9］徐丽.共享经济产业链是一个动态的生态圈［N］.人民邮电报，2017-06-06（8）.

《数字遗产长期保护遴选工作指导方针》第二版的解析与启示

关　月（典藏阅览部）

图书馆、档案馆、博物馆等遗产保护机构承担着保护全社会的知识和文化资源的责任。然而，数字技术极大地简化了信息的创建和传播，使数字信息的生产呈指数级增长。数字信息规模庞大且多数转瞬即逝，给数字信息的保存工作带来困难。此外，我们必须清楚地认识到，无论是在经济、技术，还是法律层面，想要保存所有的数字遗产都是不可能的。鉴于此，"遴选"成为数字时代遗产机构进行长期保存的核心抉择。为协助遗产保护机构完成这一重要任务，联合国教科文组织和PERSIST（全球加强信息社会可持续发展平台）项目先后制定了两版《数字遗产长期保护遴选工作指导方针》（以下简称《指导方针》）。该平台由联合国教科文组织、国际图联（IFLA）、国际档案理事会（ICA）以及其他合作伙伴共同搭建。第一版《指导方针》于2016年发布，第二版于2021年发布，旨在为图书馆、档案馆、博物馆等遗产保护机构提供一个重要的基点，帮助记忆机构的从业者和决策者就哪些数字资源进行长期访问做出明智的选择[1]。

早在第一版《指导方针》中就已明确了所探讨的"遗产"和"数字遗产"的概念。"遗产"指过去留下的、现存的，且由于其重要性和价值而理应代代传承的精神财富和物质财富。"数字遗产"是指基于计算机的资料所构成的遗产，无论该资料是原始数字资料还是其他形式数字化后的资料。这些数字资料源于不同的社群、产业、行业和地区，需要有积极的保存方法，经过时间流逝，依然能确保它们的真实性、可获得性和可用性[2]。

1　《指导方针》第二版的核心内容解析

《指导方针》第二版[1]详细阐述了数字遗产遴选标准及采集方法，单个遗产机构的遴选"决策树"及法律环境对遴选工作的影响。《指导方针》第二版对第一版的更新和拓展主要体现在：它以附录形式逐一展开了软件源代码、研究数据、社交媒体、人工智能和元数据等数字遗产相关问题，并提供了深入的背景信息。

1.1　数字遗产遴选标准及采集方法

在大多数情况下，遗产机构现有的使命和馆藏发展策略将为评估和选择数字遗产提供起点和基本指导。遴选数字遗产与传统馆藏采选有异也有同，相同之处在于都需要考虑资源的背景和出处等基本要素，不同之处在于选择数字遗产时需要考虑长期可访问性、使用和维护。在评估数字遗产时应考虑其重要性、可持续性和可获取性。

大多数机构会选用综合性采集和选择性采集两种方式中的一种，或先后使用这两种方式进行数字遗产采集。综合性采集主要用于收集特定主题、时间段或地理区域上的所有相关资料。这种方法需要一定的体制保障，或限定采集重点。出版物的法定呈缴制度是人们最熟悉的综合性采集方法，国家图书馆根据法律，要求出版单位呈缴他们出版的每一份出版物的复本，从而收集全国所有的出版产品。选择性采集是通过材料识别以进行长期保存的另一种方法。当机构没有全面收集资源的能力时，将通过划定特定选择标准，以区分不同材料的价值。在这种情况下，抽样提供了一种抓取代表性资源的手段，使得采集和保存更易于管理，资源保存密度更低。例如，国家图书馆会定期抓取国家网络相关域名，以便在不同时间段内保存其在线的国家网站代表。在某些情况下，机构可能会对现有数字遗产资料进行综合性全域采集，之后再采用选择性采集的方法进行滞后筛选。

1.2 单个机构的遴选"决策树"

单个机构的遴选"决策树"，包含四个步骤。如适用，需做出明确的"是/非"决策，抑或需要与其他资源进行比对做评估（高、中、低或量化评估）。

第一步：识别，即识别可获取或评估的资源。需要考虑的方面包括：资源的题名、创作者、出处、规模以及状况；遗产机构是否有能力和权利来获取、保存并提供所有数据；元数据的类型以及可用的数量，及如果元数据已损坏，将如何解决。

第二步：法律框架，即确定与材料长期保存相关的法律、政策问题。需要考虑的问题包括：本机构是否具有存藏该资料的法律义务；本机构的数字资源保存及建设政策是否需要保存该资料；是否已经考虑了潜在的障碍，如知识产权或隐私限制。如果答案为是，请保存该数字遗产，并且无须进行之后的步骤。

第三步：应用选择标准。如果需要做进一步选择，该机构可以使用重要性、可持续性和可获取性这三个选择标准来评估材料。这三个标准应该以对机构最有效的顺序进行评估，通常从最易评估的标准入手，然后逐项进行，直到做出最终决定。

重要性。要确定数字遗产的重要性，需要考量其真实性、源头、创造原因以及对创造者的价值。这里的真实性是指记录或物品的确凿性。需要考虑的具体问题包括：该数字遗产的价值能否支持存藏机构使命和目标的实现；数字遗产是原生数字的还是实物的替代品，实物是否存在；该资源对本机构所服务的社区、创造者或整个人类是否有重要的社会、文化、历史或艺术价值；该资源是否有重要的信息、内容、用处或研究价值；如未保存该数字遗产，是否对机构的权益相关方（赞助者、社会公众等）造成影响。该资源是否由原住民或代表性不足的社会群体创作或关于他们，如果是，需要与这个社群协商确定资源是否留存。

可持续性。在选择数字遗产进行长期保存之前，必须检查存藏机构提供可持续访问的能力。需要考虑的问题包括：本机构是否有充足的基础设施来长期保存该数字遗产资料；是否有解读、迁移、保存该数字遗产的技术条件；如将该资料转换或迁移为不同的文件格式或物理载体是否有权限要求；是否有足够用来存取或保存数字遗产的元数据；数字项目的格式是否需要转换以便于保存；本机构是否能够将该资料提供研究、展览等用以满足公众需求。

可获取性，即了解行业内其他机构是否提供该数字遗产。本机构是否为唯一存藏该资源的单位，其他机构是否有该资源的复本；该资料是否为稀缺资源，是否有大量复本；该资料在何处能得到充分应用或对公众发挥最大价值；该资料在其他机构是否面临丢失风险；本机构是否为存藏、获取该资源的最佳场所；注意数字遗产的保存有必要进行一定的备份。

第四步：决策。整理并回顾以上过程的所有记录，基于步骤一到步骤三的答案做出决策。这个"决策树"的使用较为灵活，可以根据遗产机构的实际情况选用适用的步骤，同时，步骤的顺序也可以调整。

1.3 法律环境对遴选工作的影响

法律环境对数字遗产的遴选和保护工作具有重要意义。虽然国际上各国间法律差异较大，但都对数字遗产的传播、复制、获取和使用做出了规定。然而，互联网超越了地域的界限，我们往往难以确定权利持有者以及所适用的法律。此外，国际图联规定的图书馆法定缴存使数字出版材料的获取、保存和可访问性成为可能。

除了特殊情况和限制，版权立法可能会禁止复制行为。而在数字环境下，复制可能是长期保存工作的必要环节。此外，数字资料通常依靠软件进行检索，该软件也可能受版权的保护。一些国家已颁布法律，禁止规避用于防止复制和再分发的技术保护措施，从而阻碍了保存及未来对数字遗产的合法获取。其他国家有法律规定，可以规避技术保护措施以达到保存目的。有些司法管辖区有"合理使用"规定，这意味着公共领域的材料可以被收集，且无须事先获得批准即可向用户提供。其他司法管辖区以相同的方式使用"选择退出"，要求版权所有者在提供材料之前提出反对意见。

知识产权保护法、个人隐私、"国家机密"和公共信息获取的政府法律和法规，同样影响着数字遗产的保存方式，以及其是否或何时能为公众所用。与权利持有者达成合作与协议可能是保存特定类型数字遗产的唯一途径（例如：美国国会图书馆和推特达成的协议）。长远来看，必须完善国际和国家层面的立法，克服数字遗产遴选、保护及为民所用的过程中面临的障碍。

1.4 五种重要的数字遗产

《指导方针》第二版以附录的形式逐一介绍了软件源代码、研究数据、社交媒体及人工智能作为数字遗产的重要价值、遴选注意事项及采选方法。最后，从遗产机构保存数字遗产元数据的类型以及元数据的功能性需求详述了元数据管理。

1.4.1 软件源代码

软件已渗透到人们的个人和社交生活中。它帮助人们实现对数字内容的访问，为行业发展提供动力，支持现代研究，并推动创新。软件是我们文化遗产的宝贵组成部分。它是由人类以软件源代码的形式编写的。因此，软件源代码对于长期保护软件这一宝贵的技术、科学和文化遗产而言至关重要。

尽管无处不在，但是软件源代码并没有得到应有的重视。它通常被视为"可执行"软件程序的附件，这些程序在个人计算机中或通过基于互联网的云服务运行。虽然免费和开源软件的兴起为开发可公开访问的代码托管平台铺平了道路，但仍有很大一部分软件源代码在私人公司手中无法访问，或者由于各种原因无法共享。然而，随着软件遗产档案平台（www.softwareheritage.org）的开放，软件源代码既缺乏将源代码永久存储为数字对象的地方，也缺乏有效识别、存储和引用源代码数字对象的机制问题得到解决。

1.4.2　研究数据

科学研究是促进知识进步，进而促进人类进步的首要因素。科学研究往往会产生大量的原始数据。FAIR（可查找、可访问、可互操作、可重复使用）数据正在成为当下及未来研究的共同基础。

保存数字研究数据对科学发展和知识进步至关重要。遴选研究数据作为遗产材料长期保存必须通过全面且专业的批判性分析来确定。第一，要明确数据的科学研究质量，创建者及创建方式，以及数据的开放程度；第二，需要考虑是否存在与数据相关的隐私问题，如果存在，这些隐私问题的有效期是多久；第三，创建数据的实验能否以最低成本轻松地重复；第四，数据的创建过程是否不能重复且耗资巨大。

各国、各机构和研究组织必须根据 FAIR 原则对研究数据的保存进行投资，建设可持续的基础设施，以管理不断增长的研究数据集。同时，将数据保留在创建者所在机构的后保管模式也不失为一个有效办法。

1.4.3　社交媒体

社交媒体内容由用户在交互式 Web 服务上生成。内容可以是图像、文本、音频或平台接受的任何内容。在社交网站的结构和设计中，保持不变的元素不是社交媒体记录。每条社交媒体记录都有一个标识号，用于标识社交媒体网站上的新项目。

在大多数情况下，可以使用 API（应用程序编程接口）捕获社交媒体记录，但有时也需要更高级的技术，如 Web 抓取：Web 抓取器或爬虫是下载数据的浏览软件；API 订单：使用终端控制台命令获取数据，这些命令向 API 发送查询并接收带有特定参数的格式化数据；导出服务器 / 个人资料数据：向社交网站服务提出正式申请，并接收所有数据。

在捕获社交媒体记录之前，要考虑以下问题，如本机构是否为捕获这些信息的最佳组织，是否需要建立合作伙伴关系，捕获量和捕获能力，存储空间是否充足及存储策略。此外，社交媒体记录保存还面临社交媒体收集伦理等社会挑战，以及平衡收集授权与隐私保护、管理"混合管辖"数字内容等方面的法律挑战。

1.4.4　人工智能

人工智能（AI）的使用正在成为公共和私营部门组织的支柱。它被视为分析大量结构化数据（即数据集）和非结构化数据（例如文字处理文档、演示文稿、视听内容）的一种高效方法。AI 记录不仅仅是算法的输出，要了解它是如何到达输出的，需要数据、日志和代码。简单人工智能记录应包含研究问题、数据、数据清理、代码和输出。

在评估和遴选 AI 记录时，遗产机构要重点考虑其重要性。第一，人工智能的输出是否影响政策制定和政府政策的应用，进而影响公民及其主张和捍卫自己权利的能力；第二，人工智能的输出是否改变了组织的使命；第三，人工智能是否影响了关键的组织项目及决策的制定方式；第四，人工智能的使用是否标志着组织或政府决策方式的转变。如果对以上一至四的回答是肯定的，那么 AI 就构成了一份具有持久历史价值的记录，应该由文献遗产组织获得。

1.4.5　元数据管理

在遗产机构中，对保证其所保存的数字资源在长期内的可获取性、可识别性和可用性所需的任何信息（数字或实体形态），都可以被认为是所需的元数据。元数据为机构提供了将来获取和保存数字遗产所需的信息。

遗产机构通常保存三种主要类型数字遗产相关的元数据：结构性元数据（读取数字内容所必需的）、描述性元数据（包含书目、档案或博物馆的语境信息）及管理性元数据（记录对其馆藏的数字对象的管理）。

数字元数据有识别、定位、描述、可读性和权限管理五个基本的功能性需求。"识别"指元数据必须能让每个数字对象被唯一、清楚地识别。"定位"指元数据必须能让每个数字对象被定位和检索，所以这个位置数据的长期有效性必须得到保障，以确保系统迁移或更新时数据项不会丢失。"描述"用来辅助查全和解释。描述性元数据又分为关于内容的数据和关于语境的数据。前者可以通过审校和查询重建，而后者一旦丢失就很难重建。"可读性"指必须要保证关于数字对象结构、格式和编码的元数据长期可读，并且是多重层次都能得到判读，包括从外在的文件格式到数据自身的表达和编码。"权限管理"指权限、使用条件和每个数字对象的限制条件都应记录在元数据中。

2　《指导方针》第二版对我国图书馆开展数字遗产遴选及保护工作的启示

《指导方针》对图书馆、档案馆和博物馆等遗产保护机构开展数字遗产遴选及保护工作具有广泛的指导意义。国际图联不仅参与了两版方针的起草工作，还积极宣传倡导各国图书馆将《指导方针》与自身实际工作相结合，以指导实践。

我国图书馆数字遗产保护研究起步较晚[3]，在将《指导方针》落地应用的同时，还应重视数字遗产保护宣传工作，凝聚社会各方力量，推动数字遗产保护相关法律法规的出台及完善，加强数字遗产保护专业馆员队伍建设。

2.1　重视数字遗产保护宣传推广，凝聚社会各方力量

数字遗产保护工作在经济、技术、法律等层面面临诸多挑战，需要公共机构、私营机构及数字信息创建者等的共同参与和合作。因此，重视数字遗产保护宣传推广，使数

字保护被所有人理解，与所有人相关，对所有人可访问至关重要[4]。这种倡导可以围绕提高公众和决策者对收集数字遗产的文化价值的认识展开，例如，宣传访问这些数字内容所带来的经济、知识和科学利益；也可以围绕私营机构的社会责任展开，对私营机构而言，通过保存珍贵的数字遗产并使其为后代所用以支持其可持续发展，是其股东的责任和监管要求，也是该机构需履行的企业社会责任。

通过多种渠道和平台获取和收集数字遗产需要大量的努力和资源。这一巨大的挑战需要大型的、国家级的机构发挥最主导性的作用。这种领导力既可体现在制定适当的政策和搭建适当的系统来收集和管理数字资料，亦体现在引领搭建合作网络以分享遴选和保护的工作模式。政府、学术机构、研究中心、非营利组织和私营机构等其他合作方，也应承担相应的管理职责和责任。此外，国际图联、国际档案理事会和国际博物馆理事会等国际组织也应参与其中，因为保护数字遗产已成为一项全球性挑战。

2.2 推动数字遗产保护相关法律法规的出台及完善

支持信息和知识的获取是图书馆的职责所在。健全的数字遗产保护制度是图书馆履行其保存和提供数字遗产访问使命的基础保障。尤其应当重视以下问题：原生和数字化内容的版权、获取、复制和传播；访问保存的数字遗产所需的遗留软件的生命周期管理和许可；知识产权保护法、个人隐私、"国家机密"和公共信息获取的界定及规范。

为了搬开阻碍数字遗产保护工作顺利开展的绊脚石，绝大多数国家都已经建立了相应的法律法规制度，如美国、英国、加拿大、澳大利亚、法国等国都建立了数字呈缴制度，以从法律的角度确保数字遗产得到有效保护，为数字遗产保护工作的顺利进行提供法律保障，避免图书馆在进行数字遗产保护的同时被卷入法律纠纷，有效地提升了图书馆的工作效率，减轻了工作负担[5]。

我国图书馆应在充分调研最新的国际及国外立法进展的基础上，结合我国国情，推动出台并完善相关法律法规，为我国图书馆开展数字遗产保护工作铺平道路。

2.3 加快数字遗产保护专业馆员队伍建设

图书馆开展数字遗产遴选及保护工作不能仅仅依靠技术人员。因为，在图书馆完成数字遗产遴选保护工作，既需要明晰馆藏建设的政策，熟悉数字资源的采选标准及保护工作流程，又需要具备数字保护的专业技术，同时，必须保持对新的数字问题具有较高敏锐度，能够开展深入研究。这就需要兼具知识、技术和研究能力的复合型专业馆员。

为解决数字遗产保护专业人才匮乏的问题，国外一些大学或机构（如英国莱斯特大学、美国北卡罗来纳州立大学、IIPC 及 NDIIPP 等）已经开展了这方面专业人才的教育培训，并取得了优异的成绩。此外，图书馆还应积极开展或派员参加各种数字遗产保护培训、学术研讨会和交流活动，以全面提升从事数字遗产遴选保护工作的馆员的知识水平和技术能力。

参考文献

［1］The UNESCO/PERSIST Guidelines for the Selection of Digital Heritage for Long-Term Preservation -
2nd Edition［EB/OL］.［2022-03-29］. https：//repository.ifla.org/handle/123456789/1863.

［2］The UNESCO/PERSIST Guidelines for the Selection of Digital Heritage for Long-Term Preservation
［EB/OL］.［2022-03-29］. https：//repository.ifla.org/bitstream/123456789/1218/1/persist-content-
guidelines-en.pdf.

［3］阳广元 . 国际数字遗产保护实践及启示［J］. 图书馆研究与工作，2017（8）：39-43.

［4］IFLA. Second Edition of the Guidelines for the Selection of Digital Heritage Featured in International
Conference on Digital Preservation［EB/OL］.［2022-03-30］. https：//www.ifla.org/news/second-
edition-of-the-guidelines-for-the-selection-of-digital-heritage-featured-in-international-conference-on-
digital-preservation/.

［5］阳广元 . 数字化时代图书馆参与数字遗产保护研究［J］. 图书馆工作与研究，2015（S1）：26-34.

Excel 在《全国古籍普查登记目录》审校工作中的应用

全国古籍普查是"中华古籍保护计划"中的一部分。《全国古籍普查登记目录》是在全国古籍普查工作的基础上，对上报的古籍目录进行审校、编辑、出版而形成的全国古籍普查工作阶段性成果。

截至 2021 年 12 月，普查目录已出版 125 种 193 册，包含全国 516 家收藏单位的 130 万余条数据，预计尚有 100 多万条数据待出版。不管对于编纂审校普查目录的收藏单位、各省级古籍保护中心，还是对于承担普查目录编辑出版工作的出版社来说，工作量皆可谓巨大。如何在最短的时间里将差错率降到最低，又快又好地完成普查目录出版工作，已成为大家共同面对的课题。

《全国古籍普查登记目录》的稿件均以 Excel 形式提交，每个项目皆放置在对应的列中，比如"普查编号"列、"索书号"列、"题名卷数"列、"著者"列、"版本"列"册数"列、"存卷"列等，体例统一、条目清晰、行列井然，非常适合借助 Excel 来辅助审校。

Excel 是以表格化的形式来存储和处理数据的，由行和列组成，特别适合有固定列的记录型数据。目前，常用版本有 2013 版、2016 版、2019 版，每个版本在功能上差别并不是很大，但在布局上有所不同。本文中所用版本为 2016 版。

Excel 软件内嵌大量工具可供使用，其中的排序、查找、替换、去重、筛选、分列、条件格式等工具能为审校工作带来非常大的便利，这些工具的不同组合还能为审校增添更多便捷、实用的功能。

1　Excel 在审校中的应用

在《全国古籍普查登记目录》的审校中，发现的低级重复性错误有很多类型，但归纳起来，基本上包含在以下几大类中：编号类数据出现编号重复、断号、乱序，相同字段的前后缀出现表述不一致，格式与指定的要求不相符，不同列关联数据的信息不一致，不同条目多列数据存在相同错误字词。下面以此五类问题为例，逐一介绍如何使用 Excel 来辅助审校。

1.1　审校重复、断号、乱序的编号类数据

编号类数据常出现的错误有重复、断号、未按指定顺序排列等，普查目录中的普查

编号、索书号就属于这一类数据。此类数据在审校时可以通过组合使用 Excel 的排序、条件格式功能来发现错误。特此说明：文中所举例的数据均仅为方便说明问题，不具真实性和严谨性，数据内容不具备参考价值。

以普查编号数据为例，如图 1 所示，图中红色框部分的普查编号有缺号、重复和顺序不正确的情况。若有几万甚至十几万条数据时，很难快速发现问题所在。使用 Excel 的排序和条件匹配则可以快速发现和定位问题。

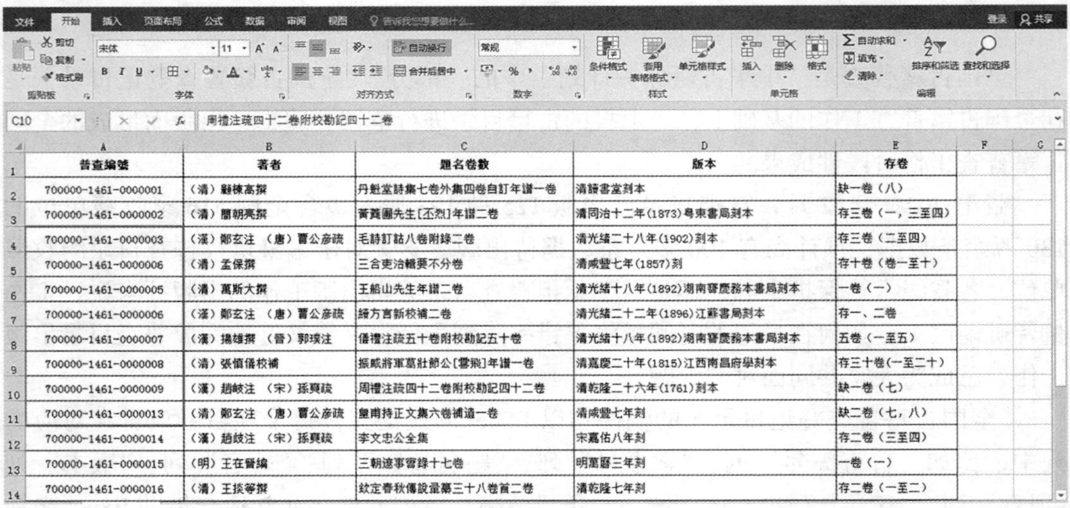

图 1 "普查编号"列数据存在缺号、重复和乱序的问题

为便于恢复原有顺序，在"普查编号"列前增加一列空白列，从小到大标上序号。然后，从菜单"数据"中选择"排序"工具，按照升序或倒序对普查编号进行数值排序，如图 2 所示。此处需要注意的是，必须对全体数据统一进行排序，否则会导致数据混乱。

图 2 对"普查编号"列进行排序

排序后结果如图 3 所示，可以明显发现：序号顺序被打乱了，说明普查编号存在乱序情况；末尾编号与序号不对应，也说明普查编号存在断号问题；重复的普查编号出现在了一起。

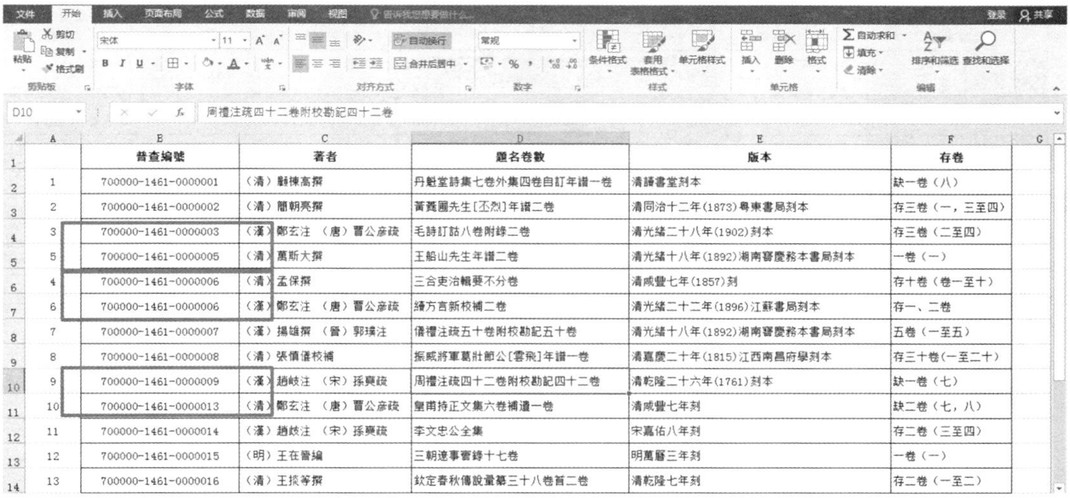

	普查编號	著者	題名卷數	版本	存卷
1	700000-1461-0000001	（清）顧棟高撰	丹魁堂詩集七卷外集四卷自訂年譜一卷	清譜書堂刻本	缺一卷（八）
2	700000-1461-0000002	（清）簡朝亮撰	蕢蕢圃先生[丕烈]年譜二卷	清同治十二年(1873)粤東書局刻本	存三卷（一，三至四）
3	700000-1461-0000003	（漢）鄭玄注　（唐）賈公彦疏	毛詩訂詁八卷附錄二卷	清光緒二十八年(1902)刻本	存三卷（二至四）
5	700000-1461-0000005	（清）萬斯大撰	王船山先生年譜二卷	清光緒十八年(1892)湖南寶慶務本書局刻本	一卷（一）
4	700000-1461-0000006	（清）孟保撰	三合吏治輯要不分卷	清咸豐七年(1857)刻	存十卷（卷一至十）
6	700000-1461-0000006	（漢）鄭玄注　（唐）賈公彦疏	續方言新校補二卷	清光緒二十二年(1896)江蘇書局刻本	存一、二卷
7	700000-1461-0000007	（漢）揚雄撰　（晉）郭璞注	儀禮注疏五十卷附校勘記五十卷	清光緒十八年(1892)湖南寶慶務本書局刻本	五卷（一至五）
8	700000-1461-0000008	（清）張慎儀校補	振威將軍葛壯節公[雲飛]年譜一卷	清嘉慶二十年(1815)江西南昌府學刻本	存三十卷(一至二十)
9	700000-1461-0000009	（漢）趙岐注　（宋）孫奭疏	周禮注疏四十二卷附校勘記四十二卷	清乾隆二十六年(1761)刻本	缺一卷（七）
10	700000-1461-0000013	（清）鄭玄注　（唐）賈公彦疏	皇甫持正文集六卷補遺一卷	清咸豐七年刻	缺二卷（七，八）
11	700000-1461-0000014	（漢）趙岐注　（宋）孫奭疏	李文忠公全集	宋嘉佑八年刻	存二卷（三至四）
12	700000-1461-0000015	（明）王在晉编	三朝遼事實錄十七卷	明萬曆三年刻	一卷（一）
13	700000-1461-0000016	（清）王掞等撰	欽定春秋傳說彙纂三十八卷首二卷	清乾隆七年刻	存二卷（一至二）

图 3　“普查编号”列排序后结果

为了从数万或十几万条数据中快速找到重复编号，可以利用“条件格式”功能。在选中“普查编号”列前提下，从“开始”菜单选择“条件格式”工具，选择“重复值”选项（如图 4 所示）。在弹出的对话框中选择要对重复值进行标注的颜色（如图 5 所示）。然后，使用“排序”工具的“按单元格颜色”排序，选择放置顶部（如图 6 所示），可见重复的普查编号被置顶了，一目了然（如图 7 所示）。

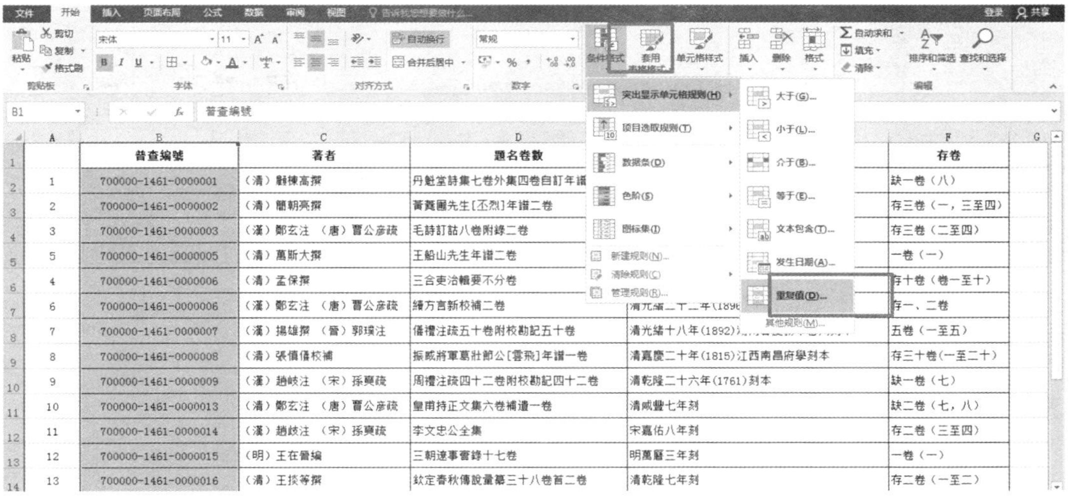

	普查编號	著者	題名卷數	版本	存卷
1	700000-1461-0000001	（清）顧棟高撰	丹魁堂詩集七卷外集四卷自訂年譜		缺一卷（八）
2	700000-1461-0000002	（清）簡朝亮撰	蕢蕢圃先生[丕烈]年譜二卷		存三卷（一，三至四）
3	700000-1461-0000003	（漢）鄭玄注　（唐）賈公彦疏	毛詩訂詁八卷附錄二卷		存三卷（二至四）
5	700000-1461-0000005	（清）萬斯大撰	王船山先生年譜二卷		一卷（一）
4	700000-1461-0000006	（清）孟保撰	三合吏治輯要不分卷		存十卷（卷一至十）
6	700000-1461-0000006	（漢）鄭玄注　（唐）賈公彦疏	續方言新校補二卷	清光緒二十二年(1896	存一、二卷
7	700000-1461-0000007	（漢）揚雄撰　（晉）郭璞注	儀禮注疏五十卷附校勘記五十卷	清光緒十八年(1892)	五卷（一至五）
8	700000-1461-0000008	（清）張慎儀校補	振威將軍葛壯節公[雲飛]年譜一卷	清嘉慶二十年(1815)江西南昌府學刻本	存三十卷(一至二十)
9	700000-1461-0000009	（漢）趙岐注　（宋）孫奭疏	周禮注疏四十二卷附校勘記四十二卷	清乾隆二十六年(1761)刻本	缺一卷（七）
10	700000-1461-0000013	（清）鄭玄注　（唐）賈公彦疏	皇甫持正文集六卷補遺一卷	清咸豐七年刻	缺二卷（七，八）
11	700000-1461-0000014	（漢）趙岐注　（宋）孫奭疏	李文忠公全集	宋嘉佑八年刻	存二卷（三至四）
12	700000-1461-0000015	（明）王在晉编	三朝遼事實錄十七卷	明萬曆三年刻	一卷（一）
13	700000-1461-0000016	（清）王掞等撰	欽定春秋傳說彙纂三十八卷首二卷	清乾隆七年刻	存二卷（一至二）

图 4　对“普查编号”列进行条件格式操作

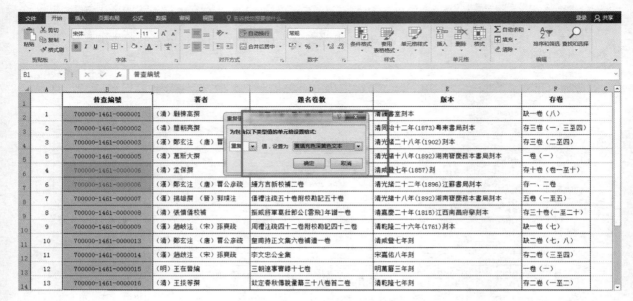

图 5 "条件格式"操作设置

图 6 对采用"条件格式"的数据按单元格颜色重新排序

图 7 采用"条件格式"并重新排序后结果

	普查编号	著者	题名卷数	版本	存卷
4	700000-1461-0000006	（清）孟保撰	三合吏治辑要不分卷	清咸豐七年(1857)刻	存十卷(卷一至十)
6	700000-1461-0000006	（漢）鄭玄注（唐）晉公彥疏	缚方言新校補二卷	清光緒二十二年(1896)江蘇書局刻本	存一、二卷
1	700000-1461-0000001	（清）麟桂高撰	丹魁堂詩集七卷外集四卷自訂年譜一卷	清謝書室刻本	缺一卷(八)
2	700000-1461-0000002	（清）簡朝亮撰	菁莪圈先生[不烈]年譜二卷	清同治十二年(1873)粤東書局刻本	存三卷(一、三至五)
3	700000-1461-0000003	（漢）鄭玄注（唐）晉公彥疏	毛詩訂詁八卷附譯二卷	清光緒二十八年(1902)刻本	存三卷(二至四)
5	700000-1461-0000005	（清）蕭斯大撰	王船山先生年譜二卷	清光緒十八年(1892)湖南寶慶務本書局刻本	一卷(一)
7	700000-1461-0000007	（漢）揚雄撰（晉）郭璞注	儀禮注疏五十卷附校勘記五十卷	清光緒十八年(1892)湖南寶慶務本書局刻本	五卷(一至五)
8	700000-1461-0000008	（清）張慎儀校補	振威將軍壯節公(雲飛)年譜一卷	清嘉慶二十年(1815)江西南昌府學刻本	存三十卷(一至二十)
9	700000-1461-0000009	（漢）趙歧注（宋）孫奭疏	周禮注疏四十二卷附校勘記四十二卷	清乾隆二十六年(1761)刻本	缺一卷(七)
10	700000-1461-0000013	（漢）鄭玄注（唐）晉公彥疏	皇明持正文集六卷補遺一卷	清咸豐七年刻	缺二卷(七、八)
11	700000-1461-0000014	（漢）趙歧注（宋）孫奭疏	李文忠公全集	宋嘉佑八年刻	存二卷(三至四)
12	700000-1461-0000015	（明）王在晉編	三朝遼事實錄十七卷	明萬曆三年刻	一卷(一)
13	700000-1461-0000016	（清）王掞等撰	欽定春秋傳說彙纂三十八卷首二卷	清乾隆七年刻	存二卷(一至二)

1.2 审校带有前后缀的相同字段

带有前后缀的相同字段，极容易出现的问题是前后缀表述不一致，普查目录中的著者就属于这一类数据。比如图 1 的例子中著者"鄭玄"的朝代（前缀）存在"漢"和"清"两种情况。此类数据在审校时可以通过 Excel 的"分列""删除重复项""替换""条件格式""排序"等功能的组合使用来发现错误。

为不破坏原始数据，在 Excel 文件中新建一个表单，将此普查编号和著者列复制到新建表单中，复制普查编号是为了定位问题行，也可以使用顺序号，只要能唯一标识行即可。选择"著者"列，从"数据"菜单选择"分列"工具，在弹出的对话框中选择"分隔符号"后，在"下一步"选择合适的分隔符，或者在"其他"中填入正确的分隔符（如图 8 所示）。此例中两个著者之间的分隔符是空格。

图 8 对"著者"列进行分列操作

"著者"列分列后的效果如图9所示，分列后的列数取决于著者中分隔符最多的单元格数据，此例中著者列最多只有两个著者，因此分列后仅有两列。

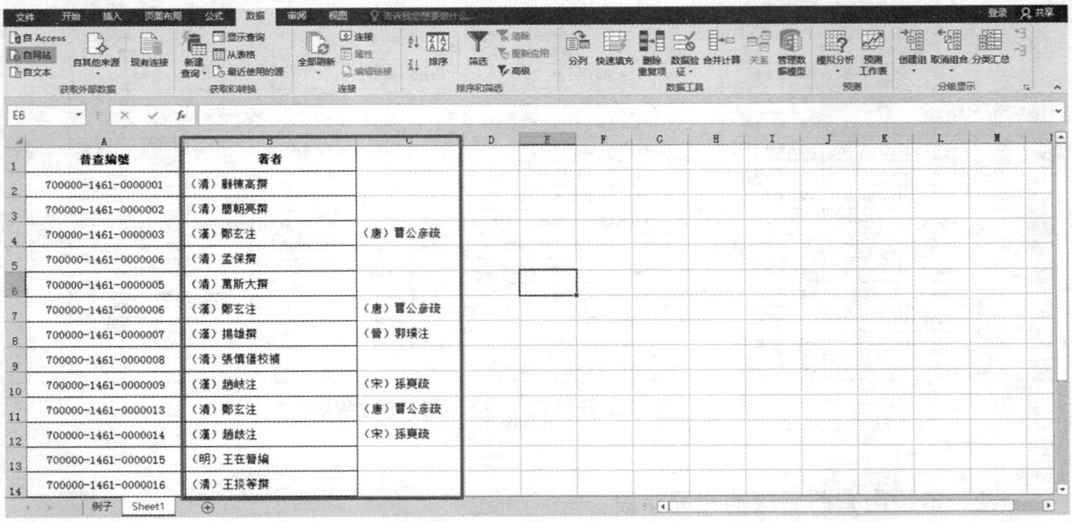

图9 "著者"列分列后效果图

为实现对所有著者进行审校，将所有分列后著者集中到同一列，同时将对应普查编号一并复制，保证合并后所有著者都能对应到其原普查编号。然后，再执行一次分列，将前缀和著者分开，此时分隔符为"）"。对两次分列后的新著者列进行去重，选择"数据"菜单中"删除重复项"工具，此时在对话框中不选择"普查编号"列（如图10所示）。该操作可以大大减少比对工作量，同时便于发现问题。

图10 对合并后"著者"列删除重复项

552

然后，对著者数据列（图中第 C 列）利用条件格式功能，将"著者"列中的重复值进行颜色标注，接着选择按单元格颜色排序，结果如图 11 所示。通过颜色排序，可以发现著者相同、朝代或国别著录不同的条目全部非常明显地排到了顶端，一览无遗。另外，通过按数值排序，将著者名按笔画或拼音集中在一起，也可以用来发现其中的问题条目，方法类似，不再赘述。

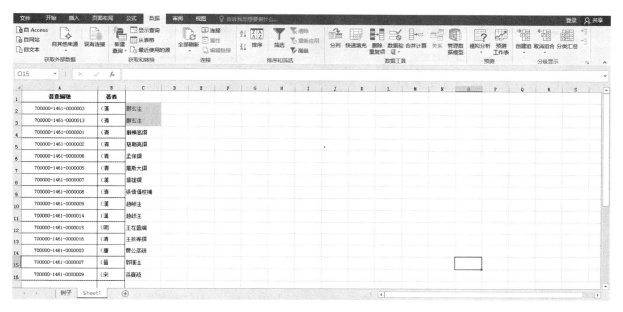

图 11　使用条件格式和排序后的效果图

1.3　审校有指定格式要求的数据

　　与指定格式要求不符是普查目录数据中常常出现的问题。普查目录中的"题名卷数""著者""版本""册数""存卷"等，可以说都属于有指定格式的数据。此类数据在审校时可以通过灵活应用 Excel 筛选功能的不同筛选方式的组合来发现错误。

　　此处以"题名卷数"为例来说明。按照普查目录著录规则，题名中的年谱类数据，除自订类年谱，一般需括注谱主名。为发现缺失谱主名的年谱，选择"数据"菜单的"筛选"工具，再单击题名卷数单元格右下角的下拉箭头，打开筛选选项（如图 12 所示）。可按颜色筛选，也可按文本筛选。此例选择按文本筛选，其下有多种不同选项，可以根据不同需求进行选择使用。此例选择"包含"。

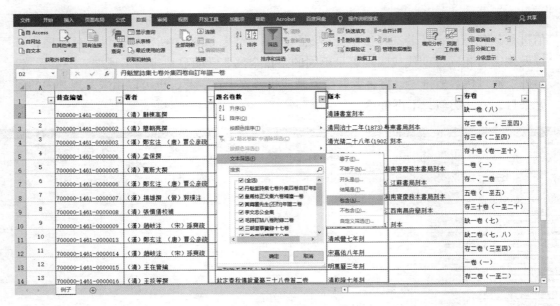

图 12　对"题名卷数"列进行筛选

在弹出的对话框中可以在筛选方式"包含"后面填入"年譜",也可以根据需要增加筛选方式,通过下拉菜单选择,但最多两种方式(如图 13 所示)。筛选方式包括"等于""不等于""大于""大于或等于""小于""小于或等于""开头是""开头不是""结尾是""结尾不是""包含""不包含"等。特别有用的是,如果筛选条件中某个字不确定或不固定时,可使用英文"?"来替代,该符号指代任意一个字;若不确定或不固定的字数不定长,可以使用"*"来替代,该符号可指代任意一个字或多字。上述筛选方式和条件的使用在此不再介绍,读者可自行研究。

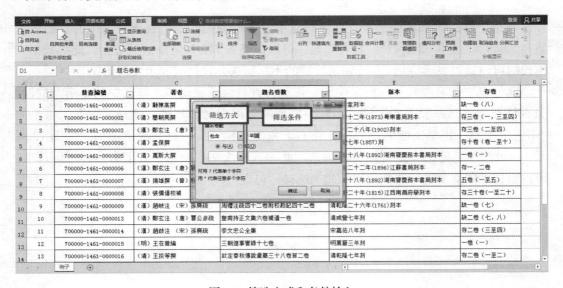

图 13　筛选方式和条件输入

筛选后的结果如图 14 所示，"题名卷数"列中显示的条目均包含"年谱"，在左下角的状态栏中还会提示找到的条目数量。使用筛选功能，可以对此类数据进行集中审校，便于发现未著录谱主名或其他问题。

图 14　"题名卷数"列筛选文本含"年譜"后的结果

1.4　审校多列关联数据

普查目录每一行数据都是关联的。例如：每一条题名都有对应的著者等信息，多条题名相同的数据，它们的著者信息也应保持一致。通过关联审校，可以发现题名相同而著者不同，或著者相同而题名不同的问题较多。在审校时可以通过 Excel 的删除重复项、条件格式、排序功能来发现此类错误。

以"题名卷数"和"著者"两列为例，先对全体数据去重，删除题名卷数、著者均完全相同的条目。然后，利用条件格式功能，用颜色标注题名列中的重复值。接着，使用排序功能，选择"题名卷数"列按单元格颜色、"题名卷数"列按数值、"著者"列按数值进行排序，此处一定要注意 3 个排序条件的先后顺序（如图 15 所示）。

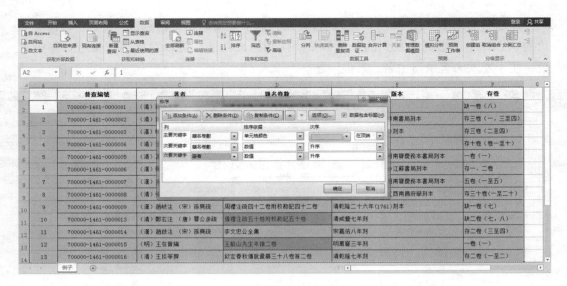

图15 "题名卷数"列和"著者"列排序

排序后的结果如图16所示，题名卷数相同、著者不同的条目被排到了顶端，可以非常简单地定位问题和所在行。

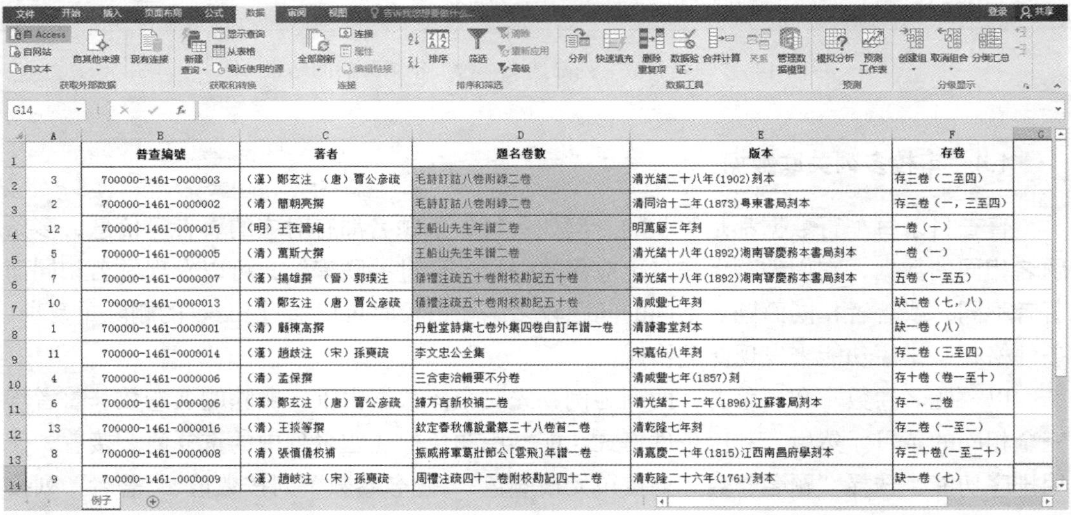

图16 "题名卷数"列和"著者"列排序后结果

1.5 审校不同条目多列数据存在相同错误字词

不同条目的多列数据中包含相同错误字词，也是审校中经常遇到的问题，比如"著者"列、"题名卷数"列、"版本"列的多个单元格中都存在把"蘇"简写为"苏"的情况。在审校时，可以使用 Excel 的"查找"，或者"条件格式"与"排序"的组合来发现此类问题。

1.5.1 使用"查找"功能

从"开始"菜单的"查找与选择"工具中选择"查找"功能，如图 17 所示。

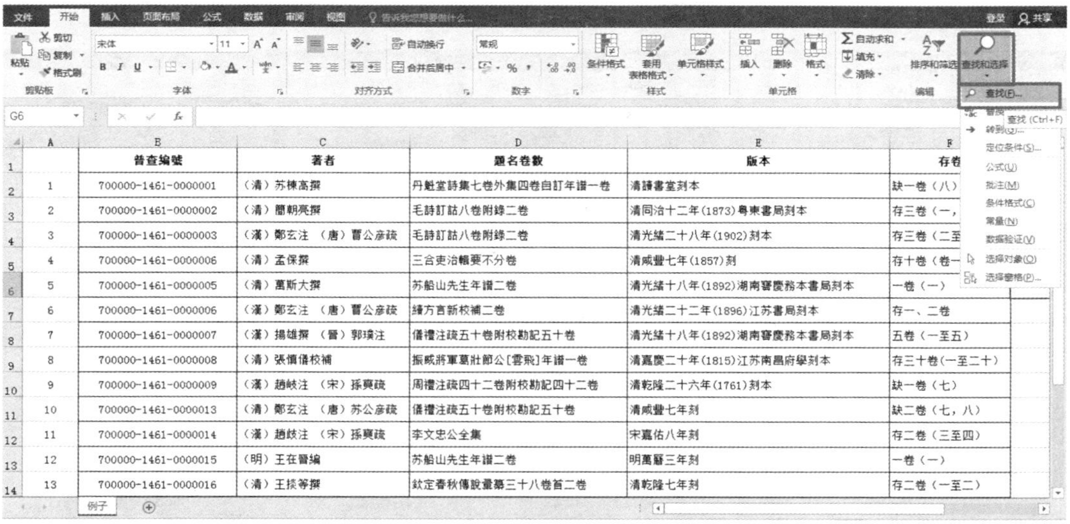

图 17　选择"查找"功能

在打开的对话框中，在"查找内容"栏中输入"苏"，点击"查找全部"，就可以把全部包含"苏"的单元格找出来并显示在对话框的下面。选中其中的任何一条数据，均会在工作表中将光标锁定在问题单元格上。对话框左下角显示找到的单元格数量（如图 18 所示）。

图 18　使用"查找全部"功能的结果

1.5.2　使用"条件格式"与"排序"

选择"开始"菜单的"条件格式"工具，在下拉菜单中选中"新建规则"功能，如图 19 所示。

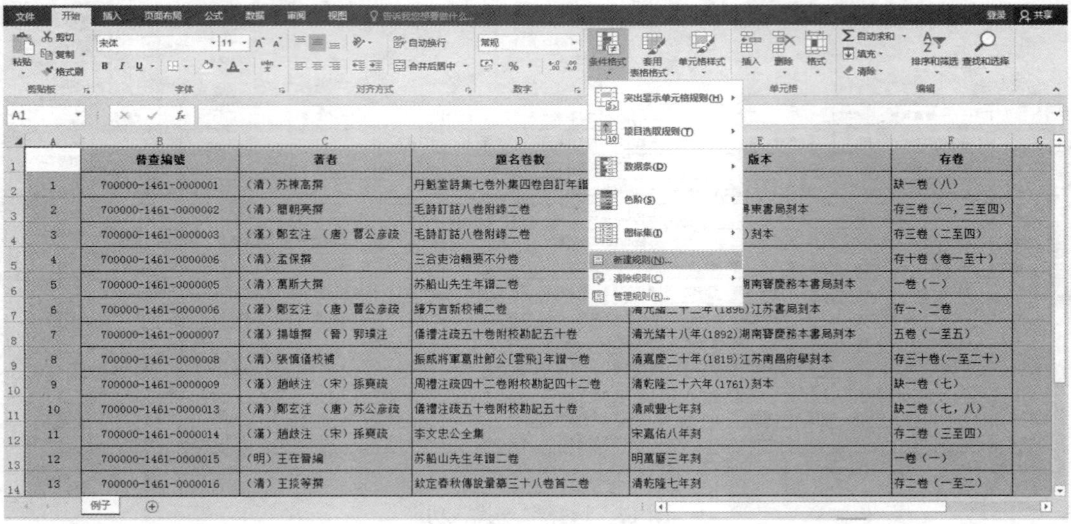

图 19　使用"条件格式"的"新建规则"

在"选择规则类型"中选择"只为包含以下内容的单元格设置格式"，在"编辑规则说明"中选择"特定文本"和"包含"，输入"苏"，并设定容易锁定目标的格式，此处选择填充底色（如图 20 所示）。规则类型一共有六类，每一项都能在审校中发挥作用，此处仅以第二类为例说明问题，其他类不做赘述，读者可以自行研究使用。"编辑规则说明"也有很多不同选项，分别可以对应不同的应用场景。

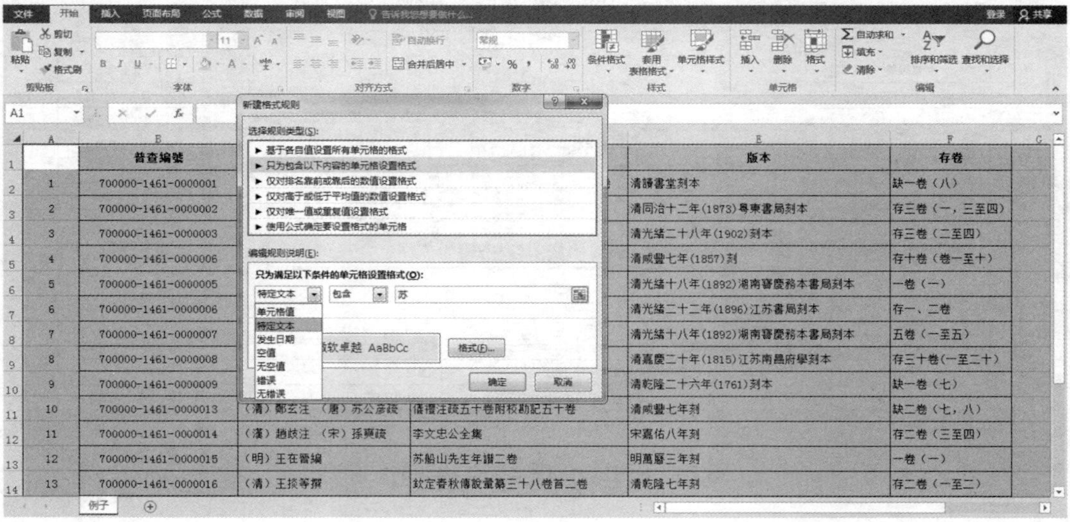

图 20　建立"条件格式"规则

使用“条件格式”后，再对每列内容按单元格颜色进行升序排序，排序后结果如图21所示，所有包含“苏”字的条目均被排在顶端，问题一目了然。

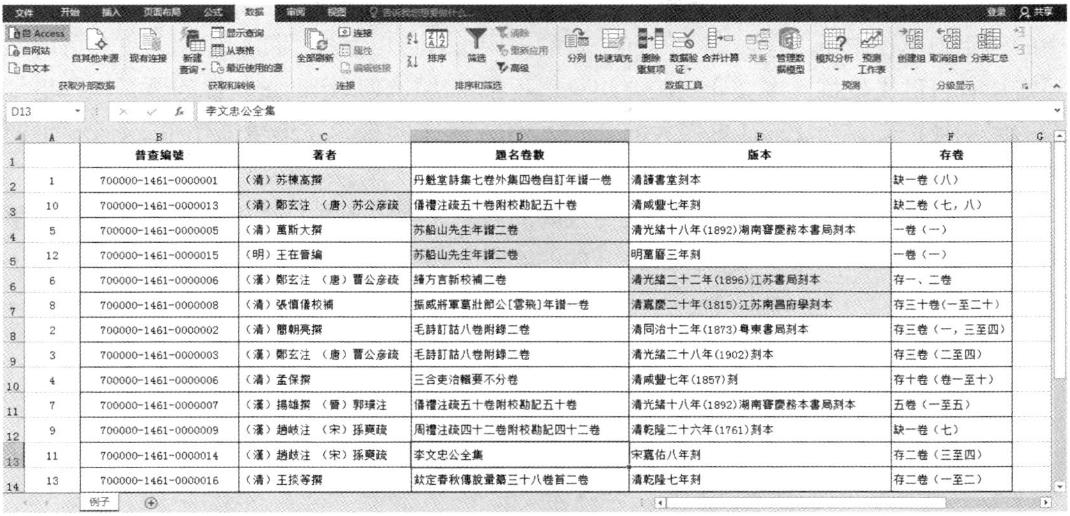

	普查編號	著者	題名卷數	版本	存卷
1	700000-1461-0000001	（清）苏棟高撰	丹魁堂詩集七卷外集四卷自訂年譜一卷	清讀書堂刻本	缺一卷（八）
10	700000-1461-0000013	（清）鄭玄注 （唐）苏公彦疏	儀禮注疏五十卷附校勘記五十卷	清咸豐七年刻	缺二卷（七，八）
5	700000-1461-0000005	（清）萬斯大撰	苏船山先生年譜二卷	清光緒十八年(1892)湖南寶慶務本書局刻本	一卷（一）
12	700000-1461-0000015	（明）王在晉編	苏船山先生年譜二卷	明萬曆三年刻	一卷（一）
6	700000-1461-0000006	（漢）鄭玄注 （唐）賈公彦疏	緒方言新校補二卷	清光緒二十二年(1896)江苏書局刻本	存一、二卷
8	700000-1461-0000008	（清）張愼儀校補	振威將軍葛壯節公[雲飛]年譜一卷	清嘉慶二十年(1815)江苏南昌府學刻本	存三十卷(一至二十)
2	700000-1461-0000002	（清）謝朝亮撰	毛詩訂詁八卷附錄二卷	清同治十二年(1873)粵東書局刻本	存三卷（一，三至四）
3	700000-1461-0000003	（漢）鄭玄注 （唐）賈公彦疏	毛詩訂詁八卷附錄二卷	清光緒二十八年(1902)刻本	存三卷（二至四）
4	700000-1461-0000006	（清）孟保撰	三合吏治輯要不分卷	清咸豐七年(1857)刻	存十卷（卷一至十）
7	700000-1461-0000007	（漢）揚雄撰 （晉）郭璞注	儀禮注疏五十卷附校勘記五十卷	清光緒十八年(1892)湖南寶慶務本書局刻本	五卷（一至五）
9	700000-1461-0000009	（漢）趙岐注 （宋）孫奭疏	周禮注疏四十二卷附校勘記四十二卷	清乾隆二十六年(1761)刻本	缺一卷（七）
11	700000-1461-0000014	（漢）趙岐注 （宋）孫奭疏	李文忠公全集	宋嘉佑八年刻	存二卷（三至四）
13	700000-1461-0000016	（清）王掞等撰	欽定春秋傳說彙纂三十八卷首二卷	清乾隆七年刻	存二卷（一至二）

图21　使用“条件格式”+“排序”组合功能的结果

2　Excel的使用原则

如果只有10条数据，用肉眼发现问题比较容易；如果有100条数据，多花些时间，多用些耐心，肉眼应该也能发现大多数问题；如果有上万条或者更多条数据，仅仅依靠肉眼肯定是不够的，必须借助Excel的功能来帮助我们挑选、判断。不过，在使用Excel时，我们还需遵循几个原则，避免出现不必要的错误。

2.1　保留底本

在进行Excel操作之前，建议将原数据复制一份，作为审校本，同时保留好原底本，以免操作过程中出现失误，无法恢复最初数据。

2.2　建立规范

将审校过程中总结的Excel使用流程记录下来，形成操作清单。下次审校同类图书时，可以按照操作清单依次操作，避免遗漏操作步骤。此外，若挖掘出新的工具或者工具使用组合，也要随时增加到操作清单中。

2.3　保持谨慎

Excel在带给我们便利的时候，可能也会带给我们一些意想不到的问题。我们要保持谨慎的态度，始终警惕。比如，若排序时未选定全部数据进行排序，只选择了某一列，就会造成数据混乱。

本文介绍了如何使用 Excel 高效审校普查目录中的五类常见问题，但 Excel 在审校中的作用绝不仅限于上述内容，不同工具的不同组合可以发挥不同的作用，更多可能性还需读者自己去发掘。本文介绍的方法只适用于解决比较低级的重复性问题，一些更复杂的问题还需要结合 Excel 更强大的公式、VBA 等来实现。在编辑工作中，Excel 中的智能办公手段还有很大的开拓空间。

笔者感受颇深的一点是，由于能力及时间限制，编辑不能只靠肉眼识错，这是不争的事实。为了提高效率，编辑要保持开放的心态，积极发掘一系列提升效率的工具和手段。

人工智能技术及其在智慧图书馆建设中的应用研究

杜　鹃（信息技术部）

在大数据、云计算、人工智能、物联网、区块链等高新技术的发展和驱动下，人类社会正在向着"智慧化"转型，图书馆作为公共文化服务的重要机构，在当今信息技术高速发展的时代背景中，也面临着新的转型机遇。从传统图书馆到数字图书馆，再到未来的智慧图书馆，每一次信息技术的革新都会带来图书馆服务模式的创新改革。人工智能技术飞速发展，并已在交通、医疗、金融、工业制造、零售、教育等诸多行业得到成功应用。未来，人工智能的发展将驱动我们的生产和生活继续向智慧化转变。将人工智能技术引入智慧图书馆建设当中势在必行，对该课题的讨论和研究也成为业界关注的一个焦点问题。本文试图在介绍人工智能的概念和发展情况的基础上，探索人工智能技术在图书馆可能的应用场景，为人工智能在智慧图书馆的实现模式提供参考和借鉴。

1　人工智能的概念

人工智能（Artificial Intelligence，AI）是让机器通过学习，能模拟人类的认知模式，感知周围环境，达到像人类一样思考和解决问题的一门技术学科。人工智能是计算机科学的一个分支，它企图了解智能的实质，开发一种能模仿人类认知模式的智能机器。人工智能是计算机科学、心理学、哲学等诸多学科的交叉。它研究的方面包括语言理解、机器学习、逻辑推理、专家系统、机器人学、人工神经网络等。人工智能技术区别于其余科技的中心点就在于具备学习能力，特别是自主学习能力。人工智能的这一特点使得它能完成只有人类才能完成的一些工作，并能把人类的智慧和能力大大提高。

2　人工智能的发展

早在 1956 年，计算机科学家约翰·麦卡锡（John McCarthy）就第一次提出了"人工智能"这一术语。2013 年，各个国家开始重视人工智能的发展，把人工智能作为重点研究方向。2016 年，谷歌公司研发的阿尔法围棋（AlphaGo）战败人类围棋世界冠军，显示出了人工智能和机器学习技术在特定复杂的系统决策领域超过了人类智能，引起全世界的关注，加速了人工智能技术的发展和应用。2017 年 7 月 8 日，国务院印发《新一代人工智能发展规划》，确立了目标：到 2030 年人工智能理论、技术与应用总体达到世界领先水平，成为世界主要人工智能创新中心[1]。2018 年，在世界人工智能大会上，习近平总书记在贺信中指出"新一代人工智能正在全球范围内蓬勃兴起，为经济社会发展注入了新动能，正在深刻改变人们的生产生活方式"[2]。2020 年，国家发改委将人工智能列为新型基础设施七大领域之一。2020 年 7 月 27 日，国家标准化管理委员会等五部门印发《国家新一代人工智能标准体系建设指南》。

随着理论和技术的逐步发展，人工智能技术逐渐成熟，其应用领域也不断扩大，在智能机器人、图像识别、机器人、自然语言翻译等各个领域中都有重要的应用，给人们带来了很大的便利，促进了社会的智能化和智慧化发展。

在举世瞩目的 2022 年北京冬奥会赛事中，我们可以看到人工智能技术的最新应用案例：小冰 AI 评分系统——奥运赛场上的智能裁判。它能为运动员提供专业的评分意见，还有四大功能，包括提高运动认知、改善不良运动姿态、定制化私人教练和人性化用户档案。比如，在针对自由式滑雪项目中，小冰 AI 能分析运动员的姿态数据，加以处理，再结合人类裁判员、教练员的评价和经验，不断优化模型，帮助运动员提高训练效率。具有人类外貌的 AI 手语主播采用语音识别、自然语音处理等人工智能技术，构建了一套复杂而精确的手语翻译系统，可把文字、音视频内容翻译成手语并流畅地展现出来，AI 手语主播不仅能播报奥运新闻，也能向听障人士用手语传播奥运资讯，让他们及时了解赛场情况。冬奥会"智能问答平台"提供语音、文字两种输入方式，是向大众宣传和科普奥运知识的智能平台。通过构建知识图谱，设计多种知识服务类型，AI 问答系统在准确地识别用户的询问意图之后，以文本、图片等多种形式快速反馈相关答案[3]。

在北京冬奥会上，各种最新的高科技手段被成功应用，为世人展现了中国乃至世界前沿科技发展的新水平，为本届冬奥会的成功举行增色不少。人工智能技术的诸多应用，也为今后 AI 技术在各个领域的应用和发展起了示范作用，未来，人工智能将在很多方面代替或辅助人类完成各项工作。

3 人工智能在智慧图书馆中的应用场景

在图书馆领域，人工智能技术的应用研究还处于起步阶段，主要是被应用于人脸识别、智能参考咨询、智能场馆、书架盘点等工作中，深层次的应用还有待研讨和探索。对于人工智能在图书馆中的应用场景业界已经有一些成功的尝试，未来，随着人工智能和智慧图书馆研究的深入，人工智能技术会成为智慧图书馆建设的主力军之一，带来对文献资源、图书馆管理、读者服务模式的全方位变革。

3.1 智能检索和知识发现服务

智能检索和知识发现服务是指在读者进行检索时，依据用户输入内容，智能识别检索目的，智能分析检索字段，智能规范关键词语，把返回结果按照读者的阅读兴趣、相关度等进行排列，将被动的信息检索转变为主动的知识发现、智能信息过滤、内容语义理解。应用人工智能技术，帮助读者阅读大量的检索结果，对检索结果内容做智能综述。主动的知识发现服务能够帮助读者提升检索满意度，找到更符合读者要求的检索结果。知识发现服务通过寻找术语之间的关系和语义来增强搜索方法，计算短语之间的语义相关性，从而建立本体之间的关联关系，消除术语之间的歧义，提升对模糊概念和未知概念检索结果的准确性；还可以将已经存在或隐式的语义描述合并到它们的描述性元数据中，在保持检索结果质量的情况下，降低检索对读者的技术门槛[4]。例如，中国科学文献情报中心的科技大数据知识发现平台不同于以往的检索系统，它实现了对论文、报告、专利、会议等 10 类科研实体的智能检索和知识发现服务，从科研主题、动态、活动和成果等方面揭示科研全过程的知识发现。检索结果按照用户相关度进行排序，根据 10 类科研实体定制式地展现各自数据特色，提供立体、多维的数据分面导航和多角度图形分析功能。该平台将 10 类科研实体的数据进行关联，基于知识图谱建立图形化知识网格，完成无终结点的关联发现导航。让用户更加立体、全面、直观、快速地掌握知识的分布。

3.2　智慧书房

为了深入贯彻国家文化发展要求，建设文化强国，推进全民阅读，提供公共文化服务，公共图书馆在街道、公园、学校、社区等公共场所建设"智慧书房"，实现无人值守和读者自助服务的 24 小时智慧阅读空间，打通文化服务最后一公里。智慧书房可为读者提供自助式、便捷化、个性化和智慧化的一站式智慧服务。读者可以通过人脸识别系统"刷脸"进入智慧书房，享受应用深度学习算法的图书分拣系统、图书识别系统和图书分类系统的图书自助借还服务。智慧书房实现智能灯光、智能温控、智能监控，给读者打造了一个舒适、惬意的阅读空间。智慧书房更注重满足读者的个性化和多元阅读需求。将关联规则预测算法与人工蜂群算法进行结合，通过收集、处理、分析并可视化读者借阅记录中的读者偏好行为数据，能够找出读者的借阅规律并预测读者的阅读喜好，预测和制定智慧书房阅读资源的采购策略。

3.3　资源采集智能化

图书采购对图书馆建设、服务质量、学科建设起到重要作用。为解决图书馆目前存在的文献资源采购中读者参与度不够的问题，可将人工智能技术应用于图书采购工作中，实现读者驱动采购。图书馆的采购机制应充分考虑读者的阅读需求，人工智能技术中的机器翻译、语义理解和情感分析等技术，能为图书馆提供一套完整的智能图书采购方案。采购方案最大限度地照顾每一群体的阅读需求，且综合考虑多方面因素，例如资源价格、渠道、学术影响力等，确定最终采购价格和数量，帮助图书馆的管理者合理规划采购预算，优化馆藏资源配置。

图书馆可充分利用开放获取资源，引入人工智能技术对资源进行智能采集。网络上有越来越多的资源加入开放获取的行列，智能软件可以通过对这些资源的智能采集来丰富馆藏资源，并可以通过预设的算法自动更新构建的专题库等。

利用人工智能技术实现智能的文献数字化过程。为了满足读者对电子资源的需求，对图书馆的纸质图书进行数字化加工是一项迫切且烦琐的工作，需要很大的工作量。人工数字化工作效率很低，满足不了现有的需要。人工智能技术可以实现对纸质图书的自动扫描，包括自动翻页、扫描，精准识别纸张上的文字和图片。如全自动机器人制造商 Kirtas 公司推出的扫描机器 Kabis，即能够通过真空吸附翻页技术模拟人手翻页的动作，比人手更轻柔，从而减少对珍贵书籍的损伤。Kabis 的扫描速度可达到 3300 页 / 每小时[5]。智能扫描机器人不需要人工就能完成文献数字化工作，大大节约了人力物力，是图书馆数字化工作的好帮手，也为图书馆资源的多样性提供了便捷途径。

3.4 读者个性化服务和智能推送

将人工智能技术应用在图书馆中可以为读者提供个性化服务。人工智能技术通过快速收集信息，包括读者身份信息、读者到馆行为数据等，运用语义识别技术去除无用的信息内容，运用关联规则、信息挖掘技术推断读者的兴趣爱好和阅读偏好，可以为读者推荐感兴趣的文献资源，提供个性化服务。机器学习可以赋予智慧图书馆人性化特征，能够通过读者的借阅记录和检索历史，发掘读者的兴趣偏好，预测读者需求趋势，并将知识库与机器学习相结合实现馆藏资源与读者需求的精准匹配。

3.5 人工智能机器人服务

智能机器人技术是人工智能技术的一个分支，涉及运动和感知任务。机器人是一种机械设备，可以使用人工智能技术直接通过人工控制或预定程序来执行自动化任务。智能机器人在图书馆参考咨询、自助服务、图书扫描复印、图书盘点等诸多方面已经有了应用实践，改善并提高了图书馆员的工作效率，也给读者提供了高效、便捷、先进的服务体验。智能机器人的使用可以改善和提高图书馆员的工作效率，提升服务质量和读者的服务体验。

参考咨询服务是图书馆为读者在查找和利用文献信息的过程中提供帮助的服务，是图书馆服务的重要组成部分。人工智能机器人的出现与应用，改变了传统的图书馆咨询服务方式。例如，对一些常见的读者咨询问题，智能机器人可以根据预先设定好的答案为读者解答，既节省了图书馆的人力资源，又给到馆读者留下了深刻印象，增强了图书馆的吸引力。

国家图书馆人工智能机器人目前已实现了迎宾、咨询问答、讲解展示、书籍检索、读者信息查询等功能[6]。人工智能机器人在人脸识别后可完成迎宾功能，可以配置数据库中人员信息，进行准确的称呼问候；智能问答功能可回答读者常见问题，实现对语料库的自定义配置；具备展项讲解功能，可以在体验区带领嘉宾进行参观讲解；实现书籍检索和读者信息查询功能，通过语音可查询馆藏目录信息，同时刷二代身份证可以获取读者基本信息和读者借阅数据；后台管理端功能，使用手机和 PC 端可以方便地对机器人进行远程操控和配置；导航指引功能，读者通过语音或点击查找机器人屏幕上显示的目标位置名称，可实现体验区内导引讲解。国内的参考咨询机器人应用的案例较多，比如，清华大学的"小图"，上海图书馆的"图小灵"等。

南京大学研发的图书馆盘点机器人"图客"，克服了人工盘点、手持 RFID 设备扫描等盘点方式人工成本高、效率低、漏读率高等缺陷。"图客"结合 RFID、计算机视觉、智能机器人技术，沿着书架逐层扫描图书，阅读图书内嵌的 RFID 芯片，实现智能、精准的全自动图书盘点，实时显示错架图书位置，盘点效率高于 2 万册 / 小时。

智能机器人与馆员互为合作和补充。智能机器人不停歇地完成大部分重复工作，从而使馆员得以腾出更多时间来做专业领域的研究和工作，探索如何更好地为读者服务。随着人工智能技术的发展成熟，智能机器人会变得更加智慧和便利。智能机器人与馆员相互合作，致力于为读者提供更加优质、高效的服务。

4 人工智能技术为图书馆带来的挑战

4.1 需要提前做大量人工数据标注

人工智能分无监督学习和有监督学习，因无监督学习的结果不可控，通常会采用有监督学习。有监督学习的前提是人工对数据进行标注，这就需要图书馆员前期做很多此类的工作。这是一项很烦琐的工作，需要对大量的训练样本做标记，需要标记人员有一定的专业知识，有认真负责的态度并具有耐心。在享受人工智能带来的高质量服务前，需要有人先完成这些脏活累活。任何一项技术的投入，都需要经历长期的探索和准备工作。

4.2 需要工作人员提高专业素养

人工智能时代的到来，为图书馆带来发展创新的机遇，也对相关工作人员的专业技能和创新思维带来了挑战。图书馆需要制定相应的人才培养计划，让相关的工作人员有机会学习人工智能技术和发展趋势。只有有了坚实的技术基础，才能结合工作实际，提出人工智能在智慧图书馆转型中的新需求，提高创新能力和思维，挖掘出更加符合图书馆实际的新应用。只有这样，才能让人工智能真正服务于图书馆和读者，创造更大的社会价值和服务价值。

4.3 用户数据的信息安全问题

人工智能算法需要以大量的用户数据为基础。图书馆长期以来收集了大规模的用户身份数据、行为数据，这些数据的所属权问题，应用过程中的用户隐私安全问题是人工智能的一个难题。一方面是从法律和政策方面的保障，另一方面是技术手段的保障。图书馆在利用大数据的同时，也要保证用户数据的安全性，与其他机构交互数据时，要做好数据的安全保护，例如，可使用区块链技术增加信息的安全性。

智慧图书馆的建设已成为业界关注和研究的热点，实现智慧图书馆转型是一个庞大、复杂的工程，人工智能等高新技术的飞速发展，将为智慧图书馆建设带来不懈的科技动力。人工智能可以深入到智慧化图书馆建设的各个层面，推动图书馆资源的智能化收集和利用，管理和工作模式的智能化升级，以及读者服务模式的智能化应用。图书馆应积极面对人工智能技术发展带来的机遇和挑战，提高认知、开拓思维、改革创新，积极转型，加速智慧图书馆设计和建设，从而为读者带来更加优质、高效的服务。

参考文献

［1］中国政府网.国务院关于印发新一代人工智能发展规划的通知［EB/OL］.［2017-07-20］. http：//www.gov.cn/zhengce/content/2017-07-20/content_5211996.htm.

［2］央视网.习近平这些贺信，与未来紧密关联［EB/OL］.［2018-09-19］. http：//news.cctv. com/2018/09/19/ARTIEoWoLVsLS0LdipeEDduP180919.shtml.

［3］搜狐网.北京冬奥会 AI 五应用［EB/OL］.［2022-02-07］. http：//news.sohu.com/a/521020055_589051.

［4］王晰巍，罗然，刘宇桐.AI 在智慧图书馆应用趋势：机遇与挑战［J］.情报科学，2021（9）：3-10，41.

［5］储节旺，陈梦蕾.人工智能驱动图书馆变革［J］.大学图书馆学报，2019（4）：5-13.

［6］申悦.人工智能机器人在图书馆的设计与实现——以国家图书馆数字图书馆体验区为例［J］.图书馆，2020（6）：37-41.

中国国家图书馆国家书目建设浅析

韩佳芮（中文采编部）

1 中国国家书目的历史

国家书目，又名全国书目，它的传统定义是国家出版的所有书籍和其他出版物的目录，包括现行和回溯性的国家书目。

中国有着悠久的历史文化和丰富的典藏。从古代先民将文字、图像、符号等将知识记录在物质载体上算起，至今已有数千年的历史。从汉朝开始，中国就有了编目的传统。几乎所有的朝代都按照《汉书·艺文志》来编纂官方历史，编纂以"艺文志"或"经籍志"命名的国家书目，其中，清代《四库全书总目》可谓达到了中国古代正书修订的最高水平[1]。

1985 年，国家图书馆（即北京图书馆）编撰了中国国家书目的印刷版；1987 年，中国第一本正式命名为"全国书目"的书目——《中国国家书目（1985）》问世[2]。此后，《中国国家书目》1986 年版、1987 年版、1991 年版、1992 年版、1993 年版、1994年版陆续出版。其文献著录依据为《国际标准书目著录》（ISBD）和《中华人民共和国国家标准》（GB/T 3792.1—2009），并确定目录的统一题名、著者规范名称；文献标引按照《汉语主题词表》和《中国图书馆图书分类法》进行。收录范围包含中文普通图书、少数民族语言图书、连续出版物、地图资料、博士论文、地图、乐谱、技术标准等[3]。

2 中国国家书目的发展实践

1988 年，中国国家图书馆着手建立中国国家书目数据库。1991 年，中国国家图书馆建立了中国机读目录数据中心，创建了中国国家书目（CNMARC）机读版。20 世纪90 年代以后，随着计算机技术和网络信息技术的发展，图书馆编目的环境和技术发生了巨大的变化。编目已经从传统的手动的、封闭的、独立的操作，发展成为机器可读的、网络化的、集成的、社会化的流程，节省了大量的人力资源、材料资源和时间，整合了目录数据，从而更加适应计算机与网络信息技术的发展，为资源的在线检索和共建共享奠定基础。

1997 年 10 月，全国图书馆联合编目中心成立。全国图书馆联合编目中心与全国图书馆共同建立起全国图书馆联合目录，这在一定程度上发挥着国家书目的功能与作用。在全国图书馆联合编目中心和高等教育文献保障体系两大机构的推动下，书目数据库、特色文献库等数据库的数量和质量水平大幅提高。伴随着公共服务体系的日趋成熟，书目的发展在社会结构中日趋重要。

2012年，中国国家书目门户网站建设项目正式启动，力争建成我国全部出版物的总目录。这一项目在国家图书馆的资源建设基础上，促进了行业与系统间的网络合作，逐步建立起出版物与中国国家书目整合的上下游互动模式，使得整条出版物供应链的每个环节都能获取有效且一致的信息，最终为全社会提供书目信息，实现资源共享。中国国家书目门户的开启填补了国内国家书目网络发行平台的空缺，为各类用户提供了方便快捷的信息获取渠道[4]。在传统环境下，国家书目被赋予了几个主要目标：一是促进图书馆高效率、低成本的编目；二是推动文献资源的检索；三是提供一国出版物的统计情况，反映政府政策对教育、语言、经济等带来的影响[4]。伴随着数字出版的发展，国家书目逐渐从传统的印刷型出版物转向多种文献类型、载体、语种的形式。服务对象和范围也发生了变化，不仅向图书馆提供服务，同时也向出版社、书店、政府机关和个人读者提供服务。

3 世界各国国家书目情况

世界各国国家书目的编制工作一般由国家图书馆或国家图书馆与其他机构联合承担。例如德国、英国、美国、法国、日本、韩国等国家，均由国家图书馆承担编制与出版国家书目的工作。

国家级联合编目系统作为绝大部分国家书目的数据来源，在国家书目的编制中发挥了重要作用。各国在联合编目系统的基础上加以完善，或直接使用它来作为国家书目的发布平台。例如，德国国家书目的来源为德意志图书馆的馆藏目录和联机目录；韩国国家书目可通过韩国的联合编目系统 KOLIS-NET 获得。

国家书目包括印刷品、电子出版物和网络资源等。伴随着出版形式的多样化，国家书目收录的资源范围也逐渐发生改变，既包括国内出版物，也包括其他国家研究本国的出版物和本国国民的海外出版物。例如，日本国家书目入选资料类型包括图书、连续出版物、盲文资料、电子出版物、地图、音乐录音或影音资料、亚洲其他国家研究日本的资料。加拿大国家书目内容包括了加拿大作者在海外出版的书目、研究加拿大的书目和与加拿大主题有很大关系的书目；在出版物形式上，有传统出版物和电子出版物，其中传统出版物有图书、连续出版物、音像出版物、手册、政府公文、论文、教学配套工具、影像记录、图片、手稿等。韩国国立中央图书馆通过呈缴制度获取资料，韩国的国家书目覆盖的范围十分广泛，包括了专题论文资料、小说、录音、影像、卡带、地图、幻灯片、电脑化的资料（如 CD、DVD、CD-ROM、CD-I、CD-G 和其他 CD）、缩微文献，政府出版物和研究成果。

国家书目的发布方式经历了从印刷型书目到网络平台发布的过渡，在各国国家书目机构中，仍保留印刷型出版的仅有少部分，其余的国家书目都通过光盘（CD\VCD\DVD）或网络版发布，发布周期分为日更新、周更新、月更新、年更新等。例如，法国国家书目采用网站形式发布，每种文献类型以一定的时间段为单位进行集合，在此集合下对每种文献进行分类（例如，视听资料分为录音、电子文档、动画影片等4类），同时提供跟该类文献密切相关的索引（例如作者、表演者、翻译者、主题、区域等）以便检索。日本国家书目同时提供CD/DVD和web版，分为回溯版和现代版：回溯版本从1997年至今，一年更新六次，为CD格式；现代版为DVD和web版，一年更新一次。

国家书目的服务方式也多种多样，除了常规提供书目的检索下载，各国还根据用户的需求提供诸如目次、摘要或全文的链接访问，包括基本检索、高级检索、组合检索和基于索引的智能检索等多种检索方式，以及定期的新书推介服务，出版主题目录等。美国、加拿大和瑞士等国还为读者提供多语种的书目服务。

4 国内两大联合编目机构数据情况及服务现状

中国高等教育文献保障系统（CALIS）是图书馆数据建设重要的联合编目系统之一，它向我国高校图书馆及国内外图书馆提供联机合作编目服务[5]。截至2018年3月，CALIS数据库积累书目记录708万条，馆藏数据约5000万条，以及各类型规范记录175万余条[5]，内容包括中文图书（中文普通图书、少儿读物、海外中文图书），中文期刊，学位论文，特藏资源（古籍、舆图、拓片、家谱、地方志、期刊论文、会议论文、电子图书、音频资料、网络资料）、外文图书、外文期刊。目前CALIS的注册成员馆逾1800家，覆盖除台湾省外中国31个省（自治区、直辖市）和港澳地区，成为全球最大的高校图书馆联盟。

在数据建设方面，截至2021年10月底，全国图书馆联合编目中心共有书目数据1475万余条，规范数据202万余条。本年度联合编目中心接收成员馆上传数据9.8万条，馆藏数据继续高速增长1200万条，累计达到了6600万条。成员馆下载书目数据近1300万。在用户拓展方面，联合编目中心用户总量达到了4223家，相较去年增加了226家，其中图书馆用户3585家。在实体馆藏体系建设方面，全国图书馆联合编目中心在完成了全国实体馆藏平台的全部系统工作基础上，针对馆藏数据建设目标的不同，设计了不同的馆藏数据建设流程。进一步提升了馆藏数据整合的效率和准确率，着重解决馆藏揭示错误等问题。针对不同级别的公共图书馆特点，全国图书馆联合编目中心优化馆藏采集逻辑，提高馆藏建设效率。与此同时，全国名称规范推广工作完成了名称规范数据共享接口的开发工作，严格遵守一系列国际通用传输协议和数据交换标准。使用联合编目系统的权限管理功能实现了对接口的权限管理，原则上实现了异构系统的名称规范控制，打通了其他机构访问全国图书馆联合编目中心名称规范数据通路，完成了对联编名称规范库的改造。

5 充分发挥全国图书馆联合编目中心在国家书目建设中的作用

5.1 进一步完善国家书目平台

国家书目平台的基础，来源于全国图书馆联合编目中心的联合目录数据库。伴随着各类开放数据在互联网上的兴起，为了进一步提高国家书目的及时性和完整性，国家书目平台也将适时接收有利于提高国家书目服务水平的数据。在条件成熟的前提下，有针对性地引入外部相关数据，提升用户体验。

首先，中国国家书目平台需要建成一个包含我国所有出版物的综合目录。全国图书馆联合编目中心将借助自动化系统、数字化环境以及智慧图书馆平台框架，进一步发掘国家书目发布、展示、检索以及推送服务，以促进国内外图书馆及同类机构的采购，达到降低编目成本、提高编目效率的目的。通过出版物的统计，不同历史时期政治、经济、文化的发展变化可以被客观地反映出来。该平台可一站式展示书影、目次、摘要、全文等信息，为国内外用户提供方便检索的体验。国家书目可成为出版机构的重要工具，既可推荐和推广新书，又能了解整个出版行业宏观形势和市场。与此同时，国家书目网络版不仅能与上游供应商合作，而且可与版权管理机构合作，对版权加以登记和管理，使得国家书目的建设更加立体化。

此外，应发掘国家书目门户网站多种功能，让它同时成为图书馆实体馆藏资源普查登记平台。国家书目平台依托全国图书馆联合编目中心的馆藏平台，整合国家公共图书馆 OPAC 服务，开展各级各类图书馆实物馆藏资源普查和登记工作。通过馆藏分析结果，各图书馆可以了解不同地区图书馆的馆藏情况，从而合理布局各图书馆之间的文献资源，建立独具特色的图书馆馆藏，进一步提高馆藏文献质量和服务水平[1]。

5.2 进一步加强全国图书馆联合编目中心的服务

全国图书馆联合编目中心成立 20 余年，中心接受了全国近 50 家不同机构的书目和馆藏数据上传，接受上传数据量超过 200 万条，为全国各级文献机构提供了数亿次的数据下载。对外开展了 60 余次上传资格培训，覆盖人群 5000 余人次。全国图书馆联合编目中心的服务得到了广大用户的支持，主要原因之一是其一直把书目数据的质量作为工作的重中之重。除了有一支稳定的审校和质量监控员队伍，全国图书馆联合编目中心也不断推出新的措施，通过培训，审校，制定标准、政策等不同方法致力于数据质量的提高。

目前联合编目的对象不仅包括印刷型文献，也包含音像制品、缩微文献、电子资源等类型的数字资源。随着信息技术的快速发展，出现了大量的数字资源，如数据库、互联网资源和多媒体资源。这些新型资源内容丰富，传播迅速。将这些虚拟信息资源纳入全国图书馆联合编目中心的工作范围是数字时代的必然发展。随着数据资源的不断扩展和数据水平的不断提高，特别是馆配商的加入，对全国图书馆联合编目中心的数据质量管理提出了新的挑战。全国图书馆联合编目中心将重新修订相关的工作方法、标准和政策，整合现有系统的处理、统计和分析解决方案，确保联合编目工作的持续稳定开展。此外，为了促进元数据资源的共享，计划在题库建设的规范化、馆藏采集平台服务的拓展、中文数据向 MARC21 转化等方面继续进行探索。

5.3 开展国内外合作，提高服务质量

在我国的联合编目工作中，不仅需要国内图书馆、书商之间的相互交流，更需要加强国际交流与合作。国家图书馆近年来积极加强行业合作，力争将全国图书馆联合编目中心建设成为国内最完整、最优质的书目信息传递中心。全国图书馆联合编目中心的分中心、各级成员馆以及馆配商等机构，都需要加入到馆藏项目中，积极上传以本地出版物和特色资源为主的国家书目数据，为馆藏资源的开发整合和利用提供基础。全国图书馆联合编目中心应将各级图书馆紧密联合在一起，共同构建起中国国家书目。同时，应扩大联合目录的文献类型，在原有数据共享的基础上，加强对儿童出版物、中文图书、论文和地方文学出版物的数据收集；积极与版本图书馆、出版社和书商等机构开展数据合作，以多种方式补充书目信息，确保国家书目的完整性。法定呈缴制度确保了各类型出版物缴送率和缴全率的提升，也为国家书目的完整发布提供了基本保障。

近些年，我国与世界各国图书馆的交流与合作日益增多，合作领域也愈加广泛。在今后的工作中，全国图书馆联合编目中心还需要推动中国书目数据走向世界，进一步提高中文图书的国际传播力和影响力。

2021 年文化和旅游部印发了《"十四五"公共文化服务体系建设规划》，明确指出将推动实施智慧图书馆统一平台建设。智慧图书馆的发展必将为全国的图书馆事业带来深刻的影响与变革[6]。采编部门负责图书馆的业务主流程，在数据资源的生产和建设中起到了重要的作用。同时，资源揭示与知识组织也是联合编目工作孜孜以求的目标。全国图书馆联合编目中心现有国家书目平台、书目数据规范平台、馆藏平台、民国书目整合平台等多种平台，还有软件商开发的异构检索系统等多元化模式[7]。在接下来的工作中，全国图书馆联合编目中心将逐步完善国家书目平台，在名称规范库中构建并完善模型，为推动全国编目工作智慧化转型进行探索。

参考文献

［1］廖永霞，毛雅君 . 数字时代中国国家书目的探索与实践［J］. 国家图书馆学刊，2012（5）：102-107.

［2］张志强，王蕾 . 近 10 年来我国书目出版述评［J］. 中国图书馆学报，1999（3）：61-68.

［3］王艳萍，杨熙 . 数字时代的中国国家书目建设探析［J］. 情报探索，2012（6）：12-15.

［4］国家图书馆中文采编部 . 数字时代的中国国家书目［N］. 新华书目报，2014-01-10（A14）.

［5］姚晓霞，陈凌 . 从共建共享到融合开放：培育高校图书馆资源共享的新生态——纪念中国高等教育文献保障体系（CALIS）启动建设 20 周年［J］. 大学图书馆学报，2018（6）：44-48.

［6］唐敏 . 智慧图书馆评估研究：对象与方法［J］. 图书馆理论与实践，2018（10）：12-15，20.

［7］叶忆文 . 全国图书馆联合编目中心服务体系的建设和发展思考［J］. 四川图书馆学报，2013（2）：37-40.

公共图书馆与社会力量共建馆外阅读空间发展现状分析

马　谊（北京国图书店有限责任公司）

近年来，与社会力量开展合作，打破馆区物理空间限制，在馆区外开设公共阅读服务空间，已经成为公共图书馆创新服务形式、推广全民阅读的重要模式。自2014年起，温州市图书馆便与社区、企业、社会组织等多方协作，开设了馆外共建阅读空间，在向市民公开征集名称的基础上，统一命名为"城市书房"[1]。2015年，扬州市第一家"24小时书房"正式开放。此后，江阴市图书馆、合肥市图书馆、济南市图书馆等公共图书馆先后通过与社会力量合作的形式开设了"三味书咖""悦·书房""泉城书房"等馆外共建公共阅读空间。

1　馆外共建阅读空间的发展要素

目前，我国公共图书馆在馆外阅读空间建设方面的发展态势迅猛，已有115座城市在落地推进，共建有1041个馆外阅读空间[2]。这其中，有不少是由公共图书馆与社会力量开展合作共同建设的。共建阅读空间的快速发展，一方面是基于政策的有力引导，同时也是人们不断提升的精神文化服务需求、公共图书馆自身发展局限，如服务形式创新、财政经费紧张等多方面因素共同作用的结果。

1.1　政策引导

2015年1月，中共中央办公厅、国务院办公厅印发《关于加快构建现代公共文化服务体系的意见》，要求到2020年，基本建成现代公共文化服务体系，并明确提出要逐步形成由政府、市场、社会共同参与公共文化服务体系建设的基本格局。2016年12月，国家新闻出版广电总局正式发布我国首个国家级全民阅读规划——《全民阅读"十三五"时期发展规划》，明确了"坚持政府主导，社会参与"的发展原则，并指出"鼓励和吸引社会力量建设全民阅读公共设施"，同时强调要充分发挥阅读空间等基层阅读推广机构的重要作用。2018年1月，《中华人民共和国公共图书馆法》正式颁布实施。其中，第十三条明确规定了"国家建立覆盖城乡、便捷实用的公共图书馆服务网络。公共图书馆服务网络建设坚持政府主导，鼓励社会参与"，这也是首次将鼓励社会力量参与建设图书馆服务网络的发展方向以法律的形式确认下来。

事实上，早在2015年，国务院就转发了《关于做好政府向社会力量购买公共文化服务工作的意见》《关于在公共服务领域推广政府和社会资本合作模式的指导意见》等重要文件，为此后几年在公共文化服务领域开展与社会力量合作奠定了坚实的政策基础。

1.2 公众文化服务需求

党的十九大报告指出，当前社会主要矛盾已转化为人民日益增长的美好生活需要同不平衡不充分的发展之间的矛盾。随着社会经济水平的不断发展，在基本的物质需求得到满足后，人们对追求高质量的精神文化生活的需求明显提升。根据中国艺术科学研究院联合中国文化管理学会网络文化工作委员会在 2012 年颁布的《中国居民文化消费与需求调查报告》显示，2011 年城乡居民人均文化消费分别达到了 1102 元和 165 元，比 2002 年分别增长了 170.7% 和 253.8%，年均增速分别快于人均消费支出 0.9 和 2.7 个百分点。作为社会主义公共文化服务体系的重要组成部分，如何更好地满足公众多元化的文化服务需求，为公众提供优质、正向、丰富的文化服务，自然成为各级政府及公共图书馆必须思考的问题。

1.3 公共图书馆自身发展局限

近年来，通过市场渠道提供的文化服务产品愈发便捷、丰富。相较而言，公共图书馆发展速度相对缓慢。由于互联网及智能终端产品技术的飞速发展，公共图书馆不断丧失资源优势，传统的图书馆服务由于不再能够满足人们的阅读需求而逐渐式微。除了来自科技发展的冲击，近年来公共图书馆也不断面临来自经费缩减的压力，加之新冠肺炎疫情带来的负面影响，很多图书馆财政经费的缩减比例已经接近 50%。随之而来的是，公共图书馆空间不合理、区域分布不均衡、服务设施不足、服务特色不鲜明等短板日益凸显[3]，无论是环境、设施，或是服务内容、服务意识都无法达到公众的服务预期。

面对上述问题，各级政府及公共图书馆也在不断探索打破自身局限，寻求外部发展的新模式、新方法。事实上，公共图书馆面临的这些问题，对于市场上各类民办实体书店而言同样存在。近年来，不少书店调整经营思路，由传统书店向复合型服务空间转型，以全新的形象、业态、营销和服务吸引市民读者[4]。这些成功的经验，也启发政府和公共图书馆开始着眼于与社会力量开展合作，打破公共图书馆已有的空间、服务及经费等局限，通过建设馆外复合型阅读空间的形式弥补发展缓慢、经费不足等现存问题。

2 馆外共建阅读空间建设情况分析

馆外共建阅读空间脱胎于 24 小时自助图书馆。2005 年，东莞市图书馆在馆区附近推出全国首家 24 小时自助图书馆，以图书借阅为主要服务内容。2007 年 12 月，东莞市图书馆在延续 24 小时服务理念的基础上，在全市范围内推出了"图书自助服务站"（图书馆 ATM）。时隔一年，深圳图书馆自主研发了"城市街区自助图书馆"，设备更加先进，功能更加丰富。但经过一段时间的检验，此类集成式的终端自助图书馆暴露出了维护成本高、服务内容单一等问题。2010 年前后，包含多重服务业态的馆外阅读空间逐渐发展起来，社会力量也在原有设备提供、运维保养的基础上，通过提供场地、服务、人员、资金等多种形式参与建设，以温州市"城市书房"为代表的馆外阅读服务空间陆续登场。

2.1 服务类型

经过近 20 年的发展，目前公共图书馆与社会力量共建的馆外阅读空间已经逐渐形成了包含多种服务业态的综合服务体，具体而言主要包括以下服务内容：

2.1.1 图书借阅服务

图书借阅是共建阅读空间最基础的服务内容，服务形式主要包括办理图书借阅卡、图书自助借还、纸本及数字图书阅览等。为了保证为公众提供高质量的阅读服务，共建阅读空间普遍对图书配置数量及更新率设置了量化考核指标。如济南市"泉城书房"要求单个空间配置图书不少于 8000 册；扬州市"24 小时书房"要求每个阅读空间日常保有图书量为一万册左右，并且规定了图书更新率每年要达到 60%[5]。

2.1.2 物理空间服务

空间服务主要指基于物理空间为公众提供的休闲场所及相关体验。在开放时间上，大多数的共建空间为 24 小时开放，全天候满足了公众对于休闲空间的服务需求。在空间面积上，由于有了社会力量的参与支持，大部分共建空间在建设之初就对空间面积有明确要求，包括济南市"泉城书房"、扬州市"24 小时书房"都规定单店空间不得小于 200 平方米，温州市"城市书房"的建设标准为 150—300 平方米。在建设选址上，共建空间一般都会选择商业区域、古文化街区、景区等繁华地段。

此外，由于建设思路灵活，建设经费相对充裕，大多数的共建空间都十分重视空间装饰及功能布局设计，以营造具有地方文化特色的空间氛围。如温州市的"城市书房"，会根据所在区域，如社区、单位、公园、商场等场所及服务对象的不同，在装潢设计、藏书配置方面保持一定的个性化，让众多的"城市书房"凸现出各自的特色[1]。同样注重营造空间氛围的还有上海市图书馆的共建空间——我嘉书房。因为地处南翔古镇老街，并与檀园内部连通，我嘉书房（南翔·名士居）的服务人群以南翔老街游客以及老镇区的居民为主，因此空间氛围着重体现了江南文化特色，配置木质中式家具，同时以各类绿植石玩突出巧思，整体风格古色古香，深远幽静。

2.1.3 阅读推广服务

作为公共图书馆服务触角的延伸，共建阅读空间一方面可以继承公共图书馆丰富的阅读推广工作经验，另一方面则可以吸纳社会力量在通过市场渠道输送文化产品的过程中积累起来的商业经验，在共建空间的阅读推广服务板块实现公益与市场的强强联合。与在空间氛围营造上的"八仙过海，各显神通"一样，各城市共建阅读空间在阅读推广服务内容设计上，也都在努力突出品牌特色、地方特色。以合肥市"悦·书房"的旗舰店为例，自开办以来，"悦·书房"到 2016 年底已举办阅读推广活动 113 场，累积参加人数近 6000 人次，策划了如"夜读活动""一起来看吧""悦分享""张老师讲故事""环保在行动""主题寻书"等多个"悦·书房"品牌活动[6]。济南市"泉城书房"着眼快递员的阅读需求，为他们开设快捷通道，提供阅读驿站，每天接待快递员读者近百人次，截至 2021 年 6 月，累计接待快递员读者 7 万人次[7]。温州市"城市书房"自 2017 年以来，陆续举办了"4·23 图书馆之夜"快闪朗诵活动分场、阅读马拉松分赛等阅读推广活动[8]。

2.1.4 配套便民服务

除了提供与阅读相关的服务内容，共建空间也在一定程度上承担了便民服务网络节点的职能。包括在服务区域内设置自助售货机，提供打印服务，开设服务吧台，售卖或免费提供咖啡茶水，提供无线网络等。

2.2 共建合作模式

各地共建阅读空间都秉承政府主导，社会参与的建设原则。在具体方式上，各地有所不同。有学者从社会运营资本、运营权、运营设施所有权三要素出发，将共建方式划分 BOT（Build-Operate-Trans-fer）模式，即"建设—运营—移交"模式、BOO（Build-Own-Operate）模式，即"建设—拥有—运营"模式等 5 种模式[9]。本文拟从共建空间的经费来源、场地提供、图书配给、运营支持等几方面对前述重点研究的共建空间建设模式进行梳理：

表 1 共建模式分析

共建空间名称	所在市	经费	场地	图书	运营	装修	设备
我嘉书房	上海市	混合	社会力量	政府	社会力量	社会力量	未提及
城市阅读空间	开封市	政府	政府	政府	社会力量	政府	未提及
		混合	社会力量	政府	社会力量	未提及	社会力量
城市书房	温州市	混合	社会力量	政府	社会力量	政府	政府
悦·书房	合肥市	政府	政府	政府	社会力量	政府	未提及
泉城书房	济南市	混合	社会力量	政府	社会力量	社会力量	社会力量
城市书房	扬州市	社会力量	社会力量	政府	社会力量	社会力量	社会力量

根据表 1 统计来看，共建空间的建设及运营经费以混合来源为主，其中政府支持的经费主要涵盖了初期软硬件建设费用以及一次性补助、运营补贴等，社会力量则主要为空间的运营维护提供稳定、长期的资金支持，相当于将运营过程中的资金压力转移至社会力量，激励其不断创新和优化服务方式。在图书配给方面，各城市共建空间均由所在市公共图书馆统一配置并定期进行更换，一方面发挥了公共图书馆在资源建设方面的优

势，同时也有效规避了在图书采选方面可能引发的意识形态风险。在运营支持上，各地空间都采取了将运营权转移给社会力量的建设模式，充分发挥社会主体在文化产品供给方面的市场优势及商业经验，有效盘活共建空间软硬件资源，带动所在辖区的居民积极参与丰富多样的阅读推广活动。值得注意的是，同一城市的共建空间也可能采取不同的建设合作模式，如开封市的城市阅读空间，就涵盖了两种模式，有学者将其归纳为"公办民营"和"公私合营"[10]。因此，对于建设模式的选择，还是应当做到因地制宜，量体裁衣。

3 主要存在的问题

作为创新服务手段、谋求自身发展的一种尝试，各地图书馆在共建空间的建设数量、服务半径、促进阅读等方面已经取得了令人瞩目的成绩，但同时仍存在诸多问题。较为普遍的问题包括管理制度不够完备、运营经费不稳定、阅读推广服务形式较为单一、服务质量有待提高等。

4 公共图书馆共建阅读空间发展建议

4.1 保证长效发展，完善管理制度

共建空间的长期发展离不开完善的管理制度。与迅猛的发展速度相比，共建空间在制度建设上的进展仍有很大的提升空间。温州市的"城市书房"虽然不是公共图书馆首次与社会力量开展合作共建阅读空间，但却成为全国公共图书馆在开展此项工作时的模板与标杆，其中一个重要的原因在于其在建设之初就已经制定了《城市书房建设要求》《城市书房服务规范》等完善的管理制度，从各方面对共建空间的长期稳定运行提供了制度保障。

4.2 提高服务质量，加强宣传推广

如何"因房制宜"地进行城市书房阅读推广的活动策划，是城市书房之所以能够高质量可持续发展的内在动力所在[11]。优质的服务，丰富的阅读体验活动，贴近百姓的宣传推广是让共建空间真正"火"起来，并且"活"下去的核心要素，将社会主体在提供文化产品过程中积累的市场经验与渠道资源在共建空间中延续、发展也是最初倡导社会力量参与文化建设的应有之意。只有下功夫建设好共建空间的文化"软实力"，才能真正实现在满足公众文化服务需求的同时，实现经济价值的有效转化。

4.3 拓宽合作思路，设置激励制度

通过对各地共建空间合作模式进行梳理，可以看出多数城市的共建空间政府参与的程度普遍较深。不可否认，"政府主导，社会参与"是共建空间建设的基本原则，但在具体实施过程中，仍应把握好政府参与的范围与深度。可考虑结合地方实际，进一步拓

宽合作思路，在完备合作机制的基础上，给予社会力量充分的信任与运营权限。在具体操作上，可考虑建立品牌授权等合作模式，由社会主体承担共建空间的建设经费、运营经费，由公共图书馆收取授权服务金，进一步释放政府经费压力。在合作模式上，由公共图书馆进行监督及适度指导，双方相互助力，以公共图书馆强大的品牌影响力及机构公信力为社会主体的经营活动背书，同时设置激励机制，在保证公共图书馆取得相应收入的前提下，鼓励市场主体以共建空间为基点，辐射周边社区、楼宇、休闲场所等，借助稳定客户群，拓展自身运营渠道及经营方式，帮助市场主体在运营共建空间的过程中实现自我商业及品牌价值提升，形成双向促进循环，以进一步保证共建空间稳定、长期、优质的运营状态。

参考文献

［1］胡海荣.城市图书馆服务体系新模式——温州"城市书房"建设的研究与实践［J］.图书馆杂志，2016（5）：4-8.

［2］谌乐旋."城市书房"运行机制研究——以上海嘉定区"我嘉书房"为例［D］.上海：上海大学，2020.

［3］冯志辉，席鹤洋.城市书房对于城市阅读新空间的构建——以济南市"泉城书房"为例［J］.人文天下，2021（5）：67-70.

［4］黄佩芳.我国城市公共阅读空间建设特点与模式选择［J］.图书馆，2019（3）：90-94.

［5］杨烨.公共文化服务供给视角下Y市城市书房运行优化路径研究［D］.扬州：扬州大学，2021.

［6］张超民.新型城市文化空间服务的建设与完善研究——以合肥市"悦•书房"建设为例［J］.巢湖学院学报，2021（4）：40-44.

［7］王孟媛."城市书房"赋能公共文化服务高质量发展——以济南市"泉城书房"建设发展为例［J］.图书馆学刊，2021（11）：70-74.

［8］何泽.社会参与 平台多元 人人创造——温州市图书馆开展"全民阅读节"活动的实践与启示［J］.河南图书馆学刊，2019（1）：90-92.

［9］陆和建，刘思佳.PPP模式下我国城市阅读空间引入高校专业志愿服务路径探索［J］.国家图书馆学刊，2021（6）：43-54.

［10］葛智星.社会力量参与构建城市阅读空间的实践研究［J］.图书馆，2021（8）：64-68，101.

［11］王世伟.略论"城市书房"高质量发展的若干要素［J］.图书馆论坛，2021（10）：23-27.

公共图书馆文化创意工作实践探索

——以国家图书馆为例

王三珊（参考咨询部）

习近平总书记在给国家图书馆老专家的回信中指出"图书馆是国家文化发展水平的重要标志，是滋养民族心灵、培育文化自信的重要场所"。图书馆从古老的藏书楼演变为传承文明、服务社会的公共文化机构，是城市的文化地标，也是群众心灵休憩的精神家园。

随着文化创意产业的兴起，公共图书馆能够更好地将文化价值渗透到群众休闲生活中，有效地扩大文化传播力和影响力。本文梳理了国家图书馆在文化创意开发工作的探索阶段取得的成果，探讨了公共图书馆在文化创意开发工作发展阶段的前进方向。

1　政策背景

2016年5月，文化部、国家发展改革委、财政部、国家文物局等部门联合印发了《关于推动文化文物单位文化创意产品开发的若干意见》，要求文化文物单位深挖馆藏文化资源，发展文化创意产业，开发文化创意产品[1]。2017年，文化部印发《"十三五"时期全国公共图书馆事业发展规划》，将文化创意产品开发纳入公共图书馆评估定级标准。而且在规划中明确提到"推动各级公共图书馆利用古籍善本、图书报刊和数字文化资源等开发文化创意产品"，"举办文化创意产品开发培训班，培训图书馆领域创意开发和营销推广人才"[2]。2018年起施行的《中华人民共和国公共图书馆法》中明确指出，公共图书馆应当通过创意产品开发等方式，加强古籍宣传，传承发展中华优秀传统文化[3]。2018年4月，文化和旅游部成立，提出"宜融则融，能融尽融，以文促旅，以旅彰文"的融合发展原则。2020年11月发布的《中共中央关于制定国民经济和社会发展第十四个五年规划和二〇三五年远景目标的建议》提出"文化强国"的国家战略目标，这与公共文化服务体系的建设完善息息相关、催人奋进。在此政策背景下，图书馆同人把握机遇，积极投身文化建设，图书馆界文化创意产品开发活动得到进一步的发展。

2　国家图书馆文化创意开发工作的初步探索

国家图书馆作为我国规模最大、级别最高的公共图书馆，处于全国图书馆事业的中心，相比其他图书馆在政策、资源、人才等方面都具有优势，在文化创意产品开发工作中也是先行者之一。早在 2008 年，国家图书馆就逐步开始文化创意活动的探索并取得了一定成果，在图书馆界起到了引领示范作用，带动了图书馆界文化创意活动的兴起。

2.1 管理机制改革

公共图书馆作为国家公共文化服务机构被划分为公益一类事业单位，不允许开展经营活动。图书馆自有的文化创意产品大多用来展示或者作为交流礼品，并未进行销售，从政策上和经济上都大大限制了文化创意产品开发活动的发展。所以，成立具有经营性的文化创意企业是突破发展瓶颈尤为重要的一步。

国家图书馆在 2006 年成立北京国图创新文化服务有限公司，逐步开始文化创意开发之路。2012 年国家典籍博物馆挂牌成立，2014 年向公众免费开放，依托国家图书馆馆藏资源积极打造多种精品展览，同时开始尝试文化创意产品的开发和运营。2019 年，北京国图创新文化服务有限公司重组，重新整合资源，组建队伍，专职负责国家图书馆的文化创意产品开发与经营、研学培训、商业授权、创意空间运营等业务。

2.2 开发经典馆藏

图书馆开发的文化创意产品的设计元素主要来自馆藏典籍。国家图书馆的宏富藏品给予设计者用之不尽的灵感，开发了上千种文化创意产品，让读者走近经典馆藏，也为优秀文化遗产的传承找到了新的寄托。

自 2008 年起，国家图书馆自主开发了一系列如"四库全书""永乐大典"等文化创意礼品。2014 年推出"甲骨文""十竹斋""芥子园"等系列产品，周边产品包括帆布包、鼠标垫、钥匙扣、便笺纸等。2015 年推出的"三山五园"丝巾、"庆赏升平"包装设计主题及"典博士"均在大赛中获奖。2017 年已有实物产品近 700 种，尤其与阿里巴巴合作开发的"翰墨书香"智能书法学习套装深受读者欢迎，实现文化创意市场营收。2018 年推出了多种展览主题类产品，如"从诗经到红楼梦""敦煌""百花诗笺谱"等，古籍类推出"行走的书房"书盒版。2019 年发起众筹敦煌莲花包，交易额达 22 万余元，成为商店畅销系列产品。2021 年推出"文创＋出版"的新型出版物《食物本草图谱》，以及"文创＋中秋"的"食来运转礼盒"。国家图书馆每年开发文化创意产品几十种，并大量转化为商品，打造出"国家图书馆"和"文津街七号"文化创意品牌。

2.3 接受市场检验

国家图书馆连续多年选派产品参加"北京礼物"旅游商品大赛，积极参加各类旅游商品博览会、文博会，将国家图书馆的文化创意产品对外展览展示，为文化创意产品走出图书馆奠定了一定的基础。2017 年，国家图书馆策划由文化部文化产业发展专项资金支持的"国家图书馆馆藏国学典籍文化艺术衍生品开发项目"，面向社会开放举办"北图杯"文创产品设计大赛，力求"让文字立起来，让典籍活起来"。

此外，国图文创还开通了天猫旗舰店，产品包括"国图典藏""雅致家居""服装配饰""手账达人""收藏珍品""儿童文创"等多个系列，有徽章、钥匙扣、书签收藏册多种热销产品，在 2018 年即达到营收 5900 多万。

2.4 联盟抱团发展

2017 年，国家图书馆牵头首批文创试点的 37 家公共图书馆组建"全国图书馆文化创意产品开发联盟"，联合共同进行文化创意研发、营销渠道、人才等资源的共建共享。2019 年，全国图书馆文化创意产品开发联盟推出"三百目标"，即计划 3 年内实现"百位联盟成员"、"百家合作伙伴"和"百家联盟门店"。目前，联盟成员已达 116 家，拓展了全国各图书馆文化创意产品的市场覆盖程度。

3 公共图书馆文化创意开发工作进阶发展

自全国图书馆文化创意产品开发联盟成立以来，很多公共图书馆实现了文化创意产品从无到有的过程，公共图书馆的文化创意开发工作取得了阶段性的成果。而在数字赋能时代，大数据、人工智能、新媒体的传播等都为文化创意开发活动带来新的机遇，文化创意开发活动的持续发展需要进一步的创新探讨。

3.1 整合联盟资源，多样产品形态

图书馆开展文化创意开发活动，最大的优势就是自身的馆藏资源，尤其是特藏资源。在全国图书馆文化创意产品开发联盟的基础上，聚合了全国各公共图书馆资源。可以对联盟可调配的资源进行进一步的梳理和分类，对具有共通性质的文化创意产品进行统一加工、设计、生产，由各联盟馆共同销售推广。应对各地特色馆藏，如长期累积的古籍、地方文献、名人手稿等特藏资源进行深度挖掘，以便各图书馆利用特色馆藏的历史文物价值、学术价值与艺术价值，开发出有文化特点、饱含生命力的多样文化资源产品。

目前，国家图书馆的文化创意工作在展览展示、研学培训、数字资源加工、文化空间运营等方面都有所涉及，也围绕"图书 +"推出多种类周边产品，与动漫、游戏、影视等方面的合作尚存在发展空间。图书馆可以学习博物馆与影视合作的成功案例，例如《我在故宫修文物》即以纪录片的形式，带温度的叙事方式展现了文物的艺术以及文物工作者的匠心。还有《国家宝藏》《如果国宝会说话》等文博类综艺节目都是博物馆 IP 带来的创新型文化创意产品。期待未来在图书馆文化创意工作发展到一定阶段后，能培育出自己的 IP 品牌，输出图书馆的文化价值。

3.2 打造文创空间，多元文化体验

在博物馆，文创商店通常被视为观众参观的最后一个展厅，而图书馆的文创商店则像是另一个阅览室。国家图书馆文创商店于 2019 年重整开张，店内商品琳琅满目，格

局雅致清新，并设有咖啡水吧，给读者提供愉悦的消费场所，网友评价"逛逛也值了"。

2021 年，国家图书馆走出北京，在天津设立"国图·津湾文创空间"，它既是图书馆也是书店，还是一个集合了培训、展览、活动等多种功能的多元文化创意空间。在这里，典籍文化元素与创意相结合，给群众带来新鲜的、惊喜的、时尚的休闲娱乐文化体验。

3.3　寻求内外联合，实现互利共赢

在图书馆界内部，国家图书馆已承担起"领头羊"的职能，创新思路、示范引领，而文化创意开发工作要进一步发展，需要各地公共图书馆加强协作，打造集产品设计、生产、营销等于一体的全生态文化创意产业链。借助"互联网＋"思维、借助"全国图书馆文化创意产品开发一体化平台"，进一步提升全国图书馆书馆文化创意产品生产、加工、运营推广能力。

除了图书馆界成员馆之间的交流协作，公共图书馆也可积极引入社会力量进行合作开发。合理利用外部资本、文化创意公司的宝贵经验或是其他跨界资源，给文化创意开发更广大的发展空间，实现互利共赢模式。例如，国家图书馆与上海自贸试验区管委会签订战略合作协议，就是依托上海自贸试验区政策优势、文化投资公司雄厚的产业发展基础探索展开更深入的合作。

4　文化创意开发的发展对图书馆提出的要求

4.1　打造专业团队

弗洛里达强调："人尽其才可以带来无与伦比的繁荣兴盛，只有当我们意识到每个人都是促进经济发展和提高生活水平的创意源泉，潜力才能变成能力。"[4]创意相关工作尤其依赖于人的聪明才智。

长时间以来，公众对图书馆员的刻板印象是工作清闲、简单且收入低。其实，图书馆拥有一批多学科的高素质专业人才队伍，图书馆员从年龄、学历到对社会的服务热情相比其他企业都有过之无不及。图书馆可以着力员工的继续教育和专业培训，提升馆员的创意能力和营销能力。图书馆员对于典籍资源的了解是其开展文化创意开发工作的优势，但其对于市场需求往往缺乏了解。图书馆可以通过社会招聘吸收富有经验的文化创意专业技术人才和管理人才，借助他们在高度竞争和充分市场化的过程中累积的宝贵经验，组建一批既能"文"又会"创"的高质量图书馆文化创意人才队伍。

4.2　把控发展方向

公共图书馆是肩负传承文明、服务社会职责的公益机构，而文化创意产品的发展必然是一个走向市场化的过程。这就需要公共图书馆开发的文化创意产品兼具文化性和市场性两种特性。图书馆既有的图书管理经验显然在营收机制、分配机制和激励手段等方面显得不适用，但是完全市场化的营销机制则有可能为了追逐利益而忽略了产品的品质

要求和文化传播特点，背离了图书馆开发文化创意活动的初衷和社会教育职责。

所以，对企业管理机制和运营机制加以完善是解决矛盾问题的根源。国家图书馆通过投资下属文化创意企业开展相关活动，而且是命其专职负责开发与经营、商业授权、创意空间运营等业务。而其他不具备条件的公共图书馆，在选择与企业合作的同时也要注意，保证文化创意开发过程以图书馆为核心展开，例如，图书馆可以用资金入股或者人才入股的方式保障对公司决策的控制权，同时让好的文化创意产品得以通过商业营销渠道打开更广阔的市场。

4.3 保护知识产权

中国新闻出版研究院完成《2020 年中国版权产业经济贡献》调研报告中显示，2020 年中国版权产业的行业增加值为 7.51 万亿元人民币，同比增长 2.58%；占 GDP 的比重为 7.39%[5]。版权带来的经济收益是可观的，发展文化创意产业的过程就要求图书馆更加重视对知识产权的保护。

图书馆利用的文化创意元素大多来源于馆藏典籍，对于著作权过期的古籍，馆藏方有权利对藏品进行扫描、拍摄、复制等处理。对于已有的品牌标志只有及时进行商标的注册，才能得到法律的保护。如果与第三方合作对馆藏进行合作开发或者是授权开发，其中授权方式又涵盖内容授权、专利授权、品牌授权、出版授权等多种方式，图书馆需要提前对授权所涉及的知识产权进行梳理，解决其归属权问题，必要时还要依法进行公证。签署协议也需要明确双方责任与权利，避免经济纠纷。

如果文化创意产品被私自开发或者恶意"山寨"，不仅会造成经济损失，低劣的仿制品也会影响图书馆的社会形象。2022 年国家图书馆成立知识产权信息服务中心，提高行业知识产权保护意识，避免法律风险和经济纠纷，为保护自身合法权益提供了强力保障。

公共图书馆应在明确公益性文化机构定位的前提下，挖掘自身丰富的馆藏资源，开发出特色鲜明、形式多样的文化创意产品，将文化传承到更广阔的领域。文化创意产业可以给图书馆带来的经济效益和社会效益也是显而易见的，图书馆文化创意开发工作也将是一个可持续、有广大前景的工作。本文对国家图书馆文化创意开发工作的探索历程和工作实践进行了初步梳理，以促进公共图书馆文化创意开发工作在此阶段的进一步发展。

参考文献

［1］国务院办公厅转发文化部等部门关于推动文化文物单位文化创意产品开发若干意见的通知［EB/OL］.［2022-03-30］. http：//zwgk.mct.gov.cn/zfxxgkml/zcfg/gfxwj/202012/t20201204_906298.html.

［2］文化部关于印发《"十三五"时期全国公共图书馆事业发展规划》的通知［EB/OL］.［2022-03-30］. http：//zwgk.mct.gov.cn/zfxxgkml/ghjh/202012/t20201204_906375.html.

［3］中华人民共和国公共图书馆法［EB/OL］.［2022-03-30］. http：//zwgk.mct.gov.cn/zfxxgkml/zcfg/fl/202012/t20201204_905426.html.

［4］弗罗里达. 创意经济［M］.方海萍，魏清江，译.北京：中国人民大学出版社，2006：400.

［5］2020 年中国版权产业增加值占到 GDP 的 7.39%［EB/OL］.［2022-03-30］. https：//www.ncac.gov.cn/chinacopyright/contents/12227/355743.shtml.

文献研究视角下的中国传统节日文化传承与可持续发展审思

——民国时期与当前节日生态的对比分析

李　蓓（数字资源部）

习近平总书记曾指出"在历史长河中，中华民族形成了伟大民族精神和优秀传统文化，这是中华民族生生不息、长盛不衰的文化基因，也是实现中华民族伟大复兴的精神力量"[1]。实现民族复兴，不仅在于物质的丰裕，更在于文化的延续发展。对于传统节日文化，一方面要善于继承和弘扬其精华，另一方面要挖掘和阐发当代价值。做好传统节日文化的保护与传承，发挥好传统节日作为社会黏合剂和发展催化剂的重要作用，实现创造性转化和创新性发展，对于巩固民族团结、增强民族向心力和凝聚力，以及实现中华民族伟大复兴的中国梦都具有十分重要的意义。利用报纸作为大众传媒所具有的反映社会动态、舆论民情的功能，以报纸中的事实资料为依据，开展节日文化生态的梳理和研究，可为勾勒传统节日文化的未来发展走向提供有益借鉴与参考。

1　传统节日文化内涵与价值概述

1.1　传统节日文化的内涵

由历史文化长期积淀凝聚而形成的中华传统节日，蕴藏着深邃而丰厚的文化内涵，主要表现在自然文化、社会历史文化及个体生命文化三个方面[2]。首先，自然文化方面表现在对自然的崇拜、对自然规律的认知与尊重上。传统节日是社会生产生活的集中体现，古代社会农耕之人因顺应农时而确立二十四节气，始于立春，终于大寒。清代有"凡农间栽种五谷菜蔬花果，必须依历本所载二十四节气"的规定[3]，见于1927年《益世报》。民国时期也多有为二十四节气而编制的诗歌，流传至今。节气的确定反映了对"天人合一"境界的追求以及固本思源的人文精神，是古代劳动人民智慧的结晶，也是宝贵的农业科学遗产，对社会农业生产起到了权威性指导作用及促进作用。其次，传统节日的由来根植于社会生活，这使其具备社会历史文化属性，具体表现为崇尚忠孝与团结的节日精神。春节贴春联吃团年饭，中秋佳节月圆人团圆，节日精神已渗透到人们的家庭伦理和社会伦理观念之中，古今相沿。千百年来，端午节里龙舟竞渡的庆祝活动和纪念爱国诗人屈原的典故，已深入人心。史称"屈原明于治乱，志洁行芳"。民国时期还排演过不少有关屈原的戏剧作品。在发表于1937年端午节的《感屈原》一文中如是说："忧愤无以自存，屈原含冤以殁，后人痛伤，以端阳节纪念。人们不应把这些血泪忘记干净，要用他伟大的牺牲精神去战斗。"[4]传统节日寄托着真挚的民族情感，是增进民族向心力的强大源动力，也构筑起了中华民族共同意志的精神纽带。最后，个体生命文化回归生命本质，以人为中心。不论是清明祭祖，还是七夕乞巧盼望美好姻缘，珍爱生命、热爱生活的价值取向和企盼美好生活的精神情感都通过传统节日自然表达。

1.2 传统节日的价值

1.2.1 文化价值

中国传统节日与源远流长的中华优秀历史文化一脉相承，是人们精神信仰、审美、情感、伦理关系的体现，具有无可替代的文化价值。首先，传统节日象征一个民族共同的文化记忆以及对民族文化的精神认同，承载着民族信仰和根深蒂固的民族情感。民国时期历法变革，民国政府曾试图废除春节及其传统节俗，但终未能成功实行。只因于国人心中"相沿数千年，四万万五千万人民相习之深，相共之久，无论如何，是难能消灭的"[5]。2003年10月，联合国教科文组织通过了《保护非物质文化遗产公约》，旨在对口头传统、表演艺术、社会实践、仪式礼仪、节日庆典等非物质文化遗产进行保护，并非常明确地将礼仪节庆定为非物质文化遗产的主要门类。传统节庆得到了前所未有的重视，成为非物质文化遗产的重要研究内容。2009年9月，端午节成为中国首个入选世界非物质文化遗产名录的节日。其文化影响力超越了民族、地区、社会阶层，文化输出覆盖全国乃至日本、韩国、越南、新加坡和菲律宾。古时，日本受中国文化影响甚深。据悉，早在平安时代，端午节便已传入日本且流行开来。中国传统节日的文化价值与文化魅力奠定了其在世界人类非物质文化遗产中的历史地位，也深刻影响着民族文化的未来[6]。

1.2.2 经济价值

传统节日不仅是文化遗产，同时也是一种文化资产，具有相应的经济功能。这就决定了其蕴藏重要的经济价值，主要体现在为社会创造经济利益。节日是消费的聚点，被公众认同的传统节日与一般假日相比，更能激发公众的消费热情。传统节日所提供的消费满足一方面是在精神层面上，包括传统节俗表演、庆典仪式等；另一方面表现在物质消费上，人们在节日期间用于衣食住行上的消费支出较平日更多，比如年货礼品、地方特产、服装首饰等。1934年的《京报》曾报道过，北平全市年俗用品消费总额达到一百零三万五千二百二十元，仅在"年画"一项上的花销可相当于修筑公路二百余里[7]。根据商务部发布的2021年春节假期消费数据，全国重点零售和餐饮企业实现销售额约8210亿元，同比增长28.7%。由此可见，传统节日与日常生产、交往活动紧密相关。包括民国时期在内，节日为消费市场带来的经济作用皆是较为明显、直接的。人们对传统节日的尊崇已将文化资源转化为一种文化生产力，相关产业与弘扬传统节日文化相互促进，可实现社会功能和经济价值协同发展。

2　当前中国传统节日文化的基本生态

2.1　传统节日文化面临的现实困境

中国传统节日自有其文化底蕴和受众基础，节日文化世代影响着人们的生活和精神情感，对传承民族精神和优秀历史文化具有重要的价值意义。但在全面变革中的现代社会及中西古今文化因素相融交错的大背景之下，传统节日的生存条件面临着巨大的冲击与挑战，节日文化的传承发展陷入困境与危机也是人们必须看到的事实。

2.1.1　节日文化习俗缺失

中国传统节日是基于农业社会发展形成的，以此建立起的包括节日习俗、仪式和礼仪、文化内涵在内的传统节日文化体系伴随着中国社会政治格局、经济基础与文化环境的巨大转变而日趋消解。春节是中国传统节日之中最盛大也是最重要的节日之一，扫房、祭神、拜年、团年等节日习俗以及鞭炮、春联、年画等作为节日点缀的年俗物品也最为丰富（详见表1）。据1932年《北平晚报》记载，历年春节将至，"前门大街如瑞蚨祥同仁堂，以及其他各地大小商铺并住户人等纷纷扫房清除，准备粘贴春联，迎贺新年，各戏园亦相继举行封台祀神典礼"[8]。年头岁尾，灯笼铺门前悬挂各色灯笼，南糖、蜜供、月饼、年糕等年货一应俱全，年货市场一片繁荣景象。此外，"西便门外白云观、广安门外财神庙、西直门外觉生寺，于春节期间开放庙会，并召集小贩设摊营业"[9]，可谓百货云集，异常热闹。在南方，"市民购买年货以及香烛纸宝鸡鸭腊味者，异常拥挤，自朝至暮，熙来攘往，颇为热闹，各食物纸宝店大有应接不暇之势。晚间因市民团年及庆贺新岁，爆竹之声，激宵达旦"[10]。实际上在1928年，国民政府就发布宣传大纲，要求焚毁所存旧历书、严禁印售购用，并通令全国民众一致服从国民政府实行国历，废除旧历[11]。除夕燃放爆竹、年前祭灶接神等年俗一律禁止，取消庙会集市，改为实行习俗新政。然而，尽管国民政府已明令公告禁过旧年，仍有部分民众未奉令而习于旧俗。新中国成立后，春节假期也曾一度被取消，直至1980年，春节假期制度才得以全面恢复。对于传统节日及节日习俗的人为性阻断、改造甚至摒弃成为近代以来的常态。政策影响下的节日庆典、礼仪活动等传统习俗元素出现断层式缺失，会对传统节日文化的传承造成直接影响。2007年新修订的《全国年节及纪念日放假办法》将清明、端午和中秋三大传统节日正式列入国家法定节假日，这一调整可视为我国重视且力求复兴传统节日的重要信号。

表1　民国时期年俗物品一览表

品类	物品
神像类	门神、灶君、财神、观音、星君、吕祖、关公、神马等
祭品类	蜡烛、高香、千纸、元宝、松柏枝、供花、蒲团等
供奉食品类	蜜供、月饼、年糕、元宵、关东糖、南糖等
点缀类	春联、年画、挂钱等

品类	物品
消遣品类	骰子、麻雀牌、骨牌、纸牌等
妇女消费品	胭脂、香粉、头油等
儿童玩具	各种花灯、空竹、风筝、风车、沙燕、毽子、走马灯等

2.1.2 节日文化观念淡薄

民国时期，春节、端午、中秋被并称为中国三大节日。春节的饺子，端午节闹龙舟吃粽子，中秋节的月饼，各有其特点与渊源。以中秋节来讲，在 1948 年 9 月 12 日《新疆日报》刊载的题为《中秋节考》一文中道："'中秋'两个字最早见于'周礼'，秦汉时候，最初是祭祀。到了魏晋时候，中秋赏月的娱乐便很普遍。唐朝开始盛行，宋以后，关于中秋玩月的记载甚多。"[12] 时人记述，中秋佳节里京城百姓习于用"兔"作为节日点缀，儿童玩具大部分是关于兔的设计，糕点铺的招牌上也多是兔的绘画图案。普通家庭在中秋之夜，长辈将月饼分赠家人以庆祝阖家团圆，"如果家人有离家不能分食的话，一定要设法给他寄去或储藏起来这一份团圆饼，慰藉远在他乡的家人怀乡之思"[13]。然而，当下人们的生活及思维方式早已在现代化进程中发生变化，虽然中秋食月饼的节日传统被保留下来，但其背后的深切寓意和历史渊源却很少被提及。传统节日在文化内容上日渐式微，形式化、空洞化的表征背后，实质是传统节日渐渐与现代生活脱节，失去了原本的象征和内涵。缺少了对于传统节日的文化理解与认同，人们对传统节日的精神向往随之弱化，节日气氛被稀释，以致产生节日文化观念淡漠的深刻问题。

2.1.3 西方节日文化的冲击

中国传统文化与西方近代文化是完全不同质的两种文化，在两种不同模式和形态的文化基础上形成的节日文化亦然。这种文化差异带来的文化碰撞贯穿于社会发展的各个阶段。西方节日文化在民国时期已然进入中国社会。据《益世报》在 1945 年的报道，每年圣诞夜，天主教堂会举行大礼弥撒，大典完毕后各信友纷纷返家团聚，家长分赠礼品与晚辈。在团礼中皆有茶会并会表演娱乐节目助兴，通宵达旦，为圣诞守夜[14]。位于北京东交民巷的外国商店，王府井的百货公司、洋行，都会在圣诞节摆出圣诞老人和圣诞树；中外仕媛选购礼物和贺卡彼此赠送；广播电台也会在圣诞前夜及圣诞当天播出圣诞演讲、合唱圣诞歌曲等特别节目。在香港，报纸上多是"圣诞节市况热闹"的标题字样以及各大酒店准备圣诞大餐和舞会的新闻报道，载述街道、娱乐场所的热闹景象。兹以南北两地为例，圣诞节的庆祝场面可见一斑。当今全球化背景下，中西方文化交融频繁，文化的交锋比民国时期更加凸显。父母在圣诞前夜假装圣诞老人为小孩子准备礼物，在万圣节参加化装舞会、制作南瓜造型的食物和玩具，新鲜趣味性的外来节日愈发受到国人的追捧，特别是对时下追新慕异的年轻人更加具有吸引力。相较于在西方节日里的狂热，人们对中国传统节日的参与度则较低。外在表现形式的鲜明反差，实则是节日文化冲击和竞争的具体体现。

2.2 传统节日文化的复兴态势

改革开放以来，中国在经济建设方面取得了傲人成就。经济发展、国力增强及来自全球化浪潮下多元文化的强劲冲击，激发了国人对于复兴传统文化的强烈愿望。从传统文化中寻找民族之根和文化身份的国学热潮应运而生，中华民族主体文化价值日益彰显。直至 21 世纪初，中国加入教科文组织颁布的《保护非物质文化遗产公约》，并对传统节日在弘扬中华民族优秀文化方面具有的功能和价值有了充分认识，将春节、清明节、端午节、七夕节、中秋节、重阳节和中元节等七个传统节日列入国家级非物质文化遗产名录。2011 年，《中华人民共和国非物质文化遗产法》颁布实施，内容包括对传统礼仪、节庆等民俗的传承、传播予以保护，复兴传统节日文化再次获得了国家层面上的鼓励和支持。从增设传统节日为法定假期，到全国多地改禁放烟花爆竹为限放，再到坚持突出节日文化主题方向的宣传报道，都体现了国家对传统节日地位的肯定。然而，传统节日文化的传播和保护是一项长期的系统工程，虽然政府在立法上对传统节日的保护方面给予了重视，但是也要清醒认识到，在保护传统节日文化的同时，我们有责任与义务发展和更新节日传统以适应现代社会。正如旧时所叹："旧历新春的旧俗，那些欢乐的习俗，也可以设法改良，俾得合于时代潮流。"[15]

3 传统节日文化发展和创新

3.1 注重宣传普及，打造新兴文化业态

笔者认为，基于目前的传统节日文化生态，要持续推动节日文化传承及创新发展，首先应从全面掌握和梳理传统节日文化情态上着手。据 1935 年《益世报》刊文，当时北平市为调查春节习俗，特别制定了八种调查表，对包括茶馆调查、年节各家费用、年俗国民间艺术等进行逐项摸底[16]。翔实记录节日传统的信息对于节日文化认知及文化传承有所助益，不失为民国时期之于今日值得借鉴之处。其次，建议加大节日文化的教育与宣传力度。依托网络、影视、新媒体等多渠道媒介，利用其通达便捷的传播特性，拓展传播辐射范围，进一步提高传统节日文化的影响力。充分重视大众传媒的舆论导向对大众认知的引导作用，促进传统节日历史文化内涵、文化地位和现代价值的多样化、个性化展示，让民众从中获得真切认知。同时，图书馆、文化馆等公共文化机构应积极发挥意识形态宣传主阵地的作用，通过发行出版物，开展讲座、论坛、研讨会、报告会等形式加强民众意识形态教育。再次，侧重供给优化与需求适配相互促进，加快发展传统节日文化新兴业态，运作模式的创新与传统节日文化价值的打造势在必行。元宵节是中国传统节日之一，其源于民间开灯祈福的古俗。民国报纸中曾有"上元佳节，为灯火笙歌，普天同庆之良辰，极尽繁华之盛事"，"昼则悬彩，杂以流苏，夜则燃灯，城开不夜"[17]的记述。现如今，河南卫视《元宵奇妙夜》晚会通过创意的节目编排方式和前沿技术的运用，将"花灯""烟花"等元宵节的传统节日元素交融，结合历史维度和先锋视角，聚焦受众喜好，特别是用年轻人喜闻乐见的表达方式还原呈现了"火树银

花，金吾不禁"的节日景观，带人们领略美轮美奂又极具特色的中国传统节日文化盛宴。拉近了传统文化与大众的距离，也让节日回归传统文化。节日文化与现代科技相得益彰，既有传统魅力又充满时代气息，使得节目一经播出便迅速走红，赢得了社会广泛赞誉。《河南日报》在报道该节目时写道："'中国节日'系列节目以'文化传承'为脉络，以'家国情怀'为核心，在系列节目中注入想象力和创造力，让传统文化'活'起来、美起来。"[18]

另外，《只有河南·戏剧幻城》作为河南省重点打造的沉浸式戏剧群落，在 2021 年中秋假期首日就吸引了五千多名游客前来现场感受戏剧文化的魅力，盛况空前。该项目于 2021 年下半年开始运营，在不足半年的时间内共接待游客 50 万人次，实现收入 1.4 亿元，为新冠肺炎疫情下的市场注入了一针强心剂。能够获得口碑热度双高的社会反响，靠的不只是对观感的简单刺激，更是其中的历史脉络和文化积淀，以及在文化创新和推广方面的努力。

3.2 革新运作模式，横向跨界与纵向多元联动

寻求传统节日的生存发展就必须变革创新以适应新时代变化，通过开发建立以各行业间跨界与联动为依托的节日文化产业，丰富节日文化生活，从而获取新的生命力量。应做到深挖和延展并行。从横向来看，应拓展传统边界和局限，融入社会发展，助力国家和区域发展战略。例如，甘肃省张掖市采用将旅游公共服务与公共文化服务有机融合的理念，为民众提供集文旅资源、非遗项目、文创产品、节会活动等于一体的综合性服务阵地，也为节日文化更新发展探索了一条新路径。从纵向来看，应把握融合发展趋势，开发内容深度，积极推动"演艺＋节日文化""非遗节庆＋旅游"等类型的联动开发模式，强化不同门类间的共创、共生，激发双边甚至多边的多元效益。比如，贵州丹寨对开发非遗文化资源开展了有益的尝试，打造的特色文旅度假小镇于 2021 年春节期间吸引游客超 28 万人次，极大促进了旅游业并带动餐饮业、创意产业等服务业发展，也让其文化基因日益被世人熟知并成为当地引以为傲的文化名片。丹寨小镇成为融合发展的成功典范，吸引了主流媒体聚焦。其中，《人民日报》发文《乡村手工坊 体验非遗乐》，对丰富节日生活，感受传统手工艺魅力的创新举措进行宣传报道。以上事实，对未来节日文化产业发展可资借鉴。

3.3 新美学赋能，提升文化影响力

国潮风炙，国货借助东方美学诠释中国力量已成为当下的时尚和流行。传统节日文化与新时代中国美学相融合，设计出与当代审美要求相一致的节日文创产品，是提升民族文化自信，探索传统节日文化现实意义以实现其可持续发展的必由之路。例如，七夕节自古便有乞巧的俗例，瞻拜牛女双星，祈求美满姻缘。北京天坛公园将七夕节元素和天坛文创产品碰撞在一起，创造出了限定香水礼盒。男女款香水分别被命名为"天缘""地芳"，让人不禁想到在开元天宝遗事中所载"唐明皇与杨贵妃每至七夕夜在华清宫游宴乞巧"[19]和诗中"七月七日长生殿，夜半无人私语时"的动人故事。又如国

家图书馆利用其丰厚的馆藏资源，深挖文化素材，在新春佳节推出文创春联产品，在中秋节推出"中式韵味"月饼礼盒，收获了众人喜爱。北海公园也正式推出了二十四节气系列文创产品。这些传统节日创意产品紧扣文化精髓，贴近现代审美观念，同时也唤醒了人们不可或缺的文化记忆。此外，文创产业公司应在丰富产品的传统文化内涵、细分受众群并进行针对性的文化传播活动、注重平衡经济效益与社会效益这三个方面多下功夫。应继续支持文化新体验的开发及具有可持续竞争优势的节日产品开发，拓展在国内及海外市场的文化传播渠道，以期进一步提升中国传统节日文化的中外影响力。

在当今日新月异的伟大时代，无论传统节日的形式与内容如何升华与创新，有一点始终不会改变，那就是传统节日中所蕴含着的中华民族最朴素、最浓郁的情感和对美好生活的不懈追求。中国传统节日文化是知识，是素养，是民族精神的凝聚，也是民族复兴的根基。我们要汲取优秀传统文化中的营养与智慧，多轨并举，摸索前行，将节日文化赋能社会和谐、国家发展提升到新的高度。

参考文献

［1］新华社.习近平主持中央政治局第二十三次集体学习并讲话［EB/OL］.［2021-03-16］.http：//
　　www.gov.cn/xinwen/2020-09/29/conten t_5548155.htm.

［2］周文.传统节日：文化、仪式与电视传播［J］.中国地质大学学报（社会科学版），2010（5）：
　　84-89.

［3］萱荫.时宪书之掌故谈［N］.益世报，1927-02-16（8）.

［4］山羽.感屈原［N］.工商日报，1937-06-13（5）.

［5］绪.旧历新年［N］.南京日报，1936-01-24（1）.

［6］萧放.传统节日与非物质文化遗产［J］.艺术评论，2012（7）：22-26.

［7］春节的消耗［N］.晨报，1941-02-02（4）.

［8］旧历新年　商民依然照例庆祝［N］.北平晚报，1932-01-27（3）.

［9］市.春节庙会　纷纷请开放［N］.益世报，1931-01-31（7）.

［10］剑.新春佳节曲江动态［N］.阵中日报，1940-02-09（2）.

［11］十八年纪念宣传大纲　国府通令全国遵照［N］.新中华报，1928-12-31（3）.

［12］中秋节考［N］.新疆日报，1948-09-12（3）.

［13］樑生.中秋节的三部曲［N］.晨报，1941-10-05（3）.

［14］佑.圣诞节点滴［N］.益世报，1945-12-25（2）.

［15］幼若，春节习俗话元宵［N］.国华报，1950-03-05（3）.

［16］北平市社会局教育人才养成所　实行调查春节习俗［N］.益世报，1935-02-03（9）.

［17］闲话故都之元宵节［N］.京报，1936-02-07（6）.

［18］洛阳频频"出圈"的背后——点亮传统文化的现代"密码"［N］.河南日报，2021-08-18（8）.

［19］一年一度七夕节　牛郎织女重相会［N］.武德报，1941-08-25（5）.

民国时期革命青年组织创办图书馆之探究

——以上海地区蚂蚁图书馆为例

岳思佳（典藏阅览部）

1 蚁社与蚂蚁图书馆

1.1 蚁社

"蚁社"，初听这个名字会认为这是一个自然科学社团，其实它是一个由职业青年所组成的文化团体。其前身是 1928 年 2 月由共产党员许德良牵头，二百多名青年职员参加，于上海成立的《青年之友》社。由沙千里担任主编的《青年之友》这本刊物，因其出版内容中对青年思想的引导、国际问题及社会问题的剖析以及国民党号召的民族主义文化的驳斥等言论，引起了反动派的注意，最终被迫停刊解散。以此事件为经验教训，原《青年之友》社的社友们开始寻找一种合法的社团形式，继续与反动势力斗争到底。"沙千里、李伯龙、任先、沈仲群、徐庚熬、杨修范、马燮庆、徐以礼等和我（许德良）约二十人，几次讨论研究、决定以原有社员为基础，于一九三〇年十二月成立蚁社，并向国民党教育部申请立案。"[1]"蚁社"之名源于"蚂蚁精神"，虽然力量小，但为了集体的利益，能够团结力量，不惜牺牲自己与对方斗争到底。他们致力于依照时代的要求，开展符合社会需要的文化运动，以早日实现新社会为目标奋斗前进。成为社友的条件是以赞助蚁社为宗旨，经社友介绍，填写申请表，执行大会审议通过就可成为正式社友。社友中最多的是中下级职员，这也是一群受到不同程度的剥削和压迫，容易接受真理，倾向革命的青年人。蚁社下设总务部、社友部和文化部三个部门，其中文化部内包括蚂蚁图书馆、蚂蚁补习学校、蚂蚁剧团、蚂蚁歌咏团、读者会、时事研究会、参观团、摄影团及蚂蚁月刊等部门，全部由社友自行管理、组织和服务大众。蚁社的目标是要以文化运动的手段，早日实现新社会。文化部就成为蚁社开展文化运动、组织指导青年学习、研讨国内外形势、深入了解社会现状、宣传新思想新文化的前沿阵地。在与党组织取得联系后，蚁社开始与党组织配合作战。一部分负责任的社友也在革命文化活动中冲锋陷阵，如沙千里、李伯龙、许德良参加了"苏联之友"的活动；由沙千里任主编，徐步为发行人的《生活知识》杂志，成为文化反围剿的阵地。之后抗日战争爆发，蚁社成为上海职业界救亡协会的一员，其工作重点也转移到了抗战服务，包括为前方战士募捐寒衣，为伤兵医院服务，到难民所做教育和组织工作，等等。蚁社的社友中有 6 人参加了组织抗日游击队的工作，随后加入新四军。有 7 人到达武汉，成立了汉口市蚁社，开办战时知识讲座及业余补习班，在后方伤兵医院成立流通文库，深入农村进行宣传，积极开展抗日救亡工作。但这些举动使蚁社遭到了国民党反动派的敌视。1938年8月20日，蚁社被勒令解散。蚁社存在的这十年间，社友发展壮大，举办各种有意义的文化活动，对社会产生了很大的影响力，在革命运动中起到了一定作用[2]。

1.2 蚂蚁图书馆

蚂蚁图书馆是蚁社最早成立的部门之一，于1933年3月正式成立并对外开放，馆址初设于江西路374号2楼2室。因业务急剧扩大，当年10月，图书馆迁至白克路（今凤阳路）680号[3]。因当时社会动荡，加之教育的权利本不是一般人所能享有，书籍的定价也超过了当时的生活水准，使普通大众丧失了接触知识的机会。这就成为蚂蚁图书馆创立的原因，即向大众提供一个无条件读书的图书馆。其继承了上海通信图书馆的优良传统，即"以无猜忌的真情接待借书者，不收租金，不讨保证，也不希望任何的酬劳，以设身处地的用心为借书者着想"[4]，采取无条件借阅的模式，并对上海市以外的读者提供通信借还的办法，使偏远地区的贫苦青年也可以有书看，服务对象远及南洋群岛。蚂蚁图书馆完全白手起家，日常服务均由社友志愿服务，藏书全部由社友在每年举办的征书活动中捐助得来，并以社会科学和文艺书籍为重点。这项活动也极大地丰富了馆藏，可以为读者提供更为丰富的新文化新思想的相关书籍。蚂蚁图书馆还设有读书顾问部，通过编制自修书目，举办座谈会、作者报告会等方式，加深读者对进步书籍的理解。艾思奇就曾应邀针对《社会科学概论》《现代社会科学讲话》等科学社会主义著作作阅读辅导报告。这些举措也得到了大众的关注与热烈响应。据该馆1936年的《每月借出书籍类别统计表》[5]显示，1935年12月至1936年8月，借出书籍总数为63106册，每日平均借书311册，其中，4月、5月、6月、7月借书总数均达万册以上，6月每日平均达到421册，由此可见借阅流通的火爆程度。抗日战争爆发，蚂蚁图书馆于1937年停办，与中华职业教育社在爱多亚路浦东大楼合办中华业余图书馆，继续开展革命的文化运动。

2 蚂蚁图书馆的办馆模式

2.1 借阅方式

蚂蚁图书馆以互助精神、信任态度，实行无条件借阅，即"第一，不收手续费；第二，不需保证金；第三，没有身份资格的限制；第四，没有地域时间的束缚；第五，毋须熟人介绍"[6]。无条件借阅继承了上海通信图书馆的传统，以期更好地为贫苦的青年职工、失学青年提供读书学习的机会。当时图书馆门户森严，如1926年上海图书馆协会介绍阅览所载"（上海全埠）图书馆为数不少，而公开者绝无仅有，阅览者不得其门而入。嗣本会提议，得本会介绍证者，可至各馆阅览。"[7]各图书馆均制定本馆的借阅章程，办法各不相同，手续繁杂，如有信用借书、办证借阅等，都需缴纳保证金。如河南图书馆于1934年重订的阅览规则中提出"借书一次以三种六册为限，除各学术机关得备正式公函借阅外，普通须缴二倍之保证金"[8]。而一些图书馆或大学图书馆只允许馆内阅览，不提供外借服务。这些要求都使图书馆变得高高在上，只为学者、专家及上层阶级服务，在一定程度上限制了普通大众阅读书籍、获取知识的途径。与之相较，蚂蚁图书馆的无条件借阅才是真正意义上从穷苦大众的角度出发，为其提供阅读机会的办法，其在这方面的作为在全国范围内的图书馆中也是屈指可数的。

蚂蚁图书馆的借阅方式有来馆借还、通信借还、个人借还及集体借还。通信借还的方式是为了满足地处偏远地区读者的阅读需求，真正使读者不受地域时间的束缚。读者只需自备往返的邮费，就可以借阅图书。关于馆藏书目信息，读者可以向蚂蚁图书馆索取《蚂蚁图书馆书目》，或付邮资订购《蚂蚁月刊》，其中会有新书目录栏目以供读者查阅。蚂蚁图书馆也会在各大报纸上刊登书目出版信息及本馆的邮寄地址，以便更多的人能看到消息来借阅感兴趣的书籍。集体借阅，是蚂蚁图书馆"为补助经济困难的私立学校及各团体起见，新订团体借书试行办法，凡团体欲向该馆借书者，一次至多可借五十册"[9]。蚂蚁图书馆采用多种形式的借阅方式，极大程度地满足各类读者的需求，从而实现创办图书馆的宗旨："为偏于一隅和少数人享受的图书馆，开辟一条新的途径，谋文化水准的提高，和大众智识的普及。"[10]

2.2 读者构成

蚂蚁图书馆的读者构成可分为借区、职业、性别及教育程度几个方面来进行分析。以该馆 1935 年 4 月至 8 月的统计来看，读者总人数 675 人，其中本市借阅人数为 449 人、江苏 96 人、浙江 30 人，江浙沪地区占总人数的 85%，从而可以看出经济发展较好及邻近的地区读者占比较大，一些落后及偏远地区如广西、云南、辽宁等地的读者只有一两人。统计中还包括社友 44 人，可见蚁社社友也是可以借阅图书的。韩国 2 人，这也从侧面说明蚂蚁图书馆的服务范围已到惠及海外。从职业上来看，商人及学生的比重最大，商人 377 人，学生 114 人，占比约 73%。其中工人只有 1 人，从而反映了工农群体的缺失。为了能激发工农群体的阅读热情，蚂蚁图书馆还曾在沪东大连湾和沪西周家桥两个工厂区成立分馆。从性别上看，男性 605 人，女性 55 人，未明 20 人，比例的失衡也反映了民国时期女性受教育的现状。虽然女性受教育的机会日渐增多，但占比仍然较低。"据调查全国总平均每九一六五八人口中，才有专科以上女生一人，又全国男女大学生共只有一七二八五人，女生仅占其中百分之八。"[11]在读者所受教育方面，以中学和小学为主，共计 500 人。以上对蚂蚁图书馆某一阶段的读者构成分析一方面可看出其受众的群体与所在地区的经济、文化发展水平，人们受教育的程度以及职业选择上受到思想观念的影响都息息相关；也从另一方面反映出贫困偏远地区、工农群体应该受到更多的关注，文化知识普及上也应该扩大辐射范围，可以让更多的贫苦青年及处于社会底层的人民大众有接触到新思想、新文化的机会。

2.3 独特的征书活动

蚂蚁图书馆的藏书从未使用图书馆的经费进行采购，全部由蚁社的成员们及外界热心的读者们赠予，中华书局、商务印书馆、申报馆等一些文化单位也捐助过一些有价值的书籍。其中，蚂蚁图书馆每年举办的征书运动最为热闹，成为扩大图书馆藏书规模的主力军。

以 1934 年的第二次征书运动为例，这次征书运动从 5 月 15 日起，为期 55 天，计划征书 1500 本，最终征书 4246 本 3629 种，是计划征书的 1.8 倍，这主要得益于蚂蚁图书馆独特的征书模式。他们以"团"为单位，团长是聘请的，由团长去寻找自己的团员，也可以一人成团，这次共有 62 团参加。征书采用计分方法，以重心类及价格作为评判标准。重心类即指社会科学类的图书，包括社会学、经济学、政治学、教育学、哲学、文学及文艺作品；价格以五角上下为界。经过商定，评判标准为系重心类而价在五角以上的计 3 分；系重心类而价在五角以下的及非重心类而价在五角以上的计 2 分；非重心类而价在五角以下的计 1 分。最终，按照所征得的总本数及评分数进行成绩排名，分团体排名和个人排名。这一次征书运动的排名中团体前 3 名为 41 团（团长赵家彬）615 本 1529 分，21 团（团长夏毅生）673 本 1271 分，61 团（团长钱誉石）577 本 1263 分。个人排名即团体内征书最多的个人前 5 名，分别为 41 团庄华 593 本 1476 分，21 团夏毅生 673 本 1271 分，61 团何懼 544 本 1235 分，55 团王晓峰 451 本 1103 分，58 团任先 201 本 263 分（以上均按加上逾期送来的书籍册数及评分后进行的排名）。这样的计分方式调动了团员们的积极性，他们四处奔走，使征书运动既紧张又竞争激烈，有的团员甚至将个人的"图书室"全部搬到了蚂蚁图书馆。同时增加了重心类书籍的权重，为征得更多社会类书籍奠定了基础。这次征得的 4246 本书籍中重心类书籍超过了 80%，为借阅读者了解新思想新文化提供了更多选择[12]。

蚂蚁图书馆通过征书运动这种方式快速扩充馆藏。"民国 22 年 9 月，藏书为 1800册。以后每年开展一次大规模宣传和图书馆募集活动，收效明显。民国 24 年 10 月，馆藏达到 10000 册。次年末，藏书又增加到 17844 册。"[13]

2.4　馆藏书目概览

蚂蚁图书馆馆藏书目分总类、社会科学类、哲学类、文学类、艺术类、自然科学类、应用技术类、语言学类、历史类、地理类及小学文库共 11 大类。其中社会科学类下分社会科学、社会学、经济学、政治学、法学、宗教、教育、伦理学。文学类下分文学理论、诗歌、剧本、小说、文学杂著。根据《蚂蚁月刊》1936 年第三卷 5—6 期所载《各类藏书统计表》中的数据来看，截至 1936 年 8 月，蚂蚁图书馆所存藏书总数为11930 册，其中藏书占比在前三位的分别是文学类中的小说以 2884 册占比 24%，社会科学类中的政治学以 1265 册占比 11%，社会科学类中的经济学以 936 册占比 8%。由此可看出与蚂蚁图书馆所举办的征书运动中着重于重心类书籍是相吻合的，成效也比较显著。

《蚂蚁月刊》第三卷第 2 期中的新书目录分书类、书号、书名、著者、重量及出版处这几大类进行罗列（如表 1 所示）。书类以馆藏书目 11 大类作为参照，如 0 为总类、1 为社会科学类、2 为哲学类、3 为文学类等依次类推。这期的新书目录共有图书 103 册，其中社会科学类 25 册，文学类 59 册，所占比重较大。

图书不局限于国内作家的出版物，也涉及外国名家著作。如国内著名政治家、革命家蔡和森所著中国第一部用马克思主义唯物史观写就的社会发展史《社会进化史》；日本社会主义者、经济学家，日本共产党的创建者山川均所著《社会主义讲话》和《现代经济学》；苏联文学家、美学家和政治活动家卢那卡尔斯基（Lunacharsky）所著《艺术之社会基础》；现代历史学家、历史教育家何炳松先生翻译的《近代欧洲史》。当然还包括许多脍炙人口的文学作品，如叶圣陶先生所写的我国第一篇童话故事《稻草人》、丁玲女士的短篇小说集《在黑暗中》、巴金先生所著《激流三部曲》的第一部长篇小说《家》。通过文学作品的广泛传播可以唤醒人民的自我意志，不再苟活，而是可以选择去抗争、去追求光明的未来和幸福的生活。

以上列举的图书只是凤毛麟角，但从这些书目中可以看到蚂蚁图书馆为大众，特别是青年，开辟了一个更广阔的世界视野，使他们不再局限于日常苦闷的生活和受压迫的工作之中，让他们能了解世界上先进的思想和政治经济制度、各个学科的知识以及文学作品所带给人们的共鸣和启迪。从而使他们能够找到追求真理的途径和人生前进的方向。

表 1　蚂蚁图书馆新书目录（摘录）

书类	书号	书名	著者或其他责任者	重量	出版处
030	8047	近代西洋文化革命史	多玛士，哈模（著）余慕陶（译）	400	联合
111.08	4424	社会进化史	蔡和森	215	民智
293.3	4484	唯物辩证法读本	大森义太郎	190	
352.7	4472	子夜	矛盾	450	开明
400	7580	艺术之社会基础	卢那卡尔斯基	250	水沫
500	2705	苏俄科学巡礼	克劳则尔	135	美生
627.6	8015	无线电初步	俞子夷	135	中华
726	1018	文心	夏丏尊	210	开明
890.07	4020	马克思传	李季	350	神州
993	1230	帝国主义铁蹄下的阿比西亚	克莱脱涅尔（著）孙冶方（译）	100	生活

资料来源：蚂蚁图书馆新书目录［J］.蚂蚁月刊，1936（2）：15-19.

2.5　管理上的不足

蚂蚁图书馆是一群革命青年以帮助买不起和买不到书的青年看到书这一目的而创办的，所以在图书馆的日常管理上采取的是蚁社社友志愿服务的方式，社友们都是牺牲了业余休息的时间来进行服务的，每天晚上轮流担任 2—3 个小时的事务。因为不是每天轮值，服务人员不固定，就造成了工作上无法进行交接。人员短缺也是其问题之一，根据蚂蚁图书馆 1933 年 10 月至 1934 年 7 月的借阅统计表来看（如表 2 所示），1935 年 5 月借出人数及借阅书籍册数达到全年最高，而工作人员相较于其他月份还有所减少。这就造成了读者借阅高峰时期，工作强度加大，服务供给上达不到需求，工作中造成的失误增多，出现遗漏书籍的情况也有所增加。针对这一情况，蚂蚁图书馆做出了人员配置上的调整，"把原来的管理股，扩大组织，分为借书、催书、还书、交书、拣书、上架六组，并设值班委员会，推委员长两人，负监督的责任"[14]。

表2 1933 年 10 月至 1934 年 7 月借阅统计对比表

月份	借书人数	借出书籍	工作人数	遗失书籍
十月	146	235	11	
十一月	196	327	12	
四月	603	915	8	7
五月	672	1152	10	24
六月	464	808	14	13
七月	520	922	12	

注：12 月至 3 月为编制书目时期，未开放阅览。

蚂蚁图书馆每年举办征书运动后都会对所得新书进行编目整理，待之后出版《蚂蚁图书馆书目》以及《蚂蚁月刊》中刊登新书目录供读者参考借阅。编目一事对于蚂蚁图书馆来说也是一件棘手的事情，由于人员短缺，加之编目为专门学科，馆内人员对于这项工作缺少经验，又因编目采用编著者姓名的四角号码，找不到专业的人才进行编目，所以致使新书目的发表不得不往后推迟。1934 年 12 月至 1935 年 3 月，因编制第二期书目延误，蚂蚁图书馆未开放阅览。

因编制书目使流通时间缩短，人员上的不足导致管理工作上的困难，这些问题的叠加使蚂蚁图书馆也未敢向外界大力宣传，这一年的读者人数少于计划内的读者人数，未能达到他们的预期目标。

蚂蚁图书馆作为蚁社文化运动的先锋，虽然只存在了 4、5 年的时间，但因其独特的办馆理念和办馆模式，为当时想要获取知识、寻求真理的青年打开了一扇大门。这里没有各种条例、规则的制约，只要你想看书，就可以无条件的借阅。陈独秀就曾评价蚂蚁图书馆"借使穷乡僻壤之土亦得享受借书制利益，此为国内图书馆所仅见，裨益文化，当非浅鲜"[15]。也是在这里，青年们可以接触到社会主义理论和马克思主义思想，并了解当时世界的发展趋势，不再做井底之蛙，而是发现有另一番天地等待着去奋斗。所以很多社友就此踏上了革命之路，有数十人成为共产党员。这些青年人，用满腔的热血和无私奉献的精神，将理想转变成为现实，创办出了这所如同青年人精神家园般的蚂蚁图书馆。就如同沙千里为蚁社所作的歌词中所写的"用蚂蚁的精神，来播种新文化的种，使新世界的光明，更加灿烂鲜红"。

参考文献

［1］周天度，孙彩霞.救国会史料集［M］.北京：中央编译出版社，2006：1025-1026.

［2］周天度，孙彩霞.救国会史料集［M］.北京：中央编译出版社，1986：1027-1030.

［3］上海年华.蚂蚁图书馆正式成立并对外开放［DB/OL］.［2022-03-22］. http：//memory.library.sh.cn/node/79678.

［4］陈元蒸.中国图书馆百年纪事（1840—2000）［M］.北京：北京图书馆出版社，2004：61.

［5］每月借出书籍类别统计表［J］.蚂蚁月刊，1936（5/6）：12.

［6］剧团的兄弟——蚂蚁图书馆［J］.蚂蚁月刊，1935（25/26）：13.

［7］上海图书馆协会介绍阅览［J］.图书馆学季刊，1926（1）：140.

［8］河南图书馆重订阅览规则［J］.浙江省立图书馆馆刊，1934（5）：22.

［9］蚂蚁图书馆新订团体借书试行办法［J］.中华图书馆协会会刊，1935（2）：44.

［10］任家乐，李禾.民国时期四川图书馆业概况［M］.成都：四川大学出版社，2013：197.

［11］中国女子教育的重要与其教育之目标问题［J］.南风，1943：1.

［12］第二次征书运动报告［J］.蚂蚁月刊，1934（20）：19-21.

［13］《上海图书馆事业志》编纂委员会.上海图书馆事业志［M］.上海：上海社会科学院出版社，1996：65.

［14］蚂蚁图书馆总结［J］.蚂蚁月刊，1934（20）：18.

［15］王西梅.中国图书馆发展史［M］.长春：吉林教育出版社，1991：315.

后疫情时代的公共图书馆 VPN 技术应用策略研究

许　蕗（信息技术部）

新冠肺炎疫情始于 2019 年底，并在 2020 年初开始于全国范围内扩散，"是新中国成立以来我国遭遇的传播速度最快、感染范围最广、防控难度最大的重大突发公共卫生事件"[1]。受其影响，在疫情暴发期间，公共图书馆也被迫停止了读者到馆服务。在此期间，图书馆闭馆不停工，例如国家图书馆加强了在线资源的整合、服务和利用，并提供线上的决策信息参考服务、数字资源整合服务等，提供疫情相关的专题资源，采集保存疫情网络资源，并积极与社会化平台合作开展活动[2]。在有序恢复线下读者服务后，公共图书馆作为开放的公共场所，也不得不面对公共场所必然经受的新冠肺炎疫情防控压力。在后疫情时代，疫情并没有完全消失，而是从全国范围内普遍出现变为全国各地时起时伏，随时都可能小范围暴发，而且迁延较长时间[3]。

虚拟专用网络（Virtual Private Network，VPN）是图书馆行业普遍使用的远程访问技术，其稳定、成熟的技术方案深受业内好评。但是随着公共突发卫生事件的不时出现，原有的 VPN 技术应用策略也需要进行转变，以便进一步提升公共图书馆的新冠肺炎疫情应急服务能力。一方面，专业读者有利用图书馆外购、自建数据库中的学术资源进行科研的需求，普通读者也需要图书馆提供关于新冠肺炎疫情应急服务的专题内容；另一方面，尽管公共图书馆面临临时闭馆或员工居家隔离的突发情况，但图书馆员仍需要利用馆内资源、业务系统继续完成日常的业务工作，因此原有的 VPN 技术应用策略需要进行调整以满足后疫情时代的应急服务需要。

1　图书馆常用 VPN 技术

VPN 技术是一种利用公用网络为用户提供安全稳定远程接入内部网络的方法。它通过对要传输的数据进行封装，帮助用户或者机构建立临时且可信的端到端通路。在图书馆行业常见的 VPN 技术包括点对点隧道协议（PPTP）、第二层隧道协议（L2TP）、IP 安全协议（IPSec）、安全套接层协议 VPN（SSL VPN），见表 1。

1.1　点对点隧道协议

点对点隧道协议（PPTP）是由微软提议的 VPN 标准，是点对点协议（PPP）的扩展，它运行在开放系统互连连考模型（OSI/RM）的第二层。通过该协议，远程用户能够通过 Windows 操作系统以及其他装有 PPTP 协议的系统拨号连入本地运营商网络，再通过互联网安全连接到内部网络。

1.2　第二层隧道协议

第二层隧道协议（L2TP）是互联网工程任务组（IETF）基于 PPTP 开发的后续版本。L2TP 可以使用 IPSec 对传输数据进行加密。PPTP 和 L2TP 协议由于缺乏内在的安全机制，稳定性较差，并面临着被部分 ISP 禁用的可能，已逐步被 IPSec 或 SSL VPN 取代。

1.3　IP 安全协议

IP 安全协议（IPSec）是由互联网工程任务组（IETF）制定的三层隧道协议，可用来提供端到端的安全通信。IPSec 包含两个安全协议和一个密钥管理协议，具有诸多安全特性，也提供了多种选项来完成网络加密和认证[4]。

1.4　SSL VPN

SSL VPN 使用了安全套接层协议（SSL）协议来实现远程安全接入。由于 SSL 独立于应用，因此任何一个应用程序都可以享受它的安全性而不必理会执行细节。SSL 协议已经被几乎所有的网页浏览器支持，因此用户在利用时，也不必为了支持 SSL 连接安装额外的软件客户端。

表 1　VPN 技术比较

对比项	PPTP	L2TP	IPSec	SSL VPN
数据加密	协议本身无加密	可通过 L2TP over IPSec 实现	支持	支持
客户端	操作系统自带	操作系统自带	部分系统自带	无
稳定性	容易被运营商封锁	容易被运营商封锁	难以封锁	难以封锁
安全性	弱	较强	强	强

2　图书馆的 VPN 应用现状

由于 VPN 技术可以建立远程安全隧道，因此一直都被广泛应用于图书馆数据库远程访问，和反向代理、URL 重写、单点登录认证等技术一样，是实现读者远程利用图书馆外购、自建数据库的常见技术。

2010 年左右，由于 SSL VPN 技术具有兼容性高、安全性强的特点，逐渐成为基于 web 的图书馆数字资源远程访问手段。2020 年，VPN 已经成为高校提供远程访问服务的必要途径，在一项 2020 年针对"双一流"大学的调研[5]中显示，VPN 技术是"双一流"大学最为常用的实现校外访问数字资源的技术。

公共图书馆也大量使用 IPSec VPN 技术和 SSL VPN 技术为全国范围内的读者提供

远程资源访问服务。IPSec VPN 技术伴随着数字图书馆虚拟网的建设而在各省市公共图书馆兴起，支持全国各地数字图书馆实现资源与服务全面共建共享[6]。全国各省市图书馆也在省内开展了虚拟网建设，并与数字图书馆虚拟网连通，如浙江省图书馆建设了覆盖全省各级公共图书馆的分布式虚拟数字图书馆网[7]、宁夏图书馆借助推广工程基层图书馆互连互通项目将省内 MLPS VPN 网络逐步替换为 IPSec VPN[8]、江苏省公共图书馆通过建成虚拟网实现了省内资源共建共享[9]等。

SSL VPN 也是多家公共图书馆在面向全国用户提供服务时使用的远程访问技术。国家图书馆通过将 SSL VPN 设备与公共数字文化用户管理系统的接口整合，向国家图书馆的实名用户、物理卡用户提供数据库远程访问服务[10]，实现绝大多数数据库均可直接通过浏览器访问、部分音视频数据库需要安装插件后访问。上海图书馆向有效持证读者提供"e 卡通"平台，读者只需安装基于浏览器的 Active 插件，就能实现全天候的远程接入[11]。

3　后疫情时代的图书馆 VPN 技术应用挑战

3.1　后疫情时代图书馆面临的挑战

2020 年起，在新冠肺炎疫情的背景下，为做好常态化疫情防控，图书馆等公共文化场所的开放需要遵守防疫规定，有序开放。重大突发公共卫生事件的暴发对于公共图书馆的影响也是深远的。新冠肺炎疫情造成了公共图书馆的开放时间减少，到馆读者人次也大幅下降，如上海图书馆 2020 年的读者到馆人次约 62 万，仅为 2019 年的16%[12]。国家图书馆自 2020 年 5 月 12 日有序恢复开馆以来，采用预约限流的方式对线下读者进行服务；浙江图书馆实行读者进馆限流和网上预约登记措施，控制同时在馆人数和预约人数。而 2022 年 3 月，随着部分省市的疫情防控形势继续严峻，包括上海图书馆、南京图书馆在内的多家省级图书馆再一次临时闭馆，被迫停止线下读者服务。

公共图书馆的公共卫生防疫工作也承担着巨大的压力。新建的大型图书馆建筑倾向于大量使用玻璃幕墙和更多的装饰材料，整体设计上也减少了窗户的数量，容易造成天然通风不良，加大了公共图书馆面对新冠肺炎等流行病的防疫难度[13]。公共图书馆配置的中央空调以及时刻处于流通状态的书籍资料，也容易造成病毒传播。

虽然图书馆的线下读者服务受到了影响，但是读者乃至图书馆员工对于线上服务的需求在疫情期间却与日俱增，亟需使用图书馆的数字资源与业务系统。因此，在后疫情时代，在疫情防控已成为常态化的今天，数字资源线上服务在图书馆读者服务中的比重不断上升，图书馆员对于在线远程办公的需求也日益增强，如何提高用户利用图书馆互联网资源的便捷性，如何让图书馆在疫情中起到知识的导向作用，这些问题需要图书馆人深刻思考。

3.2　VPN 技术在公共图书馆的应用困境

大量图书馆使用了 SSL VPN 对读者提供数字资源远程访问服务，但随着使用时间的增加，也暴露出 SSL VPN 设备在应对读者服务时的一些弊病：①图书馆的外购数据库，尤其是国外数据库对网站经常进行升级改造，改变网站架构、加密算法，导致部分网页元素无法正常显示，管理员需要对设备的策略进行排查和调试，否则会影响正常访问；②使用 DDoS 流量清洗技术几乎已经成为国外数据库厂商的标准配置，但是 VPN 代理的出口 IP 地址的访问请求数量可能会达到厂商设置的阈值，容易被厂商拦截正常访问流量。由于到馆读者访问量急剧下降，数字图书馆虚拟网或各省自行建设的虚拟网络均需要依赖于图书馆的物理环境，因此虚拟网的利用频率必然也有所降低。

在高校图书馆领域，以 ID 认证为基础、基于 Shibboleth 的 CARSI（中国教育和科研计算机网联邦认证与资源共享基础设施）服务在新冠肺炎疫情期间迅速普及，目前已有 197 种资源产品支持 CARSI 服务，同时已经上线或正在调试的学校、机构已经达到了 634 所[14]。使用 CARSI 服务已经逐渐成为高校图书馆提供师生远程访问数字资源服务的主要选择，同时 SSL VPN 技术越来越成为补充手段，也有学校计划将 CARSI 逐步取代 VPN[15]。在公共图书馆领域，国家图书馆的统一用户管理系统使用了基于安全性断言标记语言 SAML 的单点登录模型，为读者提供了中国知网等数据库的远程访问服务[16]。

在公共图书馆，采访、编目、咨询等图书馆员的日常业务以及阅览、外借等读者服务都需要馆员到馆进行，并且通常会在线下举办讲座等活动，因此在疫情前员工对于远程办公的需求较低，仅有信息化、数字化相关的部分员工存在信息系统运维的需求。但随着新冠肺炎疫情防控的常态化，图书馆员也需要有安全、稳定的远程办公手段支持，一方面在突发公共卫生事件发生时及时响应，另一方面也能够有效避免由于业务系统暴露于互联网而造成的网络安全隐患。

4 图书馆 VPN 应用策略建议

4.1 员工远程办公策略

公共图书馆员工的远程办公需求主要包括：①参考咨询等相关业务部门的员工需求主要为访问与图书馆馆内访问时权限相同的外购数据库、自建数据库，以便及时提供网络信息咨询服务，并做好决策咨询；②采编部门需要使用馆内的图书馆集成管理系统的采访、编目、流通、查询等功能；③信息化部门需要对图书馆网站、信息系统进行远程运维，特别是当出现网络安全事件时，需要安全可靠的远程访问方式进行应急处置；④各部门均有使用馆内办公自动化系统以及其他常用业务系统的需求。

大多数数据库、办公自动化系统及大部分业务系统均为使用 http/https 协议的 web 应用站点，少部分业务系统需要使用 C/S 架构的客户端软件，信息化部门通常使用 SSH、RDP 等运维协议，也有使用 MYSQL、ORACLE 等数据库软件的需求。由于可以实现用户跨平台使用 PC 端、移动端接入图书馆内部网络，SSL VPN 设备在远程接入访问的稳定性、兼容性、安全性上具有较大的优势，它的实现方式主要为：

4.1.1 PC 端

图书馆员使用 PC 端接入图书馆内网时，需通过浏览器登录 SSL VPN 的 web 门户网站，并根据情况安装 SSL VPN 客户端。通过门户网站或客户端登录后，即可访问提前配置好的 Web 应用，如内网、互联网数据库以及内部信息系统。

4.1.2 移动端

图书馆员可以通过手机浏览器直接访问 Web 应用站点，登录后访问 Web 应用站点。如安装 SSL VPN 的 App，即可通过 VPN 隧道接入图书馆内网，访问其他业务系统、信息系统。

目前商业化的 SSL VPN 设备基本都可以提供路由模式和单臂模式两种部署方式。在不需要实现员工、图书馆双向访问的前提下，SSL VPN 设备可通过单臂模式进行简单、便捷的快速部署。在此模式中，SSL VPN 设备不需要对图书馆的网络架构造成任何改变，其部署过程也完全不影响图书馆在线业务系统的正常使用。

在新冠肺炎疫情期间，如遇到突发事件，图书馆有增加并发用户数或满足更大吞吐量的需求，可将多台设备进行集群部署，实现负载均衡，根据集群中单台设备的性能将所有的 SSL VPN 连接动态的平衡到所有设备上，从而实现更大并发的用户接入。

考虑到在员工远程接入后，员工馆外用机的终端安全也是图书馆网络安全整体策略所需要考虑的内容。图书馆一方面可以尝试引进"零信任"技术，对用户的日常行为进行分析，在用户接入内网办公业务前需要进行身份验证和终端、环境、行为的可信确认；另一方面，在进行 SSL VPN 设备运维时，需要对用户需访问的目的地址进行整理，并对访问控制策略进行测试，确保做到精细化控制。

4.2　数据库远程访问策略

尽管 CARSI 已成为近几年兴起的跨域身份认证和资源共享服务，但是它的资源覆盖程度仍取决于国内外电子资源供应商何时完成和平台的对接。SSL VPN 作为已经长期、稳定在图书馆提供数据库远程访问的技术手段，仍可以继续作为读者远程访问数据库的渠道，多渠道结合共同为用户提供覆盖面更大的数据库远程访问服务。特别是基于 ID 认证的远程访问服务（如 SAML、CARSI 等）无法用于访问部署于图书馆内网的自建或镜像数据库，仍需要 SSL VPN 作为补充的远程访问手段建立访问图书馆内网环境的安全隧道。

近两年，全国各地疫情的此起彼伏造成读者、图书馆员工对于远程数据库访问、远程办公的需求有所增加，而 CARSI 服务的兴起，也对图书馆资源的 VPN 远程访问方式造成了冲击。在后疫情时代，图书馆应调整 VPN 访问策略以满足图书馆员工的远程办公需求，并兼顾考虑远程办公所带来的终端安全风险。SSL VPN 技术已长期稳定地提供了读者远程资源访问服务，在后疫情时代，仍是数据库远程访问手段的主流选择之一，继续为读者提供更方便、快捷、安全和全面的远程访问服务。

参考文献

［1］习近平.在全国抗击新冠肺炎疫情表彰大会上的讲话［N］.人民日报，2020-09-09（2）.

［2］魏大威，廖永霞，柯平，等.重大公共安全突发事件中图书馆应急服务专家笔谈［J］.图书馆杂志，2020（3）：4-18.

［3］王竹立.后疫情时代，教育应如何转型？［J］.电化教育研究，2020（4）：13-20.

［4］胡建伟.网络安全［M］.北京：科学出版社，2011：107-110.

［5］谭欢.双一流大学图书馆抗疫期间开展资源服务工作探析［J］.高校图书馆工作，2020（3）：52-56.

［6］王乐春，路龙惠.数字图书馆推广工程虚拟网体系构建与资源共享实例实现［J］.国家图书馆学刊，2012（5）：40-45.

［7］刘晓清.数字图书馆建设与服务——以浙江省为例［J］.图书馆理论与实践，2015（2）：1-4.

［8］孙戈.数字图书馆推广工程虚拟网建设实践——以宁夏图书馆为例［J］.内蒙古科技与经济，2021（5）：140-142.

［9］倪劫.数字图书馆推广工程中公共图书馆虚拟网部署的新思考［J］.新世纪图书馆，2015（4）：56-60.

［10］路龙惠，梁爱梅.全媒体时代下的图书馆数字资源远程访问模式应用与研究［J］.图书馆界，2015（1）：10-13，21.

［11］金家琴.基于 SSL VPN 技术实现公共图书馆电子资源远程访问——上海图书馆电子资源远程访问服务系统"e 卡通"实例［J］.图书馆杂志，2009（3）：64-68.

［12］上海图书馆（上海科学技术情报研究所）.上海图书馆（上海科学技术情报研究所）2020 年报［EB/OL］.［2022-03-05］.http：//www.library.sh.cn/img/2021/nb2020.pdf.

［13］程丞.新冠肺炎疫情下的图书馆公共卫生防疫工作新思考［J］.图书馆研究与工作，2020（4）：10-13.

［14］北京大学计算中心.教育网联邦认证与资源共享基础设施 CARSI［EB/OL］.［2022-03-05］.https：//www.carsi.edu.cn/.

［15］李国禧，周璐，孙超.VPN 和 CARSI 在远程访问校内资源中的应用以及风险防控［J］.电脑知识与技术，2021（31）：55-56，64.

［16］王婵婵，高宏.国家图书馆统一用户管理系统设计与实现［J］.新世纪图书馆，2018（4）：69-72.

明修七种贵州省志概说

杜　萌（古籍馆）

　　明朝建立之初，朝廷于洪武、永乐年间多次下诏编修地方志与全国总志，以厘清天下郡县地理形势、降附始末。贵州作为当时的西南边徼之地，至永乐十一年（1413），方借助思州、思南二宣慰司内讧之机，废除二宣慰司，新设铜仁、镇远、石阡、黎平、思州、思南、乌罗、新化八府，并在原有贵州宣慰司等地的基础上，建立了贵州承宣布政使司。贵州建省既晚，又地处偏僻、少数民族众多，文教水平不高，方志编纂水平自然不能与中原相比。在文献不足征的情况下，贵州在明代仍编有七种省志，已是十分难得。只是志书在编纂过程中，往往递相沿袭、辗转抄录，故旧志虽亡，实则在新志中尚能寻见踪影。本文将对各本贵州省志做逐一考察，以梳理各志之间的传承关系。

1　弘治前两本《贵州志》

　　贵州承宣布政使司建立之后，永乐十六年六月，朝廷下诏纂修天下郡县志书，由夏元吉、杨荣、金幼孜总领此事。隶属于贵州的普安州即在此年十二月修成首部志书。但关于贵州省志纂修的情况，在明朝典籍中却无记载。唯有［弘治］《贵州图经新志·凡例》中提道："元志凡四，建置互有不同，盖各据一时书之也。国朝亦两有作，皆以典籍未备，故考究采掇，挂漏可笑。"意为自明建立以来，贵州省曾两次修纂省志。两部省志现已无存，［弘治］《贵州图经新志·凡例》与志书正文中对旧志的引用是两条仅存的线索。《凡例》"山川"条，"贵州山川之秀颇多，而旧志所载独少"；"列女"条，"旧志附于人物条下"。正文中于山川、形胜、风俗等变化不大的类目下，往往多引用旧志文字，亦是方志传承性的具体体现。

　　关于两本《贵州志》的纂修时间，因欠缺资料记载，实难推测。景泰年间编纂的《寰宇通志》，有两卷介绍贵州承宣布政使司。在各宣慰司、府、州的正文中，多处引用"旧志"，此"旧志"虽指向不明，但应是早于景泰之前修撰的贵州通志。而于各卫所的正文中，风俗一类，多引用"贵州志"，如都匀卫军民指挥使司"风俗"条，"勇于战斗，习俗鄙陋，俱'贵州志'"，则明确所引文字出自"贵州志"。然"旧志"与"贵州志"所指是否为同一本"贵州志"，目前还不能判知。只是可以确定，在景泰《寰宇通志》纂修之前，贵州至少已有一种志书编成。

2 ［弘治］《贵州图经新志》十七卷

　　［弘治］《贵州图经新志》，总纂官沈庠，时任钦差提督学校贵州等处提刑按察司副使。编集者为贵州宣慰司儒学教授赵瓒，叶榆（今云南大理）人，成化二十二年（1486）举人。实际撰写者为峨眉县儒学教谕易绂、庠生王佐。易绂，［万历］《黔记》作"易绂"，贵州宣慰司人，弘治五年举人，官峨眉教谕。王佐，［万历］据《黔记·栖逸列传》载，"王佐，（贵州）前卫人，谨厚笃实，博学好礼，尤工于诗，不愿仕进，与郡中贤者为诗会唱酬，会纂修贵州旧志，有诗文传于世。"［万历］《黔记·艺文志》载王佐所撰《贵州旧志》，应是在参与此次官修书之前所作，属个人著述。

　　明末黄虞稷《千顷堂书目》著录此书为"赵瓒《贵州新志》十七卷"，顺序排在"胡禾同《贵州通志》十二卷"之后。胡禾同，史书无载，查［嘉靖］《贵州通志》编者中，有"学生汤建中、马阳……任懋忠、胡禾同编"，可知"胡禾同"应是"胡禾"之误。黄虞稷将二书作如此排序，应是认为"赵瓒《贵州新志》十七卷"成书在"胡禾同《贵州通志》十二卷"，即［嘉靖］《贵州通志》之后。这与此书目前通行著录的刊刻时间不合。《四库全书总目提要》在"［乾隆］《贵州通志》四十六卷"提要中提出"明赵瓒始创修《新志》，其后谢东山、郭子章及本朝卫既齐等，递事增修，渐有轮廓。"说明《四库全书总目提要》认为赵瓒所编《贵州图经新志》早于谢东山编纂的［嘉靖］《贵州通志》。对比两种志书的编纂水平，以及两种目录书修撰的精细程度，应是《四库全书总目提要》的判断更加准确。

　　《四库全书总目提要》将［弘治］《贵州图经新志》著录为"［嘉靖］《贵州图经新志》十八卷"，并且言之凿凿"是编成于嘉靖中"。这不仅与通行著录的刊刻时间不合，而且卷数也不相同。查［万历］《贵州通志》，载"《贵州图经新志》，弘治间提学沈庠编"，表明《贵州图经新志》是在沈庠担任贵州提学期间完成编纂的，且《贵州图经新志》正文内容记载的最晚时间，是弘治十三年（1500），并未下延至嘉靖年间。相对于现存十七卷本，《四库全书总目提要》多出一卷，不知此卷中是否有关于嘉靖时期的内容。在此，姑且遵循通行著录，题为［弘治］《贵州图经新志》。

　　虽然弘治朝以前已有两种贵州省志编纂完成，但［弘治］《贵州图经新志》在编纂体例与内容搜辑方面，仍然存在缺漏，水平不高。四库馆臣对其评价为，"其凡例谓旧志考究采掇，挂漏可笑，然此书亦殊舛陋。如第二卷内所载题咏，每诗皆取一句，大书于上，而以全诗细字分注于下，是何体例也？"在各宣慰司、府、州下所设类目，除建制沿革、山川、风俗等固有条目外，对有利于治理的户口、赋役、兵防、夷情等项，并未列出。说明直到此时，贵州在编修省志方面，条件和能力还不够成熟。

　　此志书有明刻本存世，现藏国家图书馆。《中国地方志集成·贵州编》所收系影印自贵州省图书馆影写晒蓝本，此本乃影写自国家图书馆所藏明刻本。故国家图书馆所藏明刻本［弘治］《贵州图经新志》，乃现存最早版本。

3 ［嘉靖］《贵州通志》十二卷

［嘉靖］《贵州通志》编纂过程比较清晰。卷首有杨慎作于嘉靖三十四年（1555）六月的序言，序言中写明："癸丑岁，中丞成都刘公大直、侍御东莱宿公应麟首倡增修，及今中丞松江张公鹗翼、侍御汝宁陈公效古、方伯德安高公翀，仍俾删润。而督学宪副射洪谢公东山实主简书笔削，博引经史，旁采子集，又参访故老，咨询儒生。"可知此本《贵州通志》以谢东山为主持者和主要勘定者。谢东山，字少安，四川射洪人。嘉靖二十年进士，时任钦差巡视提督学校贵州按察司副使。主要编写者为张道，时任贵州宣慰使司儒学训导，籍贯不详。此外，另有儒学生若干人参与编纂。

［嘉靖］《贵州通志》编排体例不同于一般省志以政区为分卷的方式，而是以类目分卷，各类目下再系以政区。如卷一地图、建制沿革，卷二郡名、星野、疆域、山川、形胜等，共十二卷四十二类。嘉靖年间，贵州地区改土归流已有一定成效，但面对少数民族多而汉族少的境况，政府在人口、田地方面，仍然很难掌握其基本情况。卷三土田条下，贵州宣慰司、思州府、思南府、黎平府、安顺州、普安州等流官管辖地区，土田数量一律空缺。有数据的只有汉族人占绝对多数的卫所屯田。卫所是明代设立于边疆地区的军事机构，贵州地区的卫所主要分布在驿道沿线，主要职责之一是保证驿道畅通，使朝廷政令能够传达至边疆地区。驻扎于卫所的汉族士兵与随军家属，成为卫所与布政司能够控制的主要人口。其所耕种的屯田，也成为征收军粮与赋税的主要来源。在"土田"条下，该志书还设有附录，简述嘉靖时屯田荒废与巡抚贵州都御史刘大直清查田土、招徕耕农的事迹，为考察贵州屯田变迁提供了具体史料。

［万历］《贵州通志·书籍录》著有此志，并记有"板阙不全"字样。现存［嘉靖］《贵州通志》为天一阁藏明嘉靖三十四年刻本。

4 ［万历］《贵州通志》二十四卷

［万历］《贵州通志》是明代贵州省志的高峰之作。该志共二十四卷，在大致按宣慰司、府、州、卫所分卷之后，又根据各卷不同的内容属性，将省会志、合属志、兼制志、经略志、艺文志五个名目，冠于相关各卷之上。对于这一独特发明，志书编纂者在凡例中进行了详细的解说。这种编排方式，也为陈陈相因的方志编纂体例，打开了一条新思路。

志书卷首有邹元标序、巡按贵州监察御史应朝卿序与贵州巡抚江东之序。编纂者为陈尚象、许一德。陈尚象，贵州都匀卫人，明神宗万历七年（1579）举人，次年进士。曾任中书舍人、吏科右给事中等，因上书万历皇帝，触怒龙颜而被贬家居。许一德，字子恒，号吉庵，贵州卫人。嘉靖四十三年乡试第一名举人，隆庆五年（1571）进士。曾官御史，出为湖广承天荆西佥事，云南副使。二人官阶之高，远超前代贵州省志编纂者。

此本志书在各宣慰司、府、州、卫之下，具体类目较旧志各有增减。增加较多的，如第三卷贵阳府下，有三十八小类，其中，坊市与纪兵为本志首见。不仅小类有增加，各类正文记载的详细程度，也出现了质的飞跃。得益于中央强力的改土归流政策与军事手段，受中央直接管辖的人口和田地逐渐增加，丈量田地、人口登记的推行范围也不断扩大，反映在志书中，就是"户口""田亩"条目下，各种数据实现了从无到有、从简至繁的变化。

与此同时，在编纂的详细程度上，［万历］《通志》将掌握的资料毫无保留地予以披露，使地方志真正成为了解一地概况的津梁。如"职官"一类，前志于各级政区任职官员，往往只列官名，不列姓名，而［万历］《通志》则将历朝官员姓名及其籍贯顺序列出，官员信息一目了然。

总之，［万历］《贵州通志》以其丰富的内容和较为合理的编排体例，成为明代贵州省志的翘楚。稍后，时任贵州巡抚的郭子章以私人身份修撰《黔记》，并流传至今，影响大过［万历］《贵州通志》，实际上，《黔记》在很大程度上继承了［万历］《贵州通志》的内容，可以说，《黔记》的出现，离不开［万历］《贵州通志》的积累。

相比于《黔记》的流传程度，［万历］《贵州通志》在万历二十五年完成之后，明末《千顷堂书目》就已不见著录。清初纂修《四库全书总目》亦无此书身影。如今我们看到的［万历］《贵州通志》，是日本尊经阁文库藏明万历二十五年刻本。

5　［万历］《黔记》六十卷

［万历］《黔记》作者郭子章，字相奎，号青螺，又自号蠙衣生。万历二十七年以右副都御使巡抚贵州，协助总督李化龙平叛播州杨应龙之乱。万历三十二年十一月以平播功升都察院右都御使兼兵部右侍郎，照旧巡抚。郭子章一生著述丰富，有关贵州的著作，除［万历］《黔记》外，尚有《平播始末》《黔小志》《黔类》《黔草》等。

［万历］《黔记》的成书时间，据卷首丘禾实《序》与陈尚象《序》，可知大致作于万历三十一年。惟《大事记》记事至万历三十六年，则成书后至刊刻前尚有续补增订。［万历］《黔记》的成书时间与［万历］《贵州通志》相差不到十年，在内容上对［万历］《贵州通志》有较多继承。从地图的绘制来看，虽然［万历］《黔记》所绘贵州全省舆图明确标示为《罗文恭公贵州舆图》，而［万历］《贵州通志》并未标出作者，但仔细对比二图就可发现，［万历］《黔记》除将［万历］《贵州通志》原标注播州的地界改为遵义府之外，其他地方没有多少变动，甚至连左上角的图说都照搬［万历］《贵州通志》，并取消了右下角的图例，以示区别。在其他各地区地图上，［万历］《黔记》地图所提供的信息，远不如［万历］《贵州通志》丰富与明确。

［万历］《黔记》的真正价值，不在于与［万历］《贵州通志》去比较对已有信息重做编辑撰写的水平高低，而在于它对平播战役期间与之后贵州所经历的变化的记载，以及郭子章对这些事件的参与和评述。虽然郭子章意在编纂贵州省志，但取"黔记"之名，已表明此书不同于官修志书的定位，而在相当程度上是一种个人著述。个人著述的优点在于可操作空间较大。首先，［万历］《黔记》在著述体例上开拓较多，首次在省志中设置大事记，叙述一省历史，言简意赅，足资借鉴。其次，"止榷志"的设置可谓独出心裁。平播之后，朝中有少数无良官员提出对贵州开征税课，遭到许多大臣的反对。郭氏将这些反对征税的上疏集合起来，编为"止榷志"，真实地反映了平播战役之后贵

州的虚弱，以及朝廷处理贵州事务时的矛盾心态。"贡赋志"除记述贵州全省清账土地以来的土田数量与人口户数之外，还重点介绍了平播之后新设平越府的情况。

对于贵州而言，各少数民族统治地区的情况，是朝廷最为关心的领域。［万历］《黔记》列"宣慰列传""故宣慰列传""土官世传""诸夷""西南夷总论"，虽有些内容因袭旧志，但对于了解贵州境内各民族上层统治方式、汉化程度，民族风俗、民族矛盾，都有一定意义。

［万历］《黔记》一书，虽有万历刊本，但流传并不广泛，《千顷堂书目》有载，但清初《四库总目提要》已无此书，反而收录了郭子章所撰《黔类》《黔草》《平播始末》。清初编修贵州省志，征引此书时，多述及此书已残缺讹脱，足见明清易代之际，书籍所遭之厄。现存［万历］《黔记》，皆缺二十五、二十六卷。国家图书馆与上海图书馆存有明万历刻本。

6 ［崇祯］《贵州通志》

此书已佚，［道光］《贵阳府志·艺文略》载［崇祯］《贵州通志》言："马平龙文光撰。［康熙］《贵州通志·大事记》，崇祯十一年（1638）提学龙文光修《贵州通志》。丹达礼《贵州通志序》云，明沈、龙二君所撰者，久散佚矣。华章志《贵州志序》云，昔念所、马平两先生二志，一成于丁酉，一成于己卯，炳炳烺烺，聿称大观。皆谓此志也。"其中，念所为贵州巡抚江东之号，马平即龙文光，这段文字明确了龙文光修撰《贵州通志》的事实。

龙文光，马平人，天启二年（1622）进士，崇祯中任官贵州提学金事，后为张献忠部所杀。是书纂成后未及流传，也未被后来修志者引用。

综上，明代贵州省志在贵州历朝官员的不断努力下，从最初的缺略简陋，渐臻成熟完善。这一方面得益于朝廷在贵州的统治触角不断深入，档案簿册逐渐建立，修志所需资料渐次积累；另一方面，也得益于修志者自身素质的不断提高与自觉修志人群的不断壮大，为后续志书的修纂提供了更多的素材。然而，贵州在地方文献纂修方面的总体情况依然与其他省份有较大差距，且在明清易代之时颇多散佚，使得本就文献缺失的贵州，在清代初年修志时面临着更加严峻的局面。

参考文献

［1］陈循，彭时，等.［景泰］寰宇通志［M］.刻本.1450—1456（明景泰间）.

［2］赵瓒，等.［弘治］贵州图经新志［M］.刻本.1368—1644（明）.

［3］张道，谢东山，等.［嘉靖］贵州通志［M］.影印本.成都：巴蜀书社，2006.

［4］江东之，等.［万历］贵州通志［M］.影印本.北京：书目文献出版社，1990.

［5］郭子章.［万历］黔记［M］.刻本.1573—1620（明万历间）.

［6］周作楫.［道光］贵阳府志［M］.刻本.1852（清咸丰二年）.

图书馆基础业务流程自动化应用研究

——以国家图书馆博士论文装订自动化改造为例

吕肖山（典藏阅览部）

随着计算机技术的不断进步，图书馆管理模式和业务流程也随之取得了长足的进步。从目录卡的应用到以条形码为基础的图书馆自动化管理系统的普及，再到非接触的RFID技术在图书馆界的应用；从自动化图书馆到智能图书馆的进化，每一次技术升级都让图书馆的工作效率和服务能力迈上了一个新的台阶。

进入21世纪，信息技术飞速发展，物联网、5G、大数据、云计算等概念如洪水般冲击着图书馆人的神经。图书馆界已陷入对"智慧图书馆"的无限遐想之中。然而在"智慧化"的道路上，图书馆人似乎显得有点力不从心。

国家图书馆前馆长饶权在其发表的文章《全国智慧图书馆体系：开启图书馆智慧化转型新篇章》中归纳了智慧图书馆包含的四个特征，其中第一个就是："图书馆业务的全流程智慧化管理。进入智慧图书馆发展阶段，图书馆的业务内容、业务架构将进一步面临全流程的智慧化重组，实现文献信息全生命周期的自动化、一体化管理，全面提升图书馆业务管理效率，同时使图书馆员从大量简单的事务性工作中解放出来，更多地从事面向高层次学习阅读需求的专业知识信息服务。"[1]可见，高度的自动化是图书馆智慧化的基础。

然而在图书馆自动化系统已普及应用的今天，图书馆仍存在很多基础业务工作劳动强度大、管理模式效率低的情况。因此，图书馆还存在很大的"可自动化"空间。业务流程和管理模式的自动化和智能化，乃是当前图书馆界迫切需要解决的问题。只有图书馆整体运行效率得到提升，图书馆人才有时间去思考图书馆的智慧化，图书馆界才能节省出资源去研究智慧化技术的应用。

本文以使用"按键精灵"软件对国家图书馆博士论文装订流程的自动化改造为例，论证以流程自动化软件辅助提高图书馆整体效率的可行性。让图书馆以有限的成本实现更高程度自动化的需求成为可能，为图书馆人提升工作效率提供新的思路。

1 图书馆界流程自动化软件应用情况

"流程自动化"并非一个新的概念，"按键精灵"软件也可以用"古老"来形容。该软件是一个模拟鼠标键盘动作的软件。图书馆员通过制作脚本，可以让"按键精灵"代替双手，自动执行一系列鼠标键盘动作[2]。它可以高效、准确地完成大量简单、重复性的计算机操作。近几年出现的新型流程自动化软件，在可视化编程、计算机界面元素识别和 AI 性能等方面进行了强化，使其对一般用户更加友好。此类软件在财务、金融、保险、信息技术等领域已得到广泛应用。

在图书馆各类基础业务中，存在着大量的简单、重复性的工作。然而新型流程自动化软件在图书馆界的应用并不广泛，其范围大多局限于个人在单项工作中的应用，缺乏系统性的开发和研究。在 10 年前国家图书馆即有员工使用"按键精灵"完成简单的数据和表格批量操作，笔者亦是受前辈启发后开展的此项研究。图书馆界也有使用该软件解决自身工作难题的个例，如杨斌探索了"按键精灵"在采编业务中的应用[3]，陈靖、陈娟也借助"按键精灵"实现了快速编目[4]。虽然这些案例仅局限于录制计算机鼠标、键盘的操作过程，代替人手动操作，但其对工作效率的提升效果也是非常可观的。

笔者在对"按键精灵"软件深入研究后，通过学习其脚本语言，进一步提升了脚本效率，也拓宽了其在图书馆可应用的业务范围。

2 博士论文装订工作概述

国家图书馆每年会入藏数万册博士论文，这些博士论文以简装本上架，流通一段时间后，都需要下架装订后再上架。装订工作以每批次 2000 册连续索取号的简装论文为单位，每 20 册打捆，根据装订进度按批次号送往装订厂装订。装订完成后，因厚度增加，原批次 2000 册以每 15 册 1 捆为单位送回，回馆的 2000 册精装博士论文为完全乱序，需要经过顺号排序后才能上架流通。

整个过程各环节多为劳动密集型的工作，其中涉及计算机操作的部分有修改状态、查询书目、制作书标文档等。这些简单、大量的重复性工作，若完全由人工来完成，则需要十余人使用多台计算机才能在短时间完成。

如何提高各个环节的效率、缩短整个工作流程的周期是这一任务最大的难点。笔者结合实际情况对传统工作流程进行拆解、分析、重构，利用按键精灵软件实现整个工作中涉及计算机操作部分的自动化改造，并通过软件算法辅助的方式，为体力劳动部分提供便利，大大提高了博士论文装订工作的整体效率。

3 博士论文装订流程分析与重构

博士论文的装订工作可以分为论文送装、论文装订和论文回库三个阶段，每个阶段都有独立的流程。虽然大部分流程为体力劳动工作，但其中涉及电脑操作的部分，借助流程自动化软件，依然有很大的优化空间。

3.1 传统装订工作流程分析

传统的全人工装订工作中三个阶段的流程图如图 1 所示。

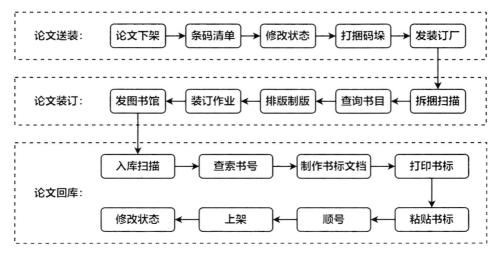

图1 传统装订工作流程图

3.1.1 论文送装阶段流程分析

在传统送装流程中，工作人员习惯将论文下架后，直接在 ALEPH 系统中通过扫描博士论文单册条码的方式，直接将单册状态修改为"装订中"，然后将修改过状态的博士论文以 20 册为单位打捆码垛，这种工作流程的优点是直接扫码改状态，无须二次操作。

但在实际工作中，装订工作需要工作人员提交一份装订文献的条码清单，实现方式是扫描两次条码，一次进行状态修改，另一次记录条码清单。该方式在修改状态时需要在可以连接 ALEPH 的计算机上操作，而论文下架地点、操作电脑地点、码垛存放地点并不一定在同一空间，这样会导致不仅存在条码扫描的重复工作，还在空间上增加了不必要的劳动量。

3.1.2 论文装订阶段流程分析

该阶段工作为装订厂进行，通过与装订厂了解，其获取书目信息的方式为在国图网站上逐一检索论文单册条码号，手动复制、粘贴、整理书目信息。该项工作属于大量、重复性操作，虽然看似与图书馆无关，但会影响装订工作整体进度，繁杂的工作内容也会成为装订厂抬高报价的理由。

3.1.3 论文回库阶段流程分析

论文回库阶段的流程是这三个阶段中最为复杂的，装订完成后的博士论文为 15 册 1 捆，完全乱序回库，书脊没有索书号，需要制作书标文档，打印并粘贴书标后，再根据书标上的索书号对该批次 2000 册博士论文顺号上架。查索书号、制作书标文档、打印书标、粘贴书标、顺号、修改状态这些工作如果完全靠人工完成，将是非常繁杂、耗时的过程，需要投入大量人力和物力。

3.2 流程重构与自动化程序设计

笔者通过对传统工作流程难点、痛点进行分析，在"按键精灵"软件的参与下，将整个工作流程进行改造，改造后的流程如图 2 所示。

重构后的流程中，修改状态、查询书目及索书号、数据处理等工作，均通过编写对应功能的脚本实现了完全自动化操作，为了进一步方便操作，笔者对整个流程进行整合，将各功能脚本综合至一个脚本，并为其设计了可视化操作 UI，打包为一个可独立运行的程序。

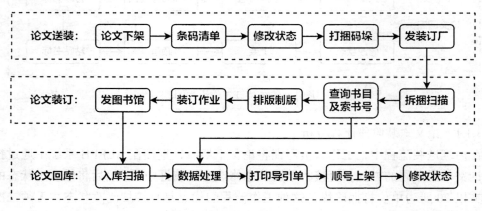

图 2　流程自动化改造后的装订工作流程图

3.2.1　论文送装阶段流程重构

这个阶段从流程图上看完全没有变化。其中"按键精灵"参与了"条码清单"记录和"修改状态"操作这两个步骤。

图 3 为论文装订应用程序中"论文送装"阶段的操作界面展示。图中左侧"打开送装批次文件"框体中可以打开所选批次的条码清单文件。程序运行时文件选择框内会默认选择最新的批次，若该批次未记录满 2000 册，可直接点击打开文件继续操作。右侧"新建送装批次文件"框体用于新建一个批次的条码清单文件。新建的 Excel 表格中，A 列自带条码格式检测和重复提示功能，防止条码格式录入错误或者重复录入。B 列在 20 的倍数行有醒目的行数提示，用来提示工作人员做打捆标记。

图 4 为"论文送装"阶段"修改状态"步骤的操作界面。中间有一些提示文本，为操作说明和注意事项。左下方文件选择器可选择需要修改状态的清单文件，默认为最早的没有修改过状态的清单文件。按步骤操作后，即开始自动执行修改状态的操作。

传统方式中，工作人员在对论文单册条码进行扫描记录后，修改状态时需要对其再次扫描，或者从条码清单中逐一复制粘贴修改状态。根据参与人数不同，这项工作需要 1 天至 3 天才能完成。而这项工作通过该程序自动化处理，修改 2000 册论文的处理状态，仅需一台计算机执行脚本，10 余分钟即可完成，且成功率可达 99.99%，其未成功的 0.01% 是由于条码扫描设备识别错误导致。同时该过程无须二次扫描条码，条码扫描记录的过程使用可移动的笔记本电脑，避免了频繁推送文献造成的不必要劳动。

图 3 "论文送装"阶段界面展示

图 4 "论文送装"阶段"修改状态"步骤操作界面

3.2.2 论文装订阶段流程重构

该阶段从流程图上看并没有简化步骤,甚至在查询书目步骤中还增加了查询索书号的工作。这样做的目的是为了简化第三阶段的流程,通过要求装订厂直接将索书号在装订作业中同题名等书目信息一同烫印至书脊的方式,免去论文回库流程中制作、打印和粘贴书标的工作。

该阶段论文书目信息是由装订厂工作人员逐一查询整理成 word 文档，平均查询 1 册论文的书目信息和索书号，并把它复制、粘贴至制定文档内，需要 1 分钟。若装订厂安排两个人同时进行查询，则每人需要连续工作约 16.7 小时才能完成查询任务，显然这一过程是极其枯燥、繁杂的。因此，在笔者要求书脊烫印索书号后，装订厂以增加了索书号的查询和排版需求为由，提出了涨价的要求。

在与装订厂协商后，查询书目信息和索书号的工作由笔者来做，增加书脊烫印索书号，同时保持报价不变。而这一工作通过"按键精灵"实现自动化操作后，仅需要一名工作人员根据装订厂发回的条码清单在一台计算机上运行脚本即可，在无人看管的状态下，7 小时即可完成。

该阶段流程的重构，在装订报价不变的基础上，提高了效率，同时使第三阶段流程得到极大简化，直接省去了制作、打印、粘贴书标的工作，大大缩短了整个论文装订工作流程的周期。

图 5 是该阶段"查询书目及索书号"步骤的操作界面。中间文字是操作说明和注意事项。左下方文件选择器可选择需要查询数据的文件，默认为指定文件夹内、装订厂最新返回的需要查询书目数据的条码号清单文件。

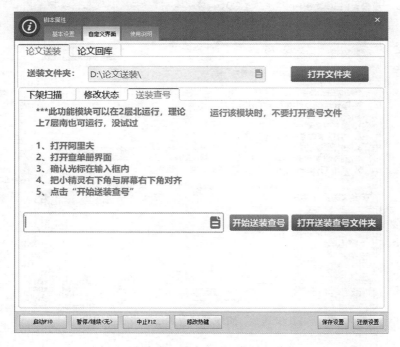

图 5　"查询书目及索书号"步骤操作界面

3.2.3　论文回库阶段流程重构

该阶段因省去了处理书标的相关工作，已经减少了大量体力劳动。剩下的"顺号上架"也是一项繁重的工程。由装订厂发回图书馆的博士论文是以每 15 册 1 捆为单位的，图书馆接收这些论文是存放在三层书车上的，每层 3 捆，1 车可存放 9 捆，一批次 2000

614

册总共会放置在 15 辆三层书车上。这些博士论文在拆捆后完全是乱序的，需要根据其索书号按《中国图书馆分类法》进行顺号排序才能上架。传统的顺号方式想将这 2000 册、15 车完全乱序的博士论文在短时间内整理成按《中国图书馆分类法》排序，需要投入十余人密切配合才能完成。这是一项纯体力劳动，流程自动化似乎无法替代其进行任何操作。

然而，笔者根据这一过程的特点，经仔细研究分析后，设计了一套算法，利用"按键精灵"对 Excel 进行一系列自动操作，对入库扫描的条码清单进行数据处理，生成顺号辅助文档。上架人员只要根据这个"顺号导引单"，便可快速顺号上架。

"入库扫描"即对回库博士论文条码进行记录和数量核对。工作人员根据其扫描的博士论文所在三层书车的车号，每 1 车博士论文的条码号记录在一个 Excel 表格中。图 6 为该步骤的操作界面。其中下方"新建回库书车文件"可根据工作人员输入的批次号、车号、扫描人自动建立空白 Excel 表格。表格 A 列自带错误条码和重复条码高亮显示功能，以杜绝条码格式不符和重复扫描的情况。表格 B 列每 15 行会有醒目数字显示，用于辅助核对数量。

图 6 "入库扫描"步骤操作界面

图 7 为"数据处理"步骤的操作界面。数据处理的对象为与 15 辆三层书车上的博士论文对应的 15 个保存条码号的 Excel 文档和"论文装订"阶段中查询到的存有索书号的 Excel 文档。其处理的流程如图 8 所示。该流程完全由计算机脚本自动完成，无须人工干预，整个过程仅需十余分钟。

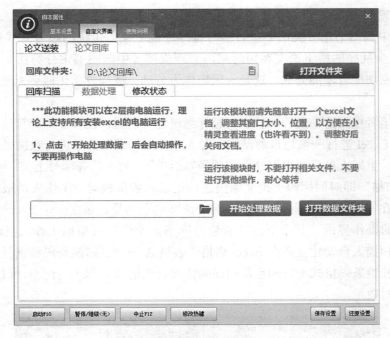

图 7 "数据处理"步骤操作界面

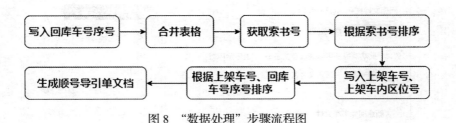

图 8 "数据处理"步骤流程图

数据处理流程详解：

（1）写入回库车号序号：为 15 个 Excel 文档内的条码号对应的博士论文写入其所在的回库车号和其所在车内的序号。

（2）合并表格：将 15 个 Excel 表格内的条码号汇总至一个 Excel 表格内。

（3）获取索书号：从第二阶段查询的带有索书号的 Excel 文档中获取索书号，对应条码号写入汇总的 Excel 表格。

（4）根据索书号排序：根据索书号对汇总后的表格进行排序，此时汇总表格内条码号顺序为《中国图书馆分类法》排序，即为上架所需顺序。

（5）写入上架车号、上架车内区位号：为《中国图书馆分类法》排序的博士论文条码号分配上架车号，每 135 册分配至 1 辆三层书车，其中每层分配 45 册，每 15 册分为 1 组，将每层分为三个区，则三层书车被分为 9 个区，从上到下，从左到右，依次从 1 至 9 命名。

（6）根据上架车号、回库车号序号排序：此次排序即为顺号导引单的顺序。

（7）生成顺号导引单文档：根据顺号习惯调整表格列的顺序，根据上架车号，每1车的顺号导引单添加1行对应标题。

最终生成的顺号导引单文档如图9所示。以此导引单为例：该导引单"上架车次号"均为"01"，即为第1车需要上架的博士论文；"回库车号序号"为目标博士论文所在的回库车的车号和其在车上的序号；"索书号"即为目标博士论文的索书号，用来核对信息；"上架车次区位号"为其在三层书车上对应的区位；"上架车顺序号"为该博士论文在上架车上的排序。

上架车次号	回库车号序号	索书号	上架车次区位号	上架车顺序号
01	03-003	2017\K835\1	6	081
01	03-008	2017\K877.3\1	8	118
01	03-017	2017\K878\1	9	135
01	03-027	2017\K827\4	5	069
01	03-031	2017\K876.3\7	8	106
01	03-038	2017\K826.1\2	5	062
01	03-039	2017\I207.419\6	1	005
01	03-040	2017\K712\1	3	031
01	03-056	2017\K876.3\5	7	104

图9　顺号导引单示例

以图9中表格的B2数据为例："03-003"，代表其在回库扫描的03号车上的第3册的位置，工作人员只需推1辆空的三层书车作为"01"号上架车，去取3号回库车的第3本博士论文，核对索书号无误后，将该册博士论文放置在工作人员所推书车，即1号上架车的第81册的位置，对应上架车次区位号为6，即放在1号上架车中间层的右侧。实际工作中其实用不到上架车顺序号，工作人员只需要按照上架车次区位号，便可将从各个回库车上取到的博士论文在上架车上快速分为9组，该上架车135册全部取完后，再对每组15册分别进行顺号，即可将该车博士论文直接上架。

顺号导引单大大简化了顺号流程。传统顺号方式需多人同时参与且需相互密切配合，待整个顺号工作完成后才可进行上架工作。若根据顺号导引单开展顺号工作，则无须额外增加人手，多名工作人员可分别也可同时进行顺号，且个人顺号进度对整体进度影响很小，能极大地提高顺号和上架工作效率。

顺号上架完成之后，即可将该批次博士论文修改为可流通状态。该阶段修改状态的操作方式与3.2.1中"论文送装"阶段修改状态的方式一样，操作界面如图10所示。

图 10 "论文回库"阶段"修改状态"步骤操作界面

4 实际应用成效分析

笔者所在科组自 2018 年开始承担博士论文装订工作起，根据实际运行情况，不断对流程细节进行优化改造。初期每个阶段中的各个步骤都是分开的独立的脚本，脚本仅需由笔者一人根据不同阶段的需求，运行对应脚本即可完成各个阶段的数据处理工作；顺号上架之前其他的体力劳动量较大的工作由笔者和另外 3 位老师共同完成；最后的顺号上架工作由库房另外 4 位老师共同完成。

在此期间，除了"按键精灵"参与带来的整体效率提升，另外一个影响整个流程进度的改动是：索书号的展示方式由在书脊粘贴书标，改为装订过程中在书脊上烫印。这一改动大大简化了论文回库阶段的流程，减少了与书标相关的所有环节。虽然看似增加了装订厂的成本，但在流程优化后反而一定程度降低了装订厂的劳动强度，进而缩短了论文装订阶段所需的时间。

顺号导引单的算法也经过多次优化，其最终呈现的形式达到了易懂、易用、增效的预期目标，也使按键精灵在无法直接参与的体力劳动环节，起到了很好的辅助作用。

2021 年底，博士论文装订的流程自动化改造基本已到达最优效果，笔者将其各步骤所需脚本进行整理集合为一个脚本，为全流程设计了可视化 UI 操作界面，并打包为一个可执行程序。使原先必须由笔者本人操作软件执行的脚本，变为任何负责该项工作的人都可快速学习并掌握其操作的计算机软件。

利用"按键精灵"对图书馆基础业务进行流程自动化改造，能大大提高基础业务的工作效率，使原先需要十几个人甚至几十个人参与的复杂工作，现在仅需几个人即可轻松完成。此类软件并非某项工作专用软件，它更像一个万用的工具，只要是在计算机上进行的操作，它都能够帮助甚至代替人工高速、精确地完成。其内置的各种插件能实现对 Office 软件和各类数据库的操作，使其应用空间更加广阔。

"按键精灵"只是一款"古老"的流程自动化软件。如今国内外亦有多款优秀的流程自动化软件可供选择，且此类软件都已实现可视化、低代码甚至无代码的编程操作。以往单纯依靠技术部门或软件公司开发专用软件实现业务自动化的模式成本高、研发周期长，而流程自动化软件越来越低的使用门槛必定拉近其和图书馆工作人员之间的距离，从而使更多的图书馆人能轻松、灵活、高效地完成繁杂的事务性工作，进而推进图书馆智慧化的进程。

参考文献

［1］饶权.全国智慧图书馆体系：开启图书馆智慧化转型新篇章［J］.中国图书馆学报，2021（1）：4-14.

［2］按键精灵官网.软件介绍［EB/OL］.［2022-03-13］.http：//www.anjian.com/intro.shtml.

［3］杨斌.按键精灵参与下采编业务的新探索［J］.图书馆工作与研究，2015（2）：77-79.

［4］陈靖，陈娟.按键精灵辅助操作下的快速编目法——可适用于金盘、金华、图腾、亚德等多图书管理系统［J］.内蒙古科技与经济，2017（5）：66-67.

图书馆编目 540 字段著录分析

——以民国时期图书为例

朱立伟（缩微文献部）

540 字段记入的是未在文献上出现的、由编目员补充的题名，用作附加款目[1]。也就是说，540 字段著录的内容一定是编目员在书目数据制作过程中，根据正题名、其他题名、序言、摘要等相关信息衍生出来的题名，可以通过增加检索点，扩大文献的被检索范围，便利读者使用。

民国时期图书内容繁杂，几乎涵盖图书分类法的各个类目，因此，正确地使用和著录 540 字段，非常考验编目工作者的专业素养和文化水平。一种文献是否需要增加 540 字段，需要编目员恰当理解编目规则、熟练且正确使用各类相关工具书，否则错误地著录或主观臆断则会使书目数据的内容冗杂，干扰读者的使用。

1 540 字段使用分析

540 字段和其他与题名有关的检索字段相比，更具灵活性，能更全面、深入地揭示图书的主题，从而为读者提供更方便的检索途径[2]。较其他 5×× 字段而言，540 字段使用率偏低，在著录上也存在一些问题。究其原因，主要是概念不清，易与其他题名附注字段混淆，编目工作者对编目规则理解不透彻，难以把控适用的著录情况，对题名的理解存在偏差、内容欠考究等。

目前，国内关于 540 字段著录的研究成果不多，其中梁伟在《试析 540 字段的作用》一文中分析了 540 字段不可替代的作用[2]，并论述了一些著录方法，笔者认为，除文中提到的情况外，还有一些问题值得补充和探讨。本文将着重采用案例分析法，从多个方面对 540 字段的著录和使用进行论述，以期对编目员的实际工作有些许启发和借鉴价值。

2 错误使用、著录 540 字段的实例分析

540 字段可以增加文献检索途径，为读者提供方便，但错误使用和著录 540 字段会适得其反，不但会使书目数据中相关字段冗余，还会误导和干扰读者对文献的利用。从著录分析来看，常见的错误著录大致可分为以下五种情况。

2.1 原题名深意理解不准确

540 字段不是万能的，有时不仔细分析题名和文献内容，或认为多增加一个检索点有利而无害，结果不仅使书目数据变得冗杂，而且会对读者的检索使用造成误导。

例：2001#$a 创世记第五章中的福音

5401#$a 创世纪第五章中的福音

在这个例子中，不妥之处在于编目员没有理解题名深意，忽略了题名对文献内容的表达关系，认为"创世记"不是规范用词，习惯性地用 540 字段对题名进行进一步揭示，殊不知补充题名与文献内容含义南辕北辙。《创世记》是《圣经》卷轴的一部分，虽然在百度百科中也有"创世纪"的用法，但经反复查证，《创世记》记录的是神创造万物、人类堕落、神与人之间的关系、拯救计划、基督预表、人类发展史等内容。由此可见，"创世记"表达的是记录创世之意，并没有开创一个世纪的含义，正确的读法和断句应该是 chuàngshì-jì，而非 chuàng-shìjì。且《创世记第五章中的福音》已经是规范的正题名结构和著录形式，因此不必生成 540 字段。

2.2 题名中的标点符号被忽略删除

《中国文献编目规则（第二版）》规定：正题名原则上按照规定信息源所载题名著录，对于有语法关系的标点符号、空格也应照录[3]。笔者认同，题名中的标点符号及特殊符号均为题名的重要组成部分，对题名完整意义的表达不可或缺[4]。尤其是一些标点符号在题名中表示特指的情况，如果去掉标点，另在 540 字段增加检索点，在检索途径上看似为读者多开辟了一条道路，防止漏检，但标点符号在题名中所表达或象征、隐喻文献内容的作用被大大削弱了，所生成的检索点也往往是不通顺的、存在语病。

例：2001#$a "四八"被难烈士纪念册

5401#$a 四八被难烈士纪念册

"四八"在题名中是具有特殊含义的词语，1946 年 4 月 8 日，王若飞、秦邦宪、叶挺等搭飞机从重庆回延安，途中失事，文献内容是关于死难烈士的传略及各界为他们所写的悼文、纪念文的合集。通过此例可知，为了拓宽检索路径，采用去除题名中的标点符号的做法是欠妥当的。为了不漏检错检，笔者认为应从软件设计入手，增强书目检索功能，使题名中的任何符号在进行检索时都可以忽略不计，既不影响检索效果，又能实现题名中标点符号著录的规范统一。

2.3 著录内容与正题名重复

所谓冗余著录是指书目数据著录过程中，对著录内容进行重复或无意义的揭示，从而导致字段冗余现象[5]。尤其是 540 字段著录，由于此字段记入的内容不是题名信息源上出现的，编目人员对文献著录规则和所编文献的理解存在偏差，导致在著录时随意性较大，内容冗余变成了普遍现象。

例：2001#$a 民训总队精神讲话汇编

5401#$a 民训总队精神讲话汇编

举例中编目员补充的附加题名与正题名完全相同，笔者认为此种著录方法的不妥之处在以下两方面。首先，从字段内容注释上看，540 字段记入的一定是文献上未出现的，当 540 字段著录内容与正题名相同时，就代表 540 字段是依据题名信息源客观著录，这与 540 字段内容注释不符。其次，从检索角度看，设置其他题名检索字段的目的是为了生成不同于正题名的检索点，方便读者检索利用，如果凭空生成和正题名一样的检索内容，重复的检索点不存在任何意义，只会使书目数据复杂化。因此，应删除例子中的 540 字段。

2.4 与 517 字段作用混淆

由于 540 字段定义比较宽泛，编目员使用该字段自主性较强，导致在编目过程中对字段使用把握不准确，造成和 517 字段混淆，这种情况并不少见。

例：2001#$a 少年航空兵 $e 祖国梦游记

5401#$a 祖国梦游记

《新版中国机读目录格式使用手册》（以下简称《手册》）对 517 字段的定义为：本字段包含除 510—516 字段以外的其他不同题名，如装订题名、半题名、书套题名、函套题名、部分题名、从属题名等[1]。也就是说 517 字段著录的是与正题名不同的、具有检索意义的，且文献题名信息源出现的、510—516 字段定义内容所不能表达的其他题名。从题名作用和表达内容来看，与 540 字段颇为相似，区别两个字段最重要的一点是，540 字段著录的内容不是文献上直接出现的，而 517 字段是依据规定信息源客观著录的。该例中的不妥之处在于将 540 与 517 字段适用情况混淆，正确的做法应是删除 540 字段，并将 200$e 的内容著录在 517 字段。

2.5 著录字段缺乏检索意义

《手册》对 5×× 相关题名字段的内容注释为：5×× 块中的题名，用于生成除 200$a 子字段中的题名以外的题名和著者 / 题名检索点[1]。由此可知，编目员所生成的 540 字段，也应具有题名检索意义。所谓有检索意义具体是指，语义完整能够独立构成书名或与图书内容相符并能够准确揭示图书内容或补充正题名[6]。也就是说，如果编目员著录的补充题名不具有检索意义，那么这个补充题名是没有著录必要性的。

例：2001#$a 大东书局图书目录

5401#$a 图书目录

《大东书局图书目录》取自规定信息源，且信息完整，"大东书局"作为题名中的主语，是不可被省略的。然而，编目员补充题名"图书目录"因成分（主语）缺失致使句子变得不完整，也就失去了检索意义，因此在编目时无须生成 540 字段。

3 540 字段著录的思考与建议

虽然 540 字段相对于其他题名附注字段使用频率较低，但在下列情况中，540 字段有其不可替代的作用。

3.1 题名中使用异体字、借音字

异体字是指在民国时期文献题名中所使用的汉字，与现代规范行文使用的汉字字音和字义都相同，但字形不同的一组汉字。这种情况在民国时期的图书中比比皆是，如"画"和"划"、"底"和"的"、"弟"和"第"等。1955 年 12 月公布的《第一批异体字整理表》将 1055 个异体字淘汰，此后该表又经过多次修订。如今，除几种特殊场合外，异体字不再作为规范汉字使用，读者用字习惯较民国时期已然不同，文献检索结果也会大不相同。有鉴于此，对于题名中出现异体字的情况应按现代行文用字习惯著录 540 字段，生成检索点。

例 1：2001#$a 普通教育计画

5401#$a 普通教育计划

例 2：2001#$a 福建省临时参议会弟五次大会汇编

5401#$a 福建省临时参议会第五次大会汇编

借音字是指字音、字意相同或相近，但随着汉字使用不断规范，适用情况发生了变化的汉字。例如，在一些民国时期文献中，题名所用字、词无误，如题名中包含"豫算"的，词义和"预算"相近，两个词语均是标准的汉语词汇，都有国家机关、团体和事业单位等对于未来的一定时期内的收入和支出的计划的释义，在《现代汉语词典（第5 版）》中，有"豫"通"预"的解释，但著录"预算"更符合读者检索和使用习惯。笔者认为此种情况通过添加 540 字段增加检索点是极为必要的。

例：2001#$a 民国二十二年度湖北省教育文化费岁出分类豫算书

5401#$a 民国二十二年度湖北省教育文化费岁出分类预算书

3.2 题名中出现数字的中文代用词和大写

在民国时期图书的题名中，纪年使用频率最高的数字代用词就是"廿"和"卅"，分别是"二十"和"三十"的意思。新中国成立后，随着汉语的发展和阿拉伯数字的推广，"廿"和"卅"在题名中已经很少被使用。汉语词汇中，用于记数的中文数词都有对应的大写，如"一"的大写形式为"壹"，用于票据或账目等。民国时期图书的题名中出现数字代用词和数词的大写形式，都应变换成现代汉语常用数词，著录在 540 字段增加检索点。

例 1：2001#$a 广西省地方行政干部卅一年度训练计划纲要

5401#$a 广西省地方行政干部三十一年度训练计划纲要

例 2：2001#$a 行政院第肆拾贰次会议任免事项附件

5401#$a 行政院第四十二次会议任免事项附件

3.3 正题名中的人名翻译不规范

以国际共产主义奠基人马克思（Karl Marx）为例，早期的中译名并不统一，不同的译著文章中，马克思的中文译名有近20种，包括马克斯、马格斯、马克司等[7]。随着马克思主义在中国的传播发展，"马克思"这个中译名由于和原文发音相近，具有简单明了、读写方便的天然优势[7]，最终被广泛使用并逐渐确定下来。民国时期图书的题名中出现的关于马克思的其他中文译名，需要在540字段中更正为"马克思"。

例：2001#$a 马克斯主义经济论初步问答

　　5401#$a 马克思主义经济论初步问答

3.4 规定信息源题名不完整

题名是用简洁的语言对文献内容主题进行高度概括，其作用相当于人的脸，是文献最独特的标识。因此，题名往往是读者文献检索最直接、最重要的途径。但部分民国时期的图书题名著录信息源并不规范完整，尤见于中央或地方政府和特别机关内部发行出版物、地方团体组织机构内部资料等。编目时，编目员需对题名信息不完整的文献使用540字段，使文献主题被揭示得更加全面，这样既符合题名字段客观著录的编目规则，又可以提高文献的检索和使用效率。

例：2001#$a 三十五年度工作报告

　　5401#$a 东北物资调节委员会三十五年度工作报告

3.5 题名用词错误

由于民国时期文献的书写、行文用字习惯和印刷条件限制，题名中时常出现错字或词形错误。如"教育长关第二次校阅本校西安督训处教育总讲评"，在现代汉语读音释义中，"长关 cháng guān"有长的门闩和广布的哨卡两个解释，题名所要表达大意极为不畅，更是与文献内容相去甚远，此处应用词为"长官 zhǎng guān"，意指行政单位或军队的高级官吏。又如"逝世"，是死亡的委婉说法，指离开人世，但现代汉语词语并无"世逝"的用法。

例1：2001#$a 教育长关第二次校阅本校西安督训处教育总讲评

　　　5401#$a 教育长官第二次校阅本校西安督训处教育总讲评

例2：2001#$a 孙中山先生世逝二周纪念宣传大纲

　　　5401#$a 孙中山先生逝世二周纪念宣传大纲

3.6 题名中字词另有他意

在《驻京城总领事馆报告》这部专著中，题名中虽有"京城"二字，但并非首都的代称，其讲述的是民国时期中朝关系的史料，结合文献出版时间（1932年），正值日本统治朝鲜半岛时期，此时朝鲜总督府所在地称为京城府，因此题名中所指应为朝鲜日治时期首府名。此处通过著录540字段增加检索点，充分展现了540字段在揭示文献主题方面的灵活性。

例：2001#$a 驻京城总领事馆报告

5401#$a 驻朝鲜总领事馆报告

3.7　进一步规范的中文翻译题名

民国时期出版图书，翻译作品所占比重较大，不同的译者有不同的翻译风格，对原题名的文字表达有很大差别。以美国现代著名女作家玛格丽特·米切尔（Margaret Mitchell）所著的 Gone with the Wind 的各种中译作品为例，1940 年傅东华先生首次将该书译介到中国，此后译本众多，题名大多被翻译为《飘》和《乱世佳人》，少量译者有不同翻译，如郑安娜将题名译为《风流云散》。就文献检索而言，读者通常依据自己所见所知的题名进行检索，对那些不被熟知的中译题名，很难被检索到。《飘》作为规范的统一题名著录在 500 字段，运用 540 字段对《乱世佳人》增加检索点，进一步扩大文献检索范围，对于读者来说是更方便、更符合文献利用需求的。

例：2001#$a 风流云散 $d Gone with the Wind

50010$a 飘

5101#$a Gone with the Wind

5401#$a 乱世佳人

近年来，建设中国特色社会主义先进文化的国情需求以及中华优秀传统文化的逐渐发扬光大，促使学术界对民国时期的研究范围不断加深[8]，许多研究团体和个人对民国时期文献的需求与日俱增。正确著录 540 字段，能使书目数据趋于标准和规范，更是为了方便读者对文献的检索及利用。作为一名合格的编目员，在实际编目工作中，不应忽视 540 字段对于文献检索起到的积极意义，必须长期坚持编目业务学习，进而提高书目数据的制作水平。

参考文献

［1］国家图书馆.新版中国机读目录格式使用手册［M］.北京：北京图书馆出版社，2004：328.

［2］梁伟.试析 540 字段的作用［J］.国家图书馆学刊，2006（1）：63-64.

［3］国家图书馆《中国文献编目规则》修订组.中国文献编目规则［M］.2 版.北京：北京图书馆出版社，2005：8.

［4］周艳君.题名中标点符号及特殊符号著录方法探讨［J］.黑龙江史志，2014（3）：179-180.

［5］辛苗.CNMARC 中字段的冗余著录分析［J］.河南图书馆学刊，2018（10）：103-105.

［6］辛苗.517 字段著录再分析［J］.图书馆杂志，2016（3）：51-54，94.

［7］郝文清.马克思中译名考［J］.中共中央党校学报，2010（6）：108-110.

［8］曹瑞琴，杨丽兵.民国文献现状及其开发利用［J］.中国民族博览，2020（8）：242-244.

浅谈图书馆视频监控安全管理

张珊珊（保卫处）

1 视频监控使用管理的意义和现状

近年来，在科技发展、技术进步的推动下，视频监控点位造价不断下降，清晰度不断提升；电子计算机的普遍应用，各种智能概念的提出，需要依靠视频监控系统获得的信息量日益增多。为了满足日益增长的公共安全需求，视频监控系统被大量应用到社会管理的各个领域，在维护公共场所秩序、预防违法犯罪、追踪犯罪线索、加强综合治理、处理突发事件等方面起到了相当大的作用。据统计数据显示，我国已建成世界上最大规模的视频监控网[1]，除了由公安、交通等方面的国家机构安装管理的摄像头以外，各大企事业单位也有相当大数量的摄像头。但同时，由于现在网络的发达，信息传播迅速，视频监控资料一旦泄露，将会侵犯当事人的利益，引发更多人的关注，如果被有心人利用，将会造成不良影响，如果是公安机关办案的视频泄露，则会对案件的侦破不利。国家图书馆是公共开放单位，每天要接待大量的读者，稍不注意的任何风吹草动都会引发社会各界的关注，产生不利的舆情。

图书馆安装监控的初始意义在于应对公共开放服务单位犯罪事件的发生，或者作为建筑设计不可缺少的一部分[2]。但摄像头是一把双刃剑，它在能够记录信息的同时监控人们的个人行为。前者是为社会提供方便，铸就平安的利器而后者可能会被人利用对他人造成伤害，成为侵犯个人隐私的工具。2022年央视的"315"晚会现场曝光了大量智能手表摄像头存在安全隐患，被不法分子利用窃取个人隐私信息的事件。每年无数个网络黑客窃取信息作为不法用途的案例让人感到触目惊心。因此在使用的同时做好监控视频的安全管理工作也是至关重要的。

2 国家图书馆的视频监控情况和管理

2.1 馆内的视频监控情况

国家图书馆总馆分为南区和北区两部分，全馆范围内分布有1600多个监控摄像头，总馆北区2008年落成开始投入使用，采用的是传统的模拟监控摄像头，总馆南区分别在2015年和2016年，分两年时间将周边监控设备更换为高清红外监控摄像头。但是电子产品更迭速度太快，监控摄像头的更新换代预计在3—5年，其中包括日常损坏和科技换代。虽然安防设备的升级改造一直在进行，但想要始终保持领先的技术在实际操作中很困难，获取的影像质量不稳定，监控范围不能达到 100% 等成为图书馆必须要面对的现实问题。同时，图书馆的主动监控水平非常有限，摄像头和顾客的数量远远超过了一两个值班保安人员监控一切的能力，监控的屏幕只能显示一些重点部位，不能够全面显示所有监控区域的实时状况。因此，摄像头其实在很大程度上是一种历史记录，可以在检测到某些东西后使用，这就需要对监控进行调取。

2.2 日常使用管理情况

保卫处中控室对馆内的视频监控系统日常运行和使用进行管理，各部门应按需求提出申请并通过流程审批同意后方可查看。中控室配合调取查看并保障监控信息安全。加强调取的流程管理和对视频资料的严密保管谨防泄露是最重要的工作。监控视频的泄露大致分两种情况，一是由于一些不法分子如黑客等通过计算机网络技术的应用对信息进行窃取，另外就是由于管理的不善，在调取的过程中造成信息泄露。国家图书馆众多的监控摄像头，很大一部分就安装在读者活动的公共区域，如何管理好这些摄像头产生的监控信息，不发生视频监控录像泄露这样的恶劣事件，是我们一定要认真应对的实际工作。因为国家图书馆的视频监控系统并未连接外部网络，经过梳理风险点，我们认为，只要在使用中做好对涉及视频监控系统实体的人或事的管理，就可有效保证视频监控信息的安全。涉及的人主要包括设备使用人员〔视频监控系统的日常值守人员（值守人员）、视频监控系统的管理操作人员（操作人员）〕、信息需求人员〔单位保卫部门人员（安保人员）、有办案需求的公安人员（执法人员）、本单位内部职工（内部人员）、来馆办事的人员如读者（外部人员）〕；涉及事项包括现场回溯查看和要求提供录像两类。所以国家图书馆根据实际情况对本单位视频监控系统的使用设立了分级授权、分类管理、分工合作、操作留痕的管理思路，建立了视频监控管理规章制度、规范使用流程、明确权利责任。

2.2.1 建立规章制度

（1）国家图书馆根据《北京市公共安全图像信息系统管理办法》制定了《国家图书馆视频监控管理规定》（以下简称《管理规定》）。《管理规定》规定了查阅监控信息的具体流程、查阅过程中要遵守的规定、违反带来的后果等情况，以达到保护公民及单位的合法权益，维护良好的公共秩序的目的。

（2）设计编制了"国家图书馆视频监控信息调阅申请表"（以下简称"申请表"）。《申请表》主要分三个部分：

需求人员填写内容：包括需求人员的基本情况，如姓名、工作单位、联系方式；需求人员的具体需求，如申请事由、查阅回看涉及的部位和时间段等项目。并特别设计了承诺遵守《国家图书馆视频监控管理规定》的亲笔签名项目。

审批流程：记录申请人（主要针对内部人员）直属部门领导和保卫部门领导同意查阅视频监控信息的签批。

操作人员填写内容：包含保卫部门直接经办人员（安保人员）的签名和操作人员本

次操作的具体内容，如摄像头编号、回溯的时间段等内容。

（3）设计编制《视频监控信息复制登记表》（简称《登记表》）。主要记录对外提供监控录像的具体情况和流向，包括涉及摄像机编号及对应录像内容的起止时间、录像文件的数据量大小、录像文件的去向和具体的交接人员等内容。

2.2.2 规范使用流程

（1）对设备使用人员分级授权管理，使用密码控制不同权限

值守人员值守视频监控系统的日常运行，可调看摄像机实时监控画面，保障系统的有效运行，不能查阅监控录像，更不能有从系统中导出监控录像的权限。操作人员掌握管理权限，可以查阅监控录像，并拥有从系统中导出监控录像的权限。

（2）根据需求事项分类管理，慎重提供监控录像

内部人员向保卫部门提出查阅监控录像的需求后，由本人填写"申请表"，"申请表"需提交本部处主要负责人签字同意后，提交保卫处领导审批，双方领导均审批完毕后，由安保人员陪同到中控室（视频监控系统终端所在地）查看。外部人员一般不予提供监控录像的查阅，确有必要的，可由安保人员代为查阅，再将结果告知。对坚持要亲自查阅的，一般建议其报警，然后再配合警方的需求进行后续安排。执法人员要求查阅监控录像时，按照国家相关规定应当予以配合的要积极配合。监控录像仅提供给执法人员，但也应要求其执行相关的手续和提供必要的证明文件。

（3）操作过程中分工合作，控制风险范围

安保人员负责接待查阅录像需求和指导检查"申请表"的填写审批，以及在申请人完成本部处领导审批后代其向保卫处领导提交审批。在查阅过程中安保人员负责监管申请人对《管理规定》的遵守情况，在查阅结束后及时带领申请人离开，严格遵守除接待查阅录像的时间范围内，其他时间不以任何方式接触视频监控系统。操作人员负责按照"申请表"的需求内容，查阅涉及的摄像头，一般不得超范围查阅。

2.2.3 明确责任权限，搭建必要的保护机制

在对值守人员进行日常保密教育和与劳务公司签署派遣合同时，要明确规定责任权限、反复提醒，制定不得私自查阅翻拍监控录像、私自传播监控录像的规定，确立处罚措施，从经济处罚、法律追究等后果上消除违规操作的动力。安保人员在指导视频监控信息需求人员填写"申请表"（"申请表"和《管理规定》分正反面一体打印）的同时，应要求其首先阅读《管理规定》，告知应遵守的规定和发生翻拍等行为将面临追究的后果，并请信息需求人员亲笔签名确认，减少因不明确要求规定而发生的纠纷。操作人员应长期妥善保存"申请表"和"登记表"及执法部门提供的相关文件，并将对外提供的录像进行备份保存。以免对为什么提供和提供了哪些内容解释不清，预防对录像文件编辑曲解的情况发生。在视频监控查阅场所设立操作监控摄像头，既能记录设备使用人员日常的使用行为，避免其违规操作的发生，也能起到规范信息需求人的行为，减少其未经授权翻拍行为的发生。

但是在日常工作中我们也遇到过这些情况：有些人认为查阅流程过于复杂，对履行流程不满意；认为是对自己的行为进行翻拍翻录，不侵犯他人权益，被制止拍录不满

意；认为监控录像效果不清晰，对非高清化不满意；认为不能远程查阅下载监控录像，对未网络化不满意；等等。

3 近年来视频监控系统使用中的一些实际问题

3.1 缺少专门针对视频监控的法律法规

以当前视频监控建设的普及程度、视频监控信息承载的信息量而言，社会上各单位对视频监控系统的应用和监控的信息管理还没有足够的重视和良好的管理体系，且视频监控缺乏国家层面的法律支撑。截止到 2019 年，已有 20 个省级地方技防管理法规、12 个省级地方视频信息管理法规[3]出台，但均属地方性法规，规范层级较低，且大多为基础性规定，规则条款不够详细，未对视频监控信息的存储方法、存储期限、查阅流程等实际内容进行明确规定。国家层面上，虽然 2021 年开始执行的《中华人民共和国民法典》[4]第 111 条提到"自然人的个人信息受法律保护"。第 1037 条提到"自然人可以依法向信息处理者查阅或者复制其个人信息"。第 1038 条对信息处理者也有约定，"信息处理者应当采取技术措施和其他必要措施，确保其收集、存储的个人信息安全"。第 1039 条提到"国家机关、承担行政职能的法定机构及其工作人员对于履行职责过程中知悉的自然人的隐私和个人信息，应当予以保密，不得泄露或者向他人非法提供"。这些法律条文都对自然人的个人信息保护、查询等行为进行了依法规定，但也是以隐私保护为出发点，对公共视频监控的日常使用只有指导意义，涉及具体的实际操作还需细化。所以公安部起草的《公共安全视频图像信息系统管理条例》已于 2018 年列入国务院立法工作计划，但尚未通过执行，形成"立法滞后于实践、理论滞后于实践"的现象[5]，造成对视频监控系统的管理与使用"有法可依"，但缺乏"法定"使用流程的局面。同时，对公共视频监控管理监督专门机构的缺乏，也导致各社会单位加强视频监控管理工作的动力不足。

3.2 视频监控信息的安全风险日益严重

在视频监控系统高清化、智能化技术迅速发展的今天，国家大力推动智慧社区的发展和支持大数据的广泛应用，人们通过视频监控信息分析所能获取的个人信息越来越多，视频监控信息的价值越来越大。公共安全视频图像信息系统在前端采集、网络传输、后端平台处理等环节存在的网络安全风险日益凸显，给国家信息安全带来隐患[6]。同时，"有问题查监控"已经成为公民自我保护意识的体现方式之一，小到一纸、一笔、一根充电线，大到手机、相机、笔记本电脑，从馆区汽车剐蹭划痕确认到谁拿了读者在阅览室占座的个人物品。高频次的查阅需求、繁杂的查询类型，既要尽可能地满足申请人的需求、尽快解决申请人的实际问题，又要尽量减少视频查询操作的次数、防范查询过程中发生的违规行为，这就要求内部安保人员和具体操作人员有着更高的职业素养和责任心。

综前所述，我们必须面对一个事实，那就是不管法律支撑是否滞后、不管安全风险是否严峻，视频监控系统正迅速成为图书馆可用的最重要和最经济的安全工具之一，每个人都将成为视频监控系统的摄录对象，亦有可能成为公共场所监控录像泄露导致的受害者。纵观近些年的视频监控泄露事件，或为内部人员利用职权便利私自翻拍、私自传播；或为在查阅监控信息过程中，由于监管不力，申请人在未经授权下使用手机进行偷录后，出于利己目的的截取片段传播。在实际使用中，建立一套行之有效的管理制度与操作流程，并认真地去落实执行，依然是我们管理好视频监控系统的首要工作。

参考文献

［1］电视纪录片《辉煌中国》：第五集 共享小康［EB/OL］.［2022-03-12］. https：//tv.cctv.com/2017/09/24/VIDEmOxCbrJrzUjHgsA2jIPv170924.shtml.

［2］RANDALL D P，NEWELL B C.The panoptic librarian：the role of video surveillance in the modern public library［C］//2014 Iconference，2014：508-521.

［3］王秀哲.公共安全视频监控地方立法中的个人信息保护研究［J］.东北师大学报（哲学社会科学版），2019（5）：57-68.

［4］中华人民共和国民法典［EB/OL］.［2022-03-12］. http：//www.npc.gov.cn/npc/c30834/202006/75ba6483b8344591abd07917e1d25cc8.shtml.

［5］刘建军.论公共场所图像监视与公民权利保护——一个框架性说明［J］.政法论丛，2011（1）：90-94.

［6］《公共安全视频图像信息系统管理条例》被列入国务院2018年立法工作计划［J］.中国安全防范技术与应用，2018（2）：72-73.

浅谈智慧图书馆环境下服务新模式

宁　雪（数字资源部）

大数据、云计算、人工智能等新技术的蓬勃发展，不仅推动了各行各业的发展，也加速了社会生态的演变。因人工智能、物联网技术的出现和演变，智慧城市、智慧国家、智慧社会等概念应运而生。在此发展趋势下，公共文化服务的重点也逐渐向智慧化服务倾斜。作为阵地服务的图书馆，目前已经完成数字化图书馆转型并逐步完善，下一步将以现代智能科学技术为驱动，业界联动共同打造建设智慧图书馆体系，由此开启图书馆智慧化的新局面。

1　图书馆向智慧图书馆转型

1.1　从数字图书馆到智慧图书馆

图书馆历经物理图书馆到复合图书馆再到数字图书馆，如今智能技术驱动着数字图书馆向图书馆 4.0 时代发展，这便是智慧图书馆。数字图书馆的出现是依托于计算机的普及以及计算机技术的发展，我国自开展数字图书馆建设以来，便进入高速发展的阶段，尤其经过"十二五""十三五"时期的发展，数字图书馆不断完善政策，在系统平台、服务能力、资源整合揭示等方面有了明显的提升。

党的十九大报告首次提出"智慧社会"战略，图书馆作为社会体系中知识服务和智力支持的重要组成部分，将以"智慧图书馆"的身份支撑"智慧社会"的知识服务。"十四五"时期，我国公共图书馆事业进入多元化文化整合、转换增长动力的关键阶段，在此背景下，智慧图书馆建设的重要性日益突出，也已成为学界的共识[1]。

《关于推动公共文化服务高质量发展的意见》《"十四五"文化和旅游发展规划》等政策文件中分别提到的"加强智慧图书馆体系建设""统筹推进智慧图书馆建设"等方针政策，为开展智慧图书馆建设提供了政策依据。随着科学技术更新换代，大数据、互联网＋、人工智能等新技术在推动新行业产生的同时，也驱动着传统行业的优化和升级换代，当然也在潜移默化中改变着人们的生活方式。读者获取知识服务的方式因时代发展发生了巨大的改变，因此图书馆要顺势而为，做出多维度的升级和转变，将新技术作为图书馆转型的驱动力和生产力，创新服务新思路，全面驱使图书馆向智慧化、智能化转型。智慧图书馆高度的智能化、自动化与数字图书馆相结合，重新构建图书馆服务的新模式。国家图书馆提出建设"全国智慧图书馆体系"，标志着图书馆智慧化进入实施阶段。

1.2 智慧图书馆定义

在 2003 年的人机交互移动设备国际研讨会（International Symposium on Human Computer Interaction with Mobile Devices）上，芬兰奥卢大学图书馆的 M. Aittola、T. Ryhanen 和 T. Ojala 在《智慧图书馆：基于位置感知的移动图书馆服务》中，首次提到"智慧图书馆"（Smart Library），并称其为脱离空间限制并被感知的移动图书馆[2]。自此在全球范围内引发了智慧图书馆研究的新浪潮。

作为图书馆发展的必然趋势，业界对于智慧图书馆定义和特点的研究从未停止，不过目前来看，对于"智慧图书馆"的概念并没有明确、统一的标准，业界许多专家学者对此也给出了不同的定义。董晓霞等认为智慧图书馆应该是感知智慧化和数字图书馆服务智慧化的综合[3]；李显志、邵波[4]认为智慧图书馆是在先进的智能技术推动下实现馆员和用户协同感知与创新的高于数字图书馆的未来图书馆发展模式，是集技术、资源、服务、馆员和用户于一身的智慧协同体。尽管业界专家学者对智慧图书馆的定义众说纷纭，但毋庸置疑的是，智慧图书馆是对图书馆的重新定位，并赋予了图书馆新的形态，也是图书馆未来发展的主导模式。

2 智慧图书馆背景下的"智慧服务"

在我国公共图书馆高速发展的今天，回顾其发展历程，更加明确大众服务是公共图书馆的永恒使命[5]。从服务的角度出发，智慧图书馆即可以提供智慧服务的图书馆。因此智慧图书馆的建设过程中，应以用户需求为重点，重视读者体验，开启图书馆"智慧服务"新模式。

2.1 智慧服务是必然趋势

新冠肺炎疫情的暴发，给图书馆造成了很大的冲击。各图书馆反应迅速，本着"服务不打烊"原则，依托本馆现有平台和资源优势，为读者提供各类知识服务，但是在现有服务模式下开展的特殊时期的读者服务略显单一，无法全面满足读者的需求。通过这次重大事件的冲击，我们不难发现，社会格局和生活方式的些许改变都对图书馆提出全新的、更高的要求，现有服务模式虽然较为成熟但还有一定的局限性。如果在服务模式上有所突破，积极探索智慧图书馆服务新模式，开展智慧服务研究并加以实施，充分发挥图书馆行业优势，深度挖掘读者和图书馆之间的关联，就能更好地满足读者日常需求以及因重大事件发生而改变的新需求。因而我们不难得出结论，智慧服务是图书馆发展的必然趋势，这种服务新模式的构建也迫在眉睫。

2.2 虚拟的服务空间

智慧图书馆在服务空间上有着明显的优势。在当代图书馆服务模式下，到馆服务依然占有主导地位，而智慧图书馆可通过技术手段构建虚实结合的智慧感知空间，实现馆与馆、人与人、人与书、书与书之间的关联，极大拓展了图书馆的服务空间，用户在哪里，图书馆就在哪里[6]。服务场所的泛在化可以让用户随时随地都能获取图书馆的知识服务。

利用虚拟现实、增强现实和全息投影等技术手段，打破图书馆空间壁垒，不依托于物理馆舍，实现虚拟化的服务空间。虚拟化的服务空间，可以让读者足不出户，利用手中的智能终端，沉浸式享受图书馆视觉、听觉甚至触觉的服务。虚拟现实技术可以应用在艺术、文化等多个领域，使其呈现方式更加丰富。文化生产领域对虚拟现实技术加以利用，通过虚拟世界的呈现，来实现现实中无法呈现的效果。国家图书馆勇于尝试虚拟现实技术在图书馆创新服务中的应用，2016年推出"VR诵经典"虚拟现实服务项目，以中国传统文化为背景，应用虚拟现实技术给读者带来沉浸式阅读创新体验。2017年至2021年，国家图书馆联合全国数百家图书馆连续四年在春节期间共同推出VR贺新春数字文化虚拟现实体验活动。在这些活动引导下，全国图书馆也在近几年中陆续推出各具特色的虚拟现实服务，很大程度上推动了智慧服务的发展。

增强现实技术是虚拟现实技术的进阶，使用户通过智能设备在虚拟与现实之间自然互动，通过人机交互实现自身感知与体验，丰富了真实环境中的信息内容，为人们提供更为完善的信息体验。国家数字图书馆利用AR技术，给读者提供了非常便捷、有趣的体验。读者使用手机，打开手机应用程序扫描书签背后的二维码，就可以进入中华医药典籍资源库。这种超越现实的感官体验让读者对传统文化有了沉浸式的感受，激发读者对于传统文化的兴趣。

各式全息投影技术也可以应用在智慧图书馆的文化展示方面，利用全息投影搭建虚拟场馆，营造一个虚拟化的空间场景，由受众参与其中，实现对文化场馆和旅游场所的全方位漫游。

2.3 多元化服务

智慧服务的优势还体现在用户获取知识内容服务的多元化。通过科技手段和智能平台，图书馆与用户智能终端互联，从而使智慧服务内容更加精准。以读者需求为基础，借助各种感应设备互联，收集读者的情境数据信息，自动将读者的情境数据进行分析；考虑读者的兴趣、浏览记录等信息，向读者推荐最适合其情境的资源或者服务[7]。通过深层挖掘并分析整合用户需求，使服务内容更加精准，针对不同的用户群体、不同的情境提供精准的个性化服务，通过高效、高精准度的资源或服务推送，提高图书馆服务内容的精准度和可靠性。智慧图书馆精准的服务内容也可以通过知识组织关联、数据挖掘等路径实现。将多种类型的资源多维度信息做标签化处理，通过标签关联和语义化转换，通过类聚、融合重组等，实现资源的多维活态化揭示和统一检索。以多维化、立体化、动态化的资源模式，建立文化知识系统，形成完整的知识脉络结构，为读者提供各种智能化的知识服务内容。

网络信息技术在图书馆发展中的应用，为资源定位、推送、定制和管理等服务的智能化创造了条件，而高度智能化的智慧图书馆可以多渠道为读者提供更加精准、高效和个性化服务。物联网（Internet of things）是"信息化"时代的重要发展阶段，因其具有全面感知、可靠传输、智能处理等优势，许多单位将其作为预防性保护贵重藏品、对藏品环境进行实时监管的重要技术手段之一。RFID 标签，即融合了无线射频技术和嵌入式技术为一体的综合技术，在自动识别、物品物流管理有着广阔的应用前景，将 RFID 技术运用于借还书及上架等传统图书馆业务，可简化业务流程。智能代理技术可以脱离人工干预运用在咨询服务，清华大学图书馆的智能机器人"小图"便是利用这一技术的成果，智能机器人借助智能终端，接受用户指令为其提供服务，这种服务手段为图书馆服务的智能化打开了新思路。图书馆通过大数据技术手段，挖掘用户信息，分析用户需求，可以提供深层次的知识服务，并拓宽读者获得信息或服务的渠道。

3 智慧服务的实现途径

智慧服务的实现，需要多个途径目标一致，通过搭建智慧平台、培养智慧馆员等多种行之有效的保障手段，多方形成合力，而不是让智慧服务只停留在概念的层面。

3.1 以智慧平台为支撑

3.1.1 智慧平台的发展方向

在新技术飞速发展的今天，智慧图书馆理念的提出又推动图书馆服务平台向智能化发展，即智慧平台。依托智慧平台的搭建和不断升级，图书馆得以开展以用户为中心、以知识组织为导向的智慧服务。从智慧服务的角度出发，智慧平台并不特指某个集成平台，而是一个大而泛的概念，建设理念也不再秉承建设集资源、管理和服务三位一体综合平台的思路，而是向去中心化发展，可通过增加多元化、多层面的模块设计来实现平台的智能化服务和扁平化管理。

目前数字图书馆的部分读者服务依托于现有门户网站，基于智慧服务的特点，门户网站将进一步向平台化发展，各类智慧平台的开发建设将赋予智慧服务更多的附加价值。图书馆探索新技术在智慧平台上的应用，为读者提供更加智能、便捷、优质的知识服务，开展数据共享模式的研究，以实现对资源的多元化获取，跨行业、跨区域地共同管理和利用，打破平台服务壁垒困境，带动智慧图书馆建设模式和机制取得质的飞跃。

3.1.2 智慧平台案例

国家图书馆在开发智慧平台的研究中从未停止脚步，积极探索将区块链、人工智能、机器学习等前沿技术和新型智慧图书馆的发展思路和建设理念相结合，自主开发的"中国战疫记忆库"是智慧平台在图书馆界的落地实践应用项目。

中国战"疫"记忆库智慧平台实现了区块链技术在图书馆数字资源版权管理领域的应用，完成了作品版权的迅速确权、版权的智能捐赠交易以及版权信息的安全高效管理，进而实现和确保知识产权的明晰和无瑕疵。平台以版权存证与版权捐赠为核心功能，利用数字 DNA 算法为作品提供原创性证明，为用户提供多种类型资源的版权信息登记服务；通过智能合约技术实现认证作品版权捐赠，支持用户自主进行版权捐赠和权利流转；基于链上数据的可追溯性和不可篡改性保障版权信息的安全可靠，同时对海量版权信息数据进行高效管理；为文化机构及相关权利人提供版权信息的存证、查询和检索，为特定对象提供数据统计服务和权利交易服务，打通权利人和图书馆之间、全国各级图书馆之间版权信息的通道。截至目前共有多家单位及个人的上万件作品的资源区块链"上链"管理，还有部分地方图书馆共同参与链上资源多元化建设。

中国战"疫"记忆库智慧平台实现了利用语义网和机器学习技术在知识组织领域的应用，基于知识本体为整个项目的语义融合、知识构建和知识共享提供依据，形成语义描述的知识地图和知识推理；将活态记忆资源、网络信息资源、词表概念融入现有馆藏体系并完成数字化、语义化转换，与人物、机构、事件等情境实体建立多维对象之间的关系。通过实践成功地实现将资源成果智慧化转型为一体融合的知识体系，将项目建设的资源从数字化升华为数据化和知识化、从封闭性升华为开放性和网络性。

中国战"疫"记忆库的资源建设、管理和服务都充分应用了智慧图书馆的发展思路和建设模式，探索了智能技术在图档博领域可复制的项目实践，加强了资源共享和整合，突出了知识建设和知识揭示。

3.2 以智慧馆员为核心

在智慧时代，信息技术的快速发展促进智慧图书馆应运而生，同时人们对更加智能、便捷、高效的多源信息的快速获取与捕捉的需求以及对更具针对性、个性化的沉浸式智慧化服务方式的需求日益强烈。而智慧图书馆的理念、资源、服务、技术的高质量转型发展是否能够取得成功，除了国家政策、资金等外部条件的制约外，最根本的因素在于智慧馆员的职业能力。馆员作为图书馆服务的重要元素，是图书馆与读者之间的沟通桥梁，对图书馆发展起着至关重要的作用，加速智慧图书馆的创新发展，智慧馆员便成为有效融合技术与图书馆业务功能的核心要素[8]。打造一支专业素质过硬、稳定高效的智慧馆员队伍对保持事业发展活力、推进技术和服务创新，促进图书馆事业持续高质量发展，不断满足人民文化生活需要具有重要意义。

智慧馆员除了需要具备图书馆专业基础知识外，还需顺应新型信息技术的快速发展，成为智慧资源建设者、智慧服务提供者，以及更加深层次的问题解决专家的跨学科复合型人才。因此智慧馆员的核心能力可以分为以下几个方面：

3.2.1 扎实的专业基础知识

智慧馆员需要全面熟悉图书情报学基础理论知识，掌握专业发展、信息组织与管理、信息检索与利用等专业基础知识，是图书馆员开展智慧服务的基础。同时，紧跟行业发展前沿，不断更新知识储备、提升专业技能，运用新兴技术不断创新资源采集与编目、参考咨询、阅读推广等传统业务模式。

3.2.2 熟练的新兴技术应用能力

智慧图书馆需要更多地采用新兴技术赋能传统业务提升，因此除了需要熟练掌握计算机软硬件、信息组织工具的使用等数字化时代馆员必备技能外，还需要进一步具备对大数据、5G、物联网、区块链等新技术的敏感性，快速掌握信息技术技能，强化数据分析挖掘能力、信息处理能力和智慧化服务能力。

3.2.3 较好的跨学科研究能力

智慧时代更需要多面复合型人才实现多领域知识的快速分析和挖掘，以满足读者在海量信息中的快速深度研究的需求。因此智慧馆员需要具备不断学习和研究的能力，具备一定的跨学科背景并综合运用图书馆数据处理与分析的基础知识，构建多学科学习与研究的知识体系，成为一专多能的专业人才。

3.2.4 较强的终身学习和创新实践能力

智慧时代，信息技术飞速发展，这就需要智慧馆员保持学习进取状态，紧跟行业和技术发展前沿，不断扩充知识储备，学习消化新知识、新技能并将其积极运用在智慧图书馆管理和服务中。同时，保持创新的姿态，不断激发创新潜力，在发现问题、解决问题的反复循环中，不断拓展智慧化管理与服务的深度与广度。

3.2.5 良好的职业素养

"智慧化"是图书馆顺应技术发展与用户需求的新的发展阶段，但究其根本，图书馆始终是为人们提供公益性服务的文化机构。因此图书馆员需要始终将用户的需求放在首位，始终保持以用户为中心的服务意识，积极进取、踏实肯干、具备高度的职业认同。

智慧图书馆尚在起步阶段，国内外诸多专家学者都致力于多维度智慧图书馆的研究，公共图书馆和高校图书馆均在不同方向开展实践，图书馆相关行业也在其相关领域做出不同的尝试。未来智慧图书馆体系的构建任重而道远，业界通过通力合作、不断尝试新技术，不拘泥于本行业，多渠道开展社会化合作，在图书馆领域创造更多可能性，才能推动智慧图书馆体系的逐步完善。

参考文献

[1] 邵波，许苗苗，王怡. 数据驱动视野下高校智慧图书馆建设及服务规划——兼论"十四五"时期智慧图书馆发展路径 [J]. 图书情报工作，2021（1）：41-46.

[2] AITTOLA M，RYHANEN T，OJALA T. Smart library：location-aware mobile library service [J]. International symposiumon human computerinteraction with mobile devices and services，2003（5）：411-415.

[3] 董晓霞，龚向阳，张若林，等. 智慧图书馆的定义、设计以及实现 [J]. 现代图书情报技术，2011（2）：76-80.

[4] 李显志，邵波. 国内智慧图书馆理论研究现状分析与对策 [J]. 图书馆杂志，2013（8）：12-17.

[5] 程焕文，马秀文. 大众服务：公共图书馆的永恒使命 [J]. 图书馆建设，2022（2）：17-24.

[6] 初景利，段美珍. 智慧图书馆与智慧服务 [J]. 图书馆建设，2018（4）：85-95.

[7] 曾子明，陈贝贝. 融合情境的智慧图书馆个性化服务研究 [J]. 理论研究，2016（2）：57-63.

[8] 丁鑫. 5G 技术背景下智慧馆员支持服务模式构建研究 [J]. 图书馆，2020（9）：46-51.

新中国成立初期（1949—1965）图书馆行业出版物分析与研究

唐宏伟（缩微文献部）

1949年10月1日，中华人民共和国成立。中国终于走出战争的阴霾，掀开了历史新的一页，图书馆事业也随之进入了新阶段。在学术界，对新中国成立初期这一阶段的划分还存在不同的看法。有一部分学者把1949—1956年，新中国成立后的前7年看作一个完整的历史时代。还有一部分学者把1949—1966年称为"新中国成立初期"，而这一阶段也有着较多的历史称呼，由最早的"'文革'前17年"，后简化为"17年"。"17年"通常指的是从1949年中华人民共和国成立到1966年"文化大革命"爆发前的17年[1]。这一时期，中国经历了由新民主主义社会向社会主义社会的过渡，并开始了社会主义的全面建设。

2017年10月，由时任国家图书馆馆长韩永进主编，国家图书馆出版社出版的《中国图书馆史》一书，把1949—1965年图书馆事业分为新中国成立初期的图书馆（1949—1956年）及新中国全面建设时期的图书馆（1957—1965年）两个阶段。笔者认为，对于新中国成立初期图书馆行业出版物的分析与研究，可在此阶段划分的基础上，再将1952年作为一个时间节点进行细分。即分为1949—1952年（新时代背景下图书馆事业转型期）、1953—1956年（图书馆事业加速发展期）、1957—1965年（图书馆事业全面建设，深入发展期）三个阶段。本文将以此三个阶段为框架，依托大量新中国成立初期图书馆相关出版物，系统梳理并研究新中国成立初期图书馆事业的特征及其基本经验，对处在转型中的当代图书馆事业具有启示意义。

1 1949—1952年国民经济逐步恢复，图书馆事业面临转型

新中国成立之初，图书馆有了新方向，新的图书馆从少数人手中解放，向广大群众开门，为群众服务。此阶段，图书馆业务急需充实与拓展以提高人民群众的政治觉悟和文化水平，同时也急需推广科学以促进生产。这一阶段出版了大量以图书馆整理、基础业务指导为主题的图书，也是最早一批对新时代图书馆的含义、任务、组织形式、业务流程等进行系统说明的图书。

1.1 各地图书馆整理、总结与清点工作的逐步开展

变革时代的到来，促使着图书馆工作理念转变成为人民、为读者服务，而整理总结

工作便是为读者服务的基础。当时郑振铎先生对图书馆工作有过一段整体评价："经过了一年的工作，我们已有了初步的成功。所有图书馆、博物馆的工作人员，都彻底的认识了自己的任务的重大，彻底消除了过去的不正确的观点和消极的、被动的态度，从而树立起了全心全意为人民大众服务的观念。"[2]

1.1.1 山东省立图书馆

山东省立图书馆在抗日战争前，虽然藏书较多，但只是为当时统治阶级服务的。日寇在占领期间，更利用它作为文化上奴化山东人民的一个工具。在国民党反动派接手之后，图书馆遭受到严重的破坏与损失。1948 年济南解放，在山东省人民政府的领导之下，全馆同志共同努力，对图书馆进行恢复、修理、改造。山东省立图书馆于 1950 年4月正式开馆，为人民服务[3]。在山东省文教厅的直接领导下，山东省立图书馆初步开展了业务工作，并根据工作需要制定了一部分办法、规章和制度，出版了《山东省立图书馆概况》一书。

1.1.2 东北区图书馆

1951 年，东北区公共图书馆工作会议在北京召开。会议由东北文化部主办，主要目的是解决图书馆业务的方针问题。当时，文化部是新中国成立后新建立的一个部，各种工作都在摸索中进行。东北经历了抗日战争、解放战争，完成了土地改革，开始了经济建设，东北区图书馆事业也因此有了比较好的成就，尤其在图书推广流动方面，图书馆员更是发挥了主动性，创造了新办法。基于这一情况，中央派各地图书馆参会学习工作经验，以向全国推广。《东北区公共图书馆工作会议纪念刊》记录了各参会代表的发言，该书总结：图书馆工作是一个文化的、思想的和政治的宣传教育工作，不是单纯的技术管理工作[4]。

1.2 以图书馆业务为基础的理论研究开始起步

新中国成立后，我国已逐步走上建设道路，图书馆为了配合中国人民政治协商会议制定的《共同纲领》第五章文化教育政策，有计划、有步骤地改革旧有的制度和方法，来适应新民主主义社会，因此出版了多本以业务为基础的图书馆理论研究图书。

1.2.1 《怎样办图书馆》

1951 年上海群众书店出版了由邵牧编写的《怎样办图书馆》一书，书中指出了当时图书馆事业发展的方向，向着"普及教育，加强中等教育和高等教育，注重技术教育，加强劳动从业者教育和在职干部教育"的方向努力，来服务人民大众。书中更提出，图书馆不但要使读者有学习机会，还要有改造读者的思想和责任[5]。

1.2.2 《图书馆基本工作简本》

浙江省立图书馆分别于 1950、1951 年出版了两版由图书馆学家金天游编著的《图书馆基本工作简本》。1950 年此书初版一经出版便很快售空，于是第二版（也称为初版的增订本）于 1951 年发行。虽然两版之间仅相隔一年，但在图书馆工作的内容和目标上都有不同，"新的图书馆工作，是一种革命政治工作，以图书作为武器，来完成革命的政治任务，让我们加强马列主义学习，提高业务知识和技能，为光辉辽阔的新社会文化建设前途而努力献身"[6]。

1.3 工、农、军图书馆（室）的创办

1.3.1 工会图书馆（室）

这一阶段，工会图书馆（室）的工作是具有高度思想性的，它通过图书向职工进行政治思想教育和文化、技术教育，使职工不断地提高思想觉悟，获得各种知识。

此时，我国的工会图书馆（室）事业刚刚起步，并无成熟的本土实践经验可以借鉴。因此，1951年中国工人出版社和上海时代出版社分别出版了由庄途和林秀翻译的两版《工会图书馆的群众工作》。书中介绍了三个苏联工会图书馆的工作经验，谈到图书馆工作人员怎样和生产建立了密切的联系，并提出政治教育工作方式方法的问题[7]。

1.3.2 农村图书馆（室）

1949年新中国成立后，经过了土地改革的农民们，由于其物质生活水平已经逐渐上升，对于文化的要求也日益迫切。在此基础上，农村图书馆（室）在全国范围内正逐步建立。这些农村图书馆（室）的建立，对于推动农村的生产和文化活动、教育群众及提高农民的政治认识都起了很大作用。也正是由于发动了群众，农村图书馆（室）的建立有力地推动了抗美援朝和土地改革等国家中心工作。

1951年山东人民出版社出版了由欧阳榕编写的《怎样建立农村图书室》一书。山东是老解放区，这一阶段土地改革已在大部分地区结束，或即将结束。各地建立了冬学、常年民校、识字班等学习组织。农民对于文化的要求也越来越迫切。为了满足农民的需要，丰富农民文化生活，山东从1949年冬天起，在各地新华书店的帮助下，在临沂、齐河、德平、崂山等地试办了近400处农村图书馆（室），以帮助提高农民政治认识，启发群众觉悟，学习良好的生产经验，提高生产[8]。因此，《怎样建立农村图书室》一书解释了建立农村图书馆（室）的原因，并详述了农村图书馆（室）应该如何建立。

1952年，河北人民出版社出版了由阎纪元编写的《怎样办好农村图书室》一书，该书把曾在《河北教育》《实事手册》《人民日报》发表过的相关材料汇集起来，作为农村建立图书馆（室）工作的参考，并附上了河北人民出版社通俗读物目录以便农民阅读。值得注意的是，通俗读物目录的出现，是文化大众化的具体表现，它标志着通俗读物作为当时一种最为普遍的文化传播媒介，对文化知识普及起到了至关重要的作用。

1.3.3 部队图书馆（室）

1949年，华东军区政治部宣传部与第三野战军政治部宣传部共同出版了《随军书店——图书馆工作手册》，书中介绍了华东军区和第三野战军关于随军书店图书馆的指示、规定、工作情况和作用等。1951年，华东军区召开了全军随军书店图书馆工作会议，会议总结了随军书店在"一年中共销书921771册，比前年增加了3倍，并翻印了连队读物32万册"[9]。

1951年2月1日，中央军委总政治部发布了《政管关于随军书店——图书馆工作的规定》。为了贯彻《政管关于随军书店——图书馆工作的规定》，也为了开展部队读

书运动及提高图书馆工作业务水平，中国人民解放军华北军区政治部文化部出版了《图书馆工作》一书，供各级图书馆干部研究学习。书中包括：总政，华北军区及其他兄弟部队发布的各种有关图书馆工作的计划、决定、条例和指示，图书馆工作的各种经验以及各种有普遍指导意义的总结及专题论述。

2　1953—1956 年图书馆事业加速发展期

1953—1956 年，对于中国的图书馆事业来说，是重建的阶段，也是承前启后的重要阶段。这一阶段的图书馆行业出版物数量迅速攀升，种类细化明显，内容上延伸到具体业务的各个枝节，对之后的 10 年，乃至今天的图书馆事业都有着深远的影响。

2.1　图书分类业务的发展与探索

在图书馆内部一切工作之中，图书分类占有重要的地位，是图书馆完成自己业务的主要方法之一。在 1953—1956 年这一阶段，图书分类不仅是一个使图书馆便于管理，让读者易于检索的单纯技术问题，也是一个推广图书、指导阅读的思想政治教育问题。然而新中国的图书馆在这一问题上面对着一个很大的难关，就是还没有适合现代需求的图书分类法。

2.1.1　《图书怎样分类》

1953 年，开明书店出版了由刘国钧所著的《图书怎样分类》一书。书中包含导言、图书馆分类工作方法、图书分类条例（草案）三部分。作者指出，图书分类工作在实际上就是把手中的一本书很妥当地安排在一个既经采用的图书分类体系当中。1955 年这本书由于原出版处开明书店改组关系，改由中华书局继续出版了第二版。第二版改正了之前出现的错字，并在每页书眉标题下加上本页条文号码，以便检查[10]。

2.1.2　《图书分类法》

1952 年 10 月，中国人民大学图书馆在苏联托罗帕夫斯基著作的《苏联大众图书馆适用分类法》和克列诺夫著作的《苏联小型图书馆适用的分类法简表》基础上，根据图书馆工作需要，结合图书馆业务学习，编著完成了一版新的分类法草案，并将其油印后在馆内先行试用，并在全校范围内，分由各研究单位做全面性研究。1953 年 3 月，经中央文化部社会文化事业管理局局长邀请，中央宣传部图书馆、高等教育图书馆、工人日报社资料室、光明日报社资料室等各单位专家，在中央文化部社会文化事业管理局召开座谈会，对这一分类法草案进行讨论。之后该馆又采用了科学院及北京工业学院两个图书馆关于自然科学与工程技术的分类表，综合各方面意见，重新整理后于 1954 年出版了《中国人民大学图书馆图书分类法初稿》[11]。该书阐述了我国从新民主主义走向社会主义建设的过渡时期的分类法的对象和任务、分类法的基本精神，并对分类法类号进行改革，放弃了十进分类法，规定了新的分类法体系。书中把分类表的全部类目分为总结科学、社会科学、自然科学、综合参考四个部分，排列十七大类。

此版分类法初稿出版后，先后收到函商文件百余份。1955 年，中国人民大学图书馆又集合当时事物新发展，将图书分类法加以改正和增订，出版了第二版《图书分类法》。书中分类表基本保持原来的体系与体制，在十七个大类中增添了古籍类目，如中国易经类，同时丰富并充实原有的类目，如在第二大类哲学中把辩证唯物论和历史唯物论都进行了类目下的细分。

2.2 开展图书馆学习班、图书宣传会等活动

2.2.1 第一届公共图书馆工作人员训练班

自 1954 年起，北京图书馆开始着力于阅读推广活动，主办各类展览会、报告会并逐年出版讲演展览参考资料。1954 年 8 月 1 日，我国首次举办的公共图书馆工作人员训练班在北京开学。训练班是由中央人民政府文化部社会文化事业管理局、北京大学、北京图书馆联合举办的[12]。此次训练班有多位图书馆学家参加，并整理出版了多本培训讲义，其中包括刘国钧的《图书整理与目录讲义》、王宏钧的《图书的推广流通工作讲义》、马同俨的《群众工作讲义》、赵万里的《中国古代版本史讲义》、李枫的《借书处工作讲义》等。

2.2.2 第一届图书馆学科学论文讨论会

1956 年 12 月 27 日至 30 日，为了活跃图书馆学方面的科学研究，丰富图书馆学内容，从而指导实际工作，南京图书馆举行了第一届图书馆学科学论文讨论会。来自全国各地共 62 个单位的图书馆人参加了此次讨论会。苏联专家雷达娅也来到南京指导此次会议，并在会议上分享了苏联图书馆对技术书籍的宣传工作。会议收到包括金天游著《著者号码编制方法商榷》、王宏钧著《试论县图书馆的主要任务和今后加强县图书馆的几点必要措施》、汪一飞著《关于统一图书分类法的意见》、汪长炳著《对怎样编写中国图书馆事业史的研究》等共 15 篇论文，会后编印了《南京图书馆第一届图书馆学科学论文讨论会论文集》一书。

2.2.3 广州中山图书馆文艺作品座谈会

新中国成立后，广州中山图书馆图书借阅量大量增加，其中借阅文艺书籍最多，占总借阅量的 70% 以上。为了更好地帮助广大读者阅读文艺作品，自 1953 年起，除了大量订购各类文艺丛刊之外，该馆还先后举办了多次文艺作品座谈会，主题包括"可爱的中国""绞刑架下的报告""小二黑结婚"等，参会人数也由最初的 98 人上升至 500 余人。1953 年，该馆出版了《一九五三年上半年广州中山图书馆举办文艺作品座谈会总结》一书。

3 1957—1965 年图书馆事业进入全面建设，深入发展期

这一阶段是在全国进入全面的社会主义建设的历史氛围中开始的，这一阶段的开局是开始大力落实"向科学进军"之年[13]。之后，中国图书馆经历了社会主义革命，确立了为政治服务，为生产服务的办馆方针。同时围绕党的总路线，树立了建设社会主义的信念和全心全意为人民服务的决心。从稳步发展业务到政治统帅业务，这一阶段出版

物兼具业务专业性与政治思想性，为之后图书馆事业的腾飞打好了政治和理论基础。

3.1 高校图书馆的快速发展

3.1.1 制度建设

1956 年，教育部颁发《中华人民共和国高等学校图书馆试行条例（草案）》，该条例草案提出，这一阶段高校图书馆的性质是辅助教学和科学研究的学术性机构，为教学工作服务，为科学研究工作服务，为宣传马克思列宁主义、党和国家的法令而服务[14]。

1956 年 12 月 5 日至 14 日，中华人民共和国高等教育部在北京召开了全国性的高等学校图书馆工作会议。会后，教育部出版了《高等学校图书馆工作会议专刊》一书[15]。该书分四个部分：第一部分为负责同志报告和苏联图书馆学专家的专题报告；第二部分为代表们在会议中的发言；第三部分为有关高等学校图书馆的四个规程草案；第四部分为各报刊的社论和有关此次会议的文章[16]。

3.1.2 积极办展

1958 年 7 月 16 日至 8 月 17 日，为了反映新形势，北京市教育工会组织北京市各院校举办了"勤俭办学跃进展览会"。为了更深入地交流经验，肯定成绩，北京市教育工会又在同年 8 月 5 日至 9 日举办了图书馆工作座谈会[17]。会后该会资料组编选了座谈会、展览会的发言和资料选集《北京市高等学校中等技术学校勤俭办学跃进展览会图书馆展览、座谈会资料汇编》作为各院校图书馆今后开展工作的参考资料。

3.2 高度重视书目索引编制工作

图书馆目录是披露图书馆藏书内容来向读者宣传推荐优良图书，并辅导他们选择所需要的图书的工具[18]。新中国成立之前，大部分图书馆重视收藏保管，因而其目录主要是藏书性质的。但新中国成立后，随着社会主义的发展，图书馆变为人民共有的财富，变为以社会主义、共产主义教育广大人民的机构，这也使图书馆目录工作有了新的意义。

这一阶段，各地图书馆认识到了目录索引工作的重要性和必要性，由此开展了各类目录编制的工作，各地书局及图书馆也相继出版了多本馆藏目录。其中有 1957 年山东省图书馆出版的《山东省图书馆馆藏日文自然科学图书目录》，1958 年成都工学院图书馆出版的《成都工学院外文图书目录》《成都工学院俄文图书目录》《成都工学院中文科技图书目录》，1959 年北京图书馆出版的《北京图书馆中文图书卡片目录检字表》，1959 年广东省中山图书馆出版的《广东省中山图书馆中文图书卡片目录字顺检字表》，1960 年北京中医学院图书馆出版的《北京中医学院图书馆馆藏图书目录书名索引》等。另外比较有代表性的图书有以下两种。

3.2.1 《图书分类目录编制法》

本书由苏联学者安巴祖勉著，刘国钧翻译，时代出版社出版，是苏俄文化部学校管理局推荐的图书馆学院学生参考读物。该书共分为 8 章，对图书分类方法和分类目录编制方法有极详尽的描述。书中详述了分类目录怎样才可以成为宣传图书、指导阅读的真正有效的工具。对于马列主义经典著作、党和政府的文件及关于现实问题的书籍的分类编目方法，都特辟专章，详细解说。该书不仅可以帮助图书馆编目工作者解决当时亟待解决的问题，还有助于出版社、图书发行行业编制图书目录。

3.2.2 《图书馆目录》

该书由刘国钧、陈绍业、王凤翥合编，高等教育出版社出版，是图书馆学讲义初稿的第二部分。该书的研究对象是图书馆各种目录的性质、作用和编制方法，内容包括著录方法、分类方法、标题方法和组织方法。1955 年，教育部拟定的新教学大纲把目录和藏书统称为"藏书与目录"。之后，由于苏联莫洛托夫图书馆学院的新教学计划进一步把所有图书馆学课程组成了一个整体，表现出了图书馆学的系统性和图书馆工作的整体性，因此本着这一精神，该书编者将"藏书与目录"又拆分成藏书、目录两个部分，出版了这本《图书馆目录》[17]。

通过本文对新中国成立初期图书馆行业出版物的梳理，我们可以看到，在不同的中心任务和指导思想的大环境下，国内图书馆逐步调整任务方针。这一阶段，图书馆工作在延续传统的同时，整理、总结并清点了之前的工作成果，吸收借鉴苏联图书馆的工作经验，业务上不断调整更新，创办了工、农、军图书馆（室）等新型图书馆，为当代图书馆事业的发展提供了宝贵的经验。

参考文献

［1］王艺儒．建国初 17 年甘肃扫盲教育研究［D］．兰州：西北师范大学，2010：1.

［2］郑振铎．一年来的文物工作［J］．浙江省立图书馆通讯，1950（5）：1-4.

［3］山东省立图书馆．山东省立图书馆概况［M］．济南：山东省立图书馆，1951：目录页.

［4］文化部文物处．东北区公共图书馆工作会议纪念刊［M］．北京：文化部文物处，1951：1-3.

［5］邵牧．怎样办图书馆［M］．上海：群众书店，1951：1.

［6］金天游．图书馆基本工作简本［M］．杭州：浙江省立图书馆，1951：1-3.

［7］庄途．工会图书馆的群众工作［M］．北京：工人出版社，1951.

［8］欧阳榕．怎样建立农村图书室［M］．济南：山东人民出版社，1951：1.

［9］浙江省图书馆．华东军区各部将普建图书馆［J］．浙江省立图书馆通讯，1951（4）：18.

［10］刘国钧．图书馆学要旨［M］．上海：中华书局，1949：1.

［11］中国人民大学图书馆．中国人民大学图书馆图书分类法初稿［M］．北京：中国人民大学，1954：1.

［12］公共图书馆工作人员训练班开学［J］．文物参考资料，1954（8）：102.

［13］吴稌年，顾烨青．1950年代的中国图书馆事业：跃进再跃进，服务广开展，研究难深入（1957—1959）（一）［J］．高校图书馆工作，2015（4）：74-83，93.

［14］南京大学图书馆．图书馆业务参考资料［M］．南京：南京大学印刷所，1959：1.

［15］中华人民共和国高等教育部．高等学校图书馆工作会议专刊［M］．北京：高等教育出版社，1957：1.

［16］中华人民共和国高等教育部．高等学校图书馆规章制度选辑［M］．北京：高等教育出版社，

1957：1.

［17］图书馆展览会资料组．北京市高等学校中等技术学校勤俭办学跃进展览会图书馆展览、座谈会资料汇编［G］．北京：图书馆展览会资料组，1958：1.

［18］刘国钧．图书馆目录［M］．北京：高等教育出版社，1957：1-6.

智慧图书馆背景下盲人图书馆的资源建设工作探析

陈　思（数字资源部）

到目前为止，国内外图书馆界对于智慧图书馆的定义还没有达成共识，学者们从不同的角度来论述他们自己的见解。芬兰奥卢大学图书馆的学者提出，"智慧图书馆"是一种基于位置感知的移动图书馆服务，这种服务能帮助读者在图书馆找到他们所需要的书籍和其他资料；华侨大学厦口校区图书馆的馆员严栋指出智慧图书馆是集合传统图书馆、物联网方案、云计算技术及智能化设备等多个模块，用智慧化的方式将这些模块集成于一体的图书馆模式，通过利用现代化的科技来改变图书馆用户、图书馆拥有的信息资源以及图书馆集成管理系统三者之间的交互方式，并通过信息技术的合理化来提高交互的针对性、灵敏性和反馈速度，从而实现图书馆业务服务和管理的智慧化目的。笔者更为认同上海社会科学院信息研究所王世伟对智慧图书馆概念的具体描述，他指出智慧图书馆的基本特征是网络化、数字化和智能化，核心要素是人与物的互通互联，灵魂与精髓是以人为本、绿色发展、方便读者。智慧图书馆无论在发展理念、服务技术还是管理形态上都展示着未来图书馆发展的新趋势[1]。

将智慧图书馆概念运用于盲人图书馆，提供支持与便利，同时运用现代化技术提供技术保障，打造网络化、数字化和智能化于一体的盲人图书馆，以更好地为视障人士提供优质服务，丰富视障人士的精神世界。

1　盲人图书馆现状分析

第二次全国残疾人抽样调查结果显示，我国现有盲人约 1700 万人[2]。关爱盲人群体，既是促进学习型社会建设的积极举措，也是公平与正义和社会文明进步的重要表现。盲人群体，他们同样拥有阅读学习的需求和愿望，甚至更为强烈。盲人读者比健全人士更渴望知识，更渴望通过读书改变人生。但是总体来看，我国盲人整体阅读率和阅读人数远远低于社会平均水平。盲人图书馆作为社会公共教育的重要机构，能够为广大盲人群体提供各种信息知识服务，因此盲人图书馆要大力开展公益文化助盲、推广盲人阅读等活动，让他们与正常人一样，从书籍中获得更多生活的知识，丰富他们的精神世界。

据统计，2021 年，我国有 47 家盲人图书馆，其中省级以上盲人图书馆 12 家，市级以上盲人图书馆 25 家[3]。中国盲文图书馆为全国最大的盲文图书馆，成立于 2011 年，在北京建成开馆。

2　现阶段盲人阅读的主要方式

盲人读者在获取信息时，有以下几种方式：盲文书籍、广播、互联网、手机 App 等。

2.1　盲文书籍

盲文书籍是最基本、最传统的盲人读物。在计算机和网络应用之前，盲人主要的信息来源就是盲文书籍，即用盲文点字刻印的图书、期刊、工具书等，盲人通过触摸来阅读。

盲文书籍出版长期因印刷成本高、资金短缺，面临市场上盲人书籍品种少、印量少、品种单一等问题。近年来，由于政府加大扶持力度，中国盲文出版社出版盲人书籍的数量大幅增长。同时，中国盲文图书馆馆藏资源日渐丰富，现有资源已形成了以盲人读者喜爱的医学、文艺等读物为主体的藏书体系和多元化的文化载体，共有馆藏书籍 18269 种，其中：盲文图书 3623 种，120407 册；盲文刊物 809 种，5322 册；明盲对照读物 419 种，45277 册；儿童普通读物 142 种，5699 册[4]。

盲文书籍是盲人阅读最直接、最原始的文献形式，无须借助任何辅助工具，触摸阅读即可。但是盲人书籍不适合盲人读者购买。一方面，盲人群体整体在经济水平上相对弱势，购买力有限，盲人书籍成本高，价格贵；另一方面，盲人书籍占用空间大，携带收藏不方便[5]。

2.2　广播类

由于我国盲文的普及度不高，再加上盲文书籍占地大，携带不便，广播类成为现阶段盲人读者获取知识的另一种选择。

盲人读者收听最多的广播就是喜马拉雅 FM。喜马拉雅是国内领先的音频分享平台，汇集了有声小说、儿童故事、相声评书、京剧戏曲、广播电台 FM 等数亿条免费声音内容。

近年来中国盲人协会与喜马拉雅携手共建盲人公益有声图书馆，为广大盲人群体打造一个高质量、大容量、有温度、有深度的免费有声阅读平台，并开展相关的盲人阅读推广活动和盲人主播培训及就业服务活动。

2.3　互联网

盲人用户网络信息资源获取能力的提高和盲文书籍的市场瓶颈，推动了盲文用户通过读屏软件等辅助工具使用网络资源的进程。

国家图书馆作为国家总书库、全国书目中心，应尽到普及社会教育的职责。在发挥行业引导功能的同时，国家图书馆也注重开展盲人阅读推广工作，在 2008 年与中国残疾人联合会和中国盲文出版社合作建立中国盲人数字图书馆，该数字图书馆内容丰富，包含电子图书、电子报刊、视听资源等，盲人读者可以通过读屏软件使用中国盲人数字图书馆[6]。

2.4 手机 App

掌上盲图 App 是一款由中国盲文图书馆专门为障碍读者开发的包含有声读物、电子图书、视频课程等资源类型的服务类软件，为广大视障用户获取资源提供了方便。

掌上盲图 App 软件特色：依托在线阅读、数字图书馆、远程教育培训、盲人社区等八大服务平台，通过互联网、阅听终端、手机、电话等传播渠道，使全国城乡盲人足不出户地借还盲人读物、参与远程教育培训和在线听赏文化讲座、口述影像等，是全国盲人的精神家园和公共文化服务中心。

3 盲人图书馆建设的思考与建议

3.1 加强文献资源建设，满足盲人读者需求

我国的盲文书籍种类少、体积庞大、制作工艺十分复杂，导致价格过高。一本盲人图书，定价要一百元以上，由于盲人经济实力有限，很难购买。为此，政府部门必须要努力加大对盲文书籍的资金投入力度，积极鼓励盲人图书馆按照盲人用户的实际需求来挑选部分书籍制作成为有声读物，免费为盲人提供阅读服务。

偏远山区，如西藏地区图书馆的盲文书籍非常有限，希望在智慧图书馆的推动下，这些地区的图书馆能更多他引进该地区语种的盲文书籍，更好满足盲人阅读的需求。

3.2 加强电子图书的馆藏建设

由于盲文书籍出版种类少，价格高。大多数盲人读者更倾向选择阅读电子图书，此外，电子可以随时免费下载。但电子图书也存在一些问题，例如：经调查，针对盲人读者的电子图书，当下热门新书较少，电子图书内容老旧；我国一些热门图书涉及版权问题，无法制作成电子图书。

《中华人民共和国著作权法》第二十四条规定"以阅读障碍者能够感知的无障碍方式向其提供已经发表的作品"[7]，内容没有明确规定以非营利的图书馆作为被授权实体，可以不经著作权人许可，就将制作的版权作品提供给盲人读者使用。

我国在 2013 年 6 月签署了《马拉喀什条约》。2022 年《马拉喀什条约》将在我国生效，生效后依据《马拉喀什条约》内容，被授权实体可以在非营利的基础上制作无障碍格式版，这些版本可以通过以电子传播的方式发行，限于盲人读者使用。届时图书馆可以发挥自身职能，满足盲人需求，大力开展电子图书建设，为盲人读者提供更优质的电子资源[8]。

3.3 开展个性化服务

盲人图书馆应坚持读者至上的原则，开展多样化的阅读服务，为每一位盲人用户提供阅读服务，确保图书馆与盲人读者的实际需求保持紧密联系，与多机构开展合作，多

维度开展相关活动。

现阶段盲人图书馆已经开展送书上门活动，如"你买书，我来读"等变被动服务为主动服务，满足盲人读者的阅读需求。盲人图书馆应该为注册过的盲人读者建立个人档案，记录他们的阅读爱好和阅读倾向，制定针对性的阅读服务，为他们提供更有特色的服务。应该结合盲人用户的特殊需求，制作电子图书、有声书，定期在盲人图书馆举办多种多样的讲座，为盲人读者播放无障碍电影，帮助盲人读者提高参与的主动性和积极性。盲人图书馆还应该积极与社会各界合作，如与残疾人联合会、社区残联、各个图书馆等机构合作，倡导盲人读者走进图书馆，不断丰富服务内容，拓展服务方式，更好地满足盲人读者对高品质文化生活的需求[3]。例如盲人图书馆积极支持有音乐专业背景的盲人来到图书馆做音乐教师等，引领更多盲人读者学习开展音乐教育服务活动。推动盲人音乐人才的教育、就业工作，图书馆开展的这些活动对于繁荣社会主义文化艺术、实现视障群体的社会融合具有重要意义。

3.4 充分利用人工智能服务

机器人具有人工智能、语音识别等功能，在工作中没有情绪牵绊和劳累感受，能为用户提供更多有效、有趣和有意义的增值服务。随着机器人应用场景范围的扩大，盲人图书馆也应该积极将智能机器人引入图书馆的运营和管理中来，这样不仅可以分担工作人员的工作压力，同时可以借助相关话题，积极宣传盲人图书馆，吸引更多盲人读者来盲人图书馆参观学习。近年来，机器人在图书馆中的运用更加成熟，希望在未来可以出现更多符合盲人读者使用的人性化服务机器人，能够让盲人读者获得更多的全新体验。

目前智慧图书馆积极推动智能设备与人的连接，让机器人承担语音咨询、读者引路、借还书指引等工作，便于图书馆和读者开展友好互动。日本甲南大学（Konan University）图书馆在入口处设置了机器人 Koro 进行迎宾服务，Koro 有小狗一样的可爱造型，会向从它前面经过的人打招呼并介绍图书馆，还具有参与语音交互游戏等趣味功能。目前，上海图书馆、成都理工大学图书馆、湖北省图书馆、西南大学图书馆、杭州市萧山图书馆等积极引入的智能机器人，不仅可提供前台接待、馆情介绍、问路引领等服务，同时也具有图书检索、智能导览、知识问答等功能。

除了基本的导览和互动活动外，丹麦北欧亚洲研究所（Nordic Institute of Asian Studies，NIAS）图书馆为读者提供了一种自动阅读图书的机器人 Nabaztag，它拥有可爱的小兔子外型，能利用 RFID、蓝牙等感应装置来读取书籍信息，并将故事内容大声地读出，使用者可以摇动小兔子的耳朵来变换故事章节。智能语音机器人结构简单，使用方便，能够解放双手双眼，有效解决了盲人读者阅读书籍困难的问题[9]。

3.5 提升图书馆员的综合素养

在进行盲人图书馆建设时，图书馆员必须要坚持读者至上的原则，通过不断改善服务方式和服务理念，确保读者的各项利益得到充分保障。还要积极与盲人读者进行深入的沟通与交流，听取他们对服务的意见和建议，从而提高盲人图书馆的创新服务能力，应该深入了解他们的阅读需求和阅读喜好，多引入心理类、医学类、按摩类、电脑培训等方向的书籍和有声读物。

在为盲人读者提供阅读服务时，图书馆员必须要坚持真诚热心的理念，应该关心、爱护、尊重盲人，才能够为他们提供更加人性化的服务。在工作方面，图书馆员应学习盲文和盲文计算机的输入法，熟悉掌握智能有声读书机、盲文点字显示器、放大机、读屏软件等现代化阅读辅助设备的使用方式，努力为盲人读者提供更好、更优质的服务[10]。

3.6 发展志愿者服务

志愿者组织是社会公益的重要参与者，是公益性事业得以长期稳定发展的重要力量。充分调动社会志愿者的积极性，邀请志愿者参与到图书馆残疾人服务中来，可以弥补图书馆残疾人服务人员不足的困境，将助力盲人图书馆文化服务，取得更好效果[11]。

据统计，截至 2019 年，中国盲文图书馆以文化助盲为品牌推动全国各级公共图书馆共建立 100 多支文化助盲志愿服务团队，注册文化助盲志愿者 4 万余名，为各地盲人提供志愿服务 680 万余小时，累计服务 190 万余人次，不断提升了盲人朋友们的获得感、幸福感和安全感[4]。

例如：秦皇岛图书馆依托馆藏资源和视障阅览室等服务设施，积极组织志愿者开展"面对面朗读"、送书上门、导盲出行等文化助盲志愿服务，联合社会各界，积极开展了无障碍电影播放、视障读者朗诵会等丰富多彩的文化助盲志愿服务活动。这些活动不仅满足了盲人群体的精神文化生活需求，还提高了他们获取知识信息的能力，切实帮助盲人群体解决出行难、阅读难的生活问题，实现了盲人读者居家阅读、个性化阅读、智能化阅读，为他们提高自身专业技能，提升自身综合素质，更好地融入社会创造了条件。

盲人是最需要帮助的弱势群体，需要整个社会的理解与关爱。盲人图书馆作为视障人士与外界交流沟通的重要桥梁和他们获得信息的重要场所，最主要的就是积极对盲人图书馆进行优化升级改造，引导盲人能够主动进入图书馆，消除他们的心理障碍，通过阅读获取丰富的知识和技能，从而实现人生的价值。

参考文献

［1］沈煜．智慧图书馆建设探索与研究［M］．郑州：郑州大学出版社，2021：2.

［2］第二次全国残疾人抽样调查主要数据公报［EB/OL］．［2022-03-30］．http：//www.stats.gov.cn/
tjsj/ndsj/shehui/2006/html/fu3.htm.

［3］马俊．公共图书馆服务视障人士研究［J］．内蒙古科技与经济，2021（5）：155.

［4］中国盲文图书馆［EB/OL］．［2022-03-30］．http：//www.blc.org.cn/Pages/Abouts/Abouts.aspx.

［5］包国红．盲人读物的种类及其在视障图书馆的使用［J］．山东图书馆学刊，2016（2）：65-67.

［6］赵文革．图书馆残障读者阅览服务现状及建议——以国家图书馆残障读者阅览区为例［J］．图书

情报工作，2017（3）：88-90.

[7] 中华人民共和国著作权法［EB/OL］.［2022-03-01］.http：//www.gov.cn/guoqing/2021-10/29/
content_5647633.htm.

[8] 李秋.《中华人民共和国著作权法》修订对视障读者服务的启示［J］.四川图书馆学报，2021（6）：
70-71.

[9] 杨扬，郑玄.机器人技术与图书馆服务创新的融合研究：进展，问题和前景［J］.国家图书馆学
刊，2021（6）：78-87.

[10] 袁丽华.我国公共图书馆无障碍阅读服务研究［J］.图书馆学研究，2019（20）：72-85.

[11] 李春明.图书馆残疾人服务模式与规范［M］.北京：国家图书馆出版社，2019：162.

基于移动认证与电子支付的智慧图书馆自助服务升级研究

杨　光（参考咨询部）

当代公共图书馆建设中，"自助服务"项目的数量及质量是值得深度关注的问题。当前的自助服务主要是图书馆根据用户的自身兴趣、偏好及需求，为用户提供可自由依托高科技技术进行书目查询、资料检索、藏书借阅、文献复印及数字共享等服务。这种服务模式相较于传统的人工服务选择性更广、自由度更高、体验感更强。伴随移动互联网技术的革新，公共图书馆顺应时代洪流，利用 5G 技术、电子设备，致力于为用户提供个性鲜明、可以完全独立操作的服务。这种模式必受用户青睐，未来发展前景一片光明。因此，开展相关研究、思考基于移动认证与电子支付的智慧图书馆自助服务平台构建路径具有现实意义。

1　移动互联网时代对图书馆服务的新要求

1.1　个性化服务需求

随着数字时代的到来，图书馆用户类型多样化，个性化标签逐步体现，这便要求图书馆以用户需求为导向，以最新行业理论为蓝本，借助新技术创新服务模式，升级优化已有服务项目，全新打造智能化服务体系。这不仅代表了图书馆用户个性化服务对创新的追求，而且可以有效提升图书馆服务效率，降低人工成本。由此可知，这是公共图书馆构建自助服务体系的必经之路。

1.2　多元终端接入要求

万物互联时代，传统的 PC 办公逐渐被更为便携的智能手机、平板电脑所取代。在Wi-Fi、5G 的网络环境下，原本由 PC 设备垄断的局面被打破，且这些移动新设备不断更新换代，有效推动移动市场发展，移动互联网领域相关概念被大众所掌握。从实际来看，近些年到图书馆阅读，读者只携带智能手机或平板成为主流现象。用户凭借电子产品常用 App 扫描自助设备二维码，即可完成身份认证、登录、注册、缴费等操作。图书馆也通过平台记录用户的个人资料、操作行为、阅读偏好等相关信息来进行大数据分析，为其提供精准服务。借助移动设备实现多元终端智能接入，这便要求图书馆服务可支持用户的多种终端接入系统[1]。

1.3 空间场域服务需求

移动互联时代背景下，图书馆借助新技术、新理论不断优化内部建设，改造其中"无用"建筑结构，同时延伸元素结构。当前图书馆所有元素中，人处于核心地位，其他如资源元素及空间场域元素等皆起到辅助作用。一切元素都必须围绕"人"开展服务。但从实际角度看，现阶段图书馆在人、资源及空间场域元素之间缺乏科学协调性，尤其对空间场域的研究十分匮乏。因此，需要图书馆加强对空间场域的管理研究，重点推动人与空间场域的多维联动，夯实打造智慧化空间场域服务的基础建设。

2 自助服务平台系统构建路径

2.1 整体设计思路及目标思路

基于移动互联时代发展趋势，当前图书馆推出的自助服务平台系统需要满足以下要求，这也是服务平台设计架构的主要思路。第一是实现完全自主化。人工服务模式已经不再适合当代社会发展节奏，智能化、便捷化服务是大众的主要需求，而大力推动自助服务模式发展则是充分条件。第二是加强时空泛在化。传统的图书馆服务需要用户实际到馆才可完全体验，同时也就无法根本脱离人工干预，况且用户很少有充足的时间频繁来图书馆，导致推动时空泛在化成为现实是必要条件。第三是实现灵活性感知。图书馆建设自助服务平台需要借助现代化高科技智能感知技术手段，为读者提供位置信息自动识别等功能，从而更好地向其提供个性化服务。第四是服务层次化。图书馆投入使用的自助系统，面对的是社会各行各业人士，需要满足多样化的用户需求，此时需要借助层次性多元化服务形式对用户需求进行归类整理，从而实现精确化个性推荐。

自助服务平台系统在建设过程中以移动认证为总体建设方针，以用户需求为服务导向，以电子支付为创新支撑，以科技带动人工，注重行业标准规范，从而为用户提供"先认证、后扫码，可实时支付、即时退款"的多样化、个性化的移动数字图书馆服务模式。

2.2 自助服务平台框架设计

自助服务平台分为四层框架：用户层、应用层、应用支撑层及数据资源层，其中应用支撑层由业务功能层和服务支撑层组成（见图1）。

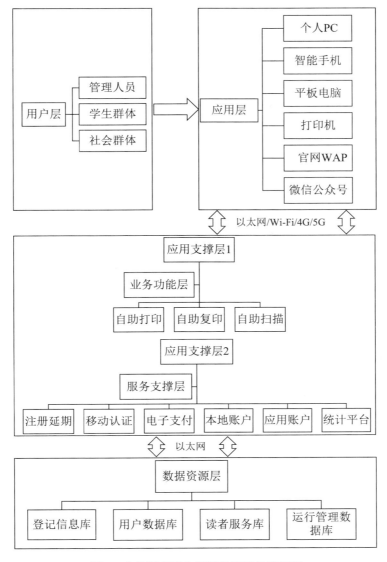

图 1 自助服务平台框架设计整体流程图

2.2.1 用户层

图书馆自助服务平台用户层由管理人员、学生群体和社会群体组成。管理人员即图书馆工作人员,主要负责后台管理,如日常工作、设备维护,读者问题处理等,每个工作人员配有独立平台账号,便于登录系统进入后台操作。平台窗口主要服务对象可大致分为学生群体和社会群体。学生群体单独列出,主要是由于学生具有学生证这一特殊身份证明,凭借这一特殊的身份证明,其在使用图书馆自助服务时,除了利用身份证进行认证外,还可以利用自己的学生证来完成验证。其他社会群体则统一使用身份证办理读者卡,统一账号登录。图书馆通过对不同身份、不同职业的用户进行归类,可加强用户管理,更好地保证平台系统信息安全性。

2.2.2　应用层

图书馆自助服务系统想要满足用户多层面的应用需求，首先需要开通可支持各类终端设备快速、准确接入的直接渠道，如智能手机、平板电脑等，同时自助服务平台系统更需要支持识别各类终端设备所运行的操作系统，如主流的 IOS、Android、Windows 等，这是充分展示自助服务系统功能的基础。

2.2.3　应用支撑层

应用支撑层主要分为业务功能层与服务支撑层两部分，其中业务功能层便是满足用户使用需求的主要功能区，其中包含自助打印、自助复印、自助扫描三项服务。用户可在移动端发起自助服务请求，提交工作任务，并到所对应的机器设备完成自主操作。

服务支撑层主要是对业务功能层的支撑与拓展。提供自助打印、复印、扫描服务的移动认证、电子支付及设备对接等功能。本地账户负责用户的金融信息、借阅权限、操作明细以及数字钱包综合管理；应用账户负责用户移动设备端应用（支付宝、微信、手机银行）的存退款管理；统计平台负责图书馆全部馆区每部自助设备每日涉及电子服务项目的统计，数据则交由后台工作人员处理。

2.2.4　数据资源层

数据资源层由多个数据资源库组成，每个数据库独立存储大量的数据，主要作用是平稳运行应用支撑层的所有操作。各数据库并行运行同时备份数据，用户个人信息及操作信息采取加密保护，保证本地应用系统功能得以展现。该数据层级为底层操作，采取分级权力控制形式，提供数据持久化延续功能，确保数据的一致性和正确性。

2.3　移动认证与电子支付模块构建

2.3.1　用户身份认证模块管理

自助服务平台支持多终端身份认证，也就是用户可以根据具体情况自行选择移动终端体验自助服务。图书馆很大一部分用户以学生为主，尤其是图书馆周边各高校学生群体经常到访图书馆，另外随着文化地位的提升，越来越多的家长愿意带孩子来图书馆参观学习，感受图书馆氛围，培养孩子学习兴趣。因此图书馆在设计用户身份认证时，需要针对当前发展形势，灵活地设计登录认证方式。例如学生就可以学生证为主要登录认证依据，这样可以有效提高效率，增加信息识别度，增强管理的科学性。其他社会用户群体（年满 16 周岁的中国公民）统一按照身份证号完成认证，用户可自由选择是否开通图书外借或金融储值功能[2]。例如上海交通大学图书馆便开设了学生群体用户 jAccount 认证体系，这一体系是由上海交通大学网络信息中心开发设计，通过分级认证有效提升登录认证效率。

2.3.2　移动端身份认证流程

用户在应用图书馆自助服务时，移动端身份认证流程如下：首先，用户可基于当天入馆具体情况，持有效个人身份证件进行扫描认证，进入登录界面。然后在"认证账号"或"临时账号"中，选择当下需要办理的业务进行操作。最后，用户可使用智能手机，打开可支付的 App（如支付宝或者微信）扫描自助服务设备上的二维码，此操作核心的两个功能是要求统一电子支付和统一身份认证，判断节点在于用户是否已经绑定图书馆账号[3]。

对于初次到馆的社会用户群体，和使用学生证统一账号登录的学生用户一样，在扫描二维码之后，自助服务平台会判断其是否开通过图书馆账户，如果已有账户名，则跳转至登录界面，如果没有则改为临时登录账号，提示用户按照要求进行申请。

2.3.3 账号解除绑定设计与流程

用户账号主要是通过支付宝或微信等具备支付功能的 App 扫描注册的，如果用户的支付宝或微信等账号出现更换、冻结甚至丢失等情况，图书馆自助服务的办理会受到影响。用户需要解除图书馆账户与支付账户的关联，然后在另一支付账户重新进行关联绑定。综合来看，当前可用的解绑方式主要有两种，分别是用户自助解除和图书馆员人工解除。

分开来看，用户自助解除绑定方式需要持个人身份证件，由用户本人到图书馆自助服务机上进行操作，依据提示选择"解除账户绑定"选项，然后按步骤完成相关操作，便可以使账户分离。如果出现特殊情况，如证件过期、丢失，密码忘记，更换手机号码等，自助机无法完成操作，用户也可以选择提交申请，由图书馆员进行操作，帮助用户后台解绑。而管理员后台解绑主要负责处理意外情况，此时需要管理员基于实际情况，以操作手册和管理规范为其办理业务，并请读者签字。

2.3.4 电子支付设计

当前图书馆自助服务平台一般采用"预存款"的模式，即用户在使用馆内自助功能之前，需要提前在自身账户中充值一定的金额，依个人项目酌情充值，确保自身账户具备足够的余额以更便捷地享受服务。当前平台支持"支付宝余额""微信零钱""电子银行"三种方式充值，这契合当前大众日常的支付习惯，且用户完成充值之后，即时使用，以节约时间成本。

当用户出于多种原因想要解绑账号时，由于账户处于预充值状态，账户中多数都留有余额，此时想要注销账户，需要先完成退款。退款具体操作流程如下：在用户提出申请时，为保证信息安全及个人隐私，会先将用户账号暂时锁定，在此时间内，后台会检查读者是否有未结算的任务，如已全部清算完成，平台金融服务器会将用户全部余额按照充值路径原路退还，用户可查询账户余额为零，并可以打印凭条，收到退款消息。另外为了适应时代发展，图书馆自助服务平台沿用了"补助"钱包功能，管理者在后台可进行增补操作，也就是用户在充值完成使用余额时，系统会先判断该用户是否存有结余信息，如果有结余，系统会优先使用结余，扣除后再使用余额。但用户利用自助机进行支付操作时，系统会自动综合计算应付金额，并从账户余额中完成扣除，如果账户出现余额不足，会提示用户充值再进行支付[4]。

2.4 平台功能整合

图书馆为了更好地展现自助服务平台功能，对自助机上具有的功能模块实行整合优化。其中自助复印是常用功能之一，为了有效提升复印效率，对该功能进行优化，具体细分为自助打印、复印、扫描三个模块。这一功能被科学整合之后，用户可以获得更为高效、便捷的服务体验。同时为了维护平台平稳运行，同时加强系统的质量管理，后台对相关功能进行优化调整，将权限职能、账户明细、自助点分配、后台数据统计、收费标准五部分进行整合，整合完成之后，后台管理人员可以更为高效地管控系统运行，监测相关数据及系统平台运转情况，发现存在的漏洞，及时对其进行修补，同时加强系统安全维护，最大限度构建安全、稳定的系统运作环境，从而为用户提供贴心、高效的服务。

3 基于移动认证与电子支付的图书馆自助服务构建的成效及应用价值

3.1 拓展用户认证与支付方式

综合来看，当前图书馆一切自助服务均需要用户完成与可证明其身份的证件绑定认证，方可使用电子支付功能，也就是学生用户可使用学生证完成身份认证后进行登录，同时在支付时部分图书馆支持利用相应证件进行结算及支付操作。但公共图书馆由于客户群体复杂，人数往来较多，任何形式的一卡通式服务都会存在设计缺陷，尤其是在安全隐私方面难以得到全方位保护，且无法实现远程支付，这为图书馆相关功能多样化拓展带来限制，这也是公共图书馆思考的重点。基于此，移动认证与电子支付的图书馆自助服务模式的建立可有效应对上述问题，利用新技术优势弥补原有技术存在的不足，利用更为先进便捷的移动认证代替刷卡认证与支付，这有效提升了图书馆的服务，即使用户忘记带卡也能享受相关服务，可有效提升用户满意度[5]。

3.2 提升图书馆相关自助服务的稳定性

图书馆现有自助服务设备为了更好地满足用户需求，除了原有设备硬件外，还增添了很多满足不同功能及场景需求的设备，例如读卡器、转换器及红外线扫描等，这些外加设备的运作极大增添了自助设备的负荷，外接设备越多，自助机系统的平稳运行越难以保证，且各种设备需要电力及网络等维持运转，各种电线交叉，极为影响美观，且在出现故障修复时，更容易出现难以定位问题精准点，需要大面积检查等问题，这极大影响用户体验感和满意度。而电子与支付技术在图书馆自助服务中得到应用后，可有效减少外接设备数量，开发程序与设备实现无缝对接，这不仅可大幅度提升美感还能节省用户时间，为其提供更为便捷高效、稳定安全的服务。

图书馆自助服务发展过程中，便捷性、高效性、智能性是图书馆追求的主要目标，电子支付这一互联网衍生的时代产物，必然是公共图书馆发展的趋势，自助服务已经成为智慧图书馆建设的重要标志。阮冈纳赞《图书馆学五定律》[6]中的第四定律为"节约读者的时间"，该定律明确表明在为读者提供准确服务的前提下，节约读者时间，这也是为读者服务的内容之一。在此种背景下，如何加强自助服务建设、科学引入现代先进技术与原有系统实现融合、最大化展现先进技术优势是图书馆的思考重点。综上所述，移动技术与智能化设备是促进图书馆自助服务优化的基础。本文阐述的关于智慧图书馆移动认证与电子支付的图书馆自助服务体系构建流程，可为图书馆自助服务优化提供更多参考。

参考文献

［1］杨敏.5G 时代智能技术下高校图书馆自助服务建设［J］.河南图书馆学刊，2021（12）：60-62.

［2］张红，只莹莹.利用自助模式提升读者服务——谈国家图书馆推出的自助服务项目［J］.数字图书馆论坛，2010（12）：51-55.

［3］王彬，刘群.校园卡系统的现状［J］.才智，2015（31）：264-265.

［4］万万.高校图书馆自助服务创新对策研究［J］.发明与创新（职业教育），2020（7）：172-173，170.

［5］吴晓杏.基于移动互联的图书馆自助服务系统的构建路径探析［J］.济南职业学院学报，2020（3）：109-111.

［6］阮冈纳赞.图书馆学五定律［M］.夏云，等，译.北京：书目文献出版社，1988：157.

基于智慧图书馆的人工智能应用研究

马　杰（缩微文献部）

我国数字图书馆建设自 1997 年"中国试验型数字式图书馆项目"立项以来，已历经近 20 余年的发展，该项目在馆藏数字资源建设和网络服务方面发挥了重要作用。但数字图书馆在资源关联性和服务多样性等方面的不足已日渐显现。如今，文化和旅游部发布的《"十四五"公共文化服务体系建设规划》明确提出，"要以全国智慧图书馆体系建设项目和公共文化云项目为引领，推动公共文化数字化网络化智能化发展取得新突破"[1]。智慧图书馆的建设进入发展的快车道，建设怎样的智慧图书馆、如何利用前沿信息技术实现智慧图书馆服务成为图书馆界亟待解决的问题。

1　智慧图书馆的建设需求

智慧图书馆作为数字图书馆的再进化，其本质依然是"以读者为中心"提供优质的知识服务，不过要做到服务形式更多样，服务内容更多元，服务功能更完善。为了实现这样的服务，智慧图书馆建设就要从信息、空间和人员三个要素着手，推进智慧化升级。信息包含馆藏文献资源和读者的行为数据，在馆藏文献资源方面，图书馆应打破数字资源和文本资源的二元制、馆际资源间的"孤岛"制，在读者的行为数据方面，做到存储安全和挖掘利用，针对读者提供定制化服务；空间应是绿色节能的，要做到集成控制和分区响应，建筑与软硬件之间建立完备的物联网系统；人员则是提供读者服务的馆员，馆员要准确掌握文献和读者信息，善于应用现代信息技术，将文献服务提升为知识服务。

要完成以上三要素的智慧化升级，就必须将互联网、人脸识别、智能传感、增强现实、人工智能等新型智能技术有机融入智慧化技术体系建设中[2]。而作为机器学习、机器视觉、虚拟仿真、语义识别等多项技术基础的人工智能技术，势必会在智慧图书馆建设、升级中发挥重要作用。

2　人工智能技术的发展和原理

人工智能技术发端于 1956 年夏天的一次学术讨论班上，当时由斯坦福大学麦卡锡教授、麻省理工学院明斯基教授、卡内基梅隆大学的西蒙和纽维厄教授、信息理论之父贝尔实验室的香农、IBM 公司的罗切斯特等学者在美国达特茅斯学院首次确立了"人工智能"概念：让机器能像人那样认知、思考和学习，即用计算机模拟人的智能。在经历了 60 多年的波折和前进后，人们现在对人工智能的认识更加清晰，对人工智能的理念有了新的定义。作为一门研究、开发用于模拟、延伸和扩展人的智能的理论、方法、技术及应用系统的技术科学，它企图了解智能的实质，并生产出一种新的能以与人类智慧相似的方式做出反应的智能机器，该领域的研究包括机器人、语言识别、图像识别、自然语言处理和专家系统等。

人工智能技术的基本方法其实就是数据驱动的算法，利用针对不同场景、不同算法的模型，对现有的数据进行模拟和修正，多次循环后得到最接近于人类智慧的模拟结果，以此作为后续解决该类场景下问题的人工智能工具。简而言之，人工智能技术就是基于大数据上的深度学习和自我锻炼的综合进化技术。图书馆作为人类智慧的集合地，为人工智能技术的施展提供了海量的人类知识和经验资源，而人工智能技术则可为图书馆内的文献充分赋能。人工智能技术在诞生之初，追求的目标是"用计算机模拟人的智能"，而现如今，随着互联网的发展和人类掌握技术的不断进步，人机融合智能甚至群智系统成了新的目标。在图书馆场景下，人、机、网、物相融合，便形成了智慧图书馆的复杂智能系统。那么人工智能技术在智慧图书馆中又是如何发挥作用的呢？

3   人工智能技术在智慧图书馆中的应用

我们不妨先来看一下人工智能技术在智慧城市建设中扮演的角色。在中国工程院吴志强院士看来，"未来城市和人工智能密不可分"，"人工智能城市通过统盘城市各方信息的联动学习，使城市从低级生命体成为高级智慧生命体"。早在 2006—2007 年间，吴志强院士就定义了在人工智能技术赋能下智慧城市实现的功能：能感知，包括主动感知、数据上报和挖掘；知好坏，包括数据分析、预测模拟和评测；快反应，即各类决策；会学习，包括模型改善、流程优化等[3]。

智慧图书馆完全可以借鉴智慧城市的思路，通过人工智能技术构建分布式的群体智慧集合体，去知识复现、服务读者，解决图书馆可持续发展过程中的问题。结合智慧图书馆建设和升级的三个要素，可以探求其在不同场景下的实际应用。

3.1   人工智能技术对智慧图书馆信息要素的应用

吴建中先生在其文中曾提出，智慧图书馆建设的三个问题分别是"全媒体、平台化和新业态"[1]。从智慧图书馆建设三要素中的信息要素的角度理解，就是"利用什么样的信息，怎样利用信息和利用信息提供什么样的服务"。所以，如何利用人工智能技术赋能图书馆的信息要素，是建设智慧图书馆的核心问题。

图书馆的信息要素，可以分为资源信息和行为信息。

3.1.1   资源信息

资源信息是图书馆中提供服务的各类资源的总称。根据"全球知识库"体系的分类，资源信息包含实体资源（如纸本文献）、数字化实体资源（对实体资源进行数字化手段转化而来）、原生数字资源（影音资源等）和创新型数字资源（互联网信息、社交媒体信息等）[1]。在数字图书馆工程蓬勃发展数年后，各地图书馆其实已经完成了大量的数字资源储备，但目前存在两个问题：一是资源的重复建设，造成该问题的原因其实还是缺乏统一的标准和完善的统筹；二是资源关联性不强，揭示深度不足。解决第一个问题需要制定长期的规划和统一的标准，做好各图书馆之间的馆际资源互联互通。而解决第二个问题就需要引入人工智能技术。

目前，人工智能技术已经实现了在视觉和听觉等方面的语义贯通，可以实现联想、推理和概括等智能操作。通过自然语言理解和多媒体认知功能对各类资源进行细颗粒度的标引，找出其中的关键特征，发现不同类型资源之间的联系，从而建立多纬度的知识图谱。当然，这仅仅是实现将资源信息转变为知识的第一步，只是对知识构建模型，接下来还要利用深度学习、神经网络学习等方式去训练人工智能通过资源中包含的情况和物体属性、概念的典型事例推导出其中未被记录的知识，最终进行表示和输出。这样，凭借人工智能技术的赋能，图书馆内的各类资源建立了关联，而图书馆提供服务的实体也将不单单是原始的资源，还将包含经过挖掘和提炼的知识，图书馆可以通过多媒体的手段将这些知识进行展示。

3.1.2　行为信息

行为信息则包含图书馆的运维信息、馆员的业务信息以及最重要的读者行为信息。图书馆通过对读者行为的数据采集，掌握读者在馆区内的运动轨迹和滞留时间，准确记录线上、线下读者的浏览数据、检索数据、借阅数据，运用人工智能技术分析和挖掘读者的阅读习惯和偏好，可以更精准地为读者提供定制化的服务。传统的图书馆往往仅扮演了"为人找书"的角色，而智慧图书馆不但要为读者提供相关的知识，更要利用人工智能技术预测读者的深层次需求，实现"为书找人"的目标。其实这样的技术并不鲜见，当下的互联网尤其是网络购物平台已经将此技术融入我们的生活当中。当你搜索宠物用品时，网络购物平台往往会给你推荐吸尘器等看似没有关联的物品，这其实就是人工智能算法在利用消费者行为信息挖掘深层次的购物需求。在智慧图书馆当中，文献检索无疑是最常见的场景，人工智能技术根据读者的检索历史信息以及检索文献所涉及领域的知识，动态地确定检索规则，优先调用较合适的规则给出检索结果，这便是启发式检索策略。不同的读者在检索关键词"朱棣"时，善本爱好者可能会检索出《永乐大典》，而小说爱好者则可能会检索出《明朝那些事儿》。当然，人工智能技术的预测是根据过往读者的行为信息进行的模拟推理，但每一个读者都不尽相同的，这就需要智慧图书馆为读者搭建一个开放、交互的平台，在该平台上，读者可以像在其他社交平台一样，表达自己的喜好和对资源的看法，与志同道合的书友进行互动，记录自己的知识收获，对文献内容进行个性化的揭示。这些信息将成为人工智能提升的助力，每一名读者都将作为人工智能的老师，共同完善这个智慧图书馆的信息大脑，指导其未来能够提供更优质的服务。

3.2 人工智能技术对智慧图书馆空间要素的应用

智慧图书馆的空间建设应包含三个层次：设备层、应用层和平台层。

设备层，是包含光敏传感、动静探测、故障检测、温湿度监测、视觉识别的信息采集设备以及照明、温控、安防、网络等终端设备。该层对空间环境及读者行为进行信息采集，及时收集设备系统的变异数据，发现问题点，抑或是环境空间的温湿度和光照强度的变化，同时视频终端还可以捕捉读者在空间的分布。例如无限定位人脸识别设备，将用户的面孔定义为其 ID，"刷脸"即可识别用户，同时获取用户储存在云端的个人信息，例如图书借阅量、数目请求，图书馆的社交数据等[4]，并对读者在空间内的行为进行记录。

应用层，是对收集的空间信息的反馈表现系统，包含智慧照明、智慧安防、智慧通信、智慧运维、智慧机电设备管理、应灾管理与决策等。这些系统对设备层发现的问题进行反馈和调整，确保智慧图书馆空间的正常运行。当然，该层也包含应用 AR 技术的读者引导、服务展示等新型场馆服务系统。

平台层，是运用大数据及人工智能技术整合和控制整个智慧图书馆空间运行的大脑。该层对设备层提供的环境数据进行分析和对读者行为进行模拟仿真，通过人工智能技术的神经网络算法，对出现的设备问题和空间内的读者引导提供最合理的解决方案，随后通过应用层将方案进行实现，从而确保整个智慧图书馆空间的高效运行和节能环保。

以智慧照明系统为例，该系统通过物联网网关与网络传输设备将照明控制相关的传感器、视频终端、气象信息和楼宇信息等进行数据收集，平台层进行基于多环境照明控制算法的人工智能数据处理，并将数据反馈给应用层照明系统控制的终端即可实现精准的照明和遮阳控制[5]。

3.3 人工智能技术对智慧图书馆人员要素的应用

在智慧图书馆场景下，人工智能技术将提高馆员的工作效率，使其更加轻松地完成文献的编目与索引工作。在参考咨询服务中，人工智能也将成为馆员得力的助手。尤其是在数字资源及多媒体资源的建设过程中，人工智能技术可以将馆员从众多机械的、重复性的工作中解放出来。我们最为熟悉的人工智能应用莫过于 OCR（光学字符识别），它已经在我们的工作中扮演着不可或缺的角色。不仅仅是文字处理，基于残差网络和特征金字塔网络的无参考图像质量评价系统可以准确高效地对数字图像和视频进行质量检测和批量处理，能够大大减少人为工作的误差，提高数字资源和多媒体资源的积累速度。

尽管上文阐释了人工智能技术对于智慧图书馆的诸多裨益，但归根结底技术仅仅是实现愿景的工具，图书馆员才是构建智慧图书馆、提供智慧图书馆服务的核心。这就要求智慧图书馆的馆员在掌握图情专业知识的同时对信息化技术尤其是人工智能技术有着足够的了解。想要实现人工智能技术的准确应用依然离不开图书馆员孜孜不倦地将正确的信息投送给机器，离不开馆员将文献内容转换成一个个机器可识别的特征碎片，更离不开馆员不厌其烦地"教导"机器什么才是正确的结果。

1928 年，图书馆学家杜定友曾指出："图书馆就像人的脑子，是代社会上一切人记忆一切的公共脑子"[6]而现如今，智慧图书馆不单单要承担数据存储、文化传承的职能，更要发挥知识组织的职能、服务社会的职能、分析决策的职能[7]。这一切离开了人工智能技术的应用，都将无从实现。

60 多年的发展历程中，人工智能技术经历了三次严冬，但随着 21 世纪信息环境发生的巨大而深刻的变化，人们对人工智能的需求也在急剧增强。《中共中央关于制定国民经济和社会发展第十四个五年规划和二〇三五年远景目标的建议》对"推动公共文化数字化建设"[8]的明确指示，掀起了图书馆由数字化向智慧化的转变。一项蓬勃发展的技术与一次方兴未艾的改革恰如其分地碰撞在了一起。

智慧图书馆建设对于我们既是机遇也是挑战，唯有拥抱以人工智能技术为代表的智能化应用，充分对图书馆的信息、空间、人员要素进行赋能，才能真正将智慧图书馆建设成"智慧城市，数字中国"的关键一环，真正让图书馆成为社会这个有机体的文明中枢。

参考文献

[1] 吴建中. 从数字图书馆到智慧图书馆：机遇、挑战和创新 [J]. 图书馆杂志，2021（12）：4-11.

[2] 周莉. 智慧图书馆建设与服务模式探究 [J]. 智慧中国，2021（11）：82-83.

[3] 孙一元. 吴志强院士：人工智能赋能未来城市 [J]. 上海国资，2021（12）：42-45.

[4] 冯一杰，邵波. 图书馆智慧空间建设规划与实施策略 [J/OL]. 图书馆论坛. [2022-03-05].
    https：//kns.cnki.net/kcms/detail/44.1306.g2.20220301.1210.002.html.

[5] 夏林. 楼宇照明控制系统智慧化应用探索 [J]. 建筑电气，2021（5）：32-34.

[6] 杜定友. 研究图书馆学之心得 [J]. 国立中山大学图书馆周刊，1928，1（1）：1-6.

[7] 刘慧，陆康，王圣元. 智慧图书馆的本质属性及其职能体系构建 [J]. 图书馆建设，2021（6）：
    114-120.

[8] 中共中央关于制定国民经济和社会发展第十四个五年规划和二〇三五年远景目标的建议 [EB/
    OL]. [2022-03-20]. http：//www.gov.cn/zhengce/2020-11/03content_5556991.htm.

智慧化视角下英国国家图书馆的国际组织和
政府出版物文献资源建设研究

武小瑞　张婉莹（外文采编部）

　　本文所说的国际组织，是指两个或两个以上国家为了实现共同的政治经济目的，依据其缔结的条约或其他正式法律文件建立的有一定规章制度的常设性机构。政府是指国家的立法机关、行政机关和司法机关等公共机关的总和。国际组织和政府出版物，是它们各自用以发布政令和体现其思想、意志、行为的记录载体和传播媒介，因此具有很高的权威性和可信度。这也是人们常常将国际组织出版物和政府出版物相提并论的原因。国际组织和政府出版物，一直被学界认为是最权威、稳定和高质量的信息源。本文研究英国国家图书馆在国际组织和政府出版物资源的建设和利用情况，以期为中国国家图书馆提供参考。

1　英国国家图书馆概况

　　英国国家图书馆（The British Library）位于英国伦敦，是世界上最大的学术图书馆之一，其藏品可以追溯到 3000 年前。1978 年，英国政府批准英国国家图书馆在圣潘克拉斯（St. Pancras）新建一座现代化的图书馆大楼。建成后英国国家图书馆将原先分散在伦敦的各个部门大都搬迁到这一处（文献提供中心、报纸图书馆除外），并于 1998 年 6 月正式对外开放[1]。英国国家图书馆不仅馆藏丰富，也是英国国内唯一全面接受缴送本的国家图书馆，而且还藏有大量的海外文献，其中国际组织和政府出版物资源收藏历史久远，数量繁多，入藏稳定，成为该馆极具特色的一类特藏文献。

2　英国国家图书馆国际组织与政府出版物资源建设现状及特点

2.1　英国国家图书馆国际组织与政府出版物资源建设现状

　　英国国家图书馆国际组织与政府出版文献总收藏数量庞大，种类丰富，占用书架长达 43 千米之多。这些文献一部分存放在圣潘克拉斯新盖的图书馆大楼，一部分存放在约克郡（Yorkshire）的文献提供中心[2]。存放在新馆大楼的文献主要包括六大类：①中世纪以来大量的英国中央政府和其他政府的资料；②英格兰和北爱尔兰地方政府出版物；③英国大选登记册（从 1947 年开始完全收藏，1832—1946 年不完全收藏）；④ 18 世纪晚期以来的大量外国国家政府出版物历史资料；⑤国际组织的出版物，包括联合国、经济合作与发展组织、世界卫生组织、联合国教科文组织、世界银行、国际货币基金组织、国际劳工组织的出版物；⑥英国国家政府及与其他国家政府间的全文电子资源馆藏，包括联合国官方文件系统、经济合作与发展组织的资料、世界银行电子图书馆、美国国会文献集和美国在线论文、美国国会听证会数字馆藏、18世纪英国议会出版物等。这些特藏资料大多是不在阅览室保存的，使用时必须提前预约。

位于约克郡的英国国家图书馆文献提供中心收藏有英国政府、美国联邦政府、欧盟及其他国际组织的材料。具体收藏有：①英国官方出版物，特别是英国立法和议会材料，包括官方报告（英国议会议事录），下议院和上议院期刊和最近的会议期间产生的文件。②国际组织出版物，如欧盟和欧共体的所有资料，以及一些追溯到20世纪50年代的联合国欧洲经济委员会早期资料。③美国联邦政府出版物。④其他出版物。包括来自美国各州、澳大利亚各州、加拿大各州的材料[3]。该文献提供中心负责呈缴出版物的编目工作，在这里编目后的图书全部被移送并收藏在圣潘克拉斯新馆供公众阅览。

可以说英国国家图书馆国际组织与外国政府出版物经过早期的蓄力沉淀，又经过发展过程中对其他文献机构的合并，国际组织与外国政府出版物资源得到充分而全面的建设。

2.2 英国国家图书馆国际组织与政府出版物资源建设特点

交存是世界上许多国家图书馆的重要工作，在英国国家图书馆，交存也是对国际组织和政府出版物采访的主要途径，是该类特藏资源设建中一项非常有特点的工作。除了交存之外，对世界上许多国家的政府出版物，英国国家图书馆根据需要对一些重要文献采用购买的方式进行采集。

2.2.1 接受缴送或者根据特殊的托存协议接纳托存

与世界其他许多国家的国家图书馆一样，英国国家图书馆是大量国际组织的托存图书馆，接受国际组织的托存文献，特别是收藏有十分丰富的早期的国际组织资料。该图书馆收藏国际组织出版物的历史并非始于联合国，甚至早于联合国的前身——国际联盟（The League of Nations）。此外，英国国家图书馆根据托存协议采集国际组织的出版物，如欧盟自1966年以来的资料、欧洲自由贸易联盟出版物、欧共体1989年以后的出版物、美洲国家组织出版物、联合国出版物、世界银行出版物、粮农组织出版物等。

2.2.2 国际交换和接受捐赠

自19世纪80年代开始，当时的不列颠博物馆图书馆（英国国家图书馆组成部分）就与许多国家和地区政府或国家性的图书馆、博物馆、大学、学会等建立了政府出版物交换关系[4]。英国皇家文书局根据交换协议将其出版的文献发送到有交换关系的机构，相应地，不列颠博物馆图书馆也接收对方的政府出版物。例如，奥地利的政府出版物就主要是不列颠博物馆图书馆通过国际交换得来的。到1972年，不列颠博物馆图书馆已经有350个交换合作机构，有些是完全交换，有些是部分交换。这些交换的政府出版物包括政府文件、会议出版物以及会议记录、立法报告等。此外，还有一些国外政府的出版物是通过捐赠方式得来的，例如世界银行会将其出版的多余的图书捐赠给英国国家图书馆。

2.2.3 通过购买方式采集

对世界上许多国家的政府出版物，有一些是英国国家图书馆根据需要或者因其有特别重要的意义而采用购买的方式进行采集。如美国政府印刷局的大部分出版物是根据需要购买的，瑞士的政府出版物也通常是购买而来，还有一些有特殊意义的政府出版物也是通过购买方式予以采集收藏。

3 英国国家图书馆国际组织与政府出版物资源服务现状及特点

3.1 英国国家图书馆国际组织与政府出版物资源服务现状

英国国家图书馆国际组织与政府出版物资源服务与利用主要有线下服务和线上服务两种服务形式。

3.1.1 线下服务

20世纪90年代前，英国国家图书馆的国际组织和政府出版物是由专门的政府出版物文库收藏管理并提供服务的，而目前国际组织和政府出版物是与社会科学的图书、期刊和研究报告文献一起，在圣潘克拉斯社会科学阅览室被提供给读者。圣潘克拉斯阅览室提供的服务有：现场开架阅览服务、从闭架书库索取后在阅览室阅览服务、免费网上数据库和网络资源服务。由于空间限制，这些大多数资源是闭架资料，需要读者发出预约请求才能使用。

圣潘克拉斯阅览室开架阅览的文献有：参考书、期刊、英国官方出版物、统计资料、法律资料、索引目录等。闭架文献包括：英国政府出版物（除上述开架阅览外的）和其他官方出版物、其他国家和国际组织出版物、英国大选登记册[5]。

阅览室还提供网上数据库和电子期刊（http://www.bl.uk/eresources/main.shtml），提供大约800个数据库。阅览室还配备参考咨询台提供检索帮助，并向读者提供一系列印刷型和电子型的免费指南，详细说明政府出版物馆藏情况和使用方法。

3.1.2 特藏资源在线服务

2007年7月4日，英国国家图书馆启动了"Explore the British Library"网上查询系统。该系统是基于社会科学阅览室的馆藏而建立的。通过"Explore the British Library"可以找到图书、报告、期刊、报纸等图书馆馆藏信息。由于大多数国际组织和政府出版物没有被单独编目，因此它们没有被收录在网上的公共目录中，必须用一些专用的索引和指南进行检索[6]。为了方便读者在馆藏中和网络上找到这些文献，图书馆的网站上列出了带链接的指南，这些指南有西欧各国政府和图书馆网站，还有美国等国家的官方公告以及联合国的官方公告等。该网站还可以直接链接到各国和各组织的主要官方网站和世界各地的政府网站。读者可以在该阅览室联网检索和阅览大量政府出版物的光盘和网络数据库，并可根据需要下载打印。

值得一提的是，在英国国家图书馆的网页上有许多途径可以为每一位想利用国际组织和政府出版物馆藏的读者提供导航，无论是办证，查询馆舍地点、收藏内容和范围，还是检索资源、预约等都非常方便，任何需要了解英国国家图书馆官方出版物和馆藏的读者都可以从它的网页中得到帮助。

3.2 英国国家图书馆国际组织与政府出版物资源服务特点

英国国家图书馆国际组织和政府出版物服务主要由两个阅览室承担。一方面英国国家图书馆有两个专门的阅览室，依靠丰富的馆藏向读者提供便捷的服务。另一方面，文献提供中心建立了自己的网站，并且负责国际组织和政府出版物网络资源的运行和维护工作，做到了集资源建设和服务于一身。这种提供资源服务的同时可以兼顾到资源建设的模式，也是英国国家图书馆国际组织与政府出版物资源服务的特点之一。同时，英国国家图书馆国际组织与政府出版物阅览室没有集中在一处，两处阅览室分别位于圣潘克拉斯和波士顿，方便不同地区的读者查阅文献。阅览室还经常举办线上、线下的活动，通过与读者互动及时获知读者意见，根据用户需求优化服务，形成了一套良性循环的资源建设服务模式。

4 我国智慧图书馆国际组织与政府出版物资源建设与服务初探

对于"为知识找人，为人找知识"的图书馆而言，资源建设与服务是永恒的课题。今天，信息化发展再次进入新阶段，技术应用的智能化程度不断提升，数据资源蕴藏的巨大能量不断释放，信息技术正在从助力经济发展的辅助工具向引领经济发展的核心引擎转变，图书馆的智慧化转型迫在眉睫[7]。通过研究英国国家图书馆国际组织与政府出版物资源，笔者对新形势下我国图书馆国际组织与政府出版物建设和服务进行了思考。

4.1 智慧图书馆国际组织与政府出版物资源建设

英国国家图书馆国际组织与政府出版物资源建设的最主要途径是交存，英国国家图书馆遵照与各个国际组织的托存协议开展这项工作。这些托存协议对不同机构、不同载体类型的资源有较详细的规定，对英国国家图书馆国际组织和政府出版物资源建设起到了指导作用。中国国家图书馆是联合国批准成立的托存图书馆之一，与联合国的文献托存关系可以追溯到中国国家图书馆的前身——国立北平图书馆。早在 1947 年，国立北平图书馆就与联合国建立了文献托存关系，自 1949 年开始获得联合国主动分发的资料。1958 年和 1982 年北京图书馆（今中国国家图书馆）开始通过国际交换的方式获取加拿大政府出版物和美国政府出版物。1974 年开始通过订购方式获取美国兰德公司（RAND）出版物，1979 年开始订购经济合作与发展组织出版物。但是这都是停留在行政法规和规章制度层面，至今中国尚无一部专门的交存法。法律保障体系的不健全导致法律约束力弱，因此交存的效果不甚理想。

与此同时，随着技术的不断革新，信息时代已经到来，各个机构都在做数字化转型，托存和赠送的纸质文献越来越少。图书馆不论是出于对后疫情时代图书馆服务模式变化，还是智慧图书馆资源建设的考虑，以及目前的经费考虑，都应该重视国际组织与外国政府出版物电子资源的交存，这项工作可以从两方面开展。

4.1.1 健全法律体系，利用开放获取智慧化构建特藏资源库

我国在 2018 颁布了《中华人民共和国公共图书馆法》，这是我国图书馆领域第一部国家层面的法律，为我国图书馆事业的法制化提供了保障。其中第二十六条规定"出版单位应当按照国家有关规定向国家图书馆和所在地省级公共图书馆交存正式出版物"。有了这个国家层面的规定，还应该具体细化交存细则，制定我国交存法律，推进我国智慧图书馆交存工作。

随着科技的进步，图书馆电子资源越来越多，中国国家图书馆联合国资料组于 2020 年对联合国及其下属机构文献资源的开放获取做过较全面调研，结果显示其中开放获取所占比例较高。在购置经费有限的条件下，如果考虑电子资源的交存模式，将会更加精准地补充国际组织与外国政府的馆藏。对于一些不能交存的文献，图书馆可以以开放获取资源为主要采集对象满足用户对网络资源的需求。

4.1.2 探索交存形式，智慧化构建"虚拟托存图书馆"系统

目前，国内获得联合国及其他国际组织文献托存资格的图书馆分散在多个省市，由于图书馆的性质和行政归属差异，这些托存馆各自为政，缺乏沟通，造成采访工作重复进行。受传统文献难以共享的限制，国内托存图书馆之间无法形成合作联盟。因此可以搭建一个虚拟图书馆平台，通过智能技术，实现智慧图书馆资源的共知共建共享。按照"元数据集中，对象数据分散"的原则，建设分级分布式数字图书馆资源群。中国国家图书馆国际组织与外国政府出版物组作为独特的馆藏文献资源的管理者，可以有序组织，与各级数字图书馆沟通，搭建智慧服务平台。通过这个平台，连通多渠道知识服务平台，为读者建立知识服务体系。

4.2 智慧图书馆国际组织与政府出版物资源服务

智慧图书馆建设的重要落脚点是服务。英国国家图书馆国际组织与政府出版物资源从采访到服务的工作集于一体，由文献提供中心完成，这一点和我国相似。中国国家图书馆该类特藏文献的采访和阅览工作集中在国际组织与外国政府出版物组。这种资源构建模式能充分掌握资源收藏和利用情况，这对于智慧图书馆服务是一大优势。

4.2.1 梳理智慧服务中的国际组织与外国政府出版物资源

中国国家图书馆与联合国建立文献托存关系已有 70 多年。经过 70 多年的文献收藏管理，该部分馆藏无论是收藏历史、收藏品种，还是收藏数量均属国内最好。庞大的馆藏大部分都在闭架基藏库保存，要想以该部分馆藏为基础为读者提供智慧服务首先要梳理文献。

（1）按机构性质分类梳理

针对国际组织与政府出版物资源，要根据出版机构梳理资源，这样对于学者和研究机构查询资源有很大帮助。按照联合国系统、其他国际机构、外国政府分类原则，从数

量、文献类型、出版年、语种多角度进行汇总。

（2）按区域和语种分类梳理

当今社会呈现区域化发展的特点，对于国际组织而言，分布在不同地区的国际组织，其出版物自然也有区域特点。对于外文资源，语种无疑是区分资源的一大要素。

（3）载体类型梳理

随着技术的发展，载体形式呈现多样化特点。除了传统纸质文献，电子文献、缩微制品、光盘、胶卷也成为国际组织与外国政府出版物的重要分类标准。

4.2.2　优化国际组织与外国政府出版物资源智慧服务平台

联合国资源整合服务平台始建于 2013 年，经过近 10 年的发展，无论是平台的界面呈现还是内容和功能都不再适用于智慧视角下图书馆的服务，平台需要向智慧化方向优化升级。

（1）以当代审美为基础，优化平台 UI 界面

美学也是智慧图书馆建设的一大特点，同样也适用于图书馆网络平台的建设。国际组织与外国政府网络服务平台的设计排版已经不适用于当今的审美标准，其页面设计更像政府网站。这也造成了用户视觉体验不佳以及访问量低和跳出率高的问题。这需要平台建设者以当代美学为基础，设计符合图书馆网络要求的 UI 界面，建设更人性化、智慧化的服务平台。

（2）以需求为导向，为用户搭建智慧化数据源库

联合国资料阅览室的读者主要是学生和研究人员，其需求与国内外时事、大政方针政策紧密相连。平台在改版过程中，要把读者信息需求的时效性特点考虑在内，利用各种信息技术手段和智慧化设备，摸清用户检索习惯与数据库使用偏好，有针对性地建立专题数据库。

（3）以技术创新为支撑，为用户提供智慧化服务

借助智能技术，将读者—信息资源—馆员—服务空间串联成智慧的信息生态有机体，图书馆在平台信息更新过程中，摆脱全部依靠人力进行资源检索、筛选、标引、上传和发布，转型为依靠核心馆员＋技术手段，利用人工智能和大数据，智慧化整合信息，提高信息辨识度和利用水平，提升智慧服务效能。

面对卷帙浩繁的国际组织与外国政府出版物，中国国家图书馆对特藏资源揭示和利用做了多重尝试。相信在国家政策的支持下，以智慧图书馆建设为契机，中国国家图书馆将对该特藏资源智慧化建设和利用进行更多的探索和尝试。

参考文献

［1］陈尧光. 大英图书馆一瞥［J］. 国外社会科学，1980（8）：73-75.

［2］National and international government publications［EB/OL］.［2022-03-16］. http：//www.bl.uk/reshelp/findhelpsubject/socsci/offpub/officialpublications.html.

［3］Official publications［EB/OL］.［2022-03-16］. http：//www.bl.uk/reshelp/atyourdesk/docsupply/

collection/official/.

［4］辜军.大英图书馆政府出版物的收藏和利用情况［R］.国家图书馆馆级科研课题国际组织与外国政府出版物的研究与开发利用，2004.

［5］St Pancras opening times—Including free entrance Hall exhibitions［EB/OL］.［2022-03-21］. http：//www.bl.uk/abouts/quickinfo/loc/stp/opening/index.html.

［6］Explore the British Library［EB/OL］.［2022-03-21］. http：//explore.bl.uk/primo_library/libweb/action/search.do?vid=BLVU1.

［7］饶权.全国智慧图书馆体系：开启图书馆智慧化转型新篇章［J］.中国图书馆学报，2021（1）：4-14.

智慧图书馆时代的缩微人才培养体系构建

樊向伟（缩微文献部）

伴随着信息化的高速发展，人工智能、大数据、云计算、物联网、区块链、5G 等智能技术将社会转向智慧化和智能化，图书馆界也因此发生了深刻的变革，以"全国智慧图书馆体系"的构建开启了图书馆的智慧化转型。在全国智慧图书馆"1+3+N"的整体框架下，培养一支包括学科馆员、数据馆员、交流馆员、科研信息助理、智库专家、知识产权服务专家等专业人才在内的新型人才队伍，是实现智慧图书馆高质量发展的强力保障[1]。公共图书馆的人才队伍建设的成效直接关系到公共图书馆的长远发展，并进一步影响社会的文化和文明建设[2]。加强人才队伍建设已经成为图书馆界的共识，几乎所有图书馆为了深层次发展都把人才队伍建设放在首要地位。

全国图书馆文献缩微复制中心（简称"缩微中心"）自 1985 年成立以来，先后带领 23 家成员馆、19 家资料馆有组织、有计划地开展珍贵文献缩微抢救工作，为我国的文献保存保护作出了突出贡献。缩微事业的可持续发展离不开缩微人才，而高素质的缩微人才必须依托科学的发展规划、健全的培养体系进行全方位培养。为此缩微中心"十四五"规划从缩微发展全局出发，以国家图书馆"十四五"规划中的高素质人才队伍建设方案为蓝本[3]，提出培养综合性缩微技术研究和管理人才的愿景，即完善缩微技术培训资料、完善缩微业务培训体系[4]。本文通过总结缩微人才培养的现状、智慧图书馆时代对缩微人才培养的新要求，探索性构建智慧图书馆时代缩微人才培养体系，以期对缩微中心的人才工作提供参考。

1 缩微人才培养现状

1.1 新形势下缩微从业人员的不稳定性

缩微文献具有介质稳定、保存期长、体积小、成本低、法律凭证等优点，这也是缩微工作能够长期开展的重要考量，但缩微文献无论是在发展规模、社会影响，还是公众使用率方面均不能与纸质和数字文献相比。进入 21 世纪后，伴随着信息和数字技术的迅猛发展，新的技术深刻地影响了人们获取和利用信息的方式，数字化信息越来越受到人们的青睐，而缩微文献的载体形态注定其逐渐淡出读者的视线。与此同时，对缩微技术的质疑声也随之而来，有学者认为缩微技术已是夕阳产业，最终会被数字化取代，缩微事业的发展受到前所未有的冲击[5]。

截至 2022 年，缩微中心共有 23 家成员馆，部分成员馆的缩微工作规模不断缩减，缩微从业人员不断更替和减少。据调查，各公共图书馆直接从事缩微工作的人员大概为200人，只有2家成员馆直接设有与"缩微"相关的部处，其余均在其他相关部门下设立，各成员馆缩微工作人员平均3—5人，少则1人，且多数还承担着其他任务。如新疆维吾尔自治区图书馆[5]在2017年加入缩微中心，但能够直接从事缩微工作的仅4人，同时还负责部门、单位的日常工作，人员紧缺，甚至面临着临时被支配到其他部门工作的局面。其他成员馆也不容乐观，有的成员馆仅有1人间断从事缩微工作，缩微人员严重匮乏。而另外一些则面临着新馆建设、旧馆搬迁，缩微工作只能暂时停滞，缩微人才培养工作连续性无法保证，培养效果堪忧。缩微工作本身是一个精细的技术工作，需要从业者具有较高的专业技术能力和优良的职业素养，人员的高流动性和业务的间断性，均不利于缩微事业的高质量发展。

1.2 缩微人才培养政策研究的滞后

三十余年来，缩微人才的培养多以言传身教的方式不断传承，但近年来缩微行业面临着第一代缩微人相继退休，新员工得不到及时补充的情况，人才断层现象显现，缩微人才培养的相关工作明显滞后。图书馆行业内对缩微人才培养的研究不够充分，研究课题多为大而全的图书馆整体业态，鲜有对缩微业务的涉及或论述。从相关研究来看，目前只有王青云[6]根据戈德斯坦模型对文献缩微人才的培训需求分析方法进行了研究，并以数转模工作为例，总结了文献缩微培训需求分析的一般研究范式，但对缩微人才的整体能力培养等没有深入论述。

近年来，缩微中心也在不断适应时代的变化，进行了多方面的规划和研究，2017年和2021年，分别出台缩微中心"十三五""十四五"发展规划，均对缩微人才培养的相关工作从缩微中心高效优质发展的战略高度做了专项论述[4, 7]，以期不断加大对缩微技术人员的培养和扶持力度，提高工作人员的整体业务素质，打造高素质专业人才队伍。缩微从业者也逐渐开始重视缩微人才培养，如杨柳青[8]提出"制定符合缩微人才培养机制，督促缩微工作者积极学习新技术、熟练掌握各种智能硬件和软件的操作方法"。总体来讲，缩微人才培养的政策有待加强，与全方位立体化的人才培养局面有一定差距。

1.3 缩微人才培养体系的缺失

图书馆界关于人才培养的研究，一般是在人才政策的框架下讨论的，人才培养的内容则更多侧重于不同培养方式的探讨。将人才培养提升到战略体系的高度，有利于突破图书馆事业人才培养的瓶颈，实现图书馆事业的可持续发展。

对于图书馆人才培养体系的研究，姚迎[9]论述了建立科学的培养体系的原则、多样化的培养形式，并介绍了培养效果的评估方法。邹婉芬[10]将图书馆人才培养专项规划的重点任务概括为"4+1"，即人才培养制度体系、人才培养方法体系、人才培养评价体系、人才培养课程体系，外加一个在线课程平台。该培养体系对智慧图书馆时代的缩微人才培养工作有重要借鉴意义，该体系从政策制定、培养方法、培养平台、人才评价等方面形成一个闭环，着力人才的动态可持续培养。缩微人才培养体系目前还未进行过深入研究，也未形成有效的共识，对缩微人才培养体系的研究有助于从战略高度总体把控缩微人才工作。

2　智慧图书馆时代对缩微人才培养的新要求

2.1　将缩微人才培养纳入缩微事业发展的新格局

智慧图书馆时代图书馆将向社会提供更加高效便捷、更具有智慧化的信息服务，缩微文献同样面临着智慧化转型的关键抉择，如何加工缩微文献、文献服务如何突破时空的限制是每一位缩微人应该思考的问题。

同时具有对智慧图书馆广阔发展前景、缩微文献战略价值感知的高素质人才将是缩微事业可持续发展的核心资源，新时代缩微技术强大的内生发展力不仅需要传统的缩微技术人才，还需要对大数据技术、人工智能技术等新生技术熟悉、了解，甚至能将其融合在传统缩微技术的人才。建设一支规模宏大、结构合理、素质优良的创新人才队伍，激发各类人才创新活力和潜力[11]，是习近平总书记对建设科技强国的殷切期待，也是智慧图书馆时代缩微人才队伍建设的方向。新时代的缩微从业者必须具有多学科的知识背景、较强的自学能力、独立的科研与创新能力、熟练掌握智慧技术，将传统缩微技术有机地融合进智慧图书馆的发展进程中。缩微中心"十四五"规划提出要"培养综合性缩微技术研究和管理人才，打造高素质专业人才队伍"[4]，这是缩微中心站在智慧图书馆的新时代对缩微人才做出的新定位。新时期，必须将高素质人才培养政策纳入缩微事业发展的总体框架中，以战略定基调，高瞻远瞩，培养符合时代需求的缩微人才。未来缩微中心应针对人才政策出台具体的人才战略规划，将人才的各项政策落到实处，培养有助于缩微智慧发展的新型人才。

2.2　吸纳新技术，开辟缩微人才培养新篇章

智慧图书馆时代，图书馆对新技术的应用不断将传统图书馆业务向智慧化方向提升，从图书馆业务全流程的智慧化管理到信息资源的立体化集成互联，从知识服务生态网络的纵横贯通到线上线下学习阅读空间的虚实转换，无一不向人们展示着曾经的科幻电影场景正在逐步走向日常生活。智能技术的发展缩短了个人与其他事物的感知距离，信息传播和接受向关联化、智慧化、泛在化方向发展。每一次技术升级都对各行各业带来强劲的冲击，在缩微领域，传统的培训方式，如线下实体培训班，越来越不能满足缩微人员对获取知识的实时性、精准性、立体性的要求。在智慧图书馆时代，缩微的人才培养服务应依托已有服务内容，创新性引入先进技术手段和平台，将缩微相关的政策、规划、技术汇聚成体系化知识，供缩微同人获得即时性、可持续性、最新的缩微动态和信息。缩微中心借助于仿真技术、智能机器人、AI技术、AR技术可以实现身临其境的业务指导、缩微设备维修等，缩短业务沟通距离，促进业务快速高效发展。

2.3 注重缩微人才培养的系统性、专业性

未来的缩微人员将是既懂缩微技术，又懂智慧化技术和设备的复合型人才，在制订缩微人才培养规划时要重视规划的系统性和专业性。从缩微胶片生产加工、长期保存，到利用智慧图书馆系统对缩微文献进行活化利用，从建立线上虚拟服务场景，到维护线下胶片实体，缩微人既肩负着抢救珍贵文献资源的艰巨使命，又承担着"将典籍里的文字活起来"的新时代任务。智慧图书馆时代的缩微人员必须系统化重建缩微基础业务，充分认识缩微技术在古籍文献长期保存中的重要地位和作用；同时还要熟练掌握各种智能软硬件的基本原理和操作方法，以适应未来智慧缩微的发展变化。

2.4 探索同档案馆等单位的横向联系

目前，国内使用缩微技术保存文献的主要是省级公共图书馆、重点企事业单位和档案馆。智慧图书馆时代，势必建立联通全国各级图书馆、档案馆、文化馆、博物馆、私人藏书楼等文献收藏单位，打破文献资源地域壁垒，建立多级联动的缩微事业新格局，开启全域缩微事业共同发展的新高潮，为典籍的长期保存和活化利用奠定坚实的基础。新时代，缩微中心应重新搭建事业架构，以点促面，吸引更多单位参与，以培养缩微高端人才为契机，借助发达的网络技术扩大缩微培养工作的范围，向外界宣传缩微技术，展示缩微技术的特点和优势。

3 智慧图书馆时代缩微人才培养体系的构建

智慧图书馆时代的缩微人才培养体系既要符合缩微事业智慧化的发展要求，又要满足缩微人员的个人职业追求。近年来缩微从业人员低龄化趋势明显，人才队伍年龄结构得到明显优化，青年人才逐渐成为主力，但青年人从事缩微工作的综合素质有待提升。缩微中心应将青年人才工作放在重要位置，重视青年员工的业务培训，完善人才培养机制，充分激发人才的创新潜力。科学的缩微人才培养体系要以缩微职业发展规划引导为基础、制定多元化的培养目标、提供多样性的教育培训方式、建立科学的人才评价体系[2]，对人才成长、成才进行全方位指导和服务。因此，对智慧图书馆时代缩微人才培养体系的初步构建主要有以下几个方面，总结为"5 个体系、1 个平台、1 个实验室"。

3.1 立体化人才培养制度体系

智慧图书馆时代缩微中心应深刻认识人才工作的重要性，坚持人才引领发展的战略地位，从可持续发展的战略高度加强人才培养制度体系的顶层设计，建立健全适应行业智慧化发展的全方位培养方案、课程、评估、激励制度，搭建人才培养的体系化平台，营造爱才、敬才、用才的良好环境，为缩微事业健康发展奠定坚实的制度基础。

3.2　多层次人才培养方法体系

国家图书馆在其"十四五"发展规划中强调要完善分级分类培训机制，提高人才队伍整体素质[3]。对缩微人才的培养需要科学化和差异化并存，通过设立专项人才培养计划，如缩微雏鹰计划、创新英才计划、智能技术攻坚计划、高层次骨干领军计划等，将缩微人才的个人发展与中心整体事业格局有机统一，建立科学合理的分层培养方法体系，激发科研探索的内在动力，促进人才基础业务、专业技术能力、科研攻关能力协调发展。

3.3　多样化人才培养途径体系

目前缩微中心在人才培养方面主要采取的措施有缩微技术培训班、实地进修、到馆培训、即时培训等。在智慧图书馆时代，缩微中心还应积极探索参与学术会议交流活动、发挥青年理论研讨班的作用、建立缩微技术导师制等形式，让缩微人才通过各种方式得到有效的培养。

3.3.1　参与学术会议交流活动

学术交流活动是获取学科信息、交流学术经验、了解行业发展最新动态的绝佳方式，缩微中心应利用好海峡两岸档案及缩微学术交流会，积极加强同国内外缩微协会、图书馆协会、档案协会的联系和业务往来，构建缩微事业新生态，建立学术交流互动平台，加强学术信息发布、传播、反馈机制，改变传统的信息被动接受模式，以用户为中心，提供即时精准的学术交流信息，激发缩微人才的前沿技术研究兴趣。

3.3.2　组建青年理论学习联盟

青年人是缩微事业的骨干力量，缩微中心应依托缩微青年理论学习小组组建青年理论学习联盟，定期开展缩微相关新技术的研究和学习，形成品牌机制，营造科学研究氛围。进一步，要积极吸纳各成员馆缩微人才，形成整体协调一致发展的局面。理论学习联盟以攻关新出现的智能技术、学习重要学术论文、翻译国外最新缩微技术进展、研讨缩微事业发展瓶颈和解决方案等为任务，发挥青年人才的主观能动性，着重培养缩微青年人才的计算机能力、外语能力、学科前沿探索能力、学术撰写能力等，实现青年人才综合能力的稳步提升。

3.3.3　实行缩微技术导师制

国外图书馆人才培养在培训方式上，除了传统的培训班、学术研讨会外，还采用辅导制，即一对一的培训[12]。在我国，与缩微技术相关的古籍修复工作中，国家级古籍修复传习中心一直保持着师带徒的传统培养模式，由师父"手把手"传授古籍修复技艺，建立古籍修复人才培养的长效机制[13]。缩微中心可借鉴辅导制和拜师仪式，将缩微技术向高等教育的学科化发展，遴选缩微高级技术人员，建立导师制度，完善导师梯队，实行学员导师双向选择制，促进缩微人才培养的可持续发展。

3.4 系统化人才培养课程体系

缩微技术发展三十多年来，其技术的成熟性已得到共识，智慧图书馆时代必须重新系统梳理成熟的经验和技术，开发一套标准化培养课程，使缩微技术得到系统的传承和发展。

3.4.1 职业规划和素养课程

缩微技术作为一门较冷门的学科，虽归于图书馆档案系统之下，但在高校教育体系中涉及几乎为零，高校教育与缩微实际工作内容的严重脱节以及枯燥的缩微文献加工过程让新员工很难获得职业成就感，系统的职业规划培训有助于缩微技术人员提升对缩微技术、缩微文献价值的深刻认识。缩微职业规划课程应以人为本，因人而异，善于发现人才的优缺点。缩微品质量和服务的好坏不仅取决于高性能设备的配置，还取决于缩微技术人员的业务能力和职业素质。三十多年来，缩微人对职业素养有清晰的认识，齐淑珍[14]对缩微工作人员的素质提出了较高的要求：熟悉业务、有责任心、认真细心、有团队精神、善于学习和思考等。在智慧图书馆的新时代，缩微人的初心和使命更加弥足珍贵，职业规划和素养课程是成为一个合格缩微人的第一步。

3.4.2 缩微技术和信息技术课程

缩微技术和信息技术课程要保证系统性、多样性、独立性、针对性，主要包括缩微通识课程及专业技术课程。通识课程主要为缩微技术的基本知识、缩微的整体业务等，专业技术课程即关于缩微工作全流程的操作方法、服务内容等。另外还应设置个性化课程，如"开放性讨论课""缩微前沿技术研讨课"等，以丰富课程形式、激发创新思路，这样的结构化课程体系既能满足不同水平人才的个性化需求，又能激发人才的学习主动性。缩微专业技术课程还应保持课程的开放性和创新性，建立完整的课程优化、更新机制，确保课程能够紧跟技术和时代的发展。

3.5 科学化人才培养评价体系

人才的考核和评估是对前期培养工作的评定和总结，客观公正的评价工作既可以为未来的培养工作提供可靠的反馈信息，又可以把握人才的培养状态进而及时做出调整。缩微人才的考核可根据不同的人才培养目标分层精准地设置考核标准，建立多样化的评价指标，通过定量和定性的评价指标，科学地评价缩微人才在基础业务、科研成果产出、项目培训等工作中的表现。缩微中心通过建立人才成长档案、追踪人才成长轨迹从而进行精准和个性化指导，引导缩微人才逐步独立承担业务和项目，激发研究兴趣，助力人才快速成长。

3.6 建立信息化缩微课程平台

3.6.1 缩微网上课程系统

智慧图书馆的核心在于为用户提供各种智慧化服务[15]，新时代缩微培养方式应积极结合新技术的发展和应用，以缩微课程体系为依托，整合缩微中心的培训项目和资源，运用成熟的慕课等平台和技术将缩微标准化课程打造成一站式学习服务体系，提高缩微人才培养的信息化水平。同时更加注重个性化和交互性，依靠人工智能等技术捕捉培训用户的兴趣、需求及学习效果，为用户实时推送精准的碎片化知识[16]，提供学术前沿论文、讲座培训等定制信息服务，让用户成为缩微知识创造和分享的主体，实现知识、用户、机构之间的互联沟通，促进知识的转化和共享。

3.6.2 缩微在线问答题库社区

缩微题库是培训和评价工作的辅助性手段，与网上课程相伴而建。缩微题库结构依托标准化课程进行设计，突出核心重点，同时关注技术发展前沿。缩微题库通过丰富的标签系统与标准化课程智能关联，构建缩微关联知识网格；引入在线互动模块，形成一个开放性问答社区；以用户缩微知识需求为引导，为用户提供及时、精准、准确的智慧化知识服务，强化用户缩微技术知识的领悟力度。

3.7 智能化缩微创新实验室

缩微创新实验室旨在以智能化缩微技术为契机，汇聚优秀缩微人才，在缩微技术前沿探索、智能化缩微加工器械、开发智能化缩微文献数据库系统、构建智能化缩微流程系统、研发智能化缩微阅读系统和设备[8]等领域组建青年攻关小组，为青年人创造创新的环境和条件。在创新实验室内遴选具有科研潜质的学术型人才，以攻关项目为核心，选配具有高级技术职称的缩微高级管理人员、大学教授等进行项目指导，通过承担或主持研究项目系统化培养缩微人才的科研能力，促进缩微人才综合素质的全面提高。

缩微人才是缩微事业智慧化发展的基石，优秀的缩微专业技术人才、管理人才及科研学术队伍将引领缩微事业积极同智慧图书馆建设相向而行，把握缩微事业发展的又一次机遇。智慧图书馆时代，缩微中心应充分尊重人才的成长规律，营造"人人皆可成才，人人尽展其才"的培养环境，借助新技术的发展和应用，着力培养未来有影响力的专家，引领智慧缩微事业不断开拓进取。

参考文献

[1] 饶权.全国智慧图书馆体系：开启图书馆智慧化转型新篇章[J].中国图书馆学报，2021（1）：4-14.

[2] 许文惠.公共图书馆人才队伍建设的对策分析[J].江苏科技信息，2016（4）：47-48.

[3] 国家图书馆.国家图书馆"十四五"发展规划[R].北京：国家图书馆，2021.

[4] 全国图书馆文献缩微复制中心.全国图书馆文献缩微工作"十四五"发展规划[R].北京：全国图书馆缩微复制中心，2021.

[5] 徐凤翔.新疆图书馆缩微工作启航新征程[J].数字与缩微影像，2022（1）：18-21.

[6] 王青云.文献缩微人才培训的需求分析方法研究[J].数字与缩微影像，2020（2）：19-21.

[7] 全国图书馆文献缩微复制中心.全国图书馆文献缩微工作"十三五"时期规划纲要[R].北京：全国图书馆缩微复制中心，2017.

［8］杨柳青．人工智能在数字缩微建设中的应用［J］．农业图书情报学报，2020（4）：59-67.

［9］姚迎．图书馆人才培养体系浅议［J］．图书馆研究与工作，2003（4）：36-38.

［10］邹婉芬．图书馆人才队伍建设专项规划构想［J］．山东图书馆学刊，2020（1）：38-41.

［11］习近平．为建设世界科技强国而奋斗——在全国科技创新大会、两院院士大会、中国科协第九次全国代表大会上的讲话［EB/OL］．［2022-03-15］．http：//www.xinhuanet.com/politics/2016-05/31/c_1118965169.htm.

［12］汪静．国外图书馆人才政策探究［J］．图书馆建设，2020（1）：145-151.

［13］刘佳思．"师带徒"传承古籍修复技艺　2名弟子22日拜师师玉祥［EB/OL］．［2022-03-25］．https：//hunan.voc.com.cn/article/201102/2021022221614274113.html.

［14］齐淑珍．缩微工作人员应具备的素质［J］．数字与缩微影像，2013（2）：25-27.

［15］吴志强，杨学霞．智慧图书馆的研究与实践在中国的发展［J］．图书情报工作，2021（4）：20-27.

［16］陈喆．智慧图书馆背景下关于信息服务的思考与展望［C］//国家图书馆．2021年国家图书馆青年学术论坛论文集．北京：国家图书馆出版社，2021：1-7.

智慧图书馆环境下国家图书馆资源捐赠工作的思考

王　菲［研究院（业务管理处）］

　　智慧图书馆的建设是基于以人为本的图书馆建设与服务理念，并辅以智能手段为驱动对图书馆各项业务进行的智慧转型升级。在智慧图书馆建设环境中的资源捐赠工作应注重用户体验、注重作品权益保护，同时规范资源的使用与保存，使图书馆文献捐赠工作成为充实馆藏文献资源、推动开放馆藏建设、助力智慧图书馆建设水平、深化全民参与国家公益事业的重要途径。

　　接受捐赠是国家图书馆馆藏文献来源的重要补充，是社会各界踊跃支持国家公益事业、参与国家图书馆馆藏建设的直接途径，更是新时代背景下国家图书馆传承文明、服务社会的重要体现。在国家图书馆 112 年的发展历程中，文献捐赠工作对馆藏资源建设以及图书馆事业发展起到了不可替代的重要作用。自建馆伊始，除继承宋代以来历代皇家藏书和近现代法定缴存本外，社会各界的慷慨捐赠是国家图书馆丰富馆藏文献的重要渠道，在国家图书馆历史上，梁启超、傅增湘、郑振铎等众多饱含家国情怀的学者大家将所藏珍品捐赠国家图书馆，为国家图书馆馆藏的发展增添了浓墨重彩的一笔。近年来，随着出版物类型的日趋多样化，多数机构用户、个人用户手中拥有的资源已不再局限于图书、古籍、书信等，线上开放教育课程、短视频资源、影像资源、网络出版物等已成为当下互联网用户创作和浏览的主要文献资源载体。在新冠肺炎疫情暴发期间，社会各界在"停工不停产""停课不停学"等号召下，纷纷利用互联网和各大资源平台，利用线上资源进行知识传播与交流学习，进一步促进互联网资源与线上阅读的发展。中国新闻出版研究院发布的第十八次全国国民阅读调查结果[1]显示，2020 年成年国民人均每天互联网接触时长为 67.82 分钟，手机阅读和网络在线阅读成为成年国民数字化阅读的主要方式。

　　多类型网络文献资源的产生与普及，为智慧图书馆文献资源的建设、服务利用与保存提出了新的要求与挑战，也引发了对智慧图书馆建设中资源捐赠工作的思考。如何鼓励更多有影响力的机构、用户将其创作或拥有版权的优质资源捐赠给国家图书馆，如何实现不同权益网络捐赠资源的管理与服务，并对海量资源进行长期保存，是智慧图书馆建设环境中捐赠工作亟待解决的问题。

1 国家图书馆文献捐赠概况

1.1 接受捐赠的主要类型

近年来，国家图书馆接受捐赠的文献类型丰富，既有中外文出版物、资料等纸本文献，又有音像制品、电子出版物等其他载体文献资源，更有善本、普通古籍、金石拓片、舆图、老照片、家谱、名家手稿等具有保存和研究价值的古籍特藏文献。除此之外，随着国家典籍博物馆、国图艺术中心、中国记忆项目等业务的拓展，不乏因展览、演出、讲座及口述史相关项目带动的捐赠文献，如名家书画作品、签名本、近当代艺术家手稿、记忆资源及实物类的捐赠。同时，相关资源征集工作的开展，如数字作品版权征集、战"疫"记忆库征集项目等，带动了相关各种类型资源的捐赠。

根据 2015 年至 2019 年[①]业务工作统计，国家图书馆五年中共接受中文纸本文献、外文纸本文献、古籍特藏文献、其他载体类型[②]各类捐赠文献资源总量达 151436 册/件，年平均接受捐赠文献资源量为 30287 册/件，总体呈增长态势。具体情况详见表 1，各类型捐赠文献数量呈整体上升态势，见图 1。

表 1 2015—2019 年国家图书馆接受捐赠文献总量

单位：册/件

年份	中文纸本	外文纸本	古籍特藏	其他载体	年度总量
2015	16726	10462	3710	723	31621
2016	12690	10100	6393	1383	30566
2017	10569	10703	2714	704	24690
2018	8609	9539	11084	320	29552
2019	21267	7345	5453	942	35007
五年总量	69861	48149	29354	4072	151436
年平均	13972	9630	5871	814	30287

---

① 2020 年、2021 年因受疫情期间闭馆、限流等因素影响数据有所偏离，文中以疫情前捐赠数据为参考依据。

② 其他载体类型仅含中外文音像制品、电子出版物。

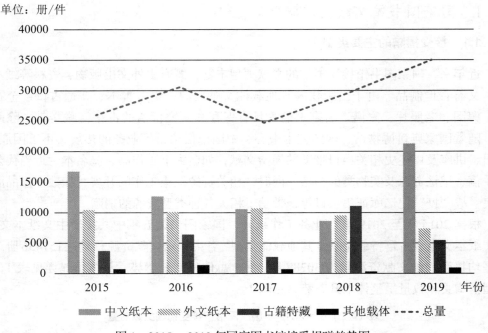

单位：册/件

图 1   2015—2019 年国家图书馆接受捐赠趋势图

1.2   国家图书馆资源捐赠特点

1.2.1   捐赠者多出于公益意识进行捐赠

近年来，国家图书馆的捐赠动因主要包括公益意识、业务（学术）往来、慕名而来、处理先人遗物、他人牵线、新书发行仪式、征集、讲座、展览等①。以古籍特藏类捐赠为例，公益意识在该类型文献捐赠动因中所占比例最大[2]，即将个人所藏文献资源捐赠给国家，供公众参考使用的同时，得到永久存藏，是大多数捐赠者向国家图书馆捐赠文献的首要原因。同时，出于公益意识捐赠文献的多为当代学者、名人之后、海外华侨等，是近年来主动向国家图书馆进行大量文献捐赠的重点群体。

1.2.2   公共文化服务职能的拓展带动捐赠

近年来，随着国家典籍博物馆、国图艺术中心、中国记忆项目等公共文化服务职能的不断拓展，国家图书馆接受捐赠的类型和渠道日益多样化。例如：社会教育部在中国记忆项目相关工作中，受到多家机构和个人的慷慨捐赠，尤其是口述史项目的参与者或机构会将与口述相关的资料或实物捐赠给国家图书馆，带动了相关日记、书信、工作笔记、乐谱、手稿以及个人收藏文献的捐赠；国图艺术中心在举办相关演出活动的过程中，接受了诸多现当代艺术家的亲笔签名图书或相关手稿作品；国家典籍博物馆在举办展览过程中，接受相关书画类、非遗类展品的捐赠。

1.2.3   国际交流带动国际体系化捐赠

近年来一些国家的驻华使领馆及社会团体多次向国家图书馆赠送外文文献。其中有

---

①   源于国家图书馆接受捐赠各科组一线人员调研统计。

意大利、法国、比利时、巴西、西班牙、瑞士、阿塞拜疆、厄瓜多尔、马其顿、塞浦路斯等大使馆，还有德国歌德学院德国图书信息中心、驻墨西哥文化中心、北京罗马尼亚文化中心、美国梅尔维尔学会等团体所捐赠文献。除此之外，还有已形成体系化的国际捐赠项目，过去五年中，国家图书馆日文、阿文接受捐赠的文献占该类文献采访总量的34.72%[①]。近年来，国家图书馆设立专门国际赠书阅览室存放国际赠书并提供阅览服务。

1.2.4 古籍保护、文献修复技艺吸引捐赠

国家图书馆是国家总书库、国家古籍保护中心，古籍特藏收藏宏富，享有较高的社会知名度与认可度，鉴于国家图书馆专业的古籍保护条件及专业的古籍整理、修复水平，捐赠者往往愿意将所藏珍贵文献无偿捐赠给国家图书馆。善本类捐赠文献主要为名家手稿、名家文库、精装精印、善本等，过去五年中共接收善本类文献占该类文献采访量的60%[②]，其中较大规模捐赠有 2018 年日本永青文库捐赠的 36 部 4175 册珍贵汉籍。

1.2.5 互联网信息保存、主题资源征集项目带动相关捐赠

自 2019 年以来，国家图书馆设立互联网信息战略保存项目，立足于国家信息安全与社会信息化建设的长远发展，建设覆盖全国的分级分布式中文互联网信息资源采集与保存体系，先后在新浪集团、阅文集团设立互联网信息战略保存基地，分别进行微博、网络文学等互联网资源的战略保存。2020 年国家图书馆联合全国各级各类图书馆，启动中国战"疫"记忆库建设项目，广泛采集与战"疫"主题相关的代表性资源，带动了相关文献资源的捐赠。仅 2020 年上半年，数字资源部、古籍馆、社会教育部共收到机构及个人 70 余次投稿捐赠的各类资源超过 1.67 万件，包括海报、漫画，文章、诗歌、电视剧本、新闻报道、照片、书画墨迹、剪纸、电子图书、纪录片、歌曲、动画等多种类型文献资源的捐赠。

2 智慧图书馆建设中捐赠工作亟须解决的主要问题

2.1 互联网资源捐赠渠道需进一步拓宽

国家图书馆现有捐赠文献的主要来源渠道为电话咨询、直接邮寄捐赠。国家图书馆 PC 端、网页端提供关于捐赠的相关信息公告，但在微信公众号、服务号、手机门户、"国家数字图书馆"App 尚无捐赠信息揭示或捐赠渠道，输入"捐赠"也仅呈现涉及捐赠的书目信息，接受捐赠渠道较为单一，较难满足互联网用户对文献资源捐赠的渠道需求。

受限于捐赠渠道，捐赠者来源集中于知名藏家、当代名人学者、海外华侨、名人之后、文献著者编者、业内人士等，机构包括出版机构、科研机构、文博单位、政府机构等，这些捐赠者仍为传统的纸本文献收藏者或出版者，而很少有互联网多媒体资源捐赠方，因此也在一定程度上限制了多媒体互联网资源的捐赠。例如在数据库捐赠方面，国家图书馆现有受赠数据库均为在商购数据库采购过程中，因数据库商销售策略进行的

[①②] 数据源于国家图书馆业务工作统计月报。

"买赠"数据库，非实质意义上的公益捐赠数据库。根据中国社科院研究团队《企业公益蓝皮书（2021）——基于第三次分配视角》的调研[3]，公益捐赠前十名企业中，民营企业略多于国有企业，其中阿里、腾讯、蚂蚁等互联网公司进入前五。随着民营企业的发展，民营企业在企业社会责任理念驱动下，越来越重视参与社会公益事业。对于拥有海量资源又注重社会效益的互联网机构，如能打通文献资源的捐赠/征集渠道，为文献资源的公益捐赠提供统一入口，将在促进更多的优质开放资源为公众服务的同时实现企业的社会效益。

2.2 捐赠接收方式有待进一步智慧化、系统化

国家图书馆现有捐赠页面仅提供有关本馆捐赠办法的声明，并无用户可在网页上进行自主申请的捐赠界面，较难满足互联网用户对文献资源捐赠的需求。同时，根据国家图书馆馆内接受捐赠流程，不同的资源捐赠归口各相关文献资源建设部门，仅依靠馆员人工记录的方式较难清晰明了地对捐赠文献资源进行统筹管理，不利于馆内各部门之间实现捐赠信息的共享，捐赠者也较难获得其捐赠文献利用、存藏情况的反馈。

笔者对国内外主要图书馆及文博机构进行调研，其中，美国国会图书馆、澳大利亚国家图书馆、韩国国立中央图书馆等（见表2）均提供用户线上申请捐赠的方式，可实现捐赠文献资源的申请、评估、接收登记、分流、入藏或转赠等流程的规范化管理.此外，国内一些图书馆的捐赠工作也注重捐赠管理与服务系统的设计与实现[4]。

表2　国内外主要图书馆、文博机构线上捐赠情况

	机构	线上申请	具体方式
国外	美国国会图书馆	是	捐赠者在网页上提交姓名/机构名称、地址、联系方式、拟捐赠文献描述、拟捐赠文献类型、数量、拟捐赠物品状态等信息[5]
	澳大利亚国家图书馆	是	捐赠者可通过在线提交或邮箱发送申请表的形式提交申请，填写联系人信息，以及包括拟捐赠文献权属、类型、来源、数量、状况等在内的藏品信息[6]
	韩国国立中央图书馆	是	捐赠者在页面填写捐赠申请，包括拟捐赠文献的类别、数量、捐赠方式等信息[7]
国内	首都图书馆	是	点击"我要捐书"，可通过个人一卡通捐赠、邮寄、集体捐书、捐款买书等方式进行捐赠。用户使用一卡通登录后，可选择向市区内各一卡通网点（北京市各辖区公共图书馆）捐赠[8]
	中国国家博物馆	是	首页一级菜单设有"征集"—"我要捐赠"，用户可在线上提供藏品方式（移交、捐赠、征购），填写藏品时期，提交藏品描述、藏品来源、藏品图片等文物信息，以及个人姓名、联系方式等[9]

向图书馆进行资源捐赠是用户参与图书馆建设的最直接途径，建设智慧化的在线捐赠平台将有助于提升用户体验。集"捐赠 / 征集信息登记—信息处理—信息反馈—资源揭示"为一体的"图书馆—用户—资源"交互式的智慧化捐赠管理与服务平台的建设，将为线上用户提供向国家图书馆捐赠文献资源的一站式服务，借助智慧化手段，推进图书馆资源、服务、管理等领域的全面智慧化转型升级。

2.3 捐赠资源权益管理亟须流程化、规范化

互联网、数字资源的捐赠不同于纸本文献的最大特点是其资源权益的复杂性。资源权益，是指图书馆在数字资源建设与利用过程中所应当享有的权利，包括知识产权、其他合同约定权利等[10]。捐赠资源权益管理，就是要对上述权利进行有效的管理和运用，从而规避和化解可能存在的侵权风险和纠纷，并进一步促进图书馆对资源使用权益的争取或获取。

在智慧图书馆建设环境下，图书馆各类捐赠资源体量不断扩大，类型不断丰富，包括数据库、互联网资源以及数字化资源，形成不同体量的"资源池"，资源管理和利用将面临复杂的权益问题，包括捐赠合同、授权书、许可协议、使用条款等。图书馆在接受该类资源捐赠并提供利用、保存的同时，需严格按照著作权等法律法规要求，进一步明确接受捐赠权益，如捐赠文献的借阅、复制、放映、展览或者其他方式的使用。如果不能对资源使用权利和义务进行全面有效的揭示和管理，将会导致资源使用中的侵权风险。

但从实际情况看，目前图书馆行业还缺少此类平台工具，亟须加强这一领域的研究与实践，为实现图书馆数字资源权益的规范化和系统化管理提供切实的解决方案[10]。为合理利用捐赠资源提供服务，有必要构建一套系统化、规范化的资源权益管理系统，帮助图书馆全面梳理资源权益。国家图书馆正在研究与设计的基于区块链技术的图书馆知识产权管理系统[11]，目的是解决数字化、网络化时代图书馆知识产权工作确权、维权和用权过程中存在的问题，或将解决资源捐赠与征集中的权益问题。

3 智慧图书馆建设中优化捐赠文献管理工作的思路

3.1 利用网络新媒体，加强对捐赠工作的宣传推介，拓宽捐赠渠道

国家图书馆应广泛利用网络新媒体等多种途径加强捐赠工作宣传，向读者用户推广介绍国家图书馆接受捐赠相关的历史渊源、接受捐赠的主要类型与捐赠方式等，让更多线上用户了解国家图书馆的捐赠工作定位，从而产生群体效应，带动周边用户积极向国家图书馆进行捐赠，进一步提高国家图书馆在业界、文献资源建设领域以及全社会各方各面的影响力。

3.1.1 通过发起资源征集项目有效带动各类资源的捐赠

2020 年国家图书馆启动的中国战"疫"记忆库建设项目在引起社会的广泛关注的同时，也极大带动了相关资源的捐赠。笔者在调研中发现，国家博物馆、北京大学图书

馆等在其官网主页，以"征集"或"捐赠"的方式罗列了该馆正在建设的各种项目，以寻求社会各界的广泛参与和支持。国家图书馆的捐赠工作可注重网络开放资源征集与长期保存，呼吁号召社会各界将资源捐赠给国家图书馆，并签订使用、保存协议维护资源的合法权益，在进一步提升国家图书馆社会影响力的同时，引导社会各界积极参与国家图书馆的文献资源建设。

3.1.2　加大捐赠表彰力度，加强对捐赠资源的宣传与利用

笔者经调研，在国内图书馆及文博机构中，有多家图书馆均在官网进行捐赠的相关鸣谢与公示。其中，有逐个公示（如广东省立中山图书馆）、按月公示（如浙江图书馆）或按年代公示（如国家博物馆）等不同形式，还有按重要度公示（如北京大学图书馆、清华大学图书馆）。国家图书馆可通过网页、新媒体等渠道宣传文献捐赠者的个人事迹及捐赠文献对国家图书馆事业发展的贡献，通过举办线下线上展览、讲座、公开课等形式提高对捐赠资源的宣传与利用。但在进行捐赠奖励时，要注重信息安全，保护捐赠者隐私，在充分征求捐赠者同意的前提下，进行有关信息的公示与表彰。

3.2　优化捐赠文献管理系统，实现自动化管理

为进一步实现捐赠文献的规范化、系统化管理，可在智慧图书馆规划中研发"智慧捐赠管理与服务平台"，实现捐赠文献资源的申请、评估、接收、利用、保存等流程的规范化管理，实现捐赠权益管理、捐赠证书制作、捐赠榜单生成等一系列工作的自动化管理。

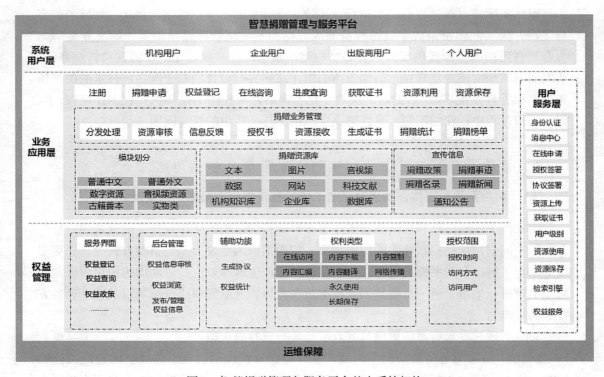

图 2　智慧捐赠管理与服务平台基本系统架构

根据对国家图书馆捐赠工作特点的分析，该"智慧捐赠管理及服务平台"分为"系统用户层""业务应用层""用户服务层""权益管理"四个层级（见图2），各层级主要具备以下基本功能：

（1）系统用户层。便于机构用户、企业用户、出版商用户、个人用户等不同资源捐赠方的注册登记。

（2）业务应用层。为图书馆捐赠工作管理提供智慧辅助。一是能就捐赠者的捐赠申请进行分发处理，便于图书管理员对资源进行审核。管理员就审核情况向用户进行反馈，并签订授权书。在资源接收后，线上生成证书发放给捐赠者。同时，该平台还可实现捐赠业务统计、捐赠榜单生成等功能。根据国家图书馆的业务格局，按照普通中文、普通外文、数字资源、音视频资源、古籍善本、实物类划分业务模块。二是待资源上传后，统一进入捐赠资源库，并按照资源类型进行分类，如文本、图片、音视频、数据、网站、科技文献等。三是进行捐赠相关内容的线上宣传，包括捐赠政策的宣贯、捐赠／征集通告的发布以及捐赠名录、事迹的公示等。

（3）用户服务层。便于用户在线对捐赠流程进行跟踪与操作。从身份认证、在线申请、资源上传、授权签署、获取证书到后续捐赠资源的使用与保存实现全流程线上管理。

（4）权益管理。在接受捐赠资源的各个流程中，都应做好权益管理工作，将资源权益信息录入资源权益登记系统，并做好相关的更新与维护。全面揭示各类捐赠资源版权情况和图书馆对资源享有的使用权益；同时为多类型、多层次的资源和服务请求提供服务响应，包括权益查询等。

除功能性需求之外，在建设智慧捐赠管理及服务平台时，还需要考虑以下非功能性需求：一是与其他系统的信息接口。捐赠资源一旦被纳入国家图书馆馆藏，在图书馆自动化集成管理系统（ALEPH）中将进行信息揭示、组织与管理，对于部分数字资源等将在其他平台中进行加工整合。应充分考虑异构信息管理系统之间的信息交互与共享问题。同时，还应考虑与其他图书馆或其他网络平台的信息做接口，如捐赠者将自动生成的电子版捐赠证书或其他信息通过微信、微博等途径进行发布共享等。二是用户界面设计。捐赠管理及服务平台的主要用户包括互联网机构用户、普通用户等。系统操作界面的设计应尽可能便捷、人性化，减少因操作失误导致的数据错误。系统界面友好且各款目清晰，体现智慧图书馆的定位与服务水平。

3.3 争取国家政策支持，与科研机构、社会企业等共建共享信息资源

国家图书馆作为国家文献信息资源总库，应充分发挥职能，及时、有效地记录时代文明发展脉络，积累与传承中华文明最新成果及其生动展现形式，为了达到这样的目标，图书馆需要与更多社会力量联合起来，鼓励引导社会各界将网络资源捐赠给国家图书馆，共同推进互联网资源的社会化保存和服务。

以上目标的实现除唤起社会各界的公益意识，也离不开国家宏观政策的支持。在"十四五"时期，国家图书馆应继续以"传承文明，服务社会"为宗旨，积极争取国家

政策支持，敦促上级有关部门出台相关文件，引导社会各界推动多源异构知识资源的国家级保存，包括商业数据库的国家级保存、互联网信息的社会化保存与服务、开放资源的捐赠与汇集、学术成果与科研成果等多源知识内容的融合，以进行对数据资源的利用、长期保存与备份，通过社会各界的资源捐赠为智慧图书馆多维融合知识服务平台提供资源保障。

"十四五"时期，"开放"和"共享"是我国重要的发展理念，文献资源的获取和共享对于提升知识传播利用效益和推动国家创新能力提升具有重大意义。捐赠者向图书馆进行文献资源捐赠是用户直接参与图书馆建设的重要途径，在智慧图书馆建设进程中，国家图书馆应充分发挥互联网渠道，引导社会各界对其进行资源捐赠，"智慧捐赠管理与服务平台"的建设，将把用户从被动的信息接收者变为主动的信息提供者与资源建设者，无论是机构用户、个人用户、营利性企业或公益事业科研单位，作为资源的所有权者，都可以成为图书馆资源建设的主体，在享受图书馆服务的同时，通过向图书馆捐赠文献资源的方式参与馆藏建设，通过与图书馆及其他用户互动、分享，产生新的知识信息，为开放信息时代的文献资源建设探索有效路径。

参考文献

［1］第十八次全国国民阅读调查显示：成年国民综合阅读率达 81.3%［EB/OL］.［2022-03-23］. http：//www.gov.cn/xinwen/2021-04/23/content_5601693.html.

［2］薛文辉.新世纪以来国家图书馆接受古籍特藏捐赠形式及对策［J］.文津学志，2018（11）：244-261.

［3］中国社科院研究团队发布 2021 民营企业公益发展指数，阿里、腾讯、蚂蚁等互联网公司进入前五［EB/OL］.［2022-03-23］. https：//baijiahao.baidu.com/s?id=1719090090765208729&wfr=spider&for=pc.

［4］张蓓，晏凌.清华大学图书馆捐赠管理与服务系统的设计与实现［J］.现代图书情报技术，2009（7/8）：111-116.

［5］Donations/Gifts of Library Materials［EB/OL］.［2022-03-26］. https：//www.loc.gov/acq/gifts/.

［6］Donation FAQs | National Library of Australia［EB/OL］.［2022-03-26］. https：//www.nla.gov.au/support-us/donate-collection-material/donation-faqs.

［7］국립중앙도서관 > 신청·참여 > 책다모아（기증）> 기증안내 > 기증취지［EB/OL］.［2022-03-26］. https：//www.nl.go.kr/NL/contents/N30401010000.do.

［8］北京市公共图书馆图书捐赠平台_首都图书馆［EB/OL］.［2022-03-26］. https：//jz.clcn.net.cn.

［9］藏品征集管理系统［EB/OL］.［2022-03-26］. https：//donate2.chnmuseum.cn/#/pcRegister.

［10］刘静羽，章岑，王超，等.数字资源权益管理系统研究［J］.数字图书馆论坛，2021（8）：10-17.

［11］刘晶晶.基于区块链技术的图书馆知识产权管理系统研究与设计［J］.图书馆学刊，2021（2）：76-81.

智慧图书馆视阈下的"智慧缩微"体系建设刍议

——以数转模技术的"解像力测试智能化"为例

邢　君（缩微文献部）

21 世纪的大型公共图书馆是信息化、数字化、智能化的图书馆，在技术、物态、认知和体验等方面具有许多与传统公共图书馆不同的颠覆性特征。21 世纪的文献缩微事业，作为公共图书馆事业的一个有机组成部分，也必将逐渐呈现出与传统文献缩微事业不同的、涉及许多方面的信息化、数字化、智能化飞跃的特征。

在 21 世纪已经过去的五分之一的历史进程中，文献缩微事业与技术已经在信息化、数字化等方面有了极大的进步甚至飞跃。展望未来，文献缩微事业与技术面临着近在眼前的智能化飞跃的历史任务和历史必然。怎样实现文献缩微事业与技术的智能化飞跃，怎样将"缩微智慧化"跨越式地引导到"智慧缩微"，是缩微从业者必须面临与思考的重大历史课题。"智慧缩微"建设的长期逡巡，必将会使缩微事业逐步被已经开始智能化大潮的图书馆事业边缘化，甚至会拉拽"智慧图书馆"事业的后腿。

本文立足于缩微事业与技术信息化、数字化水平相对较高的数转模领域，结合笔者个人长期工作实践，抽取以解像力测试技术为核心片段的专门领域，试图"以小见大"，为缩微事业与技术的智能化、为早日实现"智慧缩微"的跨越式发展做出初步尝试。

1 "智慧缩微"的理论与技术基础

"智慧缩微"对于缩微业界来说，还是一个崭新的事物，甚至是一个还处于胚胎期、滥觞期的事物，对于其理论和技术基础，我们还只能借鉴一般性的"智慧化""智慧图书馆"等概念，特别是借鉴已经相对成熟的"数字缩微"概念予以揭示和展望。

根据文献缩微行业自身的历史、特点，及其与整个图书馆行业的关系，再结合 21 世纪后日益发展壮大的"数字缩微"事业，可以提出关于"智慧缩微"的基本理论和技术基础体系（如图 1 所示）：

图1　"智慧缩微"的基本理论和技术基础体系

如图1所示，数字缩微可以被称为缩微事业与技术的第一次革命，而智慧缩微则是缩微事业与技术的第二次革命。智慧缩微的技术、概念、理论与整体形态，都需要以数字缩微为基础，跨过数字缩微谈智慧缩微是不切实际的。数字缩微需要与智慧技术、智慧思维相结合，特别是借鉴和利用智慧图书馆的相关技术、建设思路，才能实现到智慧缩微的第二次飞跃。由于缩微事业与技术自身的特殊性，它从产生之际，就具有缩微和图书馆二元属性；因此，无论是在数字缩微还是在智慧缩微阶段，它也仍然要具有这种二元属性。

具体来说，智慧图书馆的相关技术和思路，可以通过"缩微化"融入"智慧缩微"体系中。同时，一些更广义的智慧化技术、思路，可以通过传统缩微和数字缩微本身的技术迭代与更新，实现缩微的智慧化。这样，一方面将智慧领域的成果缩微化，另一方面将缩微领域智慧化，最终整合为一个完整、全面的"智慧缩微"概念。

需要在"智慧缩微"早期就予以明确的是，"智慧缩微"是一个体系化的概念，与传统缩微和数字缩微一样，不仅仅是某些技术的统合，也包括新的物态形式、思维方式、人机协同方式、管理方式和环境适应、能源适应、安全适应、市场适应等诸多范畴，简而言之，是一个综合性的事物和概念。

"智慧缩微"体系在现阶段能够达到，并亟需达到的任务和目标有：在数字缩微的基础上，尽快开发出更加智能化、深度信息化的新技术和新操作方法，实现软件和硬件的新迭代；在不断推进技术和设备、产品智能化的同时，整个业界的思维方式、组织方式、适应环境和市场的方式，也予以新的调整，争取实现更优化的管理态势，争取实现更加顺畅的利用市场获取新技术、新设备、新支撑的能力，减少重复性、封闭性建设，降低研发成本、提高效费比。

2　数转模技术的解像力测试与"智慧缩微"的关系

数转模技术也被称为数字存档技术，是一项将文献数字资源转换到缩微胶片上进行异质备份和长期保存的技术，其技术原理是利用数转模设备将原生性或再生性的数字影像转换至缩微胶片上，以便于数字信息的长期保存，从而有效地解决文献数字资源因软硬件及网络等因素造成的难以长期保存的难题[1]。

经过21世纪以来的发展，数转模和模转数技术逐步成为数字缩微时代的核心技术。缩微从业人员深入地研究和掌握其内部规律，对于实现从数字缩微到“智慧缩微”的新飞跃，具有极其重要的作用。由于数转模技术比较专业，相关概念繁多，对于非专业人员而言阅读和理解比较抽象，本文不予具体性全面展开，而是拮取其中一个关键性的片段予以揭示，希望以小见大。这个关键片段就是关于解像力测试的问题。

2.1 解像力测试图及其特征

解像力是用来描述缩微摄影系统再现被摄原件细微部分能力的物理量，是影像质量评价的重要指标。它是缩微胶片之所以能准确还原原始文献信息的关键所在。解像力不合格或者不优异，则缩微胶片的质量大为降低，损失或完全不能表征出原文献信息。

对于计算机输出的胶片，国内各技术标准中称为COM。COM系统最早由美国提出并研发，距今60年后，COM系统仍然未对计算机输出胶片给予标准的术语定义。国际COM标准将字符的识别和线对的表现能力基本以数字和线条作为基准评测对象。2008年中华人民共和国国家标准GB/T 6161—2008/ISO 3334：2006《缩微摄影技术　ISO 2号解像力测试图的描述及其应用》发布使用，替代GB/T 6161—1994《缩微摄影技术　2号测试图的特征及其在缩微摄影技术中的应用》。该标准中对于胶片质量检测方面的技术变化在于：增加了GB/T 17293—2008《缩微摄影技术　检查平台式缩微摄影机系统性能用的测试标板》。由于缩微系统记录字母数字字符或紧密排列线条之类的细节的能力不同，该标准规定了组成缩微系统的影像细节能力的测量方法。由于缩微系统在临近可读性限度的状态不同，所以解像力测试能够提供防止信息损失的安全措施。该标准规定了ISO 2号测试图测量解像力的方法、图样及排列。笔者认为其测量方法的变化并未对测量结果产生影响，依然延续使用GB/T 6161—1994的检测第一代、第二代和发行用缩微品的解像力要求（见表1）

表1　可读性（解像力）要求

2号测试图图样			
缩率	第一代	第二代	发行拷贝
1∶30	4.5	4	3.6
1∶24	5	4.5	4
1∶21	5.6	5	4.5
1∶16	7.1	6.3	5.6
1∶15	7.1	6.3	5.6

2.1.1 解像力测试图的制作

缩微品解像力测试图由底基和测试图样[1]组成。测试图样制作于不透明底基或透明底基上。对于不同底基制作的测试图具体要求总结如下（见表2）：

表2 测试图底基及其要求

底基	特点	最小透射密度值	反射密度值	测试图
透明底基	无色	不得超过 0.08	—	正像 / 负像均可
不透明底基	白色	—	不得大于 0.08	正像

如制作在白色不透明光面底基上按照相关国际标准测量的漫反射视觉密度应不大于0.08，按照 GB/T 1543—2005《纸和纸板不透明度（纸背衬）的测定（漫反射法）》规定其不透明度应大于85%，测试图样为正像。如制作在透明底基上，按照标准测量的最大漫反射视觉密度为 0.08 的无色透明基底，可为正像或负像[2]。

2.1.2 测试图样

测试图样由标有数码的两组各五条相互垂直的平行线组成，线条与线条之间间隔等宽。一黑一白为一组。用 F 表示空间频率，用 S 表示线对宽度，所以测试图的空间频率为：F=1/S。线条的尺寸以毫米为单位，S 为"线对每毫米为单位"。线条的长度、线宽以及间隔均使用带测微计的精密显微镜、光学比长仪或计算机控制坐标测量仪测量，有着极其严格的制作标准和要求。

2.1.3 测试图样的数码表示

测试图样标示出来的数码表示该组图样的空间频率 F，也就是"线对每毫米"，即每毫米所包含的线对数量。测试图由 26 组测试图样按照空间频率逐级递增的顺序排列。例如测试图样标示的数码为 2.0，则表示线宽为 0.25mm，一个线条和一个线条间隔组成的线对宽度为 0.50mm，那么空间频率 F 则为 1/0.50=2，即为 2 线对 / 毫米。

该测试图一般用于拍摄缩微胶片的质量检测，用于确定该胶片、摄影机和处理系统的最佳解像力水平系统。

2.2 数转模解像力测试标板及其现状

解像力的测试主要依靠标板实现。解像力测试标板是指检查镜头性能、检查胶片色彩再现与反差的标板，比如测试镜头用分辨力标板，检查彩色胶片的色彩再现用的灰梯尺，检查彩色片用的图表等。

2.2.1 数转模的解像力测试标板

目前测试数转模设备测试标板的相关标准是空白，鉴于数转模设备技术的原理，厂商会参照关于 COM 记录仪的测试标准来设计自己的测试标板。实践证明如此的设计理念能够满足判断数转模设备性能的需求。

---

① 测试图样是由两组相互垂直的五条平行线和表示数码组成。

2.2.2　赛数公司数转模设备测试标板

国家图书馆目前拍摄的数转模缩微品均出自赛数公司 OP 系列数转模设备。该公司设计了一系列不同缩率、不同检测内容的测试标板，有黑白测试标板及彩色测试标板，并且独立测试。黑白测试标板由 5 组 2 号解像力测试图构成，每个解像力测试图由 17 组不同的空间频率线对组成，每组线对的空间频率最小值是 0.7，最大值是 16。彩色测试图标板包含不同的色块，相邻色彩组成相应的灰阶过度。

2.2.3　实践中的解像力读数

选用适当的显微镜，将解像力标板放置于测试位置，分别记录可观测到的最小图样。保证其垂直或水平方向的五组线条均可观测清晰，避免伪解像力[①]的发生。最小可分辨图像的标示数码乘以拍摄标板所用的缩率的倒数，乘积即为综合解像力水平，用"线对／每毫米"表示。例如可分辨最小图样的读数为 4.5，使用 30 倍缩率拍摄，那么该综合解像力读数为：4.5×30=135 线对／毫米。

2.3　数转模测试标板现状

测试标板是缩微拍摄的一个核心技术参数。随着缩微技术发展到数字缩微阶段，解像力测试有了一个重大的飞跃，与传统缩微的人工标板测定方式有了本质不同。数转模测试标板是衡量数转模设备与设备的各项性能及其指标参数的重要试金石。但是目前数转模设备测试标板是基于英文字符设计的，与英文字符相比较，中文字符的结构更为复杂，数量也更为庞大。这就意味着现在亟需一款适合测试中文字符的测试标板及其标准。中文字符的数转模测试标板目前还是空白，但是随着国内数转模技术相关需求的增加，中文字符数转模设备应参考现有的测试标板，实现中文字符数转模测试标板的制作和验证，并在未来测试的准确性与实践性上得到进一步的提升和验证。

3　解像力测试智慧化的可行性

由上文可以得知，数字缩微时代的解像力测试，与传统缩微时代相比有根本差异。这种差异得益于技术的进步、设备的进步，未来智慧缩微时代的解像力测试也将立足于此基础。下文对这种基础的技术和设备予以具体介绍。

3.1　液晶显示屏是目前和未来可期的实现解像力测试智慧化的设备基础

液晶是一种处于液体和固体之间变化的特殊物质，具备液体的流动性和固体的光学性质。液晶像阀门一样阻止光的穿透。当通电状态时，液晶处于导电状态，呈现出均匀排列状态，光线可均匀穿过。当不通电状态时，液晶处于关闭的状态，无序列排序，阻止光的通过[3]。液晶显示屏是由排成列阵的大量的液晶构成的屏幕。像素密度（PPI）

---

① 很多系统问题例如摄影机散焦，能造成伪解像力现象的出现。此时测试图样中只有四个线条能够分辨。

是按照每英寸排列的像素数量描述显示器的像素大小的标准，用每英寸像素数表示，像素间距是两个像素之间距离，像素间距和像素密度是显示器承载信息能力的重要指标，像素间距小，像素密度高，单位面积可呈现的信息细节越丰富、越细腻。

3.2 步进技术是目前和未来可期的实现解像力测试智慧化的技术基础

如果要满足缩微胶片对质量的解像力要求，那么对显示屏的分辨率至少要 1000 万像素以上。如果要达到该要求，只能提高显示器的像素密度，若像素密度一定，只能增大屏幕的尺寸。出于拍摄设备成本及制造的综合考量，提高屏幕分辨率的方法是使用步进技术[①]。步进技术通过多次曝光使得有限分辨率条件下最大限度地提高胶片的解像力。步进技术的原理是对显示的每个像素信息在不同位置进行多次曝光，从而提高该像素点在胶片上的分辨能力。同一个像素点通过三次曝光在胶片上可记录三次位置的移动，保证该像素点的发光区域不与临近的像素点产生重合和叠加。目前 OP600 数字存档机可曝光 9 次，即在 X 轴曝光 3 次，在 Y 轴曝光 3 次，一个像素点在水平和垂直方向同时拍摄 9 次，使得该像素点的信息在胶片上的记录增加。

为了更加直观地理解上述思路，下文以全国图书馆文献缩微复制中心目前使用的 OP600 数字存档机为例，进行具体说明：

目前 OP600 数字存档机内屏的分辨率为 5120×2880。以拍摄 35mm 缩微胶片为例，步进技术可达到的像素数为：$5120×3×2880×3 = 132710400$，约为 133 百万像素，极大地提高了胶片的解像力。

3.2.1 测试图样

利用 OP600 数字存档机拍摄 35mm 缩微胶片，采用的测试图样为 AO 尺寸、缩率为 1∶30 的测试图（图 2）。该测试图与 ISO 2 号测试图稍有不同。该测试图是将上下两排共 8 组带有数码标记的空间排列的测试图样均匀排列。每一个区域均包含密度测试区域、解像力测试区域、字符识别、字符区间、缩率等待测试要素。在缩微品的质量要求上，DA/T 44—2009《数字档案信息输出到缩微胶片上的技术规范》对数转模缩微品质量要求与传统拍摄技术的质量要求一致，需要综合观测胶片的可读性、完整性、保存性和凭证性。该测试图对于胶片的可读性提供了有力的观测依据。

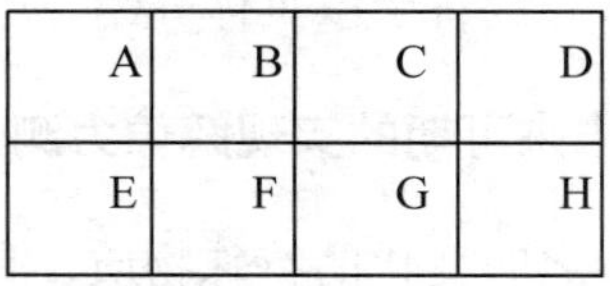

| A | B | C | D |
| E | F | G | H |

图 2　OP600 测试图示意图

---

① 步进技术原理是对于显示器的每个像素信息在不同位置进行多次曝光，从而提高对该像素信息在胶片上的分辨能力。

3.2.2 测试步骤

在设备固定液晶屏幕位置的框架处（图 3）有上下两排按照一定规律均匀排列的固定点。同一方向每两个固定点的中心位置相距 0.5mm—0.6mm。

图 3　OP600 固定液晶屏幕的固定点

将 8 个固定点按照小写字母 a 开始排序，依次为 a、b、c、d、e、f、g、h。示意图如图 4 所示，其中同一水平方向相邻固定点圆心间距 0.5mm—0.6mm，上下错开方向上两个圆心间距为同一方向间距的二分之一，即 0.25mm—0.3mm 左右（如图 5 所示）。

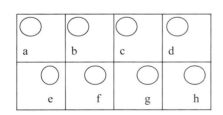

图 4　固定点的排序

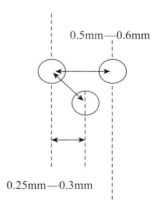

图 5　固定点之间的距离

缩微拍摄所使用的镜头是蔡司 40mm 缩微专用镜头，固定光圈 F5.6，焦距 40mm。该镜头是一款特殊的 Biotar 结构镜头，专门用于缩微拍摄，具有高解像力、高清晰度、视场大、像差小等优点[4]。手动调节镜头的光圈值，测量该光圈与液晶屏幕不同位置的对应关系，研究其产生的缩微胶片解像力的差异。在实际进行试片测试时，将镜头光圈按照镜头外侧标记的数字进行实验性标记。用数字 1 至 16 表示手动旋转位置（见图 6）

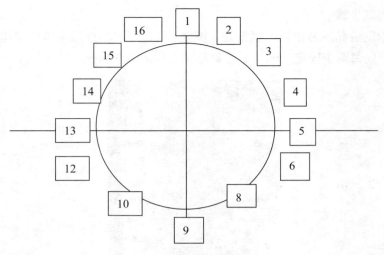

图 6　镜头标记的读数

此时，需要拍摄的文献在 a 至 h 共计 8 个固定点与镜头的 16 个采样点形成 8×16=128 组的测试，也就是经过此方法可拍摄出 128 种不同位置所产生的胶片测试图样。

3.2.3　测试结果

在对 128 幅解像力图进行拍摄冲洗后，利用电子显微镜观测其解像力。我们用在显微镜下能够识别的最小解像力读数为准，要求在水平和垂直方向上五组黑白线对组均可以清晰识别，并且测试图各方位均可达到该读数，不能出现个别位置不清晰不能识别的现象。

测试表明，当镜头处于临界位置时，镜头不会出现晃动，最为稳固。考虑到镜头在拍摄时会产生肉眼无法识别的曝光移动，在最为紧固的临界位置可以使拍摄过程保持相对稳固的状态，为此，我们固定镜头的位置为 5，该位置处于镜头旋转的最后一个位置。镜头位置确定后，液晶屏幕的固定位置可以根据所拍摄图像的解像力要求进行进一步的调试。实验表明，当液晶屏的位置处于最远的位置即"h"处时，所拍摄的胶片的解像力最平稳、最清晰。且解像力标板的八个方位均可观测到最小读数"4.0"，证明该解像力读数为"4.0×30=120 线对 / 毫米"。

3.3　理论解像力读数与实际读数的差异

OP600 液晶屏的像素数为 5120×2880Pt，通过步进技术达到 9 次曝光，像素总数可达到：长：5120×3=15360Pt；宽：2880×3=8640Pt。

相对于 A0 尺寸的 30 倍缩率的测试标板而言，A0 尺寸为 841mm×1189mm，那么像素的计算公式为：长：15360÷1189≈12.9Pt；宽：8640÷841≈10.2Pt。

该计算表明每英寸上的像素总数。每英寸上的像素数，以两排像素为 1 线对，可计算其解像力值为：长：12.9÷2≈6.4 线对 / 毫米；宽：10.2÷2≈5.1 线对 / 毫米。

那么理论上在解像力标板上应该可以读到的最小空间频率数应为 5.1—6.4，而实际的读数在 4.0—4.5。产生该现象的原因是多样的。首先液晶屏的亮度会随着工作的损耗有所递减。其次，步进技术的多次曝光技术的移动量非常小，移动量越小对于执行器件的移动精度要求越高、频率的要求也就越高。能够多次曝光、精确复位，在多次曝光及复位的过程中产生的复位差也会影响胶片的解像力。最后，由于数转模拍摄的图像是数字扫描图像，对于原件扫描及成像后的品质会有所降低。拍摄时选取的画幅大小的不同也有可能会造成液晶晶体的像素点并不能够与原件一一对应，像素点会发生重叠或偏移，使得测试点不能完全地连成连续的流畅线条，进而影响观测值。因此笔者认为出现该解像力差值是正常现象。

　　利用数转模技术进行缩微胶片综合解像力的测试时，往往与传统拍摄测试的解像力有一定差异。数转模拍摄的缩微胶片是利用数字扫描图像将数字传输为胶片的过程。这种差异数转模拍摄的工作原理与传统上利用光学曝光产生缩微胶片的工作原理不同造成的。为此，应在实际的文献拍摄过程中研究数转模解像力测试标准，制定出适合于数转模胶片测试的解像力标准。使得缩微胶片在其可读性、完整性、保存性和凭证性有所保证的前提下，规范数转模的技术标准。

　　数字缩微技术在解像力测试领域的全面进步，也是未来智慧缩微技术取得突破的基础。只有依靠整个缩微全领域、全流程技术与管理方式的数字化、智慧化飞跃，才能最终实现缩微数字化和智慧化的融合发展，以数字缩微作为智慧缩微的基础，以智慧缩微引领和刺激数字缩微早日飞跃，将二者有机统一、无缝衔接。

　　智慧缩微体系建设，必须也只能以智慧缩微技术的逐步成熟、完善、全流程化为基础，以技术带动管理、以技术改造思维，最终实现整个缩微事业的智慧化，将现阶段初步适应数字化新形态的缩微物态、心态，拔高到智慧化阶段。这是一个比较长期的过程，将伴随整个图书馆智慧化的发展进程，将推动整个缩微事业形态的巨变。我们目前能够抓住也应该抓住的，就是尽量放眼长远，促进数字化的深入发展，尽量抓住智慧化的发展机遇，促进数字化向智慧化飞跃。

参考文献

［1］李晓明，王浩，齐子杨 . 中文字符数转模技术研究［M］. 北京：国家图书馆出版社，2017：1.

［2］中华人民共和国国家质量监督检验疫总局，中国国家标准化管理委员会 . 中华人民共和国国家标准 GB/T 6161—2008 缩微摄影技术 ISO 2 号解像力测试图的描述及其应用［S］. 北京：中国标准出版社，2008.

［3］李晓明，王浩，齐子杨 . 中文字符数转模技术研究［M］. 北京：国家图书馆出版社，2017：49.

［4］李晓明，王浩，齐子杨 . 中文字符数转模技术研究［M］. 北京：国家图书馆出版社，2017：88.

智慧图书馆建设背景下政府采购工作探究

宋奇岳（国有资产管理处）

自 2018 年 1 月 1 日《中华人民共和国公共图书馆法》实施以来，各地公共图书馆在文献资源建设、数字信息化建设、阅读推广服务、新媒体服务以及为政府提供立法决策信息等方面不断创新优化服务模式，加强图书馆自身建设，使图书馆的功能及建设规划日趋复合多元化。随着 5G、人工智能、大数据、AR、VR 等技术的发展，图书馆不断积极探索创新服务内容，推广建设个性化、智能化服务平台，智慧图书馆的概念也应运而生。2021 年，文化和旅游部、国家发展改革委和财政部联合发布的《关于推动公共文化服务高质量发展的意见》、文化和旅游部发布的《"十四五"文化和旅游发展规划》中分别提出"加强智慧图书馆体系建设""统筹推进智慧图书馆建设"的工作要求，为智慧图书馆的建设提供了政策依据。政府采购工作作为智慧图书馆建设及保障图书馆事业发展的重要组成部分，在提高图书馆资金使用效益、采购优质文献资源、智能化设备设施应用、信息化平台建设、提升智能化服务水平等满足智慧图书馆建设需求及实现功能方面起到保驾护航的重要作用。

1 图书馆政府采购工作的发展历程

政府采购工作在图书馆行业整体发展中的占比和重要性日益凸显。对于图书馆来说，规范化、合理化、精准化、依法依规地开展政府采购工作，不仅是外部政策的要求，更是实现图书馆自身建设及社会需求的重要保障。政府采购工作的不断改革与完善，推动了图书馆事业的健康持续发展。

1.1 政府采购初期规划

早在 18 世纪末和 19 世纪初，英国、美国、法国等西方国家已经在物资采购、城市规划、铁路工程、文化发展等诸多领域开展政府采购工作[1]。我国政府采购工作起步相对较晚，改革开放后，随着计划经济向市场经济的转变，原有采购行为出现了较为严重的采购资金浪费、采购标的不明确、采购计划盲目等现象。我国图书馆在购置各类文献信息资源等方面缺乏统一管理及监管制度，屡有经费分配与使用情况脱节等现象发生，有悖于经济形势的发展需求。为杜绝此类现象，财政部在 1995 年针对我国国情及社会发展实际，开始初步研究我国政府采购工作制度，1996 年对我国部分地区开展政府采购试点工作。经过长时期的探索，财政部总结政府采购模式中的利弊，逐步完善政府采购制度，1999 年 4 月，颁布了《政府采购管理暂行办法》，我国第一部政府采购方向的制度出台，标志着我国政府采购工作正式拉开序幕。

1.2 政府采购全面推行

《政府采购管理暂行办法》的出台，改善了我国各行业的采购乱象，提升了财政性资金的使用效益，为图书馆开展政府采购工作指明了方向，为政府采购活动中的供求双方提供了有法可依、有章可循的保障。2000 年起，我国政府采购范围和规模逐步扩大，各级财政部门相继设立政府采购管理机构，财政部也将政府采购处从预算司调整至国库司，政府采购工作职能与责任进一步明确加强。2003 年，《中华人民共和国政府采购法》（以下简称《政府采购法》）正式实施，国家图书馆、广州图书馆、浙江图书馆等公共图书馆作为我国首批参照《政府采购法》相关规定的试点图书馆将图书资料纳入政府采购目录。2004 年起，国家图书馆全面启动中外文图书的公开招标工作，随后多家大型公共图书馆开展文献资源的政府采购工作[2]。《政府采购法》的实施，填补了图书馆界政府采购行为的空白，重新规划和明确了图书馆政府采购工作的方式，形成了以政府为主导，以各级图书馆为主体，以公开招标方式为核心，以其他采购形式为辅助的图书馆政府采购服务体系，图书馆政府采购工作正式步入法制化、规范化的轨道。

1.3 数字图书馆时期政府采购工作

随着网络信息的高速发展，我国图书馆面临着由传统图书馆向数字图书馆的转变。图书馆的转型，不仅能够改变我国文化信息资源保存、管理、传播、服务的传统方法和手段，更可以有效地改善我国原有的文化信息资源不能够有效传播和利用的弊端[3]。党的十七届六中全会决议明确将"完善国家数字图书馆建设"列为发展公益性文化事业、保障人民基本文化权益的一项重要任务。2015 年，文化部办公厅印发《文化部公共数字文化工程管理办法》，明确提出通过政府采购、委托管理等方式，以资源建设、服务应用为重点，推动数字图书馆推广工程的建设，推动公共数字文化工程的设备升级和机制创新[4]。数字图书馆时期的到来，使图书馆的采购对象、采购目标、采购环境发生了较大的变化，政府采购工作迎来了新一轮转型。

2 图书馆政府采购工作面临的问题

近年来，图书馆政府采购工作紧紧围绕着数字化图书馆的建设开展。可以说图书馆的发展与图书馆政府采购服务能力的提升密不可分。同时，数字图书馆的建设，加速规范了图书馆的采购行为，采购流程更加合理，财政资金的利用率明显提高。政府采购渠道完善和提升了图书馆的软硬件设施，从而提高了图书馆的综合服务能力。我国图书馆政府采购工作已经开展近 20 年，采购体系日趋完善，但是在政府采购模式下，各级图书馆在采购过程中也存在一些问题，这些问题对图书馆的整体建设和项目规划造成了一定的影响。

2.1 采购流程对资源建设的影响

图书馆是收藏、搜集、整理加工、存储和传播利用文献资料的重要知识场所，作为文化建设服务体系中的核心阵地，肩负着弘扬我国传统文化，促进社会文化素养建设的历史使命。文献资源建设是图书馆发展中不可或缺的重要组成部分，文献的采访工作一直是各级图书馆的基础核心业务。文献采购被纳入政府采购的范畴，改变了以往各图书馆自行完成采购，选择供应商的模式。以政府采购为向导，采用公开招标等方式完成图书等文献的采购，规范了采购流程，增强了市场竞争，促进了廉政建设，提高了文献购置经费的使用效率。但是政府采购模式也暴露了一些弊端。

政府采购是一个具有完整属性的规范模式，现阶段绝大多数图书馆都是利用公开招标的方式完成图书、期刊等资料的订购。这就意味着从项目制订采购需求及实施计划开始就有着严格的审批制度与流程。从项目最初的公开采购意向，到采购文件编制、采购公告的发布、开评标工作等环节的完成，直至最终的合同签订，需要几个月甚至更长的时间。然而，图书馆文献资料不同于一般的货物，具有涉及学科领域多、出版周期短、更新速度快，特别是期刊资料和数据库具有连续性强、时效性强等特点。文献购置经费的紧张加之漫长的采购过程导致图书采访量下降，到刊率低等问题产生，图书馆采访工作受到了一定影响。同时也影响了读者获取最新文献资料信息，难以满足读者的阅读需求，不利于阅读推广工作的开展。

此外，图书馆通过公开招标方式选择供应商，虽然确保了市场充分竞争，对潜在供应商的信息采集能力和书目信息报道能力有相应的要求，但是存在部分供应商低价中标，文献质量不能保障，后续服务能力偏低的问题，无法切实满足馆藏需求和标准，对图书馆馆藏建设造成一定影响。

2.2 采购文件对项目执行的影响

随着互联网、大数据等技术的高速发展，图书馆的服务模式从职能驱动转向需求驱动，从单体资源整合转向资源共建共享。网站升级、智能系统开发、系统维保、数字平台建设等越来越多的新增信息化类项目逐渐成为各级图书馆的采购重点。传统项目已经不能满足图书馆自身发展需求，采购项目趋于多元复合化。

项目采购文件的编制水平，直接决定着最终的采购质量以及项目后续开展走势。因此，如何编写出详细准确的采购内容、采购需求、供应商资格条件的设定及服务能力的要求，符合采购实际的采购文件尤为重要。2021年4月，财政部印发的《政府采购需求管理办法》，明确了采购人组织确定采购需求和编制采购实施计划，并实施相关风险控制管理的活动[5]，这就要求采购人对采购文件的编制更加精确化、科学化、合理化、规范化。该办法的出台，明确了图书馆作为采购人的主体责任，弱化了招标代理机构的文件编制职责，对图书馆政府采购工作提出了新的要求。但是在采购文件的编制上，由于大部分图书馆的招标文件过分依赖招标代理机构完成，代理机构对图书馆业务特点和实际需求并不了解，且不具备相关的专业能力，采用直接套用其他行业项目采购文件模板的方法，出现了采购需求不明确，信息不对称，资格要求设置不合理、分值设置模糊、技术要求设置过高等情况，从而导致潜在供应商对招标文件提出质疑及投诉，截至投标时满足采购需求的潜在供应商不足 3 家，增加了潜在供应商存在串标围标等不公平竞争行为的风险，最终导致流标、废标的情况发生。解答文件质疑或重新组织招标不仅浪费了之前投入的工作精力，对于图书馆新增项目来说，需要组织相关人员重新进行市场调研，对技术部分进行评估重新设置技术要求，修改采购文件等一系列的工作。对于图书馆常规运营项目如文献搜索系统、网络设备、服务器等维保类延续性项目，由于二次招标造成的合同衔接问题，对图书馆正常运营及对外提供服务带来一定的风险。同时，采购文件编制的问题，影响了图书馆建设项目的开展进度，也对图书馆的经费执行造成了一定压力。

2.3 采购人员对采购效率的影响

图书馆采购项目类型的不断新增与采购范围的扩大，对政府采购人员的综合能力提出了新的要求。采购人员的能力素养是执行采购政策法规、推进采购项目发展的关键因素，直接影响着采购结果和采购效率。

目前我国各级图书馆在开展政府采购活动中，由于采购人员存在政府采购相关法律法规掌握不全面、项目需求理解存在偏差、市场情况掌握不充分、项目执行难易度判断不准确、风险控制不到位等问题，造成了采购结果出现偏差，采购项目无法正常开展，采购效率低下。此外，部分采购人员缺少主观能动性，机械化地处理政府采购各环节流程，没有切实履行采购人主体责任，采购主导权由图书馆本身交由招标代理机构的情况屡有发生。

3　智慧图书馆背景下政府采购模式分析

发展智慧图书馆是"十四五"时期推动图书馆建设和全国公共图书馆事业高质量转型创新的重要抓手，已被纳入《中华人民共和国国民经济和社会发展第十四个五年规划和 2035 年远景目标纲要》，"全国智慧图书馆体系"建设正式立项，并取得了积极的成效。智慧图书馆建设已经迈入全面普及、深化发展的新阶段[6]。

各级图书馆将根据自身发展需求，陆续开展涉及图书馆智慧管理系统及服务架构升级、智慧服务平台建设等相关的政府采购项目。随着智慧图书馆项目的不断深入发展，政府采购工作面临着严峻的考验。

3.1 以大型图书馆为主体，搭建图书馆政府采购信息管理平台

目前各级图书馆政府采购信息管理，主要依靠人工思维和人为管理，欠缺大数据、人工智能的应用和分析，图书馆间的政府采购情况和采购信息没有实现相互的共通共享，形成了信息孤岛。智慧图书馆建设可以实现利用大数据、人工智能、区块链等新型技术手段，对各级图书馆采购项目进行全面整合分析与统筹管理。以各大公共图书馆采

购项目为示例，平台可利用大数据分析出同类采购项目在文件编制过程中存在的采购需求、技术参数设定等容易出现的问题及项目潜在的风险，形成规范化、完整化、科学化的项目综合分析报告及项目配套信息，避免了在采购文件编制环节浪费过长时间，还可以筛选标注出项目的核心点、产品的核心技术要求等，提高采购需求及采购内容的准确性。利用区块链技术设置相关节点，对已完成政府采购项目的履约方式、支付进度、合同履约时间等环节加以风险控制，实行动态监控。同时利用区块链数据不可被篡改这一特性，确保采购信息的安全性。

利用大型图书馆自身的移动终端服务能力，通过接口对采购项目关联数据、标注关键信息等进行分类管理与数据分析，打破图书馆政府采购工作间的交流壁垒，为进一步加强政府采购服务能力提供支持。

利用知识图谱、智能计算等技术加强采购效益与采购需求的关联分析，开展"多形式、多终端、科学化、个性化"的图书馆政府采购服务，满足图书馆多类型采购项目的需求。同时，建设协同统一的应用技术环境，实现硬软件基础设施的统一管理，构建图书馆政府采购信息管理平台，在满足政府采购信息共享的同时，起到了促进图书馆间政府采购工作相互协调发展与监督作用，推进了图书馆政府采购工作的廉政建设。

3.2 以人工智能为主要手段，建设供应商信用体系

中标供应商的服务能力对项目的顺利开展和履约情况有着直接的影响。在招标阶段图书馆选择信用好、服务能力强的供应商对于采购项目完成质量尤为重要。在政府采购中，为避免财政资金的流失，图书馆利益受损，必须规范供应商市场环境，严控供应商准入制度，将对供应商的管理提高到信用管理高度。

图书馆通过人工智能算法对供应商活动数据进行深度挖掘，建立用户诚信账号、双向评价及预警机制[7]。对供应商的企业资质、人员配备能力、同类业绩履约能力等方面综合分析。利用人工智能结合区块链技术对潜在供应商进行数据监测及挖掘，对供应商综合信用情况进行精细化揭示，出具信用等级分析报告，最终形成供应商信用黑白名单。以人工智能等技术为支撑，能够帮助采购人选择优质供应商为图书馆提供服务，最大限度保障采购质量，维护图书馆的自身权益。

3.3 探索跨界合作，助力政府采购人才培养

智慧图书馆的不断建设，使图书馆的信息传递、知识生产和文化传播的场景和模式发生巨大变化[8]，图书馆政府采购项目类型逐步向信息化、智慧化发展。图书馆采购人员除了掌握政府采购专业知识之外，还要对项目本身所涉及的领域有一定的了解。对于信息类项目提出的采购内容及需求，应根据当前市场情况和技术发展趋势，预判其可行性和采购中存在的风险。

积极与华为、阿里等我国龙头电子信息企业及其他领域龙头企业寻求跨界交流，邀请相关企业业务骨干针对智慧图书馆建设过程中可能涉及的知识内容和技术功能进行系统的授课培训，提高图书馆采购人员对智慧化信息类项目的实际操作能力，建设复合型

采购人才队伍。

　　跨界合作能够有效地提高采购人员对智慧图书馆建设项目的理解与把握，同时拓宽图书馆采购人员眼界，丰富采购人员知识体系，激发采购人员的主观能动性，作为政府采购活动的实施者，要结合跨界培训与自学的方式，不断充实法律知识，夯实政府采购专业知识，了解其他相关领域知识，有意识地培养政府采购服务能力，确保采购工作的质量以及采购目标的实现。

　　政府采购工作在智慧图书馆建设背景下面临全新的挑战，图书馆需要结合人工智能、大数据和区块链等先进技术与政府采购工作加速融合，对政府采购项目进行内容把控和在采购执行过程进行风险预警，准确把握采购需求，规范采购行为，高效开展政府采购相关工作。以实现智慧图书馆建设为采购目标，以保障智慧图书馆发展为驱动，优化升级政府采购服务模式，充分发挥图书馆采购主体责任和政府采购政策效应，提升政府采购管理水平，促进图书馆政府采购事业发展，为构建全国智慧图书馆体系奠定坚实的基础。

参考文献

［1］江顺龙 . 浅谈我国政府采购发展趋势［J］. 中国政府采购，2013（9）：74-80.

［2］王雅琦 . 谈政府采购对公共图书馆采编业务的影响［J］. 图书馆工作与研究，2013（9）：76-78.

［3］魏大威 . 国家数字图书馆工程系统建设［J］. 国家图书馆学刊，2008（3）：12-18.

［4］文化部办公厅关于印发《文化部公共数字文化工程管理办法的通知》［EB/OL］.［2022-03-13］. https：//www.mct.gov.cn/whzx/bnsj/ggwhs/201506/t20150630_764891.htm.

［5］财政部关于印发《政府采购需求管理办法》的通知［EB/OL］.［2022-03-13］. http：//www.mof.gov.cn/gkml/caizhengwengao/wg2021/wg202005/202109/t20210917_3753625.htm.

［6］江山 . 智慧图书馆要素研究及建设思考［J］. 图书馆工作与研究，2022（2）：58-63.

［7］王志刚，舒亚琦 . 政府采购数字化转型与数字政府建设［J］. 中国招标，2021（6）：49-51.

［8］彭松林 . "十四五"期间省级图书馆转型发展的宏观环境与目标任务分析［J］. 图书馆，2021（8）：1-9.

智慧图书馆建设背景下读者服务现状分析与创新模式探索

张　甦（信息技术部）

1　智慧图书馆概述

数字化信息时代，人们获取和传递信息的方式和渠道都发生了很大的变化，传统图书馆已经很难满足图书馆快速发展的需求。2021年3月，《中华人民共和国国民经济和社会发展第十四个五年规划和2035年远景目标纲要》首次将积极发展智慧图书馆写入国家政策文件，指出"加快数字社会建设步伐"首先要"提供智慧便捷的公共服务"[1]。随后，文化和旅游部、国家发展改革委和财政部联合发布的《关于推动公共文化服务高质量发展的意见》提出要"加强智慧图书馆体系建设，建立覆盖全国的图书馆智慧服务和管理架构"[2]。构建智慧图书馆体系成为加快数字社会建设、推进公共文化服务重点措施。

智慧图书馆从广泛意义解读是指能够通过数字化、智能化手段提高图书馆工作效能和个性化的应用，从而向用户提供智慧服务的图书馆[3]。2003年，芬兰奥卢大学图书学者Aittola正式提出智慧图书馆，并以"Smart Library"命名，解释为"能够被用户感知，且不受空间限制的移动图书馆"[4]。建设智慧图书馆可以将数字图书馆效用最大化，实现图书馆与图书馆、读者、公共文化馆以及社会机构互联互通，公共资源与数据的共建共享，通过创新图书馆读者服务模式、突破传统服务思维，实现图书馆事业更高水平的发展。随着我国公共图书馆事业的不断发展创新，智慧图书馆建设的社会作用日渐凸显，在"十四五"期间，我国智慧图书馆建设将迎来新一轮高潮，中国图书馆事业开始迈入智慧时代[5]。

2　智慧图书馆建设背景下读者服务创新的意义

2.1　适应图书馆智慧化服务新变化，满足读者的多元化需求

随着图书馆数据的不断积累、数据与新技术的不断发展与融合，数据驱动的服务时代已经到来，图书馆正从数字图书馆迈向智慧图书馆。图书馆读者服务在智慧图书馆建设背景下，正在不断扩充服务内容、更新服务方式。图书馆传统读者服务包括馆藏阅览、预约外借、参考咨询、文献检索、文献传递、读者培训、馆际互借、社会教育、科

技查新等服务形式，智慧图书馆改变了传统图书馆的形态，打破了单一的信息获取模式，融入先进的互联网理念与信息技术，呈现出服务智能化，可以根据读者的需求提供针对性的个性化服务[6]。为了适应图书馆智慧化服务新变化、满足大众多样和复杂化的信息获取需求，图书馆应该加强对读者服务的创新研究，结合新的科学技术，通过智能技术应用对传统读者服务水平进行提升，不断创新服务模式，适时地为读者提供符合其个性化需求的服务，保持图书馆智慧化服务可持续发展。

2.2　适应图书馆资源加工组织新变化，构建知识服务新生态

当前，图书馆以文献载体为单元的信息组织加工方式以及主要由人工支持的知识信息服务，已经远远不能适应当前网络信息环境的变化。下一代信息网络传输速率和联网能力不断提升，人们对各类知识信息服务的敏捷度提出更高要求，图书馆需要敏锐感知并主动参与构建知识服务新生态[7]。在智慧图书馆建设背景下，图书馆充分运用移动互联网、云计算、大数据、人工智能、物联网等新一代信息通信技术，打破传统图书馆时间、空间限制，对馆藏文献载体信息进行优质整合，将各级各类公共图书馆与公共社会文化馆的历史文化资源串联起来，便于图书馆与图书馆之间、图书馆与文化馆之间、图书馆与读者之间、读者与读者之间相互沟通交流，经过组织加工的文化资源为政府决策、科学研究、企业发展和个人学习生活都提供有力的数据支持，通过大数据分析为读者提供智能化服务，帮助读者准确并快速找出符合自身需求的文献资源，提升资源的利用效率，最终实现知识互联互通、共创共享，构建图书馆知识服务新生态。

2.3　优化读者知识服务体验，有效提升图书馆服务水平

传统知识服务是图书馆通过一定的方式向用户提供有用的显性知识的过程，仅仅提供物理形态的原始数据、文献和信息，强调对各种信息资源进行知识的搜索、组织、分析、重组，提炼出人们需要的知识并传递出去以解决用户问题的过程[8]。传统图书馆与现代图书馆知识服务体验最大的区别在于人在图书馆的位置，现代图书馆以人为主体，通过大数据、云计算、人工智能等技术分析用户数据，为读者提供更为精准、个性化的服务。在智慧图书馆建设背景下，图书馆更加强调以人为本，重视人与信息、人与人之间的交流，始终把读者对图书馆服务需求放在首位，让读者以主人公的姿态参与图书馆各类服务。图书馆馆舍空间变为读者学习和分享的空间，读者可以获取更加丰富、便捷的知识服务，有效提升图书馆读者服务水平。

3　图书馆读者服务创新发展现状

面对智慧社会发展带来的历史机遇和时代挑战，国内外一些图书馆率先开启了走向智能、智慧的演进和发展之路（见表1），智慧图书馆智慧化服务理念的发展带动了读者服务创新性相关研究，在人脸识别、自动分拣传输、机器人导览、无感借还和虚拟讲解等人工智能技术上进行积极探索，这些人工智能技术在加强图书馆业务运行管理效率

的同时，帮助读者提升线上线下知识服务体验。

表1 国内外图书馆智慧化服务创新实践

智慧服务类型	创新特色	服务效果	实践图书馆
智慧技术与智能设备的运用	研发智能盘点机器人	实现全自动图书盘点，提高图书管理人员的工作效率	南京大学图书馆
	建成智能立体书库	实现智能化管理与图书的智能处理，创新文献借阅方式，提高工作人员工作效率、节省读者借阅时间	苏州第二图书馆、贵州省图书馆、英国国家图书馆、美国芝加哥大学图书馆、日本明治大学图书馆
	整合智能交互、人脸识别、虚拟讲解、书籍检索功能	提供读者更加人性化的阅读指引服务	美国康涅狄格州西港图书馆、加拿大圣文森特山大学图书馆
	联合阿里云公司共同探索搭建智慧图书馆	为读者提供无感化借阅和个性化服务	江西省图书馆
智慧空间布局	建设智慧红色图书馆	配备红色资源数据库和VR军事体验，搭建智慧图书馆样板间	江西省图书馆
	搭建智能投影墙和虚拟讲解等科技体验类项目	为读者带来图书馆文化与科技融合新体验	苏州第二图书馆
智慧体系建设	实施全国智慧图书馆体系建设，启动文献共享借阅计划	建设全民共建共享的借阅体系，建设线下智慧服务空间	中国国家图书馆
	成立"国家图书馆华为联合创新实验室"	探索智慧领域的馆企合作，拓展智慧图书馆新业态建设思路	中国国家图书馆
	构建联合书目数据库共享系统	实现两地公共文化服务一网通	上海图书馆、苏州图书馆
	建设全球知识库体系	实现全球学术资源的公平性获取	哈佛大学图书馆、麻省理工学院图书馆

3.1 国外智慧化服务研究现状

哈佛大学图书馆和麻省理工学院图书馆建设"全球知识库"（Global Knowledge Commons）体系，该库的核心是"四位一体"（实体资源、数字化实体资源、原生数字资源与创新型数字资源）的全媒体资源，该计划要求学术界以开放的方式排除困难，为全球学术资源的公平性获取作出贡献[9]。美国康涅狄格州西港图书馆、加拿大圣文森特山大学图书馆将智能交互、人脸识别、虚拟讲解、书籍检索有效整合，为读者提供更加人性化的阅读指引服务。英国国家图书馆、美国芝加哥大学图书馆、日本明治大学图书馆建成智能立体书库，运用智能书架系统与搬运机器人技术，通过书刊自动存取、分拣传输系统的全智能化管理实现图书的智能处理，提高工作人员工作效率、节省读者借阅时间[10]。

3.2 我国智慧化服务研究现状

我国一些拥有先进理念的图书馆把智慧化读者服务与传统读者服务中的共性和特性进行比较和分析，总结读者服务创新研究成果，引领图书馆行业共同迈向智慧化服务时代。

2019年10月，国家图书馆与华为公司合作成立"国家图书馆华为联合创新实验室"，拓展智慧图书馆新业态建设思路[11]。2020年初，国家图书馆牵头实施"全国智慧图书馆体系建设"项目，在该项目构想之上，于2021年初正式启动了"文献共享借阅计划"，通过联合全国公共图书馆搭建全民共建共享的借阅体系，通过智慧体系建设带动全国各级图书馆建设线下智慧服务空间[12]。上海图书馆与苏州图书馆也合作构建了联合书目数据库共享系统，实现两地公共文化服务一网通[13]。

2019年，苏州第二图书馆建设国内首个大型智能化集成书库。2020年底，贵州省图书馆建成西南地区首个智能立体书库。智能化书库的建立，可以实现图书全智能化管理与图书智慧借阅处理，创新文献借阅方式。智能化书库统一采用智能书架系统以提高文献存取、查询和盘点效率，实现书架上文献的实时扫描、记录和更新文献的架位信息，以RFID技术精准定位文献位置，有效降低文献的错架率，节省读者的借阅时间[14]。南京大学图书馆研发的智能盘点机器人，依托智能技术实现全自动图书盘点，图书盘点效率超过每小时两万册，漏读率低于1%，有效提高图书管理人员的工作效率[15]。

江西省图书馆新馆联合阿里云公司共同探索搭建智慧图书馆，依托前沿技术在图书借阅、参考咨询、智能检索等方面实现智慧服务，为读者提供无感化借阅和个性化服务；新馆建设"智慧红色图书馆"，配备有丰富的红色资源数据库以及球幕影院、VR军事体验系统等，搭建智慧图书馆样板间[16]。苏州第二图书馆在少年儿童图书馆搭建智慧空间，依托三维图像与虚拟现实等现代化智能技术，打造少年儿童读者阅读新天地；在数字体验馆搭建智能投影墙和虚拟讲解等科技体验类项目，为读者带来图书馆文化与科技融合新体验[17]。

4 智慧图书馆建设背景下读者服务创新实践路径

4.1 加强公共文化馆间交流合作，实现智慧图书馆体系的纵横联动

如今，越来越多的公共图书馆已经意识到，要想满足读者日益增长的文化需求，就要对公共文化信息资源进行整合。要想实现这一目标，就要打造互联互通、共享融合

的信息交流平台；构建图书馆联盟，建立图书馆间信息沟通渠道，将全国学术与文化资源有机地连接和整合起来，实现资源与服务的交互，读者可以不受区域限制获取各地图书馆资源，有利于提高图书馆公共文化资源使用率，避免资源重复建设造成的资源浪费[18]。加强公共文化馆间交流合作，不仅在图书馆之间建立服务联系，更要进行跨行业的深度融合和发展，与博物馆、美术馆、档案馆等相关机构合作，对资源进行整合，建设主题知识库。各级省市县（市、区）图书馆要加强上下联动，开展智慧图书馆读者服务研究，共同推进各项智能化服务措施，建设出符合地域特色和层级特征的智慧图书馆服务模式，实现智慧图书馆体系的纵横联动。

4.2　创新传统读者服务模式，实现技术与人文深度融合

在智慧图书馆建设背景下，图书馆为广大读者提供知识性与时效性并行的知识发现与分享服务是满足读者多元化需求的重要前提。随着大众文化诉求的日益增多，图书馆应优化服务理念，创新传统的读者服务模式，实现技术与人文深度融合，从而打造全新的多元化服务模式。图书馆应运用大数据技术实时采集读者基本属性信息，对读者检索浏览痕迹、终端设备参数、位置数据、时间数据、借阅数据和下载行为等信息进行分析，统计读者行为轨迹并预测读者需求，为读者提供与需求高度相关的图书期刊、学术资料以及参考文献的内容推送，并提供更便捷的个性化服务[19]。图书馆在馆区内设计功能完善的阅读休闲区，为读者提供数字阅读机与自助图书借阅机，为读者提供方便快捷的借阅途径，构建读者自主服务模式，让读者享受开放、自由的阅览环境，优化图书馆馆区空间环境，让读者可自动调节温度、湿度，并对光线进行控制[20]。图书馆依托多类型的智慧设备与技术，为读者带来文化与科技深度融合的智慧化服务体验。

4.3　建立图书馆与读者信息交流平台，实现馆藏资源深层次价值挖掘

图书馆应重视读者服务与智慧图书馆的融合，实现资源与服务的交互，整合馆藏资源，实现其深层次价值挖掘，满足读者的需求、适应时代的发展。图书馆应建立读者学习和分享的交流平台，平台的建设原则是以人为本，读者可以通过平台实现人与人、人与信息的交流和创造，与兴趣相同的用户建立社区，通过编写书评、组织读书分享会等形式分享自己的观点[21]。在智慧图书馆建设背景下，图书收集、加工、整理和分类都可以产生增值效益，图书馆可以打造公共数据开发获取的平台，使读者既可以访问又可以参与平台创作和建设，对公共文化资源数据进行二次利用，把文献中有价值的信息挑选出来，挖掘文献资料潜在价值，让读者编写出各种有实用参考价值的专题、综述、述评等研究性文章，为教研人员提供参考，实现对馆藏资源深层次价值挖掘[22]。

4.4　加强智慧馆员队伍建设，提高读者服务人员能力和素养

图书馆智慧服务可以提高馆员工作效率，更好地服务读者。然而在利用新技术提供智能服务的同时，馆员给予读者的人文服务同样重要，馆员与读者之间的情感交流是智能服务无法取代的。对于习惯于传统图书管理与读者服务方式的馆员们来说，智慧服务

对专业技能提出了更高的要求。因此，为了适应高端技术与设施设备在图书馆的运行和使用、提高馆员与图书馆智慧空间的匹配性，图书馆应加强智慧馆员队伍建设，提高读者服务人员能力和素养。图书馆应组建适应新时代的馆员队伍，调整现有馆员的配置，拓宽人才引进渠道，为队伍注入拥有先进理念的新鲜血液；完善人才培养体系，组织开展馆员智慧服务培训工作，进行长期的、系统的、专业的培训，紧跟智慧化时代知识快速迭代的步伐，让馆员从思想意识和服务方法上转变其传统服务的模式，通过学习新技术操作与智能运用知识，提高自身专业能力和素养；图书馆还应为馆员发展营造良好的学习环境，定期开展学术交流活动，组织馆员到其他图书馆参观学习先进的智慧服务成果，或聘请行业内专家学者到馆为馆员进行专业知识讲解，让馆员树立终身学习理念，全面发展自身专业知识结构，更好地为读者提供智慧化与人性化共存的人文服务[23]。

智慧图书馆读者服务是兼顾现代技术与人文情怀的图书馆创新性服务模式。尽管当前智慧图书馆读者服务创新性研究还处于探索阶段，在图书馆与读者信息交流、现代技术与人文融合、馆员配备与人才培养等方面都有待提高，但在全国图书馆广泛开展智慧图书馆建设的大形势下，图书馆读者服务的多元性和亲和性必将有很大程度的提升，从而在智能技术和人文服务上都能实现以人为本的目标，更好地提升图书馆公共文化服务水平。图书馆要坚守传承文明、服务社会的初心使命，在建设智慧型社会道路上开拓创新、砥砺前行！

参考文献

［1］柯平 . 关于智慧图书馆基本理论的思考［J］. 国家图书馆学刊，2021（4）：3-13.

［2］文化和旅游部　国家发展改革委　财政部　关于推动公共文化服务高质量发展的意见［EB/OL］. ［2022-03-05］. http：//zwgk.mct.gov.cn/zfxxgkml/ggfw/202103/t20210323_923230.html.

［3］邵波，许苗苗，王怡 . 数据驱动视野下高校智慧图书馆建设及服务规划——兼论"十四五"时期智慧图书馆发展路径［J］. 图书情报工作，2021（1）：41-46.

［4］姚国章，余星，项惠惠 . 智慧图书馆的总体设计与应用系统建设研究［J］. 南京邮电大学学报（自然科学版），2016（4）：18-28.

［5］刘炜 . 智慧图书馆十问［J］. 图书馆理论与实践，2022（3）：1-6.

［6］李亚设 . 我国智慧图书馆研究现状浅析［J］. 图书馆学刊，2022（1）：93-101.

［7］吴建中 . 从数字图书馆到智慧图书馆：机遇、挑战和创新［J］. 图书馆杂志，2021（12）：4-11.

［8］李玉花，孙晓明 . 图书馆知识服务的实践策略和模式［J］. 情报资料工作，2010（1）：74-77.

［9］Harvard Library.A discussion of Harvard Library's strategic directions：advancing open knowledge［EB/OL］. ［2022-03-07］. https：//library.harvard.edu/advancing-open-knowledge.

［10］饶权 . 全国智慧图书馆体系：开启图书馆智慧化转型新篇章［J］. 中国图书馆学报，2021（1）：4-14.

［11］国家图书馆与华为签署全面合作框架协议打造智慧数字图书馆新业态［EB/OL］. ［2022-03-07］. https：//baijiahao.baidu.com/s?id=1647778370578439387&wfr=spider&for=pc.

［12］新华网客户端.国家图书馆启动文献共享借阅计划［EB/OL］.［2022-03-07］.https：//baijiahao. baidu.com/s?.

［13］腾讯网.苏州图书馆与上海图书馆开启沪苏公共图书馆服务"双城记"［EB/OL］.［2022-03-07］. https：//xw.qq.com/amphtml/20201122a0bg6a00.

［14］贵州都市报.智能立体书库建成亮相［EB/OL］.［2022-03-12］.https：//www.sohu.com/ a/441974839_120642993.

［15］樊慧丽,邵波.智能机器人图书盘点创新实践与思考——以南京大学图书馆为例［J］.图书馆, 2018（9）：96-100.

［16］央广网."智能羽翼"初长成　智慧图书馆正崛起［EB/OL］.［2021-06-13］.https：//baijiahao. baidu.com/s?id=1688738940661928845&wfr=spider&for=pc.

［17］中国江苏网.苏州第二图书馆10日开馆　拥有大型智能化集成书库［EB/OL］.［2022-03-11］. https：//baijiahao.baidu.com/s?id=1652042558425247435&wfr=spider&for=pc.

［18］苏植青.智慧社会建设背景下图书馆公共文化资源整合共享路径研究［J］.河南图书馆学刊, 2019（1）：87-89.

［19］赵楠.以大数据为驱动的智慧图书馆构建与服务模式［J］.图书馆学刊,2022（1）：63-68.

［20］杨文建,邓李君.智慧图书馆研究现状、建设困境及优化路径研究［J］.图书馆理论与实践, 2021（2）：52-58.

［21］吴志强,杨学霞.智慧图书馆的研究与实践在中国的发展［J］.图书情报工作,2021（4）：20-27.

［22］赵敏.党校图书馆馆藏资源高效利用问题研究［J］.图书馆工作,2009（9）：140-141.

［23］刘东.公共数字文化发展背景下智慧图书馆建设策略研究［J］.工业技术与职业教育,2021(19)： 115-117.

德国巴伐利亚州立图书馆的智慧化探索及对我国的启示

——以基于 Beacon 技术的 BSB Navigator 为例

闫　健（外文采编部）

1　德国图书馆界的智慧化探索

当今时代，"智慧城市"逐渐成为社会发展的新理念、新潮流。它期望借助信息通信技术及其他新兴技术，在生态、社会生活、政治参与等各方面来推动城市的现代化，提高人们的生活价值[1]。作为城市的重要组成部分，图书馆也相应受到越来越多的重视，逐渐被视为"居住空间"和"工作空间"之外的"第三空间"。智慧图书馆建设在世界多个国家，尤其在英、法、德、美等发达国家开展得如火如荼。

所谓"智慧图书馆"，综合来说，是以 5G、大数据、云计算、区块链、人工智能等技术为引擎，立足用户智慧化活动需求，全面感知、分析、整合、处理知识服务生态系统中的信息，实现物与物、人与物之间互联互通，通过向图书馆核心要素（用户、馆员、空间、知识服务、管理）赋能，全面激活创新创造过程中的用户智慧，最终赋能智慧社会的建设与发展[2]。

在这一领域，德国图书馆界特别重视服务方式的变革，强调互动与社交，追求服务的趣味性和生活化。作为德国智慧图书馆建设的主要发起人之一，沃尔夫认为：智慧图书馆有三个特征，即技术、合作与人的发展，同时以用户参与作为补充。图书馆应通过相应的通信设施和信息设备来提升读者黏性，支持读者学习，使图书馆成为他们的聚集地[3]。具体的建设案例也不胜枚举。杜塞尔多夫城市中心图书馆启动了"LibraryLab"工程，以"移动、发现、发展"为理念，鼓励读者"实践求知"，利用时兴的 VR 技术，使来馆儿童和家长共同体验和分享虚拟的世界[4]。科隆城市图书馆提出"自做代替仿效"口号，提倡"快乐式学习"，与谷歌未来工厂联合开发了"虚拟现实学习"项目，并为编程爱好者打造了"罗伯塔开源代码平台"，同时引入 3D 打印机、绘图仪、微型机器人等先进设备，鼓励用户试验[5]。萨克森州立暨大学图书馆开辟了"创作者空间"，鼓励读者通过"DIY"的方式来实现构想[6]。被称为德国首家智慧图书馆的希尔德斯海姆大学图书馆，依托网络控制技术对老旧的照明、通风和监控体系进行现代化更新，大大提升了校内师生的工作和学习质量[7-8]。

作为德国最大的图书馆之一，巴伐利亚州立图书馆（Bayerische Staatsbibliothek，BSB）也开始朝智慧图书馆迈进，举措之一便是开发了德国图书馆界第一款馆内导航软件"BSB Navigator"，通过 Beacon 技术收集读者位置信息，并将之与服务后台和读者手机终端相连，为读者提供导航服务。

2 基于 Beacon 技术的 BSB Navigator

2.1 Beacon 技术的运行原理及特点

Beacon 技术是基于低功耗蓝牙技术的近场感知技术，其最大特点是实现室内精准定位，是 GPS 等室外定位技术的重要补充。在特定空间内，Beacon 可以构成一个小型基站，将信息发送给附近支持 Beacon 协议的移动设备，设备将接收到的数据反馈给后台服务系统，由其进行相应的信息资源配置。

Beacon 技术具有能耗低、有效连接距离长、硬件适配性良好、定位精确等特点。有学者从部署成本、定位精度、读取距离、功耗等方面将其与 Wi-Fi、NFC、RFID、Zigbee 等技术做过对比，综合来看 Beacon 在室内定位方面有更大的优势[9]。目前，这一技术已经应用于室内导航、移动支付、信息推送、客流分析等方面，在国内也已经出现了许多应用案例，如智慧展厅、智慧社区、智慧商场、自助寻车、博物馆导览、人员管控调度等。在图书馆服务领域也是如此，例如广东省立中山图书馆曾于 2018 年在"你悦读，我采购"活动中运用 Beacon 技术，大大简化了书籍采买和借阅流程[10]。在德国，威尔道理工学院开发的手机 App "Unidos Wildau"，与学校图书馆内安装的 Beacon 相连，学生可以借此在最短时间找到附近的打印机、扫描仪和预定的座位以及具体的藏书位置[11]。

2.2 巴伐利亚州立图书馆的自身特色

巴伐利亚州立图书馆历史悠久、建筑宏伟、馆藏丰富，在德国图书馆界具有举足轻重的地位。

该馆位于德国巴伐利亚州首府慕尼黑市中心的繁华地段路德维希大街，与慕尼黑大学等多所名校毗邻，是慕尼黑的重要地标之一。图书馆始建于 1558 年，最初是巴伐利亚大公阿尔布莱希特五世的私人图书馆。19 世纪初，因拿破仑对外战争和巴伐利亚地区的教会世俗化浪潮，该馆接收了 150 多所教会转移来的大批珍贵藏书，成为欧洲文化宝库之一。1829 年该馆易名为宫廷图书馆。1832 年至 1843 年，弗里德里希·冯·加特纳受国王路德维希一世委托，按照意大利文艺复兴时期的宫殿模型在现今馆址上建造了新馆。第二次世界大战期间，该馆大部分建筑被毁。1970 年，场馆按照原来的建筑风格重建，并扩大了使用面积。1995 年，图书馆再次进行大规模改造和升级。如今，该馆已被列入受保护建筑名单。

巴伐利亚州立图书馆是西式建筑中的经典，长 152 米，宽 78 米，高 27 米，红色房顶，米黄色外墙，半圆形窗棂。正门前屹立着修昔底德、荷马、亚里士多德、希波格拉底四位西方先贤的雕像。图书馆内部由大理石柱支撑着无数白色小型拱顶，精美玻璃吊灯点缀其间。"楼梯长廊"是馆内标志性景点，大厅入口处近百级台阶逐级而上。整个场馆恢宏古朴，清新典雅。巴伐利亚州立图书馆不仅是文化服务机构，本身也是一道人文景观。

该馆既是巴伐利亚州的中心档案图书馆，也是德国馆藏量最大的图书馆之一。根据该馆最新发布的《2020年度工作报告》，该馆共有各类文献（含数字资源）总计34468000册件，珍贵手稿141000件，1500年以前的印刷本21000件，1501年至1800年间的印刷本92000件。已完成数字化书目2707000种，数字资源1.016TB，年下载量773000次[12]。同时，该馆还是联邦政府和州政府出版物的贮存馆，联合国、联合国教科文组织和欧洲共同体出版物的贮存馆[13]。另外，该馆还与德国国家图书馆、柏林国立图书馆共同承担着国家图书馆的职能。作为"德意志印刷文献收藏"工程成员之一，专门负责采集1450年至1600年间全德国出版的文献。该馆又因拥有东欧、东方、东亚等特色文献库而享誉世界。

2.3 BSB Navigator 的具体功能与特点

由于馆藏丰富、建筑宏大和历史悠久，巴伐利亚州立图书馆的用户群体极其多元化。科学家、教师、学生等各行各业的市民及游客都是这里的访问者。虽然馆内设置了指路牌和大屏幕，入口处也提供宣传页，并设置了人工咨询岗，但仍远远不能满足读者需求。为此，图书馆开发了 BSB Navigator，该软件于2017年投入使用，在 Android 和 IOS 系统上均可运行。这是该馆主动将文献、历史、建筑与现代技术相结合的产物。该馆也由此成为全德国第一家使用这一导航技术的图书馆[14]。

该馆在每个楼层2到3米高处总共安装了240多个长约2厘米的 Beacon。由于功耗很低，Beacon 内置的电池可以使用2到3年。根据标准协议，这些 Beacon 会提供3类数值。首先是通用唯一识别码（UUID），在全馆发挥着总体性的归类功能。馆内所有 Beacon 都具有相同的 UUID，表示一种整体界定：这里是巴伐利亚州立图书馆。然后是"主值"（Major Value），用于识别 Beacon 装置的特定子集，定位次一级空间，例如安装在阿文提努斯（Aventinus）阅览室中的所有 Beacon 用来界定：这里是阿文提努斯阅览室。最后是"次值"（Minor Value），它可以清楚标定更低一级的空间位置，例如阿文提努斯阅览室的储物柜。这3组数值基本可以精确确定读者方位[15]，成为 BSB Navigator 的位置数据来源。

总体来讲，BSB Navigator 提供3大功能，在主页中从上至下清晰罗列。

2.3.1 定位导航

在导航系统中，一共有70余个"兴趣点"（Points of Interest），包含了特色阅览室、信息咨询台、群组工作间等读者最常到访的地方。对于这些地方，系统提供了3种寻找方式。分别是搜索框、互动地图、分类模式（见图1）。

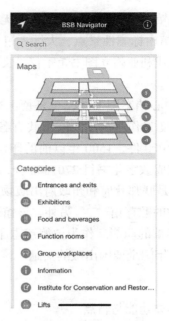

图 1 BSB Navigator 主页面

　　第一种是直接搜索。在"Search"搜索框里，用户直接输入目的地，点击相应结果，会出现包含目标位置的平面图（见图 2）。点击上面标示了目标的小图标，会出现关于该目标的文字信息，如开放时间等，并配有相应图片（见图 3）。这种方法的好处是快速直接，对于希望节省时间的读者最为方便。

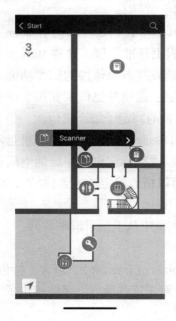

图 2　点击检索结果后出现的平面图

图 3　点击小图标后出现的信息页

第二种是互动地图。从图1可以看到"Maps"中立体展示了整个图书馆的5个楼层。读者可以点击任一楼层号进入该层的平面图，上面标示了该层的所有兴趣点。这种方式的好处是方便用户尽快掌握全馆的空间布局。

第三种是分类模式。在"Categories"下，所有兴趣点被分成若干类别，例如出入口、展厅、功能厅、咨询台等。这种方式的好处是分类直观，便于读者快速了解某一类具体的服务空间和设备。

无论以上哪种，确定目标后点击"take me there"即可开启导航。系统会根据离读者最近的3组Beacon提供的方位计算出最合理的路线。

2.3.2 游览功能

为便于读者了解馆情，图书馆设置了两条游览线路，分别是"常规线路"（General Tour）和"观光线路"（Sightseeing Tour）（见图4）。

"常规线路"主要面向新读者，引领他们了解和熟悉整栋大楼，包括其丰富的历史和多元的服务，全程大约45分钟。"观光线路"则主要面向对文化和历史感兴趣的读者，集中向他们介绍馆内的景点及有趣的背景信息，全程大约30分钟。读者选择相应线路后，点击"Start tour"即可开启参观。

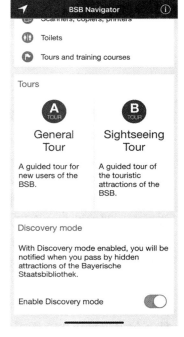

图4　游览功能界面

2.3.3 发现模式

当读者打开"Discovery mode"，在经过馆内某些有意思的物体或场所时，如馆内的大型地球仪和天球仪，后台会将相关信息推送到手机上。值得一提的是，这一模式下的兴趣点并未包含在前面的搜索模式中。主要原因是这些兴趣点虽然趣味性强，但与主要服务内容相关度小，图书馆将它们设计成独立的功能模块，一方面可以避免喧宾夺主，同时又能增强图书馆服务的趣味性和多样性。

不难看出，BSB Navigator将巴伐利亚州立图书馆的历史、建筑和文化同当代先进科技巧妙结合起来，小巧精致，简约实用。然而遗憾的是，它在功能上并未发挥到极致，例如没有联网功能，完全是脱机使用。目前的Beacon技术原本可以实现"轨迹记录"功能，通过读者位置分析其兴趣爱好，个性化推送信息。然而该软件却有意放弃了这一点，理由是保护读者隐私。在馆长Ceynowa看来，这种功能对商场有用，但巴伐利亚州立图书馆并不看重[16]。

BSB Navigator是巴伐利亚州立图书馆智慧化探索的重要内容，但不是全部。2018年，该馆开始设计占座App，基于网络实现预定、延长和取消座位的功能。此外还开发了多个手机App，如"Famous Books"，用户可以在上面完整浏览包括《尼伯龙根之歌》《古腾堡圣经》等50多种高分辨率的珍贵古籍，内容还会不断更新。还有"Bavarikon 3D"，这是一个立体化、数字化展示巴伐利亚文物的平台，展出了巴伐利亚州各文化机构收藏的 57 件文物珍品，平时难得一见。用户可以在屏幕上随意放大、缩小和转换角度，实现真实的 3D 观看效果。还有"Bayern in Historischen Karten"，这款 App 将巴伐利亚州 6 个不同历史时期的地图进行叠化。用户每到达一个地方，便可通过 App 了解不同时期自己附近的教堂、城市、城堡等文化遗迹，产生强烈的历史穿越感。

3　巴伐利亚州立图书馆的智慧化建设对我国的启示

3.1　提升服务站位，从智慧城市的高度推动智慧图书馆建设

智慧城市把新一代信息技术充分运用到城市中的各行各业，将城市的系统和服务打通、集成，实现信息化、工业化与城镇化的深度融合，提升城市管理成效，改善市民生活质量。建设智慧城市，就要将城市视作一个生命体，打破隔绝，互动互联，让城市像人一样会思考、能感知、可进化、有温度。

智慧图书馆的理念来源于智慧城市，是智慧城市的重要组成部分。因此，新的时代背景下，图书馆应该在思想上将自己从单一、孤立、僵化的文献服务形象中解放出来，培养全局观、系统观，将自身建设同城市整体建设结合起来，重视服务的生活化、娱乐化和互动化，使图书馆成为家庭和工作之外真正意义上的"第三空间"。

从 BSB Navigator 的游览功能可以看出，设计者的着眼点并非只是文献服务本身，而是从更高立场考虑问题，将自身理解成为一道人文景观，理解为城市的一部分。还有杜塞尔多夫城市中心图书馆设立的"LibraryLab"、科隆城市图书馆提倡的"快乐式学习"以及萨克森州立暨大学图书馆建立的"创作者空间"，其实都是对智慧时代的积极反应，强调参与、互动和娱乐。

因此，我国图书馆界亦应跳出传统服务思维，大胆创新服务模式，使图书馆成为一个文以载道、实践求知、寓文于乐、互动分享的新场所，让图书馆的形象变得更加温暖、柔和、生动和鲜活。

3.2　充分发掘自身优势，提供更为多样化和趣味化的服务

作为巴伐利亚州最高级别的图书馆，巴伐利亚州立图书馆负有收集本地区所有文献的重任，是巴伐利亚州重要的文化象征之一。同时，由于其悠久的历史和独特的建筑风格，它本身也是一座文物。BSB Navigator 充分利用了这一点，在满足读者文献需求的基础上，将图书馆的建筑和历史统一纳入设计思路，不仅帮助读者找到了文献，还以自然、有趣的方式使读者了解到很多关联信息。该馆开发的"Bavarikon 3D"和"Bayern in Historischen Karten"同样超越了图书馆的服务范围，将整个巴伐利亚的文物和历史纳入展示范围，让服务更加多样和有趣。

这一举措尤其值得我国大中型图书馆借鉴。这些馆不仅馆藏丰富，而且往往历史悠久，或是建筑极具特色。在今后的布局中，可以考虑将这些有利因素结合起来，统一谋划。以中国国家图书馆为例，古籍馆始建于 1931 年，紧邻北海公园，是北京市重点文物保护单位。总馆南区古香古色，厚重典雅，20 世纪 80 年代被评为北京十大建筑之一。

总馆北区外观新潮，设计现代，2009 年再次入选北京当代十大建筑。作为世界第三大图书馆，中国国家图书馆集馆藏、建筑和历史为一体。在智慧化浪潮下，可以充分利用这一优势，尝试开发既生动有趣，又有益于学习的 App，进一步提升服务质量和效能。

3.3　充分发挥 Beacon 技术在智慧图书馆建设中的作用

如今的 Beacon 技术已经完全可以应用于室内导航、轨迹分析、信息推送等方面。我们在使用这一技术时其实有比 BSB Navigator 更大的发挥空间，而且也具备实现的条件。例如借助大数据优势，通过分析个人信息界定读者的群体属性；根据读者的借阅情况了解其兴趣偏好，并推送个性化信息；通过分析读者在馆内的行动轨迹和停留时间及频次，了解图书馆的使用情况及读者的真实需求；将 Beacon 技术与互联网相融合，在数字资源访问及其他公共服务上为读者提供更大便利；鼓励读者分享自己的信息、感受和兴趣爱好，构建互动社区；与本市其他机构，尤其是周边的政府机构和学校开展合作，增强用户黏性等[17]。

当然，推行过程中也会遇到困难，尤其在隐私保护方面。人们的隐私意识越来越强是不争的事实。然而，图书馆作为国有公益性服务单位，与追求利润的商业企业不同，基本不存在泄露个人隐私的动机。况且，软件本身也可以个性化设置，允许用户自行选择数据保护的等级权限。

总而言之，在新的时代浪潮下，无论是在智慧城市框架下图书馆建设所体现出来的生活化、娱乐化、互动化特点，还是将历史与现实、技术与资源紧密结合的系统化、综合化思路，都体现了创新的重要性。智慧时代的图书馆再也不能囿于陈规，仅仅满足于单一、僵化的文献服务模式，而是要勇于开拓，甚至甘愿承受挫折，努力将图书馆服务推向新的高度。正如 Ceynowa 馆长所说：创新可以被理解为"对于现状的不接受"，它永远是实验性的，是深入未知领域的一种勇气，因而也是有风险的。这种风险必须得到制度的许可甚至支持，它是创新的重要组成部分[15]。

参考文献

［1］GEORGY U. Bibliothekarische Innovationen im Kontext der Smart City［C］//FREYBERG L，WOLF S. Smart Libraries：Konzepte，Methoden und Strategien. Wiesbaden：B.I.T. Verlag，2019：57-78.

［2］江山 . 智慧图书馆要素研究及建设思考［J］. 图书馆工作与研究，2022（2）：58-63.

［3］WOLF S. Definition einer Smart Library und Erläuterung der Smart Map：ein State-of-the-Art-Ansatz［C］//FREYBERG L，WOLF S. Smart Libraries：Konzepte，Methoden und Strategien. Wiesbaden：B.I.T. Verlag，2019：21-28.

［4］SCHWERING S. Smart Libraries：das LibraryLab der Zentralbibliothek der Stadtbüchereien Düsseldorf als Wegbereiter für die Smart Library der Zukunft［C］//FREYBERG L，WOLF S. Smart Libraries：Konzepte，Methoden und Strategien. Wiesbaden：B.I.T. Verlag，2019：141-148.

［5］VOGT H. Immer einen Schritt voraus! Bibliotheken als proaktive Player in der Stadtgesellschaft［C］//

FREYBERG L，WOLF S. Smart Libraries：Konzepte，Methoden und Strategien. Wiesbaden：B.I.T. Verlag，2019：149-158.

［6］SLUB Dresden. Makerspace［EB/OL］.［2022-03-23］. https：//www.slub-dresden.de/mitmachen/ slub-makerspace.

［7］BRAHMS E，SCHRADER J. Die Smart Library UB Hildesheim：Energieverbrauch senken durch intelligente Steuerungssysteme［C］//HAUKE P，LATIMER K，WERNER K U. Die grüne Bibliothek：ÖKologische Nachhaltigkeit in der Praxis. Berlin：De Gruyter Sauer，2013：269-278.

［8］王碧. 德国希尔德斯海姆大学图书馆建筑智慧化改造的实践与启示［J］. 图书馆研究与工作，2021（11）：76-80.

［9］曲哲，廖宏建. 基于 Beacon 的情境感知在智慧图书馆中的场景应用［J］. 图书馆学研究，2021（2）：58-66.

［10］邹开元. Beacon 技术在图书馆阅读推广活动中的应用——以广东省立中山图书馆"你悦读，我采购"活动为例［J］. 图书馆学研究，2019（4）：88-91.

［11］PAPLOWSKI S. Beacons in Bibliotheken：ein Überblick über die praktischen Einsatzmöglichkeiten der Indoor-Navigation in Bibliotheken［J］. B.I.T. Online，2020（6）：594-601.

［12］Bayerische Staatsbibliothek. Jahresbericht 2020［EB/OL］.［2022-03-18］. https：//www.bsb-muenchen.de/fileadmin/pdf/publikationen/jahresbericht/bsb_jb_2020.pdf.

［13］高红，朱硕峰，张玮. 世界各国图书馆馆藏发展政策精要［G］. 北京：海洋出版社，2010：165.

［14］Bayerische Staatsbibliothek. BSB Navigator［EB/OL］.［2021-03-18］. https：//www.bsb-muenchen.de/recherche-und-service/apps/bsb-navigator.

［15］CEYNOWA K. Leuchtfeuer in der Bayerischen Staatsbibliothek：Beacons-technologie zur digitalen Indoor-Navigation für Bibliotheksbesucher［J］. Bibliotheksforum bayern，2016（10）：14-17.

［16］CEYNOWA K. Apps für Kultur und Bildung：Experimente und Erfahrungen der Bayerischen Staatsbibliothek im mobilen Internet［J］. Forum Bibliothek und Information，2018（5）：244-247.

［17］何蕾. Beacon 技术用于收集读者行为大数据的研究［J］. 四川图书馆学报，2018（5）：22-24.